国家出版基金项目
NATIONAL PUBLICATION FOUNDATION

汉阅史学经典

法国大革命史

卷 一

[法]儒勒·米什莱 著

李筱希 译

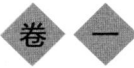
吉林出版集团股份有限公司

HISTOIRE

DE LA

RÉVOLUTION

FRANÇAISE

PAR

J. MICHELET

DEUXIÈME ÉDITION, REVUE ET AUGMENTÉE

TOME PREMIER

PARIS
LIBRAIRIE INTERNATIONALE
15, BOULEVARD MONTMARTRE

A. LACROIX, VERBOECKHOVEN ET C¹ᵉ, ÉDITEURS
A BRUXELLES, A LEIPZIG ET A LIVOURNE
1868
TOUS DROITS DE TRADUCTION ET DE REPRODUCTION RÉSERVÉS.

目　录

译者序言	001
米什莱的《法国大革命史》——弗朗索瓦·傅勒	015
1868年作者序	033
1847年作者序	055
导　言	069
上篇　论中世纪宗教	069
下篇　论旧君主制	094

第一篇　1789年4月—1789年7月 ······ 001
- 第1章　1789年选举 ······ 003
- 第2章　三级会议召开 ······ 015
- 第3章　国民议会 ······ 029
- 第4章　网球场宣言 ······ 044
- 第5章　巴黎骚动 ······ 056
- 第6章　巴黎起义 ······ 072
- 第7章　1789年7月14日，攻占巴士底狱 ······ 084

第二篇　1789年7月14日—1789年10月6日 ······ 105

第1章	虚假的和平	107
第2章	人民的审判	124
第3章	拿起武器的法国	141
第4章	8月4日之夜	158
第5章	教士和人民	174
第6章	否决权	189
第7章	新闻界	197
第8章	1789年10月5日，人民去找国王	212
第9章	国王被带到巴黎	233

第三篇　1789年10月6日—1790年7月14日　　251

第1章	为竖君威而立的协定（1789年10月）——博爱之情洋溢四射（1789年10月—1790年7月）	253
第2章	抵抗——教士（1789年10—1789年11月）	260
第3章	抵抗——教士——最高法院——地方三级会议	268
第4章	抵抗——最高法院——联盟运动	278
第5章	抵抗——王后和奥地利（1789年10月—1790年2月）	288
第6章	后事——王后与奥地利——王后与米拉波——军队	304
第7章	教会之斗——复活节——路易十六的受难	322
第8章	教会之斗——反革命派的胜利（1790年5月）	333
第9章	教会之斗——南部反革命派被消灭（1790年6月）	350
第10章	新的信念——法国自发组织起来	368
第11章	新的信仰——联盟（1789年7月—1790年7月）	377
第12章	新的信仰——总联盟（1790年7月14日）	392

法国大事件年表：1789年4月—1790年7月　　405

译者序言

> 要如书一般生与逝,不要像人一样存与亡。
>
> ——儒勒·米什莱

1815年,百日王朝覆灭,法国从帝国的天空陨落下来,就着血泪饮着失败的苦酒。拿破仑帝国作为法国大革命的延续,它的倾塌也意味着大革命的结束。大革命的失败、欧洲各国入主巴黎的耻辱、失去欧洲和世界霸权地位的事实,使得法国人民很长一段时间都陷入消极和倦怠之中。法国大革命之前的历史,是王侯将相的勋章、思想哲人的舞台。可在大革命和帝国战争中,所有法国人不论性别、阶层、出身、年龄,主动也好、被迫也罢,都被动员进了一场场壮阔波澜的运动中。从前无数张模糊的面孔突然变得鲜活，从阴暗的舞台背后走出来，有了自己的台词。籍籍无名的个体开始和法国历史挂钩，成为了缔造大革命及法兰西帝国的辉煌功勋的一分子。故对他们而言，帝国的陨落、大革命的结束就意味着个人的失败、对一部分自我的否定。

所以，风云退去之后，所有人都进行了痛苦的反思和自省，渴望了解自己国家和民族的往昔岁月，更渴望回顾自己在这段历史中走过的足迹、倾听自己当初呐喊的回声。于是，法国史学界在1820年前后出现了一大批以传播历史为己任的优秀历史学家，例如梯叶里①、米涅②、基佐③、基内④等人。他们的一致愿望，就是回答"1824年由巴郎特提出来的、所有人都关心不已的一个大问题，即权力和自由——或者更清楚地讲，是力量和正义之间——这个问题"⑤。可惜匆匆三十年过去，依然无人交出答卷。早在1820年，梯叶里就在呼唤一部"依然还埋没于当代年鉴学的尘埃中"、却"记录着人民大众迈向自由之路的足迹"的法国历史作品。他充满信心地预言，一位历史学家将在不久之后横空出世，"他将具有高度的敏感性，如关心个人前途一样关心人民的命运；他将怀着一腔激情，如我们在一场危险竞赛中紧跟朋友的步伐一样，在岁月中孜孜不倦地追寻人民的足迹"⑥。

---

① 奥古斯丁·梯叶里（Augustin Thierry，1795—1856年），法国历史学家，拥护法国大革命，支持圣西门的社会主义学说。
② 弗朗索瓦·米涅（François Mignet，1796—1884年），法国记者、历史学家。
③ 弗朗索瓦·基佐（François Guizot，1787—1874年），法国历史学家、演讲家、政治家，在1848年革命前的法国政坛中地位颇重。
④ 基内（Edgar Quinet，1803—1875年），法国历史学家，1848年革命中的共和党人和革命分子，参与了推翻法王路易-菲利普一世的革命暴动。
⑤ 出自《十九世纪法国史学一瞥》，G.Jullian（1910年）。
⑥ 出自《十年史学研究》，A.Thierry（1834年）。

*

不消多说，这位历史学家便是米什莱。

儒勒·米什莱，1798年4月21日生于巴黎一座被改造成诊疗所的小教堂中，是家中独子。他的父亲让·福尔斯·米什莱原是一个印刷工人，后来自己开了一家小印刷厂。1812年，拿破仑一世颁发出版政策，旨在限制巴黎出版机构数量。受此风波影响，小印刷厂破产倒闭，父亲还因为欠债而几度锒铛入狱。由于家中巨变，米什莱很早时候就体会到生活的艰难，去了印刷厂当学徒。然而祸不单行，1815年，就在米什莱十七岁的时候，他的母亲在贫病交加中去世了。母亲的早逝给米什莱造成了巨大影响，他终其一生都在寻求母亲怀抱的温暖，"母性""女性""家庭""大地""海洋"更是他的创作母题。他自己说过："我没有要做得比别人都好的野心，但我有一个不同于同行的地方：他们谈起女性时总是非常随便，而我却对她们抱以深深的怜悯。"

所以，米什莱在贫困潦倒、颠沛流离中度过了童年。由于社会动荡和家庭贫困，年幼的他心中时刻充满恐惧和孤独，所以才养成了日后易怒的脾气和沉郁的气质。成年以后的米什莱对世俗的乐趣深感厌恶，过着近乎禁欲的苦行生活。他在1830年6月9日的日记中写道："肉体从来都是人类自由的敌人，我们的灵魂要不断与其斗争，直到把它驯服为止。有些人想把肉体这个怪胎灌醉，说'要与它和平相处'。不！肉体从来得不到餍足，它只能被打败！"

图罗-当冉（Thureau-Dangin）在《七月王朝史》中阐释米什莱对大革命的态度时，对他作了此番评价："他具有文学天赋，又带着一种痛苦的敏感性，这一部分是因为他童年、甚至是成年时期不断遭遇的坎坷经历所致。他孑然一人，生活在漫长的孤寂之中。孤单的苦涩越积越厚，使他的伤感中也带上了某种于内心肆意奔涌、浓烈而又狂热的情感。而且他还非常自傲，非常虚荣。"

对于这样的评价，米什莱的忠实拥护者加布里埃·莫诺德①认为它在某些地方有所夸大。但无论这番话是否有失偏颇，它依然抓住了米什莱身上的几个关键要素：孤单、狂热、文学性、敏感性。单在他为《法国大革命史》所写的两篇序言中，这几个特质就已尽显无疑了。实际上，米什莱身上一直存在着一种同属一脉的矛盾性——他既是浪漫派，又是古典主义派；既是抒情派，又是批评派；既追求激情，又一板一眼。他的脸部肖像就透露出这种矛盾："他的前额和眼睛像理想主义者，紧张的鼻翼像艺术家，下压、生硬的嘴角让人想起伏尔泰那一类批评家，沉重的下巴又显示这是一个备受内心本能压迫的人。虽然他从三十岁开始就已经一头白发，但直到生命最后一刻，那张脸依然透着年轻人特有的朝气和神采，让他看上去既苍老又青春。"②

米什莱喜好独处和幻想，青少年时代的悲惨经历使得他内心细腻而富有想象力。从小到大，死神一直盘旋在米什莱的世界上空，找准时机、瞄准猎物后，就如秃鹰一般突然俯冲下来，把他的亲友相继夺走。祖父、母亲、挚友、第一任妻子、父亲、女儿等人的相继离世，促使米什莱思考死亡，进而痴迷上死亡。每一次亲友的逝世，都让他更加深刻地品尝到死亡的玄奥。从某些方面看，他对历史之所以无比热爱，也是因为他迷恋死亡、认为死亡是生命的常态和解释的缘故。而历史不就是一座最大的坟墓，藏着最多的生命的秘密吗？所以米什莱才在1822年11月2日的日记中写道："可以说，我已和死亡结下了友谊。为了回报这份

---

① 加布里埃·莫诺德（Gabriel Monod, 1844—1912年），法国历史学家。
② 出自加布里埃·莫诺德的《儒勒·米什莱的生平和思想》（1923年）。

友谊,死神把坟墓的奥秘告诉给了我……我可以写亡者之间的对话,写另一个从坟墓中起死回生的拉撒路的故事。我已经死去多少次了啊,因为我满腹忧思。"

一切生命在米什莱眼里,都是死亡的再生。他觉得自己以往昔的死物为媒介,切切实实地摸到了历史的脉搏。正因为对死亡有着深刻的感知,米什莱才对生命、历史和未来产生了独特的顿悟。在他的历史作品中,往昔的废墟在字里行间中泛起烟尘,透过这股烟尘,我们时而窥到死亡那阴冷沉郁的面孔、时而沐浴着生命那温暖明澈的光芒。米什莱在《法国史》的序言中写道:"随着我吹起他们身上的尘土,他们站了起来,从坟墓里爬了出来。我看到了他们的手、他们的脸,看到他们就像米开朗琪罗的《最后审判日》中刻画的那样,在跳着死亡的舞蹈。他们围着我跳出的这支热情的舞蹈,我要将其写在这本书里。"类似的话也出现在《法国大革命史》的序言中:"时光在这里落下厚厚一层尘埃,我能够呼吸着岁月的沉淀,能够穿梭在这堆纸张、资料、文档中间,真乃平生一大幸事!这些文字并不是沉默的哑巴,这里也并不像看上去那般死寂。每每触碰到这里的一切事物,我就觉得某个东西苏醒、走到我面前来——这个东西,便是灵魂。"

*

米什莱以文学的手法、散文的笔调、诗歌的激情来书写历史,赋予历史重生和再现的机会,成为浪漫主义史学派的开山鼻祖。但当时学术圈接受的是兰克(Ranke)"如实直书"的观点,所以米什莱很长时间里都得不到实证派和年鉴派的认可,甚至我们今天用来称颂他的"浪漫主义史学家"这个称号,当时也是为了讽刺他而被创造出来的。即便如此，后来的史学家仍对其尊崇有加，因为他以独特的历史视角寻找"历史的寂静之声"，把那些通常不被历史学家所关注的往昔挖掘出来，将它们复活在读者面前。

在《论人民》和《法国史》1869年序言中，米什莱一直在提倡"让过去复活""找回历史的生命"，完成一个"完整的生命的复活"。但他不仅要复活历史的残骸，还要替历史中籍籍无名、寂寂无声的群体发声。"在无数个世纪里受尽折磨、无声无息地死去的父辈的灵魂，在儿子的身体中复活了、说话了。"①让他们复活和说话的，正是米什莱。这位"死人之王""幽灵的大牧师"，以历史为媒介，将地上和地下两个世界连了起来，让生者和亡灵得以相通。是的，他就是往返于冥界和尘世之间的通灵者，他就是把那些被时间草草埋葬的骸骨拣出来重新入殓的收尸人。他要让已死去的得以复活，要让被遗忘的得以再现，要"在清晨细说昨夜那些被遗忘的梦"②。"这些亡者……他们需要一个俄狄浦斯③，让他来解释连他们自己也不明白其含义的自己出的谜语，教他们知道连他们自己也不能理解的自己发出的语言和行动的意义……应该让历史的寂静之声发声，让历史的这些极长的延长号发声，因为历史在这里顿住了、再没有说什么了，而这些正是它最重要的台词。"④

米什莱认为法国历史学家是所有历史学家中最受上天偏爱的，因为纵览各个国家，只有法国的历史有着完美的连续性。"其他任何历史都

---

① 出自《法国大革命史》，第一卷。
② 出自《法国大革命史》，第二卷。
③ 雨果在读了《法国史》第十三卷后曾致信给米什莱，赞道："像您这样的人是必须要有的；既然每个世纪都有斯芬克斯，那更应当有许多俄狄浦斯。您来到这些阴沉的隐谜面前，用激烈的言辞讲述它们。这个虚假的伟大世纪，这个虚假的伟大统治，它必须被揭穿。撒掉它盖在死人头上的假发，把皇袍底下的罪恶亮给大家看吧。您做了这件事，我感谢您。对，您做了一件大事。"
④ 出自1842年1月30日的日记。

有残毁，唯独我们的历史是完整的。"①但革命接连发生，这种连续性遭到打破，历史遭到否认、甚至损毁；所以历史学家的任务，就是担当历史的重建者和修复师，拾起废墟中的遗物、修复历史的伤疤、把它断掉的地方重新连接起来。要重建历史的连续性，就必然牵涉到大革命，而复辟王朝却试图把大革命说成一种乱象，"一种混乱、无意义的东西，一种纯粹的否定"。所以，米什莱将愈合大革命前后的两个法国的社会及文化裂痕视为己任，一直在努力证明团结、和平、博爱才是大革命的基本特征，想为它平反昭雪。在《法国大革命史》第一卷中，到处可看到作者为大革命遭到世人误读而痛心疾首的呐喊。修复历史的断点，恢复它的本来面目，这就是米什莱撰写历史的目的。他给自己定义的角色，就是历史的媒介和拯救者。

而历史学家若像诗人和祭司一样深入到地下那个阴暗世界，和死人对话、和死去的历史对话，那地上世界的这个他就必须死去。他得穿过地狱之门，下降得比但丁还要深，去见识那个幽深的渊薮。但地狱之门上写着什么呢？

> 通过我，进入痛苦之城，
> 通过我，进入永世凄苦之深坑，
> 通过我，进入万劫不复之人群。
> 正义促动我那崇高的造物主，
> 神灵的威力、最高的智慧和无上的慈爱，
> 这三位一体把我塑造出来。
> 在我之前，创造出的东西没有别的，只有万物不朽之物，

---

① 出自《论人民》。

> 而我也同样是万古不朽，与世长存，
> 抛弃一切希望吧，你们这些由此进入的人。①

所以，他要抛弃自己在人世间的一切希望和幸福，走进这座永世凄苦的深坑，走进这群陷入万劫不复之境的人群。他要挖掘的往昔，里面满是痛苦的呻吟、绝望的呐喊、滚烫的熔岩、炙热的火焰，这是一片常人根本不敢去搅动的赤色血海。米什莱在书中处处透露出追溯历史给自己带来的痛苦——"饮着他们的苦酒""滚烫的热泪""卑微、低沉而又痛苦的叹息""就像整个中世纪里人的心灵受着的压迫一样沉重"，这样的话在《法国大革命史》中比比皆是。

然而从地狱走出去以后，就是永生的天堂。在天堂里，米什莱更加意识到人民的伟大、法兰西的伟大。他热烈地讴歌着当初那段光辉的岁月，让那些已被遗忘的英雄事迹重新在世间流传，让他们得以复活、成为不朽。而有幸讲述这段故事，于米什莱而言既是神圣的使命，也是莫大的幸福。"这个仁慈到骨子里去的守护神啊！我要追随你！遵从你！在那些光荣的盛典中追寻你的身影！""这光荣的一天，自由的第一日！我活着，就是为了讲述你的历史！""这是一段至神至圣的时光，是历史中最幸福的日子。而我能有幸去讲述这段岁月，这是我莫大的荣耀。"写《法国大革命史》第一卷内容时，正是米什莱最幸福的一段日子，他如孩子一样把这幸福记录在文字中，仿佛自己也和它一道获得了新生。

米什莱的历史著作通常被抨击太过激情、太过充满想象力和主观臆断、太过有民族主义倾向，不像兰克史学那样"不作价值判断，超然是非，褒贬之外，无党无派"。但请不要忘了，米什莱走的是一条"死亡之

---

① 出自但丁《神曲·地狱篇》。

路",而且是以放弃自己地上世界的生命、"抛下了一部分的我"为代价,为了预卜未来而挖去了自己的双眼①,以"活死人"的身份踏进了这个世界。他的生命已然和自己挖掘出来的历史连在了一起,它的幸福便是他的幸福,它的伟大便是他的伟大,它的光明便是他的光明,它的重生便是他的重生。他是在用自己的血和肉来书写,用自己血淋淋的身躯接过了人民递过来的火种,照亮了过去无数个世纪,让死去的得以再生。通过他的文字,历史才以鲜活的面目展现在读者面前,那些沉睡在档案馆里的亡灵才能从坟墓中爬出来、站在阳光下和世人对话。他以档案馆负责人的审慎、诗人的敏感躁动、散文家的轻灵优雅、预言家的洞察未来,去挖掘过去、审判当前、占卜未来。所以,"法国史学之父""19世纪法国最伟大的浪漫主义史学家"的这些评价,他当之无愧。

*

米什莱书写历史,但由于他的生命已经和他的书融为一体,所以透过他的文字,我们也可以读出作者背后的人生经历。

《法国大革命史》的创作过程可被分为三部分:前两卷写于路易-菲利普执政的最后两年(1846—1847年),当时米什莱的父亲刚刚逝世。他的父亲对大革命抱着满心希望,认为它是一场能让法国重新找到当今社会的弥赛亚的全新的革命,他亲历了大革命的开始和结束,最后抱恨离世。第三卷到第五卷的大部分内容创作于1848—1851年,在这段时间里,米什莱待在家中,深居简出,过着家、档案馆的两点一线的生活。最后两卷讲述的是恐怖统治时期和旺代战争,它们则撰写于

---

① 梯叶里就曾说过,失明之后,他看待历史的眼光反而更大了。

1852—1853年的南特①。当时米什莱避开尘世、离群寡居，和法兰西共和国一样，似乎什么都没有了，什么都失去了。然而通过他的作品，我们依然可以看到米什莱怀着希望，作着坚决的抗争。

第一、第二卷讲述的是信仰，是希望，是一曲对大革命精神的颂歌，是全体人民对自由、公正、幸福的殷殷期盼，是法国和特权、教会、君主制之间的对抗。这两卷，记录了大革命中最辉煌、对米什莱启发最大的一段岁月。尤其是攻占巴士底狱和1790年联盟节的部分，米什莱用最美的文字、最澎湃的激情歌唱着这段可歌可泣的历史。他似乎全然忘记了自己历史学家的身份，仿佛化身为正向巴士底狱的碉堡发起攻击的圣安托万区的普通百姓、从偏远地方跋山涉水赶来巴黎参加联盟节的国民自卫军代表，他仿佛亲眼看到了这一切，衣角上似乎还有攻打巴士底狱留下的累累弹痕，两鬓似乎还滴着赶路时候六月骄阳炙烤出来的汗水，他也在开枪，他也在欢呼。这哪里是史记，分明就是一本回忆录！

根据1868年序言中所述，米什莱几乎完全以档案馆的资料为基础，撰写了这部大革命史，并以它们为依据，对常被各派篡改的《总汇通报》和菲利普·毕舍②、皮埃尔-塞莱斯坦·鲁-拉韦涅③的《法国大革命议会史》发起批判。米什莱的确称得上是撰写法国大革命史的第一人，他利用中央档案馆、巴黎警察局档案室、市政厅档案处、南特档案馆，取得了各区划的会议记录、巴黎革命公社登记文件、旺代战争等第一手资料。他在第三、第四、第五卷中所参考的资料文件，以及各区划的会

---

① 按照1847年首发版的排版，《法国大革命史》分作7卷、21篇，但第二版则被重新分成了6卷、21篇。
② 菲利普·毕舍（Philippe Buchez，1796—1865年），法国医生、政治家、历史学家、社会学家，支持圣西门的基督教社会主义思想。
③ 皮埃尔-塞莱斯坦·鲁-拉韦涅（Pierre-Célestin Roux-Lavergne，1802—1874年），法国历史学家，1848年革命后被选入制宪议会，属温和共和派。

议记录资料，在1871年5月的一场大火中全都被付之一炬、再不可得，而米什莱事先从被毁资料中取出精华核心部分，以档案员特有的细致精神将其放进自己的史作中，所以米什莱记下的这段大革命历史就更显珍贵了。他仔细整理了1790年7月14日联盟节中各省联盟派呈给国民议会的信件，一丝不苟地研究了议会的会议笔录，并认认真真地阅读了《总汇通报》中的相关文字汇报。此外，拉法耶特、布耶、内克尔、贝森瓦①、格雷古瓦尔、巴伊等当事人的回忆录，都是他的重点参考对象，他还敏锐地察觉到克尔维索（Kerverseau）和克拉夫林（Clavelin）两人合作而成、长达七卷的《1789年大革命史》有着怎样的价值和意义。米什莱虽然对毕舍和鲁-拉韦涅两人所写的《法国大革命议会史》鄙夷不已，却依然一页一页地仔细研读，这本书中的分析、批评和研究内容几乎成了他撰写大革命前两年历史的基础资料。此外，米什莱还翻阅了大量当时出版的报刊，例如《总汇通报》、卡米尔·德穆兰的《布拉班特通讯报》、路斯塔洛的《巴黎革命报》、马拉的《人民之友报》，甚至连佛歇神甫创办的最不知名的《铁嘴钢牙》都有阅读。通过这些报纸，米什莱清楚了解到了当时的舆论状况和俱乐部的动向（不过他已经没有时间再去细读各俱乐部的会议记录了），成了研究大革命俱乐部的第一人。

以上便是米什莱写《法国大革命史》的主要参考资料，但米什莱又是根据怎样的方法、本着怎样的精神来使用这些资料，从中创作出自己的历史著作的呢？阅读这本书的时候，读者会惊讶于它里面奔涌泛滥的勃勃生命力。此书根本不像某些历史著作那样，有着严谨的建筑构造、干净利落的线条、恰到好处的结构比例；它也根本不像另外一些史作那样，以白描手法为读者清楚勾勒出历史画卷，画中线条清晰、色彩和

---

① 贝森瓦（Besenval de Brünstatt, 1722—1794年），驻在法国的瑞士警卫队的最后一任指挥官。

谐。恰恰相反，米什莱的这本书就像一个生命体似的，其外观完全由四肢躯干的比例、血管的分布走向、皮肤下的肌肉发达程度、血肉包裹之中的骨架大小来决定。许多历史著作都以自己无懈可击的中立态度、有证可查的史料记载、严谨审慎的批判、入木三分的剖析，说服读者相信自己文字的真实性。而这本书则不然，你相信它，完全是因为它有自己的生命力和逻辑性。它从许多历史资料中汲取到了自己的力量，并用这股力量强悍地入侵你的头脑，叫你不得不接受它。它就像我们身边某个活生生的人一样，其存在就足以证明其真实。

米什莱在1848年10月28日的日记中提出，在自己身上重造过去、让它转变为现在，这才是历史学家应有的工作态度。莫诺德也回忆说，米什莱曾告诉过他：他只有感觉某段历史把自己同化了、成为自己身体的一部分了，才会提起笔来，这样他就能用自己的眼睛直接去看历史，而不是通过别人的话去了解历史。所以，"代入感"对米什莱而言非常重要。正是因为有了这种代入感，他才会在已被大众熟知、人们对其看法已经根深蒂固的历史和人物中挖掘出新的一面；也正是因为这种代入感，读者才会强烈地感受到书的生命、米什莱的生命，觉得历史和作者本人都在他的笔下得到了重生。而米什莱，便是这些过去的重塑者、甚至是造物者。他用自己的血和肉造出一个个生命，再以造物者严苛的眼光审视作品，觉得它们有着内外的协和，认为自己造出了事物的灵性、攫取到了历史的真实之后，方才满意。然后这个造物主吹一口气，让泥塑的生命有了呼吸，会跑会跳起来。

所以，米什莱抱着一种天真、崇高的自豪感，来审视自己的作品、审视自己本人，在自己身上重塑法国往昔历史的生命，让孕育了大革命的人民在灵魂上得到重生。他也自信，在这方面上没人能比自己做得更好。造物主、重生者这样的带入视角是极其危险的，是其他任何历史学家都不敢轻易触碰的，然而米什莱却因此让自己的作品有了独特的味道，而且让人在其中深刻地领悟到了大革命的心理历程、思想动态和精神面貌。记录攻占巴士底狱的史作何其之多，却再没人能像米什莱那样，用如此感性的文字、澎湃的激情绘画出在暴风骤雨中怒号的大海的画面。因为他记录的不是冰冷的史实，而是滚烫的史魂！

*

《法国大革命史》是国内米什莱第一部被翻译出来的长篇历史著作。译者唯有怀着万分的敬畏和审慎来小心对待，方能不辜负这部皇皇巨著。

中译本参考了两个原文版本，一个是首发版，由Chamerot（夏姆罗）出版社从1847年至1853年陆续出版，全书共有七卷二十一篇；另一个是作者在世时亲手编辑的重编版，由巴黎国际出版社（Librairie Internationale）在1868年至1869年间出版，全书共有六卷二十一篇。重编版除了对书目编排作出调整之外，还新加入了作者的补充序言及部分注解，另外在正文中也有少量的删节。中译版以1868年重编版为准；至于正文中的修订部分，为了方便读者比较两个版本之间的不同之处、更加清楚地探析米什莱近二十年的轻微思想转变，故译者经过反复考虑后，决定将重编版中被删去、在首发版中才得一见的内容保留下来，但用斜体字以作区分，另，书中有楷体字，是原书标注的重点词汇，为便于读者理解未作改动，希望能对有心读者的阅读有所帮助。

在人名、机构名等特殊名词翻译上，译者采用通用译法进行处理，即便在个别译名上有自己的想法，也用注释方式对其作出了解释，例如Commune（公社）、prévôt des marchands（巴黎市长）、états provinciaux（省政府）等。但由于译者学识不足、精力有限，其中肯定有疏忽错误之处，故请广大读者斧正。

此书翻译不易，单单集齐两个完整版本都颇费工夫。友穆郁、周真如、邹可君分别在斯特拉斯堡大学、新泽西州立大学、索邦大学中替我找到了原文版本，译者在此一一谢过。此外，我更要感谢身边无法一一具名的诸多亲友师长，感谢你们理解我、支持我、帮助我实现译者之路，并提出具体有用的无数意见建议。

"要如书一般生与逝，不要像人一样存与亡。"译者在最后想再重复一遍中译版序言开篇中引用的米什莱的这句话。书已重生，望人如是。

李筱希

2016年3月24日于重庆

米什莱的《法国大革命史》[1]

——弗朗索瓦·傅勒[2]

1843年，米什莱结束了《法国史》第六卷路易十五统治的这部分内容，然后开始撰写第七卷，并已经在校对查理八世部分了。但此时，他改变主意，将法国君主制后三百年历史暂时搁置一旁，转而投入法国大革命的历史编写中。他花了近十年时间，只为讲述从召开三级会议到罗伯斯庇尔下台的五年历史。此书分三个阶段、以七卷为形式，从1847年到1852年依次出版，前两卷出版于1847年，接下来的三卷在1848年至1851年间陆续问世，最后两卷则发行于1852年。

---

[1] 译自 *Dictionnaire critique de la Révolution Française*, François Furet et Mona Ozouf, éds., Paris, Flammarion, 1988。
[2] 弗朗索瓦·傅勒（François Furet，1927—1997年），法国历史学家，以法国大革命相关作品而知名。——译者注

还没结束他那部探讨大革命根由的作品，就开始编写大革命史，米什莱之所以采用如此迂回麻烦的办法，是因为当时法国大革命正是人们热议的焦点。1845年，就在米什莱决定在法兰西公学院的课上展开大革命研究工作的前不久，他还在高高的讲台上，和好友艾加尔·基内一道，为反对天主教教会控制大学的意图而抗争。他们在课上抨击耶稣教会的言论，随即引发舆论界的一片哗然。米什莱的教学内容一改从前，不再那么专深，而以当前一部分政治时事为重，且以宗教问题为核心。不过由于宗教和法国大革命之间有着千丝万缕的联系，故在激烈的笔战中，基督教和现代民主之间是何种关系，这个问题也被人提了出来。

基内也在1845年的授课中探讨了这个话题，并写了一本书——《基督教和法国大革命》。在此书中，与1789年大革命思想如出一辙的基督教精神，被拿来与专制、独断、君主制的天主教做了对比。从圣西门和毕舍开始，社会党派更希望看到一个新的基督教，希望博爱能够让人超越1789年个人主义的民主。米什莱对基督教和法国大革命之间的前后演变关系一早就持否定态度，此时当然也迫切地渴望参与这场辩论。在开始教授大革命史的同时，他还撰写了反对绝对教权主义的《耶稣会士》系列著作，即出版于1845年的《教士、教会和家庭》。次年，也就是1846年年初，米什莱的《论人民》也发表了，他在其中用自己那套旁人模仿不来的手法，再次阐述了国民博爱思想——这笔大革命留下来的，和阶级斗争这个有害思想相对立的，遭到左派和右派、社会党人和奥尔良主义资产阶级同时夹击的遗产核心内容。

就在完成《论人民》之后，米什莱于1846年开课讲授以1789年为标志的"法国的民族性"，并从9月开始撰写《法国大革命史》前两卷，随后在1847年9月将其发表。在这一年间，许多关于基督教社会主义的书籍，如艾斯基洛①的《山岳派史》、拉马丁②的《吉伦特派史》、路易·勃朗③的《大革命史》第一卷，纷纷冒了出来。然而米什莱以惊人的毅力、一丝不苟的工作态度、令人惊叹的创作才能，把其他人的声音都盖过去了。其他人都只根据伟大祖先留下来的节目单，不求甚解地反复咀嚼着他们在1848年该说的台词。而米什莱却在1847年2月8日，在回顾始于1842年的教学笔记中，就明确地写下了自己的目标和方向："……最后是大革命和《大革命史》第一卷，并附上反基督教、反王权的宗教政治方向的一篇导言。我在这里就表明态度：我反对保皇党人（无论是正统派还是崇英派），反对采取恐怖行动的共和党人，反对基督教徒，反对信奉共产主义者，如路易·勃朗。"（引自加布里尔·莫诺德④，《米什莱和法国大革命史》）

  这篇导言可以助人理解此书的布局。正如世间所有史书都是由各国民族合力写成的那样，在深受德国思想熏陶的米什莱看来，这些群众演员就是一个个鲜活的个体，法国也因为大革命而成了一个被选中的国家。因为1789年，它的历史——也独独只有它的历史——成了一个典范，它的特性也转化为普世性的东西。而这段历史之所以如此独特，是基督教和大革命这两大世界历史信条的缘故。基督教的诞生，导致神权君主制在人间开始了漫长的统治；大革命的建立，则让人喊出了人类将重得解放和博爱的口号。在这部唯目的论的、带着典型浪漫色彩的皇皇巨著中，有人看到了（为米什莱所做的）毕舍和他的朋友基内两人的影子。只需把此书的叙事手法和复辟时期自由主义历史学家的作品相对

---

① 阿尔冯斯·艾斯基洛（Alphonse Esquiros，1812—1876年），法国政治家、作家。——译者注
② 阿尔封斯·德·拉马丁（Alphonse de Lamartine，1790—1869年），法国作家、历史学家、政治家。——译者注
③ 路易·勃朗（Louis Blanc，1811—1882年），法国政治学家和历史学家，法兰西第二共和国时期社会主义政治家。——译者注
④ 加布里尔·莫诺德（Gabriel Monod，1844—1912年），法国历史学家。——译者注

比，我们就可明白此言何意。米什莱的书和毕舍的作品一样，都在强调法国历史的独一无二性、不可比较性，以及法国的个体性；认为唯有它才揭示了世界历史，换言之，唯有引领世界的思想才揭示了世界历史。但梯叶里①和基佐②则强调人类在物质世界和道德世界中取得的文明进步符合了各阶段都必须遵守的规则，认为文明是社会阶级斗争的产物，只有把走在最前面的民族历史——尤其是英国史和法国史——拿来对比，人们才能理解这种进步。

  米什莱反对这种社会历史，更反对将法国大革命史拿来与其他历史做对比。在他看来，法国大革命是一桩思想领域里的大事，一次如所有宗教报福一样独一无二的涌动。而毕舍的判断却与其完全相反，他在着力强调法国对天主教的虔诚信奉之心。米什莱的观点和基内一致吗？答案也是否定的。因为他的朋友认为，大革命再现了对抗天主教会的真正的基督教精神，而米什莱却要在基督教的废墟上欢庆现代民主的登基。他所认为的法国大革命甚至不再是福音书的孩子，而是对基督教的否定。

  这就是第一卷开篇就出现的长长导言的核心思想。在导言中，米什莱开门见山地下了定义：法国大革命包括"法律的继位、权利的重振、正义的反击"。他并非为确立内容（法律、权利和正义），而是为摆明态度而采用的这几个词，表面看来有一种奇怪的矛盾感："继位"的含义和"重振"相反，而"反击"完全就是另一个意思。在这番语意不明的话中，米什莱很有可能蕴含了两层意义：首先，法国大革命最深刻的一个问题，就是它和先它存在的、被它称为"旧制度"的那个东西之间

---

  ① 奥古斯丁·梯叶里（Augustin Thierry，1795—1856年），法国历史学家，拥护法国大革命，支持圣西门的社会主义学说。——译者注
  ② 弗朗索瓦·基佐（François Guizot，1787—1874年），法国历史学家、演讲家、政治家，在1848年革命前的法国政坛中地位颇重。——译者注

是何关系；其次，如果这个"旧制度"既不同于在它之后诞生的那个东西（继位），又是后者的条件（重振），那是因为它的特性已被基督教确定了。换言之，基督教和1789年就是过去和当代留下的全部包裹，而"社会党人的争辩"并没有在包裹中添上任何东西。以圣西门为头的不同社会党流派对1789年的准则做了各种批判，而米什莱对此则完全持厌恶态度，就如他对伯克的批评也心存反感一样（从原则上看，伯克的批判也无甚出奇之处：若以传统或平等为名，我们也可以对现代平均主义抽象理论不加区分地统统批判一番）。在他看来，人的权利是一个绝对存在物，它超越了个体的主观性，是新时代的信经，是当代的信仰。

大革命和过去之间又是什么关系呢？米什莱回答道："大革命延续着基督教，也反对着基督教；它既是后者的继承人，又是后者的敌对者。"通过这句话，他意指了一种不同于黑格尔的"扬弃"的东西：想弄清楚大革命中是否混有他物，且基督教的博爱思想是否通过大革命得到发展，而两个时代、两个理念之间的根本矛盾又依然存在。其实，基督教把博爱思想深深根种在原罪之中，并在原罪和拯救者的基础上缔造了人的社会群体——这就是它的思想背景，它还体现在继承了基督教精神的组织法规中，基督教也正因如此而带上专断和宿命的色彩。而大革命却利用社会秩序、在社会秩序中建立起社会群体，且让它有了实现的可能，而这却是基督教思想长期禁止的。

基督教强调任意的救赎和纯粹的上帝馈赠，它只让极少数人得到拯救，而救赎又和人有无圣功毫无关系，与之相应的便是它在俗世中的正义观，也就是模仿任意的上帝救赎而成的一人独权统治。讲究圣宠的宗教和讲究恩宠的君主制是彼此呼应的，活在恩宠君主制统治之下的人类，是没有精神活动和政治生命的。世人皆知的基督教的仁慈，只是赤裸裸的暴力序曲罢了。宗教裁判所的大门，正是圣奥古斯丁打开的。

在成为中世纪标志特征的第一时期，君主制只是教会在世俗事务上的帮手和仆人而已。后来，专制制度建立起来了；被米什莱形容为"王权的解放"的专制制度，为了自己的利益，把宗教的所有政治权力和社会功能全都独揽过去。从此，神王成了崇拜对象，成了法国人爱的寄托。被大革命时期的人称作"旧制度"的那个东西，和先其存在、被其效仿的教会并无不同。它就是一个司祭君主制度，仍然建立在神化身某个神秘物的基础上。人民的国王有且只有一个，他就是国，他就是法兰西。

不过，由于人民和王权之间的裂痕日益加深，从17世纪末开始，这个"旧制度"就已是危机不断。生活在水深火热之中的人民（米什莱在读到路易十四在位中后期的资料时内心大为震惊，后来他采纳了这些资料，将其用在《法国史》的结尾处），觉得自己遭到不公的对待，将王权和正义准则逐渐剥离开来，而前者正是从后者那里才汲取到它的魔法力量的。人民和王权之间最大的一条裂口，则出现在路易十五执政的1744年至1755年期间："'王之化身'这个信条，不可逆转地倾塌了。"它的替代品已经降世，那就是思想的王者。在18世纪，精神的统治取代了国王的统治。从此，无论在宗教（中世纪）还是世俗（专制制度）领域，社会都不再需要化身这套骗人的把戏了；它在一个更加真实、更加纯粹、摆脱了"化身"这个必需的"物质"条件的信条中，发现了自己的统一性，这个信条就是"情感和思想全部投入进来的深层联姻"。在大革命博爱精神被明确之前，公共思想就已经定下来了。

在路易十五通过揭开王权化身的赤裸真相、揭示这个崇拜对象的虚无性、展露那副走向平庸死亡的肉体、一点一点地把王权埋葬在鹿苑荒凉的宫闱中时，哲学家已经宣告了新时代的到来。人们以那个全新的权利为起点,重新夺过他们先后让给上帝和国王的至高大权。在这个权利上,伏尔泰代表实践中的理性,卢梭代表理论上的理性。从他俩和他俩的书开始,尚未实际爆发的大革命在思想界各处已经完成,但只有一个地方除外,那就是君主制。"唯一不明朗的地方是王权问题。人们已经反复强调:这个问题不是个纯粹的表面问题而已,而是一个基本的、深层的问题,比法国其他任何问题都要根深蒂固。它不仅关乎政治,更关乎爱和信仰。从没有任何民族如法国人民那样,深深地爱过他们的国王。"

所以,王权还没有和路易十五一道彻底死去,而年轻的路易十六让它又恢复了一线生机。然而对于王权这个虚幻的假象,一个善良的国王(一个在主观上善良的国王)也再做不了什么了。揭开这个假象,用人的权利、人民的至高大权来取代它,这无疑正是法国大革命的意义之所在。

*

米什莱有着一颗受控于心的哲学家的脑袋:其思想总和情感相混杂,这已成了米什莱的个人特征。在演奏1789年大乐章的过程中,当他用法国大革命自己的语言、以心理化的方式讲述它的核心信仰时,当他描写往昔和当前之间的决裂时,当他赞颂一个以法国为标志的新世界的降临时,让人听了简直心潮澎湃。为了充分阐释这次决裂和降临,米什莱让两门宗教展开了对抗。而新的那个信仰,也就是权利的信仰,却可以说是一门反宗教的宗教,因为是它让人们重新获得了他们被上帝和国王夺走了的至高大权。这个观念本身是自相矛盾的。但它将1789年的决裂戏剧化,以避免人去思考法国大革命和当代政治的一个根本问题,而且它很有野心,不想受任何宗教干预、全凭个人意见去组织社会。因此，米什莱很难解释大革命的失败：既然波旁王朝专制政府已经走到尽头，那这门由权利和正义加持的新宗教又背负了什么沉疴呢？

然而，正因为米什莱对大革命和法国历史抱着亲厚态度，他才能深深理解历史中的演员、领悟到是什么关键因素在控制演员的动作台词。托克维尔从法国君主制中认识到了中央集权和社会丧失政治生命的机械论，认为是它使得法国人在不知不觉中酝酿了1789年的火山爆发。米什莱让一套阐述理论重新流行起来，这套理论旨在阐明为何一开始君主制如此高高在上、人民为何对它顺从和热爱，以及爱被辜负之后的反叛、树在王位上的人民象征物。两套阐述思想解释不同，但它们却是并行不悖的。米什莱的阐述体系开出了一条大道，由此我们方可理解法国大革命中的演员为何如此醉心于政治，方可理解他们的信仰（正是在这个信仰的基础上，重树起来的国民最高权力才可无所不能，并开启全体复兴的新纪元）。米什莱比任何人都清楚地意识到，在7月14日，在夺取巴士底狱这座空荡荡的巨大堡垒的同时，巴黎的闹事者也为人民重新夺回了他们被国王抢走的权力。

所以，米什莱的大革命史是由心而作的。他精准地察觉到，在这段风起云涌的年岁中，谁在行动；在或者人尽皆知、或者籍籍无名的所有演员中，谁是主演——人民，全是人民。米什莱意识到，即便大革命这段伟大岁月少了伟大人物的横空出世，但也是因为它一直在逃避那些宣称要领导革命的人。他知道，要探究大革命的深层动力，就应当深入最能体现大革命独特性、甚至是反常性的核心，那就是人民在权力舞台上的登场。以抽象的手法来讲述历史，这绝不是米什莱的风格。他没有如米涅①那样，在书中仅仅把人民处理成这幕大戏的三大群演之一，让他

---

① 弗朗索瓦·米涅（François Mignet，1796—1884年），法国记者、历史学家。——译者注

们和贵族阶级、资产阶级站在一起，并将其限定在阶级斗争的框架里。在米什莱的书中，历史并不是一种必然的宿命，人民不仅仅是理智的象征，更是由个人组成的群体，这个群体中那些做事全凭经验的人，其行为本身虽然不可预料，但他们却逐渐让自己的观念渗进大革命、成了它的一部分。

米什莱无需在记忆中苦苦挖寻，自然就能理解这群人。他紧挨着大革命出生（1798年），通过他的家族传奇故事，通过他的父亲——这个雅各宾派小印刷商的讲述，再加之童年时期的贫穷生活，他的整个物质世界和道德世界都浸透在大革命中。大革命时期的巴黎于他而言仍是历历在目，而现在的巴黎更是尽显眼前。他和20世纪其他历史学家不同，杜伊勒里宫、跑马场、雅各宾修道院、科尔得利俱乐部，这些地方对他而言绝不是一个个抽象的名字。在那些曾上演重大历史事件的小舞台上，米什莱长久地徘徊着、思索着，那伟大一代人的亡灵就在他心中和眼前。米什莱就是在徘徊和回忆中，汲取到撰写大革命史的养分；再加上他孜孜不倦地搜集19世纪初浩如烟海的口述资料，让这本书更是厚重不少。此书有时会受资料感染，文风中带着一种几乎四处泛滥、难以驾驭的激情，但在法国最伟大散文大师之一——米什莱的笔下，此书文字中透着盎然的生机、力透纸背的展现力和令人震颤的美感。简而言之，它成了一座文学的丰碑。

如他一贯的工作风格一样，米什莱撰写此书时也是勤勉无比。要丝毫不差地将他的资料文献重构出来，这并不是件易事，因为米什莱很少在注释中引用资料。此外，他还有一个历史学家惯有的不好习惯：不愿引用某些自己不喜欢的书籍或作者的作品，除非是为了发起批判，而不是用作参考。他就是这样对待毕舍和鲁-拉韦涅的《法国大革命议会史》的——虽然此书在许多地方为米什莱大革命史提供了基本信息资料，可米什莱一说起它就语带讥讽。但和同时期其他研究大革命的历史学家相比，他依然是独树一帜的，这点毋庸置疑。那是因为他对那个时代、那些事情的理解，比他们都要来得透彻。他们读过的东西，他全都读过，例如复辟时期和七月王朝时期出版的一系列回忆录、当时的报纸杂志、两大议会演讲合集（毕舍和鲁-拉韦涅的《法国大革命议会史》，以及《总汇通报》）。但他都选择了简练处理，却对档案馆的资料全面整理了一番。加布里埃·莫诺德存有一大摞米什莱的手稿笔记，他标注出了它们的四大出处：一个是米什莱最熟悉不过的中央档案馆，他在那里非常仔细地整理了各省联盟派在1790年7月14日联盟节时献给议会的致辞；一个是巴黎警察局档案室，里面藏有各区的会议笔录；一个是市政厅档案处，里面存有巴黎革命公社登记资料，然而原本却在1871年被烧，所以米什莱书中的残存资料就更显珍贵了；最后是卢瓦尔省档案馆，米什莱在1851年至1852年住在南特，在那里写完了《旺代战争》。这是一项令人望而生畏的工作，虽然它是略微仓促的赶工结果，却造就了米什莱的《法国大革命史》，在足足半个世纪里，对于那些渴望了解大革命历史的普通读者和历史专家而言，此书成了最主要的资料。路易·勃朗以一副小人的嘴脸，一边津津乐道地挑着此书的错误，一边又在不知廉耻地剽窃它。正因为米什莱，那些被人反复提及的重大革命日子——例如8月10日、5月31日、6月2日——那些在细节、时间、阴谋、激情方面都得到了细细刻画的重大事件，才在法国大革命历史中占据了教科书一般的地位。

在大革命各阶段中，米什莱最看重的就是革命早期，也就是从三级会议到联盟节这段时期。此外，此书这一部分写于1846年至1847年，也就是共和党人满心希望、无比乐观的时候。当时博爱精神还在为上一辈人欢呼，而不久之后却迎来了比1792的分裂得还要严重的1848年。米什莱颂扬1789年，其实是在颂扬夺回自己的最高大权、在权利得到保证之后，人民和国家所实现的统一。这场革命完全不同于英国17世纪里的那场"无足轻重、因利而生的岛国革命"，因为它并非在要求从某个国民遗产中分得利益（这里指的是英国人的自由），而是通过一个被选定的民族发出的呐喊，建立起新时代一部普世的信经。这是米什莱对《人权宣言》的阐释，但他也就此批评了立宪派，认为他们更强调的是个人的权利，却没有将"权利"二字大写强调，使其超越主体权利。很有可能是敏感于自然权利哲学引来的无数批评的缘故，尤其是左派那边的批评（如圣西门、孔德、毕舍、路易·勃朗等人），所以米什莱试图使大革命的基础绝对化，试图让它扎根在一个超越人性的地方。

这个基础需要一个博爱团结、从封建制度四分五裂的状态中解脱出来的法国，于是有了8月4日之夜的集体献身。它需要一个独立自主、不受国王否决权限制的议会，于是这个议会在9月初建起来了。它要求一个被打败的、重回现实的君主制（这个现实即指人民），一个从流亡在凡尔赛到被带回巴黎的君主制，于是十月事件发生了。米什莱撰写的这部历史，既不同于伯克的大革命史，也不同于拉利-托伦达尔、穆尼耶、斯塔尔夫人、基佐等法国亲英派的大革命史。在法国大革命身上，他欣赏的是它在哲学上的普救主义、在抽象上的激进主义，以及那种绝对可说是独一无二、让它得以成为一个典范的特性。在这个开辟了解放人类道路的民族身上，他要颂扬的不是当代的个人主义——恰恰相反，法国正是因为当代个人主义才和其他民族越来越像，而且尤其像那个被米什莱憎恶不已的、精英贵族式的、商人嘴脸的英国。不，他颂扬的是博爱，正因为这种精神，人们才有了统一的渴望，才得以摒弃陈见、消除个人和社会之间的对立。他在书中通过简化西哀士的思想，对民族思想进行了深刻的探讨；唯有民族思想才能让自由个人整合为一体，才能用追求解放运动中必然的历史作用来解释这个群体看似得天独厚的命运。

而这就是联盟节的意义。在米什莱眼中，1790年7月14日就是大革命的高潮和精髓。但米什莱和另一个与他同属一个时代、对这一天也是大加歌颂的人——托克维尔之间，隔着一道鸿沟。要理解这个事实，那只需听听米什莱是怎么说的就够了："……它成了让法国团结起来的一句咒语。这些省联盟一切都向中央看齐，大小诸事都以国民议会为准，甘心依附于议会，忠诚于议会，也就是忠诚于祖国统一。所有联盟都对巴黎发出的博爱呐喊心怀感激。"

然而，法国大革命并没有如它看来的那般坚不可摧。从1790年颁发《教士民事基本法》开始，它就开始显出颓势了。这部"脆弱、不合实际的"法律分裂了人民，重新煽起了宗教狂热主义，把武器又递回反革命派的手中。大革命本应巩固自己的信经，最后却和敌人的信条妥协了。"若大革命无法从宗教角度上认识自己，不知道它身上也背负着一个信仰，这将对大革命造成最致命的危害。它根本就不了解自己，更谈不上了解基督教；它不知道自己和基督教到底是同路人还是敌对者，不知道自己是该往回走还是朝前进。"它做了什么呢？它想改革基督教，却又不信基督教，因为它是启蒙运动的嫡子。"它本扮演伏尔泰的角色，却要去蹩脚地改革教会，宣称要让它重新严格遵守使徒教义。"那个新的宗教，那个联盟派的宗教，那个和基督教个人主义截然不同的爱国博爱精神，它们本可以成为大革命的旗帜，可1789年时候的人却放弃了。

受过18世纪哲学熏陶的他们，懂得去修复荏苒岁月在人类身上留下的累累伤痕，却不懂得将1789年那股肆意奔涌的博爱激流打造成新的宗教信仰，让它延续下去。所以思想上的分歧又出现了，反革命重得力量，从过去中找到素材、策划出无数阴谋，以阻止新思想的涌动。要铲掉这个可怕的危险，"那就只好靠阴谋。所以雅各宾分子的阴谋装盘上桌了，整个法国都被卷入其中"；这个"巨大而又可怕的机器让大革命拥有了无穷的力量，也只有它才能拯救大革命"，但同时它也改变了大革命当初接受的神启，更阻断了大革命发展成一门宗教的可能。于是，这个任务被交到19世纪共和党人的身上。

这也是米什莱在本书中仔细剖析的主要点之一。正是从这时开始，大革命进入了一个内外交困、社会分裂、政治分歧不断的时期，并迅速走向恐怖统治。但这场悲剧的起点到底在哪里？它是从革命敌人中间发起的，还是大革命本身软弱无力的缘故所导致？人们永远也说不清楚。但无论如何，这个失败也算不上是彻底的失败。虽然大革命被缩小到雅各宾俱乐部的圈子中，但它依然是大革命；它并没有如基内在后来宣扬的那样，走向了革命的反面。只是1789年的熊熊火焰燃到后面，变成一簇不住跳动的微弱火苗罢了。"89派"和"93派"在大革命史编纂上闹得不可开交的时候，米什莱就是这样探讨这个经典问题的。他从根本上反对毕舍、路易·勃朗及其他社会党人对1789年的看法，但也拒绝让1789年和1793年割席断交，绝不赞同将1793年视作对1789年纯粹的背弃。无论在1849年还是1851年，米什莱都没有放弃对共和的信仰，哪怕在撰写《法国大革命史》1793年这部分令人心碎的内容时，哪怕他当时正过着颠沛流离的日子，哪怕1793年的大革命已经化为幽魂，他也没有将其放弃。国民公会和雅各宾派用专制和恐怖统治取代了人民的至高权力，但他们却拯救了祖国。

看着大革命走上偏激、退化成一个个不宽容的小宗教团体，米什莱是痛心的。他不喜欢吉伦特派的浮躁，更不喜欢罗伯斯庇尔"如教士一般的"狂热。他抨击1793年5月31日至6月2日反议会的武装政变，对当时的街头暴力掌控了议会的事件持否定态度。但在此事发生前后，国民公会依然是大革命的思想圣殿和1789年的正统继承者。米拉波写到审判和处死路易十六时，文字如行云流水一般，我们只需反复阅读该部分，就可以明白他的态度了。那时正是最关键的时候，是大革命的一个转折点。两股力量在那一刻正面交锋，一个是旧王权、一个是新势力，一个是国王、一个是人民代表。国民公会先前不敢宣之于口的审判结果，现在必须被明确地公告天下。大革命把人民放到国王的位置上，那他们就应当对那个篡夺人民之位如此之久的偶像做出判决，就应当对路易十六所代表的王权发起进攻、宣告那可笑而又神秘的王之化身的信仰的终结。当然，对国王执行死刑的人并不是米什莱，故而他可以大胆地借用这则殉难故事，将其重塑成一个"得到永生之人"。即便如此，在共和国第一个冬天的这场诉讼中，米什莱看到的仍是关乎大革命正义的一幕最恢宏的大戏，那就是权利的确立。

恐怖统治则是另外一回事。它不仅仅是非常时期的非常产物，更是雅各宾派狂热主义结出来的一个果实。在米什莱的这本书中，1793年的雅各宾派取代了1789年人民的位置。实际上，革命爆发三年之后，在那个云扰幅裂、动荡不安的时候，一个值得注意的现象就出现了，那就是公众的淡漠。"1793年，人民回到了各自家中；这个年末还没到来，他们就得拿到工资才肯回行政区……面对日益加重的懈怠情绪，为了拿出相应解药，那个在1792年就被放出来的可怕玩意儿、给公安委员会提供主要动力的火车头——**雅各宾社团**，被重组和建造起来。"于是，俱乐部用它的"火车头"取代了一场已经失去民众推动力的革命，用政治上的公认信条取代了自由思想。这个思想骑士团被一个如军人般有着铁血纪律的机器操持着，并很快走上了一人专政、由上而下的恐怖统治道路。在这一部分，米什莱驳斥了恐怖统治纯属时局使然的这一乏善可陈的阐述（米涅和路易·勃朗两人都是如此解释的），并反对艾加尔·基内提出的绝对主义在大革命内部死灰复燃的观点。他把借人民的名义将民主权力充公的寡头政治具有的极其新式的狂想，率先大胆地提了出来。

然而，米什莱的大革命史在热月9日就收尾了。写到那一天——当时正是1853年夏——米什莱搁下笔，再没有撰写后文，没有接着写他从心底抵触、直到后来时才愿意去讲述的热月事件带来的反作用。即将登台的第二帝国，是一个大革命在资产阶级、金钱和军队的长期荼毒下走上变质道路的时代，它从本质上无法吸引米什莱投入对它的创作中。他想像编写君主制编年史一样编写一部共和国的编年史，不愿把它的过去交到资产阶级的手中、让他们去任意涂抹，也不愿再去清点波旁家族的头衔。在这场往昔和当下之间的、从头到尾都只着眼于法国大革命的论证中，米什莱选择在热月9日处停笔，以此表达自己的忠诚。

米什莱如他所愿，通过大革命高高树了一座共和国的纪念碑。这座纪念碑所纪念的不仅是第一共和国，还有第二共和国，还有大革命中某些被他选为典范的时刻。他所青睐的时代，仍然是那个旧王权即将被连根拔除、人民靠自己的双手获得解放的时代，是法国上下都跃进大革命的激流、团结在国民博爱旗帜下的1789年和1790年的时代。共和国在诞生的时候，也就是1792年夏，没有完全尽到自己的承诺，那时烽火不绝、阶级分离、人心各异、人民麻木不仁。但那又怎样？只要我们能从它的骨子里看出它未来的模样就可以了——那是一个自由的文明世界，那个世界的人如手足兄弟般友爱，为共同的祖国效力，甘心充当人类进步的先锋军。

所以，米什莱的共和国史其实是一道民主和民族的宣言，是一道通过博爱精神、并在博爱精神中实现了法国民族性的宣言。他想借着这道宣言，摆脱自由主义历史学家和社会主义历史学家就1789年至1793年大革命提出来的一个明显矛盾的说法，摆脱那种以牺牲1793年为代价、去歌颂1789年的观念，摆脱那些站在1793年的立场上去批评1789年的声音。米什莱既不喜欢奥尔良派资产阶级，也不喜欢社会党人的流派；他试图透过云谲波诡的乱象，找到大革命的独特寓意；但这个寓意既不带有资产阶级色彩，也不属于社会主义路线，它蕴含在一个关乎正义和博爱的新宗教中，米什莱便是在那里发现了民主的实质。

米什莱在构思本书时采百家之长，从许多作家的许多书籍中搜集原始资料，其中有赫尔德①、费希特②、梯叶里、毕舍，并将普世性和民族性有力地结合起来。共和国从右翼甩掉了资产阶级的个人主义、从左翼摒弃了恐怖统治的思想荼毒后，成了法国历史命运之路上的一个象征。它所宣扬的，正是第三共和国创建者不久之后呼喊的"政教分离"。这枚为法国所特有、在其他任何欧洲政治文化中都找不到类似物的思想徽章，它反照出的一些价值在忠诚地守护着某个令人肃然起敬的宗教之物，即便它否认了宗教。古人对公民平等的信仰，现代对自由的狂欢，

---

① 约翰·哥特弗雷德·赫尔德（Johann Gottfried Herder，1744—1803年），德国哲学家、路德派神学家、诗人，其作品《论语言的起源》成为狂飙运动的基础。——译者注
② 约翰·戈特利布·费希特（Johann Gottlieb Fichte，1762—1814年），德国作家、哲学家、爱国主义者，古典主义哲学的主要代表人之一。——译者注

两者结合成了一体。在学校成为这一结合的发生地和风向标之前，米什莱就已经预言了宗教的公民身份。在20世纪，虽然它没能从扩张的个人主义和社会主义批评狂潮中幸免于难，但这完全无损一个事实：在整个19世纪里，它一直都是大革命留给共和派的一份宝贵遗产。

为着这份遗产，米什莱献出了自己的天赋之歌。他的歌声中，既带着对历史的一腔激情，又混着他那种不可模仿的、如伟大艺术作品一样永不湮灭的清音幽韵。无论今天还是从前的读者，都被他那如激流一般倾泻而下的文字所打动，被这段以诗意的手法娓娓道来的历史中超越时间的真理所吸引。在这场从1789年春持续至1794年夏、只有短短五年、却具深远意义的大戏中，米什莱再造出不计其数的演员，将最细碎的时刻、偶然、宿命、激情与理性一一重现出来。由于他对人和事的强大预言能力，在法国大革命和它数不胜数的孩子之间，米什莱永远都是那个最伟大的说情者。

1868年作者序

　　这本书，是我历时八年才得以完成的心血之作。它没有在安好岁月中即兴挥墨而就的幸运，而是分娩于充满不虞与变故的多事之秋。

　　二月革命时，此书前两卷已经成形，我在其中记叙了大革命最美好的那段岁月。那时的大革命和它年轻的姊妹——1848年革命一样，虽然幼稚，却博爱、宽厚。这两卷，便是该时期一场场欢宴的记录。

　　接下来，惨痛的事情发生，但我并没就此罢手。1850年，另外三卷也问世了。当时，文坛上的所有声音都被扼杀，一切生命仿佛都被中止。我只身在档案馆深处潜心创作，独自书写着另一个世界的萧然废墟，在某一刻甚至觉得世上只剩下自己一人。

12月2日事件之后，我离开巴黎，走时身上别无他物，唯有最后几卷恐怖统治时期的相关书稿而已。我在南特附近、离旺代一隅之隔的地方，于孤独和静寂之中完成了手稿。①

所以，在经历了风风雨雨和坎坷流离之后，这部历史之作披着一身累累的鲜血、带着愈挫愈强的生命力、怀着灵魂和思想，终于走到了终点。虽然一路上狂风骤雨不断袭来，但它从未偏离最初的路线，命运的挫折和阻挠没能拦住它，反而帮助了它。1853年1月，我住在一所一下雨就上漏下湿的破旧小屋中，提笔书写同样是发生在1月份的恐怖统治："我带着自己的探索，陷入黑暗和冬日里。南特山谷刮来的疾风，两个月以来一直在执着地拍打着我的窗棂，声音时而萧肃、时而凄厉，陪伴我写完了1793年最后审判日。多么和谐，多么应景！我要感谢这股冬风。在它的怒号中，在它尖厉的嘶叫中，在如刀的疾风拍打窗棂时发出的哗啦啦的响声中，是它在不断告诉我一个强大而正确的事实：所有看上去似乎已经死去的东西绝不是死亡；相反，是生命，是未来的新生。"

十五年后，在我付出巨大心血终于完成了《法国史》以后，我又回到了这里。从《法国史》到《大革命》，我好像回到了同一个家，一个我离开还没多久的家。这个家变了吗？没有。炉子已经凉了吗？也没有。

时隔经年再回到这里，今昔之比让人倍感唏嘘。在这十几年里，我怎么了？我们（我们法国）怎么了？我们变成什么样子了？

先克制一下情绪吧！不论如何伤感，我们也得坚定地抬起目光，看看如今是何情形。

---

① 1851年12月2日拿破仑三世政变之后，当局采取高压手段禁止人们批判教会和王权。内阁一道命令下来，米什莱不得再在法兰西学院授课，由于拒绝向帝国宣誓效忠，他也被档案馆解雇，从1852年中到1853年10月都住在南特。——译者注

岁月的车轮碾碎了许多东西，但也令人有所长进。1848年的时候，什么重大问题都一窝蜂地冒了出来，乱七八糟地摆在我们面前。当初没有被整理清楚的东西，久而久之终于被我们弄懂了。当初我们忙着分毫析厘，导致内部分歧无数。而如今在这方面，我们已取得巨大的进步。我们没有反悔、没有食言，我们所有人、大革命的每个孩子，都为了大革命聚成一个整体，朝着同一个目标努力着。具体如下：

第一，事物恢复了自己本来的面目，一切都回归到自然传统里。今天我们每一个人，谁不把自由视为至高无上的圣物？**经济问题**的地位看似高过自由，但它是自由的结果和基础延伸。自由先于一切，包纳一切，也保护一切。

第二，**宗教问题**看上去已成了次要问题。我们的警告只有极少得到应验，波舒哀①、迈斯特尔②之流，徒劳地高声告诉我们两大权力已紧密结合起来——他们知道得未免有点晚了。他们看到兵营就设在修道院边上时，看到那些耸立在城市高处、宣布着军刀与神杖狼狈勾结的并排而立的建筑时，就该清醒过来了。

第三，绝不可再起烽火。这是我们全体人民一致的心声。除了战争，法国还有更多大事要做。它很开心看到意大利和德国在涅槃之后崛起，并真心实意地献出了自己的祝福。更值得称道的是，虽然两边的勇士仍不畏惧战争，但他们清楚认识到战争和勇敢与否并无关系，明白它只是枪与枪之间纯粹的机械对抗而已。

第四，也许后人看来会有些荒谬：1848年我们之所以产生分歧（也

---

① 波舒哀（Bossuet，1627—1704年），17世纪法国神学家，路易十四的宫廷牧师，支持法王路易十四，鼓吹绝对君权论。——译者注
② 迈斯特尔（Joseph de Maistre，1753—1821年），法国哲学家、作家、律师及外交官。在法国大革命之后的那段时间，他站出来为等级社会与君主制辩护。——译者注

许还是最尖锐的分歧），其实这涉及到一个和过去不无关系，并夹杂着一定现实性的历史问题。当时有的人对一些已经故去的历史人物产生惺惺相惜之情，这些人物可以是米拉波、韦尼奥①、丹东，也可以是罗伯斯庇尔。如今，我们当然会有所保留地去同情大革命中的某些英雄，也能对他们做出更全面的评价了。我们把他们视为一个握手言和的整体，而不再是相互对立的敌人。即便我们中的某些人还执着于这些争论，但这个于1848年诞生的伟大的法国，以及这五十万参与着未来、参透着未来、自己本身也代表着未来的群体，他们会以好奇的态度去看这些事情，但无论如何也不会将其付诸实践，更何况今时已不同于往日，再无实践的必要和条件了。

    时间一年一年地过去，随着大量文件资料的公开，往昔那段备受争议的历史终于揭开了它的面纱。而我们这些历史学家也做了一些事——虽然每个人都有自己的历史观点，但我们都（通过自己夸张的表达）把它明明白白地讲了出来。看到这样一幅百家争鸣之景，我觉得甚是有趣。我多希望自己能有一双妙手，去勾勒出一部历史学的历史；我也多想告诉世人，我们在大革命研究领域中取得了怎样的成就。

    只从1789年开始讲述大革命，那就是在只求果、不问因。若从路易十五开始，也仍然解释得不够。我们应该挖得再深一点儿、更深一点儿。只有摸清法国过往历史的明溪暗河，才能理解最后掀起的这场滔天巨浪。法国一点一点地走出黑暗，终于在18世纪放出万丈光芒——这个世纪，不再是迷茫、混沌的一个世纪，它扬扬洒洒地泼墨书写下我们当

---

① 韦尼奥（Pierre Victurnien Vergniaud，1753—1793年），法国律师、演讲家、政治家，法国大革命的代表人物之一，布里索（Brissot）和吉伦特派的支持者。——译者注

代的信经，那部后来被大革命付诸行动的信经。

长期以来，工作繁重，辛苦至甚。但当我（在我写的1750年前后路易十五史的书中）怀着满腔欣喜写出这部光明信经的名字时，我的心血也得到了回报。可是在光明的背面，我也书写了黑暗，记录了家族谋反。自弗勒里①内阁之后，西班牙和奥地利、天主教和君主制，便以姻亲的方式勾结在了一起。这产生的第一个后果，便是玛利亚-特蕾莎②控制了凡尔赛，以及那场葬送了法国、把世界版图拱手让给英国的七年战争的发生。第二个后果，便是玛丽-安托瓦内特左右法国，以及1789年那场迟到的（迟到得太久了！）火山喷发。

有些人想说，这些重大历史事件都是某一党派策划的结果，是奥尔良的阴谋，是巴黎强加给法国的一场造反。这些人都不愿动动手指去翻一翻那数百卷陈情信，听一听各省的心声，读一读各省写给制宪议会的训诫。最起码，他们也该读一读由夏散③编辑的那本《陈情信摘录》吧？

在第一卷书中（作于1847年），我曾小小阐述了一下个人利益和物质财富的思想。其实每场革命中都会有人产生追求私利的念头，不过在我们的大革命中，私利在人心中反而不是那么重要。大革命得遭到怎样的歪曲和抹黑，才会让今天的人站在这种角度来看待它啊？基内在他的著作中大力肯定了我的这个观点。没错，大革命是无私的——无私，便是它崇高的天性，是它神圣的旌旗。

那时，天空日羽晔晔，整个世界都战栗起来。巴士底狱的攻陷让整个欧洲都疯狂了，所有人在公开场合热烈拥抱着（连在圣彼得堡也不例

---

① 弗勒里（André-Hercule de Fleury, 1653—1743年），路易十五的首席大臣。——译者注
② 玛利亚-特蕾莎（Marie-Thérèse, 1717—1780年），奥地利女大公和国母，匈牙利女王和波西米亚女王，神圣罗马帝国皇帝弗朗茨一世的妻子，安托内特的母亲。她让哈布斯堡王朝重新焕发生机，奠定了奥地利大公国成为现代国家的基础。——译者注
③ 夏散（Charles Louis Chassin, 1831—1901年），法国历史学家，著有《法国大革命的化身》。——译者注

外)。那是一段多么刻骨铭心的日子啊！我是谁，凭什么能讲述这段历史？我不知道，也永远不会知道自己当初是如何再现这段历史的。时隔六十年之久，重读讲述这段峥嵘岁月的文字，发现它留下的记忆依然如此鲜活和滚烫，这是一种多么令人难以置信的幸福啊！我的心灵充盈着一种英雄般的喜悦，这满页满纸无不浸透着我的泪水。

因为内心充盈了，我才能参悟到大革命的无边无涯，才能在不同时期、从不同角度上将其重现。只见树木，不见森林的做法，会让人误读大革命。即便某些观点相互对立，但究其本质，仍是和而不同。当我们从各个方面去展现大革命后，它的伟大精神就被各民族领悟和理解到了，也定能受到后世子孙的欣赏和认同。正因如此，大革命这位伟大的先知才会踏遍世间每一寸土地，用各种语言宣扬着自己的理念。每个人都有权得到再现，也理应得到再现。

只把视野局限在某个俱乐部中来看大革命，这是绝不可行的。尝试这样做的路易·勃朗付出了无尽努力、倾注了半生心血，其研究却以失败告终。试图用雅各宾俱乐部这道小小篱栏圈住汪洋大海，这完全是在做无用功。大革命就是一片于四处奔涌驰荡的大海，这道篱栏充其量只是提防革命被背叛的警察、眼线和守卫罢了；它真正活跃奔涌着的力量，甚至山岳派本身，以及那些少有台词却是真正主角的人，绝不局限在雅各宾派中间。

时间娓娓地道出一切，资料文献的公布让人再不能偏听偏信。由朗弗雷①记录下来的吉伦特派那篇激情澎湃的辩护词，而今读来是何其掷地有声。从死亡之国传出来的、(于1866年) 终于为世人所闻的佩蒂翁②

---

① 朗弗雷 (Pierre Lanfrey, 1828—1877年)，法国历史学家，1858年发表了一篇关于法国大革命的短文。——译者注
② 佩蒂翁 (Jérôme Pétion de Villeneuve, 1756—1794年)，法国作家、政治家、吉伦特派成员，著有《民法》。1789年入选三级议会和制宪会议，1791—1792年担任巴黎副市长。——译者注

和比佐①的遗言，今天还有谁敢再反驳一二？

但我们的罗伯斯庇尔党人便是抱着这种固执和偏见（即便在评价山岳派时仍是如此），死咬着丹东不放。而魏约梅（Villiaumé）、艾斯基洛②（在他文采斐然的书中）则从语言上，更从行动上替丹东辩解。在布扎尔（Bougeart）和罗宾内（Robinet）最近发表的作品中，他们几乎都在袒护他，为他洗清死后的名声。

这场个人之争把山岳派真实的一面掩盖了。直到今天，人们才开始看清它，才更深地了解了它。那两百位身负使命却已被遗忘的议员，他们的伟大和坚毅又重现于世（我们因为他们的坚毅方才得救）。两位二十五岁的医生，博多和拉科斯特③，又一次戴上了他们那顶莱茵河征服者的桂冠。才为世出、素有军事组织者之称（同时又是瓦蒂尼的英雄）的卡诺④，又通过他儿子亲手写下的文字回到我们身边。罗莫和其他五位战友⑤，这群赤子之心可鉴日月、在牧月暴动中用自己的鲜血书写下大革命悲壮诗篇的仁人志士，他们的精神终于在克拉雷蒂（Claretie）的书中得以再现——那滚烫却真实得残忍的文字，每每读来都让我内心震颤不已。

在当今这个软弱的时代里，很少有人能够想明白：在那样腥风血雨

---

① 比佐（François Buzot，1760—1794年），法国政治家、法国大革命领导者、吉伦特派成员，在审判路易十六的时候投下死刑执行赞同票。1793年，比佐、佩蒂翁和吉伦特派其他成员一起逃亡，在波尔多附近被围，佩蒂翁与比佐一起自尽身亡。人们在野地里发现两人时，尸体已被野兽啃得面目全非。——译者注
② 艾斯基洛（Henri-François-Alphonse Esquiros，1812—1876年），法国作家，著有《山岳派史》《自由烈士史》等。——译者注
③ 博多（Marc Antoine Baudot，1765—1837年），医生、法国革命家、立法议会和制宪议会的议员；拉科斯特（Élie Lacoste，1745—1806年），法国革命家、医生、立法议会和国民公会议员。1793年11月3日，两人被派往莱茵-摩泽尔军团，参加了由拉扎尔·奥什率领的法军和普鲁士军队之间的凯泽斯特劳滕战役。——译者注
④ 卡诺（Lazare Carnot，1753—1823年），法国数学家和工程师、公安委员会成员，法国大革命时期因大量动员人民参军而被称为"胜利的组织者"，他在防御工事方面的著作也大大影响了现代军事方法。1793年10月16日的瓦蒂尼战役中，在卡诺和茹尔丹的率领下，法军击败奥地利军队，在第一次反法同盟战争中取得胜利，逼得奥地利皇帝放弃莫博日，退守东边。——译者注
⑤ 罗莫（Charles-Gilbert Romme，1750—1795年），法国政治家和数学家，1791年曾是吉伦特派，但1792年选入国民公会之后站在山岳派一边，投票赞同处死路易十六。在牧月暴动中，他和其他五位战友被判处枪决，在走上法庭的台阶时，罗莫自刎而死，最后一句话是："我为共和国而死。"——译者注

的环境里，在自己半只脚都已经踏进死亡大门的时候，为何这群人中之杰还在幻想着不朽大业？当时有多少思想蜂出并作、各引一端啊，有多少人物横空出世、灿若星辰啊，有多少英雄俊杰在为未来奔走呼号、为后人鞠躬尽瘁啊！此番景象，简直是旷古未有之奇事！而与人们一贯的想法相反的是，这一幕并不是上演于风平浪静之后，而是发生在风声鹤唳、人人自危之时。可贵的是，戴斯普瓦（Despois）的一本书（《革命的破坏》）终于为这个时代开创了新的历史，一部属于它自己的创世纪史。

令人尊敬的拉斯泰瑞（Lasteyrie）曾谈过这段历史，并表达了自己的观点（他因此而身陷危险之中），对于他的这番话，我非常感同身受。其中，我只想引用这么一句："诸位，这是多么美好啊！你们可能会丧命！想躲吗？我，我从没这么想过！我就在法国行走着、漂泊着。我陶醉了……没错，这是多么美好啊！"

有人说，大革命犯了一个错误。要压制旺代的狂热和天主教的反扑，它就应该用基督教派的某部信经来武装自己，打出路德派或加尔文派的招牌。

我的回答是：在这点上，大革命认输。它没有利用任何宗教。为什么呢？因为它本身就是一个宗教。

1790年那幅波澜壮阔的联盟画卷，就像基督教徒的圣餐仪式一样，是人世间无与伦比的神圣庆典。1792年时的众志昂扬之景，更是国人做出的绝对、无尽、毫无保留的伟大牺牲，是人民谱写出的一曲最崇高的悲歌：他们是为了和平而战，是为了解放世界而战。

"没有自己的信条？"但哪个宗教不是用了好几个世纪，才形成了自己的信条？信仰便是一切，形式无关紧要。祭坛边上的石刻被雕琢成了什么样子，这难道很重要吗？

权利、真理以及永恒的理性，它们的神坛一直都在，没有少一砖一石，在安静和沉默中等待着。这座神坛仍是我们那些伟大的哲学家和法学家当初搭建起来的样子，就像拉普拉斯①和拉格朗日②做出的时间参量规则计算一样，坚稳而又结实。

谁不识得这座神坛？谁在那里没有感受到上帝的存在？是谁守在它的周围？是美国的托马斯·潘恩③，是波兰的科斯丘什科④。义务论的鼻祖康德（这块波罗的海的顽石），在这里激动得不能自已。我们看到垂垂老矣的克洛普施托克⑤伏在上面老泪纵横，看到贝多芬这个骄傲的孩子也趴在这里失声恸哭。

伟大的斯多葛派哲学家费希特，在最骤烈的狂风暴雨中也紧紧抱着这座神坛，绝不松手。他保持了对我们的忠诚。早在1793年，他就发表了一本关于大革命之不变权利的著作。

我们为此感激费希特，是他守护着革命的那颗钢铁之心。正是这颗心，让德国在耶拿战役之后重新崛起，为这个世界的觉醒做好了准备，用一股更强大的力量——思想——来对抗武力，在虎狼一般的敌人面前，宣告永远不可能被除掉的权利之神终将取得胜利。

---

　① 拉普拉斯（Pierre-Simon Laplace，1749—1827年），法国分析学家、概率论学家和物理学家，法国科学院院士。——译者注
　② 拉格朗日（Joseph-Louis Lagrange，1736—1813年），法国著名数学家、物理学家。——译者注
　③ 托马斯·潘恩（Thomas Paine，1737—1809年），英裔美国思想家、作家、政治活动家、理论家、革命家、激进民主主义者。美国独立战争期间，他撰写了铿锵有力并广为流传的小册子《常识》，极大地鼓舞了北美民众的独立情绪，他也被广泛视为美国开国元勋之一。后来受到法国大革命的影响，潘恩撰写了《人的权利》，此书成为启蒙运动的指导作品之一。——译者注
　④ 科斯丘什科（Kosciusko，1746—1817年），波兰军队领导人，波兰、立陶宛、白俄罗斯和美国的民族英雄，作为国家武装部队最高司令，领导了反抗俄罗斯帝国和普鲁士王国的科斯丘什科起义。——译者注
　⑤ 克洛普施托克（Klopstock，1724—1803年），德国诗人，认为写诗是神圣的天职，主要作品有《救世主》和抒情诗《颂歌》。其中《颂歌》对德国作曲影响深远。——译者注

*

我想再简单说一下此书的创作历程。

它是在国家中央档案馆里呱呱坠地的。当时担任档案馆历史部总负责人的我，在那里花了六年时间来撰写此书（1845—1850年）。12月2日事件之后，我又在中央档案馆待了两年，然后在旺代附近的南特档案馆里将此书结束（我在此馆挖掘到了各种宝贵的资料）。

因为有文件、原始资料和手稿为支撑，所以在一堆书籍尤其是回忆录里，我很容易就能发现哪些是在文过饰非，甚至是在拾人牙慧，例如，罗什（Roche）替勒瓦瑟尔①写的回忆录就是如此。

至于梯也尔②、拉马丁和路易·勃朗诸位先生极为推崇的《总汇通报》，我也每份都看过。

白天里的当权派到了晚上摇身变成《总汇通报》的编辑，这种事情从一开始就没停过。9月2日之前，是吉伦特派在对它指手画脚；6日，又变成巴黎革命公社③对它发号施令。在每一场激变和危机中，《总汇通报》都成了一块任当权者揉捏的橡皮泥。议会会议纪要把这些都说得清清楚楚，揭穿了《总汇通报》和它的抄袭者们（如《法国大革命议会史》）的本质——《总汇通报》本来就是缺胳膊少腿，它的抄袭者们走样得更是厉害，这也不足为奇了。

我们的档案馆有一个也许令世上其他任何资料馆都难以望其项背的少有的优点：关于每个重大事件，你都可以在这里找到各种非常详尽、非常完善、分类非常明确的资料记录。

---

① 勒瓦瑟尔（René Levasseur，1747—1834年），法国政治家和外科医生，国民公会议员，在审判路易十六时投了赞同票，后严酷压迫和追杀吉伦特派。——译者注

② 梯也尔（Marie Joseph Louis Adolphe Thiers，1797—1877年），法国政治家、历史学家，路易·菲利普时期的首相，在第二帝国灭亡后再度掌权，因镇压巴黎公社而为人所知。——译者注

③ 即1789—1795年的巴黎革命公社（Commune de Paris），建立于攻占巴士底狱之后，热月政变后被解散。——译者注

关于联盟，我找到了数百份来自各城市村镇的相关文献（存于中央档案馆）。就巴黎革命派遭到血洗的悲剧，市政厅档案处给我打开了一扇窗户，让我读到了公社的资料记载；巴黎警察局保存的四十八个行政区划的相关会议记载，也让我得以发现许多说法不一的信息。

说起政府行政，在公安委员会方面，我找到了它的所有资料记载，里面连它颁发的法令都按照年表顺序得到了规整收档。

有时，会有人指责我援引过少。如果我的一般文献来源都是些零散资料，也许我会多做引述。但是我惯用的参考资料通常是按照编年史顺序撰写出来的大部头，只要我注明了一件事的发生日期，读者就可以立刻在相关参考资料中搜索到它。所以，我无须做太多援引。某些流俗之辈的作品资料，引用它们益处甚少，反会打乱文笔和思路。至于靠知名著作来装饰自己的文字、用琐碎无意义的小册子来丰富书的内容，以此来吸引世人的关注，这实在是种毫无意义的炫技卖弄。一部权威的史记大作应当靠作品的严密性和连贯性立足于世，而不是靠琐碎书目的罗列杂陈来吸引眼球。

因着这个基本原则，我的记载与文书一样不可刊改。我所做的不仅仅是摘抄，而是把杂散的资料誊写出来（而且没有雇用任何人帮忙），将其收集整合到一起。其事核，其言实，不容半分改动。若我根据事实得出的看法受人攻击，这也无甚紧要。但攻击我的人首先应当承认一点：他用来反对我的史据，都是从我这里得来的。

所有识字的人都会注意到一个地方：这部史记中有些地方也许写得太过慷慨激昂，但它绝不含含糊糊、语焉不详，绝不流于毫无意义的泛泛之谈。可是，我胸中的一腔激情、我投进去的一片热忱，仍然没有得到丝毫满足。它探寻着，渴望挖掘出真实的性格和人物，渴望展现出每个演员独一无二的生命。这里面的每一个人，我都绝不只停留在他的某些理念、某些体系、某些政治剪影上，我不断挖掘，一直触碰到他最深处的内心世界方才罢休。若我们严肃认真地对待这些历史人物，抓住他们人性的一面，就会在某些方面对他们产生新的认识。我没有对罗伯斯庇尔做过一丝一毫的美化。然而，当我谈起他的个人生活、那位细木匠、那座小阁楼、那个潮湿阴冷却在他灰暗人生中投下过一缕阳光的小院子时，我所描写的这一切都深深打动了一个朋友的心扉，虽然其立场完全与罗伯斯庇尔相反，他却不得不向我承认：读到这段文字的时候，他自己也忍不住流下了眼泪。

  对我来说，在大革命中登场的这些主演绝不是一个个冷冰冰的角色。在追寻他们起伏转变的人生之路、在他们思想深处苦苦探究时，我不就和他们同生同息、成了他们的忠实伙伴吗？久而久之，我也成了他们中的一员，成了这另一个世界里的一员。我为自己打开了一扇可以凝视这些影子的窗口，相信他们也已认识了我。他们发现我和他们一样茕茕孑立，一个人在长廊上游荡，在这些少有人光顾、空荡荡的资料室中徘徊。偶尔，我还能发现肖梅特①或其他人留下的书签静静地夹在他们最后一次翻读的那本书的扉页里。在科尔得利俱乐部会员凌乱的笔记里，有一句话还没来得及写完，死亡却突然袭来，让纸上这句话成了永远的断点。时光在这里落下厚厚一层尘埃，我能够呼吸着岁月的沉淀，能够穿梭在这堆纸张、资料、文档中间，真乃平生一大幸事！这些文字并不是深默的哑巴，这里也并不像看上去那般死寂。每每触碰到这里的一切事物，我就觉得某个东西苏醒、走到我面前来——这个东西，便是灵魂。

---

  ① 肖梅特（Pierre Gaspard Chaumette，1763—1794年），法国大革命时期政治家、巴黎革命公社领导人，思想极端狂热，1794年4月13日被指控为埃贝尔党人，意图密谋起事、颠覆国民公会，因此被枪决处死。——译者注

其实，我也需要这种环境。我并不是一位作家，也从没想过追求公众的认可或成功：我喜欢这种生活，仅此而已。我在这里来来回回、上上下下，执着而又贪婪地汲取营养；我呼吸着、憧憬着，书写着湮灭在过去中的悲剧灵魂。

许多意见与我稍有不同的人，如贝朗热（Béranger）、勒德律-洛兰①、普鲁东②，他们都强烈感受到书中勃勃的生命力。

贝朗热曾对我抱有偏见，但后来彻底转变了看法。他对这部史记的评价是："这于我而言是一本圣书。"

普鲁东很清楚我在许多地方和他都持相反意见，但我收到他的一封热情洋溢的信，信中他全盘接受了我在此书导言（1847年）中提出的理念：基督教和大革命、基督教和权利之间的对立是不可调和的。他在自己的《论公正》（1858年）一书中，也通篇采纳了我的这个观点。

在联盟的那段美好日子里，卡米尔·德穆兰③曾提出一个令人动心却又不切实际的提议——在拥护大革命的作家中建立联盟。毫无疑问，在我们这个虽然松散、却因一个共同理念走到了一起的群体里，存在着一种同根同源的亲缘关系。这种同根生的感情，我比任何一位受人尊重的大人物都更有体会。所以我从不回应同行的批评，虽然他们的指摘通常有些浅薄，要反咬一口于我来说是再简单不过的事。

我在1853年完成了《法国大革命史》这本书。从那时起一直到1862年，路易·勃朗在他的《大革命史》中，以一股超乎寻常的热情，花了

---

① 勒德律-洛兰（Alexandre Ledru-Rollin，1807—1874年），法国政治家、律师、共和改革派。——译者注
② 普鲁东（Pierre-Joseph Proudhon，1809—1865年），法国互惠共生论经济学家，首位自称无政府主义者的人，其政治学说被视为是无政府互助主义。他的名句有："财产是盗窃！"——译者注
③ 卡米尔·德穆兰（Camille Desmoulins，1760—1794年），法国政治家、记者，法国大革命中一位重要人物，是罗伯斯庇尔儿时的朋友，与乔治·雅克·丹东是密友和政治盟友。——译者注

从第十卷到第十二卷的工夫，对我的这本书发起攻讦。当时有人提醒过我要对其多加防范，但我正全心忙着完结《法国史》的编写工作（此书写至1889年历史），所以没有时间去拜读路易·勃朗的书。我长期的哑然也许强烈刺激了他，抑或是大大鼓励了他。于是他在一卷卷书中对我发起暴风雨般猛烈的攻击。勃朗轻轻松松地赢了，从中体会到莫大的快乐，觉得自己真是根据我的书写了一个大部头出来。

直到1867年，我才结束了路易十六这段历史的编写工作。完成以后，我回过头来拾起《法国大革命史》，并着手展开了对路易·勃朗作品的研究。翻开他这本书时，我极为平静，准备悉心听取他的意见——如果这些批判是认真的话。①

我知道他颇有才华，其品行也令人起敬，我也清楚他说的一些奇论，如他的社会主义天主教论，以及以博爱为名的劳动者专制论。不过，我很少看他涉足历史。我承认，他对某人狂热的亲厚和偏袒让我深感震惊。此人是谁呢？正是那个热衷权术的卡洛纳②！这位优秀的公民，他毁灭了法国，只为了迎接大革命的到来；他养肥了宫廷，只为了"让他们笑着走向一个无底深渊，还以为自己抓住的是救命稻草"（Ⅱ，p.159）。所有这些话简直是无凭无据，信口开河。

我还在他书中读到一些更夸张的内容。山岳派的人怎么会是暴力分子呢（Ⅶ，p.372）？他们肯定是温和派无疑。

对卢梭极度推崇的吉伦特派，到了路易·勃朗那里却成了卢梭的敌人。是吉伦特派在9月2日通敌勾结，身上沾染了鲜血。

---

① 1868版增添原注：实际上我从他的书中也有所受益，在两个细节上做出了改动：一个是关于丹东的地方，另一个是关于杜朗-马雅尼（Durand-Maillane）的地方。
② 卡洛纳（Charles Alexandre de Calonne，1734—1802年），法国国务活动家、财政总监，对财政和行政的改革导致了1789年法国大革命时期政府危机的加剧。——译者注

而罗伯斯庇尔则恰恰相反,事前是他警告了吉伦特派的阴谋(第一卷),事中也是他在揭露事实(第二卷)。他在这件事中完全是清白的、置身事外的。

埃贝尔①在他的《杜歇老爹报》中不断叫嚣着要血洗和屠杀,但这并不妨碍他在书中被路易·勃朗描述为温和派和吉伦特派的接班人。为什么呢?因为他是伏尔泰派分子,是利己主义者和感官主义者,是卢梭的敌人,是感性的罗伯斯庇尔的敌人。

路易·勃朗在评价国王、王后和奥尔良公爵时用词非常温和,对教士阶层也极为宽厚,然而对丹东和吉伦特派却发起了毫不留情的攻击。在这些人身上,他看到了那群在1848年5月15日事件中对他无比仇恨的**资产阶级**的影子。②奇怪的是,路易·勃朗在这点上居然搞错了。因为当初参与了5月15日事件的国民自卫军是厌恶战争的;而吉伦特派则恰恰相反,他们为了拯救国民而宣传、制造战争。正是他们铸造了成千上万把刺刀,把武器分发到穷苦百姓的手里。

若要大致了解大革命的总体演变过程,那就要从两个有用合理的切入点下手,从大革命的圣战军和警察队下手——也就是吉伦特派和雅各宾派。

我曾试着做过这个工作,并尤为关注吉伦特派犯下的错误:他们错在排斥山岳派,把丹东和康邦③推到山岳派那边;他们错在自己本身纯洁

---

① 埃贝尔(Jacques Hébert,1757—1794年),法国大革命时期的一名记者,在大革命中创办了激进派的报纸《杜歇老爹报》。以他命名的埃贝尔派是法国大革命中的愤激派系。——译者注
② 1848年七月王朝被推翻以后,巴黎成立了以资产阶级共和派为主的临时政府,5月4日制宪议会开幕,10日临时政府被解散,议会建立了一个五人执行委员会,委员会将临时政府中唯一的两个工人代表排斥在外,其中一个就是路易·勃朗。5月15日,巴黎群众占领议会,宣布"以人民的名义"解散议会,并任命了一个全部由社会主义派领导人组成的新政府。执行委员会动用国民自卫军驱散了示威群众,逮捕了新政府成员(其中也有路易·勃朗)。这一天的具体情节,可参看《托克维尔回忆录》。——译者注
③ 康邦(Pierre Joseph Cambon,1756—1820年),法国政治家、立法议会和国民公会议员,他负责制定了没收教会财产的法律条款,并采用许多行政手段让法国财政得到好转,后在罗伯斯庇尔倒台中扮演了重要角色。——译者注

无瑕,却被溜进队伍中的那些企图阻挠大革命的保皇党人所玷污,导致最后自己清白尽毁、贞节不保。

至于雅各宾派做出的巨大贡献,我没有任何异议。我甚至比别人更加细心地注意到它经历了哪三个有轻微不同的发展阶段。罗伯斯庇尔一生严苛,对他的苦行和壮志,我绝无半分轻慢之心。也正是在这些地方,我发现了他鲜活生动的一面。

而这,竟然也成了我的罪过。我认为,路易·勃郎倒更容易原谅我和他对立的政治主张,我对他心中奉若神灵的东西发起的攻击;然而我居然用苛刻的眼光,一寸一寸仔细审察着这个圣人中的圣人,我居然错误地、太近距离地去审视这个小宗派,审视这个玛尔达、抹大拉、玛利亚女性小团体,审视这位新的耶稣的衣着、配饰、声音,他戴着的眼镜、他身上的习性,这些行为在路易·勃朗看来最是不可饶恕。

还有一个深层次的原因,使得我俩之间存在着一道比看上去还要深得多的鸿沟——我们信奉的是两个不同的宗教。

他和卢梭、罗伯斯庇尔一样,是半个基督徒。天父至上、福音书、原始教会的回归(Ⅲ,p.28):凭这个不清不楚、不明不白的信经,政治家们就以为可以把反对派、哲学家和信徒们拉拢过来了。

此外,我们两人之所以相互对立,与出生地、个人秉性也不无关系。路易·勃朗出生于马德里,母亲是科西嘉人,父亲是法国人(来自罗德兹)。他拥有南方人的炽热和阳光,还有这个地方的人少有的勤勉和恒心。他曾在罗德兹学习,在波纳德①和弗雷西努斯②的故乡进修,这些地方出了大量教士,所以他的民主思想中也带着专制的色彩。

---

① 波纳德(Bonald,1754—1840年),法国反革命哲学家和政治家。——译者注
② 弗雷西努斯(Frayssinous,1765—1841年),法国教士、政治家、演讲家、作家。——译者注

路易·勃朗在这本书的撰写过程中时有辍笔，重新提笔之前，如果他没有偏听偏信，也许应该问问自己："我可以在伦敦写巴黎的革命史吗？"然而，这项工作只有在巴黎才能实现。没错，伦敦的确藏有丰富的法国文件档案、书籍资料、报纸传单。一位业余收藏家克罗克先生（Croker），把自己收藏的资料以一万两千法郎的价格卖给了大英博物馆，后来它们也得到了一定的扩展和丰富。但是业余爱好者只因兴趣使然而做的零散收藏，是无论如何也代替不了官方典藏的。在国家档案馆中，一切都分门别类、井然有序，我们不仅可以查到史料，还可以查到它们之间的关联之处。在这里，一件事通常有二十、三十甚至四十种不同版本记载，供后人研究评判。在巴黎三所革命档案馆里，我们就做到了如此精细的地步。

路易·勃朗似乎认为言多则意深，批判也是如此。他通篇累牍地对我发起批评，此等执着与坚持，在文史界中可谓是前所未有。继罗伯斯庇尔之后，我成了他最关注的一个人，也许是因为我身上有什么绝不会让他生倦的东西吧。我欣赏伟大的激情，而路易·勃朗的激情真的是取之不尽、用之不竭啊。它一直来回奔腾着，在叙事、说理上，在细处的不幸和总体的悲歌上，路易·勃朗毫无任何把控能力，任自己的激情在那里肆意地汹涌澎湃。

有时，他会说些略微重一点儿的话，比如他称"我忘记了身为历史学家的所有义务"。有时他也会赞扬我（这种情况反而更糟），觉得我在某些地方"天赋异禀"，然而我虽有如此异禀的天资，却不能参透大革命的每一个重大事件，把什么都搞乱了、弄错了。

但曾在历史中苦苦挖掘、给他和其他所有人提供了那么多资料支持的我，敢放言一句："没了我，谁能知道这每一件大事？"

就练兵场惨案（1791年7月17日），我从塞纳档案馆中找到了当时人们在神坛上签下的、有共和国第一法令之称的请愿书。我发现，保皇党人对这场惨案的发生负有最直接的责任。路易·勃朗替他们洗去了这个污点，不过他们本人却不愿如此，因为这可是他们吹嘘的资本啊！根据目击证人莫罗·德·约奈斯（Moreau de Jonnès）的回忆，我可以言辞确凿地说：当初野蛮镇压民众的，正是雇佣警卫队。此事干系重大，它意味着军国主义这个幽灵的首次现形。可我也绝没有否认一件并不确定、没有任何人亲眼所见、但路易·勃朗反复断言其真实性的事，即某些国民自卫军士兵（是斐乐-圣托马斯军团？）和雇佣警卫队一道朝这座挤满群众的神坛开枪。8月10日起义①也是有证据的，这份叙述源自一位非常正直公正的人的记录，所以我方才采纳了它。

多亏了警察局档案员拉巴特（Labat），我才能找到并出具一份关于9月2日屠杀事件②的珍贵无比的关键性资料。拉巴特在调查后证明：第一场屠杀发生于囚犯内部，当时外国入侵的消息传来，窗外的尖叫和嘲笑终于点燃了亚伯叶狱中不安分的火苗。

在5月31日③，大革命一个悲惨的大日子，议会议员遭到屠杀。就此事，我秉着严肃认真的态度查阅和誊写了四十八个巴黎行政区划的资料记录，在其中找到了大量详尽的事实报道，有了这些忠实于黑暗史实的文字记录，这段为世人少知的历史终将大白于天下。后世将会确立一个事实：在这四十八个行政区划中，（根据记载）只有五个对造反委员会的行动予以许可。

《杜歇老爹报》发行量达到了六十万份，罗伯斯庇尔被这六十万张

---

① 1792年8月10日，巴黎人民起义，推翻君主立宪派统治，逮捕路易十六。——译者注
② 1792年9月2日晚上8点，巴黎开始了九小时的大屠杀，死难者人数大约为350人。在大屠杀最先开始的亚伯叶监狱，民众从下午2点开始攻击刚刚用马车运来的30名教士，他们的罪名是不肯宣誓效忠新政权。由此，九月大屠杀拉开序幕。——译者注
③ 1793年2月，各国组成反法同盟，而吉伦特派无力抵抗外国武装，故1793年5月31日—6月2日，巴黎人民发动第三次起义，推翻了吉伦特派的统治，建立起雅各宾专制。——译者注

叫嚣着的嘴吓住了，灭掉了自己心里爱惜人类鲜血的这个朦胧念头（这在里昂有所表现）。他本可以坐上神坛成为人类的拯救者，后来却藏在了恐怖统治的背后。

如果我要批判路易·勃朗，我会说他在极力模糊一个事实：罗伯斯庇尔（他总活在惴惴不安之中，先是忌惮埃贝尔，后又不放心圣茹斯特）采用了跷跷板政策，无论是温和派还是愤激派，他一律格杀勿论。这段血腥的历史，路易·勃朗写起来并不轻松。当描写罗伯斯庇尔如一只惊惧不定的猫一样首鼠两端、左右徘徊，觊觎着丹东的项上人头时，他对这一悲剧时刻的把握更是磕磕绊绊。

其实，要挖掘雅各宾派内部肃清行动中罗伯斯庇尔的动作，这需要莫大的勇气。因为无论左派还是右派，任何革命党，哪怕是肖梅特、德穆兰之流，都不能称得上是清白无辜。而罗伯斯庇尔还要捍卫教士阶层，他们可是反革命的中坚力量啊！

丹东死后，君主制又开始了它的统治。长久以来，罗伯斯庇尔在法国上下各个岗位上都安插了忠于自己的雅各宾派分子。在丹东死后短短六周时间里，他就迅速接管了中央核心大权。他有自己的警察队（赫尔曼①），有委员会治安队（埃龙②）；他有了自己的司法部（杜马③），对外省都有审判权；他有了自己的革命公社（佩言④），即四十八

---

① 赫尔曼（Martial Joseph Armand Herman，1749—1795年），法国大革命时期的一位政治家，罗伯斯庇尔的朋友，1793年担任革命法庭领导人，先后主持了玛丽-安托瓦内特、吉伦特派、坎贝尔派和丹东派的审理工作，后在巴黎被枪决。——译者注
② 埃龙（François Louis Julien Simon Héron，1746—1796年），法国革命家、公安委员会会员，经他手逮捕了前首相勒布伦，在热月政变后被捕，1796年死于凡尔赛，死因不明。——译者注
③ 杜马（René-François Dumas，1753—1794年），法国革命家，因为头发是红色，故绰号"红色杜马"，1794年丹东被处死3天后，接任赫尔曼担任革命法庭主席，审理了包括路易十六的妹妹等著名人士的死刑案件，热月政变中和其他同僚在市政厅被捕，当晚被审后，第二天即与其他21名罗伯斯庇尔分子一起被处死。——译者注
④ 佩言（Claude-François de Payan，1766—1794年），法国革命家，极度崇拜罗伯斯庇尔，1794年3月29日被任命为巴黎革命公社人民代理人。热月政变罗伯斯庇尔被捕后，他在巴黎革命公社中组织人员策划暴动以营救罗伯斯庇尔，起事失败后和杜马等人一起被处死。——译者注

个区划委员会。通过巴黎革命公社，他还有了自己的革命武装军队（昂里奥①）。他在这一切组织中不担任任何职务，没有留下任何手记或签字。他绝不在公安委员会中露面，其法令都由他的同僚签署发下，自己绝不会替他们签字。

所以，他可以轻轻松松地洗掉一切污名。如今，他的朋友们把他描述成一个纯理论研究家，一个在蒙特莫朗西森林和香榭丽舍大街上散步、走在布伦特和科尔内莉亚②中间的博爱空想者。

罗伯斯庇尔在玩一盘下了大赌注的游戏。他看似离群索居、懒懒散散，却一刻不停地琢磨着把别人推到审判席上，对象有负责委员会事务的重要人物（卡诺、康邦和林岱③），还有那两百位身负使命、历经磨难、不惧危险、损及自身也在所不惜的山岳派议员。他们希望当局能对自己之前、之后的财产状况做出证明，以表清正廉洁，然而罗伯斯庇尔拒绝了这一要求，好使自己在将来的某一天有对其发难的借口。热月9日，这些人都变成了他的敌人。对于这些事情，路易·勃朗都闭口不谈。当时抵制罗伯斯庇尔的，不仅有山岳派，还有右派和中间派。那些最正直的、后来在牧月政变中牺牲了的人，如罗莫、苏布拉尼④等，当时都是同情罗伯斯庇尔的，却看着他在外力作用下变成了暴君和独裁者。面对罗伯斯庇尔当时的呼喊，他们都沉默了，没有做出任何回应。这些伟大的公民给出的裁决，也将是后世对他的审判。

---

① 昂里奥（François Henrio,，1759—1794年），法国大革命中的一位将军，曾参与九月屠杀。因为是科尔得利俱乐部的议员，和埃贝尔派有所联系，后来埃贝尔派被捕后他也有生命危险，被罗伯斯庇尔所保，从此对他忠心耿耿。热月政变后，昂里奥加入巴黎革命公社组织暴动，企图救出罗伯斯庇尔和他的朋友们，但自己本人也被捕，第二天和杜马等人一起被处决。——译者注

② 布伦特（Brount）是罗伯斯庇尔养的一条大型犬，科尔内莉亚（Cornélia）是他的女管家。——译者注

③ 罗伯特·林岱（Robert Lindet，1743—1825年），公安委员会会员，曾投票赞同对路易十六执行死刑。——译者注

④ 苏布拉尼（Pierre-Amable de Soubrany，1752—1795年），法国革命家，罗莫的朋友。被选入国民公会，属山岳派，并投票赞同处死路易十六。在牧月暴动中，他和其他五位战友被判处枪决，审判时试图自杀身亡，但没能马上死去。人们把他放在拉车上运往刑场，他在路上咽气，但其尸首仍被斩首。——译者注

现存的各行政区划三十一份会谈记录，我一页一页都仔细翻阅过，它们充分证明了当时整个巴黎都是反对罗伯斯庇尔的，站在他那边的只有他的革命委员会（而且里面的人不是选举出来，而是直接任命或花钱买的官职），而各行政区划和人民群众都站在一边袖手旁观，任他最后走向灭亡。这就是人民做出的真正审判，然而路易·勃朗在书中对此丝毫没有提及。

再说到不顾自己当初起草、还未完成的法律，采取武力手段，如果这发生在罗伯斯庇尔大权在握的某个夜半三更，我们可以说这么做是出于一种高尚的顾虑；如果这发生在他众叛亲离之时的下午一点钟，那就是困兽之斗了。但这没有任何证据。于是我参考了当时最可信的解释，另外还读了纪念罗伯斯庇尔的解读文章——路易·勃朗和我一样，也对其进行了参考。

罗伯斯庇尔最后的结局和他的宿命，都让我嗟叹不已。他的爱国之情是毋庸置疑的，虽然罗伯斯庇尔阻挠了自由的实现，但他仍抱着追求自由的梦想。他曾反复诵读《苏拉和欧克拉底的谈话》这本名著。也许他也像苏拉①一样，本可以不用走上独裁之路的。

一些君王只把罗伯斯庇尔视为一个拨乱反正的人，他们追寻他、尊敬他、缅怀他。俄国和它那位伟大的历史学家卡拉姆津（Karamsin），都在为他哀叹。

罗伯斯庇尔登上舞台之际，正逢山河巨变，社会处于"血雨腥风的混乱状态"。正因如此，他才请来了雅克·鲁②等首批社会党人。然而在巴黎内部，在黑暗幽深的劳工街区（阿尔西斯街、圣马丁街），社会主义在蛰伏，大革命之下的一场革命在发酵。罗伯斯庇尔警觉了，震动

---

① 卢基乌斯·科尔内利乌斯·苏拉（Lucius Cornelius Sulla Felix，公元前138—前78年），古罗马政治家、军事家、独裁官。——译者注
② 雅克·鲁（Jacques Roux，1752—1794年）是法国大革命时期愤激派的罗马天主教神甫，1794年被刺身亡。——译者注

了，不知所措了。有件事情很确定：热月9日，是各行政区划的群众走在公会军队最前面，向沙滩广场挺进，解散了支持罗伯斯庇尔的队伍。从这一刻起，他失败的命运就已注定。

路易·勃朗犯了一个天大的错误。在他的十二卷书中，勃朗把罗伯斯庇尔处理成了社会主义的使徒和象征，然而正是他重创、扼杀了社会主义。

我通篇都在表达这个观点，而且有我忠实摘抄下来的各区划会议纪要为依据，这些都是无可辩驳的证据。

要看我手上的摘抄文件很容易。文人相惜：当我在自己的路上①苦苦前行时，一位对手帮助了我，给了我一本很难找到的书；不久之前，一位瑞士学者把自己的笔记寄了过来，里面记的是我俩都在研究的一个课题。如果事先得知，我会非常乐意把自己的资料提供给路易·勃朗，根本不会关心这些会被用来支持自己还是对付自己。

在这篇简要的回应中，我表现得有些尖锐，因为这并不关系到我本人，而是关系到这场已被如此狭隘化、如此曲解、如此诋毁的大革命，这场由各个党派组成、而不是只有一个雅各宾派的大革命。大革命已被贬低到这个地步，已是鲜血淋漓、支离破碎，却还要被塑造成一个可怕的怪物，这么做实在是令亲者痛，仇者快。

正因如此，我才应该站出来，尽我所能来反驳这些论调。为了尽到这个职责，哪怕我已经习惯的平静生活因此被打乱也在所不惜。我决不愿看到一座伟大教堂的整体性遭到破坏和肢解。

1868年10月1日，于巴黎

---

① 原文为意大利语vico。——译者注

1847年作者序

每年学期结束的时候,我从讲坛上走下,看着教室里的人如潮水般退去——我又送别了一群将再难重逢的人。每到这时,我便把万千思绪收回到自己身上。

夏日一步步逼近,城市里越来越空旷,街道不复往日的喧嚣,倒衬得先贤祠附近的石板路显出一丝热闹来。它那黑白大砖铺成的路面上,清晰地回荡着我"哒哒"的脚步声。

我回到自己的世界里,内观自省,自省我的育人事业,自省我的人生岁月,自省那个能够解释我之所以为我的一切答案——大革命思想。

它,是知晓一切的,而其他一切却并不知晓。它肚子里装着它们的秘密,所有的从前的秘密。只有它,才能让法国自我觉悟过来。当我们浑浑噩噩时，当我们忘了自己是谁时，在那里，我们方能寻找自我、重获自我。那里永远为我们保存着生命的奥秘，为我们一直燃着一盏生生不息的长明灯。

大革命就在我们骨子里、就在我们灵魂里，这个世界却没有一座为它而建的纪念碑。法国思想的脉搏依然在跳动，但除了我的内心，我在何处才能将你找寻？更迭兴替的历代王朝、残灰里的敌人余孽，似乎在一个地方达成共识：光复那遥远的时代，把它从坟墓里唤醒。而你，他们想要将你埋葬。为什么呢？因为只有你，只有你还活着。

你还活着！我能感觉到你还活着！每年这个时候，我在教育工作上暂时无事、学术工作沉重难荷、天气闷热得让人喘不过气来的时候，我能感觉到你还活着。那时我就会来到战神广场，坐在萋萋荒草之上，呼吸着旱野上疾风卷来的气息。

战神广场，这是大革命留下的唯一纪念。帝国有它的高柱和凯旋门来提醒人们它曾经的光辉；旧王朝有它的卢浮宫和荣军院来证明自己曾经的阀阅；封建教会有一千两百顶王冠保存在巴黎圣母院中；哪怕是罗马人，不也还有往昔帝国的妃壁残垣可供凭吊吗？

大革命也有自己的纪念，那便是虚空。

它的纪念物，是这片如阿拉伯半岛一般平坦的沙砾之地。右边一块墓地，左边一个坟头，就像当初高卢筑起的一片片坟山一样，英雄俱往矣，它们便成了过去的见证人、籍籍无名、面目模糊。

英雄？难道那个修建了耶拿桥的人①不是英雄吗？不，还有一个比他更伟大、更强硬、更有生命力、充盈了这片无限之地的人，他才是英雄。

"什么是神？我们不知道……但这里住着一个神！"

---

① 即拿破仑一世，他在1807年修筑该桥，以1806年获胜的耶拿战役命名。——译者注

是的，虽然健忘的一代人已然把这个地方当成消遣的场所、模仿外国在这里做些无聊的娱乐活动，虽然英国铁骑还在傲慢地践踏着这片平原，但这股呼呼刮过的疾风，是你在别处感受不到的，这里有灵魂在跳动，有一个无比强大的思想在呼喊。

即便这片平原已经荒芜，即便这里已是草木萧疏，但有朝一日，一切总会再次生发出来。

这是因为，那些在那神圣的一天里移走山谷的人，他们的汗水已经深深融进了这块土地。在那一天，法国上下在巴士底狱的隆隆炮声中觉醒过来，紧紧抱在了一起；在那一天，法国三百万好男儿心怀拳拳、众志成城，缔造了永恒的和平。

啊！可怜的大革命，你在诞生之初曾怀着满心的期待和信任，给这个世界带来爱与和平。"哦，我的敌人，"你当时说，"我再也没有敌人了！"你向所有人伸出双手，把你的美酒佳酿献给他们，为民族和平而干杯。可是，他们并不愿饮下这杯酒。

当他们对革命发起出其不意的攻击时，法国虽然拔剑相抗，但这仍是一把和平之剑。为了解放人民，为了给他们带来真正的和平与自由，它才对专制暴君发起攻击。但丁称颂地狱之门的铸造者为永恒的爱神。同样，大革命的战旗上也写着两个大字：和平。

它的那些英雄，那些无往不胜的勇士，都是一群最热爱和平的人。奥什①、马索②、德赛③、克莱贝尔④，他们作为和平的使者，不论敌友都

---

① 奥什（Louis Lazare Hoche，1768—1797年），法国将军，马夫之子，1796年平定旺代叛乱，1797年任莱茵方面军司令，并帮助拿破仑把保皇派赶出督政府，不久病逝。——译者注
② 马索（François Séverin Marceau-Desgraviers，1769—1796年），法国大革命期间一位将军，参与镇压旺代叛乱，1796年负伤而殁。——译者注
③ 德赛（Louis Charles Antoine Desaix，1768—1800年），法国贵族，大革命时期著名将领，曾随拿破仑参与埃及远征，1800年在意大利与奥地利军对抗时战死。——译者注
④ 克莱贝尔（Kléber，1753—1800年），法国大革命时期将领，1800年在开罗遇刺身亡。——译者注

无不为其恸哭；尼罗河在为他们流泪，莱茵河在为他们悲恸，连战争本身也为其伤悲，连强硬的旺代人也在为他们哀悼。

法国曾如此自豪于自己思想的强大，所以尽可能不以武力屈人。如果每个民族都祈求着自由，都追寻着同样的权利，那战争又怎会发生呢？那时大革命只有一个念头：赢得权利、重建公道、对暴力进行迟来的反抗，这样的它，若没有外界挑衅，怎会采取暴力手段呢？

大革命和平、善意、仁爱的一面，如今却仿佛成了笑谈。人们对其起源是如此无知，对其本质误读是如此之深，时光不过流逝数十载，大革命的传统却已不为世人所识了！

大革命为了保护自己、为了对抗意图颠覆自己的种种阴谋，不得已之下才采取了暴力恐怖手段，但善忘的一代人却把暴力和恐怖视作大革命本身的标志。

如此混淆之后，这个民族身上便得了一个再难拔除的膏肓之症：对力量的痴迷。

先是抵抗力量，是为保护统一而做绝望的挣扎，是1795年……他们颤抖了，弯下了自己的双膝。

然后是外侵力量，是1800年，是被征服的阿尔卑斯山，是奥斯特里茨闪电战①……他们拜倒下来，向其顶礼朝拜。

到了1815年，他们更是对力量歌功颂德，把敌人的胜利当成是上帝的裁决；虽然痛苦，虽然愤怒，他们仍从心底为宽恕敌人而找着可怜的借口。许多人小声地告诉自己："他是强大的，便是正义的。"

所以，能让一个民族体会到何为切肤之痛的两个最大苦难，同时打

---

① 奥斯特里茨战役发生于1805年12月2日，是拿破仑战争中一场著名战役，拿破仑指挥法军在波西米亚的奥斯特里茨村击败了俄奥联军，第三次反法同盟随之瓦解。——译者注

在了法国头上。它失去了自己的传统，忘记了自己到底是谁。权利之神那本不清晰的眉眼每天仍然漂浮在它眼前，却一日一日变得愈加模糊、愈加苍白、愈加恍惚。

不要试图弄清这个民族为何走向衰弱和式微，也不要用外部原因来解释它的没落；它怨不了天，也怪不了地，恶因就出在自己身上。

即便一个披着羊皮的暴政统治腐蚀了它，那也是因为它是可被腐蚀的。阴险的暴政统治政府发现这个民族软弱无力、毫无防备、易受蛊惑；它失去了唯一的理念支撑，像一个可怜的盲人一样，在泥泞的道路上摸索着前进，再也看不到自己的星辰。哪颗星辰？胜利的北辰吗？不，不是，是正义之恒日，是大革命之恒日。

黑暗统治笼罩着整个大地，意欲扼杀法国的光明、吞噬权利的权杖，这也本是自然。但不管黑暗统治如何费尽心力，它们从没成功过。而奇怪的是，助纣为虐、让法国浮云蔽日的，反是那些追随光明的人。

在最后一段日子里，自由党派内疾外发，表现出两个严重的、可悲的病症。作为他们的一位朋友、一个已经远避尘世的人，请允许我给他们说说自己的想法。

当初，一个阴险恶毒的人向他们伸出了手，伸出了死亡之手，而他们却根本没有挣开这双手。他们以为宗教自由的敌人会是政治自由的朋友，被空洞无意义的经院学理之分蒙蔽了眼睛。而自由就是自由，容不得任何玷污。

为了取悦敌人，他们背弃了朋友。我说的朋友是谁？是他们的先辈，是伟大的18世纪。他们忘了，正是在这个世纪里，自由——以思想解放为基础的自由得以建立。而在此之前，人的思想还被肉身所困，被神学和政治、司祭和王权双重化身的世俗教条所困。而这个世纪，这个以思想著称的世纪，摒弃了国家和宗教中那些凡胎肉身的神，所以再没有什么偶像，再没有什么神，只有上帝。

为什么真正的自由之士会与宗教专制派那边的人勾结起来呢？因为他们人数减少，成了弱势一方。他们惊恐地发现自己势单力薄，而势力庞大的另一方，表面上又主动拉拢亲近他们，故他们不敢不从。

我们的父辈却没有这么做，他们从不在意自己这边人数是多是少。早在路易十四统治时期，年轻的伏尔泰就不惧危险地投入了宗教斗争之中，他当时是孤身一人。卢梭在自己的那个时代里，在基督教和哲学派的争论之中大胆提出新的理念，他当时也是孤身一人——卢梭当时是单枪匹马，然而不久之后整个世界却都站在了他这边。

即便自由卫士人数日益稀少，那也是他们咎由自取。他们在内部逐步肃清、坚持正统，把自己这个党派打造成一支学派、一个小宗派。他们一会儿剔除这个，一会儿摒弃那个，在许多地方大加限制、大加区分、大加排斥。每天，他们都能发现某个新的异端。

看在上帝的分上，别像拜占庭人一样，都被围死了还在那里讨论什么塔博尔山之光①的事情——穆罕默德二世②都已经兵临城下了。

当基督教下面出现林林总总的旁门别派时，当詹森派、莫林纳派之类的派别层出不穷时，就再没有真正的基督教徒。同理，是大革命分出来的派系废掉了大革命；当立宪派、吉伦特派、山岳派等派别出现时，就再没有革命派了。

伏尔泰受到轻视，米拉波遭到抵触，罗兰夫人受人排斥，连丹东都不

---

① 以色列北部，在历史名城拿撒勒之东，据传为耶稣显现圣容之处。——译者注
② 穆罕默德二世，也被称为征服者穆罕默德、奥斯曼帝国苏丹，也经常被人们直接以外号"法提赫"相称。他21岁的时候已能指挥奥斯曼土耳其大军攻陷君士坦丁堡、灭拜占庭帝国，及后更西侵巴尔干半岛腹地、东抗白羊王朝，为日后奥斯曼帝国百年霸业奠下稳固的基石。——译者注

被视为革命正统。天啊？那剩下的不就只有罗伯斯庇尔和圣茹斯特①了？

笔者不是在鄙视这两人什么，也没想过对他们妄加评判，我在这里只说一句话：如果大革命摒弃、谴责它的先驱，它就摒弃了教它从哪里着手攻取人心的老师，摒弃了曾点燃全世界的革命热情的先导。如果它向世界宣布遵循这些人的路线，却又把这两人以使徒的形象奉上神坛供世人瞻仰，那大家改宗皈依大革命的势头将会减缓，法国大革命的布道再也不足为惧，专制统治政府也就能安枕无忧了。

博爱！博爱！只在那里反复说这个词，这还不够。要让世界向我们走来（它刚开始就是这样的），首先就应让他们看到我们怀着一颗四海之内皆兄弟的博爱之心。要赢得世人的心，得靠博爱的胸怀，而不是断头台的寒刀。

博爱？唉！自创世以后，谁没说过这话呢？你以为它最开始是出自罗伯斯庇尔和马布里②之口吗？

古代城邦就已说过博爱了，但它的对象只有公民、只有人，而奴隶只是一个东西而已。它的博爱是排他的，是非人道的。

当轮到奴隶和被解放者统治帝国时，当泰伦斯、贺拉斯、费德鲁斯、爱比克泰德成了他们的名字时，再不把奴隶纳入博爱对象，恐怕是不可能的了。"大家要亲如手足。"基督教宣扬道。但要亲如手足，人就必须先有自己的*存在*；单单一个人并不构成一个存在，生命之所以为生命，在于它拥有权利和自由。一个理念若不能赋予人权利和自由这两样东西，那它就只是一个空洞、投机式的博爱口号而已。

---

① 圣茹斯特（Saint-Juste，1767—1794年），法国大革命雅各宾专政时期领袖，与罗伯斯庇尔走得很近，是公安委员会中最年轻的成员，因为英俊而冷酷，故被称为"恐怖大天使"或"革命大天使"。他最有名的一篇演讲，是1792年8月10日要求处死路易十六的演说。热月政变之后，圣茹斯特还未来得及发表最后的演讲，就与罗伯斯庇尔一起被送上断头台。——译者注

② 马布里（Mably，1709—1785年），法国哲学家，18世纪著名启蒙思想家和杰出的空想共产主义者，摒弃"合法专制"，同时对英国政治也持批判态度，认为地位不平等和私有财产是社会弊端的源头。——译者注

"或博爱，或死亡。"后来的恐怖统治喊过这个口号，可这仍是奴隶式的博爱。为什么要用一种近乎残酷的嘲讽方式，把它和自由的神圣名字联系起来呢？

那些手足兄弟逃避着彼此，一看到对方时就苍白着一张脸，握手后赶紧抽手——手像死人的一样冰冷。多么令人不快、让人作呕的一幅场景啊！如果说什么东西应当是自由的，那就是手足博爱之情。

只有在上个世纪里被建立起来的自由，才能在人与人之间建立博爱。哲学认为人没有权利（是的，一点儿都没有），被禁锢于以专制统治为基础的宗教体系和政治制度中。所以它说："让人得以为人吧，让他因自由而得以存在吧……"得以为人，方能爱人。

仍是因为自由的缘故，我们这个已被唤醒的时代，这个呼唤着它真正传统的时代，才能反过来书写自己的传奇。法律里并没有明说："要么结为兄弟，要么死！"但在人类灵魂最高尚情操的自然熏陶下，所有人无须外界的强制手段，便能成为真正的兄弟。那时，国家方能成为它应有的样子，传授博爱精神，教育世人，促进人们不断交流他们通过启发和信仰而得来的、在哲人的知识和思考中汲取到的智慧。①

这便是我们这个时代的使命。只愿人们能对它认真以待！

我们若什么也不干，反把时间浪费在怨天尤人上，对那个最努力上进、我们今天所得的一切都应归功于它的时代指手画脚，那真是可悲至极。我们须得铭记，我们的父辈做了当时该做的，开启了当时应该

---

① 授业、教育、治人，这三个词是近义词。卢梭在谈到古代城邦、说起雅典这个人才济济的弹丸之地的时候，隐隐地产生了一些想法，说："世上治人体制何其丰富，但曾有的教育体系的丰富性却更甚于它。"可惜，在卢梭那个时代，人们只依赖经思考后的理性，较少去分析本能、启发的能力，所以也无法认识两者之间的过渡，而这却是教育、授业和治人的一切奥义所在。法国大革命的导师、哲人、斗士，以及那些素爱与人争论、思想最是敏锐的人，他们天赋异禀、才华横溢，缺少了一种内里的单纯，而唯有靠它，人们才能了解孩子和人民。因此，大革命无法组建出一个庞大的革命机器：我说的是一个优于法律、能建立博爱精神的机器，也就是教育。这就是19世纪的使命了。现在，已经有人在初做尝试。在我的《论人民》这本小书中，我已尽我所能地维护了本能和启发的权利，反对它那个高高在上、宣称自己是世界女王的姐姐，即思考，即理性科学。——原注

开启的。

他们发现天地不仁，所以开始争取权利。

他们发现人人无所傍身、无所依怙、无所保障，茫然不知所措，迷失于表面的统一，实则在奔赴共同的死亡。宗教教条想要剥夺百姓的一切诉求渠道，让他们在最高法庭那里都叩阍无门，连及他们背负起一个自己不曾做下的过错。这一教条的基本思想便是以血液为媒介，把不公从前人转移到后代身上。

所以当务之急，便是追回遭到漠视的人类权利，重树一个被人遗忘的铮铮真理："人有权利，他是一个切实的存在；他不容被否认、被抹消，哪怕以上帝的名义都不行；他是一个责任体，但只对自己的行动负责，只对自己做下的恶行或善举负责。"

于是，再没有什么错误连及制。贵族制度千百年里流传下来的"不公平的善之传承"，以及一人犯罪、祸及后人的"不公平的恶之传承"，全被大革命涤荡殆尽了。

现在的人啊，这就是你们所指责的个人主义吗？这就是你们所称的利己法则吗？请想一想，如果少了这些能让人得以为人的个人权利，人何谈存在？何谈行动？更何谈博爱？死人之间的手足之情有何意义？让活着的人建立博爱精神，这才是我们该做的。

不要说什么利己主义。历史会在这里做出有条有理的回答。就在大革命诞生之初，当它为个人权利发出呐喊的时候，那时的法国没有畏首畏尾，反而以宽大的胸怀热情地拥抱着整个世界，它为所有人带来了和平，愿意把自己的财富——自由——献给世人，任其取拿。

一条未来尚无定数的生命在诞生、问世的那一刻，它似乎有理由只顾自己；我们都知道，此时对它来说最重要的便是活着、便是生存。可大革命诞生之时，情况却并非如此。法国那尚在襁褓之中的自由，当它懵懂地睁开双眼时，当它说出第一句让整个新世界为之一振的话"我在"时，啊，当时，它所想的根本不是自我，也根本没有沉浸在个人的愉悦中，而是向人类撒去生命和希望；尚在摇篮中的它做出的第一个动作，就是张开博爱的双臂。"我在。"它对所有民族说，"啊，我的兄弟，你们也将在！"

这是它犯下的一个光荣的错误，这是它一个高尚的、感人的弱点；大革命开始时是热爱众生的，这点我们必须承认。

它甚至还去爱自己的敌人——英国。

它爱着、一心想着去拯救王国，拯救那个后来被自己亲手摧毁了的满见流弊的穹顶基石。它想要挽救教会，试着继续保持基督教信仰，却故意忽视了旧准则和新思想两个事物之间的矛盾——专制圣宠和公平正义。

由于抱着这种悲悯苍生的情怀，它一开始就冒冒失失地全盘接受了许多矛盾的东西，导致自己又反复又矛盾，同时又想又不想、又要又不要、又做又不做。正因如此，我们的早期议会才做出了许多奇怪的举动。

世界都在对新生的大革命微笑。然而，不要忘了它身上不和谐的音符，而产生不和谐的一部分原因是大革命太过轻信，它对所有人都不加区别地善意相待，这也是我们的大革命最突出的一个特点。

这个仁慈到骨子里去的守护神啊！我要追随你！遵从你！在那些光荣的盛典中追寻你的身影！那时候，既是演员又是观众的全民上下凿开了那股精神的激流，并踊跃投身其中、感受它的冲洗；那时候，每颗心脏都在剧烈地跳动，为伟大的法国而跳动，为那个想要争取自己的权利而为人类权利发出呐喊的祖国而跳动。

在1792年7月14日纪念日里，在自由与法律的神圣化身——由官员、代表、巴士底狱烈士遗孀和后人组成的人民仪仗队伍中，我们看到了对人类做出贡献的社会职位所对应的各种代表徽章，其中有农具、犁、麦穗、结着累累果实的树枝，举着这些东西的人还戴着绿葡萄藤蔓织成的头冠。不过在哀悼队伍中，我们还可以发现队伍中另外一些人，他们头戴松柏桂冠，身穿黑纱，配着收刃的短剑——那是法律之剑。多么触动人心的画面啊！一身丧服的司法之神亮出了它的利剑，从此和人道精神合为一体，再不分开。

一年以后的1793年8月10日，人民组织了另一场悲壮而又凄惨的庆典。然而那时，法律已是缺胳膊少腿，立法权遭到侵犯，已成一纸空文、没有任何保障的司法权成了暴力的奴隶。人们再不敢亮出短剑，甚至连看它一眼都不敢。

我必须让所有人知道一件很容易证明的事情：在我们的大革命心怀人道和善意的时候，它让人民自己——也就是全体人民、所有人——都参与进来。而后来那个风声鹤唳、流血不断、人人自危的暴力统治时期，活跃的只有极少数一撮人罢了。

这便是我所发现的事实，有白纸黑字的资料为证，更有我探访到的、已到垂暮之年的证人口述为证。

一个来自圣安托万区的人说过这句话："8月10日，我们都在；而9月2日，我们谁都没在。"

这段历史还将昭告一个真真切切的事实：人民通常比人民领导有价值得多。我越是深入挖掘，就越能发现在人民未知的深处藏着多少弥足珍贵的东西。我曾看到许多极有影响力、表达人民想法的杰出演讲家，被误认为是舞台上唯一的主角。但他们是动量的吸收者，而不是提供者。人民群众才是台上的主角。为了寻回人民、让他们站到自己本来的位置上，我要把那些人民代言人的戏份降到他们该有的比重——他们本来也只是台上野心勃勃的傀儡而已，操纵他们的那条线却掌握在人民手中。然而直到现在，仍有人以为这些人身上藏着历史的奥秘，并朝这个方向挖掘下去。

说实话，人民是牵线人、幕前演员是线下傀儡的这场戏让我深深地震惊了。我在里面挖得越深，就越是发现一个事实：党派领袖也好，深孚众望的历史英雄也罢，他们既不曾预见到什么，也不曾筹备过什么，没有掀起任何一件大事来。尤其是大革命开始时那些大事故，完全是人民团结一致、众志成城的结果。在这些历史转折点上，即便没有所谓的领导人的带领，人民依然发现自己应当做什么，而且最后做到了。

多么惊天动地的伟大事迹啊！可更伟大的是干出这番事迹的人的心灵！和这颗心相比，行动本身反而算不得什么。这个心里藏着一口丰盈的泉，任后人如何掘取也不会枯竭。无论谁向它靠近，都能成为一个更加完整的人。无论个人还是民族，每一个被伤害过的支离破碎的灵魂，只要看到了它，就能获得重新站起来的力气；它成了一面镜子，人性每次往里面张望，都能看到自己身上英勇、宽宏、无私的一面；于是，所有人都会骄傲于自己拥有一颗视金钱如粪土的洁白无垢的心。

现在，我就要去讲述那个众人齐心协力的时代，那个没有党派之分、人们不知（或不怎么知）何为阶级对立、全民上下在博爱的旗帜下齐头并进的时代。以后世人再不会见到两千万人众志成城、结为一心的恢弘场景了——而且他们并不是因为上帝才团结起来的。那是一段至神至圣的时光，是故事里最幸福的一段岁月。而我何其有幸，竟能讲述这个故事。在写了《奥尔良少女》之后,我就再不曾看到过天空洒下如此灿烂的阳光,再不曾看到过苍穹泻出如此绚丽的光芒。

世事无常,有如白衣苍狗。我非常高兴自己有幸提笔重现法国这段岁月,但在撰写期间,我的根却被永远地割断了。我失去了那个曾经常给我讲述大革命历史的人,那个对我来说既是那个伟大世纪(我指的是18世纪)的代表、又是它的见证者的人。我失去了我的父亲,失去了那个陪我度过了整整四十八年人生的人。

当这一不幸发生时,我正沉浸于冥思之中。我神游四处,正怀着迫切的心情完成这部让我一直魂牵梦萦的作品。我正站在巴士底狱城墙脚下,正在攻克这座堡垒,正在塔尖竖起那面不朽的旗帜……然而不可预料的打击就像一枚从巴士底狱射出的子弹一样,突然向我袭来。

书中许多我必须在自己的信仰根基中苦苦探寻的重大问题,都是在人生中最艰难的时刻、在死亡和葬礼之间完成的。逝者已逝,那个还活着的人也成了一具行尸走肉,坐在那里,当着两个世界之间的审判官。

从本书开始一直到末尾,我相当于把自己那条弥漫着死亡气息却又充满着生命力的人生道路又走了一遍。我努力让自己的内心与公平正义无限贴近,在我的失去与我的希望中更加坚定自己的信仰,在家园破碎的痛苦中,让自己更加用力地紧紧依附在祖国的胸膛上。

1847年1月31日

导　言

上篇　论中世纪宗教

§Ⅰ. 大革命是基督教革命还是反基督教革命？

我对大革命的定义是：法律的继位、权利的重振、正义的反击。

法律，即诞生于大革命之中的法律，它到底是符合还是违背了先它存在的宗教戒律？换言之，大革命到底是一场基督教革命，还是反基督教革命？

无论是从历史上还是逻辑上看，这都是最紧要的一个问题，其他那些我们认为纯粹属于政治层面的问题都牵扯到它，都绕不开它。在大革命中建立起来的一切世俗权力，或者起源于基督教，或者受到了它的影响，或者得到了它的认可。

宗教抑或政治，二者之间的关系本就是剪不断理还乱，犹如一团乱麻。它们在过去纠缠不清，到了明天依然是盘根错节，已是你中有我、我中有你，早就交织在了一起。

社会党人的那些争论，那些在今人看来有些新奇的矛盾观点，曾在基督教和大革命中引发了翻江倒海般的讨论，而且几乎都得到了十分深入的研究。尤其是大革命，横空出世的它在这个自己所知甚少的思想领域里，于电光石火之中，惊觉下面有着未知的深度，发现这个深渊里隐藏着未来。

所以，虽然人们在理论上取得了进展，发明了许多新的形式和词汇，但我只从中看到两大事实、两大理念、两个演员、两个角色：基督教和大革命。

新思想冒出头来、站稳脚跟，这却被一些人视为灾难，他们没想过问问自己：和旧理念相比，新思想是什么，它在哪些地方延续、超越、主宰、摒弃了后者？这是多么紧要的问题啊，却从没有人直面它、思考它。

看到大家在这个问题上打着擦边球，却不去认真思考，这着实让我感到惊奇。那些觉得、或者似乎觉得这个问题已经过时的人，他们在逃避它的时候，不就证明了它的积极性、现实性、紧要性和可怕性吗？如果那口深井没有让你感到害怕，那你为什么会望而却步、摇头兴叹呢？很明显，那里有一种让人魔怔的魔力，一股致命的吸引力。

必须指出的是，出于某种不可说的原因，我们的大政治家们也在逃避这个问题。他们觉得基督教好歹也算是一个人数众多的宗派，所以处理它的时候最好小心谨慎。干吗要和它闹翻呢？他们更愿意微笑着和它保持一定距离，彬彬相待，而不要去自找麻烦。此外，他们还觉得基督教非常单纯，只要赞美一下《福音书》就能让它开心起来，这么做又不是多大的难事。《福音书》只是温柔的说教而已，你从里面根本看不出，基督教到底是靠着什么教条才变成一个席卷天下、势不可当、深得人心的宗教。任何宗教和哲学门派下的所有智者，对《福音书》中的训诫都能倒背如流。像伊斯兰教徒那样把耶稣评价为伟大的先知，这么做就算得上是基督教徒了？

而基督教呢，它有抗议过吗？虽然对上帝抱着一种足以吞噬一切的狂热崇拜，但它对政治家们玩的这套把戏有郑重其事地表示过气愤吗？完全没有。基督教徒们发出了许多呐喊，但都是对次要问题的呐喊。只要别人不来打扰自己，他们就谢天谢地了。政治家那流于表面、有时甚至带有讽意的几分客气，并不会让他们多么难过，这反让政治家们觉得自己把基督教徒给骗过去了。基督教虽是一门古老的宗教，但它仍不断在这个世界上开拓疆域。其他人都转头到议会竞技场上施展拳脚，无用地猛抽鞭子，费尽所有力气却不能前进一步；而这个古老的门派却仍然驻守在生命的根基上，也就是驻守在家庭以及家庭的核心——女人和孩子那里。基督教最大的仇人，反把自己的珍爱之物、把自己的所有幸福都交给了它。每天都有婴儿被托付到它的手里，他们手无寸铁、弱小无力，对世界充满幻想，却又无所防备。这便给基督教制造了许许多多的机会。就让它去保护和守卫这个庞大而又沉默的帝国吧，没有人会和它争夺这块地盘的，它就是这里的主宰者。它也会诉苦、也会抱怨，却小心翼翼地绝不强迫政治家表明自己的信仰。

两边的政治家啊！你们竟用纵容去对抗纵容！我在哪边才能找到真理的朋友？

追求神圣的朋友在哪里？追求正义的朋友又在哪里？难道这个尘世中，竟再找不出一个关心上帝的人了吗？

基督教的孩子们，你们既然宣称自己是忠心的信徒，我就在这里恳请你们好好想想：就这样静静地走过上帝身边，绝不同别人争执何为真正的信仰（就因为这个东西太危险、太刺耳了），难道这就是对宗教该做的事？

有一天，在我们最优秀的一位主教面前，我谈到了圣宠和正义之间的斗争——这不就是基督教的主要教义吗？然而主教打断我的话，说："幸好人们不再关心这个问题，我们才得到了平静。我们在内心坚持就够了，不要再述之于口，完全没有必要再卷进这场争论中。"

可是先生，神赐的圣宠和永福是基督教的唯一根基，弄清它是否和正义相合，这个问题也很重要啊！这涉及基督教教条本身是否正义，是否能够传承于世。须知道，什么都抗不过人间的正义。所以，基督教能传世多久，这在您看来也是一个无关紧要的问题吗？

我很清楚，经过了数世纪的争论，烦琐的经院理论也已累积成山，我们在这方面却没有前进一步。于是，教皇发了禁言令。他和上面这位主教一样，认为应该把这个问题搁置一边，对问题的解决不抱任何希望，干脆把正义和不公放在决斗场上，任由它们自己去厮杀。

这给基督教造成的危险，更甚于基督教最大的敌人的所作所为带来的损害。至少基督教的敌人，会带着尊重的态度去探讨问题，不会放着不管、连听一听的勇气都没有。

而对它绝无任何敌意的我们，怎么反而断然拒绝去探讨和争辩呢？我们绝不能沾染上教会的谨慎小心、政治家的草率随便，以及他们回避问题的态度。多亏了基督教的原因，我们才能发现什么东西对大革命是适用的，才能知道古老的理念如何在新生物的怀中重焕青春。从心底里我们曾多么迫切地希望基督教能够转变、再次焕发生机啊！可这一转变应朝着哪个方向进行呢？我们应抱着怎样的希望呢？

作为一个研究大革命的历史学家，我若不在这方面展开探讨，就只能在原地打转。但即便不是因为自己研究课题的缘故，我的内心也会督促自己往这个方向走下去。两边人的那种可怜的纵容态度，正是我们的精神走向衰败的主要原因之一。这本该是一场冲锋陷阵的战斗，结果连一个战斗的勇士都没有；人们犹犹豫豫、畏畏缩缩，向前迈一步，又赶紧后退一步，嘴里在威胁，但就是不动手。多么可怜的一幅场景啊！由于根本问题总被回避，所以我们别想在宗教或社会领域得到任何进步。世界期待着一个信仰，好让自己能重新迈出步伐，能够呼吸和活下去。然而，信仰绝不会在虚假、狡诈和谎言中建立起来。

我虽只是一介弱质书生，且势单力薄，但会秉着公正不倚的态度，去探索连强者都没敢触碰的东西。他们回避的那些问题，我将直面去思考；也许我能在死前实现生命的价值，那就是发现真相，秉直地把它讲出来。

讲述这部自由的英雄史时，我也抱着希望：也许自由会站在身后做我坚实的后盾，也许我会在这本书中完成自由的使命，也许还能建立起一个稳固的基础，让后人在迎来一个更好的时代时，能在这个基础上筑起他们的信仰。

§Ⅱ. 大革命是基督教的实现吗？

最近，一些著名思想家抱着和平修好的美好愿望，在宣扬这样一个结论：大革命只是基督教的实现，是为了延续它、完成它、履行它的一切承诺。

如果这个论断果真成立，18世纪那些思想家、先驱者、革命家们就全都走错路了——他们实际所做的和自己想做的，根本就是南辕北辙。

总之，他们的目标，绝对不会是基督教的实现。

如果大革命果真志在于此，而不是为了其他，那它和基督教就没什么不同，它将属于基督教的时代，一个勇猛的、理性的基督教的时代，而大革命自己却什么都不是。但若果真如此，台上不会有两个演员，这就成了基督教的独角戏。如果只有一个演员，无悲剧，无高潮，那我们以为自己看到的斗争就纯粹成了一场幻觉；世界看似翻江倒海，实则是一潭死水。

可是不对，事情不是这样的。这是一场切切实实发生过的斗争，而不是一出自己打自己的假戏。台上的确有两个斗士。

我们也绝不能说新思想只是对旧理念的批评而已，只在怀疑它、否定它。谁看到过什么否定？一个还存在、还活着，而且还像旧理念那样繁衍出了一个新否定的否定，它会是什么？

这是个脱胎于昨日的自己的世界？不对，要繁衍，就必须先存在。

所以，这里有两个东西，而不是一个，这里有两大理念、两大思想——一新、一旧。这一点是不容否认的。

新生的那个因为无须担心活下去的问题，故表现得格外平和。它客客气气地对已经老去的那个说："我来，是为了实现，而不是为了摧毁。"然而它的话没有任何作用。老去的那个从没想过得到实现这类问题。"实现"这个字眼对它来说，就意味着死亡和灾祸。它拒绝了后生的祝福，既不想要眼泪，也不想要祷告。新生儿挥来的橄榄枝，就这样被它抛到了一边。

如果想知道前进的方向，我们就必须先走出误区。

大革命延续着基督教，也反对基督教；它既是后者的继承人，又是后者的敌对者。

从总体的人道精神上看，这两大理念在情感上是相通的。但若涉及是什么创造了个体生命，涉及双方各自的母本思想，它们便憎恶着彼此、攻讦着彼此。

论及人类的博爱之情，它们是一脉相承的。自从人类和人类世界诞生以来，这种情感就已产生了。它是所有社会结构中的一种共同情感，然而基督教扩宽、挖深了这一情感的维度和深度。这是它的荣耀，是它永远的勋章。它发现博爱只狭窄地存在于古代城邦的宴席上，于是将其播撒到广阔的基督教世界中。大革命作为基督教的孩子，则向全世界太阳照耀之下的每个种族、每个阶层、每个宗教都宣传着博爱。

这就是两者的相似之处，现在再来说说它们不同的地方。

大革命所宣扬的博爱，其基础是人类彼此互爱，是彼此之间相互的义务，是法律和正义。这个基础是根本性的，不需要其他东西再做支撑。

在这个原则中，大革命根本没想过要再掺入某个不明不白的历史理念，也没有用同亲同源这套理论来证明博爱之情——因为它意味着连带性的罪恶会顺着血缘，从父辈传给子孙。

这套以肉身和物质为依据的观念，把正义和不义根种在血液里，让它们随着血脉的流传、生命的播撒，从一代人传到另一代人，这就严重违背了扎根在人类内心深处的正义观。不，正义绝不是一种随血缘流传下去的东西。只有意愿本身才是正义或不义的，唯有心灵才能对其负责。正义完全存在于精神上，和肉体没有丝毫关系。

在一个对自己的教理研究之精细远甚于其他任何信仰的宗教中，这套野蛮粗暴的物质性理论的出发点是令人惊骇的。它给整个体系打上了"任意"这一深深的烙印，无论怎样精妙的教理都无法将此印记洗掉。它渗入教理的发展中，扎根在所有衍生出来的宗教组织里，最后还繁衍到了世俗结构中——因为世俗结构在中世纪时脱胎于宗教组织，不仅从形式上模仿它，更深受其思想的影响。

这套理论大致上是如此表述的：

第一，它的出发点是：罪恶源于一人，救赎也源于一人；亚当是堕落，基督是救赎。

他救赎，为什么呢？没有什么为什么，因为他愿意救赎，仅此而已。人类任何美德、任何努力、任何功绩，都配不上神这一伟大的自我牺牲。他把自己献祭出来，却不是为了得到什么，这正是爱的奇迹：他没有要求世人做出任何功绩、任何圣功。

第二，在做出如此巨大的牺牲之后，他要求什么回报呢？只有一个：他要人们信他，要人们觉得自己是被耶稣基督的鲜血所救赎的。信仰成了救赎的条件，而不是正义的成果。

没有信仰，就谈不上什么正义。没有信仰的人，就是不义的。没有信仰的正义有什么用吗？什么用都没有。

圣保罗①在提出只有靠信仰才能得到救赎这一原则时，便已把正义弃逐了。从此，它最多只是信仰的一个附庸、随从和结果而已。

第三，一旦离开了正义，我们就再无法回头，坠进任意的命数中。

要么信，要么死！问题就这样摆在面前。人们惊恐地发现自己终有一死，发现救赎和一个与个人意志无关的条件连在一起。我们并不是想信就可以去信的。

圣保罗指出，人靠义举做不了什么，只能靠信仰。圣奥古斯丁②表

---

① 圣保罗（Saint Paul，约3—67年），早期基督教领袖之一，其著作构成了《新约》一个重要组成部分，被天主教封为使徒。——译者注
② 圣奥古斯丁（Aurelius Augustinus，354—430年），著名神学家、哲学家，其神学成为基督教教义的基本来源。——译者注

示，他在信仰上是无能为力的。只有上帝才能给予信仰，而且这是一种无条件的给予，不带任何信仰或正义上的附加条件。这份**无条件**的赐予，这份**圣宠**，才是救赎的唯一原因。上帝把圣宠赐给他想赐给的人。圣奥古斯丁说过："我信，因为它是荒谬的。"他其实应该这么评价这个体系："我信，因为它是不义的。"

任意已经再走不下去了，这套体系已经被说尽了。上帝爱人，这份爱没有任何解释，他爱着一切他愿意去爱的人，无论你多么低贱、多么有罪、多么微不足道。爱是对上帝爱人本身的唯一解释，它不需要你有任何圣功。

既然说起这个词，那什么是**圣功**呢？是被爱、被上帝选中，是生来就被救赎。

而**失功**呢？是地狱之罪！是被上帝厌弃、被提前判罚，是为堕入地狱才来到这个世上。

唉！我们立刻就相信人类被救赎了。神的牺牲抹去了人间的罪恶，再无审判，再无正义。多么盲目啊！我们欢欣鼓舞，觉得正义已被溺死在耶稣基督的鲜血中。可现在呢，更加严酷的审判再次出现，而且是一种正义缺席的审判，或者说，是一种正义被永远雪藏起来的审判。上帝选民这批宠儿，从上帝那里得到了信仰的馈赠、义举的馈赠、救赎的馈赠。这还不够，连正义居然都成了馈赠！而我们，我们曾以为意志活动本身是能动行为，而现在它变成了被动行为，变成了馈赠，变成了上帝给他的选民的礼物。

这则教条已被新教徒严格明确地规定为教内准则，在特兰托圣公会议[①]中也得到承认，成为天主教一则不可动摇的教理。

圣公会议说，如果圣宠不像从字眼上理解的那样是**无偿**的，如果做

---

① 1545—1563年期间，罗马教廷于北意大利的特兰托城召开大公会议。这次会议是罗马教廷的内部觉醒运动之一，也是天主教反改教运动中重要工具，用以抗衡马丁·路德的宗教改革所带来的冲击。——译者注

了义举才配得到它，那圣宠就成了正义，而不再是圣宠了（《特兰托会议》，第六卷，第八章）。

圣公会议说，这是教会永远的信仰。在基督教那里也是如此，它就是基督教的根基。超过这个范畴，那就是哲学领域，和宗教无关了。这个宗教，是一个讲究圣宠的宗教，它的救赎是无条件的，但也是任意的，凭上帝的喜好而定。

当基督教凭着这条和正义相冲突的教理去统治和审判世界的时候，当法律走下法庭对新的信仰说"替我审判"的时候，麻烦就大了。

那时人们会发现，这个似乎足以支撑世界的教理，其内核下面却是一片贫乏的、不稳定的、使人失望的混沌。

如果人坚信救赎是馈赠而不是正义的嘉奖这一教条，他就只会抄手盘腿而坐，等待神的救赎，因为反正努力也不会对自己的命运产生任何影响。如此一来，人世间所有精神活动都将停止。

那时候，我们还怎么去维持世俗生活、社会秩序和人间正义呢？上帝爱人，却不再审判世人。而世人又怎么去审判呢？在一门纯粹以无关正义的教条为根基的宗教中，所有宗教审判或政治审判都成了一种赤裸裸的自相矛盾。

人活着，不能没有正义。所以，基督教必然会面临这样的矛盾。这就使得它在许多地方产生了虚假和暧昧，只有靠虚伪的宗教箴言才能摆脱这样的两难处境。教会审判，又不审判；杀人，又不杀人。它害怕看到流血，所以选择火刑。嗨！我在瞎说什么呢？它怎么会干出把人烧死这种事呢？它只是把罪人交出去，让别人把他架在火堆上而已；它还会小小地祈祷一下，权当替罪人求情——多么令人作呕的一出戏啊！在这出戏里，连正义，那虚假的、残酷的正义，都罩上了圣宠的面纱！

它野心过大，要的不只是正义，而且还蔑视正义，到头来却得到一个多么令人啼笑皆非的报应！这个教会一直都是正义上的无能儿，可到了中世纪，看到正义崛起的时候，又想去靠近它。它竭力模仿正义的语气，说着它的语言，承认人可以通过义举来获得救赎。没用的！基督教只有远离圣保罗之流，冒着平衡被打破、一切被颠覆的危险，抛弃它的根基，才能和帕皮尼亚努斯①和解。

既然起点就是任意性的，那这个体系也只能继续任意下去，再不能甩掉这个印记了。②

经院派和后来其他人，曾试着建立一个理性的教条，一个哲学的、法学的基督教，可惜无功而返。所有这种折中之举都该被全盘丢弃。它们既没有功效，又没有力量。人们只能将其丢到一边，让它们退回到遗忘和沉默的世界里。要评价基督教，我们就应该从它本身着手、从一个绝对纯粹的它着手——那里才是它的所有力量之所在；我们应该在中世纪基督教君临天下的时期去追寻它，看着它终于站稳脚跟、有了盔甲、有了保护，变得无坚不摧、开始横扫世界。

罗马帝国覆亡后，当世俗社会成为一盘散沙、人间再无正义可言的时候，死气沉沉的教条还封锁了人们能向最高法庭发出求助呼吁的所有渠道，千百年来，它就这样把永恒正义的脸一直遮盖起来。

---

① 帕皮尼亚努斯（Aemilius Papinianus，142—212年），古罗马著名法学家和行政长官。——译者注
② 现在，人们已经对两边观点取得和解不抱希望，不再试图去让教条和正义握手言和了。他们有了更好的办法：有时指出问题，有时隐藏问题。对于简单轻信的人，对于女性、孩童这类顺服听话的人，就向他们灌输旧教条，用它来专断地解释上帝和上帝选民，把瑟瑟发抖、手无寸铁的上帝创造物交到牧师手上。这种恐惧就是这些信徒的信仰和戒律，利剑永远悬在这些可怜人的心上。

但相反，对于强者、喜欢说理的人和政治家，他们就突然变得随和起来："首先，难道基督教只存在于《福音书》中吗？信仰和哲学，难道它们就如此难以融合吗？圣宠和正义这个昨日之争（探究基督教是否正义这个问题），已经完全是老掉牙的东西了。"

在政治上玩这种两面把戏，就会造成两个结果，而且是两个要命的结果。它让女人、儿童和家庭受着沉沉的压迫，把两个对立的权威、两位相互冲突的家长放在家庭中，制造不和。

它通过一股消极的力量压迫着这个世界，一股无须施力太大就可禁锢世人的力量。因为它太懂得见风使舵这套把戏了——对一些人宣扬《福音书》中的教会道义，对另一些人则灌输以圣宠为名的永恒宿命。由此，就生出无数误会；由此，就有许多人冒了出来，试图把现代人的信仰——也就是对大革命和正义的信仰——拴在老掉牙的不义的教条上。——原注

在上帝的旨意下，极不公平的征服有了仰仗，变成了正义的代表。征服者是上帝的选民，被征服者则是上帝的弃儿，后者将得不到拯救、堕入地狱。漫漫岁月终将流逝，征服和讨伐终将被人遗忘。然而毫无正义的上天，依然会沉沉地压着大地，把它揉捏塑造成自己的样子。这一神学理论的基础——任意性，依然会死守阵地，在政治体制中甚至是人们眼中的正义避难所里，无孔不入、无处不在。无论是神君制还是人君制，都只是在为它们的选民而统治罢了。

那么，哪里才是人类的庇护之地呢？那个圣宠为大的天堂，还是这个偏私不公的人间？

正义遭到了两边双重的打击和驱逐，为了让它勇敢地抬起头来，我们就需付出艰辛的努力（可在苦难的摧残和时光的重压下，人类意识已被彻底扼杀）；我们得让正义重新相信自己是正义的，让它苏醒过来，意识到自己是谁，回归正道。

经过六个世纪的不懈努力之后，正义终于慢慢觉悟、苏醒过来，于1789年在政治和社会领域突然爆发了。

所以，大革命是正义对讲究恩宠的政府、讲究圣宠的宗教的一场过迟的反击，除此之外，它什么也不是。

§Ⅲ. 中世纪的传奇

如果你曾游历过群山，或许也见过我曾看到的景象。

在层峦叠嶂、茂林深篁中，突生出一座高峰。它离群、孤独、黝黑而荒芜，很明显，这是一个从地球腹部钻出来的大地之子。它没有一丁点儿绿色的轻快装扮，任外界四季变迁也不改装束。那里很少有鸟儿踏足，它们仿佛害怕一碰到这团从熔浆中逃出来的顽石，自己的翅膀就会着起火来。这个见识过世界内部种种酷刑的阴郁的见证人，似乎仍怀念着那个世界，周围的郁郁葱葱引不起它的一丝兴趣，任什么也无法把它从对蛮野之地的缅怀中唤醒。

那么，地下得掀起一场多么汹涌的动荡，大地核心得有多少股无法想象的力量在相互恶斗，才能让这块巨石撼动群山、凿穿岩石、劈开大理石层，从大地中蹦出来啊！是怎样的激变和折磨，才能从大地核心发出这声巨大的叹息啊！

我坐在那里，眼前一片模糊，痛苦的热泪开始慢慢地、沉重地流下来。大自然太容易让我联想到历史了。这片混沌的群山像整个中世纪里人在心灵上受着的压迫一样，叠起来沉重地压迫在我头上。在这座孤孤栖栖从地底深处冲向天空的山峰上，我又看到了人类的绝望，又听到了他们的呐喊。

这座教条之山已经在正义的胸口上长了数千年，在挤压和喘息中，正义默默地数着时间，一小时、一天、一年、数百年……对于知情的人来说，这就是一口永远哭泣的泪泉。那些通过历史对这一漫长酷刑感同身受的人，将永远无法得到慰藉，无论什么事都再无法让他走出哀伤；阳光，人间的欢声笑语，再不能给他带来一丝快乐，因为他已经在黑暗和死亡中活得太久、太久了。

虽然一直被这个充满仇恨和诅咒的世界打压着，然而人类长期以来仍是如此温顺、良善、耐心，努力地爱着这个世界。每每想到这里，我更是感到心如刀绞。

人若像丢掉一件不用的破烂家具一样抛弃自由和正义，盲目地把自己托付给了圣宠，却发现它只是一小撮人——权贵和选民——的特权，发现其他一切无论地上还是地下的生物都将被永远毁灭时，他就会听到人间四处充斥着渎神的号叫！——不，这不是号叫，这是哀鸣。

还有这些动人的话："主啊，如果您希望我受罚，那就惩罚我吧！"

于是他们就平静、顺从、认命地把自己封进永灭的裹尸布里。

一曲多么值得书写的赴死悲歌啊！神学理论绝没想到会发生这种事，因为它向世人宣传受罚者心中只有仇恨。然而这些人仍有爱人的能力，他们告诉自己要去爱上帝的选民、去爱他们的主人。教士和贵族这些上天的宠儿，许多年里在那个卑贱的群体身上只看到温柔、顺良、爱和信任。他们默默地奉献着、忍受着，鞭子抽在背上也只会转头道谢；他们就像圣人约伯①一样，连口孽都不会去犯。

是什么阻止他们寻死呢？须得指出，在漫长的惩罚中，只有一个东西不断给予他们忍受的耐性。是灵魂中仍得保留的那份令人难以置信的温柔，给他们带来了幸福；从他们那颗虽已千疮百孔却仍不改本善的内心流出来的，是一口唱着甜美温柔的狂想曲的活泉，是一条滋润着别人的干涸心田的涓涓细流。在这股清泉的灌溉下，传奇故事蓬勃发展起来，开出了绚烂的花朵，把不幸的人庇护在自己的怜悯之花下——那是故土的花朵、祖国的花朵，有时它们也会覆盖住一小片土地，把乏味的拜占庭玄学和死亡神学理论暂时赶到遗忘之国里面。

然而，死亡就藏在这些花朵的下面。在可怖的教条面前，连主保圣人也无法保护他的教民。人一断气，旁边伺机等待的魔鬼就立刻攫住他。魔鬼就在人类身边，它就是这个世界的领主，人类就是它的玩物，人心就是它的封邑。魔鬼历来在人类社会中频频现身，不断引诱人们走向绝望和怀疑！而因于凡尘俗世中、经历这里的一切苦难，这还只是

---

① 约伯是《塔纳赫·约伯记》中的一位男子，以及伊斯兰教中的一位先知。他被描述为一个受祝福的人，行为完全正直，但是撒旦指控约伯只为了物质利益才侍奉上帝。于是上帝一步一步撤去保护，容许撒旦夺去约伯的财富、子女和健康。但约伯保持了忠诚，没有诅咒上帝。——译者注

开始，之后就是永远的地狱之罚！首先经历世间磨难，然后得到了什么补偿呢？是地狱！你们就是被提前判罪的受刑者！那为什么还要在教堂广场上演这一出出审判的戏码呢？既然有些人出生前就被判堕入无底深渊，既然他们就该下地狱、就属于地狱，那还让他们活在迷茫和恐惧中、把他们一直吊在深渊边上，这不是太残忍了吗？

出生之前！——那可是孩子啊，无辜的却为地狱而生的孩子啊！唉，我在说什么呀？无辜？这正是基督教体系中的可怕之处，在它那里，没有无辜可言。

我不知道，但是我敢毫不犹豫地大胆说：这里正是人类灵魂被困顿、耐心被动摇的死结之所在。

被罚的孩子！我曾在其他地方指出了母亲心中这道深深的、恐怖的伤疤。我把这道疤指出来，又把它掩上了。在摸索这道伤疤时，我们会发现它是那样的深，深过了死亡带来的恐惧。

相信我，第一声叹息就是从这里发出来的。是抗议的叹息吗？完全不是。然而连发出叹息的心灵自己也不知道，在这声卑微、低沉而又痛苦的叹息中，却蕴含着一声激烈的反抗。

多么低沉却多么撕心的一声叹息啊！半夜听到它的人，会彻夜辗转反侧、无法安眠。早上起床，在晨曦洒满大地之前，当他走在田野的犁沟中时，会发现好多东西都变了。山谷和耕田越发低陷，那么低、那么矮，就像一座坟冢一样；而显得越发高大、阴暗和压抑的，是地平线尽头的两座塔——阴暗的教堂钟楼，阴暗的封建城堡。从那时起，他就明白了这两座塔钟声的意义。教堂的钟声在呢喃着永远，城堡的钟声在诉说着曾经。但是与此同时，还有一个嘹亮的声音响彻在他心中，它说的是：总有一天！这是上帝的声音。

总有一天，正义会回归的！ 让这些空洞的钟声敲响吧，让它们和着风声回荡吧。不要用怀疑来武装自己，因为怀疑也是对信仰的怀疑。要去信，要去希望！将来，迟到的正义之神总会夺回自己的王位，它将坐在审判席上，在教条和世界中审判着。这个审判，它的名字就叫大革命。

§IV. 教士和人民

在踏过那条满是荆棘的路时，在探索黑暗中世纪的过程中，"忧闷欲死"①的我经常问自己这个问题：一个有着最温和的准则、以爱为出发点的宗教，是怎样把世界变成一片赤红血海的呢？

在信仰多神教的古代，到处都是战火、屠杀和毁灭，人命贱如草芥，没有人认识到生命的价值。那个时代就如同陶里斯的那位处女②一样，年轻而无情、美丽而冷血，杀人时绝不心软。在它那令人惊骇的破坏中，你看不到激情、执念和仇恨的火种，而在那个以爱为出发点的宗教在中世纪掀起的斗争和复仇中，这些火种却构成了它的显著特征。

在《论教士》里，我曾就此做出了第一个解释：这个信仰让它的选民深深沉溺在骄傲中。每一天，他们都能让上帝降临在祭台上，都能让上帝听命于自己！还有什么呢？（我说得有些犹豫，因为害怕自己会被打成渎神者）哦，每一天，他们都在**造神**！这多么让人感到飘飘然啊！这简直是个奇迹之中的奇迹，那每天都让这个奇迹发生的人会怎么称呼自己呢？神？似乎分量不够。

这股违背自然的力量越是反常和可怕，追求这股力量的人就越是惊恐不安。他仿佛坐在斯特拉斯堡钟楼的十字架塔尖上，任何碰到他、晃

---

① 原文为拉丁语"tristis usque ad mortem"。——译者注
② 即伊菲革涅亚，她被雅典娜从祭台上救下来后，狩猎女神要求她一辈子为女神服务，并杀死所有到陶里斯的陌生人。——译者注

动他、想帮他下来的人，他都恨其入骨。下来？他下不来的。他将从这个地方跌下，重重地跌下，跌进大地之中。

我们须得弄清楚：如果他有为了自保而灭掉这个世界的能力，如果他凭一句话就能毁灭掉由上帝一句话创造出来的事物，这个世界早就灭绝了。

这种不安、愤怒和惊惧，只说明中世纪教会在看到自己的敌人——正义——站起来反对它以后，是多么暴跳如雷。

一开始，你会很难察觉到正义的存在。世上再没有比正义更低微、更渺小、更卑贱的东西了。它就是一棵微不足道的野草，被人遗忘在了田野中；即便埋头寻找，你也很难发现它。

刚才还那么弱小的正义，你的长势怎么就那么迅猛呢？才一个转头的工夫，我就认不出你来了。每过一刻钟，你就又往上蹿了半米……神学开始自乱阵脚，脸色一会儿赤红，一会儿惨白。

于是一场斗争开始了，这是一场可怕的、骇人的、用任何语言都难以描述其惨烈程度的恶战。神学把圣宠这个虚情假意的面具摘下扔到一边，为了能杀死正义，为了能亲手毁了它、一口吞了它，即便得走下神坛、否定自己也在所不惜。这是一场近身搏杀的交锋，在这场生死之战中，哪一方才能将对手吞进自己肚子里去呢？

恐怖统治革命政府竭力避免自己被拿来和宗教裁判所做比较；在执政的两三年时间里，它从不吹嘘自己让旧制度反尝到它六百年来施加给我们的一切。宗教裁判所笑了，它是多有资格发出嘲笑的声音啊！难以计数的人被它斩首、吊死、车裂；那为火刑而架起的柴火，堆起来能有金字塔那般高大；被烧死在上面的人，尸体垒起来能顶到天上去。和这相比，恐怖统治政府枪决的一万两千个人算什么呢？单单西班牙一个省的宗教裁判所，在十六年里就烧死了两万人。不过干吗要说西班牙？为什么不提阿尔比派①、阿尔卑斯的韦尔多派②、弗朗德勒的异教者、法国的新教徒、被十字军恐怖镇压的胡斯派③，以及无数被教皇推到刀剑之下的人民呢？

历史说，大革命即便在它最凶残无情的时候，也害怕激怒死神；所以它将刑罚人性化，不再由人亲手执刑，而是创造了一个机器来减轻死刑的痛苦。

它还说，中世纪教会挖空心思、想出各种酷刑来加剧对受刑者的折磨，让其更能体会到什么叫剖心拆骨之痛。它说，教会发明了各种精细的刑罚艺术，想出许多聪明的办法，让人求生不得、求死不能；但人的身体总有无法承受的极限，有时受刑者实在招架不住了，最终一命呜呼（此时死亡对他来说都是一种恩赐），教会还感到遗憾，遗憾不能让刑罚时间再长一点儿。

在这里，我不能也无意去搅动这片血海。如果将来某天上帝允许我触碰它，这汪依然沸腾着的鲜血将变作一股洪流，将虚假的历史和被收买的大屠杀鼓吹者统统洗刷一遍，把他们那张满是谎言的嘴全都封上。

我知道，最美好的东西在这场大毁灭中已都化为烟云。他们烧毁了书籍、烧死了人，把烧焦了的遗骸再烧一次，把他们都挫骨扬灰。我何日能再寻到历史？比如，等我能读懂今夜看到的那颗划过天空的流星的故事时，才能读懂韦尔多派和阿尔比派的那段历史吗？一个世界，一个完完整整的世界，陨落了、沉寂了，人事诸物皆被掩埋。我们可以听到

---

① 起源于11世纪法国阿尔比的基督教派别，13世纪被污为异教徒，遭到教皇和法王组织的十字军镇压。——译者注
② 中世纪兴起的基督教教派，被当时的罗马天主教视作异端，因此遭到大迫害，现在被新教视为宗教改革的先驱。——译者注
③ 由基督教改革者扬·胡斯发起的基督教运动，成为欧洲宗教改革的先驱者，天主教会在1415年康士坦斯圣公会议中宣判该教派为异端。——译者注

一句关于它的诗，可以从坟墓中找到一些骸骨，然而这些都没有任何名字和标记。难道凭着这点可怜的碎屑，我就能把这段历史再现出来？我们的敌人赢了，他们让我们如此的无能为力；因为他们太过野蛮，所以连他们的野蛮也成了无证可寻的历史！可是，至少还有那片荒芜在讲述着过去——朗格多克①的废墟，阿尔卑斯的死寂，波西米亚的荒凉群山，还有其他许许多多再不会有人烟、土地将永远贫瘠的地方，还有其他许许多多自人类离开后、连自然本身都被消灭了的地方，至少它们还在讲述着历史。

可是有一件事（一件真实的事）的声音是所有大毁灭齐声轰鸣也盖不住的，那就是：这个以原则为名、以信仰为旗而展开屠杀的宗教体系，满不在乎地交替利用了两个相互矛盾的理念——君主专制暴政思想和人民盲目的无政府思想。仅仅在17世纪这一百年里，罗马就换了三次立场，一会儿向右，一会儿靠左，毫无廉耻、毫无顾忌。一开始它投奔国王一边，然后又和人民站在一起，再然后又回到国王怀抱。三个政策，一个目标。如何实现目标？这无关紧要。什么目标呢？思想之死。

有位作家认为教廷大使事前根本不知道圣巴托罗缪大屠杀即将发生，可我了解到的情况是：教皇对此事已经谋划了十年之久。

另一个人说："这只是件区区小事而已，纯粹是个地方事件，是巴黎的复仇。"

虽然这套说辞让我深深觉得反胃、鄙夷和恶心，但我仍然用历史保存下来的遗物和无可辩驳的事实来反驳了它。而且，我还逐渐发现了屠杀留下的带血的脚印。我已经核查过了，当（1561年）巴黎提议将教会财产悉数变卖的时候，教会看到国王态度暧昧、对这块肥肉也心生觊觎的时候，

---

① 法国南部一省，阿尔比教派传入该地后，它遭到了十字军讨伐和血洗。——译者注

它就积极地转身投靠人民，使出布道、施舍、洗脑等一切手段，利用自己人数庞大的信徒、教士、商贩和乞丐，组织了这场大屠杀。

您说："这是场群众事件。"没错，但请告诉我们，您施展了怎样的毒辣诡计，如何阴险地蛰伏了十年时间，才腐蚀了人民的心智、扰乱了他们的思想，让他们走向疯狂？

这种杀戮的诡诈之术，我和你打了整个中世纪的交道，你是骗不过我的！在长期否认正义和自由之后，你又把它们的名字当成了宣战的借口。你以正义和自由为幌子，挖掘出一口深深的仇恨之井，挖掘出不平等在人心里种下的永远的伤痛，挖掘出穷人对富人的嫉妒心理。你这个没有继承者的暴君，你这个世上最贪得无厌的地主，一遇到别人要动你的财产，就立刻跳起脚来，把平均主义那套最不可行的理论当作救命稻草，死死地抱在了怀里。

圣巴托罗缪大屠杀发生之前，教士为了煽动屠杀就对人民说："新教徒都是贵族阶层，都是地方上的贵族。"这话说得没错，因为教士已经把城里的新教徒歼灭得一干二净了，只有大门紧闭的城堡那里还窝藏着新教徒。可是看看第一批受害者的名单吧，他们都是城里的普通居民，都是些小商贩和工人而已。这些引发人民仇恨、仿佛是贵族专属的信仰，其实皆起源于人民。谁不知道加尔文①是箍桶匠的儿子呢？

要说清楚那些充当教会爪牙的写手今天是怎样模糊视听、以讹传讹的，这于我来说是再简单不过的事情了。我可以通过一个例子，说明教会是如何施展毒计去煽动人民、如何将社会性的嫉妒心打造成一件致命武器的。这其中的细节会很有意思，不过很遗憾，我得把它放到后面再说。但

---

① 约翰·加尔文（John Calvin，1509—1564年），法国著名的宗教改革家、神学家，加尔文教派的创始人。——译者注

我可以告诉你的是，为了毁灭一个人、一个阶层，有一个专门的组织精心编造出了一套诽谤之词，在学校、神学院，甚至修道院会客室中，把它慢慢地灌输给世人；为了让谣言传播得更快一点儿，忏悔者、被神甫和司铎拉拢过来的商人成了直接传播人，在人民耳边嘀嘀咕咕。我可以告诉你的是，在这些人以兄弟会为名义而举办、实则挥霍了大量捐给医院的慈善物资的酒肉盛宴中，谣言是如何发酵的。这些都是琐碎、平常、毫不重要的小细节，然而少了它们，你绝不可能读懂天主教煽动人民时的大动作。

有时若要毁掉一个有名望的人，除了这些手段之外，还需要更高超的技巧。以钱相诱、以武相逼，软硬兼施之下，找几个有才华的作家，让他们对其发起攻讦，这也不是太难的事情。为了烧死瓦莱①，国王的告解神甫就让龙萨（Ronsard）写东西去攻击他；为了毁掉特奥菲尔（Théophile），就煽动巴尔扎克（Balzac）去污蔑他——特奥菲尔曾为他拔剑相向，把他从棍棒下救了出来，而他就是这么去报答人家的。

今天，从弱小的底层人身上，在社会最下面的阴沟里，我依然能看到当初教士是怎样煽起仇恨和骚动的。我在西部一座城市中曾看到一位年轻的哲学教授被人从讲台上轰了下来，在大街上遭到由女人组成的一群暴民的搜捕和指认。她们知道什么呢？只知道自己从告解室里听到的那点东西。她们胸中冒着一腔无名的怒火，全部堵在门口，指着他大喊："他在这儿！"

在东部一座大城市，我还看到另一件可以说是更可恨的事情。一位几乎已经完全失明的新教老牧师，每天都被一所学校的孩子们追赶着、侮辱着。他们从后面猛地拉他一下，想让他摔倒。

事情通常就是这样由无知者掀起来的，而且你还无法自卫，因为站在你面前的都是妇孺之辈。在更容易被洗脑的年代，在某些文明程度不高、

---

① 瓦莱（Geoffroy Vallée）是法国一位自然神论者，1512年因为渎神而被巴黎最高法院判处死刑。——译者注

极易被煽动起来的地区，连男人都会加入这一行列。在教堂里坐镇的指挥者，和兄弟会会员、商人、租户们一样，咕哝着、吼叫着、策划着、骚动着。伙计和仆人像喝醉了一般四处作乱，学徒到处流窜，见什么打什么，却不知道自己为什么这么做；有时甚至连孩子都犯下杀孽。

随后，虚伪的教士、愚蠢的神学家站出来，以人民的正义之名，替这群虔诚的杀人犯做了洗礼，打着自由的幌子把专制者策划的罪恶奉上了神坛。

他们就是这样找到办法，在那天把所有被称为法国之光的人全都屠掉了。这里面有当代数一数二的哲学家、雕塑家、音乐家，有拉米斯①、让·古戎②、古蒂梅尔③。我们伟大的法学家、罗马天主教和耶稣会的敌人、法学界的天才——杜摩兰④，更是险些丧命在他们手中！

幸好他得救了，幸好他们没犯下这桩罪恶，幸好他高贵的生命得到了上帝的保护。然而在此之前，杜摩兰曾亲身经历了教会针对他和他的家人发起的四次骚乱。这所知识的神殿遭到四次攻击和掠夺，他的藏书被糟蹋，下落不明；他的书稿遭到无法修复的重创，人类的瑰宝被丢在泥泞中毁灭。但他们没能毁掉正义，这些书中蕴含着的富有生命的思想在大火中得到解放，渗透于万物中，充盈在空气里。所以，感谢狂热的屠杀者、纵火犯，正因为他们，人们才呼吸到了平等的空气。

§V. 自由思想者是怎样逃出来的

在罗马斗兽场中盛大的狂欢之后，场上堆着累累尸体，脚下的沙土

---

① 彼得吕斯·拉米斯（Petrus Ramus，1515—1572年），法国人文主义者、逻辑学家、哲学家、教育改革者，在1572年发生的圣巴托罗缪大屠杀中被杀。——译者注
② 让·古戎（Jean Goujon，约1510—1566年），16世纪法国著名的雕塑家，法国文艺复兴雕塑的代表人物。1562年，法国的胡格诺派与天主教派发生持续30余年的战争，古戎被迫离开法国，赴意大利的波伦亚城，最后死于该城。——译者注
③ 克劳德·古蒂梅尔（Claude Goudimel，1510—1572年），法国作曲家、音乐家、文艺复兴音乐理论家，在圣巴托罗缪大屠杀中与许多胡格诺派教徒一起在里昂被杀害。——译者注
④ 查理·杜摩兰（Charles Dumoulin，1500—1566年），法国法学家、加尔文派教徒，在新教徒遭到迫害时撤到德国，1557年回到法国，由于著书反对特朗托圣公会议，遭到长期监禁。——译者注

喝足了鲜血，磨牙吮血的狮子们已是饫甘餍肥。这时为了给群众解闷，另外一出戏上演了。人们把一个本就该被丢去喂野兽的奴隶扔进斗兽场，让他手里捧着一个蛋。如果他能挺到最后，如果幸运女神能眷顾他把蛋放在神坛上，那他就得救了。通往神坛的路很短，然而在奴隶眼中，这条路却仿佛漫长得没有尽头！那些吃饱喝足的野兽正昏昏欲睡，然而只要有一丝响动，它们就会抬起沉重的眼皮，打一个令人魂飞魄散的哈欠，似乎在考虑要不先别休息了，一口吞掉这个奇怪的猎物。吓得半死的奴隶战战兢兢地缩成一团，勾着腰伏在地上，整个人都快贴进地里了。他在说（如果他能说话的话）："天啊！天啊！我很瘦的！狮子，狮子大人，求求你们，让我走过这片尸骸之地吧，我身上的肉还不够你们塞牙缝呢……"任何小丑、任何滑稽剧，都不会让群众笑得这么开心。所有观众看到奴隶把身体扭曲成各种姿势、在那里瑟瑟发抖的样子，无不捧腹大笑，在看台上滚作一团。这是一场可怕的快乐风暴，是野兽寻欢作乐时发出的嗥鸣。

必须得说，这个场景在中世纪末又上演了。陈腐的思想愤恨地发现自己行将就木，觉得还有点时间让人道精神也来给自己陪葬。我们又看到那个可怜的奴隶被迫走到斗兽场上、走到猛兽中间，然而这次，这些野兽没有吃饱喝足、半睡半醒，它们是暴躁的、嗜血的、贪婪的，奴隶手上捧着的那个脆弱的蛋，是被摒弃的真理——如果能被送到神坛上，它可以拯救世界。

其他人笑了——他们却是在笑自己的厄运！看到这个场景，我却一点儿也笑不出来。为了给吃人的怪物换种口味，为了逗乐无知群众而特地安排的这出闹剧、这场柔体表演，深深刺痛了我的心。走过染血的斗兽场的那些奴隶，他们是思想的王者，是人类的恩人。

啊，我的父辈！啊，我的兄弟！伏尔泰、莫里哀、拉伯雷，我的这些亲爱的思想同道者，是你们吗？是你们附身在这个瑟瑟发抖、羸弱不堪、可笑而又可怜的躯壳中吗？才不世出的天才们，是你们怀抱着上帝的寄托，为我们化身为烈士、化身为那个被吓得战战兢兢的小丑，是吗？

他们受辱了？啊！不，绝不是！站在斗兽场上的他们温和地对我说："朋友，不要紧，别人笑我们又有何妨？我们被野兽撕咬、被暴徒冒犯又有何妨？只要能抵达终点，只要能把这个宝物安安稳稳地放在神坛上，只要迟早能拯救世人的它可以被人类重新接受，这就够了。你知道它是什么吗？是自由，是正义，是真理，是理性。"

想想一切伟大的思想曾遭受何种磨难、历经何种艰辛、走过何种险阻，再看看这些思想先驱所承受的侮辱和轻贱，我们就不会那么震惊了。谁能给予我们力量，让我们有勇气去探寻思想从黑暗地底走到地面上来的这段路程？千百年来，思想不得不披着含混模糊的外表，不得不接受混进自己体内的杂物，不得不承受被延误的可怕命运，而这一切将由谁来讲述呢？从直觉到幻想、空想，最后到诗歌中半遮半掩的表达，它这一路走得何其蹒跚和缓慢啊！它已在孩子和痴人、诗人和疯子中间游荡得太久、太久了！某天早上，这种痴狂突然就变成了众所周知的道理！但这还不够。大家都在思考，可没人敢发言。为什么呢？是缺少勇气吗？是的。为什么缺少勇气呢？是因为真理还不够耀眼，它必须绽放出自己的全部光华，才能让世人忠心追随其后。最后，它终于在一个天才身上绽放出灿烂的光芒，赋予他英雄的勇气，赐给他忠诚、爱和牺牲的精神。于是他把真理珍藏在内心，在狮群中无畏地前行着。

所以，我方才看到这个奇怪的场景，看到一场最热闹却也最恐怖的滑稽剧。瞧瞧吧，看看吧，他颤抖着、畏缩着走过去，看上去多么害怕啊！他把一个我不知道是什么的东西藏在怀里，抱得多紧啊！啊！他在发抖，但不是害怕自己会命丧于此而发抖。这种害怕是光荣的，是英雄壮士才有的！你难道没看到他肩负着拯救人类的使命吗？

我只担心一点：哪里才是这个宝物的庇护所呢？哪座神圣的祭坛才有资格保护这个圣洁的宝贝呢？哪个神才有足够的神性，来庇佑这个圣物呢？它是什么？是上帝的思想啊！

英雄怀抱着这个救赎之物，抱得那么小心翼翼，就像母亲抱着自己的孩子一样。英雄啊！请您小心，请您小心挑选一所您所信任的圣殿。要提防肉胎凡身的偶像，要避开那些用肉身或木头做的神像，他们连自己都保护不了，更谈何保护别人？

从中世纪末开始，从13世纪到16世纪，我看着所有人争先恐后地修筑和扩建着庇佑世人的圣殿——王权的祭坛。为了把一个偶像赶下神坛，你们就竖起了另一个偶像。你们把金银珠宝、熏香没药等一切东西都献祭给了它。你们把智慧献给了它，把宽容、自由、哲学献给了它，把社会最后的理性——权利——也献给了它。

这样的一个神，怎不会壮大起来？世上最强大的那些人，被无情的旧思想一直死死盯着、驱逐着，于是他们努力把自己的神殿修得越来越高，最好它能一直耸到天上去。于是，一系列传奇神话诞生了，被世人费尽心机地装点和吹捧着。这些传奇故事的主角，在13世纪里是比教士还要教士的圣王，在16世纪里是骑士国王，到了亨利四世那里是贤王，到了路易十四那里，就成了神王。

下篇　论旧君主制

§Ⅰ.王位上的神

早在1300年，反对教皇的吉伯林派①诗人就把凯撒帝国讴歌成天堂。*独一*便是救赎，世上有也只能有一个君王。随后，在盲目地实行这一强硬逻辑时，他们建立了一个理念：君王越是伟大，就越是全能；他越接近神，凡人就越不用担心他会滥权。如果他有了一切，就会无欲无求，没了嫉妒和仇恨。他是完美的，代表绝对至高的正义；他如同上帝的正义一样统治着这个国家，绝不会犯任何错误。

这便是他们为了支撑*独一*这个准则而架构起来的所有理论的根基所在。他们设想的*独一*的结果，就是*和平*。可从此以后，我们几乎只有无休无止的战争。

我们得比但丁走得更深一点儿，得在深深的地底下挖掘和探索这一巨像的深层大众根基。

人需要正义。由于在宗教上被困于完全以上帝任意的圣宠为基础的教条框架内，人们希望可以在一门政治宗教中拯救正义，把一个人打造成*正义之神*，希望这个看得见、摸得着的神，能为他们守住平等这簇在另一个神身边微弱闪烁着的火苗。

我听到旧法国从内心发出的呼喊——带着温柔的语气，夹着深深的热爱："啊！吾王！"

这不是在奉承溜须。人民和拉瓦莉埃②，他们当时都是真心爱着年轻

---

① 即皇帝派，12世纪至15世纪意大利大封建主中支持神圣罗马帝国皇帝的政治派别成员，和教皇派相对立。——译者注
② 拉瓦莉埃（Louise de La Vallière，1644—1710年），路易十四自1661年到1667年的情妇，后进了修道院。——译者注

的路易十四。

那个时候，他就是所有人的信仰。连教士似乎都把他们的上帝从神坛拿下来了，好为新的神腾出位置。耶稣会会士把家门口的耶稣头像撤去，取而代之的是路易大帝的画像。我在凡尔赛教堂穹顶上看到这样一行字："Intrabit templum suum dominator."话里只有一个意思：宫廷只承认一个神。

莫城主教担心路易十四自我信仰的心不够坚定，于是给他打气说："啊，吾王，请勇敢地施行您的权力吧，它是神圣的，您就是神！"

多么令人瞠目结舌的一个教条啊！然而人民愿意去相信它。他们受到那么多地方暴政统治的压迫，可无论多偏远的地方，人民都在呼喊着人间的上帝，呼喊着君主制的上帝。任何恶都不会被归罪到王的头上，如果他手下的人作恶，那也是因为王站得太高、太远了。人民会说："如果吾王知道……"

这是法国独有的一个特征。很久以来，这个民族都不懂得何为政治，只知道奉献爱和忠诚。他们的爱是强烈、执着、盲目的，这让他们把神身上的一切不完美都美化为品德。即便在王身上看到人的一面，他们也不会震惊，反而感激他有这些人性的弱点。他们认为，这样的王离他们距离更近，少了几分高傲和冷酷，多了几分感性。亨利四世爱上了加布里埃尔①，他们还感激他能有这份爱情。

在路易十四和柯尔贝尔②统治早期，人民对王室抱着一种崇拜性的爱。国王为了实现所有人在正义面前一律平等、为了减轻纳税体系中万恶的不公平性而做的一切努力，替他大大赢取了民心。柯尔贝尔把四万

---

① 加布里埃尔·黛丝特蕾（Gabrielle d'Estrées, 1573—1599年），亨利四世的情人。——译者注
② 柯尔贝尔（Jean-Baptiste Colbert, 1619—1683年），法国政治家、国务活动家，长期担任财政大臣和海军国务大臣，是路易十四时代法国最著名的伟大人物之一。——译者注

个所谓的贵族从贵族名单上划掉,要求他们必须纳税,并强制地方大资产者必须将本城财政状况如实上报,以免他们从中渔利。各行省贵族曾在国家动乱时浑水摸鱼、自己给自己打造出某个爵位头衔,而今都遭到最高法院的大量调查。王室伸张公平正义的铁血手段得到了百姓的大力称赞。在巡回法庭①里,国王犹如审判之日中的神一样,严肃地站在人民和贵族中间。人民立在他的右侧,怀着满腔的敬爱和信任,坚决拥护着他的审判。

"颤抖吧,暴政者!你们没看到神是和我们站在一起的吗?"这句话,出自单纯的人民之口。他们认为国王是站在自己这边的,他们觉得自己在国王身上看到了革命的天使,于是向他伸出双臂,温柔地、充满希冀地向他乞灵。在《奥弗涅巡回法庭纪要》中,我们看到人民提出的天真期望,看到贵族噤若寒蝉的样子,读来让人心潮澎湃。一个农民在跟领主说话时没有脱帽致敬,于是后者就把他的帽子扔到地上。农民说:"如果你不把它捡起来,等巡回法庭来了,国王将砍掉你的脑袋。"领主害怕了,只好将他的帽子捡了起来。②

国王的地位是多么崇高啊!可为什么他从这个位置上跌下来了呢?为什么对所有人的审判变成对**部分人**的审判了呢?这个正义之神怎么变得跟神学家的神一样,也想要有自己的**选民**了呢?

---

① 巡回法庭(Grands Jours)是在15世纪左右的旧制度中法院除固定议政会议之外召开的会议,其目的是采取有效措施保障司法审判、防止滥权发生,通常在内乱之后召开。——译者注

② 国王的人,也就是最高法院,得到了人民的万分信赖(的确,他们也用实际行动回报了人民的信赖)。但就如教士不能代表圣宠一样,最高法院更不能代表正义。说到底,国王的正义也被他的喜好所左右。一位深谙马基雅维利主义的大贵族,红衣主教杜波瓦(Dubois),为反对三级会议而向摄政王递交了一份陈情书(《总汇通报》,vol.I.),书中简明扼要地阐释了要跳好最高法院这支舞的简单机制,该怎样迈步、怎样定姿,话题一直延展到由国王来定义正义与否、结束一切争端的御临国会(lit de justice)。杜波瓦害怕三级会议,而他的政敌圣-西门(Saint-Simon)却建议召开三级会议,认为这是个简单易行、不会造成流血的权宜之计,既可以补偿先前的亏欠,又可以败得体面,按他的话说就是"将失败封圣";此外,他还振振有词地说,三级会议从来没有严肃性可言,说一说、听一听,就完了。可我要说的是,无论在三级会议还是在最高法院,有一件事是严肃的:拥有魄力和反抗意识的人本就很少,这些人又受着不切实际的空想自由思想的支配和操纵。法国之所以不能有自己的宪法,是因为它觉得自己是有宪法的。——原注

全情的信任！全心的热爱！可这些都被辜负了。被万民拥护的这位王，对人民却是狠心不已。你若留心找找，在书籍和绘画中注意一下关于他的描写和画像，便可以发现国王的每个举动、每个眼神无不透露着他是多么铁石心肠。多么伟大、多么珍贵的人民之爱啊，它是一个真正的奇迹，然而最后它只把人民的崇拜对象变成了一个自私自利的奇葩。

他只理解到"崇敬"这个词的字面意思，认为自己就是神，然而他根本理解不了何为神。神活着，是为了普罗大众；而他却越来越向宫廷国王这个身份靠拢。他看到的那少数人，那群围着他的、穿金戴银的乞丐，就是他的人民。神是多么奇怪啊！他把这个世界压缩折叠，塞到一个人身上；而不是把这个人放大铺开，让他拥有世界的维度。如今，凡尔赛——而且是意义上的那个狭隘的凡尔赛，就成了这个人的整个世界。如果你看到了某间昏暗狭小的密室、某座活死人墓，那里就是他想要的一切，不过这对一个人来说倒也够了。①

§II. 18世纪的饥荒

我马上会深入讲到法国赖以存活的一个思想观念——统治政府讲究圣宠，君主制强调君即是父。但如果我一开始就通过事实证据引出长期以来该思想体系所导致的后果，也许这项研究反而会显得操之过急：人们从来都是根据结出的果子来评价一棵树的。

首先，法国人民以巨大得令人难以置信的忍耐力而闻名，这是谁也无法否认的。看看近两个世纪里外国游客们写的游记，你就可以知道他们过的是怎样的日子了。在经过法国乡村地区的时候，人们通常会惊愕

---

① 我这里影射的是曼特农夫人那间昏暗的寓所，路易十四正是在那里咽气的。若要看他对自己神权的个人信仰，请важ重参考那份令人震惊的《路易十四回忆录》，此份回忆录在路易十四的监督之下撰写而成，并由他本人亲自审核。——原注

于这里的悲惨、凄苦、贫穷和荒凉，那些破烂昏暗的茅草屋，那些衣不蔽体、骨瘦如柴的普通百姓，看来简直触目惊心。这些外国人方才知道，人在这样的环境中居然也能挣扎着活下去，换作是任何英国人、荷兰人或德国人，他们绝对忍受不了。

更让他们震惊的是，这个民族又是如此安分守己。他们在自己的主人、在教士和贵族面前毕恭毕敬，对国王抱着一种崇拜性的热爱。人民的生活是如此艰难，然而他们仍是如此温良恭顺，很少为自己遭受的压迫感到愤愤不平，这实在是一个令人想不明白的现象。也许我们可以用旷达的生存哲学来解释其中一部分原因，法国人在困境中太容易想开和释怀了：好日子总会来的；今天下雨，明天就放晴了……他们从不抱怨下雨。

法国人还有着一种军人般的品质，那就是节制，所以他们就更加规矩老实了。我们的士兵在这方面简直达到了人类忍耐的极限，他们在艰苦跋涉和恶劣环境中对食物极低的需求表现，简直能把泰巴伊德①那里懒惰的隐修者们，把安东尼、帕卡姆这些隐修士全都吓倒。

从维拉尔元帅②那里，我们可以了解到路易十四的军队是如何生存下来的③："不知多少次，我们觉得这回肯定弹尽粮绝了，可是通过节省口粮，又总能多撑上半日；到了第二天，那就禁食。当达尔达尼央④前进的时候，没有行军的部队都得禁食。我们能活下来是个奇迹，我们将士的素质和耐力更是一个奇迹。当我检查队列时，他们对我说：'求您今天

---

① 古埃及南部一个地区，现在的底比斯，东西边的沙漠走出了如圣安东尼、圣帕卡姆等第一批基督教隐修士。——译者注
② 维拉尔（Villars，1653—1734年），法国军人、元帅，在西班牙王位继承战争中战绩显著。——译者注
③ 1868版增添原注：我还在维拉尔信中看到他这番话："如果您也在这里，也会被这一幕所感化的：我们兵营前面就是一大片长势喜人的麦田，然而士兵和骑兵穿过这片麦田的时候总是非常小心，生怕会踩到麦子。"
④ 达尔达尼央（Charles de Batz-Castelmore d'Artagnan，1611—1673年），1658年被路易十四任命为禁卫团剑客队队长，后来在1673年法国与荷兰战争中的马斯垂克围城战役中阵亡。大仲马以他为原型，创作了《三个火枪手》中的主人翁。——译者注

赏给我们每日的食粮吧。'①而当时队伍只剩不到四分之一的口粮了，每日配份也减了一半。我给他们打气，给他们承诺；他们只是耸了耸肩膀，用一种让我心软的眼神认命地看着我。'元帅说得有道理，'他们说，'有时我们得学会忍耐。'"

忍耐！美德！安分守己！看到父辈们这些善良的品质，难道你不深为感动吗？

谁会让我去记录他们长期的苦难、温顺和隐忍？这些品质历来让欧洲惊诧不已，有时甚至以此为笑柄来嘲讽这个民族！当英国人看到这些骨瘦如柴、衣不蔽体的战士还能这样开心，对他们的指挥官还能这样友善，还能大步前进、绝不嘟嘟囔囔，哪怕晚上什么吃的都没有了、只能画饼充饥的时候，他们觉得这群人是多么可笑啊！

如果单靠忍耐就能上天堂，那在近两个世纪里，这个民族比任何圣人都更有资格赢得天堂的名额。可是怎么才能写出他们的传奇呢？他们留下的足迹是那么纷杂凌乱、难以辨识。苦难是普遍的，忍耐这个美德在我们国家又太过常见，很少引来历史学家多关注一眼。此外，历史在18世纪是一片空白；经过路易十四穷兵黩武的统治之后，法国大伤元气，已经没有力气讲述自己的故事了。没有人留下任何回忆录，没有人有勇气写下自己的过往生平；连虚荣的人都喑默了，能说的也只有耻辱而已。一直到哲学运动之前，这个国家都缄默不语，就像路易十四那座废弃的、比他的子孙活得更久的宫殿一样，就像垂死的掌权者、红衣主教弗勒里住的那间屋子一样，一片死寂。

这段悲惨史写来并不轻松，何况该时期还不像其他时候那样有暴乱发生，时常引起学者的关注。法国人民揭竿而起的次数比任何民族都要

---

① 原文为拉丁语的主祷文：Panem nostrum quotidianum da nobis hodie. ——译者注

少，他们爱戴自己的主人，从不作乱——除了大革命。

从他们的主人——国王、亲王、大臣、教士、法官、地方督办这些人身上，我们能找出人民最后走上极端的原因。把人民禁锢住的那个体制，就是通过这些人表现出来的。

他们似乎一个接一个地上场，轮番唱出了法国之死的挽歌。歌词的第一句在1681年启于柯尔贝尔之口："再也走不下去了。"说完这话，他就溘然长逝。不过路还在继续：1685年五十多万勤劳本分的普通百姓被驱逐①，还有更多的人在三十年战争中死于非命。可是上帝啊！死于贫困的人，其人数比这两个数字加起来还要多得多！

自1698年开始，后果已经很明显了。首先披露它、哀叹它的人，正是那些种下恶果的地方督办。他们在应邀为年幼的勃艮第公爵所写的陈情书中指出：某某地区已经失去了四分之一的百姓，另一个地区是三分之一，还有一个地区只剩二分之一人口。人口没能恢复过来，农民处于极度的赤贫中，他们的孩子羸弱多病，几乎很难活下来。

我们来好好理一理这些年的历程吧。1698年那个悲惨时期，反而成了人们缅怀的美好年代。一位法官布瓦吉贝尔②说："那时，油灯里面还有油；而到了今天（1707年），什么都没了，所有物资都成了奇缺货。"话中一派绝望。紧接着他还说了一句可怕的话："现在，在付出的人和只懂接受的人之间，一场审判马上要展开了。"1789年的时候，人们终于相信了这句话。

路易十四孙子的家庭教师、康布雷大主教③，和上面这位小小的诺曼

---

① 1685年，路易十四颁布了《枫丹白露敕令》，宣布新教非法，于是《南特敕令》被废，五十多万新教徒被驱逐。——译者注
② 布瓦吉贝尔（Boisguilbert, 1646—1714年），法国经济学家，法国古典政治经济学创始人，重农学派的先驱。——译者注
③ 即芬乃伦（Fénelon, 1651—1715年），他曾担任路易十四的孙子勃艮第公爵的家庭教师（1689—1699年）和康布雷大主教（1695—1715年）。——译者注

底法官一样，说了句充满革命性的话："人民过着非人的日子，他们的忍耐已快到尽头。从第一道裂缝开始，古老的国家机器将分崩离析。身为池鱼的我们，不敢去想它最后油尽灯灭的场景。我们只能闭着眼睛、张开双手，继续接受着……"

感谢上帝，路易十四终于死了。好了，接下来上台的是摄政王——贤明的奥尔良公爵。如果芬乃伦还活着，肯定会被他请来当参事员。他下令出版了《忒勒马科斯历险记》，法国就要成为另一个萨朗特了①。再没有战争了。现在我们成了英国的朋友，我们的商业、我们的荣誉甚至我们的国家机密，全都被打包交给了对方。谁能相信在如此太平的短短七年时间里，在路易十四留下的二十五亿法郎借债的基础上，这位可亲可敬的亲王又增加了七亿五千多万的借贷！不过都还清了——用纸币还清的。

他曾说过："如果我是普通百姓，肯定也会起身造反的。"当有人告诉他一场骚动即将发生的时候，他说："人民做得没错，他们已经吃了太多的苦！"

弗勒里有多节约，摄政王就有多挥霍。法国能恢复元气吗？我对此深表怀疑，尤其是当我看到1739年有人把老百姓吃的、用野菜做成的面包拿给路易十五看的时候。沙特尔主教对路易十五说，他所在的教区，人饿到要跟羊一样靠吃草为生。大臣达尔让森②的话更是让人无法接受，他说起现在的悲惨岁月时，居然拿当初的*美好岁月*来做对比。当初？猜猜是哪段

---

① 芬乃伦在1699年秘密出版了他的《忒勒马科斯历险记》。忒勒马科斯是奥德赛的儿子，此书以儿子寻找父亲的视角来写，在当时极为畅销。芬乃伦在这本书中，通过寓言故事来教育王太子应如何形成自己的判断和治国理念。书中构建了一个乌托邦一样的城市——萨朗特，城市中采用的政治制度和经济体系都是17世纪法国哲学极为推崇的。然而路易十四认为此书讽刺了自己的一些政策，因而勃然大怒。芬乃伦失宠，被撤去了王长子老师的职位，回到康布雷教区，不得外出，一直到死都不得志。——译者注

② 达尔让森（René Louis de Voyer de Paulmy d'Argenson，1694—1757年），法国政治家、律师，出身政治世家，是伏尔泰的朋友，后者曾师从于他。——译者注

当初？就是摄政王统治时期的那段当初！那时的法国被路易十四折腾得遍体鳞伤、奄奄一息，而拿来救命的药，却是三十亿法郎的银行破产。

所有人都看到一场危机正在袭来。芬乃伦早在1709年就说过："从第一道裂缝开始，古老的国家机器将分崩离析。"但它还没有分崩离析。大约在1742年，路易十五的情妇沙托鲁夫人（Mme de Châteauroux）说："我看到山河即将发生巨变，除非有人拿出解药来。"夫人，所有人都看到了，国王、您的下任——蓬巴杜夫人、经济学家、哲学家、外国人，所有人都看到了。大家都赞叹着这个民族的坚忍，它就是各民族中的约伯。啊！温顺！啊！忍耐！——沃波尔[①]对此嗤笑不已，我却为之流泪。这个不幸的民族，他们依然爱着，依然相信着，依然期盼着。他们一直在等着一位拯救者，是谁呢？是他们的凡人之神，是他们的王。

多么可笑又多么感人的偶像崇拜啊！这个神、这个王，他能做什么呢？他既没有强大的意志，也没有足够的能力，去治愈那个深深的、已经蔓延开来的痼疾——这道痼疾在噬咬着社会，吮着它的血液，吸着它的骨髓，让它更贫穷、更饥饿。

什么痼疾？那便是社会从上到下产出越来越少，付出却越来越多。社会越来越穷，先是被放血，再是被抽髓，没完没了，直到它苟喘着最后一口气，直到它即将一命呜呼；垂死前的痉挛让它又做了一番挣扎，它靠着自己虚弱的四肢又站了起来——虚弱？也许在怒火的刺激下，这虚弱的四肢能重新变得强壮有力起来！

什么叫产出越来越少？如果你愿意，我们可以挖掘一下这句话的意思：说的就是字面上的意思。

[①] 罗伯特·沃波尔（Robert Walpole，1676—1745年），英国辉格党政治家，后人普遍认为他是英国历史上第一位首相。——译者注

自路易十四开始,消费税沉重不堪,所以芒特、埃唐普等地的所有葡萄树都被悉数拔去了。

农民已是家徒四壁,税务官就只能拿他们养的牲畜开刀,于是牲畜数目也越来越少,粪肥也再没有了。17世纪里发展起来的种植业,到了18世纪却日渐萎缩。土壤再不能恢复到以前的肥沃,它已经被掏空了。牲畜死去以后,大地仿佛也死去了。

不仅土地产出越来越少,耕种面积也越来越小。在许多地区,大家都觉得没必要劳心劳力地去耕耘。大地主在土地那里再得不到好处,于是也懒于花成本精力去养护它。耕地面积不断缩小,荒掉的土地越来越多。大家讨论着农业,在这方面写文著书,付出巨大代价做着种种反复的尝试。而失去了支撑、失去了牲畜的种植业,回归到原始的耕种模式中。套着犁头在田里耕地的不是耕牛,而是男人,女人,孩子!要不是我们古老的法律并不禁止百姓用犁铧这种最落后的耕地工具,他们就得用自己的手指来松土了。种地人都饿得半死了,所以看到年年歉收、贫瘠的大地拒绝产出果实,谁还会感到惊讶呢?一年又一年下来,一直都是青黄不接的日子。到了1789年,大自然赐予的东西就更少了。它就像一头太过疲惫的牲口,不想再走一步,唯愿躺下等死。它就这么等待着,再不哺育万物。自由不仅仅是人的生命,更是大自然的生命。

§Ⅲ. 过去的庇护在18世纪里还在继续吗?

不要说大自然变成了歹毒的后母,不要觉得上帝已经把他那孕育万物的目光从这片土地上收回去了。大地一直都是我们慈祥的乳母,只想着帮助人类。她表面上一无所出、忘恩负义,内心仍然深深爱着人类。

然而,是人类不再去爱了,是人类自己变成了自己的敌人。他头上的诅咒是出自他自己的口中，是自私、不公平的咒骂，是一个不公平的社会的重压。他能责备谁呢？不是大自然，不是上帝，而是他自己，而是他自己种下的苦果，而是他的偶像，他造出的神。

他的崇拜对象换了一个又一个。他跪在木头做的神像面前，说："求求你，保佑我吧，拯救我吧……"这话他对教士说过，对贵族说过，对国王也说过。啊！可怜的人，你得学会自救啊！

他爱着他们，这是他的理由，并解释了他为何如此盲目。他爱得多深、信得多真啊！他多么天真幼稚地信赖着**好心的领主大人们**，信着**上帝派来的这些亲爱的圣人啊**！路上遇到他们的时候，他都要跪下行礼！他们离开很久了，他还在那里吻着他们踩过的泥土！哪怕被他们压榨、鞭打，他仍然在他们身上寄托了自己满心的祝福和希望！他一直都像孩子一样，对他们抱着一种我不知道算什么的柔情，在他们面前毫无保留地奉献着，为了他们而毫不顾惜自己的将来。"我一无所有、赤贫如洗，但我是爵爷的人，是那座美丽城堡的人。"或者是："能成为这座著名修道院的仆人，我深感荣幸、别无所求。"

去吧，善良的人，当你需要活路的时候，去吧，去敲敲他们的门吧。

去城堡？可是那里大门紧闭，曾经宾客满座的宴客大厅，很长时间都是空无一人；壁炉里的火熄灭了，只剩冰冷的余灰。老爷在凡尔赛城里，不过他没有忘记你。你——他的看门人和管家，他不就把这里留给你来照顾吗？

你说："行，好吧！那我就去修道院，这个慈悲之地难道不是穷人的庇护所吗？教会每天都在跟我说：'上帝深爱着这个世界！他创造了人类，为他们带来了食物！'教会若不是神的慈悲在尘世间的显现，那是什么？"

敲门吧，敲门吧！可怜的拉撒路①！你会在门口等上很久的！你难道不知道，如今教会已从人间撤席，再不管穷人和慈善这些事情了吗？它在中世纪时拥有了两个自己觊觎已久的东西——财富和职权；到了现代社会，教会倒变得公正起来，它把这两个东西一分为二：财富，还继续抓在它手上；而职权，如教育、医院、慈善事业、救济穷人等这些会让它过多操劳的凡间杂事，就慷慨地让给了世俗机构来负责。

教会还有其他一些忙不完的义务，其中一个主要工作就是誓死捍卫信徒们交给它的教会基金，决不能让它减少一分一毫，得让它一直保持增长。为了这个，教会还真表现出了大无畏的英雄气概，如有必要，就算牺牲自己也在所不惜。1788年，国家已是负债累累、陷入绝境，从已经破产的人民身上再掏不出任何东西来了，于是它便向教会求救，求它纳点税。教会的回答让人惊叹，简直可载入史册："不，法国人民是不能被随便征税的。"

以人民的名义来逃避对人民的援助！这也是这些法利赛能够达到的智慧最高峰了！现在，我们再把视线转到1789年！此时的教士群体已是垂死挣扎，再也走不了多远了；但他们也有聊以自慰的事（这在垂死之人那里是少有的）——他们在自己的道路上一直走到了最后。

基督教中有许多神迹，如神化为肉身、降世为人等。除非不断把神迹彰显在世人面前，否则这些于理不合的教条是不会被人接受的。所以，布施总在给予、从不断绝，而精神上的布施更从同一个教条中不断得到新的营养，这便是上帝存在于教会中的证明。然而到了18世纪，教会也贫瘠了，在物质和精神上都再给不了什么了，这恰好证明了一个和宗教告诉我们的内容相对立的事实，我指的是（啊！这是何等的大不

---

① 耶稣的门徒与好友，经耶稣之手神奇地复活。——译者注

敬！）："上帝已经离人而去。"

§Ⅳ. 国王的民心

到了18世纪，人民再不相信能得到神的庇护，哪怕这曾是支撑自己的希望；他们对教士和贵族也丧失了期待，这些人是不会替自己做任何事的。但他们仍然信任国王，把自己的信仰和爱人的渴望转移到年幼的路易十五身上。作为一支显赫王族的唯一后裔、一个如年幼的约阿施一样死里逃生的人①，大家会自然而然地认为：他得救，是为了拯救别人。每次看到这个孩子，人们都会流下泪水！乱世凶年，日子一天一天地过去了。人们一直等着、盼着、希冀着，孩子总会长大的，二十年或三十年的漫长摄政期总会结束的。

当人们在巴黎得知，路易十五在离宫前往军营的路上、在梅斯突然染病的消息时，正是深夜。人们从床上惊坐起来，惶惶四奔，却不知要去往何处；教堂整夜大敞着门。人们在十字路口聚在一起，围成一团，彼此打听着消息，却什么也问不出来。许多教士在教堂里为国王的健康祈祷，却哽咽得无法连贯地把颂诗唱出来，群众也在呜咽和哭泣。当信使带来国王康复的消息时，他被人群团团拥抱着，几乎都要窒息了；人们吻着他的马，像迎接胜者一样欢迎他的到来。每条街上都响着同一个欢呼声："国王病好啦！"

那时是1744年，那时的路易十五被称作"被爱者"。

十年过去了。人民还是同样的人民，却相信"被爱者"用人血洗澡、为了恢复青春而把自己泡在幼童鲜血里这类传闻。有一天，一贯凶

---

① 约阿施是古代中东犹大王国第八任君主，父亲死后，他的祖母为了统治犹大，下令将所有王子杀掉；其中约阿施被姑母约示巴救出。这里影射了路易十五小时候，其父母和哥哥被猩红热夺去性命，只有他被女家庭教师文塔杜瓦公爵夫人所救的事情。——译者注

狠残暴的警察局抓走了一些男人，孩子们在街上游荡着，女儿（特别是美貌的女儿）和母亲发出凄厉的叫喊。人民聚集起来，一场骚动爆发了。此事之后，国王就再没回过巴黎。除非要从凡尔赛前往贡比涅，否则他几乎不经过巴黎。国王令人迅速修建了一条绕开巴黎的道路，以免见到自己的百姓子民。这条路至今仍被叫作"叛乱之路"。

这十年，正是风云巨变的十年（1744—1754年）。国王，这个神、这个偶像，成了人们心中恐惧的对象。"王之化身"这个信条，不可逆转地倾塌了。取而代之的，是思想上的王者的崛起。孟德斯鸠、布冯、伏尔泰，在这短短十年里都发表了巨著，卢梭也已开始写自己的作品了。

在此之前，无论是宗教上还是政治上的独一性，都是以"化身"这个信条为基础的。为了统一教会或国家，就需要一位人类的神、一个肉体凡胎的神。依旧弱小的人类，把这两者集合到一个符号上来，一个看得到的、活生生的符号，一个人。然而从此以后，一种更纯粹的、超脱了这个物质条件的独一性诞生了，它便是心灵的结合、精神的协同，是情感和思想全部投入进来的深层联姻。

这门新教会中的大师虽然在次要问题上有分歧，却在庇佑了当代后世的两大要点上英雄所见略同。

第一， 在他们看来，思想和形式、化身无关，并把思想从肉身这个它长期套着的外壳中抽离出来。

第二， 对他们来说，思想不仅仅是光，更是热、是爱，是对人类炽烈的爱。自爱自重，不屈服于某某信条或宗教政治的某某条文。中世纪宣扬的*爱德*——这个被神学操控的奴隶，亦步亦趋地跟在自己专横的主人身后，它太顺从、太随和了，甚至能去包容仇恨所包容的一切。如果是爱德导致了圣巴托罗缪大屠杀的发生，如果是爱德导致了十字架下的柴火堆的燃起，如果是爱德导致了宗教裁判所的组建，那它又算是哪门子的爱德呢？

一开始就勇敢无畏却还放不开手脚的18世纪，虽然将宗教和物质肉身这一特性分离开来，摒弃了宗教上的肉身化，但长期都没能摆脱政治上的肉身化，它想去尊重"王之化身"这个信条，把王——这位凡人的神——和人类的幸福联系起来。伏尔泰和杜尔哥①之类的哲学家和经济学家，仍抱着不切实际的幻想，希望由国王本人发起革命。

看着两派人在那里争夺偶像，这着实是件非常有意思的事。哲学家们在右边拉，教士们在左边扯。可最后是谁把他抢走了呢？是女人。这个神，毕竟仍是一个肉体凡胎的神啊。

那个操纵他二十年之久的女人，蓬巴杜夫人（出嫁前姓普瓦松），一开始不顾宫廷反对，以公众支持者而自居。哲学家被召了过来，伏尔泰编写了国王生平史，还为他创作了诗歌和戏剧；达尔让森被任命为部长；财政总监马绍②要求彻查教会财产状况。这场打击惊醒了教士阶层。耶稣会会士们不愿和一个女人多费唇舌，于是找了另一个女性来反对她，这个办法成功了。他们找的谁呢？正是国王的亲生女儿。我们需要第二个苏维托尼乌斯③来记录这段历史——自十二位罗马帝王以来，这还真是前所未有之奇事呢。

伏尔泰被驱逐了，然后是达尔让森，再然后是马绍。蓬巴杜夫人屈服了，领受了圣餐，跪拜在王后脚下。然而，她仍靠另一套可鄙而又可悲的办法重新获得了圣心，让他至死都离不开自己——在后宫里塞满从

---

① 杜尔哥（A-R-J. Turgot，1727—1781年），法国18世纪中后期古典经济学家，也是经济学上重农学派的重要代表人物之一，在今天他被视作经济自由主义的早期倡导者之一。——译者注
② 马绍（Jean-Baptiste de Machault d'Arnouville，1701—1794年），法国政治家，93岁高龄的时候在大革命期间死于狱中。——译者注
③ 苏维托尼乌斯（Suétone，69—150年），古罗马史学家、传记作家，著有《罗马十二帝王传》。——译者注

四处替路易十五物色来的女孩。

这慢慢耗干了路易十五的体力。肉体凡胎的神，放弃了思想领域的一切统治。

他逃离巴黎、躲开人民，常年将自己封闭在凡尔赛，可他仍觉得这里太亮了，人也太多了。他渴望藏在幽暗之中，喜欢在树林里打猎，在特里亚农宫的密室中流连忘返，在鹿苑的修道院中耽于声色。可是多么奇怪、多么不可理喻啊！这些情人、这些幽暗的影子、这些爱情的幻影，也无法打动他的心扉！他豢养平民女子；和她们在一起，就是和人民在一起；他从她们那里得到幼稚的抚慰，还学上了她们的语言。但他仍是人民的敌人，一个铁石心肠、自私自利、冷漠无情的敌人。他身为一国之君，却让自己沦落为一个走歪门邪道的粮商、一个饥荒中的投机倒把分子。

他的内心已是一潭死水，但还有一个地方在跳动着：一颗怕死的心。他不断地谈着死亡、送殡队、葬礼，经常预感到君主制将走向灭亡。但只要它不死在自己前面就行，至于其他，路易十五不作多想。

在某个荒年里的一天（当时闹饥荒已经成为常事），路易十五照常在塞纳尔森林中打猎，遇到一个扛着棺材的农民，于是停下来问他："你带着它前往何处？""来此地。""里面是男人还是女人？""男人。""他怎么死的？""饿死的。"

§V. 没有希望，只有正义

这个死人，便是古老的法国；这副棺材，便是拿来装旧君主制的棺材。让我们把自己曾深深信过的梦想——君即是父的主权、圣宠为重的政府、君王宽仁、教士爱德，以及人民无限信任、对人间这个神的绝对信仰——统统埋葬掉吧。

用爱来代替法律，这就是旧世界编织出来的假象，这就是它总挂在嘴上拿来骗人的传奇。

如果它能重生，这个在爱的名义下几乎被拖垮的世界，这个死在爱德手上的世界，这个溺亡在圣宠中的世界，如果它能重生，那也是靠法律、正义和公平才得到重生的。

用圣宠来对抗法律、用爱来对抗正义，这是在亵渎神灵！不公的圣宠还配称圣宠吗？那个因为我们自己懦弱而被一分为二的东西，不正是同一个事物的两个不同面、不正是上帝的左手和右手吗？

正义到了他们手中，就变成了一个消极的事物，它也在捍卫、禁止或驱逐某些东西，却成了一道妨碍的篱障、一把杀人的刀子。他们不知道，正义就是上帝之眼。凡人的爱是盲目的，上帝的爱却是敏锐的，而他的爱就体现在正义中——正义，才是那道赋予生命力和繁殖力的注视的目光。在上帝的正义中，有着一股孕育生命的力量。当它投射到大地的时候，人间洋溢着幸福、充盈着新生。所以，单有阳光和露水还不够，我们还需要正义。正义降临的时候，收获的季节也就到来了。个人和民族种下的种子将在公平的阳光照耀下，钻出大地、长出新芽、开花结果。

某个正义之日，也就是唯一被称作法国大革命的那天，仅仅一天，就有一千万人被造了出来。

可是在18世纪中叶，正义看上去仍是多么遥不可及啊！我周围什么都没有，能用什么来塑造它呢？要建造房屋，就得需要石料、石灰和水泥，而我却是两手空空。这个民族的两个拯救者——教士和国王，反而毁灭了它，毁灭得如此彻底，让我不知靠什么东西才能让它起死复生。封建制度已死，市镇政治生命已死，死在王权的手上；宗教已死，死在教士的手上。唉！连地方传奇、国家传统都没有留下来，连一个民族幼稚时期那些要命的陈见和臆断都被根除。这个民族的一切都被消灭，连错误都不存在了。他们拖着空洞的躯壳，赤裸裸地站在那里。桌子已被清盘，未来可以在上面随便书写了。

纯粹的思想，你是那个被毁灭的世界中唯一存活下来的生命，是所有已不复存在的力量的继承者。可你怎么才能把我们带到唯一的生命赐予者那里去呢？又怎么才能把正义还给我们、把权利观重新灌输给我们呢？

在这个世界里，你只能看到必须被拆解、被粉碎、被忘却的障碍和废墟。在这个世界里，没有任何站着的东西，没有任何活着的气息。无论你做什么，都大可以拿一个想法来安慰自己——你杀死的，本就是死物而已。

纯粹的思想之法，便是上帝之法；纯粹的思想之术，便是上帝之术。在纯粹思想的建构中，只有内部达到完美的和谐，它的外部看起来才能协调。不要希望在它身上能找到大理石建筑该有的直线和棱角。对于一个活着的有机体来说，强大无比的和谐方是内在的根本。

首先，这个新生的世界需要有物质生命。那我们就把庞大的《自然历史》①当作第一步启程、第一块基石送给它吧，那我们就在自然里建立秩序吧——对它来说，秩序即正义。

然而，现在还没到建立秩序的时候。江河正在奔涌，万物正在沸腾，自然就像才睡醒的、整座山都在熊熊燃烧的埃特纳火山一样，所有科学和艺术都在喷薄。这次喷薄之后，留下了一块巨大的、混合着渣滓和金子的火山石，那就是《大百科全书》②。

---

① 布冯，第一卷，1748年。请看乔弗卢瓦·圣-西莱尔（Geoffroy Saint-Hilaire）版本。——原注
② 狄德罗在1754年发表了《大百科全书》的前两卷。杰南（Génin）不久前写了一篇关于狄德罗的短评，相信读过的人都会觉得此文笔法风趣、文采飞扬，让人为之一笑，又为之沉迷。我认为这篇文章写得入木三分、直指根本。——原注

这就是这个新生世界要经历的两个阶段，这就是它的两个创造日。它没有秩序，也没有统一。让我们先把人、把世界的统一造出来，这样就有了秩序，我们期待的神圣的正义也就降世了。

人是以三个形象诞生出来的，他们是三个正义的使者——孟德斯鸠、伏尔泰和卢梭。

留神去找找法律吧，说不定我们会发现它藏在地球的某个角落里。也许那里有着宜人的气候，有利于正义的生长；也许那是一片肥沃的土地，能生出公平的果实。那个四处把它苦苦寻找的行路人、探索者，正是冷静而伟大的孟德斯鸠。然而正义就在他的眼皮子底下逃走了，它是相对的、变化的；法律在它看来就像一份报告一样，是个抽象的死物。它无法治愈生命。①

孟德斯鸠可以选择放弃，然而伏尔泰做不到。他经历劫难，把人类的所有痛苦都扛到了自己肩上，他满心恨意，死死地追杀着一切不公现象。狂热崇拜和专制暴权给人间带来的一切苦难，都压到了伏尔泰的身上。是他这位烈士、这位普世的受难者，是他被屠杀在圣巴托罗缪的那个夜里，是他被埋葬在新世界的矿洞中，是他被烧死在塞维利亚，是他和卡拉斯②一道被图卢兹最高法院执行车裂。他在苦难中哭泣、大笑——在这恐怖的笑声中，暴君的堡塔和法利赛派的教堂轰然倒地。③

和它们同时轰然倒地的，是所有那些宣称自己是万能的、想让其他一切统统被毁灭的、围在教堂四周的可笑篱障。它们在伏尔泰面前倒塌了，好为人道的教堂腾出位置，这座教堂把它们残余的砖块接手过来，

---

① 孟德斯鸠，《论法的精神》，1748年。以后我再有机会的话，会在各处解释为何这位天才在权利方面没有多少见解。他在无意中成了我们可笑的亲英派的建立者。——原注
② 卡拉斯（Jean Calas），法国胡格诺派教徒。1761年被指控谋杀自己的儿子而被判处死刑，次年被处以车裂酷刑，而且处以火刑。此案引起了伏尔泰的重视，迫使政府组成陪审团重新审理。——译者注
③ 关于伏尔泰，读者只需看看基内的《教皇绝对权力主义》其中四页内容就够了，其他再有才华的人，也写不出这等文章。——原注

把它们全禁锢在正义和和平的体内。

伏尔泰是权利的证人、使徒和殉道者。他干净利落地解决了一个自世界诞生以来就被提出的老问题：没有正义、没有人道的宗教是否存在？

§Ⅵ. 三个思想上的王者

孟德斯鸠书写、阐释了权利，伏尔泰为权利哭泣和呐喊，而卢梭则建立了权利。①

当里斯本发生灾难的时候，伏尔泰被这场新的浩劫给震慑住了，泪水模糊了他的眼睛，让他再也看不见上天。此时，是卢梭让他重新振作，让他又相信了上帝，是卢梭在世界的废墟之上宣扬神意的存在。②

因为这并不只是里斯本的毁灭，更是整个世界的倾塌。宗教和国家，习俗和法律，全部都死去了。家园何在？爱呢？孩子呢？未来呢？啊！一个连母爱都已死去的世界，我们对它还能有什么想法？

而你这个贫穷、无知、孑然一身、被人所弃、被哲学家厌恶、被信徒们唾弃的劳动者，在寒冬中贫病交加的你，在雪地上、在蒙特莫朗西四面透风的小楼③里等死的你，只有你一个人还想着反抗，（用墨水已被冻住的笔）书写着，抗议着死亡。

可怜的音乐家，单靠你那把琴和那首《村里的预言者》④，就能为我

---

① 这些关于卢梭的话，是我在1847年写的，也许其中有所夸大。1867年，在写到路易十四时期的时候，我在书里展现了卢梭天才的另外一面。通过另一个视角来批判先前的一个观点，这能让我们更加接近事实本身。——原注
② 1755年，葡萄牙首都里斯本及附近地区发生了相当于里氏九级的大地震；第二年，伏尔泰写了一首长诗《里斯本的灾难》，诗中表达了对神的疑惑：到底是上帝可以防止灾祸而不愿意，还是他想防止却无能为力？卢梭看到此诗以后，给他写了一封信，也就是著名的《论神意书》。——译者注
③ 1756年至1762年6月，卢梭住在蒙特莫朗西一栋小屋中，并在那里创作了《社会契约论》《爱弥儿》《新爱洛依丝》等著作。——译者注
④ 卢梭写的两部音乐歌剧之一。——译者注

们重建一个世界了吗？当你来到巴黎这座遍地都是你的佩戈莱西①、音乐和希望的城市时，你有美妙的嗓音、炙烈的活力、热切的语言。许多年过去，你马上快五十岁了，已经老了，一切都完了。你都已经不再年轻，为什么还要在这个正在死去的社会面前谈论新生呢？

是的，即便对于那些没被命运如此残酷戏弄的人来说，当一切都在沉沦的时候，要把腿从深深的流沙和泥泞中拔出来，也非常困难。

强者啊，哪里才是他的支撑点，让他能找个落脚处停下来，稳稳地站住？哪里才能终止他的流亡？

啊，在这个衰弱的世界里，在这些懦弱、颓废的人身上（啊，那些卢梭和大革命的健忘的后人！），哪里才是他的立足地？

他找到了，他在你们最放松和懈怠的一个地方——他的心里找到了。他从自己的苦难最深处，清晰读到了中世纪从来不能读到的东西：**一个正义的神**。一位卢梭的光荣继承者是怎么说的？"权利就是人间的帝王。"

这句石破天惊之语，直到世纪末才被说出来；它是一句默启性的揭示，一句漂亮而深刻的口号。

卢梭的这句话通过另一个人——米拉波之口说了出来，但它仍是卢梭思想的精髓。当他挣脱了错误的时代科学，挣脱了同样错误的社会以后，你会看到他的字里行间折射出一道璀璨的光芒——义务，权利！

在《一个萨瓦神甫的信仰自白》②中，这束光芒绽放出自己全部的光华，展现出自己温暖、富有繁殖力的力量。连上帝都向正义屈服了，连

---

① 佩戈莱西（Pergolèse，1710—1736年），意大利作曲家，代表作为宗教音乐《圣母悼歌》和《F调弥撒曲》等。——译者注
② 卢梭在《爱弥儿》中附上了《一个萨瓦神甫的信仰自白》，里面向宗教权威发起了挑战，为自己及自己的主张进行辩护，因此此书遭到教会查禁。——译者注

上帝都向权利让步了！——或者毋宁说，上帝和权利成为一体了。

如果米拉波这句话是卢梭说的，也许反而起不了什么作用。时代不同，需求也不同。直到行动的那一天，米拉波才对这个准备好了的世界说"权利就是人间的帝王"，你是权利的子民。而在一个仍在沉睡、软弱疲乏、死气沉沉的世界，卢梭说了句他能说的话："普遍意志就是权利和理性。"你的意志，便是权利。所以奴隶们，崛起吧！

"你们的公共意志就是理性本身。"换句话说：你们就是神。

而那些不相信自己就是神的人，能干出什么大事来呢？就是在那一天，你方能无畏地走过阿尔克拉桥①；就是在那一天，你才能以义务为名，将自己最珍贵的爱、将自己的心抢过来。

让我们去做神吧！如此这般，不可能的事也变得可能和简单起来。到那时，掀翻世界又算得了什么？我们可以创造一个世界！

这便解释了为什么一个人吐出的这丝微弱气息、一位潦倒音乐家奏出的这首旋律，把我们都唤醒了。

法国已是暗潮汹涌，欧洲也已是面目一新。德国这个伟岸的巨人，在它古老的基石上踉踉跄跄地站着。他们批判着他，却又遵循着他。"纯粹是在多愁善感。"他们挤出一个笑容，坚持这么说。可是话虽如此，这些梦想家仍然跟着那位音乐家的乐声走了。哲学家们和抽象家们虽然很不情愿，却仍走上了可怜的萨瓦神甫的那条直路。

到底发生了什么呢？上帝的哪道光芒照了下来，竟然导致如此天翻地覆的变化？是一个观念、一个新的神启、一个上天的启示所带来的力量吗？是的，人们受到了天启，然而新生的学说还不是最起作用的。有

---

① 即1796年11月17日法军和奥地利之间的阿尔克拉战役，当时的统帅波拿巴身先士卒，冲到满是奥地利军的阿尔克拉桥上，法军士气大振，最终获得了此战的胜利。——译者注

一个更加神秘、更加奇怪的现象，一股人们读不到、永远理解不到却感知到了的力量。没人知道它来自何处，然而自从这句火一般炽热的话在空中传开，空气的温度改变了；仿佛一股温润的气息吹过人间，不孕的大地又开始结出了果实。

这是什么？如果你想听，那我就告诉你。这是一个将心灵撼动和融化了的东西，这是青春的吐纳；所以，我们才会心甘情愿地放下一切。你若试图向我们表明这话有多么蹩脚、多么生硬，有时甚至只是一种庸俗情感的表达，那你便是在做无用功。青春就是这样，热血就是这样，我们就是这样，即便有时我们也承认年轻总有弱点，但我们更加实在地体会到的，是那段回忆的甜蜜，是一想到岁月一去不复返而产生的心酸。

那股暖流，那股穿透人心的旋律，这便是卢梭的魔力之所在。也许会有人质疑和反对他的这股力量（在《爱弥儿》和《社会契约论》中就是如此），然而在《忏悔录》和《一个孤独散步者的梦》中，通过剖白自己的弱点，卢梭赢了，让每个人都流下了热泪。

那些抱有敌意的外国天才人物可以扭头躲开光芒的照耀，但无法阻挡这股暖流的来袭。他们可以不理会言语的力量，但无法抵抗音乐的魅力。追求深层和谐的神灵、风暴的对抗者，正从莱茵河一路轰鸣到阿尔卑斯山，在一首轻柔的旋律、一声简单的呢喃、一曲第一次在夏梅特①葡萄园中唱起的晨曦短歌中，他们也感受到了那句有排山倒海的威力的咒语。

人们听到了，听到了这副稚嫩而又动人的嗓音，听到了这曲发自肺腑的旋律；这颗柔软的心被葬进大地之后的很长时间里，它的歌声依然在世间回荡。卢梭去世之后才得以发表的《忏悔录》，仿佛是一声从坟墓里发出的叹息。他回来了、复活了，变得更加强大，更受人敬仰，得

---

① 夏梅特是卢梭在《忏悔录》中记载的他和华伦夫人住过的地方。——译者注

到人们前所未有的热爱。

这个神迹，是他和他的竞争者伏尔泰共有的。竞争者？不对！敌人？更不对！这两位人类的使徒，就让他们从此以后并肩站在同一块基石上吧。①

已经八十多岁、被葬在阿尔卑斯的皑皑白雪之间、被岁月和工作压垮的伏尔泰，他也从冥界回来了。伟大的时代思想是自他开创的，也应当由他来画上句号：合唱中是谁唱出了第一句，就由谁接回调子唱完尾音。多么光荣的一个世纪啊！这是思想史上的一个英雄纪元，当被后世永远怀念。一个老者在坟墓边上站着，看着其他人从身边走过，里面有孟德斯鸠、狄德罗、布冯；他见证了卢梭的巨大成功——三年里出了三本巨著，"让世界都沉默了"。但伏尔泰并不灰心，而是迈着青春的强健步伐走进一个全新的领域。那位白发苍苍的伏尔泰在哪里？他已经死了。可是一个声音把他唤醒、把他拉出坟墓，让他得到了不朽：那便是人道的声音。

已经老去的赛跑者啊，这是属于你的桂冠！你依然是胜者中的胜者。在一个世纪中，你经历了一切战斗、走过无数刀光剑影、见识了所有教理学说（对立的，相悖的，这都并不重要），然而你仍然坚定不移地追随着一个目标、一个事业，追求着神圣的人道。他们却把你称作怀疑论者！他们却说你善变无常！他们居然认为，用肤浅的语言说些看似矛盾、实则是一个意思的话，就可以把你蒙骗过去了！

你的信仰，将被信仰本身带来的成果加冕。其他人说起正义，而你，

---

① 这是乔治·桑女士心中一个崇高而动人的想法，她揭示了天赋是多么重于无用的对立，认为人们应当系统地来看待这些并不是相互对立而是相互对照的伟大的真相目击人。当时有人提议为伏尔泰和卢梭建立雕像，于是乔治·桑女士挥笔扬扬洒洒写了一封信，请求把这两位已经和解的天才立在同一块基石上。伟大的思想，都是发自于心的。——原注

你实现了正义；你的话就是行动，就是事实。你为卡拉斯和拉巴尔①申诉，你拯救了西尔旺②，你把屠杀新教徒的绞刑架拆得粉碎。你争取来了宗教自由，随后又争取来了公民自由；为最后的奴隶辩护的你，让我们野蛮的司法程序、罪恶的法律条文（这些法律本身便是罪恶）终于得到改革。

所有这一切，已经是大革命曙光的升起。你创造了它，注视着它。看吧，这是你的勋章！看吧，它已经升起来了！由于心怀坚定的信仰，在没看到大地重回圣洁之前，你是无法离开这个人间的。那么现在，你可以安息了。

§Ⅶ. 大革命开始

这两位伟人离开人世的时候，大革命在思想高层领域已经完成。

现在，该是他们的孩子出场了。嫡生的也好，私生的也罢，他们都有义务用各种方法去宣传、推广大革命：一些人靠雄浑激昂的文字，一些人靠入木三分的讥讽，另外一些人负责捶打铜质勋章，一手接一手地将它们传下去。米拉波、博马舍（Beaumarchais）、雷纳尔③、马布里（Mably）、西哀士（Sieyès）等人，现在是时候让他们去大展拳脚了。

大革命昂首阔步地前进着，在前面带头领队的永远是卢梭和伏尔泰。各国君主紧随其后，里面有腓特烈、叶卡捷琳娜、约瑟夫、利奥波德，本世纪两大宫廷都聚齐了。伟人啊，世上真正的帝王啊，统治吧！我的国王们啊，统治吧！

---

① 1766年，代表国王的检察官对一位叫拉巴尔（La Barre）的贵族提起控诉，罪名是亵渎神明，因为他诋毁耶稣钉在十字架上的受难形象。这个刑事诉讼程序在法国内外引起广泛关注，伏尔泰也试图用自由主义思想为这个贵族骑士的有罪判决做辩护，然而拉巴尔最终还是被火刑处死，死前被拔舌，伏尔泰为他写的辩护书也被付之一炬。——译者注

② 西尔旺（Sirven），法国新教徒，他的二女儿伊丽莎白患有精神疾病，却被带到修道院中强迫信仰天主教，由于被虐待而精神崩溃。愤怒的西尔旺揭露了修道院的暴行，当局诬陷他虐待女儿、阻止她改信天主教，因此他被判处死刑。伏尔泰代而申诉，在西尔旺死后五年被判无罪。——译者注

③ 雷纳尔神父（Raynal，1713—1796年），法国作家、思想家和教士。——译者注

所有人都转换观念，所有人都渴望大革命的到来；是的，所有人都渴望着它，不是为了自己，而是因为别人。贵族希望用革命来扳倒教士，教士也希望靠革命来压制贵族。

然而，一个杜尔哥就考验了他们的一切：他把这些人叫来，问他们是不是真心希望一切变好。所有人异口同声地回答：不！该发生的，就让它发生吧！

与此同时，我看到革命在四处蔓延，连凡尔赛都没能幸免。所有人都接受了革命，只要它别发展到伤及己身这个上限就行。路易十六都接受芬乃伦和勃艮第公爵的方案了，阿图瓦伯爵都认可《费加罗的婚礼》了①，还强迫国王让这出非常了不起的戏剧上映。王后也希望能有一场革命，至少她希望自己的宫廷里能掀起一场有利于那些**暴发户**的革命；这位毫无成见的王后，为了保住自己美丽的密友勃利夫人②，可以把其他出身高贵的贵妇们都拒之门外。

借贷者内克尔揭露了王国财政的捉襟见肘，却也亲手毁掉了国家借贷。内克尔公开是一位革命派，他也觉得通过建立小小的地方三级会议，自己就算是革命派了。然而该机构中，却是由特权阶层来决定应对特权阶层剥夺什么。

随后上台的是聪明的卡洛纳，他掏空了公共财库，也仍然喂不饱特权阶层，于是便表态抨击特权阶层，把他们交到仇恨的人民手中。

他让革命和显贵阶层之间产生了对立；而哲学家和教士洛梅尼③，则

---

① 《费加罗的婚礼》被路易十六所禁，但在私下曾对国王的弟弟阿图瓦伯爵上演。——译者注
② 勃利夫人，即波利尼亚克公爵夫人（Madame de Polignac, 1749—1793年），相当受玛丽·安托瓦内特重用，后来还成为王后子女的家庭教师。但当法国大革命爆发的时候，波利尼亚克家族却抛下王后逃往奥地利避难，公爵夫人不久后去世。——译者注
③ 洛梅尼（Loménie, 1727—1794年），法国大革命前夕的神职人员，接替卡洛纳担任路易十六的财政大臣，是向1790年《教士民事基本法》宣誓的少数高级神职人员之一。他曾是宫廷宠臣，最后因中风或中毒死于狱中。——译者注

让革命和最高法院之间成了敌人。

卡洛纳在承认财政赤字、公布国库亏空时，说了一句精彩的话："这个窟窿里还剩什么呢？*流弊*。"

话已经说得很清楚了。唯一没讲明白的是，卡洛纳是以谁的名义说出此话的？是那个给其他所有*流弊*提供了养分、在这栋破旧建筑中充当着穿顶基石的最大*流弊*吗？简而言之，是国王的人把*流弊*揭露出来，那王权是支持它还是要根除它呢？

教会是个*流弊*的存在，贵族也是个*流弊*的存在，这已不消多说。

教会之所以享有特权，是因为曾经的它有教育人民、以身作则的义务。而到了今天，它依然享有特权，这就说不过去了，可教会依然心安理得地享用着。在上一次议会中，教会还大力主张惩办思想家，为了让人开这个口，它还请来了一位无神论者和一位怀疑论者：洛梅尼和塔列朗（Talleyrand）。

贵族阶层的特权同样也是无理可言的。贵族过去不用纳税，是因为他们的宝剑就是赋税。贵族须听从御令、应诏征召军队，然而组织出的却是一群毫无纪律的乌合之众（最后一次还是在1674年）。只有他们才能不断向军队输出军官，却封死了其他阶层在军队的晋升之路，导致军队无法实现多样化。世俗军队、行政管理、官僚机构都被贵族把控着，连教会军队最高位置上都清一色是贵族阶层的人。他们需要做的就是过着养尊处优的生活，换句话说，也就是什么都不干，然而他们又把什么都抓在自己手上。所以，什么事情落到他们那里都再也干不成。

教士和贵族成了这个世界的包袱、国家的诅咒、一个必须被切除掉的坏疽，这已是昭昭在目的事实。

唯一不明朗的地方是王权问题。我们已经反复强调：这个问题不只是个纯粹的表面问题，而是一个基本的、深层的问题，比法国其他任何问题都要根深蒂固。它不仅关乎政治，更关乎爱和信仰。从没有任何民族如法国人民那样，深深地爱过他们的国王。

在路易十五时期，人们睁开过眼，但到路易十六时又把眼睛合上了，所以这个问题依然是不清不楚。人民曾对王权再次满怀希望，杜尔哥期待着，伏尔泰期待着，期待这位出身不好又没得到好好抚养的年轻君主能够大有作为。路易十六抗争过，但被洪流冲走了。出身和教育导致的偏见、家族遗传下来的德行，终让他走向了毁灭——多么悲哀的历史问题啊！有正义人士替他辩言，也有正义人士判他死刑。他错在表里不一又智力有限（当然这并不令人惊讶，因为他是由耶稣派教育成人的）；他罪在向外国求援，导致自己最后走上死路。但即便如此，我们也绝不要忘了，国王曾长期坚定地站在反奥地利和反英国的阵线上，他曾心怀热血，想重振海军实力，他曾在离朴茨茅斯①十八古里地修建了瑟堡，他曾和他国联手将英国一分为二，造出了一个于英国不利的英国。卡诺在路易十六逮捕令上签字时流下的眼泪，在历史中一直为他潺潺地流着；评价他的时候，历史甚至正义都无不在哭泣。

每过一天，他离毁灭就更近一步。现在不是讲述这段历史的时候，我只想说，最好的总是在最后（这是上苍留给我们的深刻教训！），好让所有人认识到体制的坏处更甚于个人的缺点，认识到这不是对国王的审判，而是对旧王权的审判。这门宗教已是强弩之末了。无论路易十五还是路易十六，卑鄙也好、正直也罢，神依然是人。哪怕他恶得已经失去人性，但看看他的德、他的善，他依然有人的一面。他有人性与弱点，无法拒绝、不懂反抗，每天都为了廷臣而牺牲人民，就像牧师的上

---

① 英国南部一港口城市，位置十分显要，长期以来一直是英国最大、最重要的海军基地。——译者注

帝一样，为拯救他的选民而让人民大众堕入地狱。

我们已经说过，只局限于选民的、讲究圣宠的宗教，只照顾宠臣的、讲究恩宠的政府，它们都已是日薄西山。享有特权的乞讨，无论如教会那样腌臢不堪也罢，如凡尔赛宫那样镶金镀银也罢，终归仍是乞讨罢了。这里涉及两大父系权力：以宗教裁判所为特点的教会父系权力，以及以红皮书和巴士底狱为象征的君主制父系权力。

§Ⅷ. 红皮书

当奥地利的安妮王后①临朝摄政时，雷斯红衣主教②说过："人类语言只剩下这几个字：王后圣明！"

从那天起，法国就开始走向式微。从那天起，以前在黎世留的铁腕执政下都能蓬勃壮大起来的社会中下层阶级，又跌到了谷底，从历史舞台上消失了。为什么呢？因为"王后圣明"，她把大批优秀俊杰全都集中到宫廷；在黎世留执政时逃离首都的所有外省贵族又回来了，各种要求、各处抢劫，千般巧取、万种豪夺；他们要求至少得把他们的赋税免掉吧。好容易才买了块地的农民，却成了唯一的掏腰包者，一切苛捐杂税都摊在他头上；他只好把土地卖掉，又被打回到当初那个可怜的佃户、农民、仆人的身份。

路易十四开始的时候极其强硬，决不豁免赋税；柯尔贝尔把四万个贵族的名字从免税单上划掉。国家繁荣昌盛起来，四海之内一时一片升平气象。然而路易十四心肠又软了下来，越来越同情贵族阶层的可怜命

---

① 安妮王后（Anne d'Autriche，1601—1666年），法国国王路易十三的王后，路易十四的母亲，17世纪欧洲最著名的女性之一，在路易十四登基后，和马萨林担任路易十四的摄政者和保护人。——译者注
② 雷斯红衣主教（1613—1679年），法国投石党运动领袖之一，因投石党运动失败而曾被捕入狱，创作了17世纪法国文学名著《回忆录》。——译者注

运。他把什么都给了贵族，头衔、官位、年金、俸禄等，还为年轻贵族女子建了圣西尔①。贵族繁荣壮大起来，法国却陷入绝境。

路易十六开始的时候也是决不妥协，对贵族的要求嘟嘟囔囔、一再拒绝。廷臣们尖刻地讽刺他的粗俗，说他是**猪突豨勇**。那是因为他身边有一个"奸臣"——固执强硬的杜尔哥。唉！那时王后还做不了什么呢。1778年，国王最终让步了，他再也无法拒绝，无法拒绝王后，也无法拒绝自己的弟弟。法国最长袖善舞、左右逢源的人当上了财政总监；前任财政总监们费尽心思要去规避和拒绝的东西，到了卡洛纳那里，都被他慷慨大方地散了出去。他对王后说："夫人，当前可能的，我会去做；不可能的，那就以后再做。"王后买下了圣克鲁；之前还无比节俭的国王也动心了，买下了朗布依埃。阿图瓦伯爵那位大公无私的朋友，沃德勒伊（Vaudreuil），什么都不想要，只把自己在美国的财产以一百万里弗②的价格卖给国家，然后又将其收回，攥在手中而已。谁也不敢说，戴安娜·德·波利尼亚克③巧妙指示儒勒·德·波利尼亚克卷走了多少财产。头戴王冠、后来成为阿尔玛维瓦伯爵夫人的罗西娜是无法拒绝苏珊娜的；那是真的苏珊娜也好，是凯鲁比诺假扮的也罢，她都无法抵抗这个人身上变幻的魅力。④

大革命把一切都打乱了。它粗鲁地揭下了盖在社会废墟上的那层柔情款款的面纱。面纱掉落后，达娜伊特的酒桶⑤露了出来。关于普依博林

---

① 1684年，路易十四在他的第二任妻子曼特农夫人的请求下，在圣西尔为年轻女子创办了一所寄宿学校。——译者注
② 该时期的里弗（livre）是种不足五克重的银币，其价值略轻于初行十进位时的法郎。苏（sou）是一里弗的二十五分之一，锝（denier）为一里弗的二百四十分之一。当时的银埃居（écu）等于三里弗，金路易（路易十三时始铸）约合二十四法郎。——译者注
③ 戴安娜·德·波利尼亚克伯爵夫人（Diane de Polignac, 1746—1818年），安托瓦内特的密友，是伊丽莎白的第一女官；儒勒·德·波利尼亚克（Jules de Polignac）是她的哥哥，是一位军官和政治家，其夫人便是勃利夫人。——译者注
④ 罗西娜、苏珊娜、凯鲁比诺都是《费加罗的婚礼》中的人物。——译者注
⑤ 在希腊神话中，达娜伊特的女儿们在婚礼之夜统统杀死了自己的丈夫，她们因此被罚入地狱，每天往无底的酒桶里装水。"达娜伊特的酒桶"现在已成了一句谚语，意为"无底洞"。——译者注

和弗内斯特朗日那件超乎人们想象的事，在饥荒之年、在国家破产之际掷出的那一百多万法郎，一个愚蠢女人丢到另一个女人身上的那一百多万法郎①……这已经超过了任何讽刺作品能表达的程度。人们在笑，却是因为恐惧而笑。

财政委员会铁面无私的报告员，告知议会一个秘密："国王，其实就是这些开销的唯一**拨款审核人**。"

这些开销的唯一解释是，国王太过心善了。他过于心软，无法拒绝别人，也见不得别人难过，于是只能受控于人。若稍微牵涉到经济，人们只要在他面前表现出难过或赌气的样子，国王就让步了。有些人胆子更大一点，说话底气十足、态度强硬，来逼国王就范。科瓦尼②（由时间顺序来看，他是王后的第一任或第二任情人）拒不接受自己的某一巨额抚恤金被缩减，在国王面前大吵大闹。国王耸耸肩，什么都没回答。晚上，科瓦尼说："说实话，他本可以压倒我的，而且我对此还没有任何办法。"

贵族大家没有任何财政损失，每个姓氏显赫的母亲在子女嫁娶时都从国王那里赚了一大笔。她们能说的不外乎是"这些大家族让君主制更添光彩，它们是国王的颜面之所在"之类的话。国王只好可怜兮兮地签字许可，在他的红皮书上记着：给某某夫人，五十万里弗。这位夫人再带着国王手谕去找部长，部长说："可是夫人，我哪儿来的钱啊？"她就胡搅蛮缠、软硬兼施，哭诉自己都快破产了，威胁说自己在王后那里有多得宠。最后，部长只好给她凑齐这笔钱。他可以像洛梅尼那样，延迟支付小收息者的年金，就让这些人饿死得了。或者，他也可以挪用赈

---

① 这里米什莱影射了安托瓦内特为了解决自己密友勃利夫人债台高筑的问题，而将普依博林和弗内斯特朗日两块封地以一百二十万法郎的价格送给她的家族来抵债的事情。关于此事可参考戴安娜·德·波利尼亚克的个人回忆录，以及卡洛纳为反对国民议会1791年2月14日法令而写的檄文（卡洛纳对此事持否认态度）。——译者注

② 科瓦尼（Marie-François de Coigny，1737—1821年），国王的御前大骑士、法国元帅，据传是王后的情人。——译者注

灾慈善基金（他也这么做了），甚至还把手伸向了医院的钱柜里。

法国处在仁君的统治之下，万事顺利。一个如此宅心仁厚的国王，一个如此和蔼亲善的王后！撇开凡尔赛宫里那些可怜的特权阶层不管，还有一个麻烦，那就是另外一个地位同样尊贵、人数同样众多的阶层——**可怜的外省特权阶层**。他们说，自己什么也没有，什么也没得到；他们的呐喊响彻九天。在人民动手之前，是这群人率先揭开了大革命的序幕。

顺便提一句，别忘了还有人民。凡尔赛宫和外省的那些可怜的特权阶层拿到了钱，而人民呢？人民却被遗忘了。

啊！人民！说起这个，让我们来注意一下税务征收部。要知道，世道已经变了。从前那些最冷血无情的金融家们，如今摇身一变，全都成了慈善家，和蔼、亲善、温柔、好善乐施。没错，他们一只手在播撒饥饿，另一只手又在赈济难民。他们让成千上万的人沦落到靠乞讨求生，又给这些人施舍财物。他们建起了医院，又把里面塞满了人。

伏尔泰在一本短篇小说里是这样写的："波斯波利斯①有三十个财务大王，他们从人民那里搜刮来巨额的财富，只把其中一小部分交给国王。"例如，在一亿两千万的盐税中，税务征收部就吃了六千万的回扣，再把剩下的五六千万上缴给国王。

征税不亚于一场有组织的战争，它造出了一支队伍，队伍中有两万张嘴啃食着土地。这群蝗虫飞过之处，片草不留。人民已被吃得骨头都不剩，要从他们身上再榨出点东西来，就需要严酷的法律、高额的罚金、各种徭役酷刑。税务征收部的官员们有权配备武器，他们烧杀抢掠，还只接受税务征收部特别法庭的审判。

---

① 古波斯帝国都城之一。——译者注

这里面最令人瞠目结舌的地方，便是国王和征收部的心慈手软。国王，还有那三十位财务大王，都把免税名额赠予（或低价出售给）别人；国王的方法是封爵，税务征收官的办法则是晋官（因为税务官员可以免除赋税）。所以，税务征收官在干一件杀鸡取卵的事：他们一方面提高纳税金额，另一方面又在减少纳税人数目。当赋税的担子压在更少的人身上时，它就更加沉重了。

两个特权阶层交税多少，全凭他们的喜好而定：教士阶层是绝不会上缴一分一厘的；贵族阶层会因为某些封建课税特权而交些税，但是缴纳数额取决于他们自己的宣报。税务征收官点头哈腰地做着免税记录，根本不去核实其中的真伪。所以这些人的邻居就得出更多的血了。

啊！大地啊！苍天啊！正义啊！ 哪怕因为奴役、压迫和暴政而走向死亡，人民都依然安分守己地继续过着日子。因为善良，所以死亡！可是，也许他们能忍受黎世留的铁血专制，但面对洛梅尼和卡洛纳之流的好心、金融家们的慷慨、税务征收官的慈善，他们又怎么忍得下去呢？

忍耐、死去，这都不要紧！然而只因**上帝的选择**而必须忍耐，只因**任意的命运**就必须死去；一些人可以享受圣宠，而另一些人只能得到死亡和毁灭！啊！不行！这太过分了！

一些善良的人为大革命中的惨剧而哭泣（当然，这么做是非常有道理的），求你们，也为那些导致这些惨剧发生的苦难和悲惨抛洒几滴眼泪吧。

求你们看看吧，看看这个在泥泞之中苦苦挣扎的民族，看看这位可怜的约伯，这个站在他那虚伪的朋友、他的守护神、他的那些大名鼎鼎的拯救者中间，站在教会和王权中间的人民吧。看看吧，看看他无言地向国王投去的悲哀的目光，看看这道目光中诉说着什么！

"王啊,被我当成神一样的王啊,您的身躯就是我的祭坛的王啊,我在上帝面前苦苦哀求他赐给我的王啊,我在死亡的阴影中向您祈求救赎。您就是我的希望,您就是我的爱……什么?您还什么都没察觉到?"

§IX. 巴士底狱

路易十五和蓬巴杜夫人的侍医,大名鼎鼎的魁奈(Quesnay),在凡尔赛宫蓬巴杜夫人殿中任职的时候,有一天看到国王突然造访,表现得惊慌失措的样子。才华横溢、留下一本很有意思的回忆录的女官杜豪赛夫人(Mme du Hausset),问他为什么如此慌张,他答道:"夫人,每次看到国王的时候,我总在不断告诉自己:这个人能让我人头落地。""啊!"杜豪赛夫人惊道,"国王人非常好呀!"

女官的这句话,概括了君主国家的所有保障。

国王人非常好,怎么会干出砍掉别人的脑袋这种事情来呢?何况现在已经不时兴砍头这一套了。但仅凭国王一句话,就足以把人打入巴士底狱,让他在那里被世人遗忘。

想想哪种更好点:是一刀毙命,还是缓慢地煎熬了三四十年后再死去?

法国有二十多所坚垒,其中仅仅六所(在1776年)就收押了三百多名囚犯。1779年时,巴黎有三十多所监狱,当局可以不经审判就把人打入大牢。除了监狱之外,还有不计其数的修道院枕戈待命。

在路易十四统治末期,如其他东西一样,所有国家监狱都被掌控在了耶稣会的手中,成了它用来迫害新教徒和冉森派教徒、逼人改换信仰的工具。这里是一处比威尼斯的**公爵宫顶监狱**还要幽深的秘密巢穴,它就是一座遗忘之墓,将一切都封死在里面。耶稣会会士担任巴士底狱和其他各监狱的忏悔神甫,囚犯若死亡,就被改名换姓、埋葬在耶稣教会的教堂里。

他们掌握着所有恐怖工具，其中以单人囚室为甚，有时还能从里面扫出几个被老鼠啃噬得惨不忍睹的耳朵或鼻子。他们不仅使用恐怖手段，还有各种奉承恭维。这套砒霜加蜜糖的办法，用在可怜的女性囚犯身上可以说是格外奏效。为了让圣宠更有效果，连进食都成了施赈吏的一种手段，让那些选择屈服或继续抵抗的女人饱一顿、饿一顿，用丰盛考究的膳食去腐蚀她们。不止一所国家监狱里曾发生过狱守和耶稣会会士轮番玷污女囚，并致其怀孕的事件。其中一位女性不堪其辱，自缢身亡。

时不时会有警察长去巴士底狱吃个午餐，这也算是一种官方探访监督。可这位官员什么也不知道，偏偏他又是唯一一个给部长做汇报的人。这里已然建立起一个大家族、一个小王朝，从夏多纳夫（Châteauneuf）到他的儿子拉维利耶尔（La Vrillière），再到他的孙子圣-佛罗朗丁（Saint-Florentin）（死于1777年），他们在长达一个世纪里掌管着国家监狱司和密信部。这个王朝要延续下去，就必须有囚犯的存在；新教徒出狱后，就拿冉森派教徒来顶替，发展到后来，进去的便是文人、哲学家（如伏尔泰、弗雷列①、狄德罗这样的人）。部长大方地把空白密信分发给地方督办、主教和要员，仅仅圣佛罗朗丁一人就发了五万封。人最宝贵的财富——自由，遭到前所未有的浪费和挥霍。密信代表着一桩有利可图的肮脏勾当，想甩掉亲生儿子的父亲、觉得丈夫太束手束脚的美貌妇人，他们都可以买到它（而后面这种入狱情况则最常见）。

所有这一切，都是好心肠惹的祸。国王人那么好，怎么能够拒绝向一位贵族颁发密信呢？地方督办心那么软，怎么能不同意一位女士的请求呢？内阁官吏、官吏的情妇、情妇的朋友，都是因为热心、出于

---

① 弗雷列（Nicolas Fréret, 1688—1749年），法国著名学者，因为写了《法兰西的起源》一书，教会向政府揭发说他在诽谤君主制，并将其关进巴士底狱。——译者注

尊重、要守礼貌，所以才会拿到可怕的密信，将其交给别人，让一个活人生生被埋在地底下。有人被埋葬，而人们对此类事情却是如此漫不经心！几乎所有那些讨人喜欢、身份高贵的官员，那些上流社会的先生太太，全都只想着如何寻欢作乐，却从不肯花点时间想想那个被埋葬的可怜虫，想想他现在的悲惨处境。

所以在这个讲究**圣宠**的政府中，上至国王、下至小吏都对自由和生命视若无物，将它们任意玩弄于股掌之间。

我们来好好理解一下这套密信制。

为什么它能够大行其道？为什么一切在它面前都要让步？因为它代表了上帝的圣宠、国王的圣宠。

在这个讲究圣宠的世界中，就让那些失宠的人滚蛋吧。就让他们被驱逐、被惩罚、被诅咒吧。

巴士底狱和密信，意味着被国王放逐。

被放逐的人会死吗？不会。死亡，这得由国王决定，而且是一个沉重的、会让国王内心不安的决定，会逼他在他和他的良知之间做裁决。算了，免掉他做裁决和犯杀戮的烦恼吧，毕竟在生与死之间还有一个中间态：被埋葬的活死人状态。那就为这群被遗忘的人专门建立一个世界吧；那就在两个世界之间竖起谎言的大门，让生和死永远保持模糊的界限吧。活死人将再不知道关于自己亲友们的一切。"我的妻子呢？""她死了，不对，她改嫁了。""我的朋友们呢？还活着吗？还记得我吗？""朋友？唉，可怜虫，当初就是他们背叛了你啊。"于是，这个被他们玩弄于股掌之间的不幸人，在嘲笑、诽谤和谎言中苟活着。

被遗忘！多么恐怖的一个词啊！在一群人心中，一个人就这样消逝了。上帝赋予了他生命，难道他没有权利活下去吗？连活在记忆之中都不行吗？将人从记忆里抹杀掉，这是一种比死亡更可怕的死亡，任谁再怎么罪大恶极，也不该受此惩罚啊！

不，别相信这个，任何人、任何事都没被遗忘。曾经存在过的，是无法被抹去的。那一道道静默的高墙不会忘记，那一块块铺路石还将继续传递出声音；空气也不会忘记；通过圣安托万大门下那照着一个正在缝衣服的可怜女人的微弱灯光，人们都看到了，都懂了。还有什么呢？哦，还有，连巴士底狱都被感动了。狱卒虽然铁石心肠，但他们毕竟也是人啊。我在监狱的墙上曾看到一个囚犯写给狱卒的一首颂歌，说他是自己的恩人——多么可怜的一点儿恩惠啊！他就只是随手把一件被坟墓里的虫子蛀得破破烂烂的衬衣赏给了这个可怜的拉撒路而已。

当我写下这些字的时候，一座山峦、一座巴士底狱沉沉地压在我的胸口。唉，为什么我要喋喋不休地念叨着那些已被拆毁的监狱、那些已在死亡中得到解脱的不幸的人呢？世界上到处都是监狱，从施皮尔贝格①到西伯利亚，从斯潘道②到圣米歇尔山③，世界就是一座囚牢！

人间集体的暗默，低声的哀鸣，寂静大地发出的微弱的叹息，这些我已听得太多太多了。在低等生物身上并不存在、在非洲和亚洲的蛮夷之国被人向往着的那个被禁锢的思想，却在欧洲思考着、挣扎着。

法国虽被禁锢起来，但如果不是在法国，思想还能在哪里发言呢？正是在这片土地上，沉默的大地之神寻到了一个表达自我的嗓音。世界负责思考，法国负责发声。

正因如此，在众多监狱中，法国的巴士底狱，或者说是巴黎的巴士

---

① 即施皮尔贝格堡垒，坐落在布鲁诺城中高处，1783年约瑟夫二世将堡垒一部分改造为囚牢，它变成了奥地利帝国中最恐怖严酷的一座监狱。——译者注
② 柏林的一个区。——译者注
③ 法国著名古迹和天主教朝圣地，位于芒什省一座小岛上。——译者注

底狱（我更愿意称其为思想的囚牢）才显得格外可憎、可鄙、可恶。从上世纪开始，巴黎就已是世界之声了。当时，有三个人在替这个世界发声：伏尔泰、卢梭和孟德斯鸠。可是这些伟大的发言人受到了多少打击和威胁啊！人类痛苦的叹息只能通过一个狭小的洞口发出来，然而即便如此，仍有人竭力想堵死这个洞口。啊！这叫人如何能够忍受？

我们的父辈摧毁了这座巴士底狱，他们用满是鲜血的手扒下一块块石头，把它们扔得远远的。然后，他们又把这些石头捡了起来，用钢铁把它们铸造成另一副模样，叫它们从此以后都被踩在人民的脚下——他们用这些石块建起了大革命之桥。

其他所有监狱都变得越来越人性化，只有这一座的戾气越来越重。在一代接一代的统治之后，巴士底狱的自由——这个令狱卒们闻之发笑的东西，变得越来越少。监狱窗户被逐渐封死，铁栏越来越多、越来越高。在路易十六统治时期，连庭院都没有了，绕场散步的活动也被取消了。

民怨早已沸腾，在此期间，有两件事更是煽起了人民的怒火：首先是林格①的回忆录，让人民认识到这里面是多么藏污纳垢、暗无天日；起到关键作用的是拉图德案件②，此案没有任何书面记录，却被人们口口相传，奇迹般地散播出去，而且更有决定意义。

必须得说，在读到囚犯的信件时，我常常被其中深重的悲哀和惨痛所震动。虽然我公开反对野蛮的虚幻作品里的那些永恒惩罚，然而在读到这些文字的时候，我却忍不住向上帝祈求：让这些专制者永远待在地狱里不要出来吧。

---

① 林格（Simon-Nicholas Henri Linguet，1736—1794年），法国律师、法学家、文人、大资产者，反对哲学、冉森派和自由经济主义，恐怖统治期间被捕和处死。——译者注

② 拉图德（Latude），一个以越狱闻名于世的囚犯，他第三次被捕以后被关入巴士底狱，仍用床单编织成绳子逃出监狱。再次被捕以后，他讲述了巴士底狱中的恐怖和悲惨，还发表了回忆录，此书在大革命时期获得了巨大成功。——译者注

啊！萨尔丁纳先生①！啊！蓬巴杜夫人！你们真是辛苦了！从这段历史中我们清楚地看到，一旦做事没了正义，人是如何一步步越陷越深的；从暴政统治者到奴隶都感受到了的恐怖气氛，是如何把暴政者变得更残暴的。一旦某人只因犯了一项轻罪，未经审判就被打入大牢，蓬巴杜夫人和萨尔丁纳先生就得把他永远关在那里，用一块巨石把出口封死，让他陷入永远死寂的地狱中。

但这是不可能的。总有一天，这块巨石会被掀起来；总有一天，一道低沉、可怕的声音会响起，一簇火苗会烧成燎原之势。1781年，萨尔丁纳已感受到它那可怕的力量；1784年，火已烧到国王身上；1789年，人民什么都知道、什么都看到了，连囚犯越狱的梯子都尽收眼底。1793年，他们把萨尔丁纳一家悉数处死。②

于暴政者来说，糟糕的是，他们把一个刚烈如火、令人生惧、无法驯服的人关在了拉图德这个囚犯的身体里，此人的声音足以震动高墙，其思想桀骜不驯，其勇猛所向无敌。他那无坚不摧的钢铁之躯，能够毁灭所有监狱。巴士底狱、万塞讷监狱、夏朗冬监狱，以及令人闻之变色的比谢塔，所有的一切都将被毁灭。

我们暂且不论拉图德其人好坏，他越狱两次，又两次自投罗网，导致自己面临更严重的控诉，而且还不得上诉。第一次他逃脱之后，向蓬巴杜夫人写了一封信，于是后者就派人又把他抓起来了。第二次他去了凡尔赛宫，想面见国王，走到前厅的时候，蓬巴杜夫人再一次把他给逮捕了。没错！国王的宫殿已不再是一片圣地了！

---

① 萨尔丁纳（Antoine de Sartine，1729—1801年），1759—1774年担任警察总长，路易十六执政时期又担任海军部部长。——译者注

② 1789年发生的一系列大事让萨尔丁纳深感害怕，于1790年逃至西班牙，至死没有回法国，而他的儿子、儿媳则在大革命期间被处死。——译者注

可惜我不得不说，在当时那个萎靡、软弱、垂暮的社会中，虽有许多博爱者、部长、法官、领主在哀悼着未来，却没有一个人真正做出点什么。马尔塞布①在哭泣，还有古尔戈（Gourgues）、拉莫瓦农（Lamoignon）、罗昂（Rohan），全都在哭泣。

被关在比谢塔里的拉图德，身上满是自己的粪便和污垢，被虱子和臭虫吮吸着鲜血，他只能睡在地上，经常发出饥饿的哀鸣。他通过一个喝醉酒的狱卒，向某位我不知道是谁的博爱者写了一封诉状。但这封信被狱卒弄丢了，落到了一个女人手中。她读这封信的时候在发抖，但她没哭，而是果断行动起来。

勒格罗夫人（Legros）只是一个小小的裁缝，靠在自己店里缝衣为生；她的丈夫是一个拉丁补习教师。勒格罗夫人并不害怕卷入这桩可怕的案件中；凭着自己沉着冷静的判断力，她看到了别人没看到或者说不愿看到的东西：这个可怜的人并没有疯，他只是一个不得不被牺牲的牺牲品而已，统治政府为了掩饰其中的丑恶，只好将过去的错误再罪恶地延续下去。勒格罗夫人看出了其中的端倪，但既不沮丧也不害怕。她身上充分表现出了真正的英雄气概：有行动的决心、坚持的毅力、时刻牺牲掉自己的觉悟、不惧危险的勇气，还有躲避、挫败暴政者的恶意中伤的智慧和计谋。

在连续三年时间里，她以常人难以想象的坚韧，朝着自己的目标一步步迈近，带着一种猎人或者赌徒般的渴切，追求着权利和正义——一种常人只有在为了满足自己不道德的欲望时才会产生的渴切心情。

一路上的坎坷和不幸，并没有把勒格罗夫人压垮。父母去世了，自

---

① 马尔塞布（Malesherbes，1721—1794年），法国杰出的皇家行政官和律师，于1744年在巴黎最高法院中担任法官，1750—1763年为出版总监，1775年担任王室内府的国务大臣。马尔塞布在1792年帮助组织了路易十六的辩护工作，次年被捕，判叛国罪，他和他的家人均被处死。——译者注

己的小本买卖也没了；周围的亲戚都在责备她，恶意地揣测她。有人问她，她是不是这个囚犯的情妇，否则怎么会对他如此在意。一个幽灵、一个死人、一个被臭虫跳蚤叮咬着的人的情妇！

而让她走下去的最大动力，让她甘心背负上受难十字架的最大支撑，便是她为其付出一切、牺牲自己也在所不惜的那个人所发出的呻吟、所承受的不公、所遭到的怀疑。

啊！这位贫苦潦倒、衣衫破烂的女人，一户一户地敲着官老爷的大门，求着仆人放自己进去，在那些大人物面前替他申冤，求他们伸出援手。此情此景，教人如何不动容？

警察局害怕了，恼怒了。勒格罗夫人很有可能在某一刻被带走、被囚禁，永远消失。大家都在警告她；警察长把她找来，用语言威胁她。可惜，这是一个意志坚定、毫不动摇的女人，反而让他感到害怕起来。

机缘巧合之下，有人指点她去找公主夫人①的女官杜贤纳夫人（Duchesne）帮忙。于是，勒格罗夫人在寒冬腊月里走路前往凡尔赛，还怀着七个月的身孕。当时保护人已经离开，她便急急忙忙地追过去，追的时候扭伤了脚，却仍然跑啊、跑啊……杜贤纳夫人大哭了一场，可是她又能做什么呢？一个小小女官只身去对抗两三位内阁大臣，这其中的力量相差太悬殊了！勒格罗夫人手捧请愿书站在那里，一个恰巧经过的宫廷神甫把这封信抢了过去，告诉她，这是一个疯子、一个无耻之徒自己的事，叫她不要掺和进来。

这样一句话，足以让对此事有所耳闻的玛丽-安托瓦内特的心凉下来。她落了几滴被人笑话的眼泪，然后就没有然后了。

在法国，我们几乎找不到比国王更善良的人了。人们无论有什么事

---

① 即路易十五的八个女儿，其中大多数终身未婚、留在宫廷。在法国历史中，人们称呼贵族未婚女儿为"小姐"，但称国王的未婚女儿为"夫人"。——译者注

情,最后都会找到他那里去。罗昂红衣主教(他虽好色,却仍算仁慈)三次向路易十六提起此案,但三次都遭到拒绝。路易十六太善良了,不相信萨尔丁纳能做出这种事来。何况萨尔丁纳已经不在位置上了,不能因为这么一件事就让其颜面丧尽,落入政敌手中。抛开萨尔丁纳不论,更大的一个原因是:路易十六以巴士底狱为荣,它不能有错,不能名节受损。

国王太仁慈了。他取缔了沙特莱要塞的底层单人囚室,撤去万塞讷监狱,为因欠债而入狱的人建立了拉福尔斯监狱,把他们和刑事罪犯分隔开来。

可是还有巴士底狱!巴士底狱!它是古老的君主帝国也不能随便去动的一个旧仆,是一个恐怖的神秘所在。就如塔西伦①说的那样,那是"君主统治的一个工具"②。

当阿图瓦伯爵和王后想让《费加罗的婚礼》上映时,他们给国王读了这部剧,国王只说了一句答非所问的反驳:"接下来就该拆掉巴士底狱了!"

1789年7月,革命爆发,坐立难安的国王似乎已经做出决定。然而当他得知巴黎市政厅下令拆掉巴士底狱的时候,仿佛胸口受到一记重创,说:"啊!太可怕了!"

1781年的时候,国王无法容忍任何人提出任何不利于巴士底狱的请求。他拒绝了罗昂提出的处理拉图德案件的建议,由于上层阶级中一些妇女的大力坚持,国王才尽心尽责地做了案卷研究,阅读了所有文档(他手上几乎只有警察署的人给出的文件资料,而这些人更愿意把受害者一辈子关在牢里)。最后国王的回答是:这是一个危险人物,**绝不能放其自由。**

---

① 塔西伦(Publius Cornelius Tacitus,56—120年),古罗马元老院议员、历史学家,曾任行政长官、执政官、亚细亚行省总督,主要著作有《编年史》《历史》,分别记述了14—68年及68—96年的史实,现仅存残篇。——译者注
② 原文为拉丁语:Instrumentum regni。——译者注

绝不！听了这话，其他人都要放弃了。可是，国王没有做、不愿做的，仍然有人去做了——勒格罗夫人还在坚持着。她去见了总在嘟囔着、埋怨着的孔岱家族，见了年轻的奥尔良公爵和他那位好心的夫人——好人庞蒂耶富勒（Penthièvre）的女儿，见了许多哲学家，见了法兰西科学院终身秘书孔多塞侯爵、杜帕蒂①、伏尔泰的半个女婿德维耶特（de Villette），还有许许多多其他人。

舆论越来越沸腾，就像波涛一样越来越汹涌、势不可当。内克尔解聘了萨尔丁纳，萨尔丁纳的朋友和继任者勒努瓦（Lenoir）也步其后尘倒台了。坚持马上就能取得胜利，拉图德还在咬牙活着，勒格罗夫人还在努力营救他。

1783年，王后的人布勒特伊（Breteuil）采取了行动——因为他想让王后永垂不朽。他让法兰西学院为勒格罗夫人颁发了美德勋章——唯一的条件是不能言明表彰的理由。

随后，1784年，路易十六被迫释放拉图德。②几个星期之后，一道奇怪的命令颁布下来，要求地方督办不得再应家人请求将人囚禁起来，除非有合情合理的原因，而且还要记录下要求拘留的精确时间，等等。也就是说，困住法国的那个巨大的专制深渊到底有多深，终于被揭开来。法国已经知道它很深很深，但宫廷进一步暴露了它有多么深不可测。

从教士到国王，从宗教裁判所到巴士底狱，这是一条笔直却漫长的道路。神圣、神圣的大革命，你是多么姗姗来迟啊！我已等了你千年之久，从中世纪一直盼到了现在。什么？我还要再等下去？时间走得何其缓慢啊！我一刻钟一刻钟地数着，你快来了吗？

---

① 杜帕蒂（Jean-Baptiste Mercier Dupaty，1746—1788年），一位以公正清廉著称的法国官员和文人。——译者注

② 除了少量德罗尔（Delort）的引用之外，拉图德其他那些精彩的信件全都未得出版，然而这只进一步反驳了1787年那场毫无意义的笔战。——原注

可以看到最后结果的人却总不愿相信结局。在18世纪中叶，所有人都预料到大革命的发生；可是在世纪末，却没有一个人相信它会来临。真是"远观得全貌，近窥不识山"啊。

1784年，马布里说："唉！全都结束了！我们已堕得太深，道德已太过败坏。啊！大革命永远、永远不会来了！"

信仰不够坚定的人啊，难道你们没看到大革命就在哲人、演讲家、智者中间，就在你们中间吗？它虽然还什么都不能做，但感谢上帝，它已无处不在了，它就在人民内部、在妇女中间。你看，靠着自己坚忍不拔、不可战胜的意志，撞开了国家监狱的大门的人，不就是一个女人吗？把巴士底狱提前攻下来的人，不就是一个女人吗？当自由和理性从书本中走出来，落到自然、走进心灵（而心灵中的心灵，便是女人）的那一天，一切才结束了，所有的矫揉造作才都被摧毁了。啊！卢梭，现在我们理解你了，你说得没错："回归自然吧！"

在巴士底狱战斗着的，是一个女人。在10月5日行动起来的，是一群女人。愤怒之神的女儿们早在1789年2月写出的恢宏宣言，叫我读来心潮澎湃："在看到年轻先生们的作为后，我们宣布，我们将加入国民之中，负责照看行李和供给，给予我们能给的宽慰和帮助；我们宁死也不放弃我们的丈夫、爱人、儿子和兄弟。"

啊！法国，你得救了！啊！世界，你得救了！我在空中再次看到了那道熹微的光芒，那道我等待已久的、圣女贞德的光芒。即便女人们改变性别变成了年轻男子，变成了奥什、马索、茹贝尔、克莱贝尔，那于我又有何要紧？

多么光辉的一段岁月！多么崇高的一个时代！那时，最好战的人，却也是最追求和平的人！那时，长期以来人们为其流泪不止的权利之神，终于在最后现身；那时，被暴政借来压迫我们的圣宠，终于和正义达成契合、化为一体。

古老君主制中的旧制度、国王、教士是什么？是暴政，是以圣宠为名义的暴政。

革命是什么？是公正的反击，是永恒的正义之神迟来的加冕。

正义啊，我的母亲！权利啊，我的父亲！你们终于在上帝的手中合为一体了！

我，渺渺苍生中的一员，若不是因为大革命就绝不会被生出来的千万人中的一员，除了你，我还能向谁祈求呢？

原谅我吧，正义！我曾以为你是严酷无情的，没有认识到你就是爱和圣宠的同义词，所以从前我才会对那个永远向世界宣扬着爱，却不曾实践过爱的中世纪一味宽容。

如今，回归自我之后，我胸中那颗心在前所未有地炽热发烫。啊，神圣的正义之神！我谦卑地跪倒，祈求你的原谅。

你才是真正的爱，你才是真正的圣宠。

因为你就是正义，所以在这本以我心为斧劈开道路、不带任何个人利益、不沾一丝俗世杂念的书中，你将支持着我一往无前。你将公正地待我，我也将公正地待所有人。如果我写下的这些不是为了你，永恒的正义之神，那还能是为了谁呢？

1847年1月31日

第一篇

1789年4月—1789年7月

第1章

1789年选举

全民上下被召来选出选民、申诉民怨、表达民意——当局指望着人民无能——大众直觉的可靠性；人民的决心和团结——三级会议和巴黎选举被推迟——国民至上权力颁下的首条法令——选民被一场暴乱所干扰——雷维戎骚乱事件及从中得利者——选举结束（1789年1—4月）

1789年三级会议的召开，是人民诞生的真正纪元，它呼吁着全体人民去行使自己的权利。

他们可以申诉不满、表达民意、选举选民。

我们也曾见过一些小的共和国承认所有社会成员均享有政治权利，但在一个如法国这样的泱泱王国和帝国中，此事还属前所未有。这是一个新的东西，在我们的历史中如是，在世界年历中亦如是。

所以，在世纪的尾巴上，这句话第一次响了起来：所有人都可为选举而聚集起来①，所有人将写下自己的不满。此法令一经问世，举国皆震，仿佛一场来

---

① 参见《总汇通报》第一卷中的《法令集》：二十五岁以上的纳税人有权选择选民，再由选民来选举议员、起草陈情书。因为纳税是面向所有人的，至少每个人都必须缴纳人头税，所以全体国民都可受召参选，只有仆人除外。——原注

自地底深处的大地震在轰隆作响；整块大地都在发抖，连历来默默无闻、默默无语、从没想过会受到外界运动波及的地方都沸腾起来。

如先前三级会议规定的那样，不止是大城市，所有城市都可参选；但这次不止是城市地区，农村地区也可参选。

那么可以确保的是，有五百万人将加入选举之中。

多么伟大、陌生而又震撼的一幕场景啊！全体人民一下子从虚无变成了实际的存在，在这之前它都一直沉默着，却突然之间可以发出自己的声音了。

这个庞大的人群一直受到极不公平的对待，这种不公平不仅体现在社会地位上，更体现在文化、道德层面和思想观念上。然而，他们却收到了公平的吁请。那人民该如何回应呢？这是一个重大问题。一边的税务部门，另一边的封建制度①，它们似乎还在做着挣扎，想把人民死死压在苦难的大山下。王权剥夺了他们的市镇政治生命，也剥夺了他们通过参与市乡②事务而接受教育的权利。强派给他们的人民教育者——教士，很久以前就不再传授知识了。他们似乎用尽一切办法，把人民变得愚钝、顺默，没了声音，也没了思想。然后又对他们说："赶紧站起来，走路，说话！"

他们指望着、过于指望着人民的无能，否则绝不会冒如此大的一个风险。第一个说出三级会议名字的人——要求召开三级会议的最高法院，承诺召开三级会议的内阁大臣们，以及负责召开三级会议的内克尔，所有这些人都觉得人民没有能力做出什么认真的决定。他们只想把

---

① 这里的这个词并没有用错。1789年，封建制度格外严酷，苛捐重税已到无以复加的地步。封建社会完全落入了地方督办、检察长等人的手上。唯一不同的只有名字和形式，仅此而已。——原注
② 法语原文此处用词是commune，是1789年12月14日制宪议会创立的行政概念，但当时没有明确提出此词，直到1793年10月31日国民公会才正式颁布法令，用"commune"代替所有市镇、乡镇、村的概念。所以，它含有自治市的意思，并无大小限制，可指最大的城市，也可指很小的村镇。在法国行政划分中，市乡在大多数情况下是最小的行政分划，对应一个村镇或城市。但这里也不可被译为"公社"，否则容易使人误解为1871年的巴黎公社的"公社"之意。为了和"市镇""乡镇"这种并无特定历史背景的行政名词区分开，译者将其译为"市乡"。革命初起时，全国有六万六千多个这样的市乡。——译者注

一大群萎靡不振的人叫到一起，召开一次盛大的会议，来达到震慑特权阶层的目的。本身就是最大的特权阶层、最大的流弊的宫廷，根本无意和特权人士宣战。它只希望通过强迫教会和贵族阶层纳税来填充公共财政的窟窿，顺便让自己的钱包也鼓起来。

王后呢？她想要什么？被暴发户团团围住、被贵族写诗讽刺、日渐受人鄙夷、变得孤家寡人的她，希望能小小地报复一下这些嘲笑自己的人，吓唬一下他们，让他们抱团簇拥在国王身边。当王后看到自己的兄弟约瑟夫拿尼德兰开刀，以挑唆小城镇与大城市、神职人员和贵族阶级之间对立起来后①，她对内克尔的理念无疑也不那么反感了，也开始赞同让第三阶级拥有和贵族—教士群体同样数量的议员席位。

内克尔呢？他又想要什么？他同时想要两个东西：多说，少做。

为了炫耀、为了荣誉、为了在沙龙和广大公众那里受到追捧和赞美，他得慷慨大方地将第三等级议员人数增加一倍。

实际上，他们都只想付出很少的代价来表现自己的仁慈而已。②

无论第三等级人数是多是少，它永远只是三个阶级中的一个而已，永远都是以一对二。内克尔想得很好，打算采用那套曾无数次麻痹过往届三级会议的办法，那就是按阶层投票的投票方式。

而第三等级的人呢？他们一直都那么谦卑、那么恭敬、那么好学，渴

---

① 就这场和我们的大革命极为不同的布拉班特革命，请翻阅加查德（Gachard）（1834年）、杰拉德（Gerard）（1842年）收集的资料，以及格罗斯-霍芬格（Gross-Hoffinger）（1837年）、博尔涅（Borgnet）（1844年）和兰思本（Ramsborn）（1845年）的史记。这场由嘉布遣托钵修会修士扮演恐怖分子的教士革命，欺骗了（法国的）每一个人，包括宫廷和我们的雅各宾派。只有杜穆里埃（Dumouriez）是个明白人，说它最初是由尼德兰有权有势的教士引发的。奥地利大使梅尔西·达尔让多（Mercy d'Argenteau）一开始相信，并让玛丽-安托瓦内特也相信，法国和比利时一样，有危险的是贵族阶层。由此，许多错误开始了。——原注
② 在这方面，我们可以读一读内克尔写的颇为耐人寻味的实情透露，即他为第三等级所写的辩护书（《内克尔作品全集》，Ⅵ，p.419，p.443等）。在这些文字中，以及在他的其他所有作品里，我们所看到的，永远是一位在法国根基不稳的外国人，一位在贵族面前说话时要把帽子放在手上的标准办事员，一位希望教会能大发慈悲的新教徒。为了让特权阶层对可怜的第三等级放下心来，他在特权阶层那里把第三等级描述成一个软弱、羞怯、跪着的群体。他仿佛在偷偷给他们打着手势，想让他们明白：他的客户是个好人，是个随时可被愚弄的好人。——原注

望有朝一日能成为本阶级的代表。他们一直把贵族选为议员，而且其中许多都是新晋贵族、最高法院法官以及其他人士，这些人因为能和贵族①一起投票而变得妄自尊大起来，却罔顾把自己选上来的第三等级的利益。

有一件事情很奇怪，却体现了当局并不认真的心态，证明它只想通过举办一场盛大的镜花水月来打压特权阶层的自私主义，让他们的荷包缩一下水而已。什么事呢？在这场本为反对特权阶层而召开的三级会议中，特权阶层的主导地位反而受到了保护。②当局觉得，人民选举大会应该是雷声大雨点小。但它万万没想到，在这种选举模式中，在贵族和要员面前，那些小人物居然敢坚定地昂起脖子来，居然会不顾他们的授意，果敢地喊出了其他名字。

内克尔肯定觉得自己号召乡村地区的人参加选举，是做了件非常具有政治意义的事情。城市里民主思想已经觉醒，但农村仍被贵族和教士这两个拥有三分之二土地的群体控制着。于是，数百万人就这样走进选举中，他们要么是依附于特权阶层的农民、佃户等人，要么是间接受到特权阶层影响、屈服于金钱之下的他们的管家、代理人和办事员。瑞士的经验和各个小州的历史让内克尔知道，在某些情况下，普选可以变成贵族阶层的保护伞。他所求教的那些要员显贵也深谙这一理念里面的门道，当然是满心欢喜，恨不得让自己的仆人都去当选民。于是，这场选举全盘操作在了大地主的手上，虽然这是内克尔不愿承认的。

结果出乎了当局的一切计算。③人民虽然没怎么准备好，却表现出

---

① 此处的贵族和前面的新晋贵族之类的人有所区别：一个是家世显赫的传统大家族，即佩剑贵族；另一个是多在政府机关中任职、出身与背景也不是那么显赫的贵族，有的甚至是新晋的，即穿袍贵族。——译者注

② 特权阶层从两方面受益：1. 他们不用受到双重选举的限制，而是直接由议员选出；2. 贵族全都是选民，而且不像以往的三级会议那样仅限于有封地的贵族。所以，特权阶层就显得更加可憎了，他们发觉特权范围扩大到了整个贵族群体，于是提的要求也就更加荒谬了。——原注

③ 而且是非常不准确的计算。国王在巴黎召开的会议中承认，他根本不知道城市——更准确地说，是王国——的居民人数，也没有预测到选民人数，等等。——原注

了非常可靠的直觉性。当他们被叫去参加选举、了解到何为自己的权利时，他们发现自己知道的事情还很少很少。在这场有五六百万人参加的浩瀚运动中，由于人民对体制的无知，更因为大部分群众都不懂读写，所以他们也有过一些犹豫。但他们知道去发言，知道当着自己领主的面选出值得信任的选民，再由后者去选出可靠的议员——哪怕这么做的时候，他们依然习惯性地保持着毕恭毕敬、卑躬屈膝的样子。

承认农村地区可参与选举，这产生了一个意想不到的结果：导致大批民主派人士成为特权阶层议员中的一分子，这着实令人始料不及。他们中有两百多个本堂神甫，而且一个个对其主教恨之入骨。在布列塔尼和南部地区，农民们自动把票投给了他们的本堂神甫——这群唯一会写字的人。他们收到选票，主导了整场选举。①

城市中的人民准备得更充分一些，他们已经沐浴到了时代哲学的几缕光芒，所以表现出令人刮目相看的热情，对权利也有积极的认识。在选举中，一群毫无经验的人敏捷而又坚定地迈出了自己在政坛上的第一步。在他们的陈情信里，大家万口一词，申诉不满，彼此遥相唱和，让公共意愿成为一股不可抵挡的洪流。这些不满在人们心中积压了那么久！但要把它写出来，却又是那么容易。某个区写的陈情书，其内容几乎涵盖了一部法典，但它却是人们在午夜起草、仅花三小时而成。②

一场声势多么浩大、成分多么混杂、准备多么仓促、人民却多么团结的运动啊！这着实是个令人叹为观止的奇观。所有人都参与进来，所有人都抱着同一个想法（只有微乎其微的少数人除外）。③

---

① 不过在一些市乡，人们特别设立了评审司书来计票。（杜沙特里耶［Duchatellier］，《布列塔尼的大革命》，Ⅰ，p.281）——原注
② 《巴伊回忆录》，Ⅰ，p.12.——原注
③ 人们在整体的基本问题上是一个想法，然后各行会、各城市再在其中加入一些自己的专门补充。——原注

团结一致！在这种团结中，体现了一种彻底的、毫无保留的赞同。形势非常简单：一边是国民，另一边是特权阶层。在国民那里，没有任何人民、资产阶级之分①，唯一的区分就是文化人和非文化人。虽然发言、写东西的都是文化人，但他们写的都是大家的想法。他们明确表达了所有人共同的要求——是那群不会说话的人的要求，更是他们自己的要求。

啊！一想到那特别的一刻，那成为了我们的起点的一刻，谁能不被触动？那一刻时间很短，然而它却成了我们一直渴望企及的理想，成了未来的希望！在高度的协调，正在崛起的各个自由阶层就像一个摇篮里的同胞兄弟一样，无比温柔地拥抱着对方，虽然后来他们彼此翻脸为敌了。啊！如此的和睦之景，我们还能再看到它重现于世吗？

各个阶层的这次联合，人民团结起来后的这次华丽登台，把宫廷给吓住了。它用尽自己的一切努力，想说服国王对人民食言。波利尼亚克贵族小圈子为了将国王置于进退无所的境地，还幻想说动各位亲王，让他们联名写下一封大不敬的信，在信中威胁国王要自立为特权阶层之首、拒绝纳税，几乎有分裂国家、掀起内战的架势。

不过，国王怎么可能躲得掉三级会议呢？税务法庭②已有明确表示，最高法院和显要会议已提出要求，布里安③和内克尔已先后做出承诺，三级会议必须最迟在4月27日召开。不过，人们仍然将其推迟到了5月4日。这次推迟着实是在冒险！在众多此起彼伏的声音中，有一个声音是不容忽略的。啊！那便是18世纪里人们经常听到的一个声音，是大

---

① 《法国大革命议会史》的作者在这里犯下了一个基本错误：他们认为在当时那个伟大的时刻，存在着人民和资产阶级之分，而实际上并没有。不过这个阶级之分很快就产生了，我们暂且等一等。由于对客观事实的实际发生顺序视而不见，所以《法国大革命议会史》作者事先就被一种刻板的推断预测带跑了，而这正好和历史是相悖的。——原注
② 税务法庭（Cour des Aides），法国旧体制下的一个高等法庭，主要负责审理和特殊（财政事务）或日常（领地纠纷）经济事务相关的，并牵涉到国库局（Chambre du Trésors）的上诉案件。——译者注
③ 布里安（Étienne Charles de Loménie de Brienne，1727—1794年），法国政治家、红衣主教，1787年接替卡洛纳成为财政总监，1788年8月被迫离职。后来他被革命政府逮捕，1794年死于狱中。——译者注

地的声音——那片荒芜、贫瘠、拒绝给人类带来生命的大地！严冬里苦寒难挨，旱夏中赤地千里，什么也产不出来，饥荒开始了。在骚动、饥饿的人群面前，老是首当其冲的受害者——不安的面包商们，跳出来揭露了哪些商铺在囤积粮食。唯一能让人民保持克制、让他们耐心守斋等待的，就是三级会议这个希望。它是一个模糊的希望，却成了他们的支撑。即将到来的三级会议就是他们的弥赛亚，只要它说句话，就能把石头变成面包。

本就被延后的选举活动在巴黎那里又遭到推迟，直到三级会议前不久才得展开。而且当局希望议员不要出席前期会议，希望在他们参与会议之前，三个等级能保持隔离状态。这便是让特权人士成了多数派。

还有一个问题引发了人们的普遍不满，而且在巴黎更是严重。王国上下就数这座城市开化程度最高，可这里的选举却遭到了格外严格的条件制约。选举大会召开以后，一条特殊的规定出台了：并非所有纳税人都是初级选民，只有那些交了六里弗的税的人才是。

巴黎城中到处都是军队，街上到处都是巡逻队伍，所有选举地点都布满士兵。长枪大炮就布在街道上，布在人群面前。

在这些毫无意义的示威动作面前，选民们表现得格外坚决。他们一聚集起来，就立刻解雇了国王派给他们的选举主席。在六十个区里面，只有三个重新起用了由国王委任的主席，并让他们公开表明自己是在当选之后才来主持工作的。这是非常郑重的一步，是国民至上权力颁下的第一道法令。实际上，这是他们必须攻取下来的一座堡垒，也是他们必须建立的一个权利。金钱、改革等问题都可以放到后面去。没了权利，还能有什么保障？还谈什么认真的改革？

各区大会选出的选民们严格按照相同的程序开始选举。他们选律师达尔热①为主席，选教会秘书和律师加缪②为副主席，选法兰西院士巴伊和有博爱精神的医生吉约坦③为秘书。④

这两万五千名初级选民在政坛上完全是一群雏鸟，然而他们行事坚决果敢的样子，以及他们行动起来引发的后果，深深震惊了宫廷。他们没有一丝混乱和慌张。他们聚集在教堂里，对自己要完成的那个崇高神圣的使命抱着极大的激情。在迈出最需要勇气的一步解聘由国王任命的主席时，他们中间没有一丝喧闹和喊叫，只有意识到何为自己的权利之后的一种强劲的简单和直接。

在他们自己选出的主席的带领下，选民们坐在大主教府里，将各区陈情书总合起来，草拟出一份共同陈情书。根据西哀士的提议，他们在一件事上达成了共识：在陈情书前再加上一篇《人权宣言》。当人们正紧锣密鼓地着手进行这项棘手而又困难、纯粹属于精神领域的工作时，一个粗暴的声音把他们打断了。一群衣衫褴褛的人怒吼着，要他们交出他们的同僚和选举者、圣安托万区的一个造纸商——雷维戎（Réveillon）的头颅。雷维戎被藏了起来，然而暴乱依然没有平息下来。日子转眼到了4月28日，而当局承诺召开三级会议的时间是27日，随后又拖到了5月4日。如果骚动仍然继续，三级会议就会有被再次延后的极大危险。

暴乱正好就发生在27日。要在饥饿的人群中传播、继续、扩大暴

---

① 达尔热（Jean-Baptiste Target，1733—1806年），法国律师、政治家。——译者注
② 加缪（Armand-Gaston Camus，1740—1804年），法国大革命中的革命派，革命爆发前一位著名律师，1789年被巴黎第三等级选入三级会议。支持冉森运动，和夏普里耶一起创办了布列塔尼俱乐部，后与朗汝内起草、促使议会通过了《教士民事基本法》。——译者注
③ 吉约坦（Joseph-Ignace Guillotin，1738—1814年），医生、共济会成员，法国大革命时期为了减缓死刑的痛苦而发明了断头台，从此该死刑工具便冠以他的姓氏。——译者注
④ 这个一开始态度就非常坚决的选举大会，却是由显贵、官员、商人和律师组成的。最后面的这群人主导了大会，如加缪、达尔热、农税征收总部的律师特雷哈尔（Treihard）、老拉克雷戴尔（Lacretelle aîné）、德热兹（Desèze）等人。第二梯队便是法兰西院士，如巴伊、杜因（Thouin）、卡代（Cadet）、伽拉德（Gaillard）、苏阿德（Suard）和马蒙特尔（Marmontel）等人。然后便是银行家，如勒古特尔科思（Lecouteulx），以及印刷商、书商和造纸商，如庞库克（Pankoucke）、博杜因（Baudouin）、雷维戎等人。——原注

乱，这着实是件易如反掌的事。有人在圣安托万区宣传一个小道消息，说从前是工人、后来发家致富的造纸商雷维戎曾冷酷地说过应当把工资降低到十五苏一天这种话，还有传言称他将接受黑绶带勋章。这番谣言引来巨大的骚乱。开始是一伙人来到雷维戎的家门口，把他配着黑绶带的头像吊起来，带着这尊雕塑四处游行，走到沙滩广场，在欢呼声中、在市政厅的窗户下、在市政府的眼皮子底下将头像烧毁了。这个先前和其他机关一样还无比机警的政府，现在却仿佛睡着了一般没了动静。警察长、巴黎市长弗雷塞尔①、督办贝尔蒂埃②，这些之前布防兵力把选举大会团团包围起来的政府官员，全都缩着头一动不动了。

群氓高声吼着第二天要在雷维戎家里执行正义，他们说到做到。事前已经得到报信的警察部门没有采取任何措施，反倒是法兰西禁卫军上校派去三十人，展开了这次荒谬的营救；而面对这群由一两千个抢劫者、十万多个好事者组成的人群，士兵们不愿也不能做出什么事来。雷维戎的房屋被强闯进去，里面什么东西都被撕了、砸了、烧了。人们什么也没拿，除了五百个金路易。③许多人待在地窖里大吃大喝，把工厂颜料误以为是葡萄酒，将其灌进肚里。

令人难以置信的是，这丑陋的一幕居然持续了整整一天。请注意，

---

① 弗雷塞尔（Jacques de Flesselles，1721—1789年），法国官员，1789年4月21日被选为最后一位巴黎市长，是法国大革命第一批遇害者。旧体制下的巴黎市长称谓是prévôt des marchands，主要负责领导市镇会议和商业行会，事实上相当于封建制度下的市长，因此译著认为应将其译为"巴黎市长"，而不能如一些译本那样直译为"商会会长"这个容易引发误会的头衔。1789年以后，该职位改称为现在的maire，故弗雷塞尔是最后一任巴黎市长（prévôt des marchands），而巴伊则是首位巴黎市长（maire）。——译者注
② 贝尔蒂埃（Louis Bénigne François Berthier de Sauvigny，1737—1789年），法国官员，1776—1789年担任巴黎督办。1789年7月22日，他和他的岳父福隆（Foulon）一起被暴民吊死在市政府前的灯柱上。——译者注
③ 根据雷维戎本人的记叙（《证明报告》，p.422，在费里耶尔之后出版）。在这里，《法国大革命议会史》中的记叙又是不准确的。它把这一切都描述成是一场人民对抗资产阶级的斗争，却又没拿出任何证据来。此外，它还夸大了骚乱范围、死亡人数。巴伊则恰恰相反，他在回忆录第28页里把此事说成一件小事（但这也是错的）："我不知其中有人死去。"在雷维戎骚乱事件上，我有一份非常严肃的证词，出自于曾在上帝旅馆中接收了许多伤者的著名外科医生杜索尔（Dussaulx）的见证："相反，他们纯粹只是一副冲动犯罪的样子，这些巴士底狱的伤者……"（参见《七日之作》，p.411）有件事充分证明了人民根本没有把发生在雷维戎家里的抢劫事件视为一种爱国行为，那就是7月16日，人们差点儿把一个人误认为是罗伊神甫，并将其吊死，指控罪名是煽动了这次骚乱（巴伊，Ⅱ，p.54），以及后来给宫廷提供了屠杀巴黎的理由（《选民实录》，Ⅱ，p.46）。——原注

这就发生在圣安托万区门口，就发生在巴士底狱的大炮下，就发生在碉堡的门前。雷维戎正好被藏在那里，于是他在碉堡上看到了下面的一切场景。

少数几支法兰西禁卫军被时不时派到这里，他们一开始朝人群喷粉雾，随后真的开枪。抢劫者根本不把禁卫军的荷枪实弹放在心上，虽然他们能投回去的只有石块而已。后来——已经是很后来的时候，贝森瓦指挥官派了一些瑞士士兵过来，可抢劫者仍然做着抵抗，还杀了几个人。于是士兵们朝人群开枪，造成街上一部分人死伤。许多死者穿得破破烂烂，兜里装着钱。

在这漫长的两天时间里，在官员们都像睡着了一般的时候，在贝森瓦坚持派去军队控制局势、而圣安托万区却放纵自己跟在那群洗劫雷维戎住所的群氓后面的时候，如果五万名既没有工资又没有面包的工人，在一开始就跟着这些人去打劫富人，事情性质就完全不同了。那时，宫廷就有充足的理由在巴黎和凡尔赛大量驻军，再找个名正言顺的借口推迟三级会议的召开。然而圣安托万区的广大群众依然老老实实、如往常一样约束着自己，他们就在一边看着，却没有行动。于是，只有几百个醉汉和强盗在肆意发泄的这场骚动，让默许它发生的当局丢尽了脸面。贝森瓦最后觉得自己的角色太过可笑，于是快刀斩乱麻地结束了一切。宫廷没有因此对他表示感谢，它不敢责备他，但也没对他说一句话。①

不过最高法院就不同了，就算是为了自己的名誉着想，它也不能对此避而不谈。于是它展开了调查，但这场调查很快就草草结束。据说

---

① 参见《贝森瓦回忆录》，Ⅱ，p.347. 德让丽夫人（Mme de Genlis）和其他那些旧制度的追随者，曾希望这份对他们来说过于沉重的回忆录能由塞居尔子爵（Ségur）编写。我也抱此希望，这样他就能对贝森瓦的评注和回忆发表意见了。其实此份回忆录并不属于贝森瓦所创，据我所知，他不擅长写作；但若没得到他的信任，再可爱的行吟歌手也绝对写不出这样一本表面看似浮躁、内里实则充满厚重历史感的书来。在这本书中迸发出来的真相，其光芒是如此灼眼，亮得让我们不敢直视。——原注

（但这个说法没有充分证据），有人以国王的名义禁止调查工作再进行下去。

是谁在煽风点火呢？也许没有人。这场动荡中的大火，完全是恣意为之。还有人不忘去指责"革命派"。这是个什么派呢？要知道，当时还没有任何活跃的组织派别出现呢。

有人宣称奥尔良公爵是这次骚动的幕后出资者。为什么？他又得到了什么？这场如火如荼地展开起来的选举运动给他施展野心提供了那么多的合法机会，那他又何必采用这种手段？没错，他的确被不择手段的阴谋家们牵着鼻子走，但当时这些人的全盘计划都是以三级会议的召开为重心；因为他们的公爵是所有亲王中最受大众爱戴的一位，所以他们坚信他能在三级会议中主持大局。任何一件可能导致三级会议延迟的事情，在他们看来都是个灾难。

谁希望推迟三级会议的召开呢？谁能通过恐吓选民得利呢？谁能从骚乱中受益呢？

只有宫廷，我们必须承认。事情的进展太有利于它了，让我们不得不怀疑它才是背后的策划者。但更有可能的是，它根本没有煽动起这场骚动，而是在一边乐得其见，不采取任何行动来阻止它，并为它的结束惋惜不已。圣安托万区当时还没有恶名昭彰，巴士底狱大炮下发生的这场骚乱看上去根本不具有什么危险性。

布列塔尼的贵族们已经给出例子，教人如何通过煽动农民，让混杂有奴才走狗的群氓与人民之间相互对立，以此干扰地方三级会议的合法行动。同样在巴黎，在雷维戎事件发生前不久，一家名为《国王之友》的报纸似乎也试图采用同样的手段。"这些选举有什么用处？"它虚伪地说，"穷人依然将是穷人，王国中最值得关怀的一群人的命运反被遗忘了。"等等之类的话。仿佛经由这些选举才掀开的革命，它的首要成果，如取消什一税、入市税和间接税，低价售出王国的半数土地等措施，对百姓们的穷苦生活——一种其他任何民族都不曾体验过的穷苦生活——起不到丝毫改善作用似的。

4月29日早上，一切重归平静。选民大会的工作平稳地回归正常。他们一直坚持到了5月20日；宫廷也得到了它打算从这次延迟会议召开中得到的好处——阻止巴黎议员参加三级会议的前期会议。巴黎和法国选出的最后那个人，就是公众心中所有当选者中的第一人，就是提前为大革命开辟出一条直路、第一个在上面留下自己足迹的那个人。一切都按照西哀士给出的计划前进着，如法律一般威严、温和而又坚定。

法律将独自统治世间。在经历了那么多个世纪的专制暴政以后，一个任何道理都不足以对抗理性的时代终于来临了。

那么，就让那个担惊受怕的三级会议聚集起来、召开起来吧！那些曾将其召开、现在却希望自己从没提过此事的人，他们是无法改变形势的。这是一片上涌的大洋：无穷无极、无底无垠的事业，从数世纪前的深渊中崛起，搅动着早已沸腾的海水。我请你去对抗它——是用世间所有军队，还是用孩子的一根手指，这没有任何区别。上帝在推动它，那迟到的正义，正是过去的抵罪，正是未来的救赎！

第2章

三级会议召开

三级会议游行活动——5月5日会议开幕——内克尔的演讲——等级隔离的问题——第三等级发来联合邀请——大会按兵不动——给第三等级设下的陷阱（1789年5月4日—6月9日）

三级会议开幕的前一天，人们在凡尔赛庄严地诵读了《圣灵弥撒曲》。正是在这一天（永不再有的这一天），大家唱起了预言一般的歌曲："你将创造人，大地的面貌将焕然一新。"

这重要的一天，正是5月4日。一千两百名议员，以及国王、王后、整个宫廷，来到圣母院教堂倾听《伏求造物主圣灵降临》。随后盛大的游行队伍穿过整座城市，来到了圣路易岛。凡尔赛宽阔的街道上到处布置着法兰西禁卫军和瑞士警卫队，地上铺着绣有王室花纹的地毯，到处都是人山人海。整个巴黎城的人倾泻而出，来到这里。窗户前，甚至房顶上，到处都是人。阳台上挂着珍贵布匹做成的窗帘，光彩照人的女士们点缀其间，个个都穿得花枝招展，按照当时的潮流把自己打扮得稀奇古怪，身上装饰着羽毛和花朵。大家既是欢欣鼓舞，又是万分感慨，心中五味陈杂，既有不安，又有希望。①这是一个开天辟地的大事件！它将走向怎样的结局？会得到后世怎样的评价？没人能给出回答。那场无比纷繁却又无比庄严的盛典，那响彻一路的音乐声，让人把其他什么想法都抛到了脑后。

多么美好的一天啊，这既是和平的最后奏响，又是广阔未来的崭新篇章！

人们充满一腔炽烈的热情，这种热情是多样的，也是对立的，但它不像不久之后那样是带有戾气的。即便那些对这个新纪元并不看好的人，也情不自禁地被公众的情绪所感染。一位贵族议员承认他当时喜极而泣："这个法兰西，我的祖国，我看见它以自己不变的信仰为支撑，对我们说：停止你们之间的争吵吧！我流下了热泪。我的上帝、我的祖国、我的同胞，全都成了我。"

在游行队伍里，走在前面的是一群身着黑衣的人——这支强大、深沉的军队，便是第三等级五百五十位议员。里面有三百多个法学家、律师和法官，强硬地象征着法律的登基即位。这群人衣着简朴、步伐有力、眼神坚定，团结一致地前进着，没有任何党派之分。他们为这个由自己一手创造出来的伟大日子感到骄傲，这一天就是他们的胜利！

随后走来的是一小群衣着光鲜亮丽的贵族议员，他们戴着有羽毛装饰的帽子、套着假发、佩着金饰。雷鸣般的掌声到了他们这里，突然就停住了。但在这群贵族中大约有四十位议员，和第三等级的人一样，都是人民的挚友。

---

① 见目击证人费里耶尔（译注：Louis Francois de Ferrières，1762—1814年，法国外交官，米拉波的侄子）和斯塔尔夫人等人的描述。——原注

迎接教士的同样也是沉默。人们清楚地看到这个阶层也被划分为两个等级：贵族和第三阶级。三十多位穿着白色法衣和紫色长袍的高级教士，以及另外两百多名地位低下、穿着低级神职人员的黑色长袍的本堂神甫，两队人被音乐声分隔开来。

看到这支浩浩荡荡的队伍，看到这一千两百位被内心那腔伟大的激情燃烧得热血沸腾的议员，细心的围观者会惊讶于一个特别小的细节：这群议员几乎没有强烈的个人特质。毫无疑问，他们里面不乏正义人士和才华出众之人，但若把才华和为人两方面结合来看，他们中的任何一个人都没有带动群众的能力。这支队伍里既没有伟大的开拓者，也没有任何英雄人物。曾为这个世纪开疆辟壤的强大的革新者，此时已不在人世，只留下他们的思想还在引导国民。这期间也涌现出了阐释、实践先辈思想的伟大演讲家，然而他们却不能加进去任何自己的东西。那时，大革命才呱呱坠地，它不依靠任何人的扶持，只凭理念的传播，独自在纯粹的理性信仰之路上前进着，没有崇拜任何偶像，也没有依靠任何冒牌的神。这是大革命的光荣，但也是大革命的危险，它因此而一路走得跟跟跄跄。

以显赫军功的创造者和守护者而自居的贵族群体，没有贡献出一个赫赫有名的将军来。"所有法国大贵族身上都只残留着往昔模糊的余晖"。只有一个人引人注目，那就是宫廷出身却在美国战争中表现得无比踊跃的拉法耶特，年轻、一头金发的拉法耶特。当时，没人怀疑他的未来会不可限量。

第三等级这个群体虽然默默无闻，然而国民公会的雏形已经孕育其中了。不过，谁当时又看到了它的成形呢？谁又在这群律师队伍里，注意到某个来自阿拉斯的律师①那瘦削的身影和苍白的面孔呢？

人们当时注意到两件事：西哀士的缺席和米拉波的现身。

西哀士当时没有来。在这支庞大的队伍里，人们徒劳地寻找着他，寻找着靠个人才智预言了这一天到来的那个人。

米拉波一出现，就吸引了所有人的目光。他茂密的头发、狮子一样的面孔，带着一种极致的丑，一种令人震惊甚至是令人害怕的丑，让人不能从他脸上移开目光。这个人站在那里以后，其他人都成了模糊的背景陪衬。米拉波是一个生错了时代、生错了地方的人。他和当时的上流社会一样堕落，但更惊世骇俗，更臭名远扬，也更放浪形骸——就是这些东西毁掉了他。他的那些罗曼史、艳遇逸事，他的爱情和激情，被传得沸沸扬扬、路人皆知，因为他充满激情，狂烈而又炙热。当时还有谁会有这样一份激情呢？正是因为受控于这份欲壑难填、蚀人心骨的激情，米拉波经常干些卑鄙苟且之事。由于出身于一个冷漠严酷的家庭，他很可怜，是道德上的可怜儿，既有穷人的陋习，又有富人的邪恶。家庭的束缚、国家的束缚、道德的束缚，以及内心激情的束缚……啊！所以再没有谁比他更加热烈地欢呼着这道自由的曙光了！他希望能在这里找到自由，找到灵魂的新生——他是这么跟他的朋友们说的。②他将把身上那件陈旧破烂、污渍斑斑的外套丢掉，和法国一道重获青春。但只有一个前提——他必须活下去。在这道大打开来的新生大门口，他虽然强壮、炙热、充满激情，可身体已被深深掏空：他已面目全非，脸颊凹陷了下去。但不要紧！他依然高昂着那颗硕大的头，他的目光依然无比坚定。整个世界都在他身上预感到法国即将爆发出的骇人巨响。

---

① 即罗伯斯庇尔。——译者注
② 艾吉安·杜蒙（Ét. Dumont），《艾吉安·杜蒙回忆录》，p.27.——原注

第三等级受到群众的普遍欢迎；随后在贵族中，只有奥尔良公爵一人得到了掌声；最后便是国王，人们向他欢呼致敬，感谢他召开了三级会议。这就是人民的公正体现。

当王后经过的时候，人群中有些窃窃私语，有些妇女故意高喊着"奥尔良公爵万岁"，想通过欢呼她的敌人来更加刺痛王后的心。这对王后来说是件很难忍受的事情，她几乎要晕厥过去，得靠人搀扶着①；但她很快就又站了起来，再次高高地仰起那张依然美丽的脸，马上对人群投去坚决而轻蔑的眼神，想以此击垮公众的仇恨。但这只是可悲的无用功而已，而且有损她的美。1788年的王后曾为我们留下了一幅庄重的画像。当时爱着她的画师勒布伦夫人（Lebrun），她对王后满腔的情感本应使画像充满温柔的光芒才对，然而我们只在画中感受到某种排斥、倨傲、冷酷的东西。②

这个属于和平、团结的盛大节日，便这样把战争抛到了一边。人们指定出这一天，是要让法国团结在一个共同思想之下，但同时又有人想方设法地去分裂它。只需看看按照规定必须着不同服装的议员们，我们就能发现西哀士一句冰冷却入木三分的话一下子成为了现实："三个等级？不，是三个民族！"

宫廷之前令人在旧书堆中苦苦搜寻，想找到一种过时了的礼制，把其中的繁文缛节全都标出来。它们意味着阶级的对立，是本应被埋葬在黑暗中的标志，是等级隔离和社会仇恨的象征。继伏尔泰之后，继《费加罗的婚礼》之后，人们居然还在讲究这些徽章、肖像和符号！这

---

① 《刚邦夫人回忆录》（Campan），II，p.37.——原注
② 我们可以对比一下三幅凡尔赛宫的王后画像。第一幅里的她（穿着白绸）俏丽无比，脸上依然充满温柔，能感觉到自己是被爱着的。到了第二幅（穿着红色天鹅绒和皮革），她身边围绕着她的孩子们，女儿轻轻靠在她身上，但这一切场景都没用，画中的她表情生硬得已无可救药，眼神凝固黯淡，看上去特别令人不快（1787年）。第三幅（穿着蓝色天鹅绒，作于1788年）里只有她一个人，手里拿着一本书，依然王后风范十足，但看上去悲伤而又冷酷。——原注

已经晚了。老实说，宫廷这么做，并不是因为它还迷恋这些已被埋葬的尸骸，而是纯粹想去折磨、贬低这些在选举中居然胆敢制定法律的小人物，想借此敲打、提醒一下他们自己卑微的出身，好得到一点背地里的乐趣而已。弱者在玩一场危险的游戏，在最后一次侮辱强者。

早在5月3日，也就是做圣灵弥撒的前一天，议员们就来到了凡尔赛宫。在当时一片和谐轻松、其乐融融的气氛里，国王却寒了议员们的心——他们来到这里，几乎都是站在支持国王的立场上的。可国王并没有按照行省之分接待他们，而是按照等级之别让他们分别进来：一开始是教士和贵族，随后过了一会儿，才是第三等级。

人们本可以把这些微不足道的无礼之举归罪到官员和仆人身上，然而路易十六执拗于这一陈腐礼节的态度也太过明显。5日出席大会的时候，国王戴着帽子，贵族效仿他也戴着帽子，故第三等级也没想着摘下帽子；然而国王为了不让第三等级看上去和贵族平起平坐，宁愿摘下自己的帽子。

谁会相信这个愚蠢的宫廷依然记得、依然缅怀着那个让第三等级跪下听训的荒谬习俗呢？他们并不愿意一下子就取缔这一礼节，还想让第三等级主席不做任何发言。也就是说，经过了两百年的分离和沉默之后，国王再见到他的人民，居然不让他们说话。

5月5日，大会开幕。会议地址不是国王的宫殿，而是巴黎大街上的皇家娱乐事务总管处大厅。遗憾的是，这栋建筑现已不复存在，但当时它占地面积很大，除了一千两百名议员外，还能容纳四千多位观众。

一位目击证人——内克尔的女儿斯塔尔夫人，当时为了看看父亲众星捧月的神采，也来到了现场。从她口中我们得知，她的父亲当时的确大受欢迎；而米拉波就座的时候，人群中响起了窃窃私语。对一个不守道德的人的窃窃私语？这个表面光鲜亮丽的社会，正在放荡和堕落中死去，正迎来自己最后的节日盛典，它居然还有权对别人指手画脚？①

大会遭到了三个人的轮番发言洗脑——国王、掌玺大臣和内克尔。他们三个的演讲全都在说一个东西，说的话全都不符合当时的形势。国王终于来到全体国民中间，然而他没讲一句温暖贴心的话、没说一个发自肺腑的词来打动人民的心扉。他的开场白是对改革思想的一番愚蠢、畏缩、毫不敢亮的责骂，并表达了自己对前两个等级的同情，"他们表现出了放弃自己经济特权的态度"。三个人的演讲重心都是钱，却很少谈到权利的问题，那个将所有灵魂变得充盈、让所有心灵为之振奋的问题——平等的权利。国王和他的两个大臣夸夸其谈，轮番展现自己的自负和无耻，还以为只需要解决纳税、财政、生计这些让人民填饱肚子的问题就够了。他们觉得，只要特权人士将纳税平等作为一种施舍让给第三等级，一切问题都将迎刃而解。②于是，三份演讲，三首颂歌，赞颂愿意放弃特权的前两个等级做出了多么大的牺牲。这些颂歌在内克尔那里更是唱到了**高潮**——他觉得这样的英雄主义在历史上是无人能比的。

这些赞歌看上去更像是一种劝说，它清楚地表明：这些被大加歌颂、令人钦佩的牺牲，都还没有落到实处。那就让它赶紧落实吧！对于像召唤猛兽一样把第三等级叫了过来、心底却恨不得把他们赶紧打发走的国王和内阁大臣们来说，这样做就够了。但说起这个伟大的牺牲，他们却只得到了一部分人暧昧的保证：某些领主做出承诺，但其他人对此都是嗤之以鼻。一些教会成员也给了希望——但这和三级会议中教士表

---

① "当国王走到大会中心、坐在王位上时，我第一次感到了一丝不安。一开始我就注意到王后情绪十分激动，她来得比指定时间要晚，脸也变了。"（斯塔尔夫人，《论法国大革命》，Ⅰ，第十六章）——原注

② 首先，即便只谈经济问题，他们所说的赋税也只是在拿总体赋税中的一小部分来做文章而已，也就是人们交给教士和贵族的各种名目的赋税，如什一税或封地进贡等税收。其次，金钱已不是全部问题之所在。对于人民来说，问题并不在于捡起别人扔给他们的几个苏，他们是要求得到自己的权利：不多拿，不少要，只求这个。——原注

达的意见是相反的。两个等级都不急着就此作最终表态，把那句决定性的话始终吊在嗓子眼儿里，就是死活不说出来。两个月后，在最紧张、最严峻的形势逼迫下（也可以说是在第三等级胜利的逼迫下），6月26日，被打败了的教士阶层终于松口，而直到那时贵族也只做出放弃特权的承诺。

内克尔花了三小时，谈财政，说道德。他说："没了公共道德，没了个人道德，就什么都没有。"和国王为了甩掉三级会议、继续施行专制统治而说的话一样，他的发言中全在枚举不道德的种种事情。从那一刻起，三级会议就成了一份平平常常的赠予，一份送出来但又可收回去的恩赐。

内克尔一不小心透露说国王很不安。他表达了自己的意愿，希望两个孤立自由的上层等级能够履行他们的承诺做出牺牲，除非他们想和第三等级坐到一起，一起商讨公共利益问题。多么危险的暗示！只要首相在这群富得流油的人身上拿到了赋税，那就够了，他就再不会坚持要求等级联合了。特权人士将继续保持他们那虚假的多数派的地位，两个等级将结盟起来对抗一个等级，阻止改革的进行。不过在他看来，这有什么大不了的？反正银行破产已得到避免，饥荒已得到控制，舆论已重新睡着，权利问题、保障问题已被拖延，不平等的专制统治将更加稳固。内克尔将继续统治国家，或者换句话说，是宫廷继续统治国家，因为当宫廷从危险中安然脱身以后，它就把这位感情用事的银行家遣回日内瓦了。

5月6日，第三等级议员们走进大厅；一开始就坐在门口、已经等得不耐烦的人群，看到他们之后也马上冲了进去。

这一边的贵族，和那一边的教士，还依然待在他们各自的议事厅里，抓紧时间做出一个决定：一切职权必须经过各等级的审核，而且是各等级单独审核。由于贵族派占多数，而教士只占少数，所以大部分神甫都希望和第三等级联合起来。

人数众多、占着大厅的第三等级，宣布他们等着另外两个等级。巨大而空荡荡的会议厅似乎也在谴责他们的缺席。

等级联合成了牵一发而动全身的一个问题。人数已经加倍了的第三等级，可以借此获得大约五十名贵族和一百多位教士的选票，一跃成为多数派。到那时，它就可以对另外两个等级发号施令，在一切问题上成为他们的审判者。它本来是特权的受害者，如今却有机会成为特权的审判官！人们不动脑子，也可以想见日后他们会做出怎样的判决。

所以，第三等级等着教士和贵族；它在自己积攒起来的力量中等待着，就像每一个永恒的事物一样耐心。特权人士慌了神，他们转变风向，赶紧朝之前被他们自己亲手撼动的大特权者、朝他们那个世界的中心——国王跑过去，可为时已晚。于是经过了这一个多月的等待之后，大家按亲缘关系站好了队伍：特权阶层选择了国王，第三等级选择了人民。

它和人民同声同息，它的大门全向他们大敞着，中间没有任何障碍。巴黎人守在凡尔赛，和议员们待在一起。所有消息都通过各种渠道传来传去。人们在罗亚尔宫①举行了一场乱哄哄的临时大会——巴黎选民大会，以方便随时了解议员们的消息，大家迫切而无用地问着每一个从凡尔赛回来的人。宫廷的愤怒情绪逐渐升高，并派来重兵防守，第三等级把这一切都看在眼里，而它只有一道防御，那就是倾听它说话的人群，把它说的话传遍全国的报纸。然而就在三级会议开幕的那一天，宫廷还企图遏制报纸言论：法院颁布了一条法令，禁止米拉波出版的三级

---

① 罗亚尔宫（Palais-Royal）如果直译就是"王宫"，但它并不是。为了避免误会，故选择音译。这座著名的建筑最初是为黎塞留所建，曾被称为红衣大主教宫，后为奥尔良公爵的府邸。宫前有大花园，地处巴黎中心，革命时期是群众的聚集之地。——译者注

会议刊物再做发行；另外一条法令则明令，任何报纸杂志上的文字都必须经过允许方能出版。于是，当着聚集在一起的国民上下的面，已经消停了好几个月、几乎形同虚设的审查制度被重建起来——为了议员和把他们推为议员的群众之间必不可少的沟通而被重建起来。米拉波对此不以为然，依然发表了题为《致我的委托人的信》这篇文章。本在忙着撰写陈情书的巴黎选民大会，（5月7日）停止了工作，众心协力反抗法院的法令。① 这是巴黎第一次介入国家事务之中。就这样，出版自由这个很重要、很基本的问题一下子被挑了起来。现在，宫廷可以召集军队、预备大炮了；然而也正是从这时起，一支更强大的队伍——新闻界，在人民的耳边点燃了炮火，让整个王国都听到了它的炮声。

5月7日，在马鲁埃②和穆尼耶③的提议下，第三等级让他们中的一些人邀请教士和贵族前来出席会议。贵族一意孤行，继续抱团。更分裂也更有危机感的教士，还想看看事态进展再做决定；此外，主教们仍然以为自己尚有时间去赢得神甫们的选票。

六天时间就这样被浪费了。5月12日，来自尼姆的新教徒、赛文殉教者的后人——拉博·圣-艾蒂安议员④，提议展开商议以实现联合。而布列塔尼的夏普里耶⑤则希望"出一份通告，表达第三等级对其他两个等级缺席的震惊，明确除了共同联合之外、对其他任何一种商议形式的拒绝，强调每个议员有审判所有人头衔的权益和权利；三级会议一旦召

---

① 《选民实录》，由巴伊和杜维里耶（Duveyrier）编写，I，p.34.——原注
② 马鲁埃（Pierre-Victor Malouet, 1740—1814年），法国政治家，主要活跃于法国大革命期间，是制宪会议中的保皇派。——译者注
③ 穆尼耶（Jean-Joseph Mounier, 1758—1806年），法国政治家和法官，曾参与法国宪法的制定工作。——译者注
④ 拉博·圣-艾蒂安（Paul Rabaut de Saint-Étienne, 1743—1793年），法国新教徒领导人，法国大革命中的温和派。——译者注
⑤ 夏普里耶（Jean Le Chapelier, 1754—1794年），法国大革命时期的一位法学家和政治家，恐怖统治时期和马尔塞布在同一天被处死。——译者注

开,议员之间就再没有等级和行省之分,大家都是国民代表;特权阶级的议员也能从中受益,他们职务范围会被扩大"。

拉博那个更温和的意见占了上风。人们举行了商讨会议,然而它只加剧了事态的恶化。5月27日,米拉波把他之前说过的一个观点又拿了出来——将教士从贵族那边拉过来,"以上帝和和平的名义"向他们发去联合邀请函。这是一个非常有政治头脑的想法,因为许多神甫都迫不及待地等着一个可以和他们团结合作的契机。这份新的邀请几乎吸引了整个教士等级,然而主教们依然非常艰难地争取到了一定的拖延时间。晚上,他们跑到了王宫中,跑到了波利尼亚克贵族圈子那里。经王后之手①,人们从国王那里拿到了一封信,信中他"要求需当着掌玺大臣及皇家委员会的面重新开始商讨会议"。所以,国王在阻止教士和第三等级联合起来,公然成为了特权人士的代理人。

这封不怎么有国王风范的信,是一个张开的陷阱。如果第三等级接受,那国王——商讨会议的审判长,就能通过法院的一道法令把问题压下去,等级依然保持隔离现状。如果第三阶级单方面拒绝,而其他两个等级接受了,它就背上了不作为的恶名——在贫穷和饥荒相交困的这个时候,只有它不愿意迈出拯救国家的那一步。米拉波指出这个陷阱,向议会提议装傻充愣,接受商讨会议,同时发表一封吁请信表示抗议。

另一个新的陷阱又来了。在这些商讨会里,内克尔呼吁着爱、宽容和信任。他提议每个等级将自己的职权交给其他两个等级去审核,如果出现分歧,就由国王来裁判。教士毫不犹豫地接受了他的这个提议。如

---

① 德罗兹(Droz),p.189. 德罗兹先生的做证在同辈人中非常具有权威性,从他那里,我们经常了解到马鲁埃以及其他大革命重要人士的一些文字上的消息和内情。——原注

果贵族也接受，那第三等级又变成了以一对二的孤家寡人。是谁带它逃出了这场危机？是贵族阶级，愚蠢、自寻死路的贵族阶级。波利尼亚克贵族圈子根本不愿接受它的敌人——内克尔提出的这个办法。甚至在读到国王信件之前，为了阻断一切和解道路，贵族就已经做出决定：按等级议事、各等级对其他等级的决定有**否决权**，这两点必须是君主制的基本构成原则。内克尔的计划本来引诱住了许多温和派贵族成员；然而两个才华出众，但为人冲动、意志软弱的新晋贵族——卡扎莱斯①和德普雷梅斯尼尔②，在那里混淆视听。贵族最终没能抓住最后的救命稻草，在这场船难中拒绝了国王抛过来的救命木板（6月6日）。

　　一个月的耽搁，大会召开遭到了三次推延！这一个月，是饿殍遍野的一个月！我们得注意一点，在这漫长的等待中，富人们蛰伏不动，把一切开销都推掉了。什么工作都没有了。只有自己一双手、只能靠今天干活来养活明天的人去找工作，但什么都找不到；去乞讨，但什么也讨不到；那就只好去偷去抢了。全国到处都是饥饿的群氓，如果遭到抵抗，他们就变得狂暴起来，杀人放火无恶不作。恐怖气氛蔓延开来，交通中断，饥荒加剧。成千上万种荒谬的谣言在坊间流传开来。有人说，这些强盗都是宫廷雇来的；宫廷则把这个罪名推到了奥尔良公爵身上。

　　议会的处境十分艰难。它必须按兵不动，然而人们报以希望的治国良药却都在它的行动中。所以，它必须捂住自己的耳朵，不去听法国痛苦的呐喊，但这是为了拯救法国、为了给它建立自由！

---

① 卡扎莱斯（Jacques Antoine Marie de Cazalès，1758—1805年），法国演讲家和政治家，三级会议议员。——译者注

② 德普雷梅斯尼尔（Jean-Jacques Duval d'Éprémesnil, 1745—1794年），法国政治家、官员，在大革命开始时就迅速转变了自己的革命观点，支持君主制。——译者注

此时，教士阶级的一个做法更是令形势雪上加霜，它想出一套绵里藏刀的计谋，向第三等级发出一份假惺惺的邀请。一位主教来到议会，哭诉着百姓的贫苦、农村的悲惨。当着四万名议会听众的面，他从口袋里掏出一小块让人很难有胃口咽下去的黑面包，说："看，这就是农民吃的面包。"教士提议行动起来，组建一个特别委员会，共同商议如何解决百姓的温饱、穷人的生计。

这是一个危险的陷阱。议会要么选择放弃，开始行动起来，但这就意味着接受等级隔离；要么它表明态度，对人民的不幸无动于衷，可骚乱已经蔓延开来，那时造成骚乱的责任就直接落到了它的身上。一般的演讲家们在这个牵连甚广的问题上沉默下来；然而一些籍籍无名的议员，如博普鲁斯（Populus）、罗伯斯庇尔[①]等人，以笔为剑，发起了猛烈的反击，表达了总体的观点。人们邀请教士前来公用大厅[②]，一起讨论一下公众的苦难——人们不是说第三等级不如教士们那般怜悯苍生吗？

这个回应并没有减轻形势的紧张。对于宫廷、贵族、教士来说，从今以后，转变人民的想法不就成了件易如反掌的事情了？那个自命不凡、野心勃勃的律师团组成的议会，它曾承诺要拯救法国，却宁愿任其在贫困交加中死去，也不愿放弃一丁点儿自己不公平的诉求。这是一份多好的说辞啊！

于是，宫廷急切地抓住了这个武器，认为可以借此铲除议会。教会主席来到宫中，就生计问题向国王献上本阶级提出的仁慈的建议，国王则说

[①] 罗伯斯庇尔成功做出了反击。他有一句话说得非常好："从前的教规为了拯救百姓于水火，可以下令卖掉最神圣的花瓶。"由于《总汇通报》上的消息通常都是不完整、不准确的，所以这里很有必要从艾吉安·杜蒙那里得到完整信息。（《艾吉安·杜蒙回忆录》，p.60.）——原注

[②] 在三级会议布置上，当局替第一、第二等级的议员准备好了地方，让他们分等级议事，却没管第三等级议员，随他们在会场内一间公用大厅里办公。——译者注

"他很乐意看到一个能帮他出谋划策的三级会议特别委员会的成立"。

所以，教士在替人民考虑，国王也是，贵族更是。那么，第三等级将变成孤家寡人。那时人们就会确认一件事：所有人都在替人民着想，只有第三阶级不管他们的死活。

第3章

国民议会

6月10日,第三等级最后一次发出催告——第三等级采用下议会的名字——6月17日,下议会采用国民议会为名号——议会夺取了赋税权利——国王关闭大厅——1789年6月20日,议会在网球场召开

6月10日,西哀士走进会场,说:"时候已到,斩断绳索吧。"从这天起,大革命这艘饱经风雨、姗姗来迟却从未停航的大船,终于朝未来驶了过去。

这位伟大的理论家,之前就曾做出无比正确的判断,如今又表现出一位真正政治家该有的样子:他指出人们当前应该去做什么,并当机立断,马上行动起来。

任何事都只有一个对的时机。在当时,这个时机就是6月10日,不能早也不能晚。早了,国民不会相信特权阶层能冷酷无情至此地步,于是议会便给了国民上下一个月的时间,让他们看清了特权人士的丑恶嘴脸。晚了,就要担心两件事情了:或者被逼上绝路

的人民会为了一片面包而出卖自己的自由，特权人士便宣布放弃赋税特权而结束一切；或者贵族和教士联手组建一个上议院（正如有人给他们建议的那样）。这样一个议院，在今天只是王权一个称手的工具而已，然而若放在1789年，却能靠自己组织起一股势力来，可以把当时拥有王国一半，甚至是三分之二土地的那部分人集中到一起。凭着手上的钱，以及手下不计其数的佃农和仆人，这些人可以有无数方法来左右农村地区。我们不才在尼德兰看到这两个等级组成强大结盟之后，是怎样引诱人民、驱逐奥地利人、撵走皇帝的吗？

1789年6月10日，星期三，西哀士提议最后一次催告教士和贵族，通知他们议会将在一小时之内发出通告，届时，他们的不出席将被视为弃权。

这次以法律形式发出的催告是一场让人始料不及的突袭。在那群和他们为了平等争吵不休的人面前，这些下议员占领了上风，在某种程度上坐到了审判官的位置上。

这是一步妙棋，议会冒着巨大的风险在韬晦待时，但这么做是需要胆识的。人们总在反复说，那些议员身后有全部人民做支撑、有巴黎这座城市做后援，他们没什么可害怕的，他们是强大的，他们前进的路上毫无危险可言。事后诸葛亮地来看，既然一切都成功了，这个论题倒也站得住脚。迈开这一步的那些人的确感到背后有一股强大的力量，但这股力量是混乱的、毫无章法可言的。当时，人民并没有像后来那样，拥有战士一般的素质。而一支军队就驻守在凡尔赛边上，其中一部分是日耳曼人和瑞士人（十五个军团中，这样的军团至少有九个）；一尊大炮就放在议会前面。然而我们有一位伟大的逻辑学家点明了何为国民思想，又有一个议会接受了这一思想，在他们的万丈光芒下，人们其他什么都看不见了，只相信逻辑的必然联系，只抱着信仰勇往直前。

优柔寡断的宫廷不知如何是好，只能在倨傲的沉默中故步自封。两次，国王对下议会主席避而不见。人们要么说他在打猎，要么说王太子不幸去世让他伤心不已。但大家知道，他每天都有接见主教、贵族和最高法院的人。这些人开始感到惴惴不安，跑到国王那里献忠去了。宫廷听着，和他们讨价还价着，利用他们的不安来投机。然而显而易见，被这些人团团缠住的国王，其实在某种程度上成了他们的俘虏，完完全全地属于他们，而且其表现也越来越向他的本来身份——特权阶层中最大的特权人士靠近。形势变得简单明朗起来，现在只剩两个东西了：一边是特权，一边是权利。

议会曾高声疾呼过，希望能采取措施让它和一部分教士联合起来。神甫们觉得自己也是人民出身，希望坐在人民边上，这里才是他们真正的席位所在。然而教会的从属惯性思想，再加上主教们的阴谋、权势和威逼，还有另一边的宫廷和王后，他们仍被拴在凳子上。一开始只有三个神甫大胆过去，后来又有七个，再后来总共有十八个。第三等级取得的这个漂亮成绩，真能让宫廷笑话死。

议会要么死，要么继续前进，迈出第二步。它必须勇敢面对我们刚才指出的这个简单而严峻的形势：权利和特权的对峙。那个权利，便是凝聚在议会身上的国民权利。而且只有议会看到这一点还不够，还应该让别人也看到，应该把它彰显出来，得给议会取一个真正的名字：**国民议会**。

在西哀士那本被所有人烂熟于心的著名小册子里，他说了这一引人注意、没有落空的话："有人说，单单只有第三等级不能组成三级会议。那更好！它可以组建一个国民议会。"

取这个名字，就是在自谓为国民，就是在实现西哀士提出的革命信条——**第三等级就是全部**。得需要怎样的勇气，人们才能迈出这大胆的一步啊。人们得在思想上做好准备，得一步一步朝这个目标缓慢前进。

一开始，"国民议会"这个词根本不是在议会里说起，而是在巴黎、在那些选了西哀士、大大方方宣传着他的理念的选民中间广为流传。

5月15日，当时还是无名小卒、没有任何影响力的博瓦西·德·安格拉斯①说了这个词语，但他提到它，是为了避开它、延后它，是为了警告议会应当警惕任何急于求成的做法，以避免什么"轻率冒进"的指控落到自己头上。第一步都还没有迈出，安格拉斯就在想着怎么减速了。

议会采用了"下议会"②的名字。这个名字虽有地位低下的含义，定义也并不明确，却让议会摆脱了"第三等级"这个可怜的、不准确的专指的称呼。对此，贵族表示强烈抗议。

6月15日，有勇有谋的西哀士要求将下议会更名为"**经法国国民了解和检验的代表之议会**"。这句话看似只在表达一个绝无争议的事实：下议会议员们已经将他们的权力交给公众去检验，而且是在群众面前公开、认真地做了检验。其他两个等级只肯紧闭大门，在他们内部检验自己的权力。"经其检验"这个词看上去简简单单，却暗含一个意思——其他阶层的议员都是**内推**的。内推议员能阻止其他议员的行动吗？缺席的人能阻止**出席者**的动作吗？西哀士还提醒说，这些人已经代表了（至

---

① 博瓦西·德·安格拉斯（François Antoine de Boissy d'Anglas，1756—1828年），法国大革命、第一共和国和法兰西帝国期间的一位政治家。——译者注
② 原文是"les Communes"，本应译为"下议院"，但考虑到它是英国的行政机关，故稍加改动后译作"下议会"，第三等级用这个新名词即表示它要行使英国下议院权力的意图。——译者注

少）百分之九十六的国民。

人们太了解西哀士了，可以肯定，他的这个提议只是一个过渡而已，其真正目标是另一个更大胆、更有决定意义的主张。米拉波一开始就指责他"把议会推进跑道，却不告诉它该往哪个方向跑"。

然而实际上，在战役打响的第二天，端倪就已初现。两位充当西哀士的先锋军的议员行动起来——勒格朗（Legrand）提议将议会组建为**全体议会**，而且任何脱离了**国民议会的不可分割性**的事物都不能将其叫停；加朗（Galand）则提出，教士和贵族仅仅只是两个行会，而国民是一体的，是不可分割的，议会应当组建**法国国民代表之现立法议会**。西哀士剔除了其中语意不明、拐弯抹角的词语，提议直接取名为**国民议会**。

从10日的会议开始，米拉波看着西哀士在暗地里一步步前进，感到害怕起来。西哀士直接朝着一个方向逼近，最终将与王权、贵族制度直面相抗。他会对这尊已经被虫蛀得千疮百孔的偶像保持敬畏之心，因而停下自己的步伐吗？显而易见，绝无可能。米拉波追求自由，是因为他受到了专制条条框框的可怕束缚，然而我们得说，这位著名的护民卫士在习性和爱好上仍属于贵族派，在心底仍是个保皇党人。这可以说是由他的出身和血缘所决定的。两个原因——一个卑下，另一个高尚——也在驱使着他：第一是因为他身边都是贪财的女人，所以米拉波需要钱，而在他眼里，君主制政府出手阔绰大方，四处撒钱、广布恩泽；第二是因为，即便这个王权制度曾冷酷待他，米拉波对它依然是热情不减——也许他认为，拯救一个当初曾给自己频频签下逮捕法令的国王，这是件崇高的事情吧。这位可怜而又伟大的人就是这样宽宏高尚、不计前嫌，让人几乎想把他的一切恶习都归根于他身边那个乌烟瘴气的环境、归根于把他逼出家门的那个暴戾恣睢的父亲。米拉波的父亲迫害了他整整一生，可他死前却仍然要求葬在他父亲的坟墓旁边。①

10日，当西哀士提议将过错推到未出席的议员身上时，米拉波赞同采用这样严厉的措辞，态度强硬坚决。但是到了晚上，察觉其中的危险之后，他想去见见自己的敌人内克尔。②他希望替内克尔点透局势，用自己一口辩才来帮助王权。但即便在那里遭到冷待和冒犯，米拉波也没有打消阻碍西哀士之路的念头。他身为护民卫士，不久前才通过革命崛起，只靠着革命才拥有了力量，现在却想亲身站在大革命的面前，去螳臂当车。

换作其他任何一个人，一旦倒台，就绝不可能再爬起来。然而即便米拉波多次大失人心，却总能东山再起，这便是辩才对法兰西民族——这个对语言才华最为敏感的民族所产生的巨大影响。

没有什么能比米拉波的主张更难实现了！面对骚动的人群，面对在大危机中以己之力站起来的人民，他居然敢阐述这么一个观点：人民对这类讨论是不感兴趣的，他们的唯一要求就是缴纳自己该缴的税，再安安稳稳地继续过自己的苦日子。

在这番低劣、蹩脚、通篇谬论的说辞之后，他又立即抛出了一个原则性问题："是谁把你们召集来的？是国王。你们拿着授命函、陈情书，就有权宣称自己是唯一经过了解和检验的代表议会了吗？如果国王拒绝批准，后果很明显——你们会引发抢劫和屠杀，甚至连内战这样糟糕的殊荣，都轮不到你们的头上。"

那他又主张采用什么名号呢？

---

① 《米拉波回忆录》，由卢卡斯·德·蒙蒂尼（Lucas de Montigny）编辑，第十卷，第八章。——原注
② 可比较一下艾吉安·杜蒙和德罗兹两个不同却说法一致的版本描述（后者是根据马鲁埃的口述所作）。——原注

穆尼耶和亲英派提议命名为"少数派缺席下的国民**多数派**之代表"。这就是把国民一分为二,最后将导致两院的建立。

米拉波更青睐于"法兰西**人民**之代表"的称谓。他说,这是一个富有弹性的词,其中内涵可以很少,也可以很多。

正因如此,他受到了两位杰出的法学家——(巴黎的)达尔热和(鲁昂的)图雷①的指责。他们问,是否"人民"一词指的就是"庶民"或"下层人"?这种模棱两可的话遭到了层层剥皮。国王、教士和贵族肯定会把"人民"解释成庶民、下层人,也就是国民中的**一部分人**。

许多人本来没理解到这话中模棱两可的意思,也没意识到它将令议会丧失多少阵地。然而当内克尔的朋友马鲁埃都接受了"人民"这个词时,他们全都明白过来了。

米拉波搬出了国王的**否决权**,企图借此让众人心生顾虑,然而这只激起了他们的愤怒。议会中性格最为刚烈的冉森派教徒加缪激烈地反驳说:"我们就是我们。**否决权**能阻止真理的唯一性和不变性吗?国王的批准到底能改变事物的规律还是它们的本质?"

众人一致的辩驳把米拉波激怒了,让他昏了头脑、失了谨慎,甚至说出这样的话来:"我认为国王**否决权**是极为必要的,如果没有它,我宁愿活在君士坦丁堡,也不愿待在法国。没错,我就要说,我不知道还有什么比那六百个高高在上的贵族更可恶的了;他们明天可以享有终身制头衔,后天就可能将其变成继承制,到了最后就跟世上所有国家的贵族阶层一样,把什么都侵犯了。"

---

① 图雷(Jacques Guillaume Thouret, 1746—1794年),法国大革命期间的一位政治家,才能出众,参与了《人权和公民权宣言》的编写工作,四次拒绝担任议会主席,恐怖时期因为先前赞同吉伦特派一些主张而被处死。——译者注

所以，在两大恶果——一个可能发生，一个已经出现——之中，米拉波更愿意选择现在这个已经出现的恶果。他说，也许这个议会未来某一天想让自己永世长存，变成一个继承制的暴政体制。所以，他就要把那个人们想要改革、却已无可救药的宫廷，装备上阻止任何改革发生的专制暴权。**国王！国王！** 为什么老要滥用这个古老的信仰呢？谁不知道自从路易十四开始，法国就再无国王了。这是两个阵营之间的战争：一边是议会的阵营，这里有最伟大的时代思想，有一群最优秀的公民，这里就是法国的落脚地；另一边是流弊的阵营，里面的人在戴安娜·德·波利尼亚克的家中，在杜波瓦、蓬巴杜、杜巴莉的阴暗小屋里，秘密地谋划着诡计。

米拉波的演讲引来人们排山倒海的愤怒、诅咒和漫骂。他凭自己一张三寸不烂之舌来反驳人们没有说出来的话（"人民"这个词是低贱的），但完全于事无补。

已是晚上九点钟，人们结束争论、准备投票。现在矛头直接指向了王权本身，人们担心宫廷会采取自己唯一的办法，来阻止人民第二天登基为王。宫廷手上控制着一股野蛮的力量，那就是一支驻在凡尔赛边上的军队——它可以利用这支军队驱逐要员，解散三级会议；如果巴黎骚动，也可以围困巴黎。这样铤而走险的犯罪是它的最后一搏，人们也相信它会这么做。于是，大家想当夜组建议会，防止这样的事发生。这是四百多名议员的提议，另外一百多人则持反对意见。这一小群人用喊叫和过激的行为拖了整整一晚，导致人们连点名都无法正常进行。但是，看到大多数人被胁迫的这可耻一幕，想到议会因为被一再拖延而会有夭折的危险，再时不时联想到自由的果实、未来的希望将被抹杀，挤在看台上的人群一片狂热，现场骚乱到了白热化的程度。这时，一个人跳了出来，抓住了马鲁埃——这群固执叫嚣者的主要带头人的衣领。① 那个人溜走了，而喊叫声依然没有平息。主持大会的巴伊说："面对会上的喧闹，议会依然保持着坚定、严肃的态度；耐心而又强大的它，在沉默中等待这群闹事者在叫喊中精疲力竭。"午夜一点钟，议员人数渐少，于是人们把投票推迟到了早上。

第二天早上，到投票的时候，大会主席被掌玺大臣宣见，后者宣布要转交国王的书信一封。国王在信中提醒他们：除非三个等级同时在场，否则他们就什么也不能做。这封信来得恰是时候，它可以为那一百多个反对者提供书面支持，拉长讨论时间，扰乱许多本就立场不坚的人的心态，让他们失去勇气。然而大会带着王者之范，拖住了国王的信，阻止主席在会议结束之前离开大厅。它想投票，也投票了。

各条提议可以归结为三点，准确说是两点：

1. 西哀士的提议：**国民议会**。
2. 穆尼耶的提议：少数派缺席下的国民**多数派**的代表之议会。

米拉波那套模棱两可的风格又出现在穆尼耶的口号里，"人民"一词可以有狭隘的意思，"国民多数派"也是如此。

从表面上看，穆尼耶的动议带着法律上的字斟句酌和算术上的精准无误，然而在根本上却和正义相悖。它刻板地把两个差异巨大的值放在一个水平上来做观察对照。议会代表国民，除去特权阶层，就是百分之九十六对百分之四（根据西哀士的统计）或百分之二（根据内克尔的统

---

① 主要证人巴伊根本没有记下当时的任何场景，所以这里只有德罗兹的一家之言——当然，是根据马鲁埃的叙述。——原注

计）的数据。为什么这百分之二或者百分之四的人能拥有如此重的地位呢？肯定不是因为他们靠精神力量去守护了某个东西（他们已经没有精神可言了），而是因为王国的大部分财产、三分之二的土地都被实际操纵在他们的手上。穆尼耶鼓吹的是用资产替代人口、用地替代人的对照法，是封建的、英国的、物质的观点；而西哀士提出的却是真正的、法国的表达用词。

若真采用穆尼耶这种并不公平的公平计算，再加上米拉波模棱两可的词语，国民将组成**一个阶层**，而大资产者和大地主将组成独立于国民之外的**另一个阶层**。我们又将回到古代的不公平社会，中世纪统治将继续，地重于人的野蛮体制将得延续，土地、肥料、泥土将成为精神上的封建君主。

投票之后，西哀士的提议得到了近五百张选票，只有不到一百名人反对。①于是议会取名为**国民议会**，许多人高喊着："国王万岁！"

为了阻止会议顺利进行，其间发生了两次干扰事件——一次是一个贵族议员寻着某个借口挑起的，另一次是因为一些议员希望首先能有一位主席和固定办公厅。议会突破了阻挠，来到了庄严的宣誓环节。当着四千个群情激昂的观众的面，六百位议员起立，将手举起，在静默中，凝视着他们主席那张正直、严肃的面孔，聆听着他宣读口号，然后呼喊："我们发誓！"那一刻，每个人心中都洋溢着敬畏和虔诚之情。

议会建立起来了，活下来了；但它还缺少实力，缺少活下去的保障。于是，它通过控制赋税特权，保证了自己活下去的机会。它宣布，所有课税直到现在为止依然是违法的，但临时准其照常征收，"直到现

---

① 四百九十一票对九十票。米拉波既不敢投赞成票，也不敢投反对票，弃权待在家里。——原注

议会解散为止"。也就是说，它在批判所有过去的同时，也把未来夺取了过来。

它公开接受了一个事关名誉的问题——公共债务，并对其做了担保。

而且所有这些国家法令都是用王室用语写成，还用了只有国王才用的惯用语："议会欲……且颁诏……"

更重要的是，它还关心着公共物资这个问题。行政权和其他各权已经式微，故当时唯一还受人尊重的立法权不得不担起重任。它替归自己所管的物资委员会提出要求，要求得到过去国王赐给教士代表团的一个东西——物资方面的情报资料。国王给过这个东西，可他现在却不想给了。

最吃惊的人当属内克尔，他天真地以为自己能够领导世界，然而世界却甩开他独自前进了。他一直以为这个年轻议会是自己收养的一个孤女，告诉国王她总会老实听话起来的。然而突然之间，在没有咨询她的监护人意见的前提下，这个孤女就独自上路了，她翻过了陈旧的篱栏，看都懒得看它一眼。惊愕失色的内克尔收到了两条建议。这两个提议人，一个是保皇党人，另一个是共和党人，两人都是为同一件事而来。那位保皇党人是旧制度之下的一名地方督办，贝尔特朗德·德·莫尔维依（Bertrand de Molleville），为人偏激、目光短浅；共和党人则是杜罗维莱（Durovray），是1782年被国王从日内瓦驱逐出去的民主人士中的一位。

这位外国人在当时如此紧张的局势之下，还忧心法国内政，大胆提出自己的意见。这样一个人，我们当然得知道他的大名了。杜罗维莱定居在英国，拿英国的年金，从思想理念上是个十足的英国人，后来没过多久，他就成为了流亡贵族的领袖。与此同时，他还是一个日内瓦小帮派中的一员，而对我们不幸的是，这个帮派操纵了米拉波。英国似乎在包围法国自由的主要喉舌。①在此之前对英国人少有好感的这位大人物，现在却听任这些以自由殉道者自居的前共和党人来诓骗自己、笼络自己。杜罗维莱、杜蒙之类的人，以及其他那些平庸却勤勉不懈的行动者们，时刻想着要让他沉溺在懈怠之中。当时米拉波已是病弱之躯，却还在做一些极度影响健康之事。他的夜晚吞噬了他的白天；到了早上，他想起还有议会的事情，便在那里绞尽脑汁地思考，不过这些日内瓦人已经把亲英思想的文章写好，交到他的手上。于是米拉波闭着眼拿了过来，再用自己的才华将其美化一番。他就是这般取巧、这般轻率，所以无论米拉波在庭上的发言是多么精彩纷呈，他也只是在转述这些日内瓦人不时转交给他的笔记而已。

和内克尔根本没有往来的杜罗维莱，在这样的紧张时刻，却毛遂自荐，当上了他的正式顾问。

他和贝尔特朗德·德·莫尔维依一样，希望国王能让**议会法令夭折**，剥夺它"国民议会"这个名字，命令三个等级联合，公开宣布自己才是**法国临时立法者**，并动用**王权**去做议会在他不在场之时所做的事情。贝尔特朗德正确地做出判断，认为此举之后，议会定会被解散。杜罗维莱则认为在国王特权的施压下，被摧毁、被挫损的议会将会接受安排给自己的小角色，甘心充当一部制法机器。②

17号晚上，教士领袖——拉罗什福柯（Laroche Foucauld）红衣主教和巴黎大主教，急急忙忙地跑到了马利，央求国王、王后施以援手。

---

① 这些日内瓦人其实严格来讲并不是英国的人，但是他们拿着英国政府的年金，英国政府给他们送了超过一百万（法郎）的巨额大礼，目的是建立一个爱尔兰式的日内瓦（这还尚在纸面上）。故他们有义务为英国效劳。此外，该组织还分裂成了两个部分。依维努瓦（Yvernois）站到了英国这边，并成了我们最凶残的一个敌人，只有克拉维尔（Clavière）还是亲法立场。至于艾吉安·杜蒙，那个恨不得米拉波的所有演讲都是这些人帮他写出来的艾吉安·杜蒙，于他我们又该说什么好呢？他的回忆录表现了他本人对一个天才是多么寡情负义，而当初正因为和后者的友谊，他才坐收了无数荣誉。——原注

② 通过《贝尔特朗德回忆录》和《艾吉安·杜蒙回忆录》，我们可以对比一下这两个方案。杜蒙承认，日内瓦人非常小心地没有把他们这套漂亮的计划告诉米拉波；米拉波是事后才知道的，并说了一句意味深长的话："人们就是这样把国王带上绞刑架的。"——原注

19日，贵族院中举行了一场毫无意义的辩论；奥尔良提议和第三等级联合，孟德斯吉乌（Montesquiou）提议和教士合作。但是教士阶级内部已是人心大乱。在同一天里，神甫议员们说服他们中间大多数人同意和第三等级联合，于是教士等级就从内部被一分为二。当天晚上，红衣主教、大主教又去了马利，跪在国王的脚下，哭喊着宗教已死。随后，最高法院的人来了，说：如果三级会议不被解散，君主制将亡。

这是一个危险但已没有机会实施的建议。当时已是风云四起，凡尔赛和巴黎在颤抖。内克尔说服了两三个内阁大臣，甚至还说服了国王，让他们相信只有自己的办法才能挽救局势于危亡。19日星期五晚上，人们在最后的决定性会议中重新研究了他的方案，然后一切都被敲定下来，方案被批准通过。"连文件夹都已经合上。"内克尔说，"而这时国王一位内侍突然走进来，低声对国王说了什么。陛下立刻站了起来，令大臣待在原地。坐在我身边的蒙莫兰先生①对我说：'我们什么也做不了；仅仅王后一个人就能中断参事院会议，那些公爵亲王明显已经把她骗住了。'"

一切都被叫停，这也在人们的意料之中。毫无疑问，国王正是因此才被带到了马利，远离了凡尔赛，远离了人民，只身和王后在一起，在她面前变得更加感情用事、暗弱无断，两人沉浸在共同的丧子之痛中。这为教士提供了多好的契机和口实啊！国王居然赞同一个新教徒大臣提出的危险改革方案，王太子之死不正是上苍对他的严厉警告吗？

国王还在举棋不定，但几乎快被说动了。为了阻止教士和第三等级合手，他下令在第二天星期六（6月20日）关闭会议大厅，理由是要为星

---

① 蒙莫兰（Armand Marc de Montmorin，1745—1792年），法国政治家、外交家，1789年2月12日被任命为外交部长，随后又被任命为海军国务秘书，1789年7月12日和内克尔一道被辞，7月14日巴士底狱事件后被召回，后在9月2日的屠杀中在亚伯叶监狱被杀害。——译者注

期一在那里举办的一场御前会议做必要的准备工作。

这一切都是在当夜定下的，宫廷早上六点钟才在凡尔赛贴出告示。国民议会主席无意中方才知晓了议会不能召开这个消息。在已是早上七点多钟的时候，他才收到了一封信，此信不是来自国王的手书（国王习惯亲笔写信给最高法院主席，这是再自然不过的事），而仅仅是礼仪部主司小布雷泽（Brézé）的一份通知函。这封信函不是写给还在家里的主席巴伊看的，而是写给议会看的。巴伊无权自作主张，到了昨日规定的开会时间，也就是八点钟，他和许多议员来到大厅门口。被哨兵拦下后，巴伊对阻拦他们进入的这一做法提出抗议，宣布大会将继续召开。许多年轻议员企图强行进入，军官便下令将子弹上膛，宣布违令者杀无赦。

于是，我们的新王就像不服管教的学生一样站在门口，淋着雨徘徊在人群里、徘徊在巴黎大街上。大家都同意议员们必须聚集起来，召开大会。有些人吼着："我们去达尔姆广场！"有的人说："去马利！"还有的人说："去巴黎！"最后这个主意太极端了，这么做无异于把火种丢进炸药堆里。

议员吉约坦给出一个不那么冒险的意见：去老凡尔赛，在网球场中先安置下来再说。这个地方破旧、简陋、穷酸、可怜，但这样最好不过了——反正议会也是一无所有，这个样子不是更能代表人民吗？议员们站了整整一天，几乎连一条坐的板凳都没有。这里就是新的信仰诞生的那个马槽，这里就是伯利恒的那处马厩。

在那群决定与第三等级联合的勇敢神甫中，其中一位便是大名鼎鼎的格雷古瓦尔①。在很久以后，当法兰西帝国无情地将它的母亲——法

---

① 格雷古瓦尔（Henri Grégoire，1750—1831年），法国天主教教士，法国大革命代表人物之一，坚决主张废除特权和奴隶制度，支持普选，参与了法兰西学院的创立。——译者注

国大革命忘记了的时候,格雷古瓦尔还经常来到凡尔赛附近,去凭吊波尔·罗亚尔修道院的断壁残垣。有一天(当然是在回来的路上),他走进了网球场①——修道院已经坍塌,网球场也已被废弃——这位如此坚强、从不示弱的男人流泪了。他是在为两个信仰而恸哭,于个人而言,这种双重痛苦实在是不能承受之重!

我们也是如此,我们在1846年又看到了这座网球场。这里曾见证了自由,曾回荡着自由的第一声啼哭,曾响起那个永垂青史的自由誓言——那个誓言如今依然被珍藏在这里。可是我们能对这个地方说什么呢?关于那个由它孕育出来的世界,我们又能告诉它些什么呢?啊!光阴的步伐并不匆匆,一代代人新老更替,然而几乎没怎么前进。当我们踏在它年久失修的方砖上时,心中只会为我们现在的样子、为我们的一事无成感到羞愧。我们觉得自己无颜站在这里,只能掩面匆匆离开这块圣地。

---

① 《格雷古瓦尔回忆录》,Ⅰ,p.380.——原注

第4章

网球场宣言

1789年6月20日,网球场宣言——游荡的议会——政变;内克尔的方案;1789年6月23日国王宣言;议会拒绝等级隔离——国王请内克尔留任,但根本不撤销自己的宣言

就这样,他们来到了网球场,不顾国王的旨意聚集在了一起。不过他们要做什么呢?

请不要忘记,当时议会上上下下都是保皇倾向,只有一个人除外。①

请不要忘记,在17日,当它给自己冠以国民议会的头衔时,议会喊的口号是"国王万岁";当它赋予自己投票纳税之权、宣布暂时维持当前并不合法的赋税的时候,反对者们宁可离开议会,也不愿出席会议以表示认可这次侵害王权的行动。②

---

① 请看后面7月22日一份和罗伯斯庇尔有关的注释。——原注
② 这是我通过对比投票数据得出的结论。大厅里剩下的四百二十六位议员一致投票,认定了未经批准的赋税是不合法的,并做了其他补充。(王国档案馆,《国民议会会议实录》)——原注

国王——这个过去的阴影，这个古老的崇拜，在三级会议大厅中还如此强大的它，到了网球场时却黯然失色。看看这个寒碜无比、四壁萧然的地方，往昔的幻象在这里找不到一处容身之所。这里的统治者是未来的王者——纯粹的思想、理性、正义！

这一天里，再没有什么反对者了①，议会从思想到心灵都结成了一体。这时，温和派中的一个人，穆尼耶，向议会提出以下这个著名宣言：无论议会被迫在何地聚集召开，它永远都是国民议会，**什么也不能阻止它继续议政**；在宪法得到完善和巩固之前，**它发誓决不散会**。

巴伊第一个宣誓，清楚、大声地念出誓言，所有挤在外面的人民群众都听到了，瞬间群情鼎沸、欢呼雷动。"国王万岁"的呼声在大会和人群中回响。这是旧法国激动之下发出的呼声，但其中已然混入了反抗的声音。②

1792年，当时正流亡在外的穆尼耶，只身一人漂泊异乡。他拷问着自己，苦苦寻思着：自己6月20日的提议是否正确，自己身为保皇党人和国家公民，前者的忠诚和后者的义务是否并存不悖。但即便处于流亡之中，即便因为被流放出去而心怀愤懑，他的回答依然是："是的！"

"是的。"他说，"宣言是正确的，他们想解散议会，如果没有宣言，这件事就会真的发生。甩掉了三级会议的宫廷，是绝不会再重新召开会议的；到那时，我们就只能放弃制定宪法——这个众人在陈情书中翘首以盼的东西了。"这就是一位保皇党人、一位温和派中的温和派、一位已经习惯在实证中寻找道德裁决的法学家，对我们大革命第一个行动的表态。

---

① 只有一个。6月17日的那九十个反对者也加入了多数派中。——原注
② 议会并没有走得太过极端，它拒绝了夏普里耶强硬但却最有效的动议——其实，夏普里耶只是错在把所有人心中所想直接说出来了而已。他提议向国王呈文，"向陛下告知，祖国的敌人把王位死死缠住，他们的谋士意图让君主成为某个党派的出头鸟"。——原注

与此同时，其他人又在马利做什么呢？星期六和星期日，被国王推出去了的内克尔在和最高法院的人作斗争，和那些凉薄到有时只有疯子才会如此冷血的人作斗争。最高法院推翻了内克尔的计划，把所有能让计划得以通过的路都堵死了，删除了里面的折中方案，它只想学路易十五，突然制造一场纯粹的政变，一场简单的御临国会，就像最高法院无数次遭遇的那样。人们一直争论到晚上，直到午夜时，主席才在床上得知：御前会议无法在第二天早上召开，它被延迟到了星期二。

贵族们在星期天闹哄哄、乌泱泱地来到马利。他们在一封信里再次向国王指出，现在干系到的是国王本人而不是贵族阶层。英勇的骑士精神让宫廷感到热血沸腾，觉得似乎只要自己一声令下，佩剑的人就要去和握笔的人拼命。在这样虚张声势的阵仗中，傲慢不逊的阿图瓦伯爵被冲昏了头，甚至对议会说第二天他要用网球场打球。

于是，星期一早上，议会又流浪在了凡尔赛的马路上，无火暖身，无处可去。宫廷对此当然是幸灾乐祸！会厅主人害怕了，畏惧着那些亲王贵胄。议会敲响了方济各会的门，但是大门紧闭不开，修道士们也害怕惹祸上身。这些流浪儿是谁？这群众人对其避之不及的危险人士是谁？是国民啊！

那为什么不在露天议政呢？哪里的华盖比得上苍穹那般庄严？不过在当天，教士中的多数派希望能和下议会坐在一起谈一谈。该在哪里接待他们才好呢？幸好，这一百三十四位神甫和为首的一些主教，早上在圣路易教堂中开教堂会，于是把议会成员也请了过去，带他们来到了教堂中殿。原本在一起唱诗的教士们走了出来，和他们坐在一起。在那美好的一刻，人们个个都是欢欣鼓舞！一个激动的演讲者说："宗教的圣地，成了祖国的神殿。"

也就是在同一天，22日星期一，内克尔还在做无益的争辩。内克尔那套因为温和而反有害于自由的方案，被另一套更直接、更露本性的方案所代替。内克尔完全成了善与恶中间的那个有罪的调停人，在正义和非正义之间维持着表面的平衡。他既成了人民的侍臣，又成了人民的敌人。在星期一于凡尔赛举行的最后一次会议中，受邀而来的亲王贵胄们，把这个阻止理性和非理性做正面对决、本身立场暧昧不明的中间调停者给赶走了，此举可以说是为自由立下了汗马功劳。

在御前会议开始之前，我想比较一下这两个方案——一个是内克尔的方案，另一个是宫廷的方案。对于第一个方案，我只相信内克尔本人的亲笔所述。

内克尔方案

内克尔在那本于1796年负气之下所写的书中，向我们全盘托出了自己的方案。他指出，这个方案是**在冒险，而且非常冒险**——为了特权阶层的利益而冒险。要做出这番坦白很难，但他终于做到了。"**我的方案的不足之处就是风险太大，我把自己能赌的一切都赌上了**——'请您解释吧！'——我会解释，也应该解释。请您且将听一听。"①

这番话、这句道歉，是说给流亡贵族们听的。然而没用！他们怎么可能原谅他，原谅他把人民召唤起来、给了他们政治生命、生出来五百万选民？

第一，宫廷一直都在拒绝进行不可避免、刻不容缓的改革，最后它在迫不得已之下才勉强接受了改革。内克尔通过国王发布改革。而在付出了惨痛的代价之后，他才意识到国王只是王后和宫廷手中的玩偶而

---

① 《内克尔作品全集》，VI，p.194.——原注

已。改革完全成了一纸空文，他也只能听任这场可悲的闹剧继续演下去。

自由，以及因为自由才得以存在的神圣的权利，在他那里变成了国王的馈赠，变成了一张恩赐的契据——1814年的那个侵略性质的宪章①也是如此，只不过在经过了三十年的战争，在所有欧洲国家都入主巴黎之后，法国才接受了这个满是谎言的宪法。

第二，完全没有立法一体性可言，至少设有**两院**。效仿英国，这便是他向法国羞羞怯怯地提出的一个建议。这可以带来两大好处：首先，可以巩固从此聚集在上议院里的特权阶层、教士和贵族的地位；其次，能让国王更容易地去哄骗人民，国王本人不用出面，就可以通过上议院来拒绝通过某条法令，这样国王一人就拥有两个**否决权**了（正如我们今天所看到的那样）。

第三，国王允许三个等级就总体事务进行共同议事，但如若牵涉到个人特殊待遇、荣誉之类的**特权**，以及和封地相关的权利，则绝不共同议事。然而，法国恰好就把这些问题视为典型的**总体事务**。说到底，谁敢在荣誉问题上琢磨什么特殊事务呢？

第四，这是一个瘸了脚的三级会议，一会儿联合，一会儿又分成三个等级，一会儿活跃，一会儿又在三股力量的拉扯中静止不动。即便如此，内克尔还想通过**地方三级会议**去平衡它、束缚它、压制它。这么做是在加剧分裂，而法国只渴望团结。

第五，他能给的只有这些，然而他才给出，马上就又收了回来。没人看到这座漂亮的立法机器运转过，内克尔将其勉强给我们看了一眼，然后就把它封存、遮掩起来，根本谈不上什么会议的公开性。法律也将

---

① 即由路易十八颁布的《1814年宪章》。——译者注

如此制成，远离阳光，在黑暗中制成，仿佛人们不是在制定法律，而是在策划某个见不得人的阴谋似的。

第六，法律？没了个人自由，这个词还有什么意义？当人都不知道自己能不能在自己家中安然入睡的时候，谁还能自由地行动、选举、投票？自由，这是社会生命的首要条件，它先于政治行动存在，是后者的必要前提。而内克尔却不能保障自由。国王会在将来邀请议会商议如何**取消密信**。然而在此期间，他手里依然拿着密信，依然握着监禁的专制权力，依然保管着巴士底狱的钥匙。

这便是在天时地利人和均占的条件下，在一位深得人心的内阁大臣的推动下，古老王权能够做出的最大让步了。而且，它最多也只能让步到这里。名义上的国王做出承诺，而那个真正的王，也就是宫廷，却在嘲笑这个承诺。就让他们在自己的罪孽中走上穷途末路吧！

国王宣言（1789年6月23日）

宫廷的这个计划里，有一个地方比内克尔的折中方案要强：它至少坦坦荡荡、毫不遮掩。在这个宣言里，内克尔方案中所有坏的东西全都被保留下来，而且坏得更加彻底。

这道法令——我们也可以称其为专制政府的遗嘱——被分为两部分：第一，议会担保的禁令，题目是《针对三级会议当前会议发表的宣言》；第二，他们所谓的改革和福祉①：《国王意愿之宣言》讲了他对无关紧要的将来抱有的愿景和希望。坏处肯定有，而好处却也可能会有。我们且来详细看看：

---

① 而且派头和内容保持了一个水准，言辞间夸夸其谈、大肆鼓吹，却只让人觉得这是在打肿脸充胖子："哪位国王都不曾做过这么多事！"宣言最后还有一句鲁莽、蠢笨得令人叹为观止的话（内克尔将此话收回，第九卷，p.196）："想想吧，先生们，没经过我的特别批准，你们的任何草案都没有法律效力。"——原注

一、国王宣布五百万选民提出的要求仅供考虑，让他们的希望破灭了。

国王撕碎了第三等级议员的决议，称它们"无效、违法、违宪"。

国王希望各等级保持隔离状态，希望用一个等级去约束另外两个等级（意图让国民中百分之二的人去左右整个国民）。

如果他们想要联合，他会允许，但只此一次，也只限于总体事务——在这些总体事务中，还不包括三个等级的权利、下届三级会议的组建、领主和封建大地主的资产、金钱或荣誉方面的特权……也就是说，他把整个旧体制都排除在了总体事务之外。

这些便是宫廷的作品。根据种种表现来看，它其实就是国王的宣言。这里面所写的，正是他心里憋了很久的话。在任何涉及宗教、教规、世俗及**教权**等级的规章制度的地方，教士阶层拥有特别**否决权**（否决贵族和第三等级）。因此，一个修道士都没少，一场改革都没干。所有这些日渐可憎、日渐无用的修道院，所有这些人们再不想供奉的教堂，教会想把它们统统保留下来。贵族们个个火冒三丈，因为他们失去了最美好的希望。他们曾想着将来某一天，掉出去的肥肉能再回到自己嘴边；最糟糕的也大不了是在国王和人民逼得太紧、要他们做出某些牺牲的情况下，他们和教会一起慷慨地出点血。

否决权对**否决权**。但为什么要这样做呢？这是在处心积虑地采取预防措施，确保一切结果都将落空：在三个等级的共同议政中，只要一个阶层中三分之二的议员投票反对议政之事，决议权就落到了国王手里。更可怕的是，哪怕事情已经定了下来，只要有一百个议员要求收回，那就什么也决定不了。也就是说，议会、议政、决议这些词，完全成了一套骗局、一出闹剧。不过谁演这出戏的时候能不笑场呢？

二、现在再来看看好的地方。第一，财政公开化，纳税投票，限定开支，并由三级会议指定相关限定方法，陛下"将接受它们，只要它们符合王室威仪，能推动公共事务迅速办成"。

第二，国王将承认赋税平等——只要教士和贵族愿意放弃他们的经济特权。

第三，财产将得到尊重，尤其是什一税、封建课税和封建义务。

第四，个人自由？不，不是。国王请三级会议寻找、提出一些办法，既能取消密信，又能和那些为照顾贵族大家的荣誉、压制已经抬头的骚乱而必须采取的预防措施不相冲突。

第五，出版自由？不，不是。三级会议将寻找办法，让出版自由和尊重宗教、尊重习俗、尊重公民荣誉等方面不相冲突。

第六，所有人均可担任公共职务？不，不是。而且还明文强调了军中尤其不可如此。国王用最明白直接的方式宣布，他要全权掌管军队体制的组建，这点不可更改。也就是说，平民百姓绝不可能拥有军衔。所以，愚蠢的立法者把事情推到了要靠暴力、靠动武来解决的地步。也就是从这一刻开始，他毁掉了自己的去路。他想召集士兵、包围议会，让军队朝巴黎进发？随便。反正这么做只会创造出更多的大革命卫士而已。

在这个重要日子的前一天午夜，三位贵族议员——艾吉勇①、梅努②和蒙特莫朗西（Montmorency）来了，向主席告知当晚正在凡尔赛举行的最新参事会议结果："内克尔不会出席和接受这个完全与他的方案相悖的计划，他不会参加会议，而且走定了。"御前会议在十点开始，巴伊还有时间把当天的这个大秘密告诉其他议员，再由议员们将其传开。如果人民看到那位广受爱戴的大臣坐在国王边上，舆论就会产生

---

① 艾吉勇公爵（Armand-Désiré de Vignerot du Plessis de Richelieu, duc d'Aiguillon, 1761—1800年），法国贵族、军人，在1792年之前是大革命的忠实拥护者。——译者注
② 梅努（Jacques-François de Menou, 1750—1810年），法国大革命和帝国时期一位将军。——译者注

分裂，风向就会发生转变。但他缺席的话，国王就变成了孤家寡人，将被舆论舍弃。宫廷曾想着牺牲内克尔，以他为遮掩，把这套把戏玩下去；所以，它决不能原谅内克尔没有乖乖听它摆布，任它利用自己、抹黑自己。

当国王走出王宫时，周围人群安静下来，这便足以证明此事已是众人皆知。①事情已经败露，那这出悉心准备的大戏就再没什么看头了。

然而宫廷依然带着那点可怜的、骄傲的小心思，让前两个等级走在前面、通过大门进入会议大厅，而下议员们先挤在一个漏雨的棚子下，最后再走进会场。它以为通过这样，受到侮辱、浑身又脏又湿的第三等级，将埋着头走进来，接受教训。

没人把他们领进去，大门紧闭，警卫也都在里面。米拉波对主席说："先生，请把国民带到国王面前！"主席敲了敲门，里面的警卫回答："稍等！"主席问："先生，那请问礼仪部主司在哪里？"得到的回答是："我们什么都不知道。"议员们大怒，说："很好！我们走吧，走！"最后，主席终于找来了警卫队队长，让他去请布雷泽。

议员们走进会场，看到教士和贵族阶层已在大厅就座，似乎在等他们的样子，一个个看上去就像法官似的。而除他们之外，空荡荡的大厅再无他人。人民从这里被驱逐出去后，这所巨大的会议室看上去是多么凄凉和阴暗啊！

国王带着他一贯的爽直，直截了当地宣读了别人替他写的演讲稿，这些专横的句子从他嘴里念出来，听上去无比奇怪。他没怎么感觉到这篇演讲中带有一种粗暴的挑衅，因为他似乎对议会的反应感到有些讶异。贵族们对那些将封建特权神圣化的条款表示热烈赞同，有人在高声

---

① 杜蒙（目击证人）的《艾吉安·杜蒙回忆录》，p.91.——原注

地喊着:"肃静!"

沉默、惊愕的一刻过去后,国王用一句严重到让人忍无可忍的话结束了演讲:"如果你们在这个如此崇高的事业中抛弃了我,那么我就只好独自为我的人民谋取幸福,就只好独自将自己视为他们的真正代表。"这么做,就相当于把手套扔在议会的脸上,宣告战斗的开始。

最后一句话是:"诸位,我令你们即刻散去,明天早上各自到指派给你们的会厅中去重新开会。"

国王离开会场,随后贵族和教士也走了。下议会议员们依然坐着,脸色平静,一言不发。①

当时还在那里的礼仪部主司低声对主席说:"先生,您听到国王的命令了吧?"后者回答:"议会已被推迟到御前会议之后;我不能解散议会,除非先就此议政。"然后,他转向身边的同僚们,"我认为,国民议会不能接受命令。"

这句话得到了米拉波的大力赞同。他表情凛然、声音洪亮,咄咄逼人地质诘着司仪部主司:"对于有人给国王提的建议,我们已经有所耳闻。而你,先生,你只是他安插在国民议会身边的一个工具罢了,你在这里没有说话的地方,没有地位,也无权开口,还轮不到你来提醒我们国王刚才做了什么演讲。走吧,去跟那些把你派来的人说,说我们是因为全国人民的民意才坐在了这里,说只有兵刃相逼我们才会离开。"②

布雷泽惊慌失色、呆若木鸡,闻到了一个新王权的气息。他像对待另一个王权那样对这个王权行礼,倒退着离开大厅,仿佛自己面前站着

---

① 不管杜蒙怎么说(他当时并不在场),但实际上大家既没有犹豫,也没有沮丧。如格雷古瓦尔(《格雷古瓦尔回忆录》,Ⅰ,p.384)那样的激进派,以及如马鲁埃那样的温和派,大家都完全达成一致。格雷古瓦尔就此事说了这番简单却崇高的话:"我们没有其他的路要走,我们要给法国一个宪法。"(马鲁埃,《给委托人的汇报书》)——原注

② 这是唯一一个最可信的版本。米拉波是保皇党人,他绝不会说出"去告诉你的主子"或者其他那些后来加上的话。——原注

的是国王似的。①

宫廷还以为可以用另一套办法打发走下议会议员们，一套曾对三级会议用过并管用的粗暴方法：清空大厅、拆毁阶梯会议室和国王讲坛。工人们都已经进来了，然而主席一句话就让他们停了下来，他们放下手中的工具，满是敬佩地望着全体议会冷静严肃的样子，聚精会神、毕恭毕敬地听着他们说话。

一名议员提议第二天讨论一下国王的决议，但没人听取他的意见。加缪大力阐述并声明："御前会议说的只是内阁法令而已，议会要坚持自己的决议。"年轻的多菲内议员巴纳夫②说："我们已宣扬过自己是谁，无须得到任何人的批准。"来自布列塔尼的格雷赞（Glezen）则说："到底怎么了！君主在应该听取意见的时候，却摆出主人的口气。"佩蒂翁、比佐、加拉③、格雷古瓦尔也都在激动地大讲特讲。这时西哀士说了一句简短的话："先生们，你们昨天也是这样的。"

根据米拉波的提议，议会随后宣布：议员是不可侵犯的，任何一个逮捕议员的人都是卑鄙、该死的叛徒。

这条法令并非毫无意义，因为亲卫队已经在大厅前列队，大家觉得当夜六十位议员就会遭到逮捕。

贵族议员在他们主席的带领下，径直前去感谢他们的保护者——阿图瓦伯爵；然后去了大亲王④的府邸，但是他十分谨慎小心，并没在家里。许多人去觐见了王后，她兴高采烈、得意扬扬，牵着自己的女儿、

---

① 这是目击证人弗洛肖（译注：Nicolas Frochot，1761—1828年，塞纳省省长，1789年选入三级会议）向米拉波的儿子所做的转述（《回忆录》，VI，p.39）。事情发生了四十四年之后，布雷泽的家人却对这件广为人知的事情中某些细节表示质疑。——原注
② 巴纳夫（Antoine Barnave，1761—1793年），法国政治家，和米拉波一起并称为法国大革命早期的最有影响力的演讲家，曾写信给安托瓦内特，试图建立君主立宪制，是斐扬俱乐部的建立人之一。——译者注
③ 加拉（Dominique Joseph Garat，1749—1833年），法国政治家、律师、记者，1792年代替丹东担任司法部长，判处路易十六死刑，热月政变后投票反对罗伯斯庇尔。——译者注
④ 即路易十六最大的弟弟普罗旺斯伯爵，也就是后来的路易十八。——译者注

抱着王太子，对众人说："我把他托付给贵族阶级了。"

但国王没有感到丝毫喜悦。人民的沉默于他而言是陌生的，让他感到喘不过气来。当布雷泽前来告知他，第三等级议员依然静坐着、等着他的命令时，他来来回回走了几分钟，最后用倦怠的语气说："算了！随他们去吧。"

国王说得很对。形势已危如累卵，多走一步，就能让巴黎朝凡尔赛逼来。而凡尔赛已经动荡不安。当五六千人闯进王宫时，王后惊恐地看着这个陌生的朝廷一下子塞满了花园、露台、房间。她乞求着，求国王收回她之前所做的一切，求他召回内克尔。他并没走多远，他回来了，就站在那里，如往常一样觉得没了自己什么也做不了。路易十六一派老实敦厚的样子对他说："老实说，我心底根本不想坚持这个宣言。"

内克尔也没想要更多，也没再做什么努力。他的虚荣心已经得到满足，听到人群呼喊着自己的名字时，他陶醉了，大脑一片空白。狂喜的他走了出去，走进王宫庭院中，径直走到人群中间去安抚他们。疯狂的群众朝他跪了下来，吻着他的手。已经迷失了心智的内克尔反复说道："是的，我的孩子们，是的，我的孩子们，我留下了，你们放心吧……"回到房间里的时候，他已是泪流成河。

可怜的宫廷工具啊！他留了下来，却再没要求什么；他留了下来，是为了用自己的名字去遮掩阴谋，充当他们的幌子，让他们安心去对付人民。他让这些衣冠楚楚的人又重整旗鼓，给了他们继续召集军队的时间。

第5章

巴黎骚动

6月25日,选民大会——法兰西禁卫军骚动——罗亚尔宫四面风起——奥尔良派的阴谋——6月27日,国王下令等级联合——6月30日,人民救出法兰西禁卫军士兵——宫廷进入备战状态——巴黎要求武装起来——1789年7月11日,内克尔被解职

形势变得有些非同寻常起来——但很明显,这一切都是暂时的。

议会仍然没有听令,但国王也没有再撤销什么。

国王召回了内克尔,但是仍把议会当作囚犯一样用军队看管起来,并且要求公众不得旁听会议。会议大门紧闭着,议员只能从侧门进出,在高墙深院中议事。

议会软弱无力地抗议着。23日的斗争似乎已经用尽了它的所有力气。

然而与此同时,巴黎并不是无力的。

它决不愿束手无策地看着自己的议员在监狱中为它造出法律来。

24日，局势动荡不安，动乱一触即发。

到了25日，三类人群同时骚动起来——选民、群众和士兵。大革命的本营被转移到了巴黎。

选民在选举之后承诺还会聚集起来，向那些由他们选出来的议员完善指令。虽然内阁没有允许选民聚会①，但23日的政变让选民们无视禁令，组织了一场自己的政变，于25日聚集在了多菲内大街。那里有一间当时正在举办婚礼的简陋厅堂，这就是巴黎选民最开始的会议场所，这就是他们的网球场。在这里，巴黎通过自己的喉舌，发誓要支持国民议会。他们中有一个人，图里奥②，建议前往市政厅，到圣让大厅去，说那里没人敢拒绝他们。

这些选民大部分都是有钱人和显要资产阶级，贵族阶层在里面也为数不少。不过其中一些人过于狂热，为首的两个激进革命者还带有神秘主义倾向——其中一个是能言善辩、不屈不挠的神甫佛歇③，另一个是他的朋友博内维耶④（莎士比亚著作的译者）。两人若是生在13世纪，肯定会被当成异教徒烧死。而18世纪的他们，率先喊出了没人料到是由资产阶级组成的选民大会喊出来的反抗口号⑤。6月6日，博内维耶提议武装巴黎，第一个喊出了这句口号："拿起武器！"⑥

佛歇、博内维耶、贝尔托里奥（Bertolio）和作风强硬的记者卡拉（Carra）提出了一开始就该在国民议会中提出来的大胆动议：一、组建

---

① 可将《巴伊回忆录》和由巴伊、杜维里耶起草的《选民实录》对照来看。——原注
② 图里奥（Jacques Alexis Thuriot, 1753—1829年），大革命到帝国时期的一个将军，政治家，先后被选入立法议会，国民公会，属于山岳派。——译者注
③ 佛歇（Claude Fauchet, 1744—1793年），主教、革命者，攻占巴士底狱的主要领导人之一。——译者注
④ 博内维耶（Nicolas de Bonneville, 1760—1828年），书商、印刷商、记者和作家，在法国大革命中也扮演着一定的政治角色。——译者注
⑤ 可将巴伊的回忆录和由巴伊、杜维里耶编写的《选民实录》对照来看。——原注
⑥ 其实，巴黎是个最让人以为人民软弱可欺的地方。世人皆知巴黎是多么追求温文尔雅，这里有许多决不愿在暴乱中破产的公职人员和金融资本家，还有许多靠特权阶层才能活下来的人，这一切让人在选举之前以为，巴黎非常守旧、懦弱和畏畏缩缩。见《巴伊回忆录》，pp.16, 150.——原注

市民自卫队；二、下一步展开每年一选的真正的市乡组建工作；三、写信给国王，要求撤离军队、保障议会自由、废除23日政变决议。①

在选民首次聚会的那一天，"拿起武器"的呼声似乎也在军营中回荡着。被关了好几天的法兰西禁卫军士兵违抗军令，走出军营，来到巴黎城中，和人民如兄弟一般紧紧拥抱着，然后和他们直奔罗亚尔宫。这段时间以来，他们中间已经秘密建立了几个小团体，发誓决不听从任何违背议会决议的命令。国王在23日法令中无比强硬地宣布：**军队机制绝不改变**。也就是说，所有军衔将永远归贵族持有，平民百姓在军中永无出头之日，士兵到死都只能是士兵。国王本应借机安抚民心，终止已经蔓延开来的革命情绪，这个愚蠢的宣言却把这些机会都给毁了。

法兰西禁卫军的这些士兵住在巴黎，其中大多数已经结婚，不久之前，他们的上校杜沙特莱（Du Châtelet）——一个冷酷无情的人——取缔了一个让部队孩子可以得到免费照看的托管所。当局对**军队机制**做出的唯一改变，便是一个对他们不利的改变。

要正确理解"军队机制"这个词，我们就得了解一下当时的军队预算。拨给军官的预算是四千六百万（法郎），而给士兵的只有四千四百万。②我们得知道，茹尔丹、茹贝尔、克莱贝尔这些人一开始都在国家军队中效力，后来却全部离开了，因为这是一条看不到任何希望的死路。奥热罗③当时只是一个步兵士官，奥什在法兰西禁卫军中担任中士，马索还是士兵。这些年轻人充满雄心壮志，却只能永远被束缚在这些低级岗位上。当时二十一岁的奥什，为了有朝一日能够当上将军而孜孜不倦地学习。文学、政治，甚至是哲学，都被他如饥似渴地吞了进去。这位

---

① 杜索尔，《七日之作》，p.271（1822年版本）。——原注
② 内克尔，《论法国的财政管理》，II，pp.422, 435（1784）。——原注
③ 奥热罗（Pierre Augereau, 1757—1816年），法国将军，后来的帝国大元帅，并被封为公爵。——译者注

伟人为了能买几本书，甚至曾靠给军官背心做刺绣，再将其卖给咖啡馆为生！①士兵的军饷本就微薄，还被发饷的军官以种种借口克扣侵吞。②

法兰西禁卫军骚动事件根本不是一桩事先策划的军队哗变，也不是士兵发起的暴乱——他们只是在向选民和人民的宣言表示支持而已。这支真正的法国军队里大部分都是巴黎人，他们忠于巴黎、忠于法律、忠于一个活生生的律法——国民议会。

他们来到了罗亚尔宫，被人群欢呼着、挤压着、拥抱着，几乎都要窒息了。士兵这个群体，在旧君主制中受尽排斥、被贵族百般虐待，在人民那里却受到了热烈的欢迎。不过军装之下的那副身躯，不就是人民的身躯吗？士兵和公民这两个一母所生的兄弟重逢了，他们紧紧拥抱着彼此，肆意地流着眼泪。

因为仇恨和派系争斗之风，这一切遭到了蒙尘，这一幕幕伟大的场景被人歪曲，这一段历史被随意地涂抹。这样那样的无稽传言，反而受到人们的追捧。真是小人之乐！这样一场浩浩荡荡的运动，竟被人说成是为了某些我所不知的微不足道的卑鄙目的才发动起来！可怜啊可怜！这些人竟然用随波的浮萍来解释大海的躁动！

不！这场运动是全民的运动，是一场真实的、纯粹的、浩大的、团结的运动。法国参与进来了，巴黎参与进来了，大家（每人用自己的方式）都行动起来了，有的人用的是自己的双手和声音，有的人用的是自己的思想、炽热的渴望和赤子之心。

不过为什么要说是法国参与进来呢？更准确地说，是整个世界都参与进来了。连一个敌人、一个嫉妒者、一个满脑子都是英国那些一孔之

---

① 鲁斯林（Rousselin），《奥什的一生》，Ⅰ，p.20.——原注
② 人们认为，单单博思军团这一个，就有二十四万七百二十七里弗的军饷被侵吞。——原注

见的日内瓦人，也不得不承认，在这个重大时刻，整个世界都在看着法国；而他也又是同情又是不安地关注着我们大革命前进的步伐，觉得法国为了人类事业，在拿自己冒险一搏。①

一位务实派的特殊人士，英国农学家亚瑟·扬（Arthur Young），为了研究法国农业而在那个时候心血来潮来到法国。巴黎周围深深的寂静震住了他，那里没有任何车辆往来，也几乎看不到什么人影。那场大运动把所有人都集合到城里去了，所以城外变得荒无人烟。他走进城中，被里面蝤蟧羹沸的场景给吓住，瞠目结舌地穿行在这座喧嚣的城市中。他被带到罗亚尔宫，来到动乱中心——这场烈火烧得最旺的那个地方。一万多人在同时说话，一万多盏灯在窗前闪烁；这一天是人民的胜利之日，人们放烟火庆祝，四处点燃篝火。在这座正活动着的巴别塔前，他感到晕头转向、不知所措，只得匆匆离开。然而这个团结在同一个思想下的民族掀起的这场如此迅疾、如此骤烈的运动，立刻感染到了这位游客。尽管他不愿承认，却已经渐渐把自己和自由的希望连在了一起——连英国人也在为法国祈祷！②

所有人都忘记了小我。这一刻，这场大戏上演的那个奇怪的舞台——罗亚尔宫，也再不是往日的罗亚尔宫了。在一种伟大的、真心相付的激情中，在热情的火焰的燃烧下，邪恶突然也变得纯洁起来。最堕落的人也昂起头来，仰望着天空；他们罪恶的过去就像一场噩梦一样化为烟云——至少在这一天里是如此。正直？他们并不算正直，但在为了世界自由的这个口号下，他们觉得自己也成了英雄！大家都是人民的朋友，都是彼此的兄弟，人们再没有什么一己私念，愿意把自己的一切都拿出来分享。

---

① 《艾吉安·杜蒙回忆录》，p.135.——原注
② 当然这也是有所保留的祈祷，而且条件是法国采取英国宪法。（见《1787、1788、1789的法国之行》第一卷中各处）——原注

毫无疑问，人群中肯定有一部分煽动闹事分子。贵族中一小撮野心勃勃、唯恐天下不乱的人，例如拉梅特①和杜波尔②等，用他们的文字、他们的人去迷惑人民。而且更恶劣的是，他们还渗入了人民中间。我必须说清楚一点：这一切就发生在奥尔良公爵的窗下，就发生在这个玩弄权术、贪得无厌、卑鄙下流的宫廷的眼前。唉！这场天真、无私、崇高的运动，却被那些觉得革命有朝一日能成为自己牟利工具的人监视着、窥探着！唉！一想到这里，谁能不对我们的大革命心生同情呢？

我们去看看这些窥探的窗户吧。我透过这些窗户径直看到的，是一个圣洁的女人和一个龌龊的男人。此二人便是亲王的谋士，是善与恶的化身——德让丽夫人③和肖德洛·德·拉克洛④。两人的角色分得很明确：在这间一切皆是虚假的房间里，德让丽夫人扮演的是善——是呆板，也是温情，是涓涓的眼泪，是潺潺的墨水，是模范教育的骗术，是漂亮的帕梅拉不停的作秀。⑤宫殿这一边成了慈善家们的办公厅，在选举前夜高调地举办着慈善事业。⑥

对于那位亲王来说，骑马赏花、在饭后打赌赤裸从巴黎跑到巴加戴

---

① 拉梅特（Alexandre de Lameth，1760—1829年），军人、政治家，1789年三级会议中的贵族阶层议员，和他的两个哥哥一起支持第三等级，同时也是8月4日晚要求废除特权的主要呼吁人之一。1792年和拉法耶特被关于奥地利同一所监狱中时，人们在一个铁盒子里发现了一份是他笔迹的日记，里面表达了对流亡贵族和教士的支持，所以米什莱在此书中对他做出如此评价，并说是他让米拉波和国王暗地里传信。被释放以后，拉梅特三兄弟流亡国外。——译者注
② 杜波尔（Adrien Duport，1759—1798年），早期大革命的重要人物，1778年进入巴黎最高法院，后与最高法院大多数人决裂，与第三等级联手推动增加第三等级议员席位、按人数投票的工作；1789年作为贵族议员进入三级会议，在6月17日第三阶级宣布更名为国民议会的时候，拒绝在贵族阶层反对第三等级该决议的抗议书上签字，并赞同攻占巴士底狱的行动。1792年失势后不久被捕，被拉梅特的长兄泰奥多尔（Théodore）所救，然后流亡国外。——译者注
③ 德让丽夫人（Mme de Genlis，1746—1830年），法国女作家，曾担任过奥尔良公爵家中的教师，还承担过路易-菲利普的教育职责，写过多部有关教育的作品。——译者注
④ 肖德洛·德·拉克洛（Choderlos de Laclos，1741—1803年），法国作家，著有《危险的关系》，此书在当时因被评价为"内容淫秽、有伤风化"而被列为禁书，作者因此也声名不彰。——译者注
⑤ 最后甚至发展到在一个穿着奥尔良家族号衣的仆人的陪同下，让帕梅拉骑马进入骚乱中心。请看亲眼见到这一场景发生的《勒布伦夫人回忆录》第一卷，p.189。——原注
帕梅拉是德让丽夫人的养女，而德让丽夫人与奥尔良公爵有地下关系。根据《勒布伦夫人回忆录》描述，帕梅拉在骚乱中身穿骑马服出现在暴动人群中，后面跟着两个奥尔良公爵的仆人，人群自动给她让路，并高呼着："这才应该是我们的王后！"——译者注
⑥ 布里索也在这里工作了一段时间。（《布里索回忆录》，II，p.430.）——原注

尔的日子已经一去不复返，现在的他首先是一名政治家、一党之首，他的情妇们也希望他是如此。她们盼望着两个东西：一部完善的离婚法律和一个朝代的更替。亲王的政治密友就是那个脸色阴郁、寡讷少言的人，他的样子似乎就在告诉别人："我在密谋，我们在密谋。"这个深不可测的拉克洛，凭借一本小书《危险的关系》声名鹊起，还因为自己让小说从邪恶走向犯罪而感到扬扬自得，在书中旁敲侧击地暗指：罪恶的风流秘事便是罪恶政治的有效前奏。这就是他所贪求的名声，他甘心扮演的角色。所以许多人为了取悦亲王，都跟他说："拉克洛是个龌龊之人。"

不过，要把这位奥尔良公爵打造成一党之首，这也并非易事；当时他已经被榨干，从身体到心灵都被掏空了，人又软弱不堪。一些骗子唆使他在罗亚尔宫的顶楼造金币，让他和魔鬼结识。①

要扶持这位亲王，还有另外一个困难之处。除了已知的这些恶习之外，他身上还有一个长期以来从未改变过的、绝不会因为身体和精神的衰竭而减灭的、根种在亲王骨子里的天性——我所说的，便是他的贪得无厌。他说："只要六十法郎，我就可以卖了舆论。"这话可不是凭空捏造，当他不顾舆论的一片哗然坚持修缮罗亚尔宫的时候，就把这句话贯彻到底了。

亲王的政治顾问们没有足够的才智去扶持他，反倒让他不止一次地犯下错误、栽下跟头。

1788年，德让丽夫人的弟弟——一个没有任何头衔、只在奥尔良府邸

---

① 亲王像人们一直做的那样，用金子打造金币。不过除了其他配料外，还必须掺入一副下葬了有些年份的死人骸骨。人们从已去世的知名人士中挑选，发现帕斯卡的遗骸正好符合要求。他们贿赂了圣埃蒂安教堂的守墓人，可怜的帕斯卡就这样进了罗亚尔宫的坩埚。不管此事是真是假，这都是出自一个和德让丽夫人长期生活过的人的口中，她也是从后者那里才听说了这个离奇的传闻。——原注

中担任军官的年轻人写信给国王，此信无他目的，只为请求担任首相一职、去坐内克尔和杜尔哥坐过的那个位置，说他愿意站出来力挽狂澜，重建国家财政。这封让人觉得匪夷所思的书信，其带信人正是奥尔良公爵。他把它转交给了国王，而且表态支持，导致自己成了宫廷的笑柄。

亲王身边那些还算聪明的谋士，曾想过逐步将政权平稳转交到亲王手中。希望破灭之后，他们就干脆甩开顾忌，企图把亲王打造成一个像吉斯[①]、克伦威尔这样的人物，转头向人民奔去，可惜又碰到一个大钉子。并非所有人都是傻瓜，奥尔良选区并没有选择亲王。于是作为报复，他一下子撤走了所有慈善事业——他本以为可以用这些来收买选民的。

不过，该撤的钱仍得撤，该继续的阴谋仍得继续，什么都不能少。谋士们曾想过，在公爵分发给本选区的选单中，把西哀士写的一份传单上的所有内容都复制进去，这样他们的主人就可以被罩在这位大思想家的光环之下了——可这位当时极受爱戴的思想家和奥尔良公爵一点关系都没有啊。

当下议会议员们迈出决定性的一步、更名为国民议会的时候，人们告知奥尔良公爵：现在轮到他登场、说话和行动的时候了，作为一党领袖，他不能一直默不作声。他们劝说他至少要背几行发言，督促贵族阶层和第三等级联合起来。奥尔良公爵这么做了，但是在背台词的时候，他的内心出卖了他，让他觉得很不舒服。当他解开扣子的时候，人们看到这位亲王因为害怕被宫廷刺杀，居然谨慎地穿了五六件背心来当护甲。[②]

在政变失败的那天（6月23日），公爵以为国王已经完蛋，自己当晚

---

① 第三代吉斯公爵（Henri I de Lorraine le Balafre, duc de Guise, 1550—1588年），法国军人和政治家。法国宗教战争中天主教和神圣联盟公认的领袖。十三岁时其父被刺，他便完全继承了父亲率领天主教力量反对胡格诺派的事业。他一心想向胡格诺派报复，1572年8月23日曾出席策划圣巴托罗缪惨案的秘密会议。——译者注
② 费里耶尔，《1790巴黎回忆录》，I，p.52.——原注

或者第二天就可以登基为王了，简直是喜不自胜。①从晚上一直持续到第二天的那场可怕的巴黎骚乱，宣告着一场伟大的运动即将爆发。25日，贵族少数派觉得如果巴黎先发制人，自己的地位和声望就会大大下降。于是，以奥尔良公爵为首的这群人想和下议院联合。亲王的人希尔里（Sillery），也就是德让丽夫人那个凡事都好商量的丈夫，代表大家做了一篇演讲，而作为调停者、作为被众人接受的国王和人民中间的仲裁者，他说的这番话似乎不太得宜："绝不要失了对这位最好的国王该有的尊重。他把和平给了我们，难道我们反要拒绝接受吗？"

当晚，因为高尚的人民之友联合起来，整个巴黎城都是一派欢欣鼓舞的景象。人们在弗依咖啡馆写了一封献给议会的信，所有人都在上面签了字，签名者达到三千人之多，许多人在仓促之间甚至都没有细细读它。这份写得妙笔生辉的文书，里面关于奥尔良公爵有句奇怪的话："这位亲王，这位**万众敬仰之人**。"这样一句话用在这样一个人身上，看上去真是充满嘲讽。说得真好啊，连敌人都说不出比这更刻薄的话来！很明显，亲王那帮愚蠢的手下还以为自己如此大胆、不留余力地赞美亲王，肯定会得到丰厚的回报呢。

感谢上帝！这场伟大而又浩瀚的运动，替大革命把那些没用的调停者们都给赶走了。从25日开始，大家勠力同心，发出排山倒海的呼声，连煽动者们也被卷进人民的洪流中，无力地放弃了任何企图主导局势的想法。巴黎的闹事者们反被巴黎给闹进去了，喀提林②的客厅和咖啡馆被挤到了一边去。一个人们先前以为它既没领袖又没方向的新的权力机

---

① 亚瑟·扬当时与他和其他议员一起用餐，吃惊地看到他在掩袖而笑。——原注
② 喀提林（约前108—前62年），罗马共和国政治家，曾是苏拉的追随者。公元前64年和公元前63年两度竞选执政官未成，便结合同党，准备组织没落贵族和以前苏拉手下士兵发动武装政变。公元前63年执政官西塞罗在元老院发表演说，反对喀提林的阴谋，并予以镇压。公元前62年，在伊特鲁利亚境内发生战斗，喀提林失败被杀。——译者注

构，突然在巴黎冒出头来，它就是选民大会。而另一边，法兰西禁卫军也开始表明态度。也就是说，这个新生的权力还有军队做加持。简而言之，热心的调停者们可以消停下来了。即便议会在凡尔赛被捕，它在这里、在法国的心脏之处也有了自己的庇护所。如有必要，巴黎也可以动武。

宫廷气得浑身发抖，更吓得六神无主，只好在26日晚上同意等级联合。国王请来贵族，但为了对正在发生的一切表示抗议，有人让阿图瓦伯爵写下了这句不慎的（也是错误的）句子："国王有生命危险。"

27日，人们盼望已久的等级联合终于到来了。凡尔赛已经狂喜到了疯狂、失去理智的地步。人民点燃篝火，呼喊着"王后万岁"。王后只好出现在阳台上，群众又请她让王太子露面，作为彻底和解的标志。她同意了，和孩子一起出现在众人面前。然而，王后更加蔑视这群轻信好骗的人，她还请来了军队。

王后完全没有参与等级联合的工作。况且，这又算是什么联合呢？虽然这些人聚在同一所大厅里，相互接触、相互打量，然而他们依然是彼此的敌人。教士明显有所保留。贵族的抗议信一封接一封地到来，它们就像一份份挑战书，把会议时间全都占用了。来了的人也不敢坐下，就在那里站着、来回走着，好像自己纯粹只是围观的无干人员而已。其实他们已经开过会了，只不过是在别处、在他们自己的秘密会议室中。许多人嘴上说着要走，但仍留在凡尔赛。很明显，他们是在静观其变。

议会浪费了许多时间。与会者大多数都是律师，唠唠叨叨地做着长篇大论。他们太相信别人的承诺了，觉得只要宪法创立，一切都将得救。仿佛在那个阴谋诡计不断的政府面前，宪法真能发挥出几分作用来似的！当专制者握着军队和宝剑的时候，还在那里纸上谈兵地说什么自由？这是在说根本没用的废话！

但是，无论宫廷还是巴黎都不愿妥协，大家都把自己的武器亮了出来。宫廷的军队已经摩拳擦掌，整装待发。十一个士兵因为发誓决不遵守任何违背议会法令的命令，被法兰西禁卫军上校杜沙特莱送进了亚伯叶监狱。这还不够，他想把他们从军事监狱中移出，转送到一所专门关押小偷和强盗的监狱，送到一个骇人听闻的渊薮中，那里既是监狱又是医院，里面的苦工和性病患者都被鞭子抽打着。①被关在那里等死的拉图德用自己的可怕遭遇揭露了比谢塔的内幕，把里面的情形第一次暴露在光天化日之下。之后，米拉波的一本书再次震惊世人，激起人们的愤怒。②当局把这十一个人关进这样一个地方，可他们犯了什么罪过呢？他们只想当法律的战士而已啊。

他们被转送到比谢塔的当天，人们将这个消息告诉了罗亚尔宫。一个年轻人站在椅子上高喊："去亚伯叶！去解救那些不愿向人民开火的人！"士兵们也想同去，但公民们谢过他们，独自上路了。一路上人群不断壮大，工人拿着铁棍也加入进来。到了亚伯叶，队伍足足发展到了四千多人。人们撞破边门，用槌子、斧子、棍子大力砸开里面重重的厚门。受害者们被解救出来了。在出去时，人群遭遇了正拉紧马缰、高举刺刀的骠骑兵和龙骑士。群众冲到马下，慌不迭地解释着。士兵们不愿意对这些解救者展开屠杀，于是收了刀，摘下头盔。大家捧来了葡萄酒，所有人都开怀痛饮，为国王和国民干杯。

所有关押在监狱里的人都被同时释放。人群把他们抢回来的囚犯带着，众人一起来到了罗亚尔宫。这群被释放的囚徒里有一名高龄老兵，

---

① 你们相信吗？直到1790年的比谢塔监狱里，人们依然沿用着一些古老野蛮的医方，例如以鞭打为开始对这类病人展开治疗。这个事实是我的一个朋友从著名的医生库洛里耶（Cullérier）那里得到确认的。——原注

② 这是一个英国人写的一本关于比谢塔的书，后由米拉波翻译和评注，1788年。——原注

他被关在亚伯叶里好多年，都已经不会走路了。这个可怜的人长期遭受到了严酷虐待，此时激动不已。"我要死了，先生们。"他说，"这么多人的好心会要了我的命！"

这些人里只有一个人是真正的罪恶之徒，于是他又被带回了监狱。其他所有人，公民、士兵、囚犯，杂乱的人群组成一支巨大的队伍，来到了罗亚尔宫。人们在花园里布置桌子，请他们就座。如何安置这些人是个难题：人们让他们第一晚在综艺剧院里过夜，并在门口设了守卫；第二天，他们住进了商廊下面的一家旅馆里，吃住费用都是人民负责。巴黎两岸度过了一个不眠之夜，亚伯叶和罗亚尔附近都是灯火通明。资产阶级、工人阶级、富人、穷人、龙骑士、骠骑兵、法兰西禁卫军，大家全都走到了一起，人群中只听到一个呼声："国民万岁！"所有人都为兄弟同胞联合起来而感到欣喜若狂，所有人都对自由的未来抱着初生牛犊才有的自信。

第二天一大早，年轻人就来到了凡尔赛，来到议会大门口。然而在那里，他们的热情只遇到了寒流。军队哗变、监狱被攻破，这一切在凡尔赛看来都是最可怕不过的事情。米拉波避重就轻，提议向巴黎人发布诏书，让他们保持克制。最后人们达成一致，宣布此事只和国王有关，人们只想得到国王的宽大处理（不过在那些要求议会介入此事的人看来，此举甚不保险）。

这天是7月1日。2日，国王写了一封信，不是给议会写的，而是给巴黎大主教写的。信中内容是：如果罪犯回到监狱，他可以宽恕他们。大家对这个承诺半信半疑，于是便回到市政厅，问选民们自己应该相信什么。各位选民很久也没有给出回答，然而人民依然坚持着，围观群众也越来越多。到了午夜一点，选民们承诺第二天就去凡尔赛，**没有得到特赦就绝不**

回来。听了这番话，囚徒们才回到了监狱，并马上得到了释放。

但这根本不是和平。战争依然在巴黎上空酝酿着，所有外国军队都已就位。当局把旧君主体制的赫拉克勒斯、阿喀琉斯——老元帅布罗格力①召来统率军队。王后也找到了自己的心腹、前维也纳大使布勒特伊②，他是个舞文弄墨之人，但若论名气和表面的气势，倒可以和任何一个舞刀弄枪的人相媲美。"他嗓音亮如洪钟，仿佛体内有无穷的能量，走起路来虎虎生风，仿佛能从地下召唤出一支部队似的。"

当局磨刀擦枪之势终于让议会清醒过来。米拉波27日曾宣读了一份求和书，但会上没人接受。后来他又重新写了一封，请求当局撤离军队。这封悦耳、夸夸其谈的献词，国王听来极为受用，并得到了议会的热烈欢迎。其中最在理的地方就是请求组建一支市民自卫队，而这也是唯一被拒绝的地方。③

巴黎选民第一个提出了组建市民自卫队的这一请求，结果遭到议会否决。7月10日，他们又一次强烈表达了自己的这个诉求。

卡拉给西哀士写了一封极为抽象的论述，其中提出了市乡的权利，认为它永不失效，且"先于君主制的权利而存在"，这一权利就尤其包含了市乡自卫权。博内维耶用他本人和朋友佛歇的名义，要求实践这一权利，组建市乡，并暂时保留所谓的市镇机构。而夏尔敦（Charton）更愿意将六十个巴黎行政区重新集合起来，把它们的决定转达给国民议会，同时努力取得王国中的所有重要城镇的响应。

---

① 布罗格力（Victor-François de Broglie，1718—1804年），出身法国贵族军事世家，1759年被封法国元帅，1789年担任国王军队的大元帅。——译者注
② 布勒特伊男爵（Louis Charles Auguste Le Tonnellier，1730—1807年），法国政治家、外交家，在大革命爆发前期，曾向国王建议镇压6、7月份暴动，结束骚乱。他是法国大革命前的波旁王朝最后一任首相，1789年失势之后逃至国外，成为了国王的密使，于1802年返回法国。——译者注
③ 也许奥尔良公爵发现根本没有人请他前来调停，于是督促米拉波站出来说话，借此在宫廷为宣战做好准备之前为难宫廷，这种事情也不是不可能的。德罗兹认为米拉波和拉克洛便是在这时开始有了联系，并从后者那里获取钱财。——原注

所有这些大胆的提议都是在市政厅的圣让大厅中当着群众的面提出来的,巴黎似乎紧密团结在这个由它一手创立起来的权力机构周围,再不相信其他任何机关了。它想借该权力之手,得到组建自己、武装自己、依靠自己拯救自己的权利。

软弱无能的国民议会不能让巴黎放下心来。7月11日,议会从国王那里得到回复,满意而归。不过,这又算是什么回复呢?信中说,军队驻扎在那里是为了保护议会自由,如果因此引发不安,国王可以把议会转移到努瓦永或者苏瓦松——也就是说,要把议会夹在两三支军队中间。米拉波没能说服众人坚持要求撤军。很明显,五百名贵族议员和教士议员的联合让议会紧张起来。它不去管最重要的事,转头聆听拉法耶特的《人权宣言》去了。

一个非常温和的温和派——博爱者吉约坦特意赶到巴黎,告诉选民大会风波已经平息下来了。吉约坦肯定是个老实人,但他被骗了,所以才言辞确凿地告诉大家一切安好,内克尔比任何时候都要坚定。大家为这个好消息雀跃不已,和议会一样上当受骗了的选民们,也和议会一样,沉醉在那份何其可贵的《人权宣言》里——恰好,这份宣言也刚从凡尔赛宫被带了过来。然而也正是在同一天,当善良的吉约坦安抚着群众时,被辞的内克尔早就离开,在去往布鲁塞尔的路上了。

当内克尔收到命他即刻动身离开的令函时,正是三点钟,他正在桌前就餐。这位可怜的人在内阁中一直兢兢业业、鞠躬尽瘁,却总是不得不含泪离开。他必须在众宾客面前强忍自己的情绪,表面装出泰然自若的样子。晚餐后,他甚至来不及告诉自己的女儿,便抄一条往尼德兰方向的最近路程,和妻子离开法国了。王后身边那群小人还想赶紧逮捕他,他们太不了解内克尔了,居然担心他会不遵守国王命令折回到巴黎去。

在受召的第一天里，布罗格力和布勒特伊两人就看出自己即将去做的事情是何其凶险，于是他们被吓住了。布罗格力不愿内克尔被辞，据说布勒特伊是这么说的："那就给我们十万个人一亿法郎。"王后的回答是："你们会有的。"于是，当局开始秘密印刷起纸币来。①

被突然召来的布罗格力，当时已是七十一岁高龄。他忙上忙下，但其实什么都没做，就在那里一会儿发布命令、一会儿又收回命令。他的办公处被设为总部，里面飘满了各种文牍法令，副官们随时准备骑马传报。"他们列出一份主要军官名单，还做了战役部署。"②

军方内部并非完全意见相合。统帅至少有三位：即将出任部长的布罗格力，仍然还是部长的比瑟居尔③，以及八年来一直统领国内各省军队的贝森瓦——现在他被硬性要求必须听从老元帅的命令。贝森瓦向布罗格力解释了目前的形势和危机，说他们不是在农村，而是在一所有八十万人口、骚动到了极点的城市里。但布罗格力不愿听这些。他太相信自己在七年战争中积累下的经验了，只知道用士兵和蛮力去打仗，对普通市民无比轻视，觉得他们只要一看到穿军装的人就会一哄而散。他觉得没有必要向巴黎派军，只遣了几支外国军队围在外面，根本不考虑这么做会进一步加剧民怨的沸腾。所有那些日耳曼士兵看上去像是瑞士或奥地利的侵略军似的；他们军团那外国腔的名称听上去也非常刺耳：驻在夏朗冬的皇家骠骑兵团，驻在赛弗勒的雷纳克军团和迪斯巴赫军团，驻在凡尔赛的纳索军团，驻在伊西的萨利-萨玛德军团，驻在军事学院的贝尔歇尼骠骑兵团，此外还有夏多维耶、埃斯特拉泽、罗梅尔等军团。④

---

① "我的许多同僚告诉我，他们曾看到印刷纸币的场景。"（《巴伊回忆录》，Ⅰ，p.395, p.331.）——原注
② 《贝森瓦回忆录》，Ⅱ，p.359.——原注
③ 比瑟居尔（Louis Pierre de Chastenet, comte de Puységur, 1727—1807年），法国旧制度下的一位将军，在内克尔组建的内阁中担任军务部长，后被布罗格力替代。——译者注
④ 以上驻军地名均是巴黎城中的市乡。——译者注

被铜墙铁壁保护得严严实实的巴士底狱,也得到了一支瑞士军队的增援。监狱弹药充足,还屯有一堆多得可怕、足以把整座城市都炸飞的炸药。从6月30日起,碉堡上一座座大炮就被架了起来。它们虎视眈眈地对准巴黎,随时准备张开血盆大口朝下面的羔羊扑过去。

第6章

巴黎起义

巴黎的危险——1789年7月12日,巴黎怒火爆发——凡尔赛毫无行动——军队的挑衅;巴黎拿起武器——7月13日国民议会上书国王,无果——巴黎选民下令武装起来——市民自卫队的组建——选民们犹豫了——人民截获弹药、寻找枪支——宫廷的安危

从6月23日到7月12日,从国王的威胁到人民的爆发,期间有一段奇怪的休战期。根据当时一位旁观者所说,这是一段动荡、压抑、灰暗的日子,它就像是一场痛苦的梦境,里面全是幻象、混乱和挣扎。虚假的警报消息到处都是,种种奇闻怪谈在坊间流传。人们什么都知道,又什么都不知道。无论什么事,大家都想找出其中的理由、猜出背后的谜团。再无足轻重的事,都能被人看出什么深意来。骚乱自发而生,没有什么策划人,也谈不上什么策划,人们全都在怀疑,在沉默中酝酿着怒火。大地都在燃烧,土壤仿佛炸开了似的,你都可以听到下面的岩浆在奔涌咆哮。

我们已经看到,早在第一次选民大会中,博内维

耶就发出了"拿起武器"的呼喊。在这个由巴黎显贵组成的大会中，这声呼喊显得那么格格不入，所以它很快就被湮没下去了。当时，听了这话之后，有的人在瑟瑟发抖，还有的人一笑了之，其中一个人像先知一样说："年轻人，十五天后再来提你的这条动议吧。"

拿起武器？去对抗那支全副武装守在门口的军队？拿起武器？你没看到城中饥荒开始严重起来、面包店门口已经排着长队，而这支军队可以轻轻松松就困死巴黎吗？乡下的穷人从四面八方拥进城来，个个瘦骨嶙峋、衣衫褴褛，拄着长长的拐杖。两万多名乞丐被安置在蒙马特高地，悬在城市上空。只要巴黎一有动静，这支乞丐大军就会立马冲下来。已经有人开始在城门口烧杀抢掠了。

人们打赌宫廷会采取先手，真若如此，那国王就必须把他那小心谨慎的天性，以及他对和平的渴望全都丢到一边，把先前所有的妥协全都收回。真若如此，那他就必须有非赢不可的把握。

骠骑兵团里的一些年轻军官，例如从松布依和波利尼亚克家族出来的一些人，甚至闯到罗亚尔宫去挑衅群众，手拿军刀大摇大摆走进走出。很明显，宫廷太过自信了，希望能发生点暴力事件。①

7月12日星期日，直到早上十点钟之前，巴黎人对内克尔已被免职的消息都是一无所知。第一个把这件事传到罗亚尔宫去的人，还被当成贵族派受到了威胁。然而消息很快就得到了证实，和人们的怒火一道蔓延开去。中午时分，罗亚尔宫的大炮响了起来。《国王之友》说："这个消息给人们内心带来的那种可怕的恐惧感，是用什么语言也无法表述出来的。"一个年轻人卡米尔·德穆兰走出弗依咖啡馆，跳到一张桌子

---

① "小心，"博爱者、医生马拉在一本小册子里说（当时这种小册子不计其数），"小心，想想一场骚乱会带来怎样的可怕后果。如果你们被不幸卷入其中，就会被当成反叛分子来处置；到时将血流成河。"当时许多人都是抱着这样十分谨慎的想法。——原注

上，拔出剑和手枪，喊道："拿起武器！战神广场上的日耳曼人今晚就要杀进巴黎，屠杀城中百姓了！让我们把自己的帽徽佩戴起来吧！"他扯下一片树叶贴在帽檐上，所有人都照着他这么做，导致树枝都被扯得光秃秃的了。①

"不要戏剧！不要歌舞！今天是哀悼的一天！"人们从蜡像馆里搬来了内克尔的塑像，其他一些总想浑水摸鱼的人还把奥尔良公爵的塑像也混在其中。人们用黑纱盖着塑像，穿过巴黎；这群游行队伍手拿棍子、刀剑、手枪、斧头，一开始走上黎世留大街，绕街游行一圈后又去了圣马丁大街、圣德尼斯大街、圣奥诺蕾大街，最后来到了旺多姆广场。也正是在那里，在税务征收部前面，一支龙骑兵分遣队正等着人民。他们驱散了人群，把内克尔像给砸碎了；一个手无寸铁的法兰西禁卫军士兵站在那里不肯退后，因此惨遭杀害。

军队仓促之间在税务征收部前面搭起了街垒，这些笨重可笑的防御工事在那个星期日遭到人们持续的攻击。军队几乎守不住阵地，却也杀了一些人。大火烧了整整一晚。

离巴黎只有数步之遥的宫廷对这些不可能一无所知，然而它按兵不动，既不下达命令，又不派遣军队。很明显，它在等着骚乱升级成暴动和战争，而不要像雷维戎事件那样被过早镇压下来，无法成为解散议会的借口。于是，它任由巴黎在那里肆意妄为。凡尔赛、塞弗勒桥和圣克鲁桥全都戒备森严，与外界的一切通路都被斩断。宫廷以为，只要情况进一步恶化，它就能困死巴黎。而它，在三分之二都是日耳曼人的军队的层层保护之下的它，有什么可怕的？它什么也不怕，只怕失去法国。

---

① 由于当时内克尔深得人民爱戴，而绿色是内克尔家中仆人号衣的颜色，所以人民戴上了绿色的帽徽。——译者注

巴黎的大臣（当时还留有一个）待在凡尔赛。其他当权者，警察长、巴黎市长弗雷塞尔、督办贝尔蒂埃，全都不吱声了。宫廷召见弗雷塞尔①，但他没办法前往；不过他很可能收到了相关指令。

只能根据布罗格力的命令行事的统帅贝森瓦无事可做，懒懒散散地待在军事学院。他不敢调用法兰西禁卫军，于是便给他们发下了禁出令。但他还有其他几支分遣队可用，手上还握有三个军团——一个瑞士军团和两个日耳曼骑兵队。中午过后，贝森瓦见冲突升级，就让他的瑞士军团带着四门大炮守在香榭丽舍，把骑兵队也调到了路易十五广场上。傍晚，人们做完礼拜、经过香榭丽舍大街回家，杜伊勒里花园里人群攒动、熙来攘往。人群中基本上都是毫无攻击力的散步群众，和一些"听到风声后"想赶紧回家的一大家子人。然而一看到这些日耳曼士兵严阵以待地守在广场上，人群不由自主地骚动起来。大人们骂着脏话，孩子们扔着石块。②也就是在那时，贝森瓦害怕凡尔赛会责备他无所作为，于是下了一道愚蠢、野蛮但以他莽撞的性格绝对干得出来的命令：让龙骑兵驱逐人群。然而龙骑兵们在如此密集的人群中行动，必然会踩踏到一些人。龙骑兵上校朗贝斯克亲王（Lambesc）进了杜伊勒里花园，但开始也靠走路才进去的。他碰上了一排椅子做成的路障，酒瓶、石头也纷纷向他砸了过来，于是他开火了。女人们发出刺耳的尖叫，男人们忙着把朗贝斯克关在杜伊勒里花园外面。于是他觉得走为上策。在此过程中，一个人被踩踏，还有一名老人在逃跑时受了重伤。

惧愤交加的群众尖叫着离开了杜伊勒里花园，这次暴行事件立刻传

---

① 这是我们从国王那里了解到的。请参见他（7月14日）对国民议会的首次回答。——原注
② 如果真像贝森瓦坚称的那样，人群有向军队开枪，造成龙骑兵受伤，那他那位非常聪明的辩护人德赛兹绝不会在他的《指控报告意见书》中漏掉这一点（请看《法国大革命议会史》，IX，p.69；及德赛兹在贝森瓦之后的记录，II，p.369.）。德赛兹宣称贝森瓦没有下达任何命令，而贝森瓦在审判之前却承认他非常想驱逐人群并下了冲锋令。那么，我们该相信谁呢？（《法国大革命议会史》，II，p.89.）——原注

遍了整个巴黎城。大家都说这些日耳曼兵骑马冲向老弱妇孺，亲王甚至还伤了一位老人。人群跑到军火商那里，随手操起他们能够找到的东西，然后冲向市政厅，要求敲钟配武。然而，当时没有一个政府官员在岗。晚上六点钟的时候，一些好心的选民回到市政厅，努力安抚人群。然而，除了这群闯进来的群众之外，还有另外一群人站在广场上高喊着："拿起武器！"他们觉得这座城市中有一处秘密军火库，其威力足以毁掉整座城市。他们突破哨岗，强行闯进大厅，推倒障碍，把选民们一直逼到了办公厅，把刚刚发生的这件事给他们讲了上百次。选民拒绝把市警卫队的武器交出来，但是人们开始到处乱翻，最后找到武器，拿起来冲了出去。一个只穿着衬衫、脚上鞋袜皆无的人占领岗哨，肩上扛着枪，骄傲地在大厅门口充当哨兵。①

　　选民们不愿背上煽动作乱的责任，他们只同意召集各个行政区，并派了他们中的一些人"来到哨岗，以祖国的名义，劝那些拿着武器的市民各自散去，并停止暴力行动"。然而在当晚，暴力冲突就已经正式开始了。一些法兰西禁卫军士兵逃离军营后在罗亚尔宫集合，朝那些日耳曼士兵冲了过去，发誓要为他们的战友报仇。他们当街杀害了三名骑兵，随后来到路易十五广场，却发现这里的士兵已经撤离了。

　　7月13日星期一，议员吉约坦和两位选民一起来到凡尔赛，请求议会"同意建立一支市民自卫队"。他们描述了巴黎在这万分紧急的时刻正上演着如何可怕的场景。议会派出两个使团，一个去找国王，另一个赶去巴黎。前一个使团在国王那里只得到一个干巴巴的、根本没用的回复："已经采纳的措施不可再改，只有他才知道这些行动是否必要，至

---

① 《选民实录》，Ⅰ，p.180. 同时可比较杜索尔的《七日之作》。但因为杜索尔的回忆录写在事发一段时间以后，所以存在颠倒事情前后发生顺序的问题。——原注

于议员前往巴黎，此举绝对无济于事。"怒气冲冲的议会颁令：一、国民为内克尔的离去深感痛惜；二、议会坚持撤军；三、除了内阁大臣之外，还有国王的参事员，无论其位分高低，都对当前发生的不幸事件负有直接责任；四、任何权力机关都无权说出破产这样可耻的话。很明显，第三条直指王后和各位亲王，最后一条更是对他们的严厉斥责。议会又拾起了自己的骄傲；它手无寸铁，被军队团团围住，手上只有法律做支撑，当晚还有解散、逮捕的威胁，然而它依然勇敢地当面指认出了自己的敌人，把他们真正的名字喊了出来：**破产者**。①

这次投票之后，议会就只有一个地方可去了，那就是它所占据的那间会议大厅。除了这里，世上再没有一寸属于它的土地；任何一个议员都再不敢回家过夜。此外，它还担心宫廷会把手伸向它的归档文件。前一天，也就是星期日，秘书格雷古瓦尔把所有文件都包封好、盖上印章，藏在了凡尔赛的一处宅子里。②星期一的时候，他临时主持大会，用自己的勇气鼓励那些快打退堂鼓的人，让他们想想网球场宣言，用罗马人的一句话来给他们打气："即便世界倾塌，我仍一无所惧。"③

人们宣布议会继续，大会开了七十二小时。拉法耶特对这道态度强硬的法令贡献不小，因此被任为副主席。

然而，巴黎那边仍是十万火急。从圣奥诺蕾区能时不时看到有军队开进城中。虽然选民们整晚都在忙上忙下，努力说服群众放下武器，然而大家都紧握刀枪不放，没有人打算和和气气地迎接那些克罗地亚人④、那些丘八，把城市就这样拱手交给王后。星期一早上，才六点钟，所有

---

① 他们用纸币去还款，还没有其他任何保障，只有一个没有任何清偿能力的国王的签字。（参见《选民实录》，V，p.87.）——原注
② 《格雷古瓦尔回忆录》，I，p.382.——原注
③ 原文为拉丁语："Impavidum ferient ruinae."——译者注
④ 即皇家骠骑兵团，里面都是由克罗地亚骑兵组成。——译者注

教堂的钟声突然和警钟声一起敲响，一些选民赶到市政厅，发现群众已经聚集在那里，便劝他们回到各自的行政区。八点钟的时候，见人群依然坚守在那里，选民们只好宣布允许建立市民自卫队。然而这还不够，人民一直喊着"要武器！"选民们反复强调：即便城中有武器，也只能通过市长才能获得。"那好！"他们喊着，"那就去找市长！"

在同一天里，市长弗雷塞尔被王后和人民同时召见，要么去凡尔赛，要么去市政厅。也许是不敢拒绝群众的呼声，也许是觉得待在巴黎能够更好地为国王效劳，于是弗雷塞尔去了市政厅。在沙滩广场受到了热烈欢迎的他，如慈父般说："朋友们，我就是你们的父母官，我会让你们满意的。"他在大厅中宣布：只有通过人民的选举，他才愿主持事务。热烈的气氛在那里又一次达到了高潮。

虽然当时巴黎还没有军队，然而人们已经在讨论谁能出任将军一职。选民主席美国人莫罗·德·圣-梅里①，指了指一座拉法耶特的雕像，这个名字立刻得到了众人的热烈拥护。还有一些人提议将统领权交给道蒙公爵（d'Aumont），然而后者经过一天的思考后，婉拒了该职。副指挥是德拉撒勒侯爵（de la Salle），一位久经考验的战士和爱国作家，为人忠诚无比，一身正气。

这些工作拖了很长时间，不耐烦的人群骚动着，迫不及待地想要武装起来，而且这个要求并非毫无道理。蒙马特的乞丐们把铁锹扔到一边，已经奔下城来；一大群身份不明的流浪儿在街头徘徊。农村地区可怕的贫穷，从四面八方把这群饥饿的牲畜赶到了巴黎；饥荒往这座城市塞满了人。

---

① 莫罗·德·圣-梅里（Moreau de Saint-Méry，1750—1819年），美国著名史学家、律师，参与了法国大革命，反对专制主义、殖民地黑奴制和种族隔离主义。——译者注

一大早，就有传言说圣拉撒路那里有粮食，大家都冲了过去，也确实在那里找到了大量的面粉。这些面粉足足超过了五十车，都是"善良"的托钵修会修士囤起来的，他们正准备将其运到市场上卖掉。人群把屋里的所有东西都撕开，吃着、喝着他们在这里能找到的一切食物。然而除此之外，他们没有带走其他任何东西，第一个企图这么做的人被人民亲手给吊死了。

圣拉撒路的囚徒逃了出来，拉福尔斯中那些因为欠债而被关押在此的人也获得了自由。沙特莱要塞的罪犯也想借此越狱，把监狱门都给撞破了。守门人向一群正好经过这里的人民群众求助，他们走进监狱，朝越狱者开火，强迫他们回到了自己该待的地方。

储藏室里的武器被借走，但后来全都物归原主。

选民们不能再阻止人民武装，于是便努力采取限制措施。他们发起投票，并由市长宣布：六十个行政区，每个行政区可挑出两百人配备武器，其他人等一律缴械。这一支由**一万两千名**要员组成的队伍去负责治安是最好不过，然而要他们保卫巴黎，这实在是强人所难。巴黎将被攻陷。人们在当天下午做出决定：巴黎自卫队将扩展至**四万八千人**；他们的帽徽将采用这个城市的颜色——蓝色和红色。①这道法令当天得到了所有行政区的一致认可。

人们指定了一个常设委员会，由它来昼夜监督公共秩序，这个委员会由选民组成。"为什么只有选民呢？"一个人站出来问道。"怎么？你还想推荐谁？""我。"于是他在一片喝彩声中得到了任命。

市长又赶紧提出一个严肃的问题：人们应该向谁宣誓？一个选民激

---

① 然而，由于这两个颜色同时也是奥尔良家族的颜色，所以根据拉法耶特的提议，将法国一个古老的颜色——白色也加了进去。参见《拉法耶特回忆录》，II，p.266. 他说："我给你们一个将会传遍世界的帽徽。"——原注

动地说:"向集合起来的公民们宣誓。"

除了武装问题,生计问题也是刻不容缓。由选民选出来的代理警察长说,粮食供应已经完全超过了他的管辖范围。城市必须正视这个问题。城市周边已经被军队层层封锁,农民和商人要把食物带进来,就必须冒险穿过只会说德语的外军岗哨和兵营。而且就算他们能够到达城中,回去路上也是困难重重。

巴黎要么饿死,要么打败敌人,而且必须在一天之内打败敌人。谁敢相信这个奇迹?何况连城中都布着敌人,他们就在巴士底狱,在军事学院,就在所有障碍物的后面。法兰西禁卫军中除了一小部分人以外,其余全都待在兵营里,尚没有做出决定。如果这个奇迹只靠巴黎人独自完成,那无异于痴人说梦。他们从来都被视为是顺从的、软弱的,被视为一个乖孩子。要让这群人突然变成一支军队,而且还是一支久经沙场的军队,这简直是天方夜谭。

那些冷静的显贵要员,那些组成了城市委员会的资产阶级,他们当然是这么想的。他们希望争取时间,不愿自己背负着本就很重的责任变得更重。他们从12日开始统治巴黎。以选民的身份统治巴黎吗?选民权什么时候变得这么大了?他们似乎看到布罗格力老元帅随时率领全部军队进入巴黎、找他们问责的场景。正因如此,他们犹豫着,一直摇摆不定;正因如此,人民心生疑窦,觉得他们成了自己的一个主要障碍,于是把他们丢到一边,独自开干起来。

在接近中午的时候,被派去凡尔赛的选民们回来了,带来了国王威胁性的答复和议会新颁布的法令。

战争的阴霾已经笼罩了下来。派出去的选民们在路上碰到了戴着绿色帽徽的人,这是阿图瓦伯爵的颜色。他们一路上还遇到骑兵队,看到穿着奥地利白色外套的日耳曼军队全都驻扎在大道上。

形势已是危如累卵,物资方面已断了供给,希望几乎已全部破灭。但是,人民有着无穷无尽的勇气,每个人都感觉胸膛里的那颗心脏在不断膨大。所有人都来到了市政厅,投身战斗之中,志愿军是清一色的行会和街区的人。火药坊的人前来帮忙,以博耶①为首的医学院的人也来了,司法官的书记官们想打前锋冲在最前面;所有这些年轻人都誓要战斗到最后一个人。

打仗?用什么打?没有武器,没有枪炮,也没有火药!

当局说军火库是空的,但人民对这个回答并不满意。一个残疾人和一个理发匠在四围放哨,很快就看到一大批火药被运出,准备装车运到鲁昂。他们赶紧跑到市政厅,让选民们截获这批弹药。一个勇敢的神甫自告奋勇,承担起这项危险的任务,负责这批弹药的保存和分发工作。②

那就只差枪支了。人们知道,巴黎城中有一处巨大的军械存放处。督办贝尔蒂埃已经运进来三万支枪,还下令制造另外二十万发枪弹。督办的这个大动作,市长不可能对其一无所知。弗雷塞尔被大家逼问军械存放在何处,就说夏勒维耶制造坊已经向他承诺提供三万支枪,而且另外一万两千支也在加紧赶制之中。为了让这个谎言看上去像真的一样,他还派了一队装卸车经过沙滩广场,车上刷着几个大字:"炮兵队"。那这里面铁定是枪支无疑了。市长派人将它保管起来,但他希望由法兰西禁卫军来分发武器。大家跑到军营,然而正如人们事先所料的那样,

---

① 博耶(Alexis Boyer,1757—1833年),法国解剖学者和外科医生。——译者注
② 勒费布福勒·多尔梅森神甫(Lefebvre d'Ormesson),他就是那个为大革命和巴黎城做出了不可磨灭的巨大贡献的英雄。他在这座火山上守了四十八小时,周围全是愤怒的、为弹药争吵不休的人群。人们好几次朝他开枪,还有一个醉鬼在打开的火药桶边上抽烟,此类事情不一而足。——原注

军官们没有派出一个士兵。于是选民们只能自己亲手操办这件事了。他们打开箱子，猜猜里面是什么？是破布片！人民愤怒到了极点，高吼着叛徒。弗雷塞尔不知如何辩解，只能把他们引到则勒司定修会和查尔特勒修会那里，说修道士们藏有武器。然而人民又一次失望了。查尔特勒修会大敞其门、任其搜寻，人们挖地三尺也没能找出一支枪来。

选民们下令各行政区制造五万支长矛出来，人们在三十六小时之内做到了。三十六小时很短，然而对于这场危机来说，这段时间仍然太长了。一夜之间，万一横生枝节，那就什么都完了。人民对此一直是心知肚明，而他们的领导人却没意识到这点。当天晚上，群众了解到荣军院中有一个大的枪支存放室。某行政区代表当晚便找到统帅贝森瓦和城市警备司令松布依（Sombreuil），贝森瓦冷淡地说："我会就此写信给凡尔赛的。"然而实际上，他却给布罗格力元帅发出警告。可最奇怪的是，后者居然对此没做出任何回答！

我们说过了，布罗格力之所以保持这种于理不合的沉默，无疑是因为参事院中已是一盘散沙的缘故。人们什么都不同意，只在一点上达成一致：解散国民议会。我还认为，这也是宫廷的错误认识所致。它太过狡猾、太钻牛角尖，认为这场大运动是因为一个小阴谋的缘故才掀起来的，以为一切都是罗亚尔宫在背后搞鬼，是奥尔良家族在兴风作浪。多么幼稚的解释啊！谁有能力去收买百万之众？里昂和多菲内两地同时宣布拒绝纳税、掀起暴动，难道这也是公爵出资策划的？布列塔尼各大城市揭竿而起，难道这也是他谋划的？雷恩的士兵拒绝向市民开枪，难道他们也收了他的贿赂？

没错，亲王的塑像是被张扬地竖立起来。然而连亲王本人也赶到凡尔赛向他的敌人投降，说他和大家一样，在这场骚乱中害怕起来，甚至比任何人都要害怕。人们请他安心歇息在王宫，宫廷把他捏在手上，还以为自己控制了一切阴谋的策划人，从此就可以高枕无忧了。当时手握全部兵权的老元帅，在自己身边布下重重兵力，要保护国王周全，把当时根本没人关心的凡尔赛置于防御之中，看着巴黎城中烽火四起却坐视不理，觉得只需要等火势自己慢慢熄灭、化为青烟就可以了。

第7章

1789年7月14日，攻占巴士底狱

攻占巴士底狱的困难之处——人民产生了攻打巴士底狱的想法——人民对巴士底狱的仇恨——世界听到巴士底狱被攻占后的欣喜之情——人民从荣军院拿走枪支——巴士底狱进入防御状态——图里奥要求交出巴士底狱——选民派使团谈判，无用——卑劣的攻击；艾黎和于林——推迟攻击的危险——人民觉得被背叛，威胁市长和选民——市政厅中的胜者——巴士底狱是如何交城投降的——典狱长之死——处死俘虏——俘虏被赦——人民的宽恕

凡尔赛有一个组织严密的政府，有国王、大臣、将军、军队，然而却畏首畏尾、瞻前顾后、举棋不定、士气松散。

而一片狼藉的巴黎，虽然被所有法律意义上的权力机构所抛弃，表面上看处于动荡和混乱之中，却在7月14日开始变得万众齐心、斗志昂扬起来。

7月13日，巴黎还只想着自卫，而14日，它便发起攻击了。

13日晚，人们尚且有些迟疑和观望，然而在第二天早上的时候，再没了什么犹豫和踌躇。那一晚，八方风雨来袭，狂暴的怒火搅动着一切；但在早上，已

是日月重光、万物清旷，一切都平静下来。

一个想法和太阳一起在巴黎城上空升起，大家沐浴在同一束光芒的照耀下。拨云见日之后，每个人心中都响起同一个呼声：走！去攻占巴士底狱！

这个想法说出来是那么疯狂、荒谬、不可实现，然而所有人都信了，所有人都去做了。

巴士底狱这座防御堡垒虽然修建已久，却易守难攻，至少要用炮火猛击、围攻好几日才有可能拿下。然而在这样一个紧要关头，人民既没有时间又没有手段去打正规的围攻战。如果他们采取这个办法攻城，那巴士底狱完全不用担心，它有足够多的兵力来支撑到近在咫尺的援兵的赶来，而且还有大量的弹药补给。监狱城墙坚实无比，碉堡高处的城墙有十尺厚，墙角更是有三四十尺厚，即便有炮弹袭击也无须担心。但如果它在炮台上对准巴黎开火，炮火的射程足以覆盖整个玛莱区和圣安托万区。它的碉堡上密布着窗扇和枪眼，上面封着两三道铁栏，可以让守军大开杀戒，自己又能毫发无损。

攻打巴士底狱绝对不是理智的选择，然而它关乎信仰。

没人提出这个建议，但所有人都信了，都行动了。在长街、码头、大桥，人群在对人群呼喊："去巴士底狱！去巴士底狱！"在敲响的警钟里，所有人都听到了：去巴士底狱！

我再强调一遍，没有人，没有人在推动此事。罗亚尔宫的演讲家们花时间列出一张通缉名单，把王后、勃利夫人、阿图瓦伯爵、市长弗雷塞尔以及其他许多人都判了死刑。然而这些忙着列名单的人，却没有一个提出攻占巴士底狱的动议。罗亚尔宫根本不是革命的起点，胜利的群众也再不把缴获的战利品和囚犯带到那里去了。

市政厅里的选民们更是没有攻打巴士底狱的打算，不仅没有这个想法，他们还要阻止它，同时又要预防巴士底狱的大肆屠杀，他们甚至还向典狱长承诺：只要他收起大炮，人们就不会攻打巴士底狱。人们后来指控选民们背叛了人民，然而他们根本没有，因为他们没有信仰。

谁还有信仰呢？是那些为了实现自己的信仰而保持着一腔忠诚和热血的人。是谁呢？是人民，是每个人。

这半个世纪里所发生的事，是过去好几个世纪都没法完成的。那些有幸、却也不幸经历了这段风雨飘摇的岁月的老一辈人表示，后来共和国和帝国期间所发生的每一个大事件，究其本质，依然带有部分人的特征，而不是全民上下齐心协力的结果，只有7月14日这一天才是全体人民共同的一天。那就让这一天、这伟大的一天保留下来，让它成为人类永远传唱的一个节日吧，不仅因为它是人类打响拯救枪声的第一天，更因为它是人类达到和谐最高境界的一天！

那个无人能眠的一夜究竟发生了什么？竟在第二天早上，让一切纷扰、一切犹豫都和夜色一起消失得无影无踪，让所有人都抱起了同一个理念。

罗亚尔宫和市政厅里发生的一切，我们都一清二楚；然而普通百姓家里经历了什么，这却更值得我们深挖。

我们可以根据后来发生的事情来推测当时的情景：当时，每个人都在心里对过去做着最后的审判，在惩罚它之前，每个人对它都做出了不可推翻的判决。这一晚，在人民复仇的本能中，历史复现出来，那段长长的苦难历史被复刻出来。在无数个世纪里受尽折磨、无声无息地死去的父辈的灵魂，在儿子的身体中复活了、说话了。

强大的人啊，耐心的人啊，在此之前温顺无比的人啊，你们就要在那一天里奋起反抗天意了。作为家庭唯一支柱的你们，可曾因为家人的目光而软弱下来？根本没有！再看看自己仍在熟睡的孩子，这些其命运即将被这一天所改写的孩子，你的思绪越飘越远，你看到自由的一代人正从他们的摇篮中站起来，觉得那一刻每个人都是在为未来而战！

未来和过去都给出了回答，它俩都在说：去吧！那个超脱了时间、超脱了过去和未来的神，那个亘古不变的权利之神也在说：去吧！不朽的正义为人们躁动的内心打了一剂强心针，对他们说："安心去吧，有什么要紧的？无论发生何事，我都和你们在一起，是赢是死都在一起！"

其实，巴士底狱对人民来说算什么呢？他们几乎从没有进去过。但是正义在对他们说话，一个声音在对人的心灵呼喊——那是人道和慈悲的声音。这个温柔的声音听上去声如细丝，却把碉堡都掀翻了——巴士底狱在它的震动下，十年前就开始摇摇晃晃。

说实话，如果真要把推翻巴士底狱的这个荣誉归功于谁，那便是长期以来一直为拯救拉图德而上下奔走、不惧得罪各方权贵的那位勇敢的女性。国王拒绝将其释放，而国民强迫性地使他得到了特赦。这位女性，或者说这位英雄，在公众面前得到了神圣的加冕。加冕这位几乎可以说是强行打开了国家监狱大门的人，这么做就意味着把这些监狱全都贴上昭彰的恶名，让它们接受公众的唾弃，让它们在人的精神上和愿景中被拆毁，所以是这位女人攻陷了巴士底狱。

从那时候起，城市和郊区中那些要经常路过这个地方、在它的阴影下来来往往的人民群众①，一刻不停地诅咒着它。人民对它的仇恨不是毫

---

① 用林格一句铿锵有力的话来说："它挤压着圣安托万区。"（《记忆中的巴士底狱》，p.147.）在攻下巴士底狱的人群中，最出名的是来自郊区、圣保罗街和圣凯瑟琳区的群众。——原注

无缘由的。巴黎城中还有其他许多监狱，然而这一座却是肆意妄为的专制暴政建起的堡垒，是教会和官僚主义扶起来的裁判所。在这个世纪中几乎不怎么信教了的宫廷，把巴士底狱打造成了一所囚禁自由精神的地牢、一座思想的囚笼。在路易十六统治时期，巴士底狱中的囚徒已经没那么多了，然而监狱却越来越森严、越来越压抑（囚犯们甚至被剥夺了散步的权利），却又一如既往地毫无正义可言：其中一位囚徒所犯之事，是将一条有用的秘密消息透露给了我们的海军，当局害怕他再泄露给他人，就将其打入大牢！单单说出这件事，都让我们为法国感到脸红！

整个世界都知道巴士底狱，都仇恨着巴士底狱。在所有语言中，巴士底狱和暴政就是同义词。听到它倾塌的消息后，各个民族都觉得自己也得到了解放。

消息一传到俄国，传到这个神秘静默的帝国中，传到这个盘踞在欧亚大陆中间的怪物一般的坚垒里，各个民族在公共场合中欢呼着、哭泣着；他们彼此紧紧地拥抱着，嘴里念叨着这个消息："我们怎能不喜极而泣呢？巴士底狱被攻占了。"①

在那个重大的日字里，人民直到早上都还没拿到武器。

他们昨天晚上在军火库拿到火药，并交给了市政厅，然而整个晚上只有三个人在分发火药，进度十分缓慢。在近两点钟的时候，火药停止分发，绝望的人群用榔头砸着仓库的大门，连门钉都在敲打中溅起了火花。

没有枪！可是必须拿到枪！那就去荣军院抢！这么做太冒险了。没

---

① 这个场景是由一位可靠的证人——当时的驻俄大使塞居尔伯爵（Ségur）所描述的，他根本不被这股热情所感染："即便在讲述的时候，我都很难理解当时那种疯狂。"（《塞居尔回忆录》，Ⅲ，p.508.）——原注

错，荣军院是四敞八开，然而警备司令松布依——一位年迈却不失勇敢的军人，已经收到了一支强大的炮兵分遣队和许多大炮，还不包括他手上本来就有的兵力。只要点燃大炮，人群就会在侧面遭到驻在军事学院的贝森瓦军队的攻击，轻而易举地就被驱散。

这些外国军队会拒绝行动吗？不管贝森瓦怎么说，其中依然有怀疑的空间。然而更好的事发生了：由于没有收到指令，贝森瓦本人非常犹豫，仿佛头脑停止运转了一般。当天早上五点钟，他接见了一个奇怪的来客。此人走进他的府邸，他面容苍白，眼睛却如两簇燃烧的火苗一样，说话急促简短，动作举止充满勇者之气。这位年迈却又自负、算得上是旧制度中最肤浅但却不失勇气和冷静的军官，看着眼前的来客，心中敬佩得五体投地。"男爵先生。"来客说，"我来是为了警告您：不要抵抗。城门今天将被烧毁①，我很肯定它会发生，却无力阻止，您也不能——所以不要做无益的尝试了。"

贝森瓦并不害怕，然而他依然被震住了，在思想上被征服了。他说："我发现他身上有一种我说不清楚的摄人心魄的东西在向我袭来……我大可以将其逮捕，然而我居然什么都没做。"这是旧体制和大革命之间一场面对面的交谈，结果是后者把前者震惊得目瞪口呆。

早上还不到九点钟，三万民众就聚集在荣军院大门前，为首的正是市检察官②——选民委员会是不敢拒绝他的。人群中，还可以看到几支从兵营逃出来的法兰西禁卫军、穿着旧红衫的司法宫教士，以及圣埃蒂安

---

① 通过这番话，我们可以知道：五点钟的时候，什么计划都还没有成形。这个可疑的人并不来自人民，很明显，他只是把罗亚尔宫的流言重复了一遍。——长久以来，乌托邦主义者一直都在讨论摧毁巴士底狱带来的益处，并制作了方案。然而在一日之内将其攻占的这个英勇的、疯狂的想法，却纯粹是从人民内部生出来的。——原注
② 即马格利特-路易-弗朗索瓦·杜波尔-杜特尔特（Marguerite-Louis-François Duport-Dutertre, 1754—1793年），大革命期间的一位律师，1789年成为公共检察官，后在拉法耶特的推荐下成为司法部部长，1793年与巴纳夫同时被处决。——译者注

教堂的神甫——他被聚集到自己教堂里的群众选为主席，所以此次领导武装群众的这个危险任务，自然而然也就落到了他的头上。

年迈的松布依可以说是老奸巨猾，他出现在栅栏后面，说自己手上的确有一批枪，但这批枪是受人所托、代为保管，作为军人和贵族，为了荣誉，自己不能背信于人。人群没料到他会如此辩解，一下子停住了——在大革命初期的这段日子里，人民便是如此天真。松布依还说他已经送信至凡尔赛，现正等着回信；言语之间反复强调自己对市政厅和整座城市都是心存感情和友谊的。

大部分人愿意再等等，幸好当时人群中有一个没那么多顾虑的人①，才让人群没被如此糊弄过去。时间一分一秒过去，再也浪费不得；况且这些武器如果不属于国民，那又属于谁呢？人们跳进壕沟，占领大厅，在地窖里发现了两万八千支枪，将其悉数抢走，还带走了二十门大炮。

这一切发生在九点钟到十一点钟的时候。不过现在，我们再回过头来看看巴士底狱是何情形吧。

典狱长德劳内（De Launey）从13日半夜两点钟开始，就布下兵力。他没有疏漏掉任何东西，除了碉堡上的大炮之外，还从军火库中调来其他大炮安置在院子里，里面塞满了弹丸。在碉堡塔楼上，他放了六车石块、炮弹和碎铁，誓要把进攻者压成肉泥。②在低处的射击窗那里，他放了十二门重型防御枪，每门枪都装了一斤半的子弹。再低处，他派了最信得过的三十二名瑞士士兵去防守——他们可以毫不手软地朝法国人开枪。他的八十二名伤残老兵则被分配到各个岗位，被派到离大门很远的

---

① 集合起来的公民中的一个人。（《选民实录》，I，p.300.）——原注
② 《米肖古今名人传》中有关于德劳内的一篇文章，根据他的家人提供的消息所写。——原注

院子里。

人们一边朝着碉堡开火,一边向低处的射击窗发起攻击。进攻者大片大片地倒下,却对守军没有造成任何伤害。在那天的所有交火中,群众的子弹只射中了两个人,导致被包围的守军中一人受伤而死。

选民委员会看见伤者被抬进市政厅,听着他们哭诉现场的血流成河,便想去阻止这一切。然而当时只有一个办法:以市政厅的名义责令巴士底狱交城并让市民自卫队进入。市长非常犹豫,佛歇大力主张①,其他选民们也在催促着。他们以代表的身份前往巴士底狱,然而硝烟之中根本没人看得见他们。无论巴士底狱还是人民,双方谁都没有停火的意思,使节们面临着严重的生命威胁。

第二支特使团由市检察官带头走在前面,敲着鼓、举着旗,在广场上终于被人发现。高台上的士兵竖起白旗,收起武器,人民也停止射击,跟着特使团走进院中。可一走进去,迎接他们的便是猛烈的炮火,特使团边上的好多人倒了下去。很有可能是因为这些瑞士士兵和德劳内待在下面,并没注意到伤残兵打给他们的信号。②

人民心中的愤怒无以言表。从早上开始,就有人说典狱长是为了向人群扫射才把他们引至院中;他们觉得自己被欺骗了两次,决意要么赴死、要么向叛徒报仇。他们朝警告他们后退的士兵们冲了过去,狂怒地呼喊着:"至少我们的尸体可以把壕沟填平!"他们前仆后继、奋不顾身,冒着枪林弹雨冲向射击塔,仿佛靠累累的尸体就能将高塔掀翻似的。

在那个时候,看到这场毫不公平、纯粹只是屠杀的搏斗,许多先前毫无动静的正义人士越来越感到义愤填膺。他们也想加入进来。再

---

① 如果他说的话是真的,那佛歇便光荣地成为第一个做此提议的人。(佛歇,《1789年8月6日于圣雅克所作的论自由的演讲》,p.11.)——原注
② 被围者和特使团所说的话明显是矛盾的,而这是让两方说辞都能成立的最好解释。——原注

想控制住法兰西禁卫军已是不可能的事情了，他们全都和人民站在了一起。士兵们找到了巴黎选出来的指挥官，强迫性地交给他们五门大炮。人们组织起了两支纵队，一支由工人和资产者组成，另一支由法兰西禁卫军组成。前一支纵队选了一个伟岸孔武的年轻人当队长，他就是于林（Hullin），他原先是一位日内瓦钟表匠，后来成了康福兰侯爵（Conflans）的仆人和打猎跟班。于是，他那打猎跟班所穿的匈牙利服装自然而然就成了军服——穿着仆人号衣的人在领导人民为自由而战。另一支纵队的队长是艾黎（Élie），是一个归王后军团所管的临时军官，他脱下布衣，披上金光灿灿的军装，勇敢地暴露自己，让自己成为战友们前进的旗帜，也成了敌人扫射的活靶子。在他的队伍里，有一位骁勇善战、年轻有为、品行无瑕的士兵，日后成为了法国之光，那就是渴望上阵杀敌、对胜利的荣耀又默默无争的马索。

当他们到达巴士底狱的时候，事情几乎没有任何进展。人们推来三车稻草，将其点燃后，一把火烧了营房和炊事房，然后就不知道该怎么办了。人民把绝望发泄在市政厅身上，指责市长和选民，用威胁的语气督促他们正式下令包围巴士底狱。然而，他们根本无法令市政厅发下这些命令。

为了夺取城堡，人们向选民提出了许多奇怪的，甚至是古怪的方案。一个木匠提议造个罗马式的木制弩炮，投石攻击城墙。巴黎各位指挥官说应该靠常规攻击战，打开一条战壕。这漫长而无用的争辩被有人刚刚截获的一封信所打断——这封信是贝森瓦写给德劳内的，要他坚持到最后一滴血。

在当时的危急时刻，我们要知道每时每刻都有错误的警报拉响，这样方能明白时间的宝贵、理解一切推延造成的恐惧。有人猜测，昨晚两点钟的时候,宫廷就得知正午群众要攻打巴士底狱的消息了,借着这段时间,它可以将瑞士军队和日耳曼军队逼向巴黎。军事学院的驻军在这天会按兵不动吗?看上去不太可能。贝森瓦话中显示他对自己军队少有信心,但这听上去似乎只是一个借口罢了。瑞士人在巴士底狱中表现得非常顽强,就好像是从修罗场上下来的似的;日耳曼龙骑兵在12日开了几次枪,杀了一些法兰西禁卫军士兵,而后者也杀了几个龙骑兵,双方已然深深结怨。

在圣奥诺蕾区,连铺路石都被拆了去做街垒,人们觉得敌人随时都可能发起攻击;拉维耶特①也过着提心吊胆的日子,而且实际上真有一支军队奔赴过来,将其攻占,只不过它到的时候太晚了。

一切拖延看上去都是背叛。市长的推诿之词让人民心生怀疑,选民的含糊躲闪更是让他们疑窦丛生。愤怒的群众觉得自己是在和他们浪费时间,一位老者疾呼道:"朋友们,我们和这些叛徒在一起做什么呢?还不如去巴士底狱!"人群一下子消失得没了踪影,只剩下惊愕的选民们站在那里面面相觑。其中一个人赶紧离开,脸色惨白得像个鬼似的,边走边转头说:"你们要是还待在这里,就只有十分钟可活的了。沙滩广场上挤满了怒气冲天的人群,看,他们快来了!"但他们并没想着逃跑,也正因如此才躲过一劫。

人民把怒气全都撒到了市长一人身上。各行政区代表相继前来,当面斥责他的背叛。一部分选民觉得因为他的不智和谎言而导致自己在人民面前地位大减,因此也翻脸指责他。另外一些议员,例如老好人杜索尔(尤维纳利斯作品的译者)、勇敢的佛歇,不管弗雷塞尔清白与否,都在努力替他辩护,想救他一命。在人民强迫下,他们从办公厅来到了

---

① 现巴黎第十九区的一条街。——译者注

圣让大厅以后,把弗雷塞尔团团围住,佛歇就坐在他身边。弗雷塞尔脸上浮现出对死亡的恐惧。杜索尔说:"我看他嚼着自己最后一块面包,一直嚼了两小时,到最后也没有咽下去。"他身边堆满文书和信函,还有许多人过来找他,在"去死"的吼声中,弗雷塞尔强打精神,和和气气地回答人们的提问。其中逼得最紧的当数罗亚尔宫和圣洛克区的人,佛歇实在看不下去了,跑过去请他们发发善心。各区人员都聚集到了圣洛克教堂里;佛歇两次登上讲台,哭着、求着,说着自己伟大的心灵在这样的危急时刻中能够想起来的所有炽热的话;他的长袍上全是巴士底狱射过来的子弹留下的累累弹痕[1],它也在疾呼,也在求着人民,为了替这伟大的一天保住荣誉,为了让自由的摇篮保持纯洁、不沾鲜血,它也在哀求着。

市长和选民们留在圣让大厅,在生死之间摇摆,好几次枪就指着他们的脸。据杜索尔所说,那里所有的人都像野人似的,他们有时候也会听人讲话,沉默地看着对方;有时候,人群中会冒出可怕的窃窃私语,好像闷雷响起一般。许多人说着、喊着,然而更多的人在逆转的局势面前茫然无措。喧哗声,呼喊声,警报声,新传来的消息,新截获的信件,抽丝剥茧后的真真假假、虚虚实实,那么多被揭穿的秘密,那么多被带到庭上的人,这一切把人们的思绪和理智全都打乱了。其中一个选民问道:"这不就是最后的审判吗?"人们如此茫然、如此混乱,他们已经忘记了一切,甚至忘记了市长和巴士底狱。[2]

五点半的时候,沙滩广场升起一声呐喊。巨大的喧嚣声传了过来,开始很远,然后声音越来越近、越来越急,犹如暴雨中隆隆的雷声一般打了过来。巴士底狱被攻下来了!

---

[1] 佛歇,《铁嘴钢牙》,NO. XVI,1790年11月,第九卷,p.244.——原注
[2] 不过《选民实录》指出,人们已经组织了一个新的特使团,而指挥官德拉撒勒侯爵最后也愿意参与行动。——原注

在这个本就被挤得水泄不通的大厅里，一下子跑进来一千多个人，后面还有一万多人在拼命往前挤。房屋地板咯吱作响，板凳全被推倒，门口的路障被推在办公桌上，办公桌又被推在主席身上。

所有人都是全副武装，打扮得千奇百怪，有的人几乎全身赤裸，有的人穿得五颜六色。有个人头戴桂冠被大家抬了起来，身边全是战利品和俘虏，他就是艾黎。在这片足以和雷声相抗的喧嚣中，为首走来的是一个表情肃穆的年轻人，他的刺刀上正挑着那个被人百般诅咒的东西——巴士底狱的规章条例。

巴士底狱那些巨大的、丑陋的、沉重的、被岁月和人的痛苦打磨得锃亮锃亮的钥匙，它们也被带了过来。不知是出于偶然还是因为天意，它们最后落到了一个对它们再熟悉不过的人手里——先前被关在那里的一个囚犯。后来，国民议会把钥匙放在了档案处，古老的暴政机器和撕碎了暴政的律法被锁到了一起。直到今天，我们在法国档案馆的铁柜子里仍然可以看到这些钥匙。啊！要是这个铁柜子能把世上所有巴士底狱的钥匙都锁起来，那该多好啊！

正确说来，巴士底狱并不是被攻占的，而是自己开城投降。它自感良心不安，所以内心惶惶，最后失去理智、走向疯狂。

有些人希望开城投降，另外一些人仍在继续开枪，尤其是那些在五小时里毫无损伤，甚至都没有可能受伤的瑞士人，他们仍在肆意扫射、大开杀戒。他们杀了八十三人，伤了八十八人。其中二十名死者是贫苦家庭的顶梁柱，他们走了，把只能被活活饿死的妻孩留在了世上。

自己在战场上毫不涉险所带来的耻辱感、杀害国人的恐惧感，这些几乎没有打动瑞士人半分，最后却让伤残老兵们丢掉了手里的武器。四点钟的时候，士官们请求德劳内停止杀戮。德劳内很清楚等着自己的是什么，是以命换命。曾有一刻时间里，他生起了疯狂的念头，想点燃巴士底狱里的炸药，将三分之一的巴黎夷为平地。他有一百三十五桶炸药，足以把巴士底狱炸到半空去，将整个郊区、整个玛莱区、军火库的整条街全都炸得粉碎。他抢来一门大炮的引火线，但两名士官阻止了这桩犯罪行为，他们用刺刀拦住了他，不让他去弹药库。德劳内当时意欲自尽，抢了一把刀过来，然而人们把刀夺走了。

他已经完全失去理智，再也发不出任何命令了。①当法兰西禁卫军装上大炮，对准开火的时候（根据某些人所言），瑞士军官很清楚应该谈判了。他写了一张小条子传下去②，信中要求出城后能保持军人的名节。请求被拒。随后他要求活命，于林和艾黎答应了。

难的是如何兑现承诺。要阻止积攒了几个世纪的报复心切，要阻止巴士底狱刚才造成的那么多死伤的怒火爆发，这谈何容易？这支队伍一小时前才刚刚诞生，刚从沙滩广场赶来，只是两支小小的前锋队而已，它根本不足以控制后面跟着的十万大军。

群众愤怒而又盲目，被危险冲昏了头脑。即便如此，他们也只当场杀了一个人。他们放过了自己的敌人，把穿着长罩衫的瑞士士兵当成仆人或囚犯放走了，却伤害和虐待了他们的朋友——那些伤残老兵。人群想彻底消灭巴士底狱，他们用石头将那两个俘虏组成的时辰仪砸得粉碎，登到塔楼顶上踩踏大炮；有些人对着石块又踢又踹，拖动它的时候把手都弄伤了也毫无察觉。大家跑到黑牢释放囚犯，其中两个已经疯了：一个被吵闹声所惊吓，想要自卫，当大家破门而入、把他抱在怀里恸哭不已的时候，他完全惊呆了；另一个胡子都长到了腰际，还在问别

---

① 根据图里奥的证词，他从早上开始便这样了。请见《选民实录》。——原注
② 为了传信，人们在战壕上搭了一条木板。第一个冒险上去的人倒下了，第二个（是阿尔内Arné还是马亚尔Maillard？）更幸运一点，带回了这张条子。——原注

人路易十五怎么样了，以为现在仍是他统治的时候，当别人问起他的名字时，他说别人都叫他无量少校。

胜利者还没完，他们在圣安托万街上又展开了另一场战斗。在朝沙滩广场前进的时候，他们碰到了一大群人。这些人没有参加过战斗，却又想做些什么事情，至少杀几个俘虏也行。其中一个俘虏在图内尔大街遇害，另一个在码头被杀。披头散发的女人跟在队伍后面，在死者中辨认自己的丈夫，然后她们把尸体一放，朝杀人者冲了过去。一个女人口吐白沫，追着所有人要一把刀，好为丈夫报仇。

德劳内也被带了过来。在这样的危急时刻，两个从内到外都少有相同之处的人——于林和另外一个人，寸步不离地守着他。这另外一个人一直陪他走到了小安托万，然后一股人潮把他从德劳内身边冲走。于林死死抓着德劳内，把他从那里一直带到了沙滩广场。虽然两地相隔很近，然而这段路走得比赫拉克勒斯要完成的十二项任务还要艰难。于林不知道该如何是好，又发现人们只靠一个东西辨认德劳内——只有他是没戴帽子的。于是于林产生了一个勇敢的想法：他把自己的帽子给了德劳内，结果自己马上就遭到好几枪射击。①他们终于平安经过了圣让门，如果他能让德劳内登上台阶，把他推向楼梯，那就大功告成。然而群众发现了他的意图，并狂暴地阻止两人的去路。于林空有一身伟力，却在这里起不到任何作用，人群的旋涡组成一张巨大的网，一次又一次地困住他。他脚下一个踉跄，被人往后面一扔，摔在了石板路上。他站起来

---

① 保皇党人有一个艰难的任务，那就是把没那么引人关注的人变成众人瞩目的焦点。于是他们有一个说法，宣称德劳内比于林更有英雄气概，他把帽子还给了于林，宁愿自己去死，也不要拖累他。几天之后，同一件事有了另一个版本，英雄人物换成了巴黎督办贝尔蒂埃。后来有人讲，巴士底狱的副官在沙滩广场被之前一个囚犯认了出来，由于副官对他一直很好，这个囚犯保护了他，把他放走，并说："如果之前没救过我，你已经是个死人了。"最后这个真实的叙述，很可能启发了另外两个故事。关于德劳内和贝尔蒂埃，根据他们的后人描述，我们看不出他们在最后一刻有什么英勇的表现。《米肖古今名人传》中那篇根据德劳内的家人提供的信息所撰写的文章，里面对此也保持缄默，这足以说明他们也不相信这则流传故事。——原注

两次。第二次的时候，于林抬头一望，看到一杆长矛的尖端挂着德劳内的头颅。

圣让厅里则上演着另外一幕场景。那里的俘虏生命危在旦夕，人们尤其坚持要处死三名伤残老兵，认为他们是巴士底狱的炮手，而且其中一位已经受伤。指挥官德拉撒勒付出巨大的努力，甚至把自己指挥官的头衔都抬了出来，终于成功救下了这位伤者。当他带着伤者往外走的时候，另外两个被拖走，吊死在市政厅对面瓦内利街角的灯柱子上。

这一场巨大的运动似乎让人忘了弗雷塞尔，然而他正因此才走向死亡。来自罗亚尔宫的一小撮无情的控诉者，看到群众的注意力全被引向其他地方而大感不满。他们坚守在办公厅附近，威胁他，勒令他跟他们走。弗雷塞尔向他们屈服了，也许是因为等死时间太长，让他宁愿来个干脆；也许是因为他认为大家都在关心这一天发生的大事，所以自己也许能够侥幸逃命。"好吧，先生们。"他说，"我们去罗亚尔宫吧。"可还没有走到码头，一个年轻人就朝他的头开了一枪，弗雷塞尔当场丧命。

聚集在大厅里的人民群众并没想着要见血；目击证人说，当他们看到鲜血横流的场景后，全都惊呆了。所有人张大嘴巴，目瞪口呆地看着这个荒谬、怪诞、疯狂、不可思议的场景。中世纪和其他年代的武器混在一起，仿佛所有世纪都在眼前复活了。艾黎站在一张桌子上，戴着头盔，手里握着一把已经变形了的剑，看上去就像罗马战士一样。他把俘虏围在自己身边，为他们说情；法兰西禁卫军也要人们赦免俘虏，以做回报。

此时，人们带来了——更准确地说是拖来了一个男人，后面跟着他的妻子。此人就是前内阁大臣蒙巴雷亲王（Montbarrey），在街垒那里被捕。他的妻子已经晕了过去，他被扔在办公桌上，上面被十二双手压制着，差点没被折成两节。这个可怜人便在这样古怪的姿势下，辩解说他很久以前就不是内阁大臣了，说他的儿子还在本省中踊跃地参与革命。德拉撒勒指挥官替他说话，使得自己也性命堪忧。不过，人们总算心软了一下，松开了手。体格强壮的德拉撒勒一把把亲王抓起，直接扛走了。这场力量的展示很是讨人民的欢心，大家都鼓起掌来。

与此同时，勇敢善良的艾黎终于找到办法，快刀斩乱麻地结束掉一切诉讼和审判。他看到了来自巴士底狱的孩子们，然后大喊："宽恕吧！为了孩子！宽恕吧！"

你可以看到，那些脸色黝黑、手上满是尘土的人，当时全都流下了大滴大滴的眼泪，就仿佛在滂沱大雨中淋了雨一样。人们再不去想什么正义，什么报仇了。法庭倒塌了。艾黎战胜了那些战胜了巴士底狱的人。人们要求俘虏宣誓忠于国民，然后带着他们走了；伤残老兵平平安安地回到了他们的驻地；法兰西禁卫军控制了瑞士士兵，让他们排队安全地回到自己的军营里，还给他们提供了住宿和食物。

最令人钦佩的是那些孀妇，她们也表现出崇高的一面。本就贫困潦倒、还要抚养孩子的她们，不愿将分给自己的那点可怜的抚恤金独吞，而是把它拿出来和一位阻止巴士底狱被炸、自己却被误杀的贫穷老兵的未亡人共享。包围者的妻子们，就这样把被围者的妻子接纳进了自己的怀中。

第二篇

1789年7月14日—1789年10月6日

第1章

虚假的和平

7月14日的凡尔赛——7月15日，国王来到议会——巴黎的哀悼和悲惨——7月15日，议会使团来到巴黎——虚假的和平——7月17日，国王来到巴黎——阿图瓦、孔岱、波利尼亚克等首批贵族逃亡——国王陷入孤境

议会在双重担忧中度过了14日一整天，它害怕宫廷采取暴力行为，又害怕巴黎采取暴力行为。一场失败的举事，就有可能把自由扼杀了。大家留意着所有动静，把耳朵紧紧贴在地面上时都听到了远处一声炮击的回响。这也许就是最后一场运动了；许多人希望立即建立宪法基础，如果议会被驱散、被毁灭的话，至少它还留下了这份遗嘱、这束光芒，来为日后的抵抗指引方向。

宫廷无所疏漏地组织了攻击方案。两点钟，督办贝尔蒂埃还向军事学院发下了详细指令。他的岳父、军务阁外大臣福隆（Foulon），也在凡尔赛做好了一应准备。若无意外，巴黎将在午夜同时遭到七处攻

击。①参事院讨论着晚上要逮捕哪些议员,这个应被通缉,那个可以放过;布勒特伊替巴伊辩护,说他是清白无辜的。而王后和勃利夫人则前往橘园去鼓舞士气,向那些围成一圈载歌载舞的士兵分发葡萄酒。为了让军队狂醉得更彻底一点儿,勃利夫人这位美人中的美人,还把军官们请到自己家中,用美酒、温言软语和柔情似水的双眸打乱他们的心神。这些已经盲目了的军队一旦拿起武器,这个夜晚将会血流成渠。人们截获了他们的信,信中写道:"我们向敌人走去。"哪个敌人?是法律,是法国!

看,巴黎大街上人喊马嘶、尘土飞扬,那是一大队骑兵,是朗贝斯克亲王带着自己的所有军官在逃命,巴黎人民在后面穷追不舍。不过他碰到了凡尔赛的群众,要不是双方群众担心误伤彼此,人们早就朝他开枪了。

诺阿依(Noailles)到了:"巴士底狱被攻占。"温普芬(Wimpfen)到了:"典狱长被杀,他亲眼看到了,而且自己差点也没逃出来。"最后到的是两位选民特使,他们把巴黎的可怕情形告诉给了议会。大家怒气冲冲,发誓要为上帝和人民向宫廷和内阁大臣复仇。米拉波说:"我们要把这些账算到布罗格力头上!"②

议会代表去找国王,然而只得到了两句模棱两可的话:他已派了军官去取得市民自卫队的指挥权,并向战神广场的驻军下令撤退。很明显,这个动作被理解成了全面攻击的信号。

议会火冒三丈、吵吵闹闹,又派去了第二批代表。"国王心都碎了,然而他再也无能为力。"

---

① 《巴伊回忆录》,Ⅰ,pp.391,392.——原注
② 费里耶尔,《1790年巴黎回忆录》Ⅰ,p.132.——原注

我们经常为路易十六的软弱而悲叹不已,可是更令人悲叹的是,他此时反倒表现得强硬起来。

贝尔蒂埃和他在一起,在内室里安慰他①,说当前的骚乱只是小事一桩。现在巴黎虽然陷入动乱,但晚上还有机会发起大进攻。当时,巴黎城已处在他的戒备之下,蒙马特高地上已经架起了大炮,射程足以覆盖维耶特,震慑圣德尼斯。

由于各方情报矛盾重重,国王没有下达任何命令,根据自己的作息习惯早早睡觉去了。里安古尔公爵②出于职责所在,即便晚上也能随时出入宫门。他不愿看见国王在懈怠和不知情的情况下,就这样白白送命。于是闯进去,把国王叫醒。他爱戴国王,想要救他。里安古尔告诉他当前面临着一场多么危险浩大的运动、它的力量有多么不可抵挡,告诉他应该赶在奥尔良公爵之前承认这一运动,向议会靠拢。睡眼惺忪的路易十六(他从来就没真正醒过)问:"怎么了?那是暴乱吗?""陛下,那是革命。"

国王把一切都一五一十地告诉了王后,阿图瓦伯爵一家也都知道了。他身边的奴才走狗陷入巨大的恐惧中,因为王室一族很可能会为了自保而牺牲掉他们。其中一个很了解亲王,知道他的弱点就是恐惧,便跟他说:他和弗雷塞尔、德劳内一样,都已经上了罗亚尔宫的通缉名单;此时他应该稳定众人情绪,与国王联手采取一些得民心的必要措施。这个人又是议员,他跑到议会那里(当时已是午夜了),发现不敢去睡的老好人巴伊还在那里,于是以亲王的名义,要求他写一封国王第二天要发表的演讲词。

---

① 《指控报告》,出自《法国大革命议会史》,Ⅳ, p.83.——原注
② 里安古尔公爵(Rochefoucauld-Liancourt, 1747—1827年),法国社会改革家,1789年选入三级会议,7月18日被选为国民制宪议会主席。——译者注

凡尔赛城里还有一个人，对此事的痛心程度不亚于任何人——我说的就是奥尔良公爵。7月12日，他的塑像在大张旗鼓地被人扛起来游行的时候，突然被摔碎了。然而没有一个人对此在意，就任这滩碎片放在那里。13日，有人提议选举监国，然而大家仿佛聋了似的，没有一个人听见，或者说是没有一个人愿意听见。14日早上，德让丽夫人做出一个大胆、令人难以置信的动作，把她的帕梅拉和一个穿红色号衣的仆人送进暴乱的旋涡中心里去。①里面有一些人在喊："这难道不是王后吗！"但是这话马上就随风消散了。什么可笑的阴谋伎俩，全都湮没在这场浩瀚无际的运动里；什么可怜的私心杂念，全都泯灭在这个神圣之日的洪流中。

可怜的奥尔良公爵15日早上来到宫中，参加参事院会议。然而他在宫门停了下来，等了一会儿，然后写了一封信。他写这封信，不是为了得到监国一职，也不是为了进行调停（他、米拉波和其他几个人已经同意进行调停），而是以一个忠诚臣子的身份向国王保证：如果局势变得更加恶劣，他愿意前往英国。他一整天都没离开议会、离开凡尔赛，晚上来到王宫②；面对策划阴谋的一切指控，他拿出了**不在场证据**，在攻占巴士底狱一事中把自己洗得干干净净。米拉波大怒，从那时起就疏远了奥尔良公爵。他说（我已缓和了措辞）："他在犯罪时就是个阉人，想做但做不了。"

当公爵像请愿人一样等在参事院门口时，他的手下希尔里-德让利誓要为其报仇。此人宣读了一个阴险、暗含圈套的请愿书草案，并使其得到采纳。这份请愿书将弱化掉国王亲临议会造成的效果，让它失去那种突然造访带来的恩典感，还提前给大家的心上泼了盆凉水。里面说："来吧，陛下，陛下将看到议会是多么惊愕，但议会可能也会震惊于陛

---

① 《勒布伦夫人回忆录》，I，p.189.——原注
② 费里耶尔，I，p.135；德罗兹，II，p.342.——原注

下是多么平静。"等等之类的话。同时，他又宣称运往巴黎的面粉在赛弗勒被拦下了。"如果这个消息传到首都，那将如何是好！"

此外，米拉波也声势吓人地发泄了一番。他对派去与国王对话的议员们说："很好！告诉国王，那群把我们团团包围起来的外国匪帮昨天受到了亲王、王妃、宫廷宠臣们的接见，得到了他们的示好、激勉和礼物。告诉他，整个晚上，这些肚里灌满了美酒、手里抓满了金子的喽啰们，在唱着亵渎神灵的、预言法国将被奴役的歌，发下粗野的、直指国民议会将被毁灭的誓约。告诉他，就在他的宫殿里，廷臣们在和着鄙俗的音乐跳舞，这就是圣巴托罗缪大屠杀之夜的前奏。告诉他，那位流芳百世、被永世传诵的亨利国王，那位他宣扬说要效仿其后的祖先，下令把食物送往愤慨的巴黎，送往这个被他亲手围困住的城市；而给饥饿而又忠诚的巴黎送过去的这批面粉，却被他那些凶残无情的手下给运回来了。"

代表团出发后，国王却来了。他和他的兄弟们走了进来，身边一个护卫都没有。国王在大厅里来回走了几步，然后站住脚，面向议会，宣布已经下令军队撤出巴黎和凡尔赛，并请议会就此事通知巴黎。真是可悲啊！要不是议会一心相信国王没有撒谎，他的这番话根本得不到多少人的买账！然而他又说了句高尚而又很聪明的话："居然有人胆敢对外宣称说你们的人身安全没有得到保障。我的为人自能打破这些错误的谣言，那又怎须多做安抚？再者说了，我自己早已把自己和国民连成了一体，也早已把自己托付给了诸位！"

把军队从巴黎和凡尔赛撤出，但又没说明撤至离城多远的距离，这又是一个含混不清、模棱两可的承诺，让人很难放下心来。然而眼前无尽的迷雾已经够让议会上下坐立不安了，巴黎的胜利更是让它傻了眼，它太渴望重建秩序了，所以才对国王如此轻信、如此狂热，甚至忘了自己应该争取什么。

他们所有人围着国王上下打转、寸步不离。他是走路回去的，议会和百姓则紧紧围着他、贴着他。国王体形非常肥胖，在这样炎热的天气里穿过达尔姆广场，这已经耗尽了他所有体力。议员（其中也有奥尔良公爵）在他身边围成一圈。抵达之后，军队奏响军乐，唱着"哪里比得上家里好？"可是这个家有太多限制了，而且人民又不属于其中一员，家门始终朝他们紧闭着。国王说，家门将重新打开。然而他又借故拒绝接见那些想再看他一眼的议员，转身到教堂感谢上帝去了。[①]王后带着她的孩子和阿图瓦伯爵的孩子们一起出现在阳台上，他们都在强颜欢笑，不知如何应对民众这份自己受之有愧的热情。

整个凡尔赛都是欢天喜地。而巴黎虽然夺取了胜利，却依然处于警备和哀悼之中。他们让死者入土为安，其中许多人撒手人寰，把嗷嗷待哺的家庭丢在身后。对于没家的人，同胞也为他们尽到了最后的义务。他们把帽子放在死者身边，对过路的行人说："先生，为了这个替国民而死的可怜人，行行好吧！夫人，为了这个替国民而死的可怜人，行行好吧！"[②]朴实简单的葬礼祈祷声响起，替那些为了法国得生而慷慨赴死的人而祈祷着。

所有人都在保护巴黎，没有一个人在工作。再没有活计；食物短缺，而且价格居高不下。市政厅保证说巴黎的存粮可以坚持十五日，实际上却只够吃三天。为了让穷苦百姓不被饿死，就得纳捐，然而供应的面粉在赛弗勒和圣丹尼斯那里又被军队拦了下来。当局承诺撤军，然

---

① 《黎明报》，No.35，第一卷，p.207.——原注
② 《从法国写给一位朋友的信》，p.29，引用在了杜索尔的注释里，p.333.——原注

而同时又派来两支军队。骑兵回来了，街垒又重新竖了起来。谣言四处传开，说当局企图夺回巴士底狱。人心惶惶已到如此地步，两点钟的时候，选民委员会再无法拒绝人民的要求，下令巴黎进入戒备之中。

两点整的时候，一个人跑了过来，上气不接下气，几乎都要晕倒了。①他是从赛弗勒那里跑过来的，那里的军队还想把他拦住。"一切都结束了，革命结束了。国王去了议会，说：'我把自己托付给了你们……'议会派出了一百名议员，此刻已经从凡尔赛出发，正朝巴黎城赶来。"

这些议员是立马上路的，巴伊连饭都顾不上吃。选民们几乎都没有时间跑去迎接他们，何况巴黎本来就已经乱成一团，人们好几个晚上都没有休息了。人们想鸣炮欢庆，然而大炮全都还在炮座上，没法立即就位。不过也着实没有必要去这样隆重庆祝，7月的烈阳、骚乱，还有所有这些拿起武器的伟大的人民，便是巴黎最好的装饰。开道的是法兰西禁卫军、瑞士军队、市民自卫队军官以及选民代表，后面跟着一百名议员。这支队伍经过圣奥诺蕾大街，在喇叭声中往前走着。所有人都在向他们挥舞着双臂，所有心灵都在欢喜地跳跃着。所有窗户都打开了，鲜花在盛放，人们在祈祷、在流泪……

国民议会和巴黎人民、网球场宣言和攻占巴士底狱事件、胜利和胜利终于拥抱在了一起！

许多议员流泪亲吻着法兰西禁卫军的军旗。他们说："这就是祖国的旗帜！这就是自由的旗帜！"

到了市政厅之后，人们请拉法耶特、巴伊、巴黎大主教、西哀士和克

---

① 《选民实录》，由杜维里耶编写，I，p.431.——原注

莱蒙-托内尔①在办公厅就座。拉法耶特冷静沉着地做了讲话；随后拉利-托伦达尔②站出来，带着爱尔兰人的急躁脾气，声泪俱下地发表演讲。三十年前，正是在这个沙滩广场上，拉利的父亲被旧体制堵上嘴，拖出去斩首。他的演讲非常感人，然而里面却只在呼喊着宽恕旧体制，可这真的是操之过急了，当下巴黎仍在军队的重重包围之中呢。

然而聚在市政厅里的民众被深深打动了。"软心肠的人里最胖的那个胖子"——人们是这么称呼拉利的——戴上花环，被带到或者说是被抬到窗户那里，扔到下面的人群中。他极力推托，把花环戴到了国民议会第一任主席巴伊的头上。巴伊也在推辞，然而大主教用手托住他的头，让他没法再动。多么奇怪、不可理喻、却直指出当时粉饰太平的本质的一幕场景啊！网球场宣言的主席，居然被大主教的手授以桂冠，而正是这位大主教提议发动政变，把巴黎逼上梁山夺取胜利的。然而几乎没有人察觉到这其中的不妥，所以大主教才厚颜无耻地提议去听《感恩曲》，一行人就跟着他浩浩荡荡地来到了圣母院。而一手造成了无数死伤的大主教，其实更应该向这些死者奏一曲《从我深处》③才对。

虽然大家都很激动，然而人民依然保持了理智，绝不会乖乖地让别人乱动自己赢取的胜利果实。但我们必须得说，夺取人民这个胜果诚然是不对的，但也是无用的：这场胜利还没完结到有人要去牺牲它、遗忘它的地步。它带来了巨大的精神影响，然而其物质作用却是微乎其微、不可确定的。从圣奥诺蕾大街开始，市民自卫队（当时里面清一色由人

---

① 克莱蒙-托内尔公爵（Charles Henri Jules de Clermont Tonnerre，1720—1794年），国王亲卫队总司令官，多菲内省统帅，1794年在巴黎被处死。——译者注
② 拉利-托伦达尔伯爵（Gérard de Lally-Tollendal，1751—1830年），法国政治家、文人，1789年代表贵族进入三级会议，随后又担任了国民制宪议会的制宪委员会会员。——译者注
③ 《从我深处》（De Profundis）这篇诗从中世纪开始就被用作教会的忏悔诗篇。——译者注

民组成）在军乐声中带出来的第一个人，不是议员，而是第一个抓住了巴士底狱典狱长的法兰西禁卫军士兵。他在欢呼声中被领到了德劳内的马车上，头戴桂冠，身上佩着人民从狱卒那里抢来献给胜利者的圣路易十字勋章。他不愿留着这个勋章，然而在还回去之前，当着议员的面，他戴上了它，骄傲地把它展示在自己的胸前。①人群在欢呼，议员在鼓掌，用掌声把自己昨天干下的事情盖了过去。

另外还发生了一个小插曲——一个足以说明问题的小插曲。在市政厅发表演讲的时候，善良却昏了头的里安古尔说国王会从心底原谅法兰西禁卫军。参与行动的许多禁卫军士兵当时都在那里，闻言马上逼了上去。"我们不需要原谅，"其中一个说，"我们为国民效力，为国王效力；今天他表现出的意愿足以向法国证明，我们是忠于国王和祖国的。"

巴伊被任命为市长，拉法耶特则担任市民自卫队统领。大家出发，一起去听《感恩曲》。大主教亲切地握住了勒费布福勒神甫的手——当初正是这位勇敢的神甫负责看管和分发弹药，今天他才第一次从地下室走出来，浑身上下都是黑乎乎的。巴伊被于林带着，欢呼若狂的人群拥挤着他，都快让他窒息了。他后面跟着四个步兵；虽然这一天里大家都是喜气洋洋，自己还意外而光荣地有了新的头衔，然而他却忍不住觉得"自己看上去就像被押解着走向监狱似的"。如果他预言能力更好点的话，应该说的是"走向死亡"才对！

这首《感恩曲》不是谎言，又是什么？谁会相信大主教会因为攻占

---

① 四处贪玩的卡米尔·德穆兰，他也用自己的方式赢得了胜利："我拔出剑来，向前走着……"（《卡米尔·德穆兰未发表的书信集》，p.28，1836）他从荣军院里拿了一支好枪、一把刺刀和两把手枪，可惜都没用上，因为巴士底狱居然那么快就被攻占了！他跑了过去，不过到的时候为时已晚。就算这样，一些人仍然说是他引发了大革命（p.33）；而德穆兰那么谦逊的一个人，肯定是不会接受这个说法的。——原注

巴士底狱事件而真心感谢上帝？什么都没变，人没变，理念也没变。宫廷永远是宫廷，敌人依然是敌人。

木已成舟，米已成炊。无论是国民议会还是巴黎选民，不管他们如何万能，都不能改变过去。在7月14日里，国王是败者，人民是胜者。他们怎么可能洗刷掉这一切，让它变得不复存在？他们怎么可能删去历史，改变已经发生的昭昭事实，让国王和人民接受这样的颠倒黑白，让前者满足于被打败的地位，让后者毫无戒心地把自己交到一个遭此挑衅的主人的手中？

穆尼耶16日在国民议会讲述了一百名议员到访巴黎城的场景，还做了一个颇为奇怪的提议（第二天该提议被复提，并在市政厅举行投票）：在被摧毁的巴士底狱原址上竖立一座路易十六的雕像。为一个败者竖立雕像？这还真是新奇！可以想见，这是多么可笑，而且它能骗过谁呢？让一个败者获胜，这样就真能窃取掉胜利的果实吗？

14日一整天里国王的固执表现，让最没头脑的人也能看出他15日的行为绝不是出自本意的。甚至当议会将他送回王宫的时候，在一派假装也好、真心也罢的狂热气氛中，一个女人抱住了他的膝盖，大胆问道："啊，陛下！您真的是真心的吗？他们不会再让您变卦了吧？"

巴黎人民做着最阴暗的揣测。他们无法相信，宫廷在凡尔赛周围布上四万军队，却什么都不会做。他们觉得国王的举动只是一种麻痹手段而已，然后会有猛烈的攻击。他们也不信任选民：15日有两个选民给派去凡尔赛，但都被带了回来，而且被安上了叛徒的帽子，遭到威胁，险些没命。法兰西禁卫军害怕自己军营里设有埋伏，所以也不愿归营。人民坚持认为，即便宫廷不敢打仗，它也会通过某些卑鄙龌龊的谋杀行为来复仇，也许它在某个地方设有一座火药库，要把巴黎炸得粉碎。

这些担心并不是无稽之谈，而是关乎到信任问题。人们凭什么放下心来呢？国王承诺撤兵，可是军队依然驻扎在那里。圣德尼斯的统将法尔克南尔男爵（Falckenheim）说自己根本没有收到撤军命令，而人们又在路障那里逮捕了他的两个侦察兵。更严重的是，警察长辞职了，督办贝尔蒂埃逃跑了，所有负责物资管理的行政职员也跟着他不见了。大概再过一两天，市场上就会再没粮食。人民来到市政厅，要面包，也要官员的项上人头。选民派了许多人去找吃的，把桑丽斯、维尔农，甚至阿弗尔都翻了个遍。

巴黎在等国王。它觉得，只要国王说的话是发自内心的，他就会离开自己的凡尔赛、离开身边那些歹毒的参事员，转身投入人民的怀中。15日是最好的时机，如果他在那时离开议会后来到巴黎，走出议会，满怀信任——不是口头上的信任，而是真正的、身体上的信任——大胆走进群众中，和这些拿起武器的人民融为一体，就能造成最好的效果。到那时，群情激动，大家都会倒戈到国王那边。

这就是人民所盼的，这就是他们所信的，这就是他们所说的。他们把这个请求告诉了市政厅，并在大街上反复宣传。国王犹豫了，到处问人，往后拖了一天。然而只因这一天之差，一切就都变了。

这不可弥补的一天里究竟发生了什么呢？15日晚上和16日早晨，他都还和那些大臣待在一起，而当初正因为这些人的愚勇，才导致巴黎血流成河，才让王位遭到前所未有的动摇。在这次参事院会议中，王后想逃跑，想让国王离开，想由他率领军队掀起内战。可是军队可靠吗？如果军队内部、法国士兵和外国雇佣兵之间爆发战争，那会导致什么后果？采用迂回手段去哄骗人民、争取时间，这样不是更好吗？双方争持不下，夹在中间的国王没有任何主意和想法①；觉得无论哪个决定都行。会中大部分人倾向于第二种方案，于是国王留了下来。

一个巴黎市长，一个巴黎统领，两位都是未经国王同意由选民选任的。把这样的位置交给如巴伊、拉法耶特这样重要的人来担任，而且议会在根本没有问过国王意见的前提下就直接同意任命，这就再不是暴乱，而是一场组织完善严密起来的革命了。拉法耶特"毫不怀疑所有市乡都愿意把它们的防卫工作交到武装市民手中"，提议将市民自卫队改名为**国民自卫军**（这个名字早就被西哀士提出来了）。这个名字似乎有推广的意味，将武装从巴黎扩大到了全国，正如他在这个城市的蓝红帽徽中加上了白色这个古老的法兰西的颜色，让其成为了整个法国的象征标志一样。

如果国王留在凡尔赛继续拖延时间，他就是在试探巴黎。时间一刻一刻地过去，巴黎人民的敌意也越来越重。各行政区被邀派出代表和市政厅一起去感谢国王，然而一些人的回答却是："现在尚没有感谢的必要。"

直到16日晚上，巴伊意外碰到了国王身边的御医维克·达奇尔（Vicq d'Azyr），才有机会告诉他巴黎城正渴望着国王、等待着国王。国王做出承诺，并在当晚写信给内克尔，请他回来。

17日早上九点钟，国王启程上路了，脸色极为严肃、凄凉而又苍白。他去听了弥撒、领了圣体，下令如果自己被杀或被囚，将由大亲王出任监国一职。他不在的时候，王后提起颤抖的手，写了一篇如果国王被扣，她要在议会中发表的演讲词。

---

① 《法国大革命议会史》错误地引用了一封所谓的路易十六写给阿图瓦伯爵的信（Ⅱ，p.101），一封假冒、荒谬的信，信的大部分内容都由维莲斯小姐（Williams）发表在《未出版的信》中，遭到了巴比耶（Barbier）和博肖（Beuchot）有理有据的批判和指责。——原注

没有任何侍卫护送，只在三四百名议员的陪同下，国王于三点钟抵达城门。市长给他呈上钥匙，说："从前，市民送给亨利四世的正是这把城门钥匙，那时候是他征服了他的人民，而如今是人民征服了国王。"最后这句如此切切实实、如此掷地有声、而巴伊甚至都没清楚察觉到其中深意的话，得到了大家热烈的欢呼。

路易十五广场上，军队呈弧形排成一圈，法兰西禁卫军在中间排成一个方阵。然后方阵打开，士兵排行，露出了里面的大炮（从巴士底狱运来的？）。禁卫军走在仪仗队最前面，后面拖着它的大炮——再后面跟着国王。

走在国王座驾前面的是统帅拉法耶特，他骑马而行，身着便衣，手执宝剑，帽子上别着帽徽和翎饰。他一个小小的动作，众人便纷纷从命。秩序是井然的①，但沉默也是森然的；没有一句"国王万岁"的口号响起，偶尔有人在喊"国民万岁"。从黎明之门到巴黎，从城门口到市政厅，一路上有二十万人拿着武器——三万多人带着枪，五万多人背着长矛，剩下其他人拿着长枪、军刀、长剑、钉耙、钐镰。谁都没穿军装，但密密匝匝的人群三五成群地排作两行，站在道路两侧。

这是武装起来的人民多么盛大的一次登场啊！国王不敢小觑他们，因为他们不属于某一个党派。乱七八糟的武器和服饰下，是同样的灵魂，同样的沉默！

所有人都在那里，所有人都想来，没有一个人错过这场庄严的阅兵式。甚至妻子和女儿也拿着武器，站在各自的丈夫和父亲身旁。还有一

---

① 只发生了一件不幸的意外事故：一支枪走火，导致一名妇女身亡。人们对国王没有任何恶意，大家都是保皇倾向，议会是，人民也是。马拉直到1791年都还是保皇立场。在罗伯斯庇尔一封未出版的信件里（德·乔治先生在阿拉斯跟我说过这封信），从他讲述国王到访巴黎城中就可看出，他当时似乎也相信路易十六是诚心实意的（1789年7月23日）。——原注

位女性被列入巴士底狱的胜利者行列中。

教士们也认为自己是人、是公民,也加入到这支十字军中。圣三会教士们在象征圣三会的旗帜下站成一列,嘉布遣会修士们肩上扛着剑和火枪。莫贝尔广场的修女们祈求着圣-吉尼维耶芙保佑巴黎革命,并在前一晚献上一幅画,画中圣女在鼓励毁灭天使掀翻巴士底狱,这座监狱和破损的王冠、节杖一起,马上就要分崩离析了。

有两个人得到了人们的掌声和欢呼,他们便是巴伊和拉法耶特。其他人再没受此待遇。议员们围在国王的车驾周围往前走着,神情沮丧不安。这场庆典里,带着一种阴郁的东西。那些原始低级的武器,那些钉耙、钐镰,绝对不是赏心悦目的。沉睡在那里的大炮像哑巴似的,身上装饰着鲜花,似乎不能好好入眠一般。在这表面的和平下,战争在上空盘旋,它的阴影清清楚楚地投在了地面上,巴士底狱那面被撕得粉碎的旗帜破布在飘扬。

国王下车,巴伊走上前来给他介绍已成为法国象征的新帽徽,请求国王接受"法兰西人的这个特殊记号"。国王把帽徽别在自己的帽子上,人群将他和随行人员隔开后,他登上了市政厅昏暗的台阶。头顶上,军刀十字相交,形成了一个钢铁铸成的华盖;这是从共济会那里借鉴来的一个奇特礼仪,它似乎有双层意思,让人觉得国王是从轭架下走过似的。

人们绝对无意去引国王不快,也没有故意要去侮辱他的意思。恰恰相反,国王的来临使得大家都软下心来。大厅里挤满了显要人士和各个阶层的人,还出现了这样奇怪的一幕场景:大厅中间的人都保持跪姿,好不遮挡后面人的视线,让他们也能有幸看到国王。所有人都朝王位的方向举着手,众人无不饱含热泪。

巴伊在他的演讲中，宣布国王和人民组成同盟。选民主席莫罗·德·圣-梅里（此人在这段重要时间里担任要职，三十小时内就发布了三千个命令）大胆说了一句似乎要约束国王的话："您前来向您的子民承诺：提出那些灾难性的决议的人再不会出现在您左右，长久被流放在外的道德将是您永远的支柱。"这里的道德，指的就是内克尔。

也许因为胆怯，也许因为谨慎，国王什么也没说。市检察官提议在巴士底狱广场上竖起雕像，得到全票通过。随后，向来能言善道但太过感性、太多眼泪的拉利，坦承了国王的悲伤，说他需要得到安慰。这就是在把他指认为败者，而不是如大臣们四处散播的那样，把他和人民的胜利联系起来。"公民们，你们可曾满意了？请看，这就是国王！"之类的话。这句"请看"被重复了三遍，听上去就像一句悲哀的讽喻："Ecce homo①"。

当巴伊请国王头戴帽徽在市政厅窗前现身的时候，促成此次调节的人觉得大功告成，事情已经完美落幕了。国王在那里站了十五分钟，表情肃穆一语不发。离开时，有人低声提醒他得说点什么。然而人们能从他嘴里得到的只有对市民自卫队、市长及统帅的确认，以及这句非常简洁的话："你们可以永远相信我的爱。"

选民们很满意，但是人民并非如此。他们原想着国王离开那群歹毒的参事员之后，能够和巴黎市民们亲如一家。但是结果呢？他居然什么也没说！什么也没表示！不过，人群依然在他回去的路上欢呼着，他们似乎需要把一个在心底积攒得太满的情感宣泄出来。所有武器都被收了起来，以表示和平。在众人"国王万岁"的呼声中，他被带上马车。这

---

① 拉丁语谚语，是本丢·彼拉多（罗马帝国犹太省的执行官，耶稣基督在其任内被判钉十字架）描述耶稣基督的话，意为：瞧这个人（带有极度的轻蔑意味）！——译者注

时，一个集市上的女贩子跳起来搂住他的脖子，抱着酒瓶的人们拦住马车，给他的马车夫和仆人们灌酒，与他们一起为国王的健康干杯。国王微笑着，但仍然什么都没说。其实在这一刻，只要他说一句示好的话，就会得到人们的传诵和庆贺，就能取得巨大的效果。

直到晚上九点钟的时候，国王才回到王宫。走在台阶上的时候，王后和他的孩子们声泪俱下地奔向他的怀里。难道国王前去探望他的人民会有如此大的危险？这些人民，难道是敌人不成？再者说了，对于一个获得释放的国王，对于走出伦敦的约翰王、走出马德里的弗朗索瓦一世，人们还会再对他们做什么呢？

就在同一天，也就是17日星期五，仿佛是为了抗议国王在武力和挟持下被迫来到巴黎、说了什么、做了什么似的，他的弟弟阿图瓦伯爵、孔岱家族、康蒂家族、波利尼亚克家族、沃德勒伊、布罗格力、朗贝斯克及其他许多人，纷纷逃离法国。逃亡过程中当然不可能一帆风顺。他们发现自己的姓氏在各地都是引人憎恶，激起民愤。波利尼亚克家族一路上只好宣称自己反对沃德勒伊，沃德勒伊则宣称自己反对波利尼亚克，因此才能逃了出来。

在千百个离奇可怕的流传版本中被越传越夸张的宫廷阴谋，引发了人们的关注，人们因此对它更加疑神疑鬼。凡尔赛的骚动程度并不亚于巴黎，它整日整夜地盯着王宫，就像盯着叛徒的巢穴一样。这座巨大的宫殿变得门可罗雀，许多人都再不敢前往了。北翼，也就是孔岱家族府邸，几乎人去楼空；南翼，也就是阿图瓦伯爵的大院和勃利夫人七座巨大的宫殿，也一直大门紧锁。国王的许多仆人都想离开他们的主子，开始对他打起了奇怪的主意。

贝森瓦说："在这三天时间里，国王身边几乎只有我和蒙莫兰先生。19日，所有内阁大臣都不在了，我来到国王房中请他签署命令，给一位正在回来路上的上校配马。当我呈上这道命令的时候，一个男仆站到我和他中间，想去探头看看国王在写什么。国王转过头，发现这个仆人的无礼之举，立马拿起火钳。我拦住了他，没让他在这非常正常的愤怒驱使下做出什么事来。国王握住我的手表示感谢，我注意到他眼中泛着泪花。"

第2章
人民的审判

人民再不信任任何权力机关——对司法部失去信任——布列塔尼俱乐部——律师，司法宫书记官们——丹东和卡米尔·德穆兰——法律之严酷，刑罚之残暴——罗亚尔宫的审判——沙滩广场和饥荒——1789年7月22日，福隆和贝尔蒂埃之死

王室成了孤家寡人。特权阶层要么逃亡，要么归顺，公开宣布从此以后自己将在国民议会中投票、服从大多数人的意愿。王权陷入孤立无援、四面楚歌之境，它长期深埋起来的本质也就暴露出来——它根本就什么都不是。

这个什么都不是的东西，却成了法国从古至今的信仰；而人民因为这份被欺骗了的信仰，如今已对其失去了信心和信任，于是变得更加不安和多疑。他们曾信过、曾爱过，然而自己因为这份爱而被欺骗了整整一个世纪，这足以令他们再不愿相信什么了。

如今信仰会在哪里呢？一提到这个问题，我们就像深居在那座荒凉宫殿中的路易十六一样，感到恐慌

和孤独。信仰再不存在于任何一个必亡的权力中了。

立法机构这个曾为法国人深爱的议会组织，现在已经蒙尘，它不幸把自己的敌人——五六百个贵族和教士吞了进去，把他们遏制在自己的腹中。它另一个不幸是：它太占上风了，即将发展成一个权力、一个政府、一个王——可如今，任何王都已再不可存。

至于当初被迫出来执掌行政权力的选举机关，已经时日无多。它也发觉到了这一点，于是求着各行政区给它找继任者。在巴士底狱的炮声中，它在发抖，它在怀疑。是因为它信仰不坚定，还是因为它背信弃义？不，不是。1789年时候的资产阶级在伟大的哲学世纪里汲取了营养，肯定不像我们现在的资产阶级这般自私自利。可是它是飘忽的、动摇的、犹豫的，它是信念上的勇士、实践中的懦夫。这就是它长期以来的束缚！

再来说说司法权力机关。当它还未遭削损、实力强大的时候，尚能代替其他所有权力行事；唯有它，是不可代替的。在最危难的时刻里，它就是我们古老法国的中流砥柱。在14世纪和16世纪，它都坚如磐石、岿然不动，所以在风浪中几乎折戟沉沙的祖国才能恢复元气，抬起头时蓦然发现，原来自己一直都受着那所不可侵犯的公民司法圣殿的庇护。

而现在呢？这股力量也被摧毁了。

司法权被毁，是由于它的反复和矛盾所造成的。它既有奴性，又有勇气；既拥护国王，又反对国王；既支持教皇，又抵制教皇；既捍卫法律，又维护特权；既为自由疾呼，又在一个世纪里阻碍自由的一切进步。它和国王一样，都把人民的希望给辜负了。路易十六登基后，当最高法院流亡回来时，人民是何等欣喜、何等激动啊！然而他们对这份拳拳信赖之心的回报，就是和特权阶层联手，阻挠一切改革，赶走了杜尔哥！1787年的时候，人民依然支持着它，而最高法院居然要求三级会议必须沿袭1614年的陈旧体制，也就是让三级会议变得毫无意义、毫无作用、毫无地位！这就是他们对人民信任的回报！

不！人民不愿再去相信司法权了！

奇怪的是，这个权力机关、这个秩序和法律的守护人，反倒成了骚乱的掀起者。每次召开御临国会，最高法院都在各种闹事，庭长对此又是一笑了之，这就更加纵容了它。年轻的法官们，例如德普雷梅斯尼尔和杜波尔，满心缅怀着从前的投石党运动，只想效仿博鲁塞尔[①]和助理主教[②]。组织起来的司法宫书记官们形成了一支书记官大军，他们有自己的国王、自己的判决长、自己的司史官，里面有年老如雷恩的莫罗那样的学生，也有杰出如格勒诺布尔的巴纳夫那样的演讲家和好斗之人。书记官们不得佩剑，然而这只让他们变得更加好战。

第一个俱乐部是法官杜波尔在玛莱区肖姆街自己的家里建起来的。他那里云集了最高法院中最前卫的一群人，有律师、议员，里面的人大多数都来自布列塔尼。转移到凡尔赛以后，这个俱乐部就被称为"布列塔尼俱乐部"。和议会一起来到巴黎之后，它性质大变，在雅各宾派中安扎下来。

米拉波只去过杜波尔家里一次，他把杜波尔、巴纳夫和拉梅特称作"三恶执政[③]"。西哀士去了那里之后就再不想第二次登门。"这是一个政治土匪的兽穴。"他说，"闯入的冒险者会被里面的人给宰了。"更有一次，他用了这句尖刻的话来形容他们："他们可以说是一群歹毒

[①] 博鲁塞尔（Pierre Broussel，1575—1654年），路易十三、路易十四时期的巴黎最高法院法官，因为反对马扎然的新税政策，故在投石党运动中声名大振。——译者注

[②] 即雷兹红衣主教贡蒂（Jean-François Paul de Gondi，1613—1679年），1643年开始担任巴黎大主教的助理主教，出于野心驱使，一开始就加入了投石党运动。——译者注

[③] 西哀士把古罗马"三雄执政"的单词（triumvirat）改成"triumgueusat"，讽刺此三人是卑鄙之徒。——译者注

的恶人，永远在行动、在呼喊、在搞阴谋，永远在目无法纪、不顾后果地兴风作浪，为自己一手造成的不幸哈哈大笑……我们可以说，他们是大革命中最神经错乱的一群人。如果这第一批闹事者里的下层人员根据长期革命中的一般继承制而当上领袖，然后抛弃他们这种躁动不安的心态，法国该是何其幸运啊！"

西哀士所说的这些后来继承了他们领袖（同时也是他们上级）位置的下层人员，尤其指的是两个人、两股革命力量——卡米尔·德穆兰和丹东。这两个人在进入国民公会之前，是传单之王，是罗亚尔宫咄咄逼人的演讲家，不过这里我们先对此二人不做讨论，因为在后文中，他俩会形影不离地跟着我们，再不离开。除了他们两人，谁还能更加淋漓尽致地展现大革命中的悲喜沉浮呢？

没过多久，他们的领袖组建了雅各宾俱乐部，而他们则建立了科尔得利俱乐部。不过目前所有俱乐部仍混在一起，在咖啡、棋牌和女人中间打发时日的罗亚尔宫，依然是一个由数百个俱乐部组成的大型俱乐部。就是在这里，德穆兰在7月12日吼着："拿起武器！"就是在这里，人们从13日晚到14日展开了对弗雷塞尔和德劳内的审判。原先是阿图瓦伯爵、孔岱家族、波利尼亚克家族的人，也向他们投奔了过来；而令人震惊的是，他们居然让这些人离开了法国，人们哪怕打几场仗都没想到会有这种结果。同样也是在这里，一个关于日后恐怖统治的不详却精准的预言冒了出来。在一篇论沙滩广场灯柱的演讲中，德穆兰如此说道："站在它面前的外国人会觉得神摇魂荡；惊叹于这盏灯柱在两天之内所做的，竟比他们所有英雄一百年里所做的还要多。①"

---

① 卡米尔·德穆兰，《在灯柱下向巴黎人发表的演讲》，p.2. 不过他也巧妙地映射了这些仓促的审判并非毫无弊端，可能会造成一些误会。——原注

有一个笑话在整个中世纪反复拿绞架、绞绳、绞死者等东西来作笑点。而今，这个老掉牙的笑话又被德穆兰兴致勃勃地重新翻了出来。这个丑恶、残忍、把死亡变得可笑的刑罚，却成了最令人捧腹的故事里的常见题材，成了大众的娱乐，成了司法宫的创作灵感。司法宫的所有特点，都淋漓尽致地体现在了卡米尔·德穆兰一人身上。这位年轻、荷包轻飘飘、性格更是轻飘飘的庇卡底律师，本是一个在罗亚尔宫里无所事事的闲荡人士，而大革命让他一跃走上了罗亚尔宫的辩论台。由于带点口吃，他说起话来尤其好笑。可他那结结巴巴的嘴里吐出的断断续续的话，却如一把把飞刀一样锋利。他激情四射地表演，却从没认真想过它会不会以悲剧收场。司法宫审判的那些著名案件，给古老宫殿带来无数笑声的那些司法滑稽剧，并不比罗亚尔宫的审判来得更加欢乐①；不同之处在于，后者经常在沙滩广场上执行审判。

可奇怪而又令人嗟叹的是，德穆兰这个在开死亡玩笑上很有天赋的调皮鬼，还有那个厉喊着要杀人的公牛丹东，四年后却是因为提议建立**宽恕委员会而被处死！**

米拉波、杜波尔和拉梅特，以及其他更温和的人，都对暴力行动表示支持，许多人说他们甚至还给出了相关建议。1788年，西哀士要求处死阁臣。7月14日，米拉波吼着要布罗格力的人头。他让德穆兰住进自己家里，自动走到了德穆兰和丹东的中间。对那些日内瓦朋友生厌以后，他倒是更喜欢这两个人了，前者可以帮他动笔头子，后者可以帮他动嘴皮子。

一个非常温和、非常睿智、头脑非常清醒的人，达尔热，也和德穆兰私交甚密，并对他那篇灯柱小册子赞赏不已。

唯一能解释这一现象的是：已经没有人相信司法裁判了，除了人民

---

① 参见由C.德穆兰在他的信中关于审判杜瓦尔·德普雷梅斯尼尔的记叙。——原注

的裁判。

法学家们尤为蔑视当时和时代理念格格不入的律法和法学。他们非常清楚法庭是怎么回事，也知道大革命最凶狠的敌人不是别人，而是最高法院、沙特莱法庭、总体的法官群体。

一个这样的法官，就是敌人。把审判敌人的工作交到敌人手中，让敌人们在大革命和反革命派中做出决定，那就是在宽恕反革命派，把他们变得更加自傲、更加强大，那就相当于把武器送给他们去掀起内战。他们会这样做吗？当然，哪怕巴黎发生动乱、巴士底狱被攻占，他们还有外国军队做支撑，还有所有军官的效忠；更重要的是，他们手中握有一个庞大、有法国之光这个美誉的群体——海军军将。

在这场迅猛袭来的危机中，只有人民才有本事逮住这些如此强大的罪人，狠狠地抽打他们。"但如果人民犯了错呢？"这种异议根本难不住暴力的信徒，他们反驳道："最高法院、沙特莱法庭，它们又犯了多少次错啊！"他们列举了卡拉斯和西尔旺的著名冤案，提醒大家不要忘了杜帕蒂替三个被判车裂的人写的那份言辞激昂的陈情信——最高法院对此信根本无力反驳，便干脆烧了它。

他们还说，要论残忍，人民的审判怎比得上正规法庭的诉讼程序那般残忍？而且它们到了1789年都仍是如此。这些案件的审判工作全是秘密进行，被告人根本看不到审判所依据的证词文卷是什么样子；文件之前都被密封起来，证人也绝不会上堂对质。被告人直到最后一刻才能看到这些证人证词，而那时他刚走出黑暗的囚牢，无比惊惶地来到阳光下。他坐在受讯者的小木凳上，回答也行，不回答也行——反正他来到那里坐个两分钟，只是为了听听法官们宣读审判结果而已。① 诉讼程序

---

① 杜帕蒂一段极有说服力的话，出自《为三个被判车裂的人辩护陈情信》，p.117（1786年）。——原注

十分野蛮，但审判结果更是野蛮。我们简直不敢回想达米安被凌迟、炮烙、灌铅而死的过程。而就在大革命爆发之前，还有一个人在斯特拉斯堡被判火刑。1789年8月11日，本身就已经死了的巴黎最高法院仍然判处一个人车裂。

这些连看客们都不忍直视的酷刑，深深扰乱了人们的心神，令人惊愤、叫人疯狂，让人对一切正义理念产生怀疑，甚至颠覆了正义。遭受如此刑罚的罪人，看上去也不再有罪了；有罪的反而变成审判者，无数的诅咒如山一般倾泻在他们头上。人们因为怜悯而变得愤怒，因为同情而走向残暴。历史已经给出许多类似的例子，同情演化成义愤，使人民变得无敬无畏，让他们在罪犯处决场上把司法官员们给车裂了、烧死了。

这个事实很少被人注意到，却能让我们明白许多东西：我们很多恐怖分子心中都抱着这种激荡的、病态的同情心，他们痛苦地感知到人民的不幸，而这种同情往往会转变成蚀人的火焰。

这个值得注意的现象主要体现在神经过敏、思想脆弱而暴躁易怒的人，以及各种类型的艺术家身上——艺术家就是一个男女混合体。① 精力最为旺盛的人民追逐着这股情感的激流，但在一开始，他们并不是推动者，从来都不是。暴力是从罗亚尔宫走出来的，从一个由资产阶级、律师、艺术家和文人统治的地方走出来的。

甚至在这群人中，责任也不能完全落到某一个人头上。卡米尔·德穆兰这些人吹响号角，开始围猎；丹东之流再把猎物逼到死角，大肆屠杀——当然，是以笔为刀来展开屠杀。但是，这里面不乏没有台词的行动者，还有苍白、愤怒的人负责把猎物带到沙滩广场，再由那里的丹东

---

① 我想说的是，一个身体完整的、在思想上却是双性者的人富有旺盛的创造繁殖力，然而，他们几乎总是被一种暴躁易怒的同情心所主宰。——原注

一伙人来推波助澜。围在这些人周围的穷人中间，有一些人看上去十分奇怪，仿佛是从另一个世界逃出来的似的，他们如同魑魅魍魉一般，在饥饿的刺激下变得兴奋、狂热起来——他们已经不再是人了。有人言辞确凿地说，在7月20日，许多人已经有三天没吃上饭了。有时候，他们会听天由命、于世无害地死去。然而女人们无法认命，**她们还有嗷嗷待哺的孩子啊！**她们就像母狮一样巡视着。在每一次暴乱中，女人的反应都最为激烈、最为疯狂；她们像疯子一样叫喊着，让男人也羞愧于自己的迟钝和拖沓。沙滩广场速战速决的审判，对她们来说也太长太久了。她们要把人吊死，立刻！马上！①

在这个世纪，英国有反映本国饥荒的诗歌。②可又有谁来讲述法国的饥荒史呢？上个世纪里那段令人谈之色变的历史，被历史学家们忽略了，他们只肯把自己的同情心施舍给饥荒的主使者们。我尝试着走下来，走进这个地狱，走得越近，里面的凄厉叫喊就越是历历在耳。我已说过，由于税务部门抓走了牲畜、毁灭了畜牧业，大地已是越来越贫瘠，失去肥料滋养的土地受着永恒的饥饿之罚。我也说过贵族、不用纳税的人群是如何壮大起来的，越来越重的赋税沉沉压在了越来越穷的大地的身上。但我没有详细指出的是，由于粮食越来越金贵，粮食供应已经成为一个极有油水可赚的黑市交易。这其中能有几分获利是再清楚不过的事情，所以连国王也想来分一杯羹。于是，世人震惊地看到堂堂一个国王居然拿自己子民的性命来做买卖，居然借饥荒和死亡去做投机倒把的生意，居然成了人民的刽子手。饥荒再不只是时节造成的粮食歉收，再不只是一个自然现象，再和旱涝雨雪没有关系了。它成了行政命

---

① 10月5日，她们还把7月14日英雄之一——英勇的勒费布福勒神甫推上了绞刑架，幸好绳子被及时切断。——原注
② 埃比尼泽·埃利奥特（Ebenezer Elliot），《谷物法之歌》（曼彻斯特，1834年），等等。——原注

令造成的一个结果：百姓是**因为国王**才被活活饿死的。

这里的国王，指的便是体制。在路易十五统治下，人民过着忍饥挨饿的日子；到了路易十六，他们依然是啼饥号寒。

所以，饥荒成了一门学问，一个行政、商业上的复杂门道。它有自己的父母，那便是税务部门和囤积居奇之徒。它孕育出一个独特的阶层，一个由商人、银行家、金融家、税务官、地方督办、法官、部长杂糅组合起来的阶层。用一句意味深长的话来形容这个由投机者和政治家组成的、掏空了人民五脏六腑的联盟，那就是：**饥饿契约**①。

*在这些人里面，有一个人一直都是大名鼎鼎。早在1756年，他的名字就已经在百姓口中流传开来，这个人就是福隆（一个非常形象传神的名字*②*，他也通过自己的表现充分证明了这一点）。他一开始在敌国担任军需官，这于德国来说真是件糟心事——他给德国造成的损失，更甚于我们的战士对这个国家造成的伤害。他所提供的军资，其杀伤力简直堪比罗斯巴赫战役*③*。他靠着压榨军队让自己富得流油，其中有两次发家致富的机会——一次让法国人挨饿，一次让德国人挨饿。*

福隆一方面是一个投机分子、金融家、包税人；另一方面又属最高法院一员，而唯有法院才有权审判包税人。他打着算盘，想要当上部长。如果银行破产不是经由他亲自实现，福隆还真的会抑郁至死。特雷神甫④的桂冠并不能让他消停下来。但他错在过度鼓吹自己的财政体系，

---

① "饥荒契约"（pacte de famineâ）是18世纪许多法国人都相信的一个阴谋理论，现在许多学者却认为这是法国在短暂地尝试贸易自由化。杜尔哥在重农派的影响下，于1774年颁布了《谷物自由贸易法》，想通过提高竞争、取消商贸特权来取消谷物固定价格，以为可以降低粮价。然而法令出台的时候遇到贵族、特权阶层等的反对，同时遇到饥荒，粮食价格不降反升，因此引发了"饥饿契约"的谣言传得漫天飞舞。第一个提出"饥饿契约"的人是勒普雷沃·德·博蒙特，他认为粮食投机分子和某些贵族，甚至和路易十五及他的大臣联合起来，以谷物自由贸易为掩盖，囤积粮食、牟取暴利。在各方压力之下，杜尔哥只好放弃该法案，重新固定粮食价格。——译者注
② 福隆的法语名Foulon和法语foulons谐音，后者意为：来压榨吧。——译者注
③ 七年战争中普鲁士与法国神圣罗马帝国联军在1757年11月5日的战役，以普军大胜作结。——译者注
④ 特雷神甫（Joseph Marie Terray，1715—1778年）是路易十五最后一任财政总监。——译者注

反而起了反作用，让这个体系再不可行。宫廷非常喜欢借钱不还的这个想法，然而它又想继续借钱，那么为了吸引放贷者们，就绝不能把银行破产的使徒召进内阁①。

福隆当时已经年迈，经历过了路易十五统治之下的"好日子"，是这所以掠夺为荣的学校中走出来的优秀学员。路易十五厚颜无耻地把自己抢劫的东西炫耀出来，在大街上修建了汉诺威阁来展示自己的战利品。而福隆呢？他也修了一栋建筑，在城市中最车水马龙的地方——汤普勒大街街角建了一座精致的府邸，这栋建筑直到1845年都还被人交口称赞呢。

他相信在法国，正如费加罗-博马舍说的那样："一切都以一首歌为结束。"所以他就得厚着脸皮，去挑衅和嘲笑公众舆论。这些冷血的话，据传都出自他口："如果他们饿了，就让他们去吃草。等着吧，等我当上了部长，会让他们吃上草的，就是我的马吃的那种草。"据说他还说过这句令人发指的话："应当割掉法国。"

这个老人觉得通过这样的英勇之举，自己就能取得年轻军官阶层的欢心了。为了那个他看着正在到来的一天的实现，他觉得自己应该毛遂自荐；而想再做垂死挣扎的宫廷，也在找一只勇敢的出头鸟。

福隆有一个称心如意的女婿，一个被保皇党人坦诚评价为"能干却冷血"的人②，那就是巴黎督办贝尔蒂埃。此人并不怎么谨慎，因为他竟然用这么一种方式来获得财富。贝尔蒂埃出身寒门，祖上是检察员或者小小的外省法官，做事勤勉、积极不懈。在五十岁的时候，虽然他已有

---

① 1789年7月12日，福隆接替内克尔，被路易十六任命为财政总监，引发人们的仇恨和愤怒。——译者注
② 他的家庭对此表示极大的抗议。而一份非常严肃的研究文件向我们证明，如博留（Beaulieu）等具有保皇倾向的作家和革命立场的作家一样，对福隆和贝尔蒂埃秉持着严厉的批判态度。路易·勃朗在做这个研究的时候，也得出了同样的结论。如果贝尔蒂埃的家人向档案馆或其他机构披露了某些与大众观点相反的证据文件，那大可以将其公布出来。——原注

众多妻室,却依然纵欲无度,据说还四处买来十二岁左右的小女孩供其淫乐。他非常清楚巴黎人有多憎恶自己,也非常开心能找到机会向他们开战。他和老福隆一起,是三日内阁的核心成员之一。布罗格力元帅对这个内阁并不看好,只是表面服从而已。① 但是福隆和贝尔蒂埃却表现得格外卖力,尤其是贝尔蒂埃,他仿佛从魔鬼那里借来了无限精力似的,不留余力地征集人力物力去生产枪支炮弹。要说巴黎为何硝烟四起、血流成河,贝尔蒂埃绝对第一个脱不了责任。

让人惊讶的是,这些腰缠万贯、消息灵通、经验老到的人,居然会走上这样一条疯狂之路。究其个中原因,是因为大金融投机商个个都是赌徒,全都想捞上一笔。而他们发现最有利可图的一个办法,就是亲手炮制一场因为军事行动而引发的银行破产。这么做固然会有风险,然而干哪件大买卖没有风险呢?既然他们可以发洪水财、火灾财,那为什么不可以去发战争财和饥荒财呢?不入虎穴,焉得虎子!

饥荒和战争,在我这里对应指的就是福隆和贝尔蒂埃。他们以为自己迅速掌控住了巴黎,结果却在巴士底狱被攻占之后惶惶如丧家之犬。

13日晚上,贝尔蒂埃还试图打消路易十六的顾虑:只要他一句话,就能让日耳曼军队乖乖听命,向巴黎城开炮。

路易十六什么都没说,也什么都没做。从那一刻开始,这两个人就很清楚自己已经是死人了。贝尔蒂埃朝北方潜逃,在夜色的掩护下从一个地方窜逃到另一个地方,他足足有四个晚上都没敢合眼,甚至没敢歇脚,但也只逃到了苏瓦松而已。福隆没有想着逃跑,一开始他让人四处散播消息,说自己当初根本不想当什么部长,然后又说自己中风了,最后甚至连假死这一招都使了出来。他还煞有介事地给自己办了一场葬礼

---

① 亚历山大·德·拉梅特,《制宪议会史》,Ⅰ,p.67.——原注

（他的一个仆人正好在这时死亡）。一切办妥之后，福隆神不知鬼不觉地躲在了自己一个信得过的朋友家里，他就是前任警察总长萨尔丁纳。

他的确也应该害怕，因为此时已是风潇雨晦、飙举电至。我们再把目光抬高一点，看看先前的情景。

早在5月份，饥荒已经逼得百姓流离失所、四处逃亡。在卡昂、鲁昂、奥尔良、里昂和南锡，人们为了粮食而争得你死我活。马赛城门前躺着近万饥民，他们要么抢劫，要么等死。虽然政府和艾克斯最高法院反对，然而全城都拿起武器，保持戒严状态。

6月份的时候，形势稍有缓和。法国上下都把目光投到国民议会身上，希望它能得胜，这是人们唯一得救的希望。就算有天大的苦难，人们也咽下去了，大家都被同一个想法支撑着。

当内克尔被遣走的消息传来的时候，希望破灭的众人是何等愤怒和恐惧，任谁都无法描述其中一二。内克尔算不上一个政治家，正如我们所看到的那样，他优柔寡断、爱慕虚荣、性格古怪。然而在民生问题上，我们必须得中肯地说一句，他确实是一位尽心尽力、材优干济的治世能臣。①更令人称道的是，他还行事秉持良心，乐善好义。当时没人愿意借钱给国家，所以他就用自己的名义、自己的信誉借来两百万法郎，这已是他自己的半边身家了。即便被辞，他也没有收回自己的抵押家产，而是写信告诉借贷人，承诺会继续负责这笔借款。简而言之，即便他不知道何为统治之道，但他会养活人民，用自己的钱养活人民。

内克尔这个名字，在人民听来就等同于可以让他们活下去的福音。所以在6月12日，内克尔被辞就意味着饥荒，一场没有希望、没有办法熬过去的饥荒，这就是当时法国人所想到的。

---

① 请看《内克尔作品全集》，Ⅵ，pp.298—324。——原注

巴黎的巴士底狱被攻打下来以后，外省监狱，例如卡昂监狱、波尔多监狱要么被强行攻破，要么自动开门投降。在雷恩、圣马洛、斯特拉斯堡，军队和百姓已是亲如一家。在卡昂，士兵发生内斗：阿图瓦军团的一些人佩有爱国徽章，而波旁军团一些士兵看他们没有武器傍身，就把徽章抢走了。有人认为是贝尔赞斯少校（Belzunce）雇用这些人来侮辱他们的战友。贝尔赞斯少校英俊潇洒、风趣幽默，但又鲁莽放肆、性烈如火、自视甚高。他直言不讳地表达自己对国民议会、对人民、对下层人的鄙夷之情；走在城市里的时候，他永远是全副武装，身边跟着一个凶神恶煞的仆人①，眼里满是挑衅。人民失去耐心了，威胁着包围了军营；一位军官一不小心开了枪，于是人群便冲上来抢夺大炮。贝尔赞斯投降，或者说是被俘，人们准备押往监狱。可是他没能走到监狱门口，就被几颗子弹结束了性命，尸首也遭到损毁，心脏被一个妇女剖出来生吞了。

　　鲁昂和里昂都有流血事件发生，圣日耳曼的一个磨坊主被斩首，普瓦西一个囤积粮食的面包商差点儿被杀，多亏一众仁慈而又大无畏的议员挺身而出，向人民跪下苦苦央求，才救下了他的性命。

　　要不是集万怨于一身，福隆也许本能躲过这场风暴。他之所以遭此厄运，是因为身边最了解他的人，也就是他的佣人也恨他入骨。他们对福隆的去向了若指掌，不会蠢到相信他真的下葬了。他们四处追查，发现这个应该下土的人还好好地在萨尔丁纳先生的花园里散着步："你想给我们喂干草，那你就啃草去吧！"于是他背着一捆干草，以荨麻为头冠，以蓟草为项圈，赤脚被押往巴黎、押往市政厅。人们向当时那里唯一的政府机关——选民提出要求，要求审判福隆。

---

　　① 《杜穆里埃回忆录》，II，p.53.——原注

当时选民大会肯定后悔了，后悔自己当初没能当机立下、督促人民建立一个真正的市政机构，在找到接班人后退下王位。没错，他们就是权力。连法兰西禁卫军也只有在收到巴黎选民的命令之后（这件事颇为奇怪），才能在凡尔赛国王宫殿附近负责警备工作。

这个并不合法的权力机构，人们什么事都找上它，然而它对什么事都无能为力，因为与前行政长官们意外地产生纠葛，因此它更是软弱不堪。它只有一个头领，那就是新市长、好好先生巴伊；它只有一个臂膀，那就是在不得已之下仓促建起来的国民自卫军的统领拉法耶特。

选民们得知贝尔蒂埃在贡比涅被捕这个消息的时候，群众也把福隆带到了他们跟前。为了贝尔蒂埃，选民们拿出严肃、勇敢的态度（有时候，人因为害怕才勇敢），告诉贡比涅的人：贝尔蒂埃没有任何理由被拘留。而贡比涅人的回复是：贝尔蒂埃留在贡比涅则必死无疑，若要救他，就只能把他带到巴黎。

至于福隆，他们又做出如下决定：以后此类被告人将一律被关押在亚伯叶，牢门上要写着"国民特审囚犯"几个字。这个笼统的做法其实只为了保护一个人，保证这位前法官由他的朋友和同僚来审理，由旧制度的法官来审理，因为当时只有他们才是审判员。

整件事前前后后都是清清楚楚，但仍有人在死死盯着事情的走向，他们是聪睿洞察的检察长和司法宫书记官，是和这位破产部长有深仇大恨的食利人，是许许多多买了公共证券、却因为亏蚀本金而走向破产的普通人。一位检察长递上来一份调查记录，控告贝尔蒂埃储存枪支。司法宫书记官们坚持认为贝尔蒂埃在蒙马特修道院中还藏有一座弹药库，要求立即展开调查。沙滩广场上挤满了一群打扮和人民群众完全不同的人，"看上去端庄得体"，某些人一身珠光宝气。整个证券交易所都转移到沙滩广场上去了。

与此同时，人们还来到市政厅，揭发一个金融家博马舍从巴士底狱侵吞了一部分证券票据，要求追回这笔款项。

有的人以为，只要填饱了穷人的肚子，他们就不会再吵吵闹闹了。于是他们压低面包价格，以每天损失三万法郎的代价，把面包价格稳定在了每四斤十三点五苏（相当于今天的二十苏）。

可沙滩广场上依然一片喧嚣。两点钟时，巴伊走了下来，所有人都吼着要付诸司法。"他陈述了办事原则。"在那些愿意聆听他说话的人身上起到了一定效果。而其他的人仍在吼着："绞死他！绞死他！"巴伊小心起来，躲进了物资办公室里。他说，当时虽然警卫森严，然而拉法耶特觉得他影响力大，所以草率地减少了警卫。

人群陷入极度恐慌之中，害怕福隆已经得救出逃。有人把福隆推到窗前展示给众人看，仍止不住众人砸门而入：他们得让福隆坐在圣让大厅里，坐在办公厅前面才行。选民们在那里又开始苦苦哀求众人，"给他们讲他接受审判应遵循的原则"。群众的回答是："马上审判，然后绞死！"他们当即任命了众审判官，其中两位神甫拒绝了人群的委任。此时有人喊道："让一让，拉法耶特先生来了！"拉法耶特来了，发表了自己的意见，承认福隆罪有应得，但也觉得应该让世人知道他犯下了何等罪行，"应该把他押到亚伯叶去。"站在前面几排的人听了此话表示没有意见，而其他人不干了。"您开什么玩笑。"一个穿戴奢华的人说，"我们为什么要花时间去审判一个早在三十年前就该被审判的人？"同时，又有呼声响起，又有人群涌了进来。有的人说这是郊区的人，还有的人说这是罗亚尔宫的人。福隆被抢走，吊在市政厅正前方的灯柱上。人们要他向国民道歉，然后拉起了绳子。绳子断了两次，但众人很坚持，找来了一根新绳子。终于，福隆被吊死在灯柱上，随后被斩首，头颅被人拎着在巴黎游城示众。

此时，贝尔蒂埃刚刚经过圣马丁门，穿过最躁动不安的示威聚集地，走进了巴黎城——在被人护送二十古里的前提下。他坐在一辆马车里，不过马车顶盖已被掀去，好让人随时能监看到他。陪在他身边的是选民艾吉安·德·拉利威尔（Étienne de la Rivière），他为了保护贝尔蒂埃，用自己的身体护着他，许多次险些被杀。人群发疯了似的，在前面跳着舞着，还有些人把黑面包扔进马车里："拿着，你这个强盗！这就是你给我们吃的面包！"更让人民出离愤怒的是，人们发现在如此饥荒之下，贝尔蒂埃和福隆居然还召集来了一大群骑兵，任他们糟蹋、啃食了无数庄稼幼苗，这无疑是在巴黎周围地区人民的怒火上浇了一桶油。人们把这些损失归结到督办下达的行政法令头上，认为他铁了心不让农民有任何收成，要把人民活活饿死。

为了让这幕恐怖死亡的胜利戏目演得更绚丽一些，人们还像古时对待凯旋的罗马战士那样，在贝尔蒂埃前面举着牌子，上面写着他所创下的荣誉："他抢劫了国王和法国。""他侵吞了人民活命用的物资。""他喝着孤儿寡妇的血。""他欺骗了国王。""他背叛了他的祖国。"……①

在莫布耶喷泉那里，人们干下了一件令人发指的惨事——向贝尔蒂埃展示福隆那颗灰白的、嘴里塞满干草的头颅。看到岳父被割下来的头，贝尔蒂埃的眸子滞暗下来，脸色如死人般苍白，然后咴咴地傻笑了起来。

人们在市政厅强迫巴伊对贝尔蒂埃展开拷问。贝尔蒂埃说自己只是在

---

① 出自《1789年大革命史》，第二卷，p.130. 此书由两位自由卫士——克尔维索（Kerverseau）和克拉夫林（Clavelin）所写，他们写到了第七卷。同时请看《选民实录》中艾吉安·德·拉利威尔的叙述。——原注

遵循上级的命令，也就是部长的命令。而部长就是他的岳父，两人穿着同一条裤子。此外，即便圣让大厅里的人对他的话能相信一二分，但沙滩广场上的人可是一个字也听不进去的。人群发出骇人的吼叫，连市长和选民们也越来越慌乱了。又有新的一群人冲了进来，局势已然完全失控。市长听取了办公厅的意见，说："去亚伯叶！"然后又补充说，由警卫队负责保护囚犯安全。警卫队根本保不住他，但贝尔蒂埃想自卫，紧紧抓住了一把枪。一百多把刺刀向他刺了过来，一个认为是他害死了自己父亲的龙骑兵将他的心脏剖了出来，把它带去亮给市政厅看。

沙滩广场上的一些围观者，透过窗户看到了闹事者们是如何巧施手段来唆使、煽动人群的，觉得贝尔蒂埃的共犯在施展浑身解数，不让他有时间把什么都抖出来。也许，他身上藏着那派人的真正打算。人们在他的钱包里发现一份列有许多自由卫士的名单，毫无疑问，一旦宫廷掌握了这份名单，他们绝对在劫难逃。

不过无论如何，杀死贝尔蒂埃的那个龙骑兵的大部分战友和他公然翻脸，说他抹黑了龙骑兵兵团，必须以死谢罪，说他们所有人都要和他一决死战。当晚，这名龙骑兵被杀。

第3章

拿起武器的法国

议会的困境——7月23日，议会呼吁信任——人民的猜疑；巴黎的忧虑；各省的惊恐——布雷斯特阴谋；7月27日，宫廷受英国大使连累——新旧贵族的愤怒；威胁和阴谋——乡村地区蔓延开来的恐怖气氛——农民拿起武器反抗流寇，焚烧封建地契，许多城堡被付之一炬（1789年7月至8月）

旧制度的吸血鬼们，活着的时候附在法国身上敲骨吸髓，死了以后还在祸害国家。

被米拉波形象地比喻为"受公众鄙夷的渣滓"的那些人，似乎在重刑之下得到平反，绞刑架成了他们光荣的殉难台。他们摇身一变，成了值得关怀的受害人，成了君主制的烈士；他们的故事还会不断被神化，最后成为一部哀婉凄绝的传奇。伯克[①]不就把他们封为圣人，在他们的坟头为其祈祷吗？

巴黎的暴力事件，以及各省同时爆发的诸多冲突，让国民议会深陷泥潭、难以脱身。

---

① 伯克（Edmund Burke，1729—1797年），英国辉格党政治家、下议院议员，反对法国大革命。——译者注

如果议会什么都不做，它似乎就是在鼓励冲突升级，对屠杀表示认可。如此这般，议会就会落人把柄，将永远蒙受别人泼来的脏水。

如果议会尝试拨乱反正、重树王威，它便是在修复那支被人民亲手折断的剑，而且修好之后不是把它还给国王，而是交到王后和宫廷的手中。

无论议会采取哪种做法，都必将导致专制统治重新建立起来，要么是旧王朝的王权，要么是街头乱民的专政。人们刚刚摧毁了专制统治一个面目可憎的代表建筑——巴士底狱，然而另一个专政统治、另一座巴士底狱又要崛起了。

英国则在那边拍手称快，对那盏灯柱感激不尽。"感谢上帝。"它说，"巴士底狱永远不会消失了。"

你们想怎么样？说说看，你们这些好管闲事的顾问，你们这些摆出亲近姿态的敌人，你们这些欧洲贵族精英，你们这些一手种下仇恨的种子、用污蔑和诽谤来浇灌它的人，说说看，你们想怎么样？在爱尔兰、意大利、波兰的累累尸体上坐得心安理得的你们，请老老实实回答：你们在为了利益而发起的那些革命里牺牲的人命，难道比我们在为了理念而掀起的革命中流的血要少？

你们想怎么样？肯定是如拉利-托伦达尔、穆尼耶和马鲁埃在7月22日前后两天提出的建议那样：为了拨乱反正、重建秩序，他们希望将权力还给国王。拉利突然一下子又对国王的品德抱有信心了；马鲁埃希望人们求着国王利用自己的权力，向市政机构伸出强有力的援手。国王可以有武装，而人民则不行，绝不能有一丁点儿国民自卫组织。人民若要抱怨，那就让他们抱怨去吧，他们可以向最高法院、向总检察长申诉。我们不是还有法官在吗？

福隆也是法官，马鲁埃却把福隆交到了福隆的法院里。

他们义正词严地说：必须镇压骚乱。

我们来好好理解这句话，其中包含许多层意思：

抢劫、其他普通犯罪事件、饥民偷盗行为、杀害囤积居奇者事件、对人民敌人的非常规处置手段、对敌人阴谋的反抗行为、合法的抵制行为、针对武力行动的对抗行动，所有这些都被"骚乱"一词给概括了。难道他们是要一刀切地去镇压吗？如果真让王权去镇压骚乱，对它来说最大的骚乱无疑就是攻占巴士底狱，它肯定会拿这件事第一个开刀。

这正是比佐和罗伯斯庇尔在7月20日，也就是福隆被杀两天前做出的回答。而即便已是事后，米拉波在他的报纸上也是这么说的。他向议会解释了这桩惨案之所以发生的真正原因——当时巴黎所有政府机关都关门大吉，选民们虚软无力，没有得到合法授权，却要不断担负起市政府的职能。米拉波希望组建各市政机关，让它们拥有实权，可以自行维持治安；当中央机构明显靠不住的时候，除了巩固地方权力，还能有其他什么办法吗？

巴纳夫说，当务之急是处理好三件事：组建完善的各市政机关、市民自卫队，以及一个能够安抚人心的法定司法机构。

这个司法机构会是怎样的呢？

一位被巴黎行政区派来的临时代表——杜夫雷斯努依（Dufresnoy），提议让六十个行政区各自派出六十名陪审员。这个建议得到了佩蒂翁的支持，不过被另一个议员修改了一下，他希望在陪审团中能再加上法官的席位。

议会仍没有做出任何决定，大家各执一词、争论不休。凌晨一点钟的时候，人们都累了，于是议会采纳了一个办法，它发布公告，宣布要严惩危害国家的犯罪行为，再在适当时候颁布法规、指定由哪个法庭进行审判。这么做，是在把事情无限地后延。议会呼吁和平，理由不外乎是在说因为人民的信任，国王得到了前所未有之多的权力，说一种完美的和谐已经建立起来了，等等之类的话。

信任？当时信任已经再不复存了！

当议会还在大谈特谈信任的时候，一抹凄凉的白光洒了下来，人们看到新的危险正在逼近。

错的是议会，对的是人民。

不论人们如何自欺欺人，告诉自己一切都结束了，然而被打败的旧制度仍想着东山再起，这是一个不争的事实。数世纪以来，这个权力把国家所有力量——行政、财政、军队、司法——全都攥在自己手上，而且它到处都有效忠自己的信徒、军士、法官的支持（这种情况在当时没有任何改变），还有二三十万掌握着国家半数，甚至是三分之二土地资产的贵族和教士在背后撑腰。这么一个巨大、盘根错节、覆盖了整个法国的权力组织，怎么可能像普通人那样一击毙命？一颗7月的子弹，就能让它僵死了？这个道理连最简单的小孩子都懂。

它还没死，只是遭到重创，在精神上死了。然而它的肉体还依然活着，还能再苟延残喘一阵。它会怎样借尸还魂呢？这是人民提出的全部问题之所在，也正是让他们感到坐立难安的一个地方。此时，再清楚不过的道理披上人民大众的迷信外套，呈现在人们面前。

每个人都曾见过巴士底狱，看到那个当初拉图德爬下高塔所用的大得惊人的绳索时，大家无不心生恐惧。人们都参观过这些阴森的塔楼，这些黑暗、幽深、散发着恶臭的监牢——这里就是囚犯们住的地方，里面如下水沟一般藏污纳垢、污秽不堪，爬满老鼠、蟾蜍和臭虫。

人们在一处台阶下发现埋有两具尸骸，还有一副锁链、一对脚镣，毫无疑问，这些东西原本拴在其中一个不幸儿的身上。这些尸骨，是对罪恶的赤裸裸的指证。因为囚犯们死后从来不会被埋在监狱里，而是在夜色的掩护下被葬在耶稣会教堂的圣保罗墓地里（耶稣会教士是巴士底狱的告解神甫）。他们全都以仆人的名字被埋在此处，这样外人就永远不知道这些人到底是死是活了。发现这两副骸骨的工人，让死者得到了他们唯一能够得到的弥补：十二名工人用工具毕恭毕敬地把遗骸拾起，将其带到教区墓地里正式下葬。

在这座历代国王的古老洞穴里，人们总希望还能有其他什么发现。仁心遭到冒犯之后，开始展开报复了；人们品尝着一种仇恨、害怕、猎奇夹杂在一起的复杂情绪，这是一种无法拔除、难以满足的好奇。即便人们已经看到了一切，但仍然探索着、搜寻着，希望能够挖掘得更深一点，怀疑下面还藏着什么东西，觉得监狱之下还有监狱、囚牢之下还有囚牢，一直延伸到大地最深处。

一想到巴士底狱，人们就觉得恶心。岁月缓缓地流逝过去，一代又一代的囚犯被相继送了进来，那些因为绝望而破碎的心灵、因为愤怒而流下的热泪、因为撞墙恸哭而在额上留下的累累伤疤，居然就这样了无痕迹地消失了？除了非常费劲、非常艰难地辨认囚犯们用钉子刻下的几不可识的模糊字迹，人们就再做不了什么了？时间这个残忍的暴政帮凶，和后者狼狈为奸，就这样把受害者存在过的痕迹统统都给抹去了！

人们什么都看不到，但人们还能听，而且确确实实听到往昔的杂音、呻吟和奇怪的叹息声在那里回荡。是幻听吗？可是明明所有人都听到了啊！会不会还有一些不幸儿仍被埋在某个地牢深处，被关在只有死了的典狱长才知道的某个地方？圣路易岛以及其他一些行政区都要求查清这些哀叹声的来源。一次、两次，不对，是许多次，人们许多次重提此事；虽然大家做了一些调查，但一直没有下定决心彻查到底：对于这些也许是被生生活埋的不幸者，人们有太多的忧虑和担心了。

如果这里面关着的不是囚犯，保不齐会是敌人？在街区的下面，保不齐会有地道把巴士底狱和万塞讷监狱连在一起？保不齐会有人把火药从一座高塔运到另一座高塔，把德劳内起过的念头付诸实践，把巴士底狱炸到空中、把自由之区夷为平地？

为了安抚众人情绪，人们进行了一些公开搜索，还展开了一次郑重其事的调查。当时人们已经把注意力投射到了其他地方，他们的地雷、他们的恐惧被放到了巴黎的另一边，放在我们那些古老建筑的地下室中，放在卢浮宫、圣母院和其他教堂的深穴里。1786年，已经死了上千年的巴黎城被上上下下翻了个遍，一大堆尸骨被翻出来扔在这些洞穴里，做下这些事的人都没有现身（因为这些地下通道实在是太过庞大了）。这一年的每个晚上，教士都带着灵车里的这些死者搜寻着，从无罪者墓地找到伊索尔墓园，寻觅着一块永远的安息场所、寻觅着一片彻底的遗忘之地。

毫无疑问，这些亡者在呼唤，地底的熔岩在奔涌，一场火山在这里酝酿。这个地雷足以把先贤祠炸到半空，把巴黎整个掀翻，再让它重重地摔下，里面的人不论是死是活，全都被炸得面目全非、分不出你我，尸身、骨骸散落一地，夹杂着零碎的、抽搐着的肢体残骸。

这样的大毁灭似乎并不必要，只要来场饥荒就能达到同等效果。荒年之后又是荒年，种在巴黎城周的那点可怜的小麦被糟践、被浪费，被驻扎在这里的大军吃掉。不对，粮草的消耗并不关军队的事。人们看到或者觉得自己看到了流寇在夜间出没，割掉麦苗。福隆已经死了，但他似乎又还魂人间，只为一丝不差地贯彻自己说过的话："必须割掉法国。"割掉麦苗、毁掉麦田，那么到了荒年的第二个年头，就该轮到人被割掉了。

恐惧在蔓延，不断喊叫着这些传闻的邮差们，每天把它们从王境的一端传到另一端。他们并没看到强盗流寇，但有的人看到了：这些强盗无处不在、流动作案、人数众多、全副武装，基本上是在夜里摸进来，如果夜里没有出现，那第二天早上铁定跑不了；吓得已经失去理智的苏瓦松地方政府写信给国民议会请求援助，说有人在光天化日之下的某个地方砍去麦苗，说有整整一支匪军在这座城市里肆意横行，可是当人们要去找它的时候，它却消失在夜色或晨雾之中。

另一件更真实的事情是：有些人起了心思，要在这场可怕的荒灾中再添上个东西，一个让人谈之色变的东西，一个让人联想到14、15世纪里那场让整个法国生灵涂炭的百年战争的东西——这些人想引狼入室，把英国人带进法国。有人对此表示怀疑。为什么要怀疑呢？它看上去极为可信啊，因为后来在基伯隆，不就有人尝试了吗？只不过遭到失败罢了。①

但是这一次他们要做的，不是引导英国人乘坐舰艇在一处没有守卫、堪称天堑的险滩登陆，而是要攻下一个守卫森严的核心腹地，把法国用了整整一个世纪、耗费大量人力物力方得建成的海军基地交给英国人。那里是我们国家重型战舰的舰头和钉子，是一道遏制英国舰艇的暗礁。没错，他们要把布雷斯特交出去。

因为法国参与了解放美国之战，导致英帝国被分解，所以英国想的不是看着法国怎么多灾多难，而是希望它被彻底毁灭，希望某次秋潮大涨、滔天海水倒灌而至，把北起加莱、南至比利牛斯山、东到阿尔卑斯

---

① 即基伯隆半岛之战。1795年6月27日，流亡在英国的法国贵族和保皇派约三千六百人，乘坐英国战船抵达布列塔尼，并在基伯隆半岛登陆，和旺代叛乱队伍一起与法国革命政府军作战。几经激战，旺代叛军被革命军摧毁。——译者注

山和孚日山的地方全都漂漂亮亮地淹没了。

然而，英国更想看到另一幅要漂亮得多的场景，想看到一片汪洋血海，里面涌动的是法国的血，是法国自己割喉切腹流出来的血。

那么，布雷斯特阴谋会是个很好的开始。但有一点值得英国担心的地方：如果因为扶持那些把祖国卖给它的恶棍，结果反导致整个法国群情愤慨，抛弃党派之争合力反抗自己，那可就弄巧成拙了。

还有一个原因让英国政府有所顾虑，那就是在最开始的时候，英国虽然仇恨法国，却对我们的大革命摆出一副和气的样子。在这场蔓延法国乃至波及欧洲的、标志着永恒权利之神拿起权杖的伟大运动里，英国根本不担心自己会受牵连，觉得它只是在模仿自己那个无足轻重、因利而生的17世纪岛国革命而已。它鼓励法国，就像母亲鼓励努力跟在后面学步的孩子一样。真是一个性格古怪的母亲啊，它根本就没从心底弄明白，自己到底是希望孩子前进，还是希望它摔断脖子。

所以，英国只好拒绝了布雷斯特的勾引。它表现出正气凛然的样子，把事情告知给路易十六手下的大臣，但又没说出具体策划者的名字。英国不把话说透，是因为它觉得这么做大有好处：这种半吞半吐的披露，能把法国搅得不得安宁，让人们更加疑神疑鬼。它抓住了这个本就羸弱不堪的政府的痛处。法国当局肯定不想仔细调查此事，害怕挖出太多东西来，害怕自己的人因此遭到打击。但如果它什么也不查，把这个可怕的秘密死死封在嘴里，英国那边肯定也会把它抖出来的。所以，这把宝剑就这样悬在了路易十六的头上。

英国大使多西特（Dorsett）是一个讨人喜欢的人。他一直都在凡尔赛，没有离开一步。许多人都说他是王后跟前的红人，在宫廷那里混得风生水起。尽管受此礼遇，在巴士底狱被攻占以后，尽管他很清楚国王遭到怎样的重创，多西特仍然抓住一切机会，把路易十六往深渊里又推了一步。

多西特给阿图瓦伯爵写了一封言辞模棱两可、后被人无意截获了的信，信中他告诉部长，有人误以为他在造成巴黎骚乱的行动中扮演了某种角色。他温和地辩解说："事实根本不是如此，贵国陛下很清楚，*早在6月初我就急匆匆地把可怕的布雷斯特阴谋告诉给他了*，并让他知道此事在我国宫廷里引发了何等慌乱，我也再三保证了英国对法国国王和国家的真挚友谊。"他还请求部长把此信转交给国民议会。

换而言之，多西特是在请求部长把脖子套进绳索里。他这封写于7月26日的信是在明明白白地昭告天下：宫廷把这个秘密隐瞒了足足两个月之久，既没有采取任何行动，也没有进行后续跟踪；很明显，它是要把这个阴谋拿来当作最后一把内战的武器，这就是中世纪里人们总藏在身上的所谓的*慈悲之刀*——如果到了剑断人败的地步，他趁着请求饶命的机会，可以偷袭胜者、将其一刀毙命。

被英国人拖到明面上来的部长蒙莫兰，在国民议会那里只能无力地解释着，说当局并没有拿到罪犯名单，所以没法再继续跟踪。议会没有再坚持，然而罅隙已经产生，而且是一道深得无法消除的罅隙。整个法国都感觉到了。

人们可以把多西特的这番话视为谎言和子虚乌有之事，认为这只是我们的敌人随便扔过来的一个火药引子。然而鲁莽的布雷斯特驻防军官们证实了他所言不虚——当巴士底狱被攻占的消息传来以后，他们第一反应是在城堡前面筑壕布防，威胁说只要城中略有骚动，军队就会采取武力行动。军官们无济于事地鼓动着士兵，给他们许以钱财，然而下层士兵们依然站在了人民这边。海军贵族圈子虽然贵族派十足，但肯定没有任何亲英倾向，可是他们依然成了怀疑的目标，人们的怀疑范围甚至扩大到了布列塔尼贵族身上。布列塔尼贵族们对此怒不可遏，力证自己对国家的忠诚，然而无人相信他们的话。

贵族虽然愤怒到了极点，却反而更让人觉得他们背后有着什么不可告人的阴谋。长期以来，贵族都一直坚持要求在三级会议里和第三等级分庭议事，而此时，他们又在大大小小各个城市村镇里、在同一个屋檐下，语出尖刻、吵闹不休，这就更给人民留下一个不可磨灭的印象：贵族就是敌人。

上流贵族圈子中许多后来名垂青史的人，做了必须做的一切，来证明人民的这个想法是错误的。他们并不怎么害怕大革命的到来，并相信无论革命怎样发展，它都不会抹杀历史。然而其他一些门楣没有这么高大、头衔没有这么显赫、更虚荣、或者说是更坦率的人，看着人民逐渐崛起、几乎快和自己平起平坐了，心里越来越不舒服、越来越觉得脸上无光，便鲁莽地公开表明自己和大革命的敌对关系。

其中最怒气冲冲的，当属新晋贵族和最高法院这群人；文官比武将还要激动，张口闭口就是开战，誓要用死亡、鲜血和毁灭来偿还一切。他们中间的一些人，先前还冲在反抗宫廷意志的最前线，品尝到受人疯狂拥护和爱戴的那种销魂滋味，如今发现自己突然一下子或者变得无足轻重、或者成了众人的仇恨目标，于是他们震惊了、愤怒了，心中升起了无尽的恨意。他们经常用私敌的阴谋诡计来解释这一突然转变，因为家族恩怨而你争我吵，导致政治仇怨更加白热化。在康佩，一位既是布列塔尼最高法院法官、又是拉夏洛泰①生前朋友的科尔萨劳人，不久前才是最高法院反对王权的一群人中一马当先的勇士，突然摇身一变成了保皇党人、贵族分

---

① 拉夏洛泰（La Chalotais，1701—1785年），法国法官，1752年任布列塔尼最高法院的总检察长。——译者注

子，没变的倒是当初那份勇猛。他大无畏地走在冲他一阵嘘声、却不敢动他一根指头的人民群众中间，指名道姓地高声念出自己敌人的名字，庄重地说："他们很快就会被我审判了，我要在他们的血液中洗手。"①

最高法院一位法官、弗朗什-孔泰的领主芒眉·德·昆西（Memmay de Quincey），一直都出语不逊。很有可能是因为附近村民们憎恶他，让他怀恨在心的缘故，或许因为他已经丧心病狂，又或许是想效仿德劳内（一桩著名的犯罪事件通常都会引发其他人的效仿），他真去做了德劳内没有做到、巴黎人民害怕发生的那件事情。昆西在沃苏勒和周边地区四处宣扬，说为了庆祝盛事，他要广邀宾客、大摆筵席。农民、市民、士兵，所有人都来到他家中，大家尽情畅饮、载歌载舞。然而脚下的大地突然裂开一条口子，火药爆炸了，一瞬间轰天震地、血肉横飞，地上到处都是断臂残肢。这一切，都有劫后余生的幸存者做祷告的神甫证明，有宪兵队的人证明，人们在7月25日把一切上报给了国民议会。义愤填膺的议会从国王那里得到的指示却是：若要申请引渡罪犯，则需向所有权力机关写函。②

还有一个消息越传越广、越传越烈，说那些毁去麦苗、要把人民饿死的流寇，根本不像人们之前所想的那样是外国人，根本不像马赛5月份时所认为的那样是来自意大利或西班牙，他们就是法国的内贼，是大革命不共戴天的死敌手下的走狗、仆人，是被这些人雇来的盗匪。③

---

① 杜查特里耶（Duchatellier），《布列塔尼的大革命》，Ⅰ，p.175.——原注
② 后来，德·昆西在古尔瓦西（Courvoisier）的辩护下被平反，他坚称是因为下人不小心把一桶火药放在了几个醉鬼边上，才导致惨剧发生。但这里面有三个疑点让人很难不作他想：第一，德·昆西在摆宴庆祝的那天居然不在家中，按照他自己的说法，他那天不想露面，是为了让来客尽玩得更加尽兴；第二，他事后消失得无影无踪；第三，最高法院（德·昆西曾在里面任职）不允许普通法庭展开相关侦讯、提审工作，而由它自己来审判此案。——原注
③ 历史学家没有任何证据、却言辞确凿地说，这些警报、这些控诉、这些大动作，全都是从巴黎蔓延出来的，全都是由某某人掀起来的。诚然，领导人影响了罗亚尔宫，罗亚尔宫影响了巴黎，巴黎又影响了法国。然而，像大部分保皇党人那样把一切归于奥尔良公爵头上，像德罗兹那样把一切归于杜波尔头上，像蒙特盖拉尔（Montgaillard）那样把一切归于米拉波头上，这些都是不对的。我们可以看看亚历山大·德·拉梅特对此说得极其在理的一个回答。不过我们还要再加一句：米拉波、杜波尔、拉梅（转下页）

恐惧气氛在升温，每个人都觉得自己身边藏着一个毁灭之魔。一到早上，人们就赶紧跑到地里，去看粮食有没有遭到蹂躏；到了晚上，人们又提心吊胆，害怕夜里有人来烧房子。一听说流寇来了，母亲就恨不得把自己的孩子抱得紧紧的，把他们藏起来。

因为对他们的王抱有信仰，所以在过去那么久的时间里，人民能够安心大睡。而此时，王的庇护何在？曾经是弱者的人民，因为有王的存在而感到安心；尽管他们现在已经壮大起来，却依然觉得自己是他的孩子。而此时，这位保护人何在？人们开始觉得，王已经成了人民敌人的亲密朋友，这和路易十六为人如何再无关系了。

在从前，国王军队会从天而降，护人民周全，然而现在它却成了人民心中的恐惧。人们所看到的军队头领，都是些最目中无人、把自己的仇恨不加掩饰地表现出来的贵族。他们教唆（必要时候还出钱雇用）士兵和人民作对，挑衅那些日耳曼士兵保持亢奋状态——他们似乎在酝酿一场进攻。

人们不得不靠自己，而且只能靠自己了。当本该是公众保护伞的权力机构统统缺席时，男人们作为一家之长，就只好承担起保护家园的责任。在家中，他就是法官、国王、法律，他就是执法的宝剑，就像一句古谚语说的那样：穷人在家就是王。

对于这位王来说，如果没有枪，他能有的东西，他的镰刀、锄头、犁耙，这些就是正义之手、司法之剑。来吧，强盗们！不过他才不会守株待兔地等着他们到来，每家每户、每村每庄都联合起来，拿着武器在乡里巡视，看那些坏蛋还敢不敢来。前面一支军队来了！等等，别开

（接上页）特兄弟、奥尔良公爵，以及该时期的大部分人，他们并没有人们想象中的那么坚毅，但他们愿意让人觉得自己有坚毅的魄力、有广泛的影响力。对于别人对自己的指控，他们也只以微笑作为回应，随便那些愿意相信这些传言的人怎么想，哪怕别人觉得他们一个个都是恶贯满盈的坏蛋也不做反驳。——原注

枪！这是另一个村子的人，是朋友，是亲人，他们也在找强盗。①

整整一个星期，法国都处于警备之中。对于革命中的这些神速进展，国民议会每时每刻都掌握得一清二楚；在这支自十字军东征以后最壮大的队伍中，国民议会原本以为自己是领路人。然而每个报信人带来的消息都让它大惊失色，甚至是胆战心惊。头一天，邮差说："你们有二十万人。"到了第二天，传来的消息又是："你们有五十万人。"紧接着另一个邮差到了："这周有一百万、两百万、三百万人武装起来……"

这支突然从农田里冒出来、全副武装、浩浩荡荡的人民之师，向议会请求准许自己去做该做的事。

不过，传统的正规军队又去哪儿了呢？它仿佛凭空消失了一般。这支新的威武之师根本不用动手，只需紧紧地靠在一起，就可以把传统军队碾死。

有人说过，从这天起，**法国就长成了一个士兵**。在这一天，一个新的种群破土而出。这个种群里的孩子一生下来，就长着一口能把敌人的炮弹咬得粉碎的利齿，生着一双不知疲倦、能一口气从开罗走到克里姆林宫的大脚，有着不吃不喝、仅靠精神力量就能行军几百里、血战三四天的神力。

他们所依赖的，就是自己的乐观、快乐和希望。如果连这个心系世界解放事业的民族都没有了希望，那谁还有资格去希望呢？

在这一天之前，法国存在过吗？我们可以给出否定的回答。然而，它突然变成了一把剑、一个理念。拥有了这样的武装，便是拥有了**存**

---

① 见《蒙特洛耶回忆录》（Montlosier），Ⅰ，p.233，《杜龙荣回忆录》（Toulongeon），Ⅰ，p.56. 等等。——原注

在。任何民族，如果既没有思想又没有力量，那就只能靠别人的施舍和同情才能活下去。

他们在事实上*存在*，但他们想在权利上*存在*。

野蛮的中世纪并不承认他们的存在，否认他们人的身份，只把他们当成东西来对待。那些可笑的经院哲学还在告诉人们，说灵魂可以用同样的价格得到赎买，它们全都配得上拥有上帝之血；然而这些如此宝贵的灵魂却被它贬为牲畜，被它拴在农田上耕种，永世为奴、不得翻身。

这个毫无法理可言的特权以胜者为王为支撑依据，也便是以从前的不公为支撑依据。它说，贵族、领主之所以是贵族、领主，是因为他们赢了。西哀士说过："如果光凭这点就够，那将轮到我们赢了。"

封建特权还在援引那些虚伪的条条款款，以期人们订下于己不利的契约。在这些条款中，弱势群体在胁迫之下，不得不毫无保留地交出一切——未来、希望、待出生的孩子、子子辈辈……这些写在羊皮纸上的罪恶条款，这个自然的耻辱，千百年来一直安然躺在城堡深处。

有人大力强调路易十六以身作则、让自己领地上最后一批奴隶获得自由的行为。可是这个牺牲太微不足道了，根本没花国库多少钱，而且在法国基本没引来他人的效仿。

什么？有人说1789年的那些领主铁石心肠、冷酷无情？

绝非如此。这个群体成分混杂，但基本上个个都软弱胆小、手无缚鸡之力，又轻浪浮薄、耽于声色、神经敏感。然而他们那么敏感，却看不到近在咫尺的悲剧。[①]他们只在诗歌、戏剧、故事、小说中读到悲剧时，洒下几滴泪水；他们和贝尔纳丁·德·圣-皮埃尔、格莱特里、瑟

[①] 这是迈斯特尔在他的《大革命之思》（1796年）一书中的评论。——原注

丹尼、贝尔坎、弗洛里安①一起哭泣，动不动就在抹眼泪，然后自言自语道："我真是个好人。"

由于心软、耳朵软，又大手大脚，遇到花钱的时候，他们总是无法拒绝，所以他们需要钱、很多钱、比父辈更多的钱。如此这般，就必须大力压榨土地的价值，就必须把农民交到放贷者、地方督办和生意人的手中。许多领主都有一副好心肠，但是他们在巴黎越是轻财好施，就有越多的奴仆被活活饿死。于是，他们很少住在城堡里了，好让自己不用亲眼见到这样的惨况——这种场景是他们那颗柔软的内心根本无法承受的。

这就是那个软弱、垂暮、倦怠的上流社会里的普遍情况。它不愿看到压迫，于是只通过代理人去实施压迫。当然，外省也不乏一些贵族，在封地上依然保留着严酷的封建传统并引此为傲，冷血无情地主宰着自己的家人和奴仆。想想那位大名鼎鼎的"人类之友"、米拉波的父亲，他是家庭的敌人，把自己的所有仆人，自己的妻子、儿女全都关起来；他把国家监狱塞得满满的，对自己的邻居提起诉讼，让身边的人活在绝望之中。这样一个人却在自己的书里说，某次节日的时候，他震惊于自己领地上的农民那种凄惶和粗野。我很能理解这种凄惶——那些可怜人极有可能是在害怕"人类之友"会为了自己的孩子而把他们抓起来。

所以，农民只要拿起武器，就立马揭竿而起展开报复，对此我们没有什么可惊讶的。他们曾受到许多领主的欺凌，这些日子依然历历在目。有个领主在村子的泉水边上修了一堵围墙，将水源征为自己私人所有，还有一个侵吞了公共土地。他们都被杀害了。另外还有几例谋杀案件被记录在档，毫无疑问，这些行为都是农民在报复泄恨。

---

① 贝尔纳丁·德·圣-皮埃尔（Bernardin de Saint-Pierre），法国作家、植物学家；格莱特里（Grétry），法国剧作家；瑟丹尼（Sedaine），法国悲剧作家；贝尔坎（Berquin-Duvallon），法国作家；弗洛里安（Jean-Pierre de Florian），法国作家。——译者注

城市普遍拿起武器的行为，很快得到了农村地区的效仿。巴士底狱被攻占后，农民也受到鼓励，去攻打他们那里的监狱。当了解到他们受着怎样的折磨时，我们应该吃惊的，是他们那么晚了拿起武器。那些苦难、那些憎恨，因为迟迟不得喷发而堆积着，慢慢积攒到了一个令人生骇的高度。一个越滚越大、常年伏在冰雪之下的雪球突然崩塌，变作一场雪崩。单单这样一个庞然大物滚下来，就足以毁灭一切。

不过，在这一幕乌乌泱泱的大戏中，哪些因素和盗匪流寇、和那些因为饥荒而流离失所的难民有关，又是哪些因素逼得安分守己的农民揭竿而起、反抗领主，我们应练出眼力，把它们区分开来。

领主们干下的恶行被人牢牢记着；他们当然也有善行，但不够。某些领主在奴仆中还能找到一些愿意保护自己的人——例如蒙特费尔梅侯爵（Montfermeil），他在上一年曾借给仆人十万法郎帮助他们渡过难关。有时面对老弱妇孺，最愤怒的人群也会选择罢手——例如多菲内的一座城堡就安然无恙，因为人们只在里面发现一位抱病在床的夫人和她的几个孩子，于是只毁了一些旧文件就走了。

总体而言，农民一开始冲进城堡是为了拿到武器，后来他们胆子更大了，就焚烧文书。其实这些奴役工具中的大部分契据，以及那些最有时效、最具压迫性的法令文件，都藏在领主的爪牙手上，放在代理人、公证人家中，可是农民很少去这些地方。他们更愿意去破坏古董，烧毁原始契据。这些写在精美的羊皮纸上、盖着胜利者的印章的文书，属于城堡的家传之宝，只在重要日子里才会拿出来示人。它们平时被保存在装饰华丽的小匣子里，夹在天鹅绒做成的公文包中，放在栎木门拱的最里面——那里是塔楼的颜面之所在。每一个有地位的小城堡，都会在封建鸽舍边上建立文书之塔以示炫耀。

我们的人民就这样直接杀向塔楼。对于他们而言，它就是监狱和暴政的标志，象征着人类的傲慢、不逊和蔑视。无数个世纪里，塔楼一直站在高处嘲笑着山谷，使其贫瘠、令其悲苦，它那黑压压的影子，沉重得令山谷喘不过气来。这些蛮荒时代的国家卫士和地方哨兵，后来却化身为人们恐惧的幽灵。到了1789年，它们全然成为奴隶制度的可笑见证者，成了一个永恒的侮辱标志，每天早上都在对那些要在古老的土地（土地已经成了这个阶层要永远扛着的耻辱象征）上耕种的人反复喊道："劳动吧！劳动吧！奴隶的后代们！赶紧多干点！劳动吧，永无希望地劳动吧！"

千百年来（也许时间还要更久一些），在每个晨曦和日暮，塔楼都被诅咒着。如今，它轰然倒塌的那一天终于到来了。

这一天来得那么迟、那么迟！我们的父辈们等了多久，盼了多久啊！正是因为抱着看到这一天到来的希望，他们的子子辈辈才能咬牙活下去，否则他们再没有生存下去的意愿，在贫困之中凄惨死去。而他们的同胞——我，在他们旁边、在历史的沟渠中耕种着的我，饮着他们的苦酒的我，是什么在激励着我重现中世纪的这段苦痛、不因为它的沉重而抑郁身亡呢？啊！莫不是你？这光荣的一天，自由的第一日？我活着，就是为了讲述你的历史！

第二篇

第4章

8月4日之夜

人权和公民权宣言——法国的动荡与危险——7月27日，议会创立调查委员会——宫廷企图阻止审判贝森瓦；保皇派想利用公众的慈悲之心——革命派贵族放弃封建课税特权——8月4日之夜，等级特权被摒弃，教士的抵抗；外省放弃特权

在这次浩流之上，在一个更宁静但每时每刻都能听到外面喧嚣和吵嚷的地方，国民议会正在苦思冥想着。

先前某些派的暴力冲突事件导致议会内部产生分裂，如今这一现象看来已经在大讨论中得到控制和遏止，议会也通过这种讨论展开了自己的工作。我们看到当时有多少贵族，论出身阶层，本该站在革命的对立阵营中，然而他们却从心底受到了革命理念的感染。毕竟大家都是法国人，都是18世纪的孩子，都受到了本世纪的哲学熏陶。

议会的两方人马虽然仍处对立之势，却带着庄重的使命感，共同做了一次神圣的设计——起草人权宣言。

他们所做的，绝不像英国那样，起草权利请愿书，旨在呼吁落实一些能写进法律的权利、一些存有争议的基本法，旨在呼吁中世纪的自由——无论这种自由是真是假。

他们所做的，也绝不像美国那样，一个州一个州地挨个探寻能让每个州都点头认可的方针，再将其概括总结，从中构建出一个归纳性的、能被联邦接受的总体套式。

他们所做的，是根据一个如罗马教宗制度一般神圣的最高权力，着手制定一部新时代的信经。什么权力？是理性，是整个世纪里所有哲学家和思想家都在讨论的、被每个心灵所接受的、深深渗透进了社会风俗中的、经制宪议会的逻辑学家之口表达出来的理性。他们所做的，是经过深入、自由的探讨和检验，把他们找到的东西立为理性的权威和标杆。

它就是这个世纪的哲学、立法者和摩西，它从山上走下来，额前闪烁着灿烂的星光，手里拿着《摩西十诫》。

对于这部人权宣言，人们争论不休、众说纷纭，但这些都是无意义的争论。

首先，面对边沁和杜蒙，面对功利主义者和经验论者，面对只会纸上谈兵、认为权利只有和法律及绝对理性相一致的时候才可被称为权利的那些人，我们不想浪费唇舌和他们多做争执。这些人披着哲学家的壳子，实际只是个代理人的身份而已，其他什么都算不上，那他们又有什么资格去鄙视实践者呢？如他们那种人，所做的无非是把法律写在羊皮纸上而已；而我们想做的，是把我们的法律刻在永恒的权利之石上，刻在承载着整个世界的巨石上。这块巨石，便是坚稳不移的正义，是坚不可摧的公平。

至于怎么回应敌人的嘘声，我们只需要以子之矛、攻子之盾就可以了。他们嘲笑人权宣言，后来又屈服于它；他们一边和它打了三十年的仗，一边又向自己的人民许以自由，一个被战争毁掉了的自由。1814年的胜者对法国说的第一句话，不就是从法国喊出来的大标语中借来的吗？①胜者？不，毋宁说他们是败者，是精神上的败者，因为他们最有代表性的法令——《神圣联盟契约》，完全是在鹦鹉学舌，复述那部曾被他们大加嘲讽的法律罢了。

人权宣言证明了存在的至高无上性，而这正是人类道德的保证。它还表现出了**义务**观。义务虽不被宣之于口，却无处不在；无论哪里，人们都能感受到义务的神圣庄严性。单凭从孔狄亚克②那里抄来的几句话，根本不足以阻止我们从整体上认识到大革命的精髓——一种古罗马式的庄严，以及一种克己的思想。

在这样一个时候，人们应该谈论的是**权利**③，应该替人民引证和追回的还是权利。因为在此之前，他们一直以为自己只有**义务**而已。

无论这道法令是多么高大和笼统，但人们创造了它，是希望它能永存于世。而它出台之时，正是四面风来、山河巨变之际，倘若还要求它绝不带一丝风暴的气息，那不是强人所难吗？

早在7月14日攻占巴士底狱之前，议会就写下了法令的第一行话；最后一个句号，则画在了人民将国王带到巴黎（也就是10月6日）的几天前。所以，人权宣言本就是在风暴和风暴之间庄严登场的。

再没有比当时更加紧张的时候，再没有比当时更加严肃的讨论，哪

---

① 而且是心甘情愿地借来的，因为这就发生在所有欧洲君王和八万将士面前。他们承认，任何人民都有权选择他们自己的政府（请看亚历山大·德·拉梅特的回忆录，p.121.）。——原注
② 孔狄亚克（Condillac，1715—1780年），法国哲学家，与狄德罗、卢梭、达朗贝交往甚密，并为《百科全书》撰稿。——译者注
③ 也只有权利和自由：一开始，这部解放宪章里就只有这些，再无其他。我在导言和其他章节里有作更多的阐释。——原注

怕大家个个都争得面红耳赤。身处旋涡之中的时候，双方反而提出了许多独到的论点。

"可要当心。"有人说，"你授人权利，而他自己非常清楚权利；你把他带到了山顶，给他指点脚下那片属于他的无边疆土。那当他走下山来，却发现自己被你制定的特别法律所阻拦、每走一步都会碰到束缚时，则将发生什么事呢？"（马鲁埃演讲词）

答案有许多，然而最有力的反驳肯定要在当前的处境中去寻找。在一场输赢尚未分明的斗争中，人们每走一步都是万分凶险。你没法找出一处高峰，在上面插上旌旗。但如有可能，还是得尽力把旗子插到一个你能找到的最高处，让全世界都能看到它，让它的三色火焰把各个民族全都团结起来。若这面旗帜被视为人类共同的大旗，那它就会变得无人能敌、所向披靡。

还有一些人认为，这场大讨论震醒了人民，把他们武装起来，是它给他们递去了火种，是它酿成了战争、点燃了火苗。然而首先一个问题是，暴力行动在大讨论之前就已经开始了。农民们并不需要这类玄奥的理论做支撑，直接揭竿而起。即便到了后来，它的影响也是微乎其微的。我们也已经说过，农村地区之所以武装起来，是因为百姓们觉得有必要击退流寇，是因为城市武装之风传到了农村地区，更是因为巴士底狱被攻占以后，所有人都躁动起来。

这幅画卷太过辽阔，其中的插曲变故又比比皆是，于是我们看待这段历史的视角往往受到干扰，常常混淆了在该期间同时发生的三件各有不同、相互对立的事情。

第一件事：在夜色下出没不定，像蝗虫一样割去麦苗、毁掉农田的流浪汉和饥民的行劫。这些匪帮在势力强大的时候，还强闯民屋、农场,甚至攻打城堡。

第二件事:农民为了击退盗匪,就必须要有武器,于是才向城堡要求配武器。而拿到武器、控制局势之后,他们又毁掉了被其视为压迫工具的文书契据。那些被人们所仇恨的领主也真是可怜!他们不但保不住自己的羊皮卷,还保不住自己的性命。

第三件事:城市武装行动鼓舞了农村地区,于是农民们也拿起武器,然而城市却不得不去镇压农村。国民自卫军当时没有任何贵族倾向,因为它的队伍里各个阶层的人都有。而这样一支军队却被派往农村去安稳秩序,去援助那些他们憎恶不已的城堡。自卫军经常把作乱的农民逮捕押往城市,不过很快又把他们都给放了。①

我所说的都是平日里对邻里一团和气的老实农民。至于那些无法无天的匪帮强盗以及人们所说的流寇,则通常被法庭、甚至市政当局处以严刑,许多人都被处死。农村又恢复了稳定和安宁,耕种得到了保障。但如果骚乱继续,种植业将被迫停止,法国第二年就会被饿死。

这个世界已经着火,而站在世界之巅的议会还在法案细节上讨论、盘算,反复斟酌,这种情形还真是有些奇怪。当时议会是左右两难,若想镇压骚乱,似乎就只有一个办法——重建旧制度。然而真这么做,只会让骚乱进一步升级。

人们普遍猜测,也许议会迫不及待地想要夺取权力。对于里面某些人而言,事情的确如此;然而对于大部分议员来说,这样的揣测是错误的,而且大错特错。这个议会通过大多数议员,表现出了一个和它所处时代相同的秉性和特点,那就是对思想力量的崇拜。它坚定地相信,真

---

① 那些偏听偏信的历史学家在这些事情上混淆视听。我曾咨询过老者,尤其是我那些声名显赫、德高望重的朋友们,例如贝朗热先生和德拉芒内(de Lamennais)先生。——原注

理一旦被发现、一旦写成法律，那将是不可战胜的。只要两个月（这个数字是人们非常认真计算出的结果），就在两个月里，宪法果真被写出来了。这部宪法将凭靠自己的全能之力，把权力和人民全都包容进来。到那时，大革命将宣告完结，世界将回到万物生长的春天。

可是在等待的过程中，情况变得越来越不对劲了。权力时而被摧毁，时而又变得极为强大；它在这个地方被组建，在那个地方又被完全肢解；对于定期发生的一般性行为，它的约束力很弱，但对于腐败、阴谋（也许还有暴力）仍有很大的震慑力。例如，后来被公布出来的这几年的账目，清清楚楚地指出宫廷有哪些收入，又是怎么支配这些收入的——包括如何收买出版界和报纸杂志，甚至如何向议会行贿。流亡贵族和宫廷里应外合，开始向外国、向敌人求援，开始坚持不懈地、有组织地背叛和诽谤法国。

议会觉得自己坐在一个火药堆上。为了公众福祉，它的确应该从当初制定法律的高台走下来，走进人间去看看地面发生的一切。然而从高台落到尘埃之中，中间是多么巨大的落差啊！梭罗、吕库古、摩西，全都沦落为可悲的公众监视者，不得不去秘密监视奸细密探，生生把自己变成了警察！

多西特写给阿图瓦伯爵的信里那令人惊心的解释，被宫廷遮掩了很久的布雷斯特阴谋的曝光，让人们第一次觉醒过来。7月27日，杜波尔提议创立一个由四人组成的调查委员会，并说了这些不详的话："请别再让我纠缠于讨论之中了。有人在策划阴谋，可是若到了庭上，这些肯定又会被驳回。我们必须知晓那些可怕但必须知晓的东西。"

"四"这个数字，很容易让人想到由三人组成的宗教裁判所法官团。于是调查委员会被扩展到了十二人。

不管该委员会是何其必要，议会的初衷也绝不是扮演警察或裁判所的角色。议员们展开了一次极为认真严肃的讨论，弄清委员会是否要窥探信件隐私、是否要拆开这些可疑信件，哪怕它的收件人是一位已经匆忙逃走、公开宣布自己是议会敌人的亲王。古伊·达西（Gouy d'Arcy）和罗伯斯庇尔主张拆信。议会听取了夏普里耶、米拉波，甚至杜波尔各方的意见（后者不久前还主张建立一个类似于国家裁判所这样的机构），宽宏大量地宣布信件隐私是不可侵犯的，拒绝将其打开，并把它们还了回去。

这个决定给了宫廷拥趸者勇气，让他们冒险做下了三件事。

西哀士已被提名为主席，但他们搬出了另一个竞争者来和西哀士抗衡。此人极有声望，在议会里极受欢迎，他便是鲁昂一位非常优秀的法学家——图雷。他们之所以挑中图雷，是因为他在6月17日投票反对由西哀士提出的、包纳了大革命的"国民议会"这一简单明确的用语。在主席人选的问题上，让这两个人处于对立中，或者更准确地说，让两个体系处于对立中，这么做就是在对大革命发起诉讼，试图把它扭回6月16日之前的样子。

第二个举动，就是阻止审判贝森瓦。这位听命于王后、和巴黎作对的将军，在逃跑路上被捕。审判他、给他定罪，就是在给他所效力的旧制度定罪。内克尔被召回后，在回来路上看望了他，给了他一线希望。让心地善良的内克尔在巴黎城中为他积极斡旋，这并不是件多难的事情。①对于虚荣的内克尔来说，在一片欢欣鼓舞中回归，拿到普赦令，结束大革命，平息风波，洪水之后让天幕挂上一道彩虹，还有什么比这些

---

① 他非常明确地强调自己是在为国王说话。（请看他被收入《1789年大革命史》的演讲，Ⅱ，p.235.）——原注

更有诱惑力呢？

他来到了市政厅，得到了在场所有人能给的一切——里面有选民、各区代表、普通市民，还有复杂、混乱、无法从法律上界定身份的乌乌泱泱一大群人。大厅里、广场上，人们激动狂热到了无以复加的地步。内克尔出现在窗前，他的夫人站在右边、女儿站在左边，流着泪吻着他的手。他的女儿斯塔尔夫人，甚至因为过于幸福而晕厥了过去。①

除了帮助贝森瓦脱罪，内克尔什么也没做。巴黎各区的抗议非常合情合理——这般宽大处理，是从已经心神俱乱的选民大会中骗来的，是一群根本没有得到授权的人以巴黎的名义承诺的。一个国家性的问题，就这样被区区一个城市、城市中区区几个人给了结了，而且它就发生在国民议会建立调查委员会、正准备组织法庭展开审判的时候。这太荒谬，也太放肆了！虽然拉利和穆尼耶极力主张赦免贝森瓦，然而米拉波、巴纳夫和罗伯斯庇尔等人仍然坚持对其进行审判。宫廷本已一败涂地，但它居然还害得内克尔名誉扫地，毁掉了一个本有机会拯救它的人在人民中间的威望——不过这么做倒符合它一贯的智商。

与此同时，宫廷还在主席人选的问题上逃避闪烁着。图雷惊然于民心的骚动和巴黎的威胁，最后对主席之位辞而不受。

保皇派的第三个动作就非常认真了，其行动者是马鲁埃。大革命一路上经历了无数艰难险阻，每一步都有敌人布下的圈套，每一天都有对手设下的埋伏。而保皇派此举，却是大革命遇到的最危险、最可怕的一个考验。

我们都还记得，当初等级联合尚未实现的时候，教士把人民所吃的黑

---

① 斯塔尔夫人，《论法国大革命》，上册，第23章。同时也请参考内克尔文集中的第六卷和第九卷。——原注

面包虚伪地展现给第三等级，以慈善的名义，劝告第三等级暂且放弃那些无益的争执，和它一起考虑考虑穷人们的生计问题。现在，那个在其他地方上令人尊敬、却盲目拥护着王权的人——马鲁埃，也是这么做的。

马鲁埃提议建立一个广泛的"穷人税"，设立救援工作办事处，该机构的第一笔启动资金将由各慈善组织提供，其他部分则通过对所有人征税和借贷来实现。

这个提议很动听、很说得过去，也的确是形势所迫之下的一个必要手段，然而这却让保皇派获得了一个可怕的政治先手。它可以让国王得到一笔由三部分组成的资金，而最后一部分借贷资金则是取之不尽的；它可以让国王变成穷人的领袖甚至是乞丐的将军，有底气和议会抗衡。它使得国王走下王位，却又让他坐在另一个更加极权、更加稳固的宝座上，让他成为饥荒之王，利用面包和粮食这些最重要的东西去统治国家。

那自由呢？它该怎么办？

为了让情况看上去不那么吓人，为了让人觉得这只是一件小事，马鲁埃将穷人人数缩减到了四十万人，而这个数字明显是假的。

即便这步棋没能成功，其中的利益也是巨大的——慈善的名誉能让人民对他那一派、对国王心生好感。谁若拒绝，那就是在冒天下之大不韪，所以大部分人将不得不赞同他、依附他，把民心这个庞大的机器拱手交给国王。

在最后一步，马鲁埃建议向商贸公会和各制造业城镇咨询意见，目的是帮助工人"增加就业、提高工薪"。

于是，两派人马之间即将开展一场类似于竞拍的活动，此举关系到民心得失。要对付救济穷人的这个提议，那就只有一个办法——提议让劳动者不再纳税，或者至少让农村地区的劳动者免去各种奇奇怪怪的封建课税。

这些课税本就已经走向衰亡了。为了进一步摧毁它们，为了消灭那些承认课税的合法文书契据，人们把城堡都给付之一炬。议会中的大地主们个个提心吊胆、寝食难安。一笔如此遭人记恨、如此危险、足以把他们其他家产全都拉进去陪葬的财产，成了他们手中的一个烫手山芋。若要挽救这些课税，那就要么弃卒保车放弃其中一部分，要么就直接动武，把盟友、拥护者和仆人联合起来捍卫这些课税，直接对全体人民开战。除此之外，再无他路可走。

而我们的贵族中，只有少数几个老人曾参加过七年战争，还有一些年轻人曾投身到美国战争中，其他大部分人只在卫戍军队中有过战斗经历。不过，他们在个人的私斗中倒是表现得十分勇敢。旺代和布列塔尼的小贵族们先前还籍籍无名，突然一下子冒了出来，表现得无比英勇。还有许多流亡贵族在帝国战争中崭露头角、一鸣惊人。如果他们当初彼此融洽相处、团结一致，也许还有机会遏止住大革命。然而贵族内部却四分五裂，大家单打独斗，难成气候。他们之所以一盘散沙，其中一个原因（也是一个非常光荣的原因），就是因为里面许多人都从心底反对本阶层、反对古老的封建暴政。他们是它的继承者，却也是它的敌人。由于受到当代哲学思想理念的熏陶，他们拍手欢迎这场伟大的人类复兴运动，从心底拥护着它，哪怕要付出毁灭自己的代价。

若论封建资产，国王身边最富裕的领主当属艾吉勇公爵。[①]他在南部两省中都享有王室特权，而这些特权的来路却不怎么光彩，是他那个伟大的叔叔黎世留传给他的。他的父亲是破产部长特雷的同僚，此人与其说是被人憎恨，倒不如说是受人鄙夷。年轻的艾吉勇公爵发觉自己极有

[①] 亚历山大·德·拉梅特，《制宪议会史》，Ⅰ，p.96.——原注

必要争取民心，于是他和杜波尔、夏普里耶一起，成为了布列塔尼俱乐部的领袖人物。他在里面提出许多政治意见，在这场大火上又加了几把柴，想通过推倒大厦的一部分来保存其主体结构。他希望的不是放弃封建课税（许多贵族根本再没有其他什么经济来源），而是**以温和的条件让农民们进行赎买**。

诺阿依子爵①并不属于俱乐部一员，但他听到了相关风声，于是先下手为强，窃取了这个光彩的提案。他并非家中长子，又没能继承到什么封建特权，所以诺阿依比艾吉勇公爵还要慷慨大方。他不仅提议允许赎买封建课税权利，更提议以非赎买的方式废除属于领主的徭役权、农奴制和其他个人劳役。

这被视为一场纯粹的攻击和威胁。两百多名议员赶了过来。人们不久前才读到一份提案，议会还在里面呼吁大家有义务去尊重财产、缴纳租金等。

艾吉勇公爵的提案产生的效果，与先前他所设想的目的完全不同。他说，在投票严厉惩罚那些城堡攻击者的前一天，自己心中犹豫起来，扪心自问这些人是不是真的那么罪大恶极。他继续说着，激情四射、火力全开，他攻击着封建暴政，也攻击着他自己。

8月4日晚上八点，在这个神圣的时刻，统治长达千年的封建制度终于禅位，弃绝了自己的主张，宣告了自己的有罪。

封建制度发了言之后，就该轮到人民说话了。一个一身地方打扮、默默无闻、之前从没说过话、后来也再没发过言的下布列塔尼议员——勒刚·德·克朗加尔先生（Le Guen de Kerengal）站到台上，念了大

---

① 诺阿依子爵（Louis Marc Antoine de Noailles，1756—1804年），大革命时期的军人及政治家，拉法耶特的妻弟。——译者注

概二十行咄咄逼人、满是控诉的发言词。他大力谴责议会，谴责这个特殊权力机构没能预防焚烧城堡事件的发生。他说，议会本可以事先毁掉城堡藏有的凶残武器——也就是那些罪恶的契约文书，是它们把人变作牲畜，将人如同牛马一般拴在车上，一而再，再而三地勾起人们的羞辱感。"诸位，公平一点儿吧！让他们把这些文书、这些我们祖辈留下的野蛮遗物带到我们面前来吧！我们中谁不愿架起赎罪的柴堆，把这些罪恶的羊皮卷统统烧掉呢？你们没有一刻时间去浪费，只要往后拖一天，就会造成新的火灾；帝国覆灭都不会有这么大的轰隆声。难道非得以法国的毁灭为代价，你们才肯制定法律吗？"

这番话给人留下深刻的印象。但另一位布列塔尼人说的话更是吓人，他提起一些荒谬、残暴、匪夷所思的权利：例如领主在打猎回来后，有权将他两个仆人开膛破肚、从他们流着噗噗鲜血的尸体上踩过去！

大领主们率先展开了这场艰难的讨论。此时，一位名叫福柯（Foucault）的外省贵族对他们发起了攻击。他要求首先让大领主放弃他们的年金和优待，以及从国王那里得到的数额庞大的馈赠。这些东西从两方面把人民逼上了破产之路。靠巧取豪夺得来的钱财，再加上外省懒散的风气，于是所有有钱人都纷纷效仿他们，放着自己的土地不管，一窝蜂拥到宫廷中去了。

吉什（Guiche）和摩特玛尔（Mortemart）认为这纯粹是个人攻击，尖刻地回应说，这些遭到含沙射影的批评的贵族愿意献出一切。

现场一派热火朝天的气氛。博阿尔内[①]提议，以后刑罚均要一视同仁，无论是贵族还是平民，一应没有例外。有人要求司法无价；还有人

---

① 博阿尔内子爵（Alexande de Beauharnais，1760—1794年），法国政治家、军人、代表贵族阶级进入三级会议，后进入雅各宾俱乐部，并担任过制宪议会的主席，后以叛国罪被处死。——译者注

要求废除领主裁判权，说他们的下属官员都是乡村地区的毒瘤。

居斯汀（Custine）说，艾吉勇公爵提出的赎买条件很难实现，说应该省去这些麻烦，实实在在地去救助农民。

拉罗什福柯把慈善对象从法国扩大到了全人类的范围，要求改善黑人奴隶的生活条件。

在他们泛滥的同情、热情的冲动和大方的挥霍中，法国人的精神绽放出前所未有的迷人光芒。这群人花了无数时间和精力去讨论人权宣言，在每个小地方上反复推敲权衡。而当别人要求他们拿出大公无私的气概来时，他们立刻做出了回应，没有丝毫犹豫。他们把钱财扔到自己脚下，甚至把那些事关荣誉、他们爱之甚于爱金钱的权利也丢到了一边。这便是正在咽气的贵族为我们那些市民贵族留下的伟大楷模！

这热烈感人的气氛中透着一种昂然自若的骄傲，人们像一掷千金的赌徒一样豪气冲天。富人和穷人都是同样的欢乐，有时还带点狡黠（例如福柯的提议），在万丈激情中一起做出所有牺牲。

"那我呢？我能拿出什么来？"维里约子爵（Virieu）说，"最少也得是卡特卢斯的那只小麻雀①吧？"他提议将封建城堡鸽舍里毁灭性的鸽子都处理掉。

年轻的蒙特莫朗西要求将所有这些誓言当场转化为法律形式。勒佩乐吉尔·德·圣-法尔若（Lepelletier de Saint-Fargeau）提出人民应当立即享有这些福利。他本人无比富裕，却希望富人、贵族和免税特权阶层合力达成这个目的。

主席夏普里耶被众人督促着赶紧展开投票工作，但他却敏锐地注意

---

① 卡特卢斯（Gaius Valerius Catullus）是罗马著名抒情诗人，尤其以写给情人莉丝比娅的爱情诗闻名。他的一首诗是《莉丝比娅的小麻雀》，大意是诗人心爱的姑娘有一只可爱的麻雀，姑娘喜欢它至极，因为死亡带走了它而伤心不已，诗人因此而咒骂着黑暗的死神。——译者注

到教士先生们还什么话都没说，便为自己没能让他们在庭上有机会开口而表示抱歉。①

南锡主教以教士领主这个群体的代表身份，站出来说话了，表示自己衷心认为封建权赎买得到的钱财不应再回到这些权利的现拥有人手中，但可以拿去做投资、让圣俸也能得益。②

这番话不像是善心的流露，更像是一种经济的盘算。随后发言的是聪明的沙特尔主教，他想到一个办法，让自己的话听上去诚意十足，但其实是在慷他人之慨，拿贵族阶层做人情。他朝对贵族而言极为重要，对教会而言却微不足道的狩猎权开刀了。

贵族们不甘示弱，认为如果要放弃这一权利，那就干脆做得彻底点。对许多人而言，这一招会让他们大伤元气。沙特莱公爵（Châtelet）笑着对旁边的人说："主教想剥夺我们的狩猎权，那我就要让他的什一税也没了。"于是他发言说，什一税应该从性质上转变为一种随时都可被赎买的金钱上的债务。

教会没去管这句火药味十足的话，继续自己那套把贵族推出去做出头鸟的战术策略。艾克斯大主教猛烈地抨击着封建制度，呼吁今后任何封建习俗都应被禁。

"我倒是想要一片土地。"于泽斯主教说，"这样我就能从容地把它还给劳动人民了。然而，我们只是土地保管人而已。"

尼姆主教和蒙彼利埃主教什么都没出，只在那里强调应该免去手工业者和制造者的捐税。

---

① 《总汇通报》和《法国大革命议会史》抹去了这段史实，请看《1789年大革命史》，Ⅱ, p.321.——原注
② 在《总汇通报》以及某些想要掩饰教士的自私嘴脸的历史学家那里，这段史实遭到了编排和扭曲。《选民实录》只说，他以自己和教会大多数成员的名义，赞成这个封建权赎买方案，同时（通过圣俸者）听从从圣俸者身上得来的这笔资金的安置和使用去向。（王国档案馆，《国民议会1789年8月4日实录》，B.2.）——原注

只有最穷的教士们表现得大大方方。一些神甫表示，他们的良心只允许自己领取该拿的那份圣俸；还有一些人说："我们可以把教徒送给我们的谢礼交出来。"杜波尔反对让这些人来填补教会的漏洞。议会也被他们所感动，拒绝接受这种称得上是寡妇最后一笔钱的奉献。

人们越来越感动、气氛越来越热烈，最后高潮奏响。议会里只听得到鼓掌声、庆贺声，以及流露彼此好意的发言声。出席会议的外国人士被震惊得哑口无言，他们方才第一次认识到了法国，发现它的内心是何其富有。他们在几个世纪里都不为所动，却在这短短几小时里被国人表现出的大公无私的牺牲精神深深震住了。金钱和自傲如草芥般被人弃掷到一边，还有所有那些陈腐、世代相承的封建专制、那些旧派作风、甚至传统都被颠覆了。封建制度的巨大锁链一下子崩断；那棵被诅咒的大树，它茂密的枝条曾严严实实地覆压着大地，留下一片阴冷森然，它深长的巨根曾在地底深处探寻和榨取着生命，不让它们冒出地面沐浴阳光，而今那棵大树终于轰然倒地了。

这边一切似乎刚刚尘埃落定，而另一边毫不逊色的大戏又上演了。

在阶层特权之后，接下来便是外省的各种特权。例如我们所说的在自由贸易和纳税方面享有诸多特殊照顾的自治省（pays d'état），也为自己只顾自己的做法感到羞愧不已。它们想成为法国一份子，哪怕这会触碰到它们自己的利益，触碰到它们那古老却又珍贵的历史记忆。

多菲内省从1788年开始，就高尚地表示放弃自己的特权，并建议其他自治省也这么做。后来，它又对其做了补充。最固执的布列塔尼人虽然受到委任统治令以及其他那些他们省和法国之间签订的古老协约的束缚，但依然表现出归入大家庭的迫切愿望。普罗旺斯也表达了这样的意愿，随后是勃艮第、布雷斯、诺曼底、普瓦图、奥弗涅、阿图瓦。洛林的话更是感人肺腑，它说自己不会缅怀往昔那些受它爱戴的君王、那些人民之父的统治岁月，只要它能有幸和兄弟们手挽手，一起踏进法国母亲的家门，走入这个光荣的大家庭就够了！

随后便是各城镇，它们的代表成群结队来到祖国的圣坛上，递交出自己的特权。

法庭上人头攒动，司法官员们甚至都无法穿过人群，去拿大家交上来的贡赋。巴黎最高法院的一位成员也加入这股浪潮中，宣布放弃官位继承制和可转让的贵族头衔。

巴黎大主教要人们在这盛大的一天里念着上帝，要大家唱《感恩曲》。

拉利说："先生们，国王呢？隔了足足两个世纪之后终于召见了我们的国王，他难道不应该得到一些报答吗？那就把他呼唤为法国自由的重塑者吧！"

夜还在继续，已经两点钟了。在这个夜里，中世纪数千年那个漫长的、痛苦的梦魇，终于被永远驱散。即将到来的黎明，将是自由的黎明！

从这个神奇之夜开始，再没有阶层之分，只有法国人；再没有行省之别，只有一个法国。

法国万岁！

第5章

教士和人民

佛歇预言性的演讲——无用的调停——古老教会大厦将倾——教会弃人民于不顾——8月6日，比佐要求替国民收回教会财产——8月11日，取消什一税——宗教自由得到承认——教会、贵族和宫廷组成联盟——巴黎被放弃——没有任何公共组织，少有暴力行为——爱国奉献——忠诚与牺牲（1789年8月）

死而后生的民众终于把埋葬他们的坟墓推倒了，封建制度也亲手移开了用来封印他们的印石，千百年来的努力在一夜之间取得了成果，这是新福音书创下的第一个奇迹，一个真正的不可思议的奇迹！

当初人们在巴士底狱中找到几具尸骸后，佛歇曾就此发表了演讲。他的那些话，此时放在这里是多么应景啊！"把他们封印在这些黑牢高墙里的暴政统治，还以为阳光永远不会照进这里面来。**启封之日来临了！** 在法国自由之声的呼唤下，那些白骨站了起来，对满是压迫和死亡的世纪发起指控，预言着人类的新生、国民生命的新生！"①

---

① 这些话出版在《七日之作》中杜索尔的后面。他还说了其（转下页）

多么发人深省的话啊，这是真正的预言！让我们把这话当作一笔希望的财富，将它牢牢铭记吧。是的，他们会复活的！巴士底狱的废墟便是他们死而复生开始的地方，在8月4日之夜以后，那些在死亡的阴影中衰颓下去的人，将在阳光的照射下表现出蓬勃的社会生命。1789年，黎明到来了，暴风雨过后天朗气清，晨曦初露；再然后，星月遁去、浮云蔽日。可是太阳仍在乌云后面照耀着。谁敢说太阳虚假呢？[①]

当议会结束掉这个巨大的工作、众人分头离去的时候，已经是夜里两点钟了。第二天早上（8月5日）的巴黎，佛歇在布道台上为那些在巴士底狱中遇害的公民做了死亡祷告。这些自由的烈士在那个夜晚，在摧毁庞大的封建巴士底狱的行动中，用自己的鲜血赢得了桂冠和奖章。

佛歇还说了一些当被永世流传的话："那些冒充是上帝神谕解读者的人，就让他们在世上造恶吧！他们把专制统治引为神圣之物，把上帝变成了暴君们的同谋。《福音书》是怎么说的？'你走到君王的面前，他们令你干下恶行，你便誓死相抗。'这些冒牌学者，他们赢了，因为书中是这么写的：'凯撒的归凯撒。'但不是凯撒的东西，也应该给他吗？而且自由不是凯撒的，它属于全人类所有。"

这些话，从一个在7月14日里两次表现出英雄方有的大勇大仁的人的嘴里说出来，才显得更加振聋发聩。他曾两次冒着生命危险，努力拯救别人的性命，努力阻止杀戮的发生。他是一位真正的基督教徒、一位真正的公民，想拯救一切于危亡，包括生命和教理。因为心怀盲目的慈悲，佛歇捍卫着所有那些相互敌对的理念、相互矛盾的信条。他对两部福音书都抱着同等的热爱，却不考虑两者各自原则上的不同和立场上的

（接上页）他一些发人深省的话："我们已经走到了岁月的中间段……暴政成熟了……"（请看他在圣雅克、圣玛格丽特和圣母院中发表的三份关于自由的演讲）。——原注

① 原文为拉丁文，语出维吉尔之《农事诗》："Solem quisdicere falsum audeat？"——译者注

对立。尽管被教士群体排斥和驱逐，然而他依然认为使自己遭到迫害的那些东西是值得尊敬的，是无比珍贵的。

谁没犯过他那样的错误？在朝着未来前进的时候，谁不曾抱过拯救过去的希望？谁不愿意让内在思想续存的同时，让古老的外在形式也免遭抹杀？谁不愿意在重新点亮火种的时候不去惊扰亡魂？没用的！我们无用地屏住自己的呼吸，尽量不发出声音，然而这轻柔的呼吸依然变成了劲风，朝世界呼啸而去。

当时谁能认识到这一点？佛歇错了，其他许多人也都错了。人们努力去相信斗争已经结束，和平的时代到来了，为大革命被写进福音书中而欢欣雀跃。所有听到这一伟大演讲的人，都从内心深处被震撼了。听众们个个都如闻惊雷、衷情烈烈，最后大家把公民的桂冠戴到自由使徒的头上。人民和武装起来的群众，巴士底狱的胜利者和市民自卫队，大家敲锣打鼓，簇拥着佛歇来到市政厅，一位捧着桂冠的使者走在他面前。

这是教士的最后一次胜利，还是公民的第一次告捷？这两种此时看似混在一起、实则截然不同的性质，真能被混为一谈吗？透过那件还留着巴士底狱枪弹的光荣勋章的破烂长袍，我们看到一个崭新的人站在面前；但如果他想拉起这件长袍去掩盖满目疮痍的过去，那将是徒劳无功的。

一个宗教在向我们走来，两个信仰在离我们远去——那便是教会和王权。

封建体制、王权、教会，古树上的这三个主干，第一个在8月4日已经轰然落地，另外两个也是摇摇欲坠。我听到强风撼动枝条的声音，树枝还在坚持，在苦苦抵抗，然而地上已经铺满了它们落下的叶子。没有什么能够抵抗。该死去的，就让它死去吧！

不要遗憾，不要流着无用的泪水。上帝啊！那些看上去仿佛今天才死去的东西，其实在很久很久以前就已经死了、完了、枯萎了。

1789年人们对教会之所以发起雷霆之击，其实是因为教士长期对人民根本不闻不顾所造成的。两千年以来，独自承担起教育开化人民的职责的他们，就把人民教育成这个样子。中世纪留下的信徒基金的目的是什么？它给教士规定了什么义务？是拯救灵魂，对它们进行宗教改造，改善风气，让人民变得文明起来……这些人都是你们的信徒，被单单交付给了你们。先生们，而你们又教给了他们什么呢？

从12世纪开始，你们和人民说话时就一直操着一门他们听不懂的语言，信仰再也不是拿来教诲他们的一个东西。布道说教代替了教育；可慢慢地，连布道也没有了，或者只有富人才能接受布道。你们遗忘了穷人，无视了这些粗野贱民。粗野？他们的粗野都是由你们一手调教出来的。因为你们，才出现了两支人民：一支高高在上，极有教养、极其文雅；另一支在泥泞中打滚，粗鲁而又野蛮，因此比原先更加受到前者的排斥。你们本该去填补这中间的空白，把泥泞中的人拉起来，把两支人民并在一起。现在危机来临，而我在这个受你们统治的群体身上看不到任何文化和品行的表现。他们所有东西都是靠自己、靠本能、靠自然赋予的元气而得来的。他们的善是生来就有的，那他们的恶呢？如果不将其归咎给那些负责塑造他们的灵魂、却又把他们抛弃了的人，那我该归咎给谁？

1789年的时候，你们那些大名鼎鼎的修道院、那些古老的学校，它们又是什么样子？门可罗雀，荒凉死寂，杂草丛生，蛛网密集。你们的讲道台呢？上面静寂无人。你们的书籍呢？里面空空如也。

18世纪过去了，这是一个你争我斗的年代。你们的敌人时不时地、无用地督促着你，要你站起来说话、行动——如果你们还活着的话。

只有一件事是你们所抗拒的，许多教士都明白，但没有一个人会承认。那就是：经过那么久时间以后，你们的教理已经干涸了；你们再不对人民说什么，也再说不出什么来了；你们的时代，那个教育的时代、笔战的时代已是往日烟云，时光荏苒，一切都过去了、改变了，世界已经斗转星移。由于拘泥于外在形式，不能把它和思想分开，又不敢帮助不死鸟涅槃新生，你们就这样静默着，占着神庙里教士的位置。然而再也没有什么教士了。

从神庙里走出来吧！你们是为了人民，为了给他们传授知识、带去光明才留在那里。出来吧，你们的灯已经熄灭了。当初建造这些教堂的人把它们暂借给你们，现在要求物归原主了。这些人是谁？是过去的法国。那就把教堂还给今天的法国吧！

今天（1789年8月），法国收回了什一税；明天（9月2日），它还要收回财产。凭什么权利呢？一位伟大的法学家是这么说的："凭无人继承的权利。"教会已经死了，没有继承人了。它的遗产该交给谁呢？交给它的创造者，交给祖国，它会创出一个新的教会来。

8月6日，议会对内克尔提出的借贷方案展开讨论，却拖拖拉拉、没有进展。连内克尔也从心底认为，即便拿到了借贷，也撑不过两个月时间。此前很少说话的一个人，此时却突然走到台上，只说了一句："教会财产属国民所有。"

此话一出，众人哗然。那个一语点破迷障的人，就是比佐，一位未来崛起的吉伦特派的领袖人物之一，当时的他年轻气盛、外表朴素、气质忧郁①，前额上清清楚楚地写着夭寿之命。

推动借贷方案，方案流产，再推，最后进入投票环节。投票通过该方案很是困难，比筹到借款还要难。而且公众又把钱借给谁呢？借给旧体制，还是借给大革命？当时人们谁都不知道。但有一件事情众人清清楚楚、心知肚明：教会已经没有作用、没有资格了，把教会财产交给国民处置的这个权利是毋庸置疑的了。人们都知道主教们的德性，知道教会内部的无知。神甫们虽然还有一些闪光处和些许抵抗的本性，却没有什么知识。在每一个受其管辖的地方，他们都成了人民接受一切教育的一个阻碍，让人民走向倒退。我们只需举一个例子就可说明问题：普瓦图地区在16世纪就得到开化，却在他们的影响下变成一个穷山恶水之地。更不用说因为他们的铺垫，才导致后来旺代战争的发生。

贵族和人民一样，心中对此是再明白不过的了。在陈情信中，他们曾要求对这里那里的教会财产进行更为妥善的处置。历代国王也是看得真切，曾好几次对教会做出局部改革，如改革圣殿骑士团、圣拉扎尔、耶稣教会等。但其实还有更好的做法。

8月8日，贵族阶层一位成员——拉科斯特侯爵（Lacoste），率先提出一个简洁明了的建议：第一，教会财产属国民所有；第二，取消什一税（没提任何赎买条件）；第三，给什一税持有者发放补贴；第四，主教和神甫的薪水多少将由地方三级会议决定。

另外一个贵族——亚历山大·德·拉梅特附议，同时还考虑到了基金的使用途径和权利这些方面的问题（杜尔哥早在1750年的《百科全书》中就已探讨了这个权利）。拉梅特说，古往今来，任何一个有害的修会都会被社会消除掉。他的最后结论是：将教会财产作为抵押交给国

---

① 请看罗兰夫人在回忆录第二卷中对他的外貌描写。——原注

债持有者。

这一切遭到了格雷古瓦尔和朗汝内①的反对，曾受教会迫害的冉森派对此也是坚持不肯让步。

这种态度是值得注意的，它指明了一点：特权是多么让人难以割舍，比涅索斯的长袍②还难脱，若将其强行扒下，那必然是连血带肉！议会中最有远见的人，也就是西哀士和米拉波，8月4日晚均缺席会议，事后只能对会议结果无奈哀叹。西哀士是教士，米拉波是贵族。米拉波想通过廉价卖掉教会来帮助贵族和国王，而西哀士则希望通过牺牲贵族来保全教会。③

他说，什一税是一份切切实实的财产。此话怎解？因为它一开始是一种自愿的捐赠、正当的赠予。不过我们也可以用法律词汇来回答他：如果因为背弃职责，如果受益者疏忽或忘记了捐赠物的本来目的，那赠予也是可收回的。缴纳什一税是为了教育人民，但教会已经把这个义务遗忘很久了。

西哀士巧妙地主张说，什一税在任何情况下都不能由现持有者受利，因为他们当初是在掌握什一税的内情、走向和事态的前提下才进行购买的。他说，若不这么做，他们会有七千万年金的入账。而什一税的价值则是一亿三千多万法郎。把它交给地产者，这是一步极有政治含义的棋，它会一直激励人民群众中的中坚力量——农民——为大革命事业而献身。

---

① 朗汝内（Jean Denis Lanjuinais，1753—1827年），法国法学家，政治家，国民制宪议会议员，第一帝国时期元老院议员，复辟时期进入贵族院。——译者注
② 在希腊神话中，半人马涅索斯因为调戏大力神赫拉克勒斯的妻子得依阿尼拉，被前者用毒箭射死。临死前涅索斯叫得伊阿尼拉把自己的血藏好，骗她说日后若赫拉克勒斯不受管束或另结他欢，这件染血的紧身衣能让他重回得依阿尼拉的怀抱。得依阿尼拉信以为真，谁知涅索斯的血有毒，赫拉克勒斯被毒死后升天成为神。——译者注
③ 他在自己的人生札记中试着为此事辩解，但没能成功。——原注

这个人憎鬼恶的沉重赋税，纳税金额忽多忽少全无定数，在某些地区它甚至经常占到了收成的三分之一！是它造成了教士和劳动人民之间的对立，是它逼得教士在收成时变成一个可悲的宗教裁判所法官。而在整整三天时间里，教士们却一直死死抱着什一税不愿放手。"凭什么！"一个神甫喊道，"你们以上帝和和平的名义，邀请我们加入你们中间，结果却是要来抹我们的脖子！"什一税就是他们的宝贝命根子。到了第三天，发现自己快成了众矢之的，他们终于做出了让步。大约十五到二十名神甫放弃了什一税，投身到国民的宽大胸怀中。身居高位的神职人员，如巴黎大主教和拉罗什福柯红衣主教，也随后宣布代表教士放弃该权。什一税将以无须赎买的条件在未来被废除，但目前仍暂时保留下来，直到供养教士的相关条款出台为止（8月11日）。

教士们的抵抗肯定是无济于事的，因为议会中几乎所有人都已经站出来反对他们了。米拉波做了三次发言，言辞表面听起来是恭恭敬敬，实质却比以前还要放肆傲慢，处处都是夹枪带棍的讥讽。因为他知道，这次无论是在议会还是公众那里，自己都定能得到支持。18世纪讨论过的重大命题虽然被仓促带过，却仍被视作某种先前已被接受、得到承认、无可争议的东西，被重现出来。伏尔泰又回来了，以一个可怕、迅猛的胜利者的姿态回来了。人权宣言规定了宗教自由的神圣性，而不是**宗教容忍**的神圣性——因为这是一个很奇怪的词，暗指暴政统治的某个权利。而教士提出的**主导性**宗教、**主导性**信仰的这个问题，也得到了该有的讨论。那位既是时代的喉舌又是法国的喉舌的伟大演讲家，把这个词写在了法律的禁令牌上，他是这么说的："如果你们要这么写，那就还有**主导性**的哲学、**主导性**的体制……然而除了法律和正义，其他什么东西都不是主导。"

通过对历史的了解和对中世纪的研究，我们知道教会在事关自己一切利益的问题上是多么寸利必争，所以也能想见现在为了保护自己的财产——自己这笔最珍贵的财产、这个绝不容许别人动一根指头的宝物，教士们会如何一力据守。

有一件事让他们有了底气，那就是外省贵族、最高法院以及整个旧制度都和教会联起手来，共同抵抗8月4日的议会决议。连当晚曾提议或赞同该决议的那些人，也不止一个开始感到后悔了。

这样一个决议必然是经过了他们的代表——贵族的同意的，然而这却是特权人士们想不通的一个地方。他们目瞪口呆地看着这道决议，完全没了主意。农民们一开始通过暴力行为来抵抗封建特权，如今更是有了法律做支撑。现在，是法律消除了人与人之间的不平等，推倒了城堡大门，拔去了领主们立下的封地界桩，撕下了他们衣服上的徽章，动用整个法国的力量把狩猎场向所有持有武器的人打开了。是的，所有持有武器的人，所有猎手，所有贵族！这道似乎将人民晋为贵族、将贵族贬为平民的法律，却是由贵族他们亲手投票通过的！

如果特权将死，那特权人士、贵族和教士宁愿跟着它一起死。长期以来，他们和不公正、不容忍已经相互渗透、化为一体。他们宁愿死上千上万次，也要继续施行不公。凡是大革命的一切，无论是它那被写进人权宣言的理念，还是8月4日社会契约中的对该理念的实践，他们统统都不能接受。不管国王有多么优柔寡断，也因为在宗教方面有所顾忌而义无反顾地站在他们这一边。也许国王会同意削弱王权，但无比神圣的什一税，不被议会承认的教士司法裁判权，教会插手干预秘密犯罪案件的权利，这些是绝对不可以动的；而议会宣扬的宗教观点自由权，这也是胆小怕事的国王决不愿承认的。

人们很肯定，无须别人的推动，路易十六本人就会拒绝，或者至少会试图逃避人权宣言以及8月4日法案。

路易十六虽然拒绝，但若真要他采取行动、展开斗争，这在当时还是不可能的。他害怕流血。人们可以把他逼到某个必须开战的处境中，但要他直接宣战、从他那里得到开战的决心和命令，这是大家不可想见的。

王后的哥哥约瑟夫正为自己的比利时忙得焦头烂额，根本无暇对她伸出援手。而在奥地利那里，王后只得到了大使梅尔西·达尔让多的一些建议而已。军队也是靠不住的。她手上所有的筹码，是一批人数巨大的海军及其他兵种的军官，以及瑞士和日耳曼军团，而其中的主力则是一支两万五千到三万人的精锐部队。该军队驻防在梅斯及周边地区，由忠心耿耿、性格刚毅的布耶（Bouillé）军官掌控着。他训练出的这支军队军纪严明，里面的士兵被反复灌输着对平民和下层人的厌恶和鄙夷。

王后一直主张离开，进入布耶军队的保护范围之后，即刻掀起内战。

国王对此犹豫不决，但他还有什么呢？他只能等待，只能榨干内克尔的价值，把他的名声都毁了以后，再去利用巴伊、拉法耶特，任凭骚动和混乱继续蔓延，看看他觉得是受人唆使才起来作乱的人民，最后会不会厌烦了那些煽动他们又看着他们饿死的领导人。极度的贫苦应该能让他们冷静下来，压住他们的戾气，把他们击垮。他就这样一天一天地等待着，等着他们请求重建旧制度、重建那美好的往昔岁月，等着他们求自己重新拿起绝对大权的权杖。

"国王在的时候，你们还有面包吃；现在既然你们有一千两百个王,那就找他们要面包去吧!"据传这话出自当时一个部长之口[①],不管他到底说过没有,但这的确是宫廷的真实想法。

由于巴黎陷入绝境,这条政策就更加奏效了。一个可怕而又确凿的事实是:在这座有八十万人口的城市中,从7月到10月的整整三个月时间里,任何公共权力机关都没了。

没有任何市镇机构。这个基本的社会初级权力机构,仿佛凭空消失了一般。巴黎六十个行政区七嘴八舌地讨论着,但实际上什么也做不了。各区在市政厅的代表更是如此,他们唯一能做的就是绊住市长的手脚,阻止巴伊行动。而这位不久前还是天文学家、法兰西学院院士的老学究,根本没有准备好走上这个新位子,他一直把自己关在物资办公室里,忧心忡忡,根本不知道自己能否养活整个巴黎。

没有任何警察机构。警察局控制在巴伊软绵无力的手上,警察长已经递交辞呈,这个职位也一直空在那里。

没有任何司法机构。古老的刑事司法厅突然一下子变得和人们的思想观念格格不入起来,它看上去太野蛮了,所以拉法耶特要求立刻对其进行改革。法官们忙不迭地把自己古老的长袍一下子全都换掉,忙着学习新形势,忙着采用一个更加人性化但也更加冗慢的诉讼程序。监狱一下子被塞得满满当当的,简直是人满为患;从此囚犯们最害怕的,莫过于自己会被永远遗忘在这里。

没有任何行会机构。行会里的前辈、理事等职位,还有行业规定,全都被8月4日一刀切地取缔、停顿了。另外一些职位,例如最受人眼

---

① 请看《米肖古今名人传》中关于圣-普利斯特的一篇有失偏颇但耐人寻味的文章,此文明显是根据他的家人提供的信息所写(译注:Saint-Priest,1735—1821,法国旧制度和大革命时期的外交官和政治家,在内克尔第二次入阁后担任国务秘书和内务部长,因为说了正文引用的那句话而遭人仇恨,后陪同路易十八亡国外,最后因为双方政见不合,圣-普利斯特在1808回到瑞典,请求返法,遭拿破仑拒绝。斯塔尔夫人在《十年流亡记》曾描述了他的遭遇。)。——原注

红、在此之前最难入行、肉案子如封地一般不可侵犯的屠夫行业，以及印刷商、理发匠，却一下子增多了。的确，印刷业在当时得到了飞跃性的巨大进展。而理发匠虽然数目增长，但他们的顾客却在锐减。所有有钱人都在忙着从巴黎往外逃。一份报纸宣称，在短短三个月时间里，市政厅就签发了六万本通行证。①

在卢浮宫和香榭丽舍大街，一大群理发匠、鞋匠、裁缝聚在这里，但后来被国民自卫军粗笨甚至是粗暴地赶走了。他们向市政厅诉苦，提出一些根本不可能实现的要求——例如维持旧规定，或者制订新规矩，固定日薪，等等。因为主人离开而被扫地出门的仆人，则希望政府能把所有萨瓦人②都遣回家乡。

在已经陷入绝境、快要饿死、没有任何领导机构的巴黎城，总体上却很少发生严重的暴力事件，这让那些清楚其他革命历史的人觉得无比震惊。仅仅一个字、一句有道理的劝阻，甚至是一个玩笑，都能叫停犯罪的人群。只有7月14日之后的一段时间里，曾发生了一些暴力案件。当时人民群众满心觉得自己被背叛了，所以像瞎子一样找着敌人，差点犯下一些可怕残暴的错误。拉法耶特有好几次都介入其中，他救了许多人的性命。人们还是肯听他的话的。③

当我一想到后来，想到我们这个倦怠软弱、追名逐利的年代，就会情不自禁地惊叹当时极端的悲惨居然完全没有毁掉这个民族，惊叹他们居然对从前的奴隶制度没有丝毫缅怀。他们懂得忍耐，可以挨饿。在如

---

① 《巴黎革命》，第二卷，No.9，p.8.——原注
② 萨瓦是法国东南一个省，山多地少，旧时这里的贫穷百姓许多都出去当仆人或做脚夫，萨瓦人"savoyard"这个词也含贬义，暗指某人肮脏粗鲁。——译者注
③ 当时，拉法耶特的表现的确令人敬佩。他凭着自己的良心，凭着对秩序和公正的热爱，说了许多以他的性格根本说不出来的话（老实说，他的性格平淡无奇）。科尔迪耶（Cordier）神甫被人民误认为是另外一个人，当他在为拯救神甫而忙得心力交瘁的时候，一个朋友把拉法耶特的小儿子带去了市政厅。拉法耶特抓住了这个机会，转身对群众说："先生们，请让我有幸向你们介绍鄙人的犬子。"吃惊而激动的群众愣住了，拉法耶特的朋友们把神甫带了进去，他因此得救（请看《拉法耶特回忆录》第二卷，p.264.）。——原注

此之短的时间里,却发生了如此之多的重大事件——网球场宣言、攻占巴士底狱、8月4日之夜,这些都大大地鼓舞了人们的斗志,让所有人对人类尊严产生了全新的认识。于7月11日离开、三周之后又回来的内克尔,再也不认识这些人民了。在旧制度中过了六十年日子的杜索尔,再也不知道那个旧法国到哪里去了。他说,人们的步伐、穿着,街道的样子,还有旗帜,一切全都变了。修道院中住满了士兵,摊铺中坐着的人一身自卫军打扮。到处都可以看到年轻人在舞刀弄剑,看到模仿他们的孩子跟在后面亦步亦趋。还有一些八十多岁的老人,也和他们的曾孙一起站在岗哨上。"他们跟我说:'谁敢相信我们居然有幸以自由人的身份死去呢?'"

我注意到了一件小事:虽然人民犯下了种种暴力行为,但他们的同情心也日渐增长起来。在旧制度时期,人们观看酷刑时,只是冷血的看客而已,然而如今再也不同了。在凡尔赛,有个人因犯弑父之罪被判车裂;他本来拿起匕首冲着一个女人刺过去,然而他的父亲拦到两人中间,结果被他误杀。民众们觉得这个刑罚比罪行本身还要残暴,于是阻止行刑,最后车裂被改为绞刑。

我们大革命身上那股青春的温暖气息,打开了人们的心扉。每个人的心脏都在跳跃,在前所未有地剧烈地搏动,这颗心是比从前更粗暴,但也比从前更宽厚。在议会的每次会议中,都会发生这么一幕感人而有意思的场景:人们成群结队地来到这里,捐出自己的一份爱国心意。国民议会不得不成了收纳处、接收所。人们把一切都交给它,也把一切都丢给它——要求、赠予、凤愿。它那狭小的办公厅,装载了整个法国。连穷人也都加入了奉献的队伍。一个年轻人,把自己省吃俭用、辛辛苦苦存下来的六百里弗捐了出来;贫困潦倒的艺术家的妻子,把她们手上的东西、珠宝、婚礼上收到的首饰带了过来；一个农夫来到这里，说要捐出多少多少的谷子；一个穷学生来到这里，把父母寄来的一堆生活物资交了上去，也许里面还有他的新年礼物，他那点微不足道的奖金。孩子的礼物，妇女的馈赠，穷人的慷慨解囊，寡妇的最后一笔钱，还有其他许许多多微不足道的东西，这些东西汇聚起来以后，在祖国面前、在上帝面前，变成了一笔多么庞大的财富啊！

正卷进野心和纷争的喧嚣中、正处在道德危机的冲刺下的议会，被这一切深深打动了，人民的崇高让它也得以超越了小我。当内克尔揭露了法国当前多么贫穷、多么一无所有，为了让国家能再支撑至少两个月而请求借一笔三千万（法郎）的借贷时，许多议员纷纷站起来，说这笔贷款可以用他们自己的财产、用议会成员的家产来做抵押。福柯作为一名真正的贵族，第一个提出这个建议，并押上了六十万里弗的财产，而这却是他的全部家当。

还有一种牺牲比任何金钱上的牺牲都要伟大，那就是所有人，无论贫富，为公共事业做出的牺牲——他们的时间，他们付出的心力，他们忙上忙下的辛劳，这些也都是牺牲啊。重新建立起来的市政机关、很快组织起来的各省行政机构，把全体公民都毫无保留地吸收进去。许多人甚至把床都搬到了办公室里，夜以继日地工作着。①

他们除了身体的疲乏之外，还面临着生命危险。贫困交加的人民群众越来越多疑，斥骂着、威胁着他们。因为旧体制的行政官员们曾经的背叛，新上任的这群人也受到怀疑。他们是在冒着自己的生命危险，为拯救法国而操劳奔波着。

---

① 菲尼斯泰尔省的行政工作人员们便是这么做的。对于这种令人钦佩的行为，请看杜沙特里耶在《布列塔尼的大革命》中的好几处描写。——原注

而穷人呢！还有穷人！谁来说说他们的牺牲？晚上，是他们站在哨岗上守卫着；早上四五点，他们还要到面包店门口排队；迟一点，很晚的时候，他们拿到了面包。那时候，白天时间基本上就没了，作坊也关门了。咳！我在说什么？作坊？哪里还有什么作坊，人们基本都失业了。面包店？面包紧缺，买面包的钱更是紧缺。满腹辛酸、饥寒交迫的不幸的人在广场上徘徊着、游荡着，他们更愿意待在外面，不敢回家听妻子的抱怨和孩子的哭声。只有时间和自己的一双手来养活自己和家人的这些人，却愿意把时间和双手献出来，献出来干大事情、献给公共事业，唯独把自己的事给忘了。

一个多么高尚、多么慷慨的民族啊！为什么我们只看到这个英雄时代里恶的一面呢？后来发生的那些残忍、暴力、令人骇然的事，让我们忘记了大多数人的献身精神，而这正是大革命开始时期的标记。当时，世界上出现了一个比任何政治事件都更重大的怪事：人能做出多少牺牲的能力（它能把人变成上帝），得到了提升。

第6章

否决权

物资供应困难——形势的紧张程度——国王能阻止一切吗?——关于否决权的漫长讨论——宫廷的秘密方案——一院还是两院?——亲英派——议会到了该被解散和重组的时候——成分混杂、纷争不断、软弱无力的议会——米拉波理念中的矛盾性——米拉波也无力回天(1789年8—9月)

我们必须得说,巴黎能够活下来纯属侥幸。它所需要的物资老是得不到保障,总得取决于博斯的车队或科尔贝的船什么时候到,能够给它送来一批粮食。城市做出巨大的牺牲才压下了面包价格,结果却导致周围十古里以外的郊区居民都拥到巴黎来讨口吃的。所以,它需要养活一大片土地。面包商又通过黑市把面包都卖给了农民,以此赚取利益。然后巴黎人发现自己的粮仓空了,便去指责行政机关没有深谋远虑,不能养活巴黎。朝不保夕的生活和空穴来风的威胁,更令形势雪上加霜。每人都私存下一点东西,都屯着、藏着一点儿粮食。陷入绝境的行政机构派人四处寻粮,找到以后要么低价购买,要么强行收走。有时候，运在路上的面粉会被当地扣押下来，直接占为己有，因为这些地方同样面临着缺粮的威胁。凡尔赛和巴黎本是相互支撑，但是据称凡尔赛把最好的面粉留下来做成高级面包，于是它成了众人觊觎和怨愤的对象。有一天，凡尔赛人冒失地挪用了一批本应该运向巴黎的物资。刚正不阿但对别人向来尊敬有加的巴伊写信给内克尔，说如果凡尔赛不归还这批物资，那明天会有三万个饥肠辘辘的人前来凡尔赛讨粮。恐惧让巴伊有了勇气——如果拿不出粮食来，他也保不住自己的项上人头。夜里盘点粮食的时候，人们经常发现这点面粉连第二天早上市场一半的需求量都满足不了。①

巴黎的粮食问题变成了一场战争。人们派了国民自卫队来保护某批物资的到来、某次粮食的收购；买粮食的时候，大家都是荷枪实弹的样子。由于贸易受限，农民不愿意打谷子了，磨坊主也不愿意磨面了。投机商也害怕起来。勒洛兄弟（Leleu）因为垄断了科尔贝的最大磨坊，因此遭到卡米尔·德穆兰在一份小册子里指名道姓的威胁。还有某家专门囤积居奇的公司的一个主要代理人，在巴黎附近的某片树林里自杀或者是被杀。他的死给自己带来一场巨大的、可怕的破产，破产金额高达五千万法郎。很有可能的一个说法是，宫廷在他那里放了一大笔钱财，然后突然收回财产，拿去收买一大批被它召去凡尔赛的军官，或者这笔钱被送到梅斯去了。没有钱，它怎么发动内战呢？

这已是一场针对巴黎的战争，一场也许比让巴黎保持平静还要难打的战争。没有工作了，可人们在挨饿！

巴伊说："我曾看到一些老老实实的商人、裁缝、金银匠，求着要加入被雇来在蒙马特高地搬土的乞丐行列中。"但他对人民的疾苦还不

---

① 见《巴伊回忆录》中的多处描写。——原注

够感同身受。我们也都看到，他把太多注意力放在了小小虚荣心（甚至在回忆录中也是如此）、主席职位问题以及其他许多琐碎的事情上，例如，升旗仪式中的宣誓环节应该怎么设计看上去才更加荣耀。

国民议会对百姓生计的关心程度也不够。否则，它不会在政治经院哲学这方面展开无休无止的讨论；否则，它会明白自己得加快改革进度，大刀阔斧地扫去一切障碍，尽量缩短这段让法国在新旧体制之间被不断拉扯的死亡之路。所有人都看到了问题的关键之处，然而议会却没看到。它的意愿总体看来是好的，里面也有许多饱学之士，然而议会似乎没怎么发觉到形势已经岌岌可危了。它被缠在了和保皇派、贵族派的斗争中，更被耽搁在了官僚习性和经院作风上——议会中最有名的那些文人或律师身份的议员，身上依然保留了这些习惯。

首先，它应该不惜一切代价、不说任何废话、绝不拖拖拉拉，坚持让8月4日的法案得到批准通过，埋葬封建社会；它应该从这些高尚的法令中衍生出相关政治法律，并由行政法律来确定前者的实施——这么做，就是让大革命有了组织性、拿到了自己的武器，让它有了明确的形式和实际的力量，从中造出一个鲜活的生命来。如此这般，革命就再不会那么危险，再不会像先前那样放任自流到无法控制的地步，再不会如自然之力、如洪水火灾那样四处泛滥。

此时，尤其需要加快步伐。当巴黎人发现议会只关心到底该承认国王的**绝对否决权**，还是将议会推迟两年、四年或者六年的**推迟权**的时候，他们觉得仿佛一个晴天霹雳打了过来。在如此火烧眉睫之时，在如此绝境之中，面对如此大难和惨状，在这个呼天天不应、叫地地不灵的时刻，他们还去想什么四年、六年？天！许多人都不知道自己能不能活得过明天了！

别说什么前进，议会甚至很明显在后退。它做了两个选择，两个颇能说明问题的选择。它先将朗格勒主教拉虑泽内（La Luzerne）命为主席，而此人是**否决权**的坚定拥趸者；然后它又选了穆尼耶，不消多说，穆尼耶更是站在**否决权**那一边。

人民对这个问题的热烈关切引来了一些人的嘲笑。他们说，许多人还以为**否决权**是一个人，或者是一种税呢。①可笑的是那些嘲笑别人的人。没错，如果**否决权**叫停改革、阻止减税，那它不就等同于一种税吗？没错，否决权明显也可以是一个人，一个吼着"我阻止"、听不进任何道理的人。这么说够了吧？

德赛兹②以为通过宣扬否决权关乎的不是个人、而是一个比任何议会都要稳固的**永恒意志**，这样就能巧妙地替它辩护。

永恒？是廷臣、忏悔神甫、情妇以为的永恒吧？是偏见和利益主宰之下的永恒吧？就算这个意志真是永恒的，它也会是一个非常个人、非常暴虐的意志，哪怕身边所有东西都变了，它也是不会变的，更别说变好起来。在任何一个王朝中，同一种政治、同一种利益若随着血脉和传统流传下来，那它会变成什么样子呢？

当初赋予国王批准权和拒绝批准权的那份陈情信，它所在的时代环境与当前情况截然不同；那时法国为了抵抗特权阶层，于是选择了王权。而如今局势大变，王权已经和特权阶层狼狈为奸，那我们还要遵循这封陈情信吗？这不就等同于重建巴士底狱吗？

特权阶层剩下的那点福利，全都拴在国王**否决权**上。所以在溺水之中，他们死死抓着、抱着国王，希望他能拯救自己的命运，大家要么一

---

① 费里耶尔、莫尔维侬、博留等人。——原注
② 德赛兹（Raymond de Sèze, 1748—1828年），法国政治家，帮助贝森瓦洗脱了叛国罪的控诉，后来也是路易十六的辩护人。——译者注

起得救，要么一起溺亡。

议会还在讨论这个问题，仿佛这仍只是一个纯粹的体制之争而已。而巴黎察觉到它不是一个问题，而是一场危机，一场事关大革命总体事业、事关生死存亡的巨大危机：**存在，或者不存在**，再没其他选择。

只有巴黎是正确的。历史的揭露和保皇派的供词，让我们现在终于能够坦然说出这句话来。7月14日并没有改变什么；真正的部长还是王后的心腹布勒特伊，内克尔只是拿来掩人耳目而已。王后始终倾向于逃跑和掀起内战的方案，她的心在梅斯、在布耶的军营里。布耶的剑，才是她喜欢的唯一的**否决权**。

我们愿意相信议会根本没有发觉宫廷已经下定决心。大部分议员的发言，也许在另一个世纪用在另一个民族身上会非常适合，但放在当时根本就不合时宜。只有一个人的话流传了下来，那就是拒绝**否决权**的西哀士的发言。他非常完美地陈述了一点：要根治权力之间彼此侵犯的现象，真正的解药不是组建一个充当仲裁者和审判官的行政机关，而是仰赖于一个存在于人民之中的制宪权力。议会也许会犯错，然而那个终身不得罢免的继承权力占有者，他在无意或者有心之中犯错的机会不是更大吗？他不是更容易去追求某个王朝或者某个家族的利益吗？

一封纯粹由个人违抗群体意志而写的密信，这就是西哀士对**否决权**的定义。

另外一位议员说了一个很有道理的事实：如果议会被划分为两院，每院都有自己的**否决权**，人们对立法权中的弊病就无须那么担心了；那么自然而然，也不需要通过给予国王**否决权**、用这道新的障碍来束缚它了。

单独一个院有五百张选票，而分成两院的这个提议只得到了一百张赞成票。那些没有机会进入上议院的贵族群体，在小心提防着不要为大领主们创立一个英国式的贵族院出来。

盲目的亲英派所说的道理，当时已被拉利、穆尼耶等才学之士陈述得一清二楚，后来又被斯塔尔夫人、本杰明·贡斯当等人固执地复述了一遍；然而西哀士在自己的《第三等级》一书中用了一章的篇幅，就把它们轰得体无完肤。这位逻辑上的强者动用自己思想上的力量，根本不去看英国一眼，在不怎么了解它的历史的前提下，就得到了我们通过细细研究英国当前和过去方才得到的结论！①真是让人佩服得五体投地！他清楚地看到，这个著名的三权平衡政治（如果它真能实现，就会产生僵化），就是一场彻底的喜剧和骗局，只为其中某个权力的利益而设（在英国便是贵族阶层，在法国便是君主政体）。英国在过去、现在、将来，始终都是一个贵族政治国家。这种贵族政治的统治之道，它的权力之所以得以流传的诀窍，并不是让它的人民在政治中也分得一席之地，而是在外面给他们找一块活动的地方，让他们能有所宣泄②；所以英国才在全球扩张势力范围。

关于**否决权**，内克尔向议会给出的意见、同时也是议会自己的最后决定，便是同意国王拥有**否决权**——暂停**否决权**，直到负责制定法律的此届议会之后的第二任议会中，他都依然有这个拖延权。

这届议会已经成熟了，可以到解散的时候了。它先于才爆发不久的大革命诞生，就像混沌的旧制度一样复杂而又混乱，而且它本身就是从旧制度里走出来的。虽然议会经过西哀士的洗礼、有了**国民议会**这个名

---

① 它的过去写在我的《法国史》里面，我在写这本书的过程中，老是要和它打交道；而它的现在则写在雷昂·弗谢（Léon Faucher）的著作里。这本书给亲英派沉重一击，让他们再也不能站起来（尤其在第二卷的末尾）。英国人他们自己，如边沁、老布尔沃（Bulwer Senior）等人，如今也都承认他们那个著名的三权平衡政策还很不成熟。——原注

② 一个接一个世纪里，如果没有为自己的内患（贵族制度中的不公平性）找到一个外界转移点，英国早亡了。从16世纪到17世纪，这个外界转移点是北美和掠夺西班牙；在18世纪，便是打劫法国和攻占印度；在19世纪，便是新的殖民狂潮和制造业的突飞猛进。——原注

字，但它依然是**封建的**，跟过去的三级会议一模一样。从5月5日到8月31日，它仿佛经历了无数个世纪一般。它是按照古老体制、根据野蛮律法选出来的，既代表着那二三十万贵族教士，又代表着国民。第三等级将这些人团结到自己身边之后，自己的力量反遭到了削弱，变得软弱无力起来。它每时每刻都在和他们融合，而自己甚至都没有发觉到这点。它很少采取什么措施，就算有，那也是抱有偏见的、于法不合的、软绵无力的、充满危险的。特权人士在议会外面和宫廷一道为了打倒大革命而活动着，在议会里面更是给革命设下了死死的绳套。

这样一个人才辈出、群星璀璨的议会，却因为内部无法根除的不和性，也变成了一个畸形儿。如这样的一个怪胎，人们怎么可能对它抱以开枝散叶、繁衍后代的希望呢？

这就是清楚的常识、冰冷的道理所告诉我们的。温和派似乎更少受到外界干扰，理应把问题看得更加透彻才对，然而它也没能明白过来。奇怪的是，看得更清楚的反而是激情！它发觉在这个两面夹击的环境中，一切都是危险、都是阻碍，于是想竭力走出来。然而激情和暴力只会引来人们无尽的猜忌，只会遇到巨大的阻碍；它为了克服这些阻碍，就只能变得更加暴力；而变得更加暴力之后，又只会创造新的阻碍。

要透彻理解这个时代的畸形之处（我指的是两个理念之间的冲突，以及它们创造生命上的无能为力），我们可以去了解一个人。那个人是矛盾集合体，他拥有被人们称为天才的稀世之才；然而如果两个思想在这个人、在这个天才身上打架，如果原则和法理在他身上发起一场场死战，那他纵有补天之才，也是无济于事。

从人性上看，我不知道还有什么比米拉波身上的人性更令人感到悲哀的了。他对凡尔赛说自己支持绝对**否决权**，然而真到说话时又躲躲闪闪，让人一开始根本捉摸不清他到底是赞同它还是反对它。而在同一天里的巴黎，他的朋友们在罗亚尔宫坚持声称他是反对**否决权**的。他周围的那些年轻人是那么热爱他，为了拯救他而毫不犹豫地冒险撒了这个谎。"我像爱情人一样爱着他。"卡米尔·德穆兰如是说道。我们也都知道，米拉波的一位秘书甚至在他死后还想随他自尽。

骗子通常需要更多谎言来让别人更加相信自己，于是这些撒谎者便坚称：米拉波一走出议会，就遭到别人的尾随和攻击，身上中了一剑。整个罗亚尔宫都在呼吁投票建立一个两百人的警卫队，去保护这个可怜的米拉波！

在他一篇奇怪的演讲中①，米拉波还运用了古老的诡辩之术，说国王的批准权是自由的一个保障，说国王在某种程度上是护民官，是人民的代表——一个终身不得罢免的代表，一个对自己的行为无须负责的代表，一个从来没有出庭的代表！

米拉波从心底是保皇分子，正因如此，他大大咧咧地接受了宫廷的俸禄，把自己家门对议员大敞开来。他曾告诉自己，他所做的一切都是为了捍卫自己的思想观点。但我们必须承认，比金钱更能腐蚀他的是另一个东西，一个我们在这位言行举止自信满满的人身上很难想象到的东西。那是什么？是恐惧！

对正在抬头、正在壮大的大革命的恐惧。他看到这个年轻的巨人正在支配自己，马上就要征服自己，把自己变成另外一个人。于是，他投身到人们所称的旧秩序的怀抱中——投身到真正的混乱和混沌中。在这场不可能成功的斗争中，他最终被死神所解救。

---

① 这份演讲稿是他从一个叫作卡佐（Caseaux）的空想家那里拿来的，他甚至事先都没去读一读。在庭上读起这些荒唐的话时，连米拉波自己也流了一身冷汗，读到一半就赶紧停了下来。（《艾吉安·杜蒙回忆录》，p.155.）——原注

第7章

新闻界

8月30日，否决权引发巴黎骚动——新闻界的状态——报纸数量增加——新闻界的立场倾向——新闻界依然是保皇立场——《巴黎革命报》编辑路斯塔洛——8月31日，路斯塔洛提出意见，被市政厅拒绝——拉法耶特和所有人都知道的宫廷阴谋——国民自卫军和人民之间产生对立——议会在行动上犹豫不决——9月18日，伏尔奈提议解散议会——内克尔、议会、宫廷和奥尔良公爵再无法力挽狂澜——新闻界本身的软弱无力

我们刚才说到了两个问题：形势已到十万火急的地步，而议会却毫无对策。

靠一场人民运动能够克服困难吗？可以，然而必须要有一个条件：这是一场真正自发的、浩浩荡荡的、众心协力的人民运动，就像7月14日那天一样。

当时的确舆论沸腾、民心骚动，然而这只是局部的。自从**否决权**这个问题被提出来以后（也就是在8月30日星期日），整个巴黎都敲响了警钟，绝对**否决权**似乎成了某个能够把人民至上权力消灭殆尽的东西。然而，只有罗亚尔宫一群人一马当先地冲了出来。他们决定到凡尔赛去警告议会：它的内部已经形

成了赞同否决权的同盟阵线，他们已经拿到这些人的名字了；如果这些人还不放弃，那巴黎就会大举进犯。晚上十点钟的时候，大约一百多个人上路，走在队伍前面的是个盲目而又暴力的人，因为个头高大、声音洪亮而得到了人们的推重，他就是圣-于虑日侯爵（Saint-Hururge）。在旧制度时期，由于他那位美貌风流、小有艳名的妻子的请求，圣-于虑日被关进监狱中。所以我们可以想象他对旧制度会有怎样不共戴天的仇恨，又是一个多么狂热的大革命捍卫者。到了香榭丽舍那里，他所率领的这支队伍已被冲得七零八落，又碰到了拉法耶特派来的国民自卫军阻止他们继续前进。

罗亚尔宫连着向市政厅派去三四批代表团，想让自卫军把报信人群放出去。他们想通过合法手段，在政府授权之下去制造骚乱。但很明显，政府是不会同意的。

不过罗亚尔宫还有另外一着棋，而且是一着处心积虑布下的棋。这步棋无论成功与否，至少也会产生一个好处——让全体人民开始广泛讨论起重大时事来。那样的话，就再容不得由凡尔赛来仓促决定或突然执行什么事情了。通过新闻界、通过它自己的议会组织——也就是那个团结起来、只不过被分成了六十个行政区的巴黎议会组织，巴黎在盯着议会，在监视着议会。

提议者是一个年轻的记者。在讲到这里之前，我们首先应当了解一下当时新闻界的内部动态。

被号召着要了解自己的权利、要决定自己的命运的全体人民，它这次突然觉醒，是新闻界长期积极活动的结果。最具思辨精神的那群人被赶到了实践的土地上，所有科学、所有文学都停止下来，政治生命成了一切。

在1789年的每个重大时刻中，都会出现报纸的井喷现象。

第一次是在5月、6月，在三级会议召开之时，各类报刊如雨后新笋一般纷纷冒出来。米拉波创立了《普罗旺斯通讯报》，戈尔萨①创立了《凡尔赛通讯报》，布里索创办了《法兰西爱国者报》，巴雷尔②创办了《黎明报》，等等。

第二次是在7月14日前夕，在涌现出的诸多报纸中，最受欢迎的就是由路斯塔洛主编的《巴黎革命报》。

第三次是在10月5日、6日前夕，有马拉的《人民之友报》，卡拉和梅西埃③的《爱国者纪事报》。没过多久，《布拉班特通讯报》问世，创办者是卡米尔·德穆兰，一位才华无可置疑的人；接下来是最激进的报纸，弗雷龙④的《人民演说家之报》。

这场大运动有一个总体特点，而正因为这个特点，它才变得令人刮目相看起来，那就是：各报社之间虽然有小分歧，却几乎都是戮力同心的。除了某一家报社比较跳脱之外，新闻界就像一个人们广泛参与的讨论会一样，大家在里面轮番发言，所有人心系共同的目标、避免敌对行为的发生。

反抗中央集权的新闻界在这一早期阶段，普遍倾向于要求加强地方权力、夸大市乡对抗国家的权利。借用一个以后出现的时代词汇来说，在这个时期，所有人似乎都成了**地方分权主义者**。米拉波是，布里索和拉法耶特也是。这个趋势愈演愈烈，到最后人们甚至提出，如果整个法国无法得到自由，那就干脆承认各省独立。米拉波甚至愿意去当普罗旺

---

① 戈尔萨（Antoine-Joseph Gorsas，1752—1793年），法国记者、政治家，后来和山岳派疏远，亲近吉伦特派，1793年7月13日在巴黎被处死。——译者注
② 巴雷尔（Bertrand Barère de Vieuzac，1755—1841年），法国政治家、记者、共济会成员，法国大革命期间国民公会中最臭名昭著的一个人。——译者注
③ 梅西埃（Louis-Sébastien Mercier，1740—1814年），法国小说家、剧作家，政治上的温和派，国民公会成员之一，投票反对处死路易十六，将罗伯斯庇尔形容为Sanguinocrat（靠杀戮上位的统治者）。——译者注
④ 弗雷龙（Louis-Marie Stanislas Fréron，1754—1802年），法国政治家、记者、国民议会代表。——译者注

斯伯爵，这话是他自己说的。

新闻界虽然反对国王，其实总体上仍是保皇立场。卡米尔·德穆兰后来说："当时，法国可不止我们十个共和党人。"不过我们不能被一些吹嘘之词给骗过去了。1788年的时候，激进的德普雷梅斯尼尔说过："我们必须要让法国**去波旁化**①。"然而，他这么说只是想让最高法院一家独大而已。

誓要在自打嘴脸的路上越走越远的米拉波，让人把弥尔顿的一本猛烈攻击国王的小书翻译出来，而且在1789年时将其出版，上面公然署着自己的大名。而当时，他又正在保卫王权。此书被他的朋友悉数销毁。

有两个人在鼓吹共和：一个是当时最多产的作家，精力旺盛、不知疲倦的布里索；还有一位是才华横溢、能言善辩、胆大如斗的卡米尔。他在《自由法兰西》一书中讲了一个小故事，里面对君主制各种冷嘲热讽。他指出，这个社会秩序、国家稳定的本源，其实是永远的动乱之源。王位继承制明显存有许多内在弊端，而为了给自己洗脱这些弊端，它就用一句话来回应一切：**和平**，维护和平。然而这仍然没能阻止它通过少数派、借口王位继承之争，让法国几乎永远处于战争状态：和英国人的战争，和意大利的战争，西班牙王位继承战争，等等。②

罗伯斯庇尔说过，共和在各派之间悄悄流窜，没有引起任何人的察觉。更准确地讲，是王权自己把共和引进来，把它种在了人们的头脑里。若说人们不愿意自己统治自己，那是因为王权以一种简单的方式将国家治理问题简单化，由此使人避免了许多麻烦，显得省力省心的样

---

① 原文用词是débourbonnailler，是德普雷梅斯尼尔自创的一个词。——译者注
② 西斯蒙第（Sismondi）经过精确的计算指出，以五百年为时间段的统计显示，君主继承制国家中发生战争的频率和持续时间远高于君主选举制国家；这是少数派和王位之争等原因产生的自然结果。（西斯蒙第，《对自由人民的国家体制的研究》，I，pp.214—224.）——原注

子。但你想过吗？如果王权本身成了一个障碍呢？我们可以大胆断言，是王权告诉人们何为共和，是王权硬拖着法国接受了共和，而在此之前，法国对共和根本是不信任的态度，对其避而远之，根本没动过共和的心思。

再回到刚才的话题上来。当时记者中的第一人，不是米拉波，不是卡米尔·德穆兰，不是布里索，不是孔多塞，不是梅西埃，不是卡拉，不是戈尔萨，不是马拉，也不是巴雷尔。所有人都在办报纸，有些的发行量还很大。米拉波著名的《普罗旺斯通讯报》的发行量就达到了一万。

而《巴黎革命报》（在某些刊号上）的发行量却高达二十万，这是报刊界有史以来创下的最高纪录。它的编辑从不署名，出版商署名则是"普鲁多姆"①——一个后来无人不知、无人不晓的名字。而那个匿名的编辑，他便是路斯塔洛（Loustalot）。

于1790年、在29岁之际英年早逝的路斯塔洛，是一位非常认真、正直、勤奋的年轻人。论写作才华，他是平庸无奇，然而其文笔极为严肃，而且是一种带着激情的严肃。这种严肃就是路斯塔洛最与众不同的地方，和当时其他记者的轻佻文风形成鲜明对比。哪怕在他措辞强烈的时候，我们也可以感受到路斯塔洛在努力做到公正不倚。他，便是人民最喜欢的一个记者。

路斯塔洛绝对受得起这些评价。早在大革命开始之时，他就多次表现出一种不失勇气的从容持重。当法兰西禁卫军士兵被人民解救出来时，他说：事情只有一个解决办法——让囚犯们自己回到监狱，然后再由选民、国民议会向国王提出宽赦。当勇敢正直的巴黎统帅德拉撒勒遭

---

① 法语为Prudhomme，意为"正直的人"。——译者注

到人们的普遍误解时，路斯塔洛站出来捍卫他、力证其清白，让他又重获人民的信任。当仆人们要求政府把萨瓦人赶走的时候，又是他再次挺身而出，展现出自己坚定、严肃、公正的一面。

他是一位真正的记者，着眼当下，而不是去揣测未来。当卡米尔·德穆兰发表了意在消灭国王的《自由法兰西》时，路斯塔洛在赞美这本书的同时，也批判德穆兰夸大其实，称他"头脑狂热"。

当时还籍籍无名的马拉，在《人民之友报》中对巴伊发起猛烈的攻击，攻击他的职位和人身。路斯塔洛又站出来为巴伊说话。

他将新闻业视为一种等同于法官的公共职位。他从不去关注什么抽象玄奥的东西，独独把目光投注到人民群众身上，去感知他们的需求，去体会他们的遭遇。他最关心的，就是当时一个最严肃的问题——物资、面包。为了加快磨面速度，路斯塔洛还推荐了一些磨面机。他去蒙马特高地看望那些被雇来干活的可怜人。这些穷人在苦难的摧残下，几乎已经没有人形了。这群饿得只剩骨架子、像鬼魂一样四处飘荡的难民，别人看到他们时更感到的是害怕而不是同情，然而路斯塔洛却在为他们奔走、为他们疾呼、为他们悲鸣。

巴黎不能再这样坐以待毙了。它必须推翻绝对王权，建立自由。

8月31日，星期一早上，路斯塔洛发现大家的情绪比昨天晚上要稳定许多，便向罗亚尔宫发表了讲话。他说去凡尔赛并不能解决问题，并提出了一个可以造成更少流血也更为大胆的提议，那就是到市政厅召集各区集合，在会中提出以下几个问题：第一，巴黎是否认为国王有权进行阻止干预？第二，巴黎是认可它的议员，还是要将他们撤职？第三，如果再选议员，这些议员是否有拒绝否决权的特殊授权？第四，如果接受之前的议员，议会能否接受劝告、推迟讨论？

他提出的这些办法，是极其革命的，也是不合法的（不合宪法，如果说真有宪法的话），却深合当前的形势需求。所以几天之后，议会里一位极有威望的议员又再次提起了路斯塔洛建议中的绝大部分内容。

而当天路斯塔洛和罗亚尔宫代表团却受到了非常恶劣的对待，他们的提议被市政厅拒绝，第二天还遭到议会的批评。这时，主席收到一封署名人是圣-于虑日的威胁信（但圣-于虑日坚称此信是别人冒名顶替所写），议会终于发怒了。圣-于虑日被下令逮捕，国民自卫军趁着群情沸腾之际关闭了弗依咖啡馆。罗亚尔宫被禁止再举行任何聚会，成员遭到了市政府的驱逐。

最出人意料的是，拉法耶特居然是这些行动的执行者，可他当时从心底仍一如既往是一位共和党人。在整个人生生涯里，拉法耶特都在盼望着共和体制，然而又在为王权效力。民主君主制，或者是君主民主制，在他看来是一个必需的过渡阶段。要让拉法耶特清醒过来，他至少还得接受两次教训。

宫廷在敷衍内克尔和议会，但它没有欺骗拉法耶特。当时拉法耶特仍在为宫廷效力，控制着巴黎。前期群众的恐怖暴行和流血事件，使得他在制造另一次新的7月14日事件的这种想法面前退缩了。然而宫廷正在准备的内战，难道不会流更多的血吗？对于**人类之友**来说，这是一个严肃、棘手的问题。

拉法耶特什么都知道。9月13日，他在家中招待了凡尔赛国民自卫军统领——老海军上将德斯坦因（d'Estaing），并把许多德斯坦因从不知道的、和凡尔赛有关的消息都告诉了他。这位正直的将军之前一直以为自己深得国王和王后的信任，现在却听说有人要铤而走险把国王带到梅斯去，那就意味着掀起内战，意味着布勒特伊已经在各方面和奥地利大使商量好了，意味着火枪手、宪兵队、九千名国王护卫（其中三分之二都是贵族）已经向凡尔赛靠拢，意味着他们要攻下蒙塔基①，还有行动执行者维奥梅尼男爵（Vioménil）在那里和他们会合。维奥梅尼男爵几乎参加过发生在本世纪的所有战争，最近一次就是美国之战，他狂热地反对大革命——也许是因为嫉妒拉法耶特的缘故，因为后者在大革命中扮演着数一数二的重要角色。十八个兵团——尤其是步兵团，都还没有宣誓。它们足以把所有通往巴黎的路全都封死，斩断巴黎的供给，把它活活饿死。宫廷再也不缺钱了，它从各个地方攒够了钱，自信一个月筹到一百五十万法郎是没有问题的。此外还有教士在后面做支援，单单赐福仪式就能带来三十万法郎的进账。

老上将星期一（14日）写信给王后，说："从前，哪怕在每次海战的前夜，我都能倒头就睡，可是在听到这次可怕的倾吐之后，我就再也没合过眼。"在拉法耶特的饭厅听到这些消息的时候，上将吓得发抖，生怕其中一句话被哪个仆人听了去："我提醒说，他嘴里说出的每句话都能成为死亡的信号。"然而拉法耶特以美国人特有的冷静，回答说："如果一个人的死能拯救所有人，那也是赚了。"唯一那个应该牺牲的人，便是王后。

西班牙大使也对德斯坦因上将透露了许多东西；他是从一个大人物那里听到这些消息的，有人向这个大人物提议在一份宫廷分发下去的联合名单上签字。

于是，这个深藏不露的秘密，这份机要，13日在客厅、14日到16日在大街小巷给传开了。16日，法兰西禁卫军里的投弹手，也就是现国民自卫军中的雇佣兵，宣布他们要去凡尔赛履行自己过去的义务，去保卫

---

① 蒙塔基（Montargis），法国中部偏北的一个小城市，位于巴黎南边大概100公里处。——译者注

王宫、保卫国王。22日,《巴黎革命报》刊登了这个重大阴谋。现在,整个法国都知道了。

觉得自己很强大、非常强大(这是他自己的原话)的拉法耶特,一方面希望让宫廷对巴黎产生忌惮之心来牵制宫廷,另一方面又希望通过自己的国民自卫军去压制骚乱、控制巴黎。他利用了、滥用了国民自卫军的满腔热忱,想让消息传播者们闭嘴,想逼罗亚尔宫保持沉默,想阻止人群聚集起来。他和那些由惊转怒的人干了一场小仗。其实这些人害怕的,也正是拉法耶特担心的;他知道阴谋正在酝酿,却又将那些谈论阴谋的人统统驱逐逮捕。他做得太到位了,最后导致国民自卫军和人民之间不幸对立起来。人们开始注意到,自卫军中的领袖、军官都是清一色的贵族、富人和要员身份。裁员以后的国民自卫军,普遍因为自己的精良装备和新式武器感到扬扬自得,在人民眼中,他们就是一群贵族老爷的模样。自卫军里有些人是地主和商人,他们在骚乱中损失惨重,由于乡村地区的资产不能创造任何收益,他们什么都赚不到。这些人每天都早出晚归,回来时已经累得精疲力竭;他们每天都希望这一切能够尽早结束,却用激烈的行动来表达自己的焦躁不安,导致群众和他们之间越发对立起来。有一次,他们甚至拔出军刀去对付一群理发匠,造成流血事件的发生;还有一次,他们逮捕了几个肆意开着国民自卫军玩笑的人;有个声称自己完全不把自卫军放在眼里的女子,被他们抓起来抽了一顿。

人民的怒气越来越大,最后甚至把一个最荒谬的指控栽到国民自卫军头上,说他们拥护宫廷、参与到了凡尔赛的阴谋中。

拉法耶特并不是一个两面派的人,然而他的立场却是两面派的。他阻止投弹手们去凡尔赛重新履行保护国王的职责,并警告了圣-普利斯特部长（9月17日）。有人利用了他的信，把它出示给凡尔赛市政府看，要求市政府发誓保守秘密，诱使它提出将弗朗德勒军团派过来的要求。他们又在凡尔赛的一部分国民自卫军那里故技重施，然而大部分士兵都拒绝了。弗朗德勒军团态度暧昧不明，它此前一直拒绝立下新誓，现在又推着大炮、弹药车和辎重，大张旗鼓地进了凡尔赛城。同时，王宫又把已经结束服役的亲卫队留了下来，使得自己手里的军队人数增长了一倍。每天，一大群什么军衔都有的军官来到岗哨，就像过去旧贵族在战争前夕络绎投奔军营一样，生怕自己来迟了。

巴黎感到心神不安。法兰西禁卫军也十分恼火，有人在试探它、收买它，但此举只让禁卫军更加心生防备。巴伊忍不住在市政厅发了言，人们派出一支由善良的老杜索尔为领导的使节团，想把巴黎的警告带给国王。

在此期间，议会表现得非常奇怪。它一会儿像睡着了似的没有任何动静，一会儿又猛地醒过来。今天它还态度激进，明天又变得温和、优柔寡断起来。

一天早上（那天是9月12日），议会突然想起了8月4日，想起了自己投票通过的那个大改革。这些法令已经递交五周时间了，引来法国上下一片热议和实践，然而议会却还一句话都没说。12日，司法官委员会在一项法案起草工作中提出：根据8月4日的决议，当还法律以有效性。来自弗朗什-孔泰大区的一个议员打破了冰面，说："有的人用尽各种招数，就是为了阻止我们颁布8月4日的这些法令；有人声称，它们是不会被公之于众的。那么现在，是时候让世人看到盖着国王印玺的它们是何面目了……人民在等待着……"

一石激起千层浪。议会从昏睡中清醒过来，温和派、君主制宪派的演讲家马鲁埃表示支持（这可真叫人惊讶），其他人也纷纷附议。虽然莫里神甫①持反对意见，然而众人依然做出决定，要将8月4日的法令呈交国王、待其批准。

这次突如其来的行动，这种连温和派都表现得咄咄逼人的态度，让人不由得生出一个想法：议会中这群最有影响力的人，对拉法耶特和西班牙大使说的那些话、对人们在巴黎街谈巷议的事情并非是一无所知的。

到了第二天，议会又似乎被自己昨日的魄力给震惊了。许多议员认为宫廷绝不会任由国王批准8月4日法令，并预言国王的拒绝将引发巨变，导致革命的第二次发作。米拉波、夏普里耶和其他一些人的观点是：准确来讲，这些法令并不是法律，而应是宪法的原则，人们没有必要等到国王批准，直接将其颁发即可。这是一个大胆而又怯懦的意见：说它大胆，是因为它绕过了国王；说它怯懦，是因为它在逃避审查、批准、拒绝的环节，再不想碰到什么拒绝或冲突。那么以后，人们就会根据某一派在某个省中是否占据主导地位，视情况来做出决定。这个地方的人可以把8月4日的决定视为议会颁布的法令，将其贯彻执行下去；那个地方的人也可以说它们没有得到国王的批准，故而对其规避躲闪。

15日，议会在掌声中通过投票，承认了王权的不可侵犯性和王位继承权，想重新博得国王的好感。然而关于8月4日法令，议员们只从他那里得到一个含含糊糊、拖拖拉拉的回答。国王是不会批准任何东西的；他发表着长篇大论，批判这个、赞赏那个，却几乎不承认任何条款——除非做出改动。整篇演讲词充满内克尔的风格，像他一样局促笨拙、含

---

① 莫里神甫（Jean-Sifrein Maury，1746—1817年），法国作家、红衣主教、巴黎大主教，三级会议教士代表，捍卫教会和贵族利益，后来反对制宪议会的《教士民事基本法》。——译者注

糊其词、字字斟酌。忙着操办其他事情的宫廷，明显以为用这种没有回答的回答，就可以瞒天过海、转移公众注意力。议会十分激动，夏普里耶、米拉波、罗伯斯庇尔、佩蒂翁，还有其他许多平常没那么激进的人，坚持要求国王批准这些制宪条款，而且声称议会只接受真正的、纯粹的法律颁布仪式。于是，接下来又是一场大争论。在这场争论中，沃尔奈①提出一个谁都没有想到却非常明智的动议："这个议会在利益和情感上有太多纠葛。让我们明确新的选举条件，然后辞职吧。"他的话引来一阵掌声，但接下来却无人响应。米拉波反驳说，议会曾有发誓：在制定出宪法之前，它决不解散。

21日，被催着颁布法令的国王终于不再兜圈子，宫廷也觉得自己已经足够强大了。国王回答说，只有经过让法律得以执行的程序以后（他想说的是被批准以后），法律才会得到颁布；他说自己会下令将其公布，他也绝不怀疑，议会将要发布的法律会是他可以点头批准的法律。

24日，内克尔对议会做了坦白。第一笔三千万的借贷，实际只借到了两百万。第二笔八千万的借贷，也只拿到了一千万。王室临时财务官（内克尔的朋友在他们的小册子里是这么称呼他的）对此无能为力，他本以为自己可以控制和修复国家信誉，但也没能抵住颓势，只能看着它走向衰弱。他来，是希望能仰赖于国民的忠诚之心。现在，唯一的解决办法是全民上下自发行动起来，每人将自己收入的四分之一纳税上缴。②

内克尔已经尽到职责了。在尝试了各种能行的办法之后，他只能相信信仰、相信奇迹、相信一个模糊的希望了，希望这个已经付出够多的

---

① 沃尔奈（Volney，1757—1820年），法国哲学家、东方学者，1789年选入三级会议，后进入制宪议会。——译者注
② 一向慷慨的内克尔缴纳的不止四分之一，他交了十万法郎的税。——原注

民族能再付出一点，希望它能够自愿缴纳一个大到恐怖、占了自己收入四分之一的赋税。这位空想财政官在自己的报表最后、在钱库的最下面，只放了一个乌托邦，一个连善良如圣-皮埃尔神甫①都提不出来的乌托邦。

无能为力的人会真心相信不可能的事情的发生。当事情超出了他的行动范围之后，他只能寄托于偶然、未知和意外。和这位部长一样无能为力的议会，也只能和他一样盲目轻信。米拉波发表了一次精彩的演讲，打消了议员的一切迟疑，让他们失去了理智。他向议会提出银行破产，可怕的银行破产，在下面张着大嘴、准备把议会和法国贪婪地一口吞下的银行破产。议会进行投票。如果他们真采用了这个办法，哪怕钱真来了，这也将产生一个极为可笑的结果：内克尔将救回那些想把内克尔赶走的人，议会将为一场为解散议会而发动的战争自掏腰包。

矛盾重重、进退维谷、走投无路，这就是当时所有人、所有党派的基本情形。用一句话来总结，就是"谁都不行了"。

议会不行了。由于在构成上的不协调、在原则上的不一致，它本来就是无能为力的；然而在骚乱中，在压倒了它的声音的新闻界的雏鸟之啼中，它是越发无能了。议会不自觉地紧紧依靠在已被它废了的王权边上；但是被废的王权对议会又充满敌意，只希望能轧死它。所以议会怕着巴黎，又怕着王宫。在国王拒绝批准法令之后，它一点都不敢发怒，生怕在巴黎的怒火上再浇一桶热油。除了对内阁部长发出通谕的这个职责外，它没有干出任何和局势有关的行动。划分省份、制定刑法，这些都是在空谈。大厅空洞地回荡着声音；六百个议员很难聚齐，就算某次

---

① 圣-皮埃尔神甫（Charles-Irénée Castel de Saint-Pierre，1658—1743年），法国作家、外交家，启蒙运动的先驱者，其思想影响了卢梭和康德，主张世上没有国界、没有战争。——译者注

真聚齐了，也是为了把主席职位颁给穆尼耶——一个永远只知道维持平衡的人，一切行动上的困难，以及集体的瘫痪，在他嘴里都被描述得尤为动听。

宫廷又能做什么吗？它当时以为自己可以。它看到教士和贵族联手依附在自己周围；它看到奥尔良公爵在议会中的支持声越来越少①，看到他在巴黎四处撒钱却收获甚微，看到拉法耶特在人民心中的威望渐渐超过了他。

所有人都没有注意到局势的发展势头，所有人都低估了点点滴滴的事情积攒起来以后的威力，他们把事情归结到某某人的头上，可笑地夸大个人的力量。爱恨产生的执念让他们相信奇迹、相信怪物、相信英雄。宫廷指责着奥尔良、拉法耶特，指责着所有这样的人。而性格坚毅冷静的拉法耶特，他也变得喜欢凭空乱想起来，总觉得所有骚乱都是罗亚尔宫一手造成的。新闻界中崛起的一个空想家——马拉，轻信、盲目、易怒，总是依着自己瞎想的东西去随便安裁指控，今天吼着要这个人去死，明天嚷着要那个人赔命；他开始宣称，整场饥荒都是一个人的杰作，是内克尔在到处收购粮食，是他要让巴黎一颗麦子都拿不到。

然而，马拉只是起了个头，实际做得很少；他在整个新闻界中是个十足的另类而已。新闻界指控着，然而都是模糊的指控。它和人民一样在抱怨、在发火，却不太清楚自己应该做什么。它在宏观上清楚地看到将有"革命的第二次发作"。可是怎么发作？朝哪个目标发作？这些它都给不了准确的回答。身负言明治国良药的新闻界，是一个因为其他权力纷纷走向式微才突然壮大起来的年轻权力，然而它本身却也是软弱无

---

① 在对王位继承立下规定的时候，议会体恤它的敌人——西班牙国王无暇分身，声称自己没有料到西班牙波旁家族愿意放弃继承法国王位。——原注

力的。

在10月5日之后的日子里,新闻界做得很少,议会做得很少,市政厅做得很少。但是,大家都清楚预感到一件大事即将发生。米拉波某天在接待他的凡尔赛书商时,遣去三个秘书,关上门对他说:"我亲爱的布莱索,您很快就会看到这里将发生巨大的、流血的不幸。出于友谊,我想先告诉您一声。但不要害怕,像您这样正直的人,是没有什么危险的。"

第8章

1789年10月5日，人民去找国王

只有人民想到了办法：去找国王——凡尔赛宫那些大王的自私态度——国王进退维谷——有人恳请王后行动起来——10月1日，亲卫队的狂欢——国民帽徽被侮辱——巴黎被激怒——女人的悲惨遭遇——她们的古道热肠——10月5日，女人们占领市政厅——她们朝凡尔赛进发——议会得到相关警告——站在议会面前的马亚尔和女人们——罗伯斯庇尔支持马亚尔——国王面前的女人——宫廷犹豫不决

10月5日，八千到一万名妇女来到了凡尔赛，后面跟着许多群众。当晚，国民自卫军强迫拉法耶特把他们带去凡尔赛；6日，国王被带走，不得不常住巴黎。

自大革命在7月14日爆发以来，这是群众参与度最高的一次大运动。十月事件和攻占巴士底狱一样，都是人民一致做出的选择，即便那些没有参与此次行动的人也希望它能成功，所有人都为国王来到巴黎而感到欢欣鼓舞。

在这里，我们要做的不是去探寻某某党派有什么动作。它们的确有所行动，然而做得太少了。

对于女人、对于最贫苦的那群人来说，此事最

直接、最真实的原因只有一个：饥饿。在凡尔赛的时候，人们把一个骑兵拽下马来，杀了他的坐骑，马肉还没怎么弄熟就被他们消灭得一干二净。

无论是人民还是国民自卫军，在大部分人看来，这次行动事关荣誉，因为宫廷侮辱了巴黎帽徽——这个被法国上下视为大革命象征的神圣之物。

如果没有女人打头阵，男人们会不会朝凡尔赛进发，这点谁也说不准。一开始，在她们之前，没有一个人想过去找国王。8月30日，罗亚尔宫在圣-于虑日的带领下想从巴黎前往凡尔赛，然而此行是为了向正在**否定权**这个问题上讨论不休的议会发出抱怨和威胁。而这一次，人民自发地组织起来，独自去找国王，就像他们当初独自攻下巴士底狱一样。而人民中最有人民精神的那群人——我想说的是最有直觉、最有觉悟的那群人，却是女人无疑。她们的想法是这样的："没有面包，那我们就去找国王；如果他和我们是站在一边的，就会努力解决面包的问题。我们一起去找面包商吧！"

多么天真的想法，其中却蕴含着多么深刻的道理！国王就该和人民一起过日子，民不聊生的时候，他就该为此寝食难安、以身作则、厉行节俭。结婚仪式和加冕仪式在某些地方很相似：可以说后者就是一场国王迎娶了人民的婚礼。只要君王没有施行暴政统治，那他和人民之间就是婚姻关系，他们就应该结为一体、共同生活、百年到老。按照中世纪一句话糙理不糙的说法就是："啃一根面包，吃一个锅。"①

如果君王成了只顾自己的孤家寡人，身边全都是穿金戴银、假冒成人民的乞丐，使得他弃人民于不顾、日渐变得铁石心肠起来，这难道

---

① 请看我的《权利的起源：法律符号和用语》。——原注

不是一件奇怪、有悖自然的事吗？如果君王因此变成一副陌生、冷酷而又残暴的面孔，那又有什么奇怪的？若不是因为待在凡尔赛过着大门不出、二门不迈的日子，他们怎么会冷血无情到这个地步？甚至只看那里一眼，都是有损道德的事：那是特意为一个人所建的地方。只有在那里，君王们才会忘了民间的疾苦，像路易十四那样随手签下将一百万人驱逐出境的命令，像路易十五那样在饥荒中囤积居奇、大发国难财。

巴黎因为万众一心才推翻了巴士底狱。为了攻克国王和议会，它必须再次团结起来。当时国民自卫军和人民之间已经有了罅隙，要让他们重新走到一起、朝同一个目标前进，那就需要一次宫廷的挑衅。任何一个在政治上稍有脑子的人都不会做这种事情，那么就需要蠢货的登场解围了。

这才是打破当前僵局的真正解药和唯一办法。而蠢货，也就是王后那帮人，要不是在路易十六那里遇到了巨大的障碍和麻烦，他们早就把解药掏出来了。路易十六比任何人都厌恶别人逼着他放弃自己习惯的生活，不让他狩猎、打铁，逼他早早就寝，在吃饭和祈祷上打乱他的惯常作息，让他在乡村骑马，把他打造成一个敏捷的马上好手（就像我们在凡·戴克①的画中看到的查理一世那样），这对路易十六来说可并不是件轻松的事。他心中有个声音也在告诉他：公然宣布和国民议会为敌，这么做太冒险了。

而另一方面，也正是因为忠于自己的习惯、从小接受的教育理念的关系，在大革命和削弱王权这两者中，前者更让路易十六感到不舒服。他没有掩饰自己对拆除巴士底狱的不满。②身边人穿着国民自卫军的服

---

① 安东尼·凡·戴克（Anthony van Dyck，1599—1641年），比利时画家，英国国王查理一世时期的英国宫廷首席画师。——译者注
② 见亚历山大·德·拉梅特的回忆录。——原注

装,自己的仆人成了副长官、有了军衔,某个宫廷乐师穿着军服给他演奏音乐,这一切在路易十六看来都十分刺眼;他下令禁止自己的仆人"穿着如此不成体统的衣服出现在自己面前"。①

无论靠讲道理还是其他什么办法,都很难把国王鼓动起来。每次议政的时候,他的态度都极不明朗;然而在他根深蒂固的旧习惯和已经成形的观点范围里,国王固执得可谓是油盐不进。连他那么深爱的王后,也别想通过说服他来得到什么。他当时还没有那么害怕,觉得自己是受上帝赐福、不可侵犯的神圣君主,有什么可害怕的呢?

然而王后则深陷在满是激情、阴谋和利益导致的狂热的旋涡中。教士、领主,所有那些从前对她大肆诽谤的贵族,现在全都跑到她这里来,把她的宫殿挤得满满当当的,信誓旦旦地发誓要拯救君主制。听他们的意思,只有她才有拯救君主制于危亡的天赋和勇气;作为玛利亚-特蕾莎的女儿,现在该轮到她上场了。两个完全不同的群体给了王后底气:一边是外省贵族军官组成的勇敢尊贵的圣路易骑士团,他们献上了宝剑;另一边是策划行动的谋士团,他们给出了方案,负责具体执行和实时反应。于是,凡尔赛被这群支持王权的费加罗②给严严实实地围了起来。

他们得组成一个神圣联盟,把所有正直人士都团结到王后身边。那时,国王也许会被他们汹涌澎湃的爱所打败,再也无法抵抗什么。革命派只有一次打仗的机会,一旦被打败,他们就别想再站起来;然而另一边的阵营却相反,那里面全是大地主,他们有打许多场战役的资本,可以维持长期的战争开销。但要让自己师出有名,他们得提防一件事:绝

---

① 《刚邦夫人回忆录》,II。——原注
② "费加罗"本是塞维利亚民间故事里的一个人物名字,他冲动易怒、感情用事、自高自大,总希望挽救不可修复的局面,然而每次都是姗姗来迟,成为历史的见证者和催化剂。所以米什莱才在这里用"费加罗"来形容这群人。——译者注

不能让士兵被人民的团结精神所动摇，绝不能让他们回想起自己也是人民中的一员。

国民自卫军和人民之间的猜忌越来越重，这无疑更加鼓舞了宫廷，让它觉得巴黎只是一只软弱的绵羊而已，故而冒险过早做了一个动作。而正是因为这个动作，使得它全盘皆输。新的一批亲卫队抵达凡尔赛，来履行自己每个季度的义务。这些人和巴黎、议会没有任何接触，对新思想一无所知，属于忠诚的外省保皇派，身上带着世家贵族能有的一切陈见和来自父母的叮嘱——为国王效劳，也只为国王效劳。这些亲卫队里虽有些人是自由之友，然而他们全都没有宣誓，而且一直佩戴着白色帽徽。宫廷想通过他们去带动弗朗德勒兵团和其他军队的军官，把他们召到凡尔赛来。为了让所有人聚集起来，宫廷举办了一场盛大的晚宴，并向凡尔赛国民自卫军中的一些军官发了邀请函，希望借此能够拉拢他们。

但我们应当知道一点，在法国，最恨宫廷的便是把它看得最清楚的那座城市——凡尔赛。除了王宫的仆人和走狗，那里的其他人全都是革命派。他们一直看着宫廷过着多么骄奢淫逸的生活，看着豪车华盖在这里进进出出、川流不息，看着那个高高在上、目空一切的世界里闪耀着五光十色的光芒，嫉妒和仇恨因此悄悄滋长出来。凡尔赛人正是出于这种心态，才把布商乐管特勒（Lecointre）任命为他们的国民自卫军中校。乐管特勒是一位坚定的爱国者，但满心仇恨、性格暴躁。少数国民自卫军军官得到宫廷邀请函，但他们没怎么觉得脸上有光，没被邀请的军官则感到更加不满。

这样一场军宴本可以在橘园或者其他地方举办，不过令人意想不到的是，国王居然把自己那座金碧辉煌的剧场大厅赏了出来，自从上次接待了皇帝约瑟夫二世以后，这里就再没举办过任何庆典了。美酒佳酿如流水一般不断被端了上来，大家把酒痛饮，为国王、为王后、为王太子的健康干杯；有个人畏畏缩缩地小声提议为国民干杯，然而没人想听这样的话。觥筹交错之间，弗朗德勒军团的投弹手、瑞士雇佣兵以及其他士兵走了进来。大家喝着酒、唱着赞歌，在这个光怪陆离的场景中沉醉了，人们一边颂扬一边干杯，灯光透过酒杯，折射出绚丽的颜色。

这时大门打开，国王和王后走了进来。国王刚狩猎回来，就被拉到了这里。王后一个桌子一个桌子地轮番敬酒，怀里抱着孩子的她依然是那么美丽。所有在场的年轻人都陶醉了，不知自己身在何方。必须得说，比任何时候都要平易近人的王后，她很懂得如何不让那些为她奋不顾身的人失望，甚至没有拒绝在自己发髻中别上一根洛赞①头盔上的羽毛。②还有传闻称，亲卫队里一个人大胆喊了一句口号，但没人发火，他也没被处罚，只被善意地打趣了一番，王后还让他得到了晋升。

她是多么美丽又是多么不幸啊！当她和国王一道走出来的时候，乐师奏响了一首动人的旋律："啊，理查！啊，我的国王！举世都将你抛弃！"听到这句歌词，所有人的心都被刺痛了。许多人取下自己的帽徽，戴上了王后的黑色奥地利帽徽，宣誓向她效忠。没有这么做的人也把三色帽徽的反面露了出来，让它看上去像是白色帽徽的样子。音乐还在继续，越来越激烈、越来越紧张，乐师奏起了《于兰进行曲》，吹响了冲锋号。所有人都站了起来，四下找着敌人。一个敌人都没有。这里没有，其他地方总有！他们翻过隔栏，冲了出去，冲到铺着大理石的庭

---

① 即阿尔芒-路易·洛赞公爵（Armand-Louis de Gontaut Biron, 1747—1793年），是玛丽-安托瓦内特的宠臣（也有传闻说是她的情夫），从1783年开始担任洛赞骠骑团、也就是后来的骠骑兵团第六团的团长。——译者注

② 至于这根羽毛到底是洛赞给她的，还是她自己问洛赞要的，这很重要吗？（请看刚邦、洛赞等人的回忆录）——原注

院里。德斯坦因的副官珀斯瓦尔（Perseval），一跃跳到阳台上，占领了里面的哨岗，大喊道："把他们交给我们！"他佩戴着白色帽徽。弗朗德勒军团的一个投弹手也爬了上来，珀斯瓦尔撕下自己戴着的一个勋章送给了他。另一个龙骑兵也想爬上来，但因为没站稳而失脚掉了下去，绝望得恨不得当场自尽。

为了把这场戏演足，另外一个半已喝醉、半已癫狂的人高喊起来，说自己是奥尔良公爵派来的间谍，他受了几处小小刀伤；他的战友们感到很厌恶，几乎没有把他给踢死。

这场疯狂的酒宴似乎把醉意传染给了整个宫廷。王后向凡尔赛国民自卫军展开军旗，说"依然对其着魔"。10月3日，又是一场新的盛宴，人们甚至更加放肆、更加口无遮拦。看到反革命派明目张胆的样子，许多国民自卫军军官愤而离席。国民自卫军军服在宫廷里再不受待见。一个军官对另一个人说："你居然还穿着这套军装，简直是没有良心。"在长廊和房间中，夫人们都不准三色帽徽再出现在自己眼前，她们还在自己手帕和饰带上绣上了白色帽徽，将其大大方方地示于人前。小姐们也变得大胆起来，接受了这些新骑士的誓言，让他们吻着自己的手："拿着它，拿好这个帽徽，要好好保管它。它是真正的正统，只有它才会赢得胜利。"这一双双玉手发出的示好和致意，叫谁能够拒绝呢？然而，这是内战，是死亡，是明日的旺代！那个站在国王嬷嬷身后稚气未脱的金发女子，就是未来的德·乐斯古尔夫人和德·拉罗什雅克兰夫人。①

---

① 原注：她当时也在凡尔赛。这里请巴郎特（Barante）先生根据真实故事改编创作的一部小说。
译注：她就是玛丽·露易丝·维多利亚·德·多尼桑（Marie Louise Victoire de Donnissan, 1772—1857年），因为红颜薄命又在旺代战争中扮演的重要角色而知名。她先嫁给路易·马利·德·乐斯古尔侯爵，也就是后来旺代战争中的保皇派将领，在战场上因伤而殁；后来又嫁给了路易·德·拉罗什雅克兰侯爵，他的哥哥亨利是旺代战争中最年轻的保皇派将领，也是乐斯古尔侯爵的朋友。——译者注

勇敢的凡尔赛国民自卫军非常艰难地抵抗着。他们中的一位队长，无可奈何地被夫人们戴上一个巨大的白色帽徽。从前的布商、现在的中校乐管特勒非常愤怒，斩钉截铁地说："要么这些帽徽在一周之内会被换掉，要么就什么都完了。"他说得没错，谁敢轻视这个至高至上的标记呢？三色象征着7月14日，象征着巴黎的胜利，它就是大革命本身。随后不久，一个圣路易骑士跑到乐管特勒跟前，公然宣布自己要和所有与白色帽徽作对的人决斗。他跟着乐管特勒，等着他，对他出言不逊。但这个狂热的旧体制捍卫者又不是系出名门，只是王后身边一个卖花女的女婿罢了。

乐管特勒径直走到议会跟前，向军事委员会提议要求亲卫队宣誓。在场的亲卫队老队员说，他们决不宣誓。委员会害怕发生冲突和流血事件，于是什么都没做。然而正是因为他们的小心谨慎，最后才使得血流成河。

冒犯帽徽的这个行为，引得巴黎一片愤慨。有人告诉巴黎人，他们的帽徽被耻辱性地撕成碎片、踩在脚下。在举办第二场宴席的那一天，也就是星期六3日晚上，丹东在科尔得利俱乐部中做了愤怒的申斥。到了星期天，到处都有发生白色和黑色帽徽佩戴者被袭事件。在咖啡馆里外，在罗亚尔宫、圣安托万区，在桥头、码头，人们成群结队地聚在一起，里面有的是人民，有的是资产者，有的身着短衫，有的一身长袍。各个地方谣言四起，人们都在谈论着即将发生的这场内战，谈论着王后和各亲王与德国国王们组成的联盟，谈论着在巴黎出现的绿色红色的外国军服，谈论着科尔贝两天才到一船的面粉，谈论着只会越来越严重的饥荒，谈论着越来越近的严冬。人们说：没有时间浪费了，如果想要阻止战争和饥荒，那就得把国王带到这里来；否则，宫廷就要把他带走了。

这其中的内情，没有谁能比女人有更深的体会。她们已经被逼到绝境上，面临着家破人亡的惨况。星期六，3日晚上，一位夫人发出警告，但她的丈夫没怎么听进去。于是她又跑到弗依咖啡馆，在那里揭发反国民帽徽的事件，指出民众正面临着怎样的危险。星期一，一位年轻女子把鼓带到集市上，敲响了紧急集合号，把街上所有妇女都吸引了过去。

这些事情也只会发生在法国。我们的女人养出了勇士，而她们自己也是勇士。在这个走出了圣女贞德、珍妮·德·蒙特福①、珍妮-阿谢特（Jeanne-Hachette）②的国家，我们可以数出上百个女英雄的名字来。攻占巴士底狱的过程中就涌现出了一位女英雄，后来她入伍从军，当上了炮兵队队长，她的丈夫是一个士兵。7月18日，当国王来到巴黎的时候，许多女人手里都拿着武器。女人就是我们大革命的冲锋兵，我们无须对此感到讶异，因为她们已经吃了太多苦。

在无情的大苦大难中，弱者往往是最大的受害者，孩子和女人遭受的打击更重于男人。男人们可以出门大胆讨口饭吃，想尽一切办法找到一份活计，让自己至少眼下不会挨饿。而女人们，那些穷苦的女人，大部分都只能坐在家里缝缝补补，即便家里一粒米都没有了，她们也没办法出去找活。一个非常残酷的事实是：不能独立生活的女人只能依靠自己的丈夫，所以通常她们比男人还要孤苦无援。男人还可以到处找到圈子建立新的关系；而女人呢，她除了家庭，其他什么也没有。而家庭也在逼着她，每个担子都在压着她。她待在冰冷的、家徒四壁的家里，身

---

① 珍妮·德·蒙特福（Jeanne de Montfort，1678—1759年），霍亨索伦-锡格马林根家族的一位王妃。——译者注
② 一位法国女英雄，农民的女儿，1472年6月27日阻止了博韦被企图独立勃艮第的勃艮第公爵、大胆查理所攻破，因此得到了路易十一的嘉奖。——译者注

边的孩子正在啼哭不止——有的孩子已经不哭了，他们生着病，在死亡线上挣扎。人们很少注意到一个地方，也是让所有母亲痛得撕心裂肺的地方——孩子都是不公平的。他习惯在母亲那里寻找一个无所不能的呵护港湾，因为希望落空而无情地、残忍地责怪着她，哭着闹着，在母亲本就痛苦不堪的心中再插上一刀。

这是母亲。我们再来看看那些没有家庭、没有支撑、凄然一身的女子，她们要么是长得太丑，要么就是太有品德，所以没有朋友、情人，不知道生活的欢乐为何物。当靠薪水微薄的工作再也养活不了自己的时候，她们不知道该去依靠谁，只能在阁楼里等死；有时，她们被发现的时候已经断了气，还是邻居偶尔才发现的。

这些不幸的人甚至都没有力气去申诉，让别人知道她们的处境，去和命运抵抗一番。能在绝境之中行动起来、还能翻出浪花的人是强者，没有被不幸彻底榨干；他们穷，但不赤贫。最经常发生的事是：冲在最前面的勇士，却是那些有一颗大爱之心的女人，她们的痛苦更多不是为了自己，而是为了别人；男人对别人的苦难有着更高的容忍度，他们的同情心是呆滞的、消极的；然而在女人那里，同情是一种多么炽热、多么强烈的情感啊，有时能把她们变成英雄，让她们做出最勇敢的事情来。

10月5日的时候，有一群难民已经三十多个小时没吃到任何东西了。①面对当时的惨况，所有人心碎不已，但没有一个人行动起来；大家只把自己关在房间里，为这个艰难的世道哭泣着。星期日4日晚，一个勇敢的女人再也看不下去了，从圣德尼斯街区跑到罗亚尔宫，穿过喧嚣的重重人群，挤到了最前面，向大家发表演讲。这是一个三十六岁的女

---

① 请看证人的陈述，《总汇通报》，I，p.568，第二栏。这是最主要的信息来源。另外一份资料也极其重要，它的各种细节十分丰富，被所有人抄录而不是引用下来，那就是《1789年大革命史》的第三卷。——原注

人，衣着光鲜，正直善良，但态度强硬坚决。她希望人们到凡尔赛去，说自己可以走在最前面。有人嘲笑她，她就狠狠扇了其中一个嘲笑者的耳光。第二天，她和一些人拿着军刀第一批离开，还带了一门从市政厅那里弄来的大炮。她就站在大炮上面，手里拿着一根点着的火线，朝着凡尔赛出发了。

在众多似乎已经和旧制度一起死去的职业中，其中一个就是木雕活计。曾经因为教会和大宅子需要大量木雕，所以人们在这个行业里能找到许多活干。许多女人都会木雕。其中一位是玛德莱娜·夏布里（Madeleine Chabry），她现在已经不做木雕了，化名为露依蓉在罗亚尔宫街上卖花。这个姑娘十七岁，漂亮而又聪明。我们可以大胆地打赌，她不是因为饿得活不下去了才去凡尔赛，而是在善良和勇气的驱使下加入到了队伍中。妇女们把她推为领导，让她来当她们的发言人。

还有其他许多女人，根本不是因为吃不饱饭才参加进来。这支娘子军里有商人、勤杂工，还有许多心地善良、富有怜悯心的妓女（她们向来如此）。另外还有许多集市上的女贩子，她们持非常坚定的保皇派立场，但比其他任何人都更迫切希望国王能来巴黎。她们之前已经见过国王了（我不知道是在什么场合下见面的），还跟他说过话，话语带着十足诚恳的语气，带着一种让人又觉得好笑又觉得感动的亲热劲儿（但这却表明她们精准理解到了当前的时局）。"可怜人！"她们看到国王的时候是这么说他的，"亲爱的！好心肠的爸爸！"而对王后，她们就要严肃得多了："夫人，夫人，把您的心拿出来看看吧！我们也把自己的肺腑掏出来！大家什么都别藏着掖着了，坦率地说说各自想说的吧。"

这些小贩并非生活困顿不堪，通过一些小本生意，她们还是能够保障自己最基本的生活需求。然而她们比任何人都更加真切地看到苦难是何面目，并比任何人都更加仇恨这样的苦难；靠走街串巷卖东西挣生计的她们，不能像我们那样可以逃避周围的悲惨景象，也没人能比她们更加同情和善待饥民。没错，她们外表粗俗、言谈鄙俚，却有一颗高贵善良的心。我们也看到我们庇卡底的女人们、亚眠农市里的那些贫穷的卖菜女，是怎样拯救一个即将被处决的四个孩子的父亲的。当时正是查理五世加冕典礼举办之际，她们就放下自己的营生和家庭，前往兰斯。国王被她们这份善良感动得潸然泪下，故下令特赦，还在她们回去时赐了许多东西。她们把国王的赏赐全给了这位父亲，让他带着自己的妻儿一道离开了。

  10月5日，七点钟时，女人们听到了鼓声，再也坐不住了。一个年轻女子从警卫士兵那里抢来了一面鼓，敲响了紧急集合号。当天是星期一，集市上却空无一人，所有妇女都去凡尔赛了。"我们去把**面包商、面包商夫人带过来。**"她们说，"我们可以开开心心地听到我们的小妈妈米拉波的声音了。"

  集市上的人出发了，而另外一边圣安托万区里的人也行动起来。女人把路上她们碰到的所有人都拉进队伍里来，对那些不愿加入的女人，就威胁要剪掉她们的头发。一开始她们去了市政厅，有个面包商刚被扭送到了那里，他做生意缺斤少两，本该有两斤的面包却被他扣去了七两。但灯柱被放倒了。无论这个人根据他的供词来看是多么罪大恶极，国民自卫军还是放走了他。自卫军将刺刀对准聚集起来的四五百个女人；而在广场另一边，还有国民自卫军的骑兵队。然而女人们一点都不害怕，她们朝骑兵和步兵扔着石头，而士兵们又不能下决心对她们开枪。后来她们强行冲进了市政厅，跑到所有办公厅里。许多女人都是精心打扮，为了这个重大日子特地穿上了白裙。她们急切地问每间办公室是干什么用的，请求各区代表收纳那些被她们强行带到这里来的女人，其中许多要么怀孕了，要么生着病——也许是被吓病的。另外一些饥饿、粗野的妇人喊着："要面包！要武器！"她们说男人都是一群懦夫，要给他们展示一下什么叫勇气；说市政厅所有人都该被吊死，说要把他们写的东西都给烧了，说他们是在浪费纸张。她们是真的想这么做，说不定还想把整栋建筑都给付之一炬。此时一个男人阻止了她们，他个子高大，穿着黑衣，脸色严肃，表情比他衣服的颜色还要阴沉。她们一开始想杀了他，认为他是市政厅的人，说他是叛徒。他回答说，自己不是叛徒，而是个执达员，是攻占巴士底狱的胜利者之一。此人就是斯塔尼拉斯·马亚尔①。

  从早上开始，他就一直在圣安托万区做着切实有效的工作。巴士底狱志愿军在于林的率领下，已经拿着武器前往广场；正在拆毁堡垒的工人们还以为这些士兵是来对付自己的。马亚尔居中调停，阻止了一场冲突的发生。他又来到市政厅，及时阻止了女人们放火烧房。她们甚至向他保证绝不会放人进来，然后拿着武器守在大门口。而另一边的男人们，在十一点钟对圣让拱门下面的一扇小门发起攻击。他们拿着撬棍、榔头、斧子和标枪，强行攻破了这扇门，闯入武器库里。他们中间有一个人是法兰西禁卫军士兵，早上想敲响警钟，被人当场抓住；他说，自己能活下来纯属奇迹，要不是因为那些女人，他和其他人一样早被怒不可遏的温和派吊死了；他给大家看自己没戴领带的脖子，说当时绞绳都已经套到自己的脖子上了，女人们砍断了绳索，自己才侥幸活了下来。而作为报复，群众把市政厅里的一个人也吊

---

① 斯塔尼拉斯·马亚尔（Stanislas-Marie Maillard，1763—1794年），参加过攻占巴士底狱，和其他人一起阻止了典狱长德劳内炸掉监狱，后来因执行1792年的九月大屠杀而闻名。——译者注

上去，他就是7月14日的那位弹药分发者——正直勇敢的勒费布福勒神甫。女人们，还有乔装成女人的男人们，真的把他吊在一个小钟楼上，其中一个不知道是男是女的人砍断绳子，他掉在了二十五尺下的大厅里，还好只是昏了过去。

无论巴伊还是拉法耶特都没能及时赶来。马亚尔找到总参谋长，跟他说现在只有一个办法来快刀斩乱麻，那就是由马亚尔本人领着女人们去凡尔赛，这样就能给政府时间来集合军队了。他走出市政厅，敲起了鼓，让大家都听到鼓声。这位一身黑服的高个子脸上那种戏剧感十足的凝重表情，对沙滩广场上的群众起到了作用：他看上去像是一个稳重可靠、可以给事情带来转机的人。扛着市政厅的大炮出来的女人们，当即推选他为队长。于是他和七八个鼓手走在队伍最前面，后面跟着七八千个女人和几百个拿着武器的男人，一群巴士底狱志愿军充当后卫。

到了杜伊勒里宫以后，马亚尔想沿着码头走，而女人们想隆重地从大时钟下面经过宫殿和花园。马亚尔作为一个礼仪监督者，提醒她们那里是国王的宫殿、花园；如果未经允许就从中穿过，那是在侮辱国王。① 他彬彬有礼地走近一个瑞士士兵，跟他说这些女士只想借道，绝不会造成任何破坏。瑞士士兵掏出剑朝他冲了过去，马亚尔只得拔剑相抗。这时，幸好一个女门房拿根棍子绊了这个士兵一下，让他摔倒了，一个人随即冲过来用刺刀对着他的胸口。马亚尔阻止了他，冷静地解除了两人的武器，把刺刀和剑都收了过来。

上午过去，人们越来越饿。在夏约、奥特侬、赛弗勒，饥民抢夺粮食的现象已经很难控制了。但马亚尔无法容忍这样的事发生。在赛弗

---

① 来自马亚尔的陈述——《总汇通报》，Ⅰ，p.572.——原注

勒，队伍实在走不动了；他们什么吃的都没有，而且有钱也买不到食物；所有商店都关门大吉，只有一家店主生着病的商店还开着门；马亚尔付了钱，从他那里得来几罐葡萄酒。然后他指派了七个男人，让他们找到赛弗勒的面包商，令面包商把自己手上所有粮食都带过来。他们找到了八块总重三十二斤的面包，分给了八千个人吃。大家吃了东西以后，又走了一段路。路途疲劳，大部分女人都把她们的武器给丢了。而且马亚尔也让她们明白，如果想去见国王、议会，想要打动他们，就不能以这样一副宣战的样子出现在他们面前。人们把大炮放在了队伍最后，还在上面做了一些掩饰。借用一个法庭用词，聪明的执达员希望这尊大炮能起到**静庭令**①的效果。进入凡尔赛的时候，为了更好地表达他们的和平意愿，马亚尔还让女人们唱起了歌颂亨利四世的赞歌。

凡尔赛的人高兴坏了，喊着："我们的巴黎人万岁！"在无关的看客们眼里，这群前来请求国王施以援手的群众并没有任何恶意和危险。一个对革命不怎么赞成的人——日内瓦人杜蒙，当时正在小伊克里斯宫就餐，从窗户看到了这支队伍，说："这群人只想要面包罢了。"

那一天，议会内部乱成一团。国王既不想批准《人权宣言》，又不想批准8月4日法令。他说只有把宪法法律统一交上来以后才能对其进行审查；说不过考虑到紧张局势，只要行政机构重新掌握了它的所有权力，那他可以同意这些法令。

罗伯斯庇尔说："如果你们接受了国王的提议，那就再没什么宪法了，我们也再没权利拥有一部宪法了。"杜波尔、格雷古瓦尔还有其他议员也是一个意思，也说了同样的话。佩蒂翁提到并谴责了亲卫队在宴席滥饮后的丑态。一位本身就在亲卫队服役的议员为了维护亲卫

---

① un amenée sans scandale，意为"法官下令将人安静地提到法庭上来，过程中不得对其干扰"。——译者注

的荣誉，要求揭发的事实必须得到规范记录，同时违法之人必须被追究。米拉波说："如果议会宣布只有国王人身是**唯一**不可侵犯的，那我就具名揭发。"这么做，相当于在指认王后了。全体议会都打起了退堂鼓，动议被撤回；在当时这种情况下，议会若这么做，必然会引发屠杀。

因为自己在对**否决权**表态时含糊其词、推诿躲闪，米拉波本人心里也不是不害怕。他走近主席，压低声音对他说："穆尼耶，巴黎正在向我们逼过来——不管你信不信，四万人正在向我们逼过来。你装作生病的样子，然后赶紧去王宫告诉他们这个消息；我们没有时间浪费了。""巴黎逼过来了？"穆尼耶冷淡地说（他还以为米拉波就是行动策划人之一），"那很好，那更好！我们很快就会更加共和了。"

议会决定向国王写信，要求他简单直接地接受《人权宣言》。三点钟，达尔热宣布一大群人出现在巴黎大街的街口。

现在，所有人都知道这件事了，唯独国王一人毫不知情。他如往常一样，早上离宫到莫冬树林里打猎去了。人们四处找他。与此同时，紧急集合鼓敲响，达尔姆广场上的亲卫队队员翻身上马，背靠铁门站成一排；下面的弗朗德勒军团守在他们的右侧；更下面的地方，在索镇大街，龙骑兵严阵以待；铁门后面则是瑞士兵团。德斯坦因以凡尔赛市政厅的名义，命令军队和国民自卫军齐心协力共同对抗骚乱。市政厅已经完全六神无主，甚至慌到了派德斯坦因去**跟着国王**，防止他走远，尽快把他**带回**凡尔赛。德斯坦因听命，飞身朝宫殿赶去，把凡尔赛国民自卫军留在那里，让他们自己看情况处理。他的副手德古维尔内（de Gouvernet）也离开了自己的岗位，和亲卫队站在一起，按照他的话，他更愿意和那些懂得战斗、懂得使剑的人一起作战。于是，国民自卫军里就只剩下乐管特勒中校一个人在那里坐镇指挥了。

然而，马亚尔还是抵达了国民议会。所有女人都想进去，他好不容易才说服她们，只让里面的十五个人跟着自己。这些人站在法庭围栏前，为首的就是刚才我们说过的那个法兰西禁卫军士兵，一个背着巴斯克鼓的女人站在后面，中间就是那位一身褴褛黑衣、手持宝剑的大个子执达员。士兵急急忙忙地告诉议会，从早上开始，面包店就一块面包都没有了，他想敲响警钟，然而差点被人吊死，多亏了身边的这些太太才能得救。他说："我们来，是想要面包，并要求惩罚那些侮辱了帽徽的亲卫队士兵。我们都是爱国的良民，我们在路上把黑色帽徽扯了下来，现在，我很乐意当着议会的面把它撕碎。"

这些话说完了之后，另外那个人严肃地补充了一句："每个人都应该戴上爱国的帽徽。"这句话引来一些人的窃窃私语。

"不过，我们全都是兄弟！"那个脸色阴沉的人继续说道。

马亚尔是在暗指巴黎市政机构昨晚宣布的内容：三色帽徽是**博爱的标志**，是公民唯一应该佩戴的帽徽。

已经不耐烦了的女人们齐声高喊："要面包！要面包！"马亚尔开始描绘巴黎的惨状，运在路上的物资不是被临近城镇劫走，就是被贵族拦下。"他们就是想把我们饿死。"他说，"某人用两百里弗收买了一个磨坊主，还承诺每周都会有这么一笔钱送过来，条件是他不能磨面。"议会惊呼："说出他的名字！他是谁！"其实格雷古瓦尔在议会里已经提过这个四处流传的谣言，而马亚尔则是在路上听说的。

"说就说！"一些女人在乱喊，"是巴黎大主教。"

在这许多人都命悬一线的紧张时刻，罗伯斯庇尔做出了一个认真的选择。他独自一人挺身而出支持马亚尔，说格雷古瓦尔神甫说过这件事，肯定也给出过其他相关信息。①

议会其他成员或者试图安抚众人，或者出语威胁。一位不知是神甫还是主教的神职人员把手递给一个女人让她亲吻。这个女人怒不可遏，说："我不是为了去吻一条狗的爪子才生而为人的。"另一位议员，一个佩戴着圣路易十字勋章的军官，听到马亚尔说宪法的最大阻碍是教会，于是火冒三丈，说应当杀鸡儆猴，立马把他拉出去惩戒一番。马亚尔眉头都没动一下，说他不是要控告任何一个议会成员，而且教会对这一切肯定也是毫不知情；说他觉得自己提出这番警告是在帮他们。罗伯斯庇尔第二次支持马亚尔，安抚女人。外面的女人们已经等得不耐烦了，又担心她们的发言人的人身安全。谣言在她们中间传开，说他已经被杀。马亚尔走出去，暂时露了一下面。

回来以后，马亚尔继续刚才的话，请求议会让亲卫队对侮辱帽徽事件做出弥补。一些议员对此矢口否认，马亚尔依然坚持着，用词有些失了分寸。主席穆尼耶提醒他要尊重议会，又愚蠢地补充说，那些想当公民的人自然愿意去当公民。这就在马亚尔那里落了一个口实，他抓住了这个漏洞，反驳说："没有人不会为公民的这个称号而感到自豪。而且，在这个庄严的议会里，认为它是一个耻辱的那些人应该被驱逐出去。"议会骚动起来，大家欢呼着："没错，我们都是公民。"

此时，有人代表亲卫队佩戴着三色帽徽走进会场。女人们高喊："国王万岁！亲卫队的先生们万岁！"没有那么容易得到满足的马亚尔，坚持要求遣走弗朗德勒军团。

穆尼耶当时还想着自己能把他们打发走，便说议会绝没有忽视粮食

---

① 《总汇通报》把这些全都歪曲、删除了。还好后来（在第一卷最后），它还是提供了相关的陈述。另外请看《1789年大革命史》，以及费里耶尔等人的回忆。——原注

问题，国王也没有，他们已经在想新的办法了，这件事肯定能得到和平解决。然而马亚尔不为所动，说："不，这还不够。"

于是一个议员提议前去向国王陈述巴黎的悲惨状况。议会通过这个决议，女人们对此雀跃不已，跳起来抱着议员们的脖子，不顾主席抵抗亲吻着他。"米拉波呢？"她们还问，"我们很想见见我们的米拉波伯爵！"

被亲吻着、被拥挤着、几乎快被挤断气的穆尼耶，凄凄惨惨地和代表团一行人上路了，后面是一群坚持要跟过来的女人。"我们走在泥泞里。"他后来回忆说，"天正下着瓢泼大雨。我们必须穿过一群衣衫褴褛、吵吵嚷嚷、拿着各式各样奇奇怪怪的武器的人群。亲卫队正在巡逻，疾驰而过。"亲卫队看到了穆尼耶和其他议员，后面还有那支被荣誉加封为扈从的奇怪随行。他们明显觉得眼前这些人就是暴乱头目，于是骑马奔来，想驱散人群。①不可侵犯的议员们拼命躲着，在泥泞中逃着命。

我们可以想象人民当时有多么愤怒，他们一直以为跟着这些人，自己肯定也能受到尊重！

两位女性受了伤，根据一些证人的证词，她们身上甚至还有军刀留下的刀伤。②然而，人民群众依然什么都没做。从三点钟到晚上八点钟，他们耐心地、一动不动地等着，只有看到亲卫队那身讨厌的军服经过身边的时候，人群才发出几声喊叫、几声讥笑，还有一个孩子朝他们扔石头。

人们找到了国王，他从莫冬不紧不慢地回来了。穆尼耶的身份总算

---

① 请看穆尼耶在《证明报告》末的证词。——原注
② 如果如人宣称的那样，国王下了禁行令，这也很晚了，太晚了。——原注

得到承认，和十二个女人一起得到接见。他向国王陈述巴黎的悲惨，向大臣们说起议会的要求，说它还在等着《人权宣言》和其他宪法条款得到直接简单的接受。好心的国王聆听了女人的讲话。年轻的露依蓉·夏布里负责发言，然而站在国王面前时，她情绪太过激动，只勉强说出"面包"这两个字，就昏了过去。国王大为受动，派人将她救了过来。离开时，她想吻一下国王的手，而国王则像父亲一样给了她一个拥抱。

走出王宫以后，露依蓉就成了保皇党人，高喊着："国王万岁！"在广场上等着的那些女人怒火冲天，说她被宫廷收买了。她翻开自己所有衣袋，想证明自己身上一分钱都没有，可是没用；女人们用袜带套住她的脖子，想把她勒死。人们费了很大力气才把露依蓉救出来。她回到王宫，接到了国王一道派送粮食的手谕，以临时缓解一下巴黎的危机。

对于主席的要求，国王平静地答道："九点钟的时候再过来。"穆尼耶坚持待在王宫、待在议事厅门口，坚持要得到一个答复。时间一小时一小时地过去了，直到晚上十点，依然什么都没决定下来。

巴黎部长圣-普利斯特，在很晚的时候才收到消息（这也证明了去凡尔赛的这个行动完全是群众突发的、自发的）。他提议王后前往朗布依埃，而国王留下来抵抗，在必要时候开战；王后独自离开，也能让人民的情绪平静下来，免去不必要的冲突。内克尔则希望国王去巴黎，把自己托付给人民，以表达他的坦率、真诚和接受革命的立场。路易十六没有回答，他推迟了会议，想去咨询一下王后的意见。

王后当然希望离开，但是和国王一起离开，而不是让这么唯唯诺诺的一个人独自留下来。若要掀起内战，国王的名号就是她的武器。圣-普利斯特在接近七点钟的时候，听闻拉法耶特在国民自卫军的催促下正朝凡尔赛赶过来。"我们必须马上走。"他说，"有国王走在军队前面，肯定会一路通行无阻。"然而他不可能逼着国王去决定什么。国王以为（而且是错误地以为），自己一走，议会肯定就会拥立奥尔良公爵为王。何况，他讨厌当逃兵。国王大步徘徊着，时不时反复念着几个字："一个逃跑的国王！一个逃跑的国王！①"②而王后依然坚持离开，并下令准备马车。然而那时已经没有时间了。

---

① 这句话还有另外一个意思：一个短命的国王！——译者注
② 请看内克尔书中的内容，以及他的女儿斯塔尔夫人的《论法国大革命》。——原注

第9章

国王被带到巴黎

10月5日的后续事件——第一场流血——女人们争取到了弗朗德勒军团——亲卫队和凡尔赛国民自卫军之间的对战——国王失去了逃走的机会——宫廷惊惶不安——女人们在议会大厅过夜——拉法耶特被逼前往凡尔赛——10月6日——王宫被攻破——王后有难——亲卫队被前法兰西禁卫军士兵救下——议会犹豫不决——奥尔良公爵的行为——国王被带到巴黎

女人们把巴黎自卫队的一个民兵逮住，不管他答不答应，硬是把他推为她们的领头人。这个民兵在路上时脑子已被烧得火热，到了凡尔赛以后更是比谁都要激动。他大着胆子从亲卫队后面经过，看到那里大门紧闭，就对里面的站岗士兵出言不逊，还拔出刺刀做出各种威胁动作。亲卫队的一个中尉和另外两个人随即拔剑冲了过去，一个劲儿地追着他。他撒腿狂逃，边逃边撞倒路边破烂的木棚、酒桶，一路跌跌撞撞，大喊救命。当一个骑兵快追上他的时候，凡尔赛国民自卫军再也看不下去了。自卫军中一个酒贩子出身的士兵挺身而出，瞄准骑兵开枪射击，立刻把他拦了下来；另一个正挥着剑的士兵，被他直接弄断了胳膊。

这支国民自卫军的统帅德斯坦因还在王宫，一直以为他要和国王一起离开。乐管特勒中校仍在岗位上，要求市政厅发令，可后者一言不发。乐管特勒担心饥民会在城中四处洗劫作乱、寻找食物（他的这个担心不无道理），便找来饥民，问他们需要多少食物，然后请求市政厅放粮。但他只拿到可怜巴巴的几颗粮食，根本不可能喂得饱那么多的饥民！于是他派人四处寻粮，为此殚精竭虑，稍稍救济了一下群众。

与此同时，他给弗朗德勒军团写信，问军官和士兵是否会开枪。而当时，这群人已经折服在了另一股强大的力量之下。一些女人来到他们中间，求他们不要伤害人民。其中一位女性（后面我们会经常看到她）似乎不是和其他人一道趟着泥水走路过来，不过肯定也是随后赶到，到了以后立即走进军营。她，便是美丽的泰鲁瓦涅·德·梅里古（Théroigne de Méricourt），一个土生土长的列日人①。她和那些曾经在15世纪里发起革命、英勇反抗过查理·勒泰梅雷尔（Charles le Téméraire）②的无数列日女人一样③，热情冲动、生机勃勃。泰鲁瓦涅有趣而又动人，看上去特别与众不同。她一身骑马装束，身侧还别了一把宝剑，说着一口混杂着列日方言的法语，听上去乱七八糟，但又说得让人心服口服。士兵都在笑，但都朝她让步了。急躁、迷人而又可怕的泰鲁瓦涅，在哪里都是不可抵挡的。她得到了许多人的爱慕，却只有一个爱人，那个粗暴、危险、向她不止索取生命的爱人——大革命。④她狂热

---

① 列日是比利时东部的一个城市。——译者注
② 即勃艮第公爵——大胆的查理。——译者注
③ 请看我的《法国史》，第六卷。——原注
④ 这是一个悲剧性的故事，但遭到博留和所有保皇党人的严重曲解。我请列日人将他们这位女英雄的事迹重新还原出来。——原注

地追随着它，从不错过任何一场议会会议，在俱乐部和公共场合频频现身，还在自己家里组织了一个俱乐部，接待了许多议员。她没有一个爱人，曾公开宣布自己谁都不要，只要那位伟大的玄学家、那位永远的女性公敌——冷漠、神秘的西哀士神甫。

可怜的弗朗德勒军团在泰鲁瓦涅的强大攻势下土崩瓦解，这个女人扭转了它的思想、征服了它的心灵、卸去了它的铠甲，甚至还让它客客气气地把弹药借给了凡尔赛国民自卫军。

德斯坦因派人传信过来，令自卫军撤回。有些人走了，还有些人回答说自己不会走，除非亲卫队第一个先撤。亲卫队收到命令，列队离开。当时已是晚上八点，夜幕已经降临。人民跟在亲卫队后面，推攘着他们、讥笑着他们。亲卫队必须靠剑才能强行开出路来。队伍后面一些队员感到最为难堪，忍不住开了几枪，伤到了三个国民自卫军士兵，其中一个伤在脸上，另外两个是身上中弹。他们的战友不甘示弱，也开枪了；亲卫队便操枪进行反击。

另外一群国民自卫军则直接闯进宫廷，将德斯坦因团团围住，要求发武器弹药。德斯坦因本人被他们的冲动所震惊，更被他们在军队包围下表现出来的一腔孤勇所震撼。"这是真正的热血死士。"后来他是这么跟王后说的。①

凡尔赛自卫军的一位中尉向炮兵队守卫宣布，如果他再不交出火药，他的头就会被砸个稀巴烂。守卫交出一桶火药，人们当场敲去桶盖，给大炮上弹，然后对着斜坡直接开炮，从侧面攻击那些依然守在王宫旁边的军队，以及正从广场上撤回的亲卫队。

而王宫另一边的凡尔赛人也表现出了他们的坚定立场。五辆马车出

---

① 请看《1789年大革命史》第三卷末处他所写的一封信。——原注

现在铁门后面，准备出城；他们说，马车里是王后，她准备去特里亚农宫。瑞士士兵开了门，然而自卫军又把门关上了。指挥官说："现在离开王宫会给王后陛下带来危险。"马车在随从的护送下回到王宫。出去的路已经被堵死，国王已然成了瓮中之鳖。

同样也是上面那位指挥官，出手救下了一位亲卫队队员，后者因为对人群开枪而差点被愤怒的群众撕成碎片。指挥官周全地斡旋，终于让人群把士兵放了；他们开开心心地把他的马宰了，然后在达尔姆广场上生起火来准备烤肉，然而人们实在太饿，马肉几乎还是生的，就被他们风卷残云般消灭得一干二净。

黑夜已至，大雨如注。人们四处在找避雨的地方，有的人强行打开了大厩舍的大门，里面是弗朗德勒军团的营地，于是百姓和士兵们睡在了一起。另外大约有四千人的群众则躲在议会大厅里。男人还算平静，然而焦躁不安的女人们无法忍受当下这种无所事事的状态，她们说着、喊着、骚动着。只有马亚尔才能让她们安静下来，他也只能通过对着议会高谈阔论才能稳住女人们的情绪。

但亲卫队的人又过来了，找到守在议会门口的龙骑兵，问他们能不能帮忙一起去收缴对王宫造成威胁的大炮。听了这话，人民又骚乱起来，朝着亲卫队冲过去；龙骑兵拦住了群众，让他们逃走了。

八点钟，宫廷又做了一次尝试。他们带来国王的一封信，信中丝毫没提《人权宣言》，只泛泛地承诺会保障粮食运行的畅通无阻。到了这个时候，出逃计划很有可能在王宫占据上风。对于一直守在议事厅大门口的穆尼耶，王宫没有给出任何答复，只交出了这封信，来转移已经等得焦躁不耐的人群的注意力。

一个特殊人士的出现，使得宫廷更加惊惶不安。一个一身布衣打扮的年轻人走进宫中，穿着破烂、神色委顿。①人们惊呆了，那是年轻的黎世留公爵。他乔装打扮，混在人群里。没错，新的一批群众正从巴黎赶来。公爵半路上偷偷离开，好前来警告国王一家；他听到了许多恐怖的传言、可怕的威胁，听来令人觉得毛骨悚然。说这些话的时候，他的脸色是如此惨白，把所有人都吓得面无血色。

国王开始惴惴不安起来，觉得王后会有危险。无论他从心底多么抵触那部他觉得纯粹是伪哲学的立法之作，但终于在晚上十点钟签署了《人权宣言》。

穆尼耶可以离开了。在这支谁都不知道他们要干吗的巴黎大军抵达之前，他想赶紧重新控制住办公厅。然而当他回来的时候，议会再没什么人，大家已经散会了；越来越吵、要求越来越多的群众，要求降低面包和肉类的价格。穆尼耶在找自己的座位。主席位置上坐着的是一位端庄得体的高个子妇人，手里正拿着按铃，看到他后，连忙不好意思地让出座位。他下令集合议员，等待过程中，穆尼耶向人民群众宣布国王刚刚接受了宪法条款。女人们紧紧围着他，求着把签字函件的副本拿给她们看看，还有些人问："可是主席先生，这能带来什么好处呢？能给巴黎的穷苦百姓带来面包吗？"另外一些人说："我们很饿，我们一天都没吃饭了。"穆尼耶说已经派人去面包店找吃的了。物资从各方送来，群众在大厅里吵吵闹闹地开吃起来。

女人们一边吃饭一边和穆尼耶拉扯闲话："亲爱的主席先生，您为什么要替这个可恶的**否决权**说话呢？可要当心灯柱子啊！"穆尼耶坚定地回答说，她们没有做出判断的能力，有人在欺骗她们，而他本人宁可有生命危险，也决不愿背叛自己的良知。这个回答很讨女人的欢心，从

---

① 见斯塔尔夫人《论法国大革命》中第二卷，第十一章。——原注

那时起，她们对穆尼耶的态度就比先前尊重和友善得多。①

只有米拉波一人的声音能压过那片喧哗声，让人听到他在说什么。但他没有心思发言，内心肯定也是焦急不安。根据好几个证人的证词，那天晚上他拿着一把剑走在群众中间，对他碰到的所有人说："孩子们，我们是为着你们的。"然后，他就睡觉去了。日内瓦人杜蒙找到了他，把他带回议会。米拉波一到达大厅，就用自己那惊雷一般的嗓子说道："我很想知道，人们凭什么能够到我们的议事大厅来惊扰议会？主席先生，请让他们尊重议会！"女人们在叫好，随后便是短暂的平静。为了打发时间，议会又继续讨论起了刑法。

"我当时正在一条走廊里，一个卖鱼妇也站在那里，似乎很有威信的样子，颐指气使地指挥着一百多个女人，尤其是年轻女人，一听到她发话，吵吵嚷嚷的她们就全都闭嘴了。她亲热地和议员们打招呼，喊着他们的名字，还问：'那个说话的人是谁？叫这个饶舌的人闭嘴！他根本没有谈到点子上！关键的是要有面包！还不如让我们的小妈妈米拉波来发言呢。'于是所有其他女人都喊起来：'叫我们的小妈妈米拉波上来！'然而，他根本不想说话。"②

五六点钟从巴黎出发赶来的拉法耶特，过了午夜才抵达凡尔赛。我们把时间往前推一点，看看他从中午到午夜都做了什么。

约十一点钟的时候，他收到市政厅遭到攻击的警报，到了那里以后，发现人群已经撤去，便立刻给国王写了一封急报。国民自卫军中无论是雇佣兵还是非雇佣兵，都在沙滩广场上列队集合，觉得自己应该到凡尔赛去。队伍里许多士兵，特别是从前的法兰西禁卫军，都怀念着

---

① 请看穆尼耶在《证明报告》后的证词。——原注
② 《艾吉安·杜蒙回忆录》，p.181.——原注

当初护卫国王的殊荣，想再次扛起这个职责。他们中的一些人跑到市政厅，敲响了拉法耶特办公室的门；有一位相貌英俊、口齿伶俐的年轻投弹手，非常坚决地对他说：

"将军，人民没有吃的，穷困潦倒到了极点；物资委员会要么骗了您，要么它自己也上当了。现在情况已经难以为继，只剩一个办法，去凡尔赛！有人说国王愚蠢无能，那我们就把王冠戴在他的儿子头上，再由您去摄政，那么一切将会好转起来。"

拉法耶特是一个行事非常果敢、性格非常固执的人，而人民的拥护让他变得太过刚愎自用了。他对自己的影响力太有自信，虽然他也有理由自信；不过现在，他终于发现自己过高估计了自己的威望。他对人民发表长篇大段的讲话，然而没有起到任何作用，他只好骑着白马在沙滩广场上无用地站了好几个小时。他一会儿对军队发言，一会儿又打个手势令全体肃静，还有的时候为了让自己有点事做，就去拍拍自己的马。情况越来越危急，不止是他的国民自卫军在催促着，连圣安托万区和圣马索区的队伍都按捺不住了。自卫军的人更是什么都听不进去，他们边对将军说话，边打着激烈的手势，甚至连灯柱子都替他备好了。拉法耶特下马想回到市政厅里，然而投弹手们拦住了他的去路："见鬼！将军，您得和我们在一起，您不能把我们抛下不管。"

幸好此时市政厅送出一封信，命令将军即刻出发，"既然一切已是箭在弦上、不得不发。""走吧。"拉法耶特说道，语气里满是懊恼。人群中响起了一片欢呼声。

国民自卫军有三万，其中一半人马朝着凡尔赛出发了，路上还加入了好几千普通百姓。国民帽徽受辱事件给这次讨伐之征提供了一个崇高的理由，大家一路都在欢呼。临水露台上有一群打扮不俗的人看到他们，全都高呼起来。经过奥尔良公爵在帕西租的一所宅院时，德让丽夫人站在台上，呼喊着，挥动着手绢，根本不顾忌在那里抛头露面。

那天恶劣的天气，大大减慢了行军速度。国民自卫军许多人满心的豪情壮志，被大雨慢慢浇灭了。那天不像7月14日那样晴空万里，10月冰冷的大雨倾盆而下。有的人停在路上，还有的人在骂骂咧咧地往前走。一些富商说："这些平日好天气里都只愿坐马车去自己乡村别墅的人，要让他们冒雨走四古里，这的确不容易。"有些人说："我们不能这样白白受苦！"于是王后成了他们的发泄对象，他们说着各种恐吓威胁的话，在那里胡言乱语，看上去凶神恶煞的样子。

已经乱成一锅粥的王宫等着他们的到来。有人认为拉法耶特看似被迫才来，其实却从乱局中赚够了好处。直到晚上十一点钟，宫廷依然等着，想看看人群是否散去，马车能否走出龙骑兵守着的铁门。然而凡尔赛国民自卫军通宵达旦地巡逻，封住了所有道路。

此外，王后依然坚持决不独自离开。她理性地做出判断：如果自己和国王分开，那绝对没有任何安全保障。她身边大约有两百名贵族——其中许多人还是议员——愿意保护她，为她出生入死也在所不惜，请她下令让他们有权使用她马厩里的马。她颁下旨意，但前提是在国王有难的时候才能用马。

走进凡尔赛之前，拉法耶特再次让他的部队发誓要坚守法律、忠于国王。他派人宣告自己抵达的消息，国王的回答是：他很高兴能够看到拉法耶特，而自己也刚刚接受了他的《人权宣言》。

令亲卫队和所有人大吃一惊的是，拉法耶特居然独身一人走进王宫。牛眼厅的一个宫廷人士说了一句非常愚蠢的话："看，克伦威尔来了。"拉法耶特巧妙地回答说："先生，克伦威尔可不会一个人进来。"

"他看上去神情自若。"斯塔尔夫人说（她当时就在现场），"与平常并无二般。然而因为自己角色的重要性，他的处境也颇为微妙。"他越是强大，就越是恭敬有礼的样子。而此外，由于先前自己遭到了冒犯，他比过去任何时候都更加倾向于保皇派了。

国王令国民自卫军在王宫外围布防，亲卫队则守在宫内。可是，外面的守备也没有全部托付给拉法耶特。拉法耶特手下的一支巡逻小队想进入花园，然而大门朝他们紧闭着。负责花园守卫工作的是亲卫队和其他军队；而直到凌晨两点钟，他们都还等着国王，等着他最后做出出逃的决定。①两点钟时，终于被拉法耶特安抚下来的他们得到消息：他们可以去朗布依埃了。

三点钟，议会会议结束。人民群众已经四下散开，各自在教堂或者其他什么地方睡觉去了。拉法耶特才到没多久，马亚尔和许多女人（里面也有露依蓉·夏布里）就回巴黎去了，身上带着粮食和《人权宣言》的法令。

拉法耶特好不容易才把他的国民自卫军安顿下来。他们浑身湿透、筋疲力尽，只想找个地方烤火、吃点东西。最后，连拉法耶特本人也觉得已经平静无事，于是来到诺埃依旅店，沉沉睡了过去。在二十小时的奔波辛劳和骚乱动荡之后，他终于可以睡上一觉了。

然而还有许多人都没有睡。尤其是那些当晚从巴黎赶过来的人，他们完全没有一丝困意。由女人主导的第一场征战完全是自发的，太幼稚，甚至可以说太天真，这纯粹是因为生活所迫而发起，而且根本没有流血。连马亚尔也为自己在骚乱中维持了一定秩序而感到很是自豪。这

---

① 直到那时他们依然还想着这么做——如果德拉图尔-杜班（de La Tour-du-Pin）的证词可信的话。（《拉法耶特回忆录》，Ⅱ.）——原注

类骚乱一般都像歌剧中的咏叹调一样，慢慢地才推到最高音，所以几乎没人预料到第二次的巴黎之征最后会如此发展下去。没错，这场运动是在国民自卫军眼前发生的，而且事实上还得到了他们的支持。然而有些人决定抛开国民自卫军单独行动，他们中的许多人都是极为疯狂的狂热分子，甚至还想谋杀王后①。另外还有些人吼着要去杀了王后，看上去最是咄咄逼人的样子，但其实只是一群趁乱作恶的强盗罢了。这群人四处窥视，寻找攻入王宫的机会。上次攻占巴士底狱后，他们在监狱里并没找到什么让自己满意的大玩意儿。然而，这里可是凡尔赛最宏伟奢华的一座宫殿啊，这里堆积的可是法国一个多世纪攒下来的财富啊！对于这些强盗而言，这是何等诱人的一个销魂窟啊！

早上五点，天还没亮，就已经有一大群人围在铁门边上了，他们拿着长矛、铁钎、钐镰，个个摩拳擦掌、跃跃欲试。他们并没有枪，看到一些亲卫队队员守在铁门那里，就逼迫国民自卫军朝他们开枪。自卫军听了他们的命令，但故意把子弹射偏了。

在这群要么四处游荡、要么聚在某个火堆边上的人群里，有一个驼背的小矮个——骑着马的律师维利耶（Verrières）——据说这是一个狠角色。人们从晚上开始就在等着他，说离了他什么事都成不了。乐管特勒也在那里，说着、走着。凡尔赛人似乎比巴黎人还要躁动，对宫廷、对亲卫队的怒火长期以来一直积攒在他们胸中无法释放。昨天晚上本来有个报仇的机会，结果让他们给错过了，现在想来后悔不迭，要归到一起算总账。他们中间有一些人是锁匠和打铁匠（难道说是军工坊的匠

---

① 我在《人民之友》上并没有看到能把掀起流血暴力事件的罪名归到马拉头上的证据。不过可以确定的是，他在里面也出力不少："马拉先生飞身赶往凡尔赛，回来时候浑身光芒万丈、如披霞光，声音洪亮得堪比审判之日里的四台喇叭，他喊着：啊，死神啊！站起来吧！"（卡米尔·德穆兰，《法国和布拉班特革命报》，Ⅲ，p.359.）——原注

人?),这都是一群使力气的粗人,被作坊的炉火炙烤得喉焦唇干,下来以后个个都是能喝的酒缸子。

大约六点时,凡尔赛人和巴黎人组成的这群乌合之众,有的爬铁门,有的直接硬闯,就这样进了王宫。他们在王宫庭院里往前走着,心里七上八下、惴惴不安。第一个丧命的人,是在溜进院墙的过程中一不小心从高处坠亡——如果保皇党人说的是事实的话。而根据另外一个更可信的版本,他是被亲卫队开枪打死的。

有的人从左侧往王后寝殿奔去,另外一些人走右边,直扑小教堂台阶,而那里离国王寝宫已经很近了。左边跑在最前面的一个巴黎人手里没有任何武器,直接和一个亲卫队侍卫打了个照面,被他一刀刺死,该侍卫随后立刻被杀。右边走在前面的是凡尔赛自卫军里的一个民兵,这是一个小锁匠,眼睛深凹,头发稀疏,手因为长期的锻造工作而皲裂得厉害。①一个侍卫在台阶上朝他走来,边走边问话,他和另一个人不作回答,直接冲过去,抓住他的肩带想把他带倒,然后直接交给后面的群众。亲卫队把他们的战友抢了回来,然而过程中间有两位侍卫遇害。所有侍卫沿着长廊逃下,一直逃到了位于国王寝宫和王后寝宫之间的牛眼厅。另外一批亲卫队已经在那里做好防备了。

王后寝宫是最猛烈的攻击对象。王后侍女刚邦夫人的妹妹,刚刚把门打开一半,就看到一个浑身是血的侍卫在死命拦住愤怒的人群。她迅速用门闩将两扇门锁死,给王后套上衬裙,想把她送到国王那里。当时情况十万火急!通道的门从另一侧用门闩锁了起来,她们拼命拍着门,然而国王并不在房里,他从另一条路去王后那里了。这时,一声枪响几乎近在耳畔。"朋友们,我亲爱的朋友们。"王后哭喊着,"救救我!

---

① 根据一位亲卫队队员米奥芒德勒(Miomandre)的陈述。(《总汇通报》,Ⅰ,p.566.)——原注

救救我的孩子！"王太子被带了过来，门终于开了，她们在国王宫中得救了。

人群还在砸着、撞着，想闯进牛眼厅。亲卫队用桌椅板凳等家具堵在门后面，下面的门板已经被撞得粉碎，他们只有坐以待毙了。然而突然，外面的喧嚣声一下子消失，一个温和却又有力的声音响了起来："开门！"他们一开始还没听到，那个声音又重复道："请开门，亲卫队的先生们，我们并没有忘记，当初是你们的人在丰特努瓦那里救了我们，救了我们其他法兰西禁卫军的人。"

是他们，是从前的法兰西禁卫军，也就是现在的国民自卫军；那个说话的人就是勇敢而仁慈的奥什，当时他只是一个小小的上士而已。是人民赶过来救了贵族。亲卫队开了门，大家都哭着抱成一团。

而此时，国王以为通道已被攻下，把前来营救他的人当成了杀人者。在勇气和仁心的驱使下，他亲手打开大门，对面前的人说："请不要伤害我的侍卫。"

危险过去了，人群撤出了，只有强盗们还不乐意空手而归。他们都在忙着自己的营生，打劫珠宝、搬走家具。投弹手们把这群流氓全都丢到了宫门外。

而王宫庭院中却上演了另一幕令人魂飞魄散的场景。一个长胡子的男人正拿着斧子，把刚刚在台阶上被杀害的那两名侍卫的头砍下来。有人把这个浑蛋当成了南部一个臭名昭著的强盗，然而他纯粹只是一个美术学院的模特而已；为了这么一天，他特地穿上了一套别致的古代奴隶服。所有人都被吓呆了，恐怖的气氛更加浓厚。①

---

① 此人名叫尼古拉（Nicolas），根据他的房东所言，此人从没表现出任何暴力倾向，也从没起过什么歹心。这么一个可怕的人，还让孩子们揪着他的胡子玩。其实说到底，他只是一个自命不凡又有一些疯狂的人罢了，觉得自己干出了一件举世瞩目、前无古人的大事，说不定还是在重现他在画（转下页）

很晚时候才醒来的拉法耶特，立刻骑马赶了过来。这时，他看到人们把一个侍卫抓住，摁在死于亲卫队之手的一具尸体旁边，想把他杀死泄愤。他说："我已传话给国王来营救自己的侍卫，也请你们尊重一下我的话。"这个侍卫被救了下来，然而拉法耶特就不是了。一个愤怒的人喊着："杀了他！"他下令抓住此人，众人听令，把这个人拖到将军面前，将他的脸死死地踩在地上。

拉法耶特走进宫殿。国王的姑母阿黛拉伊德夫人（Adélaôde）跑过来抱住他说："是您救了我们。"他赶往国王外厅。你敢相信吗？都到这个时候了，宫廷还在讲究什么礼仪规矩！一个侍卫长把他拦了一下，然后又将其放行。"先生。"他严肃地说，"国王允许您觐见。"

国王走到阳台上，整齐划一的口号声响了起来："国王万岁！国王万岁！"

"国王去巴黎！"这是第二声呼喊。整个人群喊了起来，随即整个军队也加入到呼喊的人群中。

王后站在旁边的窗户里，她的女儿在侧面，王太子在身前。孩子一边玩弄着姐姐的头发，一边说："妈妈，我饿了！"啊！报应啊！可怕的饥饿感从人民传到了国王那里！啊！苍天啊！苍天啊！行行好吧！这只是个孩子啊！

此时，许多人又大声喊了起来："王后！王后！"人民想让她在阳台上露脸。王后犹豫了："什么！就我一个人？"拉法耶特说："夫

（接上页）里或剧院里看到的流血场景。他干下这桩骇人听闻的事情后，所有人都对他退避三舍，让他突然品味到这种前所未有的孤独是何其乏味和无聊。于是他以各种借口找人说话，问一个仆人要一支蜡烛、问王官一个瑞士兵买酒喝，还自吹自擂，努力寻求安慰。（请参见《总汇通报》中的陈述。）——割下来的人头被人群用长矛顶着带到了巴黎，其中一个还是拿在一个孩子的手上。根据几个证人所说，头颅当早上就被带走了；而另外一些人说，它们就在离国王不远处、也就是在拉法耶特面前，就这样被带去了巴黎，然而这种说法不怎么可信。亲卫队杀了五个人，他们有的是普通百姓，有的是凡尔赛国民自卫军的人，而后者则杀了七名亲卫队士兵。——原注

人，什么都别怕，去吧。"她便去了，但不是一个人，身边带着一队受到世人仰慕的护卫队——左手是她的女儿，右手是她的儿子。大理石庭院现在一片狼藉，在愤怒的人浪拍打下显得更加骚乱；国民自卫军周围都是人，根本不能起到守卫作用；庭院里挤满了愤怒得失去理智的人，手里拿着武器。此时，拉法耶特表现出令人敬佩的勇气，他挺身而出，为了这个浑身发抖的女人，拿自己的民心、命运和安全冒险，和她一起出现在了阳台上，吻了她的手。①

人群感受到了这一切，大家都心软了。在他们眼里，此时的王后再没了其他什么身份，纯粹只是一个女人、一位母亲而已。"她多美啊！什么？那个就是王后？你看她多疼爱自己的孩子啊！""伟大的人民啊！愿上帝保佑你，为了你的宽恕，也为了你的健忘！"

王后去了阳台，国王整个人都在发抖。王后成功折返后，他对拉法耶特说："我的侍卫呢，您能不能为他们做些什么？""把其中一个人给我带来吧。"拉法耶特说。然后，他带着这名侍卫来到阳台上，让他发誓，在他的帽子上别上国民帽徽。侍卫拥抱了他。人们欢呼着："亲卫队万岁！"为了保险起见，投弹手们和亲卫队士兵互换了帽子。如此这般，人们为了避免发生误伤事件，就再不敢朝亲卫队开枪了。

国王非常抵触离开凡尔赛的想法。离开王室之地，在他看来就和离开王国没什么区别。几天前，马鲁埃和其他议员想离开巴黎，求他将议会转移到贡比涅去。而国王却断然拒绝了这个请求。可现在呢，他得和这群可怕的人一起离开凡尔赛前往巴黎。王后会怎么样？他几乎不敢去

---

① 在众多的叙述中，最令人留意的当数拉瓦朗女士（La Varenne），也就是我们刚才提到的那位勇敢守住王后宫门的侍女的陈述。在她身上，我们可以清楚看到一个传奇的诞生。这位女士既是目击者，又是当事人，为拯救某个亲卫队队员而受伤。她看到了、听到了在自己脑海里留下最深刻印象的一切，并把它如实说了出来："王后走到阳台上；拉法耶特先生说：'王后被人骗了……她承诺热爱她的人民，和他们结为一体，就像耶稣和他的教会一样紧紧相依。'为了证明拉法耶特所言属实，王后流着眼泪两次举起手来。国王请求宽恕他的侍卫。"等等。——原注

想这个问题。

国王派人请议会到王宫集合。议会在拉法耶特的支持下和国王在这里聚首后，其中一些议员就会请国王绝不要去巴黎。这样的请求传到了人民那里，就会变成是议会上下的呼声。所有的激情总会消退，劳累、饥饿、困乏会慢慢消解人民的意志，他们会自发回到自己该待的地方的。

集合起来的议会，升起了犹豫摇摆的情绪。

没人有任何决定或打算。这次的人民运动猛地迎面打来，让人猝不及防，连最有远见的人都没能事先看出一丝征兆。米拉波没有，西哀士也没有。西哀士第一时间得知这个消息后，悲哀地说："我根本无法理解，它完全是在朝着不利的方向发展啊。"

我猜他想说的是，于大革命不利的方向。当时的西哀士仍属于革命派，也许还非常倾向于奥尔良这一边。国王离开凡尔赛、离开他那古老的王宫，和人民一起住在巴黎，毫无疑问，这对路易十六而言是一次重新争取民心的绝好机会。如果王后不跟他一起（被杀或者逃跑），巴黎人很有可能会重新升起对国王的爱戴之心。他们一直对这个憨厚的胖子抱有一种偏爱，国王那肥胖的身躯反而让他看上去有一种善良的慈父模样，很能帮他争取到群众的喜爱。在上文中，我们已经看到集市上的女贩子称他为**好心肠的爸爸**；这其实也是全体人民的一致想法。

前往巴黎的想法，吓住了国王，也从另一个方向吓住了那些想要坚持革命、继续革命的人，更吓住了那些出于爱国之心或者个人原因想把奥尔良公爵推到监国甚至更高位置上的人。

奥尔良公爵被人疯狂指控说有杀害王后的想法，但对他来说，最糟糕的莫过于：王后被杀，国王一扫先前大失民心的局面，来到巴黎，落到巴伊或拉法耶特这样的人手里。

奥尔良公爵对10月5日的这场运动毫不知情。他不可能对其推波助澜，也不可能从中攫取好处。在5日和第二天晚上，他上奔下走、忙前忙后。根据相关陈述报告，人们看到他在巴黎和凡尔赛中间来来去去，然而什么都没做。①6日早上八点到九点之间，杀戮才过去了没多久，王宫大庭上的血还没有干透，他就出现在人民面前，帽子上别着一枚巨大的帽徽，笑着把玩手里的拐杖。

我们再回头讲讲议会，当时来到王宫的议员还不足四十人。大多数人仍然待在他们的议事大厅里，张望着，犹豫着。把讲台挤得水泄不通的群众，更让他们左右摇摆，某个议员才说了去王宫聚集开会的提议，就立即引来群众的喊叫。此时，米拉波站了起来。他像以往那样，语气听似桀骜不驯，但实则在掩盖他在人民面前唯命是从的态度。他说："如果他们到国王宫殿里去议政，那议会的自由将遭到损害；离开议会会场有失尊严，故只需派过去一个代表团就够了。"年轻的巴纳夫支持他的提议。主席穆尼耶表示反对，可是反对无效。

最后，人们听到了国王同意前往巴黎的消息。根据米拉波的建议，议会投票做出决定：在当前会议期间，议会和国王不可分离。

时间在流逝，快到一点钟了。他们必须走，必须离开凡尔赛了。永别了，古老的君主国！

一百个议员围在国王身边，后面跟着一整支队伍、一整个人民。他们就这样离开了路易十四的宫殿，再也没能回来。

这支庞大的队伍蹒跚着、摇晃着，簇拥着国王朝巴黎前进。男男女

---

① 貌似他所做的一切，就是在5日晚上下令让议会茶点室给大厅里的群众准备些吃喝的东西。没有任何迹象表明，他从7月15日至10月5日之间有什么大的动作——除了一次，丹东为了他在拉法耶特那里做了一次愚蠢的试探。（请看拉法耶特的回忆录）——原注

女各自想出办法回去，要么走路，要么骑马，要么坐马车，要么坐找来的运货车，要么坐在大炮炮架上也行。他们在路上还开心地碰到了一支运送面粉的辎重队，这对饥饿的城市来说可是天大的好消息。女人们把面包挂在长矛上，还有的人用10月里已经枯黄了的杨树枝挑着吃的。她们非常开心，按照自己的方式表达出这份喜悦，只是在王后这个问题上存有一些争论。她们叫着："我们把面包商、面包商夫人，还有他们的小伙计给带过来了！"她们都想，既然国王和自己在一起，那以后再不会有人饿死了。当时她们都是保皇立场，怀着巨大的喜悦，觉得自己总算把那个**好心肠的爸爸**交到了好人的手里。他没什么脑子，也不会说话，但那是他妻子给害的；只要去了巴黎，好心肠的女人到处都有，她们会给他提出更好的意见的。

欢乐与凄凉、喜悦与阴郁相互交织，构成了当时的这个场景。人们充满希望，可是老天并不赏脸，恶劣的天气和欢乐的节日气氛显得极不搭调。大雨还在瓢泼般地下着，人们缓慢地行走，满脚都是泥水。许多人或许是为了表达自己的喜悦，又或许是为了减轻武器重量，还时不时地在那里鸣枪。

在众人的簇拥中，由拉法耶特守在车门口，王室的马车就像一具棺材一样前进着。王后满心不安。自己能够到达巴黎吗？她问拉法耶特的想法，而拉法耶特又去问莫罗·德·圣-梅里，他在攻占巴士底狱那段日子里主持市政厅事务，对民间了解得更清楚。梅里说了这番意味深长的话："如果王后是一个人，我很怀疑她能不能走到杜伊勒里宫，然而只要到了市政厅，她就能回去了。"

就这样，国王来到了巴黎，来到了这个他当时唯一能去的地方，来到了法国的心脏之处。希望他能够好好待在这里吧。

10月6日的革命是必然的、自然的、正当的，是完全自发的、出人意料的、真正由人民发起的，就像7月14日的那场属于男人的革命一样，这是一场属于女人的革命。男人们攻下了巴士底狱，而女人们则攻下了国王。

10月1日，凡尔赛的夫人们把一切都毁了；而6日，巴黎的女人们又把一切挽救回来了。

第三篇

1789年10月6日—1790年7月14日

第1章

为竖君威而立的协定（1789年10月）——博爱之情洋溢四射（1789年10月—1790年7月）

人民对国王的热爱——人民宽容豁达而又团结齐心，团结的趋势——人民的联盟（1789年10月—1790年7月），拉法耶特和米拉波支持国王，议会支持国王——10月份的时候，国王还未被囚

10月7日早上，杜伊勒里宫很早就已是人山人海，人民群众群情激昂，迫不及待地想看到他们国王的真容。整整一天里，趁着他接受各组织的联合致敬的机会，群众在外面看着他、等着他、寻找着他。有人远远地发现他，或者以为自己发现他从窗前经过；有幸认出他的人赶紧指给旁边的人："快看，他在那里！"国王在阳台上现身的一瞬间，整个现场掌声雷动、呼声震天。他只好又走到花园里来，更近距离地去回应人民群众对他的满腔爱戴之情。

他的妹妹伊丽莎白女士——一位年轻而又纯洁的小姐——被深深打动了，便打开窗户、对窗用膳。妇女们带着自己的孩子向她靠近，称赞着她的美丽，并

衷心地为她祝福。

从昨晚，也就是10月6日晚上开始，当局就应该对这些先前被它视为洪水猛兽的人民完全放下心来了。当国王和王后在火炬的簇拥下出现在市政厅的时候，沙滩广场犹如平地生起惊雷一般炸开了锅，到处都有人在呼喊，然而那是喜悦的呼喊，是爱的呼喊，是因为国王愿意和人民生活在一起而满心感激的呼喊。他们就像孩子一样肆意地哭着，相互拥抱着。①

"大革命结束了。"人们说，"看哪，国王从那个凡尔赛城走出来，将他的那些廷臣和参事员都甩掉了。"实际上，凡尔赛几乎成了一个恶毒的诅咒。这道诅咒把国王束缚在一个高高在上、不接触人间烟火的冰冷世界中，一束缚就是一个多世纪，把他完全变成了牵线木偶。感谢上帝，这道咒语终于在今天被破除了。国王重新回到了真实的世界中，重新接触到了鲜活的生命和实际的真理。他从这条漫长的流亡之路上回来了，回到了自己真正的家中，回到了他真正的位置上，重新扎根在扶持王位的中流砥柱中。而这个中流砥柱如果不是人民，还能是谁呢？作为一国之主，他还能在其他什么地方呼吸和生活吗？

陛下，来到我们中间的您，请痛快地享受自由吧。您从来没有自由过，总是做下或者任由别人做下违背自己心意的事情。每天早上，您都在别人的干扰下做出令您晚上后悔的决定，每天您都是在听命于人。受心所役那么久的您，而今终于可以依法治国了。这才是王权！这才是自由！这才是统治人间的上帝之道！

当时人民心中就抱着这样豁达、友善的想法，不带一丝仇恨和怀

---

① 所有这些画面以及后面发生的场景，都出自保皇派作家的记载，如韦伯（Weber）（Ⅰ，p.257），博留（Ⅱ，p.203），等等。他们的话和《1789年的大革命史》（Ⅳ，pp.2~6.）中的记录完全一致。——原注

疑。他们第一次和领主、和那些美丽的夫人小姐站在一起，对他们满是敬重之情。就连对亲卫队，他们都是尊敬有加。看到亲卫队和他们的朋友、救命恩人——勇敢的法兰西禁卫军手拉着手、肩并着肩地走在一块儿时，人民群众无不满心欢喜，对亲卫队和禁卫军都报以掌声。他们想宽慰昨晚的敌人，想让他们放下心中的芥蒂。

我们需要永远记住一点：在这段被世人误读、被仇恨歪曲的时期，法国心中只有宽恕和原谅这类高尚的想法。全国各处由贵族煽动起来的抵抗运动时有爆发，人民口头上说要采取严厉的打击行动，可是他们也只口头上威胁一下而已，实际一直都在原谅。梅斯揭露它的最高法院对国民议会存有二心，后来又为其说情。布列塔尼在冬天（1月份）组织了一次波澜壮阔的联盟运动，在其中既表现出强大的实力，又展现了宽大的胸怀。武装起来的十五万人，发誓要和法律的敌人抵抗到底；他们年轻的领袖当着诸位代表的面，将宝剑置于祭台之上，立下誓言，但又在最后补充了一句："如果他们洗心革面成了好公民，我们会选择原谅。"

在法国上下竞相举行、持续了八九个月之久的一场场联盟，是那个时代特有的产物。它们的初衷是防御性质的，是为了抵抗暗处的敌人、*流寇和贵族*。后来，这些同袍兄弟誓要与对方生死与共，他们担心对方吃不饱肚子，便决心要保障粮食运输、确保物资在各省之间通行无阻。哪个地方从牙缝里挤出一点吃的，就赶紧送给另一个粮仓空空如也的城市。终于，社会治安重新建立起来，粮食也不那么稀缺了，然而联盟运动仍在继续，不是为了别的，而是为了人们心底的一个渴求。"为了团结。"他们说，"也为了互爱。"

最开始，各城市之间联手团结起来，对抗贵族、寻求自保。后来，贵族遭到农民或流寇的攻击，城堡被焚。于是城市又拿起武器，走出城门，前去保护城堡、保护他们的敌人——贵族。最后，贵族成群结队地来到城市，走进他们的救命恩人中间，发下了公民誓言（2月—3月）。

幸好，城市和乡村之间的冲突没有持续多久。农民们很早就睁眼看清了形势走向，为了维护秩序、保障安全，他们也组织起了自己的联盟。我曾读过农村地区这些联盟写的厚厚一摞会议记录，字里行间无不展现着农民们炽热澎湃的爱国之情，虽然这腔热血看来有些天真，但说不定比城里人的爱国热情还要来得浓厚。

人与人之间再没有隔阂和防备，城墙仿佛轰然坍塌、再不复存一般。城市联盟大会在农村举行，农民整整齐齐地排着队在市长和神甫的带领下到城里进行友善的互动，这些在当时都是司空见惯的场景。

一切都是井然有序的样子，所有人都武装起来。我们绝不能忘记，在当时，几乎所有人都成了国民自卫军的一员。①

所有人都行动起来，像当初的十字军东征一样出发了。一个接一个的城市、一个接一个的村庄、一个接一个的省，大家成群结队、浩浩荡荡是要去哪里呢？那是一个怎样的耶路撒冷，竟能将整个民族都团结起来？而且还不是表面的团结，而是内心真正的团结。那是一个比犹太王国的耶路撒冷更令人心驰神往的地方，它是人们心中的耶路撒冷，是全民上下如兄弟般团结建起的一座圣地，是一座鲜活的、由一个个人的躯

---

① 所有人，连农村地区也不例外；在那一年多的时间里，每一刻是草木皆兵、人心惶惶，所以大家都武装起来，若实在没有武器，就拿耕具当武器。在阅兵典礼和最盛大的节日中，人们都是一身武装出现在公众场合。

城市中的武装组织更是多如牛毛。当攻占巴士底狱的消息传来时，人们组建了许多常设委员会，各个阶层的人只要有意，都可前来报名登记。任何一个有危险的地方都有这些志愿军的身影，所以大家都有参与进去，无一例外，这点是确凿无疑的。然而在服装这个小问题上，人们开始产生不和；穿着统一制服的精锐部队在哪里都非常不受欢迎。巴黎早早地提出了服装要求，然而照此规定的话，国民自卫军就锐减到三万多人了。在其他各地，军装数量也非常少；人们最多让不同城市采用不同颜色的军服夹杂而已。蓝色和红色慢慢成了主流色。直到1790年7月18日才有人提出动议，要求法国上下都配备军服。1791年4月28日，议会将参加国民自卫军的身份资质限制在了能动公民和初级选民的范围内；照此来看，这类选民（他们和地产者或租户一样，须缴纳等同三天劳动量的金额，每人最高可达二十苏）人数有四百万之多。而这里面大部分人都是普通劳动者或靠日薪吃饭的人，靠今天的工资去养活明天，不能在时间上一直做出巨大牺牲，却愿意申请到国民自卫军中服役。——原注

体垒起来的巨大城池。在不到一年时间里，这座城就建好了。从此以后，它的名字就叫祖国。

这便是我在本书第三篇中要走的历程。世上所有的阻碍、嗥叫、惊涛骇浪、尖锐攻击可以耽搁我的旅程，但绝不会让我偏离既定的路线。在7月14日，我看到了巴黎的众志成城；在另一个马上到来的7月14日，我又看到了法国的众志成城。

而人民历来爱戴的那个人——国王，在这场兄弟同胞热烈拥抱的场景中，怎么单单他一人置身事外？他可是万众瞩目的目标啊！大家都看到他身边的王后老是一副泪流满面、愁眉紧锁、只会助长仇恨火焰的样子；大家都看到他被自己的信仰沉沉束缚着，都看到他因天性使然而被拴在妻子身边。这些大家都知道，然而没用，人们依然固执地把希望压在他身上。

还有一件荒谬的事情，也应该拿出来说一下。10月6日事件使得人心惶惶，一大群人因此投身到了保皇派的阵营中。人民这次可怕的觉醒，这幅百鬼夜行图，大大地把他们给震慑住了，于是他们连忙紧紧围在国王身边。首先是议会，它对国王从来就没这么友好过。它受到了惊吓，此事过去十天了，它依然极为抵触在10月里阴阴沉沉的巴黎城中、在人民的汪洋大海里举行会议。一百五十多位议员只想拿到通行证一走了之，穆尼耶、拉利都纷纷逃走了。

法国首屈一指、最有民望、最令人信服的两个人，拉法耶特和米拉波，都以保皇派的身份回到了巴黎。

拉法耶特在凡尔赛看似控制住了局势，其实是在形势所逼之下不得已地顺应了潮流罢了。在他无心赢得的胜利背后，拉法耶特其实和国王一样受到了极大的刺激。所以，他接下来做了两件事。第一件，就是鼓励市政厅督促沙特莱法庭把马拉那份对王室发起辛辣攻击的报纸统统追缴上来。第二件，就是亲自去找了奥尔良公爵，语气极为强硬地威胁他，在他的府邸、在国王面前抨击他，让他觉得10月6日以后，自己再在巴黎现身只会引起骚动，给人提供把柄去大做文章，导致四方云扰。就这样，奥尔良公爵被赶到伦敦去了。公爵曾想回来，拉法耶特则传话说，公爵回来的第二天，便是自己和他之间战斗的开始。

米拉波没了公爵，发现从此自己从他那里再也捞不到好处了，于是当机立断，径直改投阵营，投奔到了拉法耶特那一边（10月10日—20日）。如米拉波这样一个不可或缺的人，当然没人能够拒绝他的投诚。他直接向拉法耶特提议推倒内克尔，实现双头统治。①毫无疑问，当时这是国王得救的唯一机会。然而拉法耶特既不喜欢也不重视米拉波，宫廷对此二人更是厌恶无比。

在一段时间里——一段很短的时间里，时机和民心全都掌握在王权这边，国王本来是有机会打个翻身仗的。议会抵达巴黎后两三天，一个意外事件发生在议会门口——一个可怕的误会导致一位面包商遇害（10月21日）。②此事使得议会大受惊吓，觉得要不惜一切代价重建秩序。杀人者被就地审判和正法。对于市政厅来说，这是一个要求采取严刑峻制的绝好机会。议会颁布了军事管制法，授权市政厅可召集军队和市民自卫队来驱逐集会。与此同时，它还把叛国罪案件交给一个古老王室法庭——沙特莱法庭去审理，让这么一个小小法庭承担起这么重要的一个

---

① 请看三个主要证人的陈述——米拉波、拉法耶特和亚历山大·德·拉梅特。——原注
② 这桩犯罪事件就发生在议会门口，导致它当即投票通过了只对保皇派有利的镇压法律。不过我觉得议会本身的防范心理，再加上惨事之后的愤怒情绪，两个因素交织起来，方才造成了这样一个偶然性结果而已。——原注

任务。比佐和罗伯斯庇尔提议建立一个国民高等法庭，而米拉波居然猖狂到说什么这些举措没用任何用处，说当前应该让行政权重掌权力，而不是任由它拿自己的毁灭来博人同情。

此时正是10月21日。从6日到21日，这是一段多么艰险的道路啊！在十五天时间里，国王连连收复失地，甚至那位最大胆的演讲家都直截了当地说：应该把拯救法国的希望放在王权的掌心上。

穆尼耶已经逃亡，一路都在哀叹国王被囚，为内战推波助澜。[①]拉法耶特在多菲内给他写了一封信，说国王根本没有被囚禁，他只是暂时在巴黎小住，日后还会重新拿起自己的狩猎武器。拉法耶特此言并非是在糊弄穆尼耶。他真的求过国王，请他走出去露一下面，不要把自己封闭起来，任他被囚的谣言在外面被传得天花乱坠。[②]

不过此时，有件事是毫无悬念的：路易十六不能如米拉波建议的那样，轻轻松松地脱身去鲁昂，也不能如王后所盼望的那样，去布耶的驻军地——梅斯。

---

① 拉利本人也证实他的朋友穆尼耶说过："我认为应当开战。"请看《巴伊回忆录》，Ⅲ，p.223.注释处。——原注
② 《拉法耶特回忆录》，Ⅱ，p.418.注释处。——原注

第2章

抵抗——教士（1789年10—1789年11月）

大灾来袭——剥夺教会财产事不宜迟——教士并非财产所有者——教会受害者的抗议之声：茹拉的奴隶，修道会士，新教徒，犹太人和演员

我们正挨着的这个阴冷的冬季，并不像1789年的严冬那般奇寒刺骨，上帝对法国还是心存怜悯的。但在当时，人们再也找不到任何办法去挺过那个寒冬腊月了。贫困进一步加剧，工业一片萧条，人们根本找不到工作。贵族一开始就逃出国外，还没出去的也举家搬离城堡，离开已经没有安全可言的乡村，来到城里，终日缩在屋子里闭门不出，静观局势变化。许多人都准备逃走，在偷偷摸摸地收拾着行李。即便还有贵族留在自己的领地上，那也是为了张口要东西，而不是为了安抚人心；他们急急忙忙地索取别人欠他们的债，催讨农民赶紧还掉拖欠的封建课税。钱包缩水，再加上没了工作，于是一群数目大得惊心的乞丐跑到城里来讨饭吃，仅仅巴黎就有近二十万叫花子！

若不是当局逼迫各市镇将自己辖区的人强行拦下来，还会有数百万人源源不断地跑到巴黎来。整个冬天，为了养活身边的这些穷人，每个人都已被耗到山穷水尽的地步，富人们的钱财只出不进，几乎要落到跟穷人一个生活水平上去了。大家都在抱怨，都在求着国民议会想点办法。如果事态再继续这样恶化下去，它就得扛起养活全体人民的担子了。

可是也不能看着人民活活饿死啊！不过还有最后一个办法，还有一笔没有动过的遗产。当初正是为了人民，正是为了养活人民，我们仁慈的祖辈才穷竭其力，创立了宗教慈善基金会，把自己最值钱的那部分财产捐给了赈济发放者——教士。而教士们一直好好保管着这笔穷人的财产，让它不断得到增值，教会已经拥有国家五分之一的土地，价值预估有四十亿法郎。

而人民，这个家有万贯却囊中羞涩的穷人，今日敲响了教会的大门，敲响了他自己家的大门，求它把这笔完完全全属于自己的财产中的一部分掏出来。看在上帝的份上！发发慈悲吧！①眼睁睁看着这个财产所有者、这所屋子的后代、这个合法继承人饿死在门槛而无动于衷，这么做未免也太冷血无情了吧！

如果你们还算是基督教徒，那就拿出来吧，因为穷人也是基督教的一员啊。如果你们还算是公民，那就拿出来吧，因为人民就代表着祖国啊。如果你们还算正直，那就拿出来吧，因为这笔财产只是暂时的寄存物而已啊。

拿出来吧，国民会还给你们更多的。新殉道者啊，我们不是要把你们丢进深渊里去填平深渊，我们不是在要求你们为了人民而牺牲自己。相反，这么做是在拯救你们，也是在让你们自己拯救自己。

---

① 原文是拉丁语："Panem! proter Deum!"——译者注

要理解这一点，我们就须得明白：和国民相比，这个富裕得近乎畸形的教会本身其实就是一个不正义、不公平的怪物。它头部硕大无比，吮吸着身体的营养和血液，躯干却干瘦如柴、饿得皮包骨头。这个地方的教士年金有一百多万，那个地方的教士却拿得到两百法郎。

按照议会在春天才拿出来的方案，这一切都是有所回报的。农村地区的神甫和副本堂神甫可以从国家那里拿到大约六千万法郎的补贴，而主教们只有三百万。所以，宗教领地失守了，耶稣生气了，南部和旺代教堂里的圣母像在哭泣，所有鬼怪传闻都跑出来，驱使农民起来造反、屠杀。

议会想着再掏出三千三百万年金给隐士和修女，一千两百万年金给偏远地区的教士，等等。它提出的全体教士的安置方案，安置金总额高达一亿三千三百万法郎！即便把这个金额砍掉一半，也足以宽绰地安排教士的后路了。底层的神甫每年至少可以拿到一千两百里弗的年金（还不包括住宅和花园）。老实说，这么做能让整个教士群体由贫困步入宽裕的生活（少数一百来人除外），他们所称的这次打劫教士之举，其实反能让他们富裕起来。

主教们做出了顽固的抵抗。为了从这些人手中拿回本就应当归还的东西，人们做了好几次努力，动了三次真格（分别是在10月、12月和4月）。不过，这也让大家看清了什么才是这些上帝之子的心肝和命根子——**财产**！他们守着财产，就像第一批基督教信徒守着信仰一般执拗，死活不愿撒手！

这些人说不出像样的理由，就搬出各种巧辩之术。一会儿，他们散布出威胁性的预卜，说什么如果人们胆敢碰一下这笔世上最神圣的财富，世界就会大难临头；说什么之后人民的脑子里就再没什么财产意识了，明天他们就能喊着要政府颁布土地法律！一会儿，另外一个温婉得多的说辞又出来了：即便让教会破产，人们从它身上也拿不到多少东西；唉，教士多穷啊，还欠了那么多债；如果不让他们继续管理教会财产，他们的财产根本不足以还债。

10月10日，人们举办了一场公开讨论。欧坦主教塔列朗先前帮教会做事，现在想着得让教会拔毛做点什么了。他一瘸一拐地站出来，第一个打破沉默，冒险提到了这个危险话题，但不谈问题核心，只反复重申"教士不像其他财产人，他们并不是所有者"。

对于他的话，米拉波的反驳是："财产属于国民所有。"

议会里的法学家援引了大量法律条款证明：一、教士并不是财产所有者（他们可以使用财产，但不能滥用财产）；二、他们也不是财产占有者（教规禁止他们占有财产）；三、他们甚至都没有财产用益权，只是保管人，最多也只是管理人和分配者罢了。

当斧头对准树干正要砍下去的时候，许多先前沉默的证人站了出来。其现身比什么口头上的雄辩都更有说服力。他们不用说什么不利于教会的证词，单单站出来，就足以揭穿教会掩盖的一切。这棵在不正义的、野蛮的汁液的灌溉下成长起来的害树，它暗地里藏着的一切终于被大白天下了。

直到大革命时期，教会依然还有自己的农奴。18世纪整整一百年过去了，那么多人类解放者横空出世，卢梭、伏尔泰这些人的最新思想都传到茹拉山的另一端了，而教士居然还蓄有农奴！

连封建制度都羞于农奴的存在。它通过各种名目废除了这些耻辱性的封建特权，并在8月4日那个伟大之夜里无不光荣地摒弃了最后一部分特权。而教士居然还蓄有农奴！

这些奴隶中有一个叫让·雅各布（Jean Jacob）的人，是来自茹拉山的一位有一百二十多岁高龄、被束缚在领主永久管业权之下的老农奴。10月22日，在孩子们的搀扶下，他来到议会，希望能为8月4日议会颁布的法令表示感谢。众人一片哗然。在这位长者面前，国民议会全体起立，请老人坐下，替他穿好衣服。这既是对老者的崇高敬意，也是对可怜的奴隶、对一个在人权上长期蒙受不公的人的弥补。这位老人在路易十四时期当了半个世纪的奴隶，然后又过了八十年这样的日子。直到那时为止，他依然是农奴身份；8月4日法令只是一道泛泛的宣言，没有得到任何执行。到了1790年3月，才有明文规定废除农奴制度；而那位老人在当年12月份就已去世，所以，这位最后的农奴到死也没能见到自由。

在接下来的10月23日，卡斯特兰（Castellane）趁着议会群情激奋的时候，请求大家去看看巴黎的三十五所监狱、法国的监狱，请求人们尤其要注意那些平素最被忽视、比王室的巴士底狱还要幽深的监狱——教会黑牢。在这个复活之日，长期被挡在门外的阳光终于穿透神秘的重重遮蔽，法律的光芒终于第一次照亮了这些正义的死角、这些阴暗的监狱、这些幽深的地牢①。当初，修道士们带着隐修院刻骨的仇恨，带着嫉妒，带着比仇恨还要残酷的爱，把他们的兄弟埋葬在了这里。

唉！什么叫地牢？那些被家人扔进来、被遗忘在这里的弃儿，那些家里多余的、因为其他家人而被牺牲的可怜儿，整个修道院不就是他们余生苟活的地牢吗？这些人没办法像茹拉那位老农奴一样，被人带到国民议会脚下祈求它赐予自由，像亲吻神坛一样亲吻主席台。这里地处荒凉，人们只能靠书信勉强和外界保持沟通，他们能、他们敢去申诉自己的悲惨吗？一位修女在10月28日写了一封信，用词谦卑、畏畏缩缩地请

---

① 原文为拉丁语"in pace"。——译者注

求议会为神职人员的誓愿做出裁决，对自己却一字不提。议会当时还不敢做出决定，觉得只要能堵住誓愿的传播、减少新的受害者就够了。如果议会了解到这些可怜的修道人在怎样的痛苦和绝望中苦苦挣扎，它会多么急匆匆地给他们打开大门啊！我在其他地方也讲过，这些可怜的修女如何被一点一点剥夺所有接受教育、享受生命的权利，而戒备森严的教会又如何剥夺掉了她们的一切精神食粮。严格来说，她们活在濒死边缘，再也呼吸不到任何生命必需的东西，失去了信仰，更失去了世界。那里充斥着死亡、厌世、空虚，没有今天和明日之分，也没有白昼和夜晚之别。偶尔会来一个告解神甫，有时甚至还有猥亵事件发生。于是，她们在革命中毅然决然地投到了另一边，投到了伏尔泰和卢梭的隐修院里。她们许多人都是怀疑者，少有人心怀信仰，然而一旦有了信仰，她们就是最虔诚的信徒，哪怕赴汤蹈火也要追随其后。举个范例吧，科黛小姐（Charlotte Corday），便是在普鲁塔克①和爱弥儿的隐修院②中接受教育，在玛蒂尔德和征服者威廉③的屋顶下得到熏陶。

　　那里简直就是一切受难者的标本展览馆，所有中世纪的幽灵轮番上场，出现在教士——这个全天下共同的压迫者面前。

　　犹太人来了。每年的图卢兹都有犹太人被鞭挞，甚至被吊死在两条狗中间。然而他们只能温声细语地问施暴者，自己难道就不是人吗？这些遭到子孙如此虐待的基督教的祖先，在某种意义上讲也是法国大革命的祖先；大革命是权利的反抗，而摩西在犹太人的严肃戒律中预言了正

---

① 普鲁塔克（Plutarch，约46—120年），罗马帝国时代的希腊作家，以《希腊罗马名人传》一书闻名后世。他的作品在文艺复兴时期大受欢迎，蒙田对他推崇备至，莎士比亚不少剧作都取材于他的记载。——译者注

② 实际是在康恩女子修道院中。请看保罗·德拉撒勒（Paul Delasalle）、路易·杜波瓦（Louis Dubois）等人所写的传记。——原注

③ 征服者威廉，英国国王（1066—1087年）。他本是法国诺曼底公爵，号私生子威廉，其表亲英王忏悔者爱德华死后无嗣，大贵族哈罗德被拥立。威廉借口爱德华生前曾许以王位，渡海侵入英国，在哈斯丁一战击毙哈罗德，自立为英王威廉一世。玛蒂尔德是他的妻子。——译者注

义之神在未来必定取胜，所以大革命自然也会倒向后者这边。

还有其他许多饱受宗教偏见之害的受害者，可怜的演员，他们也有话要说。多么野蛮的偏见啊！法国和英国两个首屈一指的天才——《伪君子》和《奥赛罗》的创作者，他们不就当过演员吗？在国民议会中替他们说话的那个大人物——米拉波，不就是一个绝顶优秀的演员吗？"注意动作！动作！动作！"动作就是演讲家的全部要领，此话是德摩斯悌尼①说的。

议会不能替演员定下什么，也不能替犹太人定下什么。但借此机会，议会向非天主教徒打开了担任公共文职的途径。那些流亡国外的不幸同胞、那些被路易十四的暴政驱赶出境的新教徒，它将他们唤作"我们不幸的兄弟"，承诺会归还他们的所有财产。经历了一个世纪的流亡后，许多人又回来了，但很少有人找回了自己的家产。这群无辜、遭到非正义驱逐的人，根本没有得到应有的待遇，而后来那些有罪的流亡贵族却轻轻松松就拿到了十亿法郎的赔偿。②

他们得到的是公平，是最体面的昭雪平反，是一个重获正义、得到重生的法国。他们在议会的演讲台上也有自己的人——议会中数一数二的人物，拉博和巴纳夫。自然而然，这两位大名鼎鼎的新教徒进入了教会委员会，审判着他们从前的审判官，支配着这些把他们的父辈流放、车裂、烧死的人的命运。作为报复，他们提议为天主教士的一亿三千三百万法郎的补贴进行投票表决。

大家都知道，拉博·圣-艾蒂安的父亲是位老学者，也是一位不屈

---

① 德摩斯悌尼（Démosthène，前384—前322年），雅典政治家，也是雅典城中最著名的演讲家之一。——译者注
② 不过我们得做出区分。流亡贵族中，有些人是因为仇恨而选择国外，还有些人是因为害怕才逃离法国，后面这些人是情有可原的。——原注

不挠的使徒、一位光荣的赛文殉教者。在长达五十年时间里，他以天为被、以地为席，过着像强盗一样朝不保夕、颠沛流离的生活，冬天以雪为衾，与狼为邻，度过漫漫寒夜，笔是他身上唯一的武器，他就用这柄武器在森林里写出了铮铮誓言。父亲为宗教自由战斗了那么多年，如今儿子终于能够为宗教自由投票了。后来正是拉博提议并宣扬了法国的**一体性和不可分割性**（1791年8月9日）。多么崇高的一个提议啊！谁都可以提，然而它居然首先是从我们的新教徒——那些长期被迫离家去国的新教徒的肺腑中吐出来的。议会把拉博推为主席，他怀着隐隐的喜悦，给自己八十多岁的老父写了一封信，里面这句话宣告着被驱逐者得到了郑重、光荣的昭雪："国民议会主席拜上。"

第3章

抵抗——教士——最高法院——地方三级会议

10月14日，教士主张掀起内战——布列塔尼各城市斗志昂扬——议会将初级选民人数减少到四百五十万人——11月3日，教士团体被议会废除，最高法院被废——法院的抵抗——最高法院在近代里已成祸害；它只肯接纳贵族——1789年11月，鲁昂最高法院和梅斯最高法院做出抵抗

关于教会财产的讨论始于10月8日。14日，教士敲响了内战的警钟。

14日，只有一个布列塔尼主教主战。到了24日，图卢兹教区的教士都动起来。西部告急，南部告急。

我们别忘了，在这个10月，比利时那些富裕的教士也觉得自己的财产受到威胁，于是创立了一支军队，还任命了一个将军。布拉班特、弗朗德勒两地举起了红十字的大旗。嘉布遣会的修士以及其他派系的僧侣开始训练农民，用野蛮的誓言、疯狂的游行把他们灌得晕晕乎乎的，把宝剑、匕首放在他们手中，指挥他们向神圣罗马帝国刺了过去。

但我们的农民没有一窝蜂地行动起来。他们在

大事上具有良好的判断力，保持着全然不同于比利时人的冷静和审慎。中世纪寓言和拉伯雷笔下那些以嘲讽教士为主题的令人捧腹的故事，一直在法国代代流传。在漫长的冬夜里，《神甫和他的女仆》是一首人们怎么也唱不腻的歌。其实，人们对神甫更多是取笑，而不是仇恨心理。但主教们（他们清一色都是贵族，路易十六没有让其他阶层的人当过主教）大部分都声名狼藉。本省那些用来装点主教宫殿门楣的伯爵夫人已经满足不了他们，他们四处猎艳，在巴黎和舞女们厮混在一起。那些伯爵夫人、侯爵太太（她们大部分都是小贵族出身），有时候还是能给她们的入赘婚姻带来一些切实好处的，例如控制主教教区（而且她们干得比主教还要好）。巴黎附近某个地方的一位夫人就在她的教区里举办了1789年选举活动，还为了向国民议会送去两位优秀的议员而积极地上下奔走着。

这样一个汲汲于世俗利益、沉溺于凡尘享乐的主教团，在别人碰了他们的财产时，突然又想起自己的宗教信仰了，因此不留余力地在农村地区活动着，企图重新煽动起宗教狂热主义来。甚至在布列塔尼（这里的农民永远归教士所有），特雷吉耶主教还冒冒失失地在10月14日喊出了内战宣言；可是他操之过急了，计划以失败告终。在他那份煽风点火的主教训谕里，特雷吉耶主教直接说出国王被囚禁、信仰被颠覆、教士以后只是**卖身给强盗土匪的伙计了**这种话来。强盗土匪？这说的不就是国民，不就是国民议会吗？

既然14日喊话，那15日就该开战了。而实际上，也有些昏了头的年轻贵族以为农民已经被煽动起来。布列塔尼农民的意志无比坚定，只要他们认准什么东西，就铁定不会回头。不过，他们一直磨磨蹭蹭、没有上道。他们很难明白教会财产事关整个宗教，但这肯定是一件非常严肃的事情。当农民们还在左思右想、反复咀嚼这件事的时候,城市没有多想,也没有多问,以迅雷不及掩耳之势行动起来。特雷吉耶教区里所有市镇机构一天时间都没浪费,全都跑到特雷吉耶那里,直接朝主教和那些招兵买马的贵族扑过去,质问他们此举何意,并从各方搜集到不利于他们的证据。主教一群人被吓住了,对一切矢口否认,拍着胸脯担保说自己什么都没说、什么都没做,说自己根本没有干出什么煽动农民起来暴动的事情。各市镇厅把所有诉讼词发给了国民议会和掌玺大臣:"任何为贵族招兵买马的人都是市乡的叛徒,而且如果有贵族为一个军衔而想方设法地在国民自卫军中活动钻营,他们就不配得到国民的保护。"①

　　主教训谕发布于14日,而猛烈的报复行为发生于(晚些时候的)18日。在这个星期里,宝剑出鞘了。布雷斯特已经采好军需物资以做供给。人们雇佣和发动农民在拉尼翁拦下了布雷斯特的粮车和特使;这些人发现自己快性命不保了,才不得已地草草收兵。一支军队即刻出了布雷斯特,其他各城军队也同时出发。甚至在康佩、洛里昂、阿尼崩等非常偏远的市镇,人们也纷纷踊跃地出钱出力。布雷斯特、莫尔莱、朗戴诺,还有其他许多城市都一起来了;所有市乡拿起武器,走大道赶了过来,人们不得不把他们一一劝了回去。最值得称道的是,在这期间没有任何暴力行为发生。这场平地而生的巨大风暴扑面而过,呼啸着攀上了拉尼翁头上的高峰,然后在那里戛然而止。布列塔尼人在那一刻展现出自己前所未有的英雄气概,他们是在坚定地和自己人做斗争。人们收回了贵族购买的粮食,觉得到此为止就可以了,对有罪之人也没做什么,而是把他们交给法官,也就是交给他们的朋友。

---

① 《巴伊回忆录》,Ⅲ,p.209.杜沙特里耶在这方面则少有记录。——原注

那时的特权人士之所以如此轻易就被打败，是因为他们内部意见不一所致。有些人在一开始就要求付诸武力，然而大部分人还没死心，以为可以通过法律、通过古老的法制（或者是新出的法制）来做抵抗。

最高法院还没有什么动作，因为当时法院正处于休庭期。他们打算等所有人回来以后，在11月份再做行动。

大部分贵族和高级神职人员都没有动静，心里还抱着一定的希望。作为最大的土地资产者，作为在农村地区可以呼风唤雨的大人物，他们下面有一大群必须依附他们存在的各种身份头衔的仆人和佃户。在1789年春天被内克尔叫去参加普选的这些农村人，总体上顺利投票了，然而那是因为他们的东家大都觉得三级会议无关紧要，觉得推动它能够满足自己的虚荣心的缘故。然而才过了一年，世道就发生了天翻地覆的变化。在1789年年末，这些东家开始做鱼死网破之争，想尽各种办法要让农村地区投下反对大革命的一票。他们让佃农在爱国（当时还依然幼稚的爱国）和面包之间做出选择，把那群屈服了的、吓得瑟瑟发抖的劳动人民领到投票箱前面，在棍棒的监督下让他们去投票。然而，如果农民隐约察觉到此事关乎到获取教会财产和地产，如果议会通过对这部分资产进行拍卖、造出一大群地产者和自由选民，局面会在突然之间被彻底扭转。而在当时，这一切都还没发生。农村地区依然屈服在奴性的选举下。如果议会采纳了内克尔的普选方式，那旧制度将无可争辩地大获全胜。

10月22日，议会颁布法令，规定唯有缴纳了直接税的那些人——如地产者和租户，且其缴纳金额等同三天劳动量的价值（最多三法郎）——方才具有选民资格。

通过这一招，它把贵族手上握着的一百多万张农村选票全都夺走了。

普选中的五六百万选民，现在只剩四百四十万（地产者或租户）。①

那些坚决捍卫准则的卫道士，如格雷古瓦尔、杜波尔、罗伯斯庇尔等人，徒劳地对此提出抗议，搬出自然权利的术语，说人人都是平等的、所有人都应参加选举。而两天前，保皇党人蒙特洛耶（Montlosier）也在主张人的平等。

在这场危机中，最无意义、但也最危险的一个论据，就是自然权利。这些空想家喊着平等，却向平等的敌人送去一百万选民。

这个真正具有变革意义的措施，其荣誉当归于一个来自诺曼底的著名法学家、西哀士思想的实践者——图雷。是他让议会做出了这个伟大的决定，或者至少可以说，是他替议会为它当时正要做出的这个伟大决定扫清了许多障碍。他没有说什么一鸣惊人的话，只讲逻辑，单刀直入，一刀斩断了连强大如西哀士和米拉波之类的人都没能解开的那个死结。

人们还在那里对教会财产做没完没了的讨论，只有图雷一人直接结束讨论，把这个问题从内部争论中拉出来，将其大胆提升到哲学权利的范围。他在11月和12月里提出的所有论据，归根结底就一句入木三分的话："你们谈何拥有？"他对整个教士团体说："你们都不存在。"

作为一个团体，你们并不存在。国家创造出来的这些精神团体，从本身意义上来看是没有实体的，不是实际的、活着的。他们的存在属于精神、观念层面，是他们的造物主——国家意志赋予他们的。国家创造了他们，让他们有了生命。如果他们有用，国家就予以扶持；如果他们有害，国家就收回自己的意志，国家意志就是他们的生命和存在的全部意义。

---

① 这是1791年人们统计出来的最小数据，我们会在后文再回到这个极为重要的问题上来。——原注

对此，莫里的回答是："不，国家根本没有创造我们，我们不依靠国家而存在着。"这其实是在说：我们就是一个国中之国，我们就是一个理念的敌对理念，我们就是一场斗争，一场谋划好的战争，我们就是爱德和团结的合奏中永远的杂音。

11月3日，议会颁布法令，规定教会财产属国民所有。12月，根据图雷提议的说法，它又颁布了法令：教会不再是一个阶层，（作为团体）**它根本不存在**。

11月3日是一个重要的日子。在这一天，最高法院遭到重创，地方三级会议也不复存在了。

图雷在这天交出一份提议重组各省的报告，阐述了将行省划分开来的必要性，提议打破这些包藏祸心、负隅顽抗的假民族性，在团结思想中组建一个真正的民族。

若维持这种古老的划省模式、这些引发仇恨的敌对竞争，保留加斯贡、普罗旺斯、布列塔尼这些行省，阻止法兰西人组成一个法国，那谁会从中渔利呢？是统治着这些行省的人，是最高法院，是地方三级会议，是这些伪装成自由、其实一直都在阻挠自己诞生的自由幻象。

机会来了！11月3日，当议会对地方三级会议发起第一次进攻的时候，它让最高法院无限休庭。拉梅特做的提议，图雷起草的法令。"我们把它们活活埋葬了。"拉梅特走出会厅的时候如是说道。

整个旧制度法官群体，其表现和大革命对他们的预想简直是分毫不差！阿尔萨斯、博若莱、科西嘉的法院，香槟、普罗旺斯的教士，主动要求负责选择法律。他们非常清楚哪些法律有利于国王，其他则一概不管。10月27日，由艾克斯最高法院派往马赛的法官们，还依照先前的方式、通过秘密预审程序、按着野蛮的老一套手段进行审判，完全无视10

月4日新出的相反法规。贝桑松最高法院甚至公开拒绝登记议会颁布的任何法令。

议会只需一句话，就能击垮他们这傲慢不逊的态度，但骚动的人民将这些生出叛心的法院团团围住。"要对付这些地方三级会议和最高法院。"罗伯斯庇尔说，"我们不用做什么，只让各市镇代劳就够了。"

11月5日，议会打出了进攻的手势："不在三日之内完成登记的法院，将以渎职之罪遭到起诉。"

虽然最高法院头上那个软弱无力的政府倒下了，但这些小集团倒表现出一股抵抗到底的决心，而这既合乎法律的、又具有煽动性。它们手握着的奇怪的权限，让它们有了许多手段和能耐——例如，那个至高无上、绝对专制、父承子袭、成为萦绕在所有人心头的一个恐惧的**司法审判权**。连部长、大领主这些人，也从来不敢把当地法官逼得太紧，因为指不定哪天这些法官翻一下自己五十年审理的旧账，就在某件案子里想起点什么能让他们家破人亡的东西。再例如，他们**拒绝登记**，几乎可以说是手握可与国王相抗的**否决权**，这个行动至少可以达到释放暴动信号的效果，并间接宣扬他们的暴动是合法的。他们篡夺**行政权**，插手干预物资供给的监督工作，使得自己有无数机会给权力机构栽上某个严重的罪名。再例如，他们手里还控制着一部分**治安势力**，也就是说，他们一边可以煽动暴乱，另一边又可以镇压暴乱。

这样一股可怕而又危险的势力，至少掌控在可靠的人手中吧？其实不然。由于和贵族阶层之间关系甚密，18世纪的最高法院已经从里到外都被腐蚀透了。最高法院的人就像冉森派教士一样，对宫廷抱有敌意、执着信仰、严肃刻板、心怀叛逆，还盲目地自高自大，最喜欢看到公爵、亲王这类人在自己前厅里苦苦等待的样子。大领主们背地嘲笑着他们，但当他们需要以不正当的手段赢得一场不公正的官司时，当他们想侵吞公共财产、又想躲过法律制裁时，就在法官面前摘下帽子，各种曲意奉承、巴结讨好。在这些戴着厚重假发的人面前，宫廷人士居然把姿态放低到如此卑躬屈膝的地步。不过这又有什么要紧的？连他们自己对此都是一笑了之。有时为了东山再起，他们还纡尊降贵地把自己的女儿和陪嫁送过去。多大的一份器重啊，多好的一个和上流社会联姻的机会啊，这让年轻的最高法院法官们尾巴简直都翘上了天。他们也在努力向那个阶层靠拢，幻想自己也能成为一个受人追捧的恶棍，他们像拙劣的抄袭者一样，超越了原作主人。他们脱下了自己的红袍，从点缀着百合花的法官席上走了下来，就为了在小房子里厮混、在私宴上流连忘返，就为了在那边胡闹。

司法就是这样倒下的！一段多么可悲的历史啊！在中世纪，司法权是物质性的，存在于土地、阶层、封邑和血缘之中。领主，或者说那个继承一切、当上领主中的领主的人——国王，说："司法归我所有，我可以审判，也可以让人审判。谁来审判并不重要，他可以是我的仆人、我的地方督办、我的门房……来来来，我对你挺满意的，我来赐你一个司法权。"而这个人呢，他又说："我才不去审判呢，我要把这个司法权卖了。"然后某个商人的儿子来了，把这个最神圣的东西买走再转手卖掉。司法权就像商品一样，辗转在一个又一个人的手中，变成了一种继承物、一笔嫁妆。给一个新娘子解除婚约甚至将人绞死的权利，这是一笔多么奇怪的嫁妆啊！

世袭、捐纳、特权、豁免，这些成了司法正义的名字！那不符合司法正义的又是什么呢？是个人的特权，由自己指派人来审判自己；是时间的特权：明天审判你，还是十年后审判你，抑或永远不审判你，这些都得按照我的性子来；是**地方**的特权：巴黎最高法院让那些要和领主对簿公堂的穷鬼从一百五十多里外的地方赶过来打官司，那还不如建议他们认命和放弃呢，早早地放弃，总好过跑到巴黎、在穷困潦倒之中耗上好几年的工夫，就为了拿到一纸逮捕令，去捉拿领主的好朋友们。

在近几十年里，通过那些未得公布、但受到承认和忠实执行的法令，最高法院总算只把贵族和新晋贵族接纳到自己内部。

正因如此，法官们的工作能力大大减退。对于法律学研究，学校不重视①，律师不擅长，法官干脆就视其无物，在他们眼里，法律就是一个拿来定人生死的工具而已。这些小集团几乎不怎么在意你有没有学识，你想进来的话，只要能证明自己的贵族身份就够了。

所以，他们的行为越来越矛盾、越来越暧昧。这些贵族法官一会儿前进，一会儿后退，首鼠两端、摇摆不定。他们吼着要自由，而杜尔哥来了后，又被他们赶跑了。他们吼着要三级会议，当人们给他们召开三级会议时，他们又提议会议无效，想以虚弱无力的旧三级会议为参考形式来炮制会议。

从那一天起，他们就已经死了。

当议会颁布法令让最高法院无限休庭时，最高法院对此完全是猝不及防。巴黎最高法院想要反抗②，掌玺大臣兼波尔多大主教求他们按兵不动，否则10月的大暴动又要在11月重演。不久之后，他们终于登记了议会法令，并做了无偿审理。

鲁昂最高法院也做了登记，然而他们私底下偷偷给国王写信，说他

---

① 尊敬的贝里亚·圣-普利（Berryat Saint-Prix）给我讲了许多关于这方面的奇闻逸事。法院愚昧无知、循规蹈矩的程度一日更甚于一日。阿格索（Aguesseau）意欲实现法律一体化，结果遭到最高法院的一致反对。请看费里耶尔写得无比精彩的《法国法律史》。——原注
② 请看《萨利耶最高法院纪事》，Ⅱ，p.49.——原注

们是为了他才临时屈服的。梅斯最高法院甚至还在公开场合大放厥词，说各个分庭应当集合起来，给人们大胆解释一下让国王**失去自由**的这道法令。在布耶的大炮支持下，这些人倒是变得勇敢起来了呢。

畏首畏尾的掌玺大臣兼大主教惶恐不安，向国王指出其中的危险，说议会会因此火冒三丈做出反击，煽动人民起来暴乱。拯救最高法院只有一个办法，那就是由国王本人赶紧去定它们的罪。由他来插手干预、为其说情，这样也许事情还有所转机。但实际上，在鲁昂和梅斯，人们已经驱散了最高法院，要求惩办法官。这些不可一世的小集团发现自己陷入四面楚歌之境，发现全体人民都起来反对自己，吓得赶紧收回前言。于是，梅斯为罪人求情，议会也宽赦了他们（1789年11月25日）。

第4章

抵抗——最高法院——联盟运动

司法组建工作——1790年1月8日，走在钢丝绳上的布列塔尼最高法院——布列塔尼和波尔多最高法院在2月、3月被判决——联盟的起源地：安茹、布列塔尼、多菲内、弗朗什——孔泰、罗纳、勃艮第、朗格多克、普罗旺斯等地区——攻打城堡的行为被镇压下去——1790年2月，城市保护了它们的敌人——贵族

　　抵抗得最激烈的当数布列塔尼最高法院。它三次拒绝登记，并觉得自己有本事继续抵抗下去。一方面，一大批贵族都聚集在圣马洛①，他们手下有大量死忠于贵族的奴仆，城里到处都是自己人和拥护者，宗教协会和各个行会里也都有他们的朋友，而且他们还很容易就能招募到大批失业工人和街上饿得快死了的流浪儿。城市就看着他们筹划着，看着他们为掀起内战做着准备。城市被包围在农村中央，而这些农村地区或者充满敌意，或者态度不明，若真起事，城市就会被围死。于是，人们斩断了这个迟迟解不开的绳结。雷恩、南特、瓦纳和圣马洛，纷纷向

---

① 法国布列塔尼伊勒-维莱讷省的一个城市。——译者注

议会递上一道道洞心骇耳的控诉折子，宣布它们和叛徒们割席断交。雷恩国民自卫军更是什么也顾不了了，直接进入城堡、备置大炮（1789年12月18日）。

议会采取了两个措施。它命令布列塔尼最高法院集体到庭，并搜集了雷恩请求另设法院的请愿书。另外它还开始了一项伟大的工作——着手组建一个无愧司法之名的机构，一个无须付钱、无需捐纳、没有世袭之说的机构，一个来自人民、服务人民的机构。当然，要组建这样一个机构，第一步就得取消最高法院（1789年12月22日）。

报告书的撰写人图雷，清清楚楚地阐明了一个被人遗忘许久的真理：要赢得一场想要续存下去的革命的胜利，首先就该剥夺敌人手上的司法之剑。

"你的原则和我是对立的，我把它从法律、政府中抹消掉了；但是在一切非公开事务上，你还是可以利用它来对付我。"对那个被掀翻的体制说出这种话，这不是很矛盾吗？我们怎么可以轻视司法这个看似低调无争、实则强大可怕的无限权力，以及它那无敌的吞噬性呢？其他所有权力都离不开它，而它却可以离开其他所有权力而存在。若把司法权交给我，你们则去安心守着你们的律法、法令和世上所有的纸质文件，我就能让那个完全和你们的法律相悖的制度赢得胜利。

这些最高法院的古老暴君，他们必须老老实实地跪在国民的脚下（1月8日）。如果他们自己不来，布列塔尼就立马派支军队把他们押送过来。他们出庭了，看上去还是那么狂妄自大、盛气凌人，对这个由律师组成的议会一副难以掩饰的鄙薄之情，还以为现在是当初的周三大会①似

---

① 旧制度时最高法院每年举办两次的大会，举办时间均是星期三，会上由院长对司法及法官的批评提出意见。——译者注

的，他们一根手指就能把律师团给碾死。然而，今时已不同于往日。再说，现在他们要面对的是理性，是第一次提出来的原则问题，而不再是一群人了。

当这群律师组成的议会说出下面这番话时，最高法院立刻没了不可一世的样子，他们像被钉在地上似的，半天没有动弹。议会如是说道："有人说布列塔尼没有代表，可是在这个议会中，它有六十六位代表。施展诡计暴力、在从前的基本法中找手段来镇压人民的日子已经过去了，我们现在应当追求国民之权，它们存在于理性之中，如岁月一般古老，如自然一般神圣。"

布列塔尼最高法院院长没有为受到质疑的最高法院做辩护，而是为布列塔尼辩护，可是布列塔尼不想也不需要被辩护。

他以安娜·德·布列塔尼①的婚姻条款为引证，但这个婚姻纯然只是布列塔尼和法国之间一场有事先筹划、有契约规定的离婚罢了。他为这场离婚辩论，把它说成一个理应永存于世的权利。这份满是仇恨、暗藏陷阱的辩护词，不是说给议会听，而是说给骄傲的行省听的，它就是在挑衅，就是要引发骚动、掀起内战。

布列塔尼需要害怕自己因为并入法国而地位下降吗？这种分隔状态可能永远持续下去吗？一场真正的联姻不是迟早都会发生吗？加入这样一个光荣帝国之后，布列塔尼得到了许多。当然我们也一直认为，帝国通过与这个可怜而又光荣的地区联姻，通过迎娶这位如花岗岩一般冷硬的未婚妻，通过和这位英勇无畏、富有抵抗精神的母亲结为一家，它也得到了许多。

---

① 安娜·德·布列塔尼（Anne de Bretagne，1477—1514年），两次成为法国王后。1488年继承其父的公爵领地，企图使领地独立而摆脱法国，遂与皇帝马克西米连一世联姻，后被迫改嫁查理八世，查理死后又嫁与继承王位的路易十二。——译者注

于是，最高法院又把自己那番蹩脚的辩护范围缩小到各省和地方三级会议上。然而，这些地方三级会议在某些方面更是软弱无能。最高法院还算是一个同类相聚、有组织性的团体，而地方三级会议完全是个结构畸形、组建粗糙、乱七八糟、乌烟瘴气的东西。若真要勉强说说它们好的地方，那倒不是没有。例如朗格多克地方三级会议，还知道小心谨慎地对不公平现象进行管制；还有一些地方三级会议，例如在穆尼耶英明管理之下的多菲内地方三级会议，在大革命前夕也表现出了高尚的积极性。

但同样也是穆尼耶，逃亡以后愤懑不已，故利用自己在多菲内省的影响力，授意他人要求召开下届三级会议，"并在会中讨论国王是否切实享有人身自由"。图卢兹的一两百名贵族和最高法院法官，伪造了一份地方三级会议联合书。小小的康布雷西地方三级会议，宣布他们有不归法国管辖的特权，还学着布列塔尼地方三级会议，说："我们就是一个民族。"

这些怀有二心、假装自己代表着各省的机构，甚至还肆无忌惮地以行省的名义发表言论。然而，它们的嘴脸马上就被无情地揭穿了。各市镇槁苏喝醒之后，一个个来到国民议会面前，对这些地方三级会议和最高法院发起控诉："不要以人民的名义发言，人民不承认你们，你们只能代表你们自己，代表唯利是图、子承父业的陈腐特权。"

真实而又鲜活的市镇机构（我们可以从它们的迅速反应中感受到这一点）面对这些矫揉造作的陈旧机构、这些属于历史余孽的野蛮团体，只说了一句类似之前说给教士团体听的话："你们并不存在！"

国民议会对这些机构同情起来。它能为布列塔尼最高法院所做的一切，就是宣布它没有资格去做它拒绝做的事情，并禁止它行使任何公共职能，直到它呈上请求书、希望获准宣誓为止（1月11日）。

而两个月以后，波尔多最高法院趁南方动乱之机，竟大胆地写了一篇针对大革命的控诉状，在一份公共法案里宣称革命只会造成不幸，傲慢地将议会称作"执行官代表"。但议会对它依然是宽大处理。

议会不管用，但后面还有人民顶着。布列塔尼压制住了布列塔尼最高法院，波尔多最高法院也被波尔多告到了议会面前，为了让自己的控告言之有理，波尔多城还特意把年轻气盛的冯弗雷德①派了过去（3月4日）。

陷入人民的汪洋大海中的最高法院，它们做的这些抵抗完全是在螳臂当车罢了。人民群众掀起的这场震天骇地的运动，其规模之大、程度之深，是自十字军东征以后绝无仅有的。1790年，人们喊着博爱高歌猛进，虽然没多久大家就闹着宣战，在摩拳擦掌了。

这种劲头发源自何处？全国上下，无处不是发源地。我们根本说不清楚，具体是哪里率先掀起了这场自发而生的伟大运动。

在1789年夏，由于流寇横行，人心浮动，连最偏远的小村子都感到惶惶不安。村与村、镇与镇、城市与农村，大家都联合起来。联盟、互助、兄弟之情、博爱，这些便是这些契约的思想和理念。但它们依然很少被明文写下来。

在最开始，博爱思想非常具有局限性。它仅指邻里之间的博爱，最多只把范围扩大到省内而已。布列塔尼和安茹之间的大联盟，也依然没能摆脱掉这种地域的局限性。此次联盟在11月26日举办，于次年1月圆满

---

① 冯弗雷德（Jean-Baptiste Boyer-Fonfrède，1766—1793年），法国政治家，公会成员，吉伦特派分子，投了路易十六的死刑赞同票。——译者注

结束。在一座远离大路的半岛中央，在偏远的小城蓬蒂维，十五万国民自卫军代表聚集一堂。在这支队伍里，只有骑兵服装统一，穿着外红里黑的胸甲；其他所有人则穿着不同颜色的夹里，有玫瑰红、铁红、淡黄等，不同颜色代表不同城市。在这份团结的公约里，他们对王国上下所有市镇都发出了邀请，但依然坚持自己组建的是布列塔尼和安茹的联合大家庭，"哪怕出于必要的行政原因，出台了新的省份区划形式"。他们在各城之间都建立了自己的联络网。当时全国上下普遍一盘散沙、混乱无比，他们也不能确定新秩序能否建立起来，但依然努力维持着一方安宁。

在没那么偏远的地方，在大路交汇处、特别是河流流经处，博爱公约有了更广泛的意义。旧制度时期，由于沉重的通行税和内部关税，河流成了边界、阻碍和束缚，然而在自由制度之下，它却成了人们沟通的主要渠道，不仅让人与人之间有了商业来往，更在思想和情感上把他们连在了一起。

在罗纳附近、离瓦朗斯两古里的一个叫埃托瓦的小镇，第一次发生了市镇**宣布弃绝本省**的这种事情；多菲内十四个农村市乡团结起来，宣布加入伟大一体的法国（1789年11月29日）。穆尼耶一党呼吁各省要保持自己的骄傲和分立精神，企图将多菲内武装起来反对法国，而这便是农民们对政治家、对穆尼耶这些人的最佳回答。

随后，蒙特利马尔又举办了一场联盟，但这次不再只有多菲内参与，两河边上的省份都加入了进来，有多菲内、维瓦莱、普罗旺斯和朗格多克。这一次，是**部分法国人**的联盟。格勒诺布尔不顾本城市政厅和政治家们的反对，也派去了一些人；它再不顾忌自己的首府地位，只愿成为法国的一分子。所有人聚集在一起，发出一个农民们早在11月份就发下的神圣誓言：再没了什么行省之分！只有祖国！要相互帮助、彼此扶持，通过罗纳河一手接一手地把小麦送出去（12月3日）。

神圣的河流啊，你流过了广大人民和各个阶层，你流过了许多个说着不同方言的地方。你不仅运送货物，似乎还把情感和思想席卷而来、传递到各个地方。通过那蜿蜒曲折的河道，你摇身一变，成了万事万物的调停人，成了迎来送往的*守护神*①，成了南部兄弟会。在六十个高卢民族在奥古斯特时代打造出了他们的祭坛的地方，在罗纳河和索恩河结合的婚宴上，人们喜气洋洋、笑逐颜开。1790年1月31日，正是在这个最神圣的地方，在这个重要的两河交汇口，在阿尔代什莽莽群山的俯视下，在罗马教廷的瓦朗斯那里，人们第一次实现了大联盟。代表了无以计数的人民大众的一万人，在这里拿起武器。此外，还有三万多名群众参加。在这历尽沧桑、亘古不变的群山中，在这条曲折蜿蜒但永不改本色的大河面前，人们念出了神圣庄重的誓言。一万人单膝跪地，三万人双膝跪拜，大家共同发誓要捍卫法兰西神圣的一体性。

在那个地方，那个时候一切都是伟大的。少有的是，连语言都再不是苍白的存在了——多菲内睿智审慎，维瓦莱庄严朴素，朗格多克和普罗旺斯则是一派生机勃勃。在踏进那个他们很清楚将要牺牲什么的祭坛时，在启动那个艰难的大业时，这些优秀的公民相互叮嘱着：若要建立自由，唯一的坚实基础，就是"道德"，唯一能让人为自由全情奉献的东西，就是"一颗简单、朴素、纯洁的心！"

我还想知道，在罗纳河的另一边，在乌特，那十万武装起来、加入到维瓦莱联盟中的农民，他们又说了什么。当时正值2月，群山冷峭、寒气凛冽，然而恶劣的天气、重重的苦难、艰险的路程没能阻挡这些穷

---

① 此处作者用的英语"Genius"。——译者注

人，他们依然如约而至。急流、严霜、悬崖、融雪，什么都不能拦下他们。空气中弥漫着一股前所未有的暖流，他们身上传递着一种早早发酵成熟的骚动。自由这个前所未闻的名字把人们冰封的心第一次唤醒了，公民们像东方三王①一样，像圣诞节里的牧师一样，走出家门，头顶的星斗清晰可见。他们在春天的灿烂星光中，在法兰西启明星的指引下，穿过严冬的雾霭勇往前行。

弗朗什-孔泰的十四个城市夹在城堡和焚烧城堡的抢劫者之间，过了很久提心吊胆的日子。如今，它们全部在贝桑松团结起来，承诺相互援助和救济。

所以，透过无穷的动荡、恐惧、颠簸和流离，我听到一个声音越来越亮。那是每支伟大人民组合起来的反复合唱，是一声雄浑有力的呐喊，是一个既温柔又响亮的声音，是一个能包容一切、安抚一切的词：博爱。

无数协会组建之后，各协会之间也联合起来，大家就像在跳南部法兰多拉集体舞一样，每一支舞队跳起来后，就和另一支舞队拉起手来，全体人民一起跳出一首气势磅礴的伟大舞曲。

勃艮第的大爱精神，通过两个自动发起的举动而大放异彩。

在数九寒冬里，物资奇缺，第戎请勃艮第所有市镇去救济饥饿的里昂。②

里昂肚子挨饿，第戎心里受苦。所以，"博爱""民族团结"这些词，并不是说说而已，它们是真诚的情感，是切实的行动。

---

① 据《新约全书》的《马太福音》中记载，圣母马利亚在伯利恒生下耶稣时，有三个天文学家按照星星的指引从东方来跪拜耶稣，并且献上黄金、乳香和没药。在9世纪，这三个天文学家（也有说是三个智者）被传为三个国王。——译者注
② 请看第戎档案馆资料。我之所以了解相关情况，得感谢加尼尔先生（Garnier）的鼎力相助。——原注

同样也是第戎，加入了多菲内-维瓦莱联盟（该联盟也和普罗旺斯-朗格多克联盟保持往来）的它，请勃艮第向弗朗什-孔泰各城施以援手。所以，东南地区的这支盛大的法兰多拉舞队，不断有新的队伍加入进来，舞蹈的队伍越来越大，一直推进到了和巴黎唇齿相依的第戎。

所有人都没了什么自私自利的想法，所有人都只想着大家的利益，所有人都愿意给别人提供粮食。物资运输开始变得畅通无阻，人们慢慢又有了余粮。在博爱的奇迹之光的照耀下，人们在严冬里仿佛迎来了一场新的收成。

在这些联盟中，我没看到任何打着联盟主义的旗号在后来表现出来的朋党比周、闭境自守的迹象。恰恰相反，它成了让法国团结起来的一句咒语。这些省联盟一切都向中央看齐，大小诸事都以国民议会为准，甘心依附于议会，忠诚于议会，也就是忠诚于祖国统一。所有联盟都对巴黎发出的博爱呐喊心怀感激，这个城市请求它的支援，那个城市渴望加入国民自卫军的麾下。11月，克莱蒙（Clermont）曾向巴黎提议组建一个市镇大联合。但当时在地方三级会议、最高法院和教会的威胁下，农村地区态度不明，法国得救的全部希望似乎压在了狭窄的城市同盟上。感谢上帝，大联盟运动更好地解决了人们的心头之患。它和城市一道，把无数农村人口都吸引了进来。在多菲内、维瓦莱、朗格多克，无不如此。

在布列塔尼、凯尔西、鲁埃格、利木赞、佩里戈尔，农村地区就不那么安宁了，2月份还曾发生农民骚动和暴力事件。之前在市镇机关的救济下艰难过活的乞丐群体，逐渐离开城市、回到农村。农民们又开始袭击城堡、焚烧地契，用暴力手段执行8月4日宣言中议会的承诺。议会还在思考权衡的时候，农村地区的恐怖气氛已经蔓延开来了。贵族舍弃城堡，跑到城里避难，觉得在敌人中间自己反而更加安全。而他们的敌人也在保护着他们。布列塔尼国民自卫军不久前才联合发誓要对抗贵族，如今又为了贵族拿起刀剑去保护他们的庄园，保护那个贵族在里面密谋对其不利的地方。①凯尔西以及南部大部分的国民自卫军，也都是这样以德报怨的。

　　强盗被镇压下去了。农民们被控制住、被逐渐吸纳进革命队伍中，他们对大革命的目的开始感起兴趣来。大革命的最大受益人如果不是农民，那还能是谁呢？是它把他们从什一税的重荷下解放出来，是它让数十万农民有了自己的土地。在将来，它还要给他们宝剑，让他们在一日之间从奴隶变成贵族，带领他们四处征伐、历险，给他们带去荣耀，把他们打造成公爵、国王。还有什么呢？还把他们打造成英雄！

---

　　① 1790年时的国民自卫军绝对不像某些作者通过一种奇怪的过时论调宣扬的那样，都是清一色的贵族阶层出身。就如我说过的那样，在大部分城市地区，严格来讲是所有人，是所有人都希望能阻止农村地区正在遭受的破坏行为，因为它会导致农民颗粒无收，让法国活活饿死。另外，这些一时的骚乱完全不同于扎克雷起义。在布列塔尼和普罗旺斯一些地区，农民对他们造成的损坏主动做出弥补。在一座城堡里，他们只发现了一位卧病在床的夫人和她的几个孩子，于是他们退出城堡，没有毁坏城堡里的一草一木、一砖一石。——原注

第5章

抵抗——王后和奥地利（1789年10月—1790年2月）

10月，王后大怒——宫廷的阴谋——国王成为人民的囚犯（11月—12月？）——王后对亲王贵胄失去信心，和教会少有联系，一直被操纵在奥地利手上——国王不做的事，却和奥地利休戚相关——2月至3月，路易十六和利奥波德二世宣布结为盟友——审判贝森瓦和法弗拉——2月18日，法弗拉被处决——保皇派失望不已——北部大联盟

唉，我从博爱的天堂中跌落到地面，又回到阴谋诡计的世界中。

当时，没有人重视这场浩浩荡荡的大运动，没有人衡量过这条奔涌而下、势不可当、从10月一直持续到来年7月的激流有多广多深。许多在此之前还相互仇视的群体，联手走到了一起。许多不相往来的城市，还有那些长期敌对、彼此不睦的省份，坦率地站在彼此面前，伸出双手，友爱相待。然而，当时那些大人物几乎都没怎么注意到这个完全新起却令人惊心的现象。如果王后和宫廷意识到这点，他们也就不会

再做无用的挣扎了。在海水上涨的时候，谁还敢逆潮而行呢？

所以，王后从一开始就错了，而且还一直错了下去。10月6日事件，在她看来是奥尔良公爵的刻意安排，是她的敌人给她布下的一个局。王后选择让步，然而在离开之前，她恳请国王为了自己的儿子着想，前往巴黎只为一个目的，那就是静等机会、远走高飞。①

国王到达巴黎的第一天，巴黎市长就恳请他在这里常住下来，说国王的居所是帝国的中心之所在。但他只从国王那里得到这样一个回答："他将很乐意把巴黎当作自己最惯住的地方。"

9日，国王发表了声明，说如果他不来巴黎的话，担心会造成一场大乱；而眼下宪法已定，他计划巡游各省；他抱着希望，希望各省表现出友爱精神，希望它们能支持国民议会，等等。

这封含糊其词的信似乎是在怂恿保皇派递上请愿书，结果反而促使巴黎革命公社下定决心，也给各省写了一封信。它说，自己之所以将那个差点让新建起来的稳定局面毁于一旦的阴谋给遮掩过去，是希望能够通过此举让各省放下心来，不去理会某些暗示；它真诚地向王国上下所有市乡表达了博爱之情。

王后拒绝接见前来向她致敬的巴士底狱胜利者。她见了集市女贩，但也只是遥遥地接见而已，中间隔着一大群宫廷妇人，看样子是想让她们帮自己免去和这些平民妇女的接触。她这样做，其实就是在疏远一群坚定的保皇阶级，因为许多集市女贩都对10月6日事件持反对意见，还亲手阻止了某些目无王法、溜进屋里抢钱的妇女。

王后这种愚蠢的行为，根本不利于俘获民心。从10月到来年3月，几乎每个月都有新的阴谋被抖露出来（奥热阿尔、法弗拉、马伊布瓦

---

① 博留，Ⅱ，p.203.——原注

等)。当宫廷的一场场阴谋只落得个流产夭折、被人揭穿的下场后,身居阴谋最中心的她,难道还能逃得了干系?

10月25日,人们逮捕了王后的掌玺大臣奥热阿尔(Augéard),在他家中找到一份要把国王带到梅斯去的计划方案。

11月21日,在议会中,被马鲁埃激怒了的调查委员会指出:又有人制订了一个意图把国王带到梅斯的新阴谋,而且马鲁埃本人对此事是一清二楚。马鲁埃对此无言以辩。

12月25日,人们逮捕了法弗拉侯爵(Favras),因为他也想带走国王,为此在巴黎招兵买马。如果有人在有计划地不断扰乱民心,想让人民在怀疑和忧虑中失去理智,所以才制订出如此层出不穷的阴谋、诡计和陷阱,那他这么做完全是适得其反。每一次蹩脚阴谋的曝光都在告诉人民:国王时刻准备逃跑,要率领军队回来困死巴黎。

如果当时自由的地位已经得到巩固、各方的抵抗已经没有那么强烈,那人们大可以敞开大门,放国王、王后出去,把他们带到他们真正该去的地方、带到边境,把他们当作礼物拱手送给奥地利。

然而在风雨飘摇、国事蜩螗之际,领导人民的又是一个整天只知道在那里空想的议会,还有布耶、海军军官、布列塔尼贵族这群说干就干的人随时准备造反,人民怎么可能轻易放走国王这么重要的人质,怎么可能轻易让这些势力得到它们正缺少的东西——团结?

所以,人民不分昼夜地监视着杜伊勒里宫,在它边上转来转去。除了自己,他们谁都不信。每天早上,他们都会来看看国王还在不在。问了国民自卫军以后,又会再去问问国民自卫军统领。谣言遍地流传,再被激进的报纸进一步渲染夸大,后果可想而知。而这些完全在那里碰运气瞎猜的报纸,偶尔还真能瞎猫撞上死耗子,揭发一两个阴谋出来。温和派的人义愤填膺，对这一切矢口否认，表示绝不相信。可是到了第二天，被揪出来的阴谋一个也没少。这一切造成的结果，就是10月份里根本没被囚禁的国王，在11月、12月份真的沦为阶下之囚了。

王后错失了拉法耶特和米拉波携手合作的这个良机，这个不可再来的唯一良机（11月末）。

她不愿意被大革命拯救，不愿意被米拉波或拉法耶特拯救。作为洛林王朝的真正公主，她很勇敢，但记仇心也很重，只想赢得胜利、施展报复。

王后在玩火自焚。英国的亨利埃塔①当初在一座神庙里说：无论发生什么，王后是不会被淹死的。很明显，她信了这句话。

当时,玛利亚-特蕾莎马上就要撒手人寰了，但依然没有咽下最后一口气。母亲传奇的一生深深地影响了女儿，却是以错误的方式——母亲赢得了人民的拥护，而女儿却把人民变成了自己的敌人。

10月6日之前，拉法耶特还不怎么偏向于保皇派立场，然而从那天开始，他就从心底变成了保皇党人。他救了王后，护国王周全，为了这些事情忙前忙后、尽心尽力。他为了维持治安而付出了巨大心血，于是迫切渴望当局能够重掌权力。拉法耶特曾两次给布耶写信，请他和自己联手保护王国。后来布耶在回忆录里，为自己当初完全不听拉法耶特的话而后悔不已。

拉法耶特赶走了奥尔良公爵，这件事深得王后欣赏。他像一个努力追求女孩儿欢心的毛头小伙子一样，紧紧追在王后后面。看着这位可说是个大忙人的将军整日都跟在王后后面，随她去教堂、去参加弥撒、看

---

① 亨利埃塔·玛利亚·德·法兰西（Henriette Marie de France，1609—1669年），法王亨利四世的女儿，嫁与英王查理一世，是查理二世和詹姆斯二世的母亲。——译者注

她领复活节圣体，这种场景也算得上稀奇了。①

为了王后，为了国王，拉法耶特克服了自己对米拉波的厌恶之心，和他有了联络。

早在10月15日，米拉波就通过他的朋友、王后身边的一个人——拉马尔科（Lamarck），递上去了一封表明忠心的信函，然而这封信根本就没被送到国王跟前。20日，米拉波又写了一封信，不过这一次的收信人变成了拉法耶特。拉法耶特和这位演讲家碰面，然后把他引见给了蒙莫兰部长。

这是一次从天而降、令宫廷意想不到的救命机会，然而米拉波却在它那里遭到了冷遇。他希望国王能将全部开支压缩到一百万法郎，并且离开——不是去梅斯，而是去鲁昂，再在那里发布一系列比议会法令更得人心的命令。②既然国王表现得比革命还要革命，那内战就绝不可能发生了。

这一套奇怪的方案，只能解释这位天才是何其自信又何其轻信于人！就算宫廷真的接受了他的计划，就算它真的愿意装装样子，那也是为了第二天把米拉波送上绞刑架而已。

从11月开始，米拉波就一直在等，等着他想拯救的那些人给他所需要的东西。他要进入内阁，同时还得保住自己在国民议会中的领导地位。所以，米拉波需要宫廷给予支持，需要保皇派议员和他串通一气，或者至少保持沉默也行。可是事情根本不像他所想的那样。掌玺大臣警告、煽动起了许多议员——甚至还有许多反对派议员——来反对他的方案。同时还有人在内阁和雅各宾俱乐部（该俱乐部才建立不久）里面

---

① 我觉得，拉法耶特也想借此向他那位虔诚贞德的妻子献殷勤。复活节这场盛事之后，他马上就给她写了一封信。——原注

② 请看德罗兹先生在他的历史著作中引用的篇章，以及《米拉波回忆录》里的相关内容。——原注

活动，目的就是要让米拉波寸步难行。两位正直人士，右派的蒙特洛耶和左派的朗汝内，也从中作梗。在他们的提议下，议会颁布法令："任何在职议员，在任期间以及任期结束三年之内，都不可接受官位。"所以，保皇派成功地让内阁朝这位伟大的演讲家、朝这位未来也许会是他们的中流砥柱的人关上了大门（11月7日）。

我们说过，王后不愿意被大革命拯救，但她也不愿被流亡贵族和亲王贵胄拯救。她太清楚阿图瓦伯爵了，知道他有几斤几两。她也不信任大亲王，因为后者天性虚伪、颇有城府、心思深不可测。

那她还有什么希望呢？还有什么打算呢？还有什么秘密武器呢？

不能去指望德朗巴勒夫人[①]这个漂亮而又无能的小妇人[②]，她虽然是王后的密友，却没有头脑、不善言辞，根本不足以承担这个沉甸甸的责任。她看上去似乎成了宫廷的聚焦点，把玛丽-安托瓦内特在花神楼底层[③]那个真正称得上沙龙的聚会操办得无比雅致。那里成了许多贵族的常去之处，成了一群冒失浅薄、鼠目寸光、害人害己的人的聚集地，他们还以为现在仍是投石党运动时期似的，自己单凭辛辣的讥讽、尖刻的词语和歌谣就能主导全局。人们在那里读《使徒行传》[④]，唱起了某首感叹国王被俘的抒情曲，所有人，无论是敌还是友，听到这首曲子都是泣不成声。

玛丽-安托瓦内特只和贵族保持往来，和教士们关系却并不怎么近。她不是一个多么信教的人，她的哥哥约瑟夫二世更不是。

---

① 德朗巴勒夫人（Mme de Lamballe，1749—1792年），安托瓦内特的密友，曾任王后宫女长，后被勒利夫人所顶替。因为对王室忠心耿耿，1792年在审讯中拒绝与王后划清界限，于是当街被杀，其首级被挂在玛丽-安托瓦内特监牢的窗口，令王后一夜白头。——译者注
② 只能说漂亮，但离美还很远。她脸部轮廓很小，前额很短，后脑平平。据德丽夫人所说，她的手有些粗胖。凡尔赛宫中的画像非常清楚地勾勒出她的出生身份——一个来自萨瓦的贵族女子。她的秀发藏在香粉后面，但是（唉！"但是"这个词出现得也太频繁了！）那么浓密、那么动人。——原注
③ 卢浮宫西南角的一处建筑。——译者注
④ 大革命时期的一份右翼报纸。——译者注

贵族算不上一个派系，只是一个人数众多但四分五裂、一盘散沙的阶层而已。然而教士却组成了一个派系，而且是一个紧密团结起来、拥有强大的实际力量的派系。因为神甫和主教之间暂时存在分歧，这一派看上去似乎衰败了下去。然而教阶制度的力量、团体精神、教皇以及圣座的一句话，就能马上让教会重新团结起来。当时的教会通过底层神职人员，可以从大地中、在大地之子——也就是农民——身上汲取到一股未知的力量。它可以领导另一支人民来反对大革命的人民，领导旺代来对抗法国。

可是玛丽-安托瓦内特完全没有意识到这些。在她看来，这些精神领域的伟力就像一封古信一样不可捉摸。她渴望胜利，渴望得到实际的力量，渴望得到布耶和奥地利的帮忙。

当8月10日人们在铁盒子里发现了路易十六的手信时，大家从字里行间中惊讶地发现，在结婚的最初几年里，路易十六觉得自己的年轻妻子纯粹是一副奥地利官员的样子。①

当初这桩婚姻是舒瓦瑟尔②一手促成的，但路易十六并不愿意和这个家族联姻，因为它代表着双重的敌人身份——洛林和奥地利。路易十六不得不接受了王后的家庭教师、玛利亚-特蕾莎派来的间谍——神甫维尔蒙（Vermond），但一直对其持不信任态度，十九年没和这个维尔蒙说过一句话。

我们都知道，那位虔诚信教的女皇给自己大家庭中每个人都分配好了角色，尤其擅长把自己的女儿打造成政治棋子。通过卡洛琳③，她控

---

① 他监视了她与维也纳的往来通信，中间传信人是她非常信任的杜古（Thugut）。《布里索回忆录》第四章第120页引用了其中一封信，日期是1774年10月17日。——原注
② 舒瓦瑟尔（Étienne Franôis de Choiseul，1719—1785年），法国将领、政治家、外交官，路易十五时期的重臣。——译者注
③ 卡洛琳（Marie Caroline d'Autriche，1752—1814年），那不勒斯和西西里国王的王后，安托瓦内特的妹妹。——译者注

制了那不勒斯；通过玛丽-安托瓦内特，她又打算控制法国。玛丽-安托瓦内特的首要身份是洛林人、奥地利人，她缠了路易十六整整十年，要他把内阁交给洛林人舒瓦瑟尔，而后者却是女皇那边的人。不过，她至少成功让路易十六接受了布勒特伊，此人和舒瓦瑟尔一样，最初的身份是维也纳大使，也完全效忠于这个朝廷。最后，正是因为受他影响（就像王后受维尔蒙的影响一样），路易十六才抛下顾忌，把一个不信神者——图卢兹大主教①找来当首相。

玛利亚-特蕾莎之死，以及约瑟夫二世说的那些关于凡尔赛和他那个妹妹的严重的话，似乎应该减轻王后对奥地利的信任之心才对，然而她当时反而促使国王掏了几百万法郎出来——约瑟夫二世本来打算从荷兰人身上勒索出这笔钱来的。

1789年，王后有三个心腹和谋臣：维尔蒙，永远的奥地利人；布勒特伊，还是奥地利人；还有梅尔西·达尔让多，这又是奥地利大使。而老梅尔西背后的主使人，便是奥地利君主国那个七十多岁的部长，考尼茨老亲王。这两个妄自尊大的人几乎像小老太太似的，成天只关心服装打扮这些无聊琐事，却跑来指导法国王后。

多么致命的指点，多么危险的结盟。当时奥地利自己都已经乱成一团，根本顾不上玛丽-安托瓦内特。它纯然成了她行动上的一个绊脚石、一个只会帮倒忙的向导，为了奥地利的利益而唆使她做出种种荒谬的行为。

这个虔诚信奉天主教的奥地利，在约瑟夫二世的领导下变得有些出世和漠然了，做下许多人心大失的事情。匈牙利本来是它手中的一把武器，结果这把武器却反向它刺了过来。比利时的教士们把尼德兰从它手中夺了过来，而且此事背后还有三个强大的新教国家提供支持：英国、荷兰

---

① 即布里安。——译者注

和普鲁士。而在此期间，奥地利又在做什么呢？它转身背向欧洲，在土耳其的沙漠中匍匐前行，为了俄国的利益而消耗掉自己最精锐的军队。

皇帝的情况也不比帝国好多少。约瑟夫二世患有肺病，半死不死地苦苦挣扎着。在处理比利时事件的时候，他表现得朝三暮四、反复无常，令人只能摇头兴叹。一开始他发一通雷霆大火，威胁着要采用烧光杀光的野蛮手段，把整个欧洲都给吓住了；然后（11月25日），又是毫无底线的原谅和大赦，让人简直大跌眼镜。

如果比利时革命在法国大革命那里寻到了支持，那奥地利早就完了。①

当时，整个世界都以为这两场革命将在行动和步调上保持一致。我们那位才高八斗的记者，卡米尔·德穆兰，迫不及待地把这两姐妹的希望连在一起，连他的报纸名字都是《法国和布拉班特革命报》。

而困难在于，它们一个是教会革命，另一个是哲学革命。

比利时也知道不能指望它的保护者，也就是那三个新教强国，应该向我们求助才对。尼德兰教会的人、天主教乌合之众中那个最大的煽动者——冯·德·努②，大胆给议会和国王写了一封信。但这封信被退了回来（12月10日）。路易十六变成了皇帝的贴心妹夫。③议会对教士发起的这场革命也是鄙夷态度。完全处于奥地利大使掌控之下的杜伊勒里宫，最后把正直的拉法耶特麻痹过去了，而拉法耶特又把议会麻痹过去了。

---

① 只要发生一场激烈的运动，甚至是反革命运动，都能让它蒙受巨大损失。举个例子，如果我们主教得到了国王的支持和某些好处，其阴谋得以施展，那他们的成功就会鼓舞那些把奥地利赶走了的比利时教士。此时，奥地利就得想办法去走温和路线甚至是开明路线，以此笼络比利时的进步人士，而后者温和的自由主义又和拉法耶特的思想极为相近。那时，如果拉法耶特对这些进步人士伸出援手，他们肯定就会拒绝奥地利的帮助，转而接受法国的支持。所以，奥地利的利益完全维系在我们国家身上，它不可能再有第二条路。——原注

② 冯·德·努（Henri van der Noot, 1731—1827年），生于布鲁塞尔，是一名律师、政治家和作家，1789年积极投身到为奥地利从尼德兰赶出去的暴动革命中。奥地利在比利时的蒂伦豪特战败后放弃比利时，他便以胜利者的姿态回到布鲁塞尔。后来奥地利收回失地，冯·德·努流亡荷兰，向同胞写信提倡和法国联手。——译者注

③ 我绝不相信，杜伊勒里宫曾认真考虑过一些人说过的、让奥尔良公爵去当布拉班特国王的这个想法。讨他欢心的真正办法，就是表现出尽力为奥地利皇帝考虑的样子。而里尔的统帅李瓦罗（Livarot）就是这么做的。（《未出版的信》，1789年11月30日，1790年12月13日）——原注

王后的手下拉马尔科在12月时离开法国，为了比利时、为了自己的同胞，拔剑反抗奥地利。他此举得到了王后的应允，也就是说，得到了奥地利大使的应允。他们希望拉马尔科这位受人爱戴的大贵族、一切革新的友好人士，能够充当调停者，说不定他还能让当时的胜者比利时接受一个平息风波的折中办法，接受一部由奥地利亲王主持立下的折中宪法。靠着"宪法"这个词，他们依然还在麻痹拉法耶特。

在比利时教士和贵族阶层眼里，拉马尔科此人极其可疑，然而他却赢得了那些被称为进步人士的人的信任。当时奥地利为了瓦解它的敌人，也自称是人类进步的朋友。博爱主义者、改革家利奥波德二世登基继位之后，人们对这个谎言更是深信不疑了（2月20日）。

于是王后间接参与了这一切，犯下大错。她和教士的关系本应该越来越紧密才对；而和教士相抗的奥地利，它和教士的利益完全是对立的。

王后的想法很明显：如果皇帝处理好了比利时事务，终于从内乱中抽身出来，那时她就可以得到皇帝的庇护，以雷霆之势向大革命宣战，也许那时她的哥哥还能抽出几支奥地利军队，去加强布耶那支小小部队的实力呢。

多么糟糕的算计！所有这些战线拖得太长，而时间正一分一秒地过去。指望极度自私的奥地利，这根本就是远水解不了近渴，何况人们还完全吃不准这远水能不能来。

但不管怎样，这对郎舅终于还是抱成一团、步调一致了。在同一个月，路易十六和利奥波德相继宣布他们是自由之友、是宪法制度之虔诚守护者，等等。

两人面临的国情根本不同，却采取了同样的做法。利奥波德在重新夺回比利时这件事上干得非常漂亮，他瓦解了自己的敌人，巩固了盟友的实力。路易十六则恰恰相反，别说什么巩固友方实力，他这次突然转变立场，反而把朋友们甩进深深的失望之中；他把教士和贵族搞得措手不及，而这两个阶层却是反革命主力军。

温和派中的内克尔、马鲁埃，还以为国王公开宣扬自己近乎革命性质的宪法信仰之后，就能一跃成为大革命的领袖。当初亨利三世的谋士也是如此，让国王宣称自己是神圣联盟领袖，因此走下一着错棋。没错，当时的时局的确对国王有利。1月份的社会动乱，重重敲响了财产所有权的警钟。人们觉得在这样一个巨大的社会利益面前，什么政治利益都得让它三分。在风雨飘摇之时，权力机构根本找不出一个可以力挽狂澜的守护者。一方面，它实际上已经死亡了，而另一方面，如拉梅特兄弟中的一个人所说的那样，*它在制造死亡*。许多人已经有了革命精神，甚至是太有革命精神了。失望之下，他们为了和平和团结甘心放弃了自己织造的美梦。

在同一时期（2月1日至4日），两件具有相同意义的事情发生了。

首先，*公平者们*（马鲁埃、维里约等人）的俱乐部成立了。从这些人的宣言来看，他们所谓的公平就是*还权于国王、还地于教会*，就是教会财产转让与否取决于各省意愿。

2月4日，国王突然来到议会，发表了一篇感人至深的演讲，让所有人无言以对、心生恻隐。最出人意料的是，国王居然对这个导致他的权力和地位一落千丈的宪法制度抱着隐隐的热爱！他讴歌它、赞美它，对重新划分行省的模式更是双手赞同。他只向议会提了一个建议：将一部分改革稍稍延后。国王为当前的混乱局势忧心忡忡，他得去保护、安慰教士和贵族；然而无论如何，他仍是宪法的朋友。

所以，他来到了正为重建社会秩序而忙得焦头烂额的议会，似乎在说：你们不知道该怎么办吗？要不，把权力还给我吧？

国王这次御临议会，取得了惊人的效果。议会失去了理智，巴雷尔满脸都是泪水。国王离开了，人们还紧紧追在他的身后。人们来到王后宫殿，王后和王太子一道接见了议员，她还是那副高高在上、又无比亲善的样子。"这是我的儿子。"她说，"我要教他学会珍惜自由，我也希望他能是自由的支持者。"

那一天，她再不是玛利亚-特蕾莎的女儿，而是利奥波德的妹妹。没过多久，她的哥哥就发表了一份虚情假意的宣言，说自己是自由的朋友，是比利时宪法制度的朋友。这位皇帝甚至对比利时人这么说：毕竟，他们是有权拿起武器反抗皇帝的。

再把话题说回来。当时议会兴奋得近乎谵妄，几乎都不知道自己姓甚名谁了。议会全体起立，宣誓效忠于一个根本都还不存在的宪法。看台上的群众也沉浸在狂喜之中，沉浸在一种不可想象的热情里。市政厅、沙滩广场、大街上，所有人都在宣誓。人们唱起了《感恩曲》，整个城市整晚灯火通明。为什么不高兴呢？革命已经结束了，彻底结束了。

从2月5日至15日，巴黎和各省举行了一连串的庆祝和狂欢。无论哪个地方的公众场所，人们都在争先恐后地宣誓，学校教员和孩子们也成群结队地前来宣誓。到处一派热闹欢腾、喜气洋洋的景象。

许多自由卫士都在为这场运动感到忧心忡忡，担心它会朝着有利于国王的方向发展。这种想法简直大错特错！大革命是何其浩瀚和强大啊，在这样一个上升性的运动中，所有新发生的事情，无论它们眼下对革命是有害还是有利，最终都将促进革命的发展，推着它越走越快。这次宣誓事件里所发生的，不过是在任何激情的促使下都会发生的事情罢了。每个人都在发誓，然而他们纯粹只在表达自己内心的情感而已。他们可以向国王发誓效忠（不过国王什么也没听到），也可以向祖国发誓效忠。

在奏起《感恩曲》的时候，人们注意到国王没有来圣母院，没有如大家期待的那样站在神坛上宣誓。他可以撒谎，但不能立下伪誓。

从2月9日开始，当庆典还在持续的时候，格雷古瓦尔和朗汝内就提醒说：当前之所以骚动此起彼伏，是因为8月4日的法令没有得到执行；人们不应该操之过急，但也要有所进步才对。

保皇派企图还权于王、还军于王，然而他们根本没能达成目的。莫里试图耍些手段，提议军队有权在未经市镇当局授权的情况下就自行行动，起码在农村地区应当如此。卡扎莱斯甚至大胆提出一个可笑的建议，说可以给国王三个月的独裁专制权。这未免太卑劣、太赤裸了！米拉波、比佐和其他人，直接宣布说人们不能信任行政权。议会只信任各市镇局，给了它们全权的行动权，让它们自己去平息它们可以平息下来的骚乱。

卡扎莱斯之所以如此大胆放肆地提出这个建议，是因为他说话的那天是2月20日。而在18日，似乎为了表达宫廷的真诚和善意，一场流血的祭祀上演了。

宫廷它当时手上拿着两个案子——贝森瓦案件和法弗拉案件。

因为7月14日中的表现而被控告的贝森瓦，其实只在执行他的上司、首相的命令，执行国王的命令而已。然而，如果判他清白，那就是在判攻占巴士底狱这件事有罪，那就是在判大革命有罪。何况他还是王后的人、特里亚农派的前心腹成员、舒瓦瑟尔的旧友，而且和舒瓦瑟尔一样也属于奥地利阴谋集团。

宫廷对法弗拉则没那么上心。他本就是大亲王的人，其使命就是为了大亲王而除掉国王。就如某些最高法院法官和亲王的友党提议的那样，如果人们将国王停职，那大亲王很有可能当上监国甚至是摄政王。拉法耶特在回忆录里也说，法弗拉其实应该在一开始就刺杀巴伊和拉法耶特才对。

法弗拉在12月25日晚被捕。极为害怕的大亲王做了件奇怪的事——前去为自己辩解。去哪里辩解呢？在法庭面前？不，在巴黎市政厅面前。但市政官员根本没有任何资质去受理此案。大亲王抛弃了法弗拉，说他对法弗拉所做之事一概不知，还虚伪地卖弄自己对革命的感想、对自由的热爱。

法弗拉则表现出勇敢无畏的气概，死中求生。他为自己做了一场出色的辩护，言辞掷地有声，而且没有连累任何旁人。有人暗示他，他最好死得别太招摇。法弗拉懂了，也这么去做了。无论漫长而残酷的审判也好，在圣母院公开耻辱认罪也罢，他坚强的意志从未遭到动摇。在沙滩广场的时候，他还要求立证，然后（2月18日）在火把中被吊死。这是第一次贵族被吊死。人民当时又是狂暴又是焦躁，总觉得宫廷会出手相救。法弗拉的相关文件被一个行政官员收集起来，后来（据拉法耶特所说）被这位官员的女儿交给了当时已是国王的大亲王，然而后者急急忙忙将其全部销毁了。

行刑之后的那个礼拜日，法弗拉的遗孀和儿子一身黑衣参加了国王和王后举办的宫宴。保皇派还以为他们两人会对受害者家属稍加宽慰和弥补，然而王后连眼睛都不敢抬起来。

他们当时就意识到宫廷已是无能为力了，就算自己对宫廷再怎么忠心耿耿，也别想从它那里得到多少支持。

从2月4日开始，从国王拜访议会、宣扬自己的革命信仰开始，保皇派的热情就已被重重泼了一盆冷水。米拉波子爵当场将佩剑折成两段，绝望离去。还能想什么呢？还能相信什么呢？保皇派选择相信国王是自己这一派人的骗子、叛徒、逃兵。国王再不属于保皇派了？或者说，他为了救下一小片破碎的江山，就把他的教士、他那忠心不贰的贵族牺牲了？

布耶对自己要去做什么事一片茫然，又无人前来告知详情，陷入深深的失望之中。许多贵族、陆军和海军军官也是这样的想法，纷纷离开法国。布耶本人也请求离开，去国外为王室效劳。但国王让他留下，说自己将来有用得着他的地方。人们太急切地去期盼和相信了，以为革命在7月14日就已结束，然后是10月6日，再然后是2月4日；到了3月份，我觉得再没人会相信革命已经结束之类的话了。

但这有什么关系！对已经从摇篮中成长起来的自由来说，这些抵抗根本不足为惧。它不久前才战胜了最可怕的敌人——混乱和无政府状态。农村流寇攻打城堡的战争，四处蔓延、愈加威胁到整片国土的动乱局势，所有这些麻烦一下子全被解决了。1月至2月的运动，在3月份已经平静下来。当国王以公共和平的唯一保障者的身份出现时，当议会忙得焦头烂额却没有任何办法重建社会秩序时，法国靠自己重归平静。博爱的激流胜过了法律的约束，当局怎么也解不开的死结，被全民上下齐心一致地解开了。各个城市全城戒严，还去农村地区保护城堡，保护它们的敌人——贵族。

大团结运动还在继续，而且一天比一天还要壮大，大有排山倒海之势。它无须动手，只单单露一下脸，就足以震慑住法国的两个敌人——一个是无政府状态、是流寇，另一个则是反革命。不仅人烟相对稀少的南部地区聚集起来，连北部大省中的人口密集区也团结起来了。在香槟，有十万人结成联盟，洛林也是十万人，还有孚日、阿尔萨斯等省，全都团结起来。

这是一场伟大的运动，没有私心，也没有猜疑。所有人聚在一起，所有人联合起来，所有人结为一体。巴黎召唤各省，想把所有市乡都团结起来。没有一丝嫉妒之心的各个行省，渴望联手的心情更是迫切。布列塔尼在3月20日要求法国每个地方都出千分之一的人派往巴黎；波尔多则请求为7月14日举办一场民间庆典。这两个提议马上就合二为一——法国将召集全国上下参加一场为新的信仰而首次举办的盛大庆典。

第6章

后事——王后与奥地利——王后与米拉波——军队

奥地利争取到了欧洲的支持——它提议笼络米拉波（3月）——宫廷和米拉波协商的过程中态度不明——米拉波打响了新的惊雷（4月）——米拉波在俱乐部中影响甚微——米拉波被拉拢过去（5月10日）——米拉波向国王建议取得战争创制权（5月22日）——米拉波和王后的谈话（5月末）——士兵和人民亲如一家——宫廷以为赢得了士兵的支持——旧军队的悲哀——军官的傲慢无礼——军官企图让士兵和人民对立起来——海军和士兵重受尊重

　　法弗拉的阴谋，便是大亲王的阴谋；而（3月被发现）马伊布瓦（Maillebois）的阴谋则和流亡在外的阿图瓦伯爵脱不了关系。宫廷没有忘记他们，但似乎更愿意采取王后的掌玺大臣奥热阿尔在那封被发现的信件里提出的建议，那就是玩弄手段、静等时机、佯装信任之态、拖上五六个月。

　　对维也纳、对巴黎，都是一样的话。

　　利奥波德还在谈判。他让那些所谓的自由政府、那些假冒的革命派（我指的是英国和普鲁士）受到严峻考验，把它们直接放在大革命面前，于是它们脸上的面具逐渐戴不住了。利奥波德对英国人说："如果我不得不将一部分尼德兰让给法国，你们会高兴吗？"于是英国往后缩了；因为有了这层顾虑，它便死了对奥斯坦德①的觊觎之心。而对普鲁士人，对全体日耳曼人，他又是这么说的："我们那些持有阿尔萨斯②却没了封建特权的日耳曼亲王，难道我们就不管他们了？"于是，之前已经替这些亲王贵族说过话的普鲁士，在2月16日宣布要实行帝国权力、向法国讨个说法。

当时整块欧洲被分成两个阵营，一边是奥地利和俄国，另一边是英国和普鲁士，但由于对大革命抱有共同的仇恨，各国逐渐走到了一起。只有一点：信奉自由的英国和崇尚哲学的普鲁士，尚还需要一段时间下定决心从一极转向另一极，它若这么做，那就是在揭穿自己、背弃自己、否认自己、承认自己是自己的敌人的这个真实身份。奥地利应该也能理解和迁就这场值得尊敬的羞耻和谨慎的斗争。所以，它得等待，但也有无限的争取空间。要不了多久，所有正义人士都将达成共识了。而孑然一身的法国，它将怎么办？奥地利有了欧洲在背后支持，立刻就要把它压得死死的，让它从此再无法翻身！

在等待期间，奥地利还尽其所能地对法国和比利时的革命派灌各种迷魂汤，竭尽全力要麻痹他们、分裂他们。

从（2月20日）利奥波德登基称帝开始，从他发表那篇奇怪的宣言开始，从他说自己接受比利时的革命理念、承认它那场反抗皇帝的暴动的合法性开始（3月2日），他的大使梅尔西·达尔让多就让玛丽－安托瓦内特下定决心，克服心中的憎恶情绪，去接近米拉波。

然而，不论这位演讲家是多么容易打交道，虽然他永远需要钱，但要

---

① 比利时的一个城市，位于弗拉芒大区。——译者注
② 法国东北地区名、旧省名，在17世纪以前属于神圣罗马帝国的领土，以说德语的居民为主，后成为哈布斯堡家族统治的领地，三十年战争后根据《威斯特伐利亚和约》割让给法国。——译者注

亲近他也并不是件容易事。当他还有用的时候，宫廷鄙视他、拒绝他；当一切俱损，甚至也许是什么都完了的时候，宫廷又找到了他。

11月，它和革命立场最坚定的议员联手，永远封杀了米拉波的内阁之路。现在，它又把他叫了过来。

在步步走错、着着失策之后，在三次阴谋都以流产告终之后，它又叫米拉波去做一件不可能做到的事。

奥地利大使把一个人从比利时召了回来，他就是拉马尔科。此人和米拉波私交甚密，又完全忠于王后，是最好的中间人人选。

拉马尔科回来了。3月15日，他向米拉波打开了宫廷的大门，却发现后者反应十分冷淡。聪明的米拉波察觉到宫廷这次完全是要把自己拉下水和它一起溺死。

在拉马尔科的督促下，他给出回答：除非打出自由的大旗，否则王位绝难复起；此外，若宫廷还有他想，那他不仅恕难从命，还会出面制止。话已至此，那该如何让他放心？何况就在不久之前，米拉波还在议会面前说自己对行政权是多么不信任。为了打消米拉波的顾虑，路易十六给拉马尔科写了一封信，说他没有其他要求，只希望得到法律限制之下的权力。

宫廷这边在抓紧时间和米拉波接触，那边又和拉法耶特展开了另一场协商。国王写信给拉法耶特，表达了自己对他的全心信任之情。4月14日，他向拉法耶特请教他对王室特权的想法，拉法耶特也直言不讳地表达了自己的观点。

老实说，宫廷到底想干吗？它纯粹是在拿拉法耶特取乐，在麻痹他；它纯粹是在减弱米拉波的影响力，在拖他的后腿，把他牵扯进不同立场之间的拉扯中，甚至在损害他的名誉，就像它曾经让内克尔的声誉一落千丈一样。在毁灭自己的拯救者时，宫廷出手从来都是那么老到。

也就是在同时，王后的哥哥利奥波德用同一种办法，和比利时的**进步人士**展开了谈判，让他们名声大败，随后，再去诱使这些正遭到人民威胁、揭发和驱逐的人，让他们产生欢迎奥地利入侵、再次夺回比利时的想法。①

这对兄妹的做法如此一致，让人怎么相信这纯属巧合？

在对宫廷产生信任之前，米拉波理应三思而后行才对。当时，国王在议会步步紧逼的情况下，把那本著名的**红皮书**交了出去（我们马上就会说起它）。他这么做，便是把无数人的名声也交了出去。接下来，所有秘密年金享受者都发现自己成了打油诗和讽刺歌谣里的主角，在街头巷尾中被人嘲笑和奚落。如果哪天宫廷觉得米拉波没有用了，谁能保证它不会把他们之间的契约也给抖出去呢？此外，宫廷在和米拉波协商过程中的表现也完全不能叫人放心，一副时进时退、三心二意的样子，它从不将自己什么事推心置腹地告诉米拉波，反而不断过问他自己的隐私、他对自己这一派的看法。

对待这么一个人，这套方法是行不通的。你要么把他当朋友，要么把他当敌人，要么和他热情相拥，要么和他决斗至死。不论米拉波内心多么倾向于保皇派，像他这么一个有头脑的人，是不可能完全受宫廷蒙蔽的。在等待期间，米拉波并没停下自己的脚步。作为大革命的喉舌，他在任何关键时刻都有登场。宫廷可以笼络他，但不能拖住他、软化他、消解他。当时代的强音响起来的时候，那个放荡不羁、腐朽堕落的米拉波不见了，上帝进入了他的身体，祖国借着他的躯壳行动起来、打

---

① 关于利奥波德在欧洲、尤其是在比利时身上的动作，请看哈登贝赫（Hardenberg）、博尔涅（Borgnett）等人的著作。——原注

出了惊天响雷。

在宫廷拖拖拉拉、讨价还价、耍着各种手段花招的这短短一个月里（4月），响起了两声惊雷。

第一声（我们会在下一章把它和教会事件合并一起再讲），便是所有人都记忆犹新的那篇对查理九世和圣巴托罗缪大屠杀的叱喝之词："我从这里看到了那扇窗户……"，让教士们遭到前所未有的一记迎头痛击（4月13日）！

第二声惊雷，响起在有人提出议会是否应被解散的这个问题的时候。许多议员职权只有一年任期，而这一年已经过了。10月6日之前，就已经有人提议解散议会（当时这个提议是合理的）。宫廷等着议会解散的那一天，等着中间的幕间曲，等着前议会已经谢幕而新议会还没登场的这段危险期的到来。在这个间歇期间，除了国王，谁还能统领天下呢？权力一旦重新到手，宝剑一旦被重新拿起，那就轮到他来掌控局势了。

莫里、卡扎莱斯发表了一份份咄咄逼人的演讲，话里夹枪带棒、充满挑衅意味，问议会它的权力到底有没有限制，问它是否还自认为是一个**国民公会**，还在反复强调公会、议会和立法机构的差别。这些诡辩之辞让米拉波怒愤、激愤，进而申愤起来："你们问，我们这些执行官代表怎么自称是国民公会？那我来回答你们：在我们会厅被封、被密布的军刀所玷污的那一天，我们找到了第一个能把我们聚集起来的地方，宣誓宁死也不散会。就是在那一天，即便先前我们不算国民公会，此后我们就已经是了。现在，有人要在法学家那些毫无意义的术语目录里寻找这个词的定义：什么叫国民公会？先生们，你们都对下面这个罗马人的历史生平了解得清清楚楚。他为了将祖国从一个巨大的阴谋中拯救出来，不得不越权行使了法律赋予他职权之外的权力。一个居心险恶的护民官要求他发誓自己尊重了这些权力。这个狡诈的主考人出了这么一个难题,逼得执政官必须做出选择:要么发下伪誓,要么立誓、然后给人留下后患无穷的把柄。而这位伟人是这么说的:'我发誓,我拯救了共和事业。'先生们,我也发誓,我们拯救了共和!"

听了这句神圣的誓言,议会全体起立、通过法令:宪法没有完成,就绝不发起选举。

保皇派被吓呆了。然而也有许多人认为,他们党派的希望之所在——新选举,结果对他们可能会更加不利,也许选举中会诞生出一个更有仇意、更加暴力的议会。在王国上下一片骚乱、在局势愈加鼎沸的时候,谁能确保自己有一双火眼金睛呢?单单组建市镇机构,就已经把法国搅得天翻地覆了。市政机构千辛万苦才建立起来,旁边还有社团、俱乐部在死死地盯着它。社团听上去很可怕,但很管用,尤其是在这种危机时候;在层出不穷的阴谋面前,它是起了疑心的公众一个必需的工具和喉舌。

俱乐部将日渐壮大起来,不过也理应如此,这是形势的需要。当时还没到俱乐部如日中天的时候,对于法国而言,此时是联盟时期。但俱乐部已经在巴黎成为主流了。

巴黎似乎成了法国的侦察兵,它喘着粗气站在那里,它的六十个行政区联合组成一个永久性大会。巴黎还没有采取行动,但也快了。它在侧耳听着,心里忐忑不安。你要是把哨兵布置在离敌人只有数步之遥的地方,也会每时每刻都听到"警备!"的喊声。两个声音一直都在催促着它,一个是科尔得利俱乐部的呼声,还有一个是雅各宾俱乐部的呐喊。我会在下一卷书中深探这两处可怕的龙潭虎穴,但现在我还不想走进去。此时雅各宾派的性子还未定下来，仍处于幼年时期，走支持立宪的折中路线，其领导人正是杜波尔和拉梅特。

这些酝酿着骚动的实验室、这些公共监视者、这些可怕的机器（我尤其在指雅各宾俱乐部），它们和所有机器一样，有一个主要特点：个人行动基本受控在集体行动之下，无论你是多么强大的英雄好汉，在里面也失去了个人优势。在这类社团里，积极活络的庸才身居要位，天才反而无足轻重。所以，米拉波从来不愿意到俱乐部去，他不属于任何俱乐部，只是偶尔过来小坐一下罢了，在雅各宾俱乐部里待一小时后，又在89俱乐部里再待一小时（该俱乐部于5月13日成立于罗亚尔宫，由西哀士、巴伊、拉法耶特、夏普里耶和塔列朗所建）。

89俱乐部品格高雅、出手阔绰，却毫无行动力。真正的力量，还是藏在雅各宾派那座烟雾缭绕的旧修道院中。在那里，阴谋大行其道，杜波尔、巴纳夫、拉梅特这个"三恶执政"满口浅薄庸俗的废话被奉为圭臬。这些只会让米拉波更倾向于接受宫廷的提议。

多么矛盾的一个人啊！从内心看，他是怎样的人呢？是保皇派，而且仍然有贵族思想。然而从行动上看，他又是怎样的人呢？和内心完全相反的人。他一道闪电下来，就把王权劈成粉碎。

如果米拉波真想捍卫王权，那就得抓紧时间了，因为它正在一步步走向死亡。它已经失去了巴黎，外省只剩一大群溃不成军、四处逃窜的贵族。得靠什么办法，才能造出王权的缨枪呢？这正是米拉波所思考的。他打算建立一个庞大的联系网，毫无疑问，这么做肯定是为了和雅各宾派的联系网相抗衡。这就是米拉波和宫廷订下的契约的基础（5月10日）。他在自己家中组建了一个类似于公共精神思想部的组织出来。为了这个目的，或者以这个为借口，他拿到了钱，有了固定的薪水待遇。

由于他在任何事情上都是率性而为（这个性格可以说好，也可以说不好），米拉波雇用了一大群佣人，出入都是豪车接送，夜夜醉酒笙歌，在安丁路那里还买了一座至今仍得保留的小公馆。

事实已经很明朗了。更糟糕的是，米拉波居然还在左派中间，跟右派的人一道，为王权、为国王的战争及和平创制权说话。

国王已经失去了内务权，接下来又没了司法权；法官们和行政官员一样，都是树倒猢狲散。如果连战争创制权都被剥夺了，那国王还有什么王权可言？这话是卡扎莱斯说的。

巴纳夫和反对派找出成千上万个反驳的理由，但就是没说出最关键的地方——因为国王立场可疑；因为只有折断国王手里的剑，大革命才能发生；因为在所有权力中，最可怕的莫过于国王手里还有的这个战争创制权。

引发争论的契机是：英国看到比利时朝法国伸出双手，开始坐立不安了。面对这场如火如荼、四处蔓延的革命，这场凭着自己炽热的活力、靠普遍的人性（这已超越了国家性）广收人心的革命，这场完全违背了英国精神的革命，它和普鲁士、奥地利皇帝一样感到害怕了。一位才华横溢、为人却偏激狂热、又容易被收买的人——来自爱尔兰的伯克，将圣奥美尔①的一些耶稣会士扶植起来，在两院中对大革命发起了猛烈的抨击（后面有他的政敌皮特出钱）。英国没有攻击法国，但是它放弃了比利时，任它落入皇帝手中，还在世界各地找机会和我们的盟友西班牙起冲突。路易十六告诉议会，他给十四艘军舰配备上了武器装备。

因此，针对"战争创制权到底归谁所有"这个笼统问题，人们在

---

① 法国北部的一个地区，当时尼德兰的好几千革命人士在此避难。——译者注

理论上展开了漫长、宽泛的讨论。但在关乎那个重于一切的具体问题时，却几乎没人说话。所有人似乎都在闪躲、逃避，害怕直面这个问题。

巴黎可不害怕，反而把它直接挑到明面上来。所有人都察觉到，如果国王拿到了宝剑，那大革命就完了。一时之间，战争创制权成了街头巷尾热议的一个热门话题。在杜伊勒里宫、旺多姆广场、圣奥诺蕾大街，五万人在翘首以盼，焦急难耐地等着消息。时不时会有人从会厅窗户给他们投下短笺，好让他们及时了解到讨论进展。一拿到短笺，众人就迫不及待地读起上面的内容来。米拉波触犯众怒，成了千夫所指的对象。在进出会场的时候，有个人给他指了指绳索，还有个人向他示了示手枪。

而米拉波却一副无动于衷的样子。当巴纳夫占着台子发表长篇大论、以为自己抓住了可以击垮他的要害时，米拉波根本都没有留神在听，他在杜伊勒里宫、在人群的注目之下散着步，还对当时也守在那里的年轻、性格火热的斯塔尔夫人大献殷勤。

然而，他的勇敢却帮不了他什么。虽然在理论问题上，在思想和力量、议会和国王之间的自然联系方面，米拉波凭借自己舌灿莲花的本领占尽上风，可是这个玄奥抽象的问题并不能遮掩实际。

他的敌人用了一个不怎么文明、几近谋杀的方法，想把米拉波撕成碎片。他们让人撰写了一份穷凶极恶的诽谤文字，当晚就将其印刷出来，四处散发出去。第二天去议会之前，米拉波听到到处有人在喊："米拉波伯爵大叛变之事被人发现了！"危险于他而言是常事，并能大大地激发他的潜能。他打败了敌人："我很清楚，塔尔皮亚岩①离朱庇特

---

① 古罗马塔尔皮亚山的一座悬崖，在古罗马共和国时期，犯有叛国罪的人从此处被抛下处死。——译者注

神殿并不远……"

米拉波赢得了个人的胜利。然而在众人争议的那个问题上，他聪明地采取了以退为进的办法。议会就这个问题拟出一份不太冒险的提案，在该提案的第一次开庭陈述中，米拉波没有贸然出击，而是放弃表面、争取实际。议会最后的决定是：国王有权进行战争筹备工作、根据自己的意愿去指挥军队，他可以向议会提议开战，而议会无权对任何未经国王批准的条令作出决定（5月22日）。

走出会厅的时候，巴纳夫、杜波尔和拉梅特灰心短气，然而等在那里的人民群众却以为他们打赢了，欢呼雀跃地簇拥在他们身边。这三个人根本没有勇气把事实告诉人民。实际上，这次是宫廷略胜一筹。

它两次体会到了米拉波的力量：一次是4月，米拉波反对它；一次是5月，米拉波支持它。而在后面这一次里，米拉波做出了非人的努力，牺牲了民望，甚至拿生命在冒险。王后和他进行了一次谈话，根据所有迹象来看，这也是米拉波和王后之间的唯一一次谈话。

米拉波身上有一个无法掩饰的弱点。宫廷只要表现出一丝信任的迹象，经过拉马尔科的极力渲染之后（他很想把宫廷和米拉波拉到一起），这位和所有艺术家一样容易轻信于人的大演讲家就能因此想入非非。在他的脑子里，王后拥有一种从不示于人前的才华和硬气。而另一方面，他又太过骄傲、太过相信自己的力量，觉得自己的魅力大得连男人都无法抵挡，要吸引一个女人就更是易如反掌。他更希望成为王后而不是国王的大臣。大臣？或者准确说，是情人？

王后当时正和国王一起待在圣克鲁，身边基本都是充满善意的国民自卫军。在这样一种半监禁状态中，他们觉得自己还是挺自由的，每天都可以在没有警卫的监视下出去散步，经常一走就是几古里。不过还是有许多好心人无法接受国王和王后成了自己臣民的阶下囚的这种想法。有一天下午，在静寂的圣克鲁宫殿里，王后听到了细细的杂音。她打开窗帘，看到阳台下聚集着大约五十个人，有农妇、教士、圣路易老骑士，他们都在低声哭泣着，努力压制着自己的抽泣声。

米拉波无法产生类似的体会。虽然他有许多恶习，然而作为一个有着丰富的想象力和汹涌的热情的人，能当上一个沦为阶下之囚的美丽王后的依靠者、守护者、甚至是解救者，他觉得这是一种幸福。他们之间那场谈话的神秘性更激起了他内心的涟漪。为了不引人注意，米拉波去见王后的时候没有坐车，骑马赶赴约会。王后没在王宫接见他，而在一个少有人至的地方、在一座私人庭院中最高处的亭子里会面，从那里可以俯览下面的阿米德公园。当时，正值5月末。

那时的米拉波很明显已经疾病缠身、离坟墓不远了；我指的并不是他的纵欲无度，对自己身体的挥霍无度。不，米拉波完全死于人民的仇恨。一开始他大获民心，然后又成为千夫所指的唾弃对象！一开始他在普罗旺斯取得了辉煌的胜利，那时他满心觉得自己紧紧依偎在祖国的怀抱里；然后，1790年5月，人民却在杜伊勒里宫要求把他交出来，威胁要吊死他！而他呢？在这场暴风雨中，他找不到良知的慰藉，把手放在胸口处，也只能摸到早上从宫廷那里拿到的金币而已。愤怒、羞愧、模糊的希望，在这个混乱的灵魂里缠作一团、不住翻腾。带着那张晦暗、阴沉、不怎么整洁的脸，带着那双因为生病而通红不已的眼睛，带着那副臃肿肥胖、疾病缠身的躯壳，带着那凹陷下去的脸颊，那个病痛交加、伤痕累累、但还没被打倒的跋扈粗暴的米拉波，就这样骑着马，缓缓走在圣克鲁的大街上。

等在亭子里的王后，看上去也是判若两人！她才三十五岁，这是一个多么动人、可以让凡·戴克多么痴迷地去描绘的年纪啊！然而，她的脸上有了细微的变化、脸色微微泛青，显示王后正受着深深的苦痛折磨。她生病了，一种深入骨髓、无法治愈的疾病！一种身体和精神上的双重疾病！看得出来，王后在努力和它抗争。她依然高昂着头，眼睛干涸，却清清楚楚表明她每个长夜都在以泪洗面中度过。她靠自己天生的尊严努力打破外人的怀疑，这种勇气和不幸交织起而形成的尊严，让她看上去依然威不可犯。而他渴望相信她，渴望为她献身。

看到这个被世人仇恨和诋毁的对象，这个在大革命中常被提起的可怕人物，这个怪物，王后也很惊讶，发现他只是一个男人而已，而且有一种难以言明的特殊魅力，而按理说这种魅力不应当出现在一个如此刚强的人身上。根据所有证据来看，这次谈话内容十分模糊，没有达成任何结论。王后有自己坚持的想法，而米拉波也有绝不掩饰的理念，那就是同时拯救国王和自由。如此这般，他们之间怎么可能有共同语言呢？在谈话结束的时候，米拉波对既是女人又是王后的安托瓦内特说了一番既恭敬又大胆的献媚之语："夫人，当您那位威严的母亲纡尊接见她的臣民时，她从不会不让他吻吻自己的手就让其离开。"听罢这话，王后把自己的手递了过去，米拉波弯腰一吻，然后抬起头，真诚而骄傲地说了一句话："夫人，君主制得救了！"

激动万分、心满意足的米拉波起身离开，但他被骗了。王后给她在德国的下属官员弗拉赫斯兰登（Flachslanden）写信说她起用了米拉波，不过他们之间完全没有任何认真的关系成分。

甚至在米拉波以自己的民望甚至生命为赌注，让那条使得国王有了和平和宣战之权的危险法令得以通过的时候，国王还派人在最高法院档案室里寻找不利于三级会议的古老抗议书模式，想参考写出一封对议会所有法令表示抗议的秘信（5月23日）。①

感谢上帝，法国的拯救大业没有维系在这个天真而又轻信的大人物身上，也没有维系在这个满口谎言的宫廷身上。一道法令把剑还给了国王，但这把剑已被折断了、废掉了。

士兵重新回归人民的身份，来到他们中间，居民亲切如一家。

通过布耶的回忆录我们了解到，他一直在士兵和人民之间极力制造矛盾，向军队灌输对市井出身的人的仇恨和鄙视。

军官们贪婪地抓住每个机会在那里煽风点火，让这种仇恨越烧越旺，甚至还把火引到了国民议会身上，在士兵面前对其大肆抹黑。一位立场坚定的爱国者，杜波瓦·德·克朗赛（Dubois de Crancé），向议会揭露了军队的糟糕体制，指出大部分士兵都是穷苦百姓出身。他由此得出一个必然结论：对军队进行重组；要让曾经的法国精锐之师重展雄风，此事势在必行。改革重组军队的这种想法纯粹是为了军队好，但这番好意遭到了旁人的利用。军官们跑到士兵那里，反复宣传说议会是在冒犯军队。宫廷从中看到巨大的希望，以为可以借此重掌军权。内阁办公室中有人对里尔统帅写了这些意味深长的话："所有这些日子里，我们都没有抓到过多少可靠的东西。有人想把我们遗忘，想让我们变得什么都不是，然而很快，我们就是一切。"（12月8日，1月3日）

但这只是一场镜花水月的幻想！难道他们觉得士兵都是睁眼瞎，看到法国上下团结博爱的这幅动人场景会无动于衷？当祖国被重寻回来后，难道他们会抱臂旁观、独独地站在祖国大门外面？难道兵营是一座

---

① 国王把自己的掌玺大臣派去负责此事，而此人后来在流亡过程中将其透露给了蒙特盖拉尔。至于王后写给弗拉赫斯兰登的信，原信成了个人收藏品。有人读到过它，但不是我，而是档案馆的一位雇员，一位非常认真、非常有学识、非常值得信任的人。——原注

与世隔绝的孤岛，不与外界相通？

诚然，看到军队还在那里反复权衡、不表态度、选择服从军令，人们会心生不安。不过到了这个时候，它怎么可能还像从前那样置身事外呢？如果士兵盲目服从当局命令，那就是在违抗一个居于一切权力之上的至高权力，那就是在反抗他们上司的上司——法律。但若蛰伏不动，这也是不能；何况反革命不会容忍他们蛰伏不动，肯定会要求他们朝革命、朝法国、朝人民、朝向他们伸出双臂的同胞兄弟开火。

士兵认清了军官的真实面目——敌人，一个特殊的民族，一个越来越陌生、越来越像另一个种族的民族。冷血的惯犯离死亡越近，在罪恶中就陷得越深；旧制度也是如此，它越是日薄西山，就越没有公正可言。高级军阶只向宫廷出身的年轻人和受夫人们庇护的小宠儿开放；蒙巴雷部长曾经亲口说过，王后如何异乎寻常地积极向他推荐一个年轻上校。在路易十四和路易十五时期，普通士兵尚还有机会争取到低级军阶，然而到了路易十六，这些职位也只留给那些能证明自己在第四亲等范围内有贵族血统的人。法贝尔、卡廷纳、谢韦尔这些人①，到了今天绝对连中尉都当不上。

我说过（1784年）战争预算这个问题：军官享有四千六百万法郎，士兵却只有四千四百万。为什么称他们为士兵？还不如把他们叫作乞丐得了。在17世纪的时候，军饷相对来讲还多一点儿；到了路易十五时期，它简直少得可怜。没错，在路易十六统治时期，士兵们多了一份军饷，一份靠吃棍棒得来的军饷。这是在模仿那个著名的普鲁士军队训练模式，把人当机器一样驱使、当孩子一样处罚，而当局觉

---

① 法贝尔（Abraham de Fabert，1599—1662年），印刷商之子，法国元帅；卡廷纳（Nicolas Catinat，1637—1712年），地方治安官之子，法国元帅；谢韦尔（François de Chevert，1695—1769年），法国将军，出身不详，全凭赫赫军功为自己争来荣誉。——译者注

得这就是腓特烈大帝战无不胜的全部秘诀。这种模式无疑是所有体制中最大的糟粕，集所有对立坏处于一体，成了一个既机械又不机械、既无比严酷又专制至极的制度。

对士兵、市民阶级和其他任何阶层的人，军官一直都是盛气凌人、趾高气扬的态度，并毫不掩饰自己对这些人的鄙夷之情。为什么呢？他们凭什么享受这么高的功勋？只凭一点：他们舞得一手好剑。他们的专制统治建立在一个相当严重的偏见上。正因为这种偏见，要小聪明的人才能支配勇士的生命。他们甚至想在议会那里耍专制的威风；在贵族议事厅里，某些议员还拔剑阻止其他人和第三等级联合。拉布多内（Labourdonnaie）、诺阿依、卡斯特里（Castries）、卡扎莱斯，要求和巴纳夫、拉梅特决斗。有些人还给米拉波说了一些非常粗鲁的侮辱之词，以为这样就能吓住他；但米拉波岿然不动。而当代最伟大的海上人物——叙弗伦①，竟然也遭到蔑视和挑衅！有这么一件听上去极有可能是事实的事情：某个大家出身的年轻人自负到了极点，狂妄地找到这位其神圣生命只属法国所有的英雄人物，点名要和他决斗；叙弗伦虽然已到高龄，但仍然一派敦厚地做了回应，并受了一处致命伤。这个年轻人很明显在宫廷很是得宠，此事被压了下去。谁最高兴呢？当然是英国。为了这一剑，它曾动用百万雄师，也未达到目的。

人民从来没有心思去理解他们那种荣誉问题。如贝尔赞斯、帕特里斯（Patrice）等这些目空一切的人，对此很是介怀。可在共和国的军刀下，流亡贵族的宝剑就像玻璃做成似的，一碰就断了。

---

① 叙弗伦（Pierre André de Suffren，1729—1788年），法国海军元帅，在七年战争中因为和英国海军对战而扬名。——译者注

如果我们一事无成的陆军军官这么狂傲自大，那也就算了。可是上帝啊！连海军军官也是如此！自他们近几次取得胜利之后（然而这些胜利经常是军舰和军舰之间的大型对决罢了），就再也不知道自己姓谁名谁了，骄傲膨胀到可怕的地步。因为有一个海军军官干了一件有失身份的事情——经常去看望一位当陆军军官的旧日同袍，他们就逼迫此人和他的这位战友决斗，好把这个罪恶清洗干净。最可怕的是，他居然真的杀了他！

一位海军军官阿克顿①，后来几乎成了那不勒斯王。沃德勒伊之流成天围在王后和阿图瓦伯爵身边，想出许多暴虐的建议给他们洗脑。还有一些海军军官，例如伯恩翔（Bonchamps）、马里尼（Marigni）之流，在法国转头专心对付整个欧洲的时候，立刻从背后把旺代这柄匕首刺进了它的身体。

傲慢自负的军官从土伦受到了第一次打击。那里的统帅是一个难得的勇士，但为人非常自大、非常冷酷，他便是我们最优秀的将领之一——艾伯特·德·里奥姆（Albert de Rioms）。艾伯特以为自己可以靠同一套方法同时统率阿森纳和土伦这两座城市，以为可以像对待划船的苦刑犯一样震住它们，以为在绳索和藤条的鞭抽下就能保护黑色帽徽、惩罚三色旌旗。他手下的海军军官和陆军军官签订了一个联手对付国民自卫军的契约，艾伯特以为这样一来，自己就能高枕无忧了。当官员们带着国民自卫军的人过来抗议的时候，他像对待阿森纳的苦刑犯一样粗鲁地接待了他们。于是，一群愤怒的群众包围了统帅府。艾伯特下令开火，然而没有一个士兵执行他的命令。他不得不转头向城市官员们求助，才被他侮辱过的国民自卫军费了好大的劲儿去保护他，最后把他

---

① 阿克顿（John Acton，1736—1811年），意大利政治家，英国出生，1775年在托斯卡纳海军服役，1799年成为那不勒斯王国的海军统帅，然后立刻成为财政部部长，最后当上了首相。——译者注

关在单人囚室里才救回一命（1789年11月、12月）。

在里尔，也有人企图让军队和国民自卫军较量一番，甚至给其中一些兵团分发了武器。统帅李瓦罗（Livarot）（人们通过他未公开的信件了解到了这些）刺激士兵，把杜波瓦·德·克朗赛在国民议会那里针对军队说的那些所谓的侮辱之词转达给了士兵。议会不置一词，只改善了士兵待遇，给予他们无微不至的关怀，做了它当时能做的一切，例如给他们的军饷加了几苏。然而最能鼓舞士兵的事情，莫过于拉法耶特在巴黎把所有士官都编进高等军阶中的行为。那道无法逾越的障碍，终于土崩瓦解了。

旧制度下的可怜士兵，长期以来一直在沉默和毫无希望的日子里挣扎着！虽然他们比不上共和国和帝国时期的那些创造奇迹的雄师，但也配得上过他们该过的生活。我在过去的史书中读到了关于他们的一切，他们的坚韧和耐心让我震惊，他们的淳朴和善良更让我感动。我看到，在拉罗谢尔这座被饥荒所困的城市里，他们把自己的面包分给了饥民。士兵的暴君、上司，把他们所有晋封之路都封死了，然而在他们身上也只看到了顺从、尊重、温和和善良这些品质。在路易十五时期，我不知道是在哪场事件里，一个十四岁的军官才到达凡尔赛就再也走不动了。"把他交给我吧。"一个大个子的投弹手说，"我可以背着他走；如果有子弹朝他射过来，我会像救自己的孩子一样去救他。"

他们理应迎来那么一天，那公正、平等和自然的一天。能够活下来见证那一天的人，是多么幸福啊！但这也是所有人的幸福！布列塔尼多么高兴啊！在近一百年之后，它那个地位卑微的领港员，一个在迪盖－特鲁安①上用自己刚硬冰冷的手牵领胜者在战火硝烟中前行的领港员，来

---

① 从1781年沿用至今的军舰舰名。——译者注

自巴茨岛的让·罗宾（Jean Robin），在选举中得到认可，在众人一致的举手赞同中坐到了主席旁边的位置上。士兵蒙受不公如此之久，让所有人都替法国感到脸红。那一代又一代的英雄们一直遭到他们不应当承受的轻视，终生被狂傲的军官们践踏、利用，被诅咒在遗忘之中。如今通过这位光荣的士兵，希望这些法兰西的英雄也能得到追封！

第7章

教会之斗——复活节——路易十六的受难

国王的受难传奇——打开修道院引发的骚乱——教会煽动起了无知群众——教士意欲和流亡贵族相勾结——对立的教士和贵族——教会在复活节上的动作——1790年4月,议会公布红皮书——议会以教会财产为抵押,发行指券——1790年4月12日,教会要求议会将天主教定为国教

很明显,煽动士兵去对付人民这条路已经行不通了。那得改换一个办法,去煽动人民进行内斗,对抗一场纯粹为了他们才掀起的革命。

要对付联盟思想浪潮和新的革命信仰,那就只能依靠旧信仰了——如果真还有旧信仰的话。

过去的宗教狂热主义已经熄灭,就算没有熄灭,也处于沉睡之中。但教会手上一直还捏着人民的软肋,那就是他们过度的善良、盲目的同情、对他们所爱戴的人的盲从轻信、对教士和国王的根深蒂固的敬畏之心。啊!国王,这个古老的信仰,这个神秘的人物,这个身上杂糅着教士和官员双重特点的神秘人物,这个上帝的倒影!

一直以来，国王都是人民夙愿和哀求的倾听者。他俘获了多少民心啊，但给出的回报却少得可怜，这点人们都知道。王权就像一台冰冷无情的机器一样，压迫、榨取着人民。即便如此，人民依然像爱着一个人一样爱着它。

把路易十六打造成一个圣徒、一个殉难者，这对教士来说是再简单不过的事情了。路易十六平静泰然、慈祥温和、矮胖粗壮的形象（萨克森家族和波旁家族都是如此），完全就是教堂里的圣人模样，都可以拿来当作圣人像贴在正教堂门了。他目光短浅、毫无主见、平庸乏味，但那又怎么样？正是这种毫不鲜明的性格，让任何人都能被打造成传奇故事。

一篇写得无比精彩的文章流了出来，文笔简直是哀婉动人，不忍卒读。国王心怀人民，为人民着想，却因此遭到了惩罚。那些忘恩负义的小人、那群大逆不道的疯子，居然把手伸向这位伟大的父亲，伸向这位敷过上帝圣油的圣人！善良的国王、高贵的王后、圣洁的伊丽莎白女士、可怜的王长子，全都沦为可怕的巴黎城的囚徒！这样的故事能引来人们多少泪水啊！多少人会祈求上苍，为王室重获自由而祈祷啊！当女人们走出教堂时，教士低声对她们说："为可怜的国王祈祷吧！"听到这番话，哪个女人不感到肝肠寸断呢？可是，也请为可怜的法国祈祷吧！这才是当时该说的话。也请为可怜的、被背叛的、落入外族之手的人民祈祷吧！

另一篇文章也在坊间流传开来，为引发内战起到了不可小觑的作用。这篇文章旨在要求打开修道院，清点教会财产，缩减修道院数量。不过虽然缩减数量，人们也是在小心翼翼地试水而已。人们在各省为每个阶层至少保留了一所专用修道院，想留在里面的人随时都可以还俗。你想出来就出来，出来以后还可以拿到一笔年金。这种措施算是徐徐图之，完全没有操之过急。该时期的市政厅态度也十分温和，在执行过程中一副非常好说话的样子。它甚至还经常放水，马马虎虎地进行清查工作，往往只统计了一半资产，只登记了真实资产的一半价值。但那又如何？总有人拿着放大镜细细挑着毛病，让他们的工作变得更加棘手、更加危险。哪天要清点资产了，世俗浊人要在哪天把肮脏的脚踏进神圣的修道院了，这些消息事先全被传开。到了那一天，市镇官员们冒着生命危险，穿过骚动的人群，忍着女人的尖叫，不去理会修道院养出来的身强力壮的乞丐们的威胁，才勉强走到修道院大门口。法律人士们在不得已之下执行法律，上帝温柔的羔羊在和不得不执法的法律人士作对，把他们拦在门外，拖延时间，负隅顽抗，用尽一切手段要把他们撕成碎片。

这一切，是有人在背后精心策划的结果。如果就此编写一本完整详细的史书来，人们将在一个具有高度思辨性的有趣话题上得到点拨：在世人信教之心越发淡漠的年代，政治家是怎么重新煽起人们的宗教狂热主义来的？如果某个哲学家在一本书里花上一章来讲它，那肯定极有意思，章名干脆就叫《狂热崇拜的机理》吧。

教士已经没有什么信仰了，但他们把还有信仰的人找来充当自己的工具。这些人都是虔诚的信徒，一心信主，是狂热的空想派，脑子里各种诗情画意、稀奇古怪的念头从来都是层出不穷。在一些布列塔尼人身上，这些特征就更加明显了。一个海军军官的妻子，德蓬-乐维斯夫人（Mme de Pont-Levès），发表了《圣母怜悯法兰西》的小册子，一本灼热、充斥着神秘主义的书。这是一个女人写给女性看的一本书，只会扰乱她们的心智，让她们变得癫狂。

对于不识字的穷苦百姓，教会也自有它的一套办法。它故意不让他们知道什一税和教会额外酬金已被取消，对接连颁布下来的间接税取消法也是装聋作哑。不仅如此，它还把沉重的赋税全都加在他们头上，宣布要没收他们三分之一的家当和牲畜，誓要榨干土地，让贫穷大众在绝望中苦苦挣扎。

南部的动乱因素虽然有所不同，但于那些热情已经干涸的人、于那些积极躁动的人、于那些政客、于那些满肚子阴谋诡计的人来说，这仍是一个大好时机，不仅是起义的大好时机，更是组织、策划和领导起义的大好时机。

而尼姆第一次明确地喊出了抵抗大革命的真正秘诀，反革命思想和未来的旺代战争思想若真想翻身，这是它们的唯一途径：要反大革命却不靠宗教战争，反对大革命就绝对取不到任何成果。也就是说：要反对信仰，别无他法，只能依靠信仰。

当我们回想起来，回头看看从前的宗教狂热主义造成的这片荒凉废墟，才惊然于自己走过了一条多么凶险、望之令人脚底生寒的路。如果整个南部、西部，甚至整个法国都步了旺代的后尘，那只有天知道会发生什么了！

但是反革命没有其他机会。在博爱之神面前，只有一个东西能与之一抗，那就是圣巴托罗缪之夜大屠杀的幽灵。

这，就是在1790年1月初的都灵，一个来自尼姆的狂热使者在整个流亡贵族大会前提出的大致想法。这个人是普通百姓出身，身板短小，但意志强大、勇敢无畏，他一针见血地指出了问题的关键所在。

这个被特许在众亲王领主面前说话的人，名为查理·弗罗芒（Charles Froment），是一个被冤死（后来沉冤得雪）的人的儿子，只是教会一个小小财政员和打杂工而已。他一开始属于革命派，后来在尼姆发现自己在另外这一派里可以更有作为。他最开始是下层天主教徒领袖,引领社会底层的天主教徒去找新教徒的麻烦。与其说弗罗芒是个宗教狂热者,更不如说他是煽动暴乱分子、一个当代的吉伯林派。但是他一眼就发现真正的力量蕴藏在人民身上,发现得唤醒人民的信仰。

弗罗芒在会上得到了亲切的接待,人们客气地听了他的话,但没有理解到其中的真正含义。他们给了他一些钱,说蒙佩里尔统帅(Montpellier)会给他提供武器。但除此之外,他们都没意识到此人是个多么有用的人才,甚至后来他流亡国外以后,都没能从亲王贵族那里得到加入西班牙军队的许可令,让他在西班牙人和他的旧党之间起到牵线搭桥的作用。

弗罗芒在他的小册子中是这么写的:"路易十六之所以走向毁灭,是因为他有一帮哲学做派的大臣。"他其实还想无不在理地把抨击范围扩大一点。反革命派之所以整体上疲软无力,是因为它心中抱着时代哲学理念,虽然每个人的接受程度有所不同。而时代哲学理念不就是大革命思想吗?

我在(第一卷里)导言中说过,当时所有人,甚至王后、阿图瓦伯爵、贵族阶层,都不同程度地受到了新思想的熏染。

在他们看来,古老的宗教狂热主义已经等同于一门死语言了。既然已经抱了这种念头,再在人民大众中间煽动起狂热情绪,这种行为于他们而言是不可理喻的。暴动的人民,哪怕是为了他们才暴动起来,在他们眼里也是可怕的洪水猛兽。此外,还权于教会这种事完全违背了贵族当时的想法,他们一直在等着盼着,希望能看到教会被活活剥皮的那一天。这两个阶层呈上的陈情书完全是在相互对立、彼此攻击。大革命本应该让教士和贵族走在一起才对,结果他们的关系反而因此更加紧张。在某些省(例如朗格多克），取消教会什一税的这个政策，给贵族地产者带来的利益甚至超过了他们因为放弃封建赋税特权而蒙受的损失。

关于修道士的誓愿问题，人们在2月份开展了一次讨论。而会中，没有一个贵族站出来帮助教士。教士阶层只能单打独斗，苦苦捍卫着修道士誓愿不可撤销的这个古老专制规章制度。贵族和贵族的敌人一起投下了赞同票，将修道士誓愿作废，打开修道院放修士修女自由。

于是教会开始报复了。在讨论是否废弃封建课税特权的时候，就轮到贵族阶层在那里哭天抢地，哭诉说这是何其凶残、何其暴力，等等。而教士，至少是大部分教士，就这么看着贵族在那边捶胸顿足，却依然投下了反对贵族阶层的一票，在他们覆灭的大火中又加了把柴。

阿图瓦伯爵的顾问，也就是卡洛纳等人，还有王后身边的奥地利顾问，肯定和大部分贵族一样，对于抢劫教会之事是乐见其成，只要动手抢劫的人是自己就成。但他们没有利用旧宗教狂热主义这柄武器，而是更愿意向国外求援。对于后者这件事，他们倒没有一丝抵触心理。王后的亲族就在国外，贵族阶层在整个欧洲都有共同的家族、种姓和文化纽带，所以对于国家民族性这种庸俗的一隅之见，他们个个都是旷达得很。哪个法国人能比当上奥地利将军的利涅亲王更像法国人？法国哲学在柏林不也盛行至极吗？若说到英国，对于我们最进步的贵族分子来说，它简直就是一个理想国、一片自由的乐土。在他们眼里，欧洲只有两个民族，一个是正直的人组成的民族，一个就是不正直的人组成的民族。那为什么不可以把前者召唤到法国来感化后者呢？

于是，三个反革命阵营都行动起来，但是彼此之间又不能达成一致。

第一个阵营是王后和她的主要顾问——奥地利大使。他们等着奥地利从比利时脱身，和欧洲联手威胁法国，（在必要时候）以武力逼它就范。

第二个阵营是流亡贵族，即阿图瓦伯爵和牛眼厅里那些光鲜亮丽的骑士。他们在都灵待得百无聊赖，迫不及待地想和自己的情妇、戏子重逢，希望外国势力能在一开始就插手，为他们打开重回法国之路，不论要为此付出什么代价。早在1790年，他们就在盼着1815年发生的事情了。

第三个阵营就是教会，它更是在那里蠢蠢欲动。

教会被议会没收了财产，被慢慢地从自己的窝里赶出来拎到门口站着，它只恨不得今天就把自己那群数量庞大的信徒——也就是农民和佃户武装起来。就今天！也许到了明天，这些人的热情就褪去了。如果农民也同意以赎买方式换取教会财产，那该怎么办？真若如此，大革命将势如破竹、直朝胜利进军。

早在10月份，我们就看到教会是怎么在一边煽风点火的。次年2月份，它又在那里推波助澜、引发骚动，甚至还在议会中兴风作浪。当时，尼姆的那个使者恰好从都灵回来了，他在农村地区跑上跑下，组织起了天主教协会，一直在南部腹地活动。

在讨论教士誓愿是否具有不可侵犯性的时候，议会中的一个人提到自然权利来做反驳，说这种剥夺个人意志的行为属于犯罪，称它是古老的蛮风遗留，人们怎么可以仅仅凭自己说过的一句话（也许还是强迫性地从他嘴里抠出来的一句话），就要被永远地束缚和埋葬？此话一出，立刻引来一片喊叫："亵渎神灵！他是在亵渎神灵！"南锡主教跳到讲台上："你们还承认代表教廷的罗马天主教是国教吗？"议会发觉这句话是个陷阱，回避不答。有人说，在削减修道院这件事上，他们强调的是财政问题。天主教是国教，这点任何人都不否认，但若通过一道法令来批准它的国教地位，反而会害了天主教。

当时是2月13日。18日，有人带来了一份在诺曼底流传开来的诽谤短文。在这篇短文里，议会被写成一个积万怨于一身的东西，既是宗教的谋杀犯，又是王国的割喉者。复活节临近，机会来了。有人在教堂周围售卖、分发了一份可怕的小册子，标题是《路易十六的受难》。

要反驳这个传奇故事，议会可以以其人之道还治其人之身，也撰写一篇文章：路易十六在2月4日曾经发誓热爱宪法，在他弟弟的陪伴下、在宪法的死敌的簇拥中，承认自己是永远的国家官员；而如今，都灵、特里维斯①和巴黎已然成了一个宫廷，一个由国王掏钱豢养的宫廷。

在特里维斯，路易十六出钱豢养了一个由朗贝斯克亲王领导的军事集团，里面大小马厩一应俱全。②阿图瓦、孔岱、朗贝斯克，所有流亡贵族都被巨额年金豢养着。而孤儿寡妇和其他穷苦百姓的两百、三百、四百里弗的赡养金，却被一拖再拖、一减再减。

国王豢养着流亡贵族，无视议会为了扣住这笔送给我们敌人的钱而在两个月前就发布的一道法令。他根本就忘了自己签名批准过这道法令。当凡事认真的财政委员会汇报人——加缪，宣布国库中只有六千万法郎可用的时候，人们的怒气越来越大。议会下令，对任何已经呈上、等候批准的法令，掌玺大臣都需在一周之内做出汇报、告知国王批示与否。

宫廷一片哀号，说这是对国王意志的极大冒犯。而加缪做出的回应，则是将当初由国王亲手交出、希望只有他和委员会知道的那本大名鼎鼎的红皮书公布出来（4月1日）。这本肮脏的、每一页都记载着贵族阶层是多么堕落、每行字都反映着王室对犯罪是多么包庇的书，清清楚楚地表明：议会想封掉那个白白糟蹋了法国宝贵的生命之水的臭水沟，

---

① 德国一个城市。——译者注
② 这里的一切都跟凡尔赛一模一样，成了国王公开设在国外的一个内阁，巴黎大小诸事都必须经过特里维斯处理。经相关开支资料和其他（未公开过的）文件证明，问责签字人是朗贝斯克，他有权处理所有从巴黎发来的请愿书、替巴黎挑选官员人选、替杜伊勒里宫挑选年轻侍从等工作。亲卫队的制服在巴黎制作，然后被运往特里维斯。人们还从英国运来马匹，供那边的军官使用。国王则请朗贝斯克尽量考虑一下法国马匹。——原注

这个做法到底有没有错。多么漂亮的一本书啊！仅仅这一本书，就把大革命打进了每个人的心中。

"啊！原来我们之前做的都是对的！原来哪怕在最猛烈的抨击和控诉中，我们也没有窥到事实真相！"这是众人一致的惊呼。与此同时，人们更加坚定了一个想法：这个违反自然、违反上帝的畸形制度，它再不可能起死回生了。当敌人那张丑陋的脸毫无遮掩地暴露在眼前时，大革命内心更有底气了，它觉得自己活着，而且会永远活着。是的，无论碰到怎样的阻碍、曲折和背叛，它都活着，而且还会继续活着！

人们便怀着这样的坚定信仰，哪怕在内忧外患之际，哪怕国内因为间接税的问题而骚乱不断，也依然定期认真缴纳着直接税。

价值四亿法郎的教会财产被拍卖。仅仅巴黎一个城就买了两个亿，其他所有市镇政府也都纷纷效仿其后，买下教会财产。

这一步棋走得非常漂亮。很少有人愿意亲自动手拍卖教会财产，这么沉重的工作就只能由市镇政府来做。它先将其买下，然后再卖出。大家很是犹豫，尤其是农民；所以城市要以身作则，将教会的房子买进卖出。接下来，就该轮到卖地了。

所有这些资产，都是通过议会发行的纸币为抵押形式进行购买的。每张纸币上的一角都有特殊抵押标记。这些纸币，就是人们所说的指券。它们就是财产，就是流动的地产。但它们和摄政王时期发行的臭名昭著的指券完全不同，后者抵押的是密西西比，一片远在天际、根本摸不着虚实的土地。

而现在，人们的抵押品是看得见、摸得着的。除了这个保证，另外还有市镇机关做担保，它们从国家那里买来资产再将其卖掉。一旦这些纸质的抵押品分发到那么多人手中、发行流通起来，整个国家都会被带进这场浩大的商业交易中。由于所有人都持有这种货币，敌人也会像朋友那样关心起大革命的拯救事业了。

然而，约翰·劳留下的后患，无数家庭的固定观念，旧体制留下来的烂摊子，这一道道难关都不是那么容易克服的。法国不比英国和荷兰，它习惯了用钱币作为流通的价值形式。现在需要全体人民摆脱他们的生活习惯，所以议会提出的是一道唯灵论的法律、一道关乎革命信仰的法律。

看到自己的财产落到所有人手里以后，教会慌了起来。当教会财产持有者变成了不可触知、浩如流沙的庞大人群时，再要回财产的可能性就几乎为零了。一开始，它竭力想要把这每一张都代表着一块抵押土地的坚挺指券和密西西比的废纸画上等号。阴险的艾克斯大主教说："我觉得，你们这么做就是真的在宣告破产了。"

要回答这种质疑是再简单不过的事情。于是他们又转换目标："所有这些都是巴黎银行家们的安排，外省并不愿如此。"人们又把外省发来的吁请信给他们看，信中各省表达了人们要求发行指卷的迫切心情。

于是，教会觉得至少应当争取一下时间，在自己仍然持有财产的这一期间等待机会。可惜，它的这个希望也破灭了。普里厄（Prieur）说："如果抵押物没有切切实实落到我们手上，那人们怎么可能去信任那些充当抵押物的指券呢？"这句话直接让教会再没了翻身的机会，它被赶出住所，所有教会财产都被分到市、区手中。

议会给教士们提供了一笔一亿多的巨额补偿金，可是没用，这群人是不会餍足的。

艾克斯大主教在一篇悲悲戚戚、满篇都是幼稚的哀叹、毫无思维条理性的演讲中，问人们难道真能狠下心来，把让教会代管的那笔给穷人的财产夺走，让穷人破产？他强说着一个悖论，说采取阻止银行破产的调控手段之后，必然会迎来破产。他抨击议会通过宣布誓愿无效而染指教权，等等。

到最后，他甚至冒失地说愿意以教会的名义，用自己的财产为抵押，借出四亿法郎来。

对此，图雷以他那诺尔曼人惯有的冷静做出回答："有人以一个*不再存在*的团体的名义……"还有："当宗教把你带到这个世界来的时候，难道它对你说的是：去吧，发财去吧，拿取去吧？"

议会里有一个查尔特勒修会的老好人——热勒斯教士（Gerles），心地善良却目光短浅，胸怀一腔爱国热情，但对天主教也是至死不渝。他认为（或者更有可能是，他被教会里几只老狐狸给说服了），主教们之所以觉得痛苦，完全是因为他们觉得教权受到威胁，担心世俗权力会干预神龛。"事情再简单不过了。"他说，"有的人说议会不接受宗教，还有的人说议会想承认法国的所有宗教。要堵住这些人的嘴，只需颁布一条法令就够了：代表教廷的罗马天主教，现在和将来永远都是国教，它的信仰是唯一得到认可的信仰。"（1790年4月12日）

查理·德·拉梅特觉得可以像2月13日那样，说根据《福音书》里的精神，议会完全不需在法律中做此申明，以为这样就能解决问题了。

然而事情还没落下帷幕。克莱蒙主教再次尖锐地提起这个问题，装出一副吃惊的样子，说：当涉及向宗教表示敬意的时候，人们居然还要慎重考虑，而不是从心底里欢呼它。

整个右派都站起来，一阵喝彩。

晚上，教士们聚在嘉布遣会，准备了一份言辞激烈的抗议书，决定：若议会不将天主教定为国教，就要把此书郑重交托给国王，分发到全国各地，让人民好好瞧瞧国民议会根本不欢迎任何宗教的样子。

第8章

教会之斗——反革命派的胜利（1790年5月）

后续：议会回避问题；4月，国王不敢接受教士的抗议书——5月，南部宗教运动爆发——一直骚动不安的南部地区——旧时的宗教迫害；阿维尼翁，土伦——冷却下来的宗教狂热主义被人巧施手段重新煽起——1789年，两个宗教团结一心——教会煽动起宗教狂热主义，在尼姆组织抵抗活动（1790年）——教会煽起了社会上的嫉妒心——新教徒的恐惧——图卢兹、尼姆爆发动乱（4月）——市镇机构与其狼狈为奸——蒙托邦屠杀事件（5月10日）——南部地区反革命派取得胜利

这个单纯的老好人提出的这条动议，让局势发生了惊天逆转，大革命本来进入了讨论阶段，却被突然带入一个恐怖时期里。

两个可怕的事物短兵相接了。教会手里有一个哑默、并不言明、但却强大的论据，它把美杜莎的头亮给议会看——那是内战，是西部和南部地区一触即发的动乱，甚至可能是宗教战争的再次爆发。而议会身上也蕴藏着一股不可抵挡的巨大力量，那是一场已经揭开序幕的、足以掀翻一切的大革命的力量，那是一场通过巴黎之乱来宣泄心声的大革命的力量。大革命就在门口怒号着，震天动地的声音经常盖过了议员的

喊叫。

教会占据了有利地位。首先是因为它看似处于危急存亡之秋，但这恰好让它占了先机；一些没有信仰、下流淫秽、在背地里玩弄阴谋诡计的主教，因为骚动的干系而突然披上了殉教者的光环。只可惜他们当不了殉教者，因为法拉耶特非常小心，不让他们有这个机会。当时他无比强大，深得人心，正处在人生巅峰，是真正的巴黎之王。

教士还有一个优势，那就是它立场简单、外加信仰的帮忙。一直是被质问的对象、一直被时代思想拴在受讯台小板凳上的教士阶层，现在反轮到他们来质问了。他们高傲地问："你们是天主教徒吗？"议会只能含含糊糊、畏畏缩缩、怯怯生生地说自己不能回答这个问题，说自己是因为对宗教太过敬畏故不能回答，说只给一个宗教付工资，这就足够证明自己的心意了，等等。

米拉波虚伪地说："难道需要颁布法律规定太阳的升起吗？"另一个人说："我认为天主教是唯一真正的宗教，我对它保持着无限的敬畏……据说，连地狱之门都不能赢过它。通过一道可怜巴巴的法令，人们以为自己就能证实这样的话了？"等等。

戴斯普雷美尼尔一句话就撕下了这层面具。"没错。"他说，"当犹太人把耶稣基督钉死在十字架上的时候，他们说的话也是：您好呀，犹太王！"

没人能够回答这句可怕的攻击。米拉波没说话了，就像一头狮子一样缩成一团，酝酿着下一次发力。然后，一个议员在为宗教不宽容说话时，引用了某条我不太清楚的路易十四签下的条约。米拉波抓住了其中的漏洞，说："在一个以撤销《南特敕令》为标志的统治时期，所有不宽容怎么可能不被神圣化？如果真要说起历史，那也请您不要忘了，从这里望出去，从这个台子的窗户上望出去，外面曾经有个国王，拿起武器对准他的人民，让可恶的暴乱分子以宗教信仰为掩盖来抢夺个人利益，拔出火枪，打响了圣巴托罗缪大屠杀的信号！"

他的手，他的眼睛都指向了那扇窗户。其实从那里望不到什么窗户，然而他真的看到了，大家都看到了。

这一剑刺得恰到好处。演讲家所说的话，一针见血地挑明了教会的意图。它的计划是：把一份措辞强烈的抗议信交给国王，让信徒们拿起武器，把火枪递到国王手中，然后打响第一枪。

路易十六不是查理九世。他从心底认可教会的权利，也想冒险去做他觉得可以拯救宗教的事情。然而有三件事让他犹豫下来：他天生优柔寡断，其内阁又怕前怕后，而最后也是最重要的一点是，他害怕王后有生命危险——10月6日的恐怖事件每天都在重演，这群不安分的危险人士正聚在他的窗户下面，人潮正拍击着外面的高墙。只要国王稍有反抗，王后似乎就有生命危险。而王后本人也有其他的想法、其他的希望，和教会的打算根本是南辕北辙。

有人以国王的名义回复说，即便抗议信被带到了杜伊勒里宫，也不会被接受的。

2月时，我们已经看到国王是怎么让布耶、军官和贵族们失望的。4月时，他拒绝支持教会，令教会也寒了心，他似乎打算永远放弃教会了，而这次可是牵涉到教会财产啊。莫里愤怒地说，法国马上就会知道王权到底掌握在谁的手上。

那就抛开国王，继续行动。和贵族联手行动？然而教会不敢对贵族施以援手抱太多信心。贵族依然拥有所有军阶品位，然而由于无法确定士兵是否会听命于自己，所以他们害怕发生暴乱，反而不像教士那样迫不及待地想要开战。教会在尼姆的人——弗罗芒，虽然从阿图瓦伯爵那里收到命令，但也无法诏令省统领给他打开军火库。然而形势逼人，罗纳大联盟已经让整个地区都陷入兴奋和陶醉之中；4月的奥朗治大联盟，更是把人们的热情推向了一个新的高潮；阿维尼翁似乎忘了自己归教皇所管，每个城市都选出特使投奔奥朗治去了。再过一刻时间，它就要逃了。如果阿维尼翁、阿尔勒这些一直都是议会的心头之患、是贵族阶层和宗教狂热主义的大本营的城市，如果连它们都成了革命派，那马赛和波尔多将形成掎角之势，将反革命派夹死，那时它就再没什么希望了。所以，要么现在就掀起暴动，要么永远都再没机会了。

如果不去探索下面流动着的滚烫熔岩，我们就无法理解南部这些古老火山为何会突然喷发。火刑柴堆上燃着的地狱之火，在那里从未熄灭过，这些传染性的硫黄色火焰似乎把土地也吞噬进去，无名之火顺着大地到处蔓延。这里就像是一大片正在阿维尼翁熊熊燃烧的煤矿。火没有在地表上燃烧，但如果你在焦黄的草地中插入一根木棍，木棍都会马上着起火来，揭示脚下正沉睡着一个地狱。

我们可以放下仇恨，但必须铭记历史！那么多苦痛和灾难，绝不能就这么没了，应当成为后世之鉴才是。我们应当时不时去看看宗教狂热主义留下的那片可怕废墟，好反复提醒我们：那个最重要、最神圣的自由——宗教自由，应当不断被巩固、被强化。

人不在了，但石头还可以说话。有两个历史遗迹最值得我们常去朝拜——两个截然不同但都具有教育意义的地方，一个污浊，一个圣洁。

那个污浊之地，就是阿维尼翁宫①，它是教皇的巴别塔、教皇特使的

---

① 阿维尼翁宫是教皇在法国的驻地行官。——译者注

索多玛、红衣主教的蛾摩拉①。

　　这座怪物一般的宫殿，它那覆压在山顶的不详的塔楼，正是在这些满是污浊和痛苦的地方，教士向君王以身发誓，证明自己对那些羞于人言的寻欢作乐是多么一无所知。这栋建筑的独特之处在于，酷刑之地从外观上看倒跟奢华的卧室、舞厅和宴会厅差不多，在婉转悠扬的爱情旋律里，你竖起耳朵，会听到有人在挣扎、在哭喊，会听到骨头被压碎的声音。谨慎的司铎们在那里布置上极为考究的穹顶，把下面的所有声音都吸收进去。堆着柴堆（从锥度上看有六十尺那么高）、富丽堂皇的巨大厅堂，见证了人和声学勾结缔结的恐怖协约；我们时不时在某些地方看到焦黑油脂留下的痕迹，只有它才能证明这里烧死过人。

　　而那个圣洁之地，便是宗教自由的受难十字架——土伦苦刑犯监狱。无数信仰的殉道者、爱德的英雄在鞭子棍棒的抽打下，在这里慢慢死去。

　　细细想一下这些受着永久苦刑的烈士，他们也不全是新教徒，还有一些人是因为帮助新教徒逃跑被人告发，因此被关了进来！

　　在路易十五时期，人是可以拿来卖的。以一个公道的价格（三千法郎），你就可以买下一个苦刑犯名额。舒瓦瑟尔先生为了讨伏尔泰的欢心，就免费送给他了一个名额。

　　这个一直被恐怖统治时期的政府所效仿、但后者根本没有学到其皮毛的可怕法规，使得兄弟翻脸、父子反目，儿子逼着父亲提前把财产交出手来，好安安心心把老父亲送到土伦去。

　　1682年，当无以计数的孩子从母亲怀中被夺走时，教会——这只咕咕叫着的白鸽在咕咕呻吟，这可真有意思！为了解救孩子而咕咕呻吟？

----
① 《圣经》中的两座罪恶之城，故耶和华派了两个天使用硫黄和火从天而降毁了这两座城。——译者注

不！是为了让国王制定下更加有效严酷的法律而咕咕呻吟。然而哪还有什么法律比当时的法律还要严酷呢？

每次议会中，白鸽始终都在咕咕叫着。即便在路易十六统治时期，在时代思想把那道虚伪的、始终将新教徒排斥在所有公共职位之外的解放法连根拔除的时候，路易十六没有说话，于是教士通过他们派过去的一个不信神的主教——洛梅尼，又在国王那里咕咕呻吟起来。

我曾浑身颤抖、满心敬畏地走进这座神圣的土伦苦刑犯监狱，在那里追寻宗教殉道者和人类烈士的足迹。他们之所以受尽虐待、悲惨地死在那里，是因为他们有人的良心，是因为单单他们站了出来，保护了无辜之人，履行了上帝的使命！

唉，可是那里什么都没了。那些惨无人道、鲜血淋淋、比柏柏尔人还要野蛮的苦役，那些浸染着圣人的鲜血的牛鞭子，全都没了。连留有他们名字的花名册都大部分遗失不见，剩下的一小部分上面也只有干巴巴的记录，何时进来，何时出去；出去，通常就意味着死亡。但死亡时间的或长或短，也能证明他们安命或绝望的程度。资料记载通常无比简短；一个圣人只有两行字的信息，一个烈士也只有两三行。里面没有记下他们的悲叹、挣扎、对苍天的呼喊、无声的祈求，没有记下这些站在强盗和杀人犯中间的渎神者低声唱出的圣歌。啊！所有这些应该还留在别的什么地方。克里斯托弗·哥伦布说过："放心吧！人的眼泪被永远刻在了石头上！"

刻在了石头上？不，刻在了人心里。随着逐渐深入的了解和研究，我欣慰地发现，其实这些籍籍无名的烈士也留下了他们的果实，一枚令人钦佩的果实：那些见过他们、听过他们事迹的人在逐渐变好，人心在变柔软，人类灵魂在18世纪得到了升华，对宗教狂热主义和迫害行为越来越感到恐惧。慢慢地，再没有人动用这些野蛮的律法了。一位著名冉森教徒的侄子，地方督办勒楠·德·提尔蒙（Lenain de Tillemont），在被迫将最后一批新教徒殉教士中的一位判为死刑的时候，对他说："唉！先生，这是国王的指令。"他泪盈眼眶，反而轮到被行刑人来安慰行刑人。

宗教狂热主义本身也在死去。的确，时不时会有政治家冒出来，想方设法地要重新擦出宗教狂热主义的火花。当被抨击为不信神、有冉森主义立场、违反耶稣会教义的最高法院借着卡拉斯一案想洗掉罪名时，当它和教会达成协议、想在人民身上煽起旧时的怒火时，却发现这些火苗已经完全熄灭了。他们要想成功，就只能依靠宗教团体，这些团体由商人或其他身份的小人物构成，他们则是教会的主要控制人群。为了搅乱人民的思想，为了蛊惑住他们，为了让他们走向癫狂和**野蛮**，就要采取跟比赛中在牲口表皮上放一块滚烫的火炭一样的做法；到那时，人民就再不知道自己是谁了。这块火炭，便是一场残忍的喜剧、一次骇人的表演。一群纯洁的教友穿着深色衣服（尖顶修士风帽遮住了他们的脸，上面抠了两个洞好来看清外面），为被卡拉斯杀死的卡拉斯之子做了死亡悼礼，他们说，这是为了防止他发誓弃绝。在一个巨大的灵柩台上，在燃烧的蜡烛中间，一具骸骨在机关的控制下活动着，一只手拿着殉难的棕榈叶，另一只手拿着羽毛笔，签字发誓弃绝异端。

我们知道，卡拉斯的血落在了宗教狂热分子身上，费尔内的那个老司祭①把屠杀者、冒牌的审判官、假冒的教士都开除教籍了。那一天，在闪电惊雷的轰鸣下，他们开始不可阻挡地颓败下去；那些被弃绝、被诅

---

① 即伏尔泰。卡拉斯被处死后，他的家属逃到日内瓦，离伏尔泰住地费尔内很近。因此伏尔泰就此案询问了卡拉斯的家人，并亲自作了调查和证据搜集，最后替卡拉斯写了上诉书，让他沉冤得雪。——译者注

咒的人，就这样埋着头，沉进了大革命的深渊里。

而就在前一夜，就在深渊的边上，一直被他们拖累着的王权好不容易终于觉得自己应该表现出仁道的样子。（1787年）国王颁布了一道敕令，承认新教徒也是人，允许他们结婚生子、生老病死。然而除此之外，新教徒绝没有公民身份，绝不能担任任何行政职位，绝不得参与管理、审判、教育工作；而他们所有的特权，就是纳税，就是去养活他们的迫害者——天主教士，就是用他们的钱供奉那个诅咒他们的神坛。

深山里的新教徒耕种着一块贫瘠的土地；城里的新教徒只能做他们唯一能做的事，那就是经商，在慢慢放下心来后又干点技术活。他们身份低贱、生活凄苦，不能担任任何文职，不能有任何势力，一百多年来更被严格禁止从军。16世纪勇敢的胡格诺派拥有的一切，他们都没有。新教重新跌回中世纪的原始起点上，只能从事工商业。除去身体像是用岩石打造出来的赛文人之外，新教徒基本没有土地；当时，他们最大的财富便是房子、作坊，但基本上都是流动性的财产，而这类财产随时可被强抢而去。

1789年的时候，加尔省的男性新教徒才五万出头（人数和1698年、1840年持平，基本没什么变化）。所以，他们人丁萧条，独守一隅，无法和外省兄弟们取得联系，就像一粒沙子一样，消散在有数百万之多的天主教徒的浩瀚人海中。在尼姆这个新教徒大量聚集的城市，新教信徒有六千人，其他宗教信仰者有两万一千人。在这六千人中，有三四千是制造坊的工人，这个行业的人体弱多病、穷困潦倒，和其他地方的工人一样，动不动就有失业的危险。

天主教徒不会失业，因为他们大部分人都以地为生，极为温和的气候使得他们一年四季都有工作可做。许多人不仅有一点点地，同时还为教会、贵族阶层、天主教大资产者干活，后者这些人手里掌控着郊区的所有土地。

城市里的新教徒们受过教育，性情温和而又严肃，过着深居简出的生活，一直活在回忆之中。他们每个家庭都有值得一哭的故事，都有让他们不得安寝的隐忧。这群人不怎么喜欢冒险，几乎不再去希望。当他们在那美好的一天、在大革命前夜窥见自由闪烁的光芒时，才敢勉强去希冀、去期盼。他们看着最高法院、贵族阶层一路猛冲、说着新思想的那些话，自己却在一旁不吱声。因为他们很清楚，有人在静等机会，等着他们表达自己的革命誓愿，只要这样，就足以给某些人口实，将大革命束缚起来。

革命爆发。让人为天主教徒感到骄傲的是，当广大的天主教徒看到新教徒终于和自己地位平等时，他们无不满心欢喜。多么感人的团结场景啊，最值得让上帝注视人间的事情也莫过于此了。在许多地方，天主教徒来到新教徒的教堂里，和他们一起向上苍祈祷。而另一边，当天主教歌唱《感恩曲》时，新教徒也有出席。在所有神坛、所有庙宇、所有教堂头顶的苍穹，一道光芒倾泻而下。

在南部，在整个法国，7月14日那一天被视为神救之日，被视为出埃及日。人民跨越了大海，终于到达了彼岸，唱起了赞美歌。再没有新教徒和天主教徒之别，大家都是法国人。人们没有刻意去想去做，两边宗教的人就一起在城市中建立了常设性委员会；国民自卫军中也是如此。虽然军官普遍都是天主教徒，但这是因为新教徒不熟悉军务、很难领导军队的缘故。作为弥补，骑兵队几乎清一色都是新教徒，因为许多新教徒在做生意，都有自己的马匹。

两个月、三个月过去了。此时，在尼姆和蒙托邦，有人开始打起主意,想建立起只接收天主教徒的新集团。

这幅伟大的团结之景不见了。一个严肃、深刻的问题,也就是教会财产问题,改变了一切。

教士展现出一股强大的组织力和聪明劲儿,要在一个在当时没有任何内战想法的人群身上掀起内战。

他们利用了三个群体。第一就是托钵修会、嘉布遣会、多明我会中的修士们,让他们宣传和分发了无数小册子和抨击文章。第二就是小酒馆和小酒贩子,他们依赖葡萄园大庄主为生(而教会就是最大的葡萄园庄主)。第三就是和小酒馆关系极为密切的天主教平民百姓,尤其是农村地区的农民选民。农民选民们每次来到城市,就会迫不及待地直奔小酒馆,把自己每天参加选举后从教会那里领到的二十四苏给花了。

这些就是教士可支配的所有群体。弗罗芒不是一个人,而是一群人;他同时进行多线操作,通过自己的兄弟、亲戚、朋友等人去行动。他有自己的办公室、出纳处、制作诽谤册子的书商,有自己的选举巢穴,一切都坐落在多明我会教堂的后面。他的房间和一座塔楼相连,在房中可俯瞰下面四面的围墙。这真是内战中的一个绝佳之处,它根本不畏惧枪弹的扫射,唯一害怕的就是大炮而已。

在拿到武器之前,弗罗芒通过大革命、通过国民自卫军、通过选举,在暗地里操纵着大革命。晚上,他们一伙人聚在白色忏悔教堂,筹划着市镇选举,商量着怎么把所有新教徒从选举中剔除掉。在尼姆和蒙托邦,议会交给市镇机关的许多大权,如调军权、制定军事管制法权、竖红旗权①,就这样被交到了天主教徒的手里;在必要的时候,红旗也只会为支援他们而竖,绝不会为反对他们而竖。

---

① 在大革命期间,从1790年开始,人们竖红旗来召集军队镇压反革命行动。——译者注

国民自卫军成分复杂。7月时，它的队伍里有迫不及待想要参军报国的最积极的爱国分子，也有家中几乎都是动产、最害怕强盗来袭的一部分人。因为害怕流寇而参军的是商人，而且基本上都是新教徒。至于拥有土地的富裕的天主教徒，他们倒是不怎么急着加入国民自卫军，因为土地是抢不走的。当他们的城堡遭到攻击时，自有新教徒和天主教徒组成的国民自卫军来不留余力保护城堡；蒙托邦国民自卫军还救下了保皇党人卡扎莱斯的一座城堡。

若想改变这个局势，就需要勾起人们的嫉妒心，让他们之间产生敌对。只需一些外力因素，嫉妒和敌意就会自然而生，何况人们在思想和党派上还存在分歧。任何看上去全是精英分子的团体，无论它是贵族阶层也好（例如里昂和里尔的志愿军）、爱国派也罢（例如蒙托邦和尼姆的龙骑兵），都会招来人们的厌恶。在天主教徒数目最庞大的小老百姓群体中，有人在刻意地煽风点火，在他们中间传播小道消息，说其他人嘲讽他们都是一群只吃得起洋葱的土包子，以此激起他们对这些人的仇恨。真是欲加之罪，何患无辞！为什么新教徒要去侮辱穷人呢？何况在尼姆，还有谁比新教徒工人更穷呢？在赛文，他们的朋友和保护者——山区里的新教徒，通常只能靠吃栗子为生，过着比尼姆吃洋葱的那些人还要困苦、清贫、节制的生活，后者至少还有面包吃，时不时还能喝上酒。

在大约3月20日，人们听说了一个消息：议会觉得将所有公共职位向新教徒开放的措施还不够，还把一位新教徒——拉博·圣-艾蒂安抬到了（是的，我说抬到了）一个万人之上、在当时比王位还有分量的位置上，让他当上了议会主席。当时准备起事的人还没做好准备，几乎都没拿到武器；然而这件事造成了无比巨大的影响，有四位新教徒被杀死抵罪（此事颇有争议，但其真实性确凿无疑）。

因为议会的这次渎神之举，图卢兹做了忏悔和认罪，念了九日经来平息上帝的怒火。当时恰好是一个性质恶劣的瞻礼日，人们为纪念阿尔比派大屠杀事件而举办了一年一度的游行活动。各派宗教团体、各门牛鬼蛇神，全都冒出来，成群结队地去瞻仰了每一座建在屠杀遗址上的小教堂。人们在教堂里提出种种惨无人道的提议，到处都是层出不穷的阴谋诡计。人们从陈旧的壁橱中把能够煽起宗教狂热主义的工具翻了出来（在龙骑兵迫害新教徒事件和圣巴托罗缪大屠杀里，这些东西的分量可谓不轻），有为杀戮之罪而哭泣的圣母，有摇着头的基督受难像。除此之外，他们还想出了一些新的花招。例如，一个多明我会修士穿着僧侣白衣、在尼姆的大街小巷上一边行乞，一边为议会的法令哀泣；在图卢兹，一座把国王塑造成被囚殉道者的雕像被放置在布道台附近，用黑布遮盖起来，然后在人们正要发誓的时候，黑布突然掉落，雕像出现在众人眼前，向善良的图卢兹人求救。

这一切行径的意图再明显不过，它就是在吼着流血。新教徒明白了过来。

在庞大的天主教徒中，弱小的新教徒们觉得自己是一只注定会被拖上屠宰场的幼羔。那些让每个家庭都无法忘记的恐怖回忆，会在某个午夜突然闯入梦中，让他们猛然惊醒。这种慌张是奇怪的；在农村地区蔓延开来的对*流寇*的恐惧之中，还经常夹杂着新教徒害怕天主教会大开杀戒的恐怖幻想。他们到底活在1790年还是1572年，谁也说不准。在加尔多南科的圣让城，一个商人聚集的小城市，有天早上，信使们跑进城，高喊着："警备！警备！他们来了！"然后警钟敲响，人们慌慌张张地拿起武器，女人们拉着自己的丈夫不让他们出门，大家紧闭家门，处在高度防备状态，窗户上堆着石头。这个城市的确被占领了，但占领它的是它的朋友——从农村日夜兼程赶来这里的新教徒。有一个漂亮姑娘站在拿着枪的两个哥哥中间，在人群中格外出挑。她头戴桂冠，被选为那一天的女主角；所有放心下来的商人，为他们这位可爱的拯救者凑了一份钱，她则把这些装进围裙里带给了山里人。

没有什么能让新教徒们心中的石头彻底落地，除了一个办法——各市乡组成一个永久性的盟会组织，建立一个武装联盟。3月末的加尔省，在运河和一条河流交汇处的河心草甸子上，人们避开一切打扰，在这里建立了联盟，参与者足足有好几千人。而最能打消新教徒心中顾忌的事，便是让他们看到许多天主教徒和自己一起，站在同一面旗帜之下。俯览着这片宁静土地的古罗马废墟，让人遥想到最美好的回忆，它们历经劫难依然立在那里，似乎就是为了笑看这些可笑的小打小闹化为云烟，向世人承诺一个更伟大的时代的到来。

两边的人马已经开始正面接触，个个都在摩拳擦掌、蓄势待发；尼姆、图卢兹、蒙托邦看着巴黎，伺机等待着。日子越来越近。在4月13日的议会会议里，有人从议会身上采到了火花，点燃了南部的火药桶——议会拒绝将天主教宣布为主导性的宗教。19日，教会提出抗议。早在18日，图卢兹就打响了抗议的枪声；人们还在一所教堂里用国王的雕像演了一幕戏；爱国者们高喊着："国王万岁！法律万岁！士兵在朝他们开枪。"

20日，在尼姆，三千个选民签署了伟大神圣的《天主教宣言》，后面还有一千五百多个地位尊贵的人的支持。宣言传到了王国上下所有市镇中，蒙托邦、阿尔比、阿莱、于泽斯等地紧随其后，纷纷发表宣言。白色忏悔教堂分发出去一份份传单，撰稿的便是弗罗芒的手下。人们纷纷挤到弗罗芒家，要在上面签字。它就等同于一道抨击国民议会的法令，要求议会还权力于国王、还信仰垄断于天主教。

与此同时，还有人在各处活动，组织起新的宗教小集团。这些宗教团体的成分颇为奇怪，有教士也有农民，有侯爵也有仆人，有贵族也有脚夫。在枪弹到来之前，他们就拿着大叉和长镰等着。一支背信弃义、阴险可怕的军队被秘密打造出来，他们手里的镰刀背上插着暗刺。

由天主教徒一手创立的市镇机关，对这一切都视若无睹，似乎全都想着让强者愈强、弱者愈弱。在蒙托邦，只有对手人数六分之一的新教徒希望加入农村新教徒前不久缔结的联盟公约中，然而市镇机构不准。当时新教徒还在努力消除仇恨，辞去人们授予的公共职务，让天主教徒来占据这些位置。然而，新教徒的这个举动被解读为软弱可欺。教会大肆鼓吹十字军东征的事迹，副本堂神甫们还在煽动人民，以拯救岌岌可危的天主教为由，让他们做了四十小时的祈祷。

一件必然会导致暴乱发生的事情，终于让蒙托邦市政府露出了真面目。议会下令对修道院进行资产清查，蒙托邦市政府就把执行法令的日子选在了5月10日，那一天正好是祈求丰收的祷告节。西西里岛晚祷事件①，也是在春天的某个节日里发生的。春天本就是个让人躁动不安的季节。在这个祷告节里，所有在外干活的、心中被信仰和时节的风吹出一潭涟漪的人，感受着在南部四处蔓延的春天的迷醉气息。有时候，这种迷醉会因为比利牛斯山刮来的寒流而暂得遏制，但接下来它会以更猛烈的势头爆发。万物都在勃勃生发、四处奔涌，人们离开了家门，野草蹿出了土地，一切生物都在进跃；这就像是一场上帝发起的政变，一场自然主使的骚乱。

---

① 西西里晚祷事件发生于1282年3月30日复活节星期一晚祷时分，西西里岛巴勒莫圣神大教堂门外，是一场为反对法国出生的卡洛斯一世统治该岛而爆发的动乱。在此后的六个星期里，西西里岛上数以千计的法籍居民被屠杀。此事成了西西里晚祷战争的导火索。——译者注

妇人们在大街上来来回回地唱着悲悲戚戚的圣歌："我们恳请您听到我们……"①人们很清楚，如果真有必要，她们宁可把自己的丈夫推进战场战死沙场，也不愿让官员们踏进修道院一步。

官员们一步一步往前走着，不出意料，他们果然被密密匝匝的人群给拦了下来，女人们坐在地上、躺在圣门门口。要走进去，除非踩过她们的身体。官员们只好退了回来，而群众反而得寸进尺起来，威胁说要把既是天主教徒、又属于爱国派的军队统领的住处烧个一干二净。人群涌向了市政厅，想强行闯入军火库。如果他们真的闯进去了，如果已经癫狂了的这些人抢到了武器，那对新教徒、爱国派的全面大屠杀就开始了。

市镇机构本可以调集朗格多克军队，然而它并没有这么做。国民自卫军亲自前来负责市政厅的保卫工作，但立刻遭到围攻。他们没有得到任何援助，愤怒的暴民反而得到了盐税低级收税官的声援。人们朝窗户开枪横扫过去，里面的人纷纷中弹，死伤无数。许多伤者枪里根本就没有子弹，挥着白手帕请求饶命。然而火力并没有减弱，被攻击者前面唯一那堵墙也被推倒。直到那时，作为罪魁祸首的市政府才终于②决定去做它早就该做的事情——调集早就在请求行军赶来的朗格多克军团（这是该军团唯一的请求）。

在屠杀中，一位名望甚高的夫人派人过来做了弥撒。

于是，幸存者终于可以出去了。然而围攻者的愤怒依然没有平息，他们撕扯着受害人的衣服，把他们身上的国民制服撕得粉碎，把他们的帽徽扯下来扔在地上踩踏。受害者们光着头，只穿着衬衣，手里举着蜡烛，在人群的胁迫下沿街而行，地上都是斑斑血迹。他们被带到了天主教堂，跪

---

① 原文是拉丁语"Te rogamus, audi nos…"这是天主教中用来驱魔的咒语中的一句。——译者注
② 原文为英语"in extremis"。——译者注

在台阶上做公开认罪。市长手举白旗走在最前面。

先前，因为那件性质还不如此事恶劣的事，法国就制造了10月6日事件；因为三色帽徽遭到了一场远不如现在严重的冒犯，它就推翻了君主制度。

当发现这种事情会引来怎样的轩然大波时，当大家发现从南到北、全民上下都持一致想法时，人们为蒙托邦害怕起来。就算南部地区没人会为此事展开报复，整个中部和北部也会行动起来。连最偏远的小村子里的人，都体会到了被侮辱的感觉。我曾读过马恩和塞纳-马恩的群众就南部此次侮辱事件而写的威胁信。①

北部可以按兵不动，单有南部出面就够了。第一个发起冲锋的是波尔多。蒙托邦本以为可以信任的图卢兹，不仅没有站在它那边，反而要求惩办罪犯。波尔多杀了过来，一路上各市乡也要踊跃加入，但都被劝了回去，因为它实在养不活这么大一批战士。蒙托邦的俘虏们（屠杀者还幻想着让他们去充当全部防卫力量）将充当先锋队伍，迎来首轮攻击。先锋队？再没有什么先锋队了，朗格多克兵团已经和波尔多联手了。

国王特派员、拉法耶特手下的一个军官从巴黎赶了过来。此人与其说他温和，不如说他柔顺，虽然他一早就宣布了和自己的原先派系脱离关系。他遣回了波尔多人，与暴乱者讲和。死难者流的血没有得到任何调查，死者就这样白白送命，伤者就这样白白受伤，俘虏们依然继续待在监狱；国王特派员只愿意让那些当初把他们丢进监狱的人前来求情，除此之外，再不考虑其他任何将其释放出狱的办法。

---

① 我认为自己把所有的资料文件都读过了，只要它们和发生在蒙托邦、尼姆的事件有或远或近的关系。在对其进行对比和衡量之后，我以陪审员一般的专注态度，写出了这份罪证报告。还是那句话，我很少引用，是为了不破坏写作的统一性。——原注

在尼姆，情况也是完全一样。天主教志愿军甚至放肆大胆地戴起了白色帽徽，喊着"国民滚蛋"的口号。吉耶纳军队的士兵和士官们忍无可忍，和他们起了冲突。这么一支势单力薄的军队去对抗人数那么庞大的群众，而且军队里还都是从商、不怎么好斗的新教徒，他们的危险可想而知。而且我们还要注意一点：连他们自己的军官都在反对他们，宣布拥护白色帽徽，上面的市政府也站在对立立场，拒绝宣布执行军事管制法。此次冲突又造成许多人受伤，一个投弹手被弗罗芒的弟弟击中，中弹身亡。

士兵们被禁止出营，而杀人犯们还依然逍遥法外。在尼姆、在蒙托邦，反革命派都赢了。

胜利者在这座城市里并没有收敛下来。他们肆意妄为到跑到受害者家里，甚至跑到关押他们的监狱里，要求凑份子钱。简直是耸人听闻！受害者居然必须给杀人犯掏钱，才能被放出来！

第9章

教会之斗——南部反革命派被消灭
（1790年6月）

大革命在宗教问题上犹豫不决——主教们的暴行——大革命觉得可以和基督教达成和解——最后的基督教徒在催促议会进行教会改革——1790年5至6月，教会反抗——尼姆爆发骚乱（1790年6月13日），被镇压——大革命在尼姆、阿维尼翁和整个南部地区赢取胜利——全国各地士兵和人民亲如一家（1790年4至6月）

此时，巴黎的国民议会在做什么呢？在跟着教士们参加圣体瞻礼游行。

在整件事上，议会态度比基督教徒还要温和，让人简直大跌眼镜。大臣们向国王提出一个解决方案，议会觉得这就够了。国王捍卫的是白色帽徽，所以他也仅仅谴责了一下在尼姆宣言上签字的那些人而已。这些人得到赦免，把从前神圣联盟盟员的红色发缨戴在头上，将此作为他们的帽徽。他们坚持抗议说，自己是为了国王才违抗王令的。

这一切做得干脆直接，毫不拖泥带水。教会这一派很清楚他们想要什么，而议会并不知道。它当时刚刚写完一份蹩脚的、不切实际的法令，也就是人们所说的《教士民事基本法》。

若大革命无法从宗教角度上认识自己，不知道它身上也背负着一个信仰，这将对大革命造成最致命的危害。

它根本就不了解自己，更谈不上了解基督教；它不知道自己和基督教到底是同路人还是敌对者，不知道自己是该往回走还是朝前进。

它太轻信，所以无比欢喜地接受了下层教士的示好。别人告诉它，它即将实现福音书中的诺言，它被召来是为了改革基督教、而不是取代基督教。别人这么说，它也这么信了。它是真的以为自己可以做到，所以才朝着这个方向迈开了步子；然而才走到第二步，就发现教士又变成了教士，变成了大革命的敌人；教会让它知道了教会的真正面目——一个阻碍，最大的阻碍，比王权还要大的阻碍。

大革命为教会做了两件事——让教士生活无忧，让信徒获得自由。而正因如此，主教团和大革命翻脸为敌；主教们让每个支持大革命的教士都受着人民的仇恨和鄙夷，说得他们仿佛被世俗利益笼络、收买、腐蚀了似的。*名誉和团体精神逼得这些教士恩将仇报，放弃了他们的恩人——大革命，转而投向了他们的暴君——主教团。*

最荒谬的是，主教们为了保护自己的巨额财产、豪华宫殿、良马、情妇，居然将殉道者的戒律强行灌输给了教士。那些想保住自己十万里弗年金的人，居然有脸让乡村神甫为自己从议会那里接受的区区一千两百法郎俸禄而感到羞愧？

所以从一开始，在金钱这个问题上，下层教士群体被责令做出选择。主教不给他们一刻思考的时间，对他们宣告：如果他们选择国民，那就背弃了教会——那就脱离了天主教，脱离了主教团和圣座的宗教团体，成了被腐蚀、被抛弃的背教者和叛徒。

这些可怜的教士们能做什么呢？离开这个自己待了那么多个世纪的古老体系？一下子变成这个自己向来对其尊敬有加的权威力量的反叛者？离开自己熟悉的世界，去另一个世界，去另一个新的体系？要离开岸边、下水驶向未来，他们就需要一个理念，需要这个理念中有一个信仰。

一位高度爱国的神甫，圣-艾吉安-杜蒙（Saint Étienne du Mont），当初在7月14日里，在人民的旗帜下走在自己所在街区的最前面，因此遭到主教们轮番残酷的攻击和威胁，被罚连续四十天身着苦衣跪在神坛前面赎罪。

如果不能回答这个无解的问题，他就得一直跪在那里。

大革命抱有的理念，是它从18世纪、从伏尔泰和卢梭那里掘取来的。从大革命导师的横空出世到大革命的发生，从思想到行动，二十年过去了，然而一个真正的衣钵继承人都没有出现，是的，一个都没有。

没错，大革命在这些导师留下的遗产中发现了人类思想的瑰宝：它在伏尔泰那里找到了炽热的人道精神，在卢梭那里找到了博爱精神。它找到了自己真正的根基，然而这两个根基只被提了出来，却没怎么得到明确表达。

那个世纪最后的遗嘱就写在卢梭两本倾向截然不同的书里面。

第一本是《社会契约论》，卢梭在书中阐述和证明了一个观点：基督教徒不是也不能是公民。

第二本是《爱弥儿》，他全然处在对《福音书》、对耶稣的令人动容的膜拜之下，甚至说出了"他的死就是上帝的死！"这样的话来。

这种发自内心的情感宣泄，被当成了可贵的招供，被当成了18世纪哲学对自己的正式驳斥。于是，一个巨大的误会产生了，而且直到今天都没被消除。

人们重新捧起了《福音书》，在这本规劝世人顺从安命、服从权势的书里，人们看到那些在他们心中反复响彻的名字：自由，平等。没错，自由和平等在《福音书》中无处不在，但我们要读懂它们的意思：它所说的平等，是服从后的平等，就像罗马人为所有民族所立的平等一样；它所说的自由，是内部的、无效的、完全被封印在灵魂中的自由，当所有民族抵抗都停止以后，失去希望的世界发现自己在永恒王国中依然屹立不倒时，我们就能理解这种自由了。

当然了，如果真有哪个时候和1789年的情形全然不同，那肯定是上面描述的这个时候。要在这个*催人泪下的*、宣传人要安于本命的传奇故事中，寻找人们吼着追求权利的那个时代的法典，这不是在缘木求鱼吗？[①]

基督教徒便是古老王国的顺民，他不把希望寄托在自己的个人行动中，却相信能够通过基督得到唯一的、专属的拯救。基督教徒人很少，在制宪议会中只有三四个而已。从那个时代开始，基督教作为一个体系，它就已经死了（*当然，它在情感上依然鲜活持久*[②]）。许多人在这里弄错了，包括某些自由卫士，他们被《福音书》打动，以为这样自己就成了基督

[①] 从这种对《福音书》的错误研究出发，人们得出了另一个对整个基督教体系的同样错误的解读。他们也在那里发现了自己心中所想的东西——自由；人们发现，因为亚当犯了一次错、滥用了一次自由而得以诞生的基督教，是一门自由的宗教。是的，但我们得加上一个修饰，是一门"自由被丧失的宗教"。在这个体系的起点上，自由的影子曾一闪而过，之后便再没出现。人类第一次致命的过错导致他们全体被灭，只有少数逃过一劫——不是因为自由而得救，而是因为基督任意的圣宠而得救。如果您坚持让人的自由在里面有一席之地，那您就失了基督的功罪；如果您希望靠自由来拯救我们，那基督就再不是拯救者了。简而言之，自由在每个体系中活着，所以它也存在于基督教中；它是基督教的起点，却不是基督教的基本大律法，而基督教的基本律法是它的体系之本。基督教教理并不是自由的信条，而是无效的自由的信条。它传播着一个被丧失的自由，它将救赎放在圣宠里面，可圣宠是上帝的自由行为，而不是我们的自由行为。这就解释了为什么所有封建的、王权的、管它是什么的专制制度，全都依赖着基督教。——原注

[②] 无论何时，人心都或多或少有一处柔软。它的特点各有不同，却始终带着无穷的魔力，无论是历来遭受外族统治的印度人，还是一直被俘虏的犹太人（在《路德记》《多比传》等书里），皆是如此。后来，在古希腊文明之后，在城邦走向衰落、民族性逐渐式微、祖国陷入绝望之中的时候，在罗马重剑之下四处流亡的可怜人，你在他们身上依然找得到这份情感的影子；在那个感人的安顺从命的心态中，通过饶恕敌人，他们得到了神启。所以，奴隶泰伦斯成了他的祖国的毁灭者——西皮翁的朋友；到了曼图雅的农民维吉尔爱着给曼图雅判了罪的冷酷无情的诸神。他们没有任何怨恨、任何戾气，只有着无尽的哀伤。这种安顺良善的柔情被施给了所有人，尤其是那些残酷打压过我们的人。它先于基督教存在，世界有多古老，毫无希望的柔情就有多古老；然而人们只把它称为基督教的柔情，因为基督教将它大大地扩展和深化。在基督教的统治下，整个中世纪都变成了维吉尔。——原注

教徒。而在普通百姓那里，基督教只保留了该被归到反基督教那边去的东西，只留下了从异教那里抄袭和模仿来的东西——没错，我说的就是对圣母、圣徒的狂热崇拜，在物质和肉体上对耶稣圣心的忠诚。

真正的基督教理念（人只有通过基督的圣宠才得到救赎），早在路易十四统治末期就遭到了教皇的正式抨击，从此以后日渐消弭下去。它的捍卫者人数越来越少，过着埋身隐迹、安分守己的日子，然后无声无息地死去。这派人就是靠这种行为（同时也靠自己的教理），证明自己是真正的基督教。我说过，他们过着避世不出的生活，虽然他们中一些人有万丈豪情，虽然他们站出来就可以赢。

而我，在别处追求自己的信仰的我，注视着利凡得①的我，却也怀着一种深沉的情感，关注着这属于另一个已经归于沉寂的时代的群体。世人已经忘了他们，除了那个异教和基督教的混血教权组织。它对他们施以了最卑鄙却无人知晓的迫害②，他们却依然心怀敬畏地死去。我有必要为他们作证。有一天，我因为教学关系遇到了波尔·罗亚尔③的一些重要人物，我渴望摆脱内心的负担，把自己的想法通通倾倒出来，告诉世人波尔·罗亚尔和其他教派在当初和现在受着怎样的遭遇，告诉世人是异教在迫害基督教。他们却求我罢手（请原谅我在这里泄露了他们的秘密）："不，先生，我们就应当这样安静地死去。"由于我极力坚持，他们便天真地向我坦白：他们认为自己受苦受难的日子不会太久了，因

---

① 一译黎凡特。中世纪欧洲习用语，意为"东方"。通常指小亚细亚和叙利亚沿海地区。有时也指从希腊至埃及的地中海沿岸一带。——译者注
② 这是一场真的担得起"卑鄙"二字的迫害，其中女性是最大的受害者，最后一批冉森教会修女是被他们慢慢折磨致死的。他们的卑鄙还体现在对圣赛文林教派是如何穷追猛打；圣赛文林教派没有像波尔·罗亚尔那样遭到彻底的毁灭，但也被改造了。它落到了圣心异教的手里，定期受着耶稣会的虚伪说教的玷污。——原注
③ 波尔·罗亚尔修道院是17世纪法国天主教运动中心，也是冉森派的核心机构。历史上出现过两个波尔·罗亚尔修道院，一个是巴黎西南二三十里的乡间波尔·罗亚尔修道院；另一个是巴黎圣雅克区的巴黎波尔·罗亚尔修道院（Port Royal de Paris）。当时有一批著名学者在该修道院里隐居，他们被尊称为波尔·罗亚尔隐居者。而冉森派被耶稣会反对，在耶稣会的影响下，路易十四残酷迫害着冉森派信徒。1710年，波尔·罗亚尔所有建筑物均被拆毁。——译者注

为大审日，即所有人和所有教理都将被审判的末日，是不会迟到的，在那一天里，大家都会开始新生，再没有了死亡。给我讲述这些奇奇怪怪的东西的人，是他们中间一个严肃、苍白、未老先衰的年轻人，他不愿透露自己的名字，我也再没见过他。在我眼中，他的这番吐露就像在郑重地告别过去一样。我仿佛听到了科林斯的新娘①的遗言："我们将在坟墓中和古老诸神重逢。"

这些人里，有三个进入了制宪议会。他们三人无不有惊世之才，无不是辩口利辞，而且还在议会中享有极高的影响力。作为英勇无畏、大公无私、真诚可信的模范公民，他们比谁都更加积极踊跃地投入革命中，在从前那条死路上重新竖起了大革命；不过因为自身原因，他们希望革命走上改革之路，阻止大革命去建立、开拓和创造。

1790年该做什么？1800年又该做什么？至少应该等待，应该从人类精神中汲取伟力。

那些伟力是永恒的，是供给哲学和宗教的一口永不枯竭的生命源泉。精神从没有什么枯水期，即便在当代中最不堪回首的岁月——三十年战争期间，不也诞生了欧洲思想改革者——笛卡尔吗？人们应当求生，而不是候死。

这三位促使议会犯下如此大错的人，他们便是加缪、格雷古瓦尔和朗汝内。

此三人都有着钢铁般坚硬的意志。如果你看到加缪被杜穆里埃②的军

---

① 歌德1797年创作的一首诗歌，诗歌根据一个早期吸血鬼故事改编，故事内容是一个死去的年轻女子从坟墓里回到人间，想和她的未婚夫重逢。——译者注
② 杜穆里埃（Charles François Dumouriez，1739—1823年），法国共和国将军，拥护大革命理念，支持吉伦特派，1792年担任外交部长，推动了对奥战争。——译者注

队团团围住，也依然敢伸手抓住他的场景；如果你看到朗汝内在5月31日那日冲到台上、在刀枪之中也毫不退让的样子，那你就会知道：这两位已经悍不畏死到少有人敢与其一较高低的地步。而格雷古瓦尔主教在整个恐怖时期，更是孤身一人、身穿紫袍、匹马一麾地坚挺在公会之中，甚至都没有人敢坐在他身边。这样一副铮铮铁骨，也是绝无仅有的。*面对这个宁折不屈的教士，恐怖统治也只能让步。公会在最动荡、最黑暗的日子里，也在格雷古瓦尔身上看到了基督教坚定不移的一面，听到了它无声的抗议，意识到它复苏的威胁。*

虽然这三人勇敢而又纯洁，可他们却成了大革命一个巨大的诱惑，诱使它犯下了一个巨大的错误——不信基督教，却来组建基督教教会。

在他们的影响下，在那些和他们意见一致却也没看清问题的法学家们的推动下，一贯盲目轻信、走伏尔泰哲学路线的议会，以为自己可以在不触及实质的基础上去改变形式。它本扮演伏尔泰的角色，却要去蹩脚地改革教会，宣称要让它重新严格遵守使徒教义。

抛开这个想法中先天不足的地方不谈，议会推行的改革其实是不无道理的，可被视作一部为着教会和教士考虑的解放法。

议会希望从此教士由人民选拔而出，替他们**解除掉**身上的政教协定，**解除掉**这个耻辱的协约（就因为这个协约，教皇和国王这两个强盗霸占住教会，抽签决定教士身上的教袍颜色）；通过提高他们的固定俸禄，**解除掉**强行规定的、可恶的教徒酬金和什一税，停止对人民的勒索；**解除掉**破格优待，让那些活络在贵妇的小客厅和羞室中的宫廷小教士们再无法凭受宠就一跃升到主教位置上；**摆脱掉**所有尸位素餐、脑满肥肠的人，将那些把议事司铎们喂得肥头大耳的可笑的鸟笼统统丢掉。取而代之是一种更好、更公平的教区划分方式；八十三个省，八十三个主教区。教士收入将被固定为七千七百万法郎，从前教士虽有三亿法郎的总收入，然而发给普通教士的报酬却微乎其微，现在这笔钱反能给他们带来更多利益。

这次讨论既不激烈也不深入，会中只有冉森教士加缪冒出了一句大胆的话，而且肯定是他不加思考、冲口而出的："**我们是一个国民公会；我们当然有权改换宗教**，只不过我们不会这么做而已……"然后，他也被自己这番大胆的言论给吓住了，马上又补充说："我们不可能在放弃宗教的同时又不犯下罪恶。"（1790年6月1日）法学家和神学家们只在那里援引书里老掉牙的话；每当他们的援引遭到质疑，他们就去迫不及待地翻书证明——不是要证明自己的观点是正确的，而是要证明自己的观点是古来就有的："第一批基督教徒就是这么做的。"多么可怜的论据！把适合用在提比略①时期的东西硬搬到一千八百年以后的路易十六统治时期，这话未免也太没说服力了。

议会应当直截了当展开讨论的，是权利在国王、教皇甚至人民那里的地位到底是过高还是过低这个问题。

人民选举将会带来什么后果，谁也不知道。但是人们很清楚，一个靠国王、教皇、领主上位的教士是什么样子。②那些大吼大叫的主教，如果他们被哪双手抹了什么圣油才得到祝圣的事情真被抖出来，那他们颜面何存？对他们来说，最保险的办法就是不要过度翻搅出身这个问题。所以，这些人更愿意在一个和教权等级制度最无关系的外围问题——也

---

① 提比略（前42—37），罗马第二任皇帝（14—37年），长期征战、军功显赫，登基称帝后渐趋暴虐，引发普遍不满，被近卫军长官杀害。——译者注

② 领主们手上的授予权起着很有意思的作用。一个叫萨穆埃尔·贝尔纳（Samuel Bernard）的高利贷者买来领主权，这样他就有了任命某一有俸圣职的权利，后来通过行贿收买，他居然得到了圣灵骑士勋章。唉，圣灵骑士勋章的背后简直龌龊到见不得人的地步。这个人是因为在勃利夫人跟前得宠才当上主教，那个人是由蓬巴杜夫人任命的，还有人是因为杜巴利夫人在路易十五面前撒娇痴缠才能上位。有个二十岁、长相俊美的神甫——波旁神甫，他之所以拿到了一百万的年金，是因为一个被亲生父母卖掉、被国王长期豢养的小小贵族女子和他有一夜风流的缘故。——原注

就是教区划分这个问题上撒泼哭闹。人们白费口水地向他们解释，这种划分在古罗马基督教初期就是官方正统，而且教区划分当时是由政府而定，以后自然也可以由另一个政府进行改动。但他们什么也不想听，在这个问题上寸步不让。在他们心中，当前教区划分方式是至圣之物，比任何基督教教理都要来得重要。如果不召开主教会议，如果不向教皇做出请示，那一切都完了；人们就成了教会分立论者，从教会分立论者变成异教徒，又从异教徒变成渎圣者、不信教者，等等。

这种认真的玩笑话，巴黎人听了只会耸耸肩而已，然而它们在西部和南部地区却起到了不小的效果。有人将这些言论大批印刷出来、广泛传播，同时还写了一份著名的、两个月内被重印三十次的抗议书来替教会财产申辩。这份充满仇恨、煽动不和的文章，早上在讲道台上被三番四次地唠叨，晚上在告解座上又被翻来覆去地评述，添上了许多杀人不见血的评注。妇人们的脑子被烧热了，信徒们的怒火被煽动起来了，匕首被亮出来了，大叉和长镰被磨尖了。

5月29日、31日，艾克斯大主教和克莱蒙主教（主要煽动分子及国王心腹）正式向议会告知了教会的最后通牒：若不召开主教会议，就不做出任何改变。6月初，尼姆发生流血事件。

弗罗芒将自己最信得过的一伙人武装起来，甚至花费重金让他们穿上和阿图瓦伯爵家里号衣同样颜色的衣服。他们便是南部第一批绿党①。弗罗芒有孔岱亲王的一位副官相助，同时还有许多市镇官员的支持，最后甚至从省统领那里得到打开军火库、将枪支分发给所有天主教小团体的承诺。如果市镇官员和统领真的迈出这个决定性的一步，那就是公然宣布和大革命为敌了。

---

① 即1815年白色恐怖时期南方保皇党的别称。——译者注

市镇机构说，我们再等等；尼姆马上要开始省选举工作了，要不暂且挨到选举之后吧，让我们先拿到官位再说。

弗罗芒说，行动起来吧，选民们在枪炮声中会投下更合你们心意的票。新教徒已经组织起来了。从尼姆到巴黎，再到赛文，他们已经串通好了。

如果继续等待，尼姆又真能让教士放心吗？城市各行各业都对大革命带来的一个直接成果感恩戴德，那就是盐、铁、皮革、油、肥皂等商品税的废除。信奉天主教——或者说至少在收成季节来临之前还极为信奉天主教的农村地区，在粮食收割以后，当教士要求缴纳什一税的时候，对天主教的信奉之心还会如此强烈吗？

针对5月暴行中的杀人犯和弗罗芒兄弟，一场诉讼案件展开了。这场诉讼进展非常缓慢，然而终归还是有所进展的。

逼迫弗罗芒行动起来的最后一件事，也是最关键的一件事，就是阿维尼翁在11日、12日发动革命，此事必然会导致弗罗芒这一边的人马士气低落、丢盔弃甲。在消息传开之前，13日晚，弗罗芒发动了攻击。这是一个礼拜日，一个对他极为有利的日子，当时正值圣体瞻礼的八日庆期，好多在这一天里喝得醉醺醺的人都走上街头。

弗罗芒和站在他那边的历史学家，这群已被打败了的人，居然信誓旦旦地说着这么一件令人难以置信的事情：是新教徒先动手的，是他们在干扰他们希望所在的选举。这些人坚称，是少数人企图杀死多数人（六千人对两万多人，而且还不算上市郊）。

那么，这少数人是一群久经沙场的可怕敌人不成？不，这些人已经有一个多世纪没有受过任何军事训练了，他们是一听到抢劫就怕得要死的商人，是体力羸弱的工人，身体素质根本比不上弗罗芒武装组织起来的那群脚夫、葡萄种植者和耕地人。国民自卫军中的龙骑兵虽然大部分都是新教徒、商人和商人后代,但是在这群成天泡在小酒馆里、滥饮着教士赏给他们的酒的劲敌面前,他们也不足以与其相抗。

在每个由新教徒占据主导地位的地方,两边宗教都是一派可歌可泣的博爱场景。例如在6月5日的圣依波利特,新教徒还愿意和其他人一道站在岗哨上,保护圣体瞻礼日的游行队伍。

在动乱爆发的那一天,尼姆城中至少有一千五百名最积极踊跃的爱国人士聚集在俱乐部里,手无寸铁的他们,正在那里商议事情;看台上挤满了妇女。所以在第一声枪响之后(1790年6月13日),人们的恐慌可想而知。

八天之前,也就是选举开始之时,已经有人开始侮辱、恐吓选民了。选民们要求设立一支龙骑兵警卫队和巡逻队来驱逐那些威胁他们的人,然而这群人在巡逻队面前依然是出言不逊。于是,纵容滋事的市政厅让龙骑兵来站岗哨。13日晚,一群头戴红缨的人对龙骑兵说,如果他们不想丧命,那就马上滚蛋。龙骑兵依然坚守岗位,因此遭到枪击。吉耶纳军团心急火燎地想马上前去增援,然而军官们却将大门锁死,把他们关在营中。

面对这场并不公平的角斗,面对选举遭到恶意干扰的事实,市政厅本可以尽到自己一个神圣的职责——竖起红旗要求军队增援。然而市政厅却没有任何动作。于是在这个殷勤好客的城市里,省选举大会发现自己身处枪林弹雨之中,已被官员们抛弃了。

在弗罗芒的*绿党*中,除了教士的仆人之外,还有好些人甚至是市政厅官员的仆人。国民自卫军没有收到任何调军令,只有弗罗芒的人马占据着街垒,在那里肆意屠杀,开始强闯新教徒的住宅。弗罗芒手上还有一张王牌，那就是离尼姆只有四十古里距离的索米耶尔的一支骑兵部队，这支军队的上校非常积极，向弗罗芒送去了许多人马钱粮。人们闻到了一场真正的动乱气息，省统领也终于执行阿图瓦伯爵发来的命令，要朝着尼姆进军了。

然而让人猝不及防的是，反而是尼姆打起了退堂鼓。在弗罗芒组织的十八个天主教团体中，只有三个跟着他起事，其他十五个全都袖手旁观。这对于教士来说真是一个天大的教训，让他们终于意识到自己对人心预估得多么离谱。在流血的时刻，狂热的仇恨情绪虽然被社会嫉妒心巧妙煽动起来，但狂热的程度还是不够。

这座庞大、实力不可小觑的尼姆城，人们先前还以为可以轻易把它煽动起来，没想到现在它却像它那些不可摧毁的历史建筑、那些神圣古老的角斗场一样，兀自站在一旁岿然不动。

所以，两边只有少得可怜的一群人在相互厮杀。**绿党**表现得十分勇猛，然而却是有勇无谋。终于被找来的市政人员，被人逼得两次扛着红旗冲到他们那里去；他们就两次在敌人眼皮子底下摧毁一切，夺下红旗、杀死官员。官员、选民、国王特派员，统统成了**绿党**的射杀目标；第二天，连前来收尸的国王检察官和刑事警察长都不被他们放过。这样可怕的犯罪事件一经发生，必然会遭到最严厉的迅速镇压。好了，市政府召来军队，结果却是一支只有巡逻义务的队伍！

如果弗罗芒手里的人再多一点，他肯定就能占领当时角斗场中最易守难攻的要塞之处。他在角斗场布置了一些人，在嘉布遣会修道院也留了一些人。而弗罗芒呢？他本人则回到了自己的堡垒里、围墙中，回到了古老城堡的塔楼上。只要进了这座塔楼，他就安全了，就可以随便开枪了。他给索米耶尔、蒙彼利埃写信，请求增援；他派人前往信奉天主教的各个村镇，在那里敲响警钟。

　　天主教徒动作非常迟缓，甚至还待在家中闭门不出。而新教徒反应则非常迅速。一听闻选民们有生命危险，他们当晚就出发了。早上四点到六点，一支来自赛维诺勒、佩着三色帽徽的军队出现在尼姆城，一边投入战斗，一边高喊着"国民万岁！"。

　　选民们也行动起来。在一个炮兵队队长的帮助下，他们组建了一个军事委员会，来到军火库寻找大炮。他们可以走大道进去，也可以走吉耶纳军队营地进去。不怀好意的军官们让他们走大道，然而他们在那里遭到猛烈的炮火攻击，只得反身折回。军官看到手下的士兵怒气冲冲、马上就要起来造反了，终于交出了大炮。塔楼被打出一个缺口，不得不求和。一直勇敢坚持到最后的弗罗芒，居然传出一封读来不可思议的信，信中提议"遗忘……"。然而没有任何宽恕可言，士兵们只想让围攻者死。有人试图拯救他们，然而他们自己自寻死路，居然还一边交涉、一边开枪。所以，他们只落得被围攻、被袭击、被追杀、被屠戮的下场。

　　两天、三天，人们搜寻着他们，至少这可以让人们心中的仇恨得到宣泄。嘉布遣修道院（这里是传单的发放中心）被强行攻破，遭到血洗。绿党的大本营——一家著名的小酒馆也遭此命运，人们还在这里发现了两个躲起来的市政官员。整个这段时间里，两边人一直守在街头或窗户，朝对方开火。来自赛文的粗人不讲究宽恕，三天里足足屠杀了三百人。但没有任何教堂被洗劫，没有任何女人被玷污，哪怕在盛怒之中，他们也依然保持着克制。他们没有像1815年的绿党分子那样，想着用刻有百合花徽的捣衣杵把女人活活打死。

　　有意思的是，由阴险的反革命派策划的这桩尼姆惨案，粉碎的却是制造惨案的人。设伏者反被困于陷阱，猎手反被猎物所追捕。

在实施计划的时候，什么东西都没有到位。

他们本指望着蒙彼利埃，但是统领不敢前来。来的只有勇敢爱国的国民自卫军，也就是未来的胜利之师——第三十二团的精锐部队。

他们本指望着阿尔勒。其实阿尔勒有前来增援，却是为了粉碎反革命集团而增援。

圣灵桥截住了弗罗芒派出去的人。

那么，就去找罗纳的天主教徒吧。去颠倒黑白吧，去说服他们相信你们的宗教有灭顶之灾吧。这可事关祖国大计啊！

于是，整个罗纳天主教宣布和你们划清界限，表现得甚至比新教徒还要有革命觉悟。连你们那个罗纳的圣城、教皇的小罗马——阿维尼翁，都炸裂出巨响。

阿维尼翁！法国是怎样把这颗明珠从天主教的王冠上抠下来的？还有沃克吕兹？啊，还有彼特拉克①心中永远珍藏的那片纯洁的土地，那个对法国爱得发狂至死的伟大意大利的神圣庇护之地，那个被世人歌颂的象征两地永结一心的地方，你又是怎么从教皇那双肮脏的手中跌落出来的呢？因为一个女人，为了金钱，为了赦免一桩谋杀罪，就把阿维尼翁和沃克吕兹给卖了（1348年）。②

阿维尼翁没有问过谁，就像法国那样组建了一支国民民兵队和一个市政府机构。6月10日，所有贵族人士和教皇派占领了市政厅，搬来四门大炮，高喊着："贵族万岁！"然后朝人开炮，导致三十人死伤。但

---

① 弗兰齐斯科·彼特拉克（意大利语：Francesco Petrarca，1304—1374年），意大利学者、诗人，文艺复兴第一个人文主义者，被誉为"文艺复兴之父"。他以其十四行诗著称于世，为欧洲抒情诗的发展开辟了道路，后世尊他为"诗圣"。他与但丁、薄伽丘齐名，文学史上称他们为"三颗巨星"。——译者注
② 1348年，那不勒斯王后让娜一世（1326—1382年）以八万弗罗林的价格把阿维尼翁城卖给了教皇克雷芒六世，以避免二婚嫁给路易·德·塔兰托，并洗脱她的第一任丈夫安德烈一世（1327—1345年）的杀人罪名。——译者注

是人民也积极投入战斗之中，杀了一些人，抓了二十二人。所有法国市乡、奥朗治、巴尼奥勒、彭圣埃斯普利，都前来增援阿维尼翁、拯救俘虏。他们把俘虏从胜者的手中夺回来，承担起照看他们的责任。

6月11日，罗马之军被歼灭，法国军队布防在各个地方。阿维尼翁走到国民议会的席座上，投入它真正的祖国怀中，并说了这句豪气冲天、相当于罗马教廷思想的遗言的话："法兰西，请您统治四海吧！"

我们再来深入探讨一下这场暴乱的缘由，以更加全面地解释一下这场如急风暴雨般迅猛发起的悲剧。

若要制造一场宗教战争，首先就必须潜心信教。然而连教士的信教之心都不诚，他们又怎能让人民为宗教狂热起来呢？

而教士又没有高度的政治敏锐力。即便在1790这一年，在他们那么需要人民的时候（他们在四处出钱雇用人民），教士还要求人民缴纳已被议会取消了的什一税。在许多地区，人民纷纷揭竿而起，反对教会征收这个他们死活不愿放手的该死的什一税，其中北方地区尤为突出。

这群贵族出身的教士阶层，没有什么头脑，还以为只需要一点点钱和酒，再加上暴力气氛的渲染，自己就能搅弄风云了。他们须得明白，若要让宗教狂热主义再次抬头，就得需要时间和耐心，需要在背地里仔细筹备，需要选择一个不那么引人注目、远离大道和要城的地方。例如，他们可以早早地在旺代的博卡日地区慢慢做工作；可是在光天化日之下行事，在南部的艳阳中谋划，在不安的新教徒的眼皮子底下布局，在波尔多、马赛、蒙彼利埃等中心大城的包围下筹谋（什么都逃不过这些城市的眼睛，只要有一点点光，它们就会朝光亮处前进），这简直就是在玩小孩子的家家酒。

弗罗芒做了他能做的一切，表现出极大的勇气和果敢，然而他却被抛弃了。①

他发现阿维尼翁的革命将危及尼姆起事，觉得不能太过相信自己的运气，只得拼命说明自己：态度暧昧、直到那时还不敢公告天下自己站在他这一边的那些人，当他们看到自己揭竿而起的时候，总会表明立场的，他们总不会冷血地看着自己被屠宰吧？所以弗罗芒才在这个时候起身犯乱。

市政府，换句话说，也就是信奉天主教的资产阶级，它非常谨慎，都不敢要求省统领动用军队。

贵族也很小心。统领和军官普遍不愿行动起来，除非有市政府明确合法的调军令。

这并不是因为军官缺少勇气，而是因为士兵们都靠不住了。只要听到任何超出法律范围的命令，他们就敢鸣枪反对。若真发出这样的命令，真做出这样危险的举动，那就是在牺牲自己的性命。可他们又是为哪个理念、哪个信仰而牺牲呢？贵族多数都是保皇立场，但他们同样也接受了哲学和伏尔泰思想的熏陶，也就是说，他们已经被新思想所征服了。

越来越和谐、越来越协调的大革命，日渐表现出自己的本质——它就是一门宗教信仰。而四分五裂、分歧不断的反革命，只能枉费心机地拿陈旧的信仰来做文章，它却并不算一门宗教。

---

① 弗罗芒逃过了屠杀。哪怕我们对某人、某党不怎么抱有好感，也不能不对弗罗芒那神奇的命运产生兴趣。他一开始荣誉加身、晋封贵族，受到阿图瓦伯爵的器重；然后，在1816年，他又被忽略、被背弃！他当时出版的小册子在各个地方被销毁，这本小册子其实就是一个旧仆对那个忘恩负义、毫无良心的主人的控诉。在这番控诉之后，那个主人甚至还把他那点可怜巴巴的粮食补贴金都给剥夺了，此事就不用我多说了吧？弗罗芒给他忠心效劳了三十年，却被主人如此对待，这分明就是存心要让这个已经破产、一身负债、对他已没有任何利用价值了的人死在某个边陲小镇的角落里。弗罗芒的小册子应当得到再版，还有流亡贵族沃邦（Vauban）那份极为少见的回忆录也应如此。再有梅里鲁（Mérilhou）为弗罗芒写的那份聪明的辩护书（1823年），也应当被出版出来。——原注

它无法发动全体，没有任何不变的准则。它的抵抗犹如蜻蜓点水般飘忽，而且还没有一个集中点，就像一个醉汉一样走得东倒西歪的。国王是站在教士这边，然而他却拒绝支持教士的抗议书。教会雇佣和武装人民，但又要求他们缴纳什一税。贵族、军官在等着都灵发来的命令，同时也在等着革命政府发来的命令。

最关键的是，他们缺少某个能让他们直接行动起来、在另外那边却非常充裕的东西，那就是信仰！

另外那边阵营，那是法国，它信仰着新的法律，信仰着合法的权力机构——议会，这个表达国民意愿的真正喉舌。

那边阵营里，一切都是清楚明亮的。而这一边呢，一切都是模糊、暧昧、飘忽、昏暗的。

怎会犹豫？所有人、士兵、公民都挽着彼此的手，在同一面旗帜下迈出坚定的步伐。从4月到6月，几乎所有军队都和人民亲如鱼水。在科西嘉、卡昂、布雷斯特、蒙彼利埃、瓦朗斯，情况跟蒙托邦和尼姆完全一样，士兵们宣布站在人民和法律这一边。少数一些还在抵抗的军官被杀，人们在他们身上还找到了他们和流亡贵族暗中勾结的证据。人们等着流亡贵族，稳稳地等着他们。南部城市没有睡着：布里昂松、蒙彼利埃、瓦朗斯，还有大城市马赛，都想着保卫自己。它们占领了堡垒，在里面布满了自己的公民。来吧，流亡贵族和外国军队，只要你们愿意，我们随时奉陪！

一个法国！一个信仰！一个誓言！在这里，没有一个靠不住的人。如果你态度飘忽不定，那就请离开忠诚之地，穿过莱茵河，穿过阿尔卑斯山，离开吧！

国王本人非常清楚，他最锋利的那把宝剑——布耶，也发觉自己如果不和别的军官一起起誓，就会变成孤家寡人了。联盟的敌人就这样被夹在了军队和人民中间，不得不选择放弃。人民、士兵团结一心，共同画出了这幅恢弘的画卷。任凭你如何冥顽不灵，也终会屈服下来。国王发布命令，他也服从了，神情沮丧而又悲伤地来到人民和士兵中间，以他的君王之剑起誓会忠于大革命。

第10章
新的信念——法国自发组织起来

法律在各地被自发的行动所超越——黑暗混乱的旧制度——新秩序靠自己建立起来——在解放和自卫运动中诞生的新权力——内外各组织准备创立市省机构——议会造出一百三十万市省行政官员和司法法官——人民通过担任公共职位受到教育

我花了长篇大论去讲述陈旧理念、最高法院、贵族、教士所做的抵抗。现在，我要用一个小小的篇幅为新思想起个开头，简短地阐述一下那些将上述抵抗统统吞噬和消化在自己腹中的大事件。在无穷无尽的纷繁杂乱中，有个事实非常简单——法国是自发组织起来的。

这才是历史，这才是毋庸置疑、可立于世的事实。至于其他一切，全都是无价值的东西。

而这些毫无价值的东西，我们却得长篇大论地去讲述它。对于恶，仅仅因为它是一个例外、一个反常，为了能让世人认清它，我们就得从细节上去细细勾勒。而善则不然，它是天然而成、不经雕琢、发自于心的，因为它和我们的自然法则相契合，因为我们心中铭记着善那永恒的模样，所以我们几乎一眼就能认出它来。

那些供我们汲取史实的原始资料，把最不该保存下来的东西悉心保存下来，例如消极的因素、意外的成分、个人逸事、某些小阴谋、个别暴力行动，等等。

而那些举国参与的国民大事，是靠一些排山倒海、势不可当、甚至毫无暴力色彩的力量才得以完成。它们没有那么吸引眼球，你几乎无法察觉它走过你的身边。

居于这些普遍事实之上的，便是从中衍生出来、成为它们最新口号的法律。人们没完没了地讨论着法律，一板一眼地复述各个会议的套话。但是决定了法律，解释了它们的起因、缘由和必然性的重大社会运动，却只能通过硬生生的方式被人回忆。

不过，有一个难能可贵、把其他一切衬得黯然失色的地方是：从1789年7月到1790年7月的这个奇迹之年，法律在各地被生命自发的涌动、行动自发的冲劲所超越——在这样纷扰混乱的时代里，人们却在行动中孕育出新的秩序，提前贯彻了即将被制定出来的法律。议会以为自己是领头羊，其实它是在跟着别人的步子走，只是法国的记事员而已；法国做了什么，都由它或一丝不苟、或潦潦草草地记录下来，它不过是把法国口述的内容落在纸上罢了。

这些记事员终于意识到，他们得暂时从自己的洞穴、从法律的公报中走出来了，他们得离开这座堆得如山那样高、让他们都看不到自然本身面目的文件堆了。如果法国只有通过这些人的纸笔才能得救，那它早就死了上百次了。

在生死攸关的那一刻，自然被重新及时地找回来、挽救回来，生命在危险袭来时听取了它最好的导师——本能的指导，靠自己找到了救赎。

在这次陈腐的旧社会险些起死还魂的危机中，我们参透到事物的本源。政论家们还在幻想和勾勒着国民的摇篮，可为什么要幻想呢？它明明就在这里啊。

是的，法国的摇篮就在我们的眼皮子底下。啊！上帝保佑着你！摇篮！他拯救了你，把你轻轻放在一个远离海岸的浩瀚大洋里，我看到你在那里颤颤巍巍地飘摇，在未来的海洋中飘摇！

在巴士底狱的炮声中，法国诞生了，站起来了。短短一日里，在没有任何准备、没有彼此商量的情况下，整个法国，无论城市还是农村，都在同一时间里组织起来了。

每个地方都是如此：人们来到市政府中，以国民的名义拿起了钥匙，也拿起了权力。选民们（1789年时所有人都是选民）学着巴黎，也建立了委员会，日后的合法市政府就是从这个委员会中诞生的。

城市统治政府（例如地方三级会议）、市政长官、显贵要员等，垂头丧气地通过后门溜走，只给他们管理之下的市乡留了一大堆债务。

那座财政领域里的巴士底狱，那座被显贵寡头势力集团打造得坚不可摧的巴士底狱，那处行政机关的岩穴①，终于显露在光天化日之下。这个含糊的制度中的那些还未完成的文书，那一大堆乱七八糟的纸片，那些艰深难懂的计算，全都被暴露在了日光之下。

这个被他们称为骚乱的自由，发出了与这些人事先所想完全相反的

---

① 在勒贝尔（Leber）自己的书中，便描绘了一幕幕关于这个陈腐的市政行政管理的可耻场景：市政长官自己给自己颁发奖金，等等；里昂欠了两千九百万的债，等等。——原注

第一声呼喊：秩序！公平！

要秩序，要朗朗乾坤之下的秩序。法国就像埃阿斯①一样对上帝说："即便让我殒身丧命，也要还天穹一片明净！"

陈腐暴政统治中最专制的地方，就在于它的昏暗不清。从国王到人民、从城市行会到城市，都是昏暗不清；从地主到佃农，这不消多说，更是昏暗得厉害。人们该如何诚实本分地向国家、市乡和领主纳税？谁都不知道。大部分人连自己要缴纳什么税都说不上来。人民的大教育者——教士，把人民禁闭在可怕的无知之中，让盲目、无所防备的他们落到瞎写乱写的人手中，让这群下三烂的臭虫吸着他们的血。盖着公章的纸片黑压压地飞过来，把沉甸甸的负荷丢在人民身上，它们简直成了农民的一大恐惧。这些神神秘秘、他们根本听不懂的负担，别人随便念念它们的名字，他们就得掏空荷包老实交钱。但人民把它们都牢记在心，一条一条地记了下来。他们的心就像攒钱的钱库一样，只不过里面积攒的是报复，是必须索还的赔偿。1789年时，许多人都控诉说，他们在四十年里为这些沉重负荷交的钱，比他们持有财产带来的收益还要多出许多。

在我们的农村地区，除了以保护财产为名展开的斗争之外，就再没有发生其他任何侵犯财产的事情。农民对财产有自己一套理解方式，但他们从没有对财产权利这个理念产生过一丝怀疑。农村劳动者们懂得什么才叫获得；只要是靠劳动得到的东西，都能赢得人们的尊重，所以人们对待财产就像对待宗教一样，不敢冒犯分毫。

正是以财产为名义（这个词长期以来遭到领主手下的人的不断践踏

---

① 希腊神话人物，忒拉蒙和厄里斯珀之子，阿喀琉斯的堂兄弟，特洛伊战争中希腊联军主将之一，作战勇猛，在阿喀琉斯死后抢回了他的武器和尸体。——译者注

和蔑视），农民们喊出了"但是"的异议。在异议声中，他们将封建的、课税的暴政符号撕毁了，将城堡里那些见风使舵的人停职了，将那些使收入得到不正常增长的举措取消了，将那些把好粮挑出来献给领主、只留下麦糠的筛子吊起来了。

以城市为代表的1789年7月的委员会（它们便是1790年市政府的原型），是**自由**的反抗。在农村地区，它便是财产的反抗——我指的是最神圣的财产，是人的**劳动**。

各村各镇之间组成的协会成了保障性社团，这一则是为了反抗生意人，二则是为了反抗强盗（这两种身份已经成了同义词）。

他们谋反，是为了反抗生意人、征税员、总管、检察官、执达员，是为了反抗那个可恶的魔术师，他施展了某个人们不知道的魔法，导致大地干涸、牲畜死去、农民瘦得皮包骨头。

联盟也在对付匪帮。这群人在法国上下乱蹿，没有工作，饥饿难耐，原是靠乞讨为生，后来变成强盗。他们晚上割掉了麦子，甚至连麦苗也不放过，扼杀掉人们的希望。如果各个村镇不拿起武器，一场可怕的饥荒将会席卷过来，这样的一年长得像一万年那般漫长，像中世纪里的无数个黑夜那般难熬。可流寇怎么也抓不住，人们只得到处提防，恐慌情绪四处蔓延，那时的民众还不如今天这样有战时准备，所以可以想见他们心中是多么惊惧。

所有村镇都武装起来，大家承诺要彼此保护。他们在内部商定：只要某个地方敲响警报，大家就往那里赶过去，那个地方就是汇聚中心；大家也可以守在河流大道的某个过路处，控制住该地区最重要的要塞。

单单一件事就能极好地阐明问题，此事在某些方面会让人联想起之前我曾讲过的加尔的圣让城一事。

在夏日某一天的清晨，夏维农（埃纳）的街道上到处都是全副武装的人。居民们惴惴不安地走出来，却发现这些人都是自己的邻居和朋友，是附近所有市乡的国民自卫军。这些人因为一个错误的警报，所以连夜赶路来帮他们赶走盗匪。人们本以为会有一场恶战，结果却迎来一场庆典。夏维农所有人喜笑颜开地走出屋子，和他们的朋友们聚在一起。女人们拿出了她们所有的生活物资，供大家享用，一桶桶葡萄酒被打了开来。人们在广场上展开了夏维农的旗帜，上面画有小麦、葡萄，还有一把没有收鞘的剑。这个纹章完完整整地概括了当时的所有想法：富足、安全、自由、忠诚，以及和谐。国民自卫军队长也来了，做了一篇简短却极为感人的发言，赞扬了市乡保护自己兄弟的一片殷勤和热忱："只要一句话，我们就把自己的妻子和嗷嗷大哭的孩子丢在家里，把我们的犁具和农具丢在农田……我们来了，甚至都没有时间披件衣服……"

夏维农人在写给国民议会的一封信中，像孩子给母亲讲述某件自己亲历的事一样，满心感激地把事情前前后后都讲给了它听。他们还说了这句发自肺腑的话："多好的人啊，先生们，自从你们给了他们一个祖国以后，他们成了多好的人啊！"

这些自发组织起来、其成员如家人一般互相扶持的远征活动，就是这样发生的，而且神甫还走在了队伍最前面。在夏维农的这次误报中，有四个市乡是和它们的神甫一起来的。

在某些地区，例如上索恩省，神甫们不仅参与到这些运动中，还站在了最中心处，成为领导者、带路人。从1789年9月27日起，在吕克瑟依周边地区，农村各个村镇就在圣-扫沃尔①神甫的领导下结成联盟，所

---

① 该法语名还有"神圣拯救者"的意思。——译者注

有市长在他的手掌下发下神圣的誓言。

在伊西-莱维克（上索恩），还发生了一件更是奇怪的事情。看到所有公共机构都颓废不振、连一个官员都找不到的情景，一位英勇的神甫将所有权力都扛到了自己肩上。他发布命令，重新审判那些已经审判过了的案件；他把附近地区的市长们请了过来，在他们面前颁布他给本地新制定的法律；随后他全副武装、手持宝剑，开始了平分土地的工作。人们只得止住了他的一腔热血，告诉他还有一个国民议会的存在。

有个少见而又独特的现象是，这次运动在整体上进行得有条不紊、井然有序，在当时那样的环境中，这是谁都不曾想到的。虽然没有法律，但所有人都在遵循一个法律，那就是维稳，那就是拯救。

在市政府组建起来之前，各村镇都处在自治、自卫的状态中，就像同一个地方的居民武装组成了一个协会一样。

在法律划分出区、省之前，大家因为共同的需求，特别是保障交通、疏通粮运的需求，故在村与村、城与城之间达成联合，形成了相互保护的大同盟。

当人们发现，正是因为那些社会祸害的威胁，他们才走出了互不往来、自我封闭的状态，摒弃了自私自利之心，养成了和其他人同生同息的习惯时，发现是这些人唤醒了他们已经沉睡了好几个世纪的心灵、擦亮了博爱的第一束火花时，他们几乎都要感谢这些强盗了。

法律会承认、批准、褒扬这一切，但绝不是它创造了这一切。

市政府的创立，它们手上权力的集中（甚至包括非市政厅管辖之内的权力，例如捐税、非常时期的治安工作、军力分布，等等），有人把这种权力集中归罪到议会头上，但其实它并不是体制产生的后果，而仅仅是事出必然罢了。当大部分权力机构都消失不见的时候，当剩下的那些人故意（甚至是恶意）不作为的时候，维稳的本能使得人们做了他们一直在做的事：当事人自己扛起了属于自己的事情。而谁在这场危机中不是当事人呢？即便那些家徒四壁的人，如人所说的那些一无所有的人，他们也有一个比任何财产还要宝贵的东西啊，他们也要保护自己的妻儿啊。

新的市政法创造出了一百二十万市政官员，司法组建工作创造出了十万法官（其中有五千个治安法官，八万个治安法官助理）。所有这些人，都是从那四百二十九万八千位初级选民①中走出来的（他们或者是地产者，或者是租户，都有缴纳价值等同三天工作量的、大约三里弗左右的赋税）。

选举造出了六百万张选票；在下文里，我会再在这个选举权利有哪些限制条件、在议会中占主导地位的诸多原则等方面多做阐释。

这里，我只需让读者注意到一点就够了：在1790年的这个春天里，在法国掀起的这场浩浩荡荡的运动中，有一百三十万之多的法官和行政官员同时被创造出来，而且都是从选举中诞生的！

我们可以这么说：在军队开始征兵之前，法国就已经完成了行政领域上的征兵工作。

这是一场充满和平、秩序、博爱的征兵。此时主管司法界的，正是这群新生的、在漫长的过去里一直默默无闻的力量，是那五千名仲裁人和治安法官，是他们的八万个助理。而且在市政工作领域中，连军队都归属这群人民官管。

---

① 这个数据出自1791年为教育民众、特为献给议会而出版的《法国国家地图册》。欧坦主教在1790年6月8日发表的演讲中，计算出的有效公民人数只有三百六十万。如果只包括地产者，这个小数字已算很大了；但是它其中还包括了那些以租户身份缴纳了大约三里弗赋税的人。所以更大的那个数据更有说服力。此外，这两个数据无疑都只是统计了人口统计的近似值。——原注

市政权力机关把整个烂摊子都接管过来。在已经毁灭的旧制度和尚未行动的新制度中间，只有它独自一人站了起来。国王手无寸铁，军队群龙无首，地方三级会议、最高法院已是枯草朽木，教会已是日薄西山，贵族马上就要被连根拔除。议会本身表面看似强大，实则外强中干，只在那里发号施令，却什么都做不了。它在各市政机构里有四万四千个自己人，却只能把一切拱手交到那一百二十万市政官员的手里。

这群庞大的队伍在实际执政时步履艰难，但在教育人民、开创公共生命这两点上，却起到了举足轻重的作用。这个日新月异的官员群体，必须在地方上迅速和他们出身的那个阶层紧密结合起来（也就是那四百万交了三里弗税的地产者或租户）。他们必须创立出一个新的地产阶级，此乃这次大启蒙的必然要求。被掌握在教会和贵族手中的农民，最开始被当成是旧制度的信徒而被排斥在选举之外；而如今，他们作为被拍卖财产的获得者，摇身一变，得到了地产者、选民、市政官员、治安法官助理等身份，也正因如此，他们才成为了大革命中最坚实的中流砥柱。

第 11 章

新的信仰——联盟（1789年7月—1790年7月）

法国在1789年感受到自由，在1790年体会到祖国的统一性——联盟破除了障碍——人为的阻碍出现了——联盟的资料记录；它见证了人们对新的统一体的热爱，对地方观念和陈旧习俗的摒弃——联盟节——鲜活生命的象征——老人，女孩，妇人，母亲——祖国神坛上的孩子——人们忘记了等级、党派、宗教之分——人们重归自然，从心底拥抱祖国、拥抱人类——额外补充和细节说明

1789年的冬天，人们什么都没有——没有常任市政府，也没有省机构；没有法律，没有权力机关，没有任何公共约束组织。一切似乎都将土崩瓦解，而这正是贵族阶层所希望的。啊！你们想要自由，那么现在就好好享受由你们一手造成的这种混乱局面吧！对此，法国是怎么回答的呢？在这个兵荒马乱的时候，它自己就是自己的律法；它没靠任何人的帮助，全凭自己强大的意志，从一个世界跨到了另一个世界中，一步一稳地走过了架在深渊上的独木桥。是的，它走过去了，没有朝下面看一眼，眼中只盯着自己前进的方向。在这个长夜难明的冬季，它一往无前，朝着春

天前进，那里就是新的光明。

什么光明？此处的光明再不如1789年那般，只是对自由的模糊的热爱而已，而成了一个实实在在、轮廓已清的实体，这个实体把整个国民带动起来，使得人心大振、士气高昂。人们每往前走一步，心中的欢喜就多了一分，脚下的步子也迈得越发急促。终于，黑暗消失了，浓雾散去了，法国一眼望见了它热爱着、无怨无悔地追随着的那个东西：祖国的统一。

所有先前被人视为沉重不堪、困难重重、不可克服的东西，突然变得可能了，变得简单了。有人想，大家怎么可能会摒弃各省的故土情怀、往昔记忆、陈科陋见？有人说："朗格多克怎么可能心甘情愿地放弃朗格多克的封号，放弃去当一个只服从自己制定的法律的国中之国？古老的图卢兹怎么可能走出自己的政治神殿，离开南方霸主的位置？你相信布列塔尼会在法国面前做出让步，放弃自己的蛮语和厉神？除非圣马洛①的礁石倾塌，彭马克②的山岩崩塌。"

但请看！伟大祖国出现在神坛上，向它们伸出双臂，想要拥抱它们。于是，所有行省都忘记了小我，投入祖国的怀抱；在那一天，它们再不关心自己是哪个省份了。它们就像失散已久的孤儿一样，如今终于找到了母亲，而且还有了一大群比自己原来设想的还要多的兄弟姐妹。人们羞于再自称是布列塔尼人、普罗旺斯人……不，孩子们，你们要清楚地知道，你们是法兰西的子女，这句话是它亲口告诉你们的，你们就是那个伟大母亲的子女，是那个绝不偏袒、一视同仁地繁育各个民族的母亲的子女。

虽然没有法律，但这支民族手拉着手、朝着光明前进。还有什么场

---

① 法国布列塔尼伊勒-维莱讷省的一个城市。——译者注
② 法国布列塔尼菲尼斯泰尔省的一个城市。——译者注

景比眼前的这幅画卷更加激荡人心呢？他们除了前进，就再没做其他什么；他们也不需要再做什么，只要前进就够了。单单这个波澜的盛景，就已够吓人的了。一切障碍都四下逃溃，一切抵抗都烟消云散。看到这样一个武装起来的伟大的民族、这样一场和平而盛大的登台露面，谁还再敢和他们叫板呢？

11月的联盟，打破了各省割裂并存、各自盘踞一方的局面；1月的联盟，结束了最高法院的斗争；2月的联盟，镇压了骚乱和抢劫事件；到了3月和4月，群众组织起来，在5月和6月吹熄了宗教战争的第一个火星；同样也是在5月，军队也加入联盟之中，士兵们再次成为了公民。反革命的宝剑，它这把最后的武器，终被折成两段。那它还剩什么可用呢？博爱的精神飞跃了一切阻碍，所有联盟之间又组成了联盟，联合又促进了统一。再没什么联盟了，这些都是无用的，我们只需要一个联盟——法国，一个在6月的朝阳中看上去焕然一新的法国。

所有这一切，可以说是一个奇迹吗？是的，这是最大的也是最简单的一个奇迹，这是自然的回归。人类在自然天性中渴望社交。除非让整个世界都违背本性，否则你不可能阻止人们向彼此靠拢。省内关税，道路河流上无以计数的通行税征收处，重量、计数、货币方面五花八门的法律规定，各城市、各地区、各行会之间被人刻意保留下来的恶性竞争关系，人民大手一挥，这些障碍就被破除了，古老的城墙就倾塌了。人们终于看到了彼此，发现大家都有着相似的面容，吃惊于那么久以来自己居然都对对方一无所知，后悔当初不该抱有那种愚蠢的仇恨，让大家数世纪不相往来。他们摒弃了仇恨，朝着对方走了过去，迫不及待地想把自己的内心倾吐出来。

这就是为什么创立各省——这个有人认为完全需要刻意的人力因素

才能做成的工作——干下来是如此轻松，如此得心应手。如果各省创立的是个如西哀士脑中构建的一个一板一眼的概念那样纯粹的组织，那它断然不会如我们所见那样如此卓然有效、得到如此长久的执行，更不会在其他无数革命制度先后覆亡之后、唯独它活了下来。它基本上是一个自然产物，一个参考各地和各地居民之间先前关系后合理建立起来的一个机构。这些地方和人民，已经被暴政统治和税务体系等人造机构分裂得太久了。例如，在旧制度时期，河流通常扮演着障碍物这种角色（只举一例，单单卢瓦尔河上就有二十八个通行税征收处），而如今，它们重新回到自然赋予它们的位置上，成为连接人类的纽带。许多省都是以河流命名，例如塞纳省、卢瓦尔省、罗纳省、吉伦特省、默兹省、夏朗德省、阿利埃省、加尔省等，它们在大河两岸形成了天然的联盟，而这正是国家承认、宣扬和提倡的。

  大部分联盟把自己的故事讲述出来。它们用一种通俗、孩子气十足的方式，老实而又天真地把这一切写给了它们的母亲——国民议会；它们想说什么就说什么，让会写字的人把自己的心声记下来。在农村地区，要找到一个机灵、记忆力好的抄写人并不是件容易事，但这种缺憾被他们淳朴高尚的意愿所弥补。这些资料便是法国新生的博爱精神的真正纪念碑，这些丑陋粗鄙、但完全是受到启示后自发而作的文书，见证了我们父辈初见祖国真面时的一片赤诚丹心，它们将会永传于世。

  我把这些资料都完完整整地找到了。在六十年之后的今天，当我翻开这些少有人读的纸页时，发现它依然像昨日才写下来一般烫手。第一次打开它们时，一种敬佩之情就在我心底油然而生；我感受到一种特别的、独一无二的东西，一种人们绝不敢小觑的东西。这些写给祖国（议会就代表着祖国）的炽热的文字，读来简直就像一封封情书。

这不是出于官方授意，也不是有人命令而为，它明显就是人们心灵的倾诉。也许我们会在里面看到一些人工雕琢的痕迹、一些浮夸的华丽辞藻、一些夸张的遣词造句，但这恰恰是因为他们缺乏技巧的缘故。他们就像一个年轻人，想表达自己最真诚的情感，却不得其法，为了诉说自己的真情实意，只好搬用小说里的词句。但时不时会有某句发自内心的话在抵抗着言语上的无能为力，让人看到他们是多么一往情深。唉！在那样的时候，这些啰唆的情话怎么可能说得完、说得够呢？人们无休无止地在细枝末节上吹毛求疵，什么字体看上去都不够优美，什么言辞看上去都不够华丽，更别提陈情信还都是用华丽的三色饰带装订起来的。当我第一眼看到这些华丽、少有褪色的陈情信时，不禁想起卢梭说过的话，说自己在给他的朱丽写信时，在那里如何反复斟酌、字字润色。我们的父辈没有别的什么想法，他们小心翼翼，他们左顾右怕，可是刨去那些并不完美的过眼烟云，他们心中的爱却是永恒而美好的！

　　更让我动容，让我觉得又是感动又是钦佩的是：这群人虽然从性格到出身都迥然不同，带着各种各样在昨日还常常导致人们产生隔阂甚至敌意的东西，然而他们对团结无不抱着纯洁的热爱。

　　那么，那些因为地域和种族所产生的、古来就有的差异呢？那些曾经如此强大、如此难以逾越的地理冲突呢？全都消失了，地理也没了。再没了高山之隔，再没了大河之阻，人与人之间再没了隔阂。虽然人们操着不同的口音，但各地方言奏成了悦耳的奏鸣曲，似乎它们也都来自一个地方、发自一个胸膛。所有声音都朝着一个地方唱和，又在那里发出回响；所有声音都同时发自法国的内心。

　　这就是爱的力量。为了实现团结，什么都再不是阻碍，什么牺牲都是值得的。蓦地一下子，人们还没意识过来，就忘了那些昨日他们还在为之相互厮杀的东西，故土、习俗、传说……时间消失了，空间消失了，这两个约束生命的物理条件不见了。法国拥有了一场非同寻常的新生①，一场明显是精神上的新生，它从大革命中织出一个梦，一个时而甜美、时而恐怖的梦。它把时间和空间的限制都给忽略了。

可是在此之前，古董、习俗、既存的古旧之物、惯用的符号、受人敬仰的象征，它们才构成了生命。今天，所有这些事物要么消亡了，要么不见了。还有一些遗风旧俗，例如过去的宗教崇拜仪式，也纯粹成为一种装饰罢了。在这场每个阶层、每个宗派都齐心团结起来的浩瀚的集合大会中，有一个东西比神坛还要神圣，这个至圣之物的神圣性是任何具体的宗教信仰都无法传达的——那便是在上帝面前亲如兄弟的人。

所有古老的徽章都褪去了颜色，而人们试图建立的新徽章又少有底蕴。那就在古老的神坛上、在圣体台前宣誓吧，那就在玄奥的自由之神的冰冷的肖像前、在这个真正的象征物前宣誓吧。在这段举国同庆的节日中，永恒的至美、至伟、至真之物就在这里：它的象征物是鲜活存在的。

这个为人而立的象征物，它就是人。整个安于旧俗的世界崩塌了，一个被视为上帝真容显现的神圣之物回来了。但它没有自居为上帝，不带一丝虚浮的凌傲之气。人，没有一点征服者或胜利者的样子，以最庄严肃穆、最触动人心的面目现身此地。家庭、自然、祖国，这三者发出的高贵奏鸣成了最好的音乐，让这些节日充满了虔诚而又悲壮的气息。

首先由老者出来主持节日。老者被孩子簇拥在中央，此刻全体人民都是他的孩子。他在音乐声的指引下前进着。在六十个城市的国民自卫军齐齐现身的鲁昂大联盟中，人们为了找出主持大会的最佳人选，甚至一直寻到了安德里斯，才总算找到一位足足有八十五岁高龄的马尔特骑士。在

---

① 此处原文用的意大利语"vita nuova"。——译者注

圣安德奥尔，两个分别有九十三、九十四岁高龄的老人光荣承担起了在全体人民面前发下誓言的任务。其中一个是贵族出身，担任国民自卫军上校；另一个则是普通工人。他们在神坛上拥抱彼此，感谢上苍让自己活到了现在。人民群众心潮澎湃、群情激昂，仿佛在这些令人尊重的老者身上看到了各党各派永归于好的希望。他们相互热烈地拥抱着，紧紧握着对方的手；那支大型法兰多拉舞把所有人一个不漏地拉了进来，以城市为发散点，走进乡村，走向阿尔代什的群山，走向罗纳的草原；葡萄酒在街上汩汩地流着，一张张桌子支了起来，所有食物都被拿出来与人共享。全民上下晚上聚在一起，一边赞美上帝，一边共享盛宴。

无论哪里，老者都站在人民的前面，位居首座，俯览着人群。簇拥在他身边的年轻姑娘，宛若一顶由鲜花扎成的王冠一般。在所有这些节日里，受民拥护的军队穿着白色礼袍、腰间扎着**国民腰带**（也就是三色腰带），迈步前进着。在这个地方的庆典中，人民喊出了预示明日英雄诞生的昭昭口号；在那个地方的节日中（多菲内省的罗马游行队伍里），一个美丽的年轻女子手捧桂冠款款而行，桂冠上面刻着"献给最优秀的公民！"这几个字。许多人心中又升起了美好的幻想。

多菲内这个骁勇之省，是它开启了大革命，是它结成了无数联盟——全省联盟、城市联盟、乡镇联盟。地处边界的农村各个村镇，在萨瓦劲风的呼啸声中，在离流亡贵族只有数步之遥的地方，在贵族的枪炮附近埋头耕种着的人们，创办出最盛大的一场节日。拿着武器的童子军、妇女军，还有其他武装起来的女子，全都参与其中。在莫贝克，女人们整齐列队，举着大旗，持着利剑，俨然一副只在法国女人身上才能看到的意气风发的样子。

我在别处已经提过了昂热女人一马当先的英雄豪气。她们想离开家园，和那些正往雷恩开拔、来自安茹和布列塔尼的年轻将士一起，参与这场为自由而发的十字军之征的首战，希望自己能够去照顾战士和伤员。她们发誓只愿嫁给那些忠心爱国的公民，只会爱骁勇作战的猛士，只愿把人生和那些要为法国贡献生命的人连在一起。

早在1788年，她们就打开了心中激情洪流的闸门。而今，在1790年的6月、7月联盟中，在那么多困难都被克服之后，在胜利的节日里，心潮最为澎湃就属她们了。在严冬，当所有公共保护机构都彻底弃其而去的时候，各个家庭咬牙挺过了多少难与人言的艰辛啊！而今，在让人彻底放下心来的大团结中，她们终迎来得救的希望。不幸的女人们不仅孕育了过去，还孕育着未来？但她们只盼着祖国得到救赎的那个未来！在所有传下来的文件记录中，我们可以发现，她们甚至比男人还要激动、还要迫切，比他们还要急不可耐地发下公民誓言。

人们不让女人接触公共事务，但他们把一件事忘得一干二净：事实上，女人比任何男人都更有权参与其中。她们在里面投下的赌注和我们完全不同：男人投进去的只有自己的一条命，而女人投进去的却是自己的孩子。所以她们更为迫切地渴望弄清情况、做出预判。大部分女人都过着大门不出、二门不迈的与世隔绝的日子，她们只能成天胡思乱想地去关切祖国的危险、军队的动向。你觉得她们会安心待在家里？不！她们去了阿尔及利亚，和我们在非洲的年轻将士们一道忍饥挨饿、共进共退，和他们一道在吃苦和战斗。

不管是否有人召唤，女人们在联盟中都是最积极踊跃的一群人。在一个我不知道名字的小村庄，有一天，男人们单独在一间大屋里集合，想一起给国民议会写封信。女人们靠拢过来，听到了他们的话，然后热泪盈眶地走进房间请求旁听，于是人们又念了一遍信，之后她们就全情投入其中。在这场家与国的深层联盟中，每个灵魂都被一种不为人知的情感深深感染。节日完全是即兴发起的，但正因如此，它才更显有血有肉。如我们一切昙花一现的幸福一样，节日也是短暂的，只持续了短短一天。在一篇记叙此事的文章最后，有这么一句忧伤、发自肺腑、略显天真的话："就这样，我们生命中最美好的一日结束了。"

现在正是收获的季节，明日还得早早起床工作。继瓦朗斯之后的埃托瓦联盟，在描述了欢乐的篝火、热情的法兰多拉舞之后，说："我们在1789年11月29日里，在法国带头展开了第一场联盟，但我们只能拿出一天时间来欢庆，晚上就各自散去、回家休息，好明天继续干活；地里的活儿很急，我们对此深感抱歉。"善良的劳动人民把所有一切都告诉给了国民议会，深信它关心着自己，深信它像上帝一样看着一切、也做着一切。

农村各村镇的这些会议笔录，就像在沃野深处萌生出来、开得无比繁茂的野花一样。读着这些文字，我们似乎在成熟的麦田里散着步，都可以闻到乡村的膏腴之壤散发出来的那股浓烈而又生机勃勃的气息。

实际上，整个农村都是这样热火朝天的场景。教堂完全不够用了，男人、女人、小孩，所有人都倾泻而出；老人被抬在椅子上，婴儿被放在摇篮里，全都被抱了出来。各个乡镇、各个城市，全都被置于公共信仰的保护之下。一些男人巡逻村落，回来报告说自己一路上只碰到了狗。那些平素从没去过农村的人，如果在1790年7月14日来到南部、经过往昔荒凉的村庄，还会以为自己身处赫库兰尼姆①或者庞贝呢。

没有谁会错过这场节日，没有谁会只是旁观者；从百岁老人到初生婴儿，所有人都是演员。而婴儿的数量比老人要更多。

---

① 意大利那不勒斯南部、庞贝古城附近的一座小城。——译者注

在鲜花的海洋中，人们将鲜活的花朵——婴儿也带了过来。母亲把它抱出来放在神坛上。但它不仅仅只在被动地扮演祭品的角色，它也是活跃的，和任何人一样重要。它通过母亲之口，发下自己的公民誓言，宣告自己作为人、作为法国人的尊严，它从那时起便归祖国所有，迈步走进新的希望。

没错，孩子和未来，这才是主演。在多菲内的一场节日里，市乡便是通过一个小孩儿得到加冕、拿起行政的权杖。这双稚嫩的手上托举着幸福。我在这里看到的这些孩子，这些在他们母亲温柔的眼神注视下拿起武器、一身冲劲的孩子，只要给他们两年时间，只要等他们满了十五岁、十六岁，他们就能离开家乡冲锋陷阵去了：1792年炮声响起的时候，他们跟着哥哥来到热马普的战场上。那么稚嫩、胳膊看上去还那么瘦弱的他们，日后却成了在奥斯特里茨战役中奋勇杀敌的将士。他们的双手带来了幸福；他们实现了那个伟大的预言，给法国戴上了桂冠！即便今天法国已经衰弱下去、光辉不再，但它依然戴着这顶永恒的王冠坐在那里，威震四海。

于此时诞生的伟大的一代人，他们睁眼看到第一幕就是这幅神圣的场景，这是何等的幸运啊！孩子们被带到祖国的神坛上接受祈祷，被他们的母亲含泪却顺从、果敢地奉献出去，献给了法国。啊！如此诞生出来的孩子，是永远不死不灭的！因为你们在那一天喝下了不死的神药。你们中间那些没在历史上留下名字的人，他们的精神，他们心怀的举世共有的伟大思想，依然流传于世、生生不息。

我绝不相信历史上还有哪个时候，人们心胸之宽广更甚于此时；还有哪个时刻，人们对阶层、财产、派系的淡漠之心更甚于此时。尤其是在农村地区，再没有穷富之分，再没有贵族和平民之别；人们拿出生活物资供大家共享，餐桌对所有人都开放。什么社会分歧都没了，大家冰释前嫌。从前的敌人握手言和，从前的对立宗派亲如一家，信徒、哲学家、新教徒、天主教徒，全都摒弃前嫌、情同手足。

在加尔省阿莱附近的圣让城，神甫和牧师在神坛上相互拥抱着。天主教徒带着新教徒去教堂，牧师站在教堂祭坛的最前排。新教徒对神甫也是以礼相待，神甫站在新教徒中最尊贵的位置上，听着牧师讲道。两个宗教亲如一家的场景甚至还发生在两派曾经厮杀的地方，发生在赛文城门口，发生在曾经相互残杀的先人的坟墓旁，发生在依然温热的火刑架前。遭到长久控诉的上帝，终于得到了辩护。人们胸中的情感满溢出来，单靠散文已经无法抒发其一二，只有喷涌而出的诗歌才能略加宽慰如此深沉的情感。一个神甫创作并唱起了一首歌颂自由的赞歌；市长以诗相和；他的妻子，来自一个令人尊重的家庭里的一位母亲，在把她的孩子带上神坛时，也用几句婉转动人的诗歌抒发了自己的内心。

节日通常的举办地——原野、山谷等开阔之处，似乎进一步打开了人们的心扉。人不仅重新赢得了自己，也重新拥有了自然。大部分这类记叙资料都表明，当人们第一次真正看到故乡的风景时，心中升起了怎样的情绪。多么令人匪夷所思的事情啊！他们每天都要经过的河流、山峦，从前都被熟视无睹，直到那一天人们才真正发现它们的存在。

因为自然的本能，因为大地守护神的淳朴的感召，从前被我们古老的高卢人——德洛伊教祭司所青睐的地方，频频被定为这些盛大节日的举办场所。先辈们心中的神圣岛屿，在后人眼里重新变得神圣起来。在加尔、夏朗特和其他许多地方，神坛就设在某座岛上。安古兰岛接待了多达六万人的代表，几乎成了一座只在城市中才有的令人惊叹的古罗马剧场，只不过它是建在河上罢了。晚上，岛上的人们在篝火照耀下举办了一场宴会，全体人民都是宾客、都是观众，他们来到巨大的剧场，站在自己或高或低的座位上，观看着眼前上演的一切。

在有许多村镇的莫贝克（伊泽尔），神坛就建立在一处广袤的高原中央，对面是一座古老的隐修院。苍茫的天幕，无垠的地野，更有卢梭曾暂居于此的回忆！在一份激情洋溢的演讲中，一个神甫大力颂扬了那位曾在此地徜徉、为那个大日子做好准备的哲学家留下的光荣纪念。在演讲结束的时候，他指向天空，以太阳为证发下誓言，而此刻阳光一下子明晃晃地直射过来，似乎连它也沉浸在这崇高感人的气氛中。

相信未来、把自己的信仰寄托在希望之中、看着朝阳冉冉升起的我们，被已遭抹黑、曲解、变质、越来越难恢复本来面目的过去驱赶出所有神庙的我们，因着往昔的垄断而被剥夺了圣堂和神坛的我们，经常在孤绝之境中独自怆然的我们，在那一天里终于有了自己的神庙，一座别人从未有过的神庙！

这再不是一座人造的教堂，而是一座普世的教堂。它只有一个穹顶，这个穹顶从孚日一直盖到了赛文，从比利牛斯山一直伸到了阿尔卑斯山。

再没有什么人为商定的符号，自然、思想和真理就是一切。

从前在我们古老教堂中根本看不到自己面目的人，却在这里照见了自己，第一次发现了自己，在整个民族的眼中采撷到了一束上帝的光芒。

他感知到了自然，重新捕住了自然，重新发现了自然的神圣，发现上帝依然存在于自然之中。

这个民族、这片土地，它有了自己的名字——祖国。

无论祖国的疆域有多么辽阔，人民都能用自己更广阔的胸怀将其包容进去。人们借着思想的眼睛看着它，怀着热烈的渴求紧紧抱着它。

祖国的群山虽然束住了我们的眼睛，却束不住我们的思想。群山啊，请你们来充当证人，见证我们是否用自己博爱的臂膀拥抱住法国的大家庭，它是否一直珍藏在我们的心中。

神圣的河流啊，承载着我们神坛的神圣岛屿啊，请用你们那在思想的河道中潺潺奔涌的河水，去告诉五湖四海，去告诉所有民族：今天，在隆重盛大的自由宴会上，除非各族人民都被叫过来，否则我们就绝不掰下面包独享盛宴；在这幸福的一天，在法国的心灵和誓愿中，全体人类都不曾缺席！

"就这样，我们生命中最美好的一日结束了。"一个村的联盟派在描述节日晚上的场景时，写下了这最后一句话，它也是我结束本章的全部心声。它结束了，此后我再没经历过类似的美好。我在那里留下了人生中不可或缺的一段时光，留下了一部分的我。我很清楚，那部分我将留在那里，再不会跟随上来了，而剩下的这部分我将从此贫乏下去、衰竭下去。已被奉献出去的那一部分躯体，我该拿什么才能补上它留下的残缺？我不准自己在此章中做任何注释，在这样神圣的时刻里，再小的注释都会造成文笔的中断，或者显得格格不入。然而它又需要许多注释，许许多多相关细节都需要找地方做出补充，许多会议笔录都值得全文引用下来（例如罗芒、莫贝克、特斯特-德布歇、加尔的圣让城等地笔录）。演讲没有笔录记叙那么有价值，但是许多人的演讲又格外打动人心。我们提得最多的，便是年迈的西梅翁（Siméon）说的那句话："现在，我可以死去了。"另外，请看罗克鲁瓦附近的雷尼安维茨（还是雷维茨？）的笔录。

若单独来看，这每纸每页写得甚为蹩脚。然而它们放在一起后，却产生了一种无与伦比的美感，在最完美的统一性中体现出最丰富的多样性（省、地方、城市、农村等的多样性）。在这场伟大的团结运动中，每个地方都以自己的特殊方式完成了使命。康佩的联盟派戴上布列塔尼的橡树叶花冠；（南部门户）罗芒的多菲内人，将一顶棕榈叶织成的桂冠交到一位领队的美丽女子的手中。在多菲内的一场场联盟中，无不体现着一种大无畏的泰然从容、井然有序和大度明理。布列塔尼联盟，则带有一种充满力量和激情的庄严色彩，一种近乎悲剧的肃穆气氛，让人都觉得这不是一场欢乐的节日，而是大敌当前的紧张时刻。在茹拉群山中，在最后一群农奴的所在地，人们则是一副被解放后手足无措、惊喜欲狂的模样，为自己从奴隶身份突然变成自由人而感到欢欣鼓舞，"我们不仅自由了，还成为了公民！成为了法兰西人！比整个欧洲都要高出一等……"他们还为神圣的8月4日之夜成立了纪念日。

最令人感动的，莫过于人民在仓促之间为了表达自己那腔在深河中奔涌不息的感情而做的努力。纳瓦兰、比利牛斯的穷苦百姓，被遗忘在群山之中，物资匮乏，没有通用语言，结结巴巴地说着一腔南部法语，费力地表达着自己对祖国的赤子之心，甚至还惭愧于自己的无能为力。谁会相信呢？笔录中最笨拙的那封信，居然来自凡尔赛和圣日耳曼附近的一个乡。这封文笔浅薄、遣词粗陋的信，证明那里是多么贫穷、多么不得开化。大部分人的签字就是画个十字。然而所有人都依样画上了自己的名字记号，一个人都没有漏掉；在母亲的名字后面，你还可以看到她的孩子、她的孩子的孩子的签字。

他们基本上关心的大事，就是找出一个体面的符号来表达自己新的信仰（虽然他们总被这件事难得挠破脑袋）。在多勒，连牧师在祖国神坛上焚香所用的圣火，都是借用一个灼热的玻璃杯、通过一位年轻女孩的手从阳光中采集而来的。在圣皮埃尔（位于克莱皮附近）、梅洛

（位于瓦兹附近）、圣莫里斯（位于夏朗德附近），人们将法律——也就是议会制定的法令放在神坛上供奉。在梅洛，法律条文被保管在圣约柜中。在圣莫里斯，人们则将一张世界地图铺在神坛上面，把法律和宝剑、犁具和天平，还有两枚巴士底狱的子弹一起放在上面。

除此之外，在一种更大的幸福感召下，人民选择了一些极具人道精神的团结象征，在祖国神坛上欢庆婚礼、为市乡或俱乐部领养的孩子举办洗礼和收养仪式。人们通常让女人们为巴士底狱的烈士举办哀悼典礼。此外别忘了还有大量的赈济和物资分发活动，或者换句话说，大量比赈济更慈悲的活动：人们共享生活物资，饭桌对所有人都开放着。我曾看到一份表达人民善意的无比感人的资料：（在贝吉哈克附近的普雷萨德）一些士兵进行了一次内部募捐，并筹到了一笔足足有一百二十法郎的巨款（从这些穷苦人的经济能力上看，它的确是笔巨款了），*去慰问一个巴士底狱烈士的遗孀*。在加尔的圣让城，庆典以"一群彼此不睦的人郑重地握手言和"为闭幕式，圆满地画下了句号。在隆勒索涅，人们干杯，"敬所有人，以及我们发誓要去爱、要去保护的我们的敌人！"

第12章
新的信仰——总联盟（1790年7月14日）

各个民族看到法国此景后又是震惊又是感动——里昂大联盟（1790年5月30日）——法国请求举办总联盟（6月）——联盟派的歌声——巴黎为他们布置好战神广场——议会废除贵族继承制（1790年6月19日）——它已经废除了基督教中恶之传承的理念——它接见了人类的代表——为反对人民联盟而生的君王联盟——法国在巴黎举办总联盟（1790年7月14日）——法国既和平又崇武的势头

在经历了整整一个世纪的纷纷扰扰之后，法国居然还有这样一份虔诚和天真，还有这样一种巨大的和谐势头，这在所有民族看来都是件咄咄怪事，恢宏得就像一场梦。所有人都惊呆了，都心软了。

我们许多联盟都在设想一个让世人感动的团结符号，来欢庆在祖国神坛上举办的婚礼。联盟本身就是一场法国与法国的婚礼，似乎也成了未来五湖四海各个民族互相联姻的预示象征。

除了这个象征典礼之外，人们还在节日里策划了另一种同样意义深远的象征性仪式。有时，人们会牵着一个小孩子来到神坛，这个孩子是大家一起领养的，他不仅受着大家的捐赠，还受着大家的祝福和泪水，他是所有人共同的孩子。

法国就是神坛上的那个孩子，整片大地都围绕在它身边。它是各民族共同的孩子，通过它，所有民族都觉得彼此又团结起来了，都无微不至地关怀着它未来的命运，心中充满不安、害怕和希望。各个民族看到这个孩子的时候，都无不掩面哭泣。

意大利在哭泣！波兰在哭泣！爱尔兰在哭泣！（啊！姐妹们，还记得这一天吗？）看到这个新生的自由，每个被压迫的民族都忘记了自己被奴役的处境，对它说："借着你，我也自由了！"①

在这个奇迹面前，德国也被全身心地吸引住，沉浸在梦幻和狂喜之中。克洛普施托克在为它祈祷。《浮士德》的作者再不能像以往那样在一旁奚落和质疑，几乎都快顶礼膜拜了。

在北方的海洋深处，有一个强大、古怪的生物。它是人吗？不，不是人，是一个体系，一部活生生的、浑身带刺的、坚硬冷酷的经院哲学，一块顽石，一座耸立在波罗的海悬崖上的、如金刚石一般坚不可摧的礁石。什么宗教、哲学，只要一撞上他，就只落得个粉身碎骨的下场。而他却岿然不动，不受外界任何干扰。世人称他为丑陋的伊曼努尔·康德，而他自称是批评家。整整六十年来，这个神乎其神、独来独往的人，每天在同一个时间准时出门，不和任何人说话，每天每个时候精准地做着同一件事，他就像是城里常见的老敲钟人，每天出来、敲钟，然后又回去。可破天荒的事发生了，哥尼斯堡的居民们居然看到这颗行星偏离了数十年不变的运行轨道（这对他们来说真是件天大的事情）！人们跟着他，看到他往东边走去，在大路边上等着从法国过来的

---

① 这些细腻哀婉的情感充分体现在无数封各个民族发来的祝词中，特别是贝尔法斯特志愿军发来的祝词。——原注

邮差带来的消息。

多么人性的一面啊！康德居然也像个女人一样，坐立不安、焦躁难耐，干脆直接跑到大路上等消息去了，这难道不是一个不可思议的惊人变化吗？好吧，其实也不算，他没有任何变化。这位伟大的哲人一直都在追寻自己的道路。在此之前，他穷极一生，徒劳地在科学领域中寻找着一个东西——**精神的统一体**；如今他终于看到了那个听从内心和本能、自发而生的统一体。

世界似乎不看其他，径直朝这个统一体靠了过来，这才是它一直渴望企及的真正目标。世界在说："啊！如果我成了一体，如果我终能把自己四处分散的家庭成员连接起来，让我的所有民族走到一起，那该多好！"人类在说："啊！如果我们成了一体，如果我们不再是现在这番各族分立的情况，能让那些不和的力量团结起来，能在我身上实现和谐，那该多好！"突的一下子，一个民族让世界和人类心中这个一直无力实现的心愿似乎有了实现的可能，它看来是在演一出神圣的大戏，一出我们从来只敢幻想一下的团结、和谐的大戏。

所以你可以想见，所有民族的思想、内心、眼神、注意力，全都投注到了法国身上。而在法国，你可以看到所有路上黑压压地挤满了人，他们是正在赶路的旅人，成群结队地赶往法国的中心。团结促成了统一。

我们看到众联合会纷纷组建，联合会之间又组成团体，组合起来的各个团体又在寻找一个公共的中心点；每个小法国都在朝着它的巴黎汇集，首先在自己身边寻找这个中心。有段时间，大部分法国地区都觉得自己找到了这个中心，它就是里昂（5月30日）。这个地方不能小过罗纳大平原，因为要聚集起来的人数量实在太过庞大了。整个东部和南部地区都有派出代表，单单国民自卫军代表就有五万人。这些人要走一百、甚至两百古里的路程，才能赶到那里。萨尔路易代表在里昂把手递给了马赛代表。科西嘉的代表快马加鞭也没能在当天赶到，直到第二天才抵达里昂。①

但能和法国联姻的不应是里昂，而是巴黎。

两边的政治家都陷入巨大的恐慌之中。

把这样一大群毫无纪律可言的群众带到巴黎、带到骚乱的中心，那不就有可能发生一场可怕的混战、抢劫、屠杀吗？而国王呢？他会怎么样？保皇派惊恐万分地想着。

国王？雅各宾派说，国王将赢得从各省向我们走来的所有单纯轻信的百姓的心。这次危险的聚会能缓和公众紧张的神经，麻痹心存怀疑者，并唤醒从前的狂热崇拜者。这次聚会能把整个法国保皇派化。

然而，无论保皇派还是雅各宾派，对此都已是无计可施。

各城市已经做出榜样，并朝巴黎发出恳请，推着巴黎市长和巴黎革命公社向议会提出举办一次总联盟的请求。议会乐意也好、违心也罢，只能点头同意。但他们想方设法地减少想来巴黎参加联盟的群众人数。议会直到很晚时才做出决定，而那时，住在偏远地方、只能走路赶来巴黎的人几乎不可能及时抵达了。而且路上开销都由当地自行负责，对于最贫穷的地区来说，这说不定就是一个不可解决的障碍。

但是，在这样一场浩浩荡荡的运动中，哪里存在什么障碍？人们尽力凑出钱来，尽力给那些即将上路的人做套衣裳出来。许多人都没有统

---

① 我手上有一份非常珍贵、我非常想将其全文引用的资料，那是一位八十多岁的老人凭着满腔可歌可泣、活力四射的热情，写下的一份关于此次大联盟的记叙资料。"啊，如果连灰烬都如此灼热，那火焰当何其滚烫！……"——原注

一服装，就这样直接到巴黎去了。沿途居民都热情到无以复加、令人动容的地步。大家拦下要去参加那场盛大节日的朝圣者，争先恐后地去接待他们，硬把他们留下来歇脚、住宿、吃饭，最起码也要在他们路过的时候递过去一杯水。哪有什么陌路，哪有什么生人，大家都成了亲人。国民自卫军、陆军、海军全都走到了一起，成群结队地走过村寨，让人看来心中为之一动。被召往巴黎的，都是军队中最年长的老兵。在七年战争中已经身躯佝偻的贫苦士兵，白发苍苍的士官，敢直接硬碰硬的英勇无畏的临时代理军官，在大海上拼杀到年老体衰为止的领航员，所有这些依然健在的旧制度时期的老人，都渴望能去巴黎。那是他们的日子，那是他们的节日。在7月14日的海军代表中，有一批八十岁高龄的老兵连续走了十二小时，他们又回到一身伟力的状态，觉得自己在垂死之年能去见证法国的朝气、祖国的永生，平生已无憾矣。

　　成群结队地穿过各村各镇的时候，他们拿出最大的嗓门，神情如英雄般肃穆，唱着一首百姓在自家门口反复吟唱的歌曲。这首脍炙人口的国民之歌在每句歌词韵脚上咬字都格外重（就像上帝和教会的戒律似的），赶路人一步一步地随着歌声踩着拍子，干下的活越来越多，要走的路也越来越短。这首歌忠诚地追随着大革命的步子，当这个了不起的行路人加快步伐时，它也跟着加快节拍。它越奏越快，最后融入一首疯狂、激烈、令人眩晕的圆舞曲里，成了1793年的杀人魔音《必胜歌！》。然而1790年的《必胜歌！》，却俨然是另外一个样子：

　　　　人民在这一日反复吟唱着：
　　　　啊！必胜！必胜！必胜！
　　　　按着福音书的训诫，

（啊！必胜！必胜！必胜！）
根据立法者的箴言，
一切会实现的。
冒得高的，就把他压下去；
伏得低的，就把他扶起来；
……

那些住在比利牛斯山或布列塔尼腹地的赶路人在顶着6月的骄阳慢慢赶路时，这首歌就是他们待领的圣体，就是他们心中的抚慰，和中世纪为了鼓舞那些咬牙修建沙特尔大教堂和斯特拉斯堡大教堂的朝圣者而作的散文诗起到同一效果。巴黎人也在唱着这首歌，但唱得更快、更烈，他们一边歌唱，一边布置着联盟会场，让整个战神广场改头换面。当时那里完全只是一片平地，人们把它好生布置一番之后，它才变成如今我们看到的这番宏伟壮阔的模样。巴黎市政厅雇了几千个懒散的工人来干活，可他们一年都干不完这么大的工作量。群众看出有人在存心使坏，于是所有人都过来帮忙了。那真是一幅让人惊叹的画面。各个阶层、各个年龄的人，甚至包括小孩，全都在夜以继日地赶工。是的，所有人，所有公民，其中有士兵、神甫、修士、演员、慈善会姐妹、美丽的夫人、集市女贩。人们拿着十字镐，推着手推车或运土车；孩子们手举火烛，走在前面；流动乐队在为劳动者们奏乐打气；劳动者一边铲平土地，一边唱着这首平均主义的歌："啊！必胜！必胜！必胜！冒得高的，就把他压下去！"

歌声、劳动、工人，全都只体现了一个东西——实际的平等。最富裕和最贫穷的人，全都一起加入这场劳动中。不过还是得说，穷人奉献得更多一些。那些当时正在修建路易十六桥的运水工、木匠、泥水匠，在6月炎热的天气里辛苦劳动了一整天之后，还要来到战神广场继续帮忙干活。当时正是农忙之际，然而劳动者们依然不辞辛苦地赶了过来。这些精疲力竭的人来到这里，顶着烈日继续工作，他们就是这样给自己解乏的。

这个规模宏大的工程，要把一片平原改造成夹山而成的谷地。谁敢相信人们竟然完工了！而且是在一个星期之内完工的！准确的开工时间是7月7日，而工程在14日之前终于赶完了。

人们怀着一颗大爱之心，像参加圣战一样参与进来。政府计算好工期、企图拖延时间，阻止联盟节日的到来，事情看似没了转机。然而只要法国想，它就可以，而且它也做到了。

这些巴黎人望眼欲穿的宾客，他们终于来了，把巴黎塞得满满当当的。提供住宿的旅店老板们做出让步，以低廉的价格来招待这群异乡人。不过大部分人都没有住进旅店。我们都知道巴黎人的住所通常都无比狭小，但他们又努力挤了挤，硬是腾出了地方来接待联盟派。

当追求自由的长兄——布列塔尼人抵达巴黎的时候，巴士底狱的胜利者们走到凡尔赛甚至是圣西尔那里去迎接他们。一番庆祝和拥抱之后，两队人马并到一起，携手共同走进了巴黎城。

一种前所未有的和平观、和谐观，充盈在每个人的心中。人们可以从一件事，一件在我看来最有说服力的事中得出这一论断——连记者都偃旗休战了。这些牙尖嘴利的辩手，这些心忧自由事业、为自由而轰轰烈烈地斗争着的卫士，也脱去了平日里的尖刺。已到耄耋之年的那些老人那番毫无仇恨或嫉妒心的意气风发的精神，把他们深深感染住了，让他们也暂时抛却了那点可怜的你争我吵的想法。《巴黎革命报》的编辑——刚直不阿、从不懈怠的路斯塔洛，以及声势夺人、敏感易怒、放荡轻浮的卡米尔，这两个人同时产生了一个不切实际却发自内心的感人想法：在作家中间建立一个联盟公约，再不要任何恶性竞争、任何嫉妒心理、任何争强好胜——除了在公共事业上的争强好胜。

议会似乎也被这热情的海洋所感染。在6月一个炎热的夜晚，它一时又感受到了1789年的神启，还有自己在8月4日时青春洋溢的冲劲。一位弗朗什-孔泰的议员说，若联盟派到达后还看到战神广场上那些各省伏在路易十四脚下的塑像，这对他们而言是一种羞辱，故这些塑像应被撤去才是。一个南方议员借着议会群情激昂、踊跃发言的势头，要求议会取消所有那些有损平等、讲究排场的头衔，例如伯爵、侯爵的名号，还有纹章、号衣，统统都应被取缔才是。蒙特莫朗西和拉法耶特纷纷表示支持，几乎只有莫里在那里抵抗（众所周知，他是一个鞋匠的儿子）。于是，议会取消了贵族继承制（1790年6月19日）。但当日投票赞同的人，大部分第二天都后悔了。放弃以土地为名的姓氏、重新沿用几乎被人遗忘的家姓之后，所有人都被弄得云里雾里。拉法耶特变成了可怜的莫迪耶（Mottier），米拉波更是怒不可遏——除了里克蒂这个名号外（Riquetti），他什么都不是了。

但是这场改革绝对不是一时兴起、心血来潮，而是对大革命理念的一次自然而然的实践。这个理念只关乎一件事：希望每个人得到善有所得、恶有所报的公正。你们祖先做下的，当归到你们祖先、而不是你们的头上。而你们，也要为了自己动起来！在这套体系中，再没有什么祖先功绩的传承，再没有什么贵族。但同样的，也再没有什么上辈犯罪、下代受连的说法。在2月时，我们野蛮的律法以制造假币的罪名将两个年轻人判处绞刑。议会在当时就发布决定，受刑者的家人绝不会因为他们的罪行而受到牵连。公众感念老者无养、稚子无辜，便对他们老实巴交的家人进行百般关心和照拂；一些家境体面的公民还向他们的姐妹提亲。

再没有什么功德的传承，贵族头衔被废除了。再没有什么罪恶的传承，绞刑架再不祸及犯人的亲族、甚至后代。

然而犹太教和基督教的教理恰好与之相反。罪恶是可以传袭下来的，功德也是；基督的功德、圣人的功德，甚至可以荫庇那些最不值得庇荫的人。

在议会颁发法令、废除贵族制的那场会议中，它接待了一个自称是人类使团的奇怪的代表团。一个来自莱茵河的德国人，阿纳卡西斯·科鲁兹（Anacharsis Clootz）（这是一个奇人，后文我们再来说他），向律师团介绍了一群穿着自己的民族服饰、代表不同国家的二十多人，里面有欧洲人，也有亚洲人。他代表这些人，请求能让他们参加战神广场上的联盟庆典，"以各族人民的名义，也就是说，以世界各地受着国王压迫的合法君主的名义"。

一些人大为受动，另一些人在笑。然而，这个代表团却表现出严肃的样子；这里面的人有的来自阿维尼翁，有的来自列日，有的来自萨瓦，有的来自比利时，他们都是真心实意想成为法国人。还有从英国、普鲁士、荷兰、奥地利逃出来的，和这些正在密谋对付法国的国家政府立场相敌对的人。这些逃难者组合起来，就像是一个欧洲委员会似的。这是一个完全为反对欧洲而组织起来的委员会，如后来卡诺建议那样，它成了外国军团的第一代核心组织。

各族人民组成联盟，各国国王也组成了联盟。当然，在看到自己的哥哥利奥波德轻轻松松就让欧洲和奥地利联手起来，法国王后也有理由升起希望。德国外交一改往日慵懒闲散的作风，成为了她的左膀右臂。这是因为外交官在此事中没有任何分量的缘故。一切都是国王们背着自己的大使、大臣，亲自商议好的。利奥波德直接给普鲁士国王写了一封信，向他指出大家共同面临着何种危险，甚至还在普鲁士的赖兴巴赫召开了一场大会，与英国、荷兰达成一致。

远处的地平线上乌云密布。本来受着各国人民无尽祝福的法国，突然被各国国王的仇恨和军队所包围了。

法国内部也不能让人放心。宫廷整日都在议会中笼络人心，但现在它再不通过右派行动了，而是借助左派、89俱乐部、米拉波、西哀士展开动作，靠四处行贿拉拢、靠人们的背叛和恐惧行动起来。所以，它一下子就卷走了两千五百万的国家元首年俸，其中还有王后四分之一的亡夫遗产。宫廷有了一些镇压新闻界的手段，便放心大胆地去追诉10月5日、6日事件了。

这就是联盟派到达巴黎后看到的状况。他们对议会、对国王本抱有热切的崇拜心理，而今却开始有些动摇。大部分人对这位善良的**公民之王**虽抱有依顺孝敬之心，但也在过去和未来、王权和自由之间徘徊摇摆。许多接受召见的人双膝跪地，把他们的宝剑和真心一起呈了上去。然而国王生性软绵畏缩，又处在这样双重的、虚假的位置上，面对人民这份如年轻小伙子的爱情一样火热滚烫、汹涌澎湃的情感，他几乎说不出什么话来。王后就更不消多说，除了对自己**忠心耿耿的洛林人**（他们隶属于她的家族）之外，她对联盟派成员基本上是一脸冷淡。

终于到了7月14日，这万众期盼的神圣的一天。就是为了这一天，这些勇士才跋山涉水来到这里。万事都已具备齐全。可甚至在前天晚上，人们依然害怕第二天会横生变故，导致联盟节被无故取消。于是，许多人干脆就在战神广场上露营,他们中间有百姓,也有国民自卫军。次日,日暮降临,可是糟糕,下雨了!在整整一天里,瓢泼大雨一刻都没停过,狂风夹杂着豆大的雨点猛烈地打过来。"看来老天爷是个贵族派啊。"有人说。但人们依然按部就班地举办庆典,大家讲着无数个愚蠢的笑话,似乎要用大无畏的、执着的乐观态度来扭转这凄惨天气带来的影响。十六万人坐在战神广场的小山丘上,还有十五万人站着;广场上应该容纳了大约五万人,其中一万四千人是各省和巴黎的国民自卫军、陆军和海军代表。夏约、帕西巨大的环形剧场,也被围观群众挤得水泄不通。这个宏伟、宽阔的场地,又被蒙马特、圣克鲁、莫冬、赛弗勒围了起来,形成了另一个无比巨大的环形剧场。

一切都准备好,可是天居然下雨了。人们等了很久。联盟派、巴黎国民自卫军,早上五点钟就沿着大街出发了,他们浑身湿透、饥肠辘辘,却依然一副兴高采烈的样子。圣马丁大街和圣奥诺蕾大街上的百姓把面包、火腿、葡萄酒装好,用绳子吊下来送给他们。

他们通过一座建在夏约宫前面的木桥,穿过塞纳河,走过一处凯旋拱门,抵达了节日场地。人们在战神广场中间树立起祖国神坛;在军事学院前面,为了国王、议会而设的阶梯也早早搭好了。

时间一点一滴地缓慢走着。第一批到达的人,为了一扫大雨和糟糕天气带来的沮丧气氛,直接在广场上跳起舞来。他们在泥泞中旋转,跳起了欢乐的法兰多拉舞,舞队的圆圈越来越大,而且还有新的舞队不断加入进来,每支要么是一个省的人,要么是各省混合起来。布列塔尼和勃艮第,弗朗德勒和比利牛斯都在一起跳着舞着。从1789年的冬天开始,这些舞队就开始跳起了这支摇摆的舞蹈。巨大的法兰多拉舞一点一点地把整个法国圈了进来,最后在战神广场上跳完了最后一支舞,然后曲终人散。这是团结之舞！

那个焦心等待、翘首以盼、满怀憧憬的日子终于到来了，那个所有人都在想着、等着它的来临的日子终于到来了！这一天终于到来了！我们还在想什么呢？为什么这么一副忧心忡忡的样子？唉！根据过去的教训，我们得到了一个说来奇怪、却千真万确的可悲的道理，那就是：结成一体之后，团结反会被削弱。可人们有了团结意愿，那就在心灵上结成了一体，这也许也是最好的一体吧。

安静！国王到来了！他、议会、王后，坐在一处全场制高点的观礼台上，拉法耶特和他的那匹白马恰好就停在国王的脚下。这位统帅翻身下马，听取王令。在两百多位系着三色腰带的主教中，欧坦主教塔列朗带着令人难以琢磨的神情一瘸一跛地登上神坛：要说发誓，除了他，还有谁是更好的主持祭礼的人选呢？

一千两百多位音乐家奏起了音乐，乐声几不可闻，然而现场却无比肃穆，四十门大炮同时鸣炮，炮声震天动地。在雷霆般的炮声之后，全体起立，指天宣誓。啊，国王！啊，人民！你们看！上苍听到誓言了，阳光穿过乌云照耀在大地上。所以你们可要守誓啊！

人民是多么真诚地在那里起誓啊！唉，他们居然还是那么天真和轻信！为什么国王就不能让大家高兴一下，到神坛上宣誓呢？为什么要这么遮遮掩掩地躲开阳光，在暗处发誓呢？陛下，发发慈悲吧，请您举高您的手，让整个世界都看到它吧！

还有您，夫人，这些如此天真、轻信的人民，这些刚才还无忧无虑地跳着舞、在悲惨的过去和光明的未来之间尽情舞动着的人民，难道您对他们就没有丝毫怜悯之心？为什么您那双美丽的蓝色眼眸中闪烁着怀疑？一个保皇党人捕捉到了这束目光。"您是看到巫婆了吗？"维里多子爵说。您从这里看到您的使节正在尼斯接待南部屠杀策划者，正在对他大拍马屁？还是说，您在这乌乌泱泱的人群中，觉得自己看到远处利奥波德的军队正在赶赴过来？

听好了！这里一派和平，却是一种崇武的和平。三百万拿起武器、派代表来到这里的人民，他们可以造出的士兵，比欧洲所有君王手下的队伍人数都要多。他们缔结了博爱的和平，但同时也摩拳擦掌、为战斗做好了一切准备。许多省，如塞纳、夏朗德、吉伦特，还有其他许许多多的地方，都渴望为保卫团结做出奉献，希望可以拿起武装、召集群众，派出六千人奔赴前线。没过多久，马赛人就请求出征，他们发下自己的祖先弗凯亚人发过的誓言，将石子投向海中，就此立誓：除非石子浮出水面，否则不胜不归。

法国大事件年表：1789年4月—1790年7月[①]

1789年4月27、28日，圣安托万区发生骚乱，即雷唯戎事件。

1789年5月5日，三级会议开幕，第三等级要求三个等级共同议事。

1789年6月17日，第三等级代表宣布成立国民议会。

1789年6月20日，三级会议会厅被关闭，第三等级代表来到网球场，发表《网球场宣言》。

1789年6月23日，路易十六召开御前会议，要求各等级分开议事，内克尔拒绝出席会议并递交辞呈，国民议会拒绝散会。当晚凡尔赛骚乱，国王和王后请回内克尔。

1789年6月27日，路易十六同意三个等级共同议事。

1789年6月30日，群众打开亚伯叶监狱，救出囚犯。

1789年7月9日，国民议会改名制宪议会，要求制定宪法、限制王权。路易十六调集军队企图解散议会。

1789年7月11日，内克尔被解职，引发一片哗然。

1789年7月12日，巴黎举行声势浩大的示威游行，支持制宪议会。

1789年7月13日，巴黎群众四处寻找武器，开始武装起义。

1789年7月14日，群众攻占巴士底狱。

1789年7月16日，路易十六召回内克尔。

1789年7月17日，路易十六来到巴黎，接受三色帽徽。

1789年7月22日，第三等级的人民因为第一、二等级的压迫，杀死财

[①] 此法国大事件年表为译者整理。

政大臣福隆和巴黎督办贝尔蒂埃。

  1789年8月4日，议会通过三十多道法令，废除农奴制和贵族特权。

  1789年8月24日，《人权宣言》的发表。

  1789年10月5日，凡尔赛妇女大游行。

  1789年10月6日，路易十六举家被迫从凡尔赛宫搬到巴黎杜伊勒里宫。

  1789年11月3日，议会规定教会财产归国民所有。

  1789年12月，旧行省制度被废除。

  1790年2、3月，路易十六和利奥波德结成同盟。

  1790年2月4日，路易十六来到议会，宣扬自己支持革命。

  1790年4月，教会财产开始被拍卖，南方地区宗教狂热主义有所抬头。

  1790年4月12日，教会要求立天主教为国教。

  1790年4月27日，科尔德利俱乐部成立。

  1790年5月10日，反革命在蒙托邦组织了屠杀事件。

  1790年6月13日，尼姆之乱，被镇压。

  1790年7月12日，《教士民事基本法》被通过。

  1790年7月14日，庆祝攻占巴士底狱一周年，法国举国欢庆联盟节。

图书在版编目（CIP）数据

法国大革命史. 卷一 / (法) 儒勒·米什莱著；李筱希译. — 长春：吉林出版集团股份有限公司, 2020.5
（汉阅史学经典）
书名原文：History of the French Revolution
ISBN 978-7-5581-2226-2

Ⅰ.①法… Ⅱ.①儒…②李… Ⅲ.①法国大革命－历史 Ⅳ.①K565.41

中国版本图书馆CIP数据核字（2020）第083189号

法国大革命史（卷一）

著　　者	［法］儒勒·米什莱
译　　者	李筱希
创　　意	吉林出版集团·北京汉阅传播
总 策 划	崔文辉
策划编辑	齐　琳
责任编辑	齐　琳　周海莉
责任校对	叶　心　白聪响
封面设计	观止堂_未　氓
开　　本	710mm×1000mm　1/16
字　　数	371千
印　　张	34.75
版　　次	2020年11月第1版
印　　次	2020年11月第1次印刷

出　　版	吉林出版集团股份有限公司
发　　行	北京吉版图书有限责任公司
地　　址	北京市西城区椿树园15-18号底商A222
	邮编：100052
电　　话	总编办：010-63109269
	发行部：010-63104979
官方微信	Han-read
邮　　箱	beijingjiban@126.com
印　　刷	三河市元兴印务有限公司

ISBN 978-7-5581-2226-2　　　　　　　　　　　定价：88.00元
版权所有　侵权必究

国家出版基金项目
NATIONAL PUBLICATION FOUNDATION

汉阅史学经典

法国大革命史

卷 二

[法]儒勒·米什莱 著

李筱希 译

吉林出版集团股份有限公司

HISTOIRE

DE LA

RÉVOLUTION

FRANÇAISE

PAR

J. MICHELET

DEUXIÈME ÉDITION, REVUE ET AUGMENTÉE

TOME DEUXIÈME

PARIS
LIBRAIRIE INTERNATIONALE
15, BOULEVARD MONTMARTRE

A. LACROIX, VERBOECKHOVEN ET Cie, ÉDITEURS
A BRUXELLES, A LEIPZIG ET A LIVOURNE

1868

TOUS DROITS DE TRADUCTION ET DE REPRODUCTION RÉSERVÉS.

目 录

第四篇 1790年7月—1791年7月 001

第1章　新的宗教为何没被提出——国内的阻碍 003

第2章　后事——国外的阻力——当权者的伪善，教士 013

第3章　后事——国外的阻力——自由派的伪善，英国 021

第4章　南锡大屠杀（1790年8月31日） 051

第5章　雅各宾派 068

第6章　议会和雅各宾派内部的理念之争 086

第7章　科尔得利俱乐部 109

第8章　软弱无力的议会——教士拒绝宣誓（1790年11月—1791年1月） 126

第9章　恐怖统治的雏形 137

第10章　恐怖统治的雏形——米拉波的抗争 162

第11章　1791年4月2日，米拉波逝世 182

第12章　两派的不宽容——罗伯斯庇尔的崛起 195

第13章　国王出逃之前 210

第14章　1791年6月20日—21日，国王出逃 226

第五篇　1791年7月—1791年9月　247
第1章　1791年6月21日—25日，人们对国王出逃持何想法　249
第2章　1791年6月22—25日，国王和王后从瓦伦被带回　270
第3章　政坛要员犹豫不决、意见各异（1791年6月）　284
第4章　1791年的社团——孔多塞的沙龙　293
第5章　续篇——罗兰夫人　306
第6章　国王被审——共和派的第一个动作（1791年6月26日—7月14日）　320
第7章　1791年7月15—16日，议会宣告国王无罪　334
第8章　1791年7月17日，练兵场惨案　347
第9章　1791年7月，失势的雅各宾派又崛起了　363
第10章　复审——左右派结盟失败（1791年8月）　378
第11章　教士和雅各宾派——拍卖国有财产（1791年9月）　391

论此书的创作方法和思想　415
结束语　445
原注参考资料法语对照书目　448
法国大事件年表：1790年7月—1791年9月　453

第四篇

1790年7月—1791年7月

第1章
新的宗教为何没被提出——国内的阻碍

1790年7月27日,各国君主一致反法——国内的阻碍,法国的分裂——任何一场大型革命必然都有所牺牲——1790年,一个信仰多产的时代——法国充满创造力,人民朝气蓬勃——自私和恐惧、愤怒和仇恨的反噬——束手束脚的大革命取得了政治果实,却没有取得稳固革命的宗教果实和社会果实

节日从7月13日持续到14日。但就在庆典的当天晚上,当全体人民沉浸在欢乐的海洋中时,当举国上下精诚团结、齐心协力时,有人趁机把亚伯叶监狱里一个卑鄙的阴谋家、流亡贵族的耳目——博纳·德·萨瓦丹(Bonne de Savardin)放走了。此人曾意图将流亡贵族带到里昂,所以自然有人害怕他会招供出什么。

与此同时,阿图瓦伯爵身边的王后心腹——弗拉赫斯兰登——也被阿图瓦伯爵派到尼斯,去迎接从尼姆逃出来的弗罗芒。

27日,议会得知国王已同意奥地利取道法国、镇压比利时革命的消息。

就在同一天,在我们应当永远铭记的1790年7月27日,欧洲结成了第一次反法同盟,不过它一开始反的是布拉班特革命。各国在赖辛巴赫签订了预备性协约。面对奥地利的反扑,英国、普鲁士和荷兰放弃了比利时,即便当初是它们鼓动比利时发起革命,即便此刻它们是比利时唯一的希望——直到最后,比利时都以为它们不会对自己坐视不管。

同一月里,在得到欧洲达成共识的确切消息后,皮特在议会明确表示:伯克写的那本反大革命、反法的诽谤小册子,里面的每字每句他都举双手赞同。这本书充斥着龌龊、恶浊的文字,作者在里面各种颠倒黑白、出言无状、非议诋欺、含沙射影,把法国人比作挣断锁链的苦役犯,对《人权宣言》进行公然的践踏、诋毁和唾弃。

我们以为的朋友,结果却是残暴至极的敌人!这个事实多么令人痛心和难以接受啊!

我们必须从天下大爱的幻想中清醒过来,不要再随随便便以善待人了。现已到了危急存亡之刻,大革命不能再这么天真了。

我们必须直面真相,无论它有多么残酷。我们必须凝下神来,把真相的里里外外看个清楚。我先前一路陪着走下来的那个可怜的法国,它太天真、太轻信、太容易感情用事,总是盲目而又冒进。现在我和法国要做的,是在突如其来的危险面前深入挖掘真相,既要查清这场眉睫之祸的原因,又要找出应对之策,方能死中求生。

只要法国没有四分五裂,这场危机也就不足为惧。在上一卷中,我有幸讲述了一个伟大的时刻。那时法国举国齐心、丹心赤忱地团结在一起,人们都披心相付。可惜这份真心瞬如昙花。很快,阶级分裂、思想分化的现象又死灰复燃了。

7月18日,那场庆典才刚刚完美谢幕了四天,就在当局最该对人民诚心相待的时候，就在最该维护现局、巩固结盟的时候，就在危险的阴影仍笼罩在人们头上的时候，夏普里耶（现在的他和8月4日的那个主席相比，简直判若两人）提议让国民自卫军着统一服装。这么做，不就在说只有富人才能进入国民自卫军吗？不就是要准备解除穷人的武装吗？不过令人深感欣慰的是，夏普里耶的这则建议在富人那边都遭到了抵制和冷遇（巴黎资产阶级和拉法耶特派除外）。巴巴鲁[①]在马赛对其大加批判。波尔多的有钱人拒绝接受该提案，抗议说：若要标明身份，佩戴一条饰带就够了。

也许因为国民自卫军内部埋下了分裂的种子，再加上人们对市政府越来越不信任，社团才会数量激增、势力大长。有联盟不够，有新的权力机构也不够，还得有一股游离在法律之外的力量才行。唯有阴谋，才能消灭正在发酵的弥天的阴谋。来吧，让雅各宾派把他们的阴谋都使出来吧，让整个法国都被罩进阴谋诡计的迷云中吧。

在不到两年的时间里，两千四百个城镇的**两千四百个社团**都加入了雅各宾派。在公共权力走向凋敝时，一个可怕的巨型机器出现、并给予了大革命无穷的力量。唯有它才能拯救大革命；然而它也令大革命本性大变，使大革命原本的神启变了味道。

这个神启，便是全信和兼爱。大革命也曾天真、轻信过，如今它却再也回不去了。每人在重读那段可歌可泣的历史时，眼中无不含着热泪，脸上无不带着苦笑：什么？我们当时竟如此年轻幼稚？竟如此轻易就上当受骗了？唉！怎会愚蠢至斯！……算了！谁想笑我们，尽管笑去吧，我们绝不会后悔自己曾经这般的信和爱。

[①] 巴巴鲁（Charles Jean Marie Barbaroux，1767—1794年），法国政治家，公会成员，一开始和雅各宾派走得很近，但很快就加入吉伦特派，投票赞同对路易十六判以死刑。1794年和比佐、佩蒂翁一起逃亡时被围，自杀未遂，最后在波尔多被处死。——译者注

一个保皇党人在1791年表明观点：任何一场大型革命流的血与泪，从来都不会少。读过不少革命史之后，我敢言辞肯定地证明此话为真。然而我们的敌人却请来受过大革命创痛的人，让他们写了许多失之偏颇的回忆录，苦心孤诣地夸大了这类社会动荡必然导致的混乱。

但从一些事实来看，实际上只有一个阶层有资格说自己是被掠夺者——它就是教士阶层。即便如此，这场掠夺又造成什么结果呢？广大教士在主教为大的旧制度时期过着忍饥挨饿的日子，而现在他们却能吃饱饭了。

没错，贵族失去了封建赋税特权。但在许多省，尤其是朗格多克，他们作为地产者已被免了什一税，这给他们带来的利益，已超过了他们作为领主因失去封建特权而蒙受的损失。

即便贵族没了那些迂腐可笑、已经毫无意义的封地的荣耀象征，他们的地位也并未有所降低。几乎各地都对贵族抱着一种近乎盲目的敬重之情，还把公民荣誉称号颁给了他们（其实大部分贵族都受之有愧），还让他们在市政厅和国民自卫军中担任要职。

这份信任给得太过了，也太草率了。然而这个年轻的世界眼前有着未来的无限可能，所以它不愿和过去计较太多，只请后者放自己离开、给自己一条生路。毕竟，它有着强大的信仰和无限的希望。昨天那几百万农奴，今日摇身一变，成了人、成了公民，在一日之内、一瞬之间起死回生，在大革命中呱呱坠地。他们有拔地参天之力，却又出奇的善良、坦诚和轻信，从心底相信石能生花。因为他们本身就是个奇迹啊。在1789年4月和7月14日获得新生的人拿起武器从田里站了起来，要么在今天、要么在明日变成公共人、行政员（其数足有一百三十万！），农民还一下子变成地产者，突然就有了自己的田产，就触碰到了自己的梦想和天堂！贫瘠的大地昨日还被操纵在教士的枯手中，今天却被交到年轻劳动者温暖有力的手掌中。那是爱和希望的一年，是被祝福的一年！在联盟期间，自然的联盟——婚姻也数量大涨，公民誓言、结婚誓言一起在神坛上回荡。在这个美好的希望之年里，结婚率一下子提高了五分之一，这简直是闻所未闻之奇事！

啊！这场伟大的精神运动还透出另一个兆头，预示着另一场丰收。这场灵魂和思想的联姻，不仅兴旺了人丁、丰富了法律，更预言了一个全新、稚嫩而又强大的社会兼宗教的理念的诞生。任何人，只要他亲眼见过联盟节时战神广场上的场景，就敢信誓旦旦地担保：那伟大的一刻里，在无数人一片至诚的誓愿中，在无数热泪的洗礼下，在无数火炬融汇成的烈焰中，一个神降世了。

所有人都看到了，都感受到了。不太支持法国大革命的人也在那个时候猛地一个激灵，觉得某个伟大的东西突如其来。麦恩及布列塔尼边境的粗野乡夫曾被阴险之徒用宗教狂热思想煽动起来，站在我们的对立阵营里；如今他们也被感化和打动，加入了我们的联盟，吻着那位无名之神的神坛。

那是诞生了一个世界的一刻，是空前绝后的一刻，是神定的、神圣的一刻！谁能告诉我们怎样才能让这一刻重来？谁能解释这个诞生了一个人、一支民族、一位新神的非凡奇迹？

那是绝无仅有的一刻！在电光石火的一瞬，受孕就完成了！备孕的过程是何其漫长，可受孕却只在弹指之间！那是无数股力量合力而成的结果。正为了这一刻，它们才挺过了生死长夜，从无尽的时光中辗转而来，最后走到了一起。

值得注意的是，法国这位产妇刚生出了大革命那一代人，腹中又开始孕育更加兴旺、更富创造力的另一代人了。1790年时，这代人才二十多岁。他们代表了一次力量和智慧的奇迹之潮：短短两年时间里（1768—1769年），波拿巴、奥什、马索、茹贝尔、居维叶①、夏多布里昂和傅里叶②先后诞生。早前几年，圣马丁③、圣西门、迈斯特尔、波纳德和斯塔尔夫人等人呱呱坠地；往后几年，乔弗莱·圣提雷尔④、比沙⑤、安培、赛南古⑥等人又降临世间。⑦

除了这群二十多岁、尚还籍籍无名的年轻人，谁更有资格去当联盟法国头顶的宝冠？这群缀在法国额上、于黑暗中熠熠生辉的魔石，谁看了能不心生畏惧？

当然，在这人丁兴旺的一代里，除了上述那群人，我们别忘了其他无数人的存在。神奇之风吹来的那股孕育生命所必需的暖流，不会只孵化出一小群人。一同诞生的还有另外数百万人，他们体内也燃着来自天空的火种。我甚至想说，是全体人民在那个神圣时刻中表现出的崇高和义勇，才让从人民中走出来的一批俊杰受到了第二次神启。除了极少数称得上大善的英雄人物，你会发现那些实干家、发明家、数学家受物理学和机械学的影响太过，只以结果为重。他们那颗强大的头脑纵然能卷起骇浪，却往往盛极致衰、盈极转竭。这场心灵的涌浪与他们无关，这口浇灌了各个民族的汩汩活泉也与他们无关。

---

① 居维叶（Georges Cuvier, 1769—1832年），法国动物学家，比较解剖学和古生物学的奠基人。——译者注
② 傅里叶（Fourier, 1768—1830年），法国数学家、物理学家，对19世纪数学和物理学的发展影响至深。——译者注
③ 圣马丁（Jean Etienne de Saint-Martin, 1762—1828年），法国大革命时期和帝国时期的一位将军。——译者注
④ 乔弗莱·圣提雷尔（Geoffroy Saint-Hilaire, 1772—1844年），法国动物解剖学家，进化论先驱之一。——译者注
⑤ 比沙（Marie Francois Xavier Bichat, 1771—1802年），法国医生，组织学奠基者。——译者注
⑥ 赛南古（Étienne Pivert de Senancour, 1770—1846年），法国散文文学家、哲学家。——译者注
⑦ 如果仔细想想为何这一代中不断有天才横空出世，人们会笃定地回答：因为这些人在大革命中受到了最强烈的刺激——新生的思想自由，以及其他诸多原因。但我认为主要还是另一方面的缘故：这群令人惊叹的孩子诞生和成长之时，卢梭的思想正重振了人们的思想，让他们再次找到了希望和信仰。在新的宗教诞生的曙光中，女人们醒了过来，沐光受孕，生出了一代超人。——原注

啊！受那口泉水更多滋养的是联盟节的人民，而不是居维叶、傅里叶、波拿巴！

大革命两种形态、两个阶段的壮魂，附身在这支人民的身上。

第一阶段，是在弥补人类长期蒙受的不公，是正义在奔涌和嘶吼。在这一阶段里，大革命以法律为形式，把18世纪哲学思想化为明确的文字记录下来。

在第二阶段（该阶段迟早会来的），大革命将走出法律的固定格式，寻找自己的宗教信仰（这是整部政治法律的基础），并在唯有不朽心灵才能缔结出的神圣自由中，采撷到一枚无名的仁爱之果。

所以，当这支人民在7月14日中午举手宣誓时，他们身上蕴含着无穷的斗志（生命有限的个人天才如何能与它相比？）。

那一天，一切皆有了可能。分裂消失了，贵族阶级、资产阶级、群众阶级之别不见了。未来尽在眼前。换言之，连时间也静止了，唯存永恒。

当时，实现大革命的社会宗教阶段似乎是件易如反掌的事（直到现在我们仍未抵达这个阶段）。要是当初那股义勇之气能得以保存，人类至少可以进步一个世纪。当时的人们觉得自己只需轻轻一跳，就能摆脱苦难深重的世界。

那一刻能得以延续吗？那一天轰然倒地的社会隔阂，就真这样坍塌了？不同阶层、不同利益、不同思想的人，能如这一刻一样继续互信互爱吗？

诚然，那时要实现这种状态很难，然而其他任何历史时期更没有实现它的可能。

当时，所有阶层都绽放着崇高的人性光辉，这就为一切打造了良好的条件。先前和之后都存在的死结，当时轻轻松松就被解开了。

在大革命伊始之时，人们心有防范也是情有可原。但到了此时此刻，谁若还抱这种防御心态，那就是在杯弓蛇影了。10月绝不可能实现的事，却在来年7月有了成真的可能。例如，1789年10月，尚有人担心广大农村选民会替贵族效力；可到了1790年7月，这种担心已经化为烟云：几乎各地的农民都投入到大革命的激流之中，农村的革命热情绝不逊于城市。

今天，无产阶级成了一个巨大的障碍。可当时，除了聚满饥民的巴黎和少数几个大城市之外，它在别地根本还没出现。直到1815年以后，数百万工人才得以诞生。我们怎能将其问世时间提前三十年、把他们也拉进那个时代中？

所以，那时的资产阶级和人民之间其实隔阂甚小，他们大可无所顾忌地和后者称兄道弟。

当时的资产阶级深受伏尔泰和卢梭二人的思想影响，和日后创造了工业主义的资产阶级相比，他们更有人道精神、更慷慨无私。然而，他们无疑也是怯懦的。他们的秉性成型于可憎的旧制度，必然带有虚浮软弱的一面。面对自己一手创立的大革命事业，他们害怕了、畏缩了。迷住他们的双眼、让他们迷失方向的不是利益，而是恐惧。

面对群众，他们不应感到晕眩，不应惶惶不安，不应对这片汹涌的海洋望而却步，而应该潜进海里才对。只要他们潜进去，令人恐惧的幻象立刻会烟消云散。远处的深海波涛号叫、激浪滔天，但近海中到处都是朋友和向你伸来双手的兄弟。

他们不知道，这支人民由于习惯使然，对受过教育的阶层是多么尊重和信赖。那时，他们觉得这些人就是自己的喉舌、律师，是自己利益的捍卫者。他们怀揣着一颗真心，朝这个阶层走了过去。然而，这个阶层却退缩了。

当然，我们不能随随便便地一概而论。资产阶级中也有许多人并没像其他人那样退缩，也没有以一种恶意的态度去消极对抗大革命。他们祭出自己，和人民步调一致地奔向大革命。我们爱国的立法议会、国民公会（管他是山岳派还是吉伦特派），其议员**完完全全**来自资产阶级。至于早期的许多爱国社团，尤其是雅各宾社团，那更无须多言。我们手上有名单为证：1793年以前，巴黎雅各宾社团里无一人是大字不识的底层阶级出身。这群资产阶级革命派，这群清一色的文人、记者、艺术家、律师、医生、教士，在掌握国民资产的资产阶级中占了很大比例。

然而，即便资产阶级中有许多人参与了大革命（不论其动机是爱国还是利益），但由于他们坚持以死斗为手段，由于他们满腹尖酸、一身戾气，由于他们一遇到阻碍就暴跳如雷、他人稍有敌意就满心怨恨，所以这些人明显使大革命最初的神启变质了。

资产阶级中一部分人被自私或恐惧所腐蚀，另一部分人又陷入一种扭曲、噬人的仇恨中。人民固然也暴力和狂热，但他们不会执拗地去仇恨。

所以资产阶级有两个弱点：**仇恨和恐惧**。

人得先强大，后才能仁善（可在当时的恶浪中，这点很难，甚至不可能做到）。

7月14日，所有人无疑都是爱过的，但难的是如何在第二天继续这份爱。

那些畏缩了的资产阶级本应牢记他们的人道思想和博爱誓愿，咬牙坚持到生命最后一刻。不论他们有多害怕，也应如航海者一样咬牙迎浪直前，让上帝去决定自己的命运。他们应当不惜任何代价、誓死追随新的信仰，以拯救人民于水火。

而勇敢的资产阶级革命派在危险和斗争中，本应守护住自己高贵的心灵，绝不能让它受到半分动摇，更不能让它从高流坠落到仇恨的泥沼中。

是啊，我知道，即便最强大的斗士也很难在斗争中保持坚定和泰然、不忘和平英雄主义。

　　大革命做了许多事，但如果它能稍稍保持住这个高度，还有何事不成？

　　首先，它会得到延续，而不是在1800年，在那些因仇恨或恐惧而荒芜了的灵魂长期无产之后，令人嗟叹地走向陨灭。

　　其次，它不会停在纸上谈兵的地步，而会采取真正的行动，将政治空想转化为社会现实。

　　那时，大革命的义勇精神（这是它的出发精神，也是它第一次潮涌的动力）不会摇摆飘忽、呈含糊的情感状态，而会渗透万物、深入法律细节乃至习俗和自由行为中，巡游于生命的最尽头处，由此得到延展、变得明澈。

　　这股人与人之间互生的共情发于思想，在经历了行动阶段以后，又带着革新后的信仰归于思想。

　　人若能抛却自私自利之心、追随本性、保持仁善，他将在法律和习俗之外的一个国度，在一切权力都被清零，但想象和共情却不会结束的一个地方，潜心寻找治愈人类痛苦的良药。那时，他的灵魂会回归本位、变得深刻。

　　这不同于思想和科学创造上的深刻，而是情感和意志上的深刻（是的，意志也可以多产，能产出鲜嫩的果实）。多么令人称奇的一场孕育啊，它越是自然，就越是神圣！它无须用劲、无须技巧，只要有一股温暖的，有时甚至发自普通人心田的热流吹来，新的天才就能破茧成蝶，世界就有了新的慰藉。采用何种形式？地方不同、时间不同，形式也有所不同。这颗柔软而又强大的心是寄托在一个人的身上，还是延展到整个民族身上？它是一个人，还是一句生动的话、一本书、一个句子？这些都不重要，它就是上帝。

第2章
后事——国外的阻力——当权者的伪善，教士[①]

教士利用告解座和新闻界来反大革命——1790年流传甚广的天主教小册子——已经好几个世纪无所产出的教士是杀不死大革命的——他们从1300年起就已腐朽了——大革命应当为灵魂提供信仰的食粮

我讲了国内的阻力，即恐惧和仇恨。但早在此之前，国外已生阻扰。我们甚至可以这么说：正因为国外先生出麻烦，国内才会混扰不断。

没错，国内的阻力不是第一个，也不是最主要的麻烦。那场轰轰烈烈、使得枯木逢春的英雄运动一经发生，它就软了，就消停了，就被疏解了。

但国外却滋长出致命的仇恨毒液，意图阻挠法国顺利分娩。

谁是罪魁祸首呢？谁是那个企图让法国流产的恶人呢？是谁看到法国有了胎动后，就恶毒地诅咒它死

[①] 1868年的重编版将本章和接下来的第三章内容整合为一章，并做了大幅删减。但由于删减篇章中有一部分表达了米什莱先前对英国的见解，故中译本保留了初版的全部内容。如我们在第一卷所采取的方法一样，1868版的删减部分在此书中仍以斜体字表示。——译者注

产呢？又是哪些恶魔把手伸向了它，逼得它不得不采取行动，持剑冲向战场呢？

啊！任何一个怀孕的母体不都是神圣的吗？一个女人、一个孕育着新生命的社会，难道就无权得到人类的尊重和祝福吗？

在第二个牛顿即将横空出世的时候，那些惊觉此变、让一个天才流产的人，他们该死！在一个女人处于分娩的鬼门关、天地都在为她流泪祈祷的时候，那些让孩子死于腹中的人，他们该死！那些看到了一个奇迹是如何让全体人民闪现出英勇、宽厚、无私的光辉，却仍不择手段要扼死这个即将造出一个奇迹、诞生出一个新世界的人，他们更是该死！千倍的该死！万倍的该死！

其他民族怎会商妥一致，集结军队反对和它们有着一致利益的法国呢？真是令人细思极恐，又不得其解！

在我们的宗教战争史上，类似的奇事也不是没发生过。没错，我指的正是耶稣会精心策划出来的一段黑暗史。当初，它用了不到半个世纪的时间，就把白日变成了暗夜。这个令人谈之变色的杀戮之夜，就是三十年战争。然而，耶稣会终究花了半个世纪来辛苦筹谋。它得苦心孤诣地先培养出一代人，得先造出一个充满谬论和谎言的世界。沐浴阳光的是一代人，落入黑暗的是另一代人。所以有的人只见过光明，有的人把黑暗错认作光明，但他们根本就是两代人。

这一次的人更是厉害，只用了短短几年就达到了目的。

他们之所以迅速得手，原因有两个。

第一，他们懂得广泛、巧妙地利用当代的一个重器——新闻界，把这个自由的喉舌变成他们对付自由的工具。这台机器在18世纪以惊人的转速运转着，以迅雷不及掩耳之势向你塞来一大堆报纸，让你根本没时间去思考、去检验、去辨认真伪。新闻界已然堕落为谎言的帮凶。

第二，他们尤为擅长搬弄各种愚人的谎言。他们有两个谎言制造坊，里面的工人用各自的方法炮制谎言：一新一旧，新的制法来自英国、得立宪派真传，旧的制法则沿用了专制天主教的工艺。

你看，这就是现代社会在深层上的不同，这就是为何一切进步都被抵消的原因：我们得对付两个伪君子。中世纪只需对付一个，而我们却有两个——伪善的当权者，伪善的自由派。一言以蔽之，即**教士**和**英国人**。这便是塔尔丢夫①的两层外衣。

教士影响的主要是妇人和农民，英国人影响的则主要是资产阶级。

我们得先花些时间来谈谈教士，解释一下我们刚才的话是何意思。

在某些人不择手段的推动下，这个老旧的谎言制造坊终于在1789年被重建起来。它一方面依照从前的套路，在告解座散布谣言：如某些教士和妇人之间偷传的秘密，某些掩嘴私议的公告，某些没头没尾的只言片语……另一方面，它还豢养了一家思想狂热的报纸。这家报纸可比告解座上的神甫大胆得多，因为它很清楚：自己只需把报纸偷偷发到信得过的人手上，只要让那些头脑简单、盲目轻信、事前就已被说动了的人拿到报纸，就不愁操纵不了他们。这一份份诽谤小册子就好比一把把锋利的匕首。我们读过其中一些，其文字之凶剽血腥，和马拉的报纸相比都有过之而无不及。

你若想知道人能指鹿为马到何种地步，那就去读读尼姆的弗罗芒在他流亡国外期间、于1790年4月发表的一本小册子吧。这本长篇杜撰小说写于他生活安逸、无性命之虞的时候，里面的内容有：建于16世纪、逐渐壮大起来的加尔文派，是如何在1789年取得胜利的；国民议会为了将

---

① 莫里哀《伪君子》中主人翁的名字，从此"塔尔丢夫"就成为了"虚伪之人"的同义词。——译者注

王国分裂为联盟共和国，是怎么给南部新教徒布下任务、指示他们把天主教徒屠个干净的；等等。

这份来者不善的小册子在巴黎传播开来，被人趁着夜色递到门缝下、分发在咖啡厅和教堂中，然而收效甚微。但这份小册子在农村地区可谓战果卓著，并引发了无数的跟风之作。这些小册子根据南部和东部的不同风向而做了调整，借善良的教士、正直的乡绅、贞洁的淑女之手四处传播，尽其所能地颠倒黑白、模糊是非，撒播各种秕言谬说和狂热蠢话。通过两年的苦心经营，他们终于种下了旺代战争和朱安党人之乱的祸根，并由此导致法国发作了一次可怕的癫痫——恐怖统治。

一大群盲目的群众被人利用起来反大革命，若要和他们讲道理，我们不用去讨论他们信仰的教理的核心思想有多漏洞百出，直接摆出事实经验、立足历史证据就够了。只要把历史讲清楚，我们就能打败他们那边的学者。

且不管他们信的是怎样的教理，但该教理几个世纪以来毫无作为，这是毋庸置疑的。每个事物的诞生和发展，都伴随着它的反对声。但不论它怎样跳脚，哥伦布照样发现了美洲，伽利略照样提出了日心说。

在整整五百年时间里，它都拦着人们，不让他们往上帝的科学大门踏近一步。1200年，一位真正的先知——弗洛拉的约阿西姆①，宣布圣灵将取代基督的统治；1300年，但丁将基督教的大门封死。从此，一切具有重大历史意义的创新都和它无缘。基督教里不是没出现过天才，但它的天才都是怀疑派和批判派。拉伯雷、莎士比亚、莫里哀这些多产的思

---

① 弗洛拉的约阿西姆（Joachim de Flores，1130—1202年），意大利天主教神学家、西多会修士，在西多会殉道圣人名单中被赐予"真福者"的称号。约阿希姆视历史为三种不同天命在三个不同阶段的呈现，在这三个阶段中，三位一体依次现身：首先是圣父，其次是圣子，最后是圣灵。他认为，第一阶段人们受对圣父的恐惧心主宰，第二阶段受对圣子的信仰心主宰，但第三阶段主宰的却是爱，而且这个阶段已经开始。在约阿希姆看来，教会仅在第二阶段发挥引领作用，而非如奥古斯丁所说是尘世间永恒的领路人；教会注定要为圣灵的真正代表——僧侣所取代。——译者注

想巨人，在前进路上发现自己的路被基督教那块古老的圣石堵死，想把它挪开，却全都无功而返。若没有这块石头挡路，他们说不定能取得更大的成就。就这样，思想领域的英雄们被压了足足五百年。这真是人类莫大的损失！

路易十四时期，许多文笔典雅、才华出众的作家花了大量心力去翻译老掉牙的文本资料，给它们润笔增色。但他们又得到了什么呢？波舒哀死了没多久，世界再不关注以华丽文辞见长的作家，转而追随伏尔泰去了，并把真正属于它的传统——拉伯雷和莫里哀的作品拾了起来。旧制度做了百般努力，却无所建树。

它就像人们在科隆天主大教堂总会看到的那台吊机一样，似乎一直在忙着搬石头。这台吊机1300年就在那里，到了1400年，它还在原地放着。在凡·艾克①的一幅画作中（此画现藏于布鲁日博物馆），你就可以看到这台吊机的身影。但它忙活了那么久，工程却没有一点儿进展。二十年前我去过那里，一切仍是老样子。今年我又去看了下，老样子，还是老样子。这五个世纪可以出多少成果了，而这台吊机却没有丝毫长进。

这个腐朽的制度自己无力创造生命，还在全力阻止别人创造生命。它已没了生命力，却死而不僵，哪怕不能传播死亡，它也要霸占着地，让土地寸草不生。

无论它从前为人类做出了哪些实实在在的贡献，如今这个古老体制想野蛮地遏止新思想的第一次萌生，那也是心有余而力不足。新思想的萌生能被扼杀？这绝无可能，谁也不能逆天而行。但旧体制可以阻挠它、推延它、抹黑它，去煽动暴力、再反过头来指责暴力。

---

① 扬·凡·艾克（Jan Van Eyck，1385—1441年），尼德兰画家，是早期尼德兰画派最伟大的画家之一，也是15世纪北欧后哥特式绘画的创始人，被誉为"油画之父"。——译者注

唉！可怜的大革命啊！它当初也曾兼爱过，爱所有人、所有民族、所有思想。可它们把它同化了，让它变成思想和生命的屠杀机，使它退化到野蛮状态！

在大革命覆灭后的翌日，在大地尸横遍野、冢木已拱的时候，温润亲善、洞彻世事的神秘主义者圣-马丁①，替故去的大革命赦罪和降福。那幕场景既显伟大，又透着死亡的萧索之气！他没有训斥或责备什么，只将它整个拥入怀中，不再排斥和它有关的任何东西。他承认了伏尔泰、接受了卢梭，紧紧地拥抱着他们。他就像坟上一株象征友好的常春藤②，温柔却有力地抓住墓地上每一寸沙土，说："我的圣体祭坛，我抓住你了！"

他错了，他什么都没抓住。这个亡魂仍充满生机，哪怕身躯已经长眠，它的战斗之魂依然徘徊在欧洲的土地上。其魂魄一现身，就足以征服人间的帝王。

什么也不用做，它一直都活着。它的小儿子波拿巴也曾忤逆过它，哂笑着说："思想有什么用？"波拿巴嘴上这么说，可他一直求而不得地寻找着一个思想。他打开一座座神殿，以为自己要找的东西就藏在那里。他枉然地找啊找，一直找到了古老的罗马城。他在地下墓穴中苦苦寻着生命的气息，却仍无所收获，只带回了亡者崇拜过的古老塑像。于是，这个塑像回到了教堂，回到了那空荡荡的教堂。

但它已从骨子里腐烂了！它以为自己是胜者，其实却是被打败的那个！在足足半个世纪里，许多君王——饮誉天下的也罢、享有圣权的也

---

① 圣-马丁（Louis-Claude de Saint-Martin，1743—1803年），法国哲学家，著有《共和三年就大革命给一位友人的信》。——译者注

② 这个比喻含义独特：众所周知，常春藤不是从土壤、而是从自己的依附对象中汲取生命，这里的依附物便是大革命。但圣-马丁的文字透着无尽温情，蕴含着许多单纯却高尚的思想。请看《共和三年就大革命给一位友人的信》（此信写在迈斯特尔的《论法国》问世的两年前，其见解也比后者更加独到）。——原注

罢、坐拥金山的也罢——穷竭其力，想把旧时的鬼神召出来对付大革命。他们鼓起腮帮子，拼命吹着已经化为尘埃的骸骨，却吹不起半点火星子。唉，请诸王省省力气吧！你们看，许多比你们更有王者之气的帝王不也没能成功吗？可怜的诸王啊，请你们想一想，连夏多布里昂、迈斯特尔之流合力都没做到的事，难道你们就能干成？其实，所有人都为此耗尽了心力。是的，所有人，有的是大人物，有的籍籍无名，有的以艺术为手段，有的以历史或传奇故事为途径。我们努力想要温暖作古之物，但它依然这般冰冷僵硬。

在此期间，整个世界萎靡不振，它痛，它渴，它饿。"我们能给这个民族什么？当它恳请给点面包时，却给它一堆石子？"山顶训诫①之后的丰茂场景再不曾复现。有人跟我们说过："谁若汲取我的泉，将永不干渴。"可我们已经汲取了两千年，为何仍干渴难耐？

因为他们给我们喝的是任何人都再承受不起的东西：一个偏私于选民的拯救者，一门讲究特权的宗教，一个不公的上帝。

不！这口泉水太苦了！

从前曾令人敬仰的神啊，如果你爱过人，就请让我们为他们寻一些吃食、捧一口泉水过来吧。这几百万人饿得形销骨立，倒在山脚，你可以不管，可我们怎能眼睁睁看着他们活活饿死呢？

人民绝不能死。所以，请你不要阻止别人给他们喂食。大革命把他们纳入怀中，用自己广阔的胸怀哺育人民，用它满是奶汁的乳房喂养他们，奶没了就舍身放血。你无论如何也拦不住它的。由它去吧！请你别再横在孩子和母亲中间了。

大革命的奶汁在战斗中枯竭了。但还有我们，我们能给的是面包！

---

① 《马太福音》5~7节中，耶稣走上山对众人训诫。——译者注

我们得想些办法，给他们找到填饱身体和精神的面包。别犹豫了，把我们自己的面包递过去吧。我们给得越多，剩得就越多。这就是奥秘，这就是奇迹！让我们慷慨解囊，为生命送去养分吧！我们奉献得越多，心灵就越是充盈。不要在人命关天的问题上抠抠搜搜了，上帝的力量将在我们身上壮大起来。

你常为自己思想的贫瘠而悲叹，为自己的不育而哀泣，你问为什么未来的曙光迟迟不能照过来，你想要一个护身符、一句能让它立刻现身的咒语。其实的确有句简单管用的咒语，但只有真正明白了它的含义，你才能丰产。这句咒语只有三个字：要仁善。

第3章

后事——国外的阻力——自由派的伪善，英国

英国的假模式——英国借法国之手欺骗法国——英国强大的真正原因——孟德斯鸠的政治幻象——被物质现实所绞杀的含糊权利——所谓的宪法平衡政策——虚幻的欧洲平衡——英国为了压制荷兰、葡萄牙、法国而采用了何种手段——若拿不出一个精神理念，英国对法国只能无可奈何——两个爱尔兰人为它的仇恨添柴加火——拉利-托伦达尔——感性之人引发了全面战争——伯克的怒火——教士和英国达成协定——英国人民陷入盲目的仇恨中——法国热爱和接纳了英国人——两支民族的角力结果——英国人成了一个简单的机器零件——法国人依然具有人的品格

单凭古老陈腐的思想，还不足以遏制年轻的大革命。只有一个东西能让大革命误入歧途，它也的确做到了。它就是一个幻影，一个拼凑而成的假模式。正因为它，大革命被捉弄和哄骗，大革命的思想也遭到扭曲。

我们眼睁睁看着两个女巫守在正在分娩的法国身边，深感痛心疾首却又无可奈何！这两个女巫，老的那个是中世纪黑女巫，负责忏悔和宗教裁判；年轻的那个是英国女巫，负责用空洞的谎言来掩盖连她自己

都不信的政治幻象之下的腌臜利益。

英国对法国图谋不轨已不是一天两天的事。它甚至还利用法国本国的人才来愚弄法国。这个诡诈的英国平素一副大义凛然的样子，一遇到利益问题就极尽谄媚、卑鄙之能事，把本世纪的三个优秀法国人成功降服、拉拢了过去。它一边镇压着爱尔兰，一边打着宗教自由的幌子，通过狡猾的博林布鲁克①把伏尔泰骗进它的圈套。米拉波一开始对英国不抱好感，但给英国效力的那帮日内瓦人助长了米拉波的懒惰，还经常帮他写演讲稿，最后米拉波也被它骗过去了：当时，米拉波被夹在将死的君主制和越逼越近的共和国之间、被吓得魂惭色褫，英国见此就趁机把自己那套杂糅而成的体制当作救命木板，送到他的手上。

然而它对孟德斯鸠的诱骗才最致命。要讲清楚这位惊世之才在发表了让其名震天下的《波斯人信札》之后、是如何被英国人盯上和缠住的（但孟德斯鸠因为虚荣，才让英国有机可乘），狡诈多计的平庸鼠辈又是如何蒙蔽了这位天才的眼睛的，那可就说来话长了。我们都知道，天才通常容易轻信于人，容易对别人产生好感和倾慕，而且往往又很执拗（这就更让人有了下手的机会）。你只消稍稍奉承一下他的思想体系，他就会像孩子一样跟过来。

但这套办法只能拿去哄骗那些曾因此上过当的人，那些自己心里就种着谬见的种子的人——我说心里，因为谬见几乎都是循着道德的缝隙滋长出来的。

没错，我们必须承认，这位伟大、崇高、性情温和、卓尔不凡、极有人道精神的天才之所以对欧洲政治道德产生了有害影响，是因为无论他多么伟大，仍然屈从了他心底一个不可忽视的、成为其他一切弱点的

---

① 博林布鲁克（Bolingbroke，1678—1751年），英国政治家、哲学家，伏尔泰的朋友。——译者注

源头的情感诉求：对成功的倾慕。

凡人总认为，但凡成功的，必然也是可取的。英国成功了，所以我们这位加斯科的天才就担负起解释英国可取之处的任务。从英国完美的治国之道到它深层的体制结构，他寻找着英国取得前所未有的巨大成功的原因。他的无知也助了他。孟德斯鸠并不了解自己要探讨的这个国家的历史及法律，却耗费脑力心力，草率地把英国体制捧到了如此高度。波斯是色诺芬梦想的投射，埃及和亚特兰蒂斯①是柏拉图愿景的映照。而英国，便是孟德斯鸠的亚特兰蒂斯。

英国的壮大和以下三点有关（可惜孟德斯鸠似乎没太明白这三个要点），我在此特将其一一列出来。

第一，这个强国之所以能在17世纪崛起，最该感谢的便是法国，也就是愚蠢的法国天主教、路易十四身边的忏悔神甫。路易十四因为受到这些人的唆使，抛弃了自己的天然盟友——荷兰，导致荷兰后来转投英国阵营，让英国一跃成为海上霸主。

第二，作为中世纪野蛮律法和万恶封建制度（例如长子继承权）的卫士，英国有两条路可以选，要么选择公正治国，要么想个办法把不公的受害人打发出去。它选了第二条路。每隔一段时间，英国就把自己的子民扔到海上。它只能用这种定期清肠的办法，去对付一个正在慢慢腐蚀身体的恶性肿瘤。所以英国才不断有移民需求，所以它才一个接一个世纪地在外开垦殖民地。

第三，英国也曾有过巅峰时刻，这得感谢它那支所向披靡的海军和莎士比亚。当时英国之魂如海上巨鹰一样展翅翱翔，可这只巨鹰迅速陨落了。后来，英国变得越来越注重实践，越来越追求实际，变得格外一

---

① 请见柏拉图的《对话录》。——译者注

板一眼、固守己见、僵守规则。呆板笨重的贵族制度拖拽着它，把它变成工人、匠人。它像建一个国内殖民地一样（这里没有歧视海外殖民地的意思），在英国中又造了一个英国。而大的这个英国却大得格外畸形，总有一天它会压垮这座岛屿，让它永沉水底。

英国之所以强大、富裕，它的工业之所以取得发展，主要得益于它一板一眼、追求实际、僵守规则的特质。因此，英国在物质利益上收获甚丰。但反言之，自莎士比亚之后，论思想的广度和深度，论才华的高度，论艺术和哲学，谁敢说英国大有斩获？

至于它那个声名鹊起的复杂宪法体制，简而言之只有一句话：在这个体制中，第一大权力属于贵族阶层，第二大权力属于贵族阶层，第三大权力还是属于贵族阶层。

它的贵族阶层还不断在富人中招募新人。"要封侯，先发迹。"这就是英国人的全部想法。所有权，尤其是土地所有权、封邑所有权，就是这个国家的信仰。

一切英国法制几乎都有如下特点：地方性、特殊性、岛国性和不可参考性。英国人从没想过，谁会疯到把只适用于他们国家的法律搬离这个岛国。可现在却跳出了一个法国人，力证这一大堆从前攒下来的破烂、这些连他们学识最为渊博的实践家都厘不清的陈规就代表着秩序，就是人类应当效仿的永恒典范。我能说什么呢？我只能说他慧眼如炬，居然在这堆乱七八糟的混沌体中发现了最佳体制的映像，发现了力的平衡法则和万有引力。在你们的牛顿发现这套体系之前，它就已经存在于你们的法律中了。

"什么是法律？法律就是一种关系，且和气候有关。和谐的平衡关系、均势的权力分布，这就是任何社会赖以建起的真正的政治基础。"①

那些法学大家和持斯多葛派法律思想的巨儒，要是听了这套物理、机械、守衡、天平、砝码、引力之类的东西，保管会惊掉下巴。啊！当初在暴君面前慷慨陈词、以身殉法的帕皮尼亚努斯，可不是为了这样一个物质的、唯物的法律而死的。不顾刀剑相迫、四次险些丧命的伟大的杜摩兰，可不是为了这样一个法律而置生死于度外的。还有奥登巴尔内费特②、德维特③那些政治家，他们在酷刑和大牢中歌颂正义和信念④时，其心所向的法律可不是某个物质性的东西；他们信仰的，是精神上的法律。

法律由精神世界堕落到了物质世界，但我们也不能将相关原因全都怪到孟德斯鸠头上。从17世纪开始，由于耶稣会虚假的精神至上论的反作用，人们在思想上转而走向了一个当时绽放着自由之光的疆域，走向了被伽利略改造后焕然一新的物理科学领域。政治向物理科学这个后起之秀让步了，说话也逐渐有了后者的口吻。笛卡儿发表的一系列作品大受欢迎，让这股趋势愈演愈烈。接下来，牛顿以巨儒宿学的面目横空出世，引发万众瞩目，伏尔泰还亲笔翻译了他的著作！平衡法则、万有引力已然成了通用法则，在精神世界和物质世界都大行其道。

但人们忘了，法律在某种意义上和物理学是对立的。物理学追求力的平衡，讲究力与力的相消。然而法律却得在本质上兼顾强弱，它将弱

---

① 但请注意，孟德斯鸠关于法律的这个观点虽然听上去并不算什么高见，但和霍布斯（Hobbes）和洛克（Locke）的那些只从功利角度讨论正义与否的英国本土理论相比，已算是很有进步了。英国人马上领会到孟德斯鸠的思想，随即进行了深入的研究。他的书于1748年出版；1753年，孟德斯鸠的模仿者和评论员——布莱克斯通就大张旗鼓地开课教授了。——原注
② 奥登巴尔内费特（Johan van Oldenbarnevelt，1547—1619年），荷兰政治家、首相（1586—1619），在荷兰从西班牙争取独立的斗争中起着重要作用，辅佐荷兰总督莫里斯·德·纳索，后由于两人在政治和宗教问题上产生分歧，被其所杀。——译者注
③ 德维特（Johan de Witt，1625—1672年），17世纪荷兰政坛核心人物之一，1653年至1672年担任荷兰首相。1672年的荷法战争期间，奥朗治派夺权，将其打入牢中，后又策划了一系列行动，使得德维特最后被暴民拖出监狱、惨遭杀害。——译者注
④ 原文为拉丁语"Justum et tenacem"。——译者注

小者也放在天平上,认为它和强者是等重的。

这就是法律的最高守则,它凭此能无视自然规律,甚至能将天空倒成大地!退后吧,物理学!退后吧,机械学!这是一个神圣的世界,你们还是站在门口别进来为好!在你们看来,在你们的智者看来,这个世界是荒谬的。在这里,人们可以无视你们的所有数学规则,自行做出判断;在这里,一可以等于甚至大于二,弱力可等于强力。

所以,省省你们那些让精神重归物质的话,别再跟我念叨那套把法律置于平衡体系中的机械政治学了。

任何人都知道,对就是对,好就是好,别下其他定义。这,便是我们的导师——以罗马法学体系为基础的伟大的斯多葛派法学家的出发思想;这,便是哲学的真正成果;这,便是卢梭、康德这些伟大革命者的心血果实;这,便是我们大革命原来的信经。

而那套著名的法律平衡体系,它实际又做了什么呢?

如果法律真有平衡(如边沁和其他人大力鼓吹的那样),它将彻底走向僵化,只会维持现状①。维持现状就意味着维持秩序?那不见得。也有可能是维持混乱,使得混乱变成常态。

在英国,这所谓的维持社会现状被冠以各种动听的保障,它看似能提高个人尊严,实则只会把每人的现实权利神圣化——当然,有的人的现实权利是坐享一切,有的人的现实权利是忍饥挨饿。我们不也说过了吗?解决问题的办法倒有一个:把一部分人扔到海上去。

在经历了一场场生灵涂炭的宗教战争之后,欧洲迫切渴望维持现状。世界已经筋疲力尽、动弹不得,只好不考虑法律,想着靠平衡利益就能维护秩序。如此一来,一切就不会改变了,弱者永远会是弱者,强

---

① 此处为拉丁语"statu quo"。——译者注

者永远会是强者。但这是痴人说梦！只要新的理念问世，只要一股势力给世界注入精神力量（例如路易十四统治末期的那个法国，那个出了科贝尔和莫里哀的法国一样），这种平衡立马就会土崩瓦解。

没错，在平常时候，众人的贪婪遏制了个人的无餍。可归根结底，这是不符合公义的。这种状态下的欧洲就像一群围成一圈的狼，虎视眈眈地盯着彼此。只要有一匹狼衰弱了，其他狼就会向它露出獠牙。年轻的玛丽亚-特蕾莎登基之时，奥地利暂时衰弱了、落单了，于是各国对其一阵穷追猛打！接下来，又轮到了小小的普鲁士。可怜的普鲁士啊，它几乎快被其他恶狼活活撕碎了！有时，土耳其这只兔子也会成了众狼的争夺对象。俄国吞掉了瑞典；如果不是各国拦在中间，巴伐利亚早就进了奥地利的肚子。这群野兽简直是丑态毕露。

到了18世纪，这一套均势策略、这一套欧洲平衡政策有多虚幻，已经得到充分的事实证明，可它仍在欧洲大行其道。有人把这套思想灌输给小国，因为它不失为一本适用于这些国家的道德训诫和指导手册。在此期间，东西两大国家日益强盛，两个巨人——英国和俄国崛起了。

俄国这个亚洲强国，从没想过要装出一副道貌岸然的样子。它朝波兰猛扑过去，把这个国家撕得四分五裂。它还强迫邻国也加入屠杀的队伍，然后给它们分点骨头了事。俄国是不可能让这些国家干干净净地置身事外的，而且它还打着小算盘：将来某天攻占这些国家时，要把当初赏给它们的一道拿回来。

俄国作为一个组织有序的蛮夷之国，可不受某个理念的约束；当时的它还没有什么泛斯拉夫主义。但英国这个大骗子还是得装出拥护某一理念的模样。它恬然无耻地自居为"守护世界自由的骑士"（这里我借用了斯塔尔夫人这句荒谬至极的话）。它要捍卫这个自由；说得更准确一点，它要修正、保障、建立这个自由。要达此目的，秘诀很简单：效仿英国体制。

英国可真是光明磊落，唯自由是上！它不曾攻占葡萄牙，不曾夺取荷兰，只是废了它们的筋骨而已。葡萄牙元气大伤，慢慢地自暴自弃，在废墟中沉睡不醒。① 荷兰这块骨头更难啃，但英国通过奥朗治家族将其成功蚕食。就为了壮大这个家族的实力，英国才不断煽动城中暴民（他们大部分都是外国人）和真正的荷兰人作对。最后，这个不幸的国家重新选了一位总督。此人与其说是荷兰总督，还不如说是英国省长②。他一步一步地毁掉了荷兰海军，一点一点地把荷兰给卖了。

英国在大陆上干得更是漂亮。它没有占领一寸土地，只把直布罗陀海峡、加来海峡等易守难攻的要害之处长期控制在自己手中。我们可得看好我们的瑟堡啊！③

英国这个模范国家通过四位英国省长，逐渐控制了海峡对面的整片海岸——荷兰、葡萄牙、比利时和法国。由英国一手扶持起来、对它言听计从、比奥朗治亲王和布拉干萨诸位亲王④还要亲英的奥尔良公爵，把我们的政治和国家核心机密出卖给英国，替英国扼杀了法国的贸易业，和英国联手消灭了我们的天然盟友——西班牙的海军。之后，英国觉得攻下大陆海岸线已如探囊取物。而法国才经历了一次大出血，已经昏厥过去，只能任其摆布——此时谁都能对它做点什么。敦刻尔克的一个英

---

① 它只醒了一次，但那是一次真正的英雄的觉醒。蓬巴尔（译注：塞巴斯蒂安·若泽·德·卡尔瓦略·伊·麦罗 [Sebastião José de Carvalho e Melo]，第一代蓬巴尔侯爵，1750年至1777年担任若泽一世的首相，在1755年里斯本大地震的震后工作中表现出众，并对葡萄牙经济进行了大刀阔斧的改革）给英国人写了一封威胁信，此信当被铭刻青史。请看他的《论行政》第三卷，pp.1-12（1787年）。——原注
② 即德维特的继任者加斯帕尔·费杰尔（Gaspar Fagel, 1634—1688年），狂热支持奥朗治亲王威廉三世登上英国王位。——译者注
③ 糟糕的是，那时法国正忙着审判那些说来就令人脸上无光的案件，根本无暇分身他顾！它没有听到被英国溺死在便盆里的葡萄牙的呼喊。而西班牙呢？西班牙是被法国无意中亲手掐死的。它们凄厉的喊叫只回荡在一个天才的心中（基内，《法国和葡萄牙神圣联盟》，1847年）。如今事态更为急迫，已是火烧眉睫！可法国仍无所察觉！英国都在瑟堡前面修建工事了！——原注
④ 布拉干萨家族（Bragance），葡萄牙的一个封建世袭贵族大家。——译者注

国特派员和巴黎的一个英国大使，其地位居然高过了首相，甚至对他怎么写快报都要指手画脚！法国若连这样的奇耻大辱都能咽下去，那就真的完了；可它依然像失了魂一般。人若成了没意志的人，还能成何事？就这样，英国人成了法国的实际统治者，不过他们永远也达不到目的。没错，英国人操纵了上流社会、沙龙，俨然成了半个法国人，如跳梁小丑一般妄图影响整个法国。可这只发生在社会的上层表面土壤，而下层土壤却未被渗透。英国人只抓住了我们银行和工业上的软肋，而此时法国仍守护着思想的独立，保持着自己的完整性。总有一天它会苏醒过来，让英国人再尝尝丰特努瓦的教训①。

英国人是多么狂妄啊！竟然想统治法国！纵然当时法国政府软弱不堪，但这个国家却凭自己强大的精神力量主宰着这个世界。若想统治我们，那得拿出个"名"来，就是某个理念。你倒给我看看英国有何理念啊！

那还得是一个伟大的、具有繁殖力的理念。可英国从来没出过、以后永远也出不了什么伟大的道德学家和法学家。②

希腊有普世的律法，罗马、法国也是如此。它们以艺术、法学或社会博爱精神为方式，表达了各自的理念。世界因此才对这几个国家心存敬畏，对它们的民族也充满感激。工业和商业汲汲于实利，当然也让许多人发迹起来。不过，谁会感激商人和工业家呢？感激他们对金钱的渴求？

英国发现这个在摄政时期还算老实的敌人现在和自己愈加疏离，心里着实恼火不已。所以，谁最仇恨法国，它就委身给谁。于是，伟大的大小皮特上台了。

---

① 即丰特努瓦战役，发生于奥地利王位继承战争中的1745年5月11日。在此战中，法国赫尔曼·莫里斯·萨克斯元帅取得大捷，占领了图尔奈。通过此战，法国重新找回了民族自信。拿破仑曾说："丰特努瓦战役像一针强心剂，给风烛残年的波旁王朝输了最后一次血，替它续了三十年的命！"——译者注

② 因为它把法律贬为一种消极的保障性思想。基佐在1828年说过："在英国，革命的发生是受既成事实的影响，而不是因为树立了法理的正义性或必然性。"说得更直白一些：英国人的理论是事后形成的，是为了替既成事实辩解才被创建的。——原注

法国却不同于英国；它虽然和英国时有相斗，却从不记恨于它。它帮助美国，是真心为着美国和世界的自由着想。在此期间，法国掀起了一股前所未有的研究英国的狂潮。英国小说——例如《帕梅拉》①——在法国大获成功，英国的流行时尚、赛马运动也在法国风靡一时。奥尔兰公爵赛马、喝酒，沾沾自喜于自己完美的绅士品格，还时不时跑到海峡对岸学习进修呢。

法国大革命初始之时，英国上下无不持欢迎态度。它觉得这场革命不外乎就两个结果：要么法国在内斗中元气大损，从此在欧洲没了分量，用他们的话来讲，法国国土"成了地图上的大片白版"；要么法国原原本本地搬抄英国革命，尊崇1688年的英国准则——"最好的王带着最低的头衔"，把王权归到一个小小门目下。

所以，当看到我们大革命泰然高贵的面容时，当发现大革命没有参考英国的陈年皇历、就为人类贡献出了《人权宣言》时，英国大惊失色、呆若木鸡。世界的真正立法者向它宣和，并在三百万武装人民的拥护下，宣布退出战争、放弃争夺。

在理性的推动下，大革命的种子还飘到了英国本土。英国伟大演讲家福克斯（Fox），经济学家、信贷体系奠基者普莱斯（Richard Price），还有他们赫赫有名的化学家普里斯特利（Priestley），看到这第一场全人类、全世界的革命，这场想要终结一切战争、消融一切仇恨的革命，这场如我们有人所形容的"让各个民族在一截断剑边上彼此拥抱"的革命，他们从心底无不欢欣雀跃。

英国觉得这简直是忍无可忍。它疯狂地收集着陆风吹来的不利于我

---

① 塞缪尔·查理森（Samuel Richardson）1740年出版的一本书信体小说，当时在英国轰动一时、极为畅销。——译者注

们的指控，不加筛选地全盘接受。只要是和大革命有利害关系的当事人的证词，它都觉得无比宝贵、值得重视、不容置喙。没错，这些当事证人的确是法国人，但也是流亡贵族和投敌叛国者啊。然而正直的英国坐在陪审席上，将手放在胸口处，断定这群人就代表了法国的舆论。

令人深思的是，因为路易十四政治失策（掀起法荷战争），法国才让英国得到了海洋；因为孟德斯鸠这位天才，法国才把自己著名的宪法理论教给了英国人，让英国成为世界霸主；还是因为法国，在大革命时期把现成的笔杆子送给英国人，他们才拿到了攻击大革命的武器。

这段历史就像法国和法国的一场决斗。当时，只有它生机勃勃，只有它才是真正的世界中心。它把自己所有对手都扛在肩上，背着它们一起前进。法国的阿喀琉斯之踵就是：它平生未逢敌手，只能独孤求败。

我们的叛徒一个个在英国人耳边嘀嘀咕咕，指点他们该怎么攻击法国。卡洛纳、内克尔、杜穆里埃这些人曾被法国委以重任，而他们却利用自己对法国的了解，写下一本本从骨子里亲英反法的书。

但这三人并不是最大的祸害：卡洛纳素来为人所鄙，其话少有人信；另外两个人又遭无数人忌恨，他们的言论也没被广泛传播。

有一个人，他以实际行动孜孜不倦地反对大革命，对法国造成最大损害，让英国深信自己对法国的仇恨是合情合理的。他，便是（祖籍）爱尔兰的拉利-托伦达尔。

正因为受他启发，另一个爱尔兰人——伯克才构想出那本抨击大革命的书，朝一个国家狂喷仇恨侮辱之词，给欧洲的反法大合唱定下基调。这两个人起头，其他人跟唱。

别说我夸大了他们的影响力，别说就凭他们那华而不实的言辞、那沉不住气的性子，此二人还没有让欧洲改变心意的能耐。我的回答是：

这种人就是最好的演员，因为他们可以演得极其投入，因为他们大脑空无一物，可以不加思考地接受别人的想法、像宣传自己的思想一样不留余力地推崇它们。后来我们又碰到了奥康奈尔①，此人和他俩很像，都是一样的聒噪和无脑，说了许多向着英国、不利于爱尔兰的话，甚至呼吁爱尔兰人在滑铁卢展开屠杀。法国从此对爱尔兰没了好感，可它明明是可怜的爱尔兰日后得救的希望。

拉利擅长雄辩、心地善良、多愁善感、动辄哭哭啼啼，他每篇文章都是含着泪水写完的，手里成天拿着张手绢抹眼泪。其身世简直就像小说人物一样，极其跌宕起伏。拉利是爱情的结晶，不幸的拉利将军将他改名为特罗菲姆，请人把他秘密抚养长大。他知道亲生父母名字的那天，正是他的父亲处决之日。②当时尚还年轻的拉利上下奔走、替父申冤，赢得了世人的深切同情，连快去世了的伏尔泰都为他祝福。后来拉利进入三级议会，为第三等级和贵族少数派的联合立下汗马功劳。然而他也承认，就从那时开始，面对伟大的大革命运动，他恐惧了、慌乱了。从一开始，大革命就旗帜鲜明地摒弃了拉利信奉的一个双重标杆。可怜的拉利啊，他肯定是感性之人中最矛盾的那一个，居然幻想两个截然对立的东西——英国宪法体制和君主专制制度——能同时实现。他爱戴国王，却在两个要紧关头里好心帮倒忙，反害了路易十六。一次是在7月23日，他轻率地发表演讲，毁了国王争取民心极其宝贵的机会。另一次是在11月，当时米拉波想进入内阁替国王效劳，为人一贯和气的拉利却在此时写了一本书去攻击他。

---

① 丹尼尔·奥康奈尔（Daniel O'Connell，1775—1847年），19世纪上叶爱尔兰民族主义运动领导者，通常有"解放者"之称。——译者注
② 拉利的父亲是托马斯-亚瑟，拉利伯爵、托伦达尔男爵，一个祖籍爱尔兰的法国军官，因为1761年在蓬蒂谢里战败而被巴黎最高法院判处死刑。1766年5月9日行刑那天，拉利才通过翻阅文卷，发现此人正是自己的父亲。——译者注

拉利当时已经回到洛桑。10月里的那幕恐怖场景，深深刺激了拉利脆弱的神经。穆尼耶当时遭到人身威胁，也同时退出了议会。

这两人抽身离开，却给我们在欧洲制造了巨大的麻烦。在欧洲，穆尼耶被视为理性的代表人、大革命的密涅瓦①；因为他的出力，大革命在多菲内才如火如荼地发展起来；当大革命颁布第一道严肃法令——《网球场宣言》时，它的喉舌就是穆尼耶。而拉利，善良、感性的拉利，深得人心、尤受妇女喜爱的拉利，因为捍卫父亲的声誉而得到每个家庭支持的拉利，这位既是保皇派、又是人民派、曾希望由国王结束大革命的演讲家，是他在告诉世界：大革命已经无可挽回地走向毁灭，王权完了、自由完了……国王成了议会的俘虏，议会成了人民的囚徒。他身为法国人，居然认可了法国的敌人皮特说过的一句话："法国人只会阻挠自由。"这是在赤裸裸地嘲笑法国！这就是在说，从此英国就是唯一的世界楷模，三权平衡就是一切政治的精髓。拉利"和莱格古②、布莱克斯通③一道"，对英国的信条举双手支持。

拉利的文章虽然全是荒诞之词，但文采斐然、情文并茂、闳中肆外，又不失澎湃激情。可这又如何？他的每字每句都在控诉祖国，都在抹黑它的名声，甚至可以说是在向他的母亲捅刀子……没错，他耗费自己半生精力替父昭雪，却在后半生中行下大逆不道之事，犯下弑母之罪，意图谋杀他的母亲——法国。

拉利那封写给委托人的陈情书（1790年1月），第一个夸大了大革命的暴力程度。接下来，其他国家便都按着这个方向去歪曲大革命。几乎

---

① 罗马神话中的智慧女神。——译者注
② 莱格古（Lycurgue），传说中公元前8世纪的斯巴达的国王，同时也是一位著名立法者，采取了均分土地的方法以消除等级与党派对立。——译者注
③ 布莱克斯通（William Blackstone，1723—1780年），英国法学家。——译者注

所有写手都从他的文章中借鉴事例，甚至直接原封不动地搬抄。也就是从那时起，那些所谓的立宪派开始对法国发起最无公正可言的调查。他们一个省挨一个省地问领主和教士："你们遭遇了哪些不幸？"然后不经核实查对，也不传唤证人证据，就盖棺定论。人民——这个每次都遭牵连的受害者，已经吃了好几个世纪的苦了，在他们翻身反抗之日仍受着折磨。他们所谓的朋友把他们做下的所有坏事急匆匆地记下来，哪管它是真是假。他们听信了最不可信的那群人做的不利于人民的证词，将其通盘接受。

拉利走在最前头，担起了这场合唱的指挥者。他的指挥棒轻轻一挥，一首哀悼协奏曲就响了起来，为一切反法的人事哀号。他们为国王和贵族哀号，对他们无比同情，却从不想想那几百万也在受苦受难、也在生死线上挣扎的百姓。请告诉我，人是不是得出身于某个阶层、戴着某个徽章，才值得你们心生恻隐？我们还以为是人都配得上人的眼泪呢。

就这样，有人推起了同情的浪潮，去反对唯一一个想争取人类幸福的民族。同情成了战争的屠杀机器。这个世界越有同情心，就越是凶残。在拉利和其他哭号者的策动下，各国人民和国王组织了一支十字军，气势汹汹地朝法国扑了过来。四面楚歌、走投无路的法国，不得不将恐怖统治这头吃人的猛兽放了出来。人的同情居然造成毁天灭地、生灵涂炭的效果！同情者的眼泪聚成了河，战场上的鲜血却流成了海！

看吧！英国人正在窃喜呢。它带着伪善的笑，告诉那群最优秀、最感性的法国人，告诉那些真正的自由卫士：法国不配得到自由，法国人民轻率、暴力、意志软弱、容易走向犯罪；他们就是一群坏心眼的野孩子，要把自己够到的东西统统破坏乃至毁灭；要不是睿智的英国如碉堡一样守在那里，他们真能毁了这个世界。

在这桩公审案件中，被告大革命全面碾轧了原告英法联会。原告这边完全是一盘散沙，一锅粥。大革命却拿出许多不为人知的证据，证明敌人如何背信弃义，杜伊勒里宫、流亡贵族和外国之间如何私下勾结，叛徒在国内外如何达成协议，种种证据不一而足。这些人纷纷否认，指天发誓自己不曾做过这些事。清白如他们，居然都遭人怀疑和诽谤？简直上苍无眼！可到了1815年，这些抗议者又承认了当初的指控，还以此为荣。

是的，根据他们自己的证词，我们现在总算能够言辞确凿地说：内克尔、拉利这些人真傻、真无知啊，谎言终会被时间揭穿，可他们居然为谎言做担保。真是愚蠢！可除了愚蠢，还因为他们被腐化了：这些意志软弱、虚荣心十足的人被沮丧冲昏了头脑，被甜言蜜语和阿谀奉承、被法国敌人的致命友谊给腐蚀了。

人们以为大革命暴虐，实际上它却非常宽容。在巴黎的圣雅克街和阿尔普街，这些叛徒写的小册子还被印刷出来、四处张贴。其中有卡洛纳那本由宫廷出资、精心炮制出来的诽谤小册子，以及伯克那本狂热无比、充斥着谬辞邪说的书——此书论文字暴力程度，和马拉的报纸不相上下；论其造成的后果，几乎字字都在杀人诛心！

作者写这本书时老是忘记自己上一页讲过什么，不管不顾地在那里自言自语。这样一本文字狂热、思想矛盾的书，总让我想到米拉波-多诺①——他性子狂暴，最后闭着眼睛撞在一个被他逼得拔剑自卫的军官的剑上，自己把自己给害死了。

你无法想象这本书歇斯底里到了何种地步，作者每时每刻的滑稽相，令跳梁小丑看了都会自惭形秽。例如："我们英国人可不是博物

---

① 即米拉波的弟弟。——译者注

馆里那些被掏空腹脏、填充稻草、再缝合起来的鸟类标本，哪像它们那样，肚里就装了些稻草、破布，以及他们所谓的《人权宣言》的废纸边料。"或者："制宪议会里都是些农村来的检察官，这些人只会造出一部有争议的宪法，留下无数漏洞让人去钻……"

我曾经单纯地想，此书大抵还是有些言之有理的地方吧（现在想想，真为自己的天真感到羞愧）。但没有，此书通篇都是污蔑和矛盾之词。他说："政府是人智慧的结果。"在同一页里，他又说："人应当被限制在某个超脱于人的东西之下。"那这个东西是什么呢？天使？神灵？还是教皇？要不我们干脆回到最好的中世纪统治模式和圣迹政治学中去好了。

此书最有意思的地方，当数伯克对僧人的赞颂部分。一说起僧人，伯克可是满口颂词。在圣奥美尔耶稣会学校中长大的伯克（他为了进这个学校还改了宗），似乎现在对他的那些耶稣会士老师仍念念不忘。信奉新教的英国因为仇恨我们，对耶稣会士起了同情心。这么看来，大革命也算做了件好事。因为它，彼此仇恨了数个世纪的宿敌走到了一起，连皮特都去做祷告了。一说要去做晚祷，祈祷法国多流点血，英国人和僧人们就一起唱起圣诗来。

皮特接受了伯克的那本书，意图把海峡挖得更宽、更深，在两个民族之间造出一道永恒的鸿沟。

那时的英国，已对法国怀着一种毫无道理的本能的仇恨。也正是从那时开始，这种仇恨成了一个成功的系统性文化素材，在英国的土壤上蓬勃生长、开花结果了。

仇恨的地基已经打好。西斯蒙第①（他绝对谈不上反英，还和一个英国女人结了婚）读18世纪英国史时，清楚察觉到这个事实。英国人还不曾对外发起过战争，于是此时的他们尤其尚武好战。但无论如何，他们不会由自己挑起战争，更不会把战火引向国内。英国人自认为战无不胜，以隔岸观火的自私态度冷血地对待别人，而且一副挡我者死的狂暴、桀骜、愤怒的态度。这种仇恨只会使人进一步沉沦在仇恨中，只会使他们轻易被国内的富人要员所煽动、干出疯狂的事来。这个民族身上的美德，例如勤劳、严肃、认真，都被转化成恶习。他们有个大陆少有的品质，就是顽强②。正因为顽强，皮特、纳尔逊③和其他英国人才有所成就。但这个美德却转为骄恣，把他们变成了只知疯狂死咬、绝不松嘴的斗牛犬，却不知道自己咬的是什么。

看着他们这可怜样，我却没办法以怨报怨。不！我对他们没有仇恨，只有同情！我们的这个兄弟民族啊，这个走出了牛顿和莎士比亚的民族啊，你们竟然对我们两个民族的共同敌人——贵族信任有加、又敬又怕。贵族、乡绅、领主为诋毁另一个和你们有着相同追求的民族、朝你们灌了许多坏话，你们居然对此通盘接受、深信不疑。如此看来，叫人怎能不对你们心生怜悯？那些把你们踩在脚底的人，你们却偏信于他们。你们的偏听偏信让我们吃了无数苦头，更把你们给毁了。

啊！你们从不明白法国对你们的心！直到1790年5月，我们才有一位议员大胆地说英国是"我们的对手、我们的敌人"，而且此话立马引来议会一阵非议。法国由于不愿对英国朋友有所怀疑，一时糊涂、差点抛

---

① 西斯蒙第（Jean de Sismondi, 1773—1842年），瑞士一位历史学家、经济学家和政治散文家，经常出入斯塔尔夫人的沙龙。——译者注
② 原文为英语"doggedness"。——译者注
③ 纳尔逊（Horatio Nelson, 1758—1805年），英国18世纪末、19世纪初的著名海军将领及军事家。——译者注

弃了西班牙。

此事发生在1790年，也就是英国内阁和反对党正联手推出伯克那本书的时候。

这句话虽说得小心翼翼，却仍在英国引发了剧烈的反应。伦敦本成立了一些支持大革命思想的俱乐部，此事之后大部分都遭解散。连自由开明的斯坦侯普勋爵①，都从这些俱乐部的花名册中撤名（1790年11月）。某些人暗箱操纵，印了许多诽谤小册子，将其低价卖给英国人。读了这些文章之后，英国人民的想法发生了翻天覆地的改变。事情发展到最后，在1791年7月14日的伯明翰，当一小群英国人为纪念攻占巴士底狱而举办集会时，一群愤怒的暴民闯进普里斯特利的住宅，将其大肆洗劫一番。普里斯特利的家具、住宅和化学实验室悉数被毁。事后，这位化学家离开了这个薄情寡义的国家，前往美国，毕生再不曾回来。

英国人是这么对待法国朋友的。而同一年里，法国又是怎么对待英国人的呢？

1791年12月，雅各宾派（当时他们的主席是吉伦特派伊思纳尔②和拉索斯③）决定将法、英、美三国国旗挂在会厅中，把普莱斯、西德尼④和让-雅克、米拉波、马布里及富兰克林的塑像放在了一起。

人们还让一个英国人担任要职，选他为伦敦俱乐部代表。一封封真挚的祝贺信纷至沓来。人们以天为誓，永修于好。在这两个民族的大婚之日，若没有我们的母亲和妻子这些重要媒人来主婚，若不是她们把新

---

① 第三代斯坦侯普勋爵（Lord Stanhope, 1753—1816年），英国政治家、科学家，是小威廉·皮特的姐夫。——译者注
② 伊思纳尔（Maximin Isnard, 1755—1825年），法国政治家，国民公会成员，吉伦特派领导人。——译者注
③ 拉索斯（Marc David Lasource, 1763—1793年），吉伦特派领导人，曾担任国民公会主席，后被处死，死前在绞刑架上呼喊："我死之日，便是人民失去理性之日；汝死之日，便是人民复得理性之时！"——译者注
④ 这里指托马斯·唐申德，第一代西德尼子爵（Thomas Townshend, 1733—1800年），英国政治家，18世纪下半叶在内阁担任要职，悉尼便是为纪念他而以他为名。——译者注

郎新娘交到彼此手中，那这场婚礼将是不完美的。但她们来了，还送来一份自己亲手做的嫁妆——她们和女儿一道为英国人编织的三面国旗、一顶象征自由的弗里吉亚帽、一枚三色帽徽。这些东西和宪法、法国新版地图、法国大地的果实和一丛麦穗一起，装饰在婚礼的拱门上。

我们父辈的这份信任是神圣的！有人说他们轻信于人？不，他们这么信人是没错的，他们认为英国人民会理解人民利益的想法也是没错的。但他们没料到（这也正是他们值得赞扬的地方），活在仇恨和骄傲的镣铐下的英国人会被他们的贵族制度拴死在工业机器上，忙着赚钱，没完没了地赚钱，赚于他们无用的、光拿去收买德国和俄国的钱，慢慢走向毁灭。

骄傲的英国人民啊，你们可以不相信我的话，但总该知道自己本身起了什么变化吧？你们去检查对比一下，自己过去是什么样子，现在又成了什么样子？

你们在国内外干成了不少大事，可又得到什么结果呢？

你们可曾谋到大部分人的幸福？你们敢给出肯定的回答吗？

你们可曾取得小部分人的进步？你们中间可曾涌现出什么天才？

你们可再有什么深刻的思想？对此我深表怀疑。你们在理论方面止步不前，在艺术领域少有成就，只翻译了一些下三烂的法语作品。

在我看来，你们走上了一条与所罗门相反的路。他求得了思想和智慧①，你们则拥有了世界。可你们保住了这个世界吗？大英帝国！听起来多么大气的一个名字啊！但何为帝国？各民族的和谐之国，方为帝国。帝国不是一朝一夕之间建起来的，而是在必须的规模基础上用心、扎实地建起来的成果；如果它想绵延百世，征服者就更得广布恩德。伟大的

---

① 《列王纪》第三章记载，一个晚上所罗门向神求智慧，于是神把智慧、长寿、富贵都给他了。——译者注

古罗马帝国就通过这种方式将它的旗帜插满世界，它走到哪里，就把法律和道路通到哪里。然而威尼斯、葡萄牙和荷兰却没能有此建树。这些光焰万丈的小国虽然从零开始，做了一些大事，但它们终归还是少了一份取得如此成就的气魄。

我知道，你有它们没有的东西。你有三大支柱——农业、工业和海军。这些都是你的王牌，然而你却抓不稳。你走到哪里，都无法钩住脚下的土地（美国除外，但它建立时间不同，并有宗教影响的因素）。我看你足迹遍布全球，但你可曾在哪里扎根下来？没有。你走到哪里都以理性为傍身之物，它采摘、汲取着大地的汁液，却没有种下任何东西。你没有输出过任何精神理念，也不曾在何处栽种下什么东西。

例如印度，这个太阳照耀下最美的一个帝国，被你弄成什么样子了？你把它给毁了。你于它而言是个外物，是个吸完血就走的寄生虫。①你发现了它，这个商业和农业无不发达的美丽国家。可如今那里除了鸦片，还能再出口什么东西？

然而在所有英属国家中，苦难最深重的还是英国。

在这个国家中，银行家在笑，勋爵们也许也在笑，还有十几万英国蛀虫也在笑！是的，他们在笑。可是两千万人的英国却在哭泣。

一个如此勤劳上进的民族卧薪尝胆，咬紧牙关干了五十年苦活，却只换来了贫穷和饥饿。这真是前所未有之怪事。

1789年，伯克公开宣扬的一个观点在欧洲大为流行：英国在财产分

---

① 每个英国人去印度，都只为了衣锦而归。他们从不和印度人通婚。某个早上，这些英国人就悄悄溜走，留给印度的只有正在走下坡路的工业、商业、农业。这些个中细节，在一位很有名望的亲英派人物——瑞典人比约恩谢纳（译注：马格纳斯·弗雷德里克·费尔迪南·比约恩谢纳［Magnus Fredrik Ferdinand Björnstjerna］，1779—1847年，瑞典一位将军、作家、外交家和政治家，著有《东大不列颠帝国》）的书中都可看到。我想借此补充一句：本章中的所有内容，要么出自英国的调查研究，要么出自某些立场公正、有时甚至向着英国说话的书籍。例如，我的许多参考资料就出自列昂·弗歇尔（译注：Léon Faucher，1803—1854，法国记者、经济学家和政治家）的著作。——原注

配制上比法国更加公平。制宪议会中一位颇有学识的议员还说过:"大多数英国人都有自己的地产。"

此话也许略有夸张。不过,当时英国小地产者的确数量繁多、不可胜数。在英国,不大不小的普通农舍到处都是。我们在小说插图版画里也经常看到那种简陋却可爱的小房子,让人看了就不由得对英国心生好感。还有他们那平淡温馨、谨守道德、勤劳本分的小日子,全家人坐一起读《圣经》的场景,攀在矮门上的葡萄树和蔷薇,坐在门口织布的美丽姑娘,在她身边嬉笑打闹的稚童,这种场景叫人看了怎不动心?鲜花在吐蕊,人生在绽放。啊!很久以前,我在英国最保守的一些省份里还看到了这种景象,对此印象极深。我甚至一时忘了两国之间正在交战,为这里没有遭到入侵、这个静好的世界没有受到战争的惊扰而由衷地高兴(是的,我由衷地高兴)……当时,我甚至感激那片汪洋,因为它保护了这片土地!

我错了,说不定入侵反能拯救英国。

入侵至少可以逼迫英国悬崖勒马,让它在盲目冲下去之前、站在崖上好好想一想。入侵可以强迫贵族阶级给予人民一些东西,能松一松他们那蛮强的死脑筋。我只举一例,就能让读者理解此话的含义。英国贵族缴纳的地产税在1700年尚还占了公共捐税的六分之一,到1793年是九分之一,从1816年到1842年居然只占了二十四分之一!富人的税越来越少,穷人的税却越交越多,于是后者只好加倍干活。奇怪的是,即便在和平时期,贵族阶层也只给自己减税,却不给辛劳干活的英雄人民减掉一丝负荷。可正因为这些人拼死拼活地工作,英国才掏得出四百亿法郎来维持战争。

他们就因为仇恨、骄傲和愚蠢的勃豀相向,缴纳了一笔巨额税款!

去吧，约翰牛，继续比下去吧。你那么骄傲，是不会收手的。劳动吧，纳税吧，加大赌注吧，你这个执迷不悟的赌徒……

统治吧，大不列颠，统治吧！①劳动吧，咬紧牙关劳动吧！**统治吧，大不列颠！**②再多干一小时、两小时、四小时，别吃饭睡觉了，把时间都拿去干活吧。还有，我的朋友，再多借点钱，把你的妻子和孩子也搭进去吧，把你还没出生就负债累累的可怜的孩子也搭进去吧……统治吧，大不列颠！③想把法国缠死，先把你们所有人都累死吧！

唉！你这个冷血的可怜人啊，你被仇恨和轻鄙推着走，只因为听从了你的敌人、也就是我们的敌人的话。

我为我们敌国的不幸而流过沉痛的泪水！看到英国的珍宝、它的精神财富被耗到油尽灯枯的地步，教人如何能不为之一哭？我说的不是制造业这座堕落到以出卖灵魂为生、凡事到它手里都会被毒手摧折了的巨大的巴别塔，而是农村地区。当你在世上最富饶的土地上、田野里，看着那些在田间工作的劳动者形同叫花、麻履鹑衣的样子，看着他们穿着富人不要的旧衣服时；当你在路上碰到成群结队的孩子被贩卖或出租，看到一身脏兮兮的可怜的孩子被塞进敞车里、在收割季节里被人带着辗转在各个地方*去忙农活*、却只能拿着微薄的固定日薪时，你会觉得世上最揪心触目的事也莫过于此！

让孩子们来背负战争的负担，这是何其残忍的事！可英国就是这么做的。战争的重担从富人转移到穷人身上，从男人转移到女人身上，又从女人转移到孩子身上。孩子们积劳成瘵、被生存压垮，又怎可能活得下来？无数孩子的悲惨命运交织起来，整个社会因此透着一股死气。可

---

① 原文为英文。——译者注
② 原文为英文。——译者注
③ 原文为英文。——译者注

在这股死气之下，更隐藏着一个比社会的覆灭还要可怕的预言：一个种族的灭绝。

但人们不会拿出什么补救措施来的。英国不愿、也无力改变现状。它变革选举法、调控个人收入税①、推广自由贸易，但这些并不能改变什么；食品价格将被降低，但工资也会跟着缩水。

它不先改变精神风貌，又怎可能改变物质现实呢？英国上下的通病——魔鬼般的傲慢思想，并未在无穷的苦难中有所消阻，反成了一个深入骨髓的痼疾。②谁都不追求平等，大家一心只想跻身贵族阶层。民众精神竟麻木至此，想想真是可怕。

财富被进一步集中在越来越少的人手中，而所有劳动阶层却面临着工资越来越少、生活成本越来越高的现状。所以，他们的工作时间被拉长，本就短暂的闲暇时间被剥夺，让他们再没时间去接受精神上的熏陶，而这种熏陶却能让他们乘风直上，帮他们打开一条通往政治权力的路，让他们实现从权利到权力的转变。

无论英国发行了多少万册大部头，这于一个再不读书、再无暇读书、再不会读书的人民而言又有什么意义呢？唉！何况如今英国的许多书中都浸满了腐蚀性的溶液，偶尔有几本能振奋民心，但更多书籍是在扰乱民智、愚化人民。阅读？求知？学习？都是空话，笑话！

贵族阶级唯一希望的，就是这数百万正在咽气、其命运又会在他们

---

① 原文为英文"income-tax"。——译者注
② 不，英国人的内里从未曾改变。你去读读他们那位数一数二的作家——卡莱尔（译注：理查德·卡莱尔［Richard Carlile］，1790—1843年，英国编辑、激进作家）创建的报纸，就自会明白。他在讨论人物时，完全是在凭空臆想，根本不关心什么法律、什么思想本质、什么事情的前因后果。他的书也完全没有组织性可言：这是一本出自艺术家之手的书，但它绝不算是艺术作品。在卡莱尔看来，大革命就形同哈姆雷特去的那块墓地。他拾起里面的骸骨，放在手心掂量，脸上带着讥刺的苦笑：哦，这是一个疯子、一个小丑的头骨……其实他心里想的是："啊！可怜的约里克！"（译注：《哈姆雷特》第五幕第一场中，哈姆雷特在墓地中看到掘墓人挖出一个头颅，头颅主人便是国王跟前的小丑约里克）上帝在上，我绝对做不到将敌人的骸骨拿在手心漠然地把玩！虽然此刻我看似在大力抨击英国，但我最想对它说的是：是英国自己杀死了自己。——原注

孩子身上重演的人，能无声无息、安安静静地死去，不要惹什么乱子出来。事实上，英国人民从15世纪以后就再无士气可言，曾经他们为自己健壮的体格引以为豪，现在只觉得身心交瘁、一身疲惫。

确切地讲，我这里讨论的是制造业劳动群体。当然英国也不乏身强体壮、头脑聪慧的工人，可他们有两大弱势：第一，他们得不到任何外界的教育和启迪，本地教士视其为空气，十年前与其来往密切的激进党由于害怕，如今也疏远了他们、和保守党走到一起；第二，这些工人自身也缺乏干劲，如我方才所说，因为他们没有时间去阅读和思考。

英国人民之所以走向衰落，还有另一个值得深究的原因。曾经的英国不像大陆那样实现阶级和领域的分化，而这正是英国的优势所在。那时，贵族绅士①为了得到纯粹的养分和严酷的锻炼，故愿意去亲近劳动者，他们因此也变得更加强大。而劳动阶层深受《圣经》的熏染，对公共事务又十分在意，故和贵族也很亲近。今天，你在英国海军中依然可以发现一些一流的建船员、领航员和水兵。你会发现他们中也有许多触类旁通、发展全面平衡的人，这些人虽不像法国工程师那样可被称作专家，但他们有实践知识和劳动阶层的强壮体魄。然而，这点只在海军身上和高等工人身上才能看到。至于人数庞大得惊人、数量还在持续增长的广大工人阶层，则走上了其他道路。这个民族中曾涌现出一大批得到全面平衡发展的人，但现在这种人已经越来越少了。

劳动的过度分化固然让工人变得专业化，但这也意味着他被禁锢在某个狭小领域里，他的行动和技能都被孤立。他如同机器上的某个零件，一旦脱离整台机器就什么也做不了。他不再以完整的个体存在，而以人身上的某个部件存在。所有部件在运转中彼此啮合，方能达到总体

---

① 原文为英语"gentleman"。——译者注

的协调。慢慢地，一个奇怪、看上去很是可怜的阶层被创造出来。说它可怜，因为人们只需一瞥，就会发现这个阶层的肢体已被精细的分工弄残了。换言之，他们作为有个性的人，却被工业中某个微小的工种所奴役。这个种族从骨子里得了畸形病，他们再不是当初那个健美强大的不列颠种族，再不是过去的撒克逊人，只是一群面色苍白的纺织工、驼背鸡胸的打铁匠罢了。哪怕在打铁匠中，他们都是可怜的二等货色。

亚里士多德在《政治学》中谈论外表特征时，以自然主义者的冷漠口吻说："奴隶是丑陋的。"古代奴隶是因为背负重荷，才面目丑陋、身材佝偻、鸡胸驼背。但即便如此，由于他得做各种各样的工作，其体能尚可得到锻炼、保持一定的平衡发展。他虽是另一人的奴隶，但依然维持了人的身份。唉！可那些被束缚在某个狭隘的工业流程上、日复一日地做着同样工作的人呢？他们成了某个小制造品——例如一枚大头针、一根棉线——的奴隶……就算是造一枚小小的大头针，也分制造针头、针杆、针尖等不同部件。这么看来，连大头针都有多少个只会干一件事、其活动和思想全被局限在一个工序之中的奴隶啊！

这便是英国人和法国人最大的不同。

英国人成了人的一个部件。

这个部件也许是一个值得尊重、工作效率奇高的工人，可那又怎样？他依然只是一个部件而已。

无论他做什么，他都是不完整的，都依附于一个共同配合的行为、一台机器、一个物件而存在。这是物的生命，而不是人的生命。人，人的个性（刨除掉他自己表现和选择的自主关系），当如上帝般绝对存在。

英国社会不仅没有提供教育、赋予人天性之外的品质，反而剥夺了培养个人品质的土壤和基质：人的完整的存在。

法国社会却恰恰相反，它巩固了国人基本的统一体。虽然经历了精神和其他方面的一场场浩劫，但它一直赋予、提升、强调了国人作为人的完整身份。①

法国农民既是士兵、又是小地产者，同时还有其他身份，他们越来越有人的品格。

如今，这两支民族不得不背上加倍的沉疴，被命运推着去死干和死战一番。我多想能提前获知结局啊。自一脚踏进这片苦海之后，它便是我随身携带的临终圣餐；我逾山越海、风尘仆仆，一路可以不停拿它来给自己打气；这样，我方有更多力气潜行于无边的苦海，去讲述无数沥血的悲歌。

我在此无意比较两类劳动、工业、战争的高低，也无意衡量抛洒汗水和抛洒鲜血谁更加高尚。不，我不会去比较什么。双方都无畏地战斗过、无悔地劳作过。这两支民族都是伟大的。

我只提一点。当纷繁诸事落幕之后，当淋漓的鲜血和滚烫的热泪终被风干时，这也许是留在上帝天平上的唯一的东西。

那便是：法国的仇恨更少。

正因如此，法国人方能保持住人应当有的面貌。

我说的人，是完整的人，而不是如英国人那样，在僵守规则、保守排外的思想影响下，在英国工业特有的极度细化的分工制度中，被专业

---

① 我在《论人民》一书中更加详细地阐释了这个观点。我们有工业的坏疽，这点没错。但感谢上帝，这个坏疽只是小面积的。法国有着非常坚实、非常强大的农业基础。制造业中出现的人的退化现象，只在法国四五个省的部分地区才有出现。我们完全没想到要采取什么夸张的保护手段去推广制造业，因为后者虽有所回报，却以种族毁灭为代价。若一个国家的财富资本得到增长，然而人（也就是这个国家）的资本却遭到损害，这又算什么划算买卖呢？想象一下，如果一支民族忽略自己的内核，只去发展一些表面的、次要的东西，那会变成什么样子？我不知道这支民族能否富裕起来；但我知道，假以时日，它会再无人可用，至少再无真正意义上的人可用。政治经济学有一个不曾被人提起的要点：它迟早得建立在自己的真正基础上。发财不是它的目的。财富本身是次要的，而且如果一个国家看得更远，反能赚得更多钱财。政治经济学乃至整个政治学的目标，是造人，即造出智慧、善良、勇敢、强健的人。而这，才是最大的财富。我们固然应当鼓励发展工业，但不能让它比重失调。工厂主想的是产品，但国家看重的是生产者。从教育意义上来看待工业、看它对改造民族是好是坏，这才是一个国家应当考虑的。——原注

化和残缺化了的人。

在工种细化和专业化后的一段时期里，英国在世界上遥遥领先（这也不足为奇）。英国人既专业，又易服从全局。他们少有心灵的默契，但要动脑和动手时却配合十足。他们一路领先，却不是以人的身份，而是以物的身份。他们能干、效率极高，仿佛一件极好用的工具。

人和工具、机器竞赛，那自是比不过的。若让人去从事一项非常专业的工作（工具就是为此被制造出来的），他一身多才多艺的本事反会于他不利、拖他后腿，把他的一部分努力给抵消了。

但一件会呼吸的工具不会分心。它只管走自己的路，没有梦想，工作到死。这么一件全速运转、保持高度亢奋的工具，这么一件被过度投喂、被人狠灌一番的工具，这么一件其目的就是不知疲倦、愣头愣脑地执行它收到的任务、实现他人的思想的工具，真是让人叹为观止！

这种人机一体的生物肯定会讨得所有工厂主和企业主的欢心。但愿法国人永远别在这方面去和英国人一争高下。法国人是人，所以他才不讨人喜欢；凡是那些能让他在政坛和战场上大放异彩的优质品质，在这里都成了缺点。

你想亲眼去看一个通过赤裸真相使你彻底顿悟的场景吗？那我们去看看在一个不太需要专业人士的工作——修建铁路的土方工程中，英国人和法国人各自的表现吧。

英国人因为享有更好的饮食和工资待遇，干起活来能抛却杂念，一心只想着工作。该干活时他们就卖力干活，该休息时他们就死躺着睡觉。到了星期天，他们就放下一切，甚至一扫平日的样子，用杜松子酒把自己灌得酩酊大醉。你若在放假的时候去工地周围走一走，会发现脚下全是醉倒在地的英国人。

法国人普遍工资不高，伙食糟糕，休息得也不够。但如我们在前文讲过的那样，他们照常侃大山，甚至还笑得出来。休息时，他们依然走动走动、玩玩闹闹。干活时他偶尔会停下手里的活儿，还经常分神，不知思考着什么……在这个尘土飞扬的环境中，他照旧分神，在自己思想的国度里尽情翱翔。

　　啊！他总有可思考的地方！他翻着法国的大地，就等于翻着法国的历史。这段历史沉睡在大地中，但总通过他苏醒过来。你怎能叫法国人别再幻想了呢？在使十字镐的时候，他仍记得自己的父亲是使剑的。他那身破破烂烂的衣服底下珍藏着父辈的记忆，珍藏着马伦哥和奥斯特里茨①的旧肩章。他就是个贵族，你能拿他怎样？别想着贬低他、打压他，没用的。即便可怜的法国人如今落魄了，但他的心却仿似一座荒芜了的大庄园，总有两个幽灵时常出没其中——一个是大革命的英灵，另一个是拿破仑虎狼之师的亡魂。

　　英国人不会分神，这点我确信不疑，他是个优秀的工人。不过他又能分神去想什么呢？他的父亲一辈子卖命工作，他又在曼彻斯特的棉纺厂、伍尔弗汉普顿的锻造工场中挥汗如雨。除了工作，除了他那勤勤恳恳、值得称赞的高产的一生，他本身有什么东西能让他回忆一下吗？他唯一能回忆的就是自己的双手，可这双手不曾造出任何一件完整的产品。他只是一枚简单的齿轮，某台生产机器上一个无足轻重的组件罢了，而且他根本不知道产品的全貌或用途。他是人的一个部件，也只能造出物的一个部件。最后他死了，但他真的活过吗？

　　他的孩子也好不到哪里去。作为一个祖祖辈辈从骨子里已被专业化了的种族后代，他人格上于职业无用的才能全被斩除，从此再不会干预

---

① 拿破仑取得两场大捷的战斗地点。——译者注

和扰乱他的心了。他的个性越被剪灭，他的活就干得越好。筑巢的蜜蜂、狩猎的猎犬，不都是这样的吗？

但若遇到突发情况，到了人必须要有人的样子，必须思考、行动、做决定的时候，你就能看到英法民族之间的区别了。那时，英国人就呆滞了，而且他又能怎么办呢？这根本就不在他的工作范畴之内。谁若见过两国士兵在战场、军营、物资储备处的表现，就自会明了我所言何意。英国士兵都很专业，说白了，他们就是军队里被好生供养着、拿着可观军饷的工人罢了。他们就跟工人一样，被打造得比其他国家的士兵（例如法国士兵）更适合军人这个职业而已。

把两个截然不同的民族弄到一起工作，由此分个高低，这本身就是极不公平的事。英国人接受了超强而又狭窄的专业化训练，自然胜过我们一截；可要论人的存在，他们却不如法国人。

判定法国人不如一个不太懂我们的语言、连向它解释和抱怨都行不通的民族，这种事不仅荒唐、更是残忍。

让一个节制的人（至少相对来讲算是节制），受一个被杜松子酒灌得昏头昏脑的物的领导（而且许多这类物从没醒过酒来），这种事简直是蔑伦悖理。

让法国人在法国都要屈服于英国人的统治，让拿破仑大军的后人屈服于一个其祖辈只会纺棉或做些小物件的奴隶，这更是亵渎，十足的亵渎！

制止对法国的这种侮辱，这便是公共机关最神圣的职责。物质利益、贸易自由这些漂亮话，在这里都不管用。如果我们只能屈辱地活着，那你们的铁路对我们有何意义？有人说，外国带来了资金。但如果这以出卖国家荣誉为代价呢？

许多东西的重要性，是任何物质损失都无法比拟的。是的，精神不可陷落，心灵不可失守，内心不可沦丧。否则长此以往，人们会变得越来越麻木不仁，开始看重一切身外之物，并习惯性地贬低自我。谁若把我们推到这条路上，他将是千古罪人。将一座堡垒或门户拱手让出是叛国大罪，可这都比不上将法国的灵魂拱手让出的重罪！

这颗灵魂的价值，是谁也估不出来的！它不只是民族之魂，更是生命之源。虽然我们历尽苦难，尽管欧洲有了衰退的趋势，但只要它在，万物就能重新吐芽。

陈腐的南法地区还在幻想什么天主教自由。德国人已在泛化中变得殆烦，英国人已在实践规定中走向狭隘。德国人成了一个程式，英国人成了一件器具。

而我们却能对法国人说：你依然保持了人的品格！

第4章

南锡大屠杀（1790年8月31日）

教士和英国引诱着法国——保皇派和立宪派串通起来——资产阶级的头领拉法耶特是个亲英美者——军队骚动——军官和士兵的愤怒——夏多维耶的沃州军团遭受迫害——拉法耶特弄清议会和雅各宾派的立场，与布耶达成协定，令他采取果断措施——有人煽动起了士兵（1790年8月26日）——布耶朝南锡进军，拒绝一切和谈，导致战斗发生（8月30日）——被放弃的沃州士兵遭到屠杀，幸存者要么被处决，要么被送去做苦役——国王和议会对布耶表示感谢——路斯塔洛去世（9月）

"哪怕英国佬①比现在多上十万，他们也休想染指祖国。"奥尔良少女这句铿锵有力的回答，正是法国的肺腑之言。它永远知道，谁是自己世代的宿敌。

法国在大革命时期明智地把另一个名字也加进了敌人名单，那就是教士。

你在街上随便拦下一个人，哪怕他大字不识、见识浅薄，对历史所知甚少，甚至一无所知，可一旦被问起谁是国家一直以来的祸害，他会毫不犹豫地用一

---

① 原文此处用的是"Goddams"这个贬义词，现已不再使用。英法百年战争期间，法国人用它来称呼英国士兵，因为后者常用"God damn"这句渎神的话当口头禅来表示愤怒或惊讶。——译者注

句粗话回答：*是天杀的天主教教士和英国佬！*

该时期里一些比人民群众高上一等的大人物，听了这话会耸耸肩膀，说："这是成见，是抱残守缺的大众偏见。"没错，这个观点是陈腐的，却也是新的、正确的。我们若只做浅尝辄止的历史研究，自会唾弃这种观点；但研究得越是深入，就越会觉得它在理。它有整段历史为依据。

我已花了许多笔墨阐述这个观点，这里便不再重复。树立了这个观点后，我们面前许多难题就迎刃而解了。我们两个敌人为了反对法国而煽动起了各自的人民，我们却不同于他们，绝不会把无辜的民众拖进仇恨中来。

我们的大革命和其他革命一样，最大的阻碍就是自私和恐惧。但我们革命还有一个该历史时期特有的阻力，那就是仇恨。因为仇恨，有人才如复仇女神一样踏遍世间各地、死死追着教士和英国人不放。

仇恨在战争期间导致生灵涂炭，在和平时期更是掀起腥风血雨，在友谊的花朵下藏下杀人的匕首。我们今天不依然还品尝着仇恨的滋味吗？

于我们而言，教士和英国不仅意味着迫害，更代表了诱惑，而且后者更具摧毁性。

教士把中世纪的罂粟种子撒在了单纯轻信的群众——妇女和农民心中，让它带来了纷争、冲突和祸心。资产阶级则吞下了英国送来的鸦片，就着它一起服下的还有他们自己添的许多自私主义的配剂，诸如对安逸尊荣的生活以及不费力气的自由的追求。这种自由产生于一个机械的、灵魂在其中无足轻重的政治平衡体系，一个如孟德斯鸠所说的无关道德的君主制度。它所做的就是无改良的保障，尤其是对自私主义的保障。

这就是诱惑之处。

说起迫害，这整部历史都是一段迫害史。迫害始于在海峡两岸传开的诽谤小册子，始于那些如皮疹一样大面积爆发的谎言谬论；然后，在另一类同样可怕的谎言——虚假的货币和指券以骇人之势广泛发行起来以后，迫害立马就得延续。这不算什么秘密。在伯明翰，流言都是明火执仗地制造出来的。

这一堆由谎言、诽谤和荒谬指控组成的谎言，如同夏天顺风飞来的黑压压的一大群飞蝗一样污秽不堪。最初，它们用尖牙死死叮住大革命的肋部，使其暴躁狂怒；然后再玩弄遮天蔽日的把戏，将光明完全罩进黑暗中，把许多自以为慧眼如炬的人变作盲人，让他们在正午里也只能摸索前行。

先前没有理念、感性用事、冲动行事的心志不坚者，此时都迷失了方向，开始自问："我们是在哪里？又要去往哪里？"由于主顾们纷纷流亡，作坊主们开始质疑起了这场革命。循规蹈矩、素来大门不出，二门不迈的资产者，如今分分钟都被隆隆鼓声逼得离开自家小屋，他们也疲乏了、厌倦了、恼怒了、"想结束了"。在这点上，他们和路易十六倒是十足相似——在万不得已的情况下，路易十六宁肯牺牲自己的利益和王位，也不愿意放弃旧时的习惯。

由于恼怒，由于想不计代价地重得安宁生活，资产阶级越走越偏。资产阶级的头领拉法耶特，甚至对局势产生了致命性的误解，因此对后来一系列事情起到了不可估量的影响。

人先前的想法、成见和原来的阶级习惯，是不可能轻易被摒弃的。在最初的大革命浪潮中，拉法耶特有时也能超越自我，但后来他又慢慢回到了拉法耶特侯爵的身份。他想讨得王后欢心、助她重掌势力，也想取悦自己的夫人（这点尽人皆知）。拉法耶特夫人是个好女人，却也是个虔诚守旧的天主教徒，成天就待在教堂里听她那个没有宣誓的教士做弥撒。除去家人，拉法耶特身边的亲戚也是清一色的贵族出身，例如表兄布耶。他的朋友都是大领主，还有他的参谋部，一半来自古老贵族大家、一半是资产阶级新晋贵族。拉法耶特看似不近人情、心坚如铁，但被反革命派包围着的他也被笼络了，在耳濡目染中改变了思想。可换作另一个比他更有意志的人，也招架不住这种绕指柔的攻势。在联盟节的战神广场上，当现场气氛达到高潮时，一群久仰拉法耶特大名的勇士终于有幸见到了他，结果却上演了这么可笑的一幕：他们用文字表达自己的仰慕之情也就算了，居然还去吻他的手和脚。

如果拉法耶特是神，那他就是最感情用事、最易被激怒的神，何况他又处在一个狂风怒号的时代。那时清浊同流，暴力事件频频发生。糜沸蚁动之下，神只好转而当起了治安长、警察官。有一次，由于一个人没有服从自己的命令，他亲手将其逮捕、关进大牢。

在严酷的考验中鼓舞和支撑拉法耶特走下去的，是一个伟大至上的当权机构——华盛顿政府，然而后者完全没有帮到拉法耶特。众所周知，华盛顿是一党之首，他的党派要捍卫的是美国政府的统一。而反对党领导人杰斐逊对我们的大革命表示大力支持。华盛顿对此态度谨慎，却向拉法耶特透露出希望他能制止大革命的想法。美国人虽然受过法国的恩情，却担心跟着法国走会让英美关系过僵，故想着：他们如要报恩，最好还是报恩于少数几个人。这少数几个人，便是拉法耶特和路易十六。在不怎么了解法国内情的前提下，许多美国人就拥护国王、反对法国。此外，他们又被另一件事伤了心——法国议会曾就烟、油方面的贸易做了一个决议，这只是我们的无心之举，它却损害了美国人的商业利益。

虽然一牵涉到利益问题，美国人就坚决反英，可他们在思想意识上却是亲英的。英国文学一直在他们的文坛上占据主流。英国人向我们发起的那场杀人不见血的印刷品之战影响了美国人，而美国人又反过来影响了拉法耶特。至少，他们不支持拉法耶特关于共和制的初步构想。他只得退而求其次，推迟实现这个远大理想，暂时接受了英国人的理念，接受了杂合了英美两国观点的折中思想。拉法耶特的思想是美式的，接触的文化却是英式的，连他的外表神态都和英国人有相似之处。

为了这条权宜之下的亲英路线，为了拉法耶特自己声称最多只维持二十年的民主君权制度（或是**君权民主制度**），他干了一件具有决定性意义的事。该举看似阻止了大革命，实则加快了革命的步伐。

我们回头继续讲述历史。

自1790年冬天开始，军队就被拉扯在爱国社团和宫廷之间。此外如人所见的那样，军官还在挑唆士兵，说他们遭到了国民议会的侮辱。

2月，议会将每个士兵的军饷增加了几锊。直到5月，这次增加军饷的决议依然没给士兵带来任何实质性的好处；除了让士兵多分到一点儿面包屑之外，它完全没有其他任何意义。

许诺的事情一拖再拖、没个结果，于是士兵觉得自己上当了。他们一直都在控诉军官耍诈，因为他们从不曾公开过军队账目。不过说到底，军官都是群一看到账簿就头疼的粗人，根本不会记账。在最后几年，旧制度行政体系下的军队几乎都没有账本。以杜沙特莱上校所在的国王禁卫军为例，杜沙特莱既要记账、又得查账，可是他两边都不管事。

布耶说过："士兵组成委员会、选出代表，到上级跟前表达诉求，一开始他们表现得十分温和克制……他们的要求很合理，也很正当。"可他又说，后来士兵们的要求变得不合理，甚至过分起来。可就凭一本乱七八糟、谁也算不出个结果来的账簿，他又能了解到什么内情呢？

贵族军官被控诉成骗子的这场离奇之争，主要发生在布雷斯特和南锡。

军官群起而动,以尖锐粗暴的方式做出回应。他们觉得自己在军中地位尊贵、剑术高超,在士兵和士兵的朋友——资产阶级面前一副趾高气扬的样子。他们不屑与士兵互殴,便雇来擅长格斗的剑士去对付他们。这些人出手毒辣,只给士兵两个选择:要么引颈就死,要么乖乖服软、在鼻子上留疤以示耻辱。梅斯就有这么一号人,被军官乔装打扮后,按人头收佣金。此人打扮成国民自卫军或资产者的样子,专在夜间出没,侮辱、打伤甚至杀害士兵。谁若拒绝接住他那把一出鞘必会沾血的剑,第二天一早他的名字就会在大街小巷传开,成为人们茶余饭后的笑柄。

士兵们终于抓住了这个恶棍,使其招供,让他指认有哪些军官助他伪装身份。最后人们也没为难他,只给他戴了顶弗里吉亚纸帽,赶走了事。此人的名字是伊斯卡利奥特(Iscariote)。

事迹败露后,涉事军官纷纷离开法国,和其他许多流亡贵族一样加入了奥地利指挥之下的军队,朝布拉班特挺进。

大家终于按血缘关系分了家:士兵和人民走在一起,军官和外国站在一块儿。

联盟期间,这种分裂更是展现得淋漓尽致:每次联盟节中,军官从不现身。

当人们要军官宣誓时,他们就真相毕露了。由于议会施压,他们才磨磨蹭蹭、不情不愿地发下誓言,许多军官还一副敷衍了事的态度。士兵本就仇视长官,如今见他们这个模样,心中又添了一份鄙夷。他们这么做,只会让别人轻贱了自己。

这是军队的内患。而与此同时,外忧也近了。7月,一则消息让法国炸开了锅:国王决定借道给奥地利人,让他们经由法国前往尼德兰镇压革命。奥地利到底是借道？还是逗留？谁知道奥地利人会不会半道停下来？谁知道利奥波德这个大舅子会不会友好地借住在梅济耶尔①或济韦②？阿登人民完全不信任他们那支军心涣散的军队，也不信任军队统帅布耶，于是奋起自卫。在得知国民议会拒绝借道后，三万国民自卫军出动，直朝奥军挺进。

恰恰相反，军官听到外国军队快要过来的消息后，在士兵面前毫不掩饰自己的兴奋之情。有人问奥地利人是不是真的会来，一个军官回答："没错，他们要来了，而且是为惩罚你们而来。"

决斗事件仍在持续，而且数量大增。很明显，有人想借此清理军队（里尔就是如此）。军队之间的纠纷和无意义的对立情绪被人利用起来制造事端，许多时候人们都搞不懂争斗是缘何而起。有一次在南锡，一场一千五百人对一千五百人的格斗一触即发，幸亏一个士兵跳到中间、竭力让双方消解误会，才让他们把剑收回鞘中。

大敌当前之际，军官却强行让士兵们一群群地退伍。大批士兵被遣返，而且是以一种极其侮辱人的方式——他们是拿着黄色退伍信离开的③。

这就是军队当前的状况。此时，国王禁卫军和其他两支部队（梅斯特雷队和一支瑞士的夏多维耶兵团）正一道驻守南锡。禁卫军大着胆子向军官讨要军队账目，最后还把所欠军饷拿到手了。这无疑鼓舞了夏多维耶兵团。8月5日，该兵团派了两名士兵去国王禁卫军，向他们讨教如何追查军队账目、获得补偿。可怜的瑞士人还以为自己跟法国人没什么不同，法国士兵能做的，他们也可以做。可很快他们就知道了一个残酷

---

① 法国阿登省的省会，离比利时很近。——译者注
② 阿登省的一个市乡。——译者注
③ 根据法国旧制度时期的军队规定，只有遭到降级或其他军队惩处的士兵在退伍时才拿黄色退伍信。——译者注

的事实：他们是瑞士人，而不是法国人。根据让步协议①规定，瑞士军官就是军中的最高法官，手握生杀予夺之大权。他们既是军官，又是法官、领主和主宰者。有些军官是伯尔尼和弗里堡上城区的贵族出身，另外一些是来自沃州和其他附庸地的封建领主。伯尔尼贵族瞧不起沃州领主，沃州领主则把怒气撒到他们的仆从身上。他们觉得士兵此举简直是犯上作乱、罪大恶极，因为在他们眼里，士兵就是自己的附庸和仆人，只配被严厉地鞭笞责罚。那两位士兵被当众处以鞭刑，生生挨了一顿抽。法国军官看在眼里，心里好生羡慕，对瑞士军官这种惨无人道的暴行大加称赞。

他们没有想过自己的军队对此事作何感想。法国军营里群情激愤，鞭子落在瑞士人身上，也抽在法国士兵的心中。

无论对法国还是对法国军队来说，夏多维耶军团都是我们的朋友。1789年7月14日，当巴黎人要去荣军院夺取武器的时候，驻扎在战神广场上的夏多维耶军团宣布绝不向人民开枪。正因为它抗命不从，贝森瓦才被束住手脚，巴黎才得以解黏去缚、走向巴士底狱。

不要惊讶。夏多维耶军团里大多数士兵并非来自瑞士的日耳曼地区，而是沃州、洛桑、日内瓦的农民。世上还有谁比他们更亲近法国呢？

沃州人、日内瓦人和萨瓦人，我们给了你们加尔文，你们则给了我们卢梭。这就是我们之间的精神纽带的永恒标志。在我们奋起反抗的第一天早晨，在那个谁都无法预料自由能否取得胜利的乱局中，你们却高声宣布是我们的兄弟。

---

① 法国和瑞士从1453年起就签订有让步协议，即法王和瑞士各州之间存在军队移交协约，瑞士军队可被法王征调。——译者注

法国人把受到鞭刑的那两个瑞士士兵强抢过来，替他们换上自己的衣服、戴上弗里吉亚帽，带着他们绕城游行以示抗议，逼迫瑞士军官给他们每人一百路易的赔偿。

最开始爆发骚乱，是因为人们有着一颗仁慈、公平和爱国的心。然而军官在威胁之下不得不掏钱息事宁人之后，更多的暴力事件发生了。

军官没有依照规定将军队钱财放在兵营，而将其交给国库财务官保管，还放言让骑警队保护这笔钱、防止暴徒来抢。士兵们也针锋相对，说军官可能会把钱卷到敌人那里。他们把钱柜搬回了兵营。钱柜几乎空空如也。于是又开始了新一轮的控诉。根据所欠军饷的数目，法国士兵拿到了钱，将其分给了瑞士人、法国人乃至整城的穷苦百姓。

根据南锡国民自卫军向议会做的证词，军队的这场狂欢还没上升到严重骚乱的地步，可其中依然有些东西值得警惕。很明显，当前的局势需要一剂猛药来医治了。

但无论议会还是拉法耶特，都没意识到他们该做什么。

他们一开始就应当清楚认识到，非常时期当用非常之法。军队已不是军队，成了两个彼此仇视的种族——贵族和非贵族阶层——的恶战之地。非贵族阶层，也就是士兵，觉得自己通过大革命赢得了胜利，人们是为了他们才发起大革命的。可如今胜者还要继续服从败者，还要受着败者的侮辱，这简直是滑天下之大稽。而且许多军官已经投敌，留下的也在拖延时间、拒绝宣誓。军队能老老实实地听命于敌人的朋友？想想也不太可能。

只有米拉波提出了正确且可行的建议：解散军队，将其重组。两边的斗争尚未发展到白热化程度，眼下做这项工作还不迟。然而有个大麻烦：当时的掌权机关，以及米拉波本人、拉法耶特、拉梅特兄弟等所有贵族革命派，几乎只将贵族任命为军官。他们依然抱着传统陈见，偏向贵族：他们从不认为底层阶级有什么军事思想才干，也绝没想到真正的贵族就藏在人民中间。

正是拉法耶特，通过他的朋友——议员伊梅里①，督促议会错误地采取以暴制暴的办法去压制军队。他不去当审判官，反去做当事人。为的是哪边呢？为的是反革命这边。

8月6日，拉法耶特听从了伊梅里的提议，通过议会颁发法令。法令规定：为核查军官手上的账目，国王将从军官中挑出一部分人当查账员；至于那些以有损名誉的方式退伍的士兵，其处分将按从前的程序复审，也就是说由军官负责复审工作；士兵可向国王——也就是军官出身的部长，抑或向议会提出上诉；议会纵然公务繁复，也愿意去当士兵的审判官。

这道法令完全只是一件被人精心操控的武器，好迅速采取镇压手段。法令6日制出，7日得到国王批准。8日拉法耶特就给布耶写信，告知他被选为**镇压军队哗变的负责人**。布耶多次强调"镇压"一词，称它为自己的行动依据。②

拉法耶特并非滥杀无辜之人。可这里我们不是要对他为人如何评头论足，我们想批评的是他的脑子。

他以为只要采取这一必须为之的雷霆手段，就能达到一劳永逸、拨乱反正的效果；以为秩序被恢复之后，宪法重器——**君权民主制**最终也能建立和运作起来。这是他的心血所在，所以拉法耶特才会如此捍卫它，就像作家出于尊严而去捍卫自己的作品一样。

---

① 伊梅里（Jean-Louis Emmery，1742—1823年），法国政治家，曾两次担任制宪议会主席。——译者注
② 请看《拉法耶特回忆录》1790年8月18日的信，第三卷，p.135. 法国和瑞士的历史学家普遍忽略，甚至曲解了夏多维耶事件，对此我深感遗憾。——原注

这个大大有利于制宪政府的行动，其执行者却是宪法的敌人——布耶，一个想尽办法拖延时间以逃避宣誓的人，一个对宪法深恶痛绝的人，一个近来为士兵居然敢不听从自己命令、敢逼自己还了他们本就该得的一部分军饷而深感恼火的人。为什么不稳妥起见，起用另一个冷静沉着、公正不倚的人来担此重任呢？难道当局就不担心布耶会借此做私人的泄愤？

布耶本人亲口说过，他的秘密计划是：任由大部分士兵闹下去，但某些队伍尤其是外国军团则不行，得用铁血手段单独规整一下它们。显然，这一招可以起到杀鸡儆猴的效果。

为了让这些人乖乖效命、同时免去自己的麻烦，拉法耶特直接给雅各宾派写了一封信，吓唬他们的领导人，说未来也许会发生大规模的军事哗变。有意思的是，从前派出密使、处心积虑要把士兵煽动起来的雅各宾派议员，如今在国民议会中却站在了士兵的对立阵营。于是，所有镇压法令被**全票**通过。

宫廷甚至铤而走险，把从瑞士到桑布勒①所有东线军队的指挥权都交给了布耶。可实际上，这些军队似乎不太靠得住。布耶不太信任日耳曼和瑞士的二十个步兵队，但他还有二十七个日耳曼轻骑兵连和三十三个法国骑兵连可用。此外，当局还发下命令，要求所有行政机构，尤其是国民自卫军全力帮助和配合布耶的工作。为了确保万无一失，拉法耶特给这些国民自卫军*友好地*写了封信，并派去了自己的两个副官。其中一个的职责是辅佐布耶，另一个则负责一边麻痹南锡驻军、一边集合国民自卫军去对付他们。

布耶本人解释了他的作战计划，根据他的坦白，我们可以窥探到许

---

① 法国和比利时之间的一条河，是默兹河的支流。——译者注

多东西："他想通过蒙梅迪①，去稳固自己和卢森堡及国外的联系。"

拉法耶特在8月4日给布耶写了一封信，信中说，当局特地从贝桑松派去一个叫马尔塞纳（Malseigne）的军官，让他到南锡去督查账本。这次的来者绝非善茬。马尔塞纳素有"军中第一勇士"之称，其人胆识过人，剑术也是一流，可性格狂躁易怒、喜好生事。让这样一个人去当督查官，真是奇了怪了！大家都在猜，说不定他是特地被雇来挑事的。而且此次他独自前来，似乎意在表达他把士兵多不放在眼里。

士兵给国民议会写了一封信，可信在半路被拦截下来。他们派人送出第二封信，然而信使刚到巴黎，就连同信件一起被拉法耶特派来的人给扣下了。

此外，有人还来到议会会厅，给议会读了南锡市政厅对士兵的控诉信。可是，这个市政厅根本就唯军官马首是瞻。伊梅里还信誓旦旦地说：（8月5日、6日的）夏多维耶事件，就发生在颁布国民议会法令之后（可该法令在6日方才制定出来）。若不看夏多维耶事件的具体发生时间，我们还真以为士兵违抗法令了，可事实根本不是如此。南锡当时完全不知道此法令的事，因为同日里议会才在巴黎把它制定出来。梅斯也发生了一次士兵骚乱事件，时间远早于8月6日，但它也被解读成对6日法令的侵犯行为。

如此混淆事实之后，这些人从议会那里拿到了一则言辞偏激、大有要将士兵定罪之势的法令。法令规定：士兵必须向其上级承认错误、表示悔改，如果上级要求，他们还得写认罪书。可这么做，就相当于把不利于士兵的证据交到他们对手手中。该法令被全票通过，没人有任何异议。伊梅里说："形势不等人啊，已到火烧眉毛的时候；若稍有迟缓，

---

① 默兹省下的一个自治市乡。——译者注

就会祸害无穷。"

26日，有法令傍身的马尔塞纳抵达南锡。其实南锡当时已经恢复秩序，可马尔塞纳又来惹是生非、引发混乱。他不核查事实，反倒出手伤人。马尔塞纳不老老实实待在市政厅，跑到瑞士兵的驻防街区，对瑞士长官向士兵承诺的公义一概不认。"审判我们吧！"士兵们对他吼道。他想出去，但人们拦着不让他走。于是他往后退了几步，拔剑伤了好些人。自己的佩剑折断后，马尔塞纳抢来另一把剑，穿过愤怒但仍未动他分毫的人群，大摇大摆地离开了。

他们达成所愿，制造了一次完美的挑衅，把士兵的一切行为都曲解为对议会法令的冒犯和藐视。瑞士士兵最受牵连。为了让他们罪加一等，布耶还令其撤离南锡。撤离，就意味着把自己交出去，不仅交到布耶的手里，更交到他们的上级、审判官或毋宁说是刽子手的手里。士兵们非常清楚军官会拿出什么严酷惩罚来对付自己，坚决不肯出城！

于是布耶就有了出兵的理由。他选出三千步兵和一千四百名骑兵，他们几乎全是日耳曼人。为了给这支外国军队添点本国色彩，拉法耶特的副官在农村地区跑上跑下，努力说服国民自卫军加入。七百名或者是贵族出身、或者是拉法耶特派的国民自卫军被拉了进来，跟着布耶气势汹汹地赶赴南锡。但大部分国民自卫军（其数约两千人）却没被糊弄过去，他们非常清楚布耶这边绝非革命派，所以选择支持南锡。

马尔塞纳躲到了吕内维尔①。驻守此地的轻步兵团无意参与这场被人蓄意挑起的血腥镇压，把马尔塞纳交给了自己的战友；然后，这支雷霆之师脚踏拖鞋、身着晨衣、戴着睡帽，就这样走进南锡城。

此时，布耶做了件匪夷所思的事。他给议会写信，请它派两名议员

---

① 法国洛林地区的一个自治市乡。——译者注

帮助自己整饬局面。但在同一天，还没等到议会回信，他就赶往南锡，用炮火展开了肃清行动。

8月31日，也就是大屠杀日，布耶那封看似谈和诚意十足的信被宣读于议会。伊梅里和拉法耶特想让议会颁布法令，"对布耶现在和之后要做的事表示认可"。幸好南锡国民自卫军代表此时就在会场，对此表示抗议。之后巴纳夫的提议被议会采纳，最后提案被敲定下来，议会承诺它会公正不倚地做出审判。审判？太迟了！诉讼当事一方已经不在了。

布耶28日从梅斯出发，29日经过图勒，31日逼近南锡。当天上午十一点、下午三点和四点，南锡城先后派出三个代表团，看布耶能开出什么条件。代表团全由士兵和国民自卫军组成（布耶说他们是群氓，因为他们没有穿制服），推举市政厅官员走在最前面。这些官员浑身抖如筛糠，一看到布耶就不肯再回去、坚决要留下来。一提重回南锡，他们就惊恐万分。他们的倒戈和恐惧无疑更让布耶觉得自己有理。将军提出的要求不是其他，而是令所有兵团一律出城、交出人质马尔塞纳、各兵团交出四分之一的士兵去接受议会的审判。然而让士兵背叛战友、把他们亲手交出去，这于法国士兵而言是强人所难、有损名誉，于瑞士士兵来说却是大限临头、死期将至。他们很清楚，等着自己的绝不是议会的审判；根据让步协议规定，他们只会被绞死、车裂或杖毙。

两个法国兵团（国王禁卫军和梅斯特雷队）选择屈服，交出马尔塞纳，离开了南锡城。于是城中只剩可怜的夏多维耶军团了，它只有两个营的兵力，处于绝对的弱势地位。一些法国士兵不忍弃它于不顾，又折身返回；南锡郊区许多骁勇善战的国民自卫军士兵因为善良的天性使然，也赶来和瑞士人站在一起，要与他们同生共死。大家一起守在当时唯一筑有防御工事的城门——斯坦维尔城门门口。

若布耶稍有顾惜人命的念头，他会选择停在离南锡有一定距离的地方，等城中法国兵团离开，之后再派几支部队从其他城门进城。如此一来，布耶的军队便形成掎角之势，自可不战而屈人之兵。

可这么做不就失了轰轰烈烈的气势了吗？宫廷和拉法耶特那边还等着他拿出点雷霆手段来呢！

布耶亲口讲了两件自打嘴脸的事：首先，他一直前进到离城门只有三十步的地方，也就是说让两群不共戴天的瑞士人碰了面；仇人相见、自是分外眼红，两边人都在骂对方是叛徒。其次，他身为特遣队之首，却在此时离开军队、去和自己费了好大工夫才请过来的两个议员接洽；可想而知，布耶的离开造成了何种后果：双方相互攻讦之后，直接拔剑相向。

南锡这边说一切事端是由布耶麾下的轻骑兵挑起来的，布耶则把过错全推到了夏多维耶兵团士兵身上。但我们实难理解，夏多维耶兵团连性命都快顾不上了，怎还敢主动挑衅？他们想开炮；可这时，一位勇敢又一根脑筋的年轻布列塔尼军官戴西尔（Désilles）坐在大炮的火线上，被揪下来后还死抱着大炮不放。此事来得突然，给布耶那边的人提供了进攻机会。在刺刀逼迫之下，戴西尔才从大炮上被拽了下来。

布耶赶回来，守在城门口，指挥轻骑兵冲进城中。进城后，迎接他们的是从各扇窗户后射来的子弹。很明显，开枪者不止夏多维耶兵团，也不止来自郊区的国民自卫军，还有宣布站在瑞士人这边的穷苦百姓。两支法国兵团的军官们也学着戴西尔以身堵炮，但他们比戴西尔幸运，最后控制了兵营里的军队。然后布耶唯一要做的，就是长驱直入了。

晚上，城中恢复秩序。法国兵团离开，夏多维耶兵团的瑞士士兵一半被杀、一半被俘。没有立刻归队的人在接下来几天中也被陆续找到，然后惨遭杀害。事发三天之后，一个瑞士士兵被抓住、在菜市场上被乱刀砍死，此事有一万目击者为证。

大屠杀之后，南锡城俨然成了修罗地狱。瑞士军官仍在丧心病狂地屠宰剩下的士兵，只有极少人得以幸存。杀戮持续了整整一天，二十一人被吊死。第二十二个被车裂的受害者，更把这场屠杀推向了高潮。

让我们觉得脸上无光的是，这群暴君将五十个瑞士士兵判处苦役之后（他们也许是剩下来的全部幸存者了），是我们接收了这群苦役犯。我们的光荣任务，就是把他们押解、看守在布雷斯特。7月14日里，这些人不愿向我们的人民开一枪一炮；可我们国家回报他们的，却是一副拴着铁球的脚镣。

在屠杀当天，也就是8月31日，议会做出和平承诺，表示会公平裁判，而且早前还投票选出两位和谈专员派往南锡。请求派来专员的布耶却根本没等他们到来，就将此案中的一方当事人悉数歼灭，直接将案件清盘。按理讲，议会不应支持布耶的此等做法吧？

可恰恰相反，议会听取了米拉波的提议，对布耶表示正式感谢，肯定了他的行为。同一天，议会通过投票，对跟随布耶参与南锡大屠杀的国民自卫军进行表彰，在战神广场上为死者大加追悼，并向死者家属发放了慰问金。

这时，平素最讨厌流血的路易十六也没了意见。他太渴望社会秩序得以恢复了，所以此事虽令人悲痛、却是无奈之举，他对结果也深感欣慰。他感激布耶的决断如流，并鼓励他继续保持。布耶说："这封信展现出他心底的善良和感性。"

但路斯塔洛一语中的："啊！这不就跟奥古斯特一样吗？他一边嗟叹鲜血横流，一边以头撞墙，悲喊着：'瓦卢思，把我的军队给我带过来！'"

革命派对此事尤感悲愤，路斯塔洛更是肝胆俱碎。他还年轻，才离开波尔多律师协会，就在两年之内一跃成为最优秀、最受欢迎的一位记者（他的《巴黎革命报》发行量曾高达二十万份）。路斯塔洛用行动证明他对自由事业赤心之甚、忧虑之重，非他人可及。自由生，他则生；自由亡，他亦亡。此事发生后，他对祖国的希望也长久地、永远地断灭了。他写了最后一篇新闻稿，文笔如倒峡泻河，却透着化不开的痛苦。这是男人的痛苦，没有眼泪，却创巨痛深。南锡大屠杀才过去几天，路斯塔洛就溘然长逝，年仅二十八岁。

第5章

雅各宾派

法国危矣——南锡事件后,人民怀疑起了国民自卫军的立场——南部再生骚乱——雅莱斯反革命联盟——国王咨询了教皇意见;1790年10月6日,他向西班牙国王写信表达不满——欧洲达成反法协议——欧洲反法的精神支柱在于世人对路易十六的同情——某一大型监督社团存在的必要性——1789年,雅各宾派问世——雅各宾联盟社团的模式——雅各宾派从哪些阶层吸收新成员——他们有一部明确的信经吗?——他们要从哪里着手改造旧思想?——雅各宾派集监督者和指控者的身份于一身,成了对抗宗教裁判的革命裁判所——一开始,巴黎雅各宾社团只是议员的一个集会地(1789年10月)——它构思法律,组建革命治安队——1790年9月,大革命又变得凶强好斗起来——内克尔逃走——决斗闹事的贵族的恐怖行径——雅各宾派利用人民以牙还牙——1790年10月13日,卡斯特里府第遭到洗劫

　　南锡大屠杀,标记着大夜弥天的分裂纪元的开始。后来,随着工业主义日渐发展,社会分裂的鸿沟也越来越深。如今,它已然成了法国的要害和隐疾,成了敌人打垮法国的指望。

　　欧洲贵族阶层的最大代言人——英国,应该庆幸自己的好运气,因为此时大革命一条胳膊被缚,只能单手和它搏斗。

　　南锡之役虽然规模不大,其效果却堪比一场大

战。经此一战，人民开始怀疑：革命政府和国民自卫军这两股刚从大革命中造出来的势力，是否站在了贵族那边。

许多人坚信并一再强调：当时国民自卫军是支持布耶这边的。直到现在，仍有人持此观点。但若翻阅拉法耶特的来信，再看看他特地从巴黎派来的几位副官一路招揽国民自卫军的费尽工夫，人们就可发现：布耶在赶赴南锡的途中，也只召集到了七百名国民自卫军，而且他们极有可能是贵族出身，以及佃户、猎场看守等贵族手下。然而真正的国民自卫军——南锡郊区的农民，单单他们就出了两千余人去支援瑞士士兵。虽然瑞士士兵被两个法国兵团抛弃，然而更多的法国人却和他们站在一起、反抗布耶。

前不久，听闻奥地利人要借道法国后，三万国民自卫军还严阵以待、准备出动。

可奇怪的是，一些大革命拥护者居然也散伤丑害，说国民自卫军站在布耶那边。他们因为仇恨拉法耶特、仇恨想在巴黎国民自卫军中站稳脚跟的贵族资产阶级，才篡写、印刷、传播出种种谣言，而这正是反革命派想让欧洲相信的。

于是欧洲自然而然就得出一个结论：法国这场革命性质极其恶劣，否则为什么它亲手造出的两股势力——市政厅和国民自卫军都对它反戈相向了？

由于拉法耶特让布耶执掌军权，革命政府要想重建秩序，就只能依仗反革命之剑！这不就是最佳证明吗？证明反革命才是真正的实力所在，才代表了人心所向。国王、教士、贵族，都深信自己做的才是正统大业。所以他们有了惺惺相惜之情，越走越近。不久前还四分五裂、一团散沙的他们，现在又彼此联手、相互扶持了。

人们以为已被抬进棺材的小集团势力，如今又有所抬头。某市政厅起诉了一桩侮辱三色帽徽的事件，图卢兹最高法院却把这个案子给撤回了；一些人不接受用指券进行偿付，可税务法庭居然判他们胜诉；更过分的是，连税务官也开始禁止手下接收指券。抵制大革命发行货币的这着棋看似简单，却能不费一兵一卒就让大革命破产和饿死。

而一小撮狂热分子却等不了了，一心想着开战。在蒙托邦，一群狂热分子朝革命兵团的一支巡逻小队扔石块。在革命热情最为高涨的阿尔代什省，流亡贵族、弗罗芒、昂特莱格①的手下铤而走险，策划了一个大阴谋，企图让国民自卫军内斗、让联盟也走上他们阋墙之争的老路。有人以重宣公民誓言为借口，将阿尔代什、埃罗、洛泽尔三省的国民自卫军叫到雅莱斯城堡附近，在那里举办了一场联盟节。联盟节之后，联盟委员会、市长、国民自卫军军官、军队代表聚集雅莱斯城堡，做出如下决定：设联盟委员会为常任委员会，得到正式授权并享有拨款；它将是国民自卫军的核心组织；它将收集军队请愿，给尼姆天主教徒发放武器；等等。事到如今，这已不再是贵族暗地里的小动作。该地区的人民大众本来就有宗教狂热倾向，如今更是变本加厉，一些国民自卫军的帽子上绣着南部宗教协会的十字架标志，某些营的军旗甚至绘上了十字架图案。有个叫拉巴斯蒂德（Labastide）的神甫成了这支十字军的将军，在副官护驾之下，身骑白马、冲在队伍最前面，呼唤农民朝尼姆挺进、去解放他们被囚的同胞和殉道士。

国民议会收到警报，旋即颁布法令，勒令雅莱斯大会就地解散。可惜这条法令成了一纸空文，该组织存在了足足一个春天。

---

① 昂特莱格（Antraigues，1753—1812年），法国大革命和拿破仑战争时期的一位政治家，大革命早期拥护革命，参与了《网球场宣言》，后与法弗拉一起策划让国王逃到梅斯，法弗拉被抓后，他也随即暴露，然后流亡国外。——译者注

有个说法流传开来，且为许多人所深信不疑：其实大部分国民自卫军都是支持反革命派的；国王之所以不再犹豫、在10月里两次采取果敢措施，与此有着莫大关系。在他最在意的宗教问题上，国王终于打定了主意。他在7月咨询过克莱蒙特主教的意见，想知道他能否批准教士基本法的同时又不让自己的灵魂受到惩罚。8月末，他就此事又向教皇写信。教皇害怕激怒议会、使它加速合并阿维尼翁的动作，故没有给出明确答复。但我们可以确定：9月，教皇还是向国王透露了自己对议会法令的不满态度。10月6日，路易十六向他的亲戚西班牙国王写信，说他对自己被迫批准的所有法令有多反感。那时，路易十六已接受了他先前一直抵触的逃跑想法。但他并没有采纳米拉波提出的逃至鲁昂的那套温和方案，而想逃到东部以重新控制军队，这无疑是在挑起战争。奥地利和玛丽-安托瓦内特的人——布勒特伊，一直力主采纳第二个方案。10月，帕米耶主教重提第二套方案，他说服了国王，让他同意由布勒特伊全权负责和外国接洽。帕米耶主教也离开巴黎，找布耶商量详情去了。

这次接洽先由主教展开，后被菲尔逊（Fersen）接手。菲尔逊是瑞典人，一直对王后痴心一片。他特地从瑞典赶来，对王后可谓言听计从。

西班牙、奥地利和瑞士都给予了积极的答复，承诺予以援手。

西班牙和英国本来都快开战了，两国却在10月27日达成一致。不久之后，奥地利与土耳其、俄国和瑞典也串通一气。不到几个月的时间，欧洲这边就打成一片，大革命成了孤家寡人。

我们暂且莫急，按顺序一个个地来。一年杀一场革命都够了。今年要杀的是布拉班特革命，明年才轮到法国大革命呢。

小小的一个布拉班特居然让欧洲兴师动众，那场面可真是好看！欧洲大军气势汹汹地扑过来，踩得大地似乎都在颤抖——就为了踹死一只蝼蚁。"勇士们"除了有军队相助,还拉来一支由背叛者组成的队伍。奥地利人通过王后的朋友及手下拉马尔科,成功地在比利时内部制造了分裂。他们哄骗住了比利时的**进步人士**,向他们许以进步的希望,给他们描绘了博爱、重情的利奥波德心中的完美世界。可就在利奥波德吃准了英国和普鲁士的态度后,他转手就狠狠抽了这些进步人士一记耳光。

比利时**进步人士**的遭遇,必将发生在我们国家的米拉波、拉法耶特身上,也必将发生在那些或为了利益、或出于忠诚和同情而支持国王的人身上。此时冒出来一个非常严重,甚至祸患无穷的问题:在欧洲大陆上暴戾恣睢、恃强凌弱的君主国(看看从前的日内瓦、荷兰,还有现在的布鲁塞尔、列日,它们的遭际是多么相似),是的,就是那个对巴黎极感兴趣的君主国,从世人对路易十六及其家人的关注和同情中汲取到无穷的力量。可王权有刀剑傍身,何时轮到别人为其痛惜了?国王被囚一事引来各国人民议论纷纷,经口口相传之后,演变成一则当世少有、威力巨大的传奇——一则不利于法国的传奇!世人都在谈论路易十六,却忘了那个被路易十六的大舅子死死踩在脚下的小小的列日。我们北部的这个门户啊,为了救我们而三番两次惨遭横祸的这块土地啊,我们默兹门口的波兰啊,而今正被北方诸国所践踏,却没人关心它的死活。人心到底是怎样长的呢?怎么连施舍同情时都如此随便和厚此薄彼!

我看到一张可怕的巨网从四面八方撒了过来,企图把法国从里到外地缚住。要不是大革命立刻积攒力量、全力骤然出击,恐怕我们早就亡国了。把我们从这场浩劫中救出来的,却不是被博爱情怀盲目驱使、天真到敌友不分的联盟派。没错,我们可别指望它能挽救危亡。

救了我们的,是另一个锐不可当的组织——雅各宾派。

这个庞大的机构尤善监视,一直紧盯着权力机关、权力机关代理人、教士和贵族。雅各宾派不是大革命，而是大革命的眼线，它长一双眼睛就是为了监视，长一副喉咙就是为了控诉，长一双臂膀就是为了出击。

这个组织是自发而生、自然而成的。你若想探出它有什么秘不示人的出身或教条，那是在白费工夫。它是应运而生，应救国救民这个最迫切的需求而生。它是要以昭彰的阴谋，去对付贵族阶级暗地的诡计。

我们若仅在巴黎社团内部溯本求源、追溯历史，那未免也太小觑了这么一个庞大的组织。和外省社团相比，巴黎社团成分极其复杂，还掺进了别的不纯的东西（尤其是奥尔良党人的思想主张）。它行事也格外大胆、少有顾忌，外省的姊妹社团则亦步亦趋地跟着它，被它推着在马基雅维利主义的道路上越走越远。

人们经常说"母社"，可这个词容易造成歧义，让人觉得其他社团只是圣奥诺蕾大街的派生集群。诚然，总社团是其姊妹社团的"母亲"，却也只是养母而已。

姊妹社团是自生的，全部或几乎全部都是群情激奋的人们在某场公共危机爆发之时临时组建而成。危机把人们拉在了一起；而危机结束之后，仍有一部分人继续集会、表达各自的担忧和怀疑。他们相互打探消息，给附近的城市和巴黎写信。这些人，便成了后来的雅各宾派。

然而，这些社团的形成并不全是时局使然，其由来也算得上神奇。雅各宾派其实就是一个特殊的奇怪群体，许多人生来便是雅各宾分子。

当法国上下都失去理智、泛滥他们的同情和信任时，当人民毫无防备地投向敌人的怀抱时，这个在思想上更有洞察，或者说在情感上少有共鸣的群体，依然持坚定的怀疑态度。人们虽在联盟节中也有看到他们的身影，可哪怕他们立在人群中，与周围仍是那么突兀不合。他们就如一群冷静的监察者，在旁人狂醉高歌的时候见证了形势的急转直下。

一些人关起门来，举办了内部联盟。我们来看一个事例。

鲁昂一部未曾发表的文书中记录了一件事：1790年7月14日，三个宪法之友（这是当时雅各宾分子的自称）聚在一位在城中声望甚高、长期孀居的有钱夫人家中，握着她的手发下公民誓言。吕坎①书中的加东和马尔西乌斯似乎在他们身上复活了："在布鲁图斯的庇护下，他们怀着默契和欣喜，结合在了一起……"②他们骄傲地把自己的联盟契约寄给国民议会。和着这份契约一起被寄出的，还有上面有代表六十个城市、五十万人的使者签名的鲁昂大联盟契书。

那三个雅各宾分子，一个是教士，在巴黎裁判所附属监狱担任布道神甫，另外两位是外科医生。一个医生把他的哥哥带了过来，后者是鲁昂的皇家印刷商。参与者中还有两个孩子，是那位夫人的侄子侄女；剩下两位夫人也许是她的女仆。八人握着这位科涅莉亚③的手起誓，随后她也发下誓言。

该社团麻雀虽小，却五脏俱全。那位夫人（她是某个商人还是船东的遗孀来着？）代表富裕的大商人阶层，印刷商代表工业家这个群体，外科医生则代表有才之士。而教士，却代表了大革命。没过多久，他就摒弃了自己的教士身份。正是他写下联盟契约，将其誊抄、正式告知给国民议会。孀居夫人是组织的核心人物，他则是实际代理者，这个社团因他而完整起来。虽然这个社团没有任何类似组织都有的头脸人物——律师和检察官，然而那位司法官和巴黎裁判所的教士，那位囚徒的布道者、死刑犯的告解人，那位昨日还依附于最高法院存在、今日就成了雅

---

① 吕坎（Lucain，39—65年），拉丁语诗人，只有记叙内战的史诗《法萨尔》传世，加东和马尔西乌斯均是这本史诗里的人物。——译者注
② 原文为拉丁文"Junguntur taciti contentique auspice Bruto"。——译者注
③ 凯撒的妻子，其女嫁与庞培。——译者注

各宾分子的神甫，居然敢向国民议会发文，论其胆识和行为，他也抵得过三个律师了。

我们无须讶异为何这个小社团的核心人物是个女人。实际上，当时许多持重的女人都加入了类似的组织中。她们有着女人特有的炽烈情感，满心充溢着一种盲目、模糊、由情感与思想混杂而成的激情，热忱于传播新的信仰，如中世纪的殉教者一样为了它可以牺牲一切。我们这里提到的这位夫人，便是这样一位经历了真正考验的信徒。她是犹太人，其家人全都改教，唯独她一人坚持犹太教的信仰；丈夫去世之后，她的孩子也在一次可怕的意外事件中亡故，于是大革命就成了她的养子。我想，大概因为她富裕而又孤独，所以才会轻易被朋友说动，把自己的全部财产都拿去购买国家资产、把全部身家都压在新制度上吧。

为什么这个小社团要单独举办联盟呢？因为它觉得鲁昂大联盟在整体上太有贵族气了。这场团结了六十个城市的大联盟，其领导人都是德斯图德维尔（d'Estouteville）、戴布维尔（d'Herbouville）、德赛弗拉克（de Sévrac）之类的人物①。由于里面混有贵族，所以在这个小社团看来，鲁昂联盟失去了它的纯洁性。而且这场大联盟举办于7月6日，而不是纪念攻占巴士底狱一周年的7月14日。所以在14日里，这几个人以骄傲的姿势闭门不出，远远地躲开了温和派和不信仰大革命的人，独自庆祝这个神圣之日，而不愿流于滥觞。而且无论从哪方面来看，他们都是精英分子。早期的雅各宾派都是如此，里面许多成员要么富甲一方、要么才华出众、要么德行过人，他们就是另一类贵族群体，自然和那些生来就是贵族的阶层形成了竞争关系。

---

① 从这些人的姓氏上就可看出他们都是贵族出身。——译者注

当时雅各宾社团中的人少有人民出身，穷人更是一个都没有。①不过在各城中，贵族俱乐部和宪法之友俱乐部通常处于竞争关系，由于前者先声夺人、窃取了宪法之友的名号（这种事时有发生），后者为了增强实力，才在吸纳成员时放宽条件，将店主、工厂主之类的小人物也吸收进来。在里昂以及其他几个制造业城市，工人很早以前就开始旁听俱乐部成员讨论问题了。

然而，雅各宾俱乐部的中流砥柱并不是工人阶级和小资产阶级，而是另一群特殊的、看似无足轻重、实则和上流社会做着一场远久而无声的战斗的人：有和盛气凌人的法官做斗争的律师，有想和律师、医师平起平坐的检察官和外科医生②，还有反抗主教的教士。在本世纪里，外科医生以事实成就说话，成功打破隔阂，其地位和医师几乎已经平等。沙特莱法庭旷日持久地和最高法院做着斗争，在1789年终于赢了对方，一时之间成为国家最高法庭的象征（这在原来是不可想见的事）。大名鼎鼎的巴黎雅各宾俱乐部创始人阿德里安·杜波尔（Adrien Duport），原就是沙特莱的人，后晋升到了最高法院，在大革命期间又重回沙特莱，和最高法院割席断交。

一切因素集合起来，导致雅各宾派中聚集了一群舌锋如火、疑心重重、思想狂热、又省身克己的人，他们的理论虽然讲得不清不楚，人却很是精明和讲究实际。

尽管累积的忌妒和新起的野心这两剂猛药不断刺激着他们的神经，尽管各派人士使尽阴招、不择手段地利用他们，但正是他们普遍表现

---

① 因为当时有许多类似的社团，其宗旨是帮助穷人，其成员也为此有所出力。不同社员分有不同的工作：有的负责教导人民，有的负责汇报消息，有的负责宣传理念，有的负责观察情况，还有的负责安抚大众。——原注

② 在法国旧制度时期，外科医生（Chirurgien）和医师（Médecin）是两种不同的职业，外科医生同时还做剃头、刮胡须的活儿，所以后者对前者无比鄙夷，觉得他们就是一群"没有知识的体力劳动者"。后来两个职业之间的鸿沟逐渐缩小。——译者注

出的性格（我们上文已经举例充分说明了）构成了协会原来的风格。当初，因为对祖国一腔热血、对自由一片忠心、对维护公民纯洁性的渴望，这个协会才自发而成、自然而生，形成一个要求极为严苛、不断肃清内部成分的组织。

这些小教派有自己的信条吗？这门狂热的信仰有什么明确的信经吗？不！它们的信经还很模糊，许多理念自相矛盾。然而当时他们所有人，或者说几乎所有人都是保皇立场，哪怕他们对国王出语尖刻。大家都受到卢梭思想的熏陶，被本世纪那句著名的哲学口号"回归自然"深深影响。但即便如此，许多人仍以基督教徒自居，从心底亲近那门古老的宗教（至少在名义上如此），哪怕这门宗教抨击自然、认为自然是堕落的、变质的。

可即便他们矛盾、无知，即便他们新的信仰尚未有什么深刻的理念，但其中仍有一些不可小觑的东西。这门宗教信奉着一个无名之神，可它的信徒依然一派虔诚。由于心怀信仰，他们的灵魂得到升华、变得强大。他们就像导师卢梭一样努力开阔眼界，争相效仿古代的高洁之士，对普鲁塔克笔下的英雄人物无比推崇。即便他们不能参透古代英雄的灵魂，至少也感受到了他们浩气凛然的精神和淡泊坚韧的思想，并从中汲取到了支撑自己投身于民权事业的无穷力量。他们明白这意味着什么，也清楚自己在这条危险的旅途中最需要理解和接受的是什么——死亡！

还有一点也很重要：他们从中汲取到一个深刻改变了旧法国思想面貌的东西。

旧法国思想有两大要素，它们和大革命、和大革命不得不采取的暴力斗争几乎是相悖的。旧式思想的一个特点是：全心信赖和信任他人，对他人要敬重有加，为人要温文尔雅——这些特质充满令人无法招架的魅力，让我们无数次心生折服。但法国旧式思想的另一个特点是：看重所谓的荣誉，讲究繁文缛节，抱残守缺，行事又图省（例如，人们因为图省，所以觉得人若受辱就可以将侮辱者杀死。这种观念源于人们在理论上对胆识的推崇，但它实际却导致许多勇士被奸诈宵小之徒所操纵）。

法国的这两个旧式思想，恰恰是雅各宾派最鄙夷的地方。

作为教士阶层的死对头，雅各宾派要斗争的是一个以告解和告密为主要手段施加控制的庞大组织。然而他们也采用了敌人的那套办法，公然支持告密行为，称这是公民的首要义务。他们鼓励和实行相互监视、公共审查、甚至私底告发，还搬出古人的例子来给自己辩解。古希腊罗马的城邦、中世纪的修道小城（也就是人们所说的隐修院或修道院）认为通过成员相互监督来肃清和涤荡内部成分是他们的义务和基本原则。而雅各宾派对整个社会也采取了同样的做法。

雅各宾派诞生之际，国家正处于内外交困的危急关头，阴谋家正要着各种他们后来拿来吹嘘自己的谲诈诡计。为了拯救法国，雅各宾派建起了一支人民告发大队。

但它和中世纪的宗教裁判所极不相同：宗教裁判所利用告解和其他手段来攫取人的内心想法，而革命裁判所只懂些皮毛办法，得到的也只是些捕风捉影的猜测罢了。所以，他们产生了一种夸张、病态的提防心理。他们越不确定自己是否触到了问题本质，心中就越是多疑，在那里杯弓蛇影，看谁都可疑。

当惊觉法国、法国大革命、人类自由事业有覆亡之危时，心生忧惧是再自然不过的事。人们盼了千百年才盼来的这场革命刚刚诞生，就到了生死存亡的关头！人们刚把它抱在怀里、爱它如掌上明珠，就有人想把它粗暴地夺走。被夺走的可不是其他什么身外之物，而是这些人的命！没了它，他们是断然活不下去的。

我们还是对雅各宾派公平点吧。让我们还原一下当初的情景，设身处地地去理解一下他们不得已的苦衷。

他们面对的，是一个一边以偶像自居、一边耍着流氓手段的庞大组织，也就是过去和现在人们口中所谓的"正派人士"的阵营。

一方面，他们要应付两个告发者：一个是不久前才把自己的人民告发到欧洲面前的国王，另一个是专向心思单纯者、向妇女和旺代人揭发人民罪行的教士。

另一方面，拉法耶特又愚蠢地和布耶结盟，让布耶坐收渔利。拉法耶特怀着良好的愿景，要把大革命交到敌人手上了。

我们仔细想想，一个城接一个城、一个村接一个村地去看看，看看"正派人士"的阵营是怎样的。

所谓的"正派"，其成员不外乎是教士、女人、贵族和半贵族身份的人罢了。

啊！女人！强大的女人！新闻界有她们相助，还愁何事不成？她们的言语就是最高效的信息传送带。这才是真正的力量！更可怕的是，她们无须采用粗暴手段，只需要适当地让步和迎合，就能将百炼钢化为绕指柔。任何消息一进入她们的耳朵，旋即就被传向各地，不分昼夜地骚动着，在枕间、家里、市场上，在大门口或其他地方的闲谈中飞到所有人的耳朵里。一个女人的力量，简直抵得过三个男人！

于大革命而言，这是一道切切实实的巨大障碍。和它相比，外国列强、所有欧洲军队加起来都不算什么了！可是，她们怎么不去可怜一下我们的父辈呢？

现在，谁还想再听听关于这个贵族、半贵族门派的个中细节？它就是最高法院和警察队伍余留下来的渣滓，就是拉法耶特在巴黎准会踢到的一块硬板。里面不过是群趋炎附势、得看教士和贵族的脸色过活的商贾、食利人和小额债权人罢了。

感谢拉法耶特和变革后的法律，贵族又能在国民自卫军中当上军官、领导那个附庸他们而存在的群体了。

想要抵抗他们，只能依靠另一个强大的组织，它就是巴黎雅各宾社团。这个组织的独特之处不在于它提出了什么理论，而在于其创始人的实践才能。

巴黎雅各宾派的主要创始人是杜波尔，而且他曾长期担任雅各宾派的领导角色。有人说过："杜波尔负责想，巴纳夫负责说，拉梅特负责做。"米拉波称这三人是"三恶同盟"。因为他们对王权发起了无情的打击，人们就以为他们是共和派，是那个意义深远、足以改写历史的共和蓝图的起草者，他们倒也不加推辞，接受了此等赞誉。然而盛名之下，其实难副。说到底，他们只是一群出尔反尔之徒罢了。到了最关键的那一天，人们才惊觉此三人实为那个被他们亲手摧毁了的君主制的信徒。

杜波尔善思而志定，比他的同党更懂远图长虑，人又擅长投机，在革命爆发之前就积累了不少革命经验。杜波尔在最高法院时和戴斯普雷美尼尔势不两立，也是抵制卡洛纳和布里安的主使人之一。所以，无论是最高法院的秘密勾当，还是司法官和人民为支持最高法院而发起暴乱的组织手段，此人都算摸透了。

在1789年的选举中，杜波尔成功地把一些政治人士召集在了自己家中（此地位于圣殿塔附近的格朗-香蒂耶大街）。米拉波、西哀士拜访此地后，就不愿二次登门。西哀士说："这就是一处政治匪盗的兽穴！"这位伟大的空想家只愿以思想为行动方式，杜波尔则以思想为拯救对象，哪怕要采用鬼祟阴谋、煽动群氓作乱也在所不惜。

人们又在凡尔赛组建起了另一个集会组织。由于其成员主要来自布列塔尼议会代表团，故它名为布列塔尼俱乐部。该俱乐部中的人受杜波尔、夏普里耶等人的影响，谋划了许多大胆行动，救下了才呱呱坠地的大革命。俱乐部里也不乏贵族少数派，他们半是有博爱精神的大领主，半是满腹牢骚的廷臣。自这些人加入进来以后，布列塔尼俱乐部在思想上开始有些反复和暧昧了。在投奔革命阵营的廷臣中，最懂挟势弄权的人当数拉梅特兄弟。他们出身于一个深得宫廷宠信、却毫不餍足的家族，年纪轻轻就已是上校了。

阿图瓦的贵族们赢得了法国最后一个行省——弗朗什-孔泰省的选举。1789年10月，当议会迁至巴黎后，该省一位议员（他极有可能是阿图瓦贵族这边的人）在雅各宾修道院租了一处地方，好让议员有个集会场所。修道士们以两百法郎的价格把餐厅租给他们，又收了两百法郎权当桌椅家具的租借费。后来这个地方慢慢不够用了，俱乐部便先后把图书馆和教堂也租了过来。就这样，长眠于石棺中的古代僧人、湮没于尘埃中的圣托马斯学派、曾和雅克·克莱蒙①共事的会友，变成了革命阴谋的沉默证人和保密者。

同住在圣奥诺蕾大街上的不仅有布列塔尼俱乐部成员，还有许多以前从没来过巴黎的议员。十月事件以后，他们提心吊胆，感觉自己快溺亡在人民的汪洋大海中，所以彼此住得很近，好在需要时候能相互照应。议会当时坐落在跑马场，就处在雷沃里街和卡斯蒂格里昂街的两街交口。他们住在议会附近，雅各宾修道院几乎就在对面，所以聚起来也

---

① 雅克·克莱蒙（Jacques Clément，1567—1589年），法国一个阴谋家，在宗教战争期间是天主教同盟的狂热信徒，后刺杀了亨利三世。——译者注

是极方便的事。

第一天，俱乐部来了一百个议员，第二天两百人，后来更增加到四百人。他们自称为宪法之友。实际上，的确是他们制成了宪法：因为他们，宪法准备工作才得以完成。比其他议员更有约束性和纪律性的这四百人，后来成了议会的主宰者。他们针砭时事、制定法律、推进选举，从自己内部选出议会的主席和秘书。有时他们也会从别的派系中选人出任主席，以掩饰自己一家独大的事实。

1789年冬，四方人士齐聚巴黎。当时，许多颇有声望的人都想加入雅各宾派。一开始，雅各宾俱乐部只肯接纳某几个出类拔萃的作家，第一个加入进去的便是孔多塞。后来，其他一些知名人士也加入了俱乐部，但必须得到六位俱乐部会员的举荐为前提。会员凭卡方可入内，门口还有两个人专门负责核实卡片真伪。

雅各宾俱乐部不可能一直甘心充当法律的制造坊和策划处。没过多久，它就转变成了一个大型革命治安委员会。

这也是时局使然。如果他们辛辛苦苦建起来的宪法框架被宫廷一推就倒，那制定宪法还有什么意义呢？我们都看到，就在布雷斯特阴谋被传得沸沸扬扬的时候，就在人们谣传这个海军基地会被拱手交给英国人的时候，杜波尔（在1789年7月27日）督促议会设立了调查委员会，可委员会中全是政府——这个被调查者派来的人。既然委员会无人可用，那就从雅各宾俱乐部中找人。吃过教训后才了解它的组织结构的拉法耶特告诉我们：雅各宾俱乐部的核心组织是一个十人会议，内部称其为"安息夜会"①，它负责每天传达拉梅特的命令；这十人每人负责将话传给十个不同分部，以保证所有分部能同时收到要么去指控当局、要么去

---

① 原文为"sabbat"。——译者注

煽动骚乱的同一指令。

拉法耶特有自己的城市调查委员会，国民自卫军中也有许多人对他忠心耿耿。这两支队伍辅牙相倚，又和宫廷关系甚密，而雅各宾派却以人民的行动为参考风向、顺时而动。所以前面这两支队伍做起事来阻力重重，而雅各宾派却万事顺利。这支队伍还在四处扩张，哪里有市政厅，哪里就有它的身影。它成了一个专门负责监督告发的协会，死死盯着每个行政机构和军事组织。

我们说过，为了和雅各宾派相抗衡，拉法耶特和西哀士创立了89俱乐部。该俱乐部以为可以通过调停，实现君主制和大革命的结合。但即便这套方案成功了，最终它也只能毁了大革命。如今，随着越来越多的保密文件被公开，我们敢放言：当初若没有拼尽全力骤然出击，大革命必亡；要不是大革命拿出凶强的架势，它早就覆灭了。布耶和拉法耶特那场不明智的结盟给了大革命沉重一击，而雅各宾派让它又有了狠劲。

9月2日，南锡事件传到巴黎。没过多久，四万人就齐聚杜伊勒里宫，包围议会，高喊着："交出部长！割掉他们的头！把他们吊死在灯柱上！"

新的激奋和恐惧如浪一样一卷一卷地打过来，冲淡了屠杀事件对人的思想冲击。

这次骚乱来得迅疾，证明了两件事：第一，此时民心不稳；第二，雅各宾派组织严密——它一释放信号，骚乱就起来了。

拉法耶特有三千多名国民自卫军效忠于他，有军队和市政厅治安警察队伍的相助，市政厅资源任其所用，宫廷也因他在南锡事件中出力不少而态度有所缓和、愿意扶持他。拉法耶特占尽优势，对骚乱却束手无策。

一开始就被推到前面当炮灰的财政部长内克尔，此时也无所作为。

他能做的也就是写点东西了。不久之前，他发表了一篇陈情书，反对发行指券。有人派了几伙暴民冲他叫嚣和出语威胁，先前在南锡事件中断决如流的拉法耶特对此却不敢采取强势手段，只建议内克尔自己注意人身安全。在一个雅各宾派议员的提议下，议会发布法令，宣布将亲自掌管国库。这个决定意义重大，意味着王权又遭受了一次猛烈的打击。

所以，雅各宾派和立宪派两边人马都付诸武力行动，采取了暴力恐怖手段。拉法耶特借布耶之手发起攻击，雅各宾派通过骚乱亮出匕首。南锡苦矣！巴黎苦矣！

我们经过了多少个世纪，才迎来了七月联盟啊！可谁敢相信，仅仅过了两个月，和平之光就敛起了踪影！7月的腾焰飞芒，此时电流星散，一段暗无天日、充斥着阴谋和暴力的岁月自此揭开了序幕，世界从9月开始坠入了漫漫长夜。满心炽热而又不安的新闻界在黑暗中摸索着前进。它眯着眼睛试图看清局面，可眼前一片漆黑，只能瞎猜。雅各宾裁判所建立起来了，投出微弱的、欺骗性的亮光。灯光闪闪烁烁、忽明忽灭，就像他们在圣奥诺蕾大街上的修道院中集会时教堂中殿的豆大烛光一样，什么也照亮不了。

可即便大地失了光明，有件事仍很明白：贵族们还是一如既往地狂傲。他们走到哪里都是一副挑衅、鄙夷的态度，对革命派、温和派，甚至对国民自卫军都出语不逊。有时人民牵涉其中，未免又引起一场场流血事件。我们只举一例：在卡奥尔，一对贵族兄弟对一个国民自卫军士兵大肆嘲讽，就因为他唱了《必胜歌！》这首歌。国民自卫军想将此二人逮捕，遭到后者的疯狂反抗，现场数人伤亡。兄弟俩随后躲进家中，仗着自己有许多火枪，从窗口向人群扫射，杀了许多人。最后人们放火烧屋，才止住了这场杀戮。

哪怕在议会这所法律圣殿里，贵族都时常发出各种侮辱挑衅。德昂布里（d'Ambly）朝米拉波挥舞手杖，还有一个人甚至大言不惭地说："拿剑的我们怎么可能倒在这群穷鬼身上？"

他们派人纠缠了查理·德·拉梅特足足两天，逼他决斗。拉梅特虽然勇猛，但也不失机灵，执意不肯赐予他吃自己一剑的这种荣誉。到了第三天，看来什么也不能让拉梅特失掉耐心了，于是整个右派齐刷刷地攻击他，说他是个胆小怕事的懦夫。年轻的卡斯特里公爵对他一顿羞辱，于是两人决斗，拉梅特受伤。此事一出，民众一片愤然。甚至有谣言称卡斯特里的剑上涂有剧毒，说拉梅特就快没命了。雅各宾派觉得，是时候给这些好斗者一些颜色瞧瞧了。于是他们煽动群众闯进卡斯特里的府第，也不烧杀抢劫，只把所有家具砸烂后扔到街上。这一切进行得有条不紊，连唯一一张没被撕毁的国王画像都被打砸者抹上了粪便。拉法耶特赶至现场，目睹了一切的发生，却无计可施。大部分国民自卫军也为拉梅特受伤一事感到义愤填膺，觉得卡斯特里公爵是咎由自取（1790年11月13日）。

决斗者们营造的恐怖气氛本让贵族势力有所抬头，然而在这天里，它被另一种恐怖——人民的复仇取代了。从个人来看，贵族剑术高超，可这一优势在群众面前荡然无存。他们试图将一切派系之争扭曲为荣誉问题，发了无数封挑战信。可是对手在数量上压过了他们。许多在战场上证明了自己勇猛过人的革命斗士也不愿和他们做个人决斗，不愿让这些好斗之徒轻易得逞。

第6章
议会和雅各宾派内部的理念之争

1790年年末的巴黎——社联会和《铁嘴钢牙》——89俱乐部——雅各宾俱乐部——雅各宾派里的罗伯斯庇尔——罗伯斯庇尔的出身——他十岁就成孤儿,靠教会提供的奖学金才完成学业——罗伯斯庇尔写的文学散文——他曾担任阿拉斯刑审法官,后辞职——起诉主教——进入三级会议——10月5日,罗伯斯庇尔站在了马亚尔这边——有人使出阴招,意图让他沦为笑柄——他的孤独与贫穷——罗伯斯庇尔和拉梅特兄弟决裂——议会态度摇摆甚至倒行逆施,限制能动公民人数——拉梅特和当时的雅各宾派在行动上三头两面——他们竟将自己的报纸交给一个奥尔良党人(11月)——罗伯斯庇尔的正直清廉——他所采纳的政治手腕——1790年,罗伯斯庇尔依靠上法国当时仅有的两个大型组织:雅各宾派和教会

1790年年末,人们似乎迎来了一段休整期。骚乱事件甚少发生,堵在城门口的大队马车成了唯一的噪声来源。大道熙熙攘攘、车马骈阗,挤满了外逃的贵族。但此时,另一股人流却在逆向而行、涌进巴黎城,他们就是为一睹革命盛况而特地赶来的外国人。

但表面看似风平浪静,底下实则暗潮汹涌。即便无事发生,人们仍感惊怖。卡米尔胸中空烧着一腔烈火,却无甚可讲。此时他结了婚,并把婚事公

告天下。

在斗得正酣的时候（人们已闻到了战争的气息），双方却突然按兵不动，此事定有蹊跷。实际上，在此期间发生了两件大事：

第一，国王在各国君主面前告发法国；

第二，教士和贵族狼狈为奸，雅各宾派以阴谋对抗阴谋。

当时有个现象很是突出：各俱乐部如雨后春笋般纷纷涌现，巴黎更是变成一所巨大的俱乐部制造厂，随便哪个街角都有人在举办临时集会。气氛热闹而又单调的巴黎看似和平，却让人感受不到一丝和平的气息。我们暂且走进城中，去看看这个骚动、喧嚣、暴躁、肮脏、阴郁、却又充满生气和热情的巴黎是何景象吧。

我们先去看看大革命的第一舞台——罗亚尔宫，这还是我们首次探访此地。且让我们径直走进去，先不管外面那些躁动不安、吵闹不休的人群，也别理会那群信仰自然自由的虔诚女信徒。穿过狭窄拥挤、密不透风的木廊，出了这条幽暗的过道，再往下走十五步，我们便来到了舞台的中央。

出人意料的是，在这里，在这个有许多身份不明的美丽女子竞相出没的狎世之地，居然有人在布道！放眼望去，有人正站在女人中间念誓词。不过话也不能这么说，这仍是一个再严肃不过的集会，我在里面还看到许多文人学士的身影。你看，讲台下坐着的那位不就是孔多塞吗？

正在台上做演讲的难道是位教士？从他的一身长袍来看，我们判断得没错。此人四十来岁，相貌堂堂，言辞激烈，语气生硬甚至近乎粗暴、毫不和婉。看上去，这是个无所畏惧、有些喜欢异想天开的人。世人称其为预言家也好、诗人或先知也罢，神甫佛歇才是他的本名。此刻，这位圣人保罗正站在两位圣女德格拉①中间讲话。其中一位和他寸步不离，不管不顾地陪他去俱乐部、演讲台，是他最虔诚的信徒；另一位夫人是荷兰人，心地善良、思想高尚，是女性演讲家、妇女解放事业的思想宣传者——帕尔姆·奥尔黛夫人（Palm Aelder）。她们在这里表现得无比踊跃。克拉莉奥小姐（Kéralio）办了家报纸，罗兰夫人马上也要当上部长夫人了。

这位被妇女团团围着的先知正在高谈阔论着爱，他炽烈的言语中也源源不断地涌出爱的泉水。但我并不吃惊；我明白，他说的是对人类的大爱。可他想做什么呢？他似乎在把某个神秘奥义吐露给三千个听众。他以自然为名去谈论爱，又以基督教徒自居。他采纳了共济会的那套形式，别扭地把培根和耶稣结合在一起。他在大革命中一会儿奋勇当先，一会儿又畏缩不前；他昨天还在吹捧拉法耶特，今天又比民主派还要激进，宣称应以"赋予每个成员充足生命"为义务、在此基础上建立人类社会。他的理念含混不清，却寄托着许多人对改革土地法的希望。

佛歇创办的报纸，即面向真理之友联盟的社联报。该报有一个颇有震慑力的吓人名字，叫《铁嘴钢牙》。这张嘴张得大大的，（在黎世留街）把人们投来的所有匿名举报消息一股脑儿地吞了下去。举报信是被送进去了，但你放心，它们大部分都会原封不动地待在那张嘴里。这张铁嘴并不咬人。②

好了，我们出来吧。我们正处在危机旋涡中，得给自己的思想上膛、时刻保持警惕才行。这里太多的纸上谈兵，太多的女人和幻想。走

---

① 圣女德格拉（Thécla），相传是由圣保罗在第一次传教中亲自化领洗入教的。领洗后她就献身于传教救灵事业，跟随圣保罗到过安提约基、米勒、色娄基雅等地。——译者注

② 这家报纸给出了一大堆虚虚实实的消息，其中倒也有不少挺有说服力的怪闻。也许我们可以将其重印出来，当作茶余饭后的历史奇谈。——原注

吧，这里的空气不适合我们。爱情、和平，这些词都是美好的。可是战争已经打响了！那些彼此为敌的人和理念还没言和，就能真心地拥抱彼此？我看到那个可疑的89俱乐部就在社联会的楼上，就在罗亚尔宫的二楼，在那座灯火璀璨的大楼里，我看到了由拉法耶特、巴伊、米拉波、西哀士这些手无胜券就想控制局面的人组成的俱乐部，这更加证实了我的怀疑。这些大众偶像时不时地出现在阳台上，朝群众挥手致意，俨然一副王室气派。这个财大气粗的俱乐部的关键人物，其实是个心软的复辟分子。

我更愿意透过圣奥诺蕾大街上的浓雾，顺着一道昏黄的灯光，去追逐那从四面八方扑了过来、正拍打着雅各宾修道院那扇窄门的滔天黑浪。每天早上，闹事工人就来到这里，要么听取拉梅特的命令、要么从拉克洛手上领奥尔良公爵发给他们的雇佣费。俱乐部在这个点上已经开门了。走，我们进去吧，这里采光很不好，请留神脚下。你别看这个修道院其貌不扬，里面却正进行着一场庄重的大集会。来自法国各地的声音回荡在四壁之间，来自各省的无数真真假假的消息、虚虚实实的指控如暴雨一般倾泻而下。相应的对策也从这里飞出，传至各地。这里是法兰西大东方①所在地，是社团的中心。共济会法国总部在这里，而不在徒得共济会之形的天真的佛歇那边。

没错，这间昏暗的教堂中殿却是最正式的场合。你可以留心数一下来这里的议员人数，多的时候甚至有四百人。今天如你所见，来了大约两百人。他们的主要领导人——杜波尔、拉梅特，还有那个负才倨傲、目空一切、引人注目的年轻律师巴纳夫——则一直都在。为了填补缺席

---

① 共济会在欧洲大陆最大、最古老的总部之一，1773年从原来的总会分裂而出，在大革命中也扮演了重要角色。——译者注

议员的空缺，社团吸纳了近一千会员，个个都是不同凡响的积极分子。

这里任何人都不是人民出身。工人们也聚集于此，但是集会时间不同，也不在一个地方。他们的会厅在下面另一间房。俱乐部创立了一个友爱协会来教育工人，向他们解释宪法。另外，一个人民妇女社团也选了这间地下大厅做她们的集会点。①

雅各宾派是个不同一般的文人组织。法国文学界的人，如拉哈普、谢尼耶、尚福尔、安德琉、塞戴尼②等人，占了这里的半壁江山，大卫、维尔内、拉瑞夫③等许多艺术家也纷纷加入进来，把大革命搬上舞台的年轻演员塔尔玛④也位居其中。门口有两个监察人负责检查访客证件、核实会员身份，一个是歌唱家莱伊（François Lay），另一个相貌英俊的年轻小伙则是德让丽夫人的得意门生、奥尔良公爵的儿子。

办公室里那个一脸阴笑的黑面人，便是亲王的秘书、大名鼎鼎的《危险关系》的作者。看看正在台上发言的罗伯斯庇尔，再看看他，两人简直是天壤之别！

拉克洛是一个毫无节操可言的上流社会人士，罗伯斯庇尔却砥节砺行、颇有才华。他那细若蚊蝇、有些尖锐的声音，瘦削暗淡的面容，一成不变的绿色外套（这是罗伯斯庇尔唯一一件外套，看上去皱巴巴的，都快被洗破了），充分证明了一点：人靠节操是赚不了钱的。罗伯斯庇尔在国民议会上发言时少有人支持，在雅各宾俱乐部中却一直风头十足。他即是社团的化身，他的话即是社团的想法。罗伯斯庇尔紧跟社

---

① 在马拉1790年12月30日的报纸上，这些妇女的刚毅和雅各宾贵族派的絮叨形成鲜明对比。——原注
② 拉哈普（La Harpe，1739—1803年），法国剧作家、批评家；谢尼耶（André Chénier，1762—1794年），法国诗人；尚福尔（Chamfort，1741—1794年），法国作家；安德琉（Andrieux，1759—1833年），法国剧作家；塞戴尼（Sédaine，1719—1797年），法国剧作家、作词家。——译者注
③ 大卫（J-L.David，1748—1825年），法国新古典主义派一位影响力很大的画家；维尔内（C.Vernet，1758—1836年），法国画家；拉瑞夫（Larive，1747—1827年），法国演员。——译者注
④ 塔尔玛（F-J.Talma，1763—1826年），法国当时最著名的一位演员。——译者注

团的步伐前进，自己绝不多走一步。让我们一起紧跟着他、近距离地仔细观察他。他那压抑审慎的一生，大革命在他苍白面容上留下的深刻烙印，他那张未老先衰的脸庞，因为思虑过重而生出的皱纹，我们都要把它们记下来。刻画人物之前，我们通常应当先讲述其生平。而罗伯斯庇尔是苦难和繁重工作的造物，浑身上下少有自然的生气，斧凿痕迹十足。想要了解他，我们就得先去深入了解是什么环境和命运创造了他。

罗伯斯庇尔年少时就历经了常人难以体会的坎坷。最开始，他遭遇了家破人亡的惨变，然后被高级教士收养和保护。可这些人都是大领主，他们与思想为敌，对这个年轻人接受的时代精神极其反感。所以，罗伯斯庇尔才从第一道劫难的深坑中爬出来，又跌入更大的不幸中，不得不背上忘恩负义的骂名。

罗伯斯庇尔家族世代都在里尔附近的卡文城中担任公证员，我看过他们写的最早一份文书，其历史可追溯到1600年。①这个家族被认为是来自爱尔兰，也许在16世纪爱尔兰移民狂潮中来到法国。许多爱尔兰人一窝蜂地拥进修道院和神学院，从耶稣会士那里学来争长论短这个当律师的精髓本领。不说别人，伯克和奥康奈尔就是在这种环境下成长起来的。

到了18世纪，罗伯斯庇尔家族想寻求更广阔的平台。除了一个旁系留在卡文城，其他人都在阿拉斯扎下了根。阿拉斯是宗教、政治和法律中心，地方三级会议、高级法院都设在此地，故大量诉讼案件都被提交到这里。而阿拉斯受贵族和教会的压迫之深，也更甚于其他任何地方。阿拉斯有两个王——主教，以及权势滔天、三分之一的阿拉斯城都归他所有的圣瓦斯特神甫（Saint Waast）。主教享有任命刑事法庭法官的

---

① 该份资料收藏于里尔城的让蒂尔（Gentil）先生处。——原注

领主权。直到今天，他宫殿的高墙峻宇依然将半个阿拉斯城笼罩在阴影中。这里的街道起名也怪，叫什么法院路、检察官路，如可怜虫一般卑微地盘绕在宫殿院墙下，让人不由得想到打官司的路也是同样曲折。最后面有条最是幽暗凄清的街，街上的一处住宅里住着一家出身体面的市民阶级家庭。一个在阿图瓦法院谋事、日日夜夜都在写案卷的律师就住在那里。他便是罗伯斯庇尔的父亲，生于1758年。①

罗伯斯庇尔的父亲虽然家境并不富裕，却也算受人尊重、生活美满。但妻子离世之后，他的生活变得支离破碎。他陷在巨大的丧妻之痛中，没办法做事，也再不接案了。有人建议他外出散心，于是他离开，从此杳无音信。至于他后来遭遇了什么，已是无人知晓。

于是，四个孩子被丢在这所荒凉的大房子里。长子马克西米连当时还不到十一岁，却一下子成了一家之长，成了自己一个弟弟和两个妹妹的监护人。他性格大变，从此一直都是那副严肃的表情。他也会笑，但那是假笑，笑容一消失，他脸上立刻又罩上平素的表情。他的心再也不会笑了。他还那么小，却在一夜之间背上了父亲的责任，成了后来他劝导和宣传的那种小家庭的主人和管事。

这个小大人是阿拉斯中学里最优秀的学生。像他这么好的一根苗子，自然很容易就从圣瓦斯特神甫那里拿到一笔奖学金，供自己去路易大帝学校读书。于是，他离开了弟弟妹妹，孤身来到巴黎，身上只有一封他视之如命的推荐信，收信人是圣母院议事司铎。然而他在巴黎百般不顺，没过多久司铎就去世。同时，他又收到家中来信：自己最疼爱的小妹妹也夭折了。

---

① 而非1759年，热心的德若日（Degeorge）先生把最新找到的他的出生证明从阿拉斯替我寄了过来。——原注

在路易大帝学校的高墙中，在耶稣会的幽暗阴影下，在那少有阳光照进来的深院里，这个孤儿独来独往，和其他幸福的孩子少有交集。肆意张扬的青春岁月和他没有任何关系。其他人都有父母，可以在放假时呼吸到家庭和外界的空气，所以不太能体会到摧残着人内心的花蕊、把灵魂之花炙烤成灰烬的教会教育有多么粗暴。而罗伯斯庇尔的灵魂却被它深深地噬咬着。

作为无所依怙的孤儿和靠教会奖学金过活的学生，罗伯斯庇尔只能靠自己的努力、分数和优秀表现来保护自己。学校对教会奖学金获得者的要求比其他人严苛得多，但他还是熬了过来。优秀的成绩和奖励于其他人来说是装饰的冠冕，于这位教会奖学金获得者而言却是一份贡品、是他对庇护人的回报。而另一位教会奖学金获得者——卡米尔·德穆兰，虽然也是个地位卑微的寒门之子，其性格却在读书生涯中没被改变。德穆兰比他年幼，丹东则和罗伯斯庇尔几乎同龄，两人是同班同学。

七八年的时间荏苒而逝。接下来，罗伯斯庇尔和其他人一样，开始学习法律、学着怎么当检察官。但他在这方面没能交出一张令人满意的答卷。虽然罗伯斯庇尔生来就擅长逻辑辩证和抽象思考，然而他没办法学会律师的诡辩之术，也揣摩不到官司学中的精妙奥义。再加之受到卢梭、马布里和本世纪其他哲学家的思想熏陶，他不愿做泛泛空谈。罗伯斯庇尔回到阿拉斯，开始了外省的生活。作为路易大帝学校的优秀毕业生，他很受欢迎，在文化学术圈中小有盛名。素来以赠人玫瑰的方式来嘉奖好诗的罗萨蒂学会，就把罗伯斯庇尔吸收为会员。他像变了一个人似的，天天吟诗写词。他曾写了一首歌颂格雷塞①的诗，赢得了学会的奖励。后来他又因一篇话题更严肃的文章赢得玫瑰，讨论的是罪恶的复归

---

① 格雷塞（Gresset，1709—1777年），法国诗人、剧作家。——译者注

性和罪犯家属的连带受辱现象。但文字虚浮无力，充满了一种田园诗歌的伤怀。这位年轻作家只深爱过一个当地的姑娘。①这位姑娘曾发誓决不另嫁他人。然而他一次旅游回来，人家就结婚了。

教会自然为自己这位被保护者感到骄傲，对他格外厚待。因为罗伯斯庇尔，圣瓦斯特神甫让他的弟弟也在路易大帝学院享有奖学金。主教把他安排到刑事法庭中工作。但后来罗伯斯庇尔不得不判处一个杀人犯死刑；据他妹妹所说，此事给罗伯斯庇尔造成了极大的心理阴影，最后他辞职了。

但无论如何，他在大革命爆发的前夜放弃了这个由教士任命的、出自旧体制内的、遭人憎恨的法官职位，这么做实乃明智之举。于是，罗伯斯庇尔当上了律师。他无疑更愿意过那种思行合一的生活，哪怕日子寒碜到揭不开锅来也不要紧，他可以等。虽然生活无比艰难，但令人敬佩的是，罗伯斯庇尔依然保持着严肃的作风，他不是什么案子都接，而会有所挑选。后来，一些农民请罗伯斯庇尔替他们起诉阿拉斯主教，他着实感到左右为难。可查看了农民的税费单之后，罗伯斯庇尔发现他们是占理的。换作其他律师，很可能都不敢帮他们起诉阿拉斯的一城之主。可罗伯斯庇尔认为律师也是法官，他以正义为丈量的尺度，将礼节、情感和感恩抛到了一边，毫不犹豫地对自己当初的保护者发起了控诉。

和其他地方相比，阿图瓦省更难培养出狂热的自由卫士，也承受了来自封建教会更重的专制压迫。这里的土地全归领主和教会所有，地方三级会议成了嘲弄公正和理性的一个摆设。第三等级代表人由本省二十多个市长担当，而且他们均是领主任命的。拉图尔-莫堡（Latour

---

① 我猜，罗伯斯庇尔的第一幅肖像下的铭文就暗指这位女子（此画现藏在圣-阿尔宾先生［Saint Albin］手上）。画中的他还很年轻，面容瘦削苍白，一只手拿着一朵玫瑰花，另一只手放在胸口处，下面的题字是："谨将一切献给我的一位女性朋友。"——原注

Maubourg）、戴斯图美尔（D'Estourmel）、拉梅特等家族，将政府行政大权牢牢掌控在自己手中，把它变成一笔世袭的财产。在这样暗无天日的环境中，行政工作若能取得进步，那真是件令人称奇的罕事（此话是拉梅特家族中的一个人的坦言）。最开始，所有封地领主都参与投票；然后，他们又要求保留一片教区土地，并将贵族划为四个亲等关系。在大革命爆发前夕，他们又不满足了，将贵族亲等关系细化为十个以上。所以，看到这个思想落后的行省把新思想的一个信徒派去参加三级会议，看到这个不懂变通、刚直不折的人把如同几何学中的尺子、圆规、水平仪一样一板一眼的思想带到大革命中，我们也无须太过讶异。

罗伯斯庇尔离开了阿拉斯，却发现议会就是另一个阿拉斯。这里的主教无比仇恨这个曾受过他们保护的变节者，阿图瓦领主们也百般蔑视这个因为受人恩典才有资格坐到他们身边的律师。面对赤裸裸的恶意，这位性格本就腼腆的雏儿变得更加内向了。他曾向艾吉安·杜蒙坦承，每次自己一登上讲台，浑身就抖似筛糠。然而他依然成功了。1789年5月，当教士暗藏祸心地请求第三等级可怜可怜穷苦百姓、马上采取行动时，罗伯斯庇尔尖锐地做出回应。他发觉议会也默认了自己的这一行为，所以这次讲得随心肆意而又口若悬河。

8月4日夜，罗伯斯庇尔缺席议会，对自己没能参与这伟大的一刻而抱憾不已。所以在10月5日时候，他以火中取栗的勇气迅速抓住了机会。当时，妇女发言人马亚尔在议会中发表讲话，而所有人要么对他充满敌意、要么干脆缄默不语，只有罗伯斯庇尔两次站出来支持马亚尔。

这次孤勇之举改写了罗伯斯庇尔的命运，展现了这个寡言少语的人身上无尽的勇气和危险，让他的朋友惊觉此人绝非拘俗守常之人，是不会老老实实地遵循党派教条的。根据所有迹象来看，当时所有的雅各宾贵族派都达成一致，要把这个野心勃勃的人变成议会的丑角，一个在哪边都供人取笑、也只配供人取笑的另类。大会开得枯燥乏味的时候，总得有个人去当众人取乐的牺牲品（这个人不一定是最不会说话的那个）。在嘲笑的气氛中，所有人走到了一起，哪怕不共戴天的敌人也笑作一团，一时间场上又充满和谐的气息。此时，大家的敌人只有一个。

要把人变成笑柄，办法很简单：在他发言时候，**他的朋友**在下面嗤笑就行了。人基本都是易被带动起来的轻佻的模仿者，所以旁边的巴纳夫或拉梅特一笑，整个议会势必都会笑起来。貌似只有一个人从不加入这场可鄙的玩笑，他便是真正的强者——米拉波。米拉波总以异常严肃认真的态度去回答这个弱小的敌人提出的问题，尊重后者的狂热、激情和不懈的努力。他敏锐而不失宽和地察觉出罗伯斯庇尔骨子里的骄傲，以及他对自我、对自己说过的话的信仰。"他会走得很远。"米拉波说，"因为他真心信着自己所说之物。"

议会最不缺的就是演讲家，所以也有挑三拣四的资本。它已经习惯了米拉波那张狮子一样的脸庞，习惯了傲慢自负的巴纳夫、热情四射的卡扎莱斯、桀骜不驯的斗士莫里之类的人物，所以看到罗伯斯庇尔那张清楚写着"穷"这个字的面容，看到他刻板、内向的样子，便觉得格外碍眼。罗伯斯庇尔身体总绷得僵直，声音透着紧张和局促，谈话内容单调乏味，看上去有些近视，给人的印象就是个让人累心的勤勉鬼。大家嘲笑他，又想甩掉他。最过分的是，罗伯斯庇尔连自己的作品和名字见诸报端的小小慰藉都没有。也许因为不知此人存在，也许是出于罗伯斯庇尔的**朋友**们的授意，记者们总把他费尽心血写出来的演讲稿改得乱七八糟。他们从不直呼其名，总称他为"某一成员"或者"N先生"，甚至干脆用星号代替。

遭此对待后，罗伯斯庇尔只好更加贪婪地抓住一切可以发声的机会。他渴望发言，有时还因此出尽洋相。有一次，美国人保罗·琼斯（Paul Jones）前来向议会表示庆贺，议会主席就此做出回应，所有人觉得这样就行了，只有罗伯斯庇尔坚持要求发言。周围响起窃窃私语，还有人出言劝阻，可他依然坚决要登台。然而他闹了半天也只说出几个毫无意义的词，又在要求发言时喊着要有思想自由，说有人捂住他的嘴巴不让他说话。莫里问大家对罗伯斯庇尔先生的发言有何感想，所有人都笑出声来。

这些凌辱极大地刺激了罗伯斯庇尔的自尊，让他难以释怀。可他无依无靠，既没有家庭支撑，也没有上流社会撑腰。他孤苦伶仃、贫穷潦倒，住在玛莱区凄凉的圣东日大街上一座寒碜的小公寓里，品味着生活的苦涩。那个住所冰冷简陋，四壁萧然。罗伯斯庇尔唯一的收入就是议员薪水，他只能节衣缩食，过着无比拮据的生活。他薪水的四分之一要寄给阿拉斯的妹妹，另外四分之一要寄给一个爱他成痴、却对他派不上半分用处的情人；他谈不上对她有多好，经常让她吃个闭门羹。①他生活节俭，一餐才花三十苏，但即便这样，也很难有余钱来布置新衣服。富兰克林去世后，议会下令议员身着丧服，这对罗伯斯庇尔来说简直是件天大的难事。最后，他从一个块头比他大得多的男人那里借来一件大了足足四个尺寸的黑色针织外套。朱文诺尔②不是说了吗："贫穷最大的苦处，就是把人变得可笑。"③

罗伯斯庇尔只能更加忘我地投入工作之中。然而他几乎只有晚上才

---

① 此处和其他地方的相关细节，是我从维耶尔（Villiers）的书中得来的（《一个流放犯人的回忆录》，1802年）。此人在1790年和罗伯斯庇尔住了大半年时间，经常给他当免费秘书。另外，我也采纳了《夏绿特·德·罗伯斯庇尔回忆录》中的一些内容，此书继《罗伯斯庇尔作品集》之后，由拉伯尼勒耶先生（Laponneraye）出版。——原注
② 朱文诺尔（Juvenal），公元1世纪和2世纪早期一位罗马讽刺诗人。——译者注
③ 原文为拉丁语"Nil habet infelix paupertas durius in se,quam quod ridiculos homines facit."——译者注

有时间，每个白天他都得雷打不动地坐在议会的雅各宾派中间。会厅空气浊臭不堪、令人窒息，米拉波因此患上了严重的眼炎，罗伯斯庇尔也得了出血症。一些人认为罗伯斯庇尔前后的画像有所不同，真说有什么不同，那就是他的性格发生了极大的转变。他原来神情温柔而不失朝气，现在整个人却似乎憔悴了，性子变得隐忍和压抑了。实际上，罗伯斯庇尔也没什么途径来放松神经。他唯一的爱好，就是一遍又一遍地雕琢和打磨自己已够完美、但有时略显乏味的演讲稿。他资质平庸，靠工作来放松身心，这反使他越来越写不出东西了。

罗伯斯庇尔做得最正确的一件事，就是离开他原先的党派，早早和拉梅特一帮人决裂，选择单打独斗，再不忍受这种暧昧的友谊。一天早上，罗伯斯庇尔来到拉梅特府第，但他们不能或者说是不愿接见他。罗伯斯庇尔转头就走，再没回来。

摆脱了这群只会耍权宜之计的人后，罗伯斯庇尔把自己打造成了信念的卫士。

从此，罗伯斯庇尔扮演了一个很简单、也很重要的角色，成了他抛弃的那群人的一个大麻烦。这些汲汲于利益的生意人每次游走于原则和利益、律法和权宜之间时，总会踢到罗伯斯庇尔立下的一块铁板——抽象、绝对的法律。他们那套折中的、英不英法不法的、所谓的制宪方案，也在罗伯斯庇尔那里碰了钉子。他提出一些并非纯然适用于法国、却也不失普适性和概括性的理论，以《社会契约论》的标准来看，它们几乎算得上卢梭和马布里心中的理想立法准则。

他们要尽花招、想翻腾出点浪花来，而罗伯斯庇尔却岿然不动。他们凡事都要插手一把，什么都想去倒腾一下，把损己的事情做了个遍；而罗伯斯庇尔呢，他只在表达观点。他们一副检察官的模样，而他却像一位哲人、一位法律的祭司。总有一天，他会把他们给彻底耗垮。

罗伯斯庇尔是信念的忠诚信徒和喉舌。他很少阐释实践问题，几乎从不涉足于曲折的实践道路的摸索。他大谈特谈人们应当做什么，但很少甚至极少指出人们该怎么去做。然而政治家最大的职责却正是指出实践的方向，哪怕他们常会被事实打脸和指错。

此外，议会的软肋也很容易被拿捏住。议会一直都在摇摆、犹豫、后退。我们每次看到它，都会发现它心中的大革命理念比上次见到时又多沦丧了几分。那沦丧的其实是它自己的理念，是它赖以生存的根基。

这个理念是什么呢？没人讲得清楚，然而它却存在于每个人的心中。**它是权利！不是物的权利**（如特权、封邑等），**而是人的权利，是人类灵魂上的平等权利，是本质上的唯灵论理念**——无论人们察觉与否。在选举初期，人们秉承的便是这个理念：所有人，无论是否有地，都可平等参与投票。在《人权宣言》承认了人的平等性后，所有人都意识到它即指公民的平等权。

1789年10月，议会只承认那些缴纳了等同三天劳动价值的税的人才有选举权。经此一举，普选中的六百万选民数目锐减，缩至四百二十九万八千余人。议会当时对两个对立群体心存忌惮：一个是城市的煽动闹事者；另一个是农村的贵族阶级。且不论其他城市，单单让巴黎那二十多万乞丐参加选举，这就够让它头疼了，更别提那一百多万附庸于领主的农民呢。

1789年是个非常时期，采用这种非常手段倒也在理。可到了1791年，情况就大为不同了。人们以为奴性十足的农村地区上上下下表现出极大的革命积极性，几乎各地农民都对新制度抱着一定的希望。群婚一事就充分证明：在农民看来，和平、秩序和自由就是一回事。

这支人民队伍的信仰是强大的，我们理应对其抱有信心才对。可人们为什么反而如此忌惮他们？他们到底犯了多大的过错，还是做了什么背信弃义之事？他们从一开始就信仰一切思想、一切人。人民有个天生的弱点，那就是总想把理念具化为某个人的形象：今天，米拉波是大革命的显圣者；明天，巴伊、拉法耶特又成了革命事业的通灵人；甚至如拉梅特、巴纳夫这些薄情冷血之人，都能得到他们的全情信赖。他们一直被骗，可一颗执着的信仰之心却不曾减弱半分。

人们的心扉就这样被打开，思想就这样得到成长。这等惊人转变就发生在一瞬之间。喀耳刻①将人变成兽，大革命又将兽变回了人。虽然人们还没太准备好，但法国靠敏锐的直觉弥补了这个缺憾。就这样，原本无知的一群人明白了公共事务的道理。

而现在，你居然告诉这群满腔热忱、已得开智、跃跃欲试、在1789年已投过票的人，说他们没有选举权了？把选民资格限定在*能动*公民的范围内，将非选民群体降格为*受动的*、不算公民的公民，这不就等于在反革命吗？然后你又对被降格的选民说："你们只能选择富人。"让他们只能选那些至少交了一马克钱（约合五十四里弗）的人为议员，这事不是更匪夷所思吗？

人们就此发起多次讨论，于是立宪派、经济学家们寻到机会，幼稚地把他们那套关于财产归属权的唯物质论的粗浅学说摆了出来。经济学家甚至说出地产者是唯一的社会成员、*社会属他们所有的*这种言论来！②

实行政治权力本就是个大问题，若再牵扯到被议会亲手带出的那一百三十万个法官、法官助理、行政官员只能由*能动*公民担任的这种

---

① 希腊神话中一位令人惧怕的女神，擅长用魔药把她的敌人以及反抗者变成怪物。——译者注
② 奎奈（Quesnay）和杜尔哥的那些愚蠢的信奉者根本没有意识到，自己的导师之所以夸大土地的权利，纯粹是为了在那个土地被集中在教士和贵族手上的年代去更加稳健地执行土地的相关义务，即缴纳地税。——原注

事，那问题就更大了。不止如此，议会还考虑仅从**能动**公民中选拔国民自卫军，企图解除人民的武装，哪怕不久前是他们发起了大革命并赢得胜利。

对人民的不信任心理、认为地产是保障社会秩序的唯一手段的资产阶级物质论，在制宪议会中逐渐占得上风。骚乱多发生一次，这种观点的支持者就会多上几个。西哀士、图雷、夏普里耶、拉博·圣-艾蒂安这些人愈加倒退，全然忘记了他们的先辈导师的训诫。更令人匪夷所思的是，那些在骚乱中有主导话语权，有时甚至制造骚乱的人，也就是杜波尔、拉梅特和巴纳夫，居然也开始坐立不安了。当初他们作为雅各宾分子煽动群众，现在又以议员的身份投票通过法令、解除群众武装。1790年，这三人的行事风格十分矛盾和反常。由于此三人在和平及战争创制权这个大问题上反对米拉波，故一时之间人气高涨、极有民望。然而他们的思想和实际行动却在根本上是矛盾的！说到底，他们也是保皇党人罢了。

米拉波在世上自始至终唯一恨过的人，便是他眼中最是两面三刀的亚历山大·德·拉梅特。

拉梅特、杜波尔和巴纳夫只要在表面上往米拉波靠近一步，就会被在雅各宾派中羽翻已就的罗伯斯庇尔给顶替下去。他们在先锋军的位置上如坐针毡，又不愿把这个座位拱手让人。他们迂回、摇摆，采用一切诡计伎俩来应付眼下。然而在这瞬息万变的时局中，如果他们还想让国王重掌大权，那就得赶快行动了。查理·德·拉梅特在批判行政权、说它是在"制造死亡"时，曾赢得一片掌声，那时他的抨击之词是发自肺腑的。然而拉梅特兄弟隐约发觉这个被自己大力削弱的权力会把他们拉去陪葬，于是又想让它恢复生命力。

在南锡事件中，他们的这种态度就已表露无遗。此三人和米拉波一道站在布耶和拉法耶特那边，投票反对士兵。然而，他们领导的雅各宾社团当初为煽动士兵起义可没少出力呢！

在这股明里暗里都在反向倒退的势力的拉动下，议会于9月6日投票通过法令，规定两年之内不得设立初级选民大会、期间将由已被初级选民选出的选民行使选举权。

拉梅特兄弟并不后悔当初因为自己仇恨米拉波而投票通过法令、禁止阁员进入议会的决定，因为他们当时坚信：在日新月异的环境下，说不定来场事变就能让他们或他们的友党得到政权。所以他们才积极地上下奔走，请人说服国王遣走阁员。一开始的一场骚乱，就让他们成功赶走了内克尔。议会对此始料不及，不愿再去恳请国王遣退其他阁员。加缪、夏普里耶、布列塔尼俱乐部以及左派两百位议员，都投票反对。所以拉梅特兄弟得在巴黎各区煽起一场大运动，达到借力打力的效果。而且这场运动的要求不再是遣走阁员，而是审判阁员。丹东作为骚乱的发言人，把这层意思传达给了议会。美杜莎的头颅首次亮相了。这充分证明，人在任何恐怖手段面前都不应退缩才对。

此时的宫廷意图采取置之死地而后生的做法，一心要向欧洲证明王权已经沦丧。也许它还想过要不要让国王去请议会挑出阁员人选，好达到自己的目的。米拉波听到风声，对此表示强烈反对。当然，他担心的是议会只会从自己的常任领导人中选择人选，怕它会为了他们而废掉当初那道禁止阁员进入议会的法令。

从那时开始，三恶同盟就已明白：自己再没办法带着宫廷重新登上权力的高座了。从小在凡尔赛宫长大、曾深受国王恩宠的拉梅特兄弟很清楚，由于他们背弃旧主，宫廷已视他们如眼中钉肉中刺。于是他们迈出了极为重要的一步,摒弃了路易十六,和奥尔良派亲近起来。

10月30日,主教们发表了《原则陈述论》这份联合抵抗宣言,把教会的恐怖阴影笼罩在大革命的朋友——底层神职人员的头上。31日,作为报复,雅各宾派决定创立一份报纸,将本社团和各省分部之间的通信节选刊登出来。这次大曝光会抖出一大堆不利于教士和贵族的指控。这份把人民的仇恨引向无数人头上(说不定他们还会因此丧命)的报纸,实际成了一个可怕的法官团。那些有权从一大堆乱七八糟的信件中挑选和摘录、决定该牺牲谁的人,等于掌控了一个奇怪的新的大权,我们可称其为"告密独裁权"。

当时依旧是雅各宾派高层领导人的杜波尔、巴纳夫和拉梅特,要把这么可怕的一个权力交付给哪个品行无垢、不可挑剔的人呢?他们会让谁去担任这个举足轻重的审查者呢?你猜?是《危险关系》的作者、奥尔良公爵的公开秘书——肖德洛·德·拉克洛!正是他,每周在罗亚尔宫的阴暗角落、在他主子的家门口、在喷泉院编出一本指控合录,将其发表出来。报纸名字起得不太对,叫《宪法之友报》。说它不对,因为当时它根本就不报道巴黎雅各宾社团的大小辩论,仿佛这个组织是个什么不能见人的神秘物似的。报纸上的唯一内容,就是他从外省社团收到的或公开、或匿名的举报信件。拉克洛还会在信里面加些内容,一开始只是些无关紧要的文字,后来则全在宣传奥尔良派的思想。事情发展到最后,在雅各宾社团这个幌子的掩盖下,奥尔良党人在七个月时间里(从11月到来年6月)把自己的主张传遍法国。《宪法之友报》这台巨大的人民机器偏离了设计者的初衷,成了那个未来王权的牟利工具。

毋庸置疑,要不是奥尔良党人在巴黎运动中给他们提供了必不可少的金钱支持,雅各宾派领导人绝不会做这桩奇怪的买卖。很久以后才如梦初醒的宫廷，为自己当初没有亲近这群危险人士而跳脚抱憾。于是，它先向路人皆知有多么虚荣的巴纳夫写信（1790年12月），随后又联系上了拉梅特兄弟（1791年4月）。它向巴纳夫咨询政见①，又问了米拉波、贝尔加斯②等人的看法，可它再一次愚弄了所有人。后来的事实证明，它只听从了布勒特伊的建议，那就是逃跑、发起内战、展开报复。

对于这些背地里的卑鄙伎俩，公众虽然并不知情，却本能地感知到它们的发生。他们四处张望，却看不到任何确切的东西，找不到一个信得过的人。他们从议会找到雅各宾俱乐部的演讲台，想找到一张正直清廉的面孔。然而他们只看到一张张或者玩弄权术、妄自尊大，或者腐朽堕落的脸，哪怕自己的捍卫者也是如此。

只有一个人的面孔能教人安心，在告诉人们："我是正直的③。"他的穿着打扮、举手投足，无不传达着同一个意思。他的演讲全是道德的说教，全在强调人民的利益，还有没完没了的理念。这个人并不风趣，面容凄苦冷淡，一副一点儿也不受欢迎的样子。他外表看来有些一板一眼，穿戴整齐、举止端庄，在某些地方甚至还有点贵族气质。他没有朋友，没有家人，连旧日同窗都对他敬而远之。

虽然他身上这些特点不太招人好感，然而人民太渴望公义了，所以这位追求理念的演讲家、主张绝对权利的斗士、道德的清道夫（他那张严肃阴沉的脸活脱脱就是道德之神的模样）成了人民的宠儿。他在议会那边越是受人欺压，在演讲台上就越是受到公众的欢迎。罗伯斯庇尔频

---

① 《米拉波回忆录》，第八章，p.362。——原注
② 贝尔加斯（N. Bergasse, 1750—1832年），法国律师、哲学家、政治家，主要活动于法国大革命早期，躲过了恐怖统治，但随后停止了政治活动。——译者注
③ 这张素来透着凄楚的一张苦脸，此刻还没有带上后来那种阴沉不定的表情。有一座或出自乌冬之手（译注：Houdon, 1741—1828年，法国新古典主义雕刻家）或是其弟子雕刻而成的保存完好的圆雕，形象地展现了他向善正直的品格（如果此雕塑是如实刻画的话），只不过神情看上去略有点紧张，也许还有一丝野心。——原注

繁向其发表讲话的这第二个议会，正高高在上地审视着议会议政，认为自己才是它的实际上级，以人民和君主的双重身份宣布它有权打断议政，朝自己的代表发出嘘声。

罗伯斯庇尔在雅各宾派中之所以地位上升，还有一个更有说服力的理由。首先，他在里面最为勤勉刻苦，永远一副兢兢业业的样子，一直在演讲，什么都敢说。在会员和妇女们看来，勤勉永远是第一美德。许多人后来都松懈了、疲乏了，脱离了俱乐部。罗伯斯庇尔偶尔也会倦怠，但不会永远倦怠下去。前辈们走了，罗伯斯庇尔仍守在这里。当其他人进入俱乐部时，看到的第一个人就是罗伯斯庇尔。这些人虽还不是议员，却心急火热地想立刻接触公共事务，他们就是未来议会的雏形。

罗伯斯庇尔丝毫没有政治家的果敢，也没有能让别人唯他马首是瞻的强势。他缺乏高度的思辨能力，只能亦步亦趋地跟着自己的导师卢梭和马布里走。另外，他又不善人事，对历史和欧洲情况也所知甚少。

可不管怎样，他有着坚忍不拔的毅力，在工作上一丝不苟、勤勤勉勉，这些是骗不了人的。

另外，我们从他第一次崭露头角就可以看出，这个人们眼中迂腐的理念卫道士对时局有着独到的见解。他很清楚哪里蕴藏着力量，自己又该怎样将其寻找（连西哀士、米拉波都没能认识到这点）。

强者靠自己创造力量，政治家则去挖掘力量的地脉。

法国当时有两股势力、两大组织：一个是极有革命积极性的雅各宾派；而另一个则是有八万人之多的低级教士。后者这股借大革命崛起的势力，似乎也被罗伯斯庇尔轻轻松松地降服了。

它们就是舆论的风向标。但人们没有细想过：基督教本身的思想能否真和大革命理念相契合。

以政治眼光评判事物的罗伯斯庇尔，从没想过要在新理念的基础上继续深化、探寻出新的组织模式出来。他只看重当下，认为谁赢得了雅各宾派和教士的支持，谁便拥有了一切。

要想让教士和大革命并为一体，倒有一个非常简单粗暴的办法：让两者联姻。罗伯斯庇尔在1790年5月30日提出这个建议，但他的发言两次都被压了下去。议会全体上下捂住耳朵，坚决不听他的提议。根据事情的迹象来看，左派不肯，是因为它绝不愿看到罗伯斯庇尔因此夺得先机。更值得注意的是，各大报刊也如议会那般闭目塞听，根本不发表罗伯斯庇尔的演讲稿，只能说这是忌妒的雅各宾派高层领导人在从中作梗。但此提议在教会中引发剧烈反响，数千名教士向罗伯斯庇尔写信表达自己满心的感激。短短一个月里，他就收到了一千多封信，这是一千多首用各种语言（有拉丁语、希腊语、希伯来语）、各种诗体（有五百行诗、七百行诗、一千五百诗）写成的诗。①

罗伯斯庇尔继续为教士说话。②1790年6月16日，他要求议会解决七十岁以上、既没有教士俸禄、又没有抚恤金的教士的生计问题。9月16日，他为某些宗教派系提出抗议，因为议会错把它们归到了托钵修会之中。几个月后的1791年3月19日，教会正和议会斗得如火如荼，底层教士也被主教拖进战争，他们和大革命取得调解的希望已经无比渺茫。此

---

① 只有《佩莱日报》（译注：大革命时期的一家报社，创办人是佩莱［Charles Frédéric Perlet］）和另外几家报纸做了报道。而各大主流报刊，例如《巴黎革命报》《法国和布拉班特革命报》《普罗旺斯通讯报》《黎明报》《人民之友报》《汇通报》等对此却只字不提（连《法国大革命议会史》也丝毫没有提及罗伯斯庇尔的提议，不过它本身就是《汇通报》的忠实撒抄者）。例如，它照抄《汇通报》中一处有人有意为之的谬论，宣称教士在8月4日之夜表现得多么慷慨大度。请看本书第一卷，p.293）。根据维耶尔所讲，罗伯斯庇尔收到无数感谢信后感动得不能自已。和维耶尔一起晚餐时，他说："有人宣称这世界再没有什么诗人；但您看我，我就知道怎么打造诗人。"——原注
② 他只有一次站在了教士对立面，但那次是因为一个教士议员提议教士议员只能由教士选出，此时罗伯斯庇尔根本不可能再向着教士阶层。议员皆应由人民选出，如果单为教士破例，那不就是任由教士行会起死回生吗？——原注

时议会意欲对教士采用严厉手段，罗伯斯庇尔表示强烈反对。他说，就为了对付主教的煽动性言论而专门制定律法，这未免太过荒谬；还说任何人都不应因言获罪。

他这一次过于冒进，给别人留下了把柄。左派的一个人挖苦他说："您是从右派过来的吧！"他察觉到敌人是在要抵瑕陷厄的招数，便适时止住话题，以后出言之前总再三思量、说话谨慎多了。在这样的多事之秋，他如果继续充当教士的保护人，说不定会自身难保。不过，底层教士应当知道并相信，有朝一日大革命结束了，这个政治家还会是自己的庇护人。

其实雅各宾派和教士在某些地方很像。他们都有着越来越强的团体精神，有着烈酒般炽热撕喉的信仰，又有宗教裁判所那种可怕的穷根究底之心。雅各宾派在某种程度上就是大革命的教士阶层，而罗伯斯庇尔则慢慢成为里面的领军人物。

站到这个位置上后，罗伯斯庇尔就更谨言慎行了。他很少打头阵，只安心扮演雅各宾派的喉舌、表达他们的心声，绝不先行一步，在涉及王权的问题上更是如此。从呈给三级会议的陈情信里的一致呼声来看，雅各宾派觉得法国上下都是保皇立场。所以罗伯斯庇尔希望的那个王，并非如米拉波所盼的那样是人民代表，而是一个人民委派的代表员。他和当时几乎所有人一样相信了这个不切实际的假设，觉得可以用锁链把国王绑起来、给他戴上嘴套、让他再不能咬人。可一个被束缚到如斯地步的国王，必然会是一个有百害而无一利的死物、废物。

正如巴纳夫认为的那样，当时的雅各宾派已是一个平衡的组织机构，甚至在大革命最狂暴的时候都依旧如此。

罗伯斯庇尔谈起科尔得利俱乐部的德穆兰时（其实他更像在说其他

更加急躁的科尔得利人），说过一句话："他们走得太快，会掉脑袋的；巴黎不是一日之内造成，更不可能在一日之内被拆毁。"

无所畏惧、敢为人先的，其实是科尔得利俱乐部。

第7章
科尔得利俱乐部

科尔得利修道院的革命史——科尔得利俱乐部鲜明的个性——他们对人民的信仰——他们组织结构的无序性——狂躁的马拉——1790年的科尔得利俱乐部仍是稚嫩的——当时的狂热气氛——科尔得利俱乐部的内部情况——卡米尔·德穆兰反对马拉——泰鲁涅瓦现身科尔得利俱乐部——阿那卡雪斯·克罗茨——科尔得利俱乐部思想的两面性——丹东的一幅画像

医学院的正对面有一条死巷,死巷最里面有一座风格朴实肃穆的小教堂。这里,就是大革命的另一处幽穴——科尔得利俱乐部。大革命就是在这里染上了谵妄症,有了自己的佛龛,出了自己的神谕。这座教堂的穹顶虽然低矮,却有大量护墙做支撑,想必可以永存于世:哪怕在丹东的吼叫声中,它都没有摇晃一下。

如今,它已变作一座阴森森的医学外科图书馆,外表看上去有几分吓人,里面还藏着一些更让人惊怖的东西。教堂后面的几间幽室摆着黑色大理石台,是拿来解剖尸体用的。

小教堂和旁边的济贫院，原是科尔得利教派①的校舍和食堂。这里曾是神修派的中枢，连它的对手——雅各派的圣托马斯②都曾在此学习。教堂耸立在两座建筑中间，中殿巨大阴森，全由暗色大理石筑成。如今，这座建筑已完全被毁。教堂的地下室，曾经还是马拉印刷报纸的秘密场所。

这是一块被命运挑中的地方！别看它只是个被围墙绕起来的方寸之地，但早从13世纪开始就属于大革命、属于大革命中那些怪诞不经的天才了。科尔得利教派和科尔得利俱乐部、托钵修会修士和无裤党之间的差别，并不像人们想象中的那么大。宗教争论和政治纠纷、中世纪教派和1890年俱乐部之间的差异，更多表现在形式上，而不是在思想上。

这座小教堂是谁所建？是大革命在1240年亲手所建。它便是在这里朝封建社会发起了第一次进攻，最后在8月4日夜里将其一刀毙命。

仔细看看这些围墙，似乎昨日方才建成似的。它们看上去是不是固若金汤，就如上帝之正义一样？实际上，它们是在一次革命的伸张正义中建成的。伟大的正义伸张者圣路易③有一次判处大贵族库西有罪，开创了贵族获罪的先河。库西上缴的一部分罚金就被这位僧侣身份的国王（他本身就是科尔得利派的修士）用来修筑科尔得利派校舍和教堂。

这是一所革命之校。大约在1300年，这里响起了关于永恒福音的争论。人们便是在这里提出了一个问题：基督真的去了吗？

1357年，就在国王和贵族被敌人打败和俘虏的时候④，这块命运之地又见证了拯救法国于危难的第一届公会的诞生。14世纪的那个丹东——巴黎市长艾蒂安·马赛，在此地通过三级会议创立了一个半共和制，从这里

---

① 方济各会下的一个教派。——译者注
② 即圣托马斯·阿奎那（St. Thomas Aquinas，1224—1274年），意大利多米尼克会神学家，是中世纪最重要的经院哲学家，其《神学大全》和《反异教大全》使天主教神学成为经典体系。1323年7月18日被追谥为圣徒。——译者注
③ 即路易九世。——译者注
④ 即英法百年战争中发生于1356年9月的普瓦提埃之战，法军大败，法王约翰二世及众大臣被俘。——译者注

把有无边权力的代表派往各省组织征购工作。①他的一句话,一条载入史册、将保卫公共和平的使命交到人民手中的法令,就把人民武装起来。这句话是:"如果领主要发起战争,勇士们定将对其迎头痛击。"

可足足四个世纪以后,直到1789年,他的这句话才得以实现!

老科尔得利教派的变革性的信仰,鼓舞和开启了穷苦的普通百姓。他们将贫穷视为基督教徒的最大美德,对它追求到了不可思议的地步。他们宁愿被烧死,也不愿自己穿的那身托钵修会的袍子被改个衣角。他们作为中世纪真正的无裤党,对财富的摒弃程度是其继承者科尔得利俱乐部,乃至整个大革命无法企及的,连巴贝夫②都没法和他们比肩。

我们的科尔得利俱乐部革命党人和中世纪的科尔得利教派一样,对普通百姓的本性抱有绝对的信仰。唯一不同的是,后者称其为神的启示,前者则称其为大众的理性。

科尔得利俱乐部全然不同于雅各宾派。他们的天赋纯然是自发的、天生的,要么纯如上天赐予,要么邪似鬼神附体。而雅各宾派连激情都是算计好了的,连他们的狂热崇拜里都带着一丝冷气。

此时的科尔得利俱乐部极得民心。他们不像雅各宾派那样,有政治人士集会和普通工人兄弟会之分。在科尔得利俱乐部,没有什么"安息夜会"或决策委员会,也没有社团公报(它只出了一期短评)。但我们不能将这两个社团拿来互作比较。科尔得利俱乐部是一个巴黎社团,雅各宾派的组织则遍布全国。可科尔得利人发起怒来,连巴黎都会抖一

---

① 艾蒂安·马赛(Étienne Marcel),生于1302年至1310年之间,死于1358年,约翰二世统治期间任巴黎市长。约翰二世被俘之后,年轻的王太子查理(也就是后来的查理五世)摄政。为了挽救法国,法国国内的改革派力图建立一个受监督的君主制度,故和查理发生冲突。艾蒂安是这场运动的领军人物,在1355年、1356年和1357年的三场三级会议中扮演重要角色。1358年,巴黎起义,艾蒂安率领人民将查理赶出巴黎,但后来巴黎资产阶级觉得他在反王权运动中表现太过,让法国一些城市有落入英国手中的危险,故将其杀害。——译者注
② 巴贝夫(François-Noël Baboeuf,1760—1797),法国政治家、记者,在自己的报纸《人民演讲家》中主张贫穷生活。——译者注

抖。巴黎若晃动了，所有政治革命派都得跟着动起来。

科尔得利俱乐部的成员个性十足。他们的记者，如马拉、德穆兰、弗雷龙、罗伯特①、埃贝尔、法布尔·戴格兰丁②等，每个人都是文随其心。丹东是个无人能敌的话筒，但从来不愿写文章。马拉、德穆兰则相反，他们一个是结巴，一个是大舌头，所以几乎一心扑在写作上面，很少说话。

这些人虽各有所长，但似乎被一条强大的绳索、一块巨大的磁石拉到了一起。科尔得利人就像一个群居部落，所有人都住在俱乐部附近：马拉住在同一条街上、就在俱乐部对面，德穆兰和弗雷龙同住于老剧院大街，丹东住在商业走廊，阿那卡雪斯·克罗茨③住在雅各布大街，勒让德尔④住在布歇里–圣日耳曼大街……

俱乐部演讲家之一、正直的屠夫勒让德尔是大革命发起人之一。他大字不识、没有文化，却敢在文人学者中间发言，根本不管自己是否会被嘲笑。在这里面，就数他心肠最软。虽然他经常说话粗暴，但平静下来后却是个十足善良的好人。他在路斯塔洛坟前发表的告别词催人泪下，远胜一群记者（包括德穆兰）加起来的全部发言。

科尔得利人有个特点：他们坚持扎根在人民中间，永远向群众敞开大门，和群众一直保持沟通交流。他们中的一些人从前一直过着幽闭遁世的文人生活，如今却把大街当成了工作台。这些人在人群中创作，蹲在路边的石桩上写稿子，把书本丢到一旁，捧起了社会这本在他们眼中

---

① 罗伯特（Pierre-François-Joseph Robert，1763—1826年），法国律师、政治家、记者、哲学家，曾担任丹东的秘书。——译者注

② 法布尔·戴格兰丁（Fabre d'églantine，1750—1794年），法国演员、剧作家、诗人、大革命时期的政治家。——译者注

③ 阿那卡雪斯·克罗茨（Anacharsis Cloots，1755—1794年），普鲁士一位哲人和政治军人，1792年成为法国公民，积极拥护大革命，是无神论的狂热信徒。——译者注

④ 勒让德尔（Louis Legendre，1752—1797年），屠夫之子，在攻占巴士底狱中一马当先、冲在最前面。1790年和丹东、德穆兰一起，创建了科尔得利俱乐部。——译者注

每纸每页都刻着火一般滚烫的文字的大书。

他们信仰着人民，信仰着人民的本性。他们侍奉着这份信仰，花费巨大心力去论证它。在奥戴昂大街和法兰西剧院大街的交叉路口，你会看到这么一幅动人画面：德穆兰这位才子像当初的伏尔泰一样，就站在泥水匠和木工中间，和这群晚上抽时间研究哲学的人一起探讨理论。群众的才智令他万分欣喜，让他不由得高喊道："他们堪比雅典人！"

由于心怀对人民的信仰，科尔得利派从人民那里得到了无穷的伟力。他们拥有三个烈如雄雷的革命领军人物：一副裂石流云的嗓音，一支陵劲淬砺的铁笔，一团爉天炽地的烈火——他们就是丹东、德穆兰和马拉。

他们的力量源自人民，无组织性的这个缺点也源自人民。他们觉得每个个体都是人民的化身，故才把绝对大权交给一个城市、一个组织、一个小小的俱乐部、一个公民。任何人都有对法国的**否决权**。为了让人民享有更大的自由，他们就把人民交到个人手中。

马拉虽然狂热盲目，但似乎发觉到这种无组织思想的危险性。他很早以前就提出建立军事评议委员会这种专权机构，后又提议创立一个由三人组成的国家审讯所。1790年12月，他建议组建一个专门的监督举报组织（参照现雅各宾社团的结构），去监督和告发政府人员。此事没有下文后，马拉便独力组建了一个自己的审讯所。各方的人把真真假假的告密信、申冤书寄给他。他统统相信，并将其全部刊登出来。

法布尔·戴格兰丁说过"马拉的同情心"。有些人将同情和善良混为一谈，却不知过度的同情会化为噬人的烈火。女人通常具备这种近乎残酷的同情心。而马拉的性格偏女性化，甚至比女人还女性化。他极易神经过敏，是典型的多血质人。他的医生布尔蒂耶（Bourdier）每天都会给他做记录，若发现他的脸色比平常还要"赤红"、血气上涌，就得马上给他放血。①

从单纯的研究生涯猛地跨进革命运动，这一骤然的生活转变冲昏了马拉的脑袋，让他如醉酒一般神摇魂荡。此时，又有一些马拉的冒牌货和模仿者盗用他的名号来表达自己的观点。这无疑更让马拉气昏了头。他不相信谁能逮住这些家伙，于是独自去追捕这些传播假消息的流贩，在街角监视他们，在夜里抓住他们。由于警察这边也在搜寻马拉，他只能四处流窜。在贫穷颠沛的生活中，在东躲西藏、无法见人的日子里，马拉变得越来越神经质、越来越狂躁。由于愤怒，由于对人民深切的悲悯，他越来越狂厉，只有残酷的指控、屠戮的吁喊、杀人的建议才能抚慰他狂躁不安的同情心。于是马拉变得越发多疑，脑中构想的罪犯和受害者的名单越来越长。再这么下去，人民之友将屠尽人民。

然而，马拉却见不得自然界中的痛苦。他说，看到一只小虫受苦，他都会感到揪心不已。然而他一人、一纸、一笔，却能毁掉整个世界。

虽然他的多疑也在大革命中派上某些用场，但他杀人不见血的言语、罗织罪名的行为却产生了极其恶劣的影响。他的无私、无畏，把他的狂怒乔装成了义愤。他成了人民的一个坏导师，让他们失去辨别力，跟着马拉变得软弱且愤怒起来。

不过，我们不能因为马拉这个怪人就对科尔得利俱乐部一概而论。我们绝不能通过他们中的任何人去认识其他个体，而应去看他们晚上集合开会的情景，去见识一下这座埃特纳火山下闹闹哄哄、沸反盈天的场面。我将带你前往此地。来吧，不要慌，把手给我。

我想看看在他们体内那个混乱、莽勇的元神赫然现身、镇住全场的

① 这是布尔蒂耶本人对著名生理学家赛乐（Serres）亲口所述。——原注

那一天，他们是什么样子；我想看看在他们搬出**否决权**去反对国民议会法令、宣布"在他们地盘上"的新闻界现在和将来都享有无限的自由、宣布他们要保护马拉的那一天，他们是什么样子。

走吧，我们一起去捕捉那时他们的面貌。岁月荏苒、人事剧变，这是世间常态。虽然那时科尔得利派依然保留住了本来的天性，但一转眼的工夫，我们就会再认不出他们来。所以，让我们现在仔细地瞧一瞧他们吧。不过，不要妄想将这些幽灵的面貌定格，他们往往如烟如雾、一晃就飘忽不见了。我们若穷追其后，立刻会被一道湍急的洪流拦下，弄得一身的泥泞或者伤痕。

我想看看那时他们的样子。和1794年相比，1790年时的他们还略显青涩。仅仅过了几年时间，他们仿佛经历了几个世纪的沧海变迁一般，已是满面风尘。

是的，连那时的马拉也是稚嫩的。他才四十五岁，长期抑郁不得志，工作和激情便是刺激他一路走下来的动力。他的报复心和希望都是稚嫩的。这个没有病人的医生把法国当成自己的病人，要给它放血治疗。别看这位自然科学家现在籍籍无名，未来却能让他的敌人谈之色变。①人民之友希望替人民和自己报仇，因为他们都受着同样的苦难和轻视。现在，他们的时代到来了。谁都抓不住马拉；他东逃西窜、四处躲藏，在一个个地窖中奋笔疾书，再没见过阳光。即便过着这样暗无天日的生活，仍有个女人不管不顾地追随在他的左右，她就是他的出版商的妻子。她抛下自己的丈夫，陪着这个脱离了自然、法律和阳光的生命。哪怕他脏污狼藉、长相狰狞、身无分文，她仍细细照顾着他，心甘情愿

---

① 我在后面将会深挖他的性格。但在这里，我只想从外部展现马拉，展现科尔得利俱乐部中的那个马拉，1790年时的那个马拉。在第九章里，我会再去讲述那个自以为毁灭了牛顿、富兰克林、伏尔泰的科学恐怖分子是怎么变成政治恐怖分子的。所以，我后文再来讲这个1793年的歼灭者。——原注

地待在地下室里当他的女仆。

这是女人的慈悲天性使然！也正因为这个原因，卡米尔·德穆兰才娶到了他心心念念的可爱的露希尔（Lucile）。露希尔想嫁给他，是因为他一穷二白、朝不保夕。她的父母当然希望女儿能冠上一个不那么危险的夫姓，然而恰恰就是因为危险，露希尔才如此九死不悔。每天早上，她都会拿起那份火一般炽热、充满着嬉笑怒骂、闪耀着天才火花的报纸，读着上面那些文如行云、写得入木三分、着眼当下时事、书写不朽之言的文章。无论生死，她都要陪着卡米尔。露希尔最后终于争取到了父亲的同意，哭着笑着把这个幸福告诉给了卡米尔。他们成婚了，并请来米拉波和丹东当证婚人。

许多女人都选择了和露希尔同样的命运。未来越是变幻莫测，地平线那边越是乌云密布，恋人们就越渴望结合在一起，渴望从此两人命运相连、生死相依，渴望把两条生命押在同一张牌、同一个色子上！

那是个混乱激荡的时刻，空气中混杂着战争前夜特有的狂热气息，充斥着利益纠葛，让人既觉有趣又觉恐怖。

整个欧洲都感受到这股异样的热流。许多法国人离开了，但许多外国人进来了。他们真心想参与我们的每场动乱，想和法国结为一体。他们宁可丧命于此，也不愿在他处苟活。但即便真死在法国，他们至少也活过了。

才华横溢、性情淡泊（像斯基泰人一样）四处漂泊的德国哲人阿那卡雪斯·克罗茨，本来每年拿着十五万里弗的岁入、游历于欧洲各地，此刻却停下脚步、扎在了这里。唯有死亡才能把他带离法国。西班牙大贵族古斯曼（Gusman）甘心去当一个无裤党，而且为了深入体验让他深觉刺激的骚乱气氛，他干脆住在了圣安托万区的一间小阁楼里。

话说回来，我刚讲到哪儿了？走，我们到科尔得利俱乐部去。

这里简直是人满为患！我们怎么才能进去呢？公民们，麻烦让一让；老兄，你看，我还带着一个外国人呢。往里走，喧嚣声渐渐隐没了下去，但我们依然很难看清周围的情形。这里微弱的光芒似乎只为照亮黑暗而存在。一层厚厚的雾霭罩在人们头上，似乎空气都在噪声和叫喊声中凝滞下来了。

乍眼看去，这里处处透着古怪和反常，你再找不到哪个地方比这里还要鱼龙混杂。里面不乏衣着亮丽者，有工人、学生（请注意学生中的肖麦特），还有教士、僧人。当时，许多从前的科尔得利教派的僧人也回到这个曾用来奴役他们的地方，尽情地享受着自由。这里文人甚多。你看，这边是《费兰特》的作者法布尔·戴格兰丁；那边，那个黑头发的，便是共和党记者罗伯特，不久前才和另一个记者克拉莉奥小姐成婚。那个外表平平无奇的人，就是未来的杜歇老爹。①边上那个人是爱国印刷商莫默罗（Momoro），他有个漂亮的妻子、即后来的理性女神。②唉！这位可怜的理性女神将和露希尔一道走上刑场。可现在他们哪知自己今后是何命运！

不过正在主持会议又是谁呢？我的天啊，真是吓人一大跳！能长出那么一副尊容的，除了丹东还会是谁？他到底是希腊神话里的独眼巨人，还是地狱之神？那张脸上密密麻麻地布着长天花留下的疤痕，再加上一双褐色的小眼睛，看上去就像一座散发着死亡气息的火山。不！那里站着的不是一个人，而是骚乱的种子！他脸上流动着疯狂和迷醉的神

---

① 即埃贝尔。——译者注
② 莫默罗（A-F. Momoro, 1755—1794年）是大革命时期许多报纸的印刷商，出版了著名的《杜歇老爹报》，是科尔得利俱乐部中最受欢迎的演讲家之一，法兰西共和国的"自由、平等、博爱"这句箴言就出自于他的口中。其妻子苏菲·莫默罗（Sophie Momoro）在共和二年雾月20日的自由理性节中扮演了理性女神。——译者注

情，暗藏着厄运和不幸的气息。这个可怕的怪物把我吓到了！他会拯救法国，还是毁灭法国？

你看，他一张嘴说话，所有的玻璃窗都在微微颤抖。

"现在轮到马拉发言！"

什么？这个人就是马拉？就是这个脸色蜡黄、穿着绿色外套、一双暗黄色眼睛微微凸起的家伙？这双眼睛与其说是长在人脸上，还不如说属于两栖动物所有。①这个吓人的怪物是从哪片沼泽里爬出来的？

但他的眼神又尤其温柔，眼睛透亮、滴溜溜地转着，似看非看地盯着某个东西。第一眼看去，人们会觉得他是一个既骗人、又容易被骗的空想家；再看一眼，又觉得他是一个虚荣、幼稚的街头占卜先生。他什么都信，对自己编出来的谎言、那颗天马行空的大脑不自觉想象出来的全部故事，他更是深信不疑。他之所以有如此性格，是因为习惯凭经验做事。你听，他的嗓门越来越高了。他得发现，他得捏造，他得每天在地窖中喊出至少一个神迹，他得引领他那些惊惶不安的读者揭发一桩又一桩叛变、挖出一个又一个阴谋、曝光一个又一个惊天巨案。

马拉先感谢了议会。

然后，他的面庞瞬间变得神采飞扬起来。他又挖出了一桩要紧的叛国大案！又发现了一个新的阴谋！你看，他在幸福得发抖，别人也在跟着害怕得发抖。你看，这个自高自大、盲目轻信的人的脸扭曲成什么样子了！那焦黄的皮肤上汗水淋淋。

"拉法耶特在圣安托万区令人造出一万五千个鼻烟盒，每个鼻烟盒上都画着他的肖像……这其中大有猫腻……我请求明智的公民把这些统

---

① 马拉的唯一一幅写实画出自博兹（Boze）之手，和大卫的那些画少有相似之处。我们也可以参考一下一座表现他临死情景的石膏像（也许这其中有少许润色），以及科尔得利俱乐部中的半身雕像（现归莫兰［Maurin］上校先生所有）。——原注

统给砸了。我敢肯定，你们可以在里面发现写着重大阴谋的纸条。①"

一些人听了此话一笑而了之，另一些人却觉得这值得费心去调查一下。

马拉脸色又沉了下去："三个月前我就说过，有六百个狗急跳墙的罪人要制造事端，我们得把他们抓起来。可惜没人听我的话！现在好了，我们至少得揪出两万多个罪犯来。"

这话之后，是一阵排山倒海的掌声。

马拉开始成为人民的宠儿和偶像。他的报纸上全是凶险的告密案件，有一些还真被他蒙对了。于是，他得了个占卜师、先知的名号。甚至有三支巴黎警卫队为他策划了一场小型庆典，打算扛着一座他头戴桂冠的雕像去游街，不过此事后来不了了之。当时，他的威望还没达到1793年那种如日中天的地步。既不敬神、也不畏王的德穆兰，有时还会开马拉和拉法耶特这两尊大神的玩笑。

我们别忘了边上还有个疯狂推崇马拉的勒让德尔，这个大胆的小个子男人对马拉又是欣赏、又是钦佩、又是信任。你看，此刻他的眼睛瞪得圆圆的、耳朵竖得尖尖的、嘴巴张得大大的，全神贯注地聆听着马拉的演讲，还不顾马拉最讨厌自己说话被人打断的忌讳，突然插嘴，语气亲热地问这个先知："我的朋友马拉呀，你一贯就是个悲剧家、大悲剧家、超级悲剧家！我们本该责备你追求这个名号的野心有点过头了，就像当初希腊人责备埃斯库罗斯②一样……可是，你是有原因的。你就像第一批基督教徒一样游荡在地下墓穴中，这种生活极大地激发了你的想

---

① 出自《人民之友报》，第319刊，1790年12月23日。马拉说的每句话，都表现出他是多么幼稚和轻信。在刊号320的报纸上，他说路易十六为奥地利人唆使自己干下的那些蠢事流下后悔的眼泪。在刊号321上，他又说王后在派人大批制造白色帽徽，连带着市面上的白色饰带都涨了三个苏的价格；此事绝对错不了，因为他是从拉贝尔坦（译注：la Bertin，王后服饰商）的女儿那里听来的。——原注

② 埃斯库罗斯（Eschyle，前525—前456年），古希腊悲剧诗人，和索福克勒斯、欧里庇得斯一起被称作古希腊最伟大的悲剧家，有"悲剧之父"之称。——译者注

象力。不过说真的，你在六百个罪犯的基础上又多添的那一万九千四百人，他们真的必须掉脑袋吗？一个都不能少？如果我们能用更少的脑袋做成事，又何必去夺取那么多人的性命呢？我倒觉得，只要让三四颗插着羽翎的头颅滚在自由的脚下，就不愁干不成事。"

马拉支持者喊叫起来，但此时门口响起一阵骚动，他们的回答被众人一阵惊艳后的窃窃私语给打断了。一个年轻女子走了进来，要求发言。天啊！这不就是那位美丽的列日巾帼英雄，泰鲁涅瓦小姐吗？她身着红绸长外套，腰上别着10月5日那天配着的长剑。会场上的气氛瞬间达到高潮。德穆兰高喊："萨巴女王拜访巴黎各区的所罗门来了。"

她像豹子一样轻敏地穿过会场，走上讲台。那张光彩照人的美丽脸庞，出现在丹东和马拉两张阴沉可怕的面孔中间。

泰鲁瓦涅说："如果诸位真的是所罗门，那行，请证明吧！请你们建起一座神庙，一座自由的神庙，一座国民议会的宫殿……请你们在巴士底狱原址上把它建起来吧。

"行政机关的人住着全天下最豪华的宫殿，穿梭在花神楼和卢浮宫的亭台楼阁之间；立法机关却还暂驻于网球场、梅努斯大街和跑马场，就像诺亚方舟上的鸽子似的没有一个立足之处！

"不能再这样下去了。我们得让人民通过比较这两个权力各自住的地方，一眼看出哪里才是真正王者的所在之处。没有宫殿的王算什么王？没有神庙的神算什么神？谁会认可他、膜拜他？

"让我们一起建起这座神庙吧！请所有人都出出力，把自己的金银珠宝都带过来（喏，我的在这里），一起建造这座唯一的、真正的神殿吧！只有《人权宣言》响起的地方，才配上帝亲临！巴黎——这座神殿的看门人，将不仅仅是一座城，更是所有城市共同的归属，让我们一起把它打造成万城的耶路撒冷吧！"

"世界的耶路撒冷！"厅中发出热烈的呼喊，众人彻底地疯狂了、神迷了。曾住在同一个穹顶下、沉溺于神秘主义的古时的科尔得利修士要是在今晚重回故地，看到这些人时肯定会倍感亲切。这些奉卢梭、狄德罗、赫尔巴哈①、爱尔维修②为导师的哲学门生，此刻摒弃先师训诫，一个个都变成占卜师了。

德国人阿那卡雪斯·克罗茨是个无神论者，或者自认为是无神论者。他和其他许多人一样，憎恨教士一手犯下的罪孽（宗教竟将人堕入此等恶人之境！③）。但无论他是个多么坚定的犬儒主义者和怀疑至上者，这个来自莱茵河的男人、贝多芬的同胞，此刻照样全身颤抖不已，为这门新的宗教心潮澎湃。在人们歌颂大联盟的无数美丽诗篇中，就数克罗茨给博阿尔内夫人（Mme de Beauharnais）的一封信写得最是荡气回肠。在描述未来世界大同的时候，他的话更带有一种其他人没有的奇怪的美感。他的口音、他那德国人特有的慢语速、他从容的微笑、那副天才和疯子自嘲时的幸福模样，让他在狂热中透出一丝游戏的意味。

"为什么自然把巴黎放在赤道和极点的中间呢？不就是要让它成为人类总盟的摇篮和中心吗？人们将在这里召开世界三级会议！我敢大胆预言，这个梦想绝不像人们想的那般遥不可及，伦敦塔将和巴黎塔一样、随着暴君走向覆亡而轰然倒地。法国的三色旗不仅会在伦敦和巴黎上空飘扬，而且很快还会传遍五湖四海……到那时，再没有什么行省、什么军队、什么败者、什么胜方……人们从巴黎去北京，就像从波尔多到斯特拉斯堡一样方便；海上将飘满舰艇，所有海岸线都将连成一体。

---

① 赫尔巴哈（Holbach，1723—1789年），德国出身的唯物主义哲学家，但用法语著书。——译者注
② 爱尔维修（C-A. Helvétius，1715—1771年），法国哲学家、共济会成员、诗人。——译者注
③ 原文为拉丁语 "Tantum relligio potuit suadere malorum!" 出自卢克莱修的《物性论》。——译者注

东方和西方将在联盟广场上相互拥抱。罗马以战争为途径，成为世界的中心；而巴黎将以和平为手段，一跃变成四海之都。没错，我越是深想，就越坚信天下大同的梦想将得实现，就越觉得驾驭人类马车前进的世界议会将在巴黎开幕。维特留夫①的效仿者啊，请听理性之神的神谕吧！既然民权思想激发了你们的才华，那请为我们打造出一所能接纳全世界所有代表的圣殿吧。他们最多也只有十万人。

"到了人皆言'天下虽大，处处即家'时，他们自会变成他们应成为的样子。到那时，再没有什么异乡人、流浪者。这世上只有一个自然、一个社会，只是里面的各股力量在相互对抗，国与国之间就像两团乌云，一靠近就电闪雷鸣……

"暴君啊，你们身下的王位马上就要轰然倒塌了。所以，还是请你们亲手将其推倒吧，好让自己免受皮肉之苦和砍头之灾。最高权力的篡夺者啊，请正面看着我！你们难道没有发现国民议会的墙上刻着对你们的审判吗？来吧，不要痴心妄想着权杖与权杖、王位与王位能交融到一起，向着那个能将国王从别国国王的陷阱中解放出来、将人民从他族人民的仇视中拯救出来的革命迎上去吧。"

"阿那卡雪斯万岁！"德穆兰高喊，"让我们和他一道打破天障吧！理性的洪流将法国专制政府吞没了又如何？它本就该席卷天下！所有国王和教宗的宝座都是无根之木，本就该消失于这场洪水中！你看，它已从瑞典奔至日本！壮哉！伦敦塔在摇摇欲坠……爱尔兰的一个会员众多的雅各宾俱乐部，在第一次会议期间就掀起了一场暴乱。事态若如此发展下去，我一个先令都不敢投资给英国圣公会。至于皮

---

① 维特留夫（Vitruve），古罗马著名建筑学家，其《论建筑》为后人了解古典时期建筑提供了极大帮助。——译者注

特，他迟早会被吊死在灯柱子上，除非他能在掉脑袋之前赶紧辞职，或者被约翰牛勒令辞职。在曼卡纳雷斯①，已有宗教裁判官被绞死。自由的劲风已从法国刮到了南方，要不了多久，我们就敢说：比利牛斯山再不存在了。

"刚才克罗茨抓着我的一缕头发，把我带向新的政治高峰，就像天使把哈巴谷带到狮坑一样②。我放眼望去，发现连世界尽头都处于大革命的疆域之内……③"

科尔得利俱乐部就是这种风格。可伏尔泰居然就藏身在这群狂热分子中！这个风趣的德穆兰，就是其衣钵传人。他居然也出现在这个群魔乱舞的地方，真叫人吃惊。这样一个既会煽情、又懂说理、还幽默诙谐的人，却来到这个古怪的集会场所。有人说，塞文山的先知、长期国会④的光明派、摇摆不定的公谊会⑤，这里都应有尽有。科尔得利派几乎把不同的时空拉到了一起。他们有狄德罗式的智慧头脑，但既是怀疑论者、又是宗教信徒。虽然他们的思想有时被未来之光所照耀，却让人不由得想到古老的神秘主义，哪怕现在是18世纪。

未来？未来仍是一片晦暗呢！我在丹东脸上看到的未来是阴暗的、模糊的，既高贵无比，又满身污泥。

我曾看过一幅画，画中人物堪称是大革命的拟人化形象。此画由大

---
① 西班牙的一个城市。——译者注
② 在犹太教的《圣经》中，四大先知之一的但以理让巴比伦古列王信奉了犹太教，因而被巴比伦人扔进了狮坑。天使找到哈巴谷，抓着他的头发带其来到狮坑，让他每天给但以理投食，但以理因此得救。——译者注
③ 不消多说，这一整章都摘抄自马拉和德穆兰的报纸。我将分散的材料整理归并起来，只对个别用词做了些改动。德穆兰表达了自己的一腔热血后，在克罗茨的观点上半是认真、半开玩笑地接着说："我得搁笔了，没良心的人民像聋子一般地坐在那里，让我觉得好没意思。我重振起希望，打算把报纸一期一期地办下去。亲爱的读者，如果您订的报纸快过期，请续订下去，别去塞纳街，请来我们这里、来法兰西剧院大街，我们将在这里继续致力于发展一个迄今为止不为人知的商业——革命制造业。"——原注
④ 英国历史上的一届国会，从1640年持续到了1660年，国会最初目的是通过财政法案以弥补1639年至1640年期间主教战争造成的损失。国会颁布法令规定，只有全体议员一致同意解散国会的时候，国会才会闭幕。——译者注
⑤ 又称教友派、贵格会，是17世纪创立的一个基督教派。——译者注

卫打稿，但他画着画着被吓到了、泄气了、心中没了把握，于是将画稿丢到了一边。一个做事认真的学生接过手来，一丝不苟、不急不慢、老老实实地画出丹东脸上的每一根线条、每一丝头发、每一根胡须，把这张长得乱七八糟的脸上的一个个天花痘印、一道道皱裂、一处处凹凸全都细细刻画下来。

这张画艰难却认真地描绘出一个庞大、混乱、肮脏、狂暴的生物的样子。自然创造他的时候似乎还处在摸索阶段，没想好到底该造个人还是怪物出来。这张脸和完美二字绝缘，却充满刚毅，它是一双巨手造出的一个可怕的试验品。

但和我们透过其大脑窥见的思想风暴相比，这不协调的长相看上去都顺眼了！我听到他脑中展开一场无声、凶急、似乎在做自我斗争的对话，一些断断续续的只言片语。

然而最吓人的是：他没有眼睛，至少人们很难发现他长有眼睛。什么？这个可怕的瞎子将成为各民族的领路人？可我们在他脸上唯一读到的东西，却是混沌、淆乱、灾难、对未来彻底的无知。

可这个怪物仍是高尚的。这张几乎没有眼睛的脸就像一座没有火山口的火山——一座表面流着污泥、内里却在熊熊燃烧的火山，一座正在封闭锻炉中和自然做搏斗的火山。它若爆发，将是何情景？

他的语言具有惊心动魄的力量。丹东死后，他的一个敌人高度赞赏了他的骇俗才华，用"雄辩的普鲁托①"这句永刻青史的评语形容他。

这张脸，是人们再不愿想起的噩梦，是人心中永远无法摆脱的一个沉重阴影。人们会不自觉地加入他脑中这场对立理念的真实斗争中，内心会暗自选择一个阵营去搏杀。但这不仅仅是一场激情的斗争，更是思

---

① 希腊神话中的冥王哈得斯的罗马名。——译者注

想的斗争，可里面相互搏杀的理念既无法相互调和、又无法杀死对方。此人就是被献祭的俄狄浦斯，明明谜底就在囊中，仍被可怕的斯芬克斯一口吞下了。①

---

① 我认为，那幅肖像画（现被圣-阿尔宾先生所藏）画的是1790年时丹东的样子。那时他相对来讲还很年轻，但在这个由高浓度的血液、身体、生命和力量所构成的生命中，悲剧已是注定。这是早先时候的丹东。大卫后来在公会的一次夜间会议中作了一幅生动的随笔小画，画出后来丹东的样子。那时是1793年，画中丹东怒目圆睁，眼睛却深凹下去；表面看似气焰嚣张，但其内心明显已是千疮百孔。无论谁看到这幅透着浓厚悲剧色彩的画，都从中体会到一种痛苦，并在心中不由自主地喊道："啊！这只野兽！啊！这个不幸的人！"除了这两幅认真的作品外，大卫还另外画了两张速写。不过现在，我暂时不想再谈这个集痛苦和恐怖于一身的神秘人物。到了后文，我们再来会会他。——原注

第8章

软弱无力的议会——教士拒绝宣誓
（1790年11月—1791年1月）

未来的雅各宾分子登台亮相——第一批雅各宾分子（杜波尔、巴纳夫、拉梅特等人）想要阻止历史车轮的转动——议会的退后思想——罗伯斯庇尔在雅各宾派的地位超过了米拉波和拉梅特兄弟（1790年11月21日）——拉梅特兄弟因向教会宣战而得到支持——教士挑起迫害行为——1790年11月27日，教士被要求宣誓——1790年12月26日，国王被迫批准法案——1791年1月4日，议会令教士立刻宣誓，未果——连议会中都有人拒绝宣誓

1790年6月，亚历山大·德·拉梅特遇到一个爱国社团，邀请他和他的兄长、杜波尔、巴纳夫一道参加一场宴会。宴会中的两百来宾具有朴素的爱国之心和节律精神，如斯巴达人一般刚毅英勇。宾客就座后，主持人站起身来，庄重地宣读起了《人权宣言》的第一篇内容："人生而自由，存亦自由……"众人虔诚、安静地聆听着，在之后的晚宴上也在那里若有所思。一张桌上摆着一座巴士底狱浮雕；到餐后甜点的时候，宾客中的巴士底狱胜利者们拔出剑来，一语不发，直接将浮雕斩开。浮雕裂成几瓣，露出一个捧着象征自由的弗里吉亚帽的孩子，夫人们将这公民的

桂冠戴在爱国议员的头上。晚餐结束后，主持人和先前一样，用祷告般的庄严语气朗诵起了《人权宣言》的第二篇："每个协会的目标是……"

这位主持人便是数学家罗姆（Romme），当时正担任斯特罗格诺夫王室的高级官员。在其他俄国人还没嗅到自由的味道时，他就深切感受到了自由的气息，在农奴社会中饮下了大革命的烈酒。这位既狂热、又冷静的几何学家来到这里，是为了坚定地实践新的理念，并对人类的数据进行加减、求出未知数。他平素巍然居于山岳派的峰顶，在牧月2日这一天才走下山来，要把他的罗盘装进人的心中。

看着这个全新的社团，拉梅特兄弟面面相觑，身体微微发抖。这些1789年的尊贵优雅的雅各宾分子，发现真正的雅各宾派出现了。

他们亲口承认，这个坚若磐石的主持集会者，这些被人当作圣歌一般念出来的法文，这种虔敬肃穆的气氛，这些安静而又狂热的崇拜者，"在他们看来格外瘆人"。他们先前一直像孩子一样在海面嬉戏，现在才开始觉察到脚下大洋的深度。他们和这群人之间不知道隔了多少革命的代沟，也很难理解这些人。没错，他们很了解自己雇用、煽动起来的闹事者和工人，也清楚激进记者及俱乐部中嗓门最大的叫嚣者的底细，然而叫狗不恶、恶狗不叫。跨过这团真真假假的火盆后，他们碰到了某个冰冷可怕的东西，那才是大革命的利刃。

他们害怕了，畏惧了。

他们想要退缩，但不知该怎么退缩。他们作为明面上的急先锋和领头羊，被所有眼睛盯着。雅各宾派三恶同盟的杜波尔、巴纳夫和拉梅特既然被尊为大革命的领航员，就得带领大革命奋勇前进。有人说："这些人最起码坚定坦诚，不像米拉波那样反复摇摆。"德穆兰在罗伯斯庇尔跟前对他们大力称赞；甚至马拉，性格如此多疑的马拉，对他们都没有丝毫怀疑。

然而，他们之所以能够坐上这个位置，靠的是手腕，而不是实力。假以时日，人们必然会发现他们也有弱点、也在摇摆不定和暧昧不名。

人们最先看清了巴纳夫的空腹高心，然后识破了拉梅特兄弟的城府诡计，最后才认识到杜波尔的真实面目。

有意思的是，第一个对他们挖苦打击的人，本身对他们却绝无恶意。此人就是行事冒失的德穆兰。他就像个讨人厌的孩子，总把别人心中的想法和大家心照不宣的许多事情给挑破。每天早上，德穆兰的朋友总能在报纸上读到他写的一些真实得近乎残忍的话。而这一回的事，则发生在议会讨论遣散阁员这则动议的时候。德穆兰嘲笑议会，说它"议政就像盖塔，总把巴纳夫先生的演讲当作最后的塔尖顶饰，干完就收工。可这一次不一样，常言说得好，梯子别撤太早呀。"在这篇文章中，这个淘气鬼还说了一句精准独到的话，此话不仅打击到巴纳夫，还几乎伤及当时所有的演讲者和写手："总体而言，爱国派的言论简直就跟89俱乐部会员的头发似的，平平整整、没有扑粉。米拉波啊米拉波，你在哪儿啊？"接下来他又问，在佩蒂翁和鲁贝尔①想发言时，"在米拉波这位赫拉克勒斯手持狼牙棒，马上要把侏儒锤成肉泥时"，为什么拉梅特吼着要赶紧投票？

此事过了没几天，巴纳夫又遭到一次更猛烈的攻击，从此再没能翻身。共和派空论家、记者布里索（我马上会花长文来说此人）就巴纳夫撤销有色人种权利的这件事，写了一封长信直攻其要害，揭开了这位自命不凡、虚有其表、说话口若悬河、实则都是高谈虚论的律师的真面目。布里索平素文笔浮浅，这一次却说得句句在理、字字珠玑，以朴

---

① 鲁贝尔（J-F. Rewbell，1747—1807年），法国大革命时期的律师、外交官和政治家。——译者注

实无华的文字勾勒出截然不同于巴纳夫的真正爱国者应有的样子。爱国者既不要手段、也没有忌妒心，绝不会去追求所谓的名望，好去震慑宫廷、显示自己是个多么不可或缺的大人物。爱国者绝不是思想的敌人，绝不会夸夸其谈地反对哲学。古代最伟大的公民不都是斯多葛派哲学家吗？等等，类似的言辞。

然而最让巴纳夫和拉梅特这一派元气大伤的，却是在拉梅特正因决斗事件而声震寰宇的时候、他们却立马在国民自卫军这个棘手问题上表明态度的这个行为。不仅如此，先前每次遇到麻烦，他们往往都选择沉默，一声不吭地投下和他们的敌人同样的票。想想南锡事件吧：议会全票通过了镇压瑞士兵团的决议，这不就表明拉梅特兄弟也和别人一样都投了赞成票吗？

我们说了，议会对人民颇有忌惮之心。它开始时排斥人民，现在又想把人民从革命的舞台上拖下来。5月时，议会一边鼓励人民武装起来，一边颁布法令、规定没有加入国民自卫军的公民一概不算**能动**公民。6月，正当人们借联盟节表达对彼此的信赖时，议会却出台了一项要求着统一服装的奇怪动议，这就是在变相地解除穷人的武器。9月，拉博·圣·艾蒂安更是过分，建议只从**能动**公民中挑选国民自卫军。我们都知道，**能动**公民有四百万之多。然而法国当时国情特殊，各省情况各有不同，一些外省——例如阿图瓦省——几乎没有**能动**公民或国民自卫军。罗伯斯庇尔对此大加强调："你们希望公民变成一个稀有物种吗？"话略微夸张，可这于他的家乡而言却是事实。①我们可以想见，此话之后，现场是怎样一派掌声雷动、沸反盈天的场景。

罗伯斯庇尔这话是在11月21日晚对雅各宾派说的。此次集会主席正

---

① 他还说圣安托万区只有两百个选民，但这很可能是谬传。——原注

是米拉波。虽然他历经起伏，人们今天把他捧上天、明天又恨不得生食其肉，可当时公众还是向着他的。米拉波曾觊觎这个主席之位许久，想借雅各宾派的名气来巩固自己的民望。米拉波的性子比海潮起落还要变幻莫测，和公众的关系就像一场狂暴的爱情，充满争吵和怒火。可论性格的反复，卡米尔还是略胜一筹：今天他一口一口地叫米拉波"亲爱的"，明天又骂他是人尽可夫的婊子。

米拉波由于提议感谢布耶，声望一落千丈；然而在发生侮辱三色帽徽的事情后，他声色俱厉地对那些侮辱者发表了一篇载入史册的演讲，之后又得势了。无论这个家伙是多么恶贯满盈，他和法国都已被他的无数篇演讲连在了一起。后来他提议推迟合并阿维尼翁、以迎合教皇，声望又跌了下去。然而仅仅在剧院的一次现身（当时正值《布鲁图斯》首次重演），他又重收失地。米拉波一出场，人们就摒弃前嫌，内心爱火重燃、激情复现，"熄灭的火焰又熊熊燃起"①。人们眼里只有他，用各种比喻赞美他。那是他一次辉煌的胜利，但也是最后一次。

那天是11月19日。21日，主持雅各宾派会议的米拉波不耐烦地听着罗伯斯庇尔的演讲，听他在那里反对仅限能动公民进入国民自卫军的做法。他试图打断罗伯斯庇尔，借口是他反对的这条法令已被送交了。然而现场群情激昂，所有人都站在罗伯斯庇尔这边，他这么做非常要命、也非常危险。大厅里许多人高喊着："继续！别停！"一时间会场大乱，无论主席吼叫还是打铃都无济于事，喧嚣吞没了一切声音。米拉波作为主席，不仅不藏起来，反而干了一件让他要么占据上风、要么一败涂地的大胆之举。他站在椅子上，似乎身上就背负着正遭攻击的、他得去捍卫和拯救的法令似的，高喊着："同僚们，跟我来！所有兄弟们，

---

① 原文为拉丁语 "veteris vestigia flammae"，出自维吉尔的《埃涅依德》。——译者注

跟我站在一起！"可这次冒险一试，只赤裸裸地揭示出米拉波四面楚歌的处境。听了他的号召后，只有三十个议员站了出来，整个会场都站在罗伯斯庇尔这边。罗伯斯庇尔从前的同窗、逮到机会就对其大加颂扬的德穆兰此时也说："米拉波不知道，若说一个自由民族真会崇拜什么，也只会崇拜美德。"

此事揭露了雅各宾俱乐部内部的大洗牌。该俱乐部当初由议员一手创立，如今里面却只剩一小群无足轻重的议员了。由于入会门槛很低，俱乐部已被换血，充斥着狂热、焦急难耐的人。这个组织诚然代表了议会，但那是未来的议会。而罗伯斯庇尔也只为那个议会发言。

查理·德·拉梅特披着肩巾来到会场，人们自觉地安静下来。然而，所有人原以为他是支持罗伯斯庇尔的，结果他却向着米拉波说话！诺阿依子爵宣称，委员会听到的法令和米拉波、拉梅特说的根本就不是一个意思，罗伯斯庇尔说的才是正解。罗伯斯庇尔继续发言，现在他得到了整个大会的支持，主席不得不沉默下来。沉默！米拉波居然沉默了！

拉梅特兄弟已经是穷途末路！他们创立了雅各宾派，现在却只能眼睁睁看着它和自己渐行渐远。他们因为在和平及战争创制权这个问题上和米拉波抗衡，因此赢得了民心；如今，他们又因为和已失去公众信任的米拉波绑在一起，因此一损俱损。要是不能斩钉截铁地断掉和这个人的关系、把他丢进大海，或者在和教士的斗争过程中没能重获民望，那他们只能落水淹死。

老实说，教士遭到迫害完全是他们咎由自取。他们想方设法地避重就轻，集中火力去攻击宣誓问题，以期人们能忘记处置教会财产。实际上这次发誓根本无关宗教或僧人骨气，然而不了解实情的人民下意识地以为议会是在强要教士立下弃绝誓言。主教们宣布和已宣誓的神职人员割席断交，态度温和一点儿的教士则说教皇尚未做出答复、他们得再等一等。也就是说，他们是否听从祖国命令，这还得看一个外国君主愿不愿意。

教皇没作回答。为什么呢？因为他正在休假。据称，红衣主教圣部在每年的这个时候都是人去楼空。在此期间，有人利用神甫，利用居各个品阶、穿各色长袍的讲道者，去蛊惑民心、对农民煽风点火、挑唆无知妇孺。从马赛到弗朗德勒，一首反议会大合唱的音乐奏起。在普罗旺斯，神甫一村接一村地分发煽动性小册子。在鲁昂和孔岱，有人劝告人们要像抵制魔鬼的蛊惑一样抵制指券。在夏尔特尔和佩罗讷的讲道台上，有人公开抵制缴纳赋税；有神甫还口出狂言，要带领人民屠尽收税官。圣瓦斯特最高教堂教务会急遣了一批传教士，向人民宣传誓死对抗议会。在弗朗德勒，神甫们一致斩钉截铁地声称：国家财产购得者必会被罚入地狱，不光他们如此，他们的子子孙孙都是如此。他们愤怒地说："即便我们想宽恕他们，但我们能吗？不能，没人能，神甫、主教、红衣主教，甚至教皇，都不能！他们将堕入地狱，永远待在那里！"

通过雅各宾派的内部通信和拉克洛的报纸，这类事件被大批曝光，一时之间在公众中传得沸沸扬扬。雅各宾分子瓦戴尔①将其整合为一份报告，提交给了议会。米拉波洋洋洒洒地发表了一篇演讲，他言辞激烈，实质却倾向于怀柔手段，主张只让忏悔教士宣誓，说时间自向教会开刀、使其走向灭亡，等等。

但议会的反应格外激烈。它想惩罚警戒一番，要求教士宣誓，立刻、马上！

这个由信奉伏尔泰哲学的律师撑起半壁江山的议会，身上却有一个

---

① 瓦戴尔（Jean-Georges-Charles Voidel，1758—1812年），三级会议中的马赛代表议员，参与了网球场宣誓，制宪议会之后加入雅各宾派。——译者注

令人惊奇的特质：它居然天真地相信语言的神圣性和效力性。我们能说什么好呢？只能说，虽然议会见识了18世纪的各种诡辩术，却仍怀着一颗天真的稚子之心。

议会想的是：只要教士宣誓，只要国王批准了它的法令，一切就结束了、就有救了。

可国王这个公认的旧派老实人，现在却整天满嘴谎言。议会觉得言语是一道强大的障碍、樊笼和约束，可国王却不作此想。为了得到别人的信任，他甚至无所不用其极。他翻来覆去地讲着自己应得到大家的信任。他说，他在坦诚地、推心置腹地抒发己见；他说他很震惊，因为居然有人怀疑他那份众所周知的坦率……（1790年12月23日、26日）

最天真的冉森派却不满足于此，他们想要一个实实在在、真真切切的誓言。可实际上，誓言只是个如风如露的东西罢了。

于是，12月27日，一道骇人听闻的法令出来了："议会全心希望众主教、神甫、副本堂神甫在一周之内宣誓效忠宪法，否则将被自动视为放弃神职。一周之后，市长负责揭发尚未发誓的神职人员。发誓后又违誓的人，将被传讯至区法庭。拒绝宣誓之人若继续从事先前职权工作，将以扰乱治安罪被处置。"

这道法令颁布了，但没被批准！过于冒进的冉森派又开始坐立不安了。他们想要一个结果。12月23日，加缪要求进行名为恳请、实则强迫的"强力干预"，让议会请国王按照正规程序对法令做出回复。强力？国王求之不得。①他立刻回答自己批准了法令。这样一来，他就可以向欧洲证明自己这个阶下囚的被动身份。

---

① 哈登贝赫（Hardenberg）在《一个政治家的回忆录》中说国王是在被迫批准法令之后才向外国列强写信求援的，不过这个说法有误。从10月6日到12月3日，路易十六和外国一直保持联络。12月3日，他给普鲁士写信说，自己已向所有君王写信求援。而12月26日，他才批准了法令。——原注

他曾对菲尔逊说："我更宁愿去梅斯当王……不过这一切快要结束了。"

值得一提的是，无论罗伯斯庇尔，还是马拉、德穆兰，都没要求教士宣誓。偏执激进、呼吁人民捣毁敌人报社的马拉，甚至希望人们能够体恤教士。他说，这是安抚他们的唯一机会，而且这关乎宗教信仰。德穆兰的想法是：对于那些决不宣誓服从国家的人，剥夺他们享有的国家津贴就够了。"如果他们被死死地绑在座椅上，那我们干吗要多生事端，宁可撕碎他们的亚麻长袍，也要将其强拉起来？这类人称法利赛人、教权主义者或教士之王的恶魔，只能被饥饿驱走①。"

甚至在议会中，担任神职的议员都被粗暴地要求宣誓。这是执政党派犯的一个非常要命的错误。因为这么一来，那些不从者就寻到机会、以轰轰烈烈的方式向人民证明自己根本不曾有过的信仰。纳博讷大主教在后来的帝国时期说过一句话："我们当时表现得像真正的贵族一样，我们许多人这么做是出于信仰。"

可想而知，当这些主教被勒令当众放弃信仰、正式否认其正统思想时，会以怎样高贵的态度来作答。再懦弱的人被逼急了，也能变成勇士。但无论表现得多像贵族，他们的首要身份难道不是法国人吗？可在危难之中，哪怕再有革命意志的神甫也无法毅然决然地抛弃他们的主教。法令的强制口吻令他们反感，美丽的危险将他们引诱。他们脑中浮现的全是神圣的殉教场景，于是也拒绝宣誓了。

早在第一次会议中，人们就督促在场唯一的主教克莱蒙特宣誓，结果可想而知。格雷古瓦尔和米拉波在第二天（1月4日）试图缓和局面。格雷古瓦尔说，议会绝没有干涉教权的意愿，心中想都没这么想过，它

---

① 拉丁文：Non ejicitur nisi per jejunium.

绝不会在信仰方面强人所难。米拉波甚至说，议会并没要求教士非得宣誓，只说拒绝宣誓就不能继任职位罢了，如果教士不愿宣誓，就做辞职处理。他们打开了一扇和解之门，然而巴纳夫用尖锐粗暴的言语又再合上了这扇门（他肯定觉得自己这么做就能重获民心了）：他要求且坚持教士立刻宣誓。

此招失策至极，只更加坚定了教士拒绝宣誓的决心。拒绝者披上了无我、无畏的斗士光环，门口的看客都目睹了他们遭到怎样的威胁。两派人相互指责：这一边说，雅各宾派企图要恐怖手段逼人发誓；那一边说，贵族特地把卖报的雇来见证他们遭受的暴行，好让他们的敌人变成恶人，好让群众觉得"议会不是自由的"。

主席开始记名：阿让主教先生。

主教：我要求发言。

左派：别说话！请发誓，您到底愿不愿意？

（外面一阵喧嚣）一位议员：请市长先生让人止住骚乱！

阿让主教：你们说拒绝宣誓者将被剥夺职位。我对这个位置没有丝毫留恋，把它交出来没问题，但你们的声望将因此受损。故我不能发誓，也希望你们能够体察其中的难处。

（大会继续记名）福尔内神甫（Fournès）：我像第一批基督教徒那样直说了吧……我能像洛朗①追随他的牧羊人一样追随主教，这是我的荣幸和骄傲。

勒克莱尔克神甫（Leclerc）：我就是天主教教会的孩子……

记名表态就这样草草结束。一个议员说，议会并不是在强行要求宣

---

① 洛朗（Laurent），出生于17世纪上半叶，本是一个泥水匠，但圣母三次显灵，令他在一座岛上造出一座神庙出来。——译者注

誓，既然此事存有风险，他们也可以采用集体宣誓的办法。可这招也不管用。议会别无所获，只多得了十五分钟的会议时间。可在这十五分钟里，它却更加沉默、更加软弱了；敌人反借此在那里说着各种冠冕堂皇之词。在当前的法国，这些话必然会使大革命树敌更多。

普瓦捷主教：我已经七十岁，在主教这个位置上坐了三十五年，也尽心尽力地去行善积德。虽然我的身体已被岁月和工作压垮，但我的操守绝不能最后不保。我是不会发誓的……（台下响起窃窃私语）我将抱着赎罪的心态，去迎接该来的命运。

听上去很悲惨，是吗？可主教们仍毫发无损地从议会退席，而且想回来就回来。群众虽然愤怒，却没制造任何暴力事件。

在1月4日的会议中，教士大胜律师。律师们这次表现愚蠢，似乎这次换作他们穿上了教士的陈旧长袍。这是一件象征不宽容的长袍，谁若穿了它，必会霉运缠身。此时，那些高贵的主教倒是妙语连珠起来。他们的话就像一把把利剑，在敌人身上刺出许多窟窿。可大部分主教虽然话说得极好，但这仍掩盖不了他们只是群玩弄权术、声名狼藉的廷臣的事实。若在今天这个要求教士德识兼备的社会，他们早就原形毕露了。加缪、巴纳夫这些人的这步棋走得真是妙啊！如此一来，主教们又重新赢得了民心，他们披上了殉教者的圣袍，被打造成了基督教的英雄。

第9章

恐怖统治的雏形

马拉的愤怒和浮躁——他有什么政治理论或社会理论吗？——他是共产主义者吗？他的报纸有什么务实的想法？——马拉从前的人生经历，其出生及教育——他早期的政治哲学作品——阿图瓦伯爵府第中的马拉——马拉研究物理学，对牛顿、富兰克林等人发起攻击——他创办了《人民之友报》——他写稿子的模式——他背后的艰苦生活——他的预言——他在发泄私仇——他疯狂地攻击拉瓦锡——法庭不敢审判马拉（1791年1月）——为什么整个新闻界都跟着马拉走向狂暴？

随着1月4日那幕戏的上演，1791年惨淡开场了。令人哀叹的是，这一年从一开始就画风大变，粗暴地违背了大革命原则：自由的权利被自由所践踏，付诸暴力的呼声此起彼伏。

是谁在喊着要暴力行事？令人大跌眼镜的是，正是那群受教育程度最高的人！那些人要么是法学家，要么是医生、文人、作家。可这么一群有思想的人却推动着盲目的群众，妄图用物质手段去解决思想问题。

马拉终于成功地在巴黎、在巴士底狱胜利者内部煽起了战争。于林和另外一些国民自卫军雇佣军被他栽以"拉法耶特的密探"这个罪名，落入人民的复仇之手。他不仅公布了这些人的名字，还把他们的住址一并贴出。他们的住街、门牌号等详细信息一应俱全，人们不用刻意搜寻、就可直接上门取其性命。他的报纸成了真真正正的流放公告栏，他随随便便就把别人透露的名字登在上面，却不进行任何查对核实。从7月14日开始，一个个对人类立下汗马功劳、却被忘恩负义的新政府遗忘了的名字，例如骁勇善战的艾黎、德拉撒勒，也被马拉胡乱拉进了迫害名单。马拉本人曾亲口承认：他在仓促之间，把德拉撒勒和另一个毫无廉耻、卑鄙下流、残暴嗜血的作家——臭名昭彰的萨德①给弄混了。还有一次，他在攻击温和派和拉法叶特派时，居然把马亚尔——这个10月5日事件的领导人、9月2日的审判者的名字也写了进去。

虽然马拉暴虐武断、草菅人命，但他对滥权流弊之行是真心地感到愤慨，这点让我对此人产生了兴趣。我得秉承严肃的历史观，去检查他那顶"人民之友"的高帽。所以我翻开这个怪人的案卷，一丝不苟地对其展开预审，拿着笔一行一行细读他的报刊、小册子和其他所有作品。②无数前例告诉我：对公正的渴求、对被压迫者的同情、对社会不公的义愤，均可转变为狂暴甚至残暴的激情。女人看到孩子或动物被虐待时，不也会感到愤怒吗？如许多人认为的那样，马拉纯粹是因悯生愤？这是我们要谈的第一个问题。

若果真如此，我们只能说这个同情引发的副作用真是奇怪，甚至邪门。马拉不仅呼吁对他所指控的那些人进行严判，以达到杀鸡儆猴的效果。不，就这么死也太便宜他们了。他挖空心思，想出种种酷刑：应该

---

① 萨德（D. A. François de Sade，1740—1814年），法国贵族，一系列色情和哲学书籍的作者，因描写色情小说和社会丑闻而出名，成名作为《索多玛的一百二十天》。——译者注
② 为了做出公正的审判，我没接受马拉的任何一个敌人的话。相信大家也能理解我为何如此。我采纳的事基本上都出自他的作品，我想根据他自己的证词来判他有罪与否。——原注

先对这些人处以火刑①，再将其挫骨扬灰；此外，还可以施以烙铁、砍手、拔舌②等刑罚。

当发火者把怒火喷向别人时（不管此人是否有罪），其实自己也堕入了火海。一个真正怜悯苍生、心怀正义的人是不会到处乱喷火的，他们即便愤怒，那愤怒也是庄严神圣的。而马拉的此等行为，只让人觉得这是一个情绪失控、歇斯底里、疯疯癫癫的女人在胡闹。

更令人震惊的是，这种愤怒看似可用过度狂热的思想来解释，可它实则没有任何明确的信仰为支撑。真是令人不解啊，马拉如此狂怒，却又如此茫然。他愤怒地狂走，却不知所向何处。

我们若想探寻马拉有何理念，就应跳过其早期作品（不过我马上就要说到这块内容），去看看他在成熟时期、也就是1789年和1790年时的作品。那时，他羽翼已丰，乘着时代的东风飞到了高处。除了创办《人民之友报》之外，马拉还在1789年发表了《人权和公民权宣言草案——根据一部公正、完善、自由的宪法提纲而作》；随后，他又于1790年发表了早在1780年就已拟好草稿的《刑事立法提纲》，并将其呈给国民议会。

从政治角度来看，这些作品写得极差，在当时的众多小册子中毫不出彩。当时马拉是保皇党，坚决认为任何大国都应该是君主制，这也是唯一适用于法国的体制（《人权和公民权宣言草案》，p.17）；君主人身神圣不可侵犯（p.43）。到了1791年2月，马拉依然持保皇立场。

站在社会角度来看，作者绝对算是无可指摘。我们都知道，马拉非常关注妇女的命运，并为抑制社会上不信教的风气而劳心劳力。他在《刑事立法提纲》中，就此展开了极其全面的阐述，内容翔实、观点实

---

① 《人民之友报》，刊号327，1791年1月1日；刊号354，p.8，1791年1月25日。——原注
② 出处同上，刊号305，p.7，1790年12月9日；刊号325，p.4，1790年12月30日，等等。——原注

际，所以虽然文中某些细节处理得有失妥当和准确性（例如他写古人不信教的地方），但终究瑕不掩瑜（《刑事立法提纲》，p.101）。

作者想医治社会的毒瘤，然而他提出的治病药方却有些不着边际。我们实难想象，作为一个四十五岁的医生，以他的年纪和经历，马拉怎么会想出这些办法来。他在《刑事立法提纲》中要求对渎圣者和渎神者处以重罚（例如可让他们在教堂门口公开认罪，pp.119至120）；在《人权和公民权宣言草案》中，他谈基督教和其他宗教时几乎是在胡诌乱道（p.57）。

财产权是不明的、站不住脚的，穷人有权共享财产……作者要不是基于这些历来受人追捧的观点展开讨论（尤其是在这个有着二十万贫困人口的赤贫的首都城市），他这两部作品很难激出什么水花。

马拉在《人权和公民权宣言草案》中提到人权时（p.7），不加掩饰地说："一个人若一无所有，而另一个人却富得流油，前者就有权去抢劫后者。为了不让自己活活饿死，他有权从后者手中夺来生活必需品，有权割断他的喉咙、咬噬他抽搐的尸体。"他在一条注释中接着说（p.6）："人犯下的任何谋杀、对同类干出的任何侵犯，对自然秩序的干扰还不如一只狼吃掉一头羊来得大。"早在他1775年出版的一本论人性的书中，马拉就说过："怜悯是一种虚伪的社会情感……人切莫存有好心、仁慈、行善这类想法，否则怜悯将使他漠视自己的生命。"（第一卷，p.165）

在马拉眼中，这才是自然的常态。多么可怕啊！人居然有权从同类手中抢夺别人富余的物资，更有权断其生路，甚至可以大啖其肉！

你若以为马拉已经远远赶超了摩莱里①、巴贝夫之流，以为他想建立一个纯粹的共同体或一个实现财产绝对平等的社会，那便是想错了。

---

① 摩莱里（ÉG. Morelly，1717—1778年），法国哲学家，作品很少传世，但他主张废除私有财产，也许是第一个发展了社会主义，甚至共产主义哲学的人。——译者注

连马拉自己都说："这种平等不可能存在于社会中，甚至都不存在于自然中。"（《人权和公民权宣言草案》，p.12）人们只能尽量向这种制度靠拢。马拉承认平分土地是符合正义的，但也是**不可能、不可行的**。（《刑事立法提纲》，p.19）

马拉认为，这么一个可怕的抢劫邻里的权利，是一个在社会出现之前就已存在的自然常态。那他承认社会中的财产地位吗？是的，他似乎在总体上认可这点。然而在《刑事立法提纲》第十八页，马拉似乎又认为只有**劳动的果实才算财产**，连孕育果实的土地都不算。

总而言之，非要说的话，马拉几乎可算得上一个社会主义者，但同时也是一个左右摇摆、前后矛盾的折中主义者。要评价这个人，我们就得做一件现在做不到的事：去探寻那个古老的矛盾思想的历史①（马拉在这方面打着擦边球，而没展开深入阐述），去深挖被我们某个同代人简

---

① 这些思想并无新奇之处。绝对平等是人类历来不变的憧憬；组成博爱的社会共同体、实现精神的结合和财产的共享，这永远是人类最旖旎、也最遥远的一个梦。人们在中世纪就做了各种努力和试验。当时大行其道的神秘主义、崇尚节俭禁欲的宗教信仰、社会推崇和流行的克己精神，都为这类试验提供了得天独厚的土壤。现代人虽也有奉献、牺牲的精神，却鲜能达到社会共同体要求的那种克己、温良、洒脱、忘我的境界。现在，人们更是强调自我。所以这个在根本上就不注重个体性的思想体系，已经越来越难以实现——尤其在法国，因为法国的农村住民具有极强的财产意识。

因此，社会的壁垒越来越高，人们的怨气越来越重，对财产的仇恨也越来越深，甚至通过正当劳动得来的财产也会引来旁人的忌恨，连劳动和劳动者都成了仇恨的对象。卢梭说过一句话，让这个去执者的念想起死回生，造出来了一大批乌托邦主义者。但他们没有发现：这句话、这本书于卢梭的一生只具有一时的相对意义（就如笛卡儿在开始时宣扬怀疑一切的思想一样），甚至和他的全部作品是直接对立矛盾的关系。那是被困顿在不公社会中的一个天才的挣扎，他为了翻身，干脆在一开始就否定了这个社会的一切，直接推倒了它的根基；后来，他又在其他著作中重新接受了这些思想，并取其精华。

概括地讲，一个以开化思想及灵魂的结合为基础的自愿性质的社会共同体，它毋庸置疑是令人向往的，然而也是极难实现的。基督教曾追求过这个目标，可即便它拥有前面这些人绝没有的资源，最后仍是铩羽而归。如果连它都不能把那些或温顺、或崇高的灵魂结为一体，上帝啊，那现代社会中这些桀骜不驯的天才又怎么可能做到思想的结合？在一个有八千万财产分享者的国家，强制性的共同体绝没有实现的可能。人们可以用武力手段在某个城市中进行试验，但绝不可能将其在全国范围内推行开来。

更不消怀疑，如果我们爆发革命（比如现在法国要起来反英国），这无异于将一个绝好的机会主动奉给外国。如果法国果真持续内乱，这对它而言简直是天赐良机。英国可趁此机会打压法国，把它变成第二个爱尔兰。我们太熟悉英国的这种套路了。当初，它就用这套手法漂漂亮亮地将荷兰打压进了尘埃，让它受着一个英国省长的统治。曾组建了荷兰海军这支威武之师、敢于对抗英国、在炮火中强攻下了泰晤士河的那派人，被指控为贪婪的自私主义者（不过这也是空穴来风、未必无因），被所谓的人民和世界主义者、实则是一群被英国煽动起来闹事的外国人组成的乌合之众给打败了。

希望我们能引此为鉴。任何阶层都不能分裂法国，都不能向敌人打开门户。如果我们为了一小块土地而斗得你死我活，哪怕眼前有广阔的土地正荒芜着无人耕种，那未免也太可悲了！此外，国家和公民应当胸襟广阔，我们应当向兄弟同胞张开双臂、给他们提供更多的获得财产的渠道，所有人、所有阶层都应接受教育，继承法也应得到修订。我毫不避讳地在这则注释中提到这个非常庞大和严肃的话题，只希望法律能在适当时候更加照顾人的意愿。例如，如果一个父亲已给自己的女儿置办了一份嫁妆、给儿子安排好了一个工作，那他大可将自己的财产自由遗赠给国家或穷人。——原注

化为"财产就是抢劫"的这个学说的历史。这门消极学说毁誉参半,它既是一些宗派的共识,也遭到了许多人的强烈反对。

世界上最容易的事莫过于空想。我们可以空想一个公平、互爱、完美、纯洁、节制(这是首要条件)的社会,想象这个社会中建立且运转起了一个绝对的财产平等的共同体。其实,只要实现了心灵的结合,财产的共享是件很容易的事。在爱情和友谊中,谁不是共享主义者呢?上世纪里同生共死的佩赫梅加和杜布雷尔,他们的友谊就是个典型例子。①佩赫梅加写了一首散文诗,向读者表达自己只有朋友的这种生活是何其温柔缱绻(这首诗题为《泰雷夫》,可惜写得一般,读来索然无味)。

摩莱里的《巴齐里阿达》和《自然法典》没能将共享理念灌输到世人心中,佩赫梅加的《泰雷夫》更不能。人们就此创作的一切诗歌、探寻的一切方法,都必须以一个最难实现、堪称人类终极目标的东西——意志的结合为前提条件和出发点。这点极难实现,除了如蒙田、波埃西②之类的精英人物,普通人很难做到。它本身是可有可无的;可少了它,共同体永难实现。人们也可以通过法律或恐怖统治(但这难以为继)为手段来强行执行,可这又会导致一切人类活动陷入瘫痪。

我们再把话题拉回到马拉身上。他似乎从没想过这类问题。在书中开篇,马拉开门见山地指出问题,但这么做似乎只在哗众取宠、吸人眼球、以期别人听到自己的声音罢了。然后,他对这个问题又不做任何解答。作者在书里不外乎是在呼吁实现社会范围的大赈济,而且认为最该

---

① 佩赫梅加(Jean de Pechméja,1741—1785年),法国诗人,和医生杜布雷尔(Dubreuil)是至交。1785年,杜布雷尔身染重疾后,将佩赫梅加叫至床前说:"朋友,我这种病是传染性的,我只想让你来照顾我,把其他人都叫走吧。"佩赫梅加悉心照顾他,并在杜布雷尔去世后没几天也离开人间。据说他曾要求不要合上杜布雷尔的坟墓,似乎预感自己也将随亡友而去。——译者注
② 波埃西(Boétie,1530—1563年),法国人道主义作家、诗人,著有《论自愿为奴》,是蒙田的挚友。——译者注

被放血的就是富人。此话固然有理，但他是不是最好也讲一讲具体的操作手段呢？诚然，穷人饱受赋税之苦、富人却能逃掉纳税，这是最丧尽天良、令人发指的事；只有财力有余者才应纳税。但政治家不应像马拉那样只在呐喊人们的申诉和心愿，他还得提出解决办法。所有这类乌托邦主义者都在干动嘴皮子，但这并不算什么难事。这些人只将希望寄托于美好的假想中，寄托在未来的优秀公职人员身上，说什么"我们应当让某个有良知的人来领导国家，让一个正直廉洁的法官来负责监督"（马拉，《刑事立法提纲》，p.26）。

马拉可曾在形势所需的时候在报上提出什么切实可行的良策吗？没有。我们只看到他语无伦次、含糊其词，却想不出什么权宜之计，也没提出什么可被称为理论的东西。

各市政厅取得修道院和其他教会地产的所有权后，他曾提议将其改造为面向穷人开放的作坊、把贫困家庭安置在修道院单人小室中（1790年6月11日、14日）。在国家宏观政策的层面上，马拉却提不出任何建议来。

马拉也关注过营业税法、巴黎的困境以及人们的涨薪要求，但他可曾提出什么建设性方案？完全没有。他只说什么要建立严格的长期学徒制，要凭才论人，工人工资应当合理化、连续三年表现出色的工人应被解决安家问题，没有成家的工人可在第十年里得到补偿。

要帮助一个如此庞大的群体，那得需要多少钱啊！但马拉在钱的问题上却只字不提，只建议让穷人和士兵联合起来，喊着要从国有财产中分到一笔活命钱，呼吁瓜分那些把金子埋起来、企图以饥饿为手段逼他们重新戴上牛轭的坏蛋的田地财产，等等。

首先我想弄清楚，1790年，在马拉成为人民精神上的掌权者后，他是否提出了某个可以支撑这个权力的普遍理念？一番细究后，我的回答是：没有。马拉根本就没有什么理论可言。

现在我想说点轻松的话题，谈一谈马拉的过往生平。说不定他在早期作品中偶然提过什么思想理念，所以才觉得自己现在只需推出结论就可以了。

卢梭出生于日内瓦，而马拉则诞生于讷弗沙泰勒①周边地区，祖籍撒丁岛。1754年，马拉十岁时，他那位声震寰宇的同乡发表了《论人类不平等的起源》；马拉二十岁时，卢梭这位思想王国的征服者遭到迫害、被迫流亡，回到瑞士寻求庇护，就藏在讷弗沙泰勒公国。当时，卢梭正是万众瞩目的焦点人物。他区区一介文人，居然盖过了所有国王的光彩。其风头之盛，连伏尔泰也不及。此外，他还享受着许多女人的柔情和眼泪（我们可以说，她们都是爱他的）。这一切给马拉留下了深刻的印象。他有一个心思细腻、待人热忱的母亲。根据马拉本人的讲述，他的母亲孤孤单单地住在这座瑞士小村的深处，品性贞洁、热情浪漫，在丈夫的鼎力支持下，将她一腔热情全都用来培育一个伟人、第二个卢梭去了。她的丈夫是一位高尚的牧师，学识广博、做事勤勉，很早时候就把自己的毕生所学教给了孩子。自然而然，在这种集中教育模式下，马拉从幼时起在思想上就如天马行空般自由无束。卢梭的弊病——孤傲以及孤傲转成的虚荣，在马拉身上更是加剧了无数倍。他不就是卢梭的效仿者吗？

我们可以听听他本人（在1793年的《人民之友报》上）是怎么说的："五岁时，我想当老师；十五岁时，我想当教授；十九岁时，又想当作家；二十岁时，我又要当一个天才发明家。"说完他在自然科学方

---

① 即当时归属于普鲁士的讷弗沙泰勒公国，现在是瑞士的讷弗沙泰勒州。——译者注

面的成就后（他说自己足足有二十卷的物理发现），马拉又淡淡地说了句："我觉得自己已把道德、哲学和政治上的一切思想学问都吃透了。"

和卢梭及其他许多同乡一样，马拉很早时候就离家闯荡去了。他脑中除了一大堆乱七八糟的知识之外，还装有他的谋生本领——一些根据单方开出来的经验药方。瑞士所有的山里人都勉强算是植物学家、药剂学家或者其他什么学家。马拉常常自称是医学博士，但他到底是不是，这我也不确定。

窘迫的生活不能满足卢梭或《新爱洛依丝》的主人公，也不能满足马拉。有时他迫于无奈，只好去当家庭教师。家庭教师兼医生的双重身份，使得马拉有了接触女性的机会。有段时间，他成了圣普乐，一个被他治愈的病人就是朱丽①。这个朱丽，是一个被丈夫折磨得一身伤病、然后惨遭抛弃的侯爵夫人，但年轻医生用自己的热情、而不是长相打动了她的心扉。马拉个头非常矮小，长着一张孤拐大脸，鼻子扁平。但抛去外表不言，马拉的确有些无可争辩的品质：他无私、节制、审慎、工作起来不知疲倦、充满活力，还有其他许多优点。然而由于他太过虚荣，反让人忽略了这些闪光点。

瑞士一直向英国源源不断地输送了大批语言老师和女管家。1772年，马拉在爱丁堡教授法语。当时他二十八岁，学了很多、看了很多、也写了很多，但还没有任何出版作品。在同一年里，《朱尼厄斯信札》②结束连载。这些引发了巨大轰动、但人们都不知道作者姓甚名谁的神秘小册子，沉重打击了当时的内阁政府。新选举迫在眉睫，英国上下一片

---

① 《新爱洛依丝》里的男女主人公。——译者注
② 《朱尼厄斯信札》是英国民间匿名作家"朱尼厄斯"从1769年1月至1772年1月在伦敦一家报纸上发表的一系列公开信，由于其内容大胆写实，在当时的英国社会引发了巨大反响。——译者注

动乱。马拉亲眼目睹了一场为支持威尔克斯①而掀起的大型骚乱事件（他在二十年后对此事曾有提及），看到这个小册子作者取得如此胜利、一跃成为伦敦的一市之主，马拉又是敬佩、又是艳羡，也用英文写了一份和朱尼厄斯一样的匿名小册子，但文笔格外尖刻辛辣，题为《奴隶之锁》（1774）。那时雷纳尔刚刚一炮走红，其语言风格也对马拉的这本书有所影响。马拉说，他的这本书是一挥而成的。他在书中陈列了无数事实，进行了多方探讨。书的大纲并不算差，但内容写得可以说是诘屈聱牙、平淡乏味，读来令人昏昏欲睡。书中没有太多观点和干货；作者并没有真正理解英国，觉得所有风险都由国王担着，完全忘了英国首先是个贵族政治制度的国家。②

1772年，一本用法语写成的书在伦敦引发了巨大反响，它就是爱尔维修的遗作、有其《论思想》续曲之称的《论人》。马拉读完这本书，就立马在1773年用英语写书反对爱尔维修。他把内容注水后，洋洋洒洒写了三卷书，并在1775年将其命名为《论人，或论灵魂对身体、身体对灵魂的影响法则》（阿姆斯特丹）。

读了马拉的其他政治书籍报刊后，我们发现他其实就是个不堪一击、左右摇摆的折中主义者。在这本讨论生理学和心理学的书中，这一点更是展露无遗。马拉似乎是个唯灵论者，因为他宣称灵魂和身体是不同的物质。但他并不认为灵魂比身体高上一等，视前者为后者的附庸，宣称勇敢、诚实、温柔、智慧、理性、想象、洞察这些所谓的道德品质并非是思想或心灵的固有品质，而是灵魂的生存之道、并由身体的器官

---

① 威尔克斯（John Wilkes，1725—1797年），英国政治家、记者，他为了捍卫出版自由、国会不可侵犯性和中产阶级选举本阶层代表的权利，故发表了一系列文章，引发骚乱和轰动。——译者注
② 真是奇怪！在英国生活过、通晓英国语言、对英国文学和历史都有所研究的马拉，居然一点都不了解这支人民；和他相比，西哀士对英国可以说是一无所知，却能洞幽烛微，在他了解甚少的英国人身上发现了一些正确、深刻、似乎只有通过悉心研究才能得到的东西。——原注

状态所决定（第二卷，p.377）。但不同于唯灵论派的是，马拉认为灵魂占据了一定的空间，这个空间就是人的大脑。至于现代唯灵论领袖笛卡儿，根本入不了马拉的法眼。他在心理学上遵循了洛克的观点，但他是在抄袭、而不是引用（见第二卷和第三卷中的好几处地方）。在伦理学上，他对拉罗什福柯尊崇有加（见开篇序言，p.7，p.12）。马拉并不认为怜悯、正义属于自然情感，而是人后天习得（第一卷，p.165及p.224注释处）。他断言自然状态下的人就是个怯懦卑鄙的生物，觉得自己证明了"世上根本没有什么强大的灵魂，因为任何人都会不可避免地屈服于情感，成为激情的奴隶"（第二卷，p.187）。

马拉在谈灵魂和身体之间的连接物时，我们还指望他能说出什么深刻的新论来。可除了一个无甚稀奇的神经流质假说之外，马拉再也拿不出其他新的观点来。我们从他那里唯一知道的，就是这种流体并不完全是胶状的；证据嘛，就是能强力刺激这种神经流体的酒精并不含有任何胶状物质（第一卷，p.56）。

本书通篇乏善可陈。作者说，忧郁的人喜欢忧郁，但也喜欢一些新鲜事物。此外，他还断言痛感并不是一种感觉，说人之所以审慎，是因为集中在某些或松散、或致密的组织器官中的灵魂发挥的效力。全书言辞荒诞不经，却掩不住它本质上的平庸和流俗。

真要从批评角度去评价这本书的话，我最想抨击的是它暧昧不明的立场。马拉作为追随卢梭的门徒、单挑众哲学家的勇者，却在全书中从未展现出他应有的姿态。他有时也会壮起胆子，小小地攻击一下年老的哲学泰斗伏尔泰。在一个注释中，马拉说，有些作家把人说成一个难解之谜，其中就包括伏尔泰："休谟、伏尔泰、波舒哀、拉辛、帕斯卡。"面对他的攻击，这位狡黠的老人写了一篇妙趣横生、有理有据的文章以作回应。伏尔泰没去解释问题本质，只说这个作者是个招摇撞骗的跳梁小丑（事实本也是如此）。"不过当下风气就是如此。"他说，"这种靠上蹿下跳来取悦读者的丑角，向来随处可见。"（《文学杂集》，第四十八卷，p.234，in-8°，1784年）

虽然马拉总说自己的书在英国是怎样一炮走红，说自己从中赚了多少金子，可他回来时却是一穷二白。据说，当时他甚至一度落魄到靠在巴黎沿街兜售药剂为生。尽管如此，上一本书还是给他提供了一块敲门砖。在宫廷，一个半唯灵论的医生是不会不讨人喜欢的；一本猥亵的医书（我刚才忘了说，他《论人》这本书还有这个特点）在年轻人中、在阿图瓦伯爵的府第里还是受捧的。书中到处都是淫词亵语，充斥着暧昧或调情的场景和各种声色享乐之事，当然还少不了一些养精蓄元的有用建议。马拉最开始职位低下，只是个小小的侍从医生，后来升上去当了阿图瓦的私人卫队医生。就这样，马拉进了年轻亲王的府第。

这正是旧制度最悲哀的地方。那些后来从政的文人学者，少有人没受过上层社会的庇护。所有人都渴望自己背后有个保护人：博马舍最开始跟着公主夫人，后来又在杜维尔奈①家中当过门客；马布里受过汤参红衣主教的保护；尚福尔得过孔岱亲王的资助；胡利艾尔②曾被大亲王豢养；马鲁埃曾在国王姑母阿黛拉伊德夫人的府第里住过一段时间；拉克洛、德让丽夫人、布里索等人，都被养在奥尔良公爵府中；韦尼奥在杜尔哥和杜帕蒂的保护下长大成人；罗伯斯庇尔得过圣瓦斯特神甫的资助；德穆兰受过拉昂教务会的恩泽。这类例子数不胜数。马拉后来是走投无路了，才去寻求阿图瓦伯爵的庇护，之前他全靠自己活了十二年。

---

① 杜维尔奈（J. P. Duverney，1684—1770年），曾担任法国财政总监，将博马舍带进了上流社会和财政界。——译者注
② 胡利艾尔（C-C de Rulhières，1735—1791年），法国诗人、历史学家。——译者注

有了这个新差事，马拉就再不发表什么政治哲学作品了，重新潜心研究起了自然科学。他性子本就争强好胜，先前没能赢过伏尔泰和其他哲学家，现在又瞄准了牛顿，如从前一样孜孜不倦地企图推翻神坛上这位大神。他一股脑地扎进一大堆实验中，以为自己推翻了牛顿的光学理论（可他都没把这个理论弄明白）。①马拉不太信任法国学者，于是请富兰克林来观看自己的实验。富兰克林对他精巧的实验设计表示钦佩，但对实验内容没作任何评价。马拉对此不甚满意，转头就攻击起了富兰克林，想毁掉富兰克林在电学上的成就。为了寻得权威人士的支持，他还邀请伏特②来评价一二。但伏特并未应允。

因为改进汽艇而举世闻名的物理学家查理③，常跟我的朋友、一位闻名遐迩的学者讲一件马拉骗人的故事。有一天，他无意撞见马拉在明目张胆地招摇撞骗。马拉宣称自己从树脂中找到了一种完美的导电体。查理摸了摸，发现里面藏有一根针，于是一切真相大白。马拉转羞为怒，拔出剑来。还好查理及时抓住了剑，将其折成两段，然后把马拉一拳打倒在地。事后，这场决斗被讲成是一场拳头的较量，双方都没有受伤。

在阿图瓦伯爵的府第中④，在这个滥权和纵欲的旋涡中心，在一群放荡不羁的年轻贵族中间，在这个最能让人认清事实真相、对旧制度产生仇恨之心的地方，大革命发现了马拉。从一开始，他就一跃投进了运

---

① 如果蒙蒂克拉（译注：Montucla，1725—1799年，法国数学家）的衣钵继承者的证词可信的话（第三卷，p.595），我们会觉得在光学领域上，马拉甚至连牛顿的前人就已知道了的、已被笛卡儿阐释得清清楚楚的理论都没弄懂。但这个继承者是拉朗德（译注：Lalande，1732—1807年，法国天文学家、数学家），曾遭到马拉的疯狂攻击，所以他提供的证词我们也不能全信。因此，我觉得有必要去咨询一下当代最负盛名的一群物理学家，毕竟他们和过去的历史问题毫无干系。这些人向我证实：马拉实际上并没准确理解牛顿的实验，他在一个完全不同的实验条件下重复实验，自然会得出不正确的判断结果。但他们也说，在马拉的所有实验中，倒有一个值得重视。在这个光学实验中，一块玻璃透镜和一片金属相接触，一束发散光透过透镜，在接触点周围形成环状干涉条纹。——原注
② 伏特（Volta，1745—1827年），意大利物理学家，后人为纪念他发明的伏打电池，将他的名字命为电压的基本单位。——译者注
③ 查理（J. A. C. Charles，1746—1823年），法国物理学家、数学家和发明家。——译者注
④ 1868版增添原注：许多当事人都还活着，认为马拉是卡洛纳的门客，并断言曾读过马拉写的反革命小册子。不过我做了一番调查，没有找到这些文字资料。拉法耶特肯定地说："在大革命爆发前两个月，马拉前往伦敦，在那里各种叫嚣和诋毁民主制。"（《拉法耶特回忆录》，Ⅱ，p.286）

动。7月14日事件爆发之时，他刚结束了一次英国之旅。这次开天辟地的大事件激起了他丰富的想象力；他彻底狂醉了，从此再没醒来。自己居然参与进了这么一个伟大的日子，这在无形中极大地满足了马拉的虚荣心。事情过去三个月后，马拉写了一份告记者书，里面说（也不知其内容是否可信）：7月14日那天，他正挤在艺术桥上的人群中，前面是一小支正在逼近的轻骑兵分遣队，那时马拉自告奋勇，代表群众发言，要求他们放下武器。马拉竟妄自尊大地自比是贺雷修斯·柯勒斯①，像他一样，单枪匹马就拦下了桥上一整支军队。

但让马拉愤愤不平的是，居然没有一个记者去歌颂自己的这一壮举。于是，他生出了创办一家属于自己的报刊的念头。为了创办报纸，马拉把自己的床单都卖了（这是他亲口所述）。他想了许久，终于想出了一个极称他心意的名字：《人民之友报》，又称《公正的巴黎记者政治报》。虽然这份报纸喜欢强词夺理、添油加醋，有时还玩哗众取宠的把戏，这是众所周知的事，然而这并不妨碍马拉一举成名。他没走法国报纸和小册子的路线，而颇有逃亡写手在英国和荷兰传播的小道新闻、莫兰德②的《穿盔甲的办报人》以及其他许多毫无底线的出版物的风格。马拉和他们一样，只刊登各种丑闻和人身攻击的言论。当时其他记者都犯了一个错误，天天给人民念叨各种难以理解的抽象理论。马拉却反其道行之。当时，所有雅各宾派报纸的报道重点都是发生在外国或外省的事，但马拉很少谈这些，他独独关注巴黎和巴黎运动，更关注他要指控

---

① 贺雷修斯·柯勒斯（Horatius Cocles），古罗马共和国一位军人，在公元前6世纪末罗马和克卢西乌姆的战争中，在罗马城外台伯河桥上英勇抵抗入侵的克卢西乌姆国国王拉斯·波塞内。后世有《桥上的贺雷修斯》一诗，讲述其事迹。——译者注

② 莫兰德（C. T. de Morande, 1741—1805年），18世纪一个卑鄙的记者、写手、勒索者和法国间谍。他早年是巴黎的小混混，1770年为躲避警方到了伦敦。翌年，他的毁谤书《穿盔甲的办报人》（Le Gazetier cuirassé）问世，此书表面看只是逸闻轶事的集合，实则政治目的相当明确，意图抹黑路易十五的政权。路易十五被其勒索，派博马舍去收买他。此后，莫兰德定期把伦敦污蔑法国王室的言论上报，反成了路易十五的告密者。——译者注

的人，像诽谤写手一样嚣浮地挑选着对象。不过他不同于莫兰德：莫兰德发布丑闻就为了勒索当事人、让自己赚了个荷包盈满；马拉虽不像他那样汲汲于物质利益，可他发布的丑闻却能要人性命，早上他指控了谁，晚上那个人可能就一命呜呼了。

令人惊讶的是，这份自始至终都一成不变的狂暴，这份单调得让马拉的报纸令人生腻的愤怒，却始终煽动着公众的神经，没使它被冷淬分毫。他的报纸别说换药了，连汤都是老汤：内容不外乎是*卑鄙*、*罪恶*、*歹毒*之类的极端用词，结尾不外乎是*去死*之类的老话。唯一变动的就是要砍的人头数，从六百涨到一万，又从一万涨到两万。如果我没记错的话，最后准确的人头数是二十七万。

按理说，读者应对这种单调的内容心生腻烦才对，可这反成了马拉的个人特色。他拥有如一口钟、一口丧钟、一口*永远敲响的丧钟*一般的力量和作用。每天一大清早，大街小巷上就回荡着卖报人的叫声："卖报！卖报！《人民之友报》！"每天晚上，马拉要写八页稿子供人第二天叫卖。他每次都要超量，一栏对他来说根本不够用，他经常得再添上八页，一期报纸就有十六页。可这还是不够；他开始时字写得大大的，后来越写越小，这样就能把更多的材料、谩骂和愤怒浓缩在一页纸中了。其他记者都是间歇性地写稿，有的甚至找人代笔；但马拉可不这样。《人民之友报》从来都出自一人之手，它不仅是一份报纸，更是一个人、一个活生生的人。

可马拉一个人怎么干得了这么多工作呢？一句话：他从不离桌。他很少参加议会和俱乐部的活动，生活也很简单，全在写稿。除了写稿呢？写稿、写稿、写稿，还是写稿，夜以继日地写稿。托警察的福，马拉很早时候就不得不过上东躲西藏、闭门不出、只能工作的生活。在被警察追捕的日子里，他的工作反而加倍了，人民也格外关心起了这个因为自己而遭到迫害、被迫逃亡、过着朝不保夕的生活的朋友。如今，勒努瓦①、萨尔丁纳领导下的旧警察体制已经瓦解。巴伊和拉法耶特领导之下的新警察队伍完全是一盘散沙，做事拿捏不定、畏首畏尾，根本没干出过什么实事。从1790年到1791年，除了法弗拉案和面包商弗朗索瓦被杀案②之外，它就再没拿出过什么惩办罪犯的雷霆手段了。旧的司法体制已被终结，拉法耶特是个最见不得专政独裁的人，成天催着议会赶紧执行新的司法诉讼制度。雇佣国民自卫军是拉法耶特的真正实力之所在，其中一部分人或是前法兰西禁卫军、或是攻占巴士底狱胜利者，想想自己现在沦为区区的治安警察，这些人是满腹牢骚。

马拉通过创办报刊赚了许多钱，虽然仍居无定所，但生活已宽裕了许多。他为人古怪，穿得也怪里怪气。他通常一身脏兮兮的，但有时会突然穿戴考究，在某些细节上透着奢华和淡雅。例如，他有时里面会穿件白绸缎的贴身内衣，外面却套一件脏衬衣，衣领处还油腻腻的。金钱能磨圆许多人的性格，然而它对马拉却不管用。那种病态、刺激、与世隔绝的生活，把他的愤怒原封不动地保存了下来。在他待的那个地下室里，一束昏暗的斜阳照进来，马拉只能透过一扇狭窄的通风窗窥视外面的世界。这扇窗户和这里潮湿的墙壁，和他那张脸一样灰白、暗淡，就像蒙了一层东西似的。但马拉已经爱上了这种生活，享受着它给自己名字披上的荒诞阴郁的色彩。他觉得自己就是一位隐于暗夜中的统治者，无须传唤谁，就可在这里审判那个光明的世界、活人的王国，可以决定该拯救谁、惩罚谁。他的审判之手甚至还伸向了私人案件，尤其是女性

---

① 勒努瓦（Jean-Charles-Pierre Lenoir, 1732—1807年），出身于官僚世家，先后担任过巴黎沙特莱民事长官、警察总长和国家财政委员会主席。——译者注
② 请看第一卷、第三篇、第一章中的注释，p.380。——译者注

案件。马拉保护过一个逃亡的修道女；还曾公开支持一个和丈夫对簿公堂的女人，对这个丈夫放了些狠话。

在这种离群寡居的生活中，人无法通过他人的判断来修正自己的看法，便很容易陷入幻想中。马拉几乎以为自己开了天眼似的，无时无刻地在那里瞎预言，可这套把戏却很能迎合公众的心理。人在饔飧不济时总是盲目的，但又迫切地想要窥到自己未来的命运，所以他们如饥似渴地聆听着这个马修·朗斯贝尔①的每字每句。很奇怪的是，居然从来没人发现马拉一直都在自打嘴脸。尽管如此，当马拉谈论国外形式时，却有着令人震惊的直觉。例如，他坚信欧洲形成了反法同盟（请看1790年8月28日第204刊，以及其他刊的报纸）。至于国内事件，反正一切都是云里雾里，所以即便说错了也无关紧要。但只要这位先知说中了什么，人们就对其佩服得五体投地，出去大事宣传一番。少有记者去忌妒这个他们眼中反复无常的疯子，他们都大事地赞扬着他、为其倾倒，称他为**神奇的马拉**。不过他不会老是疑神疑鬼，有时也会表现出深刻的洞察力。例如，在路易十六批准教士宣誓令的同一天，马拉给他写了一封入木三分、情理分明的信。他请国王想想自己接受的教育、自己的家族祖先，然后扪心自问：他到底何德何能，才蒙上帝开恩，有机会承受这个超越历史、回归真诚的奇迹？

然而，马拉只在少数时候绽放出理性的睿智之光。他更多时候是在发狂怒吼、招摇撞骗、自吹自擂，吐出只有疯子才会说的谵言妄语："如果我是护民官，背后有几千勇士的支持，我敢说：只需六周时间，我就能完善宪法，使政治机器平顺运转起来，叫政府里任何一个骗子无

---

① 即《列日通历》，也称《马修·朗斯贝尔通历》（*Almanach Matthieu Lansbert*）。这是一本从17世纪开始每年一发的通历，里面用星相学来解释人间之事，还有许多医学、居家方面的建议，以及根据实事改编的故事逸闻，并以晦涩难解的文字预测未来。——译者注

赖都不敢从中作梗,让法国国泰民安;不到一年时间,法国就能繁荣富强,威震四海;我活一日,法国就能昌盛一日。"(1790年7月26日第173刊)

在我看来,马拉之所以受人诟病,更多原因不在于他有多么疯狂,而在于他其实并非如此愤怒和偏狂,在于他明目张胆地公报私仇、把本应私下嘀咕的仇人名字列进迫害名单。如果这些人都是危险的亡命之徒也就罢了,那马拉就只能收起仁慈之心、追到天涯海角也要抓住他们,这和他们是否是其私敌无关。可事实并非如此,他们都是群与人无争、于世无害的人,虽然过着光鲜体面的生活,却并无任何政治影响力。

如果他真想配上"人民之友"这个荣誉,如果他真想让自己头上的国民控诉者这个重要头衔变成一个神圣的名字,那他从一开始就应当做到无瑕、无私。不仅仅是金钱上的无瑕,更是*仇恨上的无瑕*。他应当涅槃重生,把当初那个医生马拉、那个曾和学者大打出手、在外毁誉参半的作家给忘了。

就因为当初法兰西科学院对他那些所谓的发明不屑一顾,所以它是有罪的。他把它揪出来,在报纸上对其大加诋毁,还学着贵族特意印了一本小册子对科学院大肆讨伐。一些性格平和的人(如拉普拉斯和拉朗德)以及一位高风峻节的爱国者——蒙热①,都成了他的仇恨对象。马拉不仅抨击他们毫无爱国之心,还说他们是一伙强盗,"把拨给科学院拿来做实验的钱挪作己用,花去看戏和养女人。"

而这团妒火的主要攻击对象,却是一位不久前才掀起了一场伟大的、足以和任何政治革命媲美的科学革命的一流科学家,一位令拉普拉斯和拉格朗日都觉自惭形秽的人中骐骥。这个人,就是拉瓦锡。我们都

---

① 蒙热(Gaspard Monge,1746—1818年),法国数学家、化学家,是画法几何学的创始人。——译者注

知道，是他打开了化学世界的天幕。天幕背后那个五彩缤纷的世界深深震惊了拉格朗日，甚至让他冷落数学长达十年，因为看到自然最深处的那扇门朝自己打开后，他再无法忍受枯燥无味的抽象计算了。

拉瓦锡这位伟大的革命者想发起一场科学的革命，就必须得到大量金钱支持。正因如此，他才去当税务官。拉瓦锡虽然进了税务体制，但并没有近墨者黑、沾染上里面的不良风气。相反，他多次建议降低赋税、增加收入。被杜尔哥任命为炮房监事之后①，他淘汰了人工挖洞的辛苦办法，采用火药炸洞，大大节省了人力物力成本。拉瓦锡为人如何，我们从一件事中就能看出：他虽身兼多职、工作繁忙，却依然抽出时间去做一个耗时、耗力又肮脏的科学实验，研究粪坑中的沼气成分，以期拯救某些不小心掉进坑中的人的生命。②

这样的人都能被马拉攻击，被他说成是"一个拿着十万里弗年金的化学新手"。马拉不断地、无所不用其极地指控拉瓦锡，搭建起了终让后者送命的绞刑架。然而，拉瓦锡觉得自己既在过去有无数建树，又能在未来发挥无尽潜能，于世界而言是个无价之宝，所以根本没想过逃走。他绝想不到，人竟会愚蠢到扼杀天才、让科学界和全人类蒙受巨大损失的地步。不管怎样，在马拉的精心浇灌下，仇恨茁壮生长出来。他

---

① 由于拉瓦锡的名气远超其他税务官，所以他自然成了这群国家蛀虫的代表，成了人民仇恨的集中攻击对象。拉瓦锡参与过一项必要的巴黎卫生整顿工作，其中一项内容就是晚上把无数具在无罪者公墓中堆了好几个世纪的尸体挖出来另行安置。消息传出后，众人哗然。有的人捏造消息，说税务征收处提出的绕城新墙修建方案是出自拉瓦锡之手。马拉攻击他想借此"夺走城市的空气"、让它窒息而死，还说他在7月12日到13日将军火库的火药运到巴士底狱。但我认为，拉瓦锡是在更早时候运送这批火药的（巴士底狱从6月30日起就处于防御状态了），而且是部长下令。拉瓦锡身为一个区区炮房监事，又怎敢违令？——原注

② 我写这一章的时候，还读到一本极其重要的小册子，里面讲述的也许是世上最悲惨的一个工人阶层——采石工，他们在四十岁之前就死于肺病。年轻学者们啊，如果你们中有谁要去研究枫丹白露的岩石，也请顺便采访一下这些人、想个办法降低这个职业的死亡率吧。我方才提到的这本小册子（书名是《枫丹白露的采石人》，由V. 德·莫德依（V. de Maud'huy）编写，出版于1846年），表面读来似乎满纸荒言，实际上内容翔实有趣。虽然文字读来令人觉得荒谬、离奇、粗俗，颇有6世纪里一些下三烂作家的粗野感（更形象地讲，它让人想到了一片由燧石怪岩组成的石海），但它却很抓人眼球。人们开始时会发出惊奇的笑声，随后却能感受到下面蕴藏的炙热，虽然这是一份没有光的炙热，但作者心怀大爱，他值得拥有光，迟早也会绽放出光芒。——原注

杀不死牛顿,至少也能杀死化学界的牛顿来聊以自慰。①

千万别认为马拉杀人的建议只是句口号罢了,不,它们通常会被立即执行、变成现实。从他第313号报(1790年12月17日)刊登的一封信中,我们可以得知:在被他判处死刑的人中,*有四十个刚刚毙命*。

马拉唯一不悦的是,这套方法还不能拿去对付国民议会。他在1790年10月21日信誓旦旦地说,如果能时不时地举着人头在议会周围游街,那宪法早就制成并*完美收官*了;要是人头是从议员的脖子上割下来的,那就更有效果了。他在9月22日、11月15日以及其他许多时候,多次呼喊人民在口袋中装满石块、砸死议会中那些不忠的议员。②11月24日他还呼吁他亲爱的同志们去议会宣传马拉——他们一位不可腐蚀的朋友——**提出的全部建议**。

1790年8月,马鲁埃在国民议会公开批评了马拉和卡米尔·德穆兰。卡米尔一听到风声就找到马拉,请他否认自己说过的一些引发争议的血腥言论。第二天,马拉反将此事一五一十地登在报纸上来嘲笑卡米尔。他不仅不承认这些过激言语是因为一时冲动,反称自己是因为仁慈才说这些话,说什么仁慈就是为了避免未来流更多的血而选择在现在撒一点血,等等。

他说卡米尔·德穆兰胆小如鼠,而人家向来不缺的就是勇猛之气。马鲁埃在指控德穆兰时问:"他敢站出来否认吗?"台上的他立刻高

---

① 只要读过居维叶写的介绍拉瓦锡生平的《博者传》和杜马斯(Dumas)写的拉瓦锡传记《化学哲学》,谁都会毫不犹豫地称其为化学界的牛顿。杜马斯用清晰直白的文笔,介绍了拉瓦锡在科学界的开山鼻祖的地位,此等殊荣连普里斯特利和卡文迪什不曾有过(译注:Priestley,1733—1804年,英国化学家,发现了氧气;Cavendish,1731—1810年,英国哲学家、科学家,发明了氢气),其他人等就更不用提了。人们从心底将这场伟大的化学革命归为拉瓦锡的功劳,他人只是继承了他的体系、给元素命名罢了。——原注

② 有人写了一封明显是在嘲讽马拉的打趣信,信中歌颂马拉,说他提出的方案——用几根绳索就把一群戴毛呢软帽的人驱动起来、就能把部长和不忠的议员统统绞死——简直既简单又经济,如此一来,我们既可以省下一大笔必须要花的国防经费,又可以完善宪法,简直是好处多多。可是,万一这群戴毛呢软帽的人失手把自己的领袖也给吊死了呢?对此,马拉认真回答说(他还没明白别人话中的意思),这群人很有分寸、是不会犯这种错误的,还说这世上压根就不应该有什么领导、组织之类的东西。(1790年10月25日第264刊)——原注

声回答："我敢。"卡米尔在明，马拉在暗，双方这场勇气的较量根本就有失公平。马拉很少冒出头来，只在狂热者吹号敲鼓的时候才走出地窖，因为那时他觉得周围有一堵密不可破的围墙在保护自己，觉得此时外面比地窖反更安全。1791年1月，马拉鼓吹屠杀雇佣国民自卫军士兵；至于拉法耶特，就把他交给女人去对付吧："让他变成第二个阿伯拉①。"拉法叶特派的《哈雷报》创办者将其告上了法庭。马拉走出黑暗的地窖，现身法院。这只蝙蝠一出现，连日光都被它吓住了。他不用担心什么，因为有一支队伍护在他的左右。听众席上挤满了他的狂热支持者，大街小巷里挤满了亢奋若狂的人群。为了阻挠正常司法程序，人们故意挑事斗殴，还引发了一件凶杀案。当局害怕自己无力保护原告性命，因此没让他出庭。于是马拉不费一丝力气就赢了，还觉得自己借此证明了法庭、警察、国民自卫军、巴伊和拉法耶特是何其无用。

从这天开始，马拉成了无可争议的告密之王。

他最疯癫的狂热变成了神圣的激情，他瞎说乱讲的血腥言论被当成了圣言神谕。阴险恶毒之人打的小报告，全被他不加判断地搬抄过来。从此，他在荒诞之路上大步狂奔。可他越是疯狂，人们就越信他的话。这是一个打出人民旗号的疯子；人们笑他、听他、爱他，除了他的疯狂，再不愿相信其他东西。

他昂首阔步地前进着，一脸的骄傲和幸福。他站在熊熊怒火中放声大笑。他穷其一生求而不得的东西，现在终于全都拥有了：整个世界都在看着他、谈论他、畏惧他。他梦想成真了，而且现实比他在最谵妄的

---

① 阿伯拉（Pierre Abélard，1079—1142年），法国著名神学家和经院哲学家。他在巴黎主教座堂中担任讲师时，爱上了宫廷教士富尔贝尔的17岁侄女、当时有名的才女爱洛绮思。这对恋人在布列塔尼秘密结婚，并生有一子。不久之后，爱洛绮思为了阿伯拉的前途而否认这桩婚姻（当时如果神职人员结婚，就没法再当神学院院长）。其叔父以为阿伯拉欺骗侄女感情，于是设计陷害阿伯拉，派人将他施以宫刑，使他无法与爱洛绮思组成正常家庭。——译者注

虚荣梦境里幻想的一切还要更令人惊喜。昨天他是一个伟大的公民，今天他是占卜师、先知，要是这个占卜师更疯狂几分，他连上帝都能超越。

马拉就这样大步走着，整个新闻界也亦步亦趋地跟着他，在恐怖道路上越走越远。

新闻界中不失睿智、勇敢、崇高、仁慈、具有政治头脑的人，可为什么连他们也向马拉看齐了呢？

法国当时的形势如履薄冰：和平已经无望，战争又还没打起来，国内有王权这个内敌，教士和贵族又在蠢蠢欲动、图谋不轨，本应被公共力量压制的人反成了权力的操纵者。那法国还有何力量可用？乍一看，似乎也只剩人民的恐怖力量了。然而这股力量会造成一个可怕的后果：它一边使敌方陷入瘫痪、扫除眼下障碍，一边又在不断制造障碍，这个障碍越是庞大，恐怖程度就越是升级。

恐怖催生的这个障碍从四面压过来，几乎要把人给压扁了。一开始，它只是个可怜兮兮、只会呜呜咽咽的小东西而已，后来却越长越大，变成一个参天巨物，一个为了对抗恐怖而生出来的恐怖的幽灵、同情的幽灵！

人们须在各方达成和谐，才能组建一个能够有效运转起来的国家权力、一个令人畏惧又公正无私的司法机构，才能无须恐怖势力的帮助就强大起来，才能有效地预防那个同情的幽灵的反噬。然而由于准备太过仓促，那一代人很难实现上述的这些"才能"。终于，同情杀死了大革命。

当时的革命领导人虽存有理念上的分歧，可在最开始，这种分歧比我们想象中要小得多。然而，愈演愈烈的斗争拉大了他们的裂痕、加剧了他们的对立。起初，他们每人只需在理念问题上做出一丁点儿让步，就能和别人达成共识。他们最应放弃的，就是旧制度中那份根深蒂固、可悲可叹的执念：一些人执于金钱享乐，有些人执于仇恨愤恚。可惜，他们没能放下心中的执念。

我们在反复重申：执念才是最大的障碍，而且比思想的对立更难克服。

这些其实算是出类拔萃的人，缺少的是牺牲、摒弃执念的精神。有句话我不知道当不当讲：他们虽有着宽广的胸襟，但这份胸襟仍不够宽广；他们虽对人民抱着深浓的爱，但这份爱仍不够深浓。

正因如此，他们各自为伍、势单力薄，当危机袭来时，只好通过张扬、激烈的手段去寻找虚幻的力量。正因如此，所有俱乐部演讲家、报纸编辑才会一窝蜂地跟着那个精神失常的人走，才会毫不犹豫、无怨无悔地变成残暴的嗜血者；正因如此，整个新闻界才被拴在了马拉的车架上。

当然，他们之所以全变成了暴徒，其中也有一些琐碎的私人原因。我们不要羞于谈论，还是开诚布公为好。

连大革命中那个叱咤风云，甚至最具洞察的天才（我说的就是丹东），都在各派之间摇摆不定（有人说他因此才受到各方认可）。而他用什么来掩饰自己的摇摆态度呢？过激的言论。

他那位才华横溢的朋友——卡米尔·德穆兰，是当时最大的作家兼写手。和丹东相比，卡米尔不为金钱所动，但意志更加薄弱，简直就是一个反复无常的艺术家。在和马拉的竞争中，卡米尔有时会被马拉那无人能敌的烈焰烧昏头脑，在怒极之下干出不符本性的事情来。

印刷商普鲁多姆没了路斯塔洛，该怎么把《巴黎革命报》办下去呢？干脆走更加激进的路线好了。

《人民演讲家报》的弗雷龙和卡米尔·德穆兰、露希尔私交甚密，三人甚至好到了同吃同住的地步。深深爱慕着露希尔的他该怎么做，才能在笔扫千军、诙谐有趣的卡米尔面前大放异彩呢？靠才华？不，但靠勇气不失为一条出路。于是他也更加激进了。

不过,还有一个人虽然刚刚起步,但没过多久就迅速把别人远远甩在了后面。他,就是剧院收票员埃贝尔。他独辟蹊径,把所有的粗鄙下流之词、其他报纸上能有的全部脏话和诅咒全都浓缩到一张报纸上。这项工作很简单。卖报人在喊:"杜歇老爹大怒!今早杜歇老爹他×的怒了!"想拥有和他一样的文笔?很简单,你只需每写几个词就加一句"狗××的"就可以了。

可怜的马拉啊,竞赛的枪声已经打响,你该怎么办呢?

老实讲,你的狂暴很是寡淡。你不像埃贝尔那般用各种脏话来润色他的疯狂,和他相比,你文雅得简直像个贵族。所以,你也只好说了些渎神的话(1791年1月16日)。你得付出常人不可想象的努力,时不时想出点新招数,才能坐稳狂暴大军的前锋位置。

这种你追我赶的势头,是个颇值得注意的时代特点。细究当时的历史,我们能更好地理解这个现象。在这场人人都被推着加速奔跑的运动中,若想不掉队(仿佛他们保持激进的势头可以拿到什么奖励似的),若想在一个个俱乐部、一家家报纸的竞赛中死命狂奔,这是唯一可行的办法。呐喊的回声又引发呐喊,愤怒的火焰又点燃愤怒。一篇文章催生出另一篇文章,而且文字越来越过火。不过越到后面,跟风者就越难办。马拉几乎一路领跑。但他的模仿者弗雷龙有时会跑到他的前面,本来立场温和的普鲁多姆也出了好多刊狂热的报纸。于是马拉被超越了。1790年12月,当普鲁多姆提议组建一支对付塔克文的斯凯沃拉①暗杀队时,马拉简直像得了狂犬病似的在那里口吐恶言。

---

① 斯凯沃拉(Caius Mucius Scaevola),公元前5世纪的一个罗马英雄,当时伊特鲁里亚国王进攻罗马,企图让罗马共和国重新落入被赶走的塔克文国王手中,他便潜入敌营暗杀国王,却误杀了国王的书吏。——译者注

这支调子越奏越强的暴力之曲，却绝非报刊独有的现象——报纸基本上只在转述俱乐部的凌厉言辞而已。晚上豺狼的嗥叫，被人当夜急急忙忙地印刷出来，好在第二天一早拿去沿街叫卖。保皇派的记者也在对公众倾倒毒汁，把他们晚上在贵族沙龙中听到的侮辱讽刺之词嚼一嚼又吐出来。在花神楼和德朗巴勒夫人的府第，那些马上就要流亡了的大贵族聚集一堂，也学着俱乐部的样子，给新闻界送枪送炮。

　　两派之间进行着殊死较量。无数张报纸在空中盘旋成一个旋涡，对阵厮杀，让人看得眼花缭乱。在保皇派报纸和攻击小册子阴阳怪调的嘲讽下，本就咄咄逼人的革命派报纸变得更加狂暴了。密密匝匝地涌现出来的保皇派报纸，每年随随便便就能从两千五百万法郎的国家领导人年俸中拿到不少运转资金。蒙莫兰曾向亚历山大·德·拉梅特坦承，他在很短时间里就花了七百万法郎去收买雅各宾派、贿赂写手和演讲家。《国王之友》《使徒行传》这些保皇派报纸到底得了多少钱，谁也说不清楚；至于奥尔良公爵在骚乱中又出了多少金子，这更是无法想象。

　　在这场卑鄙、野蛮的斗争中，双方用石头和埃居互砸。结果，一方被砸死了，另一方被玷污了。这不过是一场灵魂与恐怖的交易罢了。

第10章
恐怖统治的雏形——米拉波的抗争

1790年12月至1791年3月,雅各宾派对其他俱乐部发起迫害,铲除了君主立宪之友俱乐部——当时大多数雅各宾分子都属拉梅特派或奥尔良派——奥尔良公爵拖累了奥尔良派(1791年1月)——早期的共和思想——雅各宾派此时仍是保皇立场——没有宗教信仰的宗教裁判所——政治裁判所的初期效果——公主夫人离去一事,把流亡自由这个问题提了出来(1791年2月)——倒行逆施的雅各宾派在这场辩论中气势凶狠——万森和杜伊勒里两地的骚动打断了讨论(1791年2月28日)——米拉波捍卫流亡自由——他所面临的危险——米拉波遭到雅各宾派的攻击——拉梅特兄弟封杀了米拉波(1791年2月28日)

若想理解为何就在联盟节结束不久、当博爱精神依然充盈在每个人的心田时,这个最得开化的民族却突然走上暴虐之路,我们就得潜进一片未知的海域一探究竟。它,便是人民的苦海。

我们记录下了表层新闻界的噪声,也留意到了新闻界下面的俱乐部的喧嚣。然而在这表层的蜩沸下,却是一片深不可测、静默无声的大海,里面翻滚着无尽的痛苦浪涛。当人精神世界的希望业已破灭、物质生活上亦如涸辙之鲋时,他的痛苦是加倍的。暴力引发的第一个后果，就是除了贵族之外，许多绝对算不上是大革命敌人的富人也逃离了法国，因为他们害怕了。留下来的人不敢有任何动作，不敢买、不敢卖、不敢生产、也不敢花钱。受惊的钱死死躲在钱包最底层不肯出来，一切买卖、一切工程都停顿下来了。

真是令人匪夷所思！大革命给农民带来生计，却断了工人的活路。农民们把耳朵竖得尖尖的、留神听着变卖教会财产的法令，工人却缄默不语、一脸阴沉。他们被工厂解雇了，成天只好叉着手游来荡去，挤在俱乐部、演讲台和议会边上，听着一伙狂热之徒的发言。你若想组织一场骚乱，无论背后是否有人出资，保管都能干成。随便在街上逛一圈，你就能拉来一群饿得面黄肌瘦、百无聊赖的工人。只要有一天活计可以干，他们什么都愿意做。

在这种情形下，雅各宾派作为一个大的政治社团，肩上的职责可谓重之又重。它应该做什么？很简单：努力克服自己的偏见，扬明己方观点，避免野蛮暴力行为的发生（这会使大革命四面树敌），同时还要对反革命势力保持极高的警惕，在合乎正义的前提下不放过任何一个打压它的机会。

可雅各宾派非但没这么做，还行事愚蠢、大大助长了反革命势力的崛起。它严酷迫害反革命人士，结果引发公众的同情，反壮大了反革命派的队伍。它简直是在孜孜不倦地替反革命事业做宣传。雅各宾派消灭了巴黎的反革命人士，却把反革命种子带向法国和欧洲；它扑灭了一部分反革命力量，却又造出百万个反革命人士来。

雅各宾派似乎已然成了教会的直系衣钵继承者。它学会了教会那套不容异己的思想，忘了教会当初就是因为对信仰不宽容、才催生出了无数宗教异端。雅各宾派坚定地奉行这么一个古老格言："非我族类者，绝不得拯救。"雅各宾派只对科尔得利俱乐部有所照顾，而且能不提它就不提它。至于其他俱乐部，哪怕它们属于革命派，统统都遭到雅各宾派的迫害。例如共济会组织**社联会**，虽说它建得有些荒谬，可除此之外再没其他什么可被指摘的缺点了。这个俱乐部虽然在政治方面不好出风头，但在社会科学方面可比雅各宾派还要进步。连这样一个机构，也遭到了雅各宾派的大肆攻击。我们上文提过的雅各宾派内部通信出版负责人——奥尔良党的拉克洛，在报纸上、在俱乐部中告发了**社联会**。从前曾是社联会主席、后加入了雅各宾派的沙布鲁①，甚至都不敢替它说话。只有卡米尔·德穆兰挺身而出，可他没说几句，就遭到众人指责，讲话被强行打断。但卡米尔仍在第二天发起回击，在他第五十四刊报纸上洋洋洒洒地写下了一篇不朽的宣言，呼吁政治宽容。

可要论谁遭到雅各宾派最凶猛的攻击，那就是**君主立宪之友俱乐部**了。当初立宪派在改革**公正者俱乐部**的基础上创办了这家俱乐部，里面人才荟萃（有克莱蒙特-托内尔、马鲁埃、丰塔纳②等人）。雅各宾派之所以觉得它有问题，不是因为其宣扬的理念，而是因为这个俱乐部的组织太危险了。它不同于成员极少、影响有限的89俱乐部（里面有米拉波、西哀士、拉法耶特等人），**君主立宪俱乐部**接纳工人加入，还发放大量面包。它要赈济的不是乞丐，而是劳动工人——这么多面包可不是白发的，该俱乐部借此打下了极其坚实的群众基础，声望一度高涨。但它无刺可挑：王政派做事合乎规矩，又有市政厅的集会许可证，对此谁都说不出一个不字来。12月30日前后，许多法令陆续发布，承认公民有讨论公共事务的集会权、社团有相互合并权。而且这些法令还是雅各宾

---

① 沙布鲁（J-B-C. Chabroud，1750—1816年），法国法学家、政治家，1790年4月9日选为议会主席。——译者注
② 丰塔纳（L de Fontanes，1757—1821年），法国诗人、剧作家。——译者注

派自己提出来的，因为它得为着外省的雅各宾社团着想。但即便如此，雅各宾派依然猖狂地朝王政派扑过去，一条街接一条街、一间房接一间房地死死跟着他们，还对集会所在地的屋主进行各种恐吓威逼。软弱的市政厅也朝雅各宾派让步了，发下一纸法令，命王政派取缔集会。王政派对这条极不合法的法令表示强烈抗议，禁令没有执行下去。于是，雅各宾派采用了更阴毒的一招办法，对王政派进行大肆诋毁。前不久，雇佣轻装兵和被指控为走私贩的维耶特人之间发生了一场流血冲突事件。事过之后，有人在巴黎传播小道消息，说是王政派雇了这些士兵去屠杀百姓。巴纳夫在国民议会演讲台上把这个莫须有的罪名硬栽到他们头上："他们把有毒的面包发给人民。"王政派就此百口莫辩，其他人也没法替他们发声。他们向法庭提起申诉；然而雅各宾派却雇用和煽动暴民来对付他们，最后靠石块和棍棒控制了场面。受伤者别说喊冤，连命都快没了。雅各宾派还厚颜无耻地在人群中传播谣言，说王政派居然还佩戴着白色绶带。

在这场魆风骤雨般的争斗中，一条从一开始就被雅各宾派内部默许、但从未得到明确承认的信条被正式提出来。1月24日，雅各宾派发誓"要用自己的财产和生命去保护每一位阴谋揭发者"。

看了这些，也许人们会觉得雅各宾派是从那时开始才表现出了后来的狂热主义。谁若真这么想，那就错了。

没错，当时的确有许多激进分子和逐渐向罗伯斯庇尔靠拢的人开始加入雅各宾派。然而大多数俱乐部成员依然分属两派：

一派是起初的组织创建者，即杜波尔、巴纳夫和拉梅特这群人，他们企图在新会员面前靠炫耀暴力和狂热思想来巩固自己的地位。多么可悲啊！这些人和他们所迫害的王政派压根就是一路人，只不过前者不敢像后者那样坦诚立场罢了。他们越是发觉自己和王政派相似，就越是凶狠地反对王政派。单看看巴纳夫散布的"有毒面包"这个杀人不见血的谣言，我们就知道他们对付王政派时是多么丧心病狂了。

雅各宾俱乐部中的第二派则没那么纯洁了，它就是奥尔良派。看看拉克洛是怎么攻击社联会的吧。他们为了在虚妄的怒火中追求民望，简直是无所不用其极。奥尔良党人急需一个东山再起的机会，因为他们不久之前遭遇重创。而这记重创出自何人之手呢？说出来你都不信，是奥尔良公爵！是他害惨了自己的党派！

我们把时间轴往前推一点。这件事相当重要，值得我们细究一番。

那时，奥尔良党人自以为胜券在握了。大多数记者——无论是否受其贿赂——都偏向于他们这边。他们通过拉克洛，控制了雅各宾派报纸；在科尔得利俱乐部，有丹东和德穆兰向着他们，连马拉也几乎一直站队奥尔良派。虽然奥尔良家族头领难堪大任，然而人们一提到他的孩子、夫人、德让丽夫人、蒙特森夫人①，总是赞不绝口。夏尔特尔公爵②更是深得人心、受人爱戴。德穆兰信誓旦旦地说，这位亲王待他就像"待自己的亲兄弟一样"。

夏尔特尔公爵也被吸纳进了雅各宾派。人们为了欢迎这么一个毛头小子，还举办了一个无比盛大的入会仪式。那天像个小型节日一样，人们高呼口号，把德让丽夫人这个学生的可爱品质宣传得路人皆知。德穆兰在报纸头版上讲述这位年轻亲王在上帝旅馆的病床前是如何给病人放血的，读来令人热泪盈眶。

奥尔良党人在大步向前，然而奥尔良公爵却并非如此。他的手下百

---

① 蒙特森夫人（Mme de Montesson, 1738—1806年），奥尔良公爵的情妇。——译者注
② 即路易·菲利普一世，七月王朝的国王。——译者注

般努力，想激起他的雄心斗志，然而没用。他最大的特点，就是贪财。由于贪财，人们辛辛苦苦给他打造的形象也被毁于一旦。他在最得意的时候利用自己的民望，让财政委员会把他的家族从摄政王时期开始享用的一笔年金的本金支付给他。人们一提起摄政王，只觉得他是个败家子。当然，这个称号名副其实。但他还有另外不为人知的一面，那就是贪婪。这位亲王不愿花一分一厘，就想让莫代讷公爵迎娶他一个名声极其不好的女儿①，还给他的学生路易十五写信，让这个当时只有十一岁大、对他言听计从的孩子签署了一道法令，由国库掏出四百万法郎来当嫁妆。

当时政府破产金额已经累积到三十亿，再加上约翰·劳的纸币政策②，全国经济一片萧条，政府连年金都快付不出来了。摄政王的这封信，相当于把国库的底子掏了个一干二净。七十年后，同样在国家贫苦不堪的时候，在物资严重匮乏的1791年1月，奥尔良公爵却要求收回本金。而且无论怎么看，他都没有收回本金的权利；摄政王的女儿拿到这份嫁妆的前提，就是把自己的一切继承权让渡给母族长房及其后人。奥尔良公爵作为这支家族长房的后人和权益人之一，已从莫代讷公爵夫人放弃的继承财产中获利，又怎能再继承后者的嫁妆呢？

此事的汇报者是为人无可指摘、不苟言笑、凛若冰霜的冉森派教士加缪。每天，他都得在年金表中划掉可怜巴巴的三四百里弗，将其延后支付。奥尔良公爵究竟对他用了什么办法，竟让他这次变得这么好说话了？我们不难想见，加缪到底承受了怎样的压力和纠缠。或者他也被说

---

① 即摄政王的小女儿，夏绿特·阿格莱·德·奥尔良（Charlotte-Aglaé d'Orléans），于1720年嫁与了莫代讷公爵，嫁妆高达一百八十万里弗，其中一半由路易十五支付（这里与原文信息有出入）。——译者注
② 约翰·劳（John Law, 1671—1729），18世纪一位英国金融家，以推行纸币而闻名。当时被财政问题弄得焦头烂额的摄政王奥尔良公爵听从了他的建议，授权劳组建法国历史上第一家银行、发行纸币。起初劳坚守承诺，他发行的一切纸币都可立即被兑换成等值金币，故取得老百姓的信任，大家争相持有。可后来法国政府顶不住增发纸币的诱惑，使其泛滥成灾。1720年，纸币面值超过了全国金属货币总价值的一倍，货币系统崩溃，所有纸币被折价收回，金属货币重新流通。无数人因此遭受巨大损失，法国差点爆发革命。事后约翰·劳逃往意大利。这位曾经全法国最得势的红人，于1729年无声无息地死在了威尼斯的一个贫民窟。——译者注

服，觉得亲王曾为自由事业慷慨解囊，而这就是弥补他的唯一办法？无论如何，加缪最后提议支付年金！而且是立刻支付，在一年之内分四期结清。

幸好此事一出，新闻界一片哗然。从前曾在奥尔良府第就事的布里索，对此大敲警钟。自称是亲王的**兄弟**和朋友的德穆兰，用寥寥数语就让奥尔良公爵穷形尽相。他说：人们可以对奥尔良公爵做出补偿，"但不能用见不得光的手段去挪用公民的钱，让一个委员会**暗箱操作、吮吸公共财库的血**"。他还否认了自己先前对公爵的奉承之词，称这都是报纸编辑所为。

于是，贪婪的奥尔良党人到嘴的肥肉没了。此事之后，奥尔良党威望大减，奥尔良公爵被长期雪藏，人们对这支王族也产生了极大的意见，不管它看上去多么亲民。一群本来拥护君主制、深受英国"旁系继位"这一惯例的影响的保皇革命派人士，也因此脱离了保皇派。

罗伯斯庇尔曾说过："在人们还没察觉的时候，共和思想就已悄悄渗进各派之间。"此言差矣。我们非常清楚，在这个高度君主制、人民对君王拥护至极的国家，共和思想是从哪一扇门溜进来的。历史没有为促进共和做过什么。1789年7月，卡米尔发表了那篇堪称笔扫千军的抨击文章（即《自由法兰西》），以一个个朝代为例，论证古老的君主体制几乎从未实现过它对盲目忠诚的人民许过的承诺。可有用吗？他只在白费唇舌罢了。他提出的异议，似乎仍没有撼动许多人心中新的构想——建立一个民主君主制。然而，这个理想却被未来的那个王给杀死了。这个王位候选人让人觉得：只要有他在，公共国库就是一个永远也填不满的钱漏子。

共和思想的最大贡献者，其实是奥尔良公爵。

卡米尔·德穆兰率先喊出了共和口号，下一个接力者则是科尔得利俱乐部的罗伯特。他再次提出共和思想，似乎唯有它才能让大革命还淳反本。罗伯特发表了一本小册子，名为《适用于法国的共和制》。这个观点逐渐被布里索接受，也慢慢地成为主流思想。正如现在人们仍然常说的那样，这是个本质问题，而非过场问题。如果政治问题没被摆到台面上来谈，那任何社会改良都不可能被实现。事实上，罗伯斯庇尔和马拉一遇到政治问题就遵照大部分人的想法来做事，这却是错误的。他们以为能采用拖字诀，把这个问题变成一个次要问题，放到最后再去解决。可让大革命拖着一个累赘——一个不得自由、满心恨意、可能还是个祸害的王权——继续前进，让它无视脚下密密的荆棘就往前踏步，那大革命肯定会受伤、崴脚、变成一个跛子，说不定还因此送命。

雅各宾派的报纸编辑——奥尔良党人拉克洛，当然是推崇王权的。连俱乐部都曾明文发表过支持君主制的声明。1月25日，一个区划代表在提到雅各宾派时，说他们是"共和党人"。许多人立马叫了起来："我们才不是*共和党人*！"议会也请演讲者不要再使用这个词。

根据拉梅特、拉克洛、罗伯斯庇尔三人，雅各宾派被分为三个派系。前两人属保皇派无疑，第三人也绝没有抵触君主制的想法。

所以，这次雅各宾派向王政派打响的残酷的斗争，这种践踏秩序和法律的行为，这场狂热分子无缘无故就发起的恐怖统治的预演，其实是政治家和雅各宾多数派领导人一手所为，目的是挽救自己不断下跌的民望。说到底，和保皇派斗得死去活来的人也是保皇派。

雅各宾派的专制裁判权，实际上被操纵在几个不安分的家伙手中：它的告密报由奥尔良党人拉克洛把控着，它的阴谋骚乱委员会则掌握在以拉梅特为首的三恶同盟的手中。

这个专制裁判所却没有信仰！至少没有明确的信仰！操纵它的那些人越是不安和激愤，他们的身份就越是可疑！

这个机构虽然结构粗糙、组织混乱、政令不一、执令不严，但这并不妨碍它策划某个大动作。它顶着爱国社团的名号，甚至被视为大革命精神的中流砥柱，在外省又有无数听话、热诚、基本上对朝它们发号施令的阴谋策源地一无所知的社团的鼎力相助，何愁不能成事？

昨日的大革命是一门信仰，今日的大革命成了一队警察。

这队警察后来怎么样了？你肯定想不到！它成了一台制造出更多贵族、让反革命人士翻倍增长的机器。许多人，如意志薄弱者、立场中立者（这种人还为数不少！），以及善良的不明所以者，都被它推向了反革命的阵营。

在雅各宾派的告密活动中，一群没有明确立场、仅因习惯或身份而偏向旧制度、实则无害的人，觉得自己被逼到绝境、快没活路了。他们能怎么办？称自己也反对那些已成众矢之的的观点？但谁会信？他们这么做，只会自取其辱。留下难，离开也难。对那些被钉死在政治清洗名单上的人来说，留下来的日子简直是度日如年。这些可怜的贵族（不管他们当初是否因为误打误撞才接受了贵族洗礼），一出门就被众人虎视眈眈地盯着，无论大人还是小孩，都寸步不离地跟在这些人民公敌的身后。那就回家吧！可家也不再是个安全地，连仆人都是自己的敌人。他们每日每夜都活在恐惧中，终于在某天早上想办法逃走了。本来，这些人若能安安静静地过自己的小日子，他们会保持中立的立场和与己无关的淡然态度。然而，他们却被推进了战场。虽然他们不会使剑，但他们的言语、申诉、抱怨、指控就是一把把匕首。他们只消向外界描绘自己活在怎样的悲惨处境中，大家就会对他们心生同情。

同情这个劲敌,在欧洲、在世人对法国和大革命的仇恨中壮大起来。

但究其本质,这份仇恨是说不通的。建起专制裁判所的是雅各宾派,又不是人民。组建它的人是群旧制度出身的雅各宾折中主义者,无论他们是贵族还是资产阶级出身,都只是一群毫无原则的政治家、一群矛盾而又茫然的马基雅维利分子罢了。而在当时灾难深重的环境中,任何人都很容易变得杯弓蛇影、狂暴易怒,所以人民自然轻易就被这些人唆使和利用了。

2月末,当国王的姑母、几位公主夫人想离开法国时,人们的怒火如火山般爆发。由于她们待在法国很难继续追随自己的宗教信仰、而且连自己的教士保不住,再加上复活节事件①,几位公主夫人深感惊惶。国王本人也力劝她们到罗马去,而且此事绝不会有法律上的麻烦。国王身为第一执政官,他要么留下、要么弃位;可他的姑母们并不应该被扣着不让走。她们都是已到耄耋之年的老太太,逃到国外后难道还能让流亡贵族队伍如虎添翼不成?当然,如果她们坚持和侄子同进退、和法国患难与共,那我们可赞一句高风亮节。但最终既然她们希望离开,那我们就该放她们走。不止是她们,还有那些被虚虚实实的危险吓破胆子的人,那些和祖国存亡相比、更在乎一己安危的人,那些轻易就抛弃民族大义的人,我们应该把他们统统放走才是。我们应该打开大门、放其离去,如果城门不够大,那就干脆推倒城墙、给他们腾出条路来。

人民为了防范国王逃跑而武装起来,这么做合情合理。然而,他们将两个截然不同的问题混为一谈了。

米拉波知悉公主夫人准备离开的消息,也听到了相关风声,清楚此

---

① 1791年4月18日,路易十六想前往巴黎近郊的一座城堡与拒绝宣誓的教士庆祝复活节,但在杜伊勒里宫门口被大群市民包围,最终未能离开。但此处有时间上的矛盾之处,根据其他资料记载:两位公主夫人是2月中旬离开法国的,4月就已到罗马了。——译者注

事传开后必成祸患。他恳请国王不要同意姑母离去,可国王没有听进他的话。巴黎收到警报,也请求国王和国民议会拦住她们。同样想要离开、却已放言不会抛弃自己兄弟的大亲王见此风向,更觉形势不妙。但他没怎么表态,只说就算走也要和路易十六一起走。

此时已是风雨满楼之势。然而这没能阻拦公主夫人,反而加快了她们离去的步伐。果不其然,此事引发大乱。马拉、德穆兰,甚至整个新闻界都炸开了锅,说她们卷走了数百万资产,说她们带走了王长子,说她们是为了在国外打点好落脚地才先国王一步离开。我们不难想见几位公主夫人一路走得多么曲折:她们最开始在莫雷被拦下,靠侍卫才强行突围;到了阿尔奈勒迪克后,人们说什么也不放她们走,于是她们向国王求援,国王亲笔写信后,议会才同意她们继续上路。

这件事本身就是件大事,更具有深远的意义。通过此次事件,一场战斗正式打响,两种理念精神展开了正面的交锋和搏杀:一个是造出大革命的生母,即**正义思想和仁义公道的精神**;另一个是事从权宜、从利益的思想,也就是所谓的为了**公共的救赎**,这种思想却毁了法国。

它毁了法国,因为它使法国彻底沉沦在一首杀人魔音中,让法国成了欧洲眼中的一个穷凶极恶之徒,煽起了永不熄灭的仇恨之火。

它毁了法国,因为它使法国人经历了恐怖统治之后,抱着一颗破碎的灵魂,在倦怠和悔恨的噬咬下,盲目投进军事独裁统治的怀抱。

它毁了法国,因为这个烈火烹油、鲜花着锦的独裁政府,最后却落得个让敌人入主巴黎、其领导人被远放圣赫勒拿岛的下场。

托共和党人之福,法国经历了十年的公共的救赎;托帝国之剑,又是十五年的公共的救赎……打开债条看看吧,法国的赎身金到今天都还没付清呢！国家领土可被买回，可灵魂又该怎样被赎净呢？直到今天，我依然能看到国人灵魂的奴性。他们成了贪欲的奴隶，成了低贱的激情的奴隶，成了思想的奴隶。对力量和胜利的痴迷，是这段惨痛历史留下来的唯一纪念物。可他们痴迷的是一股衰弱的力量、一场失败的胜利。

然而还有一个东西没被打败，那就是大革命的理念：无私的正义，以及不变的公道。这才是我们重新崛起的立足点。至于教训，吃过一次就够了。

那些关心公众的利益、人民的救赎的医生，至少该去问问人民是否愿意被拯救吧？诚然，于个人而言，活着才是最重要的；然而于集体来讲，某些更加崇高的精神理念却重于生命。如果人民回答："我宁死也要坚守正义。"那这些拯救者又能说什么呢？

说出这话的人，是永远不死不灭的。

所以此时，米拉波成了人民的喉舌和大革命的话筒。虽然他犯下无数错误，然而这个不朽之名，米拉波当之无愧。因为在这个时候，是他在捍卫公道。

此时的罗伯斯庇尔沉默了。

是雅各宾派折中分子，是巴纳夫、杜波尔和拉梅特这些人，罔顾公正，提出利益、救赎的权利，拿出了这把杀人的刀、这把没有剑柄的剑。但他们拿它捅向别人时，自己也被割伤。

为什么他们要捍卫这个利益权呢？不管他们说得多么真诚，我们也应注意到里面有利益关系。那时，拉梅特兄弟犯下一个致命错误，露出了自己的狐狸尾巴。两个弟弟——亚历山大和查理·德·拉梅特——在巴黎拥护极左立场，是前锋中的前锋军；而他们的哥哥戴奥多尔（Théodore）却在隆勒索涅组建了一个落后社团。他利用两个弟弟的威信，让这个社团取得了加入雅各宾派的资格，使得同城另一个资历最老、具有高度革命精神的社团被挤了出来。这个革命社团在布里索的报纸上发表的一封公开信（2月2日），给了拉梅特兄弟猝不及防的一击。另外，布里索也表示支持这个社团。虽然拉梅特兄弟多方斡旋，但醒过神来的雅各宾派仍然剥夺了这个落后社团的入会资格，转而接纳了另一个社团。

此事之后，拉梅特兄弟民望大跌，说不定就这么一蹶不振了。正因如此，在这场流亡权利问题的争辩中，他们才表现得如此粗暴、冷血、活跃和不耐。他们需要在讲台上表现出自己的狂热。他们在议会席上坐立不安、大呼小叫、捶胸顿足，和巴纳夫一道支持那个拦下了公主夫人的自治市乡，说它的行为根本就不违法，**因为它认为自己这个行为是为了公共的利益**。米拉波问哪条法律规定她们不许离开，拉梅特兄弟无言以答。他们一个朋友干脆答道："为了人民的救赎。"

然而，议会最后还是允许公主夫人继续上路了。它紧接着给制宪委员会布置了一个任务，令其就流亡问题制定出一份法律草案来。

实际上，这份得到了日后的《可疑分子法》起草人梅尔林①欣赏的草案，不就是恐怖统治法典的第一条文吗？它不就是在向《南特敕令撤销令》致敬吗？议会效仿路易十四制定这道野蛮法令，来达到打击流亡贵族的目的。后来，这道法令越来越严苛、越来越荒谬、处罚也越来越重，它甚至规定：任何敢救助被通缉者的好心人士，也要被处以苦役。人居然会因为自己的恻隐和仁慈而被判罪！

所以，这个问题实际关乎议会是否会走上路易十四的老路、迈出恐怖统治的第一步，关乎昨日自由的法国是否会被封锁成一座囚牢。在这

---

① 梅尔林（Merlin de Douai, 1754—1838年），法国政治家、法学家，制宪议会和国民公会中的一名议员，在大革命中起草了许多法案。——译者注

场和自由休戚相关的讨论中，议会最重要的是保持自由的气氛和冷静的态度。然而从早上开始，一切迹象就表明此事已发展成了一场骚乱。上下活动着的人分两类：一类是马拉的支持者，一类是贵族。马拉当天发表文章，催促人民赶到会场大声表达自己的观点、赶走那些靠不住的议员。另一边的保皇党人则在圣安托万区煽动闹事（拉法耶特把这场骚乱归到他们头上），催着这里的工人快赶到万森附近，说那里正在建一座新的巴士底狱。这样一来，拉法耶特和国民自卫军不得不离开巴黎，前去万森控制局面。许多天前就已收到命令、赶至巴黎的外省贵族，一个个揣着匕首、宝剑和手枪，趁机偷偷溜进了杜伊勒里宫。根据事后迹象来看，他们似乎打算强行带走国王。晚上，国民自卫军气急败坏地从万森赶回来，在杜伊勒里宫逮住这些人，当场没收了武器，狠狠地教训了他们一番。

早上，在这场大家都不知道谁是幕后推手、波及范围到底有多大的骚乱中，议会开始议事了。它听得到紧急集合号在巴黎的四面八方敲响，听得到圣奥诺蕾大街上的鼓声时远时近地传来，听得到看台上嘈杂声嗡嗡作响。看台上黑压压一片全是人，把会厅挤得水泄不通。外面的场景更是吓人，人群如涨满河床的洪水一样号叫着，拼命地撞着门，想要闯进来。会场内外闹闹哄哄，一派雀喧鸠聚的场景。

很明显，两个党派、两个体系、两个道德之间的一场大决斗开始了。人们都很想知道，最后谁会一身伤痕地从擂台上败下阵来。

罗伯斯庇尔最先从风口浪尖上撤下。他只说了一句话，就再没开过尊口。报告人夏普里耶亲口承认自己做的这个草案有违宪法，还问议会是否确定要将其制成法律。罗伯斯庇尔说："就流亡贵族这个问题，我对夏普里耶先生这位法律信徒的话再赞同不过了。不过，我们还是应当展开认真的讨论，以认识到这种法律的不可行性和危害性。"然后，他在接下来的讨论中一语不发，甘当一位沉默的证人。无论最后失败的是米拉波还是米拉波的敌人（杜波尔和拉梅特），罗伯斯庇尔都能从中渔利。

米拉波的朋友和敌人都希望他发表讲话，前者是为了他的辉煌，后者是盼着他的陨灭。他前前后后陆续收到六张小条子，催促他赶紧发言，同时告知他巴黎城已经大乱。他清楚听到人们在呼喊他拿出勇气来。为了让众人心中的石头落地，米拉波念起了一封他八年前就流亡自由问题写给普鲁士国王的信，文章言辞锋利、掷地有声。念完信后，他请议会不听草案内容、直接进行其他会议日程。

无论杜波尔、拉梅特还是巴纳夫，全都没作反驳，陷入可怕的沉默中，而让鲁贝尔、普里厄、穆盖①等比自己级别低的人先发言。鲁贝尔阐述的观点是：在战争期间流亡他国就等于背弃祖国。不过他恰好说到了关键点上：现在是战争期吗？人们可以说是，也可以说不是。没有谁宣布进入战时状态，和平法律依然有效，所有人都可自由出入国境。

但人们还是读了法律草案。草案提出：议会将授予三人独裁权，他们可全权决定公民能否离境、是否将其财产没收充公、是否剥夺其公民头衔。听闻此言，几乎全体议会都站了起来，坚决拒绝草案提出的这一听来就令人讨厌的国家专制裁判权。米拉波抓住机会，说了下面这番话："雅典议会曾拒听被阿里斯蒂德②评价为'有用却有失公正'的那条法案；而你们，你们已经听到了。但从会场的震惊来看，你们就是如阿里斯蒂德一般高尚的道德审判官。草案中的野蛮内容无不证明，针对流亡制定的法律是不可行的（台下响起窃窃私语声）。我请大家听我一

---

① 穆盖（François-Félix-Hyacinthe Muguet，1760—1808年），法国政治家，国民议会会员。——译者注
② 阿里斯蒂德（Aristide，前530—前467年），雅典政治家，在波斯战争中领导雅典取得了胜利。——译者注

句：有时我们必须违背现有法律、采取一定的治安措施，这是不得已而为之的轻罪；但治安措施和法律之间有着巨大的差别。我拒绝就这条草案展开议事，并在此宣布：谁若无耻地任命这样一个独裁委员会，本人将收回向其效忠的一切誓言（全场掌声雷动）。我曾渴望得到民望，也有幸得到了（极左派响起窃窃议论声），如别人一样有幸得到了。但这种民望不是一株脆弱的芦苇；我希望它能以理性和自由为坚稳根基，深深扎在大地（会厅响起掌声）。如果你针对流亡者制定一条法律，我只能发誓：我永远也不会遵守它。"

委员会的草案遭到**全场一致唾弃**。

这时，拉梅特兄弟交头接耳起来；他们其中一人站起来要求发言，但被本派一个议员给拦了下来，此人低声给了一个建议，然后请求将此事推迟议事。

米拉波坚持按照平常的会议日程继续工作，还想继续发言。这时，左派的一个人发话了："那米拉波先生的这种独裁又算什么呢？"米拉波一眼发觉此话意图勾起议会惯有的妒忌和偏见，但他懂得一语破的。虽然主席拒绝让他发言，米拉波仍然径直走向讲台，说："我想提醒一下打断我话的诸位先生，我可是一直都在和专制统治做斗争，从前如此，以后亦然。搅乱两三个提议对我来说怎么够呢？（窃窃声此起彼伏）……请那边三十个说话的人安静点！如果议会要推迟议事，那它也该颁布法律，规定**在议事之前不得有人聚众闹事**！"

言下之意再清楚不过了，他就是在暗指当场有人在聚众闹事。那三十个议员虽然有群众支持，仍被吓得呆若木鸡，只好一声不吭。米拉波将所有责任直接推到他们头上，他们仍不敢答。挤在看台上的不安分的群众竖着耳朵，等了好久也没听到他们说点什么。他们遭受了一记有史以来最猛烈的攻击。

会议在五点半时结束。米拉波来到关系亲近、他很信得过的姐姐家中，对她说："我刚宣布了一道自己的死亡令。此事由我而起，他们定会杀了我的。"

他的姐姐和其他家人一直都在担心他的生命安危。当晚，米拉波从姐姐家离开，继续下一场战斗。他的侄子不顾其反对，拿着武器远远跟在后面。之前有好几次，他的咖啡疑似被人投毒。一封现存信件证明：有人曾提供翔实证据，向他揭发了一桩冲他而来的谋杀阴谋。

何况这一次他又把敌人大肆羞辱了一番，当众揭发他们根本不配坐到这个窃来的位置上。所以，米拉波得有万全的心理准备才是。杜波尔或拉梅特兄弟并不是那种会授意他人犯下罪行来的人，但他们身边那些狂热的家伙中，总有些人无须旁人授意就敢铤而走险。

所以，虽然米拉波发着烧，还被白天那场剑拔弩张的会议耗干了精力，但就在当晚，就在硝烟还没散去时，就在会议结束一小时后，米拉波仍然径直来到他的敌人——雅各宾派跟前，走进了这座充满敌意、腥风血雨的巢穴中。他倒要看看，在对他推推搡搡的众多愤怒者中，是否真有谁敢用匕首或舌头攻击他。

晚上七点钟，米拉波走进雅各宾俱乐部。厅中人满为患，议会中的那群哑巴此刻正在高谈阔论。杜波尔站在台上，似乎有些张皇失措。他的话全在隔靴搔痒，回避关键问题，开场白说得啰里啰唆、不知所云，心里想的是米拉波，嘴里谈的却是拉法耶特。杜波尔的犹豫是有原因的。比拉梅特兄弟高明许多的他极有可能察觉到一个事实：即便他能彻底击垮米拉波，即便他将米拉波赶出雅各宾俱乐部，这也是在为罗伯斯庇尔做嫁衣裳罢了。所以最后杜波尔干脆横下心来：早上他就没说什么，如果晚上还继续沉默，他在人们心中的地位就会一跌再跌。他说："自由的敌人离你们并不遥远。"大厅响起雷鸣般的掌声。所有目光都投在了米拉波身上，许多人甚至无礼地当着他的面弹冠相庆。然后，杜波尔回顾了早晨的会议——当然，以一种委婉的方式。他说，自己钦佩这位天才的过人之处，但更坚信人民最需要的是一种凛然的大义。他批评米拉波那种独裁者一般的傲慢。说到最后，在这最后一场斗争中，杜波尔似乎又打出了感情牌，非常精明地说了一句把所有人都感动了的话："只要他是一位高尚的公民，我就会奔过去拥抱他；哪怕他将脸别过去，我也会庆幸他只是我个人的敌人，却是公共事业的朋友。"

也就是说，杜波尔给米拉波留了一条路，向胜者展示自己的仁慈，替雅各宾派赦免他的罪——如果米拉波后悔了的话。

可惜，米拉波没有领情。人们对杜波尔报以热烈的掌声，而这于米拉波而言却是要把他革出教门的咒骂。米拉波大步走到前面，说："独裁分两种：一种是阴谋家和莽夫的独裁；另一种是智者和治国之才的独裁。有些人没有建立或守住第一种独裁的本事，又不知如何夺取第二种独裁，那他们除了自己，还能怪谁呢？"然后他责问他们为何在早晨保持沉默，坚称自己绝不会良心不安，因为他在整整四小时里支持的观点正是国民议会的观点，而且没有任何舆论领袖对此表示反对。这番辩解引发众怒，因为雅各宾派觉得"领袖"是个极其刺耳的词。米拉波又大胆地加了一句："此外，在流亡自由这个问题上，我的想法便是哲人智者的普遍想法。即便我真错了，有无数大人物陪着我一道出错，那也足以自慰了。"这话不就在暗示雅各宾派中没有什么大人物吗？

看着杜波尔步步忍让、米拉波步步紧逼，亚历山大·德·拉梅特觉得忍无可忍了。此外，他知道雅各宾派的自尊心已被刺伤，便迫切地想把众人和自己的恨意一道表达出来。仇恨冲昏了他的头脑,让他没法再用政治眼光去审视局势。他环视大会,眼睛略过一张张面孔,唯独漏掉了那两张象征一切的脸。他没看见坐在附近、在本质上和他抱着相同的君主思想、理应被他善待的米拉波的脸,也没看见如早晨一样沉默地坐在会厅中、静等人们去屠宰米拉波的罗伯斯庇尔那张苍白的脸。

开始时,拉梅特深入探讨了骄傲和忌妒这两个最常见的人性弱点,拿米拉波"请那边三十个说话的人安静点"这句强势的呵斥来大做文章。然后,他又呼吁大家要有团体思想,想激化雅各宾派特有的虚荣心,说:"看到我们的社团在各地声势日渐壮大,于是那些专制统治的信徒、那些金钱享乐的追求者被吓倒了,诅咒着它的毁灭。他们便想出这最后一招办法。他们说:'议会不是有一百五十个不可腐蚀的雅各宾派议员吗?好!我们要让他们统统完蛋,我们要造谣诽谤,把他们说成暴乱分子。'啊!诸位先生,若非我知道了这个阴谋,今天早上我也会发言。然而可怜的爱国者不得不沉默和让步!否则,只要我一开口,就会有人大喊我是叛乱分子;然后,他们就可借机制造一场骚乱,再对国王说:'陛下,没事了!雅各宾派已被打倒了!'现在,你们核心敌人是谁?是米拉波,一直都是米拉波。他还草拟了一份部门宣言,在里面把你们描述成一群待消灭的暴乱分子。"然后拉梅特转身看着米拉波:"所以,当你指认暴乱分子的时候,我极力克制自己不作反驳,任你在那里大讲特讲,因为我得知己知彼。在座若有谁今早没认清这副阴险嘴脸,大可站出来反驳我!"这时,有人说:"错了!""刚才谁在说错了?"上面那个人赶紧答道:"拉梅特先生,我是说您说错了,因为不会有谁来反驳您的话的。"没人说话了。拉梅特又拿米拉波那句"舆论领袖"来巧做文章,迎合在场所有的哑巴,动用答尔丢夫的浑身解数去煽风点火:"多么不逊的称呼啊!那么多谦逊的议员、优秀的公民,难道不是舆论领袖?倘若如此,真是国之不幸!……他们心中的爱国主义是一种苍天可证的炽热信仰!他们于祖国而言同等重要!神让你用一张巧舌来服务祖国,也让他们用沉默来报效国家。"

除此之外,拉梅特还说了一句过激的话,赤裸裸地揭开了仇恨的面罩:"某些人觉得当今良策是妥善对待米拉波先生、不要把他逼上绝路,可我并不赞同……"

坐在米拉波边上的卡米尔·德穆兰说:"他脸上冒出大滴大滴的汗水。他就在橄榄园中,就在杯的前面。"①

这句精妙的比喻出自一个敌人之口。但这个敌人不存恶念、也不曾被罪恶玷污,即便盛怒之下,他也依然赞扬着这个他曾深深爱戴过的人。

是的,卡米尔说对了。这位伟大的演讲家为了一个关乎公道、自由、仁义的问题,只身赴难。他终还是配得上圣人的血,终有了饮下圣杯的资格。这个恶徒、这个罪人、这个命途多舛的大人物无论曾做过什么,最后他都得到了净化。经过这场为了正义、为了大革命人道精神的受难,功过相抵,他终于在后人面前赎清了自己的罪孽。

---

① 这里德穆兰借用了耶稣被钉上十字架之前,在橄榄山的客西马尼园中祈祷的故事。耶稣被犹大出卖后,预言自己将在耶路撒冷受难。他俯伏在地,祷告说:"我父啊,倘若可以,求你叫这杯离开我。然而不要照我的意思,只要照你的意思。""杯"在《圣经·旧约》中常用来比喻神的震怒,是神为他的敌人所预备的审判之杯,这里则指耶稣为罪人所要担负的刑罚。——译者注

第11章

1791年4月2日，米拉波逝世

米拉波死于庸人之手——他要斗争的折中派犹豫不决，他所捍卫的党派做尽蠢事——他认为自己中毒，只求速死（1791年3月）——人生的最后时刻；米拉波与世长辞（4月2日）——他得到了世人的尊重——米拉波的葬礼（4月4日）——人们对米拉波的评价褒贬不一——他没背叛法国；他有被腐蚀，但不曾叛国——他赎了十五年的罪，该得到国家的公正裁判了

很可惜，我们不知道米拉波是怎么答复拉梅特的。但从结果来看，他应该还是凭着一张三寸不烂之舌取得了胜利。我读过他的这篇演讲稿的摘要，但它很可能被事后窜改了。文章通篇都是迎合之词，不过其中依然有些冷冷地讽刺，例如这句："有人指责我把雅各宾派说成了暴乱分子，真是滑天下之大稽。他们每一句亲口回应、每次公开会议，不都在狠狠驳斥这种污蔑之词吗？"从这话可看出，这位伟大的演讲家非常聪明地站在雅各宾派的立场上，敏锐地察觉到他们的想法。要是再多给他一点儿时间，米拉波定能让所有人改变心意。他承认自己曾对雅各宾派有所不满，但同

时也还了他们一个公平。演讲过程中，场上掌声连连。最后他说："我会和你们同在，直到我被逐出为止。"至此为止，他赢得了在场所有人的心。

然后米拉波走出会厅，再没回来。他在秉性上与雅各宾派格格不入，也绝不甘心受平庸之辈的束缚。这里面的人既不需要精英的才华，又不愿跳进人民的洪流中。他们既幼稚、又有城府，总要求人保持中庸：你得和别人一个水平，不能高、也不能低。他们目空一切，做事眼高手低。可这些活跃的庸才却乘着大革命的东风，进入了权力的中心。

中等资产阶层的时代到来了。而在雅各宾俱乐部中翻江倒海的，正是这个阶层中最不安分的一群人。从各个方面看，这个阶层都是中等——中等的财产，中等的思想，中等的才干。他们中超群拔萃之人本就稀少，能在政治上有所建树的人更是屈指可数，许多人一张口就让人昏昏欲睡，只在拾卢梭的牙慧罢了。这和16世纪一比，真是云泥之别！那个时候，每人都长着一根三寸不烂之舌，都有自己独创的语言风格，即便其中有错，也错得生动、错得有趣。可现在呢，除了四个可称一流的人物（三个演讲家，一个作者）之外，其他人都乏善可陈。如流星般迅速陨灭的偶像拉法耶特、后来的吉伦特派和山岳派，基本上都是平庸之辈。米拉波觉得自己被庸人给淹没了。

然而海潮奔腾翻卷，汹涌而至。他，这位屹立在海岸上的健壮的弄潮儿，如一只誓要和大海搏斗一番的小虾米一样渺小可笑。海水越涨越高：昨天它才勉强没过脚踝，今天就到了膝盖，明天就要涨到腰际了。这片汪洋中的每一轮海潮都是无形无状的；他用自己强有力的大手紧紧抓住每一朵涌浪，然而它们都化作软绵、苍白的泡沫，从他的掌心溜走了。

这是一场徒劳无功的斗争，因为它不是两个对立原则在角力。米拉波很难说清自己到底在和什么东西搏斗：它不是人民，也不是人民政府。不，如果共和国建立起来，米拉波的地位会愈加尊贵，他会毫无悬念地当上第一公民。他所斗争的，是庞大却软弱的一派人。这一派是个多面兽，它追求的是一个浅显的表面、一个我不知道的东西、一条不可捉摸的中间路线。它既不拥护君主制，也不赞同共和制。这一派就是个杂种的双性人，或者更准确地讲，是个无性人。它是个性无能，却和宦官一样，越是不能人事、就越骚动难耐。

令人倍感荒唐和震惊的是，这个无能儿居然打着一个尚不可知的制度的名号，组建了恐怖统治。

米拉波从心底觉得又是悲哀，又是恶心。他开始隐隐发觉自己上了宫廷的当，发现它在玩弄和欺骗自己。他曾幻想自己能担任大革命和君主制的调停人，能以男人和政治家的身份去影响王后、拯救王后。可是王后想得更多的不是得救，而是复仇，根本就听不进任何明智的谏言。米拉波提的方法恰恰是她最抵触的：要温和，要公正，要保持理性；要以润物无声的方式去慢慢影响舆论，尤其是外省舆论；须得加快关闭议会的工作（因为它已经无甚可指望的了），然后组建一个新议会，让其修正宪法（请看他的回忆录第八卷）。

他想拯救两个东西——王权和自由，并以为王权是自由的保障。他付出了加倍的努力，却发现面前横着一个巨大的障碍：他要捍卫的那个宫廷，简直蠢得不可救药。例如，当初右派冒犯国民三色帽徽，干出了这件荒唐至极、无脑至极的蠢事；于是米拉波雷霆大作，声色俱厉地斥责了他们一顿。他的话，也正是法国的心声。当晚，米拉波来到拉马尔科家中。昏了头的拉马尔科责骂他没站在王后这一边，埋怨他言语粗暴。米拉波转过身去，用愤怒和轻蔑来做回应。在一篇讨论摄政权的演讲中，他提出并使议会通过了一条法令：女性不得摄政。

宫廷根本没指望他能帮上什么忙，只想把他也拖下水去、让他大失民心。它基本上达到了第二个目的。这位天才在革命中想要扮演三个角色——黎世留、华盛顿或克伦威尔，然而没有一个行得通。那么，他只好等死了。

他仿佛想迫不及待地结束这一切。在人生出最后一个月里，米拉波比往常还要无度地挥霍着自己的生命。他四处忙碌着，又在政府部门和国民自卫军中担了新职。他几乎就没离开过演讲台，无论什么话题都要展现一下自己的智慧和才华，甚至在一些旁人以为他绝对是个外行的领域里也做了深入的探索（说到这里，我不由得想起了他就煤矿发表的一篇演讲）。

米拉波仍在奔走、演讲、行动，却觉得自己大限临头，怀疑自己被人下毒了。然而，他没想过调理病躯，似乎反更愿意尽快和死神相拥。大约在3月15日的时候，米拉波和一群女人狂欢了一个通宵，之后身体每况愈下。他曾坦诚，自己平生只有两大爱好——女人和花①。不过我们得说清楚：米拉波从不和妓女厮混，因为他觉得欢愉和爱情是不可分割的。

3月27日，星期日，米拉波来到他在阿让特伊的乡间小屋，在这里大行善事。他对贫穷人家一直抱有深切的同情，临死前更是如此。此时，米拉波肠绞痛发作，虽然这已是旧疾，但此次发病却让米拉波心中升起了隐隐的焦虑。他觉得自己会孑然一身地死在这里，没有医生或任何人来帮助自己。帮他的人来了，却对此病束手无策。五天后，他被带回巴黎。

28日，星期一，虽然他脸上已有死气，米拉波依然坚持参加了议会。会中人们就煤矿问题进行表决，此事对他的朋友拉马尔科至关重要，因为他把自己全部家当都投进去了。米拉波发表了五次讲话，作为

---

① 艾吉安·杜蒙，第十四章，p.273. 米拉波总在鲜花簇拥中工作。此外，他还有其他一些不为人知的高雅爱好。他是一个相当讲究的美食鉴赏家，不过像他这种充满活力、喜欢挥霍人生的人，这也正常。但米拉波从不滥饮，他满口的锦绣绝不是酒精刺激出来的产物。在这点上，米拉波倒完全不像福克斯、皮特和其他一些英国演讲家。——原注

一个将死之人，他依然大获全胜。他走出会厅，一切尘埃落定。他为了朋友的这最后一搏，终于要了他的命。

29日，星期二，米拉波病重的消息传开，巴黎大为震动。在这个时候，所有人甚至包括他的敌人才发现自己是多么爱他。先前和他撕破脸面的卡米尔·德穆兰，现在又觉情谊复燃。《巴黎革命报》那些正吵着要废除王权的激进编辑说国王曾派人打听米拉波的健康情况，还说："我们得感谢路易十六没有亲自前去探望，否则此事会分散人们的注意力，甚至让他一跃成为狂热崇拜对象，那时就麻烦了。"

星期二晚上，人们聚在病人的家门口。星期三，以巴纳夫为头的雅各宾派代表团前来探望，并对米拉波说了一大通客气话，后者也心平气和地接受了他们的示好。但查理·德·拉梅特仍拒绝加入慰问行列。

米拉波害怕教士前来纠缠自己，于是令人告诉神甫：如果他们要来，须得事先见过米拉波的朋友欧坦主教。

人之将死，其言也善。米拉波谈起自己过去的生活，回忆起了**曾经的那个自己、那个无法回来的自己**。他只肯让自己的朋友卡巴尼斯（Cabanis）当他的治疗医生。到这个时候了，他依然一心只想着友谊，只念着法国。他虽然行将就木，仍忧深思远，最让他担心的就是态度危险而又可疑、似乎正在筹备战争的英国。米拉波说："这个皮特的统治靠的是震慑，而不是行动。要是我能再活久一点就好了，我可以让他寝食难安。"

人们跟他说，人民多么盼望听到他的消息，他们虔诚而又敬畏、安安静静地守在门口，唯恐惊扰到他。"啊！人民！"他说，"多么善良、多么高尚的人民啊！他们无愧于我们的忠诚，无愧于我们不计一切地为其缔造和巩固的自由！能为人民而活，这是吾等之荣；能死在人民怀中，更是吾等之幸。"

他预感法国的未来将一片阴霾："我若死了，君主制的棺材也会被一道捎走，唯剩肢体残骸成为叛乱者的争抢猎物。"

外面传来一声炮响，米拉波惊坐起来，喊道："难道阿喀琉斯的葬礼已经开始了？"

（卡巴尼斯说）"4月2日早上，他让人打开窗户，笃定地跟我说：'我的朋友，今天就是我的大限之日。人走到这一步，就只剩一件事要做了：给自己喷香，在鲜花团簇、乐声环绕中，平静地沉入这场永不醒来的睡眠。'他叫来仆人：'去吧，叫人准备给我刮胡子，给我做个全身清洁。'他让人把床推到一扇打开的窗户前，看着小花园中的树木，凝视着春天里发出的第一朵新芽。阳光照耀下来，他说：'即便那里没有上帝，有圣女任曼娜①也是好的。'没过多久，他就再说不出话来，但仍用手势回应周围的朋友。我们再小的照拂之举也叫他感动，用微笑以示感谢。当我们贴近他时，他还想努力抱抱我们……"

米拉波忍受着巨大的痛苦，由于不能说话，他便写下"睡"这个字。他想缩短这场无意义的斗争，要求医生使用鸦片酊。大约在九点半，米拉波咽下了最后一口气。死前他转过头，望着天空。有座石膏像把此刻的米拉波定格下来，塑像中的他脸上只带着温柔的微笑，看上去像在沉睡似的，仍在美梦中享受着生命。

米拉波去世之后，举国悲痛不已。他的一位秘书对其感情至深，多次拔剑自刎，想要随他而去。在他生病期间，一个年轻人来到家中，问能否把自己的血换给他、让他重获生命和青春。剧院纷纷关闭。其间举办的一场舞会也被群众的嘘声驱散，因为大家觉得这是对众人悲痛之情的冒犯。

不过在人们检验了米拉波的尸体后，可怕的谣言传开了。随便一个下毒猜想，就可能让某个也许无辜的人丧命。米拉波的儿子信誓旦旦地

---

① 天主教一位圣女，生于1579年的图卢兹，自幼体弱多病、右手残疾，死后四十年尸体不腐。——译者注

说，参与尸体解剖的大部分医生都"发现其体内有毒药残留"，不过他们都选择了明哲保身、缄默不语。

4月3日，巴黎省派人来到国民议会，坚持要将圣-吉尼维耶芙教堂①设为伟人墓地，并认为米拉波应该第一个被安置在那里。教堂门口的三角楣上应该刻上这句话："献给伟人，祖国感谢你们。"笛卡儿、伏尔泰和卢梭都应被迁葬进来。"这条法令是极好的！"卡米尔·德穆兰叹道，"国与国之间有上千个教派、上万座教堂；甚至就在一个国家里，某个地方于某些人来说是至圣之堂，于另一些人而言却是万恶之地。但这所神庙和葬在里面的圣骨，绝不会引来任何异议。这座大教堂会把所有人都团结到它的宗教之下。"

4月4日，人们举办了一场盛大的葬礼，其规模之巨、参与人数之众，堪称空前，直到1840年12月15日才被拿破仑葬礼超越。大街、小巷、窗户、顶台、树下，到处都是人山人海。在这场足足有三四十万人参加的葬礼中，人民独力承担起了治安工作，而且出色地完成了任务，葬礼过程中没发生任何意外事件。

拉法耶特走在扶灵队伍最前面，后面是国民议会主席特龙歇②，十二个执达员一脸肃穆地簇拥在主席周围。整个国民议会不分党派，紧跟其后。米拉波的密友西哀士先前对拉梅特兄弟厌恶至极，从不和他们说一句话，现在却冰释前嫌，挽着查理·德·拉梅特的手，用这个举动消解了旁人对拉梅特兄弟的一切错误揣测。

国民议会后面跟着密密匝匝的一大群人，一副悲痛欲绝的样子。他们不是什么权力机关，而是第二个议会——雅各宾俱乐部。雅各宾派下令整个俱

---

① 即先贤祠。——译者注
② 特龙歇（F.D. Tronchet, 1726—1806年），法国法学家、政治家，参与了路易十六的辩护工作。——译者注

乐部哀悼七日，此外每年还要举办米拉波逝世纪念日，以永远缅怀他。

这支浩浩荡荡的送葬队伍直到八点钟才抵达圣-厄斯塔什教堂。随后，赛鲁缇①发表悼词。两万国民自卫军同时鸣枪致敬，枪声把所有窗户玻璃都震碎了，人们甚至觉得棺椁下面的教堂都在微微颤动。

然后，声势浩大的丧葬队伍举着火把继续上路了。幽深的夜色给这支送葬队披上了一层阴森森的气息。长号和铜锣同时奏起，一时间乐声震天，"音乐奏得乱七八糟、严重走音，简直要把人的五脏六腑都给震碎了。"直到午夜，人们才到达了圣-吉尼维耶芙教堂。

在白天，送葬队伍总体看上去是庄严肃穆的，充满一种不朽的神圣感。不知情者还以为他们是在迁葬伏尔泰——一个离世很久、却从不曾真正死去的人的遗骸。然而夕阳西坠，灵车渐渐隐在黑暗中。在茫茫夜色和幽幽街道中，在摇曳的火把的照耀下，这份黑暗显得更加阴邪。人们不由得浮想联翩，升起不祥的预感，觉得未来凶险。从那天起，因为一个大人物的死，所有人拥有了一份可贵的平等。也正是从那天起，大革命一路狂奔而下，前路茫茫，也不知它奔向的是胜利还是死亡。但在这条路上，从此它少了一个人的相伴左右。这位声誉卓著的同路人，这位胸襟宽广、不带敌意或仇恨、对自己的死敌都宽宏相待的人，他走了。他走了，把某个东西也一并带走了。人们当时还不知道他到底带走了什么，很久以后才终于明白：那就是在战争中也不能放弃的和平思想，在暴力下也不能忘记的善良、文雅和慈悲。

但我们暂且还不能让米拉波长眠地底。刚被我们安置在圣-吉尼维耶

---

① 赛鲁缇（J-A. Cerutti，1738—1792年），法国记者，意大利出身，是帮助米拉波准备演讲稿的写手之一。——译者注

芙教堂中的，只是他最无关紧要的一部分躯体而已。他的灵魂、他的记忆依然留在人间，还得继续服务上帝和人类。

只有一个人拒绝送葬，那就是严气正性的佩蒂翁。他言辞确凿地说，自己曾读过一份出自米拉波之手的阴谋计划。

当代那位天真、幼稚、激进、其人最是感情用事和变化无常的大作家（我说的正是德穆兰），在短短数日里对米拉波的评价一变再变，其翻脸之快，令人瞠目结舌。最后，他对死者下了一个沉重的判决。看着这位游泳健将在情感的怒涛下沉浮挣扎，这是件多么耐人寻味的事啊。先是仇恨冲他浪卷而来，接着又是友谊的迎头冲击，可最后仇恨的骇浪还是把他卷走了。

最初，从得知米拉波病重起，德穆兰的内心就在苦苦挣扎。他一边继续攻击米拉波，一边情感又如开闸洪水一样倾泻而下。在回忆米拉波为自由做出的不朽贡献时，他说："对米拉波，所有爱国者只能像希罗多德①笔下的大流士一样，说：希斯蒂哀煽动伊奥尼亚反对我，可他也曾斩断伊斯特桥救过我。②"

可他在几页之后又接着说：

"然而……米拉波终是死了，他死了！**死神捕获了一个多大的猎物啊！我站在这颗足智多谋的脑袋前**，上面的白布被人揭开，我一眼看到了这个我依然在追查其秘密的人的脸。我看着这张脸，无法动弹，不能言语。它对我的思想和情感所造成的冲击，直到现在仍没消去。他沉睡过去了，令我惊讶的是，他脸上竟带着智者和正直之人才有的安详。我

---

① 希罗多德（Hérodote，前484—前420年），希腊著名历史学家，通常被认为是第一位历史学家，西塞罗称其为"历史之父"。——译者注
② 希斯蒂哀（Histiée）是波斯皇帝大流士一世统治时期米勒特城的一个暴君，曾参与了大流士皇帝攻打斯基泰王国的远征，然后受封得到苏萨城。然而希斯蒂哀对此封赏不满，故在公元前499年支持阿里斯塔格拉斯（Aristagoras）领导的伊奥尼亚起兵造反，反抗大流士一世。——译者注

绝不会忘记这张冰冷的面孔，更不会忘记看到这张脸时心中的伤悲。"

仅仅过了一个星期，世界就发生天翻地覆的变化！德穆兰成了敌人。为了替正遭到可怕指控的拉梅特兄弟洗清罪名，这位善变的作家狠厉起来。他是为了友谊而背叛了友谊！唉，这个高尚、却毫无分寸、总是剑走极端的孩子！

"当别人给我揭开死者身上的盖布时，我一眼看到这个我曾无比崇拜的人。老实讲，我没有流下一滴眼泪，只冷冷地看了他一眼，就像西塞罗看到凯撒被刺二十三刀的尸体时一样漠然。我凝视着这颗曾装满计谋、现在却被死亡清零了的脑袋，却为他挤不出一滴眼泪，哪怕他是个少有的天才、曾为祖国做出了不朽贡献，哪怕我曾希望成为他的朋友。我想到米拉波死前写的'睡'这个字，也想到了苏格拉底死前讨论不死不朽的长篇讲话。虽说死者为大，可我总会想起他为反对大革命而布下的宏大计划，想起他最后两年的时光，想起过去，又想到未来。我想用唯物主义和无神论的一句话回应他的临终之词：你死了。"

不，米拉波不会死，他将和德穆兰同在。他们一个人在1789年6月23日对人民发表伟大演讲，另一个人在7月12日号召人民拿起武器；一个人是大革命第一演讲家，另一个是大革命第一作家。他们俩将永远同在，什么都不能将他们分开。

这个人已被大革命祝圣，和它成为一体，也和我们成为一体。我们若是贬损他，就是在贬损自己，更是在否定法国。

时间会令一切真相大白，然而它却没有拿出任何足以解释米拉波叛国罪行的动机。的确，米拉波犯了一个重大、致命的错误，然而当时谁都或多或少地犯了这个错。是的，所有党派里的所有人，从卡扎莱斯、莫里到罗伯斯庇尔、马拉，所有人都觉得法国是保皇派，所有人都希望有个国王。真正的共和党人简直屈指可数。

米拉波觉得,法国要么得有一个强势的国王,要么干脆就不要国王。历史经验已经证明:走中间路线、折中制度是行不通的,它们只会带人经由谎言之路走向伪善的暴政统治。

他对国王的提议是:想要重新崛起,就得表现得比议会还有革命意愿。

他绝没有叛国,但他的确被腐蚀了。

被什么腐蚀了?金钱?米拉波的确收了一大笔钱①,用来维持他和各省之间的海量联系以及一个自建的谋士团的开销。有这么一句不算解释的解释说得甚是巧妙:根本没有谁收买他,他是把自己雇出去,但不是把自己卖出去了。

研究过米拉波的人知道,他还被另一个东西腐蚀了。1790年5月那次浪漫的圣克鲁之访扰乱了他的心智,让他升起了不切实际的幻想。想当国王的首相?不,他想当王后的首相,想学马扎然,扮演类似政治丈夫之类的角色。和王后那次唯一的短暂接触就像一场不可再回的美梦,让他更加沉醉在这个疯狂想法中。他已经分不清梦与现实。米拉波一直心存幻想。他相信,或是说服自己相信:王后体内流着玛利亚-特蕾莎的血脉,有着她母亲的烈性,也有着她母亲一样的魅力和气性。他之所

---

① 虽然米拉波和丹东的受贿之事似乎确有其事,但我们得注意一点:此事的所有证据都源自他们的敌人和政治对手,但我没找到两人的任何亲笔资料去证明指控属实。人们在铁柜中找到的信件根本不是米拉波的亲笔信,而是地方总督拉波特(译注:Arnaud. de Laporte,1737—1792年,路易十六手下一个内阁大臣,后被绞死)所写。此外,这些信也没拿出具体的证据;它们只证明一点:米拉波在临死之前,没有从宫廷那里收到先前谈好的固定待遇。胡尔(译注:P. Rühl,1737—1795年,先后担任立法议会、国民公会和公安委员会的会员,后自杀)拿不出证据,谢尼耶也证明不了什么。只因为一些莫须有的事,米拉波被公会定罪。他的儿子以令人信服的方式向我证明:米拉波死后,只留下一身的债务。
我们若想认真评价这个远不能用"纯洁"二字来形容的人,就绝不能忘记一点:米拉波生平最爱展现自己刚毅勇猛的一面,所以很爱夸口说自己曾做过哪些罪事。卡米尔·德穆兰曾讽刺米拉波:"要是宫廷没有因为你今天这番演讲而付你十万埃居的报酬,那它简直是在抢劫。"奇怪的是,这番话对米拉波却很是受用。自己的演讲成了待价而沽的商品,他居然还为此自喜。米拉波在1789年与拉法耶特、拉梅特有过一场谈话,其中他冷淡地说:"我们该拿王后怎么办?还不该把她杀了?"拉法耶特被他一本正经的样子吓住了,当即表示反对。"您说得没错。"米拉波说,"杀一个王后没有任何好处,只会给那个文笔拙劣的季博特(译注:J-A-H. de Guibert,1743—1790年,法国一个将军和剧作家,其剧作深受路易十六宫廷的追捧,王后还支持将其作品搬上舞台)提供一出无聊的悲剧素材罢了;但让王后受辱,唔……时候正好……"(请看拉梅特、艾吉安·杜蒙、米拉波等人的回忆录)——原注

以犯下这个一叶障目的错误，也离不开旁人的穿针引线。有个人每天都黏在米拉波身边，他就是拉马尔科。拉马尔科对王后爱慕不已，对米拉波也充满感情。他寸步不离地守着米拉波，反复给他灌输王后的天才形象：她是多么美丽和不幸，却又是多么勇敢！她唯一缺少的就是经验，需要有人给她指点迷津，需要一个智勇双全的谋士，需要一双男人的手来支撑她，一双如米拉波那般有力的大手！这便是他真正被腐蚀的地方，这便是这个野心勃勃、锋芒毕露的人心底罪恶的幻想。

现在，让我们把那些品行无可指摘、自认为纯洁无瑕（没被金钱玷污的人很多，但没被仇恨玷污的人屈指可数）、有权审判他的人召集起来，组成陪审团吧。可一番问话后，我相信他们也会毫不犹豫地做出同样的裁决：

他可曾叛国？不曾。

他可曾被腐蚀？是的。

是的，被告人有罪。而且——虽然这话有些难以启齿——将他移出先贤祠也是正确的。

制宪议会将这个堪称大革命第一喉舌、自由第一辩手的勇士葬进先贤祠，此举合情合理。公会将一个遭到腐蚀、野心勃勃、意志薄弱、自视甚高、爱女人甚过爱祖国的人移出这座圣殿，这也不无道理。

1794年，凄风苦雨。法国已是风中残烛，活人已被屠尽，现在该轮到死人了。于是，在一个愁云惨淡的秋天，它把自己最骄傲的一个儿子从心中生生剖了出去。在这剖心之痛中，法国体会到一种残忍的快感。一个负责执行这场丑恶行刑的法庭人士，在一份非正式会议纪要中写下了这段到处都是白字和不规范用词的话，使我们得以了解人们当时的想法有多么不可理喻："庆典队伍停在了先贤祠广场上，公会中一个担任执达员的公民往先贤祠入口的大门迈了一步，站在那里宣读法令①，将奥诺雷·里克蒂·米拉波的遗体从比地千出②。尸体立刻装进一副放在神殿外的木棺中，交送给我们③。我们将这副棺材抬起来，搬到一个普通墓地里……"这个地方不是别处，正是圣-马索郊区专用来埋死刑犯的克拉玛公墓。尸体是在夜里被送过来的，当夜就被下葬，没有留下任何记号供人识别。根据所有迹象来看，直到1847年的今天，他依然被埋在那里。足足半个多世纪过去了，米拉波还躺在那里，还躺在乱坟岗的死刑犯中间。④

我从不相信永恒之罚是正当合理的。这个可怜而又伟大的人赎了十五年的罪，已经够了。但我坚信，只要法国缓过气来，它定会立刻在地下找到米拉波，把他重新安置到他应当安息的地方，把他葬回先贤祠，让大革命的演讲家挨着大革命的创始人——笛卡儿、卢梭、伏尔泰长眠。⑤米拉波被驱逐是理所应当，但其回归也是正义使然。他已长存于法国的心中，永远被我们感恩和铭记，那何不让他真的入土为安呢？

---

① 原文此处有别字。——译者注
② 原文此处有别字。——译者注
③ 原文此处有语法错误。——译者注
④ 这片墓地如今被用作解剖研究，常有勤奋好学的年轻学生进出。他们理应知道，自己整天都踩在米拉波遗骸的上方。他依然躺在铅棺中，依然被放在那里。墓地中央从没被挖掘过，只有两边长长的围墙被推倒，人们在下面发现了一堆尸体。尸体保存良好，根据身上的黑袍来看，他们就是9月2日遇害的那群教士。死者已矣，巴黎城应当做出表率，还米拉波以公道，为其昭雪，即便不能将他葬回先贤祠，也该给他留块坟墓。——原注
⑤ 1889年，人们多次在克拉玛公墓寻找米拉波的遗骸，但再也没有找到。——译者注

第12章
两派的不宽容——罗伯斯庇尔的崛起

议会听从罗伯斯庇尔的建议，决定所有议员不得进入内阁或接受连任（1791年4月7日、5月16日）——罗伯斯庇尔在雅各宾派中的威望已经超过了拉梅特（4月）——拉梅特兄弟成了宫廷的谋士（4月）——他们既对限制国民自卫军的做法不表示反对（4月28日），也不捍卫俱乐部的利益（5月17日）——杜波尔和罗伯斯庇尔之争——两人都反对死刑——复活节来临之际，宗教斗争爆发（1791年4月17日）——国王领取圣餐，引发众人哗然——国王公开证明自己的被囚状态（4月18日）——教会尤其对离开修道院的人的不宽容——雅各宾派对拒绝宣誓的教士的不宽容（5月4日）——一封被烧掉的教皇的信（5月4日）——议会将伏尔泰风光葬入先贤祠（1791年5月30日）

4月7日，就在米拉波去世五天之后，罗伯斯庇尔提议并使议会通过了一条法令：在议会会期结束四年之内，任何议员都**不得进入内阁**。

每一位声望显要的议员对此都不敢提出任何异议。宪法起草者（图雷、夏普里耶等）没有表示抗议，左派煽动家（杜波尔、拉梅特、巴纳夫等）也不敢有所动作。他们原以为自己能借米拉波之死谋些好处，现在却眼睁睁地看着煮熟的鸭子从嘴边飞走。权力的大门刚刚打开，就对他们永远关闭了。

五周后的5月16日，罗伯斯庇尔提议并使另一条法令得以通过：首届议会任期结束之后，现议会成员**不得被连选**。

在欢呼声中，制宪议会两次投票，通过了于己不利的法令。

连续两次，议会中那个平素最讨人厌的议员的提案都得到通过。而先前无论他提出什么动议和修正案，都遭到议会拒绝。

这是一个值得我们细细琢磨的大变化。

首先，我们可以注意到一个令人吃惊的迹象：从米拉波死后的第二天起，罗伯斯庇尔就一反从前，发言大胆，甚至强横起来。4月6日，他粗暴地指责制宪委员会不经商量、就**突然**将内阁组建方案呈递上去（可这个方案都呈上去两个月了），说"议会议政的主导思想令他骇然"。最后，罗伯斯庇尔用一句独断至极的话结束演讲："这就是我呈报给议会的大体指令。"议会听了这话居然也一声不吭，只向罗伯斯庇尔承诺明天再议。第二天，也就是4月7日，罗伯斯庇尔极有可能事先就取得了绝大多数议员的肯定，所以才敢提议议员任期结束四年之内禁止进入内阁。

罗伯斯庇尔羽翼已丰、地位已固，他再不是当初那个羞羞怯怯、犹犹豫豫的小伙子了。看看5月16日的议会场景，我们就能更加真切地感受到这一点。这一天，罗伯斯庇尔一脸严肃地在那里慷慨陈词，以政治道德为主题，力证回归普通公民身份、不求回报方是立法者的本分。议会早就烦透了它的制宪委员会——这个总在那里指指点点、制定法律的十头政治，而罗伯斯庇尔敢于第一个讲出真话，还说到了议会心坎里。他的意思大致可被归结为这几句话："宪法绝不是某某演讲家的构想，而是源于走在我们前面、不断支撑着我们的那个思想。我们辛苦工作了两年，现在要做的事只有一件：给我们继任者树立榜样，让他们看看，我们即便面对权力和利益的巨大诱惑也毫不动心。让我们挂印归田，在各自的家乡呼吸平等的空气吧。"

他还急不可耐、不容置喙地说："为了议会精神的荣光，我认为这则动议的通过宜早不宜迟。"议会不仅没被这句话刺痛，反而鼓起掌来，下令直接盖印、马上投票。夏普里耶要求发言，可无人理睬。罗伯斯庇尔的提议几乎被全票通过。

可平素狂热拥护罗伯斯庇尔的卡米尔·德穆兰却不无道理地说，他觉得这道法令更像是主人的一记敲打："人们很清楚，此次他之所以赢了这场上层斗争，只因他懂得利用大多数人的自尊心。议会中绝大部分人知道自己不可能连任，于是迫切地抓住这次机会，把所有声誉隆盛的议员都拉到一个水平上……我们这位忠实朋友的算盘打得很清楚呢……"

他在算计什么呢？德穆兰不能言明。他算计到雅各宾派和贵族阶层这两个极端派想扼杀他们共同的敌人——宪法，想把这个存活概率很小的孩子的父亲和保护者——立宪派一道消灭了。

但考虑到罗伯斯庇尔是个极有政治手腕的人，我们实难相信他会将筹码押到自己拿不准的地方、去赌一个根据普遍的人性得出的猜想。看他讲话时一副慷慨激昂、成竹在胸、叱咤喑呜的样子，谁都会觉得他肯定得到了某个积极的信号、笃定自己的提议会得到右派支持。他不久前大力捍卫教士阶层，为了他们差点把自己也搭进去了（3月12日），所以这个群体可能也把他们的想法清楚告知给了罗伯斯庇尔。

此外，至于罗伯斯庇尔的音量似乎突然高了许多，那是因为在那里讲话的再不是一个人，而是附在他身上的一个庞大群体——雅各宾派在借其口舌发表演讲。我们都知道，由议员一手组建起来的巴黎雅各宾社团，在最开始的1789年10月足足吸纳了四百多名议员，可到了拉梅特兄弟封杀米拉波的那一天，也就是1791年1月28日，里面议员最多只剩一百五十人了。那么，谁是雅各宾派的主流呢？是那些不是议员、却想当议员的人，是那些不希望制宪议会能得连任的人。所以，罗伯斯庇尔表达的正是雅各宾派的想法、要求和利益，他就是他们的喉舌。他当着他们的面为他们说话，并得到他们的支持。放眼望去，看台上密密匝匝的观众全是雅各宾派的人。这个被我戏称为上级议会的组织，开始从上而下地对制宪议会施以重压了。议会之所以萌生退意，这也是不可小觑的原因之一。看台上的人开始越加频繁地干预议会决议，在演讲者讲话时不断插话、欢呼或喝倒彩来打断演讲。例如在讨论殖民地问题时，殖民地支持方频频发出无礼的嘘声。

想弄清雅各宾社团的内史是件极难的事。由拉克洛编辑的所谓的雅各宾报，不仅不能助人弄清事实，反把问题越搅越乱。不过有一点很明显：社团里两大最老派系之一的奥尔良派，现在已经在走下坡路了。由于其领导人为了四百万法郎而贪心不足，再加上布里索和其他人为反对此事而发起了一场共和笔战，这一派已经大失民心。而另一派（杜波尔、巴纳夫和拉梅特）似乎也精疲力竭，呈疲软之态。1月28日晚，在对米拉波发起致死一击的时候，它的生命似乎和毒牙一道留在了啮咬米拉波的伤口中。3月，当雅各宾派用石头和棍棒逼得王政派俱乐部关门大吉时，这些人还在乱中添了几把柴火。这是他们没能看清形势的缘故。人们一提到三恶同盟，想到的基本是他们善弄权术、玩弄暴力手段的恶名，以及和米拉波之死有关的可怕谣言（虽然这些并不属实），所以雅各宾派宁愿起用一个干净、贫穷、峻烈、历史绝对清白的人。米拉波下葬时，众人看到的一幕场景足以让雅各宾社团思量一番了（拉梅特挽着西哀士的手，借他来打消人民的怀疑，一个雅各宾分子居然沦落到在人民面前要靠一个不受欢迎的神甫来保护自己！）。所以，它抛弃拉梅特兄弟，转身走向了罗伯斯庇尔。

3月末，在隆勒索涅事件上，巴黎雅各宾俱乐部做出了不利于拉梅特兄弟的决定。在我看来，此事就是他们陨落的开始。我们几乎可以说，他们随米拉波同死了；他们作为失败的胜方，紧跟米拉波而去了。

后来，在讨论有色人种权利问题时，拉梅特兄弟又发表了许多狭隘之词，这更加速了他们的灭亡。他们兄弟几人在殖民地上都有自己的土地和奴隶。巴纳夫大着胆子，替庄园主说话。权利问题固然无可争议，可议会又害怕引发燎原大火，所以在那里左右摇摆，最后颁布了这么一道奇怪的法令："除非应殖民地要求，否则议会**绝不会**擅自讨论其父母非自由身份的人的人权状况。"毫无疑问，殖民地是**永远不会**提出这种请求的。此令就是要大家在黑奴问题上**永远封口**。庄园主们要为巴纳夫立一座雕像以示感激，仿佛他已经作古了似的。不过，他的确离死不远了。

抛开这些利益问题不谈，一股暗地里的势力也在瓦解拉梅特兄弟的影响。

就在拉梅特兄弟因米拉波之死而成为众矢之的时候，一个大清早，亚历山大·德·拉梅特还没起床，一个脸被遮得严严实实的小个子男人来到家中、要求见他。此人便是外交部长蒙莫兰。部长坐在离床不远处，对拉梅特坦露心迹。他说起米拉波的斑斑恶迹（这是取悦拉梅特最保险的办法），自责曾给他一大笔钱去窥探雅各宾派的秘密、把他引入了歧途。"每天晚上。"他说，"我都会拿到他从外省收到的信件，将其读给国王听。您在信中透出的智慧常令国王钦佩不已。"拉梅特忘了交代此次谈话结果，但接下来的事情大家都知道了：拉梅特在某方面成了米拉波的接班人、宫廷的秘密谋士。而早在12月，巴纳夫就已是这个身份了。①

4月28日，议会自作孽、不可活，决定只有能动公民才能加入国民自卫军。罗伯斯庇尔提出反对，杜波尔和巴纳夫保持沉默，查理·德·拉梅特则在打擦边球。

于是，议会踢到了一块真正的铁板。巴黎省各个俱乐部向议会提出严肃抗议，人民集会、各市乡、区划、自由组织通过公共请愿、呈递请愿信、张贴布告等行动发起抵抗。夏普里耶提议颁布法律，剥夺群众的这些权利。虽然这条法律被投票通过，却无法执行。夏普里耶宣布：没有这条法律，无论俱乐部的组织多么庞大，它也只能以行会的身份存在。罗伯斯庇尔和佩蒂翁立刻站出来捍卫俱乐部的利益。而杜波尔、巴纳夫和拉梅特这三位雅各宾派创建者和历来的领导人，他们居然不说话了！所有人都在等着他们发言，可他们依然沉默着，深深地沉默着。在那一刻，他们真的退位了。

罗伯斯庇尔向他们放了一句话（他肯定想借此剥夺他们的一切发言机会）："我绝不是在引发暴乱……如果有人想指责我，那就请他拿出实际证据来，不要在那里空口说白话。"这话是在赤裸裸地鄙视那些从前的骚乱家、如今的求和者。

先前在讨论连任问题的时候（5月16日），杜波尔没有制止议会投票通过那道于己不利的法令。然而第二天，当下任议会的连任问题成为人们的关注焦点时，杜波尔不再沉默了，似乎想把自己心中的苦楚和对未来的担心一下子倾吐出来。这份演讲文笔高雅、写得笔酣墨饱、充满预见性，却犯了政治演讲稿的最大忌讳——全文太过伤感消极了。杜波

---

① 《巴纳夫回忆录》写到1791年时，满纸空言，全在文过饰非，我们根本不能从中了解到什么。而拉梅特的回忆录根本没提1791年。——原注

尔在演讲中说：若再往前走一步，就再没什么政府了；即便重建政府，也只会导致行政权一家独大。人们不愿再对旧的专制暴君俯首帖耳，却想造出新的专制政府——一个更得民心、却危险上千倍的专制政府。自由将落入自私之徒的手中，平等将慢慢变成平均，最后就轮到平分土地了……当然，人们想改变政府体制，却没想过首先会被溺死在血海中的会是最后一批王权的信徒……此类的话。然后他又批评某些人的投机取巧，说他们总在纸上谈兵、空谈理论，却不落到实际中，也不承担任何责任，"因为他们并没有责任一直坚守在自然权利的讲道台上"。很明显，他是在说罗伯斯庇尔。

杜波尔的控诉虽然很长，然而他的思想从一开始就错了。他说："革命结束了。"而且把这句话重复了两遍。这句话把整篇演讲给毁了。所有人都以沉默回应他的这一论断，可沉默就是最好的反驳。此时正是人心惶惶之际，人们觉得前面有无尽的困难待克服、单靠改革已不足以根治痼疾，可杜波尔却说革命结束了？罗伯斯庇尔轻轻松松就抓住了对手送上门来的这个机会，但他没落入陷阱、说出什么应该继续革命的话来，讲话仍紧扣在正讨论的问题上。只不过，杜波尔发出哀唱，他则报以牧歌。罗伯斯庇尔恢复了从前的演讲风格，回到"*为回应理性和自然的号召而隐退归田，静思何为信念*"的这种恬淡的道德境界里。他担保说："在王国的每一寸土地上，为了确保自己的孩子在良好的风气和祖国的怀抱中成长，*每个家庭的父亲都会乐意走上立法者的岗位*……阴谋家们要走？那最好不过了！那时，*谦逊明德之人自会获得曾被阴谋家夺走的报酬。*"

罗伯斯庇尔用政治的语言娓娓描绘出这一美好的憧憬，它标志着革命的操纵杆已从杜波尔的手中掉出、落到他的手上（这也是雅各宾派的操纵杆）。他再也不用担心有人以原则为名关闭**官方正式**议会了，因为他已掌控了唯一**主动**、**有效**的那个议会，掌控了那个领军的大俱乐部。我们敢打赌说，下任议会少了米拉波、杜波尔、卡扎莱斯这类人，也不会成为一个弱柳扶风的病秧子，因为所有的生命和力量都汇聚到雅各宾派那里去了。罗伯斯庇尔深知，处在骚乱最中心处的自己何时才会一击得手、把他的政敌都送去过恬淡的隐退生活。

杜波尔又发表了一篇反对死刑的精彩演讲，给自己的陨落画下光荣的句点。他在演讲中片言居要，说了这句入木三分的话："一个将屠杀合法化的社会，不就是在教人怎么杀人吗？"这位其名字和法国陪审制、和我们所有司法制度连在一起的杰出人物和米拉波一样，以人道精神捍卫者的姿势光荣谢幕。罗伯斯庇尔虽然也反对死刑，然而他那篇平平无奇、学究气十足的演讲没有引发任何反响，被杜波尔的发言全面碾轧。杜波尔在演讲中说的一句话当时没引来任何人的注意，现在我们细细揣摩后只觉心惊："人在不断改变，事物也只能跟着通权达变。但不管怎样，我们也要尽量减少革命的悲剧……**让我们把人变回最初值得人尊重的样子吧！**"

不幸的是，这句严肃的告诫一语成谶。人、人的生命，再没得到尊重。人间鲜血横流，宗教战争爆发了。

从1790年年末开始，不断有教士阻挠教会财产的拍卖活动，在市政厅那边百般纠缠、从中作梗。偏偏市政厅又无法狠下心去严惩他们，故对这股横在面前的惰性力量也是无可奈何。可教会的惰性是表面的，忏悔室、新闻界里的它可是活跃得很。它还积极分发诽谤小册子，把伯克写的那本诽谤大革命的书四处大力宣扬，布列塔尼更是它的重点宣传对象。

市政厅畏首畏尾、毫无作为，教会却明目张胆地摆出反叛的姿态。

两方相比，新的信仰似有败象。各地的宪法之友俱乐部不得不给市政厅施加压力，抨击它们无所行动，意欲将其取而代之。就这样，大革命披上了一层吓人的外套。它完全落入了爱国但又偏执、狂暴的雅各宾俱乐部手中。

借用凯撒的一句话："他们一心求此。①"是的，他们一心求此。教士不也盼着自己能被迫害，好借故发起内战吗？

那道招致厄运的宣誓法令，1月4日那幕让无数波利耶克特②捡了个大便宜、光荣当上殉道者的场景，让各地教士心觉欢喜、顿生豪情。他们昂首挺胸地走在大路上，大革命却低下了头。

仿似正义的第一声反抗的呐喊，是由那位堪称有"宵鱼垂化"之德的大司祭、罗昂红衣主教、项链事件主人公喊出来的。③由于此番壮举，他沐浴天恩、又被划进了正派人士的队伍。逃到莱茵河那边以后，他（在3月）把自己的继任者开除教籍，哪管后者是斯特拉斯堡的人民亲手选出来的，在这座一点就燃的城市里掀起了宗教战争。

高喊着"雄起！必胜！"的于泽斯主教写了一封信，表态拒绝宣誓。此信落到于泽斯人手中后，就像一点儿火星引燃了腾灼大火。紧急集合鼓四处敲响，人们在街上相互厮杀。

布列塔尼的教士不费吹灰之力，就把农村搅得鸡飞狗跳。有座村子的神甫在三点钟给村民做弥撒，宣布从此再没有晚祷了，它被永远废除了。另一个神甫选了个礼拜天的半夜做晨祷，他拿起布道台上的耶稣十字架，让农民去亲吻它，说："走吧！去为上帝复仇，杀光那些亵渎宗

---

① 原文为拉丁文"Hoc voluerunt"。——译者注
② 高乃依的悲剧《殉道者波利耶克特》中的主人公。故事发生在3世纪的罗马城，耶稣受刑之后，罗马皇帝大肆迫害城中基督教信徒，而贵族波利耶克特却改信基督教，最后受刑而死。——译者注
③ 请看路易·勃朗在《大革命史》第二卷中极其详尽的描写。——原注

教的人！"这些可怜的村民被煽动得失去理智，拿起武器就朝瓦纳赶去。幸亏国民自卫军关上城门，没放他们进去。士兵们别无他法，只好鸣枪驱散人群，但仍有十二个人坚持不退。

这一切都发生在复活节前夕。人们好奇地揣测：国王在复活节里会和谁共领圣餐，是大革命的朋友还是敌人？这不难猜中，因为国王已经疏远了宣过誓的教区神甫，杜伊勒里宫中挤满了决不宣誓的教士。4月17日礼拜日，他当着拉法耶特的面，从这些人的手中领了圣餐。拉法耶特也紧随其后，给家中的小教堂请来一个誓死不宣誓的教士，由他给拉法耶特夫人做弥撒。此次领取圣餐实在有些张扬，且不说其排场有多豪华，连国民自卫军都被强迫叫来守在边上、荷枪实弹地保护宫廷大神甫之周全。一个投弹手直接拒绝参与圣餐仪式，不愿给反革命派的脸上贴金。当晚，科尔得利区贴出一张海报，感谢他的无畏之举，并"向法国人民揭发第一公职人员公然违抗他曾宣誓效忠的法律、让暴乱有隙可乘"。

这番话说得字字在理。没错，宫廷就是想引发民愤和骚乱，好向欧洲证明国王已非自由之身。（拉法耶特认为）这场骚乱谋划已久，原本米拉波该在这场戏中扮演某个角色，可他死了，导致事情有所拖延。如今，在盛大的典礼中，在信徒们最躁动的节日里，在复活节的第二场瞻礼日，也就是1791年4月18日、星期一，骚乱终于发生了。

其实在前一天，人们就预感将有事发生。早上国王出发的时候，所有报纸就已吵开了天，人群将皇宫围得是水泄不通。大约十一点时，国王、王后、王族成员、主教、众侍从坐进华美的马车，准备上路。他们说去一趟圣克鲁就回来，可人们仍然拦住了马车。圣洛克敲响警钟，国民自卫军和人民先后封锁了所有要道。大家对王后和主教憎恶到了极点，一个投弹手对国王说："陛下，我们爱您，但只爱您！"无数咒骂和指责传到王后耳中,她气得顿足,哭了起来。

拉法耶特想打开一条路,可没人听他命令。他跑到市政厅,要求它交出红旗。幸好那里的丹东拒不交旗,阻止了一场可能发生的屠杀,虽然当时并不知道宫廷只是佯装想走的拉法耶特的做法完全合乎法律规定。拉法耶特把丹东留在市政厅,转身赶回杜伊勒里宫,却发现丹东也去了,就站在未受召唤就赶来的科尔得利派的最前面①。

两点钟,宫廷人士转头回宫,因为他们已经充分证明了自己想要证明的。

拉法耶特因为无人从令而怒不可遏,直接递了辞呈。许多国民自卫军都在劝他不要动怒、求他别走;资产阶级也只信任他,觉得只有他才能维护公共秩序。

19日,星期二,国王举止反常。人们一下子提心吊胆起来,害怕他会离开。他突然来到议会,坚持要去圣克鲁,借此证明自己还是自由身。他还说,自己想维护宪法,"包括教士基本法"。这真是自相矛盾,令人匪夷所思!要知道他上个礼拜日才领了圣餐,以示对拒不宣誓的教士的支持。

我们千万别以为教士是群温顺从命、甘于寂寞的受害者。恰恰相反,最张狂、最爱挑事的人非他们莫属。这些人狼奔豕突、馋口嚣嚣,还对人百般威胁,阻挠婚礼,在女人的耳边煽风点火,说:如果她们请宣誓忠于宪法的教士主持婚礼,她们就成了姘妇,她们生出来的孩子就成了杂种。

在由拒不宣誓的教士一手掀起来的恐怖活动中,女性既是受害者,又是被利用的工具。我们习惯性地认为她们是一群应当得到尊重和疼惜

---

① 拉法耶特叙述此事时用词十分微妙,宣称丹东的一切行动背后都受宫廷的指使,说:"他不久前还拿到十万法郎,以酬谢他干成一件价值一万法郎的任务。"此事真假未知,但我们知道一点:丹东拒绝将红旗交给将军的行为虽然让拉法耶特大感屈辱,却替他挡掉了一桩罪恶。——原注

的生灵，从心底觉得她们不敢涉险。可在这场骚乱中，女人表现得比男人还要勇猛。教士不敢做的事，她们统统都敢做。她们东奔西走，吵吵闹闹，传播消息。且不说那些必须忍受其愤怒的受害者（我说的就是家中被她们烦扰得不得安宁的丈夫，他们都快被妻子执拗的态度、尖刻的责骂给逼疯了），连她们常去铺子里的小商贩也成了遭殃的池鱼。那些受过哲学熏陶的小贩和爱国商人可真是倒了霉！女人们一个个都是说到做到的实干家，再不踏足他们的店铺，全都跑到信奉正统思想的店主那里买东西去了。

教堂已是门可罗雀，但修道院却向反革命派打开了小教堂的大门。反革命派昨天还是无神论者，今天就变成了虔诚的信徒。更严重的是，这些修道院还打着议会法令的名号，狂妄地立起围栏、关住那些想出来的隐修男女。

一位圣伯努瓦的夫人坚持要回家，因此受尽羞辱。她连一些毫无价值、却是修女的情感寄托的小东西都不能带走，浑身上下几乎不着寸缕，就这样被赶出修道院。前来接她的亲人拍门讨要说法，可是无人应门，回答他们的只有一堆咒骂和几件直接从窗户扔出来的旧衣服，仿佛她的东西沾有瘟疫似的。

一位修女向市政厅递交了一封宣布她要脱离修会的信，然而修道院院长和监事却把信拦截下来，把人强行扣留在修道院中；她的母亲万般无奈之下，只好给国民议会写信求助。在圣安托万修女院，一个干杂务的修女只因听到打开修道院的法令时面露喜色，便受尽羞辱；修道院院长——一个极其狂热的修女，以及其他那些对院长溜须拍马的人，简直像使唤牲口似的虐待她。这位修女想尽办法向外界传达她的痛苦和折磨，终于以极端的方式脱离苦海：她把头伸出塔楼求救，一个好心人费了好大力气，把她的头拔出来后，再把整个人给拖了出来。圣安托万区的一户人收留了她，报纸也为这位可怜的逃亡者发起了募捐。

我们可以看出，贫困潦倒的生活本就在挑战人民的神经，上述这类事情的频频发生使他们更难保持克制和冷静。他们吃了太多的苦，却不知道该向谁发泄怒火。他们看到的就是：大革命既不能前进，又没法后退，每走一步就会遇到一个不变的阻碍——王权，以及后面另一股活跃的势力——贵族阴谋集团。所以即便他们对这些阻碍发起进攻，我们也不要感到讶异。我并不认为雅各宾派有煽动人民的必要；三个雅各宾派系中的两个（拉梅特派和奥尔良派）已经影响力大减；至于罗伯斯庇尔这一派，它的确锐狠而狂热，但其领导人在个人方面绝不是个闹事之徒，而且他宁愿对付其他敌人，也不愿反对教士。

这场骚乱是自发而起的，纯粹是愤怒和贫穷累积起来的火山爆发。一些妇女还跑到修道院攻击修女。

但是，后来似乎有人利用了这场运动。一场大戏隆重上演了。宫廷的计划是，对内向天主教徒、对外向欧洲各国极力抹黑大革命。没有宣誓的教士从市政厅那里租来一座教堂；这座建筑坐落在巴黎最熙熙攘攘的闹市区里，就在戴阿蒂码头①边上。他们要在那里举办一场自己的复活节。所以我们不难预料，一大群人汹涌而至，等在那里，在等待中骚动着，谁若敢来就出语威胁。怀疑的情绪逐渐发酵，愈演愈烈；两个来这里参加复活节的女人遭到人群的一顿攻击。人们把两根扫帚横在教堂大门上；当局取下扫帚，却不能驱走人群。西哀士在议会中呼喊宗教自由，可人民完全被苦难冲昏了头，坚持认为这是个政治问题。他们觉得拒不宣誓的教士和手下的煽动者正鼓着腮帮子吹火花，誓要把东方、南

---

① 即今天的伏尔泰码头，就在卢浮宫的对面。——译者注

方，甚至整个世界都点燃。而且，这种想法绝非空穴来风。

与此同时，一场恶战就像是日后那场内战的缩影一样，已在阿维尼翁和贡塔上演。阿维尼翁有尼姆、阿尔勒、奥朗治等地的革命激进派撑腰，和贵族大本营——卡庞特拉斗了起来。双方本就积怨已深，旧仇未消、又添新怨，于是一场恶战爆发了。这是一场战争，更是一场交织着无数诡计和杀戮的血雨腥风。国民议会反应迟钝，对此事要负起大部分责任；当初正是米拉波建议从缓处置，因此埋下祸根。日子拖到5月4日，议会仍没做出任何决定。它宣布：阿维尼翁不属于法国，但法国也不会放弃对它的权利。换而言之就是指："议会不认为阿维尼翁属于法国，但又不否认它属于法国。"

就在同一天，也就是5月4日，教皇的一封敕书在巴黎传了开来，这几乎可以说是一份发给大革命的战书。教皇在信中把法国宪法一顿贬损，宣布神甫和主教的选举结果无效，并禁止选出来的神职人员参与圣事工作。一个爱国社团第二天以眼还眼、以牙还牙，在罗亚尔宫审判了教皇，烧了他的一尊塑像。同时被审判的还有神甫洛茹①创办的一份深受教士喜爱的报纸，人们先把报纸丢进下水沟，然后拿出来付之一炬。

从14世纪开始，教皇的权势开始如日中天。当初卜尼法斯八世②打个喷嚏，世界就会吓得发抖；路德虽然烧掉了教皇谕旨③，却抹不掉它在世上掀起的风浪。而现在，教皇却和洛茹神甫一起躺在圣奥诺蕾大街的阴沟里，悄无声息地完蛋了，而且无人引以为意。

教皇越是后退，他的敌人就越是前进。那个不死的敌人（他不是别

---

① 洛茹（T-M. Royou，1743—1792年），一个哲学教授，后来以记者身份出名，创办了《国王之友》。1792年5月4日以滥用出版自由的罪名被移交到高等法庭，他藏匿起来，不久病逝。——译者注
② 罗马教皇（约1235—1303年），1294年以阴谋手段登上教皇宝座，主张教皇权力高于世俗君权。——译者注
③ 马丁·路德曾收到教皇威胁将他革除教籍的谕旨，他直接将谕旨烧毁，1521年被革逐出教。——译者注

人，正是理性）频频改换身份（1300年是法学家，1500年是理论学家，在上个世纪又是哲学家），终于在1791年赢得胜利。法国刚能开口说话，就向伏尔泰表示了感激之情。国民议会颁布法令，将胜利归功于这位光荣的宗教思想解放者。人们得到了宗教思想上的自由，伏尔泰赢了。现在，就让这位思想的亡者凯旋巴黎、回归他的首都怀中吧！这位流浪儿、逃亡者在尘世中找不到一寸立足之地，经历了三朝更迭，像一只没有巢的鸟一样疲倦地飞着，四处流浪。现在，就让他在法国的怀中安心沉睡吧。

  死神是多么残酷啊！伏尔泰也曾重回巴黎，重见到他的疯狂崇拜者，重见到这支终于理解了他的人民，可重逢后却是更加摧心剖肝的别离！他死前颠沛流离，死后仍遭流放，其尸骨在1778年5月30日夜里被追随者偷偷带走，藏到一座籍籍无名的坟墓中。直到1791年4月30日，他才终于得到通谕，可以回来了。他回来了，而且这次是在大白天里、在正义的艳阳照耀下，由人民扛着胜利回来，被风风光光地葬进先贤祠的神殿。

  在这场戏的高潮处，他将看到当初把他驱走的人是如何走向灭亡的。伏尔泰回来，主教和国王也该走了。他的回归有法令加持，是在世人瞩目中名正言顺地回来的；而教士们也终于说服了优柔寡断、小心谨慎的路易十六，马上就要催促他走向瓦伦、走向背叛、走向耻辱了。这么一出大戏怎能少得了伏尔泰呢？他应当回到巴黎，亲眼看看这群答尔丢夫是怎么灭亡的，他才是节日的主角。教士的阴谋诡计在日光下探出脑袋之时，就是伏尔泰走出地下墓穴之日。答尔丢夫的无耻阴谋惊醒了他；于是他站起身来，将头探出坟墓，狂笑着对敌人说："我们是不可分离的，你在，我也在。"在他的震天大笑中，神庙和王位在哆哆嗦嗦、摇摇欲坠。

第13章

国王出逃之前

路易十五为查理一世肖像画所吸引，路易十六为查理一世和雅克二世的生平史所吸引——路易十六对所有势力都心存忌惮，决不离开王国——欧洲盼着法国四分五裂——俄国和瑞典鼓励国王出逃——1790年10月，奥地利给出出逃方案——方案开始像是法国的事，后来却完全变成了外国人的事——从母亲的血统来看，国王是外族人；作为基督教徒，他对民族性看得十分淡然——1791年2月至5月，国王因为他的贵族和教士受辱而倍感受伤——国王和王后表里不一，骗了所有人——王室一家，尤其是王后，加速了国王的毁灭——1791年3月至5月，人们仓促准备国王的出逃方案

  每次参观卢浮宫，我都会不由自主地停在凡·戴克画的那幅查理一世肖像画前，一站就是好久，陷入深深的沉思中。这幅画同时牵扯到了英法两国，它既包含了英国的历史，也囊括了法国的历史。它对我国起到的直接影响，是其他艺术作品很难做到的。那位伟大的画家无意中画出了两个君主制的命运。

  这幅画本身也有一段有意思的故事。我们回过头去，看看它是怎么来到法国的。

当初，首相莫普①想让路易十五解散最高法院。他心生一个计划，想把已经年老体衰的国王的七情六欲重新勾起来。为了达到目的，就得让国王走出幽闭的宫廷、给他安排一个情妇、让他臣服于石榴裙下。但这件事一点儿都不好办。这个情妇须得轻薄、蠢笨、寡廉鲜耻，性子还得动人有趣，又得有把其他女人赶出宫门的手腕。她不能太有脑子，否则会成为第二个蓬巴杜；但她又得有一定的脑子，好将先前教给她的功课谨记于心并时时温习。

在这种事上，黎塞留元帅可是一个行家。他千挑万选，总算找到了这么一个女人，不过谁也不敢说他是从哪里找来的。把这个女人献给国王之前，他还先找到一个出身体面的恶棍和这个女人结婚，好稍稍提升一下她的社会地位。这个女人，就是杜巴丽夫人，她游刃有余地完成了这项任务。她作风大胆、不拘礼节，让国王眼前一亮；她从早到晚地挑逗他、哄骗他，使出浑身解数去取悦他，让他想起自己还是男人、是一国之君。不过君王之心猜不透、更靠不住，所以她几乎时时刻刻都和国王寸步不离，甚至咨政议会都要厚着脸皮跟过去，当着掌玺大臣和众多要员的面，像只猴子似的倚在椅子扶手上，毫无矜持自重的样子。这位身份特殊的爱捷丽②日日夜夜都在给他吹枕边风，劝他树立君威。如路易十五这种男人本不会上这种把戏的当，然而她除了擅长吹枕边风之外，还懂得借用外物来凸显自己反复唠叨的道理是多么颠扑不破。她令人从英国买来凡·戴克的这幅画，理由十分奇怪：画中有个年轻侍卫也姓巴利，所以她觉得这画的就是她的家人。这幅令人敬仰的伟大天才之作，这幅被视为记录了一桩悲剧的名画，就这么被当作某个不值钱的小玩意儿、摆在这个女

---

① 莫普（R. N. C. A. de Maupeou，1714—1792年），法国律师、政治家、首相，想在法国进行开明专制的改革，但以失败告终，以企图摧毁最高法院制度而著称。——译者注
② 希腊神话中启示过罗马王努马的一个水泽仙女。——译者注

人的客厅，成天听着她在那里放纵大笑，看着她厚颜无耻地打情骂俏。她环着国王的脖子，指着画中的查理一世对他说："你看，法兰西（她是这么称呼路易十五的），那个国王被砍了脑袋，就因为他在国会面前太过软弱。所以，你也得提防着点你的最高法院啊！"

在这座低矮的套房中（它坐落在凡尔赛宫高处一套复折顶楼里，至今仍得保留）近看这幅巨大的画时，观画者与画中人几乎脚抵脚、脸对脸。任何一个只要心中还存有一丝温情和辨别能力的人，看到这幅画后都会深感沉痛。然而路易十五完全不为所动，画中人悲哀而又高贵的眼神，那双充满宿命感、见证了整场革命的发生、几乎能把你融化进去的眼睛，在他心中却勾不起任何涟漪。

我们还记得，大画师出于某种预感，在查理一世逃亡的前几天提前画了这幅肖像画。你看，画中的查理一世一身简单的**骑兵**打扮，表情孤独而又漠然。当时他正陷入和**圆颅党人**①的苦战中，被逼到了离大海越来越近的地方。他身为海上之王、岛国之主，却被敌人逼到海边，前有汪洋、后有绞刑架，再无路可走了。

路易十六继位后，这幅伤怀之作被放到国王寝宫中，并随他从凡尔赛宫搬出、跟着来到了巴黎。路易十六对这幅画印象极深。他对英国历史、尤其是查理一世的那段历史做了仔细的研究。他孜孜不倦地读着休谟和其他英国历史学家的原文著作，从中谨记了一点：查理一世是因为向人民宣战而死，雅克二世是因为放弃了他的人民而被废。要说路易十六想清楚了什么东西，那就是：绝不要走上他们中任何一人的老路，绝不要拔剑，也绝不要离开法国的土地。路易十六说话吞吞吐吐、做

---

① 也称国会派，在英国内战期间反对查理一世和他的支持者，因为头发理短、没有卷发、头颅相对之下显得比较圆，所以称为圆颅党。——译者注

决定时优柔寡断，然而一旦他接受了某一观点，就会变得异常固执，那时任何人——包括王后——都不可能再说服他摒弃观点。他打定主意按兵不动、也绝不惹祸上身，这种做法倒也和他与生俱来的惰性气质十分相符。对于那些在边境闹事、叫嚣、威胁、动不动就拔剑相向的流亡贵族，路易十六对他们甚为反感，他们自称是国王的朋友，却根本不关心自己的举动是否会使国王的处境雪上加霜。1790年12月，他们在都灵召开会议时，孔岱亲王甚至提议杀进法国、直取里昂，"别管国王那边会发生什么"。

路易十六之所以不愿意宣战，其实还有另一层顾虑：一旦宣战，就必须请求外国援助。他对欧洲的现状了如指掌，很清楚各国列强打的什么主意。他深知普鲁士野心勃勃、诡计多端，仗着自己年轻力壮、血气方刚，就到处惹事、以期从中攫取点好处。早在1789年，普鲁士就向路易十六提议借他十万士兵。另一边，信奉马基雅维利主义的奥地利政府的态度也极其可疑，他不喜欢这个看似豁达、实则伪善的两面神。当然，这其中也脱不开父母那边的渊源。路易十六的母亲来自萨克森家族；他的父亲——王太子，被认为死于舒瓦瑟尔之手。这个大臣来自洛林，是洛林家族和奥地利的心腹，由玛利亚-特蕾莎一手扶植起来，也正是他让路易十六娶了一个奥地利人。虽然路易十六对王后百依百顺，但只要她一说去找自己的哥哥利奥波德出面，他心中就会警铃大作。

可王后别无他法。她对流亡贵族极不放心，不是不知道这些人在那里煽风点火、喊着放弃路易十六并设立摄政王。她很清楚，阿图瓦伯爵身边有她最凶残的一个敌人——卡洛纳。在项链丑闻中，拉莫特夫人[①]写

[①] 拉莫特夫人（Jeanne de Valois-Saint-Rémy，1756—1791年），法国一个臭名昭彰的投机分子和女窃贼，在项链事件中扮演主角，和其情夫联手伪造玛丽·安托瓦内特的亲笔信，让罗昂红衣主教买下项链。后来她因此事被判入狱，然后乔装越狱，逃到伦敦，写了《瓦鲁瓦·德·拉莫特伯爵夫人的辩护回忆录》来指控王后。——译者注

的那封攻击她的诽谤小册子，就是由卡洛纳亲自注解和修订的。她对这边的担心，更甚于对大革命的恐惧。大革命只是怨恨王后而已，这固然让她头痛伤神；但卡洛纳有本事让一个女人和妻子成为众矢之的，甚至让她蒙受法律上的污点、遭到囚禁。

她的态度一直没变，坚持要求采用奥地利那边的梅尔西和布勒特伊提出的方案。她先是欺骗米拉波，后又哄住了拉梅特和巴纳夫，就是为了争取时间。她得等奥地利解决完布拉班特、土耳其和匈牙利的麻烦，然后抽出身来帮她。至于正被教士操纵得团团转的路易十六，他身为基督教徒，秉性审慎而又忠诚，王后就利用了他的这个特点，使其抛弃一国之主的顾忌。只有搬出某个更高的使命，才能让他放弃一项他认为属于自己职责所在的义务。

其实，国王想走是再简单不过的事，他甚至无须随从，骑马就可离开。这是克莱蒙特-托内尔的意见，但绝不是王后的想法。她什么都不怕，就怕和国王分开，哪怕一刻钟也不行。他的兄弟在他面前对王后是各种夹枪带棒，也许他会受他们的暗示和影响也未可知？10月6日那天，国王以为王后命悬一线，情绪几近失控。王后借此机会，哭得梨花带雨，要他发誓：从此两人绝不分开，要走就一起走，是逃是死都要在一起。哪怕一起走，她都不愿意两人走不同路线。

1790年春，路易十六拒绝了旁人带他离开的提议。同年，他也没有抓住暂留圣克鲁的机会出逃。那时其实是天赐良机，因为他每天都会骑马或者坐车走上好几里路。但他不愿抛下任何人一走了之，王后、王太子、伊丽莎白公主、公主夫人，这些人都是他无法割舍的牵挂。王后也无法狠心抛弃某个心腹女眷、某个知道自己秘密的女官。他们要走，就只能是一大群人在护卫的保护下、乌泱乌泱地一起走。

1790年夏，教士宣誓事件让国王心神大乱，有人催他赶紧写信向外国列强寻求庇护。1790年10月6日，他第一次跟和自己有血缘关系的外国宫廷发出密信，收信人是他的堂兄西班牙国王，在所有君王中，他对此人最是放心。随后，他又给奥地利、俄国和瑞典致信。最后，在12月3日，他甚至还给那个在他眼中最为可疑、最想干涉法国内政的国家——普鲁士发了一封信。他请求所有国家组织"一场有军队做支撑的欧洲大会"，但没说自己是否愿意让这支军队对抗大革命（哈登堡，I，p.103）。

各国君主基本上都是优哉游哉的态度。北方正乱，一触即发的波兰革命在春天终于爆发（5月3日），一场新的瓜分之战在所难免。其他国家，比如土耳其和瑞典，迟早都是囊中之物，所以不急在一时。列日和布拉班特已被吞并，时机成熟后，自会轮到法国。卡米尔·德穆兰说："君王们已经尝到了人民鲜血的味道，是不会善罢甘休的。我们都知道，狄俄墨得斯①的马一旦尝了人肉，就再不肯吃其他东西了。"

不过眼下要做的，就是静等法国这枚果子变得成熟肥嫩，然后才好下嘴。在此之前，就让它在内战中耗尽力气、累得气息奄奄吧。凯瑟琳大帝②为了鼓励王后继续抵抗下去，曾给她写过一封信，信中有这么一句看似崇高的话："月亮西升东落，狗吠声能奈它何？君王也应一往无前，不畏人民的喊叫。"这句模仿勒方·德·蓬皮尼昂③而作的话，读来真是可笑！回过头来看，我们只会更觉讽刺，因为她说的月亮可真被拦下来了呢！

---

① 希腊神话中的色雷斯国王，他有一群凶猛狂野的牝马，必须用铁链子紧锁在铁制的马槽上，喂养牝马的饲料就是误入城堡的外乡人。英雄赫拉克勒斯的十二个任务之一，就是把这群马带回迈肯尼。他把凶残无道的国王扔进马槽，这些马吃过国王后，才变得驯服起来。——译者注
② 即叶卡捷琳娜二世。——译者注
③ 勒方·德·蓬皮尼昂（Lefranc de Pompignan，1709—1784年），法国18世纪一位著名诗人。——译者注

为了让王后走出月噬的阴影,这位仁慈的凯瑟琳动用笔头和舌头的功夫,拼命鼓动整个欧洲行动起来。可实际上她又打着什么算盘呢?如果国王得救、触发内战,所有君主都能在法国的尸体上分一杯羹,而后她就可以坐拥北方,躺在尸堆上,喝着波兰的血、啃着波兰人的骨头,岂不快哉?

在逃跑的筹备过程中,负责给王后送俄国通行证的正是俄国大臣。凯瑟琳没有提供任何援助,但她觉得让小小的瑞典国王——生性很不安分、喜欢幻想和冒险的古斯塔夫三世(她前不久还和他打了一仗,但现在已化敌为友)在法国的门户艾克斯那里来一次探险奇遇,这也是件好事。古斯塔夫三世可以借口寻水停在那里,等美丽的王后带着丈夫逃出来后,拔出自己那把无人能敌的宝剑,毫无私心地教老实的路易十六如何夺回王位。

从舒瓦瑟尔开始,从路易十六的联姻开始,奥地利和法国就是同盟关系,所以国王出逃对它最是利益攸关。但只有一点:普鲁士和英国本就对法国觊觎不已,奥地利若想插手干预、同时又不受这两个国家的约束,一则需要路易十六对奥地利全情信赖,二则需要奥地利硬着头皮接受法国的呼救,无论它心底有多么不乐意,何况现在大部分国家都选择支持路易十六,而且东部已组成一个保皇党的核心组织。然而我们的忠实盟友只在一个必然条件得到满足的前提下才会插手干预,那就是**爆发内战**。

从1790年10月开始,王后身边的谋士,即梅尔西和布勒特伊这两个奥地利派来的人,坚持出逃。布勒特伊从瑞士派一个主教带来出逃方案,该方案和利奥波德后来给的出逃计划完全一致。然而无论王后还是主教都不适合首先张口,向国王提起奥地利的初步方案。王后身边有一个对她忠心不二的人，在她还过着无忧无虑的生活时，两人关系极其密切。这个人，便是瑞典军官菲尔逊（Fersen）。王后派他将方案呈给国王。为了不吓到国王，菲尔逊只简单地跟他说：此次是去布耶的军营避难，接受那支不久前在南锡表现英勇的忠诚之师的保护，而且他们的驻地离奥地利很近，在万不得已的时候，他那个大舅子也方便伸出援手。国王听了这话，什么也没说。

接着，王后又突然提出要有一个总负责人和外国接触，并一再坚持让国王把此权交给王后的人——布勒特伊。最后，国王终于应允（1790年10月23日）。从那时起，**外国**，指的再不是欧洲，而是奥地利了。布耶得信后，建议国王前往贝桑松，这样瑞士可在必要时候出手相助；而此地又受让步协议的保护，会较少地受到其他势力的干扰。可奥地利谋士们打着其他算盘，坚持让国王前往离奥地利只有两古里远的蒙梅迪。

为了最终敲定计划，12月，布耶让自己的儿子路易·德·布耶（Louis de Bouillé）在主教、也就是此事中最主要的那个联络人的陪同下连夜出发，在圣奥诺蕾区一个非常偏僻的地方和菲尔逊碰面了。年轻的布耶终究太过稚嫩，他才二十一岁；菲尔逊虽然无比忠诚，但似乎十分马虎和健忘（到底是不是如此，我们马上就可得出判断）。然而，君主制的命运却被交到了这两人的手中。

布耶很了解宫廷，知道如果事态转恶，宫中很有可能会否认曾授权给他。所以他请求国王写一封内容详尽的授权信，他的儿子会亲眼盯着此信发出，其附件则随身保管。唉！此举简直是引火烧身！国王亲笔写下一句话并签了字，而这句话在两年后却把他送上了黄泉路："当务之急，是确保能得到外国**援手**。"

10月，国王方才同意逃跑，但只说希望皇帝和西班牙能表态支持。

可到了12月，他就想他们伸出援手了。

出逃一开始完全是法国人的事。布耶的南锡大捷让人升起希望，觉得军队和国民自卫军中的大部分人是拥护国王的，觉得法国内部是存有分歧的。当时，只要奥地利表面示威一下，布耶就可借此把军队召集起来。可一个改变事态的事实浮出水面——法国是上下齐心的。

出逃完全变成了外国的事。布耶说，他需要日耳曼军队来帮忙控制自己手中为数不多的法国士兵。他要求外国援助——这是他的儿子说的。出逃计划是在巴黎一个葡萄牙人家中、由一个瑞典人策划出来的，出逃所用的马车则藏在一个英国人的住所。

所以，无论在细节还是时机的选择上，此事似乎成了一个外国的阴谋。不对，不是似乎，是已然。外国已经把爪子伸到王国的心脏，通过国王向我们宣战了。而国王和王后呢，他们是何身份？两人的母亲都是外族人；国王是波旁家族和萨克森家族的结晶，王后则是洛林家族和奥地利的后代。

人民常希望君主能守护本国的民族性，可从血缘和姻亲关系来看，君主基本上有欧洲性、而不是民族性。他们最亲近的亲人、朋友、爱人，通常都是外国人。两王相斗时，一方国王通常会发现自己的某个堂兄、侄子或妹夫就站在对方阵营。法律主张举证避亲；那么在国与国之间，当涉及要靠外交或宝剑才能解决的最高正义的问题时，他们是不是也该稍稍回避一下呢？

这个在任期间为抗衡英国而重振法国海军实力的国王，在感情上肯定不是外族人；但从家族血统上来看，他是。德国和他是同宗一族，西班牙也和他血脉相连。即便他在召请奥地利时颇为踟蹰，但仍想过请自己的堂兄西班牙国王前来相助。

从一种表层情感上看（不过他认为这种情感高于一切），他于任何民族而言都是个外族人，一个忠于宗教的外族人。于基督教徒而言，祖国是个次要的东西，教会才是他真正的祖国，所有国家都只是教会下面的行省而已。国王是个十足的基督教徒，他在兰斯加冕礼上被主教敷过圣油，受加冕誓言的约束，自己也绝不会解除誓言。至于其他誓言，在他看来是算不得数的。虽然他深知主教们是什么德行，不会把他们的话全听进去，但仍会咨询他们的意见。克莱蒙特主教让他接受了一个观点：染指教会财产就是亵渎圣物（1790年3月？），《教士民事基本法》更被教皇视为洪水猛兽（1790年9月）。帕米尔主教把出逃方案给他带了过来（10月），自己被迫批准教士宣誓法令的这件事（12月26日）更是打消了他的一切顾忌。他身上基督教徒的人格，把他作为国王和法国人应有的人格给杀死了。

他意志薄弱、头脑糊涂，脑子里全是我们在本章开头就提过的那两个想法：第一，不能步雅克二世的后尘，不能离开王国；第二，不能效仿查理一世，不能向自己的人民开战。这就是他从英国历史中学到的两大教训，除此之外，他无所畏惧。不是有这么一句老话吗："说到底，谁能奈我何？我可是敷过上帝圣油的人。"许多君王仗着这层身份，肆无忌惮地犯下无数罪行；所以路易十六也觉得自己可以高枕无忧。

他在信中对布耶的要求是：无论如何，他的双脚绝不能踏出王国地界一步（哪怕走另一个边界马上回来也不行），他绝不离开法国。

君王都有一种奇怪的信仰，都是他们王国的虔诚信奉者。他们的身体就是圣餐饼，他们的王宫就是至圣之地；他们的仆人和侍从也像圣职人员一样，笼罩在神圣的光环之下。2月28日晚发生在杜伊勒里宫的那件事，却在情感上刺痛了路易十六的这个信仰。那时，拉法耶特刚带着国民自卫军压下了万森骚乱,并认为此事是宫廷所为。国民自卫军回到杜伊勒里宫,却发现宫中到处都是配着武器的贵族。这些人聚集在此,又不能给出合理的解释。他们还以为国民自卫军会对自己尊重有加,可惜此时后者正情绪不稳、心情欠佳,没对这些贵族老爷使什么好脸色,把他们的佩剑、手枪、匕首统统没收,还给他们起了个匕首骑士的绰号。贵族们手无寸铁,一个个在嘘声中走出宫来。一些拿着武器的资产者对他们态度粗暴,像修理自己犯了错的小弟一样把他们收拾了一顿。

路易十六可以不去计较这一不成体统的行为,然而拒绝宣誓的教士遭到革职、在本年春天必须离开所在教堂的这件事,却深深刺痛了他的神经。他在杜伊勒里宫中接待了一大批没有宣誓的神职人员。他全然没有认清教士的阴谋,根本没有发现他们内战策划者的真实嘴脸。他完全没从政治角度来看待局势,反把一切都归咎到宗教宽容的这个问题上。值得注意的是,连西哀士、雷纳尔等一部分非基督教徒的政治家和哲学家也持此看法。看到他们也在为教士发声抗议,路易十六更加坚定了自己反革命运动的立场。他觉得,当初自己将宗教宽容赋予给了新教徒,而今他为什么就不可以在自己的宫中享受这个权利呢?他觉得自己不受任何誓言的限制、亦不受一切义务的约束,深信理性和上帝也站在反革命这边。

不过话说回来,不管他愿意与否,难道反革命派就不会行动了?他的弟弟阿图瓦伯爵当时人已在芒图①,正和英国大使、普鲁士大使一道陪着利奥波德皇帝(1791年5月)。实际上,这次会议的主题就是讨论法国当前事宜。如果国王按兵不动,那就抛开他独自单干。在阿图瓦伯爵的计划中,国王没有多重的分量。这个作战计划的起草者就是替阿图瓦伯爵打杂的卡洛纳,他的方案是:五个国家组成五支军队,同时入侵法

---

① 意大利伦巴第下的一个城市。——译者注

国、长驱直入、直取巴黎；年轻的亲王最多只在各城门口发表一些他不得不说的演讲，不过这不会占据多长时间；能带着整个欧洲在巴黎一顿饕餮，他乐意至极；他就是《伊利亚特》里的阿伽门农，他就是王中之王，他将播撒恩泽和正义，他将统治国家……国王？他以后可以有大把大把的时间去做弥撒和打猎了。王后？她将被遣回奥地利，或者被送进修道院。

阿图瓦伯爵是在痴人说梦，利奥波德也乐得给他一个镜花水月。他说，7月1日军队将如约准时地出现在边境上，但只有一点：军队不能进入法国。再说，即便利奥波德真有心做点什么，也会遭到他妹妹的阻止。她从巴黎给他写了一封信，要他千万别信任卡洛纳。同时，国王和王后又派人给阿图瓦伯爵传话，说他们相信卡洛纳，授权让他代表二人进行商谈。①

此时，国王和王后的一切行动都是双面的、矛盾的。

正因如此，他们才向拉法耶特承诺（中间人是拉法耶特的堂弟布耶）：只要他愿意光复王权，他们有求必应（12月或1月）。但几乎与此同时，他们又斩钉截铁地对阿图瓦伯爵说，拉法耶特"是个绝不能相信的恶棍和狂热的反叛分子"（1791年3月）。

正因如此，国王才一边佯装想要离开杜伊勒里宫，好借此向欧洲证明自己已失去自由（4月18日）；一边又接受了拉梅特兄弟愚蠢地替他草拟好的一封信，信中有人教他告诉大家：自己非常自由（4月23日）。蒙莫兰极力强调国王之言绝非事实，可无奈后者一口咬定自己所言不虚。部长只好将这封文书递给议会，正式向外国宫廷宣告了路易十六的革命态

---

① 请看利奥波德和王后的通信，它们在1833年被刊登在《回望杂志》第二系列的第一、第二卷中（根据保管在国家档案馆的信件原本所编）："我们再向您重复一遍，请派来八千至一万人……"（1791年6月1日）另外也可查阅由阿内斯（Arneth）出版的王后手信，原信存于维也纳档案馆。——原注

度。在这封写得别别扭扭的信中,国王说到自己时俨然一副雅各宾派的口吻,说他只是第一公务人员,说他是自由的,说他是自由地接受了宪法,说他对此翘首以盼,等等。他说话风格一改从前,无论谁看了此信,都觉得他是在阳奉阴违。国王说的这番变了调的话,完全是在搬起石头砸自己的脚。人们本来还挺同情他,现在却从心底鄙视他的口是心非。

所有人都认为,他同时还写了一封信来斥驳上文。没错,国王骗过了蒙莫兰,蒙莫兰又骗过了拉梅特(就像从前他骗过了米拉波一样)。他派人在普鲁士和奥地利传话,说人们应当从反面去解读国王支持宪法的一切言行,他说的"是"其实就是"不是"。

国王曾从耶稣派领导人拉沃古勇①那里学习为君之道。拉沃古勇平素为人正直,但在这场宗教和王权同时遭到挑衅的危机中,他却淋漓尽致地体现出耶稣会士狡诈的一面。拉沃古勇是个虔诚的信徒,但没有丝毫骑士的荣誉精神,还觉得善良的欺骗算不得欺骗。他做事偏离正轨,但又不能骗过所有人。

奥地利和法国一样,似乎不太相信路易十六的诚意。它觉得,路易十六说不定仍是一个彻底的法国人,一边想利用自己、一边又想骗过自己。路易十六只向奥地利提出借用一万两千人的军队,这点兵力简直是九牛一毛;除此之外,他有一支西班牙军队,还有两万五千名受让步协议约束而不得不为其征用的瑞士士兵,这足以制衡那一万两千个奥地利人。所以,奥地利人根本就不急着借兵;他们借口普鲁士和英国反对,在那里伺机等待。难道奥地利为了团结和鼓动保皇派、给国王造出一股势力出来,就愿意无偿地跑一趟、像个跑龙套一样露个脸完事?想都别

---

① 拉沃古勇(P-F. de Quelen de La Vauguyon,1746—1832年),路易十六统治期间曾担任法国驻西班牙大使,在1789年当了五天的外交部长后,因为害怕掉脑袋而辞职。——译者注

想！相反，奥地利人还要国王证明他拥有"开启内战"的实力。要让奥地利人插手这种麻烦事，那起码得给他们点甜头尝尝吧？只要国王能把阿尔萨斯交出来，或者交出一部分也行，他的大舅子、那位最古道热肠的利奥波德无论身边有多少麻烦事待解决，也会立马高效地行动起来。

所以，可怜的路易十六的处境是何其凄凉啊！正因如此，即便他骗了所有人，人们依然对他无比同情。无论在国内还是国外，甚至在自己家里，他都没有一个信得过的人。哪怕在自己的亲人身上，他也只看得到一张张自私自利的嘴脸。他们不帮他也就算了，还加速了他的毁灭。

他的姑母们加速了他的毁灭。正因为她们急着先他一步离开，才掀起了一场针对流亡权利的激烈讨论，国王因此更没了逃走的机会。

大亲王加速了他的毁灭。在路易十六看来，此人才是真正的心腹大患，让他不敢独自离开。大亲王本身的态度也极其可疑。他曾在未取得国王同意的前提下，就想让法弗拉直接将其带走。国王被囚以后，还突然冒出了一大堆人，提议设立摄政、监国、临时国王。

然而，把路易十六毁灭得更迅速、更直接的不是别人，而是王后。

她害怕和国王分开，怕到了极点。于是她死死地黏着他、缠着他，想带着自己的人和他一起走。可如此一来，国王出逃的成功概率就无比渺茫了。

另外，由于太过担心王后的人身安全，奥地利大使梅尔西不顾实际情况、不听布耶的建议，坚持在王后逃亡沿途分段布置了一支分遣队。可此举很容易惊扰人民，让他们心生警惕、群起而动。到那时，分遣队根本无力控制武装起来的人民群众，更无力保护国王。人民并不仇恨路易十六个人。我曾在一份报纸上看到一句话，如实表达了人民当时的想法："路易十六为奥地利让自己干下的蠢事而流泪了。"哪怕国王被认了出来，他依然能走过去，因为几乎没人敢伸手拦下他。可王后就不一样了，所有人一看到她就会生出警惕，连保皇派都察觉到其中的危险，觉得不能任她带着法国国王投奔外国军队。

在挑选出逃计划的执行人时，王后也是帮尽了倒忙。她不挑最能干得力的人，只选要么对她忠心耿耿、要么来自她的母族的人，其中有忠诚的菲尔逊、她的秘书古格拉①（她曾把此人派到艾什泰哈奇②等人身边，和他们一道执行机密任务），还有出身奥地利一个名门望族的小舒瓦瑟尔。这个年轻人心地善良、家财万贯，很是讨人喜欢。当王后来到他在洛林的地盘后，他张灯结彩、锣鼓喧天地接待了王后。他把王后招待得无比周到，但这么做并不是在帮她、救她。布耶把出逃计划中最重要的一环托付给这个年轻人，明显是想借此讨得王后的欢心。

出逃瓦伦就是一出草草收场的闹剧。③我们只需想想当时按照常理应该怎么行动，再反向推之，就知道他们是怎么做的了。依照此法，即便那些回忆录没有流传下来，我们也可以寻到这段历史的真相。

首先，在出逃的两三个月前，王后就派人给她和她的孩子定制行装，生怕别人不知道她的出行计划似的。接着，她又令人按照从前的出行规格准备了一大批物资，那套笨重的家当都够人环游世界了。然后，她没有选择不那么显眼的普通马车，而让菲尔逊派人造了一辆巨大的豪华四轮双座篷盖马车，马车前后别说放行李家什，放头母牛都绰绰有余。这么大一辆车走在街上，让人想不注意都难。这还不算，马车后面

---

① 古格拉（F. Goguelat，1746—1831年），王后的事务秘书，《出逃瓦伦》的作者之一。——译者注
② 艾什泰哈奇（V. L. Esterházy，1740—1805年），在法国骑兵队中效力的一位匈牙利出身的军官。——译者注
③ 相反，大亲王却被人施展巧计营救下来。巴尔比夫人（Mme de Balbi）是个很有头脑的女人（她是他的情妇，如果他真有情妇的话），是她促使大亲王下定决心、把自己的性命托付给了达瓦雷（d'Avaray）这个年轻的加斯科人（译注：即第三任达瓦雷公爵，1770—1859年，法国19世纪一位军人和政治家，1787年进入大亲王的亲卫队）。在他的安排下，大亲王藏在一辆破破烂烂的马车中，独自一人被送出法国，其夫人则走另一条路（请看《科布伦茨游记》，1832年）。——原注

还跟着一辆女眷车，前后有三个穿着崭新明黄色上衣的亲卫兵开路和殿后。且不说这三个亲卫兵多么招人注目，那身衣服也会让人觉得他们是孔岱亲王——这位流亡贵族的领军人物的属下。这些人看似做好了万全准备，其实从没上过道；他们貌似全副武装、坚不可摧，其实身上只背了把狩猎用的小刀。国王曾提醒他们在马车中准备些武器，然而菲尔逊完全把这件事抛诸脑后——他肯定害怕武力抵抗会给王后带来危险。

一切准备就绪，闹剧开场了。令人觉得可悲而又难堪的是，国王居然被打扮成仆人的样子。他穿着一套灰色衣服，戴着一顶小小的假发，化名为仆人杜朗（Durand）。这些令人倍感耻辱的细节，都出自昂古莱姆夫人①（Mme d'Angoulême）的如实记叙。此外，我们在王后和图泽尔夫人（Mme de Tourzel）的通行证上也可找到证据：她在通行证上的身份，是个叫珂尔芙（Korff）的俄国男爵夫人。可不合情理的是，这位夫人怎会和家中仆人如此亲密，和他手脸相对、共乘一车呢？单单这个细节，就足以让他们败露行迹。

多么可悲的一出变形记啊！好吧，就让他好好藏在那里吧！谁会把他认出来？更准确地说，谁愿意把他认出来？法国？不，肯定不是！法国看到他这番模样，也会转过脸去。

路易十六叮嘱过："你们在马车车厢中放上一套金线镶边的大红外套，就是我在瑟堡穿的那件。"他藏在车厢里的这件衣服，其实是他的护身符。当初他就是穿着这身衣服，于万众瞩目之下站在对抗英国的法国海军中。法国国王的这身衣服比他在兰斯敷的圣油更管用。如果他脱下仆人的衣裳，换上这套华服，谁敢拦他？他本应悉心保管好这件衣服，更应悉心保管好他当时依然还有的法国之心。

---

① 古莱姆夫人：即国王的女儿，后来嫁给了昂古莱姆公爵。

第14章

1791年6月20日—21日，国王出逃瓦伦

国王离开，把他的朋友推上死路——自信且轻信的拉法耶特和巴伊——草率出行（1791年6月20日）——国王应走奥地利离开才对——法国的危机——极有可能的报复行为；泰鲁瓦涅已被逮捕——法国敲响警钟，各大要道处在警戒之中——1791年6月21日，国王被追捕——进入瓦伦时，其行程被延误和阻拦——农民大批赶到瓦伦——人民的愤怒——议会颁布法令，要求国王返回巴黎

在这次瓦伦出逃事件中，且不说其他，单单路易十六的老好人形象就被大打折扣。他离开了，轻易地抛下了那些真心爱戴他的人，把他们送上死路。

拉法耶特为形势所逼，不得不成了国王的看守，在国民面前对其人身安全负责。他通过许多方式——甚至以损害大革命为代价——表明自己最渴望看到的就是王权得到重建，觉得这才是维护秩序及和平的保障。虽然他在思想和理论上属共和派，可仍为君主制没少操心，甚至还为此牺牲了自己的民望。我们敢打赌：国王出逃的消息一旦传开，拉法耶特第一个就会被撕成碎片。

而部长蒙莫兰呢？这个讨人喜欢却性格软弱的人，对国王从来是言听计从，还在6月1日写信给议会，说他"拿自己的职位、脑袋和荣誉"保证国王从没想过离开法国，以回应报纸上的揣测。

还有国王的宫殿总管兼密友，不幸的拉波特，他又会怎么样？国王没问过他的意见，临走前直接交给他一个危险任务，让他把一封抗议信带给议会。这个可怜人，这个绝非自愿把国王写给人民的宣战书带过来的信使，将成为公众怒火的第一个喷射目标。在这场战争中，拉波特不可避免地成为第一个受害者，最先为此丧命。给自己订好棺材、准备一张裹尸布吧，可怜的拉波特！①

拉法耶特曾从多方收到相关警告，但他只愿相信国王的说辞。他前去找国王，问他到底是何打算。路易十六一如以前一副老好人的模样，干脆直接地做了回答，于是拉法耶特放心地离开了。他增加站岗人数，完全是为了缓和公众的神经。巴伊就更不用说，他高度发扬，甚至超越了骑士精神：王后身边一位侍女看到宫中紧锣密鼓地筹备出逃，便将消息明确告诉给了他；他却不敢找王后对证，觉得一个注重名誉的体面人士应当懂得保守他人的秘密。

国王、王后对外界放话，说他们要在下个礼拜日的圣体瞻礼日参加由宣誓效忠宪法的教士组织的教区游行活动。对此，伊丽莎白公主表现得十分抵触。19日（也就是出逃的前一天），蒙莫兰前来看望国王的这个妹妹。王后对他说："她让我很是苦恼；我做了能做的一切，想让她下定决心，不过我觉得她会为了哥哥而放弃自己的想法的。"

为了等那个告密侍女离宫，也为了领取国家元首的季度年金（路易

---

① 拉波特在1792年8月10日被捕，指控罪名是烧毁了大批不利于宫廷的文件，而拉波特辩解说那些文件都是诋毁玛丽·安托瓦内特的诽谤册子。17日，拉波特被审判，23日被处死。——译者注

十六本人是这么说的），国王一直拖到6月20日才走。按照计划，奥地利人理应在6月15日就控制离蒙梅迪两古里远的通道。由于出行时间一推再推，军队行动一会儿取消、一会儿确定，由此引来不少麻烦。舒瓦瑟尔替布耶向国王传话说：如果他20日夜里再不出发，连舒瓦瑟尔本人都要撤去沿途布下的兵力，和布耶一道去奥地利了。

6月20日，午夜，王室一家乔装打扮后，通过一扇没有守卫的门离开王宫，来到卡鲁索广场①。

布耶指派了一个果敢决断的军人和国王一家随行，以便在紧急时刻做出反应、处理突发事件。然而孩子们的家庭教师图泽尔夫人坚持要继续履行自己的职责：她曾发下誓言，有义务、也有权利绝不离开孩子。誓言这个词打动了路易十六；而且依照法国礼仪规定，王子公主出行时须得有家庭教师相伴。于是，军人没有登上马车，家庭教师上去了：在最需要一个得力的男人时，却跑来一个没用的女人。这场历险中没有人领导和统筹指挥；冒冒失失的他们，就这样踏上了危险的旅途。

王后虽然忧心忡忡，却被冒险的浪漫色彩吸引住了。她拖拉了很久，就为了看别人给自己的孩子乔装打扮，还非常冒失地走到灯火通明的卡鲁索广场看着他们离开。他们登上一辆出租马车先走，马车夫是菲尔逊。为了防止有人跟在后面，菲尔逊在街上绕了几圈后才回来，在卡鲁索广场上又等了一小时。终于，伊丽莎白女士来了，接着出来的是国王，然后过了很久，王后才由一个亲卫兵陪着赶到。这个亲卫兵几乎不认识巴黎的路，他带王后走桥过去，结果把她带到了巴克街。回到卡鲁索后，王后又是仇恨、又是高兴地发现拉法耶特正坐车经过——他错过了国王的寝前问安时间，刚从杜伊勒里宫出来。据说，当时王后觉得自

---

① 位于卢浮宫中。——译者注

己把这个狱卒给骗过去了，高兴得像个孩子似的用手杖敲打车轮（当时女士出门都带着根手杖）。此事很难让人信服，因为拉法耶特的马车走的是大道，而且马车边上还有好几个举着火把的骑马侍卫。上面那个亲卫兵给出的证词则相反，他说：亮光让王后十分害怕，她甚至挣开自己的手，想躲到边上去。

马车夫菲尔逊载着那件无比贵重的寄存物，驾着马车上路了。可他的识路能力并不比亲卫兵强多少，一直走到圣奥诺蕾区才找到克里舍城门。在那里，一个叫克劳福德（Crawford）的英国人已经备好另一辆四轮马车，正在家中等着他们。他从这里一直赶到了维耶特。为了处理掉亲卫兵跟着的这辆出租马车，他将其丢进了一条阴沟。接着，菲尔逊驾车赶到邦迪。抵达此地后，他们就必须分开了。菲尔逊吻了吻国王的手，再吻了吻满心感激的王后的手，然后离开。她是他年轻时候的信仰，所以他才甘冒生命危险前来相救。此去一别，两人天各一方，再不曾重逢。

这一路上，宫廷干出种种不明智的事。其中一件就是过早地让宫廷女眷先王室一家离开，以至于她们提前六小时就到了邦迪。所以她们换车离开后，原来那辆车的马车夫副手留在邦迪，结果他惊愕地看到一个马车夫打扮的男人独自坐进一架套有四匹马的豪华马车离开。

国王一家出发了，他们已经误了点，仍然不紧不慢地走着。此行总共有三个亲卫兵陪着他们：一个骑马跟在边上，一个坐在车上，还有一个就是瓦洛里[①]，负责先行一步去布置马匹。瓦洛里出手阔绰，每经过一个驿站就掏出一个埃居喝点东西。当然，钱都是国王给的。由于一根车套断裂，马车停下来了一小段时间；国王又想下地走走，行程又被拖

[①] 即弗朗索瓦-弗洛朗·德·瓦洛里伯爵（François-Florent de Valori，1763—1822年）。——译者注

延了一点儿。但除此之外，再没遇到其他麻烦。他们赶了三十多里路，路上也没碰到舒瓦瑟尔布置的分遣队。在抵达沙隆之前，王后对瓦洛里说："弗朗索瓦，一切顺利，如果我们要被拦下，早就被拦下了。"

一切顺利？是法国一切顺利？还是奥地利一切顺利？要知道国王最后是要去哪里啊？

他昨晚对瓦洛里说："明天，我将睡在奥尔瓦修道院。"这个修道院已不在法国境内，而在奥地利的地盘上了。

布耶则给出相反的证词。但他反复强调的是：由于在王国境内再无人身安全可言，所以国王只好改变心意，不得已地落入奥地利的网中。布耶手上的兵力本来就不多，听他命令的人就更少了。所以，哪怕他就在国王前面几古里远的地方，也觉得自己得赶回部下中间，去盯住他们、稳住他们。

出逃方案在10月时似乎还由法国人负责，甚至在12月时依然如此，然而在来年6月时情况就不尽然了。那时，布耶发现自己号召力有限，他的瑞士兵团已成为棋盘上的弃子，法国兵团又被人民拉了过去，如今他只能勉强守住几支日耳曼骑兵队。国王也知道这个情况，故只能按捺住心中的抵触、同意前往奥地利。

布耶原先的方案说不定用心更险恶。国王一旦离开法国，就自动脱籍、成了奥地利人，人们就会把他看成外国人了；那时，法国将毫不犹豫地对其宣战。但布耶的想法是：若要开战，就从边境这边、在法国境内开战，不要驻扎在一座堡垒中，而是以蒙梅迪附近的一支来回流动的骑兵为大本营；如此一来，国王既可以说是在国中，又可以说不在国中。国王处在这种军事环境下，外可对抗奥地利人，"内可对抗法国人"，布耶如是说道。国王处于骑兵的保护下，前有这些流动炮兵队为支撑，后有敌人做靠山，进可向敌人打开门户，退可折回国中，这样他说话就能更加硬气了。例如，他可以这么说："你们根本就没有什么军队，军官已逃亡国外，军队管理混乱不堪，军火库也是空空如也；二十五年来，我看着你们在奥地利边境上的整条防御工事沦为废墟；你们的门户将被打开，但你们只能束手就擒……看！奥地利人来了；另一边还有西班牙和瑞士呢，你们已被三面夹击。投降吧，把权力交还给你们的主人吧。"其实这个办法是可行的，国王一旦成为内战的核心和外敌的门房，他可以随便开关边境。他从宪法里搬几句话，就能打消人们的抵抗之心，让老朽的议会去安抚国民、把国家拱手出让。

不难想见，列日和布拉班特对这番君王之言肯定有着深刻的体会。想当初，列日主教在奥地利士兵的护送下回来时就是这样，一面讲着大仁大爱，一面动用严刑逼供等手段来对付革命派。我们的流亡贵族还没回来，就已经列好通缉名单了。王后会宽大为怀？她会轻易忘记自己在10月是如何受辱，忘记她现身阳台、在人民面前痛哭流涕的样子？绝无可能。有个女人只因带着妇女去凡尔赛就遭到起诉，已被遣回列日。她，就是泰鲁瓦涅。从巴黎开始，她一路上都被人紧盯着不放，然后被移交给列日警察——也就是奥地利警察（1791年3月）。这些警察像对付弑君者似的把她押送到奥地利，关进玛丽-安托瓦内特姐姐的监狱中。当然，到了1816年，反对大革命自由思想的反动思潮更是高涨。当时重罪法庭权力熏天，而杜布省重罪法庭大法官就是当初在瓦伦事件中扮演国王信使的那个亲卫兵——瓦洛里。①

当古莱姆夫人说，凌晨四五点钟时，"我们穿过马恩河畔的要城沙

---

① 1815年12月20日，路易十八颁布法令，在各省建立重罪法庭。重罪法庭不设陪审团，专审政治犯，被告无上诉权和赦免权。瓦洛里在瓦伦事件后逃走国外，1816年在杜布省担任重罪法庭大法官，表现出狂热的保皇主义倾向。——译者注

隆，立刻就被那里的人认了出来。许多人感谢上帝让自己在有生之年里见到了国王的真容，还祝他逃亡路上一路平安。"（摘抄自她的一份简单如实的记叙，该份资料由魏蓓尔［Weber］提供）

但不是所有人都在感谢上帝。例如，农村地区就一片骚动。人们想弄清楚为何沿途会出现几支分遣队，于是便往坏处想，说士兵守在路上、是为了看护一件国宝送往国外。当时人们正在大肆抨击王后，说她将钱转移到了奥地利。自然而然，这一说法即便没有激怒人群，也足以引起他们的警惕了。

舒瓦瑟尔负责调遣离沙隆三古里远的第一分遣队，手底下有四十名轻骑兵。布耶认为，这些兵力应该可以确保国王通行，并在他离开后对所有行人封锁要道。如果国王在沙隆被拦了下来，他也可以动武将其强行带出。但他没想到：他们在这座城市边上只有四十个轻骑兵，如果周围农村地区都集合起来，那该怎么办？

实际上，农民们对路上这些轻骑兵已经看腻了。他们三五成群地来到路边，盯着他们。有些从沙隆过来的人打趣着人们口中的宝贝，于是所有人立马明白这是件什么宝贝了。各村敲响紧急集合鼓，舒瓦瑟尔快守不住了。由于国王车马已经迟到了四五个小时，他估计了一下，觉得这盘棋已经输了、国王没能离开；即便他已经上路，依照当下的形势，自己若继续留在这里，只会加剧群众的不安，阻碍国王通行；但若撤走轻骑兵，这些乡下人就会跟着散开，让出路来。一番盘算后，舒瓦瑟尔决定撤离。王后的秘书、参谋古格拉，当时也跟舒瓦瑟尔在一起，负责料理路上一应事务。他警告舒瓦瑟尔避开圣默努尔德，说那里正发生骚乱。于是他们请来一个向导，决定穿林而过。但这条路很难走，他们直到早晨才到达瓦伦。按照计划，舒瓦瑟尔本应留古格拉或另一个人守着大路，确保国王经过时有人给他带路，并通知其他分遣队。可舒瓦瑟尔却派了王后寝殿的一个仆人来负责这件事。此人忠心不二，但做事草率、不怎么有脑子（他要一激动，那点不多的脑子就更被丢到爪哇国去了）。他急遣此人将消息告诉沿途各分遣队。结果此人传话，说现已无计可施、只能和布耶会合，说舒瓦瑟尔已径直离开法国、往卢森堡方向去了。

舒瓦瑟尔前脚刚走，国王后脚就到。他看不到舒瓦瑟尔、古格拉或什么分遣队，"只看到一个张开大口的深渊"。不过，接下来一路上仍然无事。他们抵达了圣默努尔德，心神不宁的国王将头探出车厢，往外张望。分遣队队长由于先前没有扶他登马，便脱帽走过来想请求原谅。于是大家都把国王认出来了。市政厅官员早就集合起来，但禁止龙骑兵上马。大家莫衷一是，却没人拦下马车。这时，一个人自告奋勇去追马车，提议在前面把它拦下来。市政厅即刻授权与他。这个人从前也是龙骑兵，名叫德鲁埃（Drouet），是驿站站长的儿子，他立马出发了。但一个骑兵发觉了他的企图，于是紧跟其后，监视他，也许还想杀了他。他窜进树林，急抄近道，把跟踪者甩开了。

不过德鲁埃赶到克莱蒙特也没能追上国王。这座城市和圣默努尔德一样骚动不安，逼得分遣队只好撤走，但它也让国王马车通过了。要不是因为马车在瓦伦城门门口没有找到接头点、停了半小时，德鲁埃是不可能追上它的。

在这里，宫廷在出逃之行中又犯了一个严重的错误。参谋、工程师、地形学家古格拉负责检查和确认所有细节，并在每个没有驿站的地方安置接头点。他把整套方案交给国王，让国王做了一遍又一遍的功课。路易十六记忆很好，将订好的方案一字一句地复述给了信使瓦洛里,告诉他瓦伦城前会有人布置好马匹和一支分遣队。可古格拉把它们改到了瓦伦城后,事先又忘记告诉国王计划有变。

瓦洛里策马走在前面,找到接头点就算完事。按理他应当提前一小时、至少半小时完成任务,然而瓦洛里想尽情享受一下这个千载难逢的使命。他不紧不慢地小跑在马车边上,时不时地和那位尊贵的旅人攀几句话。直到很晚时候,他才赶去负责接头的事。此事若发生在其他岗哨上也不算什么;然而在瓦伦,它却成了那个毁掉堤坝的小小蚁窝。

瓦洛里花了半小时在黑暗中寻找接头点,一扇扇门地敲过去,把睡梦中的人都吵醒了。而此时,城市另一边的接头点早已被两个年轻人——其中一个就是布耶的儿子——布置好了。他们收到命令,不得离开半步。所以两人一个盹儿都没敢打,坚定地遵循着命令。其实在保证安全的前提下,他们其中一个人大可以去城门入口处看看马车来没来,给它带带路。何况此时已经夜深人静,一个人走在路上,即便被人看到也不会引来注意。

国王被捕的这个历史悲剧,各中细节在现在和将来都不可能被清楚完整地公之于众。研究瓦伦出逃的历史学家,也只能根据传闻去猜测一二。当时布耶父子俩根本就不在瓦伦;舒瓦瑟尔和古格拉事发一两个小时后才赶来,可那时已经无力回天了;德斯隆①到得更晚。要不是当时的信使瓦洛里在复辟期间把自己的这段经历写成回忆录,我们就只有两个人的话可供参考了(一个是德鲁埃,另一个是当古莱姆夫人)。瓦洛里的回忆录写得有些混乱,但详尽地陈述了当时的情况,语言质朴有力、让人无可怀疑。我们都知道岁月有洗去回忆的力量,但它在这里却

---

① 德斯隆(Calixte Deslon,1747—1819年),一个法国军官,因为参与了瓦伦出逃事件而为人所知。他是洛赞的骑兵队队长,负责杜恩-苏尔-默兹这段岗哨,国王出逃失败后,在22日逃往国外。——译者注

失了效力。这位老人褪色的往昔全被浓缩进这场惊天巨变里,之后的凶险、流亡、一切个人的不幸,于他的人生而言只是浮光掠影;他的生命完全定格在了这个时刻,从前和之后的人生全被衬成了徒然的苍白。

他们于晚上十一点半抵达瓦伦高地,大家已不堪疲倦,都在马车中睡着了。马车突然停下,所有人惊醒过来。没有接头点,也没有前去接应的信使的任何消息。

这个信使(也就是瓦洛里)找了很久;他一开始呼叫,在道路两旁的树林里探查,又叫喊了一阵子,可无人回应。他只好走进城中敲门打探消息,却仍一无所获,只好忧心忡忡地折身赶回。人还没到,这辆马车,还有马车里的人却已大乱。一声警告传入耳中,把他们吓得猛地站了起来:"以国民的名义!……"

一个男人快马加鞭地赶上来,停在马车前面,在黑暗中高喊:"以国民的名义,马车夫,停下!你车中的人可是国王!"

所有人吓得呆若木鸡。侍卫们既没有火枪,也忘了拔出武器,眼睁睁地看着此人越过马车、策马扬鞭冲进城中。仅仅过了两分钟,就有人举着火把冲出家门,个个骚动不安、交头接耳,声音由远及近、由小及大。大家奔走而呼,人越来越多,小小的瓦伦城一下子变得灯火通明。所有这一切,就发生在短短两分钟之内。然后,鼓声响起。

王后为了打探情况,由她的一个侍卫带着走出马车,去了孔岱家族一个旧仆家中。宅子位于通往瓦伦城的一个坡上。人们只好等着她。她回来时,聚集起来的侍卫对已经动摇了的马车夫又是承诺、又是威胁,软硬兼施地要求他们闯城,走塔下的低矮拱门,快马穿过城边的横桥和城塔;除此之外,再无任何脱身之计。他们方才得到消息:理应在瓦伦等着他们的骑兵队队长听到了国王到达的消息,然而见势不对,已经溜之大吉。骑兵队已经解散，一些人睡觉去了，还有一些人喝得酩酊大醉。这个队长是一个十七八岁的日耳曼人，毫无经验，一听到种种传闻后就立马慌了神。

德鲁埃和随后赶来的队友记约姆（Guillaume），抓住了这几分钟的机会。他们把马丢到一家还开着门的马厩中，让旅店老板去给其他人传话，然后冲到桥边，用一车家具和几辆马车把桥封死。这一切只花了不到一刻钟的工夫。然后他们跑到市长兼国民自卫军指挥官的家中，虽只找到八个人，但眼下也顾不了那么多，直向马车冲了过去。此时，马车仍只走到了山坡下。指挥官和自治市乡检察官要求车中人出示通行证。王后说："先生，我们急着赶路。""您究竟是谁？"图泽尔夫人答道："这是珂尔芙男爵夫人。"然而检察官拎着灯笼，探进马车中，灯光照在了国王的脸上。

他们拿出通行证，两个侍卫带着通行证来到旅馆。人们当着市政官员和在场所有人的面，高声读起通行证上的文字。有人说："既然通行证是国王签发的，那就没问题。"德鲁埃问："可是，这是国民议会签发的吗？""是议会一个委员会的委员签发的。""是主席吗？"于是，在香槟省的一家小旅馆中，人们研究起了法国法律的基本问题和宪法纠结之处，然后得出结论。瓦伦市政府官员、检察官索斯（Sauce）——一个善良的杂货商犹豫起来，不敢背负如此重大的责任。

但德鲁埃和其他人非常坚持。他们回到马车那里，问："夫人们，如果你们真是外国人，为什么能有那么大的能耐，让人从圣默努尔德开始就布置下五十个龙骑兵来护送你们？而且在克莱蒙特也是如此。为什么又有一个骑兵分遣队会在瓦伦等着你们？请你们下车，到市政厅人员面前亲自解释。"

车中的旅客一动不动，市政官员也没有任何强迫他们下车的意思。市民们慢慢围了过来，他们许多人本来睡得正熟，结果被鼓声吵醒。得想个法子尽快把消息传出去才行。于是德鲁埃和一些革命派跑到钟楼，拼尽全力敲响了警钟。现在，整个地区的人都醒了。是起火了？还是敌人来袭？农民们吵吵嚷嚷地跑了过来，举着武器，拿着他们能找到的一切东西：镰刀、大叉、火枪，不一而足。

检察官兼杂货商索斯觉得，现在自己动与不动都会惹火烧身。在这个紧急关头，他的相好出了个主意。把国王带到市政厅，有损王室体面；把他留在马车中，自己在革命派那边就小命不保。于是他采取了正确的折中办法：把国王带到自己店中。

他来到车前，摘下帽子：“市政议会就是否准许旅客通行的问题正进行讨论；然而现在谣言已经传开，说我们在城墙下有幸迎接的正是我们的国王及其家人……我深感三生有幸，想恳请他们下榻到我屋中，在等待商议结果期间，给他们寻个安全稳妥之地。附近村民已被我们的警钟吸引而来，街上闲杂人员越来越多。虽然我们也不想，但警钟已经敲了一刻时间。如果车中真是国王陛下，却因为我们无所防范而有损圣颜，那我们真是惭愧无地了。”

没人反驳这个老实人的话。警钟声清清楚楚地传了过来，可援兵仍是没有踪影。侍卫们徒劳地想搬走横在狭窄桥面上的家具和马车，马车中的人遭受着死亡的威胁：一些人拿着枪，一副往前凑的样子。于是这行人下车，走进索斯的店里。他们中有三位女士、两个孩子，还有仆人杜朗。人们对此人的身份表示怀疑，他坚持说自己就叫杜朗。所有人都摇头不信。"好吧！没错，我就是国王，这是王后和我的孩子。我们请你们以法国人对自己君主历来的礼数来对待我们。"路易十六不是演讲家的料，多的话他也说不出来。糟糕的是，他那套衣服、那身可怜的乔装，很难为他的讲话增加分量。人们难以想象，这个戴着顶小小假发的仆人居然会是国王。这个身份和这身衣服造成的强烈反差，让人对他更觉同情，而非尊重。许多人都哭了。

但钟声越来越响，几乎震耳欲聋。这是因为附近村子听到瓦伦的钟声，全都惊醒，敲响了自己村里的警钟。本在沉睡的整个农村地区全都动了起来，许多簇火光聚集在钟楼下。此刻已是四面风来、八方云起，城里乌泱泱来了一大群拿着武器、骚动且慌乱的人。

"什么？国王想要逃走？国王要投身敌国？这是在背叛国民啊！"这种话本身就是非常严重的控诉，传到边境人民的耳朵后更是达到非同小可的作用。他们与敌人咫尺相望，又因敌国入侵而遭受了无数灾难和不幸。所以第一批闯进瓦伦的人一听这话，气血一下子就冲上脑门。

这是父亲要丢弃自己的孩子啊！那时，我们的法国农民还没有什么政治概念，只知道君父君父，君即是父。他们之所以义愤填膺，不是受到革命思想的影响，而是害怕到了极点：他们成了父亲不要了的孩子，他们的信任被人辜负了！

这群粗人跑进城中，冲到索斯的店里："什么？真的是国王和王后！铁板钉钉的事！"但即便如此，人们依然没有当面对他们有所不逊。

以索斯为头的一队市乡代表团到了，他们毕恭毕敬地说："瓦伦人已经确定他们迎来圣驾，荣幸至极，特前来请命。""先生们，请命？"国王说，"那就把我的马车套好，让我离开。"

舒瓦瑟尔和古格拉终于带着他们的骑兵队抵达瓦伦；随后赶到的是圣默努尔德岗哨的指挥官达马斯（Damas），由于他的龙骑兵已弃他而去，他几乎是单枪匹马冲进来的。可想而知，这几位先生费了多大力气才闯进城中。人们以市政厅的名义禁止他们入城，甚至还朝他们开枪。他们赶到索斯的住处，爬上楼梯，来到第二层楼，在第一个房间门口碰到了几个拿武器的农民，其中两人手持大叉，对他们喝道："闲杂人等不得通过！"他们硬闯了过去，国王一家就待在第二间房里。多么奇怪的一幕场景啊！王太子正躺在一张乱七八糟的床上睡觉，侍卫和女眷都坐在椅子上打瞌睡，家庭教师和伊丽莎白公主坐在窗户旁的条凳上，国王和王后正站着和索斯说着话。桌子上放着杯子、面包和酒。

国王问："先生，我们什么时候能走？"古格拉答道："只要陛下愿意，我们随时就走。"舒瓦瑟尔则说："请陛下下令。我这里还有四十个轻骑兵，但没有时间浪费了，他们一小时之内就会被拉拢过去的。"

他说得没错。这些轻骑兵才得知这个惊天的大消息，惊愕得没有缓过神来。他们面面相觑："Der Koenig！Die Koeniginn！①"但即便他们是日耳曼人，也不可能看不出法国人现在有多么齐心一致。甚至在和舒瓦瑟尔一起抄小道赶过来的途中，他们就已经深有体会了。舒瓦瑟尔也承认，警钟一个村子接一个村子地在他耳边回荡，他许多次都不得不持刀强行开道，安排殿后的四个轻骑兵甚至都被农民除掉了，他费了九牛二虎之力才甩掉了他们。这些日耳曼人发现自己势单力薄、陷入人民群众的汪洋大海中，又觉得自己毕竟受着法国的雇佣、吃着法国的口粮，所以也不能下定决心，对先前向他们友善地伸出双手、和他们举杯痛饮的人痛下杀手。

在这个紧要关头，一分钟都浪费不得。国王还没来得及回答舒瓦瑟尔，外面就一阵吵嚷，市政厅官员和国民自卫军军官们拥了进来。许多人跪在地上哀求："看在上帝的分上，陛下，不要抛弃我们，不要离开

---

① 德语，即"国王！王后！"——译者注

王国！"国王试图安抚他们："诸位先生，这绝非我愿，我绝不离开法国。可他们对我一再冒犯，逼得我不得不离开巴黎。我只走到蒙梅迪，不信的话你们可以跟着我……但只有一点，请把我们的马车套好。"

他们退了出去。这是路易十六能走的最后机会了。舒瓦瑟尔、古格拉还在等着他下令。当时是凌晨两点钟，房子周围聚着一大群嘈杂、装备恶劣、组织混乱的人。大部分人都没有火枪。即便有人拿着枪，他们也不会朝国王开枪（也许德鲁埃除外），更不会朝孩子们开枪。只有王后会有生命危险。舒瓦瑟尔和古格拉也在问王后是否愿意和国王一道骑马离开，国王可以抱着王太子走。桥是过不去了，但古格拉知道有条小河：在三四十个轻骑兵的保护下，他们肯定可以涉水而过。只要到达河的另一边，一切就可以转危为安：瓦伦人没有骑兵来追他们。

然而老实讲，这个女人虽然性格果敢，但仍被冒险骑行的这个想法给吓住了。王后回答："我不做任何决定；**该决定的是国王**，该下令的人也是他；我的义务就是跟随他左右……而且不管怎样，布耶先生不久就会赶到的（古格拉，29）。"

国王接过话，问："关键在于，你们能否明确回答我：在这场突围中，王后、我的妹妹或孩子们会不会中弹丧命？另外，我们也得冷静思考一下。市政厅并没拒绝放我通行，他们只是想请我等到天亮。小布耶已在午夜出发，把消息告诉他在斯特内的父亲。此地离这里有八里地，现在是两三点钟，那布耶肯定会在早晨和我们会合。那时，我们大可安安全全地离开，又不引发任何冲突。"

而此时，轻骑兵正在和百姓一边畅饮，一边高喊："为国民干杯！"马上就到三点钟。市政厅官员又回来了，但这次他们只简洁明了地说了句："人民坚决反对国王继续上路，我们决定急遣一名信使通知国民议会,以知道它是何想法。"

古格拉离开房屋,想看看外面是何情形。德鲁埃走到他身边,说:"你想带走国王?除非他死!"马车已被一大群拿着武器的人团团围了起来,古格拉和几个轻骑兵一走近马车,国民自卫军的副官就立刻警告:"再走一步,别怪我手下无情。"古格拉催马冲过去,两发子弹马上射了过来,让他受了两处轻伤。一颗子弹打在他的锁骨下方,古拉格吃痛,一下松掉了手中的缰绳,失去平衡、掉下马去。他虽然还能站起来,然而那时轻骑兵已经投诚到人民这边了。他们一看到街道那边的小型火炮,就立刻泄了气,觉得自己已被包围。但这些大炮其实就是一堆废铜烂铁,里面根本就没有火药,也不可能有火药。

挂了彩的古格拉一声不吭地回到国王一家所在的房间。屋里愁云惨淡,一派凄凉的末日感。绝望和恐惧排山倒海地袭了过来,击垮了国王王后的意志。他们哀求杂货商索斯和他的相好,好像这几个小人物能做点什么似的。王后跌坐在两箱蜡烛中间的条凳上,想取得杂货商老板娘的同情:"夫人,难道你就没有孩子、丈夫和家庭吗?"对方没有多说,只回了一句:"我想帮您。可是夫人!您想着国王,我也想着索斯啊。每个女人不都是向着自家男人的吗?"一听此话,王后悲愤交加地转过身去,忍不住流下眼泪。她震惊的是:这个女人居然不愿救她,居然拒绝为她而死,居然不愿为她牺牲自己的丈夫和家庭。

国王似乎已经失了魂魄。负责指挥瓦伦城后第一个岗哨的军官德斯隆成功突围到他身边,告诉他布耶已经得信、肯定会前来援助。但国王似乎没有听到他在说什么。他又重复了三遍,才发现国王根本没听进去自己的话,便说:"陛下,布耶将军正在等令,请发令。"他却答道:"我已无令可发,先生,我就是个囚徒罢了。请告诉布耶,他爱怎么做就怎么做吧。"

其实,许多人都非常害怕布耶会来,急着送走国王。外面响起喊声:"回巴黎去!"为了安抚人群,人们请求国王到窗台那里亮一下相。明媚的晨光洒下来,照亮了这凄惨的一幕。一身仆人打扮的国王站在阳台上,头上没有扑粉,就戴了一顶乱糟糟的假发,脸色苍白、身体肥胖,肥厚、惨无血色的嘴唇紧闭着,眼睛黯淡无光,整个人一言不发。现场一千多人见此场景,呆若木鸡。先是寂静的沉默,因为人们脑中的思想和情感正在做斗争。然后,同情、眼泪、法国之心占了上风。这股力量如决堤的洪水似的拍打过来,连带着愤怒的人都在高喊:"国王万岁!"

索斯的老祖母被允许进房,一看到两个一无所知、在床上睡着了的孩子,立刻悲从中来。她跪在地上,哽咽着请求吻一吻他们的手。她为他们祝福,然后痛哭着掩面而去。

实际上,最铁石心肠的人、最不共戴天的敌人看到这幕残酷的场景,心都软了下来。没错,连一个列日人都哭了。列日啊列日,被锢钥在利奥波德手上的列日,被践踏在奥地利士兵铁蹄下的列日,都为路易十六流泪了。

多么讽刺啊!欧洲君王把大革命囚禁起来,大革命却把法国国王囚住了。

嘿!我在说什么呀!讽刺?不,这是正义的清算。

我们也真容易心软!要知道,瓦伦城中这幕看似触目惊心的场景,其实是再自然不过的事实;它看似是一场前所未有的巨变和颠覆,实则揭露了真相。

路易十六那身乔装打扮看来刺眼,实际上与他私底下的身份却很是贴切。这，才是他真实的一面。论才能禀赋，路易十六更适合去当某个大家族的侍从、家庭教师或管家，因为做这些不需要有敢为人先的干劲（但肯定不会是仆人，因为他受过教育、能识字读书）。他可以是一个老实尽忠的管家，一个颇有知识、恪守道德、兢兢业业、言行绝不逾越本分的家庭教师。那身仆人的衣服才符合他的实际身份；在此之前，他一直被那些王权的大骗子乔装打扮成了另一副模样。

在我们思考的空当，时间匆匆逝去，日头已高。一万人把瓦伦城挤了个水泄不通，街上闹声震天。国王一家待的那间小房子虽然面向花园，却在嘈杂声中微微颤动。这时门开了，一个男人走了进来，他是巴黎国民自卫军的一位军官。此人脸色憔悴而又激动，头发没有上卷和扑粉，一身衣冠不整，看上去风尘仆仆的样子。他上气不接下气地说："陛下，您知道吗……整个巴黎都在自相残杀……我们的女人、我们的孩子可能会被杀死……您不能再走了……陛下……国家的利益……是的，陛下，我们的女人、我们的孩子！！"听了这话，王后激动地拉着他，指了指已经精疲力竭、正在索斯的床上打着盹儿的王太子和公主，说："难道我就不是母亲吗？"国王问："你究竟想说什么？""陛下，议会有令……""令在哪里？""在我同伴手上。"房门打开，我们看到罗莫夫①正靠在第一间房的窗台上，一身穿得也是乱七八糟，满脸都是泪水，手中拿着一张纸。他垂下眼，走了过来。王后失声喊道："什么？先生，竟然是您！啊！我就知道不能相信他！"国王从他手中一把夺过法令，读罢，说："法国再没有国王了。"王后扫了一眼，国王又拿过去重新读了一遍，将其放在孩子们躺着的那张床上。王后愤恨

---

① 罗莫夫（J-L. Romeuf，1766—1812年），曾是拉法耶特在国民自卫军中的副官，被他派去瓦伦接回国王一家。后在帝国时期当上将军，于莫斯科战役中受伤而死。——译者注

难消,冲过去将它丢到床下,说:"别拿它玷污我的孩子!"在场的市政官员及百姓中间旋即响起一阵窃窃私语,似乎某个至圣之物被亵渎了似的。"我赶紧捡起法令,把它放在桌子上。"(舒瓦瑟尔)

布耶在做什么?他怎么还没来?他的儿子、瓦伦轻骑兵队军官、德斯隆、舒瓦瑟尔先后发出急报,但他怎么没从短短八里地之外迅速赶来呢?

什么?他不能?这是布耶亲口所说,并得到了充分的事实证明。布耶根本不敢信任手上的队伍,又发现自己被无数**歹意的**(他本人用了这个形容词)城市团团包围,四面被凡尔登、梅斯、斯特内威胁着。虽然布耶就在国王前面不远处,但他时时担心自己的手下会不会抛弃自己,得回去稳定军心。他把自己最信得过的一个军官留在身边,也就是他的长子路易·德·布耶。他们两人得对付**最精锐**的部队,但手上真正归他们管的只有**日耳曼皇家军团**,而且两人只在当夜两三点钟的时候才敢给士兵发放武器。但在这个可怕的长夜,每一分钟都能决定一个世纪的命运。在两人一番摇唇鼓舌之后,这支军队总算被煽动起来。此外,他们每人又拿到了好多个路易,被喂得肥肥的。于是众人快马加鞭地赶了八里路,却踏进一个骚乱地,孤军陷入四处都是持武器者的农村地区,闯进了敌人的老营。当他们正迟疑着要不要打道回府时,碰到了一个自己人:"什么?国王已经从瓦伦走了?"布耶把头盔一下子摔在地上,咒骂着,狠狠地夹了夹马肚子,马刺深深扎进了坐骑的两肋。在那一瞬,希望如雨收云散,万事皆已成空。

他们终于赶到了瓦伦,但路上横着街垒,根本没办法跨过去。于是他们找到一条小河,涉水而过。小河上游是一条运河。他们正试图穿过,此时又收到新的消息,他们已经完全没有和国王会合的希望了。日耳曼人开始说他们的马走不动了，凡尔登驻军又在后面朝他们死追。

年轻的路易·德·布耶讲述父亲拔剑狂奔、追赶那个重要人质时，带着年轻人特有的血气方刚，说："我们就带着这支孤军，冲进和我们为敌的法国军队中……"

没错，和他们为敌的的确是法国。但那些一路狂奔的日耳曼人、带领他们的布耶，以及正被带走的国王，他们又在做什么呢？在造反啊！

第五篇

1791年7月—1791年9月

第1章

1791年6月21日—25日，人们对国王出逃持何想法

新闻界和俱乐部是何状态——《铁嘴钢牙》宣布拥护共和——巴黎可有怀念国王？——各省的感想——建立共和国不是不可能的——拉法耶特大惊——逮捕国王绑架者的命令——巴黎完全没有陷入混乱之中——国王的抗议——罗伯斯庇尔、布里索和罗兰夫妇来到佩蒂翁家中——罗伯斯庇尔对雅各宾派发表的演讲——丹东发表不利于拉法耶特的言论——议会希望让国王置身事外——议会给国王配了一支卫队负责其人身安全

> 如果，法国人中出了一个叛徒，
>
> 一个怀念国王、想有主子的叛徒，
>
> 那就让这个变节者死在酷刑之中，
>
> 并将他那罪恶的身躯挫骨扬灰，
>
> ……

伏尔泰这首《布鲁图》[①]，于1791年6月21日被抄在了科尔得利俱乐部的一张海报上，上面还签着他们的主席——屠夫勒让德尔的大名。他们宣扬说：全体成员已经立誓，若有任何暴君胆敢侵犯法国的领土、

[①] 在西方，布鲁图（Brutus）这个名字有"出卖朋友者""恩将仇报者"或"改换门庭者"的意思。——译者注

自由或宪法，必诛杀之。

不过，在应当采取何种措施以应对眼下危机的这个问题上，科尔得利派似乎并没达成一致。只有马拉和弗雷龙在他们报纸上提出一个权宜之计：选个专制者出来，选个善良的专制者、独裁者、军事护民官出来。马拉说，大家得选一个看上去最睿智、最热忱、最忠诚的公民。话已经说得够明白的了：但凡了解其为人的人，都知道马拉提议的就是自己。弗雷龙不敢明指任何人，只找个机会提了一下目前仍是无名小卒的丹东的名字，建议由他来当巴黎市长。

无论佩蒂翁、罗伯斯庇尔、丹东还是布里索，都没对政府体制发表任何意见。只要一提共和，雅各宾派就会勃然大怒。而罗伯斯庇尔只表达他们的想法，所以即便到了7月13日他都依然声称："我既不是共和派，也不是君主派。"

只有一家报纸率先干脆利落地表明了自己拥护共和的立场，那就是《铁嘴钢牙》。①它有两个编辑，一个是刚被任命为卡尔瓦多斯主教、正待在自己的主教区的佛歇，另一个便是比佛歇年轻、也比他爽直大胆的博内维耶。正是他，在6月21日和23日的报刊中率先喊出了拥护共和的口号。两年前，也就是1789年6月6日，也是他在选民大会中第一个呼吁武装起来。

每到迷茫时候，在人们面临重大抉择的生死攸关之际，博内维耶这

---

① 1868版增添：《铁嘴钢牙》报社坐落在法兰西剧院大街（前法兰西剧院，现为奥德翁剧院），而非先前我在首版第二卷中错写的黎世留街。科尔得利俱乐部就在医学院大街上，离它只有两步之遥；科尔得利俱乐部的附属组织、最大的工人兄弟会在屠夫街；勒让德尔、丹东、马拉、卡米尔·德穆兰、弗雷龙全都住在附近。如果我要讲巴黎历史的话，这条街、法兰西剧院区这个龙潭虎穴会是我的重点关注对象（它在每场骚乱中都单独行动，仿佛自成一国似的）。我在6月21日的《城市记事簿》中读到过这段话："法兰西剧院区和该区常任委员会要求圣-安德烈-德扎尔军队只听命于本区常任委员会，若本区中出现任何一个副官，将其统统拦下。签字人：屠夫和莫默罗。"市议会宣布这道法令违宪且无效，并就此向国民自卫军总指挥官写信，让他在必要时候采取行动。该区看到巴黎没有跟自己一起行动，便以更和缓的语气回了市议会一封信，说自己采取这道决议完全是为了最高法则——公共安全……不过它还是会遵守市议厅的命令。签字人是执达吏和莫默罗。（塞纳档案馆，市乡总议会，记事簿19号）——原注

个胸怀广大、有着狂热信仰的共济会成员往往起到拨云见日的作用。他反对自己的朋友佛歇提出的观点，主张大革命绝不能建立在一个打着哲学幌子的基督教的基础上。①说到王权时，他也一针见血地指出这个体制已经完蛋，并拒绝了虚伪的阴谋家为了让王权死灰复燃而提出的各种折中制度。他说："我们已经将'王'这个肮脏的词从誓言中抹掉了。从此再没有王，再没有食人者！在此之前，人们一直玩着偷梁换柱的把戏，它才存活至今。不！我们绝不要什么摄政王，什么独裁者，什么保护人，什么奥尔良，什么拉法耶特！我一点儿都不喜欢菲利普·德·奥尔良的这个儿子，他这天露脸纯粹是为了盯住杜伊勒里宫罢了；我也一点儿都不喜欢他的父亲，此人先前从不参加议会，昨天却突然出现在斐扬派的大门口。一个民族非得一直要有个监护人吗？让我们把各省团结起来，由它们正式宣布自己不要什么专制者、什么君主、什么保护人、什么摄政王，因为这些头衔不过是国王不散的阴魂罢了，对公共事业有百害而无一利。他们就如同那棵被诅咒的博亨尤巴斯树②，所覆之处，寸草不生。"

他在另一期报纸中又说："人们终于找回了7月14日的刀剑长矛！兄弟们，朋友们，我们又拿到武器了！当初在市政厅，第一支举起的矛

---

① 在罗兰夫人给邦卡尔（译注：Bancal des Issarts，1750—1826年，法国政治家）的一封信中，我们可以注意到一个和博内维耶有关的耐人寻味的细节。这个神谟远算的疯子当时虽然处在时局的旋涡中心，但无论在全局还是细节上都没有看走眼过。我们只举一件事来说明一二：当时，他以严肃、公正、谨慎的态度，对拉法耶特和巴纳夫得出一针见血的判断，其见解和后人对此二人的评价几乎是分毫不差。据我所知，目前还不曾有人为博内维耶写过什么传记。博内维耶是拉辛的后人，经常模仿甚至撒抄后者。例如，他在一篇题为《公元一七八九年》、又名《人民的护民官》的悲剧神秘诗歌中，就撒抄了拉辛的语句。不过他说这是家族特权。其实，这首诗中也不乏精彩词句。哲学教授提索（Tissot）在一家外省报纸上发表了一篇写得极好的文章，其中讲述了他于1824年在巴黎碰到博内维耶的场景。"他在一家商店后院（格雷大街14号）消磨着人生最后的时光。一个同样一贫如洗、已经年老色衰的卖花女依然对他心存仰慕，并收留了他。她善良而又持重，把自己的忠诚深藏于心。除非她清楚知道你和她有着相同的信仰和情感，才会打消自己的顾虑。啊！当说起博内维耶、讲起他的生平故事、如奉至宝一般地掏出他的诗集时，她看上去是多么幸福啊！博内维耶先前一直都是一副随时都要撒手人寰的样子，在那一年终于突然离世。他去世后没过多久，这位好心收留者也随他而去了。但她滴落在丧服上的点点泪水，如今仍是历历在目。"——原注

② 第一批来到马来西亚的欧洲人说中国附近一个岛上长着一种有毒的树，叫博亨尤巴斯树。据说在中世纪，赶路人得避开此树，因为它会释放一种有毒的麻醉气体，杀死附近一公里之内的所有动植物。马来西亚人把囚犯绑在这种树的树干上，将其毒死。——译者注

得到了万千掌声。我们还在害怕什么？你们看到了吗？当警钟敲响的时候，当人们敲起紧急集合鼓的时候，当人们甩掉了国王这个包袱的时候，大家都成了一家兄弟！唉！真可惜啊，这种时候却少能重来！"

"光口头上喊着共和还不够，威尼斯不也曾是共和国吗？我们得建起一个国民共同体，一个国民政府……把人民都召集到阳光下吧，让我们大声宣告唯有法律才至高无上，让我们宣誓唯它是从……但凡你是自由的卫士，都会立下这个誓言的。我们事先讨论政府体制做什么？世上最开化的人民自会做出选择，他们所选的体制将是圣体瞻礼日里最美好的献祭。"

这位狂热的共和党人，是在圣体瞻礼日这一天写下了这些豪言壮语的。无论人们对此人是褒是贬，都无不被他对公共理性抱有的这份幼稚而热忱的信仰所打动。

而巴黎人那种冷静、强悍、慑人的态度，似乎也进一步证明了这份信仰。没了国王，那更好！国王出逃一事揭开了真相，人们方才意识到王位一直以来都是一个障碍罢了。他们没有再起乱闹事，只觉得为难。许多人害怕法国成为共和国，但它实际上已经是了。

有些人在沙滩广场威胁拉法耶特，说他是此事的同谋。拉法耶特一句话就让人群冷静下来："我们有两千四百万人口，国王一年开销也有两千四百万。他若离开，今后每个人不就能多得二十苏的年金了？"

卡米尔·德穆兰带来罗亚尔宫的一则提议（毫无疑问，他就是提议人）："诸位先生，若把这个背信弃义的人带回来，那可糟了。到那时，我们该怎么办？他像忒耳西忒斯①一样地回来，如荷马写的那样，在我们

---

① 希腊联军围困特洛伊城时联军方的一个军官，经常挑剔联军统帅阿伽门农及其他将领的毛病，甚至谩骂众人，后为阿基琉斯所杀。后世遂以其名喻指丑恶的诽谤者。——译者注

面前哭得一把鼻涕一把泪的。如果真把他带回来，那我提议：让他脸上盖着红帕、受公众唾骂三天，然后我们再把他带到边疆、把他送走。"

这一提议听似疯狂，但也许最有道理。受外国军队扶持的路易十六是个危险人物，但如果他继续被囚、遭到控诉和审判，并因此成为所有人的关注焦点和同情对象，那他的危险性就更大了。所以上面那番话虽是稚子之言，却一语破的。这个稚子，我指的就是卡米尔。于法国而言，最大的危险莫过于路易十六借苦难而起势，因出走而得个受尽迫害的圣徒的美名。他已被自己连篇的谎话搞得名誉扫地、声望下跌，那就让他继续自作孽下去吧。人们不应惩罚他，而应像丢弃一个弱智和傻瓜一样丢弃他。如丹东向雅各宾派建议的那样：就说他是个人道精神上的智障。

普鲁多姆（《巴黎革命报》）清楚反映了人民的态度。"所有人都望着议会大厅。'我们的国王在这里。'他们说，'至于路易十六，他想去哪儿，悉听尊便……'要是议会主席在沙滩广场、杜伊勒里宫、奥尔良宫中就共和体制进行投票表决，那法国将再不是君主制了。"

罗兰夫人在6月22日的一封信中写道："对共和的呼唤、对路易十六的愤怒、对各国君主的仇恨，各种情绪此起彼伏。"

这些证人立场偏激，其话也许不足为信。但一个外国人也说过类似的话。此人是个冷静的旁观者，不太支持法国和法国大革命，他便是拿着英国年薪的日内瓦人杜蒙。他说："这支人民像被某个上层智慧开了窍似的，开心地说，我们的一个大麻烦离开了。"还说："即便国王离我们而去，但国家还在；国可无王，但王不可无国。"

有件事最能说明问题：6月21日，巴黎圣母院教务会的三所房子以极高的价格被售出，出让金额比预想的还高了三分之一。

巴黎如此，那各省又是何想法呢？我们马上就会讲到国王从瓦伦被带回来的经过，那时这个问题就不言自明了。但在这里我可以说，在东部和北部靠近边界的地区，在路易十六走向敌国的沿途所经之处，人们普遍义愤填膺，表现得比巴黎激动得多。眼下马上就到收获季节，农民们一想到今年收成差点儿因此遭殃就怒气冲冲。以波尔多为首的众多南部城市激动不已；波尔多四千多名当上母亲的妇人，发誓要和丈夫一道为国家和法律而死。吉伦特省有文书写道："我们有八万人，全都严阵以待。"西部地区的城市及骚动的农村地区也是警钟长鸣，人们猜测国王此行背后必有不为人知的阴谋。当时正控制着南特的杜穆里埃描述了这座城市当夜听闻此变后的情景。据他描述，广场上站着四五千个人，身上只披着衬衣，一副惊愕的表情。"国家依然是那个国家。"杜穆里埃说。他写信告知议会，他会前去增援。南特人对此事完全不放在心上，所以得到路易十六回来的这个消息后，他们更多感到的是恼火。

在掌握了更多细节之后，我们坚定地得出了一个不同于大众想法的结论：如果当初议会在6月21日，趁着众人情绪沸然，顺水推舟地宣布设现政府为共和政府，巴黎将举手欢呼，整个东部和北部，以及南部和西部的城市都会遥相呼应，甚至农村地区也会表态支持。何况那时，反大革命的队伍未成气候；教士的全盘阴谋——尤其路易十六这个长篇殉道传奇——还需再酝酿一两年时间，才能引发旺代战争。

这些也是孔多塞的看法。他虽然思想偏激，但受过高等教育，这足以弥补他的缺憾。这个立场坚定不移、追求精神自由的人也认为，此时是以最小代价实现共和的最佳时机。他说："现在国王是无所依怙的状态。等到他积攒了足够多的实力后，再想颠覆他就得下一番狠工夫了。如果共和是通过革命、通过人民起义得以实现，那代价未免过大。但眼

下，若由一个大权在握的议会建立共和，前方将是一片坦途。"（艾吉安·杜蒙，p.125）

人们当时最大的、历来的一个异议是："时机尚未到来，我们尚未成熟，我们还没有形成共和的风气……"这个道理千真万确；但很明显，只要我们一日还是君主制，共和的风气就一日不成。君主制会想方设法地避开共和：它的法律和制度，绝不是为了催生一个完全背离了它的政治体制而存在。无论何时建立共和都为时过早，那人们就永远陷入一个怪圈："只有共和的法律和教育才能培养出共和的人；但为了让这些法律和教育得到颁布，就必须先实现共和。"要让人民走出这个怪圈，就必须通过大刀阔斧的行动，让人们的政治道德产生巨变，使他们终于结束童年、有了男子汉样。但要防止他们堕回原样、帮他们保持住这一刻的勇气，就唯有颁布法律、施行教育才能做到了。

另一个异议是："即便共和可行，难道它符合当下公义吗？它不也是通过少数人强迫大多数的保皇派、以武力和违抗法律为手段建立起来的吗？难道国民普遍都是共和派？"如果非要问国民是否有拥护共和的明确想法和意愿，那我们只能说：不，他们没有。准确地说，即便在国王抛民舍国、引发众怒的时候，国民在意愿上也只是*反保皇派*的；除非我们把共和制理解为反君主制，那我们才能说：法国国民是*共和派*。但若有少数聪明的人意欲趁此机会建立真正的共和制，他们大可在大众业已明显的反保皇立场上再往前推一把；如此一来，他们绝没有压制大众的思想，而是替大众把他们本身的思想表达出来，把他们模糊的直觉明言出来，把他们在王权末日时产生的无比正确的想法敲定、保持下来。

可政治家们仍在犹豫徘徊，错失了这个大好时机。于是在国王回来路上，另一种发乎自然的情感——对他不幸命运的同情又占据上风，人们无法再把他视为一国之主。他在回来路上，以一个被俘的、受辱的不幸儿的身份出现在众人面前，以人的身份、在大家的关切和同情中得到复辟。那些心地善良、心肠柔软的人，就这样被勾动了心弦。他们在泪眼朦胧中，看到的再不是那个两面三刀、虚情假意的国王，而是一个命运的逆来顺从者。他成了他们眼中的圣徒。在悲痛的人群眼里，现实被他们的泪水模糊了，被这个令人痛心叹惋的圣徒故事掩盖了。现在错的是谁？是无辜的法国，再不是有罪的国王。

啊！当初卡米尔·德穆兰得受天启、在1789年写下了《自由法兰西》，今儿谁若也勇敢而幸福地沐浴到这束天启之光，他将拯救法国！这本不朽之作虽然很薄，却闪耀着青春和希望的光芒，和7月14日的万丈光华交相呼应。在这本书中，教士和王权再没有活着的气息，如实际的那样，成了虚无、死物（而当时谁愿意去正面攻击它们呢），成了日暮西山、行将就木的幽灵。而共和实体的身影正在地平线那边崛起，从此，它就是生命的寄托与本质的载体。

人们为国王离开而感到高兴，可这还不够。他们该给他备好马匹，帮他快点上路才是；为了让他别再回头，最好再把他的全部廷臣和主教一块儿打包还给他，敞开大门任他们离去。

该接替他的王位的，是即将入主巴黎的真正的共和的王者、思想的王者，是那些靠他们法国才能攻克欧洲的英雄。没错，我指的正是伏尔泰和卢梭。伏尔泰已从坟墓中爬出来，大步流星地朝巴黎走去，在7月11日凯旋进城。本来这是件喜事，可惜人们愚蠢地把那个造孽的旧制度的牵线木偶、把教士和信徒的国王接回来了。

不过我们还是得讲一讲，这尊腐烂的塑像是如何被人用下三烂的手段从土里刨出来的。他们靠的是陈规旧俗，是人心的软弱和恻隐；除此之外，还得施展阴谋，一边榨取这尊塑像的剩余价值、一边愚弄它。这就是大致的故事梗概。

一群戴着立宪派的面具帮宫廷做事、其实和它是一丘之貉的阴谋家无比沮丧，因为宫廷居然把他们也骗过去了。现在他们得为自己盘算盘算，弄清楚一件事：倘若国王真的获得自由，他更愿意跟议会的哪一派展开协商。这些立场暧昧的大人物中，有一个叫当德烈①的人。这名来自普罗旺斯的议员其实就是个费加罗式的政客（根据魏蓓尔所说），每个月领三千法郎以作两头哄骗的酬劳。此人是第一批得知国王出逃消息的人，他当即来到拉法耶特家中。那时已快七点钟，他们觉得逃亡者已经远走高飞了。拉法耶特正在呼呼大睡，睡得就像被人诟病的10月6日里那样香、那样沉。"啊！"他喊道，"这不可能！"怎么不可能？在昨晚午夜时候，他的副官古维昂（Gouvion）倚在王后寝殿门口睡着了。

拉法耶特曾多次收到相关警告，然而他和巴伊、蒙莫兰、王宫统帅兼国王近友布里萨克②一样，对旁人的警告置若罔闻，因为他们深信路易十六是善良的。他们拿自己的项上人头发誓国王不会离开，也真心相信国王不会置他们于险地。

拉法耶特匆忙奔出，在街上碰到的第一拨人就是巴伊和当时的议会主席博阿尔内；巴伊焦黄的长脸拉得比平时更长，看上去也比平时更焦黄了。其实，最该被抨击的人就是巴伊。他将别人向他告密的消息写信透露给了王后，使得王后清楚知道有人对她起了二心，并想尽办法找到

---

① 当德烈（Antoine Balthazar Joseph d'André，1759—1825年），法国政治家，在大革命前夕是最高法院中少数接受新思想的人之一，后站到了右派阵营。——译者注
② 布里萨克（L. H. T. de Cossé Brissac，1734—1792年），第八代布里萨克公爵，1791年时担任巴黎地方长官，1792年9月9日在凡尔赛被谋杀。——译者注

一条守卫不那么森严的出口。巴伊是王室画像掌管吏的儿子，曾受国王庇护，再加上受到父亲的熏陶，故对王室心存爱戴。他表现得更像一个优秀的侍从，而不是优秀的官员和公民。他全身心地信赖着王后，以为荣誉和情感可以拴住她，以为王后一想到弱小尽忠的仆人会因她出逃而丧命、就会心生犹豫。

巴伊心里清楚：如果国王没有回来，自己就死定了。"真是糟糕啊。"他说，"都这个时候了，议会人员还没到齐！"主席也表示赞同。两人向拉法耶特指出：国王若召集起了流亡贵族，就会把奥地利人带过来，到时候内战和外战势必难免。拉法耶特说："所以你们觉得为了公共安全，该把国王带回来？""没错。""那我来负责此事。"他拟了一张便条，上面写着："祖国的敌人拐走了国王，我命令国民自卫军将他们拦截下来。"

公众一开始普遍认为拉法耶特是此事的同谋，在出逃过程中也有出力。对此，他几乎无法反驳。此外他觉得，都到这个时候，追回国王是不可能的了。他的副官罗莫夫无疑也持相同想法。他策马上路，但开始时走的路和国王出逃线路完全不同。他在路上碰到了另一个特派员巴庸（Baillon），是后者逼他抄近路奔赴瓦伦。可他根本就不想去，一心希望自己能白跑一趟。这是罗莫夫本人后来亲口告诉舒瓦瑟尔和达马斯的。

巴纳夫、拉梅特以及大多数立宪派，立马抓住拉法耶特发布的第一道命令上"拐走"这个词的漏洞，想给国王脱罪、拯救君主政体。拉法耶特打开这扇门，他们就埋着头一股脑地冲了进去。雷诺尔·德·圣-让·当热里①采用了"拐走"一词，议会也颁布法令、彻查是哪些人拐走

---

① 雷诺尔·德·圣-让·当热里（Regnault de Saint-Jean d'Angely，1760—1819年），法国政治家、律师和记者，法兰西学会成员。他是内克尔的仰慕者、斯塔尔夫人的朋友，拥护自由君主体制。在制宪会议后期，与马鲁埃一道成为宫廷的秘密顾问。——译者注

了国王。他们接受了这个似乎不失为一条妙计的词，也接受了该词的发明人，也就是拉法耶特。当他来到议会负荆请罪时，其旧敌巴纳夫和拉梅特立马冲到最前面替他辩解；不仅如此，他们还呼吁大家要高度信任他，信任这个被告和嫌疑犯，让他去落实布下去的措施。他们就这样控制了他，拖住了他，把他和自己绑到了一起。这位共和信徒的命运，大抵就是不断被保皇派玩弄于股掌之间，当时如此，每每皆然。

立宪派在做一件不可能的事——修复王权，但又发现这是在自打嘴脸。不到三个月前，议会才展开了一场载入史册的讨论，并在刚直不屈的图雷的据理力争之下做出决定：国王是个公共职位，须履行相关职责，且受刑事制裁的约束。严格遵循直线逻辑思维的图雷，将他所说的"救世主国王"和神王一道埋葬了。"王乃是神之化身"这则险恶的信条，从野蛮时期到启蒙时代都一直未受过任何质疑，但它终于在（1791年3月28日）那天完蛋了。

议会曾颁令说："如果国王离开王国，将被自动视为放弃王位。"现在，它却想规避自己亲手颁布的法令。它的领导人又开始向宫廷靠拢，哪怕自己不久之前还被其所弃。他们无法痛下决心改变计划、撕碎梦想。王后曾咨询过他们的意见。在发现被王后玩弄了之后，他们当然也倍感羞辱，可他们仍想着：无论如何，只要能带回那个背叛者、救下他的性命，王后肯定会迷途知返，毕竟她已没有其他任何希望了。另一方面，图雷、夏普里耶等宪法之父担心自己创出的这个孩子的安危，再加上身为创造者特有的自尊，所以也害怕发生暴力运动、危及到自己这个娇嫩无比的孩子的健康。所以，他们得不计任何代价迎回国王、重建王权，好在和平环境中悉心呵护和教育这部宝贵的宪法、使其茁壮成长。

而人民平静的态度也利于议会开展这个行动。人们本以为巴黎会大乱，结果并非如此。先前王后为了掩人耳目，苦心孤诣地布下好大一个局。她说她的马厩可提供四匹白马，为伏尔泰的回归仪式增色；她放出消息，说她和国王将参加圣体瞻礼日的游行活动。就在事发前两天，巴黎人还看到王太子前往圣克鲁。甚至在前一天晚上，王后仍沿着林荫大道在蒙梭公园散步，她满面亲善，鬓间别着玫瑰，膝下围绕着她那几个可爱的孩子；她向人群微笑致意，为自己马上就要远走高飞而暗自窃喜。现在想想这些，人民理应感到愤怒才对。

人民固然恼怒，但他们表现得更多的是轻蔑，而不是暴躁和过激。他们干出的唯一一件破坏秩序的事，就是砸碎国王雕像。接下来，妇女们好奇地在杜伊勒里宫中逛了一圈，但没造成任何惊扰或毁坏。她们把国王画像从荣誉室的席位中撤下、把它挂在了大门口，然后参观了王太子的寝殿，但没有动里面的任何物件。到了王后寝殿，她们就没那么客气了，还有人在那里吃喝着卖樱桃。她们满是鄙夷地看着王后的藏书，觉得里面都是些淫书邪字。大家哄笑着把玛丽-安托瓦内特的一顶帽子戴在一个妇人头上，后者将帽子一把扯下、扔得远远的，说自己可是个本分女人、别让它弄脏了她的头发。

议会召来大臣、夺了印玺、改了法令，命令三十万国民自卫军开拔（国民自卫军每人每天的酬劳是十五苏）。正当它紧锣密鼓地张罗着这一切时，一份奇怪的文书被带了过来，这就是国王的抗议书。他在里面否认了自己两年来的一切行为，推翻了自己批准过的一切法令，一条条地列举议会和国民的罪行。这就证明了一件事：在这整段时间里，他才是最虚伪的那个人；除了他签过字的文件，连他曾表示赞同、高声讴歌过的东西（通常来讲，这些可不是被逼的）如今统统都被否认。此文文笔拙劣、内容糟糕、行文啰唆、用词繁复、乏善可陈、不堪卒读，在说着要紧事的时候，忽然又扯起了无关紧要的琐碎之事。他反复说自己在杜伊勒里宫过着多么拮据的生活（他的年俸可是两千四百万），"在那个地方，别说什么从前已经睡惯了的高床暖枕，他连富人该有的消遣娱乐都享受不到。"说到兴起之处，他还反复提到自己的妻子，口吻中满是一个被欺骗的丈夫的不满，却硬说自己很满足，只是对那些无聊的揣测心有怨言。这封信更像写给流亡贵族和亲王贵胄，而不是写给议会的。王后离开时也留了一封类似证明信的东西，去证明了他们对她的风评是错的、他们给国王提的一大堆意见更是错的。在这封信里，她的丈夫称她是个忠贞的妻子，行为端正、无可指摘；他说，有人在10月提议把她送进修道院，他对此甚感恼怒，等等。这份奇怪的信在前一天被交给王后最大的敌人——大亲王，请他对其修改一番、以示赞同，这样他以后就再不能改口攻击王后了。

这份文书通篇都是控诉和威胁议会的意思，保皇派读后喜不自胜。在同一天，即6月21日，他们的一家报纸竟狂妄地登出了下列文字："所有想进孔岱亲王宽恕名单的人，可从即日起至8月来我们办公室登记姓名。为了方便诸位，我们已准备了一千五百本登记簿。不过有一百五十个人我们是拒绝登记的。"

许多人猜测保皇党人肯定在巴黎或附近地区埋下了大量兵力，否则怎会说出如此狂妄的话来。这篇文章迅速引发了许多胡思乱想，不过此时想得最多的当数罗伯斯庇尔。当天议会会议从三点半推迟到了五点，而佩蒂翁正好就住在附近的圣奥诺蕾区，于是他就来到佩蒂翁家中打发这几小时的时间。到了那里后，他卸下了心灵的外壳，把所有恐惧都倾吐出来：议会和宫廷、拉法耶特已然是一丘之貉，他们要对革命派、对最优秀的公民、对他们最害怕的那些人发起另一场圣巴托罗缪大屠杀；

他觉得自己已经是个死人，活不过二十四小时了……

他相信这些吗？完全不信。这种事的发生概率明显微乎其微。此时的大革命尚未舔血，拉法耶特又不是滥杀之徒，那些声望卓著的人更不是。而且就算他们是，依照当时混乱的治安状况，罗伯斯庇尔也可以轻易在巴黎找到藏身之处。罗伯斯庇尔无疑是害怕了，但他夸大了这份害怕。佩蒂翁听了他的这番话，表现得十分冷静。这两人性格迥异，谁也影响不了对方。罗伯斯庇尔一向神经过敏、性格孤傲、脸色苍白，那一天他的脸色更惨白得像纸一样。佩蒂翁却个子高大、骨骼粗壮、脸色红润、一头金发，性子淡漠且临危不惧。佩蒂翁对眼下时局的看法与罗伯斯庇尔的观点完全相反，他说："这其实更是一件好事；现在人们都认清国王的真面目了。"前来打探消息的记者布里索也是这个意思，他带着满脸的憧憬和天真，说："请相信，即便拉法耶特帮助国王出逃，那也是为了给我们带来共和。除了《爱国者报》之外，我还要另开一家报纸，就叫《共和报》。"罗伯斯庇尔啃着指甲，强打着笑，问："什么是共和？"

而"共和"则一边回答着这个问题，一边走进屋子。我说的"共和"，就是当时和丈夫一同前来的罗兰夫人。年轻、充满生气和悍劲的她一走进来，就照亮了这间狭小的陋室，房间一时间充满了祥和和希望的光芒。她看上去三十岁左右，实际上已经三十六岁了，一头浓密的棕色秀发下是一张如处女般纯洁无瑕、晶莹剔透的脸。她稍一激动，脸上的血管就透了出来，显出下面流动着的纯洁的血。她的美丽双眸似乎会说话，鼻翼略加厚重、不太挺拔，嘴唇相当丰厚、显得柔嫩而又迷人，但即便笑起来也透着一丝严肃。她不开口，就自然闪烁着理性之神的动人光芒。

罗兰夫妇是走新桥过来的，路上已看到了科尔得利俱乐部贴出来的海报，并把此事告诉给了众人。科尔得利派的大胆举动让罗伯斯庇尔吃了颗定心丸。他远远地看着他们高举革命旗帜昂首前进，便想：雅各宾派说不定也可以跟着他们，走一条更适合自己的路，去质疑和揭发。在早晨的议会会议里，他已说了句类似的话。

　　在晚上的会议中，罗伯斯庇尔一言不发，耐心等待着、观望着。从九点到十点这段时间里，他发现：对拉法耶特已经信任、并已在早上突然拜访过他了的巴纳夫和拉梅特兄弟，把西哀士和从前的89俱乐部都吸过去了。一大群人——大约有两百议员——开始抱团行动，所有人排成一队，朝雅各宾俱乐部这个被他们冷落了许久的地方走去。他们摆出这样整齐的架势突然来袭，必然会镇住雅各宾派，洪水一旦开闸，整个社团肯定都会被攻克下来。罗伯斯庇尔一刻工夫都不敢耽误，连忙向雅各宾俱乐部跑去。

　　要是他在演讲中用了朋友卡米尔给他准备的稿子①，那罗伯斯庇尔就在对所有人、所有事做一场大告发。这篇稿子巧妙地把事实和假象杂糅到了一起，在控诉国王、内阁、巴伊、拉法耶特和委员会，更在控诉整个议会。但它的控诉要点含糊笼统，全是杯弓蛇影的揣测，这样一首黑暗之歌似乎很难取得人们的彻底信服。于是罗伯斯庇尔转换角度，谈自己、谈自己的危险，在那里慷慨激昂、滔滔不绝地发表演讲。他说着说着就不能自已了，下面的听众更是群情鼎沸。为了打破人们情感的堤坝，他还说："此外，我已做好了一切准备。当初，在上帝和良知的唯一见证下，我早已将自己这条命送上了祭台；如今，能死在自己同胞怀

---

　　① 卡米尔·德穆兰在几天以后写道，他把罗伯斯庇尔两篇演讲稿的内容糅合到了一起，另外添加上了自己的一些观点，让他发表反对教士阶层这种他很少说的言论。——原注

抱中,这便是最大的慰藉,我可以含笑长睡了。"

如此感人肺腑的一席话说出来后,一个年轻人哭喊道:"我们所有人愿和您共同赴死!"这份幼稚的同情比演讲更有效果,大厅瞬间爆发出呼声、哭声和宣誓声。有些人站起来,发誓要保护罗伯斯庇尔;有些人拔出剑来跪在地上,发誓要守护社团"*不自由,毋宁死*"的格言。当时在场的罗兰夫人说,这幅场景真是令人震惊而又悲壮。

那个年轻人,便是罗伯斯庇尔的同伴和儿时好友——德穆兰。这个反复无常的艺术家在两小时前,还满心信任地紧握着拉法耶特的手呢。

这样一来,他们就再无法冷静地看待问题了,何况敌人马上就要到达会场。但罗伯斯庇尔这篇大义凛然之词以及它所引发的决堤般的情感,仍不能达到理想效果。丹东及时察觉到这点,于是把焦点转回问题本身,就此展开讨论。他觉得如要行动起来,就得一击必中,而击打目标正是拉法耶特。①

有个事实说来有些奇怪:拉法耶特是个危险分子。他是危险的,因为他身为共和专政的标兵,却永远只会让共和流产;他是危险的,因为他作为受骗者,注定永远会被保皇党人骗得团团转。他被骗,是性格宽厚的缘故。我们可以打赌,即便国王之逃让他几乎九死一生,但拉法耶特依然会站在保皇派那边。拉梅特和巴纳夫这派人在等待国王被追回的期间,需要有个人扮演类似国王的角色,此人面对骚乱要有铁血手腕、面对宫廷又得意志不坚。所以拉法耶特是唯一的危险人物,因为唯有他是正直的,而且正直得毋庸置疑。即便眼下他看似为千夫所指,依然民

---

① 从早上开始,丹东就先声夺人,对拉法耶特和城市各权力机关发起凶猛的打击:"6月21日,整个部门的人一起经由杜伊勒里花园前往议会。这时,一个家伙突然冲上前来,对拉法耶特先生出言不逊,说他是叛徒。我的同事丹东正和我们走在一起,身边配着四个步兵,而我们却没有任何守卫。他转过身来,粗声粗气、气势汹汹地说:'没错,你们所有领袖都是叛徒,都在骗你们。'周围立刻响起呼声:'丹东万岁!丹东必胜!……吾父丹东万岁!'"(同部两个行政官员的口述资料,现藏于塞纳档案馆,档案夹编号310)——原注

望不减。

所以，丹东得冲他发起进攻。

难处只有一个：也许在整个议会中，唯一不敢攻击拉法耶特的人，就是丹东。

拉法耶特了解丹东的底细，他知道此人和宫廷有所往来、亦步亦趋地遵从自己导师的榜样、唯米拉波的告诫是从。丹东从不曾出卖过自己的嘴，他的嘴从来都是自由的。但有一件事却颇为可信：他曾是骚乱的勒索者，被雇来充当预防刺杀的人肉防线，扮演类似于意大利的地头蛇的角色。他得到了什么？人们无从知晓。只有一件事貌似成立（它出自一份可信的证词，但此人是他的敌人）：他不久之前才在法院担任律师一职，却从内阁那边收到了一笔远超该职位应得薪水的钱款。这是丹东、蒙莫兰和拉法耶特之间的秘密，所以拉法耶特手中握有丹东的把柄。事情如若生变，他大可直接打断丹东，把此事抖出来，那时丹东不死也得脱层皮。

即便如此，丹东依然决定铤而走险，因为他一眼就发现拉法耶特不敢这么做。丹东若遭了殃，部长蒙莫兰必受牵连，所以拉法耶特只能沉默。

"主席先生。"丹东大喊，"叛徒就要到了。让我们竖起两座绞刑架吧：一座留给他；如果他罪不至死，那另一座就留给我！"

话音刚落，他们就走了进来。这是一支浩浩荡荡的队伍：走在最前面的是亚历山大·德·拉梅特，拉法耶特正挽着他的胳膊，打出两人和解的信号，议会整个左派都被团结在同一面旗帜下。随后进来的是89俱乐部的老古董，看上去善虑多思、洞悉玄奥，他就是西哀士——大革命的父亲、先知、抑或教父。旁边那个人则和他形成鲜明对比，一副趾高气扬的样子，他就是律师中的佼佼者——巴纳夫。接下来出场的则是议会的要员、法律起草人、官方发言者，即由夏普里耶等人组成的宪法委员会。

丹东面对强军，采取了先下手为强的策略。他要抨击拉法耶特什么？抨击他侵害了自己的政治道德？还是抨击他企图收买自己？这话不对。他在抨击拉法耶特企图软化自己、以温水煮青蛙的方式瓦解自己的爱国精神，抨击他意欲把自己拉进两院制、拉进"教士西哀士的制度体系"中。随后，他粗暴地诘问拉法耶特：为何他在同一天里，一面将圣安托万区的人拦在万森，一面把匕首骑士放进杜伊勒里宫？……为什么在国王出逃的当夜，让一支被拉法耶特特意清洗过的军队去负责杜伊勒里宫的守卫工作（这一指控真是杀机尽显）？

"你来这里做什么？为什么你要躲进这间被你们记者称为'杀人犯的狼窝'的大厅？还有，你在何时和他们言归于好的？就在人民有权取你性命的时候。你到底是叛徒呢，还是蠢货？无论哪种，你都不能继续领导国民自卫军了。你曾拿自己的人头保证国王不会离开，那你是来兑现承诺的吗？……"

无论是回答、争吵或反驳，都只会让现场的火药味越来越浓。为了给紧张的气氛浇一桶水、降降温，拉梅特在那里唱起了温柔的牧歌，歌颂友爱和团结。拉法耶特接过巴纳夫的主旋律，翻来覆去地说着几句已被他嚼烂了的话："首先一点：一个国家一旦想得到自由，它便是自由的……"对丹东抛来的问题只字不答。接下来，西哀士和巴纳夫唱回和谐的主旋律，发表了由巴纳夫草拟的一封呼吁信。不过为了迎合雅各宾俱乐部中的激进派，他们采用了比"拐走"更具抨击色彩的一个词："*走入歧途的*国王离开了我们……"俱乐部上下似乎都很满意，因为当议员们在半夜以拉梅特和拉法耶特打头、结队离开时，雅各宾俱乐部上上下下及所有听众看客，加起来有两三千人，全都护送其左右。先前还发誓要保护罗伯斯庇尔的人，转个背就跟在了拉法耶特身后。圣奥诺蕾整条街上窗户大开，这支盛大的喜剧队伍便迎着灯光、走过街去，一团和谐、和气的样子，人们看着都觉得喜气洋洋。①

"拐走"这个已经出了名的词虽然在雅各宾派的呼吁信中被删，却仍出现在了议会第二天的一封信里。即便国王在抗议信中明明白白地说自己是逃走的，但这有什么关系？议会在信中依然坚称他是*被拐走的*。它发誓要替法律*报仇雪耻*（真是一句轻飘飘、言不由衷的承诺），并为自己有时的行政管理辩解："那是因为国王和行政官员当时没有得到*国民的信任*。"国王向外国寻求援助的这一举动，居然把议会再次征服了？人们对他早已失望到了极点，居然突然之间就恢复信任了？怎么可能！所以这封信完全是在文过饰非。此信让人发觉当前这个名不副实的跛脚体系能是什么样子，惊觉一个不得民心的议会和一个不得自由的国王之间做了某笔可疑且可鄙的买卖，而且这笔某天被人民的怒火撕破的买卖还可能使法国走向混乱。②

22日晚上近九点时，议会周边突然一阵喧嚣。随后，一个声音如雷鸣般响彻空中："他被拦住了！"可人们少有欣喜之情。即便一些人听此消息倍感欢欣，也察觉此事在人群中引发的尴尬气氛，只好表现得和议会看台上的人一个样子。

第二天，即23日，由于议会深感不安，再加上议员普遍希望拯救王权，于是在图雷的提议下，一条法令被投票通过了："议会宣布，曾建

---

① 请看亚历山大·德·拉梅特（以1828年的视角）写下的这一幕场景，《制宪议会史》，I，p.427。——原注

② 拉梅特兄弟那套体制，其实就是议会的各种立宪观点拼凑而成。他们争取到了拉法耶特、西哀士，现在就缺那个被称为"王政派"的群体了。当初雅各宾派领袖拉梅特兄弟煽动人民作乱，亲手把马鲁埃、克莱蒙特-托内尔这些人从一个个俱乐部、一间间会议厅中逐出。现在，他们又得联合这群曾是他们的施暴对象的人，把他们放到国王身边，同时还得在巴黎人民跟前力荐拉法耶特。22日，双方展开商谈，敲定了明天的开会时间。不过这并不令人吃惊：要是国王没被拦下来，他们就得在外国军营中和他谈判，那时以马鲁埃为首的王政派就是最合适的中间人；但如果国王被拦下来了，拉梅特和巴纳夫也乐得去当他的拯救者、心腹和不可或缺的资政顾问。此处的重要信息来自德罗兹，后者参考了马鲁埃未发表的回忆录。——原注

议、帮助或参与了拐走国王事件的人均为叛徒，凡损及**君威**的人都将被逮捕。"就这样，王权和国王个人成了无罪的，自然也谈不上受什么惩罚了。

罗伯斯庇尔说：法令的第二部分毫无意义，第一部分又并不完整；人们在里面只提到了出谋划策者，但代表们必须、也有责任去探讨一个更加重要的问题。议会一阵骚动，警告他说得太多了。

不过，人民却极有可能掀起一场对反王权起着决定性意义的大运动。6月23日一早，圣安托万区就已是云低风急。立宪派想尽办法，利用这场骚乱为王权造势。拉法耶特和他的手下参谋一道，领着一支浩浩荡荡的队伍，从巴士底狱依次经过旺多姆广场和斐扬俱乐部，来到议会门口。队伍里那个在最近几次骚乱中都有露脸的带头人，说的话完全违背了集会群众的想法。①所有人为反对国王而来，而队伍领头人却告诉议会：他们是为宣誓效忠宪法而来。从本质上讲，效忠宪法就意味着**效忠国王**，因为国王也是宪法的一部分。整个下午和晚上，这支庞大的武装队伍络绎不绝地穿行在大厅中。他们普遍心地善良，只是言行粗鄙，甚至对他们眼中坏心肠的议员恶语相向。

25日，图雷的提议被议会投票通过："国王回来后，需给他配备一支临时卫队来担保其人身安全……国王此行的陪同人员将被问话，国王和王后则发表宣言以作回应……司法部长可继续在法令上盖章，**需要国王批准的情况除外**。"

马鲁埃说："那么政府就换代了！国王就是囚徒了！……"勒德雷

---

① 耐人寻味的是，见证了这一场景、对其记忆深刻的罗兰夫人，并没读过那封已被人偷梁换柱、扭曲了此次反王权游行的本意的奇怪的呼吁信。她的证词是："他们喊着：'法律万岁！自由万岁！国王滚×！崇高的议员万岁！其他人得起来保护他们！……'这边为拥护共和而举办着声势浩大的游行，那边雅各宾派却把时间花在无意义的讨论上，他们接纳了奥尔良、夏普里耶……而宣扬共和的罗伯特却被他们一顿指责……"（出自《罗兰夫人写给邦卡尔·德·伊萨特的信》，p.252.）——原注

尔①觉得可换个更加缓和的表达方式："这并非在打击国王的神圣不可侵犯性，仅仅是临时**扣押**国王而已。"图雷反驳勒德雷尔道："不，不，不是这样的。"亚历山大·德·拉梅特说："这是为国王安全着想，同时也是为国家安全着想。"

当德烈趁此机会果断地把议会推进是非之中。他开始向着议会说话，并从个人立场上高度宣扬保皇主义，宣称君主制是最佳统治制度。听了此话，整个议会都在鼓掌，而看台上的人却默然了。尤其当埃罗代表团读起一封洋溢着南方特有的燥热气息的吁请信、说出"世界等待着一部伟大的正义契约"这种话的时候，深浓的阒寂覆盖在整个会厅上空。

没过多久（大约晚上七点半钟），一场大型骚乱爆发了。有消息说国王正经过杜伊勒里花园，随后又说三个和国王同坐一辆马车的信使落入人民手中、性命堪忧……二十个议员闻讯，赶去营救。没过多久，由议会派出、负责保护国王回程安全的巴纳夫、佩蒂翁和拉图尔-莫堡就走进会厅，亲口汇报了这则消息。

---

① 勒德雷尔（P-L Roederer，1754—1835年），法国一名律师、政治家，活跃在旧制度到七月王朝这段时期。——译者注

第2章

1791年6月22日—25日，国王和王后从瓦伦被带回

群众一致反对国王——只有沙隆在6月22日隆重接待了他——6月25日，议会派出专员——王后和巴纳夫——一行人在多芒暂行歇脚——6月24日，王室一家到达莫城，住进波舒哀宫——佩蒂翁想要救下三个侍卫——6月25日，进入巴黎、抵达杜伊勒里宫——人民心中五味杂陈

国王和王后一直都觉得大革命仅限于骚动不安的巴黎，认为它完全是人为煽起的、是奥尔良党人或雅各宾派的独家阴谋。然而瓦伦之行却打破了他们原先的想法，回程一路上的场景更是让他们心凉。

王后试图自欺欺人地把这次冒险之旅的失败归结为某些未知的原因所致。她说："奇迹的诞生需要天时、地利、人和。"可国民上下齐心，这才是真正的奇迹。法国上下在正义和愤怒的驱使下团结起来，拯救了法国。

我们回忆一下这一路的情景。无论哪里，人民都是万众一心，把军队势力瓦解于无形。在沙隆附近，眼睛锐利如鹰的民众死死监视着舒瓦瑟尔、猜测他有

何意图，让他几欲抓狂。哪怕他藏在树林和夜色中，仍逃不掉人民如影随形的目光；从一个村子到另一个村子，他听到警钟在四处敲响。在众人警惕地监视下，驻在圣默努尔德和克莱蒙特的军官什么也做不了，行动完全瘫痪。瓦伦军官逃跑，小布耶身处险境、无法发号施令。连布耶本人看到农村地区拿起武器后，对自己的军队和附近驻军也没了信心，不敢冲到前面。我们还忘了提一件更要命的事：士兵每到一个民居临时借宿，都觉得屋主趁他们睡着后拿枪指着他们。国王的士兵睡着了，人民可没有。

在回来路上，人民的表现更是一致。从瓦伦到巴黎的五十古里长的路上，马车行迈靡靡、中心摇摇，走了足足四天。国王一路上透过车窗，只看得到外面密密匝匝的人群。四轮马车在稠密的人海中沉重地跋涉着，几乎快被人潮的巨浪冲走。沿途农民几乎倾巢而出，一浪接一浪地拍打着这驾可怜的马车。那一道道汹涌澎湃的骇浪几乎要吞噬一切，撞到岸上却又碎成了卷卷细浪。人们全副武装，拎着火枪、军刀、长矛、大叉和长镰一路赶来，眼红着要杀人；到了之后，他们骂不绝口，肆意宣泄着自己的怒火，对着这群懦夫、叛徒大喊大吼，跟着他们走一阵子后折身回家。可他们才走，另一批人又来了，永远都有人来，无休无止、不倦不怠，和上一批人一样口沸耳赤、怒目切齿。他们骂得声嘶力竭，嗓子哑了就喝口水再继续。6月毒烈的天气晒得人火燎急躁，天空中火轮高吐，将惨白的路面照得浮尘尽现，刺刀长剑的钢铁之林中卷起阵阵烟尘。那一年赤贫的香槟省收成不佳，干瘪的稻穗恹恹地垂在地上。看着如此惨淡的收成之景，农民心中更添了一分怒气：国王恰恰选在这个时候出逃、向敌人求援，把烧杀抢掠无恶不作的匪兵引到我们的田地上，让他们的铁蹄去践踏法国的命脉，他就是成心想让饥荒一年一年地继续下去啊……

人民就是在那个时候,而不是在1793年1月21日,对路易十六做了真正的审判。在足足四天里,他通过全民之口,听到了对他的控诉和审判。人民对国王的满腔爱戴被全然辜负,于是他们由爱生怨,通过大喊大骂宣泄愤怒。他们以无可辩驳的事实为基础发起控诉,可怕的指责和非难如暴雨一般倾注在罪人的马车顶上。此刻的人民,就如正义之神一样冷酷无情。

快到圣默努尔德的时候,骂喊声更是如雷震天。惊恐不安的国王和王后叫着停车,说他们再不要往前走了。巴黎市议会派来的一个特使试图安抚他们。国王夫妇要他许下承诺,以自己的项上人头向他们保证:他们和他们的人,无论在路上还是巴黎都不会遭遇任何不测;他绝不离开他们半步,以更好保护他们的安全。①

没有谁能做出回答,国王一家似乎命悬一线。他们置身于诸多愤怒者中间(里面许多人极度狂热),最害怕的莫过于有人失去理智、在愤怒和狂热中一枪打过来。然而,被认为带走国王的那些人才是众人愤怒的宣泄对象。要不是拉法耶特的副官令人拦住群众,舒瓦瑟尔和达马斯早就死上百次了。回程中,坐在马车边上的三个亲卫兵几乎是在鬼门关走了一趟:无数把明晃晃的刺刀正对着他们的胸膛,虽然没人真的刺过去。但即便人们大肆辱骂,仍对国王保持着残存的敬重和同情,同情他的无能,也同情他那众人皆知的软弱。还有他们的孩子,人们透过车窗看到这两个孩子后顿时心软,再愤怒的人也没了火气。他们来到这里,一副准备大打出手的样子,可是他们忘了还有孩子。二十五岁的伊丽莎

---

① 出自市议会特使博丹(Bodan)的报告,此报告现藏于塞纳博物馆,档案夹编号310,文件簿19号,p.95。——原注

白公主那张柔美娴静的脸、身上一股孩童般的独特魅力和一种圣洁的清冷感，让她和这个环境显得格格不入。十四岁的小公主虽然带着几分母亲身上的高傲，但她有着玫瑰般的脸庞和金色秀发，浑身上下笼罩着一层柔美的光泽。人群中主要是男人，女人很少。无论一个人有多么狂热、多么暴躁，若看到这样一朵稚嫩的鲜花还不能心软下来，那他简直不是人。

我们可以这么说：最愤怒的当数那些远道赶来的人，他们来晚了，根本没看到国王一家。这里我想讲两件先前不曾被公开的事，以让人知道法国发现自己惨遭背叛之后狂怒到何种地步。

第一件事的主人公是巴黎综合工科学校的创始人之一——克鲁埃·德·阿登（Clouet des Ardennes）。这是个粗野暴躁的斯多葛主义者，一生中除了祖国，别无所爱。他一听此事，立马提枪从梅济耶尔赶了过来；他是走路硬赶过来的（当时也没有其他什么交通工具），三天走了六十古里的路，想杀了国王。到了巴黎，他才改了主意。

一个勃艮第的年轻细木工（他后来定居巴黎，成了两个杰出学者的父亲）也离开家乡，去旁观人们对叛徒的审判和惩罚。赶路途中，他歇在了一个细木匠师傅家中，主人告诉他肯定赶不上了，倒不如留下来和他结为兄弟。为了巩固两人的情谊，他还把自己的女儿嫁给了这个年轻人。

从瓦伦回来的路上，只有一个圣路易骑士不幸遇害。此人一路像圣乔治那样骑在马上，大胆地在马车边上、在人群中骑马蹦跳，向国王表示致敬，以此来驳斥人民对国王的判决。副官本想请他赶紧走，但太迟了。这个圣路易骑士放缓脚步、想要撤出人群，却遭到近身夹击，他拔剑刺中两个人后摔下马来。人们朝他放枪，他开枪还击；然后四十多发子弹同时射来，令他当场丧命。人群瞬间吞没了尸体，还割下了他的脑袋，残忍地把这颗血淋淋的头颅挂在矛尖。大家费了好大气力才说服这群野蛮人，让他们别叫王室一家看到这么可怕的场景。

沙隆则是另一番情形。这是座没有贸易业的古城，里面全是贵族绅士、食利者和保皇派资产阶级。这些人活在旧制度下，不知何为时代思想，亦不理外界变迁。看见可怜的国王竟遭此对待，他们心中大生哀怜，全都请求觐见。小姐夫人们纷纷前来给公主献花，花上滴满了她们的眼泪。人们准备了一场豪华的晚宴；宴上王室在众人注视下用餐，桌边人流如织。这到底是沙隆还是凡尔赛？连国王也分不清了。国民自卫军赶过来说："什么也别怕，陛下，我们会守护您的。"有些人甚至还说要把国王送到蒙梅迪那里去。

国王进餐、就寝，第二天一大早起来做弥撒。然而此时情况大变。兰斯的工人抵达沙隆，整个香槟省的人都来了。一支从边境赶来的军队在天亮前就占据了沙隆城，要国王当即上路。人们都喊着："去巴黎！去巴黎！"窗户上挤满了人。国王和家人一道来到阳台，威严而又冷静地说："既然众人强迫我离开，那我马上就走。"

从埃佩尔奈到多芒的这段路，三个议会特使拦下了随行群众；他们来，是为了确保并协助国王回都。这三人都是从左派中选出来的。若要和一个自由身份的国王对话，那王政派的马鲁埃无疑是最合适的中间人；但当前是为了保护一个沦为阶下囚的国王的安全，所以左派派去了三个立场稍有不同的人：巴纳夫、拉图尔-莫堡和佩蒂翁。

王后态度极其恶劣地接见了他们。王后之所以对此三人冷面以对，一是因为他们此次的任务本身就不讨人喜欢，二是为着其他一些原因。拉图尔-莫堡出身宫廷，曾深得国王宠信，结果他成了那个监守国王的狱卒的近友。当前，他自然就代表着拉法耶特，所以在王后看来尤其可恨。王后仇恨的目光让拉图尔-莫堡感到有如芒刺在背，于是他登上另一辆满是女眷的马车，把和国王共乘一车的这个危险的虚誉让给了两个同伴。宫廷看佩蒂翁自然也是百般不顺眼，觉得他简直就是雅各宾分子中的雅各宾分子、就是大革命的象征。巴纳夫这人就更不消说，宫廷一看到他，就想起善弄权术、背信弃义、面目可憎的三恶同盟（杜波尔、巴纳夫和拉梅特）。何况宫廷最近又刚对巴纳夫使了绊子，它佯装咨询他、信任他，实际上却在欺骗他、愚弄他；现在它又落到了这些人的手中，真是天命啊！

佩蒂翁一来就宣布，他身为议会代表、得坐在马车里面。此话一出，众人哗然。于是，伊丽莎白小姐只好挪坐到车前面；巴纳夫挨着她坐下，对面就是王后。

巴纳夫当时二十八岁，非常年轻，有一双美丽的蓝眼睛，口阔鼻挺，出语尖刻，生得一表人才，一看就是个天不怕地不怕、能言善辩的律师样，即便面临刀霜剑雨也不会皱一下眉头。他表面一副冷酷无情、铁石心肠的恶人模样，内心却完全不是如此。由于无尽的争斗吵架、频生的虚荣之火，他的脸才罩上了这层冰冷的外壳。

他一开始就表明了派他前来的那个党派的保皇立场。他大声念出议会法令后，国王说"他从没想过要离开法国"。巴纳夫迅速理解了其中的意思，对拉法耶特的副官马修·杜马斯（Mathieu Dumas）说："是了，就是要这句拯救王国的话。"

王后注意到这位年轻议员频频转头，看着守在马车周围的三个亲卫兵，又把视线收回到她身上，冷峻的神情里带着一丝说不清道不明的讥讽意味。①王后身为女人，察觉到任何男人都不会明白的一层含义。她大起胆子迅速地瞥了一眼，立刻就算到此人的立场可以给她争来巨大利益，虽然他表面看来绝非善茬。

她一眼就瞧出，巴纳夫以为这几个亲卫兵中的其中一个就是深受王后信赖、负责策划此次出逃、恨不得把自己一条命都交给她的那个幸运家伙——忠心耿耿的菲尔逊伯爵。说得更直白一点儿：她发现巴纳夫在忌妒。

不要觉得这话是异想天开。我们得知道，虚荣十足的巴纳夫绝对有当米拉波接班人的想法。他觉得自己已经接管了米拉波的演讲台，但演讲台之外的其他遗产呢，他都想继承过来——在他看来，王后也是继承遗产的一部分。她的信任，便是逝者留下的最亮的那颗钻石。当宫廷装作咨询三恶同盟的意见时，他觉得自己在某一刻中已经得到了这颗无上的珍宝。三人中的另外两人——即拉梅特和杜波尔——不受宫廷待见，这是众所周知的事。那宫廷的心腹必然就是巴纳夫了，至少他是这么认为的。所以他作为政治家和男人，被这次瓦伦出逃事件狠狠地扇了一个耳光。他正觉得春风得意，却突然被人横刀夺走了某个他觉得已属自己的东西。

正如我所说的那样，心高气傲的王后是不会捅破那层窗户纸的，但她很清楚自己该怎么做。她不动声色地抓住一个机会，轻描淡写地说出三个亲卫兵的名字。巴纳夫发现自己弄错了，菲尔逊并不在其中。他低垂着头，语气开始柔和，态度也尊敬起来。心生愧疚的他只想着该如何弥补自己先前的失礼。这可难了，因为王后根本就懒得搭理他一句话。

巴纳夫只好拐弯抹角地去表现自己。他虽然就坐在王后对面，但旁

---

① 其中的细节看似虚假，其实具有极高的可信度，且在韦伯、瓦洛里、刚邦等人的回忆录中都有描述。——原注

边还有同伴佩蒂翁那张冷冰冰的面孔。其实佩蒂翁不通世事人情，根本没看透他的这些小动作。性子粗苯的佩蒂翁①，还对伊丽莎白公主说了句失礼的话（我也不知道他具体说了什么）。伊丽莎白公主为人天真无邪，搅乱了他的心扉。他本想补救自己先前的失言，却絮叨着一些平平无奇的哲学观点来反对基督教（我仍不知道他就此说了什么）。没想到，公主最在意的就是自己的宗教信仰。可怜的公主气极之下，一反常态地大讲特讲，捍卫自己心中的珍视之物；当时的她简直是口若利剑。

巴纳夫一言不发地在一旁听着。国王仍是一副老好人的模样，觉得该跟他说点什么才好，却不合时宜地提起了议会。这可是这个年轻演讲家最擅长的话题，他如鱼得水、侃侃而谈。随后谈起总体的政治形势时，巴纳夫还委婉而不失尊重地捍卫了自己的观点。

巴纳夫在那里可劲儿地套近乎，佩蒂翁对此就完全不在行了。路上，国王说他这么做纯粹是为了大家的益处，"因为无论如何，法国是不可能建立共和的。""没错，现在还不能。"佩蒂翁干巴巴地回答，"因为法国人还不够成熟……"此话一出，车厢里一阵沉默。

这还没完。闹腾的王太子一开始坐在佩蒂翁腿上，佩蒂翁如慈父般抚摸着他的金色卷发，谈到兴头上时还不小心把孩子的几缕头发给扯了下来。王后非常心疼，一把把孩子抱了过来。可王太子依着孩子的本能，直接爬到他觉得最舒服的地方，也就是巴纳夫的膝盖上。舒舒服服地坐下后，孩子兴致勃勃地拼读起议员外套纽扣上刻的字，最后念出了这句高尚的格言："不自由，毋宁死。"

车内一派宁静，车外却仍聚集着一大群愤怒的群众，充斥着喊叫

---

① 有件事给佩蒂翁的性子烙上了一个不可消除的滑稽感：第二天，伊丽莎白小姐坐在他身边，由于赶路使她极其疲倦，所以无意识地把身体靠在他身上，他居然就因此认定伊丽莎白小姐钟情于他，还说了句充满感觉主义色彩的话："她听从了自己的天性。"（出自他就瓦伦出逃而写的未出版的回忆录）——原注

声、威胁声。车内车外俨然是两个世界。喧嚣如潮，他们干脆掩耳不听；危险亦如潮水而至，他们干脆不管会有什么危险了。人们只觉恍惚迷离，车窗外的场景如走马灯一样一晃而过，看多了也就麻木了。这些人一起依偎在这个不堪一击的小世界里，共同走在死亡的路上，一路还有心思去梳洗打扮，力图在狂风暴雨中一如往常地活着。此事看来匪夷所思，不过自然界中的生物向来不就是如此吗？

突然，一道新的骇浪猛地袭了过来——有人想将亲卫兵杀死。巴纳夫将头探出车门，紧盯着他们。他一露面，犹如议会亲临。所有人都退了下去。

他们没走多远，又遇到一件差点造成人命的更严重的意外事件。一个可怜的教士同情国王命运，血泪盈襟。他走近马车，眼里含着泪水，双手举向天空。愤怒的群众抓住他，把他拖走。眼看这个教士就要性命不保，巴纳夫猛地将半边身体探出车厢，一句话救下教士："你们不是法国人，你们是豺狼虎豹！孕育勇士的法国民族难道是杀人犯不成？"不过他动作太过激烈，要不是平素循规蹈矩的伊丽莎白公主此刻不顾男女有别，死命拉住他的外衣垂尾，巴纳夫就掉下车去了。巴纳夫此举令王后大感惊讶，她又是激动，又对这个高尚的年轻人感激不已。从那时起，她开始跟他说起话来。

当时的王后看上去格外令人生怜。她端坐在孩子中间，再没有一国之后的样子。她那年幼可爱的女儿不仅没衬出她的韶华已逝，反让人想到她当初的容貌：王后少女时候的明艳被复制到了女儿身上，那含苞待放的美丽就是对她美貌的最大嘉奖。然而，王后当时固然风韵犹存，给人的感觉却完全不同了。她那颗痛苦的灵魂，透着一种壮士断腕的高贵感。这颗灵魂冷漠吗？不，不是的。她眼中饱含着泪水，在那里微笑。啊！人们第一次发现她那头秀发既没有扑粉，也没有做造型，其中还夹杂着几丝因过于悲伤而早生的白发。这一场景像个不祥的预兆,她似乎在说:"我就要死了。"

第三天晚上,国王一家下榻到莫城主教波舒哀的宫殿中。①这座凄凉冷清的建筑,现在最适合用来接纳不幸的人了。它的萧然,它所呈现出的岁月的无情,是凡尔赛宫和特里亚农宫都不曾有过的。更令人嗟叹的是,连这种无情都是不加掩饰的。阴暗的砖筑大梯上的梯坎已经倾塌,令人无从下脚。人们踩着缓缓的斜坡,来到宅邸门口。花园无甚景致可看,教堂塔楼冰冷地立在高处,衬得花园更加凄凉寂寥。四围环绕的古墙已是藤生蔓茂。露台上有一条冬青树辟出来的小道,直通府第主人的书房。这条小道阴气森森,让人不由得预感到君主制即将走向末日了。

就是它、就是这个快断气的君主制来到这里,请求在波舒哀宫中借住一晚。

王后觉得这个地方很合自己的心意,她不愿去想纷乱的局势,也不愿去想自己第二天还能否活着,挽着巴纳夫的胳膊登上宫殿。这个地方满载着回忆,里面陈列了许多十分珍贵的画像。在当初那个大人物的寝室中,王后说不定还看到了一幅王妃肖像画。如果我没猜错的话,画中人正是临死前将自己的戒指赠给波舒哀的那个王妃。

在这个无比肃穆的地方,巴纳夫趁着王后怀古伤今的时候,真心实意地给她提了些建议。他想救她。巴纳夫提醒她,保皇派犯下了怎样的错误:"啊,夫人!他们捍卫您利益的手段真是拙劣无比!他们对时代的精神、法国的秉性又何其无知!其实,我无数次想走上前来,献身于您、效忠于您……""可是先生,您能给出什么建议呢?""办法只有

---

① 国王一家第一晚睡在沙隆,第二晚睡在多芒。在多芒,特派员们借口保皇党军队可能仍追在后面,宣布他们只接受骑兵队的护送,步行的国民自卫军必须就地撤离。这么做既可以缩短行程,又可以降低风险、减少侮辱事件的发生。——原注

一个，夫人：赢得人民的爱戴。""唉！我怎么可能赢得人民的爱戴？万事万物都在拦着我。""啊！夫人！连我这等无名之辈都能脱颖而出，只要您稍稍努力一下，争取和重获民心又有何难？……"①随后晚餐时间到了，谈话被打断。

晚膳之后，佩蒂翁做了一件勇敢而不失人道精神的事，让我们看到他表面的冷漠下那颗温暖的灵魂。他把国王拉到一边，提议让三个亲卫兵乔装成国民自卫军士兵逃走。他作为一个善良的市民和高尚的爱国人士，才提出这个建议。当然，他这么做是因为他热爱人民、想让他们少沾杀孽，也是为了挽救法国的荣誉。王后对此表示拒绝，也许是因为她不想亏欠佩蒂翁什么，也许是因为她已经失去理智了（此话是瓦洛里脱口而出的）：她觉得佩蒂翁把他们调开，是为了让他们脱离国王的保护，好稳稳妥妥地要他们的性命！

到了第二天，6月25日，就是回程最后一天，可怕的一刻终于到来，他们得和巴黎正面相对了。巴纳夫坐在马车深处，待在国王和王后中间。他这么做无疑是想尽可能地把危险转移到自己身上，好护王后周全：若有暴徒朝马车开枪，肯定会瞄准中间那个位置。人们也想尽办法，采取了各种预防措施。拉法耶特派来一位出色的军人马修·杜马斯，由他负责保护回程安全。杜马斯在马车周围布下大批投弹手，他们的毛呢大帽几乎把车门全给遮住了。三个亲卫兵坐在马车底座，旁边几个投弹手负责保护他们，并幸不辱命地完成了任务。还有一些投弹手骑

---

① 后来，巴纳夫因为这次面谈而被大肆批评，受到猛烈的攻击。在他性命难保的时候，巴纳夫在《法国大革命导言》中替自己辩解（该文写于1792年或1793年）。他的理由是：无论怎么看，他都没有时间和王后交谈。但这话有问题，至少它不符合那一天的实情。巴纳夫曾给报告说："由于只有骑兵护送，他们很快就从多芒赶到了莫城。"自然而然，他们可以早早抵达莫城、歇息下来。他还说："佩蒂翁先生尤其叮嘱我要说明一点：我们全程都没离开过对方的视野。"（《作品集》，第一卷，p.132）我很相信他的这句话，因为这两人需要相互监督。佩蒂翁肯定私下见过国王，提议让亲卫兵快逃。所以，巴纳夫也有机会私下去见王后、给她提些建议。刚邦夫人的大部分证词虽然有失严谨，但我觉得她在这里的话很可信，因为它不仅符合传言、看上去也更接近事实。对此持否认态度的只有巴纳夫一人，也就是说：只有被告在否认，而且他是在刀逼项颈的时候才否认的。——原注

马跟在一旁。当天酷热难耐,马车在扬起的尘土中萎靡地前进着。人们几乎喘不过气来,似乎离巴黎越近、空气就越稀薄似的。王后已经喊了好几次,说她快要窒息了。在布尔歇的时候,国王要求喝点酒。进城后的场景简直触目惊心。呼喊声、厉号声此起彼伏,到处都是密密麻麻的人群,连房顶上都挤满了人。随行人员很有先见之明,料到圣安托万区和圣马丁街是最危险的地方:自从发生贝尔蒂埃恐怖事件后,这两个地方已是臭名昭著。他们从城外绕行,穿过香榭丽舍大街和路易十五广场,走旋桥进入杜伊勒里宫。所有人都没有摘帽,人群静成一片。在人民的海洋中,这份寂静显得格外瘆人。巴黎人民深谙复仇之道,他们只做了一件事来无言地辱骂国王。人们把路易十五广场上雕像的眼睛蒙起来,借这个羞辱性的象征物告诉路易十六:国王有眼无珠。

沉重的马车缓缓地行着,车帘半垂,人们几乎觉得这就是君主制的灵车。当军队和国民自卫军在杜伊勒里宫碰头以后,士兵们挥舞着武器,军民如家人般拥抱在了一起。整个法国团结成了一体,独独一家人被排除在外了!可怜的马车踽踽而行,在沉默中被弃逐了。要不是一个孩子来到车门处、请求人民宽恕自己可怜的父母,人们几乎会以为马车里面空无一人。

国王一家没有走长长的杜伊勒里花园,避开了充满恨意的人群,以免受到惊吓或遭遇危险。马车一直走到宫殿前方的露天广场才停了下来。行至此处,他们就必须下车了。愤怒的人群像饿虎一样守在这里,希望能抓到个猎物。他们想,等国王下车后,他那三个信使就再无人保护。于是,国王坚持不下车。有人警告了议会,它旋即派来二十名议员,但议会的援兵起不到任何作用。国民自卫军围成一圈、用刺刀架在这三个可怜人的头上,才护住了他们。尽管如此,他们仍受了些轻伤。

然后，国王和王后走下马车。两个被王后视为眼中钉的议员——艾吉勇和诺阿依就在那里迎接王后、保护她的人身安全。他们向王后伸出手去，在诅咒声中一言不发地把她迅速带进宫中。她以为自己会在他们手上送命，以为他们会把她交给人民，或者单独幽禁。随后，王后又生出另一层惊恐：儿子呢？要是她再也见不到自己的儿子怎么办？他被人捂住嘴，不能说话了吗？人们要把他从她身边夺走吗？幸好，她又看到了他；有人托着他的胳膊，把他举上王后的寝殿阳台。

虽然一部分人怒气冲天、想杀死亲卫兵泄恨。但大多数人看似愤怒，心中却是五味杂陈。如今大厦倾塌、王室受辱，少有人能对此无动于衷，人们不由得深感世事无常、流光如梦。我只列两件事，来说明众人心中这种复杂情绪。一个保皇派议员古依列梅（Guilhermy）看到有人强迫所有人不得脱帽，甚感不平，在国王经过时把自己的帽子远远扔进人群中，高喊："谁敢给我戴上？"也许是佩服他的勇气，也许是敬重他的忠诚，谁都没说什么。宫殿大门处也发生了类似的事。五六名王后的女官想要进杜伊勒里宫迎接王后，被哨兵拦了下来。卖鱼女贩对她们大肆羞辱，喊道："你们这些奥地利的奴才！"其中一位妇女，也就是刚邦夫人的姐姐，正色说道："你们听着，我从十五岁开始就跟随王后左右；她给我备好了嫁妆，把我嫁了出去；我能服侍她，这是我三生有幸。如今她身陷大难，难道我要弃她不顾？"女贩们叫嚷着："她说得没错，她不应该抛弃自己的主人，让她们进去吧。"她们将哨兵团团包围，强行打开一条路，把这几个女人放了进去。

这就是人民，被拉扯在两种矛盾情感中间的人民。他们一方面仁慈善良，另一方面又愤怒多疑（但我们很快就知道这种情绪是合情合理的）。国王此次回都，凄凉至甚，叫人看来揪心不已。甚至在最后一天晚上，许多妇女回家以后仍感心如刀割，难过得连饭都吃不下。第二天，人们带着王太子在临水露台上散步；一个国民自卫军士兵把他抱在怀中，好让码头上的人能把他看得更清楚。可怜的孩子还向人民送了几个飞吻。任谁看到这个场景，都会心生罪恶、思绪纷乱。报纸虽然表面上态度激愤，但仍不足以扑灭公众的同情。《巴黎革命报》大讲特讲国王这个怪人是多么没心没肺、对自己的处境是多么无所察觉，回来后的第二天行为一如往日，晚上还和他的孩子嬉戏玩耍。可这些话有用吗？连许多激进的革命党人看这些报道时都会懊恼，懊恼自己读着读着居然流下了眼泪。

第3章

政坛要员犹豫不决、意见各异
（1791年6月）

人们普遍犹豫不决——王后、保皇派、雅各宾派、卡米尔·德穆兰都在左右摇摆——丹东、罗伯斯庇尔、佩蒂翁和布里索持观望态度——各方都在拉法耶特身上角力——拉罗什福柯家中的一场讨论——西哀士的意见——拉法耶特夫人——女性保皇派一片激昂

  国王回到杜伊勒里宫。这下尴尬了：先前大多数人都知道该做什么，可现在谁都不知道该怎么办了。

  表面看来，人们既然如此激奋，想必都知道自己的目标，明白自己想要什么、欲往何处才对。可实际上，许多人都在摇摆。言语上的疾戾掩盖了思想上的犹豫。正因如此，他们的许多行为才会左右不定、前后不一。如果人们前后矛盾、犹犹豫豫、左摇右摆，那他们压根就不该急着去控诉行骗者。然而船已拔锚，在疾风巨浪中飘摇着起航了。

  人们普遍都在摇摆，连王后的言行都有了点革命的意思。她在杜伊勒里宫和刚邦夫人刚刚重逢，就激动地跟她说起巴纳夫，在自己的女官面前称赞他、维

护他！在这番不经大脑的倾诉中，王后昏头昏脑地接受了大革命原则，说："他身上带着一种令我无法指责的骄傲。所以，但凡谁能在荣耀之路上替自己的出身阶层排除障碍，他都会拥护支持。那些（以最有才德的非贵族人士为踏板、赚尽好处后又）投身大革命的贵族，他们不可宽恕。但如果我们重掌权力，先会把巴纳夫的宽恕精神铭记于心。"旧制度都病入膏肓了，王后还被个人情感牵着鼻子走，成为平等的卫道士而不自知。

王后转性了？并没有。她只是被此刻的情绪支配了而已，就像她曾被另一个相反的情绪所控制一样。接下来的一个月里，她三次改变想法，先是出于恐惧，然后是因为怨恨，最后是由于希望。在回来路上，她恐惧万千，紧附在巴纳夫身边，倾听他、相信他。回到杜伊勒里宫中，她成了阶下囚，感到气恼怨恨，故向外国求援（7月7日）。之后一道希望之光照过来，她又想起了巴纳夫和立宪派，请求利奥波德按兵不动（7月30日）。我们下文再来讲讲个中细节。

这种奇怪的摇摆态度，绝非王后一人才有。据我观察，几乎当时所有的历史人物都是如此。若想从一个合理的角度来讲述这段摇摆史，我们就得回头提一个大众的英雄、大部分革命领导人心中的楷模——米拉波。此人最是心意不专、反复无常，但他再怎么反复也属正常，因为所有矛盾思想都在他身上并行不悖地存在着，他就是造化创造出来的一个毫无道德可言的怪物。这位伯爵先生注重贵族气派到了近乎可笑的地步，但有时也会表现出一些我不知道的共和觉悟。他在万森城堡里写下的那一系列愤怒抨击王权的信①，已在无意中成了共和的辩护书。可他既在粉碎王权，又是保皇立场。虽然他曾发表过一些支持王后的演讲，但

---

① 米拉波从1777年至1780年被关押在万森城堡，其间大量阅读和写作。——译者注

这也并不妨碍他听从他的书商兼情妇乐婕（Le Jay）的话、将弥尔顿一本极有共和思想的书译成法语。后来，朋友们逼着他把这本书给烧了。他就是这样子，很容易向朋友、情人和恶习妥协。在舆论眼里，他就代表了法国的放荡和软弱。他不将共和制视为人民成熟以后自会抵达的一个正常的自然阶段，而将其看作最大的危险、一则必然失败的计策。他说："如果他们不讲道理，我就去他×地把他们送给共和。"

我们几乎可以写一本书，来说说他的忠实门徒——可怜的卡米尔在思想上又是如何反复不定的。他几乎一直都在反对、再支持米拉波，反对、再支持拉梅特兄弟。前一刻钟他还紧紧握住拉法耶特的手，不到两小时后又被罗伯斯庇尔感动得泪流满面。他绝不是精神上的懦夫，也不是没有一马当先的魄力。卡米尔在1789年就喊出了那句石破天惊的话，呼吁大家拿起武器、拥护共和。这个可怕的孩子总在第一时间说出真相。可接下来，朋友的温情友谊攫住了他，让他软弱多变起来。他去请教自己爱戴或敬佩的人，却只收获了怀疑。

他离开了自己的第一位向导，去寻找下一位老师。他永远需要一个贤者，一个高高在上、可被他奉为圭臬的人。然而，那些贤者谋士虽然表面一副高傲决断的样子，却不能给他一个"是"或者"否"的回答。他们很少考虑公义，只从个人角度考虑问题，鲜能照顾全局，想的是当前自己该大步前进还是激流勇退；他们在等待、观望，密切留意着舆论的潮势，好顺潮而动，虽然表面看来似乎是他们在驾驭潮水的走向。

丹东和罗伯斯庇尔非常精明，他们一直在侃侃而谈，却从不表明自己到底是支持还是反对共和。前一个人嗓门如雷、后一个人又是教条主义，按理讲他们应当不讨人喜欢才对，事实却不尽然。这两个人密切关注着雅各宾派的动向，谨慎地一步步跟着往前挪。他们得弄清这个强大的社团要做什么，等着看外省社团是何想法。如果冒冒失失地表态，他们可能会站在社团的对立面上，到时候就成孤家寡人了。

也许外省社团的呼吁信极大地影响了巴黎社团，甚至给它的某个派别壮了胆：这个派别要么是主要由现议员组成的立宪保皇派，要么就是独立派——我们可以想见，它则由下届议员构成。

在此之前，立宪保皇派一直在雅各宾俱乐部中占据主导地位。6月22日，科尔得利俱乐部的罗伯特天真地对雅各宾派说："他带了一封足以毁灭君主制的陈情信过来……"雅各宾派怫然大怒，斥责道："我们是宪法之友……这么做简直是居心不良……"

但如我们后来看到的那样，7月8日，社团似乎起了变化，独立派占了上风，并在四处搜集罢黜国王的提案。在这么短的时间里，为何风向骤变？态度转换最大的当数外省社团，它们的呼吁信几乎全在反对君主制。

在这期间，丹东、罗伯斯庇尔又在做什么呢？在韬光养晦。最耐人寻味的就是丹东，那个说话从来声如洪钟、锋芒逼人的丹东，现在看似勇猛不减，却畏口谨言起来。但他的大嗓门给人造成奇怪的错觉，让人觉得他似乎一直都态度坚定。实际上，他连替科尔得利俱乐部的罗伯特说句话都不敢。谈到对国王的个人想法时，丹东为了拯救国王，采用了后来救加拉等人时百试不爽的一套办法：辱骂他，损毁他，宣布要让他接受正义的裁决："如果我们长着一双火眼金睛，能发现一个国王是罪恶还是愚蠢，结果还选了愚蠢的那个，那真是滑天下之大稽。"接下来，他提议不设摄政王，而是设立一个**禁令理事会**。可除了奥尔良公爵，谁还能是这个理事会的主席呢？丹东敲锣擂鼓地吆喝出这个提议，实际上却下了一步很是聪明的棋，达到一石四鸟的效果：他一个人就拯救了路易十六、保留了王太子位、为奥尔良公爵造了势，还没有朝共和制泼一滴冷水。

罗伯斯庇尔也没有进一步表态。他的意思是，单单追查阴谋还不够，还得找出一个罪魁祸首。换言之，他在暗示可以审判国王。但他完全没说应该建立一个怎样的政府这个问题。"共和"这个泛泛之词，于罗伯斯庇尔毫无吸引力，而且他肯定对议会委员会这个小团体、对拉法耶特以及其他许多东西颇有忌惮。所以，罗伯斯庇尔也没有前进一步；对他来说，最稳妥的办法就是保持完全消极的立场，如此一来他就可以待时而动了。甚至到了7月13日，当许多作家、记者都直截了当地表明了立场时，罗伯斯庇尔仍对雅各宾派说："有人抨击我是共和党人，他们太抬举我了，我完全不是。但如果有人指责我是君主制拥护者，那就是在损毁我，因为我也不是。"随后他在"共和"这个词上玩起了文字游戏，似乎在说共和并不意指任何政府体制。

佩蒂翁这个积极的共和分子，和路易十六共乘一车时都在向他宣传共和思想。然而，连他也觉得现在尚不是表明立场的时候。有一天，一些人聚在他家中，讨论该就国王一事持何态度。佩蒂翁为了避免开口，干脆在那里拉起了小提琴。

在场的布里索大感恼火，讽刺佩蒂翁摆出的这种与己无关的表面功夫。可布里索本人也没迈开步伐啊。6月25日，他所做的也仅仅是在《爱国者报》中抄抄其他报纸的观点、承诺稍后会扬明自己的立场罢了。26日，他还对拉梅特一阵发火，因为后者批评他在宣传共和，说他曾派信使去挑唆别人写下共和陈情信。布里索的确有所行动，但他一时还不想将其摆到明面上来。27日，他的一个年轻朋友——对布里索无比信任、但行事鲁莽的吉磊-杜普雷①，明确要求雅各宾派"对国王发起审判"。7月1日，布里索立马就在报纸上要求路易十六退位。

布里索觉得拉法耶特也属共和派，还在等着他有所行动。后者曾向他承诺对其报纸提供经济支持、扩大其发行量。后来拉法耶特和拉梅特兄弟暂时联手，布里索就替他大找借口，说他这么做是无奈之举、是因为当时他必须联合各方力量去维持治安。也许，那时的拉法耶特还没做出最后决定。他的好友拉罗什福柯在自家举办了一次议员聚会，让大家就共和问题展开辩论。他这么做，很可能是为了将拉法耶特拴死在保皇阵营里。大革命爆发之前，拉罗什福柯这位大贵族就是哲学家的朋友和慈父，大力支持一切慈善事业。在1789年的一系列运动中，他还表现踊跃。到了1791年，他却被吓住了，想要后撤了。拉罗什福柯请众人来自己家中，当着那些还在左右摇摆的人，就共和这个话题展开严肃讨论，以期用一场以辩驳为形式的讨论去结束人们内心那场正辩得激烈的讨论。保皇党人杜蓬·德·讷穆尔②担任魔鬼——也就是共和的辩护者（就如人们在神学辩论中做的那样）。结果毫无悬念，**魔鬼轻轻松松就被杀死**。大家都觉得共和是不可行的，法国是保皇立场的。

在这场辩论中，拉罗什福柯拍着胸脯说：自己从心底更青睐共和，当初正是他第一个把美国宪法翻译过来，然而他终究错了——法国是保皇思想，这是它于1789年在陈情信中亲口所说。人们每到重大问题都会咨询的那个大权威、大圣贤——西哀士，当时也持此意见，认为君主制政府能给予个人最大的自由。西哀士这里所说的自由，他想为自己、

---

① 吉磊-杜普雷（Jean-Marie Girey-Dupré，1769—1793年），法国记者，和布里索来往密切，是他的《爱国者报》的最密切的合作者。——译者注

② 杜蓬·德·讷穆尔（Dupont de Nemours，1739—1817年），法国作家、经济学家、政府官员，在法国大革命期间移民美国。——译者注

为他人谋求的自由，却是一个消极的、惰性的、自私的、使人陷入孤立的伊壁鸠鲁主义的自由，一个只谈拥有的无为的自由，人们就像单人小室里的僧侣或趴在垫子上的猫一样，只需躺下做梦就行。要得到这种自由，当然需要君主制了。自私主义的力量真是可怕！连那个张口闭口都在计算一切社会行为的政治数学家，都没良心地投奔到君主制政府那边去了。选择这个体制，就意味着任由一切取决于个人和自然的选择，人只能听天由命。实际上，这种君主制说的不就是一个解不开的谜吗？曲高和寡的西哀士眼中的君主，就是伊壁鸠鲁那一类的神：这个神只选择，不行动。那时，西哀士就在构思这样一个荒诞的政治体系了。后来他也有向波拿巴提起，但后者仅仅一笑了之。

　　除了西哀士、拉罗什福柯以及和他同一阵营的朋友之外，拉法耶特身边还有一个极能干的王权辩手，那就是他那位完美、贞洁的妻子——拉法耶特夫人。她对丈夫情深义重，却因一心信奉宗教和君主制，结果反害了他。拉法耶特夫人出生在诺阿依，虽然家族里有几个亲戚满怀革命热情，她对此却不能苟同。她和诺阿依、艾阳的夫人们来往密切，这些夫人如1794年赴死时表现的那样，有着一腔火热的虔诚之心。她们经常造访米拉弥约修道院，此地在当时是宗教狂热分子的核心聚集地之一。这些可爱、热情、以美德著称的妇人紧紧围在拉法耶特身边，对他发起一场温柔、却更加残酷的战争。拉法耶特自甘堕落、当上国王的狱卒的这等行为，在拉法耶特夫人看来是无法原谅的。她虽平素安顺从命，却无法克服自己因此对丈夫的厌弃之情。1791年5月，拉法耶特夫人突然离开巴黎，逃往奥弗涅。①这次不告而别成了巴黎人茶余饭后的谈资，被拿来和奥尔良公爵夫人的离开对比（后者恰巧也在同一时期离开了她的丈夫）。

---

① 请看罗兰夫人写给邦卡尔的信，以及《拉法耶特回忆录》，Ⅲ，p.177.——原注

当然，她离去还有另一层原因：她许是厌倦了拉法耶特身边那些夫人的纠缠。她们觉得他是两个世界的英雄；许多女人直接向他倾吐爱意，说她们得抱着他的画像才能活下去。他就是神，他就是拯救者。她们苦苦哀求着："啊！拉法耶特，救救可怜的国王吧！"这位金发将军虽然表面看来如美国人一般理性、冷静、淡漠，可看到那么多美丽的夫人抱着自己的膝盖哭泣，哪怕再理智的男人也会慌神和为难。

我们得承认，女人在这时往往表现得比男人更加决绝。男人们还在摇摆，她们却毫不犹豫地听从了情感的声音。她们也有自己的党派，那就是心中的信仰。瓦伦事件之前，保皇派的夫人们爱着；瓦伦事件之后，她们依然爱着、崇拜着。瓦伦出逃这个巨大的错误和不幸，只给她们增添了更多爱的理由。王后成了她们的崇拜偶像。她们在她的窗子底下哭泣，渴望效仿德朗巴勒夫人、与被囚的王后同进同退。王后回都以后，交给了德朗巴勒夫人一束自己的头发，并附言："接受苦难的洗练。"后者这个可怜的小妇人经历了一场有名无实的婚姻，先被自己的丈夫抛弃，后因美丽的勃利夫人的出现而被王后疏远。她却在危险来临之际，愿与王后共同赴难。唉，可怜她却成了政治阴谋中一枚听话的棋子，成了人民仇恨的受害者。①

然而，正是危险吸引了女人。回都后的第一天，王后尚能去剧院听戏。此时，在保皇派所坐的包厢和雅各宾派所在的正厅之间，弥漫着剑拔弩张的危险气息。在这座各派云集的角斗场中，美丽的杜嘉蓉②——一个抛头露脸、地位卑贱的戏子，大胆借用了一句台词表露心

---

① 德朗巴勒夫人当时已经成功逃到了伦敦，但听闻国王一家逃跑失败后，她不顾王后让她切勿回来的请求，即刻返回巴黎，在杜伊勒里宫中陪着王后。1792年9月3日，德朗巴勒夫人惨死于暴民之手，死后还遭到凌辱和分尸。——译者注
② 杜嘉蓉（Madame Dugazon，1755—1821年），法国女中音戏剧演员、舞蹈家。——译者注

迹。她站在舞台上，朝保皇派的包厢迈了一步，因为爱、因为勇敢而浑身发抖，喊了一句马上能要她命的话："啊！我对我的女主人爱得多么深沉啊！"

第 4 章

1791年的社团——孔多塞的沙龙

两个信仰的正面交锋：偶像和思想——爱的统治，女人的王国——现实杂合理想的爱——女人们的一腔柔情——她们参与政治——德让丽、斯塔尔、克拉莉奥、德古日等女性——孔多塞夫人的沙龙——孔多塞的性格特征；他的妻子对他影响巨大——他的共和主张——1791年7月，他陷入矛盾的两面处境之中

拉莫奈宫坐落在杜伊勒里宫的对岸，恰巧就在花神楼和德朗巴勒夫人举办的保皇派沙龙的对面。这里是另一个沙龙——孔多塞沙龙的举办地，当时人称"共和之家"。

由大名鼎鼎的法兰西科学院秘书、当代最负盛名的哲学家组织起来的这个欧洲沙龙，汇聚了当时世界各地的共和思想。共和便是在这里孕育成形，找到了自己的模式。我们都知道，1789年，卡米尔·德穆兰首次阐述了共和思想；1791年6月，博内维耶和科尔得利俱乐部发出了第一声共和的呐喊。接下来，是罗兰夫人凭借自己的坚韧和魅力，给共和思想注入了精神的力量。

我们绝非在夸大个人于历史中的作用。我们认为，历史的核质就蕴藏在人民的观念中。当然了，人民的观念里也摇摆着共和的思想。当时，法国几乎所有人心中想的都是一个否定句：**法国从此不可能再有国王了**。还有一些人想的却是个肯定句：**法国从此可以自我统治了**。然而这种想法依然比较含糊和笼统，为了探索出具体的、可实践的路，它得先在某个小圈子里发酵、获得光与热、在讨论过程绽放出自己的光芒才行。

这里我想暂时打断叙述，先去观察一下当时的社会。如果只谈表面的行为，却不揭示内在的缘由，那我们看这段历史时就如雾里观花。我们若只评价人的行为，只看得见上文中那些政治领导人的犹豫不决，谁还会想到另一个热血和赤心的世界的存在呢？

人们可以指责我在这里离题万里，可它实际上却是论题的核心、本质的本质。历史的第一要义，就是真实。我们现代人青睐的是一种严格遵循几何学的结构，但我并不太清楚它能否一直和盎然的自然界的内义相协调。几何学讲究结构方正、线条笔直，而自然界的一切生物却是曲线型的。我还发现，我的导师——古代那些伟大的历史学家，他们作为自然的长子，并没有为了满足那些只想抵达终点、完全无视路上其他风景的赶路人的要求，机械地画出一条笔直整齐的通达大道。他们没有马不停蹄地踏过干涸的地表，而是时不时地根据情况停下脚步，折过身去，干劲十足地在地底下凿出一道沟渠。我也和他们一样凿到了地底，在那里寻着一口活泉：当活泉喷涌而出的时候，这段历史也就被赋予了生命。①

---

① 现在，该开凿了。我不会停在1792年这个人们斗得最凶的时候，这时人们正厮杀成一团、斗得尘土飞扬，阻挠了我看清事实的视线。而1791年时，斯塔尔夫人、孔多塞等人举办的政治沙龙正大放异彩，罗兰夫人也在那时开始施展自己无人能敌的手腕（1792虽是她风头最盛、无人争锋的时候，但她却在那年年末被人超越了）。那么，今天我们就来说说这段往事。这些可怜的演员如朝露一般，在一日里展露出自己所有的芳华。我们得在他们冒出头来的那一日，于他们一晃而过之时，迅速攫取到他们的剪影。明天就来不及了，我已看到地平线那头一抹黑暗的阴影。——原注

1791年有个特点：党派成了信仰的象征。两门信仰开始正面交锋，一个是保皇派膜拜的偶像，一个是共和派追求的理想。前一派的人被同情心点燃了斗志，狂热地倒向已被撕裂的过去，执着地追随着肉体凡身的偶像，追随着那个几乎快被他们遗忘了的世俗之神。而后一派的人接受了纯粹的思想的熏染，意气风发地站了起来；他们再没有什么偶像、什么崇拜物，只有理想、只有祖国、只有自由。

女人不比我们，没有深受诡辩论和经院式的陈规老套的荼毒。无论哪一边的女人，都远远地走在男人的前头。无数女人——有品德无垢、出身清白的，还有身份低贱的——为着一个与己无关的美好，听从了心底的崇高激情的呼唤，把祖国当作自己的密友，把永恒的正义视为自己的爱人。此情此景，叫人看来如何能不动容？

当时的思想风俗可有所改变？没有。但爱却生出双翼，朝最高的思想之峰展翅飞去。祖国、自由、人类的幸福，全都渗进了女人的心中。虽然古罗马推崇的品德遗风于当前的风气中难以寻觅，但它们却保存在了女人的脑中、灵魂中，保存在了她们崇高的愿景里。她们在周围寻找着普鲁塔克笔下的那类英雄的身影，祈盼能看到英雄，她们也将孕育出英雄。那时要讨得女人的欢心，只跟她们谈卢梭和马布里是不够的。她们对思想秉持着积极、真诚、严肃的态度，希望人能言行合一。力量是女人不变的崇拜对象。她们拿现代男人和自己脑中理想的古代英雄相比较，这种对比和要求就是一剂最烈性的药，推动男人采取行动、并加快了大革命这条激流的奔涌速度。

这个社团如火一般炽烈！我们一走进去，就感到一股灼人的热浪扑面而来。

在我们这个时代，也不乏浩气英风的举动、难能可贵的牺牲、舍身赴死的豪杰。然而，每当我从现实抽身而出，回到过去、回到大革命的那段历史时，总觉得那时的空气更热、像是另一种气候似的。啊！难道那个时代过去后，连地球都降温了？

那个时代的过来人给我讲过此间的不同，但我当时没能明白。很久以后，随着我深入细节，不再仅着眼于立法机制，还关注各派动向、研究人物和个人传记，那时我才深切体会到老人们话中的意思。

这两个时代的不同，总结起来只有一句话：*当时大家心存着爱。*

利益、野心和永难消除的偏见，在那时和今天都存在着。然而那个时候，爱却具有颠覆万物的力量。我们可以在这个词后面加上所有宾语：爱思想、爱女人、爱祖国、爱人类。他们爱着，爱往昔的温柔时光，也爱绝不消失的美好事物。这两种情感就像金和铜一样融混在了一起，铸成了科林斯城①的青铜塑像。②

1791年，女人们通过情感和激情之路，也因为敢为人先的精神（这点必须承认），成了时代的女王。无论从前还是将来，她们都不曾拥有这般的影响力。在18世纪的百科全书时代，精神是社会的主导；之后，可怕的杀戮统治了法国。但在1791年，情感和女人才是最高统治者。

这个时代的法国，其心脏在怦怦跳动。从卢梭开始就已上涌的情感潮水，正越涨越高。在一开始躁动的潜伏期，它是伤感的、多梦的，如暴风雨前一刻的平静，亦如一个女子在恋人面前时暗自跳动的一颗芳

---

① 古希腊南部一重要城市，地处要塞，曾是古希腊最富庶、文明程度最高的地区。——译者注

② 人们若对该历史时期展开严肃的研究，会挖掘出一处巨大、隐秘的瑰宝，那就是人——无论他为人如何——藏在沉浮命运中的一颗心。从内克尔到罗伯斯庇尔，当时所有人皆是如此。这理性的一代人虽然一直在印证思想，可仍被排山倒海的情感所支配。最无可辩驳的一个例子、最能淋漓尽致地展现当时的这个普遍特点的人，便是内克尔。在他人生最辉煌的时刻，内克尔和他的夫人、兴奋的女儿一起站在市政厅的窗前，他那个孝顺女儿吻着他的手，因为过于幸福而晕倒了，引得现场人又笑又哭。这件事是他整个人生的缩影。这个金融家和其爱人一起走进婚姻殿堂，两人到死都感情甚笃。他娶的是个寒门女子，后者是个家庭教师，来自沃州一个贫寒家庭，但天使一般纯洁善良。有这样一段婚姻，再加上个狂热追求自由事业的女儿，所以内克尔当初才在变革之路上走得过远，最后实行普选。普选这一步很是冒险，并不符合内克尔的性格和主张。而斯塔尔夫人的沙龙、私交的朋友，都越来越偏向立宪、反对共和。——原注

心。1789年，疾风突至，刮得所有人的心突突直跳。然后是1790年的联盟节，一个博爱、热泪的时代……到了1791年，危机袭来，辩论风靡一时，到处有人在热火朝天地讨论时局。无论哪里都有女人的身影，无论哪里都是公众热情和个人私情的交融；个人的剧本和社会的戏码同台上演，两根绳子缠绕在了一起。唉！可惜它们往往会被立刻一齐斩断！

开始时是无比美好的。已被忽视得太久太久的女人而今在《爱弥儿》的影响下，走进自由的思想殿堂，通过教育、希望和母性的力量，通过思考自孩子出生以来女人心中就有的所有疑问，开启了思想的自由。难道不是吗？女人早在有自己的孩子之前，就在心中呐喊："啊！愿这个孩子幸福安康地长大成人！愿他能得自由！古代英雄们缔造的神圣的自由啊，它能庇护住我的孩子吗？"这就是女人的想法，这就是为什么当母亲或姐姐守着在花园中玩耍的孩子时，她们都在沉思和阅读。你看，那边有个正在读书的年轻女孩，你一走过去，她就迅速把书藏在怀中。她读的是什么书呢？小说？《新爱洛伊丝》？不，看上去更像是普鲁塔克的《名人传》或卢梭的《社会契约论》。

一个英国传奇女性的事迹，更是大大激发了我们法国女人的政治热情。她就是撰写斯图亚特家族史记的一位杰出的历史学家——玛考雷夫人，其才华和品德让首相老威廉都佩服不已，甚至还在一座教堂里竖了她的雕像来象征自由女神。

当时，文坛上的女性几乎个个都想成为法国的玛考雷夫人。每个沙龙都有一位缪斯女神。演讲稿经过她们的口授、修改和润色，于第二天传到俱乐部和制宪议会中。她们也亲身前往，坐在看台上听人朗读自己的稿子，如热忱的审判官一般现身，去鼓励台上那个或软弱、或羞怯的演讲者。我们站起来看看吧。那边那位不就是德让丽夫人吗？她正坐在王妃和帕梅拉这堆迷人的女士中间，面带浅笑。这个眼睛漆黑灿亮的女子不就是斯塔尔夫人吗？演讲者怎么口拙了？难道是因为罗兰夫人在下面，所以一下子没了底气？

在这群才女中，若论谁最前卫激进，那便是一个来自布列塔尼的小妇人——积极踊跃、才华横溢、雄心勃勃、笔耕不辍的克拉莉奥小姐。她的父亲是一位在军事学院任教的文人，亲身担负起她的教育工作。克拉莉奥小姐翻译、编纂了许多书籍，甚至还写了一本历史大部头，内容是比玛考雷夫人的《斯图亚特王朝》还要古老的《伊丽莎白统治史》。后来，她嫁给了一个以激进的思想、而非卓著的才华而为人所知的革命党人，也就是科尔得利俱乐部的罗伯特。早在1791年1月，她就在给丈夫的信中写道："共和主义在法国被接受了。"无论在祖国的神坛上，还是在我们即将讲述的练兵场惨案现场，她都站在最前排。

另外一位文坛女子，便是那位惊才绝艳的即兴演讲家——奥兰普·德古日①。她说自己不会读写，所以像洛佩·德·维加②一样，每天靠口述写一个剧本。瓦伦事件和国王叛国事件之后，此前一直是保皇立场的德古日公开宣布自己是共和党人，但在路易十六审判过程中又回归保皇阵营，自告奋勇地为其辩护。她很清楚，此举于自己的命运意味着什么。在为妇女争取权利的时候，她甚至说过这句浩然正气的话："既然她们有权站上绞刑台，自然也有权站上演讲台。"③

---

① 奥兰普·德古日（Olympe de Gouges，1748—1793年），法国戏剧家和政治活动家，其女权思想和废奴主张吸引了许多人的关注，后在恐怖统治时期被处死，罪名是攻击革命政府以及和吉伦特派有所往来。——译者注
② 洛佩·德·维加（Lope de Véga，1562—1635年），西班牙黄金时期杰出作家和诗人。——译者注
③ 这么一位奇女子，谁敢向她献殷勤或打趣她？她一生沉浮，皆因受缚于心，然而这颗心却是宽厚善良的。她生活无比简朴，却在交爱国税时掏出了自己四分之一的家产和一本剧本的收入。贝尔纳丁·德·圣比埃（译注：Bernardin de Saint-Pierre，1737—1814年，法国作家、植物学家）曾给她写信说："您就是和平的天使。"一想到她在恐怖统治时期遭到何等粗暴的羞辱，我们就禁不住发抖。更令人心寒的是，连她的儿子都在革命法庭上指认她。德古日登上绞刑台后说了一句话："祖国的孩子，你们要为我的死报仇！"——原注

这个来自朗格多克、性格如火的女子组建了好几个妇女社团，而且社团成员越来越多。在社联会组织的男女混杂的聚会上，一位出众的尼德兰女子——帕尔姆·奥尔黛，郑重要求实现政治上的性别平等，并得到了当时最是稳重的一个男人的大力支持。这人和别人不同，他之所以得到自由的启发，更多是身边女性的缘故。现在，我们就来细讲一下。

作为伟大的18世纪里的最后一个哲学家，他活得比所有同辈哲学家都要久，所以有机会见证他们的哲学理论在现实领域中有何表现。他，就是法兰西科学院秘书、达朗贝尔①的接班人、伏尔泰临死前联系过的最后一人、杜尔哥的朋友——孔多塞。他的沙龙自然就成了欧洲的思想中心。任何国家、任何科学，都能在那里找到一席之地。每有杰出的外国人士吸收了法国理论，都会来到这里寻根溯源、探讨实践可能。他们中有美国人托马斯·潘恩，英国人威廉②，苏格兰人麦金托什③，日内瓦人杜蒙，还有德国人阿那卡雪斯·克罗茨。克罗茨先前和这类沙龙完全挂不上钩，然而1791年，所有人纷至沓来、会聚一堂。沙龙的角落里雷打不动地坐着一个朋友——多病多思的医生卡巴尼斯。他把自己对米拉波深深的感情也带到了这里，为这个房间注入一丝柔和的色彩。

在这群大名鼎鼎的思想家中间，我们还可以看到孔多塞夫人那张高贵、纯净的面容。拉斐尔见了她，会以为这是个世间没有的虚拟人物。她看上去光彩照人，那双眼眸似乎能照亮和净化世间万物。她曾当过不许愿的修女，此时的她看上去不像一位已婚夫人，倒像是个未出阁的贵

---

① 达朗贝尔（Jean le Rond d'Alembert，1717—1783年），法国著名物理学家、数学家和天文学家。——译者注
② 即大卫·威廉（David Williams，1738—1816年），启蒙时期一位威尔逊哲学家和自然神论者，支持孔多塞的女权思想，是吉伦特派的朋友，并参与了法国宪法的准备工作。——译者注
③ 麦金托什（Sir James Mackintosh，1765—1832年），爱尔兰（此处系米什莱笔误）法学家、历史学家和政治家，在大革命早期持支持革命的态度，后来因为暴力事件而反对大革命，开始支持伯克的观点。——译者注

族小姐。孔多塞夫人当时正值二十七岁（比她的丈夫小二十二岁），刚开始写《论同情的信》。此书分析细致到位，但透过表面极度的含蓄克制，我们却能看到一颗年轻、若有所失的哀伤的心。① 有人凭空猜测，说她曾觊觎宫廷的荣誉和宠信，结果未能如愿，所以才在愤恨之下投身大革命。这些谣言根本就不符合她的恬淡性格。

大家还在猜测另一件可能性更大的事：嫁给孔多塞之前，她向后者坦言自己的心完全不是自由的；她爱着另外一个人，哪怕这是一份毫无希望的爱。而孔多塞这位智者以父亲才有的那份善意，包容并尊重了她的坦白。有传闻说，他们在足足两年时间里都纯然只是灵魂之交。直到1789年的7月，孔多塞夫人才看到这个表面冷漠的男人心底的激情。也就是在那时，她爱上了这位伟大的公民，爱上了这个心地柔软、思想深刻、如珍惜个人幸福一样怜惜人类获得幸福的希望的人。她觉得他重返青春了，发现他在伟大的思想、崇高的愿望下永怀着一颗少年赤子之心。他们唯一的孩子，便诞生在攻占巴士底狱后的第九月，即1790年4月。

孔多塞当时已经四十九岁，却也觉得自己的生命在这一系列大事件中绽放了第二春。他得到了新生，拥有了第三次生命。他曾因为达朗贝尔得到了数学的生命，因为伏尔泰而得到了批判精神的生命。如今，他又徜徉在政治的生命海洋里。他一直企盼人类获得进步；如今，他却有机会推动人类的进步，或者至少能为人类的进步事业做出贡献。纵观孔多塞的一生，他兼具了不移的理性精神和对未来的坚定信仰，这两个特

---

① 这本文笔动人的小书的创作始于大革命爆发之前，在1798年被出版，分两个时期写成。那些信是写给卡巴尼斯的（译注：即Pierre Jean Georges Cabanis，法国著名哲学家，深受启蒙思想的熏陶，加入了宪法之友俱乐部），他是这位讨人喜欢的作者的妹夫，是一个孤独的朋友，亦是一位信得过的心底伤心事的倾听者。这些信满含着追忆和对故去的爱情的思念，写给了那位苍白的埃里森·道多尔。它们悄声倾诉着，轻柔的呢喃中夹着一丝伤感。然而，哪怕她在字里行间里如此含蓄隐忍，通过隐喻，人们仍能看到那个年轻女子的哀伤、她作为未亡人的感怀。"我们幸福的弥补者和引路人……"这段优美、动人、作者本要尽情倾诉却又止住了的话，到底是写给卡巴尼斯？还是写给孔多塞的呢？——原注

质很少能同时出现在一个人的身上。他若觉得别人错了，哪怕那人是伏尔泰，他也会毫不留情地提出异议①；他是重农派的朋友，但不会盲目地向着他们，在吉伦特派那里也保持着独立的思考。直到现在，我们读起他为打消连吉伦特派都有的外省偏见而替巴黎写的那封辩护书时，仍感到万分敬佩。

这位伟大的思想家一直在思维上保持着高度的专注和活跃，并有严格的自制力。虽然他做着抽象艰深的学术研究，却很乐意接待各界人士。他在沙龙中始终都在思考，绝不分神。孔多塞话不多，喜欢听别人说，并从他人的言谈中汲取营养。此外，他还有过目不忘的本领。任何一个和他攀谈过的人都会发现，他对某一专业领域上的研究竟比本行专家还深。女人们震惊，甚至害怕地发现，他居然连女人的流行服饰都了解得一清二楚②，连最细小的装饰上都有自己的独到见解。他表面看似冷漠，从不流露情感。③可在私底下，每当朋友有难，他总会热忱地伸出援手。那时人们才能感受到他的友谊。达朗贝尔说："他就如一座覆着冰雪的火山。"据说，孔多塞年轻时候曾无望地爱过一个人，差点自杀殉情。如今他年纪大了、成熟了，但那颗炽热的心却从未凉下来过。他对妻子索菲的爱是克制的，却如大海般宽广。这份感情来得越迟、就越是深沉，它厚重得超越了生命本身，静如深海、不可斗量。

索菲也值得他爱。且不说当时有多少男人倾心于她，我想讲一件关于她的崇高事迹。后来，孔多塞身陷弥难，像遭围捕的猛兽一样被人四

---

① 有段时间，伏尔泰在阿格索（译注：阿格索［Henri François d'Aguesseau］，1668—1751年，法国大法官，被伏尔泰评价为"法国有史以来最博学的一位官员"）和孟德斯鸠之间更推重阿格索，孔多塞对此持不同看法。——原注

② 请看由孔多塞·奥克诺尔（Condorcet O'Connor）夫人出版、附有阿拉戈（译注：François Arago，1786—1853年，法国天文学家、哲学家、政治家）和杰南的注释的《孔多塞全集》的第十二卷，其中有勒皮娜思小姐（Lespinasse）对孔多塞的相关描述。——原注

③ 在冷漠、不苟言笑的表面下，他有着一颗怜悯苍生的心。请看他写给自己女儿的遗言（作品集第十二卷），还有他为了动物而写的一篇感人的倡议信。——原注

处搜寻，只能藏身在一处不太安全的地方。一想到当前境况，孔多塞内心就如万蚁噬咬，写下了辩护书和政治遗言。他的妻子却给出一条绝佳提议，劝他放弃无谓的挣扎，淡定从容地让后人来评价他的身后之名，把精力放在完成《人类思想进步大纲》的工作上。他听了妻子的话，以自己非凡的学识和对人类的无尽的爱，抱着躁动的希望，写下了这本瑾瑜之书。虽然死神已经逼近，可他在最美丽的一个梦想中得到了宽慰，那就是：通过科学的进步取消死刑！

这是一个多么崇高的时代啊！这些女性值得被爱！值得被男人奉为理想、祖国和美德的化身！直到现在我们依然记得，在那顿最后的午餐中，卡米尔·德穆兰的朋友们最后一次哀求他，求他停办《老科尔得利报》，求他撤回创办宽恕委员会的申请。露希尔却抛下了自己身为妻子和母亲应有的立场，抱住他说："去吧，去吧，去追随自己的命运吧！"

就这样，她们光荣地把自己的婚姻和爱情献上祭坛。在死亡面前，她们抚平了男人疲惫的眉头，给他们注入生命力，带他们走进永垂不朽的国度……

她们也会永垂不朽的。男人迟早会后悔的，后悔自己当初竟完全没把这些女性放在眼里，没发现她们是多么勇敢和迷人。她们已和那最崇高的梦想连在了一起，化为永恒的爱的象征，供人追忆和缅怀。

孔多塞的面容笼罩着一抹悲剧命运的阴影。他神情腼腆（这是一个身在人群却始终孤独的智者特有的腼腆），似乎带着一丝悲伤、忍耐和顺命。他额头光洁饱满，眼神温和高贵，折射出对理想的执着，似乎还看透了未来。他那饱满、装着所有知识的额头，就像一座巨大的仓库和藏宝阁，里面完整地保留着往昔的所有宝藏。

但我们仍得说，孔多塞虽然体格强壮，但性格并不强硬。他嘴角略微下垂，让人觉得有些怯懦和软弱。他知识渊博，对所有事物都有涉猎，而这也是他神经质的一个原因。另外我们不要忘记：孔多塞是从18世纪过来的人，背负着这个世纪的重荷。该世纪的繁剧纷扰、人世沧桑，他都看过了。所以，他不可避免地带着18世纪的矛盾性。孔多塞有个叔叔是耶稣教会的主教，故他在成长过程中得到了后者一些保护，还受过拉罗什福柯家族的许多资助。孔多塞侯爵家境贫寒，却仍是贵族出身，并承袭了爵位。他的出身、身份、人际关系以及其他许多东西，都把他和旧制度连在了一起。甚至连他的家庭、他的沙龙、他的妻子，都有着许多反差。

孔多塞夫人出生于格鲁希，一开始是位修女，深受卢梭和大革命的影响。后来，她脱离了那个半教会性质的环境，成了一个堪称是自由哲人聚集中心的沙龙组织者，成了哲学的虔诚信徒。

1791年6月的那场危机似乎让孔多塞下定决心、表明自己的立场。他必须在两边做出选择了：一边是旧人，一边是理念，唯独没有利益，利益和孔多塞沾不上分毫关系。真要说他在意什么利益，也许只有一个：他希望共和能放低世俗大人物的地位、抬高天性高贵的人的身份，如此一来，他的索菲就能当上王后了。

他的密友拉罗什福柯和拉法耶特身边的朋友一样，都在竭尽全力想要打消这两人的共和思想。拉罗什福柯觉得要说服这个性格温和的学者、这个温顺羞怯的男人并不是件难事，何况自己的家族先前还有恩于他。甚至有人言辞确凿地四处宣传，说孔多塞和西哀士一样持保皇思想。同时还有人在诱惑他，向他许以王太子老师的职位，企图腐蚀他。

很可能就是因为这些风声，他才下定决心，提前公开了自己的立场。7月1日,孔多塞通过《铁嘴钢牙》宣布:他将在社联会中讨论共和。但直到12日他才展开讨论,而且言语略微保守。他做了一次聪明的演讲,在其中反驳了许多庸俗的反共和观点,还说了这些掷地有声的话:"虽然人民在静等时机,等到议会合适时候再宣布是否保留王位;虽然在新老两任议会的交接期间,继承制可再延续几年,但即便在这种情况之下,王权也在本质上不能和公民权相冲突……"他还影射了那个正被疯传、说自己将出任王太子老师的谣言,说:真若如此,他得教导王太子一件事——他不需要王位。

孔多塞表面上游移不定的态度让共和党人不太高兴,也让保皇派大感震惊。更令后者觉得受伤的是,当时巴黎人争相传诵着一篇写得妙笔生花的讽刺文章,而文章作者就是这位严肃的哲人。不过孔多塞很可能只是一个传话筒罢了,他传递的便是那个频频探访自己沙龙的年轻社团的意思。

这篇文章题为《一个年轻机械师写给共和发起者的信》,里面的主人公提了个建议,以微小的成本扶持立宪制下的一个明君。①文中说:"这位国王会出色地履行君主的职责,一行一坐无不符合礼数,他也会做弥撒,会在某个发条的操纵下接受议会主席递交的、已得到大多数人认可的内阁大臣名单……我的这个国王可不会危害自由;而且如果得到精心维护,它还能一直运转下去,这可比那些靠继承制上位的国王好多了。我们甚至可以夸口说,这个机械国王不可侵犯、永不犯错,绝不会行不公之事,也绝不会干出什么蠢举。"

此事很值得留意。这个成熟、严肃的男人借一个玩笑,纵身跃进

---

① 这篇讽刺短文的大致内容是:一个机械师写信,自告奋勇说他可以造出一个会动的机器来扮演国王角色,并可顺带造出一个最多只要两百人的宫廷,每年还只需十万里弗的维护费。——译者注

了大革命的汪洋大海,但他没有自欺欺人、不去想自己将遭遇什么危险。他对人类遥远的未来和当下都充满希望,可对时局也有着清醒的认识,知道其中有什么危险。他害怕危险,不是为了自己(他可以坦然赴死),而是为了自己深爱的女人,为了自己那个在7月的神圣时刻呱呱坠地的孩子。后来,他提前好几个月就秘密打探好了路线,好让其家人在万不得已的情况下得以脱身,自己却在圣瓦勒里城门处被捕。

第5章

续篇——罗兰夫人

罗兰夫妇的巴黎之行——罗兰的成就——他妻子对他的帮助——才貌兼具的罗兰夫人——1790年7月的联盟节让她激动不已——1790年10月，她的激情和智慧——她的激情改道换向——1791年2月，罗兰夫人抵达巴黎——她的推动作用——她发现大多数政治领导人已是心慵意懒——1791年6月至7月，她在思想上生气勃勃，充满力量和信仰

若想让人对共和产生渴望、激发他们的共和思想、进而建立共和，单有一片冰心和壮志还不够，还得需要一个东西。什么东西呢？一条年轻的生命，它得有青春的灵魂、滚烫的热血和盲目的冲动，已在世上见识过了只存在于灵魂中的东西，在见识之后把它创造出来……它得有信仰。

它得带有某种和谐，不仅仅是意志和思想上的和谐，更是共和在道德和风气上的和谐。人们心中和精神中的共和须得先以它为寄托，因为唯有建立了精神上的共和，才能合法建立政治上的共和（所谓政治上的共和，即人们拥有自己的政府、自己的民

主、通过服从义务享有自由），而且这颗灵魂还得既贞德又强势（这听来似乎有些矛盾），能在突然的激情爆发中超越自我、采取行动。

在那段人心低迷的日子里，在人们的革命信仰涣散了的时候，巴黎的一所房子里却盛产出两个振奋了许多议员和大记者的东西——力量和勇气。这座住宅看上去并不起眼，就是一家小小的不列颠公馆而已，坐落在盖内戈大街上，离新桥很近。盖内戈大街十分幽暗，前面的马扎然街更是阴气黯默。众所周知，街上除了长长的莫奈城墙，就再没其他什么景色可看了。人们爬上小公馆的第四层楼后，永远都会看到两个人一起工作的场景，他们就是最近才从里昂过来的罗兰夫妇。小客厅中只有一张桌子供夫妇俩伏案工作，通过半敞开的卧室门，我们可以看到里面摆着两张床。罗兰年近六十，罗兰夫人三十六岁，但看上去年轻得多，衬得她的丈夫像是她的父亲似的。这个男人身材高大瘦削，表情严肃而热情。虽然他因妻子光芒太盛而总被人忽略①，但其实他一心为国、积极于公民事业，是沃邦②、布瓦斯吉尔贝特③那一类的老派法国人，他们

---

① 只要读一读《最高法院律师***先生（即罗兰·德·拉普拉提耶）1776年、1777年、1778年从瑞士、意大利、西西里和马耳他写给***小姐（即后来的罗兰夫人——玛侬·付丽蓬）的信》（1780年发表于阿姆斯特丹，第六卷），人们绝对会认可这句话。这本书写得不偏不倚，虽然存在事实错误，在有些地方也交代不清，但在18世纪众多写意大利之旅的书籍中，它也算是最有教育意义的了。通过此书，读者可见证作者不断变化的思想认识。作者无所不写，从音乐到工商业的细枝末节都不漏过。他途中常常骑马或徒步，所以有机会去近距离地观察，想停就停，故能了解到坐车旅行的人一晃就过的细节。在书中诸多有意思的小细节中，我注意到一件事：亚眠的粗呢绒布料都卖到卢加诺（译者注：瑞士南边和意大利接壤的一个重镇）去了，可见法国当时的商业涵盖范围。他以当代哲人的眼光去看待信教的意大利，对罗马更是如此。但令人颇感意外的是，这位严格的审判官在评判事物时往往温和而不失公正，这在当时的哲学家身上是很少见的。一个正直的男人能给另一个正直的男人写什么，他就一五一十地给那位无比纯洁、强悍、严肃的年轻信友写什么。两个灵魂一来一往，他从没觉得两人之间存在性别或年龄的差距。这个男人当时已经四十五岁，而他唯一的朋友，却是那个才二十岁、后来成了他的妻子的姑娘。此次出行之前，他还把自己的手稿留给了她。罗兰的父母是虔诚信教的贵族，他们之间素来不和。付丽蓬小姐因为其父品行恶劣，不得不躲到植物园后面的讷夫-圣艾蒂安街上一座修道院中。这条街虽然狭窄，却因帕斯卡、罗林（译注：即查理·罗林［Charles Rollin，1661—1741年］，法国著名历史学家）、贝尔纳丁·德·圣比埃的关系而闻名退远。她以非修女的身份住在那里，还有自己的房间，活在普鲁塔克和卢梭的书里，如后来一样快乐而又勇敢，只不过当时她非常贫穷，生活节制朴素，似乎共和的美德那时就已在她身上发芽了。——原注

② 沃邦（Sébastien Le Prestre de Vauban，1633—1707年），法国元帅、著名军事工程师，从小失去父母，十八岁参军，直到垂暮之年仍在服役。他虽在战场上不曾直接指挥军队作战，但擅长工事筑城，辅助别人打了许多场胜仗。——译者注

③ 布瓦斯吉尔贝特（Boisguilbert，1646—1714年），法国冉森派神甫，是经济市场这一概念的创造者。——译者注

虽然活在王权下、能选择的路不多，却依然抱着服务公共事业的崇高思想。作为制造业督查官，罗兰把自己的一生都贡献给了工作和出游，想探索适合我国工业的改良方法。他发表了许多游记，还写了一些和某一行业有关的论文。这些作品虽然题材无趣，可他那位美丽、勇敢的妻子并没因此生厌，将其统统誊抄、翻译、编纂出来。《泥潭矿工的技术》《平滑毛织物的生产技术》《制造业大辞典》这些书都是由罗兰夫人那双纤纤玉手誊抄出来的，它们消耗了她最美的年华。这段时间里，她唯一的一个孩子出生了。除了哺育孩子，她再没把精力分散在其他地方。她和丈夫的工作、思想紧紧捆在了一起，对他抱有一种近乎虔诚的信仰，甚至还经常亲自给他下厨——老人的胃在劳作的摧残下变得很是挑剔，必须有专门的饮食护理。

　　在此期间，罗兰的作品都是他亲自编写，完全没有借妻子之手。只有后来当上部长、身陷纠扰之中、有没完没了的事要操心的时候，罗兰才请夫人帮忙。她也没有丝毫不耐，欣然替他写稿。要不是大革命把罗兰夫人从避世绝俗的世界中拖了出来，她会把自己的天赋、口才，甚至美貌等这些于她无用的上天恩赐都给埋葬了。

　　政治家上门拜访时，罗兰夫人从不主动参与讨论，在一边继续编书写信。但如果有人请她发表见解，她也会侃侃而谈，吐属大方得体，以一股润物无声的力量吸引住在场所有人的注意。"按理说，一个自尊心如此之强的人应当言辞做作才对，可她却没有丝毫矫饰，完全保留了自己纯粹的本性。"

看她第一眼时，人们会觉得眼前的这位就是卢梭笔下的朱丽①。错了，她不是朱丽，也不是苏菲②，罗兰夫人就是罗兰夫人。她当然也是卢梭的孩子，说不定比卢梭书中的那些女子还更像他的孩子。她不像朱丽和苏菲那样是贵族出身。她出嫁前叫玛侬·付丽蓬（让我气愤的是，有些人居然讨厌平民姓氏），父亲是个版画雕工，她也在父亲的作坊里干过活。她是人民出身，人们一眼就能发现她是个有血有肉的人，这点在上流阶层中很少见。她的手很美，但并不小，嘴偏大，下巴微微翘起，体态婀娜多姿、凹凸有致、髋骨偏大、胸脯饱满，这都是贵妇人少有的特点。

她身上还有一个地方不同于卢梭的女主人公：她不像她们那般软弱。罗兰夫人品性端庄，但绝不像其他女性那样无所事事、耽于幻想、以此消磨自己的意志。她勤勤勉勉、充满活力，对她来说，工作就是道德的守护者。这个美丽的生灵从生到死都抱着神圣的义务观，甚至至死都是如此（人临死前是不会撒谎的）。她曾说："谁都比我更懂享乐。"还说："我抑制了自己的肉欲。"

还未出嫁时，在如天空一般澄澈、可以从那里一眼望到香榭丽舍大街的洛尔洛日码头③上散步时的她，是纯洁的；在那位秉性严肃的丈夫的工作台上、为其不知疲倦地工作时的她，是纯洁的；守在孩子的摇篮边、哪怕剧痛难忍也要坚持母乳喂养时的她，是纯洁的；甚至在给身边

---

① 请看勒蒙蒂（译注：Lémontey，1762—1826年，法国文人、政治家和历史学家）、瑞欧富（译注：Honoré Jean Riouffe，1764—1813年，法国政治家，大革命时期和吉伦特派关系密切）等人对她的描述。香帕尼约（译注：Luc-Antoine de Champagneux，1744—1807年，大革命时期为圣罗曼地区的三级会议代表，1792年认识罗兰，并在他担任部长后效命于他，后因此入狱）在首版《罗兰夫人回忆录》（出版于共和八年）的最前面，放了一幅罗兰夫人的雕像。罗兰夫人死时才不到三十九岁。她看上去十分健壮，有些微微发胖了，但表情依然泰然、坚定而又果敢，眼神似乎在审视什么。之所以有如此神情，是因为她参与过大革命的一番笔战的缘故，而且这是所有抗争者身上的普遍特征。他们很少去考虑欢愉，选择克制和压抑自己的激情，却终没能见到一个令他们感到满意的世界。——原注
② 《爱弥儿》中的女主人公。——译者注
③ 坐落在巴黎西岱岛上的一处码头。——译者注

对自己痴心一片的年轻朋友写信时①的她，依然是纯洁的——她宽慰、安抚着他们，帮他们克服意志上的软弱。他们至死都忠诚于她，而她至死都忠诚于道德。

他们中有个人不顾危险，在恐怖统治最黑暗的时候，从身陷囹圄的罗兰夫人手中接过了记录了她的一生的不朽手稿。后来他也遭到通缉追捕，在寒冬腊月里四处逃亡、无处容身，只能在一棵结满冰花的大树下躲雪。但他仍拯救了这些圣洁的文字，也许这些文字也拯救了他、给他胸中注入了书写大爱之人才有的热量和力量。②

有些人见不得一个如此完美的道德模范的存在，费尽心思地挖掘这个女人的生平，掘地三尺地想找出她的某个缺点来。他们无凭无据③就在那里凭空猜测：即便她参与了一幕刀光剑影的紧张大戏，即便她展现出不输男子的气魄，在那样深渊薄冰的危险处境中（是9月以后？还是在那场扫除了吉伦特派的洪水暴发的前夜？），罗兰夫人再忙，也有时间和心思去享受别人的献媚奉承、和他们调情说爱吧。他们唯一感到棘手的是：该怎么找出她宠幸的情人的名字呢？

还有一次他们也是这样，在那里凭空猜想。他们觉得：罗兰夫人虽

---

① 请看她写给博思克（Bosc）的一封文笔动人的信。当时她已搬出巴黎、住在里昂附近，狂恋着她的博思克为此愁肠百结。"一个安静的夜晚和要各种费心劳神的清晨总算过去，现在我正坐在火炉边上，我的朋友在书房，孩子在打毛线。我一边和孩子说话、一边翻看我的朋友的作品，品尝着这个温馨的小家庭带给我的幸福。然而，就在我给朋友写信之际，冬雪正落在无数不幸人的头上。一想到他们的遭际，我就心生悲戚……"字里行间无不透出家庭的温暖。这种庄重的幸福，便是源自美德无疑。她把这一切都展现给这个年轻人，以让他的心灵得到慰藉、净化和升华。然而过没多久，这座鸟巢就被风暴掀翻了！——原注

② 正直高尚的博思克在最后一刻超越了自我。为了让自己倾慕已久的这个女人给世人留下一个臻善臻美的形象，他郑重向她建议：一定不要偷偷自尽、不要服毒，要接受绞刑，当着公众的面慷慨赴死，用自己视死如归的无畏气概让共和思想和人道精神大放光彩。罗兰夫人听其劝告、从容就义，博思克也紧随其后、走向不朽。罗兰夫人是挽着她那位一脸严肃的丈夫的手，笑着走向绞刑架的。走在她后面的除了吉伦特派，还有另一群品行无垢的可爱小伙子，里面有博思克、香帕尼约、邦卡尔·德·伊萨特。从此，再没什么东西能把她和他们分开。——原注

③ 如果你非要什么依据，他们就搬出《罗兰夫人回忆录》中的两段话为佐证，可它完全证明不了什么。在这两段文字中，罗兰夫人谈起了激情，"她以运动健将一般的毅力，艰难地拯救了自己的中年人生。"你能从中得出什么来？她还谈起了促使她在5月31日离开的"十足理由"。要是我们就此大胆推断，认为她所说的"十足理由"就是爱上了巴巴鲁和比佐，那未免也太离奇、太荒唐了！——原注

然表面看来一直都是自己的主人、牢牢控制着她的意志和行动①,但难道她就没有感情吗?这个强势却充满激情的灵魂深处难道不会掀起风暴吗?这个问题虽全然不同于其他猜测,但我可以毫不犹豫地回答:没错,她不会。

请允许我坚持自己的看法。我要说一件至今为止少有人知的事,它绝非无关紧要,也绝不是罗兰夫人私生活的花边新闻。1791年,罗兰夫人仿佛脱胎换骨似的,忽然间有了吞牛之气。先前她虽然也冷静强悍,但身体下却蛰伏着一股力量没爆发出来。如果不抽丝剥茧地分析罗兰夫人当时是因为什么个人原因才起了这般变化,我们就很难深刻理解后来她的行为。

1789年,罗兰夫人仍过着默默无闻、勤勤勉勉的生活,住在离里昂不远、维尔弗朗什附近的普拉提耶的一座不起眼的园囿中。她和法国上下都听到了巴士底狱的隆隆炮声,听得她心脏加速、血液澎湃。这桩开天辟地的大事件似乎将她所有的梦想都实现了,把她只在古人那里读到的、曾幻想和期盼过的所有愿景都变成了现实;现在,她的心灵终于有了归属。大革命在法国火速蔓延起来;里昂醒了,维尔弗朗什醒了,农村地区醒了,所有村庄都醒了。1790年的联盟节几乎把全国半数人口都召到了里昂,从科西嘉到洛林的所有国民自卫军都派出了代表团。罗讷河港口从早上开始就人山人海,那壮观的场景让罗兰夫人心醉神迷;全体人民的到场、新的博爱精神和满地的朝晖,让她深深陶醉了。当晚,她就给朋友香帕尼约写信讲述这个场景。香帕尼约是个年轻的里昂人,创办了一家报社。他办报不图利润,只为自己深沉的爱国之情。他的报

---

① 1868版增添原注:这是我在1848年的观点,虽然最近出版了《罗兰夫人写给比佐的信》,我仍坚持原见。后来多邦(Dauban)出版了比佐遗书,其中明显暗示这份情愫只止于君子之交而已。

纸不署名，却有六万份的发行量。联盟节后，国民自卫军各自回家，也把罗兰夫人的心给带走了。

罗兰夫人回到家中，在荒园中再次陷入沉思。在她眼里，普拉提耶这座苗圃显得比往常还要贫瘠和冰冷。当时她还不太能胜任丈夫正在研究的技术工作，便如饥似渴地读起了《89年选民实录》，开始了解7月14日革命和攻占巴士底狱事件。恰巧，1789年的选民中有个叫邦卡尔·德·伊萨特（Bancal des Issarts）的人，此时通过里昂的共同朋友被介绍给了罗兰夫妇，还在他们家中小住了几天。邦卡尔出身于蒙彼利埃的一家制造商，后来搬到克莱蒙特，转行当了公证员。不久前，他辞去了这份有利可图的工作，全身心地投入自己选择的领域中，致力于政治和慈善事业，为履行公民义务而尽心尽责。他大约四十岁，看上去相貌平平、无甚亮点，但其人温文尔雅、心思细腻、心地善良。他接受过非常严格的宗教教育，受过哲学时代的洗礼，也经历了政治时代的风雨变迁，见证了制宪议会的壮大和衰亡。后来他被长期监禁在奥地利，抱着一颗悲悯苍生的大爱之心去世，死前还在读希伯来语的《圣经》。

把邦卡尔带到普拉提耶的，是一个叫兰瑟纳斯（Lanthenas）的年轻医生。他是罗兰夫妇的朋友，和他们共同生活了许多日子，即便数周、数月地待在他们家中也没关系。他和他们一道工作，给他们帮忙，替他们采购生活必需品。兰瑟纳斯性格柔顺平和，邦卡尔·德·伊萨特心思敏感，罗兰则严肃热情。出于对美和善的共同热爱，出于对这个如梦幻仙子般完美的女人的爱慕，这三人自然而然地组成了一个和谐的小集团。他们无比契合，甚至在想四人能不能一直同住下去。是谁最先提出这个想法，人们无从得知；然而罗兰迅速察觉到大家一致的渴求，并表示强烈支持。罗兰夫妇把他们所有家当都拿了出来，给这个小集团捐了六万里弗；兰瑟纳斯拿出了两万里弗（或者稍微多一点儿），邦卡尔又在里面添了十多万。于是他们有了一笔相当庞大的共同财产，有能力买下当时正以低价出让的国家资产了。

罗兰给邦卡尔写了一封信，和他商量这个共同计划。此信写得可谓是感人肺腑、坦坦荡荡、正气十足。由于对友谊和美德抱有崇高的信仰与信赖，罗兰和他的所有朋友想得很高尚。"快来吧，我的朋友。"他说，"啊！为何您迟迟未至？我们已向您披肝沥胆了。像我这种年纪的人从不改变心志，绝不出尔反尔……我们一起去宣传爱国理念，一起去升华我们的灵魂吧。医生可以去做他的本行，我的妻子可以在当地做药剂师。而您和我，我们可以去干一番事业……"

罗兰这里所说的事业，就是向当地农民宣传思想、布道新的福音。虽然他年事已高，仍以其心步乾坤、以其手执竹杖，和兰瑟纳斯一起走到里昂，沿途播撒自由的种子。他自己是高风亮节，也以为邦卡尔会是自己的得力助手、成为新信仰的传教士的一员，觉得他那温文尔雅的谈吐能够创造奇迹。年轻的兰瑟纳斯在罗兰夫人面前一直都勤勤勉勉、毫不为己，这让罗兰产生了惯性思维，从没想过比他还要年长严肃的邦卡尔会打破自己家庭的宁静。罗兰虽对妻子一往情深，有时却只把她视作得力的工作伙伴，却忘了她也是个女人。罗兰夫人勤奋、朴素、纯洁，皮肤白皙，双眸清澈又透出坚定，俨然是力量和美德的完美典范。她拥有女人的优雅，却也有着男人一般冷静的头脑和坚韧的内心。反观她身边的男性朋友，却都具有强烈的女性特征；邦卡尔、兰瑟纳斯、博思克、香帕尼约，所有人都性情温和。在这些男人中，正色凛然的罗兰在众人眼中坚如金石，实际上他的女性特质最为凸显、性子最是柔茹。这位老人之所以柔茹，是因为他心有执念，牵挂着另一个人的生命，尤其是在他临死之前。

当时的环境虽谈不上人人自危，但空气中已充满火药味，一副山雨欲来风满楼之势。而罗兰就是那个把圣普乐叫到朱丽身边的沃尔玛①，他的家庭就是那艘险些沉在梅耶里悬崖下的小船②。我们都知道船最后没有失事，但当初选择不登船是不是更好呢？

罗兰夫人就是这样写信告诉邦卡尔的。这封信无任何逾矩之处，不过想法有些天真、情绪有些失控罢了。罗兰夫人写这封信是个不智之举，但它却成了一份极其宝贵的遗物，充分向我们证明了罗兰夫人的纯洁、不谙世事以及她内心一如既往的贞德。任谁读到这封信，都只会心生叹服。

她是最让我吃惊和动容的一个人。这样一位铮铮英雄却是个女人！这封信让我们看到，她虽肝胆轮囷，却也有软弱的时候（但这是她唯一一次软弱）。战士的铁甲裂开，人们才发现铁甲下是个女人，和克罗琳达③一样也会受伤。

邦卡尔给罗兰夫妇写了一封情真意切、温情款款的信，信中说起这几个人结为一体的计划："它将是我们生活的魔药，我也绝不会是于同伴无用的废人。"罗兰当时人在里昂，便把信转寄给了独守在农村的妻子。时节已至10月，可酷热难耐的夏季仍没有过去。头顶雷声隆隆，一打就是好几天。天地之间风雨大作，这是一场激情的狂风暴雨、大革命的狂风暴雨……毫无疑问，一场风波已经迭起，很快将有大事发生。到那时，人不仅会失去心灵的宁静，连命运都将被颠覆。而在等待风雨袭

---

① 《新爱洛依丝》中的一个人物，是朱丽的丈夫，比后者大二十岁。朱丽婚后向沃尔玛坦承了自己的感情，沃尔玛非但不追究，反将圣普乐接到家中当孩子的家庭教师。——译者注
② 梅耶里是《新爱洛依丝》中出现的一个地名，朱丽婚后和圣普乐重逢，两人有一天带着仆人在湖上划船，在梅耶里船板开裂，险些沉船。——译者注
③ 塔索的长篇叙事诗《被解放了的耶路撒冷》中的一个回教徒女战士，和基督教十字军的坦克雷德相爱，在一次夜战中被坦克雷德误伤并死在他的怀里，弥留前改信了基督教。——译者注

来的时刻，轰隆雷声便被解读为上苍的警示。

罗兰夫人收到信后大哭一场，只能透过眼泪模糊地辨认信中内容。她伏在桌子前，却不知道自己回信该写什么。她记下自己纷扰的思绪，对她哭过的事实也直言不讳，而不仅仅只做温柔的剖白。然而同时，这位出众而又勇敢的女人断了念想，艰难地提笔写道："不，我绝无法成为您的幸福。如果我惊扰到您的幸福，那我绝不能原谅自己。我想，您把幸福和一些在我看来是错误的东西、一个我必须打破的希望连在了一起。"信中既体现了道德，又透出炽烈的情感，文笔杂乱，却读来令人动容。偶尔一两处地方笔调哀婉，带着某种对未来的不详预见："我们什么时候才能与您重逢呢？我时常问自己这个问题，却不敢回答。不过上苍有心把未来掩藏起来，我们又何必试图去参透它呢？就让它继续隐在上苍特地合起来的帷幔下吧。我们只有一个好办法去影响未来：审慎于当下，以迎接今后的幸福……"下文又说："这周里，每天我都能听到轰隆隆的雷声。现在，天空仍在低沉地号叫着。我很喜欢夏日的雷声给农村添上的色调，那么肃穆、那么阴幽。但若它再不能令我害怕，那才叫真正的恐怖。"①

邦卡尔是个懂得进退的正人君子。黯然神伤的他不顾严冬天气，辗转去了英国，在那里待了很长一段时间，甚至说不定比罗兰夫人料想的时间还要长。即便再恪守道德的一个人，终究也会有自相矛盾的时候。仔细读读罗兰夫人的信，我们会发现其中有异样的摇摆：她时进时退，有时妄自菲薄，有时又自我宽慰。

---

① 如果不展现出她经历的这场情感风暴，我们绝无法了解罗兰夫人。感谢圣伯夫（Sainte Beuve），是他在1835年出版了罗兰夫人写给邦卡尔·德·伊萨特的信，并对信件做了详细注释。但我不知道圣伯夫是为着什么缘故，在注释中极力缓和这些信件激烈的情绪色彩，强说他从字里行间中读到的是一种情愫、而不是一份爱欲。但这份爱欲是真实存在的，还差点令罗兰夫人失足。然而正如圣伯夫所说的那样，罗兰夫人的这份感情绝不是一时风流，她是真的动情了。也许她深陷情欲，很少考虑到自己身为女人当有的矜持吧。——原注

2月，罗兰夫妇为了里昂的事情来到巴黎。此时巴黎已成欧洲的焦点，邦卡尔定也会回来。谁也说不清楚，罗兰夫人是否曾为能和他重逢而暗自欢喜过。然而也正是巴黎，使得罗兰夫人把精力全都贡献到另一场激情的角逐中。罗兰夫人的爱欲发生转变，被全部投入公共事业中。想想她的感情历程，也真是令人玩味且感慨。她曾在里昂联盟节里心生豪气，被全民团结的伟大场景深深触动，后来却因儿女私情而变得软弱、多愁善感起来。而今，在巴黎，她复变得以天下为念、心怀国家和人民。罗兰夫人找回了自我，从此祖国成了她唯一的爱人。

换作另一个女人，我会说她通过大革命、通过共和、通过斗争和死亡得到了救赎。然而罗兰夫人和其丈夫的朴素结合，在两人共同投身时代洪流的过程中得到了巩固。这场工作性质的婚姻，转而变成两人共同奋斗、共同牺牲、一起慷慨赴死的同袍关系。于是她得以保持完璧，纯洁、胜利地走向绞刑台、走向光荣。

罗兰夫人是在1791年2月来到巴黎的，当时正是波诡云谲的前夜，共和思想马上就要涤荡人心了。罗兰夫人的出现给巴黎注入两股力量——道德和激情。罗兰夫人之前一直决然独处，和外界的纷纷扰扰毫无瓜葛。她浑身上下充满蓬勃的朝气，其思想、感情和美貌如同一股清流般沁人肺腑，让疲乏困顿的政治家们重新焕发出青春的生气。这些人已身心交瘁，而她方才诞生。

她代表了另一股神秘力量。这个纯洁无瑕、一直被命运女神保护着的女人，她还是来了。就在女性群体一跃成为厉害角色、传统本分义务再难约束人心、人们追求着精神的自由不羁的时候，不可战胜的罗兰夫人带着一股新鲜的冲劲来了。她已甩开一切顾忌，获得了真正的幸福。在战胜或逃避了个人私情之后，她全身心地、无比自豪地投入一个崇高、伟大、正义、光荣的事业中，在大革命和祖国这片新的海域中扬帆起航了。

这就是此时的她为何所向披靡、无人能挡的原因。在这点上，罗兰夫人和卢梭有些相似。当年卢梭对都德特夫人一往情深①，求而不得之后却找回了自我、回归于自我，在内心世界中重觅到了一处广厦，从此他化为一盏生生不息的长明灯，照亮了身后的整个世纪。一百年之后，我们依然感受得到他传来的温暖。

巴黎给罗兰夫人留下的初印象，就是极其严峻的形势。她对议会厌恶不已，对朋友们又无比同情。坐在议会或雅各宾派看台上的她，已用自己锐利慧敏的眼睛看透了所有人的本性。一些人的虚伪、怯懦、卑鄙，立宪派的装模作样，自由卫士的躲闪推诿、左摇右摆，都没逃过她的眼睛。无论是她虽然仰慕、却觉得其人胆小轻浮的布里索，还是她眼中的两面派孔多塞，还是"她清楚他就只是个教士而已"的佛歇，都遭到她不留情面的批评。对佩蒂翁和罗伯斯庇尔，她也基本没有嘴下留情；可以想见，急性子的罗兰夫人和这两个拖拖拉拉、小心谨慎的人是很难合拍的。年轻、热情、强势、严肃的她，要求众人就一切做出解释，不想听到什么推延和阻碍。她要他们拿出男人的样子，立马行动起来。

看着自由时隐时现地闪着微弱的光芒，她觉得自由已经无望，想回里昂。她说（5月5日）："自由在流着血泪……我们得再次揭竿而起，否则就要失去幸福和自由了；但我怀疑人民是否有足够的毅力……内战虽然可怕，但它能加速我们重塑秉性、涤荡风气的进程……我们应当做好一切准备，哪怕是无悔地走向死亡。"

罗兰夫人一开始就不看好的这代人，实际上拥有可贵的品质，他们

---

① 请看《忏悔录》。——译者注

追求进步、真心渴望人类得到幸福、对公共事业更是一腔热血，为此付出的牺牲之巨大，令世人震惊。然而必须得说，除非到了大势所迫的时候，否则这些从旧制度中走出来的人很难表现出破釜沉舟的男儿气概。他们缺少一种气勇。当时，任何人都没贡献出什么推陈出新的首创思想；是的，纵然是有惊世之才的米拉波也没有。

不过我们得说，当时他们仍然以笔为剑、以口为戈，展开了无数斗争。他们做了多少工作，发起了多少次讨论，头上堆着多少事情啊！改革在雷厉风行地进行！世界几乎焕然一新！议会和新闻界的重要人士勤勉到近乎不正常的地步：每天先是两场议会会议，然后他们又得马不停蹄地参加雅各宾派和其他俱乐部的集会，一忙就忙到晚上十一二点；接着，他们还得准备明天的稿子、文章、日程、阴谋、委员会会议、政治密谈等大小诸事。开始时他们尚有充沛的精力和无尽的希望，所以才能扛住这么多事情。然而精力总会被耗尽，而工作却是没有尽头的，于是他们有些士气低落了。这一代人没有继续使出全力；虽然他们的信念依然真诚，但他们没有朝气，没有饱满的精神状态，而这却是保持信仰的首要动力。

6月22日，就在政治家普遍都摇摆彷徨的时候，罗兰夫人果断出手了。她撰写文章，也让外省写文，希望在雅各宾派一片绵软无力的呻吟中、由初级选民大会提出召开全民大会的要求："目的是商讨保留君主制政府是否合适，仅以'是'或'否'作答。"她还在24日力证"任何摄政都是不可行的，路易十六应当退位"，等等。

所有人，或者说是几乎所有人都在后退、犹豫和摇摆。他们反复权衡着利益、把握着时机、观望着彼此，打着各自的算盘。卡米尔·德穆兰说："1789年时，我们共和党人还不到十二个。"到了1791年，由于瓦伦事件的原因，共和派人数剧增，尚不知自己是共和派、实际上却已经接受了共和观点的人越来越多。所以，得让他们意识到这一点。最初那些共和党人还在权衡时局，可这是无须权衡的。而罗兰夫人却走在了这支先锋队的最前面；她打破僵局、拔出宝剑，也亮出了她的勇气和正义理念。

第6章

国王被审——共和派的第一个动作（1791年6月26日—7月14日）

6月26日至27日，国王王后发表宣言、陈述证词——6月29日，布耶的挑衅——7月1日，潘恩和孔多塞的朋友贴出共和派海报——奥尔良党人的企图——议会采取的措施——雅各宾派——7月8日，佩蒂翁反对国王；7月15日，布里索反对国王——7月13日，议会委员会支持国王——孔多塞等人和兄弟会的动作——7月14日，议会少数派施展诡计——从10日到17日的一周时间里，骚乱逐渐升级——伏尔泰的胜利，一连串的欢庆节日

我们现在已经认识了主角演员，也探讨了个人和公众各自的影响力。接下来，让我们继续上文的讲述。

越是风云变幻之际，我们就越容易探寻到舆论动态、触摸到公众或强或弱的脉搏和法国的心跳。

在第一阶段，即6月21日，有的人气愤不已，也有的人松了口气："一个大麻烦走了！"

然后，25日晚上，这个大麻烦以囚犯的身份耻辱地回来了，从一国之君跌为末等子民。人们只有沉默，深深的沉默。这是愤怒和责备的沉默，但也是同情的沉默。不知不觉中，同情悄悄占据了众人的心。

可即便人们再怎么同情，在第三阶段，当议会的一帮老狐狸企图指鹿为马、替罪人脱罪时（好给国王洗白，让他保持绝对的清白），当他们企图粉饰历史、了无痕迹地抹杀瓦伦事件时，当他们企图通过蹩脚的诡辩去创造一个连上帝都不可能做到的奇迹、意图抹杀既成事实时，众人怀疑和愤怒的情绪又涨了上来。

我们可以搬出资料，检验这段情感的起伏变化。

26日，刑法及宪法委员会通过杜波尔之口，提议"国王的随行人员将受到自然法官的审问，但国王和王后可通过国民议会三位特派员发表宣言、陈述证词"。

有人要求由奥尔良最高法庭负责预审工作，杜波尔则回答说这只是初步调查而已。

罗伯斯庇尔、布肖特①和比佐反驳说："即便只是初步调查，你也不能把它砍成几大块、分给不同机构。国王只是个公民和公职人员罢了，他得对自己的头衔负责，必须服从法律。"

面对这一反驳，杜波尔搬出陈腐的虚幻教条打太极，说国王不是公民、而是国家的一支权力。然后他又愚蠢地说："我们现在所谈的，不是一桩直接针对国王的诉讼；别深究未来，这方才是谨慎之道……我们说的也不是一桩犯罪行动，而是议会针对国王的一个政治行动……"

马鲁埃雷霆大作，把事情越搅越浑。法学家、相关负责人纷纷声援，但他们丢弃了杜波尔的那一套说辞（因为它太难辩了），转而采纳了另一个说法。沙布鲁、当德烈说这根本不属于司法范畴，既没有诉状，也没有展开程序，人们只需"了解情况"即可。

---

① 布肖特（Jean-Baptiste Bouchotte，1754—1840年），法国政治家、军人，1791年加入宪法之友俱乐部。——译者注

他们搬出新的说辞，但巴莱尔聪明地找到了另一个反攻点："有没有诉状重要吗？这既是桩绑架案，那普通法官至少可以听一听绑架受害人的证词吧。"

但特龙歇站了出来，借着自己卓著的声望力压全场，结束了人们在"了解情况"这个字眼上的争执。接下来议会颁布法令，委派特派员：特龙歇以高票选出，先让国王王后别乱说话，然后当德烈负责把国王王后的话揉捻加工出来，最后压轴戏则由杜波尔来演，虽然他办事不太机灵诡诈。

这三人在晚上近七点钟时来到国王那里，装出一副来聆听其证词的模样，一本正经地从他嘴里套出他们早就和巴纳夫、拉梅特一道草拟和准备好了的宣言。这份宣言虽然写得缜密而老练，可惜里面却有一个致命的漏洞：它明显和国王先前留下的那份抗议书是相互矛盾的。他之所以决定离开，是出于对自身安全和保护家人的考虑；他的离开是为了回来；他和外国列强、流亡贵族没有任何串通；虽然他差点走到边境，但那是为了更好地了解如何反抗未来也许会发生的外国入侵；此次出行让他收获良多、大得启发；他清楚认识到舆论普遍是支持宪法的，他已改换心意了……

宣言草拟者们做了一件不太体面、没有分寸的事。他们让国王说："他很清楚，人们都以为他被囚了。他觉得这种想法会导致动乱，便觉得此行是破除传言、证明自己是自由身的最好办法。"

这话简直是在滑天下之大稽，教人如何能信？偏在这个时候，王后又来助了一把力。她没有直接回答国民议会特派员的问题，而是派人告诉他们"她正在洗澡"，让其改日再来。如此一来，她便有一晚上的时间来修改宣言了。回来已有二十四小时，国民代表正等在门口，她居然还有心思洗澡？她把他们晾在前厅，以验证国王说过的一句话："诸位需明白，这并不是在审讯。"而是一场自由的谈话，是王后屈尊降贵的一次召见。"国王要求离开，什么也无法阻止我跟随他左右。我之所以决心陪他，是因为他明确地保证过绝不离开王国。"三个人鞠躬行礼，然后心满意足地离开了。

然而公众没有满意。他们觉得受到羞辱，因为有人竟以为能用这一套拙劣的把戏骗过他们。保皇派看到国王和王后落入立宪派之手，同样也是满腔愤然。他们哀叹人们囚君背令，却在没有过问国王的意见、未取得他同意的前提下就擅自行动，当国王如透明人一般。这一派领导人，如愚蠢的德普雷梅斯尼尔，以及年轻气盛、盲目忠君的蒙特洛耶，在冲动之下写了封言辞激烈的抗议信反对废王，又发表了一封宣言，宣布他们不会再参与议会行动，并得到了两百九十名议员的签字。马鲁埃强烈反对如此意气用事，认为当下议会正在努力提升国王的地位，而他们此举将导致保皇派在国民议会中大失阵地。可无人听他的话。他们之所以如此，一方面是太过冲动轻率，但由妒生怒也算是另一个极有可能的原因。看到国王被先前一直在打压保皇派的人牵着鼻子走，所以他们忌妒了。

冥顽不灵的保皇派就这样带着国王，一道朝深渊走去。布耶的骑士精神和忠君思想，也让国王吃了一记闷棍。他写了一封傲慢得近乎可笑的信，向议会发出公告："如果有人胆敢碰国王一根指头、一根头发，他，布耶，就要把所有外国军队带过来；那时，巴黎城中将片瓦不留（读到此处，我不禁笑出声来）。布耶一人做事一人当；国王唯一想做的，就是制止各国君王的正义复仇，能在他们和自己的人民中间担当调停人。到那时，**在自由之光的照耀下，理性就能重掌人间了**……"这封愚蠢的信的结束语是这样的："他要拿这些人来杀鸡儆猴；他当初本来还对他们抱有恻隐之心，然而……"

在共和追随者看来，这封信完全是小丑在跳梁。但他们早就盼着一次正式的侮辱国民事件了，盼着保皇派把手套甩到法国的脸上。于是他们没有分毫拖延，第二天一早，也就是7月1日早上，就把一封文字大胆、直接、强硬的海报贴在议会门口。这封海报宣布《共和派报》正式发行，且一家共和派社团将正式成立。这封信言简意赅地道明情况，上面只有短短几行字："我们方才发觉，国王不在时竟比他在时更好。——他逃走了，弃位了。——国民绝不会再相信一个伪誓者和逃兵。——逃跑是他自己所为还是受人主使，这有何重要？若是自己所为，他就是骗子；若是他人所为，他就是蠢蛋。无论哪种，他都颜面尽失。——我们于他是自由的，他于我们也是自由的；路易·德·波旁先生就是个普通人。要说安全，他肯定是安全的，法国不会做出令自己蒙羞的事。——王权已经完蛋了。一个靠随机出身决定的、连傻瓜都能坐上去的职位算什么？不就是一个可有可无的虚无之物吗？"

这张海报出自孔多塞的圈子，其风格和几乎同时出版的《一个年轻机械师写给共和发起者的信》一模一样。在这两篇文章中，这群大胆的理论家的共同观点得到了充分的表达。不过，孔多塞写的那本小册子的讥讽程度略低。这张海报是由托马斯·潘恩用英文写成，他既是个外国人，就无须太过担心自己会为这次大胆行动背负责任。一个参加过美国战争的年轻法国军官把它翻译成了法语，并大着胆子把它张贴在议会门口，在上面签下大名：杜沙特勒。

此时，潘恩就在巴黎，就在这座集权势和时尚于一体的城市里。他成了沙龙之王。无论是出众的男人还是美貌的女子，全都对他大献殷勤，把他的一字一句都记下来，努力揣摩其中的深意。这个男人已经五六十岁了，什么都干过，办过工厂，开过学校，当过海员、水兵、记者。他至少有三个祖国：英国、美国和法国。但他真正的祖国只有一个，那就是公平、正义之国。这位正义的虔诚信徒一发现大洋彼岸还存在不公，就漂洋过海地过来了。法国会铭记它这个养子。潘恩为美国写了《常识》，此书成了共和派的每日必读；他又为法国写了《人的权利》，替我们国家向伯克报了一箭之仇。虽然潘恩的肖像在伦敦被烧，但议会却授予他法国公民的身份，把他纳为我们的同胞。潘恩看上去冷酷、狂热，所以1月21日，当他向议会宣布自己不愿投死刑赞成票时，引发众人一片哗然。他差点因此丧命。被打入监狱以后，潘恩自觉时日无多，便开始撰写《理性的时代》这本反对所有宗教的写给上帝的书。热月9日被救出监狱后，他依然待在法国，最后因无法忍受波拿巴的统治而回到美国，在那里凄然离世。

我们继续讲这张海报的事。早上，马鲁埃来到议会，看到它后顿时方寸大乱。他惊慌失措地走进会厅，要求逮捕海报作者。佩蒂翁冷冰冰地说："我们还是先来看看上面是何内容吧。"沙布鲁和夏普里耶担心此举引发严重后果，更害怕海报内容会引来看台上一片欢呼，便说：他们虽支持言论自由，但人们不应理会一个疯子写的东西，继续日常工作才是正事。

于是议会就当什么都没发生似的，继续平静地制定刑法。然而它内心已经慌了。

通过这次石破天惊的海报事件，奥尔良党派清楚认识到：面对初生之犊不畏虎的共和派，他们得赶紧抢到摄政权了，否则再拖上一阵，就更没人会接受这个计划。但麻烦在于该怎么去投石问路。最开始，有人在一家二流报刊中试水，稍微提了提这个话题。此话一出，亲王立刻装出一副吃惊的样子，撰文义正词严地表示拒绝（可话说根本就没人提出让他来担任这个职位啊）。吃惊归吃惊，他仍然拜访了雅各宾派，在众人面前故作姿态。雅各宾派中的一人率先捅破窗户纸，质问不由亲王来**主持摄政院**是否正常。拉克洛更是夸张，在7月1日提议由摄政王来主持大局并废黜国王。3日，雷阿尔①搬出法律条款，证明公爵是王太子的**合法监护人**。4日，拉克洛提议更新摄政法令、将其昭告天下。非奥尔良派的雅各宾派多数成员对此不予考虑。但拉克洛仍不死心，在自己的报纸上发表长篇大论，力证当前得创立一个新的政权、扶起一个保护人。保护人？不，这个词已被克伦威尔毁了，该说调停者才对。

对此，新闻界展开了一番唇枪舌剑。拉克洛和布里索、西哀士和托马斯·潘恩之间就王权进行了两场哲学上的决斗。潘恩向西哀士发出挑战，让他随便选武器和条件，说他可以写一卷书来辩论，而自己只需五十页纸就可以牢牢支撑一个论点：君主制就只是一个"没有制度的制度"而已。西哀士拒不迎战，一副掩不住的蔑视之情——他觉得根本就没有应战的必要。

然而，国民议会却看到一场斗争越逼越近，并为此做好了准备。议会决意扶持王权，并采取了三个措施。

它先表现出革命的态度，颁布法规推动国有财产的分割工作。它威胁流亡贵族：如果他们不在一个月之内赶回来，那就有麻烦了！可他们的麻烦也就是少得可笑的一点儿罚金而已：被征收三倍的财产税。

出人意料的是，议会对穷人也开始示好。它发行了一部分小额指券"以帮助支付工人工资"，投票通过几百万的款项来建设医院，把巴黎

---

① 雷阿尔（Pierre-François Réal，1757—1834年），法国政治家、法学家，在三级会议中和西哀士成为朋友，随后在雅各宾俱乐部中表现突出，并反对罗伯斯庇尔，后因为属于吉伦特派而被罗伯斯庇尔赶出公会。——译者注

市政机构叫来，令它负责分发赈济物资、开展工程建设、帮助外乡工人离开城市。

与此同时，它又连忙宣读并投票通过了治安法令，以"市镇治安"为名将复杂问题一刀切地处理掉。例如，其中一条法令禁止俱乐部集会，必须集会的时候也得事先上报集会时间。每户居民都得提供姓名、年龄、职业等身份信息。若有人在行为或言语上发生冲突，会被处以重罚；恶意诽谤他人者可被囚禁两年。

所有这些法令几乎没有经过讨论就被迅速投票通过了。以前的会议总要开很长时间，现在却短了许多。才三四点钟，所有事情就商议完了。会议时间已经够短，人们还花时间去讨论什么战争、行政、财务这些和当务之急毫无关系的事情。看台上挤满了焦急的群众，气氛紧张而又不安，人们却对讨论内容懵懵懂懂、如堕云雾，完全不明所以。一切重大的政治工作全在各委员会内部进行。巴纳夫在回忆录中坦诚，他当时吃住完全都在委员会里。立法委员会、宪政委员会、调查委员会、外交委员会等形形色色的机关全都一个鼻孔出气，把真正的议会机构搬到了别的地方。人们就在那里小声、偷偷地准备着王权不可侵犯性的大辩论中的论证要点；不久之后，他们就得挑明立场了。所以他们尽力做好万全准备，提前敲定好谈妥的细节，分配好各自的角色。

但一个人打破了这个百虑一致的美好画面，他就是立法委员会成员之一的佩蒂翁。8日，他在雅各宾派中提到一个至神至圣的敏感问题，以无所顾忌、简单粗暴的方式，把两种不可侵犯性做出区分：一个是如内阁在法令中所说的国王在政治上的不可侵犯性，一个是有人企图扩展的国王在个人行为上的不可侵犯性。谈及废黜国王的危害以及各国君王的威胁时，佩蒂翁说："如果他们真想这么做，哪怕国王被重新扶持起来，哪怕可以止住他们的那几股法国势力被操纵在他们那边，他们也仍会插手干预的。"

话已经说得很直白了。这番点破之后，反对国王的少数雅各宾派变得强硬起来，新闻界也没了顾忌。之前小心得过了头的布里索，曾被卡米尔·德穆兰、罗兰夫人等人批评畏首畏尾，现在终于拿出破釜沉舟的勇气，找到雅各宾派讨论起了那个问题，其观点颇有深度、又不失浅显直白。一时间，雅各宾派的情绪也被他带动起来，虽然先前这个社团还普遍反对他的观点，对他这个人更是没有好感。

他一开始就明说自己站在佩蒂翁这边，不过他在想：人们是否应当及**能够审判国王**。至于国王被废期间由哪任政府取而代之，这都是后事了。

布里索搬出社团的名号（宪法之友），巧妙地安抚下了雅各宾派中的谨小慎微之人："我们都一样，都渴望有一部宪法。在这里，**共和派**这个笼统之词并不意味着什么。反对它的人害怕什么呢？怕无政府的混乱状态？可那些所谓的共和派更怕。无论是不是共和派，人们都害怕古代民主制度导致的骚乱重演，害怕法国分裂成小的联邦共和国；大家希望祖国统一的心情是一致的。"

说了这番令雅各宾派打消疑虑的话以后，布里索没有多费唇舌去**解释共和**这个词的含义，直接抛出问题："国王应当被审判吗？"他的意见和佩蒂翁的观点一致，也和罗伯斯庇尔、格雷古瓦尔等后来发声的演讲者的想法如出一辙。但如果这些人能明确宣布他们要像摒弃一个野蛮的制度、一门荒谬的信仰一样摒弃君主制，布里索的这番辩论才算效果惊人。可惜这些人仍在犹豫和退缩，他们还没退到自己的原则底线上，根本没胆量道出自己话中的结论，所以布里索孤掌难鸣。

布里索发言的第二个主题正是他的拿手好戏，探讨的是如果审判国王、欧洲将会怎么做。在这部分里，布里索开始大展雄风了。他的演讲语惊四座，可谓是口若悬河、字字珠玑，表现出他广博的学识，发言又有理有据，全场人听后就像经历了一场风暴的洗礼一般。他还顺带抨击了那些大人物一张张尖酸讽刺的脸，攻击了欧洲列强、一些君王和某些国家的人民，说他们统统都是弱者。唯一的强者只有一个，那就是法国。法国无甚可怕，该害怕的是其他国家才对。唉！要是欧洲各国君王能算清各自的利益、别来惹我们，如果他们能早早抽身、各自安好，如果他们能解下桎梏，让他们的人民放过法国宪法、转而关注本国自由，那该多好！

会中刮过一道疾风，那是一道先前人们从未察觉的、来自吉伦特的疾风。在场的罗兰夫人说："现场响起的不是掌声，而是呐喊，是烈焰在嘶嘶作响。在一种无法言明的热烈气氛中，激动的会员连续三次全体起立、高举双手、把帽子扔到空中。无论是谁，如果他接触、参与了这些伟大的运动后仍甘愿重披镣铐，那他便从没活过。"

纵然现场气氛无比热烈，但布里索在那篇精彩绝伦的演讲稿中，却犯了一个佩蒂翁和其他人都犯过的错误。他的想法必须建立在一个前提之上：割裂审判国王、组建可代替国王的政府这两个不可分割的问题。布里索看似相信人们可以在攻击国王的时候不伤及王权，相信这个已被人看透的、其本质缺陷已被暴露于人前的制度能扛过这次考验。然而，他从心底根本就知道这是不可能的。所以，他的发言少了一分坦诚和果敢。另外，在舆论主要引导人的发言中，在孔多塞写给社联会的信里，甚至在罗伯斯庇尔向雅各宾派发表的演讲中，我们都读到一层犹豫摇摆的意思。

13日，议会终于着手处理起了这个极其严肃的问题。台上观众都是事先被反复筛选出来的信得过的人,得凭特殊票券才能进场;街上挤满了忧心忡忡的保皇派和被群众戏谑为"匕首骑士"的贵族群体。在一个议员的建议下,杜伊勒里宫大门紧闭。

那篇即将决定君主政体的命运、有五个委员会签字的正式报告,其宣读者是籍籍无名、属于拉梅特那一派的议员穆盖。这篇辩护书写得毫无技巧策略,像一个除了司法典籍其他一无所知的律师写的似的。其内容是:其一,宪法不曾对国王逃跑的行为做出解释;其二,国王的神圣不可侵犯性在宪法中却是写得清清楚楚的。所以,这篇报告想尽办法为身份尊贵的犯人脱罪,把罪名转移到仆人这些服从命令的小人物身上。那总得有主犯吧,好,就是布耶了;菲尔逊、图泽尔夫人、信使、随从等其他人等都是从犯。罗伯斯庇尔提议发下报告、延缓议事,然而议会直截了当地拒绝了他的请求。很明显,整个议会已经商量好要速战速决;它如同脚底着火一般,急急忙忙地开始投票,以得到一个有利于国王的结果。

当晚在雅各宾派,罗伯斯庇尔谨慎地辩解说,也许有人会误以为他是共和党人而来攻击他;"从人类利益的角度上看,无论**共和制**还是**君主制**,都只是两个无意义的名词罢了……我既不是共和派,也不是君主派……人们于君主可是自由的,于元老院也可是自由的……"

科尔得利俱乐部的丹东、勒让德尔,当晚也来到雅各宾派。然而他们没有这般含含糊糊,单刀直入地进入主题。丹东问,既然议会的判决可被国民的判决推翻,那它又怎有宣判权?勒让德尔是反国王的坚挺派,说起话来更是毫不客气,还威胁委员会说:"如果这些委员会看到群众是何反应,就会恢复理智了;它们会意识到,我这些话都是在救它们。"

这是雅各宾派恐怖统治的第一句宣言。听闻此话,一些立宪派人士愤然离场。哈雷兄弟会、两性社团协会等本坐在雅各宾会厅楼下的人民代表组织走进来，代替立宪派坐在他们的位置上，递上来一封封呼请信。一个知名度极高、四处招摇撞骗的年轻江湖郎中，站在讲台上念了一封他刚在罗亚尔宫写好的、代表了三百人心声的信。一位主教身份的议员都被他鼓动了，在台上发誓要对委员会的宣判反对到底。然后，主教和江湖郎中两人抱在了一起……

不过，就在这个晚上，就在巴黎的另一端，在玛莱区的米尼姆街，另一个附属于科尔得利俱乐部、会员有男有女的兄弟会，向议会写了一份更加狂妄、更有恐吓意味的呼请信。很明显，此信是依照丹东的意思写的，署名人是"人民"。执笔者塔利安①是个非常年轻的书记员，也是丹东的追随者和蹩脚替角。男人们都被塔利安疯狂的言辞和伪装出来的强硬态度打动了，女人们也不由得信任起了这个只有二十岁的演讲者。

14日，杜波尔和罗伯斯庇尔都在议会做了精彩发言。甚至看台上的观众都听进去了杜波尔的话，陷入压抑的沉默中。罗伯斯庇尔则独辟蹊径，从多个切入点去展开讨论。他酸讽地说：其实自己也有一大筐呼吁仁慈的话，但若只惩罚弱者未免有失公允和欺软怕硬，真若如此，他宁愿为布耶和菲尔逊辩护。这些话，全是说给看台和会场外面的人听的。

议会虽不愿听这种言论，但还是咬牙忍下去了。立宪派察觉到议会他们想法一致，便想寻个机会，先行一着、逼其定案，让议会彻底掉进泥潭。普里厄·德·马恩②认为那时他大可以质问议会：如果它真帮国王置身事外，如果继而有人提出将所有权力交还国王，它接下来该怎么

---

① 塔利安（Jean-Lambert Tallien，1767—1820年），法国记者、革命活动家，瓦伦事件后要求国王退位，在九月屠杀中为屠杀行为辩护，后加入国民公会，和罗伯斯庇尔是政敌关系。——译者注
② 普里厄·德·马恩（Prieur de Marne，1756—1827年），律师、政治家，选入制宪议会和国民公会，是公安委员会的主要成员之一。——译者注

办？这么一问，议会就说不清楚了。戴莫尼耶①无耻地抓住这个契机，在那里煽动议会为了国王行动起来。这个披着雅各宾派外壳的狡猾的保皇党人，大肆宣说自己反对国王的绝对不可侵犯性，说什么立宪机构当然有权暂停国王的权力，说宪法制定工作结束之后才会撤回停职决议。另一个伪君子当德烈也照着这个意思滔滔不绝地讲了一大通话，看似不管国王死活的样子，但也是在做表面功夫罢了，好让晕头转向的公众更加相信他的话。然后，戴莫尼耶很自然地开始承上启下了："既然人们要求我以法令草案的形式将本人阐述的观点草拟出来（压根就没有人提过这个要求），那我的方案是这样的：第一，国王暂停职权，直到他接受宪法为止；第二，如果他拒不接受，议会就宣布国王逊位。"

然而格雷古瓦尔冷不丁地说了句："你们放心吧，他会如你们所愿，接受宪法、宣誓效忠的。"罗伯斯庇尔也说："这道法令预先就决定了国王是不会被审判的⋯⋯"联手行骗的骗子们明显被抓了个现行，再不敢多说了。议会便没有投票。

但议会也拒绝倾听那封署着"人民"大名的请愿书。巴纳夫坚决要求明日定要宣读此信，还说了这番清楚彰显出他们积攒力量的威胁性言论："我们切莫受到虚假判断的影响⋯⋯*法律只需留下自己的暗号，正义的公民就会团结在它的旗下。*"当时，人们觉得这句话语焉不详。直到当局机构在星期日打出红旗信号时，人们才更加理解到此话背后的含义。

巴黎之乱就要扩大了。由于巧合的关系，从这周日到下周日，也就是从10日到17日，人民群众也因为各种原因一直坐立不安、情绪不稳。

---

① 戴莫尼耶（Jean-Nicolas Démeunier，1751—1814年），法国政治家、作家，拥护大革命，恐怖统治时期逃亡美国避难。——译者注

了解这座城市的人很清楚：在类似情况下，持续性骚乱会愈加升级，并最终发展成一场火山爆发。星期日，10日，人民群众举办隆重庆典以迎接伏尔泰的遗体。由于当天天气恶劣，人们没能横穿巴黎城，只在夏朗冬城门处停了下来。纪念活动虽只持续了一天，但人民却表现出一种不可思议的协作精神。在伏尔泰码头，在这位伟人去世的那家小公馆前，人们停下脚步，合唱其颂扬他的赞歌；卡拉斯的家人、伏尔泰的养女维耶特夫人也都来到这里，含泪为棺椁献上鲜花。在激动的人群中，许多人看着对面那座死气沉沉、大门紧闭、哑然不语、以仇恨的态度对抗这一天的杜伊勒里宫和花神楼，心中升起了对宗教狂热思想和王权的仇恨。这份仇恨绝不是无缘无故。议会听取了一份报告，人们根据报告得知：外省有许多主教，专挑晚上召集人民为国王唱《求主垂怜》的祈祷曲，他们就是存心要把法国推向内战的深渊。

伏尔泰被迁进先贤祠。就在第二天，也就是13日，人们举办了一场庆典，巴黎圣母院中上演了神圣悲剧《攻占巴士底狱》，一时间鼓乐齐鸣、万人齐唱。接下来的14日又是著名的攻占巴士底狱纪念日，浩浩荡荡的一大群人从巴士底狱出发，沿街步行走到战神广场。巴黎主教站在广场中央的爱国祭坛上诵念弥撒。那一天日丽风清，街上人山人海，巴黎城整晚灯火辉煌，人们的情绪也越来越亢奋了。

第 7 章

1791年7月15日—16日，议会宣告国王无罪

立宪派不得不看守和羞辱他们想要扶持的国王——他们的另一个恐惧，马拉——修复君主制比建立共和更难——1791年7月15日，撒勒和巴纳夫在议会中捍卫王权——议会放过国王，开始讨伐布耶等人——战神广场的抗议活动——奥尔良党派操纵雅各宾派，想让它提议废黜国王——1791年7月16日，雅各宾立宪派退守到斐扬俱乐部，准备采取制止手段——议会谴责市政机构过于温和——立宪派的小型恐怖镇压事件——战神广场的抗议活动完全成了共和性质——议会为国王做出担保

　　立宪派为了拯救王权，在十五天里洋洋洒洒写了大量吁喊信、施展了无数诡计，简直是穷竭其力地上下奔波。可即便如此，他们仍在迷津里打转。而共和派却在昂首前行，他们仿佛长了双千里眼似的，坐着不动，就知道杜伊勒里宫和王后宫中发生了什么。

　　7月7日，王后坐看国王将文书权交给大亲王。菲尔逊已和国王取得联系，成了他们之间的口头传信人。

　　若说谁最想看到王后声誉扫地，并为此出力最多，那当然是大亲王了。王后讨厌大亲王，然而现在她却想方设法让国王授权于他。到底什么东西有这么

大的能耐，竟能让王后放下旧仇？是一份更浓的恨意，是她对报仇雪耻的渴望。

她在莫城对巴纳夫言听计从的样子，难道都是装出来的吗？不，我相信那时的她是真心的，她差点儿就被巴纳夫征服了。然而巴纳夫还是没能阻止住她，她还是把希望押在了流亡贵族和外国列强的身上。

回来以后，她一直处于没完没了的恶意监视之下。6月21日事件让国民自卫军意识到：要在人民面前保护王室一家，此等职责是何其沉重和危险。所以，一开始国民自卫军就从杜伊勒里宫溜走，坚决不去那里执行危险至极的站岗任务。从上级那里拿到**不分日夜、贴身死守**的这道命令后，他们才同意守在杜伊勒里宫。这种事即便谈不上丧心病狂，也算是荒谬至极了。众人对王后尤不放心，时刻提防着她要施展什么诡计，甚至觉得这个女妖（这是王后对瓦伦人说的玩笑话）能乘气球离开。再想到6月21日夜里古维昂守在寝殿正门都没能看住她，国民自卫军还要求寝殿必须随时敞开大门、王后得在他们的眼皮子底下洗漱就寝。事情发展到最后，连王后去衣帽间的时候都有民兵持枪在前面开道。王室一家已经颜面无存。王后想让一个侍女睡在自己的床前，这样侍女睡床的帷帐还能替她遮一遮。有一晚，她竟看到一个站岗的国民自卫军越过这个遮蔽物，朝她走过来。此人绝无恶意，恰恰相反，他爱戴国王、想拯救王权，觉得这是个接近王后、给她提些明谏的好机会。因为找不到其他可坐的地方，他才坐在王后床边，好舒舒服服地给她布道。

有一天，国王壮胆关上王后寝宫的门。然而守军军官又打开门，说他也是奉命行事，即便国王陛下费劲儿把门关上，他也照旧会将其打开。

多么残酷而怪异的现实啊。拉法耶特和立宪派布下这道侮辱性的命令，把国王羞辱至此（被羞辱的与其说是一位国王，毋宁说是一个丈夫），哪怕他们实际上也希望国王能重树君威，并为此费尽心力。在必要时候，他们甚至可以拔剑保护王位，保护这个因为他们而变得越发荒诞可笑、虚无缥缈的王位。

他们觉得，只有靠这个如幻如梦、如露如电的君主制，法国才能得到救赎。他们以为国王已从瓦伦回来，可他们想错了。其实他仍留在那里；回来的这个只是国王的一个影子、一个劣等仿品和小丑罢了，徒然增人烦恼。

这些莫名其妙的光复王权者到底想要什么？他们的想法很矛盾：希望王权既是式微的，又是强大的，希望它既是存在的，又是不存在的。他们很清楚，王权遭到此等监禁、钳制和束缚之后，必然会耍出重重阴谋。所以，他们得把绳子收得更紧。可话虽如此，另一层恐惧又在催促他们赶紧替这个被缚的王权松开绳索、配备武器。地底传来两个声音的咆哮，叫得他们心神不宁：一个是他们心中的噩梦——无政府的幽灵，可这个幽灵正因为他们才获得了实际的肉身；还有一个是马拉，他的号叫在他们听来宛如人民的龇牙低吼，但马拉也正因为他们才大获民心。

此时的马拉像疯子一样在那里胡言乱语。他完全没有揣摩形势的能力，也没有什么敢为人先的创新思想，为了弥补这两个短板，马拉不惮以最大的恶意去发挥想象。他在6月21日提出的所谓的权宜之计，其实是在呼吁暴政和屠杀，是要把议会和权力机关统统杀净。在接下来的几期报纸上，他又提出各种小建议：什么砍手、削指、桩刑、活埋等，不一而足。①

---

① 《人民之友报》第509期，第八页；第512期，第八页；第514期，第四页，等等。毕舍、鲁-拉韦涅花了无数笔墨去写马拉，但对此人的评论简直令人难以理解。我很愿意相信这两位尊敬的先生不曾读过或接触过这几期报纸。关于他们的惊人语录，请看《法国大革命议会史》首版第十卷，pp.236-237。这些文字要么言无一物，要么在说这个好人马拉"要求对无法纠正的错误处以惩罚"、他压抑住了自己对死刑的渴盼。话说反了吧！他报纸的每纸每页，不都在厉喊着刀锯斧钺、灼体枯骸吗？——原注

立宪派对这头野兽耍了些可鄙手段，然而他们使的阴招反让马拉名声大振。马拉以及马拉的蹩脚模仿者弗雷龙，闭着眼睛都能想到那些杂种的保皇党人一反常态地龟缩起来、背后必有猫腻。于是一出事，人们就高喊："马拉！马拉说过这话！他简直是真正的先知！"于是，这个疯子俨然成了唯一的智者。

美国人莫里说，眼下一切都陷入死局，无论君主制、摄政制还是共和制都莫不如此。不对，应该说一切都陷入困境。可像1789年和1790年冬天那样更艰难的岁月，法国都挺过来了。那时旧法已废、新法未出，无法可依的法国凭靠自己的本能才活了下来。所以，现在它依然有救。国王、其兄弟以及奥尔良公爵已经大失人心；摄政制也绝难实现，除非由议会或某个共和委员会把控摄政大权。此时，一个更加纯粹的制度凸显出来——干脆不要什么摄政，直接建立共和好了。既然每条路都不好走，那何不走共和之路呢？它好歹也算是唯一自然而存的政府体制，一**个自治、自属的政府体制**，一个人在摆脱天命束缚、获得自由本性后就会立刻去实现的政府体制。纵观漫长的世界史，再看看才起步不久的政治史，我们就会发现：君主政体只是一个非常规的政府制度，只是**拯救公众的临时之策**而已，只适合处在稚童时期的人民使用。

一边是以马拉、弗雷龙之流为代表的嚣暴的新闻界，一边是议会和立宪派，两边都说自己是为了**拯救公众**、是为了公共利益。所有人都以利益为基础建立道德，以此展开各自的政治方针。然而，**公义**才应是他们的出发点。在这个冥昭瞢暗的环境中，唯有公义才能照亮暗夜。人们喊着拯救公众，结果却导致鲜血横流。他们高呼拯救公众，却是为了拯救这个不能救人、也无法自救的王权。奇怪的是，那些最不愿看到流血的人却是犯下杀孽的第一人。第一滴鲜血既已流下，后来的杀戮也就有理由和借口了。

在15日这个决定性的日子里,拉法耶特为了稳妥起见,派了大约五千人护在议会周围。为了更好地控制住人群,他还想方设法地安排了一些圣安托万区的农民混在国民自卫军中。议会已经决意在这天尽量周全地将此事做个了断。它从一开始就想尽办法,要把大部分会议时间用来听取各省的军务报告。议会淡然地听着年事已高的古皮尔①喋喋不休地在那里反对布里索和孔多塞,听着格雷古瓦尔和比佐随后的演讲。比佐发言无比简短,却颇值得人留意;他今时今日说的话,到了1793年却成了他判国王死刑的绊脚石:"这是一桩侵犯国民的犯罪;议会就代表国民,它是法官,也是当事人:所以,它不能判决……"

议会提前在大会里安排了两场发言,发言人分别是撒勒(Salles)和巴纳夫:撒勒为人善良热情,计划从人和人道的角度替路易十六辩护;而巴纳夫这位冷酷而又高尚的演讲家,意欲从法律和政治角度去探讨问题。

撒勒既已知道议会私底下的想法,便在那里拐弯抹角地各种圆谎。没错,国王表示过抗议,说宪法"是无法执行的"。但最开始时,我们自己不也经常说它难以执行吗?议会也对国王的错误负有责任;它经常本着良好的初衷逾越本分,充当法官和统治者的角色。类似言辞不一而足。这位辩护人笃定自己的话会得到众人的支持,甚至不惜抖出法官犯下的错误和议会私底下的抱怨,透露已经倦怠和腻烦了的议会现在对自己的成果和颁发的法令没有太多信心,借此替罪犯辩解。

巴纳夫站得挺直,如往常一般一脸冷漠。但这种冷漠只是表面的,只衬出他灼烫的内心、奔涌的思潮。这颗心就像亚洲的寒地一样,纵然

---

① 古皮尔(Guillaume François Charles Goupil de Préfelne,1729—1801年),法国政治家,大革命时期担任诺曼底省阿朗松地区的警察长。——译者注

贫瘠荒凉，却总有一处地方会迸出滚烫的温泉。我们可以明显发觉他在拼死一搏，发觉这一刻于他、于议会来讲都至关重要。巴纳夫督促议会**在君主政体和联邦政府制之间做出选择**（他假装完全不懂共和，只谈大国联邦）。他说，既然君主制是唯一可行的政体，那很明显，我们就该接受君主制的一个基本原则，即国王的神圣不可侵犯性。"如果国王做下错事？⋯⋯真到那时，若说自由有何危险，也就是国王不会带来任何自由的这个危险。但如果今天你们为私愤所操纵而侵犯了宪法，当心你们也会被狂热所操纵。你们难道就不害怕吗？人民是善变的。在未来某一天，因为对某个大人物的狂热崇拜、出于对往昔英雄壮举的感恩（法国人民懂恨，但更懂爱），人民就把你们这可笑的共和制给掀翻⋯⋯难道你们觉得一个心智不坚的小小执行吏能长久地抗过大将军？⋯⋯"

"这么做一则是为了宪法，二则也是为了大革命。王权若衰落了，你们知道接下来会发生什么吗？**是消灭财产**⋯⋯你们可别忘了，8月4日那个夜晚给大革命注入的战斗力，可比所有立宪法令加起来都要多。有些人想更冒进点，但在8月4日之后，你们还有什么冒进的空间吗？⋯⋯"

这两篇演讲稿话说得很聪明、也很大胆，若非议会事先已经定下了今日所行何事，很有可能就被他们带动起来了。拉法耶特要求闭会。议会根据撒勒、巴纳夫和各委员会的意见，采取了以下几条措施：第一，预防性措施：如果国王收回誓言、向自己的人民发起攻击，或者不保卫人民，他就得逊位为普通公民，**他退位之后若有犯罪、将遭到起诉**；第二，镇压性措施：在这桩绑架案中，布耶将以主犯的罪名被起诉，其他随从、军官、信使等人以从犯罪名被起诉。

为了避免投票时横生枝节，会厅周围布下了重重兵力，杜伊勒里宫大门紧锁,警察队伍严阵以待,市政机关在旺多姆广场做好了一应准备、一旦有什么风吹草动就立刻发出警报。从一切迹象来看,当局决意结果此事,哪怕血战一场也在所不惜。一些大众熟悉的带头闹事者已经听到风声,全都不敢露面了。但仍有人连绵不断地涌进战神广场,在那里又起草了一封请愿信。起草者中有个来自瑞士的讷弗沙泰勒叫维尔绍(Virchaux)的人。通过夏多维耶事件我们已经知道,那些处在日耳曼人的奴役之下的在法瑞士雇佣兵,在我们的大革命中频频扮演急先锋的角色,他们把对自由的所有希望都押在了大革命身上。瑞士人还在巴黎建立了赫尔维西亚社团,该组织在人民大运动中表现极其踊跃。

　　写请愿信容易,但该怎么把它递进议会呢?此时,人们发现巴伊也在旺多姆广场。这个老好人一身正装,腰上系着三色腰带,像将军一样站在军队中间。当时,议会主席是那位年轻的上校——查理·德·拉梅特。这天,心意已定的议会把巴伊派来指挥军队。这位和善的学者、天文学家年事已高,却被违心地推到一场可悲的战争中,成了里面的主角,周围还尽是些威胁要闹事的公民。巴伊容易轻信于人,又看重民望,想想1789年仍心有余悸,还素来渴望受民拥护。无论怎么看,他也不适合去领军阻拦人民。人们做着他的工作,说他们只想和佩蒂翁、罗伯斯庇尔对话。他稍稍挣扎了一下就屈服了,最后同意只让六个人进入议会。两个议员闻讯从斐扬修道院那条路赶过来,说:没用了,太晚了,投票已经结束了。

　　愤怒的人浪从议会涌了回来,拍打着巴黎各处。人们关闭剧院以示悲愤。只有歌剧院没有依照他们的意思,在刺刀的保护下依然上演戏目。另外一座剧院本来想照例上戏,但警察局局长害怕引发冲突,亲自前去请它关门。权力机构态度摇摆不定,其内部都没能取得一致意见。

拉法耶特是可以行动，然而他只能得到市政机关授权之后才能行动，可巴伊又不想承担任何责任。战神广场的请愿领导人之一——维尔绍，一走进议会就被逮捕。他辩解说自己是得到巴伊许可才进来的，巴伊也放走了他，然而当晚维尔绍再次被捕。

共和党人和奥尔良党人还有机会。议会投票通过措施，是为了预防**国王**日后叛逃，而不是对**路易十六**做了什么裁决。国王的人身问题依然是关键所在。当晚，拉克洛、罗伯斯庇尔和其他人在雅各宾派也明确了这一点。那天负责主持会议的奥尔良公爵的手下拉克洛，要求人们发动举国之力、在巴黎请愿废黜国王。他说："我敢担保会有一千万人签名的，我们可以让孩子、女人都去签名……"他很清楚，女人普遍希望国有一君，她们若签字赞同废黜路易十六，就等于在呼吁树立新王了。

丹东对此表示赞同。罗伯斯庇尔也点了头，但他认为不能让女人签名。此外，相比组织一场全民请愿活动，他更希望由雅各宾派单独起草一封吁请信、将其发给各附属组织。此时会厅突然喧闹起来，涌进了一大群人。在看台上冷眼旁观的罗兰夫人说，这帮带着女人的叫嚣者是从罗亚尔宫赶来的，这极有可能是奥尔良党为支持拉克洛而设的一个局。这群人插在雅各宾派中，要和他们一道议政。拉克洛登上讲台，说："你们看到了，这是人民，这就是人民！请愿势在必行！"最后人们确定下来：第二天十一点钟，先向聚集起来的雅各宾派宣读请愿书，然后把此信带到战神广场、让那里的所有人签字，最后再送到附属社团取得签名。

会议结束时已至午夜，众人从圣奥诺蕾大街四下散去。剩下来的就只有请愿书草拟人了，他们就是丹东、拉克洛和布里索。不过丹东并没有待多久，最后只剩拉克洛和布里索——也就是奥尔良党人和共和党人面面相对。拉克洛推托自己头疾发作，让布里索拟文，后者毫不犹豫地拿起了笔。

在这篇洋洋洒洒的文章中，聪明的写稿人着重强调了当前两个情况：第一，议会在畏缩、在沉默，不敢对国王个人做出裁定；第二，国王退位已成事实（议会也是这么想的，因为它暂停了国王职位、将其逮捕）；最后，必须得有一个替代性权力……写到这里，半睡半醒的拉克洛醒了，止住了布里索手上那支正飞快跳跃着的笔："我们可以在前面加一句于意无害的修饰语，反正宪法之友社团照样会签字的：**通过所有合乎宪法的途径所实现的替代性权力……**"这些途径是什么？不就是摄政，不就是由一个摄政王来控制王太子吗？国王兄弟已不在法国，合乎宪法规定的摄政王就只剩奥尔良公爵了。就这样，拉克洛找到办法，将他的主子偷偷写进了请愿书。

也许因为轻率，也许出于软弱，布里索写下了拉克洛的话。不过，大概那位大胆的起草人并没为"合乎宪法"这几个字分走自己几分职责而感到恼火，相反，他觉得这类词能让文字显得有法可依的样子、省去无端的麻烦。

现在我们穿过圣奥诺蕾大街，去看看议会领导人、立宪保皇派在委员会办公室和斐扬派碰头后，又是怎么度过这一夜的。

他们做出两个决议：

第一个决议是杜波尔和拉梅特兄弟经过深思熟虑后提出来的，他们不想再走上一条街去见雅各宾派了，想和斐扬派一起待在议会附近，想和在他们掌控之下的大部分议员一起建立一个新的宪法之友俱乐部，这个精英俱乐部得凭票进入、只接待选民。还有谁会继续留在雅各宾俱乐部呢？也许只有五六个议员罢了，除了他们，就只剩鱼龙混杂的俱乐部新成员、僭越者、一帮和昨晚闯厅的那些人差不多一路货色的叫嚣者。

另一个决议是要让公共权力机构摆脱麻木昏沉的状态,让巴黎市长去选择到底跟着议会还是跟着群氓,去申斥他的优柔寡断和昨日的软弱让步,同时通告内阁和公诉人担起责任来。议会本把拉法耶特这把重剑收进鞘中;若对行政官员、市镇机关这般责备和呼吁,这便是要让宝剑复出了。

可议会已经老了,没有这般血气了。它历经风雨摧残后走向迟暮,在纷纷扰扰中结束了一生。它其实就是一个被腐朽旧制度随意揉出来的怪物,之所以能够出生,大部分还得益于那个后被它摧毁了的中世纪。它身上有一种本质的矛盾,正因为这种矛盾,它行动的合理性常遭到质疑。它是特权的敌人,但它也代表了特权本身——别忘了,议会半数成员都是特权阶层出身。那三百个和布耶同时表态支持国王的特权人士,他们不依然还坐在那里吗?一个把敌人的朋友也吸纳进来的议会,怎能代表纯洁无染、至高无上、以死刑为震慑手段才能让人民屈服的律法呢?

他们之所以如此大胆草率、不顾舆论压力也要将言语转化为法令,归根结底,都是一份迅烈的执念在作祟:杜波尔、拉梅特和立宪派这么做,是因为他们已经虚荣到了骨子里;巴纳夫等人这么做,是因为他们有一份被王后虚与委蛇的浪漫情怀,一份少时就有、经历二十八年的冰雨浇灌也未曾熄灭的雄心壮志。这些人虽然表面看来和立宪派是两路人,然而他们秉持着相同的理念,并为此一扫顾忌,这个理念就是"国家的需要,公共的拯救"。另外也有骄傲心的从中作祟,因为他们觉得"正义站在我们这边"。

第二天早上(6月16日),佩蒂翁一行人来到雅各宾俱乐部宣读请愿书,却发现会厅空荡荡的,只有五六个议员在场,其他人全都去了斐扬修道院。佩蒂翁跑到那里,想做一件他也觉得"不可能办到的事"——把他们带回来。他说:"如果社团犯错,你们就要和它分道扬镳吗?"不过人们根本不关心他在讲什么。他无不惊恐地发现这里的人已经拟好一封吁请信,他们要向法国上下的附属社团宣布:宪法之友现改设在斐扬修道院了。

议会要想吓住巴黎,就得先镇住市政机关。几句怒叱,就能把昨日还浑浑噩噩的它给唤醒过来。当德烈尖刻地批评市政厅袖手旁观、坐看法律被侵犯和践踏,要求议会传令市政机关、内阁和六位公诉人出庭,让他们担起责任。议会采纳了他的意见。有些议员一时冲动,还想让议会把怒火发泄到普里厄或罗伯斯庇尔的头上。但当德烈坚持立场、保持理性,不允许他们对个人进行狂热的人身攻击,把议员们的关注重点拉回到事关大局的讨论中,并推动了相关投票。主席(也就是查理·德·拉梅特)对巴伊和市政厅说了些重话。直到晚上,议会仍在申斥内阁和公诉人。有人还叮嘱尤其要监视外国人、如有必要就将其逮捕。

而此时,巴黎城中却是一片混乱。在新桥,一队治安警察和雇佣兵碰到了弗雷龙,差点没把他打死。有个叫罗通多(Rotondo)的人(他是英国人、却又在教意大利语,叫人弄不清他的真实身份)是一个四处蹦跶的出了名的闹事头目。他也遭此待遇,被推在地上一顿暴打,然后被警察抓走了。

我们看看一个跳梁小丑的表现,就能在议会中发现这次小型恐怖镇压事件的痕迹。一个叫瓦第尔①的议员素来尖酸刻薄(他在后来可是大名鼎鼎),先在13日发表演讲、反对国王的神圣不可侵犯性,又在16日作了一篇文章、宣称自己对共和体制排斥至极,这种墙头草自然成了大家

---

① 瓦第尔(Marc-Guillaume Alexis Vadier,1736—1828年),法国大革命时期的一个政治家,恐怖统治中的主要活动家之一,在告发和处死丹东、罗伯斯庇尔中扮演着重要角色。——译者注

的笑柄。

有人趁此在议会宣读了一封我不知道是外省哪个城市写的陈情信，信中说骚乱都是由罗伯斯庇尔一手煽动起来的，就差要求对他提起控诉了。

而此时，战神广场上又在做什么呢？

当雅各宾派发现不会再有人来的时候，便在冷冷清清的会厅中念起了那封由布里索和拉克洛起草的陈情信。随后，此信被送往爱国祭坛。祭坛上画着一张伏尔泰凯旋图，画上贴着科尔得利俱乐部的海报，上面写着《布鲁图斯》中的那句著名誓言。科尔得利人也在这里，个个亢奋不已。随后，雅各宾派的那支稀稀落落的代表队抵达战神广场，宣读了陈情信，信中奥尔良派拉克洛的"通过所有合乎宪法的途径"这句话仍得保留。《铁嘴钢牙》的博内维耶和科尔得利俱乐部急忙叫停。博内维耶说："有人企图用'合乎宪法'这种话来欺骗人民。它其实指的就是另一个王权，你们唯一能做的，就是用一个王去替代另一个王。"雅各宾派说："小心啊！现在还没到建立共和的时候。"他们的话没用。人们立刻举手表决，然后"合乎宪法"这个词被删。大家还添了句：他们不会再承认"路易十六或其他任何一个王"。众人达成一致，计划在第二天星期日，让人民站在祭坛、在这封修改后的陈情信上签字。

一些人清楚料到这封向王权宣战的战书必然会引起风波，建议为了稳妥起见、最好还是先去市政厅取得第二天的集会许可令。许多人——包括博内维耶——一同前往，好像还在路上碰到了卡米尔·德穆兰，把他也拉进了队伍。但人们在城里只找到了议会首席总务员①，他不敢拒绝，只顺着说了些好话，但并未落实到纸面上。不过人们居然就满足了，觉得自己已经拿到了集会许可。

---

① 这个职位负责管理议会房屋、典礼及接待工作。——译者注

这一天还没结束。议会依旧坚持原意。它肯定已经收到消息,知道群众向市政厅申请办理集会许可令,也知道了那封"不承认路易十六或其他任何一个王"的陈情信。第二天正好是周日。从上周日开始,太多事情一波接一波地发生,把整个巴黎和外围郊区的情绪都煽动起来。大家要去战神广场集合。如报纸说的那样,至高无上的人民要在那里靠自己的力量和威严站起来;如果他们签字,那这就不再是一封陈情信,而是人民对自己任命的官员下达的命令书了。议会反对,说至上的巴黎人民说到底也算不得法国的至上之王。可议会已身处急浪之中,万事岂能由它?

已到晚上九点钟,议会必须对一切事情拍板了。它可以打出一张宪法之友也用的挡箭牌,说自己没有区别对待,**没有特地为路易十六说话**。德穆兰重提了他在 14 日给出的建议,这条建议看似对国王很是冷血,实际是在保护他、给他留了条后路、让他有机会重掌王权。在他的提议下,众人投票决定"继续暂停行政权,**直到立宪法令被呈给国王、为他接受为止**"。

所以,事情再清楚不过了:他们事先就已决定要偏袒路易十六。他们要偏袒的不是未来某个国王,而就是他、就是现任国王本人。这道法令将法律的界限划死,没留任何转圜余地。谁若踏过那条线,必将遭到法律的制裁。

接下来就是具体执行的问题了。晚上九点半,市长和市议员在市政厅决定:第二天星期日,即 7 月 17 日早上八点整,在军队护卫和铜管伴奏中,显贵人士、市执达员将在各十字路口宣读、张贴议会法令。此次通告如此郑重其事,实属罕见。权力机关已经明明白白地把自己的意思告诉给了人民。那些捂住耳朵不肯去听的人,就要倒霉了!

第8章

1791年7月17日，练兵场惨案①

保皇派急需一场骚乱——战神广场上一个致命的恶作剧——粗石街杀人事件——战神广场分为了三派——共和派的佩蒂翁抨击议会——红旗竖起——战神广场上表面风平浪静——雇佣兵和保皇派朝人民开枪——国民自卫军救下了幸存者

  议会颁发再多法令，都扶不起已经一败涂地了的王权。它只能采取铁血手腕，才能帮助国王起势、让人相信王权依然是强大的。但若不发生一次骚乱、再来一次成功的镇压行动，这一切都不可能实现。所以，杜伊勒里宫里的保皇派和议会里的立宪派都在盼着骚乱发生。

  尽管来场暴乱吧，反正它会被镇下去的。除了国民自卫军这支组织得当、衣着光鲜的六万大军外，拉法耶特还有一支多达九千人的可靠队伍，即有精锐之师的称号的雇佣国民自卫军，其主力是从前的法兰西禁卫军，里面许多人后来都一跃成为共和国和帝国的

---

① 练兵场是战神广场的另一个译名，因此事通译为"练兵场惨案"，故译者在此做了相应调整。——译者注

将军。

但有人打赌说，恰恰因为这股可怕的兵力的存在，骚乱事件绝不会发生。猎犬缩起了脑袋，夹起了尾巴。大名鼎鼎的酿酒人桑泰尔，这个凭自己的大嗓门和大身板在圣安托万区声望卓著的人，委委屈屈地接受了雅各宾派的一个任务：把陈情信从战神广场收回来。科尔得利俱乐部领导人更是小心，他们品出了这道最新法令的意思，很清楚保皇派渴望来场骚乱；再看看弗雷龙和罗通多的遭遇，他们很清楚：此时引发骚乱是个不智之举。于是，他们干脆就隐遁起来。有人为此对其颇有微词，不过我倒认为：他们若跳出来，有些人反而更有借口去争吵惹事；那时，这些人大可以去指责科尔得利派在煽动人民，立宪派曾经的遭遇将在科尔得利派身上重演。丹东也作此想。所以，他在星期六晚上就逃出巴黎，躲到了丰特奈的万森树林——他的岳父、一个咖啡馆老板在那里有座宅子。动不动就喊着流血、战斗、毁灭的胆大包天的屠夫勒让德尔，把还在忙着撰写新一封请愿书的德穆兰和弗雷龙一把拉走、带到乡下去了。这伙人在这个炎炎夏日跑到这里来避暑，和丹东一起吃了晚饭。

保皇派对此一阵冷嘲热讽。无论他们遭遇了多少重大的惨事，都觉得自己还处在投石党时代，可以编歌讽敌。直到制宪议会末期，他们这股雅兴都有增无减。每晚在杜伊勒里宫和罗亚尔宫的复辟者家中，他们一边喝酒，一边为他们著名的《使徒行传》写稿。在可悲而又可笑的瓦伦事件发生之后，他们没少为此受讽。如今看着那些声望卓著的人民领导人一溜烟地逃跑，他们觉得一吐恶气、倍感畅快。当晚在丰特奈，就在丹东藏匿的住宅门口，有人在栅栏外大吵大闹，又是喊叫、又是挑衅、又是威胁。

而战神广场又发生了一个性质恶劣的恶作剧，造成严重后果。虽然此事讲来并不光彩，但它却从根本上反映了当时的道德习俗，所以我们绝不能跳过不提。要知道，说史人的最大责任是维护文字的真实性，而不是严肃性。

由于贵族纷纷流亡、没有流亡的许多贵族也已经没落，所以街上便涌现出了一大批从前依附贵族富人而生存下去的奴仆。他们无论顶着什么职业头衔，都只是那个追求时尚、奢靡、享乐、淫逸的圈子的附属物罢了。这群人中最多的就是假发师，不过这个行业也衰落了。过去曾兴起过各种奇奇怪怪的时尚潮流，于是假发师也有过一个多世纪的风光。然而现在流行"回归自然"，大家都极力追求返璞归真，这些艺匠、理发师自然就没了财路。假发师既失了饭碗，又没了地位。没错，在旧制度时期，他们颇有地位。假发师这个行业有一个特权：他们有机会探听到各种内幕消息。那些漂亮的宫廷夫人在他们的铁钳子下面一坐就是半小时到一小时，自然他们可以借此听到贵妇人的说长道短、了解到他们想要了解的一切信息。他们和内仆一样可在早上最私人的时间里被允进入，窥探到许多事情的发生，在无意中成了了解顾客私事的密友。假发师和贵妇人养的宠物或摆放的家具没什么不同，而且还充分吸收了女主人的轻佻浮薄。就拿忠心不二、却没什么脑子雷昂纳德先生来说吧，他在瓦伦逃亡中负责保管王后珠宝首饰和协助舒瓦瑟尔，结果把交给他的事都给搞砸了。这些人是多么缅怀旧制度，这已不消多说。最激进的保皇派也许不是贵族，也不是教士，而是假发师。

他们本就是为了服务一个追求享乐的阶层才诞生，自己基本上也是浪荡之徒。有个假发师在星期六晚上、也就是7月17日的前一夜突发奇想，生出一个只有游手好闲的登徒子才想得到的念头——藏到爱国祭坛的台子底下，去一窥女人的裙下风光。当时女人都不穿裙撑，而穿那种后面高高蓬起的裙子。在一脸骄傲地登上台的女人中，有高傲的共和党人、戴软帽的护民卫士、俱乐部的演讲家、小说家和文坛才女。假发师觉得这个角度的她们肯定很是狼狈，之后还可以拿这种事去阴阳怪气地嘲笑她们。毫无疑问，哪怕这件事是假的，都会在保皇派的沙龙中引来一阵哄笑。那里的人言行无束，甚至最尊贵的夫人都出言无状。在洛赞写的回忆录中，我们无不震惊地读到许多不成体统的话，而且还是当着王后的面说出来的。那些读过《法布拉斯》①和其他一些更伤风化的书的女人，肯定很想听到这种伤风败俗的事。

和《唱诗经桌》里的那个同行一样②，这个假发师若想藏在暗处，就得拉个同伙才行。于是他选中了一个胆子很大的伤残老兵。这两人都是保皇派，论猥琐程度也是不相上下。他们拿了些吃食和一个水桶，在夜幕的掩盖下溜到战神广场，撬开祭坛上的一块木板，藏到下面后，把板子巧妙归位，然后拿个螺旋钻在木板上钻孔。7月夜短，天很快就亮起来，他们还在忙活着。清晨的阳光唤醒了沉睡的人，唤醒了贫穷，也唤醒了穷人在广场兜售小东西的希望。一个卖饮料点心的女贩子到得最早，在爱国祭坛上晃来晃去，等着生意。这时螺旋钻正好钻到她的脚底，她害怕得大叫起来。那里正好有个学徒在认真抄写爱国语录，他赶紧跑到粗石街去叫守卫，但没人理会他。于是他又跑到市政厅，带了一帮人过来。大家撬开模板，发现这两个狼狈不堪、已被吓傻了的罪犯。此事性质极其恶劣。当时，没人敢开爱国祭坛的玩笑；一个布莱斯特的军官仅仅因为出言不逊，就被定罪。这件事更加严重，两人也对自己的

---

① 即《骑士法布拉斯的罗曼史》回忆体小说，由政治家、小说家鲁维·德·库弗雷（Louvet de Couvrai）于1787年至1790年分三部分先后在巴黎出版。——译者注

② 法国诗人、文学批评家尼古拉·布瓦洛（Nicolas Boileau）创作的一部著名的讽刺模仿剧，里面一个主角就是假发师拉姆尔（即"爱"的意思）。他和另外两个人一起，要把一座邪恶的唱诗经桌从圣器室搬出，但碰到唱诗经桌时被里面飞出来的一只夜鸟吓到，拔腿就跑。——译者注

无聊行径供认不讳。粗石街上住的都是洗衣工这群粗野女人，她们以捣衣槌为武器，在大革命中没少闹事。听闻此等冒犯女性之举后，她们大为愤怒。同时，一些谣言传开了。有人说，有人以终身年金为诱饵，这两个人才铤而走险。传着传着，水桶变成了火药桶，说法变成了"他们想把人民炸上天"。守卫保护不了此二人，人们把他们拖走，一刀结果了其性命。然后两人的头被砍下带到巴黎，去吓唬吓唬那里的贵族。早上八九点钟，两颗人头被送进罗亚尔宫。

而此时，市证官员和显贵人士正带着执达员，在军号声的伴奏下，在十字路口宣读议会决议，将主席的严令和镇压手段公之于众。

所以，就在这个早上，两个有利于保皇大业的因素齐了：一个是威胁手段，要对罪犯进行惩治；一个是挑衅手段，好有机会发动攻击。

如人所愿，这则消息被歪曲编排后，如一道惊雷一般传到了议会耳中。

一个议员惊慌失措地说："两个正直公民遇害……他们劝告人民要遵纪守法，结果被群众吊死了。"（多么可怕的行径啊！）

雷诺尔·德·圣-让·当热里说："请启动军事管制法……请议会宣布：谁若意图用文字（不管是个人所写还是**集体撰写**）去煽动人民抵抗法令，皆以叛国罪定罪。"所以，有些人的阴谋得逞了，请愿活动和谋杀绑在了一起，什么集会都可能被视作杀人犯的聚众闹事。

之后，议会似乎如释重负，开始处理其他事务了。它一整天都待在会厅，做出一副认真听海军财政报告书、仔细了解教士闹事事件等大小事宜的样子。但实际上，它心中仍很不安。议会主席查理·德·拉梅特这个急性子以议会之名向市政厅传了几条信，催促市政厅赶紧动手。但负责具体执行的市政厅可没他这么心急，宣称自己在十一点钟才知道这桩发生在七八点钟的惨剧。它派出的军队于中午到达粗石街，抓住一个杀人犯；此人随后逃脱，但第二天和另一个同伙一道再次被捕。

议会在中午前公布法令。"集体撰写"，这指的就是雅各宾派的请愿信。罗伯斯庇尔离开会厅，去警告雅各宾派当前形势危急、让他们赶紧从战神广场撤回。然而他到了雅各宾俱乐部大厅时，却发现这里空荡荡的，最多有三十个成员。这三十人得信后，连忙派桑泰尔等人赶过去。

那时战神广场上还没多少人，祭坛上最多有两百人（有当时在场的罗兰夫人为证）。在通往粗石街的一道缓坡上，人群三三两两地来回走动着。这一小群人在广阔的战神广场上没头没脑地瞎转，没有达成任何一致，其内部有三个不同想法在打架。一些人，也就是雅各宾派，说既然议会已经决定护着国王，他们就应当改改请愿书、由社团重新写一封出来。另一些人，也就是科尔得利俱乐部里一些低级别的领导人，想趁着领导不在大干一场，坚持立马写一封强势的吁请信。这些人都是文化人，身份各异，站在最前面的是罗伯特和他的妻子，另外还有印刷商布鲁恩①（Brune）（后来他当上了将军）、公众写手埃贝尔，还有医学院学生兼记者肖麦特等人。

另外一群科尔得利人则是对动笔杆子的事没有任何兴趣的打手。这些人和粗石街的群氓一道待在坡上，想想今早那两个在祭坛上被抓住的人做的事，再想想法律居然要重审群众的正义处决，深感愤然。这团怒火最后能否发展成人民的火山爆发呢？表面看来没有可能。但这帮愤怒的科尔得利人却不这么想。他们中间有些穷凶极恶之徒，只在这种大日子里才会现身。维利耶②已经到场，福尼尔③当然更不会缺席了。还记

---

① 布鲁恩（Guillaume Brune，1763—1815年），拿破仑帝国时期一位元帅，在大革命时期结识了德穆兰、丹东等人，支持革命事业，并买下一家报纸宣传革命。——译者注
② 维利耶（Verrières）就是1789年10月攻占凡尔赛宫的群众中那个骑马的律师。——译者注
③ 福尼尔（Claude Fournier，1745—1825年），织布工人的儿子，大革命前曾当过贵族的仆人，是攻占巴士底狱的胜利者一员，也是10月5日、6日占领凡尔赛宫事件中的主要行动人之一，他还被怀疑在臭名昭彰的九月屠杀中也有出力、甚至参与杀戮。

得10月6日里那个面目可憎的驼子吗？他就是维利耶这个狂热分子。7月16日晚，这个嗜血的侏儒骑马在巴黎上下乱蹿，其一举一动看着格外瘆人，活脱脱一幕《启示录》的末日场景。福尼尔既不叫嚣、也不比画，满脑子只想着发动攻击。这个绰号"美洲人"的奥弗涅人意志坚定、生性残暴，先在圣多明戈当过黑奴监工、经过商，后因为一桩审查不公的案子破产。然后，他给显贵会议和制宪议会写了许多封抗议书，但都石沉大海。制宪议会的领导人要么是如拉梅特兄弟那样的种植园主，要么是如巴纳夫那样的种植园主的朋友，怎会站在他这边？不到一个月前，他们还明确拒绝了福尼尔写的最新一封请愿书。在那以后，每个杀戮场合中都会出现这个男人的脸，每件街头巷尾的恐怖惨剧都和他脱不了干系。但他做这些不为满足野心或发泄私仇，他纯粹就是仇恨人类、嗜爱鲜血。此人在大革命后返回圣多明戈继续杀人，不过这次更喜欢杀英国人，是一个臭名昭彰的人物。

中午，第一批军队在拉法耶特一个副官的带领下，费了九牛二虎之力才走进战神广场。突然坡上一声枪响，副官应声倒下、身负重伤。就在附近的拉法耶特闻讯后，带着一大支军队和大炮从粗石街赶过来。坡上愤怒的暴民和街上的群氓把马车掀翻，设为路障。路障后的一个国民自卫军（一说是福尼尔）对准拉法耶特开枪，幸好枪哑火了。此人当即被抓，但被有些妇人之仁的拉法耶特放走。拉法耶特继续前进，一路赶到祭坛，发现那里只有一小群和平演讲家和请愿书起草人。他们发誓自己只想发动请愿，一旦人们在请愿书上签完字，他们就会各自散去。

议会几乎在第一时间知道了有人朝拉法耶特开枪这件事。主席连忙给市政厅写信，然后市政厅往战神广场派去两个治安警察、责令人群解散。可让警察大吃一惊的是，他们看到那里的人不吵不闹、十分安静。

人们向这两个警察读了请愿书，警察听后也没表示反对。请愿书写得非常强硬，抨击议会在预审中罔顾民意、肆无忌惮地偏袒国王；它还说预审结果是不合法的，因为有两三百个保皇派议员先前明明提出抗议、不愿投票，现在却也厚着脸皮和其他人一道投票了。

这封大名鼎鼎的请愿书现就在我手中，根据文笔来看，我觉得它出自罗伯特之手。底下的签名人有罗伯特，还有佩尔①、瓦沙特（Vachart）（还是维尔绍［Virchaux］？）以及杜蒙。请愿书措辞激昂，明显是在战神广场一气呵成。我也很愿意相信，此信是罗伯特夫人（克拉莉奥小姐）口述而成。这位女士和她丈夫在祭坛上站了一整天，她万分激动地在请愿书上签了字，并动员其他人签字。文章时有断节，就像一个人在大口喘气似的。某些地方流露出独到的自然美感和情感（就像女人或蜂鸟在发怒似的），让我很难相信它不是出自女人之手。②

后面是长达好几页纸的几千人的签名，被粘成了一页。上面的签字虽然乱七八糟，但明显是按来到的先后顺序签的。大多数人蘸着墨水签字，还有些人用的铅笔。上面有许多如雷贯耳的名字，包括许多住在法兰西剧院大街的人，其中有塞金特（Sergent，雕塑家？），鲁梭（Rousseau，歌剧院首席歌唱家？），莫默罗（一位在追求自由的印刷大亨，第二届议会选民），肖麦特（医学学生，住在马扎然街第九号），法布尔（戴格兰丁？），依桑贝尔（Isambert），以及其他许多人。还有些不住在这条街，但仍属科尔得利俱乐部的人，有写手埃贝尔

---

① 佩尔（Louis Peyre, 1760—1828），法国政治家，1792年9月被选入国民公会。——译者注
② 尤其是这一段："但是诸位先生，善良却轻信的人民代表们，请想一想吧……"（原文保存在塞纳档案馆中）我一开始以为，第一批陈情信上沾的是血。可那不是血，而是斑斑的墨迹，干透以后变成泛黄的淡红色。埃贝尔的签字并不如某些人形容的像蜘蛛画出来的鬼画符，他的签名笔画拖得略长，少有个人特征，怎么看都很平常。在许多签字人中，有一个工程师，有一些机械师，有一个细密画画家，有一个服饰女商，上面写着圣雅克大街173号达薇小姐（Mlle Davey），字迹工整漂亮；还有一个教授的潦草签名：万桑，语言教授。上面还有一段字，里面满是错别字，但可以看出签字人当时内心是多么激动："我要抛弃国王，不想再人他为王，我是怯兰西工民，代表布洛涅军队，叫路易·蒙格鲁瓦，生于布洛涅。"最后一个签名是桑泰尔，字迹稳重。当天晚上，这封信很可能被带至圣安托万区，然后藏在那里。——原注

（住在米拉波街）、昂里略（Hanriot）、马亚尔。此外还有些雅各宾派的人，例如安德琉、柯甸（Cochon）、杜克斯努瓦（Duquesnoy）、塔谢罗（Taschereau）、大卫等。还有其他许多人的名字：季磊-杜普雷（Girey Dupré，布里索的代理人）、老易扎蓓、小易扎蓓、拉加德（Lagarde）、莫罗（Moreau）、勒努瓦德（Renouard），等等。

在35页最上方，有一行读来动容的话："在把它从摇篮中拉扯大以后，你们却要用匕首杀死它吗？"（它是指自由？还是祖国？）

许多人在自己的名字后面加上"国民自卫军"或"祖国的公民士兵"的称谓。有些人不知道写自己的名字，干脆打一个"×"来表示。上面还有许多已婚或未婚女性的签名。在这个星期日里，她们挽着父亲、兄弟或丈夫的手来到这里。她们虔诚地信着一个理念，想和男人们一道见证历史、领取圣体。虽然许多女人并不懂得这一伟大行动的全部含义，但这无损她们的勇敢和忠诚。她们很快就用自己的鲜血证明了这一点。

签名多得吓人。粘在后面的签名页上还有好几千人的名字，但很明显，许多人的签名被遗失了，最后只截止到了第五十页。人民如此积极广泛地参与一道明显在仇恨国王、谴责议会的签字活动，这把议会吓坏了。流传开来的请愿书的一个副本被带到议会，这个在此之前一直都在国王和人民之间扮演审判官、调停人的至高无上的议会，如今惊恐万分地发现自己也坐在了被告人的席位。它在长期的任期中频频越权，可今时不同往日，它深觉自己已经垂垂老矣。议会把三百多个宪法敌人纳入怀中，而这些人一边声称要消极抗议，一边又时不时地冒出来掺和、干扰议会议政（他们许是为加速自己的覆灭而投票吧）。单单这一点，就足以让议会所有法令背上不合法的污点。议会相信法律，以法律的名义丢下挑战书，可又被人逮住说它对抗法律、有违法律（如果控诉真的成立的话）。从那时起，它只好不计一切代价去驱逐集会、撕毁请愿书。

我不敢说这是当时议会全体的想法，但议会领导人肯定是这么想的。他们宣称得到了群众意图向议会进军的消息，但这明显是假的。而且此事件的目击证人有的仍然健在，回忆了当初人民是何态度。他们的言论就是对这则消息的最佳反驳。人群中少数几个如福尼尔那样的疯子的确可能提议过攻击议会，可无论是福尼尔还是其他几个人，他们在人群中都没有丝毫影响力。何况聚集群众越来越多，里面各种身份的人都有，很难被几个人挑唆起来闹事，更没有任何攻击性。郊区村子的人才刚进城，对新近发生的事情一无所知。里面多是东郊的沃吉哈赫、伊西、赛弗勒、圣克鲁、布洛涅等地的农民。人群纷至沓来，犹如参加一场盛事一般。到了战神广场后，他们就不想再走了。那天酷热无比，人们就想在爱国祭坛的大金字塔下附近找个凉快的树荫稍事休息。

然而四点钟，议会新的一条消息如晴空霹雳一般传到市政厅；与此同时在沙滩广场，一条类似谣言在雇佣自卫军中传开了："五万群氓正守在战神广场，要朝议会进军。"

拉法耶特的报告不是这样说的，两个稍后回到市政厅的治安警察更不是这样说的。这两个警察还带去了一个这群和平请愿群众的谈判团，想让市政厅释放两三个被捕群众。看着这几份相互矛盾的报告，市长、市政厅、各部门犹豫不决，只好想办法拖延时间。然而议会命令已下，巴伊不得不从。拉罗什福柯、塔列朗、伯梅斯①、帕斯托雷②等人已经等得焦急难耐，斥责市政厅行动拖沓。他们说："我们终于和

---

① 伯梅斯（Bon Albert Briois de Beaumez，1759—1801？年），曾担任阿图瓦议会主席，选入三级会议和立法议会，后在印度失踪。——译者注
② 帕斯托雷（Emmanuel de Pastoret，1755—1840年），律师、政治家，立法议会中的巴黎代表议员，曾担任议会主席。——译者注

议会和解了。"

与此同时，沙滩广场上如于林等人的雇佣军也已按捺不住。这些先前效力于法兰西禁卫军的士兵都是巴士底狱胜利者，却被报纸和蛊惑民心的煽动家称作拉法耶特的暗探。他们很久以来都憋着一口怒气，迫切地想用鲜血洗刷这一污名。所以，他们死死地盯着市政厅，当透过窗户看到里面终于竖起红旗时，军中响起一声欢呼。

巴伊脸色苍白、愁容惨淡地走出市政厅，来到战神广场。这个可怜的天文学家大半辈子都在书房度过，现在却为形势所迫，不得不带领一支愤怒的军队走向血海。他面容已有死相，但我们相信，此刻的他仍是毫不畏惧。很久以前，他就已经把生死置之度外了。甚至在1789年7月23日被任命为市长的那天，当于林挽着他的胳膊来到圣母院时，被士兵左拥右护地簇拥着的巴伊就说了一句话："我看上去像不像一个正被押着走向刑场的死刑犯？"1791年7月17日，他的确是在赴死。他脸上分明刻着当时一家报纸写他的一句话："你是在慢饮鸩酒，命止方休。"

将军一小时前在巴黎遇袭的这个消息震惊了所有人。国民自卫军集合纵队，有的走香榭丽舍大街，有的走荣军院，有的走粗石街，从各处纷纷赶了过来。在抵达广场之前，有人让他们装上武器，说现在战神广场被一帮强盗占领着。于是他们在边上筑垒固守。

一个健在的见证人做过一份不曾公开的证词，现在我将其一字不改地抄在下面。此人品性高尚，其话很有可信度。他原是米尼姆军营的一个国民自卫军士兵，当时和甘兹-万特军营、伯潘库尔军营、圣保罗军营一起，在军事学院和群众对峙。

"当时，在那个巨大的广场上，眼前的景象让我们大吃一惊。我们原以为这里都是些愤怒的群氓，结果却只看到一群在星期日里出来散步的无害的普通群众。他们一家家地聚在一起，有很多女人①和小孩，还有卖椰子、香辛包、农泰尔饼等当时流行吃食的小商小贩在人群中穿梭。除了一些身着制服、佩着军刀的国民自卫军，这群人其他人都没持有武器。大部分人陪在妻子身边，没有任何威胁性的、或者可疑的举动。现场一派安宁气息。见此景象，我们许多同伴把枪收了起来。一些士兵好奇地走进战神广场，盘问人群后回来说：除了一群人想在爱国祭坛上签一份请愿书外，这里没其他异样。

"这座祭坛有百尺之高，很是巍然。下面有四座巨大的台基，各分布在祭坛四角，支撑着几根大柱子的柱脚。台基之间连有台阶，宽得把一个兵营的人放上去都没问题。跨过许多步台阶、攀上金字塔形的台基之后，我们可以看到一个平台，平台上就是爱国祭坛，被罩在一株棕榈树的树荫下。

"人们长途跋涉后本就疲乏不堪，6月的骄阳更是烤得人苦不堪言，从低到高的四方台阶正好为他们提供了一个歇息之处。所以，当我们到达广场时，这个巨大的纪念台就像一座热闹的山，上面一层一层叠满了人。我们谁都不曾料到，这座为一场盛事而建的巨型建筑物会成为一座鲜血横流的断头台。

"战神广场上的群众看到我们军队后也不害怕，但听到鼓声、知道后面还有其他军队陆续抵达、而且这些军队会走祭坛前面的粗石街进入广场后，人群似乎有些骚动了。然而仍有好奇、无所防备的人想过去围观军队，被步兵特遣队赶退了。在骑兵队的协助下，步兵队堵住进出口，列队挺进，迅速摆好阵形。而骑兵队则包抄侧翼，马蹄扬起大片沙

---

① 罗兰夫人早上就在那里。罗伯特夫人（克拉莉奥小姐）还在祭坛上，站在她的丈夫附近。孔多塞夫人也在战神广场——至少我们可以这么猜测，因为孔多塞说这时他那个一岁大的儿子被人带着在那里散步。——原注

土,把乱哄哄的广场罩在尘埃中。"①

而军事学院那边的场景,却又让人看不懂了。我们甚至可以这么说:战神广场上少有人对此知情。要想看得真切,就得俯瞰全局——一些事先得知消息的保皇党人就是这么做的。王后乳娘的弟弟——奥地利人魏蓓尔,当时就站在护桥边上的哨所里。与杜伊勒里宫关系甚密的美国人莫里也正站在夏约宫的高台。现在,我们也到那里去观察一下全局——当视野被大大打开后,什么就逃不过我们的眼睛了。好了,现在我们脚下就是战神广场。

仔细看看军事学院,我们会发现一道军队的屏障,他们就是圣安托万区和玛莱区的国民自卫军。拉法耶特肯定不怎么相信这些人,故派了一支雇佣军跟在其后,监视他们的一举一动。

这支雇佣军就是拉法耶特的实力所在。你看,他们几乎倾巢出动,大张旗鼓地通过粗石街走进战神广场,几乎就站在广场中央、神坛附近、人民附近……当心可别伤到人民呀!

和雇佣兵一道进来的还有一支国民自卫军。在这支军队中,一些人是狂热的拉法叶特派(他们气愤不已,因为有人居然敢朝自己的神开枪),一些人是疯狂的保皇派(他们来,是为了把共和派的血洒在拉法耶特的旗帜上)。在积极响应号召的国民自卫军中,军官尤其引人注目。他们来的人比士兵还要多,而且都是贵族出身,几乎清一色都是圣路易骑士。有家报纸信誓旦旦地说:当时巴黎有一万两千多这样的骑士。这些人在国民自卫军中可以不费吹灰之力就混上军衔。不说别人,就看看前地方长官、旺代的乐斯古尔(Lescure)吧:没过多久,亨

---

① 多亏我那位值得尊重的同事——莫罗·德·约奈斯(Moreau de Jonnès),我才能发现这段不曾出版、描述生动的文字。——原注

利·德·拉罗什雅克兰就把他安排进了皇家近卫军。

狂热的保皇派和急不可耐地想要进攻的闹事者并不太清楚自己该跟着拉法耶特,还是跟着他的雇佣军,抑或是选择第三条路——跟着红旗。巴黎市长举着旗,走木桥(后来人们在它的原址上修建了现在的耶拿桥)来到战神广场。他带来一支国民自卫军后备军,里面有些是龙骑兵(他们以保皇立场而著名)。另外还有一群看上去很是滑稽的假发师,个个佩着剑,一副全副武装的样子,明显想为早上那个被粗石街的人所杀的假发师报仇雪恨。

就这样,那面小小的、战神广场上的人几乎不可能看得到的红旗,和市长一起走下桥、拐角飘了进来。左边坡上站着一大群街区的流氓无赖,当然美利坚人福尼尔的队伍也混在里面。市长出于职责,督促他们各自散去。这时,石块如冰雹一样朝自卫军砸了过来,然后一声枪响,巴伊身后一个龙骑兵被击伤。国民自卫军立刻回击,不过他们都向天空或地面开枪,没有造成任何死伤。

此时正坐在广场中央爱国祭坛的台阶上的群众和事发地离得远远的,能看清发生了什么事吗?他们当然模模糊糊地听到枪响,正确判断出有人在朝地上开枪,以为这支军队也是来勒令他们速速离开的。其实,看到四面的军队,看到军事学院、粗石街、夏约宫都有士兵把守后,许多人就已经在犹豫要不要离开了。广场已被骑兵队迅速占领,无数人如旋风中的落叶一般四处奔逃,徒劳地想找到出口。但不管怎么看,祭坛似乎仍是最安全的地方。尤其是那些拖家带口的人,以为这仍是一座神圣不可侵犯的庇护所。没错,从某些角度上来看,它既是旧宗教的神坛,又是新信仰的圣殿。巴黎的教士三天前才在上面做了弥撒,联盟日那天这里不是还举办了一场自由祭礼吗?

从中间走进来的雇佣炮兵和骑兵在战神广场近粗石街的那边列队站好，背后就是那个斜坡。刚才在河边朝巴伊开枪、被自卫军开火驱散了的那些群氓、孩子、暴徒，正如潮水般从这里撤回。他们看到驻军后不仅没被吓到，反而更加猖狂起来，在那里大喊大骂，朝"拉法耶特的暗探"丢石头。即便军队开枪，他们也可以在万不得已的时候退到斜坡后面。闹事头目想着：这些士兵被一群臭虫这么叮咬骚扰，总会失去理智、惹出一件惨案出来；那时，人民就会义愤填膺地回到巴黎，说不定还能再来场像1789年7月那样的大起义。

　　市长和指挥官绝不是残暴嗜血的人，他们只下了一道笼统的命令：如有抵抗，可采取武力措施。他们想的是：在发生冲突的时候，他们再去发布具体命令和明确指示，告诉手下怎样、在哪里部署兵力。

　　广场中心的军队是受了什么杀人恶魔的刺激，才突然发起进攻？我绝不相信斜坡上群氓的挑衅是一切事端的源头。我更想知道的是，那些可以通过破坏请愿活动而坐收渔翁之利的人，他们究竟对请愿者做了什么、挑唆了什么。我说的，就是保皇党。有人曾看到最暴虐的保皇党人——贵族以及假发师、龙骑兵等手下，就聚集在广场中央军队驻扎处，簇拥在巴伊身边。跟着巴伊的这群人大概也发现巴伊手下的国民自卫军只会朝天开枪，于是跑到广场中央的军队那里，跟它说有人朝市长开枪、说单单警告已经镇不住局面了。军队领导人也许就把这条消息视为市长本人亲口下的命令，然后顺着愤怒的告信人指的方向，朝祭坛和请愿群众冲去。

　　要不是雇佣警卫军被那些抱有某些政治目的的人巧加操纵，我们可以肯定，他们更愿意朝那些向他们丢石子儿的人开枪、对他们的挑衅者发起进攻。可他们反而放过了那些百般挑衅、充满敌意的人，向爱国祭坛上的无辜群众开火了。愤怒得失去理智的骑兵快马扬鞭，朝这座有生命的、由人架构起来的、里面还有在枪弹中只会惊慌尖叫的女人小孩的山峰冲了过去……

此时发生了一件奇怪却确定发生过的真事：待在自己位置上的炮兵队也想干出点什么来，差点冲着对面那团尘土飞扬的地方、于四下溃逃的人群中、朝己方的骑兵开炮。拉法耶特驱马直接跑到已经点火的大炮炮口，才阻止了这桩蠢事的发生。

我们来看看国民自卫军、尤其是军事学院那边的国民自卫军对这一惨剧是何想法吧："我们既没看到市政官员，也没看到红旗，根本没想过有人要对这群手无寸铁、毫无防备的人执行临时军事管制法。然而一阵喧闹传了过来，接着，震耳欲聋的炮火声四面回荡。人们刺耳的尖叫也盖不住炮火的轰鸣。我们才明白过来：这不是战斗，而是屠杀。烽火散开后，我们惊恐地发现爱国祭坛的台阶和四周全是死伤者。一群群逃过屠杀的男女老弱向我们奔了过来，后面跟着一队手持军刀的骑兵。我们打开阵营，护住逃难者。已经杀红眼的敌人不得不在刺刀前勒马停下，在我们的威胁和咒骂中退开。一个副官传令要我们去肃清广场，和其他军队会合，但他也被骂了回去。他的命令下得斩钉截铁，让人不得不怀疑：在这已够血腥的一天，血色是不是还会再浓上几分？由于没料到会突然提前下达部署命令，指挥官将他的队伍布成纵队、让侦察兵先出去守住侧翼。其他营也是如此。我们所有人又悲又愤，一起自发地离开了战神广场。"

第9章

1791年7月，失势的雅各宾派又崛起了

谁是这桩惨案的罪魁祸首——杜伊勒里宫对此事的感想——7月17日，雅各宾派胆战心惊——罗兰夫人想保护罗伯斯庇尔——立宪派犹豫不决，犯下错误——7月17日，雅各宾派示弱——但他们依然控制着地方之间的联系网——7月17日至23日，斐扬派作法自毙——雅各宾派在罗伯斯庇尔手下重组——7月末，各城写给议会的充满威慑力的吁请信——7月30日，议会放弃通过向各省派去特使来掌控地方政府的做法

巴伊下了桥，想走进战神广场。他才走了一半的路，刚来到雇佣警卫军那里，惨剧就已经发生了。他说："自己为一些人轻率开火而深感痛苦。"连一家向来对他十分仇视的报纸也证明他说过这句话。

市政厅当晚就此事做了调查，但把它描述成在当局没有发出信号的情况下发生的一次偶然的意外混乱事件。①

十二个死者被抬到了粗石街的医院，还有人说当夜更多尸体直接被扔进了塞纳河。许多报纸甚至夸大

---

① 调查报告说："市政厅尽了最大努力让军队停火，总指挥官站在战神广场最前方，四处奔走，重新下达命令。"该份资料现藏于塞纳档案馆。——原注

其词，说丢弃的尸体多达一千五百具。

这十二名死者的名字、长相、穿着，都清楚记录在案。他们全是普通人，来自工人阶层，家境贫寒。有个年轻小伙子第二天被他父亲辨认出来；还有个五六十岁、衣着寒碜的普通妇人，因为行动不便而没能躲过一劫。

谁该为这桩惨剧、这场罪恶负责呢？无论巴伊还是拉法耶特，都不曾下令开火。虽然有人批评他们出发前发布的命令过于笼统：如遇抵抗，可采取武力手段驱散人群。但他们明明约好了：先发信号、再执行命令。然而，军队并没看到信号。

是谁把火星吹得燎了原？是谁煽起了雇佣警卫军？是谁让他们掉头离开那个石块如雨而下的斜坡，转而朝无辜的祭坛开火，朝反保皇派的请愿群众开火？明眼人一看就明白：是此事的渔利之人，即保皇派，是那些贵族身份的国民自卫军军官，是那些志愿加入这场针对共和党人的驱逐行动的贵族手下。其中一个马耳他骑士，几天后还在报纸上把这件事当作吹嘘自己的资本。

战神广场的三支军队中，唯一开了枪的，便是那支守在广场中央、几乎全是雇佣兵的警卫军。

巴伊带来的那队国民自卫军驻在河边。虽然有人朝他们开枪，因此害得一名士兵受伤，但他们最多也只是朝天上和地面开枪而已。

军事广场这边的国民自卫军不仅没放一枪一弹，还接纳和保护了逃难群众。

这支军队是驻防于玛莱区和圣安托万区的国民自卫军。他们从战神广场撤出时，其他国民自卫军都对其报以热烈掌声。他们的这一义举得到了大家的感激和祝福。

惨案发生后，举国哀悼。一些人悲痛于鲜血横流，一些人哀叹于自由受创（也许还是致命的重创）。圣-尼古拉斯营的一个叫普罗旺（Provant）的国民自卫军士兵饮弹自尽，留下这句遗言："我曾发誓为自由而死，今自由已亡，我亦不能苟活。"

雇佣警卫军中只有一支队伍没有开枪，即驻在军事学院附近的一个营，因为它被一支人数比它多得多的国民自卫军所牵制。革命报趁此对雇佣军大加赞颂，好替它重博个好名声，说到最后连它都信了自己是无辜的。可事实上犯下杀戒的只有它，或者说基本上只有它。报纸如此体恤这支人们又惧又怕的军队，却造成了一个后果：国民自卫军反成了此事中的恶人。而当初，是桥边的国民自卫军不愿伤及人民，是军事学院那边的国民自卫军接纳和拯救了人民。

如果人们展开严肃认真的调查，自会发现雇佣兵才是这桩惨案的执行者、保皇党才是里面的挑唆人。但大家都不愿认真查下去。为什么？因为当时立宪派须得和保皇党人联手扶持王权，所以他们更愿意把这件虽然令人发指、但曝光后会对他们的计划造成致命打击的事件深埋起来。

没错，有人会控诉这两派达成了一项罪恶协议，说他们意欲在此事上指鹿为马、混淆视听。①但兼听则明，我们只有严谨地核实和对比他们的行动和旁人的证言，自能滤出事实、刨除某些同时代人的无耻谎言，得到比我们刚才所讲还更接近事实真相（我甚至敢说近乎事实真相）的结果。

我们来看看此事对巴黎造成了何种影响吧。

---

① 拉法耶特在回忆录中（以一种事不关己的口吻）说，此事是因为两个贵族跟班在屠杀之前被杀而引起的。但事实证明，他们是在之后、也就是当天晚上或夜里遇害的。屠杀发生前只有两人受伤，一个是将军的副官，还有一个是巴伊身边的龙骑兵。——原注

无须多说人们对这桩恐怖枪击事件痛心疾首到何种程度。所有人，无论来自哪个派别，都生出了不祥的恐怖预感。天空似乎裂开一个大口子，即将爆发的内战的阴影在后面若隐若现。

但反应最强烈的却是杜伊勒里宫和雅各宾派这两个地方。听到第一声枪响，王后内心大震，意识到自己的朋友在贸然行事、打开了一口再无法闭合的血海深渊。

雅各宾派明白这是冲着他们来的。他们已成弃子，一下子鸟兽四散。而他们的对手斐扬派，更是要把挑唆惨剧发生的责任推到他们头上。

他们立刻派人往战神广场传信。派出的人先遇到一个号啕大哭的妇人，接着又看到一大群人仓皇逃来。有人说那边死了许多人，说军队在发出第三次警告之前就开枪了，等等。社团为了不引起当局的防备，当即宣布它不承认"有人强说是它所为的那些*虚假的*、*被人窜改的*文字，重申自己忠于宪法、拥护议会法令"。

然而，圣奥诺蕾大街上突地一阵喧哗。那是刚从战神广场上撤回、气势汹汹的雇佣兵，他们返回时路过雅各宾修道院，高喊有人令他们用大炮把会厅轰个粉碎。修道院立刻拉响警报，有人大喊："会厅被包围了！"里面一下子乱成了一锅粥，大家如没头苍蝇一般抱头鼠窜。有个会员为了保住性命，慌不择路地跳进女宾看台上。当时也在那里的罗兰夫人训斥得他满脸通红，"令他怎么进来的就怎么出去"。士兵已经守在门口了。会场的人关上栅栏、拦住无礼闯入者，把里面的人放了出去。罗兰夫人则随最后一批人一道离开。

街上挤满了围观群众。离场者一出来就遭到许多人的一顿羞辱嘲讽，只有零零星星几个人对他们报以掌声。有些人认出了罗伯斯庇尔，向他致敬。可在这风声鹤唳的日子里，荣誉加身反成了一件坏事。罗伯斯庇尔匆匆赶路，想到住在圣奥诺蕾大街的佩蒂翁家中躲一躲。可才走到圣母升天教堂前，就有几个人高喊："罗伯斯庇尔万岁！"甚至还有一个不长脑子的人说："如果真要立个国王，干吗不立他？……"罗伯斯庇尔当机立断，不再继续走了。幸好这时，住在教堂对面的一个叫杜普莱（Duplay）的木匠正倚在门前。他虽是一介粗人，性格却是和善。杜普莱立刻走过街，一把把罗伯斯庇尔拉了过去、推进自己家门。这家的女主人——杜普莱夫人，是一个古道热心、精力旺盛的女人。她收容了罗伯斯庇尔，照顾他、保护他，把他视为己出，把他看作最爱国的爱国者和自由的殉道士。杜普莱一家子无论男女，都围着罗伯斯庇尔打转。大门合上，他俨然成了囚犯。在当下这种情况里，他断是不能再回自己在玛莱区的住处，否则性命难保，何况那里本就地处偏僻、荒凉少人、危险十足。他得吃顿饭、好好休息下，他的床都已铺好了。男主人这么盼着，女主人这么叮嘱着。杜普莱家的女孩子一言不发，用美丽的眼睛无声地哀求着。纵然罗伯斯庇尔天性小心谨慎，也知道当下自己唯有接受他们的一番好意。第二天他想走，可那个强势的女主人不让。最后罗伯斯庇尔觉得住在这里更有利于自己争取民心后，才定居下来，住进了这个木匠的家。练兵场惨案大大改写了这个工于算计的人的命运，但这种改变是好是坏，那就说不好了。

就在罗伯斯庇尔平安无事地在杜普莱家中用晚饭时，罗兰夫人正去他家找他。罗兰夫人听闻有人要逮捕他，出于好心，当晚就和丈夫出门，去玛莱区罗伯斯庇尔的住处找他，想替他另寻个藏身处。另外，她还收留了处境更加堪忧的罗伯特夫妇。从玛莱回到格内寇大街的家中后已是午夜，但罗兰夫妇顾不上休息，又赶到住在附近泰阿汀码头（伏尔泰码头）的比佐家中，恳请比佐去斐扬俱乐部、趁俱乐部还没有拟写逮捕罗伯斯庇尔的草案（该草案肯定会被议会投票通过）之前为罗伯斯庇尔辩言。比佐对罗兰夫人倾慕已久，看到她对罗伯斯庇尔如此在意，他心中略略有些忌妒。然而比佐天性仁厚，毫不犹豫地答应了她的请求："我会在议会中替他说话的；至于斐扬俱乐部，有格雷古瓦尔在，他会向着他的。"但他也没有掩饰自己对罗伯斯庇尔的不喜，说觉得此人野心勃勃、寡恩薄义："一个如他那样太会替自己着想的人，对自由是谈不上有多热爱的。"

实际上，人们高估此事中的胜方了。人们以为这是他们深思熟虑、预谋已久的结果，但他们哪懂什么谋划盘算？甚至在当晚的斐扬俱乐部和议会办公厅，看着自己手上未干的鲜血，再想想此举会让保皇党人得利，他们就懊丧不已了。但他们又走了一步棋，听取了当德烈给出的一个天真的建议——关闭各俱乐部。他们身为立宪派，这么做就是在撕毁宪法、扼杀革命、进而自毁长城。然而，此建议却得到压倒性的赞同。他们把科尔得利修道院盯得死死的，并派人守在雅各宾修道院门口。杜波尔和拉法耶特对此表示抗议，说它有违原则。雅各宾派的最初建立者杜波尔以为雅各宾派的实力已被转移到了斐扬派中，还盘算着利用后者这台巨大的机器让自己重新主宰舆论呢。所以杜波尔表示，理性和声音才该是议会倚赖的武器。

横流的鲜血让议会慌了神。为了缓和紧张的局面，人们便假称说这是一桩由语言老师罗通多、犹太裔银行家埃弗莱姆（Ephraim）、社联会中无辜的演讲家帕尔姆·奥尔黛夫人等外国人策划出来的阴谋。人民是不可能犯错的；正直、善良、可敬的巴黎人民肯定不能是被控方，那就只能让外国人来背罪了。

很明显，他们害怕直面事实，只想打打擦边球。

第二天，星期日，7月18日，稀稀落落的议会大厅里总共只来了253名议员，大家一起听了巴黎市长做的报告。这份报告摘抄自市政厅昨晚整理出来的一份报告书，但有所改动。前夜很可能来了些保皇党人，给这个老好人做了工作，鼓励他牺牲小我，促使他决定承担一部分根本不应由他来承担的责任。在巴伊的这份报告书中，事情再不如原报告所说的那样是一次混乱事件，完全变成了一桩镇压行动。新的报告竭力宣说屠杀是因为有人挑事而起，还将早上的谋杀和晚上的屠杀这两件毫无关联的事情硬拉到一块儿去。但前一件事是粗石街的群氓七点钟时所犯，后一件事却发生在十二小时之后，那时大部分群众压根就不知道早上发生了什么。

在这场会议中，主席查理·德·拉梅特对流血事件不曾表示任何哀悼，对巴伊大加赞扬，还有巴纳夫在一旁配合、大张旗鼓地欢庆胜利。但按理说，此时胜者该想着乘胜追击才是，可他们却害怕了、后退了。他们赢了以后的第一句话，就透露了他们心底的犹豫不决。雷诺尔·德·圣-让·当热里希望议会能通过如下决议：谁若挑唆屠杀事件，将判处三年戴锁囚禁；谁若以文字或其他形式煽动他人违抗法律，将被通缉并打入大牢。佩蒂翁提出反对，说这是在扼杀出版自由。于是雷诺尔让步，对措辞做了稍微缓和的改动，请求议会将"煽动"改为"明确煽动"。另加上去的这个词看似简单，却让挑唆者找到了逃避法律制裁的门路，让他们的这条法律成了一纸空文。

议会若想认真得个结果，就应该授权由调查委员会展开和推动相关调查事宜。可惜委员会却抱臂旁观，于是这项工作就被推给了无所作为、办事拖沓、毫无效率可言的法院。而法院从一开始就不愿深究保皇党人在此事中扮演了何种角色,只对苏洛①和《国王之友》的洛茹这两个记者发了通函,也就是说:它只打击了动笔和动嘴的人,却没有触碰到实际的动手者。至于共和党人,虽然法官对其没有半分照拂,但在审他们时却行动磨蹭、做事无脑。②他们还想着先在7月20日抓捕弗雷龙,再在8月4日查封马拉的印刷厂,到了9号下令逮捕丹东、勒让德尔、桑泰尔、布鲁恩、莫默罗等人也不迟。

雅各宾派完全没料到敌人会如此优柔寡断。7月18日时,他们还以为自己这次肯定完蛋了。接着,他们做了件匪夷所思、足以使其丧失舆论阵地的事:在议会面前低声下气、伏低做小。罗伯斯庇尔为雅各宾派写了一封媚骨到不堪卒读的信,然后一众雅各宾分子把它送到了国民议会那里。罗伯斯庇尔在6月21日还在斥责议会,称其为叛徒的巢穴,现在又赞颂它是多么宽大、睿智、果敢、机警、正义、不偏不倚和不可腐蚀。他回忆起了议会的《人权宣言》,在那里遥想它一生的荣耀和伟大:"您光芒万丈地开始,也将荣耀加身地结束,然后复归于足以与您相配的同胞的怀中。我们在此信收尾处,宣誓尊敬议会、忠于宪法。其中言之真切,以表对您的尊重、信任和支持……"

这封令人嗤鄙的信,几乎把雅各宾派从前的话悉数推翻。但雅各宾派仍在上面签了字,将其送给议会。然而在报纸辩论中,他们对此却只字不提。还是布里索在24日向他们暗放冷箭,方才把这封信公之于众。不过布里索这么做到底是因为一时冲动呢?还是他觉得可以借此将那个

---

① 苏洛(François-Louis Suleau, 1758—1792年),法国一个保皇主义的小册子写手,后在1792年8月10日死于暴民之手。——译者注

② 这反让立宪派的这次恐怖镇压行动成了个笑话。7月18日,罗伯特夫人戴着羽翎高帽,和一身天蓝色外套打扮的罗伯特一起,如平常一般穿过巴黎城,到罗兰夫人家中和她共进晚餐。——原注

和他素来不合的写信人——罗伯斯庇尔拉下台来呢?①

雅各宾派伏低做小，故而逃过一劫；斐扬派却傲慢矜骄，由此走向末路。其实，斐扬派当时实力非常强大。前俱乐部中几乎所有议员都跟着它走了，其中不仅有温和派、立宪派，还有如梅尔林·德·杜艾、杜波瓦·德·克朗赛②等狂热雅各宾分子。他们在国民议会中自成一家，还有自己的办公地，一时间气势冲天。他们所在的斐扬修道院坐落于圣奥诺蕾大街、旺多姆广场对面，占地辽阔、气势雄伟。该修道院始建于亨利三世时期，又得到继任者的不断扩建，变成如今这座巨大的方形建筑。里面的走廊直通跑马场，再经跑马场连到杜伊勒里宫。

然而，斐扬派不该丢弃自己从前的地盘才是。那个地方看上去阴暗、狭仄、平平无奇，实则具备驰名老店招揽顾客的所有要素。它没有丝毫炫耀卖弄的意思，只有走圣奥诺蕾大街上的一个矮门才能进去，通道还脏乱不堪。雅各宾派最初选择这里，也算一件创举了。乍一看去，它就是一座寒碜昏暗的修道院而已。俱乐部搬进教堂之前曾待在修道院藏书楼，这里别无他饰，墙上挂着的一幅小画是唯一能吸引人们注意力的地方。一看到它，人们就不由得想起冉森教派那些不曾示人的秘密，猜测它背后会不会有什么机巧的装置，所以冉森教派才能背着警察和教会分发教义却不被抓住。除了坎帕内拉③的墓穴之外，教堂里再没其他什么重要遗物。坎帕内拉这位僧侣和罗伯斯庇尔、巴贝夫是一类人，在17世纪来此避难。据说红衣主教黎世留一发现自己人性的一面快冒出来

---

① 8月，罗伯斯庇尔又崛起了。他聪明地写了封长达五十页纸的《一封告法兰西人的长信》，解释为什么当初没有以更加直接的方式宣布自己拥护共和：“说起君主这个话题，几乎所有自由人民一听国王这个头衔就会产生一种畏惧感，可我对此根本毫无感觉。”——原注
② 杜波瓦·德·克朗赛（Dubois de Crancé, 1747—1814年），法国政治家、大革命时期的一名将军，小贵族出身，拥护《网球场宣言》，在雅各宾俱乐部刚在巴黎建起时担任过俱乐部秘书员。——译者注
③ 坎帕内拉（Tommaso Campanella, 1568—1639年），意大利哲学家、多明我会僧人，著有《太阳城》，书中宣扬近乎乌托邦主义的政治哲学观点，后逝于巴黎。——译者注

时，他就会来到这里，来到这个顽强的卡拉布里亚人身边，以重获意大利人的某种钢铁意志。

聚在这座教堂里的雅各宾分子不是古墓的主人，只是和死人为伴的租客罢了。① 除了死人，修道院最后一批僧人也目睹了俱乐部的发展（1789—1790年），就如科尔得利修道院的最后一批修士见证了那里的科尔得利人的命运一样。这里的一切使此地始终笼罩着一层夺人心魄、引人遐想的神秘感。人们会觉得：这里住着一个也被大革命改造了的强大的守护神②，它就在这里，人们甚至可以感觉到它的存在。神是谁？不知道，但神就在此处。③ 雅各宾派带着一种古怪的虔诚态度，神神秘秘地对参观者和外省人说："这里住着母社之灵！"其实这里住的是第一批"萨巴"（这是雅各宾派的暗语），是最早的骚乱事件的发源地。这里曾是米拉波与杜波尔、拉梅特之间那场可载史册的决斗的发生地，米拉波曾在这里做落雷之斥，然后死去。教堂的巨大穹顶不仅回荡过米拉波雷神般的吼叫，还夹杂着另一个刺耳粗暴的声音：它是下面发出来的，是教堂底厅的工人俱乐部、人民妇女俱乐部在激烈辩论。

这绝非一个随便出入的地方，离开之人必会得到惩罚。而斐扬派的人完全没有意识到这点，这也从侧面证明他们根本没有政治家的头脑。17日，一切尽在他们的掌控中，那时他们就是议会。他们本应不计一切代价地去摧毁或占领这个地方，利用敌人的恐惧心理，当晚就当机立断、采取行动才是。

可他们到了早上才想起这件事。拉克洛的报纸接班人——费代尔

---

① 修道院的一部分建筑被租了出去，有的被转租给了其他人，其中也包括保皇党人——如历史学家博留，他在那里偷偷窥视着自己的敌人，在他们恶意而又好奇的注视中和他们活在同一个屋檐下，无时无刻地诅咒着他们。——原注
② 原文为英文"genius loci"。——译者注
③ 原文为拉丁文"Quis deus? incertum est, habitat deus."——译者注

（Feydel），和拉克洛一道要求收回俱乐部大本营和联系网。他们的理由是：斐扬派——特别是杜波尔和拉梅特——是俱乐部创立人，而且整个联系负责会（三十个成员中至少有二十五个）都已投奔他们而来。他们一大早直杀向雅各宾俱乐部，想趁着雅各宾派孤立无援、锐挫气锁之际，赶在佩蒂翁和格雷古瓦尔到来之前先发制人，觉得罗伯斯庇尔说不定在当前性命不保的关头里不敢再来了。雅各宾派宣布要等此三人到了再说，他们最后也及时赶来了。佩蒂翁来之前就已试探过国民议会的态度，得知议会的镇压法令有所缓和（也就是说，它在胜利之日让步了），当即就为雅各宾议员发话：他们和别人一样都是俱乐部创立人，所以要继续持有联系网、继续待在这里；此外，他们还要去和斐扬派和解。佩蒂翁的确去了斐扬派那里，却得到这么一个傲慢的回答："他们不会接纳雅各宾派，除非雅各宾派遵守他们的新规定。"

斐扬派太过骄傲，却少了几分聪明。他们在17日对附属社团发下的第一道命令，从各方面来看都是失策、失当的。这封令函**日期不对**，写的是大屠杀那一日；**签名不对**，写的是替国王说话的撒勒的名字；**选择的派送者不对**，是以内阁的名义去派送（单单这点就足以让人疑窦丛生）；最重要也最要命的是，**连拥护者都不对**：上马恩的沙隆立刻表态支持，可该城是保皇倾向，当初在国王从瓦伦回来时曾隆重接待了他。

在这封命令信中，斐扬派给出了另立门户的主要原因：他们希望将工作限于议会的**准备事宜**上，除了讨论别的一概不做，**绝不以选票为手段去左右任何事情**。简而言之，他们只发言，不给结论、解决方案和实际动作，只让议会去行动。如此一来，他们必然会引人反感。时代渴望行动，在大步奔向未来。在这死地求生之际，他们居然还提议固守在一个已属于过去的议会中!

23日,斐扬派又自作孽地给了自己一刀。他们摆出一副享有特权的特殊组织的模样,宣布非**能动公民**(也就是选民的选民)无资格进入其内。他们这么做,就是在把不公的印记、也就是死亡的符号画在了自己脸上。斐扬派中许多人对此表示反对,但他们的抗议根本起不到任何作用。从那时起,这些人就只想着找机会回雅各宾俱乐部了。

雅各宾派又昂起了头,在24日态度大变。在斐扬派宣读回给雅各宾派的答复前,罗伯斯庇尔说:"请别把出席于此的这个社团称作真正的宪法之友。"他们更加睿智审慎,只把斐扬派这份回复视作一封邀请函,意在要他们对后者刚刚制定出的贵族制度表示臣服而已。

不仅如此,雅各宾派还着手起了内部整顿工作,将胆小怕事、立场不坚、在两个社团之间摇摆的人都扔到了斐扬派那边。为人正直、备受尊重的佩蒂翁提议对内部进行大清洗。他的建议是:由十二位成员(其中六位是议员)列出六十个社团核心成员,让这六十个人负责清洗、淘汰一部分社员,再把一些思想纯洁、品德高尚的人列入入会的备选名单。这么一来,重建雅各宾派的这个近乎专制的权力就被托付到两个甚有地位和威信的社员手中,他们就是佩蒂翁和罗伯斯庇尔。不对,我说错了,不是两个人。佩蒂翁素来性子桀骜淡漠,极不适合去做这种个人的专制裁判工作,更不愿去对每人的过往生平、态度倾向和相关利益刨根究底。所以只有罗伯斯庇尔适合干这个,跟他一道工作的也许还有肃清委员会的另一个成员——安省主教鲁瓦耶①。我们几乎可以这么说:雅各宾社团这把后来为罗伯斯庇尔所用的可怕武器,正是由罗伯斯庇尔亲

---

① 鲁瓦耶(Jean-Baptiste Royer,1733—1807年),法国大革命时期政治家,先后选入国民公会和五百人院。——译者注

手重造出来的。

外省社团中，只有四个急不可耐地脱离了雅各宾派，其中一个后来还反悔了。早在7月22日，莫城、凡尔赛、亚眠就宣布只愿和雅各宾派保持联系。其他十一座城市也在7月31日之前效仿其后，纷纷发表申明。27日，马赛积极地表明了态度。甚至在议会中都有科尔得利派表态支持雅各宾派，兄弟会也是如此。

立宪派才打了场胜仗，就进入消极防御阶段。各省纷纷发来信函，尖锐地指责他们竟容忍那三百个曾罢会抗议的保皇党人又出现在国民议会。抨击之词如骤雨倾泻而下，蒙托邦、伊索尔、里永、克莱蒙特等地在一波接一波地朝他们丢石头。

克莱蒙特的陈情信是由罗兰夫人的一个朋友带来的，他很可能还是此信的起草者。此人便是邦卡尔·德·伊萨特，由他所在的城市特地派来。这封信写于7月19日，明显是在议会16日那道偏袒国王的决议传来后，他当即疾书而成。不过当然，罗兰夫人写给邦卡尔的一封文笔炽热的信也发挥了一定作用，让他一改平常持重的性子，变得激愤起来。在这封信里，罗兰夫人讲述布里索在雅各宾派获得巨大胜利。信中语气激烈狂热，结尾几行字充满了忧伤的预感："如果世界要我死，我可以死；但我吐出的最后一口气里，依然饱含着对继我们之后登场的后辈的殷殷期盼。"

她觉得自己病了。罗兰夫人的确病了。由于过度劳累、情绪大起大落，再加上17日里那场可怕的事变，她终于撑不住了。在某一刻里，她甚至觉得自由事业已然无望。20日，罗兰夫人给邦卡尔写信说：一切都完了，雅各宾派再不能崛起了，他来巴黎也无济于事了，等等。但由她凿出的那股激流却并没因此被截流。①邦卡尔在几乎同一时间里出发，身上带着克莱蒙特的雅各宾派写的那封气势强硬、几如罗兰夫人亲笔的陈情信。他听了众人的第一建议，快马加鞭来到巴黎、来到议会大门口，手里拿着那封字字滚烫的信。

这封措辞强硬又不失庄重的陈情信，是至高无上的人民下发给他们代表的一封令函。人民训斥他们推迟选举大会的召开，已经连续两次辜负了国民的希望；他们曾承诺14日会完成宪法，可现在又第三次食言。人民向议会宣布，如果它在十五天之内不把取消选举的法令撤回，人民**就要抛开议会独自开干了**。

邦卡尔进不了议会大门，因为他不被承认在里面享有席位。他的同乡——奥弗涅议员比奥扎（Biauzat），以无比轻慢粗暴的态度对这封陈情信大加贬责，还企图抹黑送信人的为人。比奥扎坚持要将此信交给调查委员会，让它展开调查，若真有其事就追究到底。但邦卡尔不仅没被这番话吓倒，还在第二天给议会写了一封强硬的辩护书，甚至要求它对自己公开道歉。当晚，他将请愿书印了一千份，带给雅各宾派：五百份给他们，五百份分发给附属社团。雅各宾派没有接受给附属社团的那五百封复印件，他们无疑在害怕，害怕如此冒险一搏之后，让本来还想回来的一群斐扬派和自己更疏远了。

其实，斐扬派当时已分裂成了两大块。梅尔林、杜波瓦·德·克朗赛这群斐扬派，是绝不可能和巴纳夫、拉梅特兄弟这群人走到一块儿的。可惜，我们无从得知他们内部争成了什么样子。但在国民议会中，两派间的矛盾已经显露无遗。30日，他们在最重大的一个问题上阵线失

---

① 她（在写给邦卡尔的信，p.272）承认，大部分外省的共和陈情信其实就写于巴黎、写于她家。——原注

守，斐扬派成了一团散沙，大部分成员纷纷弃其而去，权力也永远抛弃了他们——因为那个问题就关乎到了权力。瓦伦事件之后，议会曾派了几个专员去边省监督舆论、稳定民心。此举达到了良好的效果，于是人们想将其推广开来。换言之，先前只在说话、只在居高临下地发号施令的议会，现在想走下去、行动起来。它想派出自己最得力的一批议员，让他们踏遍每一寸国土、四处频频露面，希望能通过这招办法在法国逃走之前抓住它、抓牢它。垂垂老矣、已快断气的制宪议会，却幻想做成一件连年轻的公会在最如日中天之时都没有办到、反让它走向毁灭和疯狂的事。

  这个主要负责立法工作的权力机构、这部庞大的法律制造工坊，开始掌控、巡视、行动。可已经晚了，太晚了！为了在马背上统治国家，它的老腰几乎都被折断。比佐请求停止派遣专员，理由是复审时所有议员必须出席议会。令所有人大跌眼镜的是，对立宪派失望透顶的宫廷的喉舌——当德烈，居然也支持比佐的提议。就这样，宫廷把手伸向了共和派，打碎了自己最后的希望，终止了议会的行动。已经心灰意懒的议会如某些人希望的那样，一口气通过投票。它不想再动了，只小坐了一会儿，迫不及待地最后看了一眼它的心血之作——《宪法》，迫不及待地走向死亡。

第10章

复审——左右派结盟失败
（1791年8月）

巴纳夫和立宪派意欲重掌右派（7月末）——他们和马鲁埃达成一致——他们和利奥波德展开洽谈——7月30日，王后给利奥波德写信，阻止其行动——8月4日，右派破坏了马鲁埃和巴纳夫、夏普里耶之间的协议——8月5日至30日，王室被秘密复审——既非资产阶级性质、又没有人民特色的1791年宪法——雅各宾社团数量剧增——9月1日，罗伯斯庇尔在正式场合冒犯立宪派，让他们受尽羞辱

立宪派的巴纳夫、保皇派的马鲁埃虽在许多地方存有分歧，但在殖民地这个问题上，两人却一致站在种植园主那一边。有一天，巴纳夫在委员会中异常积极地替马鲁埃说话，并在其他人都离开、只剩他和马鲁埃两人时，向后者袒露心迹："也许您觉得我看来还相当年轻，但请相信，我在短短几个月里已经苍老许多了……"他顿了顿，似乎在沉默中思考了一番，然后说："不知道您信不信，我们左派所有议员——也许除了十来个野心之徒或狂热分子之外——都渴望大革命能得到结束！可我们清楚地意识到，除非替王权打下扎实根基，否则革命是不可能结束的……唉！

要是右派能不要老在那里激怒左派、不把它的任何提议统统否决掉，而是支持复审，那该多好！"

这番剖白意味着：看到斐扬派这台机器已经毁于己手，又发现新俱乐部中的革命派已有了扭头回到雅各宾派的想法，立宪派倒戈右翼，转而寻求保皇党帮忙了。

我这里说的立宪派，尤指巴纳夫。现在，似乎只有他还有精力、干劲和希望了。其他人之灰心、懒散、倦怠、泄气，已到了难以形容的地步；他们迫不及待地等待着生命最后的感恩时辰的到来，然后就能躺下好好休息了。这个议会才两岁半大，却像活了好几个世纪一般苍老。我甚至想大胆说这么一句话：它已经活腻了，在迫切地期盼着死神的到来。当德烈向它提议进行马上就能让它得到解脱的新选举时，它整个人都站了起来，为自己求死之心终得实现而疯了一般地欢呼着。

若不是言辞可信、消息灵通的古维尔内①给布耶写了一封密信，这个中隐情就会完全被淹没在历史长河中了：在这人心低迷之际，议会的生死、君主制的希望、拯救君主制的期盼，竟都寄托在了巴纳夫这个二十八岁的年轻人的大脑中。那场让各从其志的人同道相谋、把左派五分之四的人都团结在了一起、把拉法耶特和拉梅特这两个劲敌都拉在了一块儿、差点儿彻底毁灭了雅各宾派的联盟，居然"是巴纳夫想出的招数"。但他为何会这么做呢？古维尔内在同一封信里明确地说：因为从瓦伦回来的路上，他承蒙抬举，"故改了心意"。

其实应该说，是彻底地改了心意。巴纳夫看上去绝不是一个随心而动、随意而行的人，素来自视甚高，说话高冷生硬，无论怎么看都不是

---

① 古维尔内（Jean-Frédéric de La Tour du Pin Gouvernet，1727—1794年），法国大革命时期一位政治家，在大革命早期曾担任军事部长，因成功整治军纪而得到议会的赞扬，却因此成为雅各宾派的攻击目标，被捕后与其哥哥在同一天被处死。——译者注

个空想家。他从不感情用事，做事只听理性的声音（例如在黑人问题上就是如此）。在巴纳夫的演讲稿中，我们绝看不到"我的情感""我的心灵"之类的话，而当时从路易十六到罗伯斯庇尔，这几乎成了所有人的口头禅。

所以人们才会如此震惊，震惊于他居然在1791年、在走了那么长的革命之路、当大局已定的时候，却落入了那个原来也把米拉波绕进去了的圈套（不知道他是因着希望，还是因着至深的绝望？）。巴纳夫的计划和米拉波的方案一模一样："阻止大革命，拯救王权，和王后共治国家。"

7月25日晚上，巴纳夫把王后留在了杜伊勒里宫大门，直到9月13日国王接受宪法时才又见到了她。莫城之谈于他而言犹如隔日，他觉得此时的王后对自己满心信任、言听计从，觉得她只想借助宪法、议会和巴纳夫来自救。然而年轻演讲家完全没有发现：这段时间里欧洲风波迭起，王后内心的想法已是此一时、彼一时。

他不知道，她已在反其道而行之了。

我们先前提过的菲尔逊从巴黎径直离开后，奉命传令：暂时由大亲王行使国王口谕权。根据确切消息，后者在7月7日又得到了书令权。

对此始料未及的利奥波德皇帝，也就是玛丽·安托瓦内特的哥哥，6日将他亲笔撰写的一篇公函传达给了所有列强国家，威胁法国交出路易十六。

普鲁士在身后一群亲王们的推搡下，几乎和利奥波德一样激动难耐。俄国和瑞典表现得比普鲁士还要义愤填膺，恨不能马上行动、扫平法国。

7月25日，普鲁士和奥地利展开洽谈。会中，利奥波德一反7月6日信函里的恼火样，看上去极为平静。他和土耳其的仗还没打完，得在8月才能从中抽身。眼下家门口的波兰又在闹革命，北边一场大战又一触即发，俄国人很可能会入侵波兰、对它进行第三次瓜分；真若如此，奥地利是定要从中分一杯羹的。可当时俄国又对土耳其这块肥肉垂涎欲滴。普鲁士和奥地利的这次会议意在告诉俄国：它若不放过土耳其，日耳曼各国就操着武器抱臂旁观，绝不参加十字军法国之征。

所以如我们所见，利奥波德眼下只能静等。虽然俄国、瑞典和普鲁士想把他缠在西边，但他仍然按兵不动。他手下那些非常了解内情的将军也说：插手去管这样一个受了自由狂热主义煽动的人口大国，此事非同寻常。利奥波德也有自己的顾忌：他担心国王王后的人身安全；法国一听说奥地利入侵，说不定转头就会取了他妹妹的性命。

人们自然会猜想哥哥利奥波德有心拯救王后，而巴纳夫、立宪派也想挽救王后和王权。他们虽尚未和皇帝接洽，却已觉得两方有着一致的目标和利益。所以，虽然掌管军队的日耳曼议会看似气势汹汹，但立宪派依然相信欧洲不会和法国一战。因为一旦开战，无论结局如何，都意味着他们的毁灭和敌人的胜利。

但要和皇帝说上话，立宪派首先要么得粉碎俱乐部势力、掌控法国全局，要么得吞并俱乐部、使其为他们所用。立宪派更愿意选第二个方案，并觉得自己通过创立斐扬派已经做到了这点。然而斐扬派却防着他们、躲着他们。自己的大本营既已没了，他们只好向敌人、向那些曾遭他们残害和摧毁的人靠拢。没错，我指的就是保皇派。可保皇派会选择原谅吗？他们会那么聪明，在深渊中抓住立宪派为了救他们和自救而抛来的最后一块救命木板吗？很难。更大的可能性是：满心仇恨的保皇派宁愿让别人替自己报仇，也不要立宪派来救，直接把这块木板丢到一边，最后不管是立宪派还是保皇派，所有人同归于尽。

练兵场惨案发生之后，表面上的赢家巴纳夫和立宪派便在此时，向那个一直被他排挤和嘲笑、永远被左派和看台观众喝倒彩的人——保皇党人马鲁埃靠了过去。现在似乎变成强者向弱者求援、胜者向败者乞怜了。

马鲁埃对巴纳夫的提议并没有塞耳不听。可半路突然杀出个夏普里耶，接着又跳出来个杜波尔，引来极大的麻烦。不过上文提到的古维尔内的那封信确切说过：夏普里耶和马鲁埃已经达成共识，要在开始时演一出复审的假戏。马鲁埃的任务是攻击宪法，指出它的漏洞。他说："您呢，您得愤怒地回应我、攻击我，抓住细枝末节不放。至于涉及君主制切实利益的大问题，您就说这不劳马鲁埃费心，说你们肯定会提议改良。然后，您尽管提议就行。"

他们居然觉得演这出滑稽戏就能骗过公众的眼睛！不过也是，他们想：反正大家也是一副漠不关心、与己无干、淡漠沮丧的态度。的确，当时人们情绪普遍十分低落。国民议会似乎已经自暴自弃，平常出席议员人数最多只有一百五十人；即便在最要紧的日子里，也就是7月17日事变后的第二天，也只有二百五十三人参会。其他人要么已经远走高飞，要么干脆就躲在办公室闭门不出。有人言辞确切地说，还有许多人意志消沉、终日流连于花街赌场：据称，欧坦主教、夏普里耶等人都快在这些地方安家了，也不知这消息是真是假。

拉克洛、普鲁多姆在7月的报纸上坦言，选举区、初级选民大会已是一派萧条冷落之景，许多人明显已经厌于公共事务。而取代他们新进来的人，都是越来越激进的狂热分子。合法的集会地已少有人登门，因为集会的精华之气已经完全被吸收到雅各宾社团中去了。

我们回过头来继续讲述上文。巴纳夫精心安排了这出复审的大戏，觉得扶持王权有望了。立宪派被他拉着鼻子走，派我们的维也纳大使诺阿伊先生传信给利奥波德；为了进一步说服王后的哥哥，他们还让王后给他写了封信，让他千万按兵不动。

想想也真是奇怪！7月7日杜伊勒里宫授权给大亲王，然后大亲王督促普鲁士拿起武器、采取行动；王后又在7月30日写信给奥地利，让它切勿轻易动武，请他和自己一道相信法国立宪派当时复兴王权的诚心。

这封信写得冗长、委婉而又老到，完全不像王后平素急躁易怒的性子。不过这也是刻意为之，如此一来，免得有人责备王后摇摆不定，她在7日和30日这两天的自相矛盾的行为也有了理由。这封信充满了政治家的口吻，即便不是有人口授之下由王后写成，也必然有谙于此道的人——即巴纳夫和其友党——事先拟好草稿。然而，王后表面上对他们信任有加的样子，但依然背着他们留了一手，日后好辩解说自己当初并非自愿地写下此信。她在信上方写了一行小字："有人让我给您写下这封信，传信人也已安排妥当，因为我实在没有其他途径向您转达我的消息、让您勿念了。"有了这么一行字，其他内容在非常时刻均可作废。

无论国内还是国外的保皇派，都没跟国王保持步调一致。当国王王后把自己托付给议会的时候，流亡贵族正在上蹿下跳、鼓动外国动武，没有流亡的教士也在有计划地施展诡计、煽动人民，似乎要在法国发起一场全面内战。7月，人们听闻德塞弗勒、阿尔萨斯、上马恩的沙隆三省的战火一触即发。8月，下加莱省、北部地区和卡尔瓦多斯宣布内战。第二个消息传来时，恰逢8月4日议会复审的前一天，也就是夏普里耶和马鲁埃好不容易才达成协议的时候。一个议员考虑到北边情况，便提议把拒不宣誓的教士革除职务。此话一出，整个右派都站了起来。福柯狂热地喊着："这是抢劫！煽火！发动内战！"然后所有人离开会厅，莫里神甫走到前面、向议会深深鞠了一躬，似乎在表示感谢，感谢它在他们想动武时、适时地把机会拱手送上。

巴纳夫和夏普里耶当场努力想要熄灭火苗，宣布反对对教士采取严厉措施，把这条建议驳了回去。右派返回会场，似乎情绪已得安抚。然而8月8日开始讨论复审的时候，德普雷梅斯尼尔代表其同党，宣布他们坚持反对任何复审。他们每个人都站起来，坚定地说："我不接受。"

所以，巴纳夫为求立宪派和右派私下联手而想出来的这道绝非只在做表面功夫、而具有更大的政治意义的协约，就这样被撕毁了。马鲁埃如事先商量好的那样，开始机巧而不失力道地抨击起了宪法。但夏普里耶却打断了他的话。右派既然又在抗议复审，那事先约好的夏普里耶该扮演的戏份，他自然就不演了。他说，马鲁埃根本没有谈及要害，纯粹是在列数宪法各条款的排序。

宪法委员会和复审委员会一直苦于法律条款纷繁杂乱，不知如何将其统筹规划、整合为一体。据说，是拉法耶特的朋友、后来进了立法议会的拉蒙①向委员会提议用排序法，并得到了委员会的最后选定。这种排序法设计得很是精巧聪明，是的，非常聪明。它看似将法律条款融合归纳到了一起，实际上却把许多得到议会投票通过的法令都抹掉了。于是，立宪派内部也起来反唇相讥。议会不得不再次投票反对它的委员会。在一个议员揭露说"相信真正的自由卫士已经注意到要紧的遗漏之处"之后，议会里顿时鸡声鹅斗、吵成一片，巴纳夫一怒之下递交辞呈。

就这样，复审成了一出可怜的闹剧。议会素来行事稳重严肃，虽然它先前也有犯错，但这些错无损它的伟大。今天它却严重失策，羞愧地自打嘴脸，且终身都要背负起这等耻辱的烙印。

---

① 拉蒙（Louis Ramond de Carbonnières，1755—1827年），法国政治家和著名植物学家，1791年进入立法议会和斐扬俱乐部，反对驱逐拒绝宣誓的神职人员，1794年被捕，在处决前成功越狱。——译者注

它那贵族主义、保皇立场的想法被当场揭穿后,议会悲哀地发现自己已萌生退意、又没了义无反顾的勇气。巴纳夫虽在演讲里偶现无畏的决心,却已扭转不了大局。罗伯斯庇尔把国王视为一个普通公职人员,不承认他享有国民代表的头衔;巴纳夫却坚持公职人员仅能代表国民的**行动**、而国民代表还能代表国民的**意愿**,并由此推断出王室的神圣不可侵犯性。但他这条线画得太过泾渭分明,乃至暴露了里面的缺陷,反害了王权,让这个代替国民行使意愿的权力为众人所不容。

　　其实在1791年的宪法中,君主意志已被大大淡化。国王几乎什么都做不了,纯处在被动地位。他唯一能做的,也只有出手阻碍了。国王手握**临时否决权**,有权将法令推迟到三年后再执行。这柄权杖集众怨于一身,势必会引起火山爆发。但除去这一点,王权就是一个漂亮的花架子①,一件精美却过时、为了怀旧才被摆出来、放在一间装潢新潮的屋子里的老家具,白白占着一大块地方,看上去很是碍眼;某个早上,人们终于决定将它挪进储藏室。

　　议会剥夺了国王的职权,又不把它交给人民。它这台机器虽然庞大,却处处设计得不符合机械原理。它的每个零件都快散架,没有一处可以运转了。

　　议会颁布的那部宪法真如某些人反复说的那样,实质上具有资产阶级特点?不,我们不可下此论断。若真想建一个资产阶级政府,那当时议会明令的选举限制条件——也就是二百五十法郎的收入关卡——完全就是形同虚设。共和党人比佐曾讥讽说:"我替你们想了想,觉得你们不该要求二百五十法郎的收入,应该要求缴纳二百五十法郎的捐税才

---

①　卡米尔·德穆兰有句话讲得极好:"法国只留了个君主制的空头名号,以防吓坏了那些伪善人、痴愚儿、寄生藤和人云亦云的附声者;但若刨除那五六条和其他条款格格不入的法令,我们已经是共和体制了。"——原注

对。"这么做，才算是真正的资产阶级特色吧？1815年至1848年的选举法不就如此吗？

当时，收入达到二百五十法郎的选民人数庞大（而且当时的法律对租户也有所照顾）。至于**能动公民**（即需缴纳等同三天工资的税的初级选民），更有三四百万人之多。

"唯有能动公民才能进入**国民自卫军**"的这条规矩不仅引来众怒，而且几乎无用。缴纳三天工资税的人和什么都没缴的人，这两个群体其实并无多大的不同。难不成前者比后者有保障得多？谁敢下此定论？

复审期间，议会明显是在苟延残喘。它的日子随着与会议员一道越来越少，看上去也越发令人觉得可怜。它那些大名鼎鼎的思想家或者缄默，或者近乎缄默了，基本上把先手权让给了第三等级出身的当德烈——这个代理人、救场者和精明的政客。而打着雅各宾派的外壳为王权效力，也就是此人的全部心机了。为了进一步迷惑公众，他主动攻击保皇党人；某天有人提议将先前罢会抗议的三百议员统统除名，他甚至表示赞同。他相貌本就粗俗，还装出一副不重打扮的样子，以更好地营造假象。然而，他脸上带着的喜剧中福隆坦①的那种表情（这可是他的朋友杜蒙说的），揭破了他其实是个老资历的演员身份。有时，他会失口说些自相矛盾的话：有人抨击说他写了某篇诽谤短文，他就干脆坦白说自己当初的确有过这个心思。有时，他甚至忘了自己的本职角色：在9月的复审期间，他觉得自己现在正得人心，便入了一家商铺，给自己安了个头衔：香料商当德烈。可惜没人买账，大家一眼就发现他是在拙劣地模仿米拉波1788年就想过的一个招数：在马赛开家店，门面上就写"洗染商米拉波"几个大字（这个传闻广为传播，其实并非属实）。

---

① 福隆坦是法国17世纪末喜剧中出现的一个仆人角色，是一个诡计多端的老滑头。——译者注

这类滑稽戏根本骗不过公众的眼睛，议会却放任这种玩弄手段的保皇党人在那里跳梁。如此一来，它便把法国上下都推向了雅各宾派那边。9月初，斐扬俱乐部秘书安东万（Antoine）请求重回雅各宾派；9月末，他们的主席卜释（Bouche）也提出相同申请，并引来一大群人的效仿。夏尔特尔公爵在那里接受了两个公民荣誉奖，据说是因为他救了两个人的性命。巴黎社团前所未有地壮大起来。然而最令人震惊甚至惊恐的，却是外省社团的急剧增长。7月，外省尚只有四百个社团。据说到9月，就发展到一千个！先前的老社团中，有三百个和雅各宾派、斐扬派保持双线联系，剩下的一百个则只和雅各宾派单边沟通。新诞生的这六百个社团又作何选择呢？全都投靠了雅各宾派。雅各宾派转败为胜，成了时局的主宰人、未来的掌控者。

这场巨变看似只发生在某一协会的内部，实则关系到了雅各宾派巴黎母社。不过这个起死复生的社团，其重组工作又是受谁主导呢？我们已经知道，是罗伯斯庇尔。它已经改头换面，变得更加激进，也更加年轻。里面的要员、哲学家、演讲家人数锐减，取而代之的是那些只听激情和感性的声音的艺术家和记者，且其中大部分人都来自第二阶层。现在，换他们去操持俱乐部了。该社团作为雅各宾派这个全国性庞大组织的领头羊，现在虽然非常狂热，未来却会因为一个人变得越来越思辨和明理。在这座由数千个组织搭起来的庞然建筑的顶部，我看到的是罗伯斯庇尔那张苍白的脸庞。

他现在就住在离俱乐部只有几步路的地方，已然成了俱乐部的中流砥柱。如果他不在雅各宾俱乐部，就铁定在圣母升天教堂对面的木匠杜普莱家。穿过一扇窄门，你可以看到一个阴暗潮湿的小院子，那是锯木头、刨花的地方；往上走到第二层楼，来到一间阁楼前，就到了杜普莱夫人安置那位最爱国的爱国者的地方。啊！哪个好公民经过这家人门口时不会湿了眼眶？善良的妇人们在街上等着他；她们唯一的心愿，就是在他穿着绿色条纹新外套①、打扮得干净整洁地出门时，自己能看一眼"这个亲爱的小可怜罗伯斯庇尔"。他鼻尖架着的眼镜证明他人还没老、视力就不行了，而这都是为了服务人民啊！人们居然不去吻他的衣角吗？不吻没关系，跟在他身后走也是一样的。他旁若无人地走着，一脸的冰冷、纯洁与正义，宛若道德之神亲临。

现在是9月1日。回想7月18日，回想罗伯斯庇尔那篇救下雅各宾派的阿谀之词，感觉真是恍如隔世！眼下法律复审程序已经结束，人们想弄清楚：宪法怎么能得到国王认可，又会怎么去证明此时国王是自由身？议会会承诺国王有条件地修改并通过宪法吗？罗伯斯庇尔精心构思了一篇演讲稿，借着批评议会多数派来攻击议会，借着斥责这一派的泰斗人物阿德里安·杜波尔来侮辱和打压议会。这一正式的挑衅动作具有深层的政治含义，它是要将对方的失败定格。因为许多人都认为：当一个失势的党派沦落被人肆意欺压、随意轻鄙时，它就再也爬不起来了。

"大家当然高兴。"罗伯斯庇尔说，"为所有那些因为我们才得以实现的根本性变革而高兴。但如果有人仍在攻击和修改那部已遭到两次夭折的宪法，那我们除了重新披上镣铐或拿起武器，还能再做什么？……"看台上响起雷鸣般的掌声，左派开始骚动和私语。"主席先生。"罗伯斯庇尔继续说，"请您告诉杜波尔先生，别辱骂我……"可杜波尔当时明明什么都没说，他身边的人都可以证明。罗伯斯庇尔之前对杜波尔只字不提，很有可能是为了在台上将其一招击杀，就像把一台

---

① 如果我没弄错的话，他第一件橄榄绿外套这时已经退休了（根据最开始和罗伯斯庇尔住在一起的维耶尔所述）。大概离开原先住处、不再过那种孤苦无依的生活后，他就一直穿着这件在当时很常见的条纹外套。在他的所有画像中，罗伯斯庇尔都是这身打扮。——原注

投石器拉紧到不能再拉后、才投出石头一样，这样他的攻击才能发挥出最大作用，重重地砸向杜波尔。

他说："我并不相信议会中有这种人，他卑鄙无耻，所以和宫廷暗箱操作我们的某一宪法条款……"说这番话时他直盯着杜波尔；保皇党人也看着杜伯尔，满脸欣喜。甚至在四十年后，当蒙特洛耶讲述这一天里右派采用怎样的下作手段去抹黑杜波尔时，仍然高兴得浑身发抖。

罗伯斯庇尔接着说："他阴险狡诈，所以让宫廷提议修订宪法，好让自己能明哲保身。""阴险狡诈"这个词一说出口，杜波尔就成了整个会厅和看台的注视焦点，大家全都鼓起掌来。

"他是祖国的敌人，所以想让宪法失去威力，因为它会遏制住他的贪心。"又是一片掌声。

"他恬不知耻，所以敢坦诚自己只想在大革命中寻到一条发财路。"右派笑得眼泪都出来了。

"不。"他说，"我并不相信会有这种人。我也愿意相信，即便某些言论文章曾表达了类似意思，但那也只是一时气恼的失口而已，说话人已经后悔，话也是不能当真的……"然后他提高声音，"我请每个人起誓：自己在任何宪法条款上都不会和行政权媾和，否则将被视作祖国的叛徒、遭众人唾弃。"

这番话有如千钧之重，把杜波尔、巴纳夫和拉梅特死死钉在了座位上。伴它而来的是会场上的喧哗、看台上的叫骂和保皇党人的讥笑，它们犹如一座沉沉压过来的巨山，让他们再也翻不了身。保皇党人犹如地狱中的狂欢者，在那里肆无忌惮地冷嘲热讽，似乎在说："我们死了！但你们也活不了！"但更悲哀的却莫过于议会上下的沉默。它就如一个目睹有人丧命的歹毒看客，幸灾乐祸地看着自己的领导人先它一步遭到压制和毁灭、却发不出一声喊叫。

六个月前，他们就是这样扼杀了米拉波的政治生涯。现在，又轮到他们成为案板上的鱼肉。

米拉波并没经历过这般绝望和沉默。但我得说，这三人是被另一股力量压得断气的。虽然罗伯斯庇尔、议会和看台一起朝他们施压，但这几个败者终可以寻到其他的发声渠道。实际上，封住他们的喉咙、让他们无法说话和呼吸、剥夺了他们的空气和生命的，却是另外一股人们没有发现的、无比强大、不可抗拒的外界力量。它如同一条巨蟒，一条由数千个雅各宾社团组成的巨蟒，盘踞在法国从南到北的每寸土地上。它把这三个人死死缠住，把他们绞杀在日暮西山的议会身上，绞杀在脚下的议席上，绞杀在他们坐的这个座位上。他们因为这股外力才无法动弹，又被恐惧和慌乱抽走了最后一丝力气。可他们的敌人却能从容冷静地做出判断，知道该在何时、以何种方式把匕首刺进他们的身体。

杜波尔的失势意味着立宪派的倒台，而立宪派的倒台又意味着议会的死亡。罗伯斯庇尔的这篇演讲、这招杀人无形的手段，已经很有恐怖统治的风范了。

第 11 章

教士和雅各宾派——拍卖国有财产（1791年9月）

制宪议会的基本特点——它为人类作出的贡献——8月27日的《比尔尼茨宣言》断了立宪派的生路——9月15日，国王接受宪法——王后和巴纳夫的谈话——保皇的中坚力量，在于教士阶层对人民的影响——议会对拒绝发誓的教士好生相待——拒不宣誓的教士策划了无数阴谋暴行——狂热思想的运作机理——夜色中的圣事，黑暗里的葬礼——教农民睁眼看清局势，这并非绝无可能——议会本应启发民智，让他们做好理解和接受法律的思想准备——首次拍卖国有财产——五个月内（1791年4—8月）拍卖金额达到八千万法郎——竞拍者对大革命的未来信心满满——此事在法国并非破天荒，人们只在继续做一件断了许久的旧事而已——反驳企图模糊事实的作家——孤军奋战的法国——制宪议会宣告终结（1791年9月30日）——它的回天乏力

　　纵然制宪议会犯下错误，纵然它的领导人走过弯路和错路，纵然它最后尝到苦果、黯然退场，但我们这些正受着它恩泽的后人绝不能因此就忘了这个伟大的议会为人类做出了怎样的贡献。

　　它那部多达三千条法令的留世巨作，是哪本书都阐明和评价不了的！如果我们想拿它来和其他议会颁布的或类似、或相反的法律做比较，是不是也应该抓住里面的思想精髓呢？我们须得注意一点：即便制宪

议会颁布的法令后遭废除，但它依然具有化民易俗的意义，并取得了累累硕果。这个伟大的议会似乎至今仍在向世界传递自己的声音。它为了解决诸多问题而提出来的宏观而不失明理的解决方案，总会给研读者带来历久弥新之感，成为各国人民的权威参考著作。它并不只是世界的立法者，更一直扮演着世界的导师。是它郑重明确地表达出了哲学世纪的誓愿和它对人类的爱，并将其记录下来。

如此想来，在探讨这段弹指一挥的历史时，我也没能对制宪议会做出中肯的评价。我虽无心，却待它有失公允。我大谈阴谋，却不提其功劳；我总在关注那些必然有罅隙可寻的领袖人和闹事头目，却绝口不说那些睿智、温厚且公正的议员。正是这些人支撑起了委员会，秉着洞幽烛微之明，怀着拳拳爱国之心，在议会中投下选票，并无数次以理性劝住众人。议会中有一个群体由三四百议员组成，人员流动不定，里面的人几乎都不曾发言，也不曾讲过什么石破天惊之语，但他们也许才是制宪议会的真正力量之所在。正因为他们静默的守护，才能维持住许多决议崇高、尊严、温慈的一面，议会法律也因此才闪现出了人性的柔光。

如果制宪议会是它编写的这部法律的独家作者（哪怕其中有许多错误和硬伤），那人类亏欠它的就不是一顶王冠，而是一座圣殿了。

可惜，这部法律并不是它独力而成。议会看似一力当先，实际并非如此。这场革命被拖了很久才得以爆发，议会虽是革命的喉舌，然而革旧的条件已经成熟，前人已将道路替它铺平了。通过伟大的18世纪之手，一个亟待诞生的公平的世界被托付给了它。它该做的，只是给这个世界一副躯壳罢了。议会的任务，就是将哲学以论证形式新写下来的东西转化为法律和明文规定。而哲学又得谁口授，才记下了这一切呢？是自然，是已被压抑了千百年的人的心灵。所以制宪议会才承下了这份幸运和殊荣，把人道主义的声音化为文字、刻成一部普世的法典。

它并非不配。它记下了那个时代的智圣之言，有时还超越了时代。为议会起草法令的那些鼎鼎大名的法学家动用逻辑和理性思维，努力使18世纪的哲学思想得到扩展。他们不仅是18世纪思想的书记员、抄写者，更是它的继承人。没错，若有朝一日，人类要为这个独一无二的世纪立起一座它受之无愧的丰碑，丰碑顶部上坐着的固然有伏尔泰、卢梭、孟德斯鸠和布冯；但请不要忘了，垫在塔底甚至地下充当基石的正是制宪议会里那群伟人，以及它旁边的国民公会。作为立法者、组织者和行政者，它虽犯下许多错误，但仍为后世树立了不朽的典范。整个世界都来看看吧，惊颤吧，惊叹吧！来借鉴一下议会的错误、光荣和美德吧！

然而丧钟已经敲响，伟大的制宪议会该上路了。无论是为法国还是为自己，它都再做不了什么了。最开始顶着立法议会这个名号的公会，正在向我们走来。接下来，就该轮到雅各宾派去保护和捍卫法国，就该用阴谋来对抗教士和各国君主的阴谋了。

在8月27日的比尔尼茨，皇帝和普鲁士国王联合签署了一条针对法国的威胁性告示，由此掀起了第一股反法浪潮。随后，卡洛纳也来助阵。经他煽风点火，再加上流亡贵族在一旁喷吐着仇恨的烈焰，各国君王纷纷点燃烽火，而且火势在不知不觉中越来越大，超过了他们原先的预想规模。他们受到煽动，又在宣言中加了一句："他们将下达命令，让军队随时准备行动。"

法国能以这种方式警醒过来，也算是幸事一件。一向成事不足、败事有余的流亡贵族，提前敲响了警钟。法国王后的那封吁和信被利奥波德一时忘在了脑后。但既然他尚无行动起来的心思，那就不该先发出警告。这么做，就相当于朝立宪派捅了致命的一刀。他们费尽心力想要扶持王权，却被流亡贵族给彻底害死。战争若到了一触即发的地步，国民上下于情于理都会越来越排斥他们，认为他们要么是无能鼠辈、要么是叛国之徒。反正在这场日益逼近的危机中，他们已是池鱼幕燕。

他们在复审中剖心泣血地强调自己做出何种牺牲，说他们可以辞去议员甚至其他一切职务。可没用。他们遭人歪曲抹黑，已无路可走，只能眼睁睁看着自己成为众矢之的，如今是扶危不能，为奸亦是不能了。

宪法已呈至国王面前，并于9月13日为其接受。流亡贵族称，国王此举是在自毁名节。伯克给王后写信说，她应宁死也不接受才是。王后这才深切体会到她的这帮挚友忠仆有多冷酷和狠心。这些人自己身不涉险，在伦敦或维也纳过着安逸的日子，却希望她和国王以死相抗。不过，这绝不是利奥波德和考尼茨亲王的意思。而另一边，巴纳夫和立宪派又在哀求国王接受宪法。路易十六听从了，但明显持保留态度，宣称他在这部宪法中没有看到太多实际有效、互成一体的方法："虽然大家对其意见不一，但我还是同意了，因为经验是唯一的审判官。"这么说既在赞同、又没有彻底赞同，其实他就是在观望，就是在当一个无为的、不怀好意的看客，坐看这个即将四分五裂的国家机器将遭受何种冲击。

巴黎举办了几场庆典。国王一家走过杜伊勒里公园、香榭丽舍大街和剧院，再次受到满心欢喜和感激的广大民众的夹道欢迎。但人们的欢喜中夹杂着不安，甚至是惊怕。每张脸上都透着同一个想法："啊！希望这次大革命是真的完了！希望我们的苦日子是真的结束了！"

结束？一切才刚刚拉开序幕呢！就在终得自由的国王王后开始私下会见巴纳夫、咨询其意见、和大革命开始做某种意义上的讨价还价的时候，教士却打着上帝和国王的名义在法国上下煽风点火，为内战爆发展开前期的准备工作了。

再看看巴纳夫和国王王后的暗夜密谈，真让人甚感可悲。一个负责给巴纳夫开门的侍女是这么描述的：她一连好几个小时等在一楼和二楼中间的一扇窄门门口，手把在打开的门锁上。有一天，王后担心巴纳夫觉得既然有一个侍女知情，自己也就不用如此严守秘密，甚至亲自去当哨兵、守在门口。堂堂一个法国王后居然在夜里手把着门闩等在那里，此事也真是闻所未闻了！唉！可这个失势的王后等着的拯救者，却是一个同样失势、已经失去人心、回天乏术的演讲家。等着死亡的只有死亡，等着虚无的只有虚无。①

保皇派的中坚实力不在别处，而在教士为了烧起一场燎原之火而在各处种下和点燃的狂热思想的火苗中。现在的法国就像一座门窗紧闭的房子，里面已经着火，但各个房间火势不一：这个地方火舌撩人、浓烟弥漫，那个地方却只有点点火星。

例如在布列塔尼，1789年被任命为市长的人几乎都是神职人员，而且他们现在仍是市长身份，坐在大革命行政官的位置上反大革命。组建新政府几乎是痴人说梦。整个地区死气沉沉，闭目塞听。很明显，有人在别有所期。

在旺代，每个领主都当上了国民自卫军指挥官，担任市长的则通常是领主家里的总管。礼拜日做了弥撒后，农民总问他们："我们什么时候动手？"就在6月，也就是瓦伦出逃前不久，人们发现许多流亡贵族又抱着大干一场的希望回来了。其中一个贵族就是年纪轻轻、忠心耿耿的乐斯古尔，他回来，是为了国王和宗教而战。他的家族给他安排了一门亲事。就在此时，未来的乐斯古尔夫人（也就是后来的拉罗什雅克兰夫

---

① 更糟糕的是，巴纳夫虽然效忠王后，却也不信任她，害怕她再玩两面三刀的把戏，故要求阅览王后所有信件（请看《刚邦夫人回忆录》）。他做错了吗？我不知道。瑞典国王很有可能探知到了杜伊勒里官的想法，随后（12月）给布耶写信说：杜伊勒里官的一切行为，不外乎是为了"麻痹议会"。——原注

人）的阿姨从罗马给他送来一张必不可少的特许证，上面说主持婚礼的教士必须拒绝发誓或收回誓言。这其实就是教皇的第一个动作，他在借此向外界传达自己的决定。此证一出，无数宣了誓的教士当即收回誓言。

不过早在教皇有此动作之前，下面的人就已揣摩到了他的想法。教会的效力者施展各种伎俩，企图把人民煽动起来。例如在表面看似风平浪静的马耶讷，人们时不时能发现一两千个农民聚集在林中空地。为何事聚集？没人能说得上来。

这时，鞋匠让·朱安①还未吹响召唤夜鹰的口哨；安茹的贝尔尼尔②还没在鼓吹十字军之征；卡特里诺③那时还是一个正直、善良、虔信宗教的马车夫兼小商贩，老老实实地做着小本生意、打点教派杂事。在这风平浪静之下，尽管许多人都想再观望一阵子，可总有些鲁莽无脑的急性子人要打破这份宁静。例如在昂热附近，一个宣了誓的教士被人一刀捅死。在沙隆，一些狂暴分子爬进一个教士的住宅，企图谋杀本堂神甫。在阿尔萨斯，人们对宣过誓的教士不是动刀子，而是放出恶犬把他们咬死。每晚，在昏惨惨的教堂里，教士吹灭蜡烛，向情绪激昂的人群宣传国王的受难，然后人们唱起圣歌，向上帝发誓要用枪炮收拾这帮僭越者。阿尔萨斯教士唱的圣歌、他们听从的一切指令，都来自莱茵河的另一畔。那位已被封为圣人和殉教者的大名鼎鼎的罗昂红衣主教，就安然无恙待在那里，一边逍遥快活、一边煽动内战。

当时正在卡尔瓦多斯的佛歇，穷竭其力想让大革命和基督教达成和

---

① 让·朱安（Jean Chouan，1757—1794年），本名让·科特罗，保皇党人，1792年至1793年马耶讷反大革命暴乱的主要领导人之一，后来的朱安党就以他为名。——译者注
② 贝尔尼尔（Étienne Alexandre Bernier，1762—1806年），法国天主教教士，旺代战争领导人之一，拒绝向《教士民事基本法》宣誓。——译者注
③ 卡特里诺（Jacques Cathelineau，1759—1793年），在旺代战争中担任皇家天主教军队大元帅，绰号"安茹圣人"，在战争中受伤而亡。——译者注

解，结果反受到严厉的惩罚。他大力申辩，却只引来旁人的辱骂和嘲笑。在卡昂，教士和他们的忠实盟友——女人更是放肆。愤怒的妇人甚至在光天化日之下、在这座布满军队和国民自卫军的城市，把教堂祭坛灯柱上的绳子解下来，想把圣让神甫吊死。

这些人如此激动，难道是受了什么迫害不成？谁是他们要起身反抗的那个尼禄、戴克里先①？从殉教者的年代开始，世事已经完全颠倒：原来的圣人想流自己的血，现在的圣人想要别人的命。

我们须得知道几件事：第一，议会没有要求任何未担任公职的教士发誓，这类人占了教士的一半人数。会士、议事司铎、普通受俸神甫以及各类修士虽然有领取年金，但国家并没要求他们做什么。

即便它要求有担任公职的教士立誓，但也不是向《教士民事基本法》立誓，而是笼统地宣誓"忠于国家、法律、国王，并严守宪法"。这纯粹是一道公民的誓言，是国家对所有公职人员、祖国对每位国民的要求。

没错，"法律""宪法"这类笼统的词隐性地涵盖了《教士民事基本法》，但所有法律不都涵盖其中吗？何况这道《教士民事基本法》要求了什么呢？它完全没有涉及教理，只对教区做了更好的划分，并恢复了教会从前的选举制度罢了②。教皇和教士反对它，不就意味着新基督教在反对议会想要光复的旧基督教吗？

而议会这个暴君，又对拒绝宣誓、表态绝不遵守法律的教士动用了什么酷刑呢？它对他们的唯一惩罚，就是让他们坐拿俸禄、继续享受先

---

① 戴克里先（250—312年）是罗马"三世纪危机"的最后一位统治者，尽管他稳定并改善了罗马帝国的军事和经济状况，但也对基督徒发起了残忍至极的迫害。——译者注

② 说到选举，那时的教士可比现在要实诚得多，庇护六世发表的声明就是他们真实想法的最佳写照（此文被收进《米肖古今名人传》的第三十四卷，p.310）："《教士民事基本法》把世俗制度中最丑恶、最下贱的东西，带进了最崇高、最纯洁的神职选任工作中。"——原注

前的待遇。为了养活这帮游手好闲、心怀叵意的蛀虫，议会可没少往外掏年金。

这还不算，由于议会过于重视信仰的自由，它还任由这些法律的敌人在神台上去留自如，把他们曾想离开的教会的大门向他们永远敞开，允许他们在那里布讲弥撒，所以那些蒙昧无知、头脑简单、抱残守缺的人才能不带顾虑，每天早上去听神甫诅咒那个养着他们的法律、那个妇人之仁的议会。

而且在很长一段时间里，立过誓的教士对他们那些挑唆着闹事屠杀的同僚的隐忍程度，已超越了福音书中的宣传教义。他们不仅向这些人打开教堂大门，还把自己的配饰和圣袍借给他们。学识广博、性格宽厚的康佩主教代克斯皮耶（d'Expilly），亲自鼓励他们继续修行。格雷古瓦尔在布洛瓦的时候，不计前嫌地保护了他们。另一个我们马上就会提到的主教，在立法议会中不念旧恶、恢廓大度地替他们辩护。这群上帝的真正侍奉者中有一个教士，为阻止议会对西部采取严厉措施，在9月12日发表演讲："宗教已伤痕累累、流血不止……请不要采取任何暴力手段，我求求你们。仁爱和教化才是真理的武器。"

可他们再仁慈大度又能如何？两个思想体系之间的斗争已经明朗化了。不管基督教有多善于应变，在表面上遵循自由的形式，可其内里依然坚持着专制性的原则。深究基督教的传奇故事，其本质的本质就是在讲自由是如何被圣宠所吞没、人的自由意志和上帝的正义是如何被一同扼杀在耶稣-基督的鲜血中的。①

1791年时，教会一口坐实了它的真实身份——专制的代言者、自由

---

① 迈斯特尔、波纳德这两位先生已确凿不移地证实：自由和教会、大革命和基督教之间是不可能取得任何和解的。另外请看本书第一卷的导读部分。——原注

的敌人。既然身份已亮，它就索性要求彻底恢复国王专制权力。有人无意间拿到庇护六世的一封信，并将其刊登出来。庇护六世以为路易十六已经成功脱逃，在信中向他表示庆祝，庆祝他重新夺回了专制的权杖。

所以，议会有罪，因为它同时冒犯了上帝的两个代理司铎——国王和教皇，因为它从两方面否认了教皇和国王的绝对正确性、否认了教皇和君主这两个上帝的化身。

那些对国王忠心赤胆的，那些为教士尽忠竭力的，其实就是一拨人。这才是一个始终不变的问题的实质。

谁都想不到，在这场无声、可怕的迫害中，大革命看似是迫害人，实际上却是受害者。也就是在这个时候，我们才能发现：和各种玩弄法律的背后小动作相比，法律能约束住的东西是多么有限。信教的保皇派社团自是不放过任何机会和话题，在那里明嘲暗讽地对新理念的拥护者说："哎呀！你看吧，它可在保护着你呢！法律可是向着你的呢！把它当个宝贝好好捧着吧！"对没有工作的劳动者说："我的朋友，把法律接好了！它能给你口饭吃呢。"对穷人说："愿法律帮助你！"对商人说："愿法律能卖钱！……什么？它就看着你饿死？好吧，那去死吧。"

多少桩定了的好姻缘彻底破裂！多少个家庭至死不相往来！蒙泰古家族和凯普莱特家族之间的世仇故事被多少次重演，成为多少罗密欧与朱丽叶之间逾不过的障碍！许多结婚的也以离婚收场。妻子在半夜起身离床，丢下夫妻共同的家，赤脚出走，丢下孩子在后面哇哇大哭……

礼拜日，在教堂打开大门时，妻子就离家到两三里外的某个地方寻自己的教会，那里也许是一个谷仓或一片荒原，前面立个古老的十字架，叛乱的教士就在十字架前做弥撒、喷溅仇恨的毒汁。我们简直无法想象，这些可怜的生灵被煽动到多么激动的程度、在荒野魔鬼的毒气中变得多么凶狂。有天早上，在佩里戈尔某个不知名的小村庄里，一群女人手持斧头，跑到一间已被查封的教堂，劈开大门，敲响警钟。国民自卫军连忙赶来解除了她们的武器，还对她们宽大处置。被捕的十三个女人中，有十二人已经怀有身孕。

1791年5月31日，一条居心叵测的训诫从旺代发出来，随即传遍了法国上下。经它教导，教士们掌握了狂热思想的运作机理，再拿它去操纵愚人和疯子。当地的灰衣修女将这条训诫秘密传到各地。她们都是来自灵智修女会的危险分子，辗转在一个个医院之间，一边照顾病人，一边传播内战的恶疾。该训诫的主旨，就是在宣誓教士和未宣誓教士之间画出一条严格的清洁带。这一招在人民中引发恐慌，生怕自己染上精神的瘟疫，尤其在举办葬礼时。哪家若有人故去，都是门窗紧闭，神圣的教士在晚上才会进来，在跪成一圈的家属中间念着往生词为逝者祈祷。然后，家属才能将逝者抬进教堂墓地。可他们满心抵触和恐惧，走到教堂门口就停下来了。若是宣过誓的教士来引领送殡队，死者父母便泪流满面地避闪到一边，绝望地看着自己逝去的孩子受着诅咒的祈祷。

到了后来，这道私底流传的训诫甚至不允许人们把死者送到教堂。它说："除非由从前的神甫安葬死者，否则亲朋只能将其偷偷埋了。"语气何其专制、可怕、冷血和残忍！一个叫扬格（Young）的人不得不在夜里亲手埋掉他的女儿，他浑身发抖地抱着冰冷的尸体，挖出一个土坑，把土掩在她的身上（天啊，此事单想想都令人心碎）。而这幕惨不忍睹的场景，却在法国西部的荒野和树林中无数次发生。它每上演一次，人们的恐惧就会增长一分。这些普通人害怕，害怕可怜的死者没得到临终祝圣、被俗人的手埋进大地、永世不得超生，害怕不幸的亡灵从此将在黑暗中永受炼狱之苦。

这一桩桩怖事该找谁声讨呢？是严酷的法律？还是不宽容的议会？不，完全不是！议会根本没有拿出任何宗教信仰来做牺牲。

不，这个伟大议会的诟病之处，不在于它对宗教不宽容，而在于它一边颁发法律、一边又疏于教化民众。这么一来，它怎能得到人们的理解？又怎能拨开云雾，让人民大众摆脱有人刻意制造的愚昧和隔阂？又怎能彻底澄清地把语意含糊的要紧地方解释清楚，以防教会借此继续到处煽动民心？

最典型的例子就是"constitution"这个词的两个不同意思被混为一谈，发誓遵守《国家宪法》（*Constitution de l'état*）的公民誓言和发誓遵守《教士民事基本法》（*Constitution Civile du Clergé*）的宗教誓言被人说成了一回事。教会这般混淆视听之后，就给议会栽了个"不宽容"的罪名。直到今天，仍有许多人分不清两者之间的区别，把这个误读拿来当作控诉大革命的主要依据。

1791年7月、8月，让索内①和加卢瓦②这两位特派员被派到旺代和德塞弗勒，给那里的农民解释了议会的法令内容。农民们听了他们的话，无不大吃一惊。这些贫苦百姓对理性的声音绝不抱着掩耳不听的态度，相反，他们很高兴特派员能反复对自己耐心解释。特派员说："法律绝不会限制人的信仰，每人都可自主决定自己信什么、去听他想听的弥撒、去见他信任的教士。所有人在法律面前一律平等。法律只要求不同宗教之间能彼此包容、和平共处，除此之外，不会再有其他任何强加的

---

① 让索内（Armand Gensonné，1758—1793年），被选入立法议会和后来的国民公会，属吉伦特派，1793年在巴黎被处死。——译者注

② 加卢瓦（Jean-Antoine Gallois，1761—1826年），法国文人、政治家，曾被选入立法议会，后在拿破仑帝国时期曾担任保民院主席。——译者注

义务。"又老实又善良的群众被这番话打动了,诚恳地对自己先前触犯法律的行为表示自责和悔过,表示以后定会尊重国家派来的教士,然后"满怀对和平、幸福的憧憬",高高兴兴地离开了。

啊!多么善良的一支民族啊!他们只想获得光明而已,但教士却残忍地把他们禁锢在愚昧的黑暗中,把一个和教义毫无关系、纯属政治层面的东西硬扯到宗教信仰上,扭曲了这些容易轻信于人的可怜人的灵魂,让世上最优秀的一个民族被仇恨带到了歧路上,把他们变成了杀人犯和野蛮人。多么可怕的罪孽啊!这些教士将被永远钉在耻辱柱上!

但制宪议会不也有错吗?它没有想过,若不以教育为辅助,立法体系是孤掌难鸣。大家应该清楚,我这里指的不仅是成人教育,更是孩童教育。

制宪议会是18世纪的新产物,且和它所处的时代一样,以抽象的经院哲学为主流思想。它喊了无数口号,却从未想过在抽象思想和实际生活之间建一个过渡区。它凡事想得过于宏观和绝对,完全不具备立法者当有的基本素质,也就是我常提的**教育意识**。唯有有了这一意识,它才能想到多层次、多途径地展开普法教育,让人民大众知法懂法。若少了这些准备工作,法律只会煽起不安分的火苗。信仰是法律的支撑,少了它法律就成了一条腿走路的瘸子。但靠什么去播种、培养和树立信仰呢?靠教育。

在这里,请允许本人重述一下我在1848年2月3日和10日在课上讲述的内容:"我们的立法者认为教育只是法律的补充,直到大革命的最后时刻才去做这项最要紧的奠基工作,可他们本应在最开始就着手此事才对。就在提出政治的信经——《人权宣言》之后,他们就该马上用鲜活的人去构建法律的基石,利用集会、报纸、学校、戏剧、庆典等各种渠道使人们接受和树立新的思想精神，使大革命深入人心，使全民上下都对法律印象深刻。如此一来，法律超前于大众思想的事情根本就不会发生。那时，法律就不再是某个脸生的陌人，而将成为四处的座上宾；那时，它路过的每家每户都会烛光高照，所有人都会热情地把它迎进家中。

"法律若没经过任何准备，没得到任何事先的认可，就只会被束之高阁，落得和被它取代的旧法律一样的结果。无论这部法律有多人性化，在受惊的广大群众眼里，它就是一套强加的枷锁。它想用蛮力去犁一块不曾开耕过的土地，那肯定只能在表层一顿浅翻。"

且不说法律贫瘠无产，它都和自己的初衷背道而驰了。莫说什么教育，它反而引发了一股反教育的逆流，由此造成两个恶果：

首先，盲目轻信的普通百姓被来世之说给吓住了。他们越是害怕，就越是凶残。他们变得凶戾不仁、嗜血成性，视人命如草芥。去死吧！对一个会让他们的灵魂永受地狱之罚的敌人，杀死他都不足使他们泄愤！

其次，人们面对狂热的煽动，理应心生谨慎才是；可如今他们反被煽得抛下一切顾忌，一时间忘了个人利益，成了大革命的敌人。他们甚至觉得自己的仇恨无关利益，无关大革命给他们带来什么物质损失，纯粹是为了上帝。以旺代人为例，纵然他们辛苦放牧得来的钱全都得交给领主，可看到自己高贵的领主负债累累，破产的破产、流亡的流亡，他们却拿起了火枪。为什么？为了找回金钱上的损失？不。（他们说）**为了让他们仁慈的神甫回来**。在布列塔尼，人们通常会把家中一两个孩子送进教会，所以他们对大革命的仇恨有着世俗的原因；而阴险的教士通过煽风点火，让他们觉得自己之所以憎恶新制度，纯粹因为它冒犯了教会，因为他们的上帝被驱逐、被流放到了不毛之地。

就这样，人们在反抗大革命的行动中，糊里糊涂地掺混进了狂热思想和世俗利益。后面这两大动机是无法长久维持的：在新的启蒙思想的洗濯下，狂热思想终将瓦解；利益在许多时候也抗不过良心的拷问。但现在，它们三个却交错混为一体，玩弄移花接木、偷张变眩的手段，大有不可摧毁之势。

在持久度方面，革命的热潮似乎比不过天主教和保皇派的狂热思想。前者的宗旨是涤秽布新，而后者却依托于一套代代相传、积重难返的旧习规俗。虽然曾有好几辈人心怀革命的火种，国民议会和全民上下中的几个思想阶层也曾或长或短地积极于革命事业，但这热血后来终是冷了。有些人仍在坚持，他们心怀不灭的热情和不易的信念，革命之志始终不渝。但这种人终归是少数。如果革命全得靠一小群英雄来坚守，那它必会招损。

所以，大革命若想延续下去，就应该学一学反革命，不要以人心为单一的支撑点，因为人心易变。它应以利益为切入点、以财产为手段，把无数家庭的命运和大革命事业死死绑在一起。

制宪议会拍卖国有财产，就正想达到这一目的。这些财产先由国家分给市政府，再由市政府转卖给个人，但如此一来进展十分缓慢。最初也许也有人想恶意地赶跑购地者，便把修道院等不适合个人使用的大型不动产拿来拍卖。直到后来，一些更卖得掉、需求量更大的地产——例如林地和田亩——才进了卖场。

但惴惴不安、又打着自己的小算盘的农民，基本上都不愿意直接从市政厅手中购买国有财产。他们和邻居三三两两一起前来，若看到某个当地的检察长、事务官，甚至是前地方督办或总管，便说："哎呀！这位先生，您不买点？买吧！我们都在等您买下这块土地，然后再从您手里分买一小块呢。"

这话看似是无心之说,实际透露了农民们的真正想法:"买吧!等流亡贵族回来了,你们都会被吊死。可对购买下家,他们却是无可奈何。直接购买的风险太大,除非我们一群人一起买块地,再一小块一小块地把它给分了。"

前督办或总管什么也没回答,只摇了摇头。其实他们基本上都有买进,但并不急着转手卖出,想再观望看看。如果革命胜利,他们可以继续持有土地,也可以将其分批卖掉,这是稳赚不赔的;如果最后反革命赢了,他们也可以把早就准备好的一套理由搬出来:"我买这块地皮是为了保住它、让它最后能物归原主。"

但最大的买家群却更敢冒险、更有主见,他们决然地冲进革命的洪流,毫不犹豫地孤注一掷。阻拦他们的只有一件事:虽然国民议会为购地者提供了各种便利,但它把首笔支付的限期设得太近了。买主须得先是购买地产、寻找下家、转手卖人。再从下家那里拿到一部分钱来支付首笔付款,可他们根本就没有时间进行这一系列操作。

所以,纵然当局提供了诸多便利,但这桩大行动依然流产。对此,反革命派当然很是幸灾乐祸。他们曾对米拉波说:"你们不可能卖得掉国有财产……"据说米拉波的回答也很干脆:"行!那我们就白送。"

到了1791年3月24日,成交量只有近一亿两千八百万法郎。议会把购买截止时间推延到了5月,但时间仍是不够。4月27日,议会意识到了这个问题,然后把时间又后延了足足八个月,把最后日期截至到了1792年1月。这一安排甚是巧妙,并产生了难以估计的效果。它为挽救和巩固大革命所起的作用,是同期其他任何政策都无法比拟的。仅仅在五个月时间里,不可思议的事情发生了:拍卖成交量骤升到八个亿!8月26日,委员会给议会提交了一份报告,宣布国有财产拍卖总额已经达到了十个亿!

在此之前，议会给出的一系列优惠政策都没能让人下决心出手购买。而现在，他们甩掉了法律上的一切限制，不再受佃租、财产转让手续的束缚，省去了债务、回本、启动金的麻烦。但这仍不足以解释拍卖额为何会突然骤涨。地产交易中有一个死亡魔咒，那就是**死手让渡**①。几百年来，它把地产变成一个无活力、无产出的死物②，如今威力犹存。可议会的一个举措就把这个魔咒打破了，财产终于走出高塔、活络地流通在一只只手中。这个举措，就是追加九个月的宽限期。有了这九个月，分次、分批转卖财产就便利了许多，人们也有更宽裕的时间从下家收回一部分资金了。

《比尔尼茨宣言》这封各国君主对大革命发出的正式威胁信，发布于1791年8月27日。而就在同月的26日，财产让渡委员会才出具报告，宣布了一个意义重大的消息：拍卖金额飙升至十亿法郎。人们终于明白革命已是箭在弦上，它将狂暴却不失稳健地穿透大地，不再只触及国家的表面，而将深入最内里的地方。从此大革命将一往无前、势不可当，无论欧洲君王想做什么或者做了什么，都再拦不住它了。

而这次拍卖意味着什么呢？意味着一大群人将他们的财产投进大革命事业。投进去的不止财产，还有他们的生命，以及比他们生命还要重要的东西——他们家人的命运。

对他们和他们的家人而言，选择在1791年购买国有财产，这绝非是

---

① 即地产不可转让的规定。对个人而言，它指中世纪法国的佃农生前可在领主许可下自由支配他的土地，但死后其地产归领主所有，而非其家人继承，该规定在1790年被议会取消；对教会、医院等团体而言，由于这些团体永久有效地存在，所以它们的财产也不受死后让渡条款的约束，而是永远归这些机构所有。——译者注

② 教士虽悉心培育出了某些高端葡萄品系、打造了某些知名的葡萄园，但他们在种植领域仍被过誉了。教会在地产管理方面存在两大自相矛盾的缺陷：变性和惰性。变性是指：由于神职可被让与，神职人员更换频繁，所以佃农会遇到许多令人头大、没有定数的事；有时由于圣职换人，他们就会在一夜之间一无所有。惰性是指：这些机构虽然收入已远超生活所需，却毫无活力，也不尝试进步；18世纪建立的许多宏伟却无用的修道院确凿地表明：修道院钱已经多得无处可花了。许多修道院僧侣人数稀少，例如，在可容纳一千僧人的圣旺德里修道院里，实际上只住了四位修道士。这些机构如此懒散、疏于管理，那它们对种植业漠不关心，自然也就不足为奇了。——原注

件毫无风险的事。讥讽、侮辱、暗地里的威胁，和他们如影随形。大城市情况略好一点儿，因为那里邻里之间彼此不熟；可在小地方就不同了，购地者的境况几乎糟糕到无以复加的地步。迷信、仇恨、众人的恶意组成一个诅咒之圈，让他们难以逃脱。他们身上发生的一切不幸都被归为上天的惩罚。他们的孩子生病了？是上天的惩罚。妻子流产了？是上天的惩罚。他若遭遇不测，大家甚至还会赞美上帝。在一个离巴黎三十多里地的小城镇，城中有座大教堂的拱高一直以来都摇摇欲坠，严重威胁到四围房屋的安全；之后，一个泥水匠把这座教堂买下并拆毁；没过多久，他从一座脚手架上摔下身亡，全城人闻讯后居然点火欢庆。

面对四面的恶意进攻，购地者相互抱团、紧紧站在了一起。买下国有财产的这个举动成了一个明确的信号，帮助法国大革命支持者认出了彼此。他们把自己的财产和性命都放到共和这艘船上，从此休戚与共，一荣俱荣、一损俱损。

6月21日惊天的瓦伦事件、外国的威胁，只证明了他们对大革命未来有多大的信心。他们没有怨天怨地，仍是泰然自若的样子。就在21日，他们还高价买下了巴黎圣母院的三栋建筑。接下来，圣罗曼人也开始拍卖财产，并在和平的气氛中全价卖出当初阿尼巴尔（Annibal）在圣罗曼城门口扎营的那块土地。

议会领导人正在为如何传达保皇主张而在议会忙得焦头烂额，读到8月26日突然交上来的这份报告后，他们对这场大型拍卖活动开始心生担忧了。出具该报告的让渡委员会也是慌了手脚，面对由它一手创下的成功，变得缩手缩脚起来。它宣布放弃职权，想让行政权来负责此事。他们以为这样就能阻拦大革命的步伐？真是天真。由一个信教的国王来处理拍卖教会财产的事宜，由一个形同虚设、近乎瘫痪的内阁去负责具体操作,那无疑是在公告天下:你们可以不用再挂记着加快拍卖进度的事了。

委员会和议会突然退缩,试图阻挠拍卖进程,甚至在开倒车,这说明了什么?说明他们在恐惧,害怕会碰到某个可怕的东西。他们以为自己走在一条平安大道上,却突然发现前方路面上隐隐露出了刀剑的凶气。

他们的恐惧可以用一句话来解释:雅各宾派变成了购地者,购地者变成了雅各宾派。

我们通过数据,来看看这两个动作的势头有多迅猛!

从4月到8月,国有财产拍卖额达到八个亿。总拍卖额多达十亿。

从8月到9月,新建雅各宾社团多达六百。加上先前的四百个社团,9月末,雅各宾社团共有一千多个。

这些社团之所以可怕,不是因为它们增长迅猛,而是因为它们具有新的特点。它们丢弃了自己原来的东西(非要我说的话,就是那种学究气的、隐隐有点哲学性的东西),变得严肃、粗粝、唯目至上了。它们摒弃了温和派和摇摆的革命派,摒弃了对大革命心生厌倦的那群人。取而代之的,是两群尤其激进的人。

一群人是钻营于利益的生意人,他们在这场危险的投机活动中下了血本,所以狂热地关注着事态动向,如秃鹰一般死死盯着大革命的乱局。不过投机分子这种火中取栗的贪婪心态,倒也为思想事业做出了贡献。

另一群人是纯洁、热血的爱国者,他们以精神追求为上,藐视物质利益,咬牙接受了为大革命续命的必需条件。他们认为:若要击退教士的无数阴谋,就必须建立雅各宾裁判所,同时还得启动另一个救命方案——征收教会财产。买下教会财产、将其一再切割,这就意味着他们决心要和反革命派死战到底了。许多人都在冲动之下买下教会财产,而且觉得买多少就能证明自己的爱国之心有多少。那危险犹如诱惑一般,让他们如飞蛾扑火般奋不顾身。他们想在必要时刻和大革命同死共穴，却没想到自己因大革命而意外发家。他们就像库尔修斯①，义无反顾地投进命运的深渊。

许多人买下财产，因为他们觉得这是自己的分内之事。为人正直、生活简朴的康朋在1796年曾说：他花了六千里弗买了块地，以三千里弗的价格售出。他在蒙彼利埃附近买下一块国有地产，觉得身为爱国者理应如此。康朋后来在巴黎成婚，妻子的嫁妆也是块国有地产。

就这样，新的思想体制终于打下了坚实的基础。这个基础，就是一大群被信念和利益连在一起的人。他们的爱国热情既建在思想中，也筑在土地上。他们的物质生命、精神世界、他们的一切，全归大革命所有，革命若是没了，他们就一无所有了。这个群体构成了革命的坚实核心，空想家、感性的人以及一时兴起者则在革命的外围游荡——有些人热心了六个月，有的人是一年；有的人半途放弃，有的人坚持了更久时间。

后面这群人如起落的海潮，而前者却似海上的巨舰。他们很清楚自己无所怙依，只能停靠在大革命的港口。与此同时，他们在这艘大船的掌舵人面前又全都顺从无比。这群来自不同阶层的庞大群体受着激情和利益的主宰，可在狂暴的同时又如此听话，也真是令人称奇。可那个掌舵人是为了自救和自保，才在狂风暴雨袭来时站在方向盘前。他什么都懂、什么都做，凡事独包独揽，根本不和引水员商量。

我们现在所在的1791年秋，正是购地者和爱国者组成的联合大军在农村行动的关键时刻。

这一刻是历史上的一个里程碑。1790年，什一税和领主特权被取

---

① 根据罗马历史学家李维（Livy）的记载，罗马城中曾出现一道巨缝，圣人预言如果不献出强大的祭品填住裂缝，罗马共和国将会灭亡。于是战士马尔库斯·库尔修斯（Marcus Curtius）跳了进去，裂缝随即闭合，罗马共和国得以保全。——译者注

消，农民初尝到革命的甜头，个个欢天喜地、无所顾忌地接受了革命的好意。

到了1791年，大革命主动向农民走来，要把教会财产送给他们。可他们却在犹豫和观望。他们的妻子害怕得夜不能寐，夫妻俩日日夜夜都在商量怎么办。这群老实本分的劳动者比人们想象中谨慎得多，从没主动替自己争取过什么。仁慈的上帝啊！他们的谨慎，已在好几个世纪里、通过令人惊叹的坚忍品质得到充分证明。现在，他们仔细琢磨一番后，终于明白过来一个事实：只要法律许可，这笔教会替穷人保管的财产就可以回到穷人手中了（而且完全不需要和教会商量）。当然这不是天上掉馅饼，这笔财产不是赠予、而靠售卖得来，拍卖筹到的钱将拿去支援最神圣的事业，去填补亏空、还清国家欠款、保护和拯救法国。

这场运动——**耕者陆续购进土地**，土地和劳动者之间实现神圣、合法的联姻——绝非一件史无前例、前所未闻之奇事，早在中世纪就有发生，人们不过是以合法的手段重启了这个运动罢了。没错，我说合法。啊！这个词在这里具有多么深刻的含义啊！耕者从没想过白得块土地的事，他付出超人般的不懈努力，攒钱一点点地买下块地，实现他平生所有的夙愿和不懈的奋斗目标。他对土地的渴盼是如此执着，就如《圣经》里的雅各，先苦苦服侍了拉班七年，却只娶来利亚，后又苦作整整七年，才娶到了他想要的拉结。

我已经提过，这场以正当合法的手段获取地产的运动曾被多次野蛮叫停。在16世纪，阻止它的是封地领主；到了17世纪，宫廷贵族又成了它的最大阻力。感谢上帝，大革命这位农民的慈母终于斩断了阻碍的锁链，重启了这场伟大的运动。现在，再没人拦得住它了。

1738年，一个法国哲学家曾为土地事宜咨询了多位地方督办，发现外省"农村的短工几乎只有一小块菜地、葡萄园或一丁点儿地皮"。好了！现在，大革命的首要目标就是扩大这一小块菜地，把它延长开去，创造有利条件让诚实的劳动者获得土地。①所以，大革命既是施善者，又是所有人的朋友和救星。它在世间掀起一时的骚乱，只为建立永久的和平。

在向农民发去土地邀请函、实现农民和土地的结合的同时，大革命还让他们过上了另一种生活。农民们要想拿到买地的钱，最普遍、最可行的法子就是娶个女人、得份嫁妆。唯有关系到终身大事时，年轻农民才能让老人打开钱柜、掏出几块私房钱。如此一来，一大批农村家庭蔚然登场了。农民正因为信得过大革命、信得过大革命交付给他们的抵押地产，才会站出来。

就这样，我们的大革命走上了强大、经久且不朽的路。虽然它时有减速，却从未停下往前迈进的脚步。现在，它不仅踩在城市松软的流沙

---

① 虽然勒鲁（Leroux）、普鲁东等人对此存有异议，但我在《论人民》一书中（《农民》那个章节）陈列的确凿事实却是不容置喙的。大家大可以核查事实，看我所说是否当真。感谢上帝，法国没有变成第二个爱尔兰。这些学者根本就不了解法国；即便是那些了解商铺作坊经营模式的人，也只看到法国变动不居的成分，只看到这个国家消长无定的表象，却没发现其永恒不易的内质。这些人永远只盯着城市和它的净收益，完全不知道农村地区贡献了多少毛收益出来。他们全然没留意到农民家庭，完全忽略了我们刚提到的小菜地，觉得这些都无关紧要。我很怀疑，即便我们把国家交到这些人手中，他们也成不了事，反会让法国和他们也充分证明了这一点）。

他们的观点是：那些把我们贫穷、混乱又无计可施的现状夸大了的危险盲论，最好让欧洲听到，否则它会对法国起轻慢之心。但即便欧洲不信旁人所言，它也有长眼睛，总会发现法国再不复昔日的强大了。外国人津津有味地读着这些耸人听闻的书，对里面的每字每句都坚信不疑，为我们经历的这场社会战争掬一捧泪，觉得我们普遍受其所苦。但请不带偏见地去看看吧，你们终会发现，这场战争固然危险（因为它本就发生在最危险的地方，例如巴黎、里昂），但也仅限于三四个城市中。而且在这少数几个城市里，参与人也是极少数，其人数和法国广大人民群众相比简直是沧海一粟。广大和平群众不断受着这少数人的挑唆，也只在一旁讶异地看着他们上蹿下跳，不太明白他们为何闹事。

这些人竟以如此轻率的态度，去探讨一个这么严肃的问题。他们的论述部分就像高耸入云的巴别塔，纯靠某些不实的传闻和虚假的数据才被撑了起来。他们的一整套理论都是建立在虚假数据的基础上，例如地产者人口数据和被切割的地产所占比例便是捏造出来的（根据当时的数据统计情况，他们根本不可能得到精准的比值）。这群被绝望和仇恨冲昏头脑的预言者还得到了另一个令人生疑的有问题的数据（抵押不动产的估值为一百二十亿），还一再强调其真实性，仿佛它是个不容置疑的公理似的。我从不曾采纳这套数据。因为我知道，抵押财产登记簿大部分已经遗失。了解农村地区的人都知道，每当农民得为一个不能给他带来收益的东西掏钱时（例如注销抵押），就在那里磨磨蹭蹭、百般不情愿。而且即便他们真让公证员注销了抵押权，那也得把附带的某笔债务或某个帐户一并结清。农民们在自家耐心等着，心想抵押权总会随着时间推移而自动作废。所以许多抵押地产仍是登记在案的状态，被当成真实有效的数据统计，成了那一百二十亿抵押不动产的一员，然而它们本身是没有任何意义的。此外，他们还加上了妇女和儿童账下的抵押产，这可不是笔小数目，但它是保障性抵押，而非债务性抵押。1848年，同样也是9月，财政部长正式公布了办公厅出具的官方统计数据，说："（为债主带来赢利的）债务性抵押产实际已减至三十亿七千法郎，而且该数据已扣去了为卖方带来收益的登记地产。"就在此次会议中，前任部长没有扣掉这个部分，得出的债务性抵押产值也仅为四十一亿。不论如何，我们可以肯定：如果一百二十亿这个数据真的属实，再加上哀叹人间已成炼狱的悲观者罗列出的数目大得令人咋舌的赋税，还有各种另加的杂税，法国的土地早就无人耕种、茅封草长了。——原注

上（唉，城市啊城市，它时而坚定、时而软弱，时而建造思想、时而摧毁理念），更站在了土地上，站在了生于斯、死于斯的那群人的血肉之躯之上。那里才是长流不息的法国的精魄所在，这个法国没么明艳闪耀，没那么好动不安，如磐石一般靠自己稳稳地站着。任世事沧桑，它自风雨不改。千百年来，它传承着同样的血脉和思想。可如今，如一切由自然伟力带动起来、而非受激情刺激所致（因为激情总有消退的时候）的改变一样，这个法国在一股不可察觉的力量的潜移默化之下，慢慢前进了。不管过了一百年还是一千年，它将始终完整和强大下去。不管是今天还是将来，它都会一边思考、一边耕翻着脚下的土地。而我们这些如夏虫般朝生暮死的城市人，却将把我们的制度和骸骨一道葬在遗忘之国中。

我想就制宪议会再说一句，最后一句。我们似乎完全把它给忘了。而在它的最后生命里，它似乎也把自己遗忘了、放弃了。

它宣布推迟两项意义深远、堪称重中之重的工作——开展教育、修订民法，可少了它们，议会的政治成果就成了摇摇欲坠的空中楼阁。

它在教士那边不敢做出任何决定，甚至还把特派员根据在旺代考察之后写的那份报告也丢到一边，不管里面的内容多有启发和洞察。在对抗教皇时，它的手段和历代君王采取的措施并无二致，即合并阿维尼翁（9月13日）。我们马上就会讲到这件事。

在倒数第二场会议中（9月29日），议会想对俱乐部采取严厉措施。它禁止各俱乐部以集体名义进行请愿，虽允许它们讨论时事，"但不能宣称自己是合法权力机关的监察员"。可这么做完全是徒劳无益的。各个权力机关和议会一样摇摆犹豫。一副支离病骨之态，在大革命的敌人面前只能延颈就缚，议会对此却无能为力。它们要么覆亡、要么被俱乐部所救，已无他路可走。

法令附加的这份训诫，写得含糊躲闪，对俱乐部大唱赞歌，然后表达了希望俱乐部之间不再有任何往来、只在组织内部展开行动的意思，却不敢明言禁止俱乐部相互合并。可就在那个时候，那一千个雅各宾社团已经合为一体，而且其中六百个俱乐部才刚刚诞生！

所以，在分裂法国的两大阴谋集团——教士和雅各宾派面前，议会不敢采取任何实质行动。它对前者只能沉默，对后者也只敢轻声嘟囔几句，一边迎合它，一边威胁它。它是发话了，但那话却如死者的遗言般微不可闻。

9月30日，国王关闭大会，假惺惺地表达了对议会闭会的惋惜之情。主席图雷对参会人民说了如下这句话："制宪议会正式宣布：它已完成任务，现结束任期。"

论此书的创作方法和思想

　　本册含两卷，其中每一卷都花了笔者十个月左右的时间来撰写。要说书的主体和高潮部分，便是法国以为一切云开日出的那段美好时光，即1790年7月14日于战神广场上举办的最后一次大联盟。就这样，我们这段历史满载着希望和悸动，实现了灵与心合为一体的最高梦想。然后，沉重的现实引力把它从理想的高峰拽了下来。写到1791年9月21日时，本卷戛然而止。就在那一天，人民这个天真的、惨遭监护人抛弃和背叛的孩子不得不成长起来，第一次尝试着去治人：立身为人，就意味着约束自己。

　　本册的第三篇和第四篇主题迥异。在这段时期，历史起了陵谷之变，其迅激突然，在无常世道中也实属罕见。但这绝非偶然，它既关乎时局存亡，又是大革命的命运转折点。所以本书才设了两个主题、两层色调、两种气氛：一个闪烁着希望的光华，另一个充满紧张、激烈、阴郁的色彩。这使人想起某些专家提出的巴黎照明方案：建两座电灯塔，用它们朦胧的光线去照亮夜里最幽暗的街角，同时又能把某些地方的灯光衬得更加明亮。我的书也采用了这种架构。两侧的两座照明塔，一座是联盟日，另一座是雅各宾和科尔得利俱乐部。这两个主题占据主导地位，且无处不在。即便它俩在某些章节中看似退远了，但最后势必会回来。即便它们有时隐而不现，可我们也能在文字中感受到它们迥异的反差色调：有时是欢乐的篝火，把一切照得犹如白昼；有时是壁炉中一团阴幽的炉火，纵然照亮了四围，也只把夜色衬得更加浓厚，把暗影照得更加吊诡。

可在我们看来，无论欢乐还是悲伤、光明还是黑暗，历史仍是条平直的大道。我们顺王道而行（我们觉得它指的就是民道），不转头走那些玩小聪明的人才走的充满诱惑的小径，只朝着一盏定定燃着灯光的方向径直前行。那盏灯一直照在前方、不曾离去，并和我们赶路时举着的火把燃着相同的火种。我们生于人民，也要归于人民。

此乃吾心之所向。但正念不就是人最强大的武器吗？无论个人在这一巨型工程面前是多么微小，但我们合力推动，总能使它前进一步。虽然这一工程只有雏形，但在高楼平地拔起之前，我们各位史学同僚可先将它的承重地基打牢。是的，把它放心交给我们吧，我们将非常乐意伸出援手、用一己之躯把它扛起来。

我们唯一在行的就是先行而动，耐心地积累作品和时间。有些工作别人方才开动，但我们这边已经装好最后的顶饰了。我们已钻研了十年的古代史、二十年的中世纪史，对近现代史的架构根基也已做了许久的思考。和随便瞥一眼的人相比，我们也许更能判断出哪里地基稳固、哪里摇摇欲坠。

我们愿意倾囊相授，向后人指出哪些东西最不会骗人，那便是最被年轻学者所轻视、却终得到颠扑不破的真理的证明的地方——人民深信的故事。

这些故事总体为真，虽然细节上添了一些为历史不接受的异闻奇谈。但奇谈也是一种历史，是人民脑中和心中的历史。

在卷一的10月6日事件里，有一处明显就属于这类奇谈。但我们绝不认为人民在撒谎，他们只是相信自己用内心那双眼睛看到的东西罢了。

剔掉这类添油加醋的文字后，人民相信的故事中——尤其在关乎历史定论的地方——就唯剩正确、真实的成分了。

在高深的学术研究、专业领域和分毫析厘的细节工作上，我们可以自信满满，但我们不能因此就对民间奇谈心生轻慢。我们不能随随便便去改动这些故事，或者把它推翻重造。学富五车的学者们啊，要说天文、化学等学科，还请你们对人民好生教导；但在关乎人的知识领域里（人，指的就是人民），在涉及他们的历史、精神、心灵和名誉时，还是大大方方地请他们来当老师吧。

我们这些人将**书籍**奉为圭臬，书若沉默了，还有**手稿**资料当我们的得力助手。但即便如此，我们也绝不能忘记：在下任何历史定论之前，别忘了先去听一听每个**口头**传闻的声音。

在我们看来，它并非是指涉及当时某些要员的相关证据，这类证据大多和历史大有关系，可以给我们提供确切的信息。我说的**口头**传闻是指民间传奇，是指人民口口相传的奇谈，是指所有人都在讲述的故事（这里的所有人不分城里人、农民，不分男女老幼）。无论在夜晚村子里的一座小木屋里，抑或是旅途中一个歇脚的赶路人口中，你都可以听到这类故事。他一开始跟你扯天气，然后聊到世道多艰，再谈起帝国时代、大革命时代……请留意他的观点。有时他会在某些地方说错，甚至压根不知道许多事的发生，但他绝不会把张三说成李四，也很少错判谁。①

有意思的是，在众多历史人物中，离他们最近的那一位，他们曾亲自见证和接触过的那一位，也就是拿破仑皇帝，其传奇故事反被夸张和歪曲了。人民在评价其他历史人物时往往都持一致看法，可说到拿破仑皇帝时却基本上难下定论。两个东西干扰了他们内心评判天平的平衡——一个是荣耀，一个是厄难；一个是奥斯特里茨，一个是圣赫勒拿岛。

历史人物的许多事迹，已被世间风尘所遗忘。要挖取他们的行为细节，奇谈传闻对此无能为力。但若说到人物性格，全体人民（或者几乎全体人民）都能得出一个盖棺论定、精准到位的思想评价。

我请你听听下面这项调查结果，参考一下形形色色各种人的意见吧。不要仅仅去听工人的话（现在里面许多人都是文化人，而非人民出身了），不要仅仅去听女人的想法（她们有时会因同情心而看错事情），而要去听听不同年龄、不同性别、不同地位的人的心声，然后抛繁去杂、得出总体结论，这才是你要寻找的东西，这才是人民的历史教理。

是谁引导了大革命的发生？伏尔泰和卢梭。是谁害死了国王？王后。是谁开启了大革命？米拉波。谁是大革命的敌人？皮特和科堡②，朱安党人和科布伦茨③。还有呢？还有英国佬和天主教教士这帮狗崽子。是

---

① 这绝非是在反驳我在第四篇第十章中表达的观点。那里谈的是公众，这里说的是人民。我若在这里解释这两者的区别，那是在侮辱我们读者的智商。——原注
② 德国巴伐尼亚州的一座城市，是第一次反法联盟地。——译者注
③ 位于摩泽尔河与莱茵河交汇处的一座德国小城，在法国大革命时期是保皇派和流亡贵族的反大革命中心。——译者注

谁毁了大革命？马拉和罗伯斯庇尔。

这就是人民的口传，也可以说是整个法国的口传。请别理会某几个刻板的作家、某些会识字的工人的一家之言，这些人深受两个思想制度的影响，又被某家报纸洗脑长达二十年，已经和人民大众脱节了。可他们只是分布在巴黎、里昂等四五个城市中的少数几千人罢了，和四千四百万人相比，简直渺若尘埃。

上面的历史教理的一问一答，是所有农村人的回答，也是大部分城里人的回答。不对，不应该说"大部分"，应该说是"近乎全体"。

如你给出了另一套答案（伏尔泰和卢梭没有做出什么贡献，国王的下场和王后无关，教士和英国人并非让大革命深陷灾害的罪魁祸首，等等），那就是在和整个法国错逆而行。

也许你会说："我们都是一群博学的聪明人，比法国更了解法国。"

若真有人如此一意孤行、誓要和人民唱反调，那我也是惊得无话可说了。在我看来，这段历史是人民的亲身经历和深刻遭际，是由他们创造而成，所以他们自然有资格去质疑某些专家学者的看法。真要我说的话，这些人简直是一派胡言。诸位有文化的先生们，别去强改人民的想法吧，这已成了他们的一份财产，他们只想安守着它不放。诸位先生，你们想不到这份财产有多重的分量。这是他们的精神遗产，是法兰西精神不可或缺的一部分。这段历史让人民付出了血的代价，而这份财产就是对他们的莫大补偿。

人民凭经验得出的某个公理或谚语，绝不是随口一说。一提起1793年的政治救国，人民就一句话：血没少放，病倒更重。

即便不凭经验，他们根据常识也知道：以毁灭为手段的救赎，绝不是救赎。

在公安委员会后，法国已经完了。它已槁形灰心，落到任人摆布的地步。

现在，诸位学识广博却一意孤行的先生，你们何不把自己的想法念给这支善良的人民听一听？你们大可以告诉他们："天地自然，生死互渗，本无分明。有人死，自有人生；人世间生死往复，却更花繁木暖。"要是这番温柔的说教还不能说服他们，那就坚称这些都是基督教的内容，就说基督教跟我们说的**救赎**一样，指的就是**公众的救赎**，也就是**公安委员会**①，就说恐怖统治政府的使徒和耶稣—基督是一脉相承。然后，你们再把这位感性的牧灵使徒打造一番，给他披上比牧神节上的穿戴还要金光灿烂的外裳。要让人民对罗伯斯庇尔这个名字重生好感，你们还有不少工作要做啊。

这支人民是铁石心肠——摩西如是说。在三四万犹太人被杀之后，他枉然地呼唤剩下的犹太人，可他们却诈哑佯聋。

或者，我给你们讲一个幼稚到让你们觉得低俗的拉封丹寓言故事？一个厨师手拿菜刀，满口"小乖乖！小宝贝！"地叫唤着小鸡仔，可任他声音多么温柔，小鸡仔还是不上当——他手上可有把菜刀呢！

算了，我们还是严肃点吧。

我们绝不和那些人民之友一个样。他们瞧不起人民的观点，嘲笑**大众固守陈见**，好不谦虚地认为自己比**普通人**都要聪明。

在那些又有脑袋、又有思想的人看来，这里的普通人指的就是老实的可怜虫，几乎眼不能视、腿不能行、口不能言。他们得赶紧给这个盲人递根拐杖过去，给他找个导路人给他扶着，找个说话人替他发声。

但丁、莎士比亚、路德这些人真是群没脑袋的傻瓜，居然会对这个

---

① "公众的救赎"和"公安委员会"在法语里都是"Salut public"。——译者注

老实人另眼相看。他们对他敬重无比，垂手站在他的面前，收集他的语录。莎士比亚在他面前自甘卑微，在剧院门口拉住马缰，下马聆听他有何高见；但丁为他而到佛罗伦萨的大市场里，去倾听他的教诲。而学识广博如马丁·路德者，跟他说话时还要摘帽，毕恭毕敬地称他为"Herr omnes（全民上帝）"。

这个全民，在自然科学上自是一无所知（他不可能教伽利略物理，不可能教牛顿微积分），却有一双看人的火眼金睛。要论公义，他就是执牛耳者。无论城市的大路路口、教堂前的长凳，还是十字路口边的大石块，任何地方都可以是他的审判椅。他在榆树荫下①开始审判，而且被审判者无权上诉和反驳。历代君王王后、任何一位人民演讲家、米拉波、罗伯斯庇尔之流，都只能埋着头出庭。还有，连伟大的拿破仑也得接受审判，和路德一样在他面前摘下帽子……

Et nunc, erudimini, qui judicatis terram！世间的掌权者啊，现在轮到你们被审判了！②

这位至高无上的法官如同上苍一样，几乎不屑于去解释自己的裁决。有时，他的判决也会引起一片惊哗。若是碰到古犹太律法家和法利赛人③，他们肯定会要求将这个法官撤职，因为他的判决前后矛盾、根本无从解释。他们只能耸耸肩，感叹道："人民真是善变！他不遵循任何既定原则，一会儿审判、一会儿改判，对这个人宽大处理，对那个人从严处置！这完全是在胡来！还好有智者在，会对他的裁判结果进行修正。"

愚者自然认为他是胡来，智者却看出其中深永的正义。他审判，然后一切就盖棺论定了。你们这些历史学家、哲学家、批评家、找碴儿家

---

① 在中世纪的法国南部，人们就在榆树树荫下做正义的裁决。——译者注
② 出自《圣经诗篇》。——译者注
③ 古犹太教的一个派别，以严格遵守成文法律而见称。——译者注

若想找为什么的理由,悉听尊便。找吧,找吧,反正他永远是正确的。你们这些爱钻牛角尖的牺弱之辈以为找到了他执法不公的证据,其实是自己在思想上出了差错。

这位古怪的法官为米拉波辩解,哪怕他放荡浮浪;却定了罗伯斯庇尔的罪,即使他品德无瑕。旁听席上一片哗然。

有人在吵闹,有人在抗议;有人在叫好,有人在斥骂;有人在喊"没错",有人在叫"不对"……许多人一边摇头,一边叹道:"这家伙得失心疯了。"当心啊,诸位先生们,当心!这可是人民的审判,这可是主人的裁决。我们无法让他收回成命,只能试着去理解。

这点很难做到,我却一直坚持遵循。我深信,若遇到一些存有异议的判决,或碰到大众口传和资料记载有所冲突的历史悬案时,许多时候我们还是相信前者的证词为好。回忆录不外乎是为某某人写的辩护书,报纸不外乎是某个党的利益发言人。所以,我转而寻求迄今为止被人忽视的另一份资料的帮忙,读罢掩卷惊叹:若我真信了人民大众愚昧无知的这种话,那才叫真的无知。

就拿意义深远的联盟日为例吧。亲身经历者基本上来自农村地区,他们对那一刻的记忆是如此深刻,甚至一提到1790年,他们就开始饱含深情地回忆起来。难道这也错了?难道联盟日只是个普通的节日而已?有些人是此想法,因为当时巴黎的许多报纸对此事都甚少提及。难道联盟日就如后来有人宣称的那样,是**资产阶级**的节日?真若如此,当时人民又怎会如此全情相投?去读一读联盟期间的会议笔录,再将其拿来与当时的报纸对比一下吧。你自会发现早在九个月前(从1789年11月到1790年7月)就已经组织起来的、犹如电照风行一般的武装联盟,让贵族意识到人民力量是何其参天拔地、摧枯拉朽、锐不可当。他们的希望被破灭、土地被夺走，不得不流亡国外，斩断了和时代的纽带。随后在里昂、罗昂、巴黎等要城举办的联盟节，参与者全是国民自卫军代表。例如在里昂，五万人代表五十万民众出席节日。可在地方的联盟节——在小城小镇中举办的联盟节里，参与者却是**所有人**，人民第一次坦诚互见、齐心协力起来。

这些事不仅不见诸报端，后来还遭到一些人的模糊和曲解。可在我们这本书中，它余烈犹存。我们说过，本书一半篇章都在说联盟节。没了它，我们从何讲述前九个月的大革命？可它又被记在哪里了呢？去原稿中找吧，去人民的嘴里和心中找吧。

史学的首要使命在于通过一丝不苟的研究，发掘大众口传中的大事件的原貌。这些奇谈传闻在构建重大史实的过程中至关重要，而它们的讲述者，正是那位万众之上的不二权威人士。书即是人，报纸也即是人。那些以偏概全、偏私图利的一家之言和法国的声音一比，孰轻孰重，不言自明。

若真说谁有权对人和事进行历史终审，也就唯有法国了。此话何讲？因为它并不是一个偶然的过客或袖手旁观者，它和它的子民同在，激励着他们，用自己的精神潜移默化地影响着他们。他们在很大程度上是法国的创造品：**它创造了他们，当然也了解他们**。我们不否认历史上有个别天才虎啸风生、龙腾云起①，但可以肯定：这些伟人许多时候不过是应际而生罢了，仍归于人民、时代、国家的洪流中。法国知道他们在做什么，如造物主一般对他们知根知底。它一手造出了他们，审视着他们身上某些并非出自它手的地方，要么点头认可、要么摇头批判："这

---

① 《博爱报》中登了一篇写得极好的文章，文中作者列举了许多真正的历史人物，但仍认为个人英雄在历史中只起到极其有限的作用（1847年10月刊）。——原注

可不是我造的。"

和法国对法国投以深刻的注视一比，和它心底对自己所创之物的知察一比，个人做的任何研究都是肤浅和次要的。当然，知识同样重要。造物主对创造物的知察越是深刻，就越是难解，必须用知识方能解释。但无论现在还是将来，知察都起着维护法国审判结果的作用。可是，人民大众当初做出判定所依据的裁决原因、文书证据以及繁复推理（许多人还说它简单粗暴），这一切都已湮灭于尘埃。知识的职责，就在于把它挖掘出来、让其重见天日。

而这，正是法国对我们以及其他历史学家提出的要求。它不要我们去造史，因为历史的主干已在精神中被造好了，要题的答案已在人民脑中悉数写好了。我们要做的，就是把事实结果和构思这些答案的想法连起来。历史在说："你们不用帮我塑造我的信仰，也别对我的判决指指点点，只需接受和遵照我的原意即可。我只对你们提一个问题：请告诉我，当初我为何做此裁决？事已行、论已定，可我却把定论的中间过程给忘了。诸位魔术师，该轮到你们去推测了！你们不是在场人，而我是。但我希望并要求由你们来给我讲述你们不曾亲历的事情，帮我弄清我脑中最深处的想法，向我细说已被我遗忘的昨夜的梦。"

这就是知识人士的一项近乎神圣的任务！但若只靠学问、书籍、纸笔，我们是不可能完成这项任务的。我们要推出历史的真相，就只能重造出它的思想和意识、使其死而复生，如此得到的历史才不只是一段历史，而是一条鲜活的、动态的生命。而要挖掘和讲述藏在人民内心的这个东西，办法只有一个：和他们同心。

他们的心，如法国一般博大！谁若能把这样一部历史写出来，也算是成就一段伟业了。

这颗心里装着一架正义的天平，其至臻至伟，令人叹服！在大审判中，这支主导全局的人民从细节上去打量人，公平而不失仁慈地为每个人找些理由来减轻他们的罪行，甚至罪大恶极之徒被带到庭上时，人民仍会说："他也有人性的一面啊。"

这种崇高的宽恕精神常令我们震惊和深思。我们这才明白：我们之所以触不到这架纯洁、神圣的天平，是因为自己身上缺少了某些东西。

但我们至少可以说：且不管够不够资格，但我们最后还是触到了它，小心翼翼地摩挲着它。①我们一刻也不敢忘记，自己指尖碰到的是一群人的一生。唉！他们那朝露溘至的一生。这被宿命所牵连的一代人啊，我们要想对其公正，就只能选择宽容。因为他们逢上一个前所未有的历史时刻，在几年时间里一下子经历了几个世纪的世事变迁。然而人们还没认识到另一个可怕的事实：从那一刻起，时间就被割裂和停断

---

① 在记录这段历史时，我们绝没有追名逐利之心，只想求出真相。我们没有被任何派系的狂热思想牵着鼻子走。此书遭来的唯一的反对之声，只有来自福隆和贝尔蒂埃家族的人家。虽然遭到了贝尔蒂埃家族中一个人粗暴的人身攻击，但我们从不曾动摇过心中一个坚定的信念：对所有人——无论他是敌是友——都要公平相待。这两个受害者的子女都已年迈，他把几份重要账单交给我们，想就福隆的几件事说清楚：他从不曾拿粮食去谋取私利或投机倒把，从不曾敲诈过敌国的油水，更不曾提议破产；相反，他还做了不少善事，例如在1789年那个寒冬，福隆掏了六万法郎去投建工程，想替穷苦百姓谋个差事；他的家产也没有外人盛传的那样丰厚，而且均来自妻子的嫁妆和自己的努力经营（这在账单中有翔实数据可查证）。至于贝尔蒂埃，他的家人证明了以下几点：他非常富有，但在和福隆的女儿结婚之前就已是家财万贯了；他品行严肃，工作积极，支持改革和社会改良，还就改革方面提了许多意见（如地籍管理、税务摊派、乞丐收容、建立兽医学校、土地租赁模式、农业促进会等）；贝尔蒂埃家族从17世纪开始就在地方上担任要职，和许多穿袍贵族大家族都有联姻关系，等等。其中许多事都可从公共资料保管处中得到核实。他的家族也很积极地做了这个工作。

但在重点的政治问题上，我们虽然认真读了这些资料，却仍坚持原来的想法。当代大多数人对此和我看法一致，某些立宪派成员、穆尼耶、拉法耶特、自由卫士、《总汇通报》也持同样的观点；甚至一些保皇派（博留，Ⅱ，p.10；费里耶尔，Ⅰ，p.155）对福隆和他的这个女婿也少有好评。当时的司法调查充分证明福隆站在反革命派的阵营里，贝尔蒂埃则是其命令的忠心执行者；贝尔蒂埃的来往信函及其他资料也证明他曾令人生产火药炮弹。至于砍除青苗给骑兵队马匹供粮的这道命令，贝尔蒂埃没有否认：其实他很希望上面能下达这道命令，这样就能把责任转移到为其效力的内阁头上了。这是他在被害的那天，对送他回巴黎、曾用自己的身体来保护他的艾吉安·德·拉利威尔的亲口所述。他曾想把令函藏在帽子里、托人带来以做证明，可惜遭人阻拦。许多人奇怪为何贝尔蒂埃没受审讯。很显然，有人要他速死。宫廷当时正在犹豫是否要向巴黎派兵，使这座城市弹尽粮绝。这道令函如果传出，贝尔蒂埃若接受了审问，宫廷的计划就会败露了。有些人非常害怕拉利威尔的证词会见诸报端，不择手段地阻止各报纸将其刊登出来——某些曲解其原意的摘录除外。只有《人民之友报》在1790年1月15日的第九十八刊的第五页版面上，将其全文刊登出来。如果这只是一个记者的个人判断，我会对其存疑，因为我很清楚此人有多激进、多么幼稚。然而，他登出来的是一篇其他任何报纸都不敢碰的文章。唯一让我难以理解的是，这道有违内克尔的一贯作风的命令，最后竟让他的声誉跌至谷底。因为无论内克尔对其是否赞同，它仍能以内阁的名义、通过内阁理事会发下来，这属于内阁的职权范围（我们在整个查证过程中都一直秉着尊重事实、力求公正的态度，尽量不带任何感情色彩）。布耶在写给舒瓦瑟尔的一封信中曾说了一句话，一语道破历史的放诞。这里我们想借用一下："公众人物展现的性格只对公众，而不对家庭。"——原注

了，再无后期、再无承转，光阴不存、年华流落，年、月、日、时统统都被抹杀了！

1791年的国民议会中，有人遥想1789年时叹道："啊，真是遥如隔世。"卡米尔·德穆兰在1794年谈起1792年的一个人时，称其为"一个大革命史中的爱国古人"。于1790年年末成婚的他，在1793年写道："当时参加婚礼的六十人，今只剩罗伯斯庇尔和丹东两人而已。"没过多久，这两人中又去了一个。

Heu! Unam in horam notos!①

看到这一个个早夭的可怜儿如风中之烛一般被死神吹灭，谁都会心生恻隐，忍不住对他们不究前事、宽宏相待。上帝肯定也会这么做，会选择宽恕他们。可历史学家不是上帝，也没有上帝的全能。在书写过去时，有一点他必须时刻铭记于心：未来一直是个以史为鉴的模仿者。所以，纵然他心有怜悯，也只能硬着心肠做出裁决。

以下是我们能做且做到了的：

我们很少做语焉不详的总体评价，严格来讲，是不做任何笼统的描绘。一切或者几乎一切人物描绘都是不准确的，不过是在抓取某一刻中历史人物的面貌、在他的善和恶之间取个平均值罢了。然而两两中和之后，他的善和恶都失了真。而我们则根据历史人物每一日、每一刻的表现，去评价他们的行为。即便我们裁决不公，也在裁决下方注明了日期。所以，我们经常会赞美一些在后文又被大加批判的人物。人在批评的时候总是健忘且严酷的，他们通常因为提前看到了某人后来的面目，就把他原来值得称道之处一并否定。可我们不想窥到结果；不管这人明天做了什么，眼下我们只记他今天的好。恶总会来的，且让他留得一天

---

① 意为："啊！又一桩死讯传来！"

的清白吧，且让我们为他的身后之名悉心记下一笔好话吧。

所以我们才乐意书写历史人物的出场，哪怕心中对其甚少同情。无论是神甫西哀士、苦行僧罗伯斯庇尔、司书布里索还是其他人，只要他们眼下是值得赞美的，我们就先赞美一句。

人的一张脸，怎么可能装得下那么多张面目呢？把多变的生命刻画成一成不变的形象，实乃大误！伦勃朗画了三十多张自画像，它们在我眼中彼此相似、却又不尽相同。出于艺术和正义的双重要求，我也采纳了这个方法。有人若留意一下这两卷书中每个历史角色的演变过程，自会发现里面的每个人都有一个专属的肖像画画廊，里面的画都是根据他们身心上发生的改变而创作，而且都注明了日期。王后和米拉波在我们面前反复出现了五六次，每一次我们都能发现时间在他们脸上烙下的痕迹。马拉的形象，也通过极其真实、又迥然各异的一幅幅画像展现在我们眼前。1789年的罗伯斯庇尔羞怯内向、体弱多病、少有露面，在1790年11月晚雅各宾派的讲台上，我们抓住了他的一幅侧写；而在1791年5月的国民议会中，他的正面画也终于成形，画中他威风凛凛、专横独行，已有慑人之势。

就这样，我们一丝不苟地把人、事、时都记了下来。

我们经常拿一句铭记于心、从不敢忘、且贯穿本书的话来反复告诫自己：

历史即时间。

秉着这个不移的想法，所以我们没有把以后的问题提前抛出来，虽然这种做法在史学界屡见不鲜。想从往昔的历史中读取当前的所有思想，这是人的通病，而历史通常是顾不到当前的。在那些有此通病的人看来，著史是件再容易不过的事。可纵然世无新事，纵然一切大的规律都恒久存在、频频复现，然而我们若要做科学研究，就绝不能抓取事物的泛泛之面或看似共同、易被混淆的时间特征。相反，我们应当详细列举，坚持立足于各时代真正的重大问题上，而非强调某些在其他时代里也有出现的次要背景，它们可能是现在的主题，却不是过去的焦点。

所以，《法国大革命议会史》的作者以及其他那些对其多少有所效仿的作家，他们犯了一个错误。他们在讲法国大革命史时，总在开头第一行就提所谓的社会问题，也就是一个摆在有产者和无产者、富人和穷人之间的永恒问题。这类问题在今天很是凸显，可在大革命时期却不尽然，那时它们仍是模糊且次要的。

这些作家深受追捧，一是因为他们的作品集便于查阅、使人省去再翻其他书的麻烦，二是因为他们写了一份颇有价值的日志，虽然该日志被编得乱七八糟，但毕竟是出自一片诚心，也算可取。这份日志中处处透着"责任"二字，在责任已属稀罕物的今天也算独创一格了。

对于无比谦逊、其实在其他方面青出于蓝的学生，我们绝不会求全苛责。至于老师，既然他们义无反顾地咬定了谬悠之说，我们也只能无话可讲。然而他们提出的责任却有一个要求：人在下任何断言之前，须得将其用心检验一番才是。人是猜不中历史的。有些急性子只把历史草草翻一遍，在里面找到一些可以支撑自己理论的证据就算完事，他们读得太窄太浅，根本没太弄明白里面的内容。《法国大革命议会史》的作者就犯了这个毛病：他们把中世纪和大革命这两个名词拉到一块儿，将其混为一谈，可他们既不了解前者、又没理解后者。

他们将后来的社会主义特征强加到大革命头上，结果呢？他们把革命的遗迹重造出来，却在里面寻无所得，就干脆在书的前后加些和书毫无关系的前言和跋，在里面无凭无据地断言某个历史人物、某个党派是何想法，说他们是这么想的、那么想的。什么？这些人并没明言出口？没关系，他们想必会这么说的。

另外，《法国大革命议会史》作者若找到某个支持论据，管它说的什么话，他们都将其强搬过来，按着自己的理解去歪曲它，甚至还跑到敌人那边去找支持论据。此处我们可举一例来解释这种匪夷所思的方法。

巴雷尔说得很明白，雷唯戎事件彻头彻尾是有人蓄意引发的，而且宫廷明显就是背后的策划人，它想借此阻止选举、促使国王将三级会议延后。而《法国大革命议会史》的作者却把此事说得像我们今天的焦点问题一样，说它是人民和资产阶级的对抗。为了拔高他们口中的人民的形象，他们还睁着眼说瞎话，称雷唯戎家中没发生任何抢劫行为，称这是*雷唯戎本人亲口所述*。没错，家具都还在，因为它们不可能被搬走；当时雷唯戎家里里外外肯定也挤满了正义的围观者，他们是反对抢劫的。可钱财细软等可以带走的东西全被席卷一空，这在雷唯戎的证词中可是讲得清清楚楚的。①

奇怪的是，《法国大革命议会史》引用了雷唯戎的证词，却把他的话曲解成了完全相反的意思。

《法国大革命议会史》的资料来源是什么呢？是《国王之友》。单看报纸标题，你还以为这是一家讲述历史的当代报纸吧。不，完全不是。我们这里所说的，是蒙特茹瓦②在大革命爆发两年后写的一本书，"目的是要和《国王之友》一道打造一部完整的历史"。要论指鹿为

---

① "旁边放着的五百个金路易也被抢了。"请看费里耶尔第一卷卷末处雷唯戎的证词，p.122（1822年版）。——原注
② 蒙特茹瓦（Galart De Montjoye，1746—1816年），法国律师、文人，写了关于大革命历史人物的许多书籍，此处米什莱批评的是他1791年出版的《国王之友，法兰西人之友》（*L'Ami Du Roi, Des Français*）。——译者注

马、颠倒黑白，蒙特茹瓦可谓是无人能及！他甚至说：米拉波在雷唯戎事件中也有份，想让骚乱升级！此书通读下来，简直是一部造谣全集，作者在里面极尽诽谤之能事，令人叹为观止、大开眼界。此外，你还可以把它看成一部加尔文派的传奇小说。作者称加尔文派教徒三百年来不断为大革命造势，说的话和弗罗芒1790年发表的小册子如出一辙。

当时，保皇派和教士使用各种阴险招数，就为了挑战人民无穷的耐力，以此攻击大革命，说它无法改变什么。

主教们在1789年6月把黑面包带到议会，假惺惺地说："诸位先生，你们看，这就是人民吃的面包……可怜可怜不幸的人民吧……"蒙特茹瓦写到这里加了一句："选举有什么用呢？穷人依旧是穷人。"言下之意就是：即便这场革命取消了城市入市税、农民的什一税和间接税，并将国家半数土地低价拍卖，然而它依然和人民全然无关，只是资产阶级的成果，只为了替资产阶级谋取利益！伯克和教士都说过这些话，可谁若信了他们，那才是真正的傻瓜！

1789年，马鲁埃提了个极其危险的建议：投票通过一大笔"穷人税"，且由国王分发。这个提议若被通过，大革命必然会被扭转到另一个方向上去，那时国王摇身一变，就成了穷人的护民官、饥民的救济人，甚至还能当上反大革命的乞丐大军的一军之长。对此，议会牺牲小我，在8月4日这个不朽之夜做出回应。

1790年至1791年，君主立宪之友俱乐部也采用了同样的招数。它四处分发面包，不是发给饥民，而是发给身强体壮的工人。雅各宾派视此举为大患，不惜煽动暴力事件，把这个俱乐部一举歼灭了。

如果保皇派成功掩盖了实际的政治问题，把它说成一个社会问题、一场资产阶级和人民之间的斗争，然后插手干预，让人民接受面包、放弃权利，那他们就能掌控全局了。可惜他们千算万算，却没算准人民的想法。人民虽已到食不果腹的地步，可他们依然认为思想比肚子更重要。我们也都看到了，大革命在最举步维艰的时候依然不改初心、坚守原则。它是哲学的女儿，不是赤字的奴隶。无论在面包店还是议会门口，人们谈得最多的不是饿肚子的问题，而是**否决权**，是米拉波最近发表的演讲，是《人权宣言》。保皇派对此深感困惑，称这个时代已经疯狂了。可在我们看来，这正是这个时代的荣耀之处。

可那些奇怪的人民之友、那些盲目采纳了保皇党派说法的人，居然将这些思想的斗争贬低为饥饿的抢斗！

只要一说起抢掠事件，他们就说："这是人民干的，那也是人民干的……"那他们对人民凶残的敌人又该作何描述呢？

有人可能觉得他们是在反对财产制，只是有些偏执罢了。可他们自己都不清楚自己是谁；他们在这个问题上其实和马拉同属一流，走的都是折中主义道路。

他们只盯着巴黎，只盯着巴黎国民自卫军的贵族倾向。所以无论发生什么事，他们都觉得是人民和国民自卫军之间起了冲突。他们为什么不去问问依然健在的那个时代的亲历者是何想法呢？一问他们自会明白，从1789年6月到1790年6月，甚至在之后很长的一段时间里，国民自卫军指的就是除了巴黎和几个大城市之外的法国的**所有人**。烧炭工、送水工、街角掮客和地产者、富人站在一起，共同守岗。可亲可信的德拉芒内先生曾给我讲述：当贵族城堡中发生抢劫事件时，布列塔尼许多城市保护了贵族、保护了他们的敌人；虽然那时他还是个孩子，仍被圣马洛全城上下组成国民自卫军、开拔离开的情景给震慑住了。

《法国大革命议会史》的作者把注意力全放在大城市和工人阶级身

上,却忘了一个基本事实:当时这个阶级尚未问世呢。

我的意思是:和现在相比,那时他们人数少得可怜。

法国获得了两次新生:第一次,是农民从革命和战争的激流中诞生,在拍卖国有财产运动中崛起;另一次是1815年,工人阶级从和平的工业浪潮中冒出头来。

《法国大革命议会史》中大部分理论讨论的对象是大革命时期,却以当时尚不存在的工人阶级的思想为依托基础。这是毕舍、鲁-拉韦涅和其他等人犯的第一个错误。虽然他们中有的人很有思想和才华,观点也没那么偏颇,却还是草率地采纳了毕舍和鲁-拉韦涅两人的结论。

他们还犯了第二个同样严重的错误:认为大革命是天主教传统的延续。

这个悖论若站得住脚,那大革命岂不是个错误?它和它要抗争的对象岂不成了一回事?这不就在说大革命是蠢蛋和傻子吗?

你们想怎么曲解和篡改大革命,悉听尊便。无论你们如何嚼舌,你们那套可笑的折中主义也不会成为它的准则(你们都把两个截然不同的东西给彻底搞混了)。它和其他鲜活的生命一样,唯一的准则就是灵魂、就是活着。

哪怕你们把自己那套可笑的言论和观念强加于它,也不能改换掉它的本质。人们一旦认识到大革命已经酝酿了好几个世纪、是不可阻拦的历史潮流的必然结果,他们自然就会认识到大革命的真实面貌。你们想扭曲它,那就得抹杀掉至少三个世纪的历史,就得否认文艺复兴、否认席卷八荒的新教运动、否认18世纪和整个世界才行。

我们该从哪里开始追溯本源,才能探寻到和大革命真正有所关联的思想呢?是《威斯特伐利亚和约》?是马丁·路德?还是扬·胡斯?《法国大革命议会史》说,欧洲在该时期一片和谐、无比平衡。不过,你知道《法国大革命议会史》作者认为大革命待尽的义务是什么吗？猜不到吧？是让世界回到原点，是"让欧洲的大众权利恢复到《威斯特伐利亚和约》之前的状态"（第一版第六卷，p.13）。

同一页上还赫然写着："宗教改革打破了宗教的统一体。"实际上，在15世纪、14世纪，甚至在更远的阿尔比教派时期，那时的宗教才算强大的统一体——一个充满血腥和混沌的统一体！

《法国大革命议会史》作者又说："后来，自然权利的信条诞生了。"所以你们觉得，因为先前你们的教士用铁血手段扼杀了这个信条发出的声音，所以在此之前，它是不存在人心中的，也不曾对人们发出过厉喊？那麻烦你们说说它诞生于哪一年？可否给我讲讲这个永恒权利的具体生辰？

我读过埃克斯坦①编得不知所云的德语版《天主报》，里面类似的巧辞拙理比比皆是。其中，埃克斯坦慌慌张张地把所有教义、所有引用的理论都搞错了。这种报纸居然就是他们了解中世纪天主教的主要资料！这还不够，他们似乎觉得里面的芜音累句还不够乱，又加了许多他们自己都似懂非懂的张冠李戴的东西。书中无意义的句子，再加上混乱的结构，读来让人只觉眼前发黑。他们倒悠悠然地站在黑暗中，念着各种箴言和咒语。类似的情景也只会出现在《麦克白》中三个女巫登台的时候了。你站在外面，都能听到黑暗中有人在喊唱着各种邪恶凄厉的长串教义。他们粗暴地把所有教义掺杂在一起，哪怕自己对其本质和含义根本就没弄明白。里面的内容全是二手货，要么是和原文大有出入的摘要，要么是纰漏百出的翻译。可他们哪管这些东西是否神形皆失，反正能够

---

① 埃克斯坦（Ferdinand Eckstein，1790—1861年），哲学家、剧作家，1827年至1829年创办了《天主报》。——译者注

拿来凑合用就行。按理说,我们若要批判这座丑陋的巴别塔,首先应当把这团乱麻里的每根线都过一过、捋一捋、顺一顺才对,可这项工作真的太难了,我们实在是束手无策。

《法国大革命议会史》中被改得最面目全非的,就数我们可怜的大革命了。

他们把**自由**思想时代和**专制**暴政时代画上等号。为了让这套匪夷所思的谬论言之成理,他们只得把自由时代和另一个与它有天差地别之分的东西硬拉在一起,强说大革命和野蛮的中世纪有相通之处。在他们看来,大革命和它好几个世纪的斗争思想有着莫大的相似。它在对宗教裁判所的仇恨中诞生和成长起来,最终暴起,取得胜利,然后露出了自己的自由守护神的真身——这个守护神不是别人,正是1793年恐怖统治,正是雅各宾裁判所!

这真是对大革命的莫大讽刺!它攻击了中世纪五百年,最后总算熬出头来。现在,该它亮出真面、坦白自己所欲何为了。可揭开面纱后的它,竟只是在按部就班地延续着中世纪的历史,竟只在亦步亦趋地模仿它的野蛮!而且这还发生在18世纪,发生在卢梭和伏尔泰横空出世之后,那不是更骇人听闻?

照这么来看,赢的是中世纪才对。论恐怖统治,它更胜一筹,因为它有酷刑和永世炼狱为加持。论宗教裁判,它也棋高一着,因为它早就把自己的刑讯对象摸得一清二楚,毕竟后者是由它一手养出来的,早就被它的各种教育手段给洗脑,每天都在忏悔,在有意识和无意识中受着双重的折磨。大革命裁判所可没有这等厉害手段,它都不知道如何区分无辜和有罪,从头到尾一副不知所措的样子,还盲目地把所有人都视为可疑分子。

我们再复述一遍《法国大革命议会史》的观点：这套体系的门楣和荣耀全在于中世纪。它即是该体系本身，大革命只不过是它一次失败的实践、横生的意外罢了。天主教是一切的本宗、吸纳百川的大海。作者会在某些无关痛痒的地方赞美一下革命，甚至在某一处还稍稍抨击了教会的某些流弊。可他们从原理开始歪了方向，最后必然会滑到教会、滑到黑暗旧体制的那一边。他们就是拥护教皇的雅各宾分子。教会没有弄错：在它看来，圣巴托罗缪之夜的辩护书自然也能拿来替9月2日大屠杀事件开脱罪名。

若非这本《法国大革命议会史》在短时间里流传甚广、不断荼毒着那些无暇再看其他史书的读者，我也不会对它苦苦纠缠至此地步。上文提到的"责任"一词很能博得人们的好感，让人觉得这本书编写用心、用意良好。然而此书作者虽然值得尊重，却因为偏听偏信、执于拘挛之见、写书时又率尔成章，导致这本书纰漏百出，里面不仅包含了别人的错误，还有许多他们自己的谬论。①

偏偏他们的观点又影响巨大，因为许多文采斐然却少成体系的人都借鉴过里面的思想。拉马丁、路易·勃朗以及艾斯基洛（我对其不做任何评价，否则就要跑题了）这几位新近露脸的大革命史学家虽然观点各异，却在以下两个要点上和毕舍持相同态度。也就是说，他们的想法和当代人，也就是法国的口传版本中的观点是完全对立的。可在我看来，后者正是国民*知察*的体现。*知识*虽有才技的加持，但它在群众的*知察*面前能占理几分，那就得轮到时间去做评判了。

---

① 真要纠错，我能写出比《法国大革命议会史》还厚的一本书来。不过看着他们一边对教会的行径回避不提、对最有力的证据视而不见、把它们说得无足轻重，一边又在前言里将其当作要点阐述，这也甚有意思。由于思想刻板，他们有时还对引用大肆删改。例如，当说起1789年8月6日时，比佐宣布"教会财产属国民所有"的这句话就没了，因为他们不愿将此殊荣颁给一个吉伦特派的人。写到1789年7月27日时，他们干脆把议会整场讨论直接省略，这样就不必提到罗伯斯庇尔提出侵犯信件隐私的这件事。此类情况不一而足。（请看《法国大革命议会史》第二卷，1834年第一版）——原注

首先，《法国大革命议会史》作者对教会的态度甚为宽容。他们的想法不同于主流，似乎并不认为大革命之所以走到今天的地步，是教士和各国君王犯下的错误所致。书中教士每次出场，作者都只是寥寥数笔一带而过。他们对法国哲学的反教会传统也没有太深的体会。拉伯雷、莫里哀、伏尔泰这些人的作品，只被他们视作资产阶级的自私的个人主义的喉舌；可我们却从中看到了人民的身影，认为它们如各时期的许多讽刺故事、寓言和民间诗歌一样，体现了真正的、强大的法国精神。

这两个对立观点孰对孰错，我们在此不做任何评价，只想提一下《法国大革命议会史》作者反大众的立场。

其次，我方提到的这四位作家有个共同点：他们都对恐怖统治的施行者赞誉有加，觉得公安委员会拯救了法国。人民对一些人痛恨至极、一提起他们就破口大骂（我们且无论这么做是对是错），可这四人对其却无比尊崇。

其中两位先生的史书还没写完。所以我们且先等一等，待日后看了他们掌握的那些不为人知的史料后，再承认人民生性不定、法国犯下错误也不迟。

在*等待期间*，我们悉心研究了大革命的前世今生，故才得出结论：法国是正确的，真正的**知识**和人民的**知察**之间是完全不矛盾的。

别说歌颂恐怖统治了，只要一想到公安委员会的种种劣迹，我们就觉得它无可脱罪。我们当然知道恐怖统治政府有许多难处待**克服**，然而它**第一次出手**就采用暴力手段（本卷书中有讲），让大革命在内平白多了许多敌人、在外又失了各国人民的好感，结果大革命的火势遭到遏制，各国人民和君王结成紧密的联盟、共抗大革命。我们也知道恐怖统治政府有无数障碍待**战胜**，然而其中最可怕的一道障碍却是由它一手造出来的。而且，它不仅没能战胜阻碍，反倒被阻碍战胜了。

犯错的并不只有公安委员会，从前的体系走向灭亡，皆因犯下错误的缘故。

它们开始时都讲责任，可情况危急时，却只谈救赎。

基督教本来强调爱上帝、爱人，注重道德责任；可到后来，一旦存有争执，它就动用铁血手段、走众生的救赎这条路来解决问题。

王权在伊始之时，象征着最高的正义。圣-路易以公正著名，哪怕损害王权也要捍卫正义。被教皇推上位的腓力四世，则宣扬众生的救赎（他用的就是这个词）。到了路易十一，被救赎的就只有贵族领主了。

我们问了问每个体系，何以它们要背离自己当初最重视的崇高理念、采用暴力手段。它们的回答是："我得活下去，救赎是首要法则。"结果，它们反而因此没了性命。

这剂猛药带来一个必然的后果：它们本欲摧毁一些东西，却反给了它们新的生命力。铁可以赋予新生，被它斩断的东西能像光秃秃的树干一样萌发新芽。托尔克马达①越是执行火刑，就有更多的哲学家诞生。路易十一树立起无数绞刑架，结果反而让封建制度在下一个世纪睡醒过来。马拉一直磨着绞刑台上的铡刀，却只造出更多的保皇党人，最后他也自食其果。

大革命追随者虽然胆识过人、敢于牺牲，但老实讲，他们在精神上少了一种英雄气概，所以才无法摆脱公众救赎这个被神学家运用得炉火纯青、早在13世纪就得到耶稣会士的宣传和倡议（诺加雷②在1300年就以罗马教廷的名义提出了公众救赎）、后又被国王的内阁大臣以"国家

---

① 托尔克马达（Torquemada，1420—1483年），西班牙处决异端分子的一个宗教裁判官。——译者注
② 诺加雷（Guillaume de Nogaret，1260—1313年），法国耶稣会士，后成为腓力四世的政治顾问。——译者注

利益及事业"为名提出的老套思想。

我们的大革命者在卢梭的作品中发现了这个信条,所以将其奉为圭臬。可他们追随卢梭二十年,却没学到卢梭的其他任何主要思想。被卷进暴风雨中的他们,没有在卢梭的思想中加上任何自己的东西。所以,卢梭的话前后矛盾,他们的行为自然也跟着矛盾。

请注意一下这个前后矛盾的特点。

在《爱弥儿》和《萨瓦神甫的信仰自由》中,卢梭对权利和义务的绝对至高地位有着深刻的理解,说连上帝也得受其约束①。然而在《社会契约论》里,他所认识的权利却是摇摆的,不再是一个简单、基本、绝对的东西。他觉得自己有必要对权利做出解释,却将其解释成一个过去思想的衍生物②。

他把正义建立在人人各自的偏私上,建立在个人利益上。如此一来,社会正义的基础就成了大部分人的利益。若多数人的利益成了主导因素,若非正义行为也能成为正义的唯一基础——公众的救赎的实现手段,那一切就都是正义的。

在这套思想里,**救赎**是一切的出发点,似乎成了最清楚不过的一则公理、最准确不过的一个理念,其他思想皆以此为参照。可在复杂纷繁的人类社会中,那些著名政治家无时无刻都在犯错,他们又怎么确定自己在这个点上不会出错?当他们说出"救赎"这个词时,他们真知道自己在说什么吗?难道思想中的**救赎**比心灵上的正义更叫人看得透彻?

"这个世上,有谁知道救赎的真正含义?它意指生?还是意指死?"

---

① "有人说,上帝不欠他造出的生灵任何东西。但我认为,他欠他们一个他在赋予其生命时就许诺过的东西。"《爱弥儿》,第四卷。——原注

② "权利平等和从其中衍生出的正义观念,都是由个人的偏私所产生的。"他在前文还说,城邦里大家之所以都期盼着众人的幸福,那是因为他们觉得这和自己的利益大有关系(第二卷第四章)。这个观点的立意不怎么高,但我们别忘了:《社会契约论》最初是在威尼斯写成的。——原注

(这话是不久前一个有着大胸怀的年轻人跟我说的。)

在我看来,一切历史都指明了一件事(不懂政治的经验论者将走上许多弯路,才能学会这个道理):最明白"救赎"二字的人,反倒是那些无论如何也不愿意以正义为代价去获得救赎的人。

正义是一个积极、绝对、自明的理念。而救赎是个消极的思想,意味着对毁灭、死亡等事物的否定。那些让大革命从正义落到救赎、让它的思想从积极落到消极的人,也阻碍了大革命变为一门信仰。新的信仰,从来不是靠消极的思想建起来的。也就是从那时起,旧的信仰就有了迟早赢过革命信仰的把握,因为于情于理,它也只会让步于一个更无私、更崇高、更扎实地立足于正义之中的信仰。

然而在开始时,没有人认识到了这点。

制宪议会通过米拉波之口,宣布了大革命的理念(它与卢梭在《爱弥儿》中的思想一致):"道义就是人间的帝王。"杜蓬·德·讷穆尔也说过:"宁可失去殖民地,也不要放弃一条原则!"而这并不能妨碍议会领导人宣扬甚至实践公共救赎的信条。他们在某个严肃场合,也毫不犹豫地承认了这点。

吉伦特派和山岳派都是一样。罗伯斯庇尔在讨论殖民地时,一再引用杜蓬·德·讷穆尔的那句话。可在逃亡自由这个问题上,他却保持沉默,让公共救赎的宣传者去大讲特讲(1791年);而且早在1789年,罗伯斯庇尔就提议以此为名、侵犯信件隐私。我们无须动脑就可以猜想到,如果是罗伯斯庇尔执掌革命巨船的舵柄,他在捍卫原则时绝不会比立宪派和吉伦特派强硬几分。**实行统治的重要工具——公共救赎思想,是执政者历来不变的宣传口号。**

但他们也拿不出其他救国的良方。无论是吉伦特派还是山岳派,所有人的出发思想都是：只有他们才能拯救人民。怎么拯救呢？哪条路都不适合他们走。他们既没有时间，也从没想过去探索新的东西。要说哲学，他们在卢梭的理论、在西哀士从中衍生出的一套公式上，全都无所新添。他们唯一进行了各种实践的，便是西哀士提出来的那套**权利的数字计算公式**。这个权利是建在什么基础上的呢？最广大的阶层——也就是没受过教育的阶层的权利又是什么？是什么让这些阶层在看待问题时，许多时候比受过教育的阶层还要看得清楚？是本能？还是自然的启示？他们从没想过去弄清这些问题。①

如人所说的那样，吉伦特派之所以一无所出，一是因为他们资产者的性质问题，二是因为他们律师、司事妄自尊大。可后来我们会发现，雅各宾派也变成了**资产者**，他们中没有一个领导人是人民出身。

由司事和律师组成的、凡事都喜欢争论一番的吉伦特派，以为可以通过新闻界对人民发号施令。前面被我称作共和空论家的布里索在写给巴纳夫的一封信中说："自由人比奴隶高多少等级，哲学爱国者就比普通爱国者高多少等级。"可布里索不知道，本能和沉思、默启和冥想之间，谁都不能少了谁；他不知道，哲学家必须不停向人民请教，否则他就只是个自命不凡、迂腐无聊的老夫子而已；他不知道，任何科学、任何政府若少了和人民的学问交流，都是不能成事的。

这些学识广博之人像中世纪的学者一样，觉得理性是一笔自己独享的财富和遗产。他们还认为，理性的传播必须依靠精英群体——也就是他们，它只能从智者哲人的头脑传到普通人民的身上。

---

① 可这些问题今天又被弄清楚了吗？答案仍然是否定的。但我希望人们能明白：这些问题一日不得解决，任何社会改良就一日无法实现。不过，我们已经朝着这个方向做了一次尝试；虽然这只是个小小的尝试，但至少起了个开头。它就是我的《论人民》的第二部分，这也许是我写过的最认真的一部作品。它至少可以证明：我是有尝试的意愿的。——原注

吉伦特派和山岳派都一样，总打着为人民着想的名义去谈论人民，又认为自己比人民高出一等。我们将在后文搬出大量的证据证明：这两个派系其实依靠的就是文人和贵族知识分子。

雅各宾派第二次起势之后，就带上了一份矜贵自傲之气。他们频频利用人民的暴力行动，借力打力，达到自己的目的。他们养着人民、赶着人民往前走，却从不曾问过人民的意见。他们一点儿也不了解人民心底的想法，都不知道广大群众当时有多反感他们的霸蛮态度。①他们的人在各省俱乐部中发起的一切投票，都被远程操纵在圣奥诺蕾大街上那位至圣的圣人的手中。他们通过极少数的一撮人的手，粗暴地解决国家问题，肆无忌惮地凌驾于大多数人之上，刚愎自用、自行其是，甚至在屠尽天下人时都是一副心安理得的样子。

他们其实就是在说："我们是智者和强者，其他人都是群只有妇人之见的温顺的傻瓜而已。虽然我们人少，但我们有强大的理念。这群牲口知道什么？杀掉他们一些有何要紧？他们活着，不就是为了求死吗？他们的尸骸还能让大地更加丰沃。"

好人路易当初也说："只是罪恶的一天罢了……只是一桩小罪罢了，圣母在上，死的只有我的胞弟，得救的却是整个王国。"②

他们说："只是罪恶的一天罢了，过了这天人民就能得救，我们已经把道德和上帝提上了工作日程。"换言之就是："即便我们把少数人违背

---

① 真正可被称作人民喉舌的人，是二十八岁就不幸早逝的《巴黎革命报》编辑路斯塔洛。他在新闻界取得的成功是空前绝后、无人可比拟的。我注意到，他的报纸有时发行量甚至高达二十万份！米拉波的报纸发行量是一万份，雅各宾派的中央社团报才三千份。虽然路斯塔洛被反革命派恨之入骨（这在情理之中，路斯塔洛也是身亡于此），但他依然不屈不挠地为人权疾呼。路斯塔洛在这点上表现强硬，根本没想过赚取民望和声誉的事。他非常清楚，自己表达的是人民的心声。他删除了联盟节中有人贴出来的威胁性标语，提议采用这句口号："要胜利！也要宽恕！"听闻面包商弗朗索瓦遇害的这一暴行后（1789年10月），他怒喊道："法国人？他们是法国人？不！这些怪物不属于任何一个国家；罪恶之壤才是他们的故乡，绞刑架才是他们的祖国！"——原注
② 路易十一继位后和大胆的查理争为勃艮第，大胆的查理团结了许多路易十一的反对者，建立联盟，拥护路易十一的胞弟查理为名义上的领袖。查理在1472年突然去世，路易十一的心腹大患终被消除。——译者注

民意做出的事情归到人民头上、让他们变成世人眼中的洪水猛兽,即便我们利用了人面对恐惧时惯常的胆怯心理、让他们的道德体系土崩瓦解,但我们只要发一条简告、一封短信,这一切都能复生和重建起来;这个民族的灵魂纵已枯萎,也能在天地之间起死回生、复现芳华。"

你们这些对任何病症都一无所知的庸医啊,居然觉得要让病人痊愈、只需在他身上随便哪个地方动动刀子就可以了!谁允许你们这么做了?割肉、截肢、去骨,这就是你们会的所有医术。驱逐痼疾?不不不,你们是在堆攒尸山!

这些民主人士具有严重的贵族思想:"我们就是医生,病人已经病得胡言乱语了。但不管怎样,我们会治好他的,明天他就好了。我们要截去一些无关紧要的器官,例如鼻子、眼睛、耳朵、手臂、小腿等;截除大脑是最糟糕的情况。但没事,命终究是保住了!"

由此我们可以知道:那是一个凶乱可怕的年代,更是一个荒诞可笑的年代。谁敢笑的话就会掉脑袋?除非他们把所有人都杀了。

当这些卢梭的冒牌货打着原则的旗号、要议会自裁的时候,当议会低下脑袋、只能从命的时候,一件意外的大事发生:伏尔泰复活了。

祝福你,这位归来的王者!你是为了救助世人才回来的。你走以后,我们吃了多少苦啊!死神任性地用铰链勒着世人的脖子,可我们还无法挣扎一二,宽恕精神已经被那些博爱者给绞死了。而他们也不知道自己到底是在前进、还是后退。

那桩具有伏尔泰风格的上帝之母(凯瑟琳·黛奥①)案件由公会负责

---

① 凯瑟琳·黛奥(Catherine Théot, 1716—1794年)是一位修女,大革命时期被奉为占卜师和"上帝之母",宣扬救世主的到来。罗伯斯庇尔的支持者想借用这个预言,宣传罗伯斯庇尔就是那个救世主。罗伯斯庇尔在公安委员会中的政敌想借此打倒他,便称凯瑟琳和某个独裁者勾结。凯瑟琳被捕,她家中还搜出了一封她写给罗伯斯庇尔的信。此案最后被提交到革命法庭,罗伯斯庇尔因此也和公安委员会罅隙更深。罗伯斯庇尔倒台后,凯瑟琳被捕和受审,但最后被无罪释放。——译者注

审理，它看了案件后笑了起来。多么匪夷所思啊！这些死人怎么还笑得出来！这个被诅咒的、脖子已被架在铡刀上的、已被罩进死神阴影中的公会忘了自身是何处境，不可自抑地大笑起来。在无可遏止的笑声中，它学会了质疑，已经熄灭、似乎被永远扼杀的伏尔泰的火种在它内心深处又复燃了。不，那不是火种，而是法国守护神的生生不息的火焰。那是圣人在笑、是拯救者在笑，笑声撕破了恐怖的魔障，战胜了恐惧和死亡。

顶着救世主这顶可笑高帽的恐怖统治的使徒，看上去再也没什么了不起的了。他那套感性的恐怖主义已经走不下去了，他那副乔装成卢梭的怪相（卢梭都被他连带得面目可怖了）也再装不下去了。这个专制者一露出未来的教士之王的面目，法国就幡然觉醒，把他划进了路易十六那类人的圈子。

政治家可得反思，从里面吸取深刻的教训啊！他们可得警惕伏尔泰啊！人们以为他已被遗忘，他却复活了。于是，罗伯斯庇尔的日子就不好过了。每当你依靠，或者想依靠塔尔丢夫之流时，总会发现伏尔泰在一旁静静地看着你。

许多人问，伏尔泰到底还有什么用？他早就离开人世，于地下长眠了。不！他还活着，为了监视那些畸形的组织而活着。

卢梭拦不住它们。他虽在**思想**上捣毁了基督教的根基，却又在**情感**上又接受了它。这就给了卢梭的冒牌货们可乘之机，拿这个含糊之处大做文章。卢梭还未出生，伏尔泰就已经降临了；卢梭已经离世，伏尔泰还得重回人间——既然有人在这个问题上混淆视听，他就得回来把它给解决了。

伏尔泰和卢梭永远代表着法国的两个极，且这两极缺一不可。人们何苦去做一件不可能做到的事？就为了满足那些不可餍足的教士？

伏尔泰精神诞生自高卢的土壤和烈酒中，永存在拉伯雷的讽刺故事里。从拉伯雷到莫里哀、再从莫里哀到伏尔泰，它薪火相传、绵延不息，培养出了一代又一代的贝朗热。它绝非如你所想的那样，是从陈腐资产阶级的享乐花朵中结出的一枚发不了芽的果子。它代表了高卢人的率直明快和正义磊落，代表了这个民族对塔尔丢夫的仇恨（无论这塔尔丢夫是藏在宗教、政治中，还是藏在慈善领域里）。

伏尔泰一人要分演三角——拉伯雷、莫里哀、伏尔泰，他就是三位一体的塔尔丢夫的克星。虽然他外貌变化不定，有时为了和当时的时代思想相契合，还会掺杂他物，然而他依然代表了这支人民的本质精神。为什么呢？因为他憎恨冒牌货，瞧不起毛举糠秕之举，对危险的抽象理论和杀人无形的学究思想更是憎恶不已；因为他热爱真理，追求积极实际的东西，真心热爱真理和生命；因为他悲悯苍生，悲悯可怜、珍贵、却往往不受珍惜的人的生命。他有着高贵的心灵和明澈的头脑，从内到外都属于人民。没人能把他和人民分开，也请你们放弃做这些无用功吧。要是你们也能有伏尔泰的思想，你们就不会想着把伏尔泰从民族思想中拔除、把法国从法国身边拉开了。

结束语

我在这一册书中做了什么?做了一件我做得还不够好的大事、圣事——我重现了**联盟史**,原原本本地根据手稿资料,把这段鲜活地保存在人民记忆中的历史找了回来。只要你是法国人(甚至不是法国人也不要紧),读它时必然会怆然泪下。

对于个人而言,这是多么难得和强烈的一种幸福的体验啊!放在我掌心上的,是那颗曾被置在联盟节神坛上的法国之心。我捧着这颗血魄,看着它满怀着对未来的憧憬、在初晨第一缕阳光的照耀下勃勃跳动着!

而最后几页里(即《论此书的创作方法和思想》),我又在讲述什么呢?

我在讲述人民的历史，讲述至高至上的精神感召，也就是人民的精神感召，讲述人民的口口相传，讲述这个民族对自己过去的知察。

历史学家主讲述，政治学家主行动，但他们每人在讲述和行动时都应当以各自的方式认识到人民至高无上的地位。

而这，恰恰就是大革命主要历史人物做得还不够的地方。他们受到抽象理论和诡辩学派的耳濡目染，虽然动不动就谈及人民，却很少问过人民的真正想法。

他们不理解人民，这是他们所在时代和所受教育的错误。虽然他们大公无私又甘于奉献、对祖国一片赤诚，然而因他们所犯的错误而流下的每一滴血，都在控诉着他们。

大革命仍没有实现。它既没有打下自己的哲学基础和信仰根基，也没有达成自己的社会实践。若大革命想以更少的鲜血为代价、让自己延续下去，它首先必须明白自己欲求何所、欲向何处。

如果我们想对未来关上大门、扼杀创造才能，那就去听政治家和宗教人士的骗人鬼话吧。他们一个在罗马的地下墓穴中寻找活人，一个把恐怖暴政统治奉为自由的圭臬。

他们都在对我们说："不要再找了，你们已经有了神和圣人，有了一个现成的传奇。"他们如同活在中世纪一般，只会**模仿**——别寻找了，别创造了，我们还是老老实实地搬抄前人吧；也别去理解什么思想，只要机械地把内容复制下来就行，就像企图重现伯利恒的耶稣诞生场景的僧人一样，**模仿**一下牛和驴的叫声就够了。

要说过去的人有什么可取之处，那就是他们绝不模仿古人。让我们学学他们的创造性和创新性吧。那该怎么做呢？靠模仿？不！要如他们那样去创造。

神若太多，会阻碍我们走向上帝。若想摆脱这些神、成为自己的主人，那就得近距离地去观察神坛上的他们，去触摸他们，深入地研究和剖析他们。请抛开畏惧心理，剖开这些崇拜对象的身体吧。别怕，如果他们真是不死不灭之身，你的解剖刀是杀不了他们的。

所以，我一眼就能认出他们的真面目。历史亏欠他们的东西，我自会还给他们。但我若让他们的光芒掩过法国精神的万丈神光（前者之于后者，就如月亮之于太阳，只会反射后者的光），那简直是亵渎神灵。我已看到了上帝真容，又怎会再去崇拜人间的小神？

法国人民的博爱让我们得以看到上帝，希望这次短暂一窥，能让我们所有人——无论是作者还是读者——从那个时代的创痛中重新站起来，接过父辈们用热血点燃的那簇英雄之火，让它长明不灭！

1847年11月10日

第二卷完

原注参考资料法语对照书目

1.《教皇绝对权力主义》，*Ultramontanisme*。
2.《总汇通报》，*Moniteur*。
3.《内克尔作品全集》，*Œuvres complètes de Necker*。
4.《布列塔尼的大革命》，*La Révolution en Bretagne*。
5.《巴伊回忆录》，*Mémoires de Bailly*。
6.《法国大革命议会史》，*Histoire Parlementaire de la Révolution Française*。
7.《证明报告》，*Exposé Justificatif*。
8.《七日之作》，*Œuvre des Sept Jours*。
9.《选民实录》，*Procès-verbal des Électeurs*。
10.《贝森瓦回忆录》，*Mémoires de Besenval*。
11.《艾吉安·杜蒙回忆录》，*Souvenirs de M. Étienne Dumont*。
12.《刚邦夫人回忆录》，*Mémoires de Madame Campan*。
13.《论法国大革命》，*Considérations sur la Révolution Française*。
14.《米拉波回忆录》，*Mémoires de Mirabeau*。
15.《贝尔特朗德回忆录》，*Mémoires de Bertrand*。
16.《格雷古瓦尔回忆录》，*Mémoires de Grégoire*。
17.《国民议会会议实录》，*Procès-verbal de l'Assemblée nationale*。
18.《给委托人的汇报书》，*Compte Rendu à ses Commettants*。
19.《论法国财政管理》，*De l'Administration des Finances de la France*。
20.《奥什的一生》，*Vie de Hoche*。

21.《1787、1788、1789的法国之行》，*Travels, During the Years 1787, 1788, and 1789*。

22.《勒布伦夫人回忆录》，*Souvenirs de Madame Lebrun*。

23.《布里索回忆录》，*Mémoires de Brissot*。

24.《1790年巴黎回忆录》，*Mémoires de Voyage…,Paris, 1790*。

25.《拉法耶特回忆录》，*Mémoires de Lafayette*。

26.《塞居尔回忆录》，*Mémoire de Ségur*。

27.《记忆中的巴士底狱》，*Mémoires sur la Bastille*。

28.《米肖古今名人全传》，*Biographie universelle ancienne et moderne de Michaud*。

29.《面纱之下的巴士底狱》，*la Bastille Dévoilée*。

30.《89年8月6日于圣雅克所作的论自由的演讲》，*Discours sur la Liberté, prononcé le 6 août 89 à Saint-Jacques*。

31.《铁嘴钢牙》，*Bouche de Fer*。

32.《黎明报》，*Point du Jour*。

33.《从法国写给一位朋友的信》，*Lettres écrites de France à une amie*。

34.《卡米尔·德穆兰未曾发表的书信集》，*Correspondance inédite de Camille Desmoulins*。

35.《在灯柱下向巴黎人发表的演讲》，*Discours de la Lanterne aux Parisiens*。

36.《为三个被判车裂的人辩护的陈情信》，*Mémoire pour Trois Hommes Condamné à la Roue*。

37.《谷物法之歌》，曼切斯特，*Cornlaws Rhymes* (Manchester, 1834)。

38.《制宪议会史》，*Histoire de l'Assemblée Constituante*。

39.《杜穆里埃回忆录》，*Mémoires de Dumouriez*。

40.《89年大革命史》，*Histoire de la Révolution de 89*。

41.《蒙特洛耶回忆录》，*Mémoires de Montlosier*。

42.《杜龙荣回忆录》，*Mémoires de Toulongeon*。

43.《大革命之思》，*Considérations sur la Révolution, 1796*。

44.《巴黎革命报》，*Révolutions de Paris*。

45.《对自由民族国家体制的研究》，*Études sur les Constitutions des Peuples Libres*。

46.《权利的起源：法律符号和用语》，*Origine du Droit, Symboles et Formules Juridiques*。

47.《法国和布拉班革命报》，*Les Révolutions de France et de Brabant*。

48.《法国法律史》，*Histoire du Droit Français*。

49.《萨利耶最高法院纪事》，*Annales du Parlementaire Sallier*。

50.《未出版的信》，*Correspondance inédite*。

51.《共和三年就大革命给一位友人的信》，*Lettre à un ami sur la Révolution, an III*。

52.《法国和葡萄牙神圣联盟》，*La France et la Sainte-Alliance en Portugal, 1847*。

53.《一个流放犯人的回忆录》，*Souvenir d'un Déporté, 1802*。

54.《夏绿特·德·罗伯斯庇尔回忆录》，*Mémoires de Charlotte de Robespierre*。

55.《一个政治家的回忆录》，*Mémoires d'un homme d'État*。

56.《人权和公民权宣言草案》，*Projet de Déclaration des Droits de*

l'Homme et du Citoyen。

57.《刑事立法提纲》，*Plan de Législation Criminelle*。

58.《论人，或论灵魂对身体、身体对灵魂的影响法则》，*De l'Homme，ou Des Principes et des Lois de l'Influence de l'Âme sur le Corps et du Corps sur l'Âme*。

59.《科布伦茨游记》，*Relation d'un Voyage à Coblentz, 1823*。

60.《罗兰夫人写给邦卡尔·德·伊萨特的信》，*Lettres de madame Roland à Bancal des Issarts*。

61.《法国大革命导言》，*Introduction à la Révolution Française*。

62.《论同情的信》，*Lettres sur la Sympathie*。

63.《孔多塞全集》，*Œuvres complètes de Condocet*。

64.《一个年轻机械师写给共和思想创造者们的信》，*Lettres d'un Jeune Mécanicien aux Auteurs du Républicain*。

65.《最高法院律师***先生1776、1777、1778年从瑞士、意大利、西西里和马耳他写给***小姐的信》，*Lettres écrites de Suisse, d'Italie, de Sicile et de Malthe, par M***, avocat en Parle,ent, à mademoiselle*** en 1776, 1777, 1778*。

66.《罗兰夫人回忆录》，*Mémoires de Madame Roland*。

67.《罗兰夫人写给比佐的信》，罗兰夫人，*Les Lettres de Madame Roland à Buzot*。

68.《一个年轻机械师写给共和发起者的信》，孔多赛，*Lettres d'un Jeune Mécanicien aux auteurs du Républicain*。

69.《洛赞回忆录》，洛赞，*Mémoires de Lauzun*。

70.《一封告法兰西人的长信》，罗伯斯庇尔，*Une Longue Adresse*

aux Français。

71.《法国大革命因果之史录》,博留,*Essais historiques sur les causes et les effets de la révolution de France : avec des notes sur quelques événemens et quelques institutions*, 1803。

法国大事件年表：1790年7月—1791年9月[①]

1790年7月16日，斐扬派建立。

1790年8月31日，南锡大屠杀。

1790年10月6日，路易十六向西班牙国王写信表达自己对革命的不满情绪。

1790年12月，布拉班特革命被奥地利镇压。

1790年12月27日，议会颁布法令，要求神职人员宣誓效忠宪法。

1791年2月，国王姑母离开法国，引发流亡讨论。

1791年4月2日，米拉波去世。

1791年4月18日，国王一家强要离宫参加复活节瞻礼日，被拦下。

1791年6月20日—21日，路易十六出逃失败。

1791年6月22日—25日，国王一家被带回巴黎，失去自由。

1791年7月15日—16日，议会宣告国王在出逃事件中无罪。

1791年7月17日，练兵场惨案。

1791年7月18日，斐扬俱乐部成立。

1791年8月，议会左右派结盟失败。

1791年9月3日，政府颁布《1791年法兰西宪法》。

1791年9月30日，制宪议会解散。

[①] 此法国大事件年表为译者整理。

图书在版编目（CIP）数据

法国大革命史. 卷二 /（法）儒勒·米什莱著；李筱希译. — 长春：吉林出版集团股份有限公司，2020.5
（汉阅史学经典）
书名原文：History of French Revolution
ISBN 978-7-5581-2895-0

Ⅰ. ①法… Ⅱ. ①儒… ②李… Ⅲ. ①法国大革命－历史 Ⅳ. ①K565.41

中国版本图书馆 CIP 数据核字（2020）第083192号

法国大革命史（卷二）

著　　者	［法］儒勒·米什莱
译　　者	李筱希
创　　意	吉林出版集团·北京汉阅传播
总 策 划	崔文辉
策划编辑	齐　琳
责任编辑	齐　琳　周海莉
责任校对	叶　心　白聪响
封面设计	观止堂_未　氓
开　　本	710mm×1000mm 1/16
字　　数	318千
印　　张	29
版　　次	2020年11月第1版
印　　次	2020年11月第1次印刷

出　　版	吉林出版集团股份有限公司
发　　行	北京吉版图书有限责任公司
地　　址	北京市西城区椿树园15-18号底商A222
	邮编：100052
电　　话	总编办：010-63109269
	发行部：010-63104979
官方微信	Han-read
邮　　箱	beijingjiban@126.com
印　　刷	三河市元兴印务有限公司

ISBN 978-7-5581-2895-0　　　　　　　　　　　　定价：88.00元
版权所有　　侵权必究